MICHELIN

DEUTSCHLAND

MICHELIN

INHALTSVERZEICHNIS

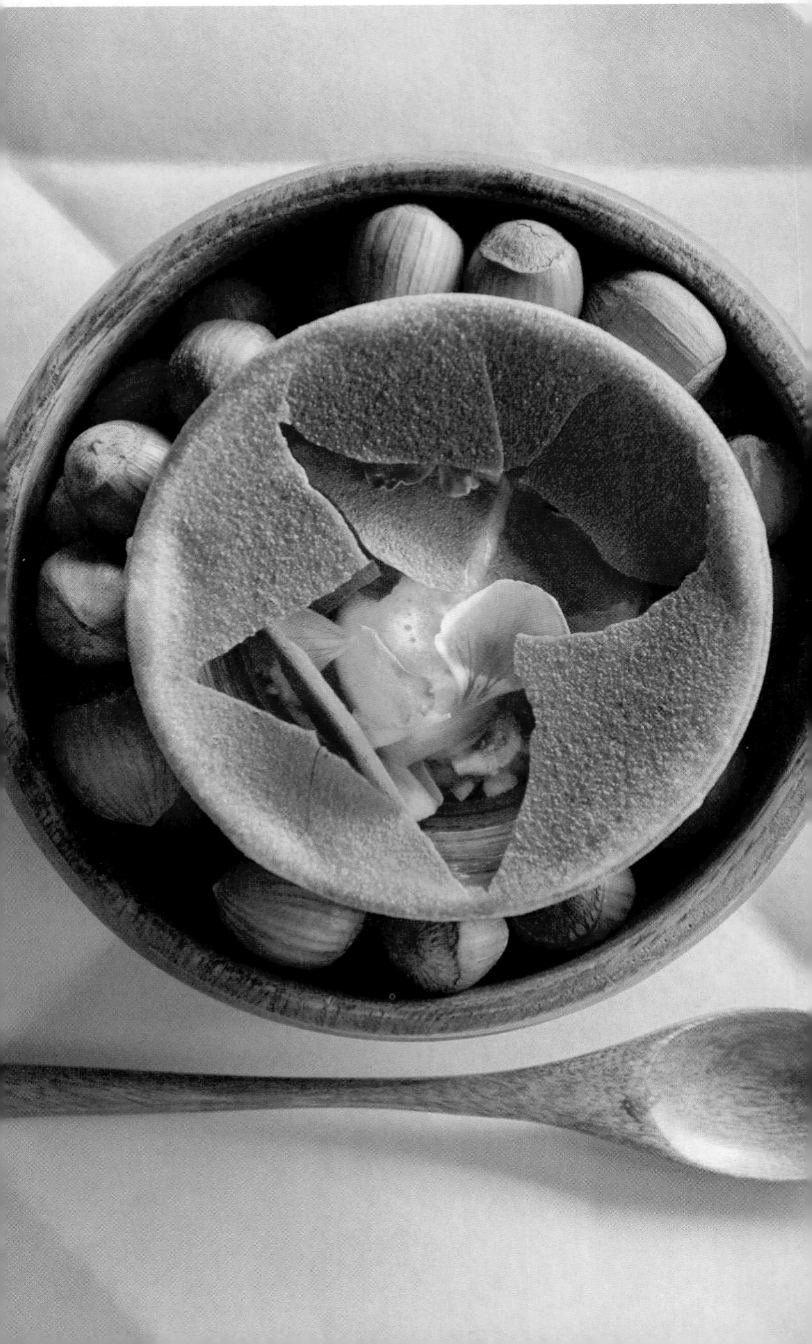

LIEBE LESER,

Wir freuen uns, Ihnen den Guide MICHELIN Deutschland 2020 vorstellen zu dürfen – Ihren treuen Reisebegleiter, der Sie zu den besten Hotels und Restaurants des Landes führt.

● Der Guide ist ideal für jedermann, vom Businessgast bis zur Familie, und umfasst alle Komfort- und Preiskategorien – von gemütlichen Bistros und intimen Gasthäusern bis zu namhaften Restaurants und luxuriösen Hotels. Ob geschäftlich oder zum Vergnügen, Sie werden das Passende finden.

● Die im Guide erwähnten Häuser werden von unseren erfahrenen Michelin Inspektoren ausgewählt – sie sind die Augen und Ohren unserer Leser. Sie bezahlen ihre Rechnung immer selbst und ihre Anonymität stellt sicher, dass sie dieselbe Behandlung erfahren wie alle anderen Gäste.

● Jedes Jahr suchen sie neue Adressen – und nur die besten erfüllen die strengen Kriterien. Die Toprestaurants erhalten zusätzlich eine Auszeichnung für die Qualität ihrer Küche: unsere berühmten Sterne - ❀, ❀❀ oder ❀❀❀ - und unsere Bib Gourmands ☺ für das beste Preis-Leistungs-Verhältnis.

● Die Reihenfolge der Restaurants wird bestimmt durch die Qualität der Küche: ganz oben die Sterne, danach die Bib Gourmands und die Michelin Teller ⑩. Auch dieses Symbol steht für gutes Essen, denn allein die Auswahl eines Restaurants durch die Inspektoren garantiert Qualität.

● Unsere Mission bleibt unverändert: Sie sollen die besten Restaurants und Hotels finden. Dabei ist uns Ihre Meinung willkommen; berichten Sie uns von Ihren Erfahrungen in bereits erwähnten Häusern oder schlagen Sie Adressen für zukünftige Empfehlungen vor.

Unsere Highlights 2020...

- Im Guide MICHELIN Deutschland 2020 gibt es viel zu entdecken. Ob Sterne oder Bib Gourmands, die zahlreichen neuen Auszeichnungen sind über das ganze Land verteilt. 29 Restaurants wurden neu mit einem MICHELIN Stern ausgezeichnet, bei den Restaurants mit zwei MICHELIN Sternen sind sieben neue hinzugekommen, eines wurde neu mit drei MICHELIN Sternen ausgezeichnet. Damit liegt die Gesamtzahl der Sterne mit 310 auf Rekordniveau.

- Absolut bemerkenswert ist der Neuzugang in der Liga der 3-Sterne-Restaurants: Marco Müller und sein Team im Restaurant **Rutz** - übrigens erst 2017 mit dem zweiten MICHELIN Stern ausgezeichnet - heben sich durch eine prägnante Küche mit Kontrasten, Reduktion und engem Bezug zur Natur deutlich ab. Es ist überhaupt das erste Mal, dass es in der Bundeshauptstadt Berlin ein Restaurant mit drei MICHELIN Sternen gibt.

- Beachtlich auch die Entwicklung des Berliner Restaurants **CODA Dessert Dining**, in dem Küchenchef René Frank ganz auf moderne Pâtisserie-Techniken setzt. Im letzten Jahr erstmals ausgezeichnet, konnte das Haus nun den zweiten MICHELIN Stern erkochen.

- Über zwei MICHELIN Sterne freuen dürfen sich außerdem in Bayern die Restaurants **Obendorfer's Eisvogel** in Neunburg

vorm Wald und **Les Deux** in München. Ebenso das **OLIVO** in Stuttgart, das **Gustav** in Frankfurt sowie die Restaurants **bianc** in Hamburg und **Jante** in Hannover.

- Eine Neuentdeckung, die auf Anhieb einen Stern bekam, ist das in Wernigerode neueröffnete Restaurant **Pieket** von Robin Pietsch mit Küchenchef Jürgen Kettner.

- Eindrucksvoll auch der Erfolg des Frankfurter Restaurants **SEVAN SWANS**, das - nach seiner Umstellung von vegetarisch auf vegan - als erstes rein veganes Restaurant in Deutschland mit einem Stern ausgezeichnet ist.

- Ein großes Thema ist auch in der Gastronomie heute Nachhaltigkeit – ob wir darüber sprechen, wie unser Essen angebaut, verarbeitet, serviert oder recycelt wird, überall in der Nahrungskette übernehmen Akteure bewusst Verantwortung, um Ressourcen zu schonen und ihren Gästen Menüs zu bieten, die nicht nur schmackhaft, sondern auch gesund sind.

- Mehr Informationen zu diesem Thema und viele weitere Informationen rund um Küche, Restaurants und den Guide MICHELIN finden Sie im Internet unter guide.michelin.com/de

- Wir wünschen Ihnen viel Freude bei Ihren Reisen mit dem Guide MICHELIN Deutschland 2020.

Volker Debus/Obendorfer's Eisvogel

2020...
DIE TOP-ADRESSEN
DIE NEUEN STERNE...

Rutz   **Berlin**

CODA Dessert Dining   **Berlin**
Gustav   **Frankfurt am Main**
bianc   **Hamburg**
Jante   **Hannover**
Les Deux   **München**
Obendorfer's Eisvogel   **Neunburg vorm Wald**
OLIVO   **Stuttgart**

Ricarda Spiegel/Rutz

Cordo	**Berlin**
prism	**Berlin**
s'Äpfle	**Bodman-Ludwigshafen**
Kucher's Gourmet	**Darscheid**
BjörnsOX	**Dermbach**
Ösch Noir	**Donaueschingen**
Setzkasten	**Düsseldorf**
Traube	**Efringen-Kirchen**
Hannappel	**Essen**
Le Canard nouveau	**Hamburg**
noVa	**Herrenberg**
OSCARS fine dining	**Hinterzarten**
astrein	**Köln**
SEO Küchenhandwerk	**Langenargen**
mural	**München**
Sparkling Bistro	**München**
Coeur D'Artichaut	**Münster**
ferment	**Münster**
Alte Baiz	**Neuhausen (Enzkreis)**
Kesselhaus	**Osnabrück**
Gasthaus Jakob	**Perasdorf**
PAVO im Burghotel Falkenstein	**Pfronten**
Gourmetrestaurant Nico Burkhardt	**Schorndorf**
Schwingshackl ESSKULTUR Gourmet	**Tölz, Bad**
Schloss Filseck	**Uhingen**
Weinstock	**Volkach**
THE IZAKAYA	**Wachenheim an der Weinstraße**
Admiral	**Weisenheim am Berg**
Pieket	**Wernigerode**

Und finden Sie alle Sterne-Restaurants 2020 am Ende des Guide MICHELIN, Seite 730.

... DIE NEUEN
BIB GOURMAND 😋

geckophotos/iStock

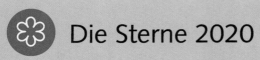

Die Sterne 2020

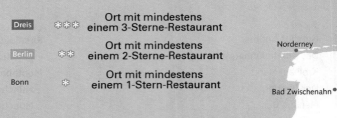

Dreis	�֍֍֍	Ort mit mindestens einem 3-Sterne-Restaurant
Berlin	�֍֍	Ort mit mindestens einem 2-Sterne-Restaurant
Bonn	�֍	Ort mit mindestens einem 1-Stern-Restaurant

Norderney

Bad Zwischenahn

Münster

Haltern am See

Dorsten

Xanten

Essen Dortmund

Velbert

Meerbusch Odenthal

Heinsberg Düsseldorf Gummersbach

Köln Pulheim

Aachen Niederkassel Bergisch Gladbach

Nideggen

Euskirchen Bonn Limburg an der Lahn

Bad Neuenahr-Ahrweiler Andernach Neuwied

Koblenz

Darscheid Dreis Wiesbaden Eltville

Kiedrich

Naurath Geisenheim

Piesport

Trittenheim Selzen

Perl Trier Bad Sobernheim

Neuhütten

Wallerfangen Mannheim

Saarlouis Blieskastel

Saarbrücken Pirmasens

Sankt Wendel

Baden-Württemberg

Kirchheim an der Weinstraße

Neuleiningen

Weisenheim am Berg Kallstadt Mannheim

Heidelberg

Neustadt an der Weinstraße Deidesheim

Zweiflingen

Wachenheim an der Weinstraße Neupotz

Weingarten Bietigheim Bissingen

Karlsruhe Vaihingen an der Enz Schorndorf

Ettlingen Asperg Waiblingen

Waldbronn Fellbach

Kuppenheim Stuttgart

Baden-Baden Gernsbach Kernen im Remstal

Neuhausen Ehningen

Baiersbronn Bad Teinach Waldenbuch

Zavelstein Herrenberg Tübingen

Pliezhausen

Bad Peterstal-Griesbach

Baiersbronn

Bad Peterstal-Griesbach

Rust Lahr

Freiburg im Breisgau Endingen

Horben

Pfaffenweiler

Bad Krozingen

Sulzburg Hinterzarten

Efringen-Kirchen Häusern

Grenzach-Wyhlen Bad Säckingen

12

Bib Gourmand 2020

• Orte mit mindestens
einem Bib-Gourmand-Haus.

List

Molfsee

Neuendorf bei Wilster

Tangstedt

Wremen

Hamburg

Dornum

Scheeßel

Schneverdingen

Verden

Hannover

Twist

Bad Nenndorf

Osnabrück

Nienstädt

Gehrden

Rheine

Herford

Polle

Emsdetten

Bad Salzuflen

Altenberge

Horn-Bad
Meinberg

Vreden

Harsewinkel

Coesfeld

Hövelhof

Rheda-Wiedenbrück

Rietberg

Wesel

Waltrop

Rüthen

Hann. Münden

Neukirchen-Vluyn

Dortmund

Arnsberg

Brilon

Nettetal

Wuppertal

Sprockhövel

Schmallenberg

Düsseldorf

Kürten

Frankenberg

Odenthal

Gummersbach

Bad Hersfeld

Köln

Marburg

Amöneburg

Aachen

Erftstadt

Hennef

Lauterbach

Fulda

Euskirchen

Hardert

Altenahr

Koblenz

Montabaur

A

Frankfurt
am Main

Heidelberg

Saarbrücken

Karlsruhe

Stuttgart

Villingen-
Schwenningen

Freiburg

14

15

A

Darscheid

Meerfeld

Eltville am Rhein

Dudeldorf

Reil

Jugenheim in Rheinhessen

Bad Kreuznach

Bad Sobernheim

Niederweis

Meddersheim

Meisenheim

Ilbesheim

Neuhütten

Sankt Wendel

Saarlouis

Sankt Ingbert

Dernbach

Frankweiler

Saarbrücken

Blieskastel

Durbach

Offenburg

Berghaupten

Friesenheim

Lahr

Ringsheim

Kenzingen

Freiam

Endingen am Kaiserstuhl

Glotterta

Denzlingen

Waldkirch

Gottenheim

March

Ihringen

Kirchzarten

Staufen im Breisgau

Oberried

Heitersheim

Sulzburg

Todtnau

Bad Bellingen

Kleines Wiesenta

Kandern

Schopfheim

Grenzach-Wyhlen

Bib Gourmand 2020

• Orte mit mindestens einem Bib-Gourmand-Haus.

16

DIE GRUNDSÄTZE DES GUIDE MICHELIN

ERFAHRUNG IM DIENSTE DER QUALITÄT

Ob in Japan, in den Vereinigten Staaten, in China oder in Europa, die Inspektoren des Guide MICHELIN respektieren weltweit exakt dieselben Kriterien, um die Qualität eines Restaurants oder eines Hotels zu überprüfen. Dass der Guide MICHELIN heute weltweit bekannt und geachtet ist, verdankt er der Beständigkeit seiner Kriterien und der Achtung gegenüber seinen Lesern. Diese Grundsätze möchten wir hier bekräftigen:

Der anonyme Besuch

Die oberste Regel. Die Inspektoren testen anonym und regelmäßig die Restaurants und Hotels, um das Leistungsniveau in seiner Gesamtheit zu beurteilen. Sie bezahlen alle in Anspruch genommenen Leistungen und geben sich nur zu erkennen, um ergänzende Auskünfte zu erhalten. Die Zuschriften unserer Leser stellen darüber hinaus wertvolle Erfahrungsberichte für uns dar und wir benutzen diese Hinweise, um unsere Besuche vorzubereiten.

Die Unabhängigkeit

Um einen objektiven Standpunkt zu bewahren, der einzig und allein dem Interesse des Lesers dient, wird die Auswahl der Häuser in kompletter Unabhängigkeit erstellt. Die Empfehlung im Guide MICHELIN ist daher kostenlos. Die Entscheidungen werden vom Chefredakteur und seinen Inspektoren gemeinsam gefällt. Für die höchste Auszeichnung wird zusätzlich auf europäischer Ebene entschieden.

Die bemerkenswertesten Küchen sind die mit MICHELIN Stern – einem ✿, zwei ✿✿ oder drei ✿✿✿. Von traditionell bis innovativ, von schlicht bis aufwändig – ganz unabhängig vom Stil erwarten wir immer das Gleiche: beste Produktqualität, Know-how des Küchenchefs, Originalität der Gerichte sowie Beständigkeit auf Dauer und über die gesamte Speisekarte hinweg.

Die Auswahl der Besten

Der Guide MICHELIN ist weit davon entfernt, ein reines Adressbuch darzustellen, er konzentriert sich vielmehr auf eine Auswahl der besten Hotels und Restaurants in allen Komfort- und Preiskategorien. Eine einzigartige Auswahl, die auf ein und derselben Methode aller Inspektoren weltweit basiert.

✿✿✿ DREI MICHELIN STERNE

Eine einzigartige Küche – eine Reise wert!

Die Handschrift eines großartigen Küchenchefs! Erstklassige Produkte, Reinheit und Kraft der Aromen, Balance der Kompositionen: Hier wird die Küche zur Kunst erhoben. Perfekt zubereitete Gerichte, die nicht selten zu Klassikern werden – eine Reise wert!

✿✿ ZWEI MICHELIN STERNE

Eine Spitzenküche – einen Umweg wert!

Beste Produkte werden von einem talentierten Küchenchef und seinem Team mit Know-how und Inspiration in subtilen, markanten und mitunter neuartigen Speisen trefflich in Szene gesetzt – einen Umweg wert!

✿ EIN MICHELIN STERN

Eine Küche voller Finesse – einen Stopp wert!

Produkte von ausgesuchter Qualität, unverkennbare Finesse auf dem Teller, ausgeprägte Aromen, Beständigkeit in der Zubereitung – einen Stopp wert!

🅑 BIB GOURMAND

Unser bestes Preis-Leistungs-Verhältnis.

Ein Maximum an Schlemmerei für bis 37€: gute Produkte, die schön zur Geltung gebracht werden, eine moderate Rechnung, eine Küche mit exzellentem Preis-Leistungs-Verhältnis.

⏗ DER TELLER

Eine Küche mit guter Qualität.

Qualitätsprodukte, fachkundig zubereitet: einfach ein gutes Essen!

Die jährliche Aktualisierung

Alle praktischen Hinweise, alle Klassifizierungen und Auszeichnungen werden jährlich aktualisiert, um die genauestmögliche Information zu bieten.

Die Einheitlichkeit der Auswahl.

Die Kriterien für die Klassifizierung im Guide MICHELIN sind weltweit identisch. Jede Kultur hat ihren eigenen Küchenstil, aber gute Qualität muss der einheitliche Grundsatz bleiben.

Denn unser einziges Ziel ist es, Ihnen bei Ihren Reisen behilflich zu sein. Mobilität im Zeichen von Vergnügen und Sicherheit ist die Mission von Michelin.

HINWEISE ZUR BENUTZUNG

RESTAURANTS

Die Restaurants sind nach der Qualität ihrer Küche klassifiziert.

Sterne

❄❄❄ Eine einzigartige Küche –
eine Reise wert!

❄❄ Eine Spitzenküche –
einen Umweg wert!

❄ Eine Küche voller Finesse –
einen Stopp wert!

Bib Gourmand

☺ Unser bestes Preis-Leistungs-Verhältnis.

Der Teller

🍴 Eine Küche von guter Qualität

In jeder Qualitätskategorie sind die Restaurants nach ihrem Komfort von 𝕏𝕏𝕏𝕏𝕏 bis 𝕏 sowie alphabetisch geordnet.
Rot: unsere schönsten Adressen.

HOTELS

Komfortkategorien: Die Hotels sind nach ihrem Komfort von 🏠🏠🏠🏠 bis zu 🏠 Häuschen klassifiziert sowie alphabetisch geordnet.
Rot: unsere angenehmsten Häuser.

ALBSTADT
Baden-Württemberg – Regionalatlas **63** G.
Michelin Straßenkarte 545

❄ **Weinhaus**
KREATIV • ELEGANT 𝕏𝕏 In einem
Kreus dieses gemütliche rustikal-
phäre und klassischer Küche. Am
auf der Terrasse vor dem Haus.
Specialität: Allerlei von der Gänse
Champagnersauce. Dessertteller «\
Menü 48/68 € – Karte 45/52 €
Stadtplan : C3-a – *Georg-Glock-Sta.*
haus.com – Geschlossen Sonntag-

☺ **Alte Post**
REGIONAL • TRADITIONELL 𝕏𝕏 Au
erwartet Sie ein Stück Bella Italia
phäre und natürlich typische Spez
Menü 22/36€ – Karte 20/28 €
Stadtplan : A2-c – *Schleidener Str.*
Montag

🍴 **Adler** ⓞ
TRADITIONELLE KÜCHE • BURG
Klosterguts befindet sich dieses ne
Speiseangebot.
Menü 21 € – Karte 13/25 €
Stadtplan : D1-c – *Valdhäuser Str.*
www.adler-albstadt.com – Gesch

🏠🏠🏠 **Bären**
FERIENHOTEL • GEMÜTLICH Fam
methotel engagiert und sehr perse
schiedenen Zimmerkategorien. Etw
kleinen Details und Dachterrasse! 1
hausgebackenen Kuchen.
65 Zim 🛏 – 👫164/240€ – ½ P
Stadtplan : A1-z – *Flandernstr. 95*
www.baren-hotel.com – Geschlos
🍴 **Panoramastüble** – siehe Restau

Lage des Hauses

Markierung auf dem Stadtplan (Planquadrat und Koordinate).

Schlüsselwörter

Schlüsselwörter lassen auf den ersten Blick den Küchenstil (bei Restaurants) und das Ambiente eines Hauses erkennen.

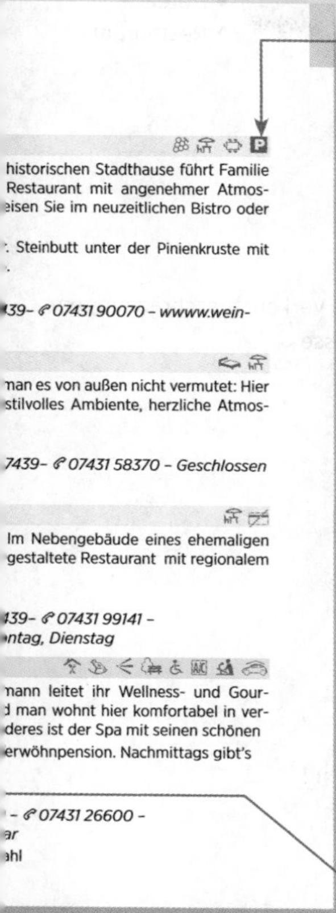
historischen Stadthause führt Familie
Restaurant mit angenehmer Atmos-
eisen Sie im neuzeitlichen Bistro oder
: Steinbutt unter der Pinienkruste mit
39- 07431 90070 - wwww.wein-
man es von außen nicht vermutet: Hier
stilvolles Ambiente, herzliche Atmos-
7439- 07431 58370 - Geschlossen
Im Nebengebäude eines ehemaligen
gestaltete Restaurant mit regionalem
39- 07431 99141 -
ntag, Dienstag
mann leitet ihr Wellness- und Gour-
d man wohnt hier komfortabel in ver-
deres ist der Spa mit seinen schönen
erwöhnpension. Nachmittags gibt's
- 07431 26600 -
ar
ahl

Lokalisierung

- Berlin
- Hamburg
- München

Einrichtungen & Service

🍇	Besonders interessante Weinkarte
🏨	Hotel mit Restaurant
🛏	Restaurant vermietet auch Zimmer
🌿 • ⋞	Ruhige Lage • Schöne Aussicht
🌳	Park oder Garten
⛳	Golfplatz
⬍	Fahrstuhl
♿	Für Körperbehinderte leicht zugängliche Räume
A/C	Klimaanlage
☂	Terrasse mit Speiseservice
🏊	Freibad oder Hallenbad
Spa	Wellnesscenter
♨ • 🚲	Sauna • Fitnessraum
⌂	Privat-Salons
🎤	Veranstaltungsraum
P 🚗	Parkplatz • Garage
💳	Kreditkarten nicht akzeptiert
U	Nächstgelegene U-Bahnstation (in Berlin)

N Neu empfohlenes Haus im Guide MICHELIN

Preise

Restaurants

Menü 20/42 €	Günstigstes Menü/ teuerstes Menü
Karte 30/41 €	Mahlzeiten à la carte (Preis Min/Max)

Hotels

☕👥 70/120 €	Mindest- und Höchstpreis für Doppelzimmer, inkl. Frühstück
☕ 10 €	Preis des Frühstücks
1/2 P	Das Haus bietet auch Halbpension an

LEGENDE DER STADTPLÄNE

Sehenswürdigkeiten

- ● Hotels
- ● Restaurants

Interessantes Gebäude

Interessantes Gotteshaus

Straßen

Autobahn • Schnellstrasse

Numerierte Ausfahrten

Hauptverkehrsstrasse

Gesperrte Strasse oder Strasse mit Verkehrsbeschränkungen

Fussgängerzone oder Einbahnstrasse

Parkplatz

Tunnel

Bahnhof und Bahnlinie

Standseilbahn

Luftseilbahn

Sonstige Zeichen

Informationsstelle

Gotteshaus

Turm • Ruine • Windmühle

Garten, Park, Wäldchen • Friedhof

Stadion • Golfplatz • Pferderennbahn

Freibad oder Hallenbad

Aussicht • Rundblick

Denkmal • Brunnen

Jachthafen

Leuchtturm

Flughafen

U-Bahnstation

Autobusbahnhof

Strassenbahn

Schiffsverbindungen:
Autofähre • Personenfähre

Hauptpostamt (postlagernde Sendungen)

Rathaus • Universität, Hochschule

CONTENTS

DEAR READER

We are delighted to introduce the 2020 Germany Michelin Guide, your faithful travel companion which will guide you to the country's best hotels and restaurants.

- This guide is aimed at all visitors, from business travellers to family holiday-makers, and offers a wide choice of categories and prices ranging from welcoming bistros and family-run guest houses to renowned restaurants and luxury hotels. So whether you're travelling for business or pleasure, you're sure to find the perfect choice!

- The properties listed in the guide have been chosen by our expert Michelin inspectors, who act as the eyes and ears of our readers. Our inspectors always pay their bill like everyone else, and their anonymity ensures that they are treated in exactly the same way as other customers.

- Every year they look for new addresses – and only the best of these meet their strict criteria. The restaurants chosen are awarded the famous Michelin stars ❀, ❀❀ or ❀❀❀ for the quality of their cuisine or the Bib Gourmand ⬤ for the best value for money.

- The order of the restaurants is in line with the quality of the cuisine on offer: first of all, the starred restaurants, followed by the Bib Gourmands and the Michelin Plate addresses ‹. The latter award is also an indicator of a high standard of cooking – simply being selected by our inspectors is a guarantee of quality.

- Our aim remains the same: to offer our readers a selection of the best hotels and restaurants in the country. This is why your opinion matters to us – share with us your experiences from the hotels and restaurants selected or send us suggestions for future editions!

Our 2020 highlights

- There is much to discover in the MICHELIN Guide Germany 2020. Both in terms of stars and Bib Gourmands, the numerous new awardees are located all over the country. Twenty nine restaurants garnered their first MICHELIN star; seven of the restaurants with two MICHELIN stars are new; one was awarded three MICHELIN stars. This brings the total tally of stars to a record 310.

- Absolutely noteworthy is the new entry to the league of three-star restaurants: Marco Müller and his team at **Rutz** – which, incidentally, only received its second MICHELIN star in 2017 – stand out from the crowd, thanks to their on-point cuisine, replete with contrasts, pared down and in touch with nature. This is the first time ever there has been a restaurant with three MICHELIN stars in the German capital Berlin.

- The rise of the Berlin restaurant **CODA Dessert Dining**, in which chef René Frank draws on modern patisserie techniques, is also remarkable. The restaurant was commended with its first MICHELIN star just last year and has now secured its second.

- In Bavaria the restaurants **Obendorfer's Eisvogel** in Neunburg vorm Wald and **Les Deux** in Munich also have their two MICHELIN stars to celebrate. The same goes for **OLIVO** in Stuttgart, **Gustav** in Frankfurt and the restaurants **bianc** in Hamburg and **Jante** in Hanover.

● A new discovery which received a Star straightaway is the restaurant **Pieket** in Wernigerode recently opened by Robin Pietsch. The chef's name is Jürgen Kettner

● Frankfurt's **SEVAN SWANS** is also an impressive success story, being the first 100% vegan restaurant in Germany to attain a star, following its switch from vegetarian to vegan.

● A major talking point in the world of restaurants today is sustainability – whether that means discussing how our food is grown, processed, served or recycled, players all along the food chain are consciously taking responsibility in a bid to conserve resources and offer their guests menus that are not only tasty but also healthy.

● You can find more information on this topic and much more about food, restaurants and the MICHELIN Guide on the Internet at guide.michelin.com/en.

● We hope you enjoy your travels with the MICHELIN Guide Germany 2020.

Aurore Caussade/Cordo

THE MICHELIN GUIDE'S COMMITMENTS

EXPERIENCED IN QUALITY!

Whether they are in Japan, the USA, China or Europe, our inspectors apply the same criteria to judge the quality of each and every hotel and restaurant that they visit. The Michelin guide commands a worldwide reputation thanks to the commitments we make to our readers – and we reiterate these below:

Anonymous inspections

Our inspectors make regular and anonymous visits to hotels and restaurants to gauge the quality of products and services offered to an ordinary customer. They settle their own bill and may then introduce themselves and ask for more information about the establishment. Our readers' comments are also a valuable source of information, which we can follow up with a visit of our own.

Independence

To remain totally objective for our readers, the selection is made with complete independence. Entry into the guide is free. All decisions are discussed with the Editor and our highest awards are considered at a European level.

Our famous one ✿, two ✿✿ and three ✿✿✿ stars identify establishments serving the highest quality cuisine – taking into account the quality of ingredients, the mastery of techniques and flavours, the levels of creativity and, of course, consistency.

Selection and choice

The guide offers a selection of the best hotels and restaurants in every category of comfort and price. This is only possible because all the inspectors rigorously apply the same methods.

✿✿✿ THREE MICHELIN STARS
Exceptional cuisine, worth a special journey!
Our highest award is given for the superlative cooking of chefs at the peak of their profession. The ingredients are exemplary, the cooking is elevated to an art form and their dishes are often destined to become classics.

✿✿ TWO MICHELIN STARS
Excellent cooking, worth a detour!
The personality and talent of the chef and their team is evident in the expertly crafted dishes, which are refined, inspired and sometimes original.

✿ ONE MICHELIN STAR
High quality cooking, worth a stop!
Using top quality ingredients, dishes with distinct flavours are carefully prepared to a consistently high standard.

⊛ BIB GOURMAND
Good quality, good value cooking.
'Bibs' are awarded for simple yet skilful cooking for up to 37€.

ⅠⓄ THE PLATE
Good cooking
Fresh ingredients, capably prepared: simply a good meal.

Annual updates
All the practical information, classifications and awards are revised and updated every year to give the most reliable information possible.

Consistency
The criteria for the classifications are the same in every country covered by the MICHELIN guide.

The sole intention of Michelin is to make your travels safe and enjoyable.

SEEK AND SELECT...

HOW TO USE THIS GUIDE

RESTAURANTS

Restaurants are classified by the quality of their cuisine :

Stars

❀❀❀ **Exceptional** cuisine,
worth a special journey!

❀❀ **Excellent** cooking, worth a detour!

❀ **High quality** cooking, worth a stop!

Bib Gourmand

❀ Good quality, good value cooking.

The Plate

🍽 Good cooking.

Within each cuisine category, restaurants are listed by comfort, from XXXXX to X, and in alphabetical order.

Red: Our most delightful places.

HOTELS

Hotels are classified by categories of comfort, from 🏨🏨🏨🏨 to 🏠.

Red: Our most pleasant accommodation.

Within each category, establishments are listed in alphabetical order.

Locating the establishment

Location and coordinates on the town plan, with main sights.

Key words

Each entry comes with two keywords, making it quick and easy to identify the type of establishment and/ or the food that it serves.

ALBSTADT
Baden-Württemberg – Regionalatlas **63** G2
Michelin Straßenkarte 545

❀ **Weinhaus**
KREATIV • ELEGANT XX In einem
Kreus dieses gemütliche rustikal-
phäre und klassischen Küche. Am
auf der Terrasse vor dem Haus.
Specialität: Allerlei von der Gänse
Champagnersauce. Dessertteller «V
Menü 48/68 € – Karte 45/52 €
Stadtplan : C3-a – Georg-Glock-Str
haus.com – Geschlossen Sonntag-.

❀ **Alte Post**
REGIONAL • TRADITIONELL XX A
erwartet Sie ein Stück Bella Italia.
phäre und natürlich typische Spezi
Menü 22/36€ – Karte 20/28 €
Stadtplan : A2-c – Schleidener Str
Montag

🍽 **Adler** ⊕
TRADITIONELLE KÜCHE • BURGE
Klosterguts befindet sich dieses ne
Speiseangebot.
Menü 21 € – Karte 13/25 €
Stadtplan : D1-c – Valdhäuser Str.
www.adler-albstadt.com – Gesch.

🏨🏨 **Bären**
FERIENHOTEL • GEMÜTLICH Fam
methotel engagiert und sehr persö
schiedenen Zimmerkategorien. Etw
kleinen Details und Dachterrasse! T
hausgebackenen Kuchen.
65 Zim 🛏 – ♦♦164/240€ – ½ P
Stadtplan : A1-z – Flandernstr. 95
www.baren-hotel.com – Geschlos
🍽 **Panoramastüble** – siehe Restau

Locating the region

- Berlin
- Hamburg
- München

---

historischen Stadthause führt Familie Restaurant mit angenehmer Atmos- eisen Sie im neuzeitlichen Bistro oder

. Steinbutt unter der Pinienkruste mit

439- ℰ 07431 90070 – wwww.wein-

man es von außen nicht vermutet: Hier stilvolles Ambiente, herzliche Atmos-

7439- ℰ 07431 58370 – Geschlossen

Im Nebengebäude eines ehemaligen gestaltete Restaurant mit regionalem

439- ℰ 07431 99141 – ntag, Dienstag

mann leitet ihr Wellness- und Gour- d man wohnt hier komfortabel in ver- deres ist der Spa mit seinen schönen erwöhnpension. Nachmittags gibt's

– ℰ 07431 26600 – ar ahl

Facilities & services

🍷	Particularly interesting wine list
🍴	Hotel with a restaurant
⇐	Restaurant with bedrooms
⌖	Peaceful
≼	Great view
⌂	Garden or park
▦	Golf course
⬍	Lift
♿	Wheelchair access
AK	Air conditioning
⏚	Outside dining available
🌊 🔲	Outdoor pool • indoor pool
🧖	Wellness centre
♨ ⅙	Sauna • Exercise room
⬦	Private dining rooms
🏛	Conference rooms
🅿 🚗	Car park • Garage
⊄	Credit cards not accepted
U	Nearest metro station (in Berlin)

⓪   New establishment in the guide

Prices

Restaurants

Menu 20/42 €   Fixed price menu. Lowest/highest price

Carte 30/41 €   À la carte menu. Lowest/highest price

Hotels

⌸ ♛ 70/120 €   Lowest/highest price for double room, breakfast included

⌸ 10 €   Breakfast price where not included in rate

1/2P   Establishment also offering half board.

TOWN PLAN KEY

● Hotels
● Restaurants

Sights

Place of interest

Interesting place of worship

Road

Motorway, dual carriageway

Junction: complete, limited

Main traffic artery

Unsuitable for traffic; street subject to restrictions

Pedestrian street

Car park

Tunnel

Station and railway

Funicular

Cable car, cable way

Various signs

Tourist Information Centre

Place of worship

Tower or mast • Ruins • Windmill

Garden, park, wood • Cemetery

Stadium • Golf course • Racecourse

Outdoor or indoor swimming pool

View • Panorama

Monument • Fountain

Pleasure boat harbour

Lighthouse

Airport

Underground station

Coach station

Tramway

Ferry services:
passengers and cars, passengers only

Main post office with poste restante

Town Hall • University, College

Deutschland in Karten

Regional maps

Ort mit mindestens...

- einem Hotel oder Restaurant
- ❀ einem Sterne-Restaurant
- 🐷 einem Bib-Gourmand Restaurant
- 🏠 einem besonders angenehmen Hotel

Place with at least...

- one hotel or a restaurant
- ❀ one starred establishment
- 🐷 one restaurant « Bib Gourmand »
- 🏠 one particularly pleasant accommodation

7

15 16

26
25 **Dortmund**
Düsseldorf **Essen**

27

Köln
Bonn

35 36 37

45 46

53

Freiburg im Breisgau

61

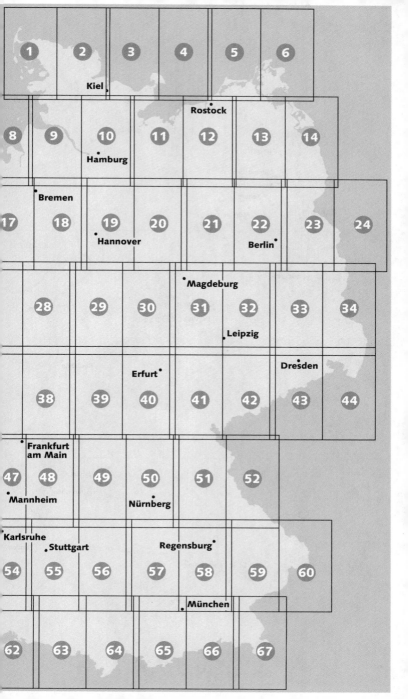

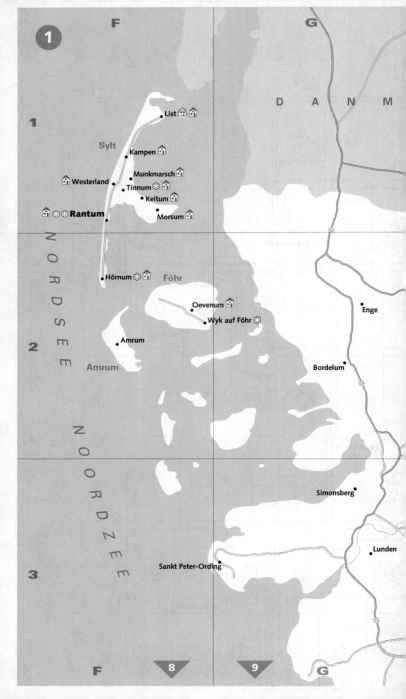

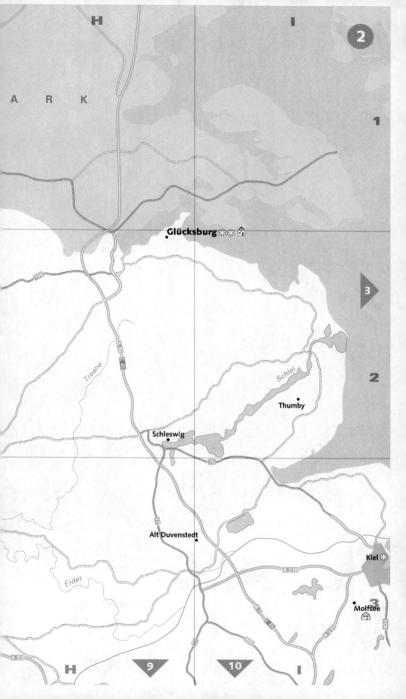

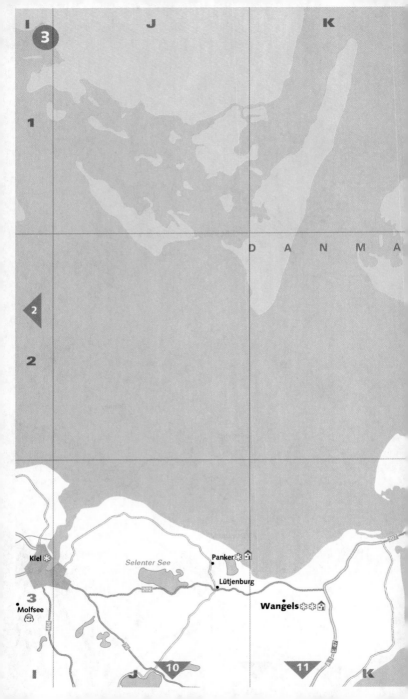

L   M   4

                                          1

R   K

                                        ▶ 5

                                          2

Fehmarn

🔵 Burg auf Fehmarn 😊

                                          3

Mecklenburger Bucht
        ▼ 11   L   M ▼ 12

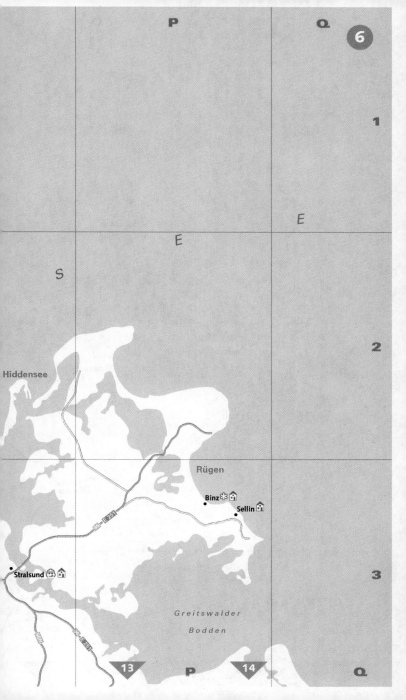

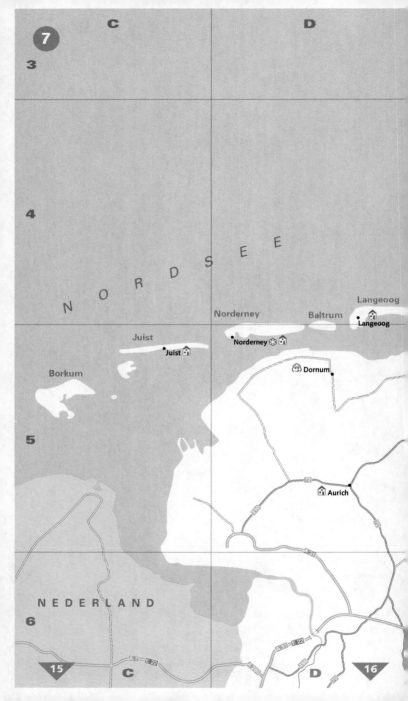

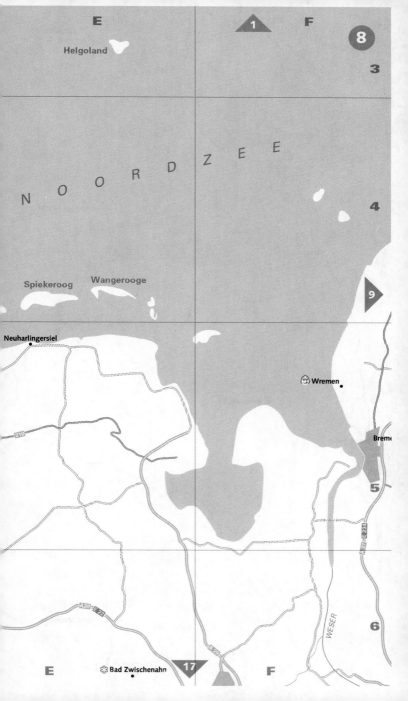

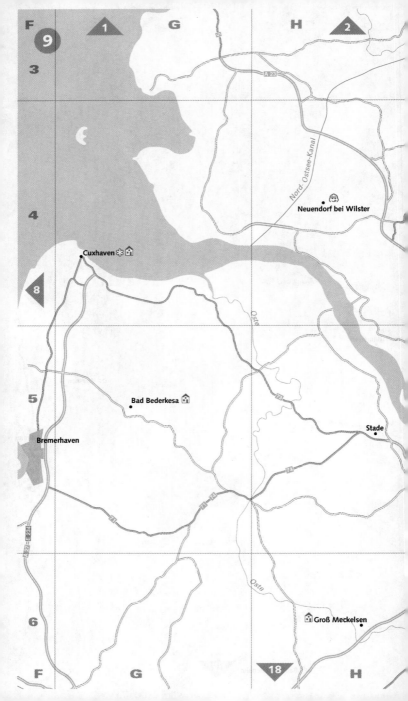

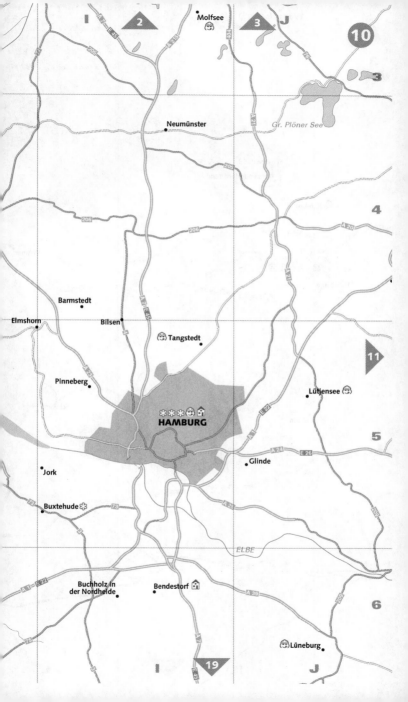

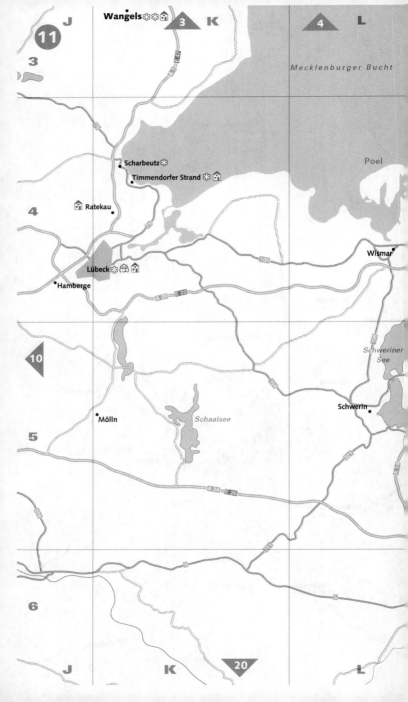

Greitswalder Bodden

P 6 **Q** **R** 14

3

P o m m e r s c h e

B u c h t

Usedom

Heringsdorf ❄ 🏠

Ahlbeck 🌀

4

Stolpe ❄

5

Feldberger Seenlandschaft ❄

P 23 **Q** **R**

6

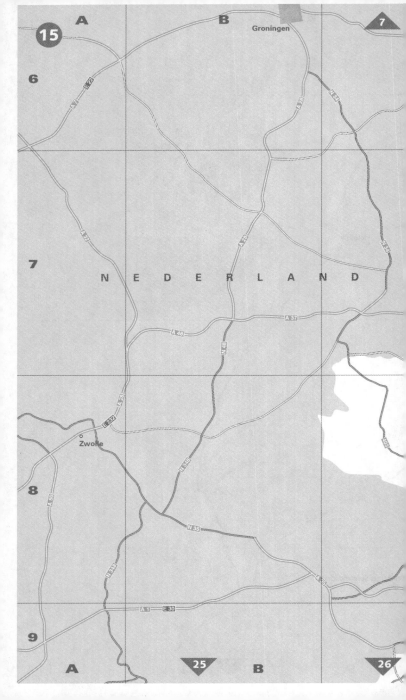

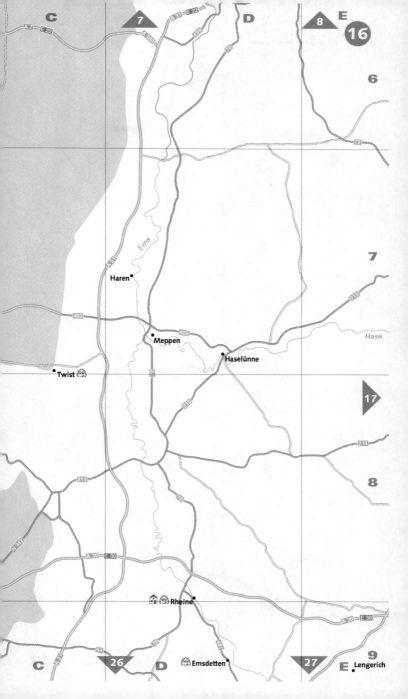

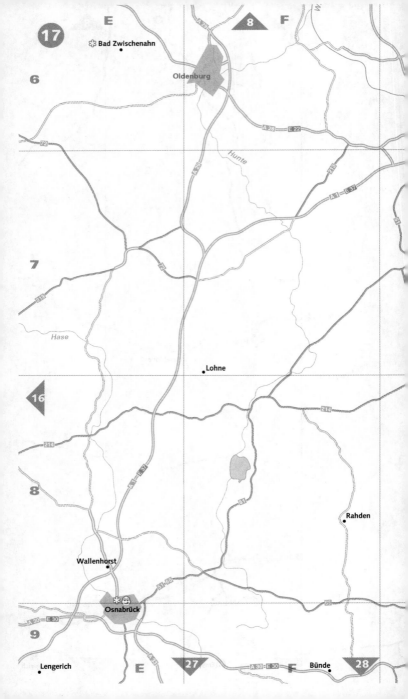

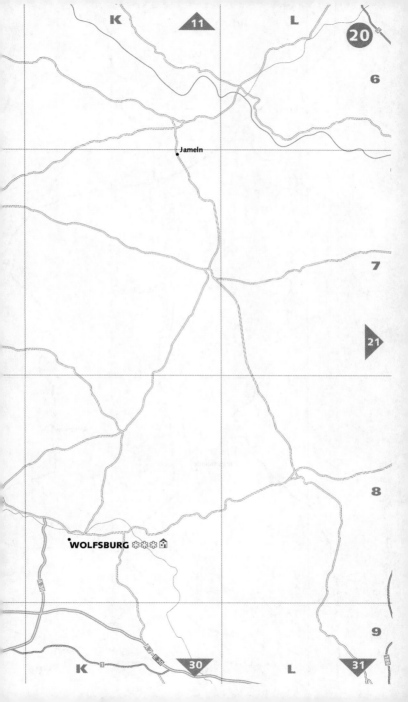

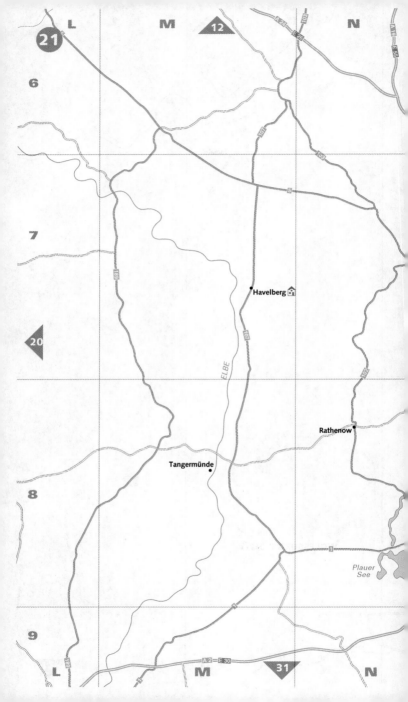

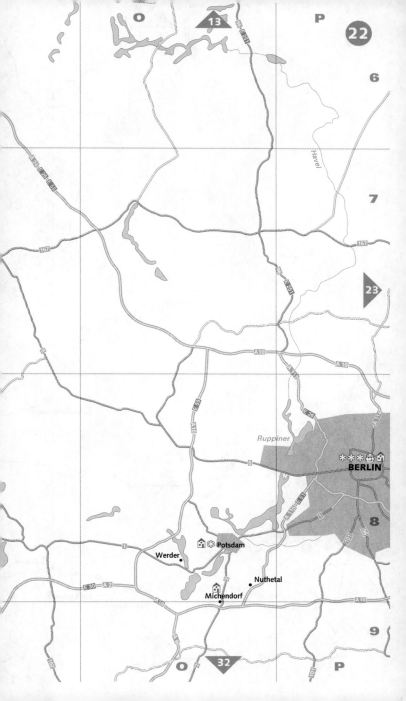

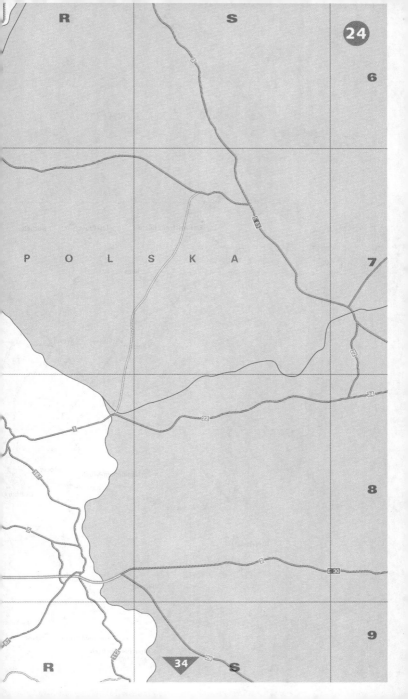

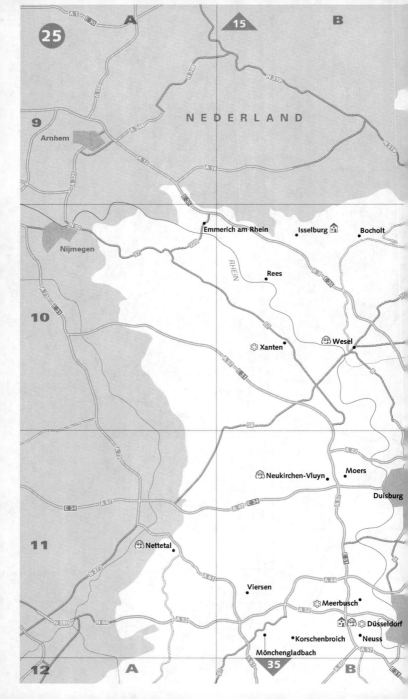

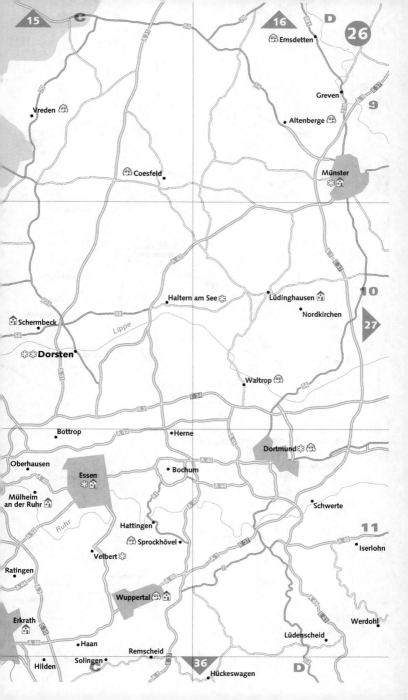

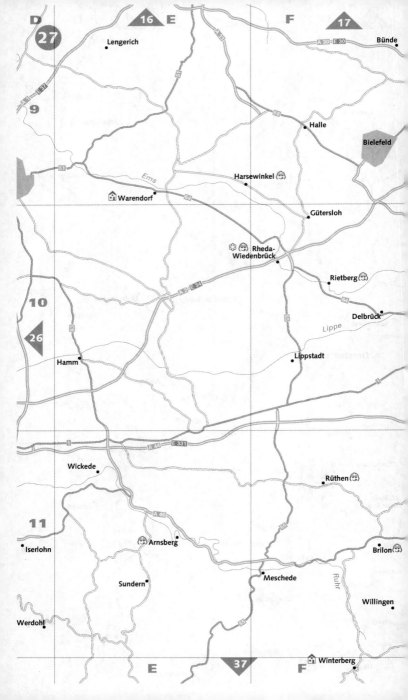

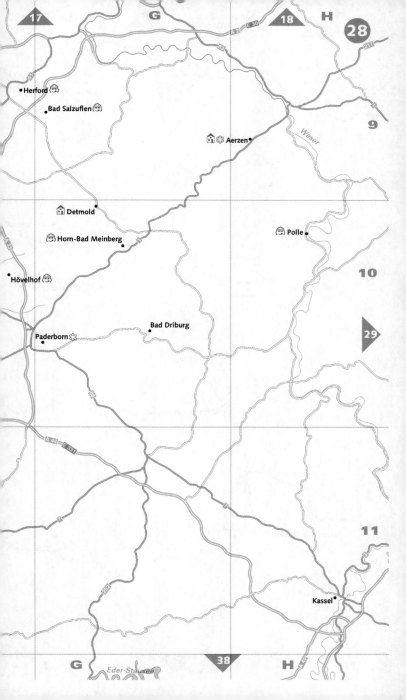

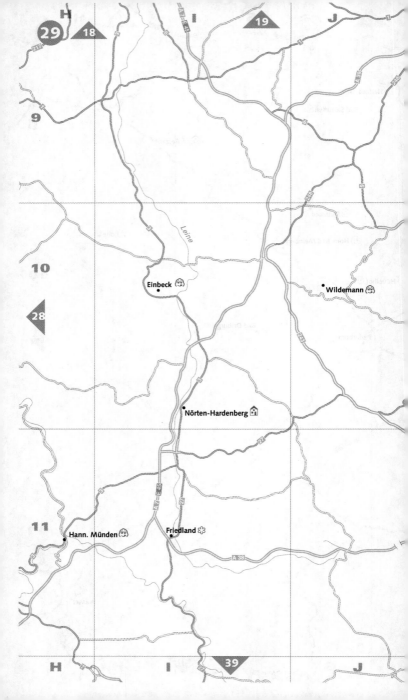

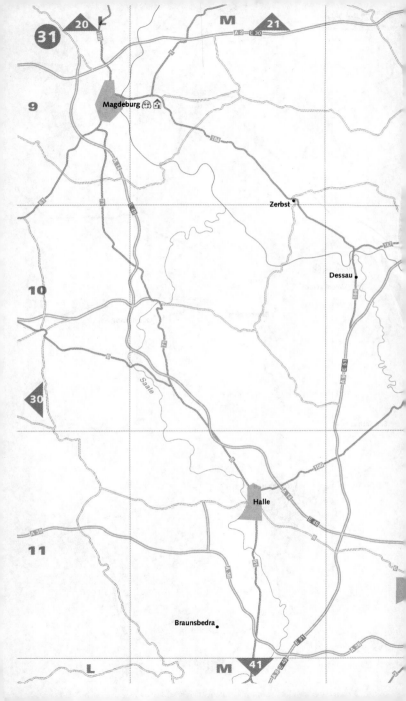

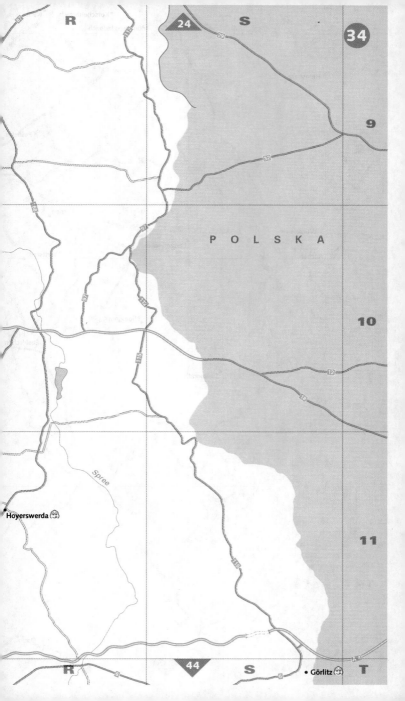

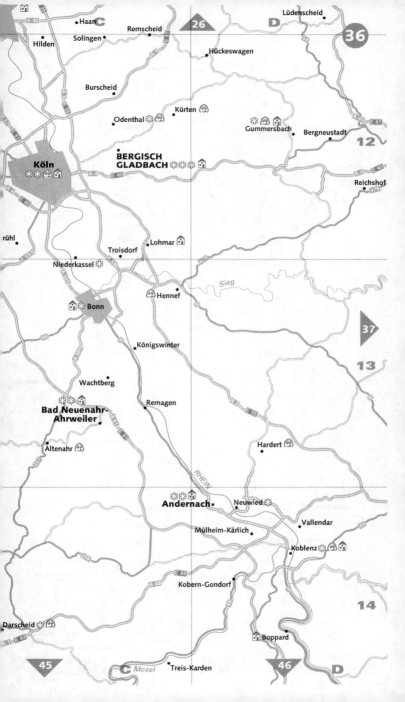

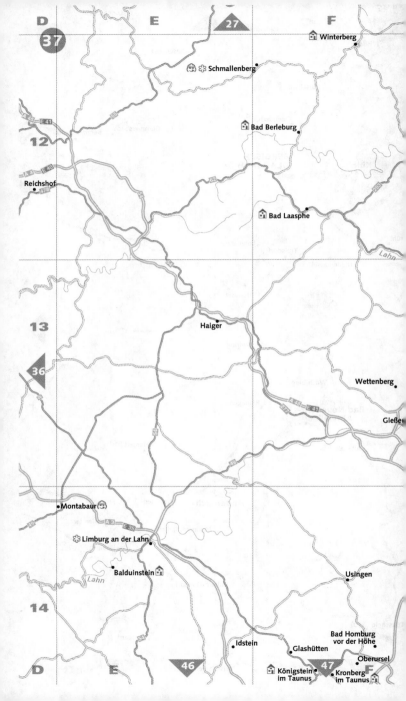

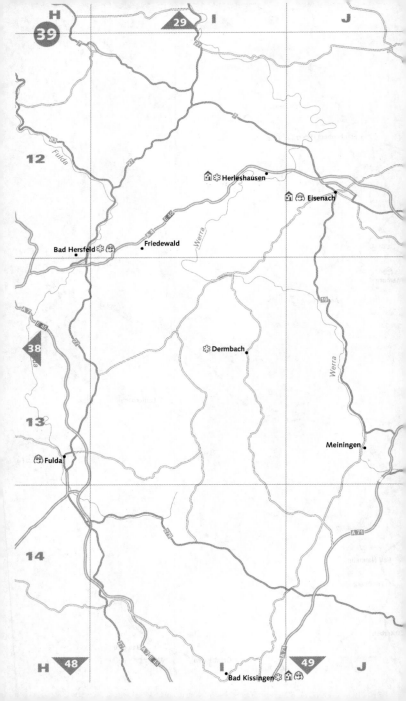

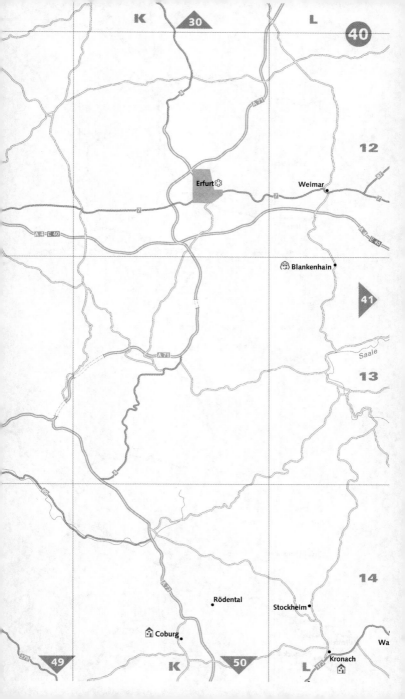

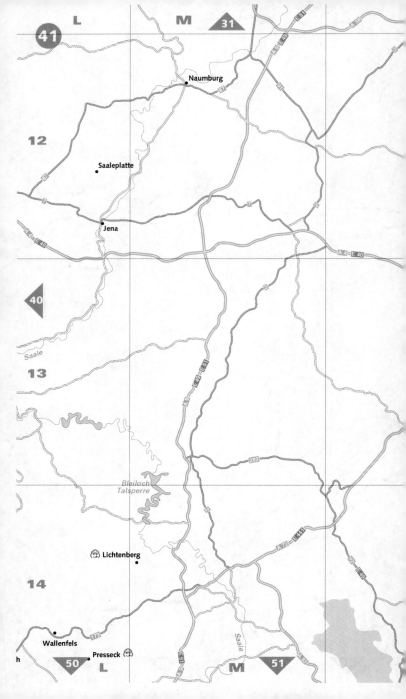

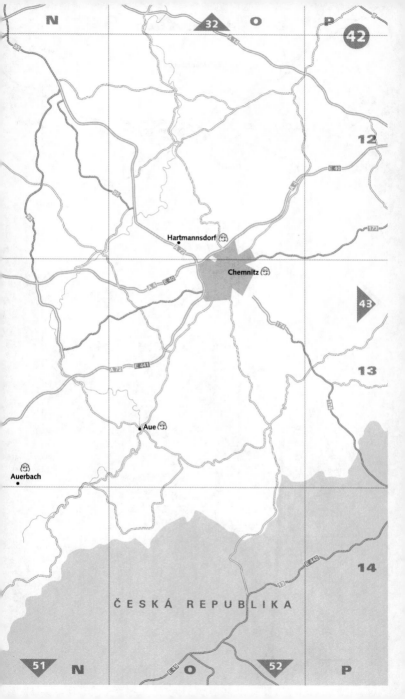

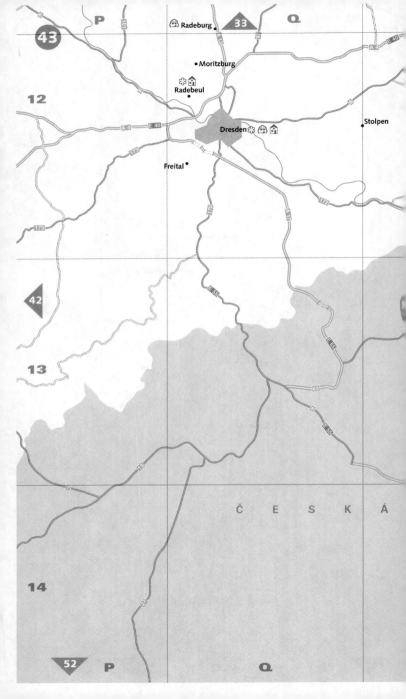

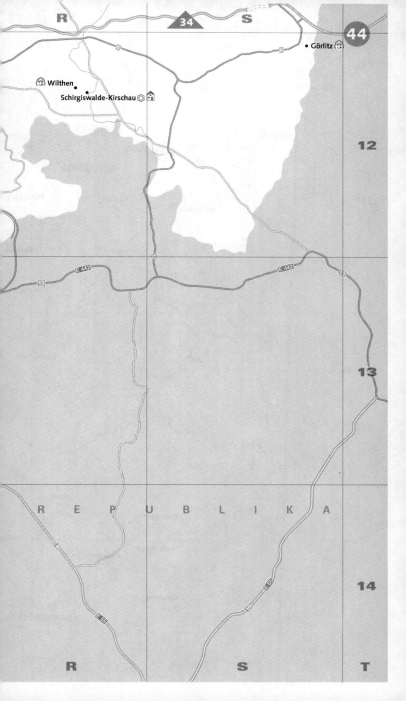

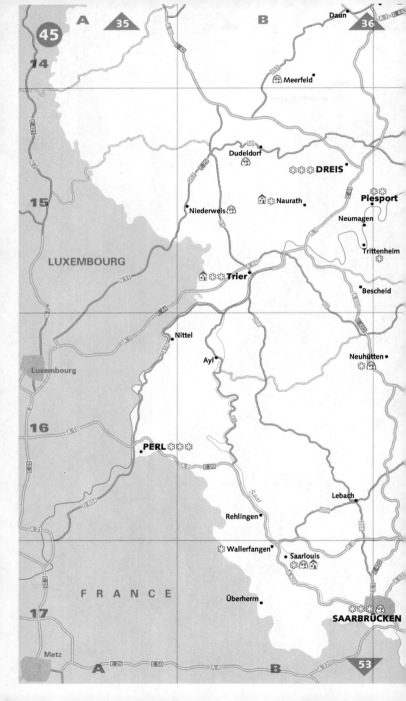

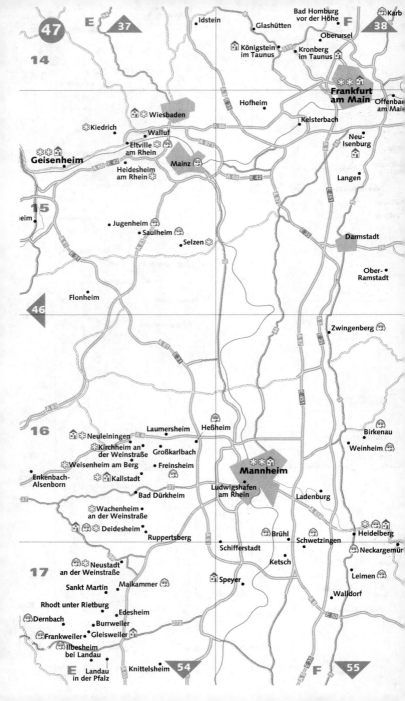

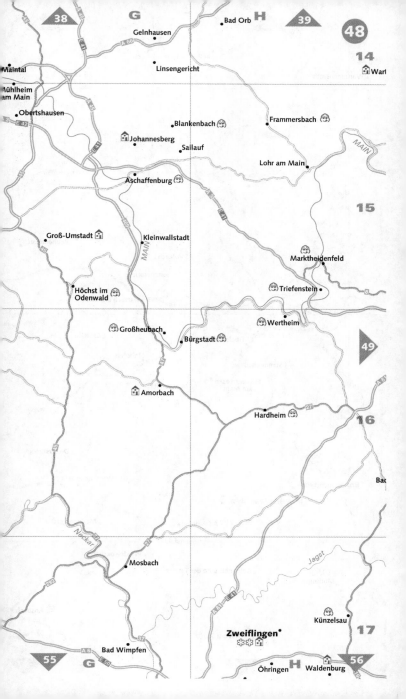

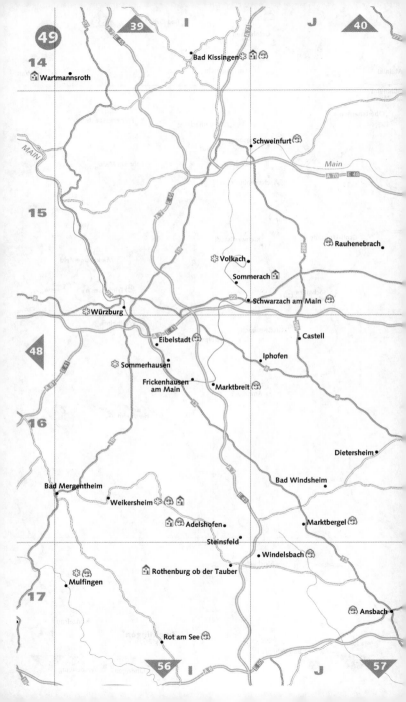

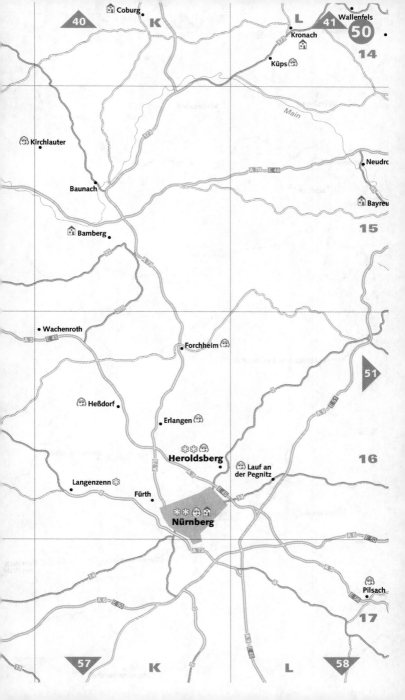

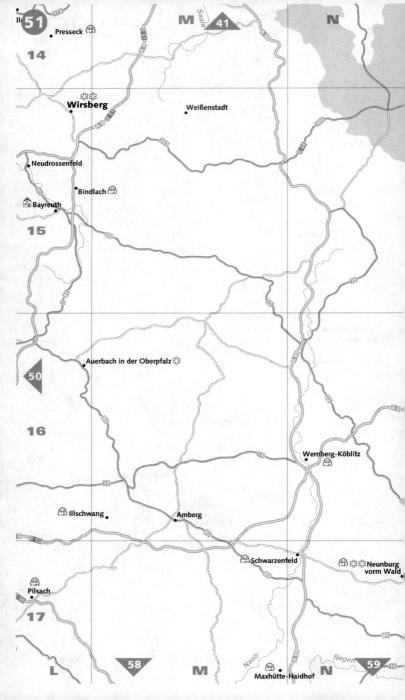

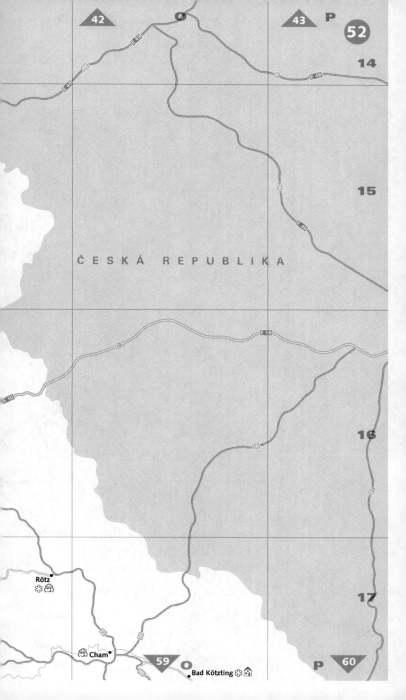

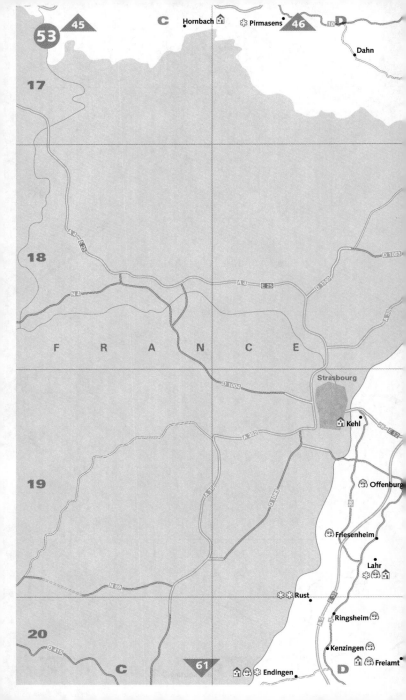

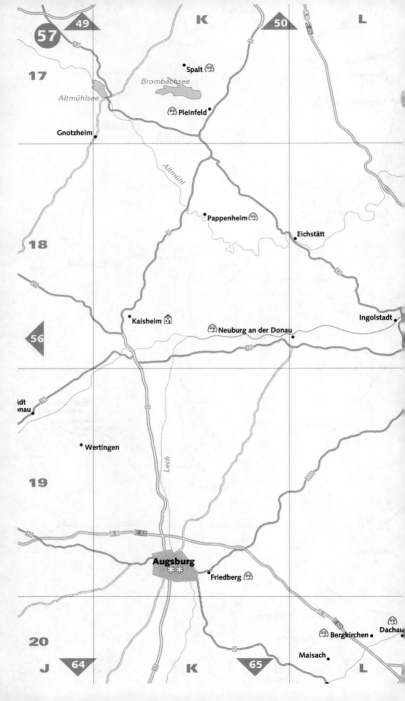

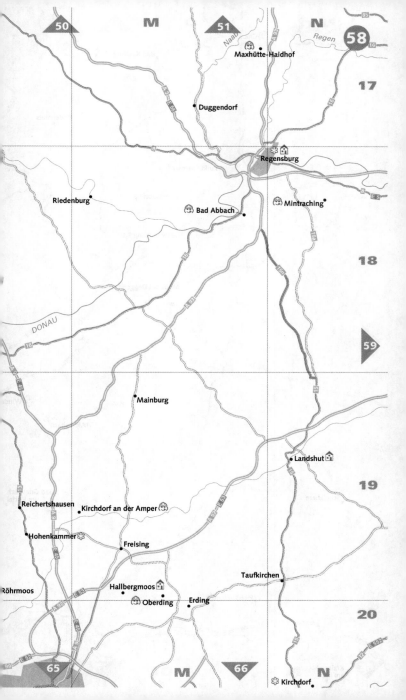

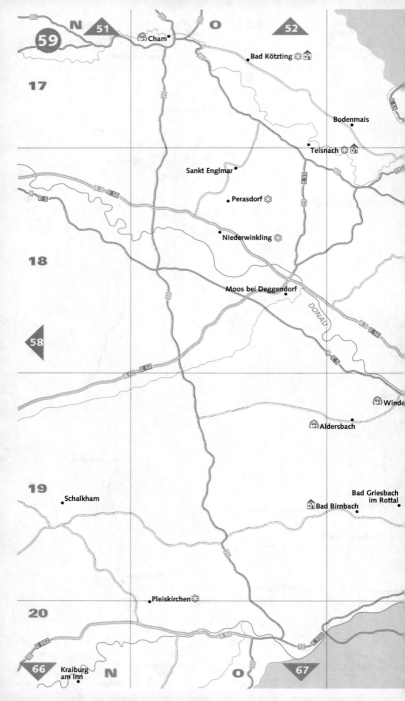

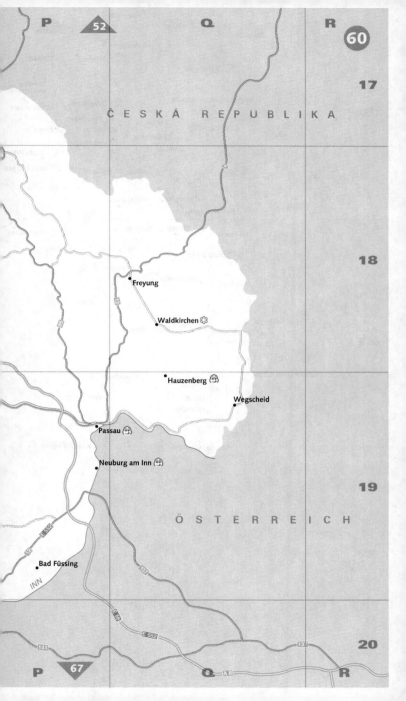

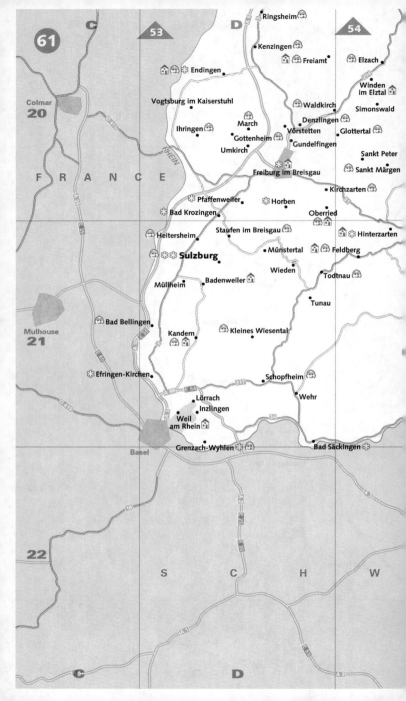

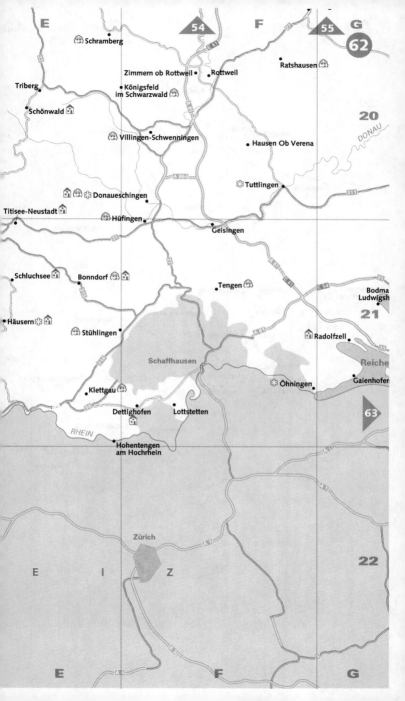

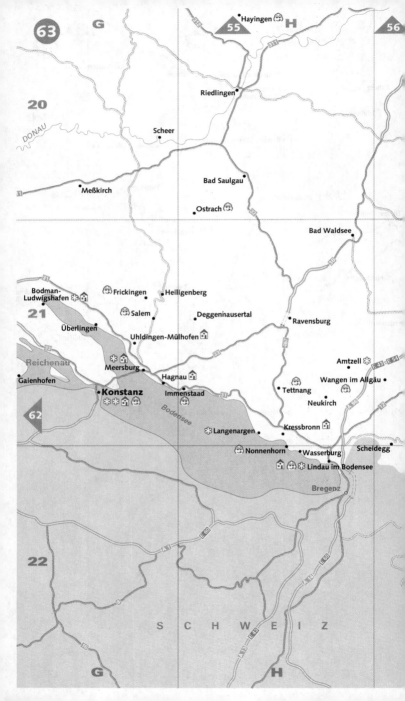

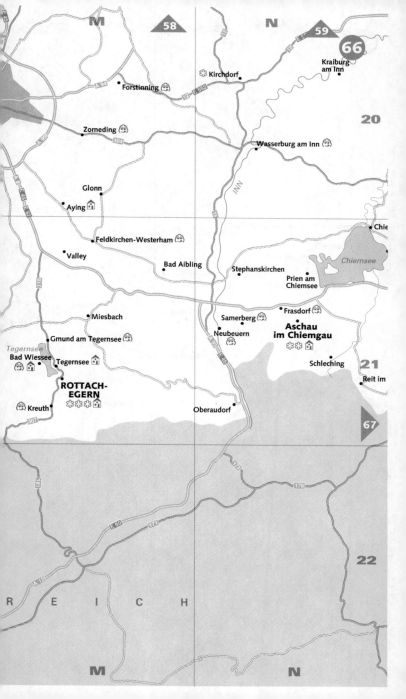

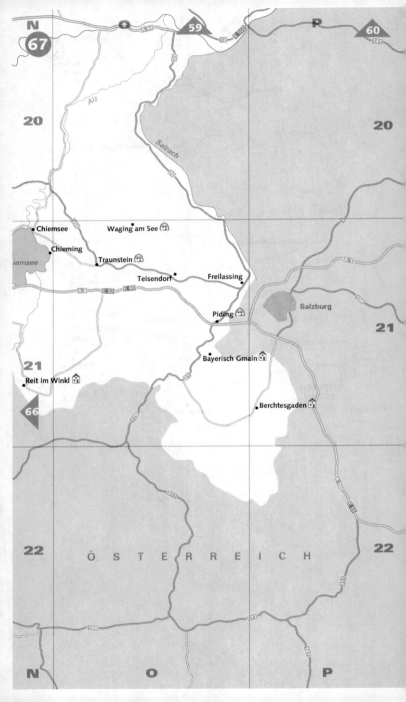

Restaurants & hotels

Restaurants & Hotels

Städte von A bis Z

Town from A to Z

AACHEN

Nordrhein-Westfalen – Regionalatlas **35**–A12 – Michelin Straßenkarte 543

Wir mögen besonders...

Mit Kneipenkultur, bürgerlichen Lokalen und modernen Konzepten das breite gastronomische Angebot der Stadt entdecken: Das **Justus K** für seine trendig-unkomplizierte Atmosphäre oder im **La Bécasse** Sterneküche genießen. Letztere gibt es auch im **Sankt Benedikt** – der Weg nach Kornelimünster lohnt sich! Auch in Sachen Geschichte und Kultur ist die Printen-Stadt im Dreiländereck Deutschland – Belgien – Niederlande interessant. Besichtigen Sie z. B. den Dom a. d. 8. Jh. – Wahrzeichen der Stadt – oder besuchen Sie die schönen Museen und das Theater von 1825. Schlendern Sie einfach durch die historische Altstadt – besonderes Flair ist Ihnen sicher! Sie mögen Pferdesport? Eine Veranstaltung von internationalem Rang ist das weltgrößte Reitturnier CHIO.

Restaurants

🏵 **La Bécasse** (Christof Lang)

FRANZÖSISCH-KLASSISCH · BISTRO XX Auch wenn die Lage des Restaurants am Zentrumsrand recht unscheinbar ist, die Küche ist es keineswegs! Bereits seit 1981 empfängt Sie Patron und Sternekoch Christof Lang (seit 1999 hat er die begehrte Auszeichnung) in dem gepflegten Eckhaus zu seiner reduzierten, geradlinig-klassischen Küche, die er hier und da auch mit modernen Elementen spickt. Die Speisen sind unkompliziert, haben aber dennoch Finesse, vom Geschmack ganz zu schweigen! Selbstverständlich finden nur top Produkte Verwendung. Und dazu vielleicht einen der schönen französischen Weine? Diese bilden den Schwerpunkt der ansprechenden Weinauswahl. Der Service ist übrigens ausgesprochen aufmerksam, freundlich und charmant, alles läuft angenehm reibungslos. Ein guter Tipp für Mittagsgäste ist das günstige Lunchmenü.

Spezialitäten: Gänseleberterrine mit Brioche und süßem Confit. Rehrücken mit Rote Beetechips, Steinpilzen und Quitten. Warmer Apfelkuchen.

Menu 39 € (Mittags), 69/105 € – Karte 70/90 €

Stadtplan: A3-s – *Hanbrucher Straße 1* ✉ 52064 – 𝒞 0241 74444 – *www.labecasse.de* – *Geschlossen Sonntag, mittags: Montag, Samstag*

🍴○ **Estor**

MODERNE KÜCHE · TRENDY X Zentral und doch etwas abseits des Geschehens liegt das angenehm legere Restaurant. Es gibt moderne Gerichte wie "gebratenes Wilddoradenfilet, Blumenkohl-Kalamansisauce, Salicorne, Topinambur, Zucchini", und zwar in einem frei wählbaren Menü oder à la carte.

Menu 44/77 € – Karte 44/60 €

Stadtplan: A3-e – *Gerlachstraße 20* ✉ 52062 – 𝒞 0241 47583261 – *www.restaurant-estor.de* – *Geschlossen 1.-6. Januar, Montag, Sonntag, mittags: Dienstag-Samstag*

🍴○ **Justus K**

FRANZÖSISCH · HIP X Hier kommt man gerne her, denn man kann ungezwungen essen oder einfach einen guten Wein trinken, und das bei sympathischem Service. Das Angebot steht auf einer großen Tafel und wechselt täglich - neben Fisch und Fleisch gibt es auch immer etwas Vegetarisches.

Menu 45/65 € – Karte 42/73 €

Stadtplan: C2-d – *Promenadenstraße 36* ✉ 52062 – 𝒞 0241 95177650 – *www.justusk.de* – *Geschlossen Montag, Sonntag, mittags: Dienstag-Samstag*

🍴○ **MundArt** &

KREATIV · BISTRO X Ein sympathisches kleines Restaurant im Zentrum. Hingucker sind markante Bilder von Maastricht und Antwerpen sowie 30 stylische Deckenlampen! Man kocht ambitioniert-kreativ, so z. B. "Filet vom Txogitxu mit Süßkartoffeln, Orangenjus, Rosenkohl, Haselnuss". Der Service aufmerksam und natürlich. Mittags anderes Konzept.

Menu 45/77 € – Karte 52/80 €

Stadtplan: D3-a – *Oppenhoffallee 9-15* ✉ 52066 – 𝒞 0241 16020669 – *www.mundart.restaurant* – *Geschlossen 22.-31. Dezember, Montag, Sonntag, mittags: Dienstag-Samstag*

🍴○ **Reuters House**

INTERNATIONAL · BISTRO X Internationale Speisen mit mediterranem Einfluss, zubereitet aus guten, frischen Produkten, nennen sich hier z. B. "Kalbstafelspitz-BBQ, Krenmousse, Frankfurter Grüne Sauce" oder "Kabeljau auf Rote-Bete-Pastasotto mit Tiroler Speck". Der Name stammt vom Gründer der berühmten Londoner Nachrichtenagentur.

Menu 23 € (Mittags), 35/45 € – Karte 33/52 €

Stadtplan: B1-a – *Pontstraße 117* ✉ 52062 – 𝒞 0241 1897666 – *www.cusina-culinaria.com* – *Geschlossen Montag, mittags: Freitag-Sonntag*

In Aachen-Kornelimünster Süd-Ost: 10 km über Adalbertsteinweg D2

ஐ **Sankt Benedikt** (Maximilian Kreus)

KREATIV · FAMILIÄR XX Seit 1982 hat das Aachener „St. Benedikt" seinen festen Platz in der nordrhein-westfälischen Sternegastronomie. Das Händchen fürs Kochen wurde Maximilian Kreus wohl schon in die Wiege gelegt, denn wie bereits seine Mutter vor ihm hält er nun seit vielen Jahren den Stern. Basis für seine klassisch geprägten Menüs sind immer exzellente Produkte, die er gefühlvoll und mit einer gewissen eigenen Idee zubereitet, so z. B. beim Kalb mit Chimichurri und Mais. Wer mittags zum Essen kommt, wählt von der Bistrokarte. Der Service ist überaus freundlich, versiert die Weinberatung - man empfiehlt ausschließlich Weine deutscher Winzer. Zu finden ist das hübsche modern-elegante Restaurant in einem denkmalgeschützten Haus, das sich schön in den charmanten historischen Ortskern von Kornelimünster einfügt.

Spezialitäten: Loup de Mer, Pandan, Gurke. US-Wagyu Flanksteak, Brezel, Powerade, Joghurt. Feige, Quark, Honig, Walnuss.

Menu 85/140 €

außerhalb Stadtplan – *Benediktusplatz 12* ✉ *52076 –* ✆ *02408 2888 –*
www.stbenedikt.de – Geschlossen 1.-7. Januar, Montag, Sonntag,
mittags: Dienstag-Samstag

🍴 **Bistro** – Siehe Restaurantauswahl

🍴 **Bistro**

KLASSISCHE KÜCHE · GEMÜTLICH X Hier heißt es schnell sein, denn eine Reservierung ist mittags nicht möglich und die frische saisonale Küche ist nicht nur bei den vielen Stammgästen gefragt! Schmackhaft z. B. "Schollenfilet, Kapernbutter, Kartoffeln, Salat". Schön die Terrasse mit Blick auf Kirche und Marktplatz.

Spezialitäten: Ziegenkäse gratiniert, Apfel, Salat. Fasan, Sellerie, Maronen. Grießflammerie, Apfelkompott.

Karte 34/38 €

außerhalb Stadtplan – *Sankt Benedikt, Benediktusplatz 12* ✉ *52076 –*
✆ *02408 2888 – www.stbenedikt.de – Geschlossen 1.-7. Januar, Montag, Samstag,*
Sonntag, abends: Dienstag-Freitag

In Aachen-Richterich Nord: 5 km über Roermonder Straße A1

🍴 **Schänke**

REGIONAL · LÄNDLICH X Auch in der Schänke des Schlosses Schönau sitzt es sich komfortabel und zugleich entspannt. Aus der Küche kommen Klassiker wie "Filetspitzen in Monschauer Senfsauce" oder auch "geschmorte Lammhaxe mit Blattspinat und Bratkartoffeln".

Spezialitäten: Samtsuppe vom Muskatkürbis, Kürbiskerne, Kürbiskernöl. Geschmortes Kalbs-Ossobuco mit Rosenkohl und cremiger Polenta. Calvados-Sabayon mit Haselnusseis.

Menu 29 € – Karte 27/51 €

außerhalb Stadtplan – *Schloss Schönau, Schönauer Allee 20* ✉ *52072 –*
✆ *0241 173577 – www.schlossschoenau.com – Geschlossen Montag, Dienstag,*
mittags: Mittwoch-Samstag

🍴O **Schloss Schönau**

FRANZÖSISCH-KLASSISCH · ELEGANT XX Einer der kulinarischen Klassiker Aachens erwartet Sie in dem schönen historischen Herrenhaus. Unter der sehenswerten hohen Stuckdecke serviert man Ihnen ambitionierte Küche, z. B. als "pochierten Rehrücken mit Cassis und Steinpilzpüree".

Menu 45/76 € – Karte 49/69 €

außerhalb Stadtplan – *Schönauer Allee 20* ✉ *52072 –* ✆ *0241 173577 –*
www.schlossschoenau.com – Geschlossen Montag, Dienstag,
mittags: Mittwoch-Samstag

🍴 **Schänke** – Siehe Restaurantauswahl

AALEN

Baden-Württemberg – Regionalatlas **56**-I18 – Michelin Straßenkarte 545

¶○ **Wilder Mann**

REGIONAL · LÄNDLICH X In dem langjährigen Familienbetrieb (inzwischen in 4. Generation) darf man sich auf frische regionale Küche mit modernen Einflüssen freuen - wie wär's z. B. mit "Rindertafelspitz, Meerrettichsauce, Röstkartoffeln, Preiselbeeren"? Im Sommer speist man gerne im herrlichen Garten! Zum Übernachten gibt es wertig eingerichtete Zimmer in schönem geradlinigem Design.

Menu 37/50 € – Karte 25/57 €

Karlstraße 4 ✉ *73433 – ☎ 07361 71366 – www.wildermann-aalen.de – Geschlossen Montag, Dienstag*

In Aalen-Unterkochen Süd-Ost: 4 km über B 19, Richtung Heidenheim

¶○ **Läuterhäusle**

TRADITIONELLE KÜCHE · LÄNDLICH XX Die engagierten Gastgeber haben hier eine richtig nette Adresse samt hübscher Terrasse! Auf der Karte Schwäbisches wie Zwiebelrostbraten oder hausgemachte Maultaschen, aber auch Vegetarisches. Sonntags kocht man durchgehend von 12 - 20 Uhr! Und zum Übernachten gibt es wohnliche Zimmer.

Menu 30/39 € – Karte 24/53 €

Waldhäuser Straße 109 ✉ *73432 – ☎ 07361 98890 – www.laeuterhaeusle.de – Geschlossen Montag, mittags: Freitag*

ABBACH, BAD

Bayern – Regionalatlas **58**-M18 – Michelin Straßenkarte 546

☺ **Schwögler**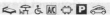

ZEITGENÖSSISCH · ZEITGEMÄßES AMBIENTE XX Mit Engagement wird das geradlinig gehaltene Restaurant geführt, das merkt man auch an der schmackhaften Küche - und die nennt sich "von basic bis spacig". Da macht "Schwögler's Zwiebenrostbraten vom Angus-Rind" ebenso Appetit wie "Beef Tatar Asia Style".

Spezialitäten: Schaumsuppe von der Brunnenkresse, mit Ochsenschwanz gefüllte Knusperrolle, Mostarda. Krosser Zander, gebratener Feldsalat, Kartoffel-Krebs Vinaigrette. Orange, Olivenöl, Ricotta al Baccanalle.

Menu 37/65 € – Karte 39/51 €

Stinkelbrunnstraße 18 ✉ *93077 – ☎ 09405 962300 – www.schwoegler.de – Geschlossen Montag, Dienstag*

ACHERN

Baden-Württemberg – Regionalatlas **54**-E19 – Michelin Straßenkarte 545

☺ **Chez Georges**

REGIONAL · KLASSISCHES AMBIENTE XX Lust auf Klassiker der badisch-elsässischen Küche? Die serviert man z. B. als "Tafelspitz vom Weideochsen mit Meerrettichsoße" oder "Bachsaibling mit Durbacher Rieslingsoße" - auf Wunsch bekommt man auch Vespergerichte. In der Weinstube "Kächele" sitzt man etwas legerer. Zudem kann man im Hotel "Schwarzwälder Hof" gepflegt übernachten.

Spezialitäten: Wildkräutersalat, Wachtelbrust, Sauerkirsch. Elsässer Entenbrust, Akazienhonig, Pfifferlinge, junger Lauch. Bühler Zwetschgen-Crumble.

Menu 35 € (Mittags), 33/45 € – Karte 29/55 €

Kirchstraße 38 ✉ *77855 – ☎ 07841 69680 – www.hotel-sha.de – Geschlossen 1.-5. Januar, 23. Juli-17. August, Montag, Sonntag*

In **Achern-Oberachern** Süd-Ost: 1,5 km über Illenauer Allee

🍴○ **Kiningers Hirsch** ⇐ 🛖 **P**

REGIONAL · FREUNDLICH ⅹ Seit vielen Jahren darf man sich hier neben der schönen Pfarrkirche St. Stefan auf regional-internationale Küche mit saisonalen Einflüssen freuen - im November isst man z. B. gerne Gans. Tipp: Speisen Sie im Sommer im hübschen Innenhof mit Kräutergarten! Für Übernachtungsgäste hat man gepflegte, funktionale Zimmer.

Menu 38 € – Karte 31/52 €

Oberacherner Straße 26 ✉ 77855 – ℰ 07841 21579 – www.kiningers-hirsch.de – Geschlossen 19. Oktober-6. November, Montag, Dienstag

ADELSHOFEN
Bayern – Regionalatlas **49**–I16 – Michelin Straßenkarte 546

In **Adelshofen-Tauberzell** Nord-West: 5 km Richtung Creglingen

☺ **Zum Falken** 🛖 ⇔ **P**

REGIONAL · GEMÜTLICH ⅹ Alte Holzbalken, schöner Dielenboden, Bänke und Stühle in rustikalem Stil - das bringt Gemütlichkeit! Dazu Regionales wie "Rehragout mit Haselnussspätzle". Tipp: donnerstags und freitags frische hausgemachte Würste. Es gibt auch eigene Obstbrände. Alte Scheune für Feierlichkeiten, Weinproben im Gewölbekeller.

Spezialitäten: Hausgemachte Salami vom Tauberzeller Rehbock. Lachsforellenfilets mit Wiesenkräutersalat und Rosmarinkartoffeln. Gebrannte Honigcrème mit Bauernhof-Eis.

Menu 27 € – Karte 17/35 €

Hotel Landhaus Zum Falken, Tauberzell 41 ✉ 91587 – ℰ 09865 941940 – www.landhaus-zum-falken.de – Geschlossen 26. Januar-26. Februar, 8.-17. November, Montag, Dienstag

🏠 **Landhaus Zum Falken** 🦌 🦮 **P**

GASTHOF · TRADITIONELL Wohnlich-modern, mit ländlichem Charme und preislich sehr fair - da kann man sich wirklich wohlfühlen! Die Rede ist von einem gestandenen fränkischen Landgasthof (1604 als Amtshaus erbaut) und einem nahe gelegenen Gästehaus. Nicht nur die Marmeladen zum Frühstück sind hausgemacht, der Chef ist Hobby-Imker.

16 Zimmer – 👫 67/77 € – ⚏ 8 €

Tauberzell 41 ✉ 91587 – ℰ 09865 941940 – www.landhaus-zum-falken.de – Geschlossen 26. Januar-26. Februar, 8.-17. November

☺ **Zum Falken** – Siehe Restaurantauswahl

AERZEN
Niedersachsen – Regionalatlas **28**–H9 – Michelin Straßenkarte 541

In **Aerzen-Schwöbber** Nord-West: 5 km

🕸 **Gourmet Restaurant im Schlosshotel Münchhausen**

KLASSISCHE KÜCHE · ELEGANT ⅹⅹⅹ Speisen bei echtem Schloss-Feeling! Könnte es einen stilvolleren Rahmen geben als das wunderbare historische Gemäuer des "Schlosshotels Münchhausen", einem herrschaftlichen, von einem Burggraben umgebenen Anwesen von 1570? Nehmen Sie zuerst einen Aperitif im imposanten Rittersaal, der Kaminlobby, ein, bevor Sie im eleganten Restaurant mit seinen Stuckdecken, Parkettboden und Gemälden an fein eingedeckten Tischen Platz nehmen. Freundlich und kompetent serviert man die aufwändig zubereiteten klassisch-modernen Gerichte von Achim Schwekendiek. Dass bei ihm hervorragende Produkte, exaktes Handwerk und interessante Ideen Hand in Hand gehen, beweist z. B. das Kaninchen mit Cranberry-Eis, Rübchen und Buttermilch. Freuen darf man sich auch auf eine tolle Weinkarte mit so mancher Rarität.

Spezialitäten: Blumenkohl, Röstzwiebelraviolo, Bouillon, Nussbutter. Deisterreh, Vogelbeere, Speckpilze, Rübe. Birne, Macaron, Meerrettich, Weizengras.

Menu 145/185 €

Schlosshotel Münchhausen, Schwöbber 9 ⊠ 31855 –
℘ 05154 70600 – www.schlosshotel-muenchhausen.com –
Geschlossen 2.-15. Januar, 12.-27. Juli, Montag, Sonntag,
mittags: Dienstag-Samstag

🛈○ Schlosskeller

MARKTKÜCHE · RUSTIKAL XX Richtig gemütlich ist der liebevoll dekorierte Gewölbekeller, traumhaft die Terrasse am Schlossweiher! Man kocht regional und saisonal, vom klassischen Wiener Schnitzel bis zum "Zanderfilet mit Hagebutten-Pastinakenpüree und Paprikagemüse".

Menu 55 € – Karte 37/66 €

Schlosshotel Münchhausen, Schwöbber 9 ⊠ 31855 –
℘ 05154 70600 – www.schlosshotel-muenchhausen.com –
Geschlossen 2.-15. Januar

🛈○ 1570 - Petit Gourmet   ⩽ ⅋ 🅿

MODERNE KÜCHE · LANDHAUS X "1570" hat eine Doppel-Bedeutung: zum einen das Jahr der Grundsteinlegung des Schlosses, zum anderen der Einheitspreis der Gerichte (15,70 €). Gekocht wird modern - auf der Karte z. B. "Stör, Nussbutter, Buchenpilz, Steckrübe". Schön der Rahmen: ungezwungen und stilvoll zugleich.

Menu 47/79 € – Karte 47/47 €

Schlosshotel Münchhausen, Schwöbber 9 ⊠ 31855 –
℘ 05154 70600 – www.schlosshotel-muenchhausen.com –
Geschlossen 2.-15. Januar, 12.-27. Juli, Montag, Sonntag,
mittags: Dienstag-Samstag

🏰 Schlosshotel Münchhausen
🜚 🦢 ⇲ 📺 🕘 🛉 🖃 🎰 🛠 🅿 🚗

HISTORISCHES GEBÄUDE · ELEGANT Stilgerecht und edel kommt das Schloss a. d. 16. Jh. daher - Historie und moderner Komfort vereint. Beispielhafter Service, elegante Zimmer, geschmackvoller und großzügiger Spa, sehenswerter Schlosspark mit seltenen Pflanzenarten und tollem Baumbestand, Golf ganz in der Nähe. Für ruhige Momente: Kaffee/Tee in der Lobby, dem eindrucksvollen Rittersaal!

60 Zimmer – ♐♐ 170/200 € – ⌻ 29 € – 8 Suiten

Schwöbber 9 ⊠ 31855 –
℘ 05154 70600 – www.schlosshotel-muenchhausen.com –
Geschlossen 2.-15. Januar

  🕸 **Gourmet Restaurant im Schlosshotel Münchhausen** · 🛈○ **Schlosskeller** ·
  🛈○ **1570 - Petit Gourmet** – Siehe Restaurantauswahl

AHLBECK – Mecklenburg-Vorpommern ➜ Siehe Usedom (Insel)

AHRENSHOOP

Mecklenburg-Vorpommern – Regionalatlas **5**–N3 – Michelin Straßenkarte 542

🛈○ Namenlos   ⩽ 🍴 ⅋ 🎰 🅿 🚗

MARKTKÜCHE · LÄNDLICH XX "Boddenzander, Safran-Estragonsauce, Blattspinat, Bärlauch-Sellerie-Püree" oder "Darßer Rehrücken, Moosbeerensauce, Pfifferlinge"? Gekocht wird regional, international und saisonal, und das durchgehend, auch nachmittags. Tipp: Vom vorderen Teil des Restaurants hat man einen schönen Blick aufs Meer. Hübsche Terrasse.

Menu 39/75 € – Karte 35/62 €

Hotel Namenlos & Fischerwiege, Dorfstraße 44 ⊠ 18347 –
℘ 038220 6060 – www.hotel-namenlos.de –
Geschlossen 6.-25. Dezember

🏠 Namenlos & Fischerwiege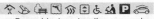

LANDHAUS · GEMÜTLICH Hübsches Häuser-Ensemble in reizvoller meernaher Lage im Grünen. Im Haus Fischerwiege wohnt man schön Richtung Bodden - hier auch der Pool und der Frühstücksraum mit Sicht in den Garten. Sie möchten Meerblick? Den gibt's im Haus Namenlos. Und wie wär's mit hausgemachtem Kuchen im Strandkorb auf der Terrasse?

45 Zimmer 🖵 – †† 185/265 € – 20 Suiten

Schifferberg 9a ✉ *18347 – 𝒞 038220 6060 – www.hotel-fischerwiege.de –*
Geschlossen 7.-24. Dezember

🍴 **Namenlos** – Siehe Restaurantauswahl

🏠 Künstlerquartier Seezeichen

BOUTIQUE-HOTEL · MODERN Chic, modern, wertig - von den Zimmern und Suiten über die Apartmenthäuser bis zum Spa, dazu der schöne Garten und nicht zuletzt die tolle Dachterrasse mit Meerblick - beliebt für Hochzeiten! Über den Deich geht's zum Strand, wo Sie Ihren eigenen Strandkorb haben.

64 Zimmer 🖵 – †† 100/290 € – 3 Suiten

Dorfstraße 22 ✉ *18347 – 𝒞 038220 67970 – www.seezeichen-hotel.de*

AIBLING, BAD
Bayern – Regionalatlas **66**–M21 – Michelin Straßenkarte 546

🍴 Lindners Stub'n ⓝ

REGIONAL · HISTORISCHES AMBIENTE ✕✕ Schön gemütlich und elegant zugleich, so sind die historischen Stuben mit ihrer stilvollen Holztäfelung. Gute Produkte, wenn möglich in Bioqualität, werden hier zu schmackhaften regionalen Gerichten. "Beuschel vom Milchkalb" oder "Lindners Tatar vom Salzburger Alpen-rind" sind hier ebenso lecker wie "im Salzteig gebackener Loup de mer".

Karte 33/59 €

Hotel Das Lindner, Marienplatz 5 ✉ *83043 – 𝒞 08061 90630 – www.das-lindner.de –*
Geschlossen mittags: Montag-Sonntag

🏠 Das Lindner ⓝ

TRADITIONELL · MONTAN Ein wunderschönes traditionelles Hotel im Herzen von Bad Aibling. Geschmackvoll und fast luxuriös wohnt man im Schloss, chic-modern kommen die neuen Zimmer im Anbau daher. Wer es besonders komfor-tabel mag, fragt nach den 12 Juniorsuiten! Hervorragend das Frühstück. Als gas-tronomische Ergänzung zu "Lindners Stub'n" gibt es noch die "Schwemme" mit rustikalen Gerichten.

56 Zimmer 🖵 – †† 139/299 €

Marienplatz 3 ✉ *83043 – 𝒞 08061 90630 – www.das-lindner.com*

🍴 **Lindners Stub'n** – Siehe Restaurantauswahl

ALDERSBACH
Bayern – Regionalatlas **59**–P19 – Michelin Straßenkarte 546

🐵 das asam

MARKTKÜCHE · FREUNDLICH ✕ In eine jahrhundertealte Klosteranlage samt Brauerei hat man das Hotel mit Restaurant integriert. In der 1. Etage speist man unter einer schönen hohen Decke mit Stuck und Malereien - attraktiv der Mix aus geradlinigem Interieur und historischem Rahmen. Es gibt modern-regionale Gerichte wie "Zweierlei Lamm aus Zachenberg, Belugalinsen, Birnenkompott, Gewürzjus".

Spezialitäten: Gurkenkaltschale, Feta, fermentierter Pfeffer. Zweierlei vom Stu-benküken, confierte Keule und gebratene Brust, Kräuterrisotto, Paprikazwiebelge-müse. Dunkle Schokoladencrème, Mango, Pinienkerne, Basilikum.

Menu 25 € (Mittags), 30/50 € – Karte 25/48 €

Freiherr-Von-Aretin-Platz 2 – 𝒞 08543 6247624 – www.das-asam.de –
Geschlossen 1.-22. Januar, Dienstag, Mittwoch, mittags: Montag und Donnerstag

ALPIRSBACH
Baden-Württemberg – Regionalatlas **54**–E19 – Michelin Straßenkarte 545

🍴 **Rössle**

REGIONAL · LÄNDLICH ✗ "Hirschkalbsbraten, Preiselbeerbirne, Spätzle", "Filet vom Lachs, Currygemüse, Jasminreis"... In dem Familienbetrieb (bereits in 4. Generation) wird regional-saisonal und mit internationalen Einflüssen gekocht. Und wie wär's mit einem Gästezimmer in frisch-modernem Schwarzwald-Stil?

Menu 26/42 € – Karte 25/53 €

Aischbachstraße 5 ✉ 72275 – ☎ 07444 956040 – www.roessle-alpirsbach.de – Geschlossen 15. März-5. April, 24. Oktober-8. November, Mittwoch, mittags: Montag-Donnerstag

ALT DUVENSTEDT

Schleswig-Holstein – Regionalatlas **2**-I3 – Michelin Straßenkarte 541

🍴 **LammButtRind**

MARKTKÜCHE · LÄNDLICH ✗✗ Nordisch-leger ist hier die Atmosphäre. In der Küche stehen saisonale Produkte aus der Region absolut im Fokus. Daraus entstehen frische Gerichte wie "Rotbarsch, Spargel, Tortellini, Bärlauch, Hollandaise" oder "Büsumer Lammrücken, Chorizo, geräucherte Paprika, Artischocke, Mais".

Menu 69/133 € – Karte 63/70 €

Seehotel Töpferhaus, Am See 2 ✉ 24791 – ☎ 04338 997177 – www.lammbuttrind.com – Geschlossen 2.-29. März, 2. Juli-6. August, Montag, Dienstag, Mittwoch

🏨 **Seehotel Töpferhaus**

LANDHAUS · INDIVIDUELL Erholung und Ruhe pur! Die Lage könnte kaum malerischer sein, der schöne See samt privater Seewiese und eigenem Badesteg liegt direkt vor der Tür! Wohnliche Zimmer im Landhausstil (viele mit Terrasse oder Balkon). Für Kids: Spielzimmer mit Tischtennis, Kicker, Dart... Im Restaurant "Abendbrot" gibt es abends Buffet, sonntags auch am Mittag.

46 Zimmer – 🛏 99/169 € – 🍽 15 €

Am See 1 ✉ 24791 – ☎ 04338 99710 – www.toepferhaus.com

🍴 **LammButtRind** – Siehe Restaurantauswahl

ALTENAHR

Rheinland-Pfalz – Regionalatlas **36**–C13 – Michelin Straßenkarte 543

🍽 **Gasthaus Assenmacher**

INTERNATIONAL · LÄNDLICH ✗✗ Bei Christian und Christa Storch spürt man das Engagement. Behaglich das Ambiente in Restaurant und Gaststube, herzlich und aufmerksam der Service, richtig gut die Küche. Man kocht geradlinig und fein, ohne Chichi, dafür mit viel Geschmack und Ausdruck. Man kann hier übrigens auch schön gepflegt übernachten.

Spezialitäten: Pfifferlingcremesuppe mit gebeiztem Lachs und Pinienkernsahne. Rücken und Schulter vom Lamm mit Gemüse Cannelloni und Erbsencrème. Lavendelblüteneis mit Aprikosenröster und Topfenknödel.

Menu 37/98 € – Karte 30/59 €

Brückenstraße 12 ✉ 53505 – ☎ 02643 1848 – www.gasthaus-assenmacher.de – Geschlossen 3.-21. Februar, 13.-24. Juli, Montag

ALTENBERGE

Nordrhein-Westfalen – Regionalatlas **26**–D9 – Michelin Straßenkarte 543

🍽 **Penz Am Dom**

REGIONAL · FREUNDLICH ✗ In dem hübschen alten Bürgerhaus vis-à-vis dem Dom mischt sich Historisches mit Modernem. Ein schöner stimmiger Rahmen für die frische, schmackhafte und preislich faire Küche. Wie wär's z. B. "Steinbeißerfilet mit ligurischem Kartoffel-Gemüse-Tomaten-Ragout"? Mittags unter der Woche nur Business Lunch. Tolle Terrasse!

Spezialitäten: Rinds-Bouillon mit Markklößchen, Eierstich und kleinem Gemüse. Kaninchen mediterran, mit eingelegten Tomaten und Kalamata Oliven zart geschmorte Keule, geröstete Gemüse und Rosmarin-Kartoffeln. Crème brûlée au café mit fruchtigem Sorbet.

Menu 39/75 € – Karte 37/45 €

Kirchstraße 13 ⊠ 48341 – ℰ 02505 9399530 – www.penz-am-dom.de –
Geschlossen Sonntag, mittags: Samstag

AMBERG

Bayern – Regionalatlas **51**–M16 – Michelin Straßenkarte 546

⅏ Schön Kilian

INTERNATIONAL · TRENDY ℵ "Café - Feinkost - Restaurant" - das Konzept kommt an. Lust auf international beeinflusste regionale Speisen wie "Filet vom Wildlachs, Zitronengras, Risotto" und als Dessert ein "lauwarmes Schokoladen-törtchen"? Oder lieber tolle hausgemachte Pralinen? Geradlinig-modern das Design, schön der Innenhof.

Menu 55/65 € – Karte 37/68 €

Ziegelgasse 12 ⊠ 92224 – ℰ 09621 308404 – www.schoen-kilian.de –
Geschlossen Montag, Dienstag

AMÖNEBURG

Hessen – Regionalatlas **38**–G13 – Michelin Straßenkarte 543

⊛ Dombäcker

REGIONAL · GEMÜTLICH ✗✗ Sympathisch und engagiert leiten die Schulists das schmucke Fachwerkhaus von 1725, das schön direkt am Marktplatz liegt. Der Junior kompetent-leger im Service, sein Vater am Herd. Man kocht regional, saisonal und international beeinflusst, z. B. Kürbisrisotto mit Parmesan und Rucola" oder "Rehpfeffer mit Serviettenknödel". Gepflegt übernachten kann man ebenfalls. **Spezialitäten:** Parfait von der Bachforelle. Forellenfilet von der Fischzucht Rameil, Rübenstampf, Röstkartoffeln. Crème brûlée mit Pflaumenparfait.

Menu 48 € – Karte 33/57 €

Markt 18 ⊠ 35287 – ℰ 06422 94090 – www.dombaecker.de – Geschlossen 1.-7.
Januar, 27. Juli-11. August, Montag, mittags: Dienstag-Freitag, abends: Sonntag

AMORBACH

Bayern – Regionalatlas **48**–G16 – Michelin Straßenkarte 546

⅏ Abt- und Schäferstube

FRANZÖSISCH-KLASSISCH · RUSTIKAL ✗✗ Im kleinen Gourmetrestaurant des herrlich gelegenen Hotels "Der Schafhof" geht es strikt klassisch zu, das gilt für das Ambiente ebenso wie für die Küche. In liebevoll dekorierten Räumlichkeiten bietet man aus sehr guten Produkten zubereitete Gerichte und eine ausgezeichnete Weinauswahl! Sehr schön ist im Sommer auch die Terrasse mit Blick ins Tal!

Menu 119 € – Karte 75/90 €

Hotel Der Schafhof, Schafhof 1 ⊠ 63916 – ℰ 09373 97330 – www.schafhof.de –
Geschlossen 1. Januar-15. März, Montag, Dienstag

⌂ Der Schafhof

HISTORISCH · INDIVIDUELL Idyllisch inmitten von Wald und Weiden liegt das einstige Klostergut von 1446 - ein Ort zum Entspannen fernab der Hektik der Stadt! Schöne Zimmer, tolles Frühstück, Weinprobe im eigenen Weinkeller, Relaxen bei Kosmetik und Massage oder am Naturbadeteich... Dazu engagierte Gastgeber und freundlich-geschultes Personal. Alternative zum Gourmetrestaurant: die gemütlich-ländliche "Benediktinerstube".

24 Zimmer ⌸ – ⍩ 140/185 € – 1 Suite

Schafhof 1 ⊠ 63916 – ℰ 09373 97330 – www.schafhof.de

⅏ **Abt- und Schäferstube** – Siehe Restaurantauswahl

AMRUM (INSEL)

Schleswig-Holstein – Regionalatlas 1–F2 – Michelin Straßenkarte 541

Norddorf

Hüttmann   🏹 🐾 ⟨ 🛏 🏔 ♨ 🅿

LANDHAUS · GEMÜTLICH Seit 1892 (in 4. Generation) ist die schöne Hotel-anlage in Familienbesitz. Individuelle Zimmer mit nordischem Charme, Kosmetik- und Massageangebote sowie ein Abendrestaurant nebst Terrasse mit Pavillon - gekocht wird regional-international, Wild kommt aus eigener Jagd. Ganztägig geöffnet: legeres Café-Bistro.

45 Zimmer 🛏 – 👫 125/185 € – 9 Suiten
Ual Saarepswai 2 ⊠ 25946 – ℰ 04682 9220 –
www.hotel-huettmann.de

AMSTETTEN

Baden-Württemberg – Regionalatlas 56–I19 – Michelin Straßenkarte 545

In Amstetten-Stubersteim Nord-Ost: 5,5 km über Hofstett-Emerbuch

🍴 Stubersheimer Hof   ⟨ 🛏 ♨ 🅿

KLASSISCHE KÜCHE · GEMÜTLICH ✕✕ In dem liebevoll sanierten ehemaligen Bauernhof darf man sich auf geschmackvoll-ländliche Atmosphäre freuen. In der sehr netten Stube mit schönem Holzboden wird man freundlich umsorgt, wäh-rend die Juniorchefin z. B. "geschmorte Ochsenbäckchen mit Blattspinat und getrüffelter Kartoffelmousseline" zubereitet. Charmant der Innenhof. Hübsche Gästezimmer hat man ebenfalls.

Karte 31/57 €
Bräunisheimer Straße 1 ⊠ 73340 – ℰ 07331 4429970 –
www.stubersheimer-hof.de – Geschlossen 1.-23. August, Montag, Dienstag,
mittags: Mittwoch-Samstag

AMTZELL

Baden-Württemberg – Regionalatlas 63–H21 – Michelin Straßenkarte 545

In Amtzell-Geiselharz Süd-Ost: 1 km, jenseits der B 32

🕸 Schattbuch   🛏 🅰🅲 ♨ 🅿

KREATIV · TRENDY ✕✕ Bei der Frage nach einer trendigen Ausgeh-Adresse fällt bei Insidern der Allgäuer Gastro-Szene sofort der Name Christian Grundl. Er stand u. a. schon in Holland bei Drei-Sterne-Koch Sergio Hermann am Herd, gehörte zum Team von Frank Oehler in der Stuttgarter „Speisemeisterei" und kochte bei Juan Amador in Mannheim. Aus seiner Küche kommen moderne Gerichte, deren Basis zum einen in der Region, zum anderen in der französischen Klassik liegt. Da kommt die „Neuinterpretation" von Oma's Sup-pentopf ebenso gut an wie der Zwiebelrostbraten oder auch kreative Kom-binationen wie Kalbsbries, grüner Apfel mit Wasabi, Olive und Pfifferlinge. Während im selben Gebäude, quasi nebenan, Roboter entstehen, geht es hier doch angenehm natürlich und freundlich zu - leger und gleichermaßen fach-kundig der Service.

Spezialitäten: Kalbstatar, Erbsengazpacho, Wachtelei, Meerrettich. US Roastbeef, geräucherte Paprika, Salbeipolenta, Balsamicozwiebeln, Rotweinjus. Nougat, Bir-ne, Fenchel, Sauerrahm.

Menu 75/95 € – Karte 52/85 €
Schattbucher Straße 10 ⊠ 88279 – ℰ 07520 953788 –
www.schattbuch.de – Geschlossen Montag, Sonntag, mittags: Samstag

ANDERNACH

Rheinland-Pfalz – Regionalatlas **36**–D14 – Michelin Straßenkarte 543

⊛⊛ **PURS**   ⊛ AC ⟷

MODERNE KÜCHE · DESIGN XxX In einer unscheinbaren Nebenstraße von Andernach versteckt sich dieses kleine Juwel, entstanden aus der "Alten Kanzlei" von 1677. Das geschmackvolle moderne Design von Axel Vervoordt, das schon im Hotel für einen äußerst schicken Look sorgt, setzt sich im Restaurant fort. Hingucker sind Kunstwerke an der Wand sowie die - dank verglaster Front - gut einsehbare Küche. Christian Eckhardt gelingen hier fantastische Kombinationen von Aromen. Überaus durchdacht verbindet er z. B. eine wirklich hervorragende Brust vom Perlhuhn "Excellence" mit Périgord-Trüffel, Mandarine und geflämmtem Lauch. Zu erwähnen sei auch der überaus versierte Sommelier, der mit ausgezeichneten glasweisen Empfehlungen glänzt! Tipp: Lassen Sie den genussvollen Abend bei einem Apero in der "Weißen Lounge" beginnen.

Spezialitäten: Entenleber, Kirsche, Pistazie, Plunderteig. Taube, Rettich, Banane, Macadamia, Mais. Pfirsich, BBQ Aromen, weiße Schokolade, Verbene.

Menu 150/180 €

Hotel Purs, Steinweg 30 ⊠ 56626 – ℰ 02632 9586750 – www.purs.com –
Geschlossen 16. Februar-3. März, 26. Juli-18. August, Montag, Dienstag, Sonntag,
mittags: Mittwoch-Samstag

⊛ **YOSO**   ⟷

ASIATISCH · GERADLINIG X "Yoso" - dieser etwas exotisch klingende Name ist koreanisch und steht für die Elemente Feuer, Wasser, Luft und Erde, und die werden in einem interessanten modernen Konzept umgesetzt. Verantwortlich dafür ist Sarah Henke. Sie kocht angenehm leicht, authentisch und gerne auch mal schön "hot" (als gebürtige Südkoreanerin liegt ihr das gewissermaßen im Blut!), bringt neben asiatischen Aromen aber auch regionale Elemente ein. Am Abend und samstagmittags wählen Sie zwischen zwei Menüs mit vier bis sechs Gängen, sonst bietet man mittags ausschließlich Sushi-Lunch. Ein tolles Restaurant, das mit seinem urbanen Touch auch in eine Großstadt passen würde.

Spezialitäten: Yin und Yang, Pistazie, Mango. Kalbsbäckchen, Linsen, Pflaume. Schokolade, Nashi Birne, Yuzu.

Menu 76/98 € – Karte 44/76 €

Hotel Am Ochsentor, Schafbachstraße 14 ⊠ 56626 – ℰ 02632 4998643 –
www.yoso-restaurant.de – Geschlossen 16. Februar-2. März, 19. Juli-10. August,
Montag, Sonntag, mittags: Dienstag-Freitag

ⅠO **Ristorante Ai Pero**   ⛲ ⛬ AC P

MODERNE KÜCHE · CHIC XX Dies ist die Gourmet-Variante des "Ai Pero". Gehoben, saisonal und modern-italienisch ist die Küche des kleinen Ristorante. Aus sehr guten Produkten entsteht z. B. "Coda di rospo - Seeteufel, Knoblauch, Tomate". Und dazu ein Wein aus Italien? Chic das wertig-moderne Interieur, aufmerksam, freundlich und geschult der Service.

Menu 82/119 €

Hotel Am Ochsentor, Schafbachstraße 20 ⊠ 56626 – ℰ 02632 9894060 –
www.hotel-ochsentor.de – Geschlossen 26. Januar-11. Februar, 6.-26. Juli, Dienstag,
Mittwoch, mittags: Montag und Donnerstag-Sonntag

🏚 **Purs**   ⚐ ⊡ AC

BOUTIQUE-HOTEL · DESIGN Das luxuriöse und mit persönlicher Note gestaltete kleine Boutique-Hotel trägt die Handschrift des Designers Axel Vervoordt - ausgesprochen chic und wertig! Ganz besonderen Charme versprühen die Zimmer im 300 Jahre alten Stammhaus. Attraktiv auch die Bar - hier wird morgens à la carte gefrühstückt.

10 Zimmer ⊑ – ♥♥ 280 € – 1 Suite

Steinweg 30 ⊠ 56626 – ℰ 02632 9586750 – www.purs.com – Geschlossen 17.
Februar-3. März, 27. Juli-16. August

⊛⊛ **PURS** – Siehe Restaurantauswahl

🏠 Am Ochsentor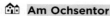

URBAN · MODERN Hier überzeugt zum einen die Lage in der Altstadt, zum anderen das wertige Interieur aus schickem, stimmigen Design und moderner Technik. Sehr nett die ungezwungen-trendige "Trattoria Ai Pero" mit italienischer Küche. Gegenüber dem Hotel: "Rufus Bar & Lounge". Tipp: Besuchen Sie den 60 m hohen Kaltwasser-Geysir!

22 Zimmer 🛏 – 🍴 125/149 € – 2 Suiten

Schafbachstraße 20 ⊠ 56626 – ℰ 02632 9894060 – www.hotel-ochsentor.de

🍴 **Ristorante Ai Pero** · ✿ **YOSO** – Siehe Restaurantauswahl

ANSBACH

Bayern – Regionalatlas **49**–J17 – Michelin Straßenkarte 546

🍃 La Corona �& 🏡

MARKTKÜCHE · MEDITERRANES AMBIENTE XX Mit Herzblut führt Familie Gerg ihr gemütliches Restaurant samt Vinothek, das etwas versteckt im Kronenhof (einst Stadtpalais der Grafen von Seckendorff a. d. 17. Jh.) liegt. Die Küche orientiert sich an Themenwochen wie z. B. "Regenbogenküche vom Kap" oder "Mallorca" - schmackhaft und aus guten Produkten. Dazu eine Auswahl von rund 1400 Weinen und ca. 140 Digestifs.

Spezialitäten: Consommé von steirischen Steinpilzen mit hausgemachten Speck-Kaminwurz-Tortellini. Portion von der Tiroler Hirschkalbs-Haxe mit Sternanis und Eisenkraut, eingelegte Herzkirschen und gratinierte Kartoffeln. Orangen Panna Cotta mit Kumquats Kompott und Pistazien.

Karte 37/72 €

Johann-Sebastian-Bach-Platz 20 ⊠ 91522 – ℰ 0981 9090130 – www.lacorona.de – Geschlossen Montag, Dienstag, Mittwoch, Sonntag, mittags: Donnerstag-Samstag

🍴 Schwarzer Bock ⇔ 🏡 🅿

REGIONAL · GASTHOF X In dem schmucken Rokoko-Haus in der Altstadt erwartet Sie fränkisch-pfälzische Wirtshauskultur. Wertige Einrichtungsdetails mischen sich gelungen mit dem traditionellen Charme, hübsch die Terrasse. Das Angebot reicht von Flammkuchen über Wildbratwürste bis "Schäuferla mit Kloß". Schön auch die wohnlichen Gästezimmer.

Menu 20/45 € – Karte 22/51 €

Pfarrstraße 31 ⊠ 91522 – ℰ 0981 421240 – www.schwarzerbock.com

APPENWEIER

Baden-Württemberg – Regionalatlas **54**–E19 – Michelin Straßenkarte 545

In Appenweier-Nesselried

🍴 Gasthof Engel ⇔ 🏡 & ♿ 🅿 🚗

REGIONAL · GASTHOF X Freundlich kommt die mit hellem warmem Holz ausgestattete Gaststube daher. Gekocht wird Regionales wie "Wildgulasch in Burgundersoße mit Champignons und Butterspätzle". Schön gepflegt übernachten können Sie hier ebenfalls.

Menu 20/26 € – Karte 28/49 €

Dorfstraße 43 ⊠ 77767 – ℰ 07805 919181 – www.gasthof-engel.de – Geschlossen 17. Februar-5. März, 24. August-10. September, Mittwoch, Donnerstag

ARNSBERG

Nordrhein-Westfalen – Regionalatlas **27**–E11 – Michelin Straßenkarte 543

🍃 Menge ⇔ 🏡 ♿ 🅿

MARKTKÜCHE · FREUNDLICH XX Christoph Menge kocht geschmackvoll und ambitioniert, von gefragten Klassikern wie dem "Sauren Schnitzel" bis zu gehobeneren Gerichten wie "Wolfsbarsch mit Petersilienwurzel und Rote Beete". Je nach Saison gibt's auch Galloway-Rind, Wild und Lamm - natürlich aus der Region. In dem traditionsreichen Familienbetrieb kann man auch gepflegt übernachten.

Spezialitäten: Rehterrine, eingelegte Maronenpilze, Kürbischutney, Feldsalat. Saibling aus dem Hellefelder Bachtal, Rahmwirsing, Wennigloher Bio-Kartoffeln im Sauerländer Senfsud. Pflaume, Grieß, Topfen.

Menu 41/63€ – Karte 30/65€

Ruhrstraße 60 ⊠ 59821 – ☏ 02931 52520 – www.hotel-menge.de –
Geschlossen 9.-26. Februar, 12.-27. Juli, Montag, Sonntag,
mittags: Dienstag-Samstag

ASCHAFFENBURG
Bayern – Regionalatlas **48**–G15 – Michelin Straßenkarte 546

⊛ **Oechsle**

TRADITIONELLE KÜCHE · FREUNDLICH XX Hier wird mit regionalem und saisonalem Bezug gekocht - gut und preislich fair. Auf der Karte z. B. "Wiener Schnitzel mit fränkischem Kartoffelsalat". Tipp: Kommen Sie auch mal zum Gänseessen! Und das Ambiente? Ein Mix aus modern und rustikal - hübsch der Kachelofen von 1840. Gepflegt übernachten kann man ebenfalls.
Spezialitäten: Wildschwein-Landterrine mit Pflaumensenf, eingelegten Radieschen und Blattsalat. Geschmortes und gebratenes vom Spessart Reh mit Pilzen, dicken Bohnen, wilden Mirabellen vom Mainufer, Semmelknödel und Pesto aus Fichtensprossen, Petersilie und Walnüssen. Kartäuserklöße auf Zwetschgenkompott mit Vanilleeis.

Menu 37€ – Karte 23/63€

Karlstraße 16 ⊠ 63739 – ☏ 06021 23132 – www.zumgoldenenochsen.de –
Geschlossen 1.-4. Januar, 1.-14. Juni, 15. August-6. September, Montag, Sonntag,
mittags: Dienstag-Samstag

ASCHAU IM CHIEMGAU
Bayern – Regionalatlas **66**–N21 – Michelin Straßenkarte 546

❀❀ **Restaurant Heinz Winkler**

FRANZÖSISCH-KLASSISCH · ELEGANT XxxX Mit seiner „Residenz" hat sich Kochvirtuose Heinz Winkler 1991 seinen Lebenstraum erfüllt, und das umgeben von herrlicher Chiemgau-Landschaft - da nimmt man gerne im Garten bei schöner Aussicht einen Apero ein. Danach stehen sowohl Klassiker als auch modern angehauchte Kreationen zur Wahl. Die Gerichte zeugen von tollem Handwerk, sind nie überladen und man bleibt stets seinem Stil treu. Heinz Winkler und Küchenchef Steffen Mezger stellen geschickt den intensiven Geschmack der einzelnen Komponenten in den Vordergrund und sorgen immer wieder für gelungene Kontraste. Freundlich umsorgt werden Sie vom Serviceteam um Juniorchef Alexander, der Sie souverän und angenehm ungezwungen auch gerne bei der Weinauswahl berät. Die Karte ist sehr ausgewogen und bietet sowohl große Namen als auch kleine Winzer.
Spezialitäten: Hamachi mit grünem Apfel und Wasabi. Rib Cap Miyazaki mit Senfkohl. Araguani Schokolade mit Mango und Chili.

Menu 95€ (Mittags), 115/193€ – Karte 88/125€

Hotel Residenz Heinz Winkler, Kirchplatz 1 ⊠ 83229 – ☏ 08052 17990 –
www.residenz-heinz-winkler.de – Geschlossen mittags: Montag-Freitag

🏠 **Residenz Heinz Winkler**

GASTHOF · ELEGANT Mitten im Ort und doch eine eigene Welt... Ein jahrhundertealtes Anwesen, gleich nebenan die Kirche, ringsum die wunderbare Bergkulisse - Heinz Winkler hat hier die perfekte Verbindung von elegantem Luxus und traditionell-bayerischem Gasthaus-Charme geschaffen. So groß seine Leidenschaft fürs Kochen, so intensiv sein Engagement als Gastgeber.

19 Zimmer ⊊ – †† 250/310€ – 13 Suiten

Kirchplatz 1 ⊠ 83229 – ☏ 08052 17990 – www.residenz-heinz-winkler.de

❀❀ **Restaurant Heinz Winkler** – Siehe Restaurantauswahl

ASPACH
Baden-Württemberg – Regionalatlas **55**–H18 – Michelin Straßenkarte 545

In Aspach-Großaspach

Lamm ❶

MARKTKÜCHE · FREUNDLICH ✗✗ Eine Bereicherung für die Region ist dieser nach mehrjähriger Pause wieder eröffnete Traditionsbetrieb. Hier ist ein versiertes junges Team mit Engagement bei der Sache und bietet Schmackhaftes wie z. B. "Rostbraten mit dreierlei Zwiebeln, Maultäschle und Spätzle". Gemütlich-ländlich die Atmosphäre im Restaurant, schön der nach hinten gelegene Terrassenbalkon.

Spezialitäten: Gebratener Kabeljau an Beurre Blanc, Schalotten-Gemüse und geräuchertem Kartoffelstampf. Schwäbischer Zwiebelrostbraten mit Trollingersauce, dreierlei Zwiebeln, Maultäschle und Spätzle. Weißer Schokokuchen mit Kirschsorbet, Haselnuss Crumble und Nektarinen.

Menu 36/54 € – Karte 32/58 €

Hauptstraße 23 ✉ 71546 – ☎ 07191 20271 – www.lamm-aspach.de –
Geschlossen Montag, mittags: Dienstag und Samstag

ASPERG

Baden-Württemberg – Regionalatlas **55**–G18 – Michelin Straßenkarte 545

Schwabenstube

FRANZÖSISCH-KLASSISCH · ELEGANT ✗✗✗ Hinter all dem Engagement, der Herzlichkeit und der Beständigkeit, die im Hause Ottenbacher eine Selbstverständlichkeit sind, steht eine lange Familientradition, genau genommen vier Generationen! Man pflegt das Bewährte und bleibt dennoch nicht stehen – das gilt für den Rahmen ebenso wie für die Küche. So trifft in dem schmucken Fachwerkhaus mit den grünen Fensterläden historischer Charme auf modern-elegante Elemente, am Herd vereint Küchenchef Max Speyer (ehemals Souschef hier im Haus) Klassik gekonnt mit neuen Ideen. Das Ergebnis sind durchdachte, angenehm reduzierte Speisen, bei denen auch der saisonale Bezug nicht zu kurz kommt. Wer zum Essen gerne einen feinen Tropfen genießt, darf sich auf eine sehr gut sortierte Weinkarte und eine ebensolche Beratung freuen.

Spezialitäten: Knuspriges Kalbsbries mit jungen Morcheln, Petersilien-Kartoffelflan, Knollensellerie und Rhabarber. Rehrücken mit geschmorter Schwarzwurzel, eingelegten Herzkirschen, Mohnschupfnudeln und Wildrahmsauce. Mousse von Brombeeren mit dunkler Schokolade.

Menu 58/120 € – Karte 64/88 €

Hotel Adler, Stuttgarter Straße 2 ✉ 71679 – ☎ 07141 26600 – www.adler-asperg.de –
Geschlossen 3.-13. Juni, 5.-29. August, Montag, Dienstag, Sonntag,
mittags: Mittwoch-Samstag

Aguila

SPANISCH · GEMÜTLICH ✗ Was entsteht, wenn Spanien auf Schwaben trifft? "Schwabbas"! Viele Neugierige probieren in angenehm ungezwungener Atmosphäre diesen Küchenmix! Sie können aber auch gerne "entweder-oder" essen.

Menu 32/42 € – Karte 35/49 €

Hotel Adler, Stuttgarter Straße 2 ✉ 71679 – ☎ 07141 26600 – www.adler-asperg.de –
Geschlossen 2.-30. August, 21.-31. Dezember, Samstag, mittags: Montag-Freitag
und Sonntag

Adler

GASTHOF · MODERN Seit über 100 Jahren sind die Ottenbachers hier und investieren stetig! Schön die modern-elegante Lobby und der Frühstücksraum - die Bar "RicharZ" wird morgens zum Buffet. Wie wär's mit einem Themenzimmer? "Daimler", "Bosch" oder "Porsche"?

70 Zimmer – †† 89/219 € – 立 18 €

Stuttgarter Straße 2 ✉ 71679 – ☎ 07141 26600 – www.adler-asperg.de
Schwabenstube · Aguila – Siehe Restaurantauswahl

AUE
Sachsen – Regionalatlas **42**–O13 – Michelin Straßenkarte 544

⊛ Tausendgüldenstube

REGIONAL · LÄNDLICH XX Das Hotel "Blauer Engel" beherbergt neben schönen Gästezimmern auch dieses Restaurant. 340 Jahre Tradition, da spürt man historischen Charme! Kachelofen und Holzvertäfelung schaffen Gemütlichkeit, man wird persönlich umsorgt und isst gut, z. B. "Saibling in Rieslingsauce". Beliebt: die Terrasse der hauseigenen Brauerei "Lotters Wirtschaft".

Spezialitäten: Carpaccio vom Rinderfilet, Tomate, Parmesan, Olive. Geschmorte Lammkeule mit Pfifferlingen und Kräutergnocchi. Geliertes Erdbeersüppchen mit Joghurteis.

Menu 35/50 € – Karte 31/42 €

Altmarkt 1 ✉ 08280 – ☎ 03771 5920 – www.hotel-blauerengel.de – Geschlossen 1.
Januar-4. Februar, 18.-24. Februar, 1. Juli-8. September, Montag, Sonntag,
mittags: Dienstag-Samstag

AUENWALD
Baden-Württemberg – Regionalatlas **55**–H18 – Michelin Straßenkarte 545

In Auenwald-Däfern

⊛ Landgasthof Waldhorn 🏠 ♻ 🅿

MARKTKÜCHE · GASTHOF XX Es ist die gute saisonal-regionale und internationale Küche, die immer wieder zahlreiche Stammgäste in das ländlich-elegante Restaurant lockt. "In Rotwein geschmorte Ochsenbäckle" schmecken hier ebenso gut wie "Tatar vom geräucherten Lachs". Herrlich die Gartenterrasse!

Spezialitäten: Kürbiscremesuppe mit Raz-el-hanout und Kürbiskernöl. Gebratene Kalbslebertranche mit Bohnengemüse und kleinen Kartoffelknödeln. Variation vom heimischen Apfel.

Menu 37/55 € – Karte 32/56 €

Hohnweilerstraße 10 ✉ 71549 – ☎ 07191 312312 – www.waldhorn-daefern.de –
Geschlossen Dienstag, Mittwoch, mittags: Samstag

AUERBACH IN DER OBERPFALZ
Bayern – Regionalatlas **51**–L16 – Michelin Straßenkarte 546

⊗ SoulFood (Michael Laus) 🏠

KREATIV · TRENDY XX Kein Wunder, dass das "SoulFood" so gut besucht ist! Mitten in Auerbach, gleich neben dem Rathaus, setzen Christine Heß und Michael Laus ein unkompliziertes Konzept um, das Freude macht: Man kocht nicht nur ausdrucksstark, kreativ und mit richtig guten Produkten, die Gerichte sind zudem auch noch preislich fair! Sein Gefühl für Aromen beweist der Patron z. B. bei der gelungenen Kombination von Hüttenkäse, Gurke, Forellenkaviar und gerösteten Quinoa-Samen, die es zu einer saftig gebratenen Bach-Forelle gibt. Dass die sympathischen Gastgeber mit Leidenschaft bei der Sache sind, schmeckt man und man merkt es auch am charmant-lockeren und zugleich geschulten Service - wer da in der Nähe wohnt, kann sich glücklich schätzen!

Spezialitäten: Bunter Melonensalat mit geräuchertem Stör aus der Oberpfalz, Crème Fraîche und Wasabi. Bauch vom Duroc Schwein 48 Stunden sousvide gegart mit Wildgarnelen, Kimchi-Spitzkohl und schwarzem Sesam. Nougatschokoladenganache mit eingelegten Zwetschgen, Espressogel, weißem Kaffeeeis und Butterbröseln.

Menu 42 € (Mittags), 63/72 € – Karte 48/68 €

Unterer Markt 35 ✉ 91275 – ☎ 09643 2052225 – www.restaurant-soulfood.com –
Geschlossen 1.-29. Januar, Montag, Dienstag

AUERBACH (VOGTLAND)
Sachsen – Regionalatlas **42**–N13 – Michelin Straßenkarte 544

In Auerbach-Schnarrtanne Ost: 6 km Richtung Schönheide

🐵 Renoir   🅿

KLASSISCHE KÜCHE · ELEGANT ✕✕ Wo bekommt man noch "Krabben-Cocktail" oder eine Vorspeisen-Etagere? Hier setzt man ganz auf Klassik! Der Gastgeber stilvoll im Anzug, die Atmosphäre gediegen, aber dennoch unkompliziert. Vertrauen Sie der Weinempfehlung - der Chef ist auch ausgebildeter Sommelier! Tipp: Besichtigen Sie die Bildergalerie mit Werken von Baldauf, Liebermann, Monet...

Spezialitäten: Gegrillter Schafskäse im Schinkenmantel auf mediterrane Art. Gebratene Sardinenfilets mit Tomaten-Staudensellerie-Espuma und Olivenrisotto. Mousse au chocolat von weißer und Zartbitterschokolade mit Früchtebouquet.

Menu 45/61 € – Karte 36/58 €

Schönheider Straße 235 ⊠ 08209 – ✆ 03744 215119 – www.restaurant-renoir.de – Geschlossen 2.-9. Januar, 14.-21. April, 6.-16. Juli, 19.-27. Oktober, Montag, Dienstag, mittags: Mittwoch-Freitag, abends: Sonntag

AUGSBURG

Bayern – Regionalatlas **57**–K19 – Michelin Straßenkarte 546

❀ ❀ AUGUST (Christian Grünwald)   🍴 🏠 🅿

KREATIV · KLASSISCHES AMBIENTE ✕✕ Bei Christian Grünwald wird nicht einfach nur gekocht, hier wird gewissermaßen eine kulinarische Aufführung inszeniert! Der Patron sieht die Welt und auch das Kochen mit den Augen eines Künstlers und nimmt Sie mit auf eine Reise in "seine" Welt der Küche. Konsequent und unverwechselbar setzt er seine ganz eigenen Vorstellungen um. Mit der denkmalgeschützten Haag-Villa von 1877 ist auch der Rahmen etwas Besonderes: In stilvollen Räumen mit hohen Decken, Parkettboden und Kunst sitzt man an beleuchteten "Schaufenster"-Tischen, unter deren Glasplatte Deko und Essbares präsentiert wird. Im Service (angenehm ruhig und sehr gut koordiniert) sind auch Christian Grünwald und seine Köche präsent und erklären die auf speziell designtem Geschirr servierten Gerichte wie "Holzfeuer" oder "Rind am Meer".

Spezialitäten: Gegrilltes Sauerkraut, Rote Bete als Blutwurst, Röstzwiebellack, Imperialkaviar, geräucherter Sellerie als Speck und Mousseline. Japanisches Rind, Seezunge, Krabbe, Meersalzbödenkartoffel, Gurke, Seetang-Kuebenpfeffer-Vinaigrette. Zitronenmarmeladenhaut-Cannelloni, Rohrzuckerkristall, Rum, Mandelganache, florale Aromen, gefüllte Himbeeren.

Menu 180/210 €

Stadtplan: B1-a – *Johannes-Haag-Straße 14 (in der Haag-Villa) ⊠ 86153 – ✆ 0821 35279 – Geschlossen Montag, Dienstag, Sonntag, mittags: Mittwoch-Samstag*

❀ Sartory   🏠 ♿ 🆎 🚗

KLASSISCHE KÜCHE · ELEGANT ✕✕✕ Geradliniger Stil und schicke Grautöne, stilvolle Kronleuchter an der Decke und alte Portraits an den Wänden... Das intime kleine Gourmetrestaurant des geschichtsträchtigen Hotels „Drei Mohren" verbindet gelungen Eleganz mit Moderne. Unter der Leitung von Simon Lang (zuvor u. a. bei Alfons Schuhbeck, Holger Bodendorf oder auch Ali Güngörmüs) wird hier klassische Küche modern umgesetzt. Dabei legt man Wert auf saisonalen Bezug und sehr gute Produkte, so z. B. beim Sashimi vom Zander mit Holunder, Gurke, Shiso und wildem Blumenkohl. Draußen sitzt man ebenfalls angenehm auf der urbanen Terrasse - Blick auf das historische Schaezlerpalais inklusive! Benannt ist das Restaurant übrigens nach Johann Georg Sartory, dem berühmten Augsburger Küchenchef a. d. 19. Jh.

Spezialitäten: Roh marinierte Gambero Rosso, Grilltomate, Petersilie, Aioli vom schwarzen Knoblauch. Gebratener Bretonischer Steinbutt, Sud von Herzmuscheln und Safran, Apfel-Fenchelcrème, Estragonöl, Fregola Sarda. Dessert von Matcha, Aloe Vera, Kokos, Yuzu.

Menu 125/155 € – Karte 72/90 €

Stadtplan: A2-a – *Hotel Drei Mohren, Maximilianstraße 40 (Eingang Katharinengasse) ⊠ 86150 – ✆ 0821 50360 – www.sartory-augsburg.de – Geschlossen 1.-31. Januar, 1.-31. August, Montag, Dienstag, Mittwoch, Sonntag, mittags: Donnerstag-Freitag*

AUGSBURG

0 — 400 m

Map labels:
ULM, DONAUWÖRTH · MÜNCHEN · MÜNCHEN, FÜRSTENFELDBRUCK
Reischlestraße · Schiller Str. · Ulrichsbrücke · Yorckstraße · Wartenburger Str.
Lützowstraße · Radetzkystraße
Brückenstraße · Bert-Brecht-Str. · Berliner Allee · Lech
Georgenstraße · Frauentorstraße · Müllerstraße · Berliner Allee · Berliner Allee
Mozarthaus/Kolping · Äußeres Pfaffengäßchen
Fugger und Welser Erlebnismuseum
Oblatterwallstraße · Provianthachstr.
Hoher Dom · Hoher Weg · Gänsbühl · Celsus · Untere Jakobermauer · Jakobertor · Johannes-Haag-Straße · Walterstr.
FRONHOF · Peutinger Str. · Parcelsus · Argonstraße · Otto-Lindenmeyer-Str.
Alte Gasse
Theater/alter Justizpalast · Barfüßerbrücke · Pilgerhausstraße · Jakoberstr. · a
Perlachturm · **Brechthaus** · Schaettlerstr. · Amagasaki-Allee · Berliner Glaspalast
Rathausplatz · **Rathaus** · **Fuggerei** · Hanreiweg
St. Anna-Kirche M² · *Rathausplatz* · **Weberhaus** · Oberer Graben · Vogelmauer · Werner-Haas-Str. · Schäfflerbachstraße
Moritzplatz · Jakoberwallstraße
KÖNIGS-PLATZ · a · Maximilianstr. · Proviantstr. · Schäfflerbachstraße
Staatsgalerie Katharinenkirche M¹ · Forsterstraße · Provinostr.
Frohsinnstraße · Weite Gasse · Bäckergasse · Am Färberturm
Textil- und Industriemuseum · *Textilmuseum*
Theodor-Heuss-Platz/IHK · **St. Ulrich und St. Afra** · Gärtnerstraße · Lotzbecksr.
Lechbahn · Alpenstraße · Neidhartstr. · Eserwallstr. · Rote-Torwall-Str. · **Wassertürme am Roten Tor** · *Rates Tor* · *Hochschule Augsburg* · Proviant Sanctr.

Schaezlerpalais . . . . M¹
Maximilianmuseum . . . . . . M²

ULM, DONAUWÖRTH · SCHWABMÜNCHEN · LANDSBERG, SCHONGAU · MÜNCHEN, FÜRSTENFELDBRUCK · MÜNCHEN

🍴 **Maximilian°s**   🏕 ♿ 🛏

INTERNATIONAL · BISTRO ✕✕ Ein trendig-urbanes Restaurant, in dessen Show-küche neben Klassikern auch moderne Gerichte entstehen. "Kalbsleber Berliner Art" ist ebenso beliebt wie z. B. "gebratener Wolfsbarsch in Tomaten-Limettensud". Zusätzlich wechselndes Lunchangebot. Sonntags Brunch. Terrassen gibt es zwei: im Innenhof mit Blick auf das historische Schaezlerpalais oder zur Maximilianstraße.

Karte 38/77 €

Stadtplan: A2-a – *Hotel Drei Mohren, Maximilianstraße 40 ✉ 86150 –*
☏ *0821 50360 – www.maximilians-augsburg.de – Geschlossen abends: Sonntag*

🏨 **Drei Mohren**   🍸 ♨ ⅃ᵃ 🈂 ♿ 🅰🄲 🛗 🛏

TRADITIONELL · MODERN Mit seiner rund 500-jährigen Geschichte ist das Haus quasi das Denkmal unter den Augsburger Hotels, im Inneren aber sehr modern! Großzügig und elegant die Lobby, sehr geschmackvoll und wohnlich die Zimmer, chic der Spa, nicht zu vergessen die vielfältige Gastronomie, zu der auch die Bar "3M" gehört.

132 Zimmer ⌑ – 🛏 204/364 € – 5 Suiten

Stadtplan: A2-a – *Maximilianstraße 40 ✉ 86150 – ☏ 0821 50360 –*
www.drei-mohren-hotel.com

🍴 **Maximilian°s** · ❁ **Sartory** – Siehe Restaurantauswahl

AURICH (OSTFRIESLAND)

Niedersachsen – Regionalatlas **7**–D5 – Michelin Straßenkarte 541

🏠 Hochzeitshaus   ◁ 🅿

HISTORISCHES GEBÄUDE · INDIVIDUELL Die im 19. Jh. als Bürgermeisterhaus erbaute Villa mit der weißen Fassade liegt beim Stadtwall. Die Zimmer sind individuell und sehr geschmackvoll (chic in Schwarz-Weiß, toll der alte Dielenboden...), einige befinden sich im Kutscherhaus. Eine kleine grüne Oase zum Relaxen: der charmante Garten!

14 Zimmer 🖙 – 🛉🛉 125/169 €

Bahnhofstraße 4 ✉ 26603 – 𝒸 04941 604460 – www.hochzeitshaus-aurich.de

AYING

Bayern – Regionalatlas **66**–M20 – Michelin Straßenkarte 546

🍴 August und Maria   🍸 🏠 ♻ 🅿

MARKTKÜCHE · GEMÜTLICH ✕✕ Schön hat man hier regionalen Charme mit stimmiger wertiger Einrichtung kombiniert. Gekocht wird ebenfalls mit Anspruch: regional-saisonale Gerichte aus sehr guten Produkten, so z. B. "Seeforelle aus dem Lechtal in Nussbutter confiert, Schnittlauchsauce, Kartoffel-Meerrettichpüree, Staudensellerie & Malzbrot".

Menu 62/72 € – Karte 43/74 €

Hotel Brauereigasthof Aying, Zornedinger Straße 2 ✉ 85653 – 𝒸 08095 90650 – www.august-und-maria.de – Geschlossen Dienstag, Mittwoch

🏠 Brauereigasthof Hotel Aying   🏊 🀄 🛋 🖭 & 🏋 🅿

GASTHOF · INDIVIDUELL Der Inbegriff eines bayerischen Brauereigasthofs! Lange Tradition und ehrliche Herzlichkeit gehen hier Hand in Hand! Man wohnt so geschmackvoll wie individuell - im alten Herrenhaus (Urhaus der Inhaberfamilie) auch etwas exklusiver! Toll das Frühstück! Urig-bodenständig: Bräustüberl mit Biergarten.

48 Zimmer 🖙 – 🛉🛉 169/350 € – 2 Suiten

Zornedinger Straße 2 ✉ 85653 – 𝒸 08095 90650 – www.brauereigasthof-aying.de

🍴 **August und Maria** – Siehe Restaurantauswahl

AYL

Rheinland-Pfalz – Regionalatlas **45**–B16 – Michelin Straßenkarte 543

🍴 WEINrestaurant Ayler Kupp   🍸 ◁ 🏠 🅿

MARKTKÜCHE · FREUNDLICH ✕✕ Während man sich frische saisonale Gerichte wie "Variation vom Lamm mit Paprikagemüse" schmecken lässt, schaut man auf die Weinberge und den schönen Garten. Dazu vielleicht ein Riesling vom Weingut nebenan? Das Mittagsmenü ist etwas günstiger. Der Hotelbereich bietet gepflegte, freundliche Gästezimmer.

Menu 30/65 € – Karte 37/66 €

Trierer Straße 49a ✉ 54441 – 𝒸 06581 988380 – www.saarwein-hotel.de – Geschlossen 1.-31. Januar, Dienstag, Mittwoch

BACKNANG

Baden-Württemberg – Regionalatlas **55**–H18 – Michelin Straßenkarte 545

🍴 Schürers Restaurant Tafelhaus   🏠 ♻

INTERNATIONAL · GEMÜTLICH ✕✕ Hinter der schmucken Fachwerkfassade a. d. 18. Jh. kocht man klassisch-regional mit modernen Akzenten, so z. B. "zart gebratenes Schweinefilet auf Spätzle" oder "Filet vom Lachs mit Wildkräutern pochiert". Tipp: Reservieren Sie im Gewölbekeller von 1710! Mittags Tagesgerichte. Eigene Kochschule.

Menu 55/105 € – Karte 33/77 €

Schillerstraße 6 ✉ 71522 – 𝒸 07191 902777 – www.restaurant-tafelhaus.de – Geschlossen 9.-16. März, 14.-28. September, Montag, Sonntag

BADEN-BADEN

Baden-Württemberg – Regionalatlas **54**–E18 – Michelin Straßenkarte 545

Wir mögen besonders...

Le Jardin de France für seine produktorientierte Küche in stilvollem Rahmen. Den charmanten Innenhof der **Weinstube Baldreit**. Zwei Konzepte unter einem Dach in **Maltes hidden kitchen**. Sich im schicken **Fritz & Felix** interessante moderne Gerichte teilen. Das Restaurant befindet sich übrigens im luxuriösen **Brenners Park-Hotel & Spa**, das herrlich in einem Park an der berühmten Lichtentaler Allee liegt. Hier kann man wunderbar entlang der Oos spazieren gehen und erreicht bequem die Altstadt. Tipp: Auf dem Weg liegt das "Museum Frieder Burda" - ausgezeichnet mit dem "New York Chapter Design Award". Und versuchen Sie doch auch mal Ihr Glück im Spiel - das Casino Baden-Baden mit seiner fast 200-jährigen Geschichte ist nicht ohne Grund ein Besuchermagnet. Highlight für Kulturfreunde ist das Festspielhaus.

kabVisio/iStock

Restaurants

⊛ Le Jardin de France (Stéphan Bernhard)   ⅋ 斎 AC

FRANZÖSISCH-KLASSISCH · ELEGANT XX Seit 1998 sind Sophie und Stéphan Bernhard mit Engagement in der Stadt XX im Einsatz, da ist in dem hübschen Restaurant schon so mancher zum Stammgast geworden! Und das liegt nicht nur an dem einladenden lichten Raum mit modern-elegantem Interieur und dekorativen wechselnden Bildern. In erster Linie kommt man wegen der klassischfranzösischen Küche, die dem Patron, einem gebürtigen Franzosen, gewissermaßen im Blut liegt. Die Gerichte sind produktorientiert, klar im Aufbau und schön harmonisch. Der Service samt Chefin ist herzlich und versiert, auch in Sachen Wein wird man trefflich beraten - man hat eine richtig gute Auswahl. Und dann ist da noch die Lage im sehenswerten Innenhof des "Goldenen Kreuzes" a. d. 19. Jh. - im Sommer ein Traum von Terrasse, eingerahmt von schmucken Backsteinfassaden!

Spezialitäten: Souffliertes Bio Hühnerei, Maronenpüree mit Trüffel aus der Provence und Albuferasauce. Rehrücken aus der Region, Kakao-Haselnusskruste, Pfifferlinge, Zwetschgen und Mandeln. Iles Flottantes auf einem geeistem Nussparfait, Vanille-Trüffelcrème.

Menu 42 € (Mittags), 75/115 € – Karte 70/108 €

Stadtplan: A2-c – Lichtentaler Straße 13 ⊠ 76530 –
✆ 07221 3007860 – www.lejardindefrance.de –
Geschlossen 23. Februar-1. März, 13.-19. April, 1.-7. Juni, 2.-12. August, Montag, Sonntag

⅋○ Fritz & Felix   ⇇㐅 ⊛

MODERNE KÜCHE · CHIC XX Elegant, wertig und zugleich angenehm entspannt ist dieses moderne Konzept aus Bar und Restaurant. Die Vorspeisen sind zum Teilen geeignet, die Hauptgerichte stellt man sich nach dem Baukasten-Prinzip selbst zusammen. Blickfang und Herzstück des Restaurants: der markante verglaste "Charcoa"-Holzkohlegrill!

Karte 51/82 €

Stadtplan: A2-a – Brenners Park-Hotel & Spa, Schillerstraße 4 ⊠ 75630 –
✆ 07221 900999 – www.fritzxfelix.com – Geschlossen Montag, Sonntag, mittags: Dienstag-Samstag

⅋○ Der Kleine Prinz   AC P

FRANZÖSISCH-KLASSISCH · ELEGANT XX Klassisch ist sowohl die Küche als auch die Einrichtung dieses intimen kleinen Restaurants - Deko-Motiv: "Der Kleine Prinz". Auf der Karte z. B. "Rehrücken mit Pilzen in Preiselbeersauce" oder "Medaillon vom Seeteufel in Safransauce".

Menu 49/79 € – Karte 52/69 €

Stadtplan: B2-u – Hotel Der Kleine Prinz, Lichtentaler Straße 36 ⊠ 76530 –
✆ 07221 346600 – www.derkleineprinz.de

⅋○ Maltes hidden kitchen ⓝ   斎 AC

MODERNE KÜCHE · GEMÜTLICH XX Interessantes Doppelkonzept aus Kaffeehaus und Restaurant: Tagsüber werden Kaffee und Kuchen serviert, an vier Abenden in der Woche bietet man moderne Gerichte - zubereitet in der hinter einer verschiebbaren Wand versteckten Küche, der "hidden kitchen". Freundlicher Service, sympathisch-gemütliche Atmosphäre.

Menu 69/89 € – Karte 78/94 €

Stadtplan: A1-b – Gernsbacher Straße 24 (Im Kaffeehaus - Baden Baden) ⊠ 76530 –
✆ 07221 7025020 – www.malteshiddenkitchen.com –
Geschlossen 1.-14. Januar, 22. Juli-4. August, Montag, Dienstag, Sonntag, mittags: Mittwoch-Samstag

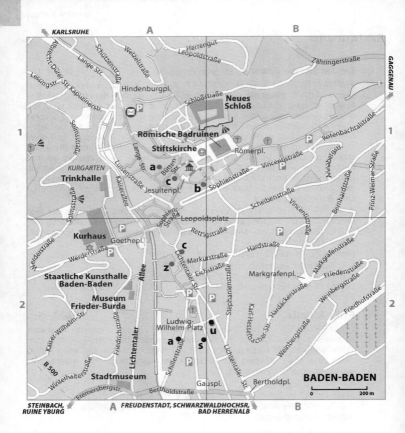

🍴 moriki

ASIATISCH · TRENDY XX Hell, klar, trendig-modern. Aus der einsehbaren Küche kommen pan-asiatische Gerichte wie "Hähnchen, Spargel, Aubergine, Yuzu-Butter-Sauce". Appetit macht auch das umfangreiche Sushi-Angebot. Begrünte Terrasse im Hof.

Menu 69/99 € – Karte 30/65 €

außerhalb Stadtplan – *Hotel Roomers, Lange Straße 100* ⊠ *76530 –*
𝒞 07221 90193901 – www.roomers-badenbaden.com

🍴 NIGRUM

MODERNE KÜCHE · ELEGANT XX Wirklich chic das Interieur: elegantes Schwarz in Kombination mit trendig-farbigen Eyecatchern! Gekocht wird modern-international in Form eines wöchentlich wechselnden Menüs. Schön übernachten können Sie übrigens auch: Im Hotel "House One" hat man geschmackvolle Zimmer.

Menu 75/135 €

Stadtplan: A1-c – *Baldreitstraße 1* ⊠ *76530 – 𝒞 07221 3979008 –*
www.restaurant-nigrum.com – Geschlossen Montag, Sonntag,
mittags: Dienstag-Samstag

🍴 Klosterschänke  ⪦ 🏠 🅿

ITALIENISCH · GEMÜTLICH 🕇 Ein sympathisches kleines Restaurant, in dem man regional und italienisch kocht. Appetit machen z. B. "Cordon bleu mit Schwarzwälder Schinken und Bergkäse" oder "Piccata milanese". Terrasse mit wunderbarem Blick auf die Rheinebene!

Karte 38/52€

außerhalb Stadtplan – *Klosterschänke 1 (an der Straße nach Steinbach)* ✉ *76530* – ☎ *07221 25854* –
www.restaurant-klosterschaenke.de – *Geschlossen 27. Juli-11. August, 20.-31. Dezember, Montag, mittags: Dienstag-Freitag*

🍴 Rizzi 🏠

MEDITERRAN · HIP 🕇 Im Palais Gagarin von 1865 mitten in Baden-Baden liegt das trendig-moderne Restaurant nebst hübschem Terrassen- und Loungebereich zum Kurpark. Lust auf "Tatar vom Simmentaler Weiderind", "Seeteufel-Medaillons auf Curry-Spinat" oder "Rizzi-Burger"?

Karte 40/60€

Stadtplan: A2-z – *Augustaplatz 1* ✉ *76530* – ☎ *07221 25838* –
www.rizzi-baden-baden.de

🍴 Weinstube Baldreit 🏠 🖼

TRADITIONELLE KÜCHE · WEINSTUBE 🕇 Sie liegt schon etwas versteckt, diese nette Weinstube, doch das Suchen lohnt sich - vor allem im Sommer, denn da ist der Innenhof das Herzstück! Man kocht traditionell, vom Rindstatar über Flammkuchen bis zum geschmorten Schweinebäckchen.

Karte 23/51€

Stadtplan: A1-a – *Küferstraße 3* ✉ *76530* – ☎ *07221 23136* – *Geschlossen 17.-29. Februar, 24. August-6. September, 5.-11. Oktober, Montag, Sonntag, mittags: Dienstag-Samstag*

Hotels

🏨 Brenners Park-Hotel & Spa

🍽 🐾 ⪦ 🛏 📺 🌐 𝄞 ⅃ﻼ 🎦 🅰 ♨ 🚗 🚙

GROSSER LUXUS · KLASSISCH Ein klassisches Grandhotel mit stilvoll-luxuriöser Einrichtung in unterschiedlichen Zimmerkategorien und weitläufigem modern-elegantem Spa. Klasse die Lage: Park, Kunst, Kongress und Zentrum ganz in der Nähe. Exklusives "Medical Care"-Angebot in der "Villa Stéphanie". Internationale Saisonküche und Blick auf die Lichtentaler Allee im luftig-lichten "Wintergarten".

103 Zimmer – 👫 315/800€ – 🛏 41€ – 15 Suiten

Stadtplan: A2-a – *Schillerstraße 4* ✉ *76530* – ☎ *07221 9000* –
www.brenners.com

🍴 **Fritz & Felix** – Siehe Restaurantauswahl

🏨 Belle Epoque   🛗 AC ᠔ 🅿️

HISTORISCH · INDIVIDUELL Eine Villa von 1874 mit Nebengebäude und hübschem kleinem Park. In den liebevoll, individuell und mit persönlicher Note gestalteten Zimmern finden sich wunderschöne antike Einzelstücke. Ebenso stilvoll: der Frühstücksraum mit Kamin.

17 Zimmer 😑 – 👫 199/325 € – 3 Suiten

Stadtplan: A2-s – *Maria-Viktoria-Straße 2c* ✉ *76530* – ☎ *07221 300660* – *www.hotel-belle-epoque.de*

🏨 Roomers   🎿 🏊 🕯 🛁 ⊟ 🛗 AC ᠔ 🚗

LUXUS · DESIGN Richtig chic: Piero Lissoni hat hier nahe dem Festspielhaus luxuriöses Design geschaffen. Die Zimmer wertig, wohnlich-modern, "state of the art". Absolut top: "Prestige Suite" und "Master Suite". Klasse auch die "Rooftop Bar" samt Infinity Pool! "Roomers Bar" (für Raucher) mit DJ. Kosmetik und Massage.

130 Zimmer – 👫 240/400 € – 😑 32 € – 9 Suiten

außerhalb Stadtplan – *Lange Straße 100* ✉ *76530* – ☎ *07221 901930* – *www.roomers-badenbaden.com*

🍴 **moriki** – Siehe Restaurantauswahl

🏨 Der Kleine Prinz   🎿 ⊟ AC ᠔ 🅿️

TRADITIONELL · INDIVIDUELL Ein stilvolles Haus, das mit vielen Antiquitäten und ganz persönlicher Note geschmackvoll eingerichtet ist, gediegen die Lobby im 1. Stock. Die zahlreichen Bilder des "Kleinen Prinzen" (die Erzählung von Antoine de Saint-Exupéry war hier namengebend) stammen übrigens vom Künstler Lars van Meerwijk.

32 Zimmer 😑 – 👫 179/299 € – 8 Suiten

Stadtplan: B2-u – *Lichtentaler Straße 36* ✉ *76530* – ☎ *07221 346600* – *www.derkleineprinz.de*

🍴 **Der Kleine Prinz** – Siehe Restaurantauswahl

Im Stadtteil Neuweier   Süd-West: 10 km über Fremersbergstraße A2

🌿 Röttele's Restaurant und Residenz im Schloss Neuweier
     🚗 🏡 🛗 🅿️

MEDITERRAN · ELEGANT 𝕏𝕏 Das jahrhundertealte Schloss nebst Weingut ist schon eine eindrucksvolle Kulisse, die eigenen Weinberge schließen sich direkt an – da sitzt man am liebsten auf der wunderschönen Terrasse! Die engagierten Gastgeber heißen Sabine und Armin Röttele. Seit 2007 bietet der Patron hier ohne Unterbrechung Sterneküche. Er kocht auf klassischer Basis – mediterrane Einflüsse sind unverkennbar und dennoch wohl dosiert. Gelungen bringt man die tollen Aromen der frischen Produkte zur Geltung. Zum geschmackvollen Ambiente kommt der freundliche und versierte Service, der natürlich auch gerne die eigenen Weine, vornehmlich Riesling, empfiehlt. Sie möchten ein bisschen Schlossherr spielen? Dann übernachten Sie doch in einem der ausgesprochen wohnlichen und stilvoll-modernen Zimmer.

Spezialitäten: In Burgunder geschmorte Ochsenschwanzravioli mit Selleriecreme und Trüffeljus. Bretonischer Lammrücken mit Ziegenkäsekruste auf Auberginengemüse und konfierten Tomaten. Geeiste Felchlinschokolade mit Amarulamousse und Himbeergelee.

Menu 72/120 € – Karte 65/105 €

außerhalb Stadtplan – *Mauerbergstraße 21* ✉ *76534* – ☎ *07223 800870* – *www.armin-roettele.de* – *Geschlossen 17. Februar-5. März, 10.-25. August, Montag, Dienstag, mittags: Mittwoch-Freitag*

ⓘO **Heiligenstein**

REGIONAL · FREUNDLICH XX Hier sitzt man in geschmackvoll-modernem Ambiente bei saisonal-internationaler Küche. Tipp: regionales Menü zu gutem Preis-Leistungs-Verhältnis - da gibt's z. B. "Hirschragout mit Preiselbeeren, Rotkraut und Spätzle". Dazu eine gut sortierte Weinkarte (über 400 Positionen). Schön die Terrasse. Zum Übernachten hat das ruhig gelegene Haus hübsche wohnliche Gästezimmer.

Menu 35/49 € – Karte 35/57 €

außerhalb Stadtplan – Heiligensteinstraße 19a ✉ 76534 – ☎ 07223 96140 – www.hotel-heiligenstein.de – Geschlossen 21.-25. Dezember, mittags: Donnerstag

BADENWEILER

Baden-Württemberg – Regionalatlas **61**-D21 – Michelin Straßenkarte 545

ⓘO **Schwarzmatt**

KLASSISCHE KÜCHE · GEMÜTLICH XX Hier darf man sich auf klassische Speisen wie "Rücken vom Weiderind, Trüffel, Schalotten-Tarte-Tatin, Wirsing" freuen. Mo. und Di. kleinere Auswahl. Stimmig das Ambiente mit hübschen Stoffen, Farben und Accessoires, herrlich der Garten. Ein Muss am Nachmittag: Kuchen nach altem Rezept von Hermine Bareiss!

Menu 39/75 € – Karte 41/59 €

Hotel Schwarzmatt, Schwarzmattstraße 6a ✉ 79410 – ☎ 07632 82010 – www.schwarzmatt.de – Geschlossen 19. Januar-5. Februar

🏠 **Schwarzmatt**

LANDHAUS · ELEGANT Ein Ferienhotel "de luxe" mit Familie Mast als geborene Gastgeber: eleganter Landhausstil, tolles Frühstück und erstklassige Halbpension sowie ein hochwertiges Wellnessangebot. Und all das in einer der schönsten Gegenden Deutschlands!

38 Zimmer 🖙 – 🛉🛉 210/360 € – 3 Suiten

Schwarzmattstraße 6a ✉ 79410 – ☎ 07632 82010 – www.schwarzmatt.de – Geschlossen 19. Januar-5. Februar

ⓘO **Schwarzmatt** – Siehe Restaurantauswahl

BAIERSBRONN

Baden-Württemberg – Regionalatlas **54**–E19 – Michelin Straßenkarte 545

Wir mögen besonders...

Im Hotel Bareiss zwischen klassischer 3-Sterne-Kulinarik und richtig guter Bib-Gourmand-Küche wählen können: Hier gibt es als Alternative zum Restaurant Bareiss die gemütlichen Dorfstuben. Keine Frage, angesichts der herrlichen Schwarzwaldlandschaft gehört eine Wanderung fast schon zum Pflichtprogramm, einkehren können Sie unterwegs in rustikalen Hütten. Auch der Forellenhof (hier gibt's frischen Fisch!) ist beliebt bei Wanderern – er ist übrigens ein gastronomischer Ableger des "Bareiss".

Feuer in der Traube Tonbach

Eine traurige Nachricht aus dem Januar 2020: Durch
einen Großbrand wurden die im Stammhaus gelegenen
Restaurants der Traube Tonbach zerstört. Neben der
Bauernstube und der Köhlerstube fiel auch das Restaurant
Schwarzwaldstube - drei MICHELIN Sterne seit 1993 - den
Flammen zum Opfer. Der Hotelbetrieb geht weiter, aber
der Wiederaufbau der Restaurants wird Zeit in Anspruch
nehmen! Angedacht ist eine Übergangslösung für die
Restaurants Schwarzwald- und Köhlerstube. Wir freuen uns
schon jetzt auf die Wiedereröffnung!

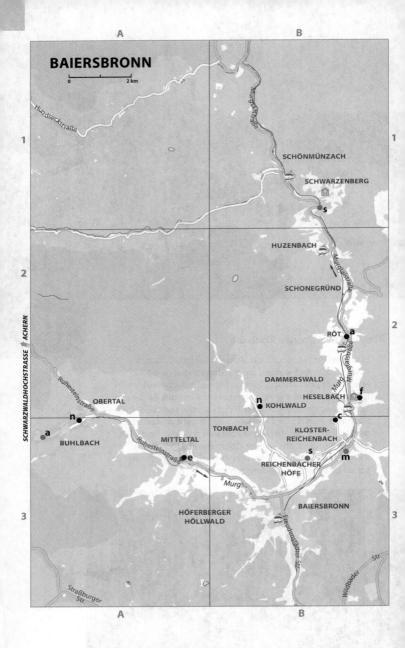

BAIERSBRONN

0   2 km

SCHÖNMÜNZACH

SCHWARZENBERG

s

HUZENBACH

SCHONEGRÜND

RÖT   a

DAMMERSWALD

n

KOHLWALD   HESELBACH   f

c

OBERTAL

n   TONBACH   KLOSTER-
                     REICHENBACH

a

BUHLBACH   MITTELTAL

e   s   m

REICHENBACHER
HÖFE

Murg

HÖFERBERGER
HÖLLWALD   BAIERSBRONN

SCHWARZWALDHOCHSTRASSE ⬆ ACHERN

Huzdseckrrraße

Ruhesteinstraße

Ruhesteinstraße

Murgtalstraße

Murgtalstraße

Murgtalstraße

Murg

Freudenstädter Str.

Wildbader Str.

Straßburger
Str.

In Baiersbronn-Tonbach Nord: 2 km

🏚️ Traube Tonbach

LUXUS · INDIVIDUELL Unermüdlich verjüngt und verschönert Familie Finkbeiner ihre "Traube", chic z. B. die geradlinig designten Appartements im Haus Kohlwald! Klasse der individuelle Service samt Kinderbetreuung ("Kids Court", Outdoor-Aktivitäten...), top der Spa (Beauty, Quellwasser-Außenpool, Panoramasauna...). Und wie wär's mal mit Vesper oder Kuchen in der "Blockhütte" im Wald? Restaurant "Silberberg" für Hausgäste.

136 Zimmer ⬡ – 🍴 315/535 € – 17 Suiten

Stadtplan: B2-n – *Tonbachstraße 237* ✉ *72270* – ☏ *07442 4920* – *www.traube-tonbach.de* – *Geschlossen 12.-23. Januar*

Im Murgtal, Richtung Forbach

In Baiersbronn-Hinterlangenbach West: 10,5 km ab Schönmünzach B1

🏚️ Forsthaus Auerhahn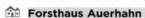

LANDHAUS · GEMÜTLICH Mehr Schwarzwald-Charme geht kaum! Ein gewachsenes ehemaliges Forsthaus, herrlich am Ende des Tales gelegen - perfekt für Wanderer! Wohnlich die gehoben-rustikalen Zimmer, schön der Spa samt Blockhaussauna, dazu gute 3/4-Pension und tolles Frühstücksbuffet sowie engagierte Gastgeber, die Sie persönlich umsorgen. Saisonal-regionale Küche im gemütlichen Restaurant.

50 Zimmer ⬡ – 🍴 210/282 €

außerhalb Stadtplan – *Hinterlangenbach 108* ✉ *72270* – ☏ *07447 9340* – *www.forsthaus-auerhahn.de* – *Geschlossen 22. November-17. Dezember*

In Baiersbronn-Klosterreichenbach Nord-Ost: 3 km

🍽️ Meierei im Waldknechtshof

REGIONAL · RUSTIKAL ✖✖ Gebälk, Natursteinwände und dekorative Accessoires machen den ehemaligen Gutshof des Klosters richtig gemütlich! Auf der Karte z. B. "gebratenes Schwarzwälder Störfilet, Spargelrisotto, Wildkräuter-Mojo-Espuma, pochiertes Ei", in der "Hofscheuer" gibt's u. a. Flammkuchen und Vesper. Zum Übernachten: charmante Zimmer mit freiliegenden Holzbalken, auch Maisonetten.

Menu 35/86 € – Karte 42/60 €

Stadtplan: B3-m – *Baiersbronner Straße 4* ✉ *72270* – ☏ *07442 8484400* – *www.waldknechtshof.de* – *Geschlossen Dienstag, Mittwoch*

🏚️ Ailwaldhof

FAMILIÄR · AUF DEM LAND Schön ist die ruhige Lage dieses Hauses am Waldrand, umgeben von einem großen Garten mit Naturteich. Angenehme helle Töne bestimmen das Bild in der Lobby, warmes Holz in den wohnlich-eleganten Zimmern, die meisten mit Talblick. Zum Entspannen: Beauty und Massage. Im Restaurant frische saisonale Küche.

20 Zimmer ⬡ – 🍴 180/220 € – 4 Suiten

Stadtplan: B3-c – *Ailwald 3* ✉ *72270* – ☏ *07442 8360* – *www.ailwaldhof.de*

🏚️ Heselbacher Hof

FAMILIÄR · AUF DEM LAND Sympathisch-engagiert wird das charmante gewachsene Ferienhotel etwas oberhalb des Ortes geführt. Schöne ruhige Lage, wohnlich-individuelle Zimmer (viele mit Balkon und Talblick) und attraktiver Spa, dazu ein Naturbadeteich. Im Restaurant auf Sonnenterrasse gibt's saisonal-regionale Küche mit mediterranen Einflüssen.

41 Zimmer ⬡ – 🍴 228/258 €

Stadtplan: B2-f – *Heselbacher Weg 72* ✉ *72270* – ☏ *07442 8380* – *www.heselbacher-hof.de*

In Baiersbronn-Schwarzenberg Nord: 13 km

✿ Schlossberg (Jörg und Nico Sackmann) ⇐ AC P

KREATIV · ELEGANT XXX Mit Leidenschaft, Geschick und Können führen Jörg Sackmann und sein Sohn Nico das „Schlossberg" – seit Jahrzehnten eine kulinarische Institution im idyllischen Murgtal, daran ändert auch die Umgestaltung des gastronomischen Bereiches nichts. Die beiden sind ein eingespieltes Team. Ihr Fokus liegt ganz klar auf top Produkten, aus denen kraftvolle Kreationen entstehen, die sich klar und angenehm reduziert präsentieren. Zudem werden Sie wohltuend individuell umsorgt - da merkt man, dass hier eine ganze Familie täglich ihr Bestes gibt. Wo sich Tradition und Moderne so wunderbar vereinen, kann man getrost mal den Alltag ausblenden! Dafür sind übrigens auch die hübschen Gästezimmer und der moderne Spa-Bereich des Hotels "Sackmann" bestens geeignet - bleiben Sie am besten gleich ein paar Tage!

Spezialitäten: Gelbflossenmakrele mit Rambutan, Gänseleberflocken, Sakegelee, Aniscrunch, geröstete Maccadamianüsse. Rebhuhn mit Trüffelmilchhaut, Blutwurst, Wurzelwerk, Einkornreis. Wildapfelkonfekt.

Menu 120/160 €

Stadtplan: B1-s – *Murgtalstraße 602 ✉ 72270 – ☎ 07447 2890 – www.hotel-sackmann.de – Geschlossen 7. Januar-22. März, Montag, Dienstag, mittags: Mittwoch-Sonntag*

🍴○ **Anita Stube** – Siehe Restaurantauswahl

🍴○ Anita Stube 🍴 P 🛏

REGIONAL · RUSTIKAL XX Die regionale Variante der Sackmann'schen Gastronomie. Freundlich umsorgt genießt man hier z. B. "Murgtalforelle Blau", "Schnitzel vom Milchkalbsrücken mit Wildpreiselberen und Gurken-Kartoffelsalat" oder auch "Barbarie-Entenbrust in Apfel-Ingwersauce". Interessantes Mittagsangebot samt kleinem Menü à la "Schlossberg".

Menu 28 € (Mittags)/68 € – Karte 35/58 €

Stadtplan: B1-s – *Schlossberg, Murgtalstraße 602 ✉ 72270 – ☎ 07447 2890 – www.hotel-sackmann.de – Geschlossen 7. Januar-21. März*

Im Murgtal, Richtung Schwarzwaldhochstraße

In Baiersbronn-Obertal-Buhlbach West: 2 km

🍴○ Forellenhof 🍴 & ♿ P

REGIONAL · REGIONALES AMBIENTE X Die Bareiss'sche Gastromomie-Vielfalt kennt keine Grenzen: Aus dem historischen Forellenhof in idyllischer Lage hat man ein charmantes Lokal für jedermann gemacht, geöffnet von 11. 30 - 17. 30 Uhr. Der Schwerpunkt liegt auf Süßwasserfischen, und die stammen aus eigener Zucht. Daneben gibt es auch Vesper. Tipp: Fischverkauf im "Forellenlädle" (9 - 12 Uhr).

Karte 25/42 €

Stadtplan: A3-a – *Schliffkopfstraße 64 ✉ 72270 – ☎ 07442 470 – www.forellenhof-buhlbach.com – Geschlossen abends: Montag-Sonntag*

In Baiersbronn-Mitteltal West: 4 km

✿✿✿ Restaurant Bareiss 🎄 & AC P

FRANZÖSISCH-KLASSISCH · LUXUS XxxX Nicht wegzudenken aus dieser legendären Feinschmecker-Adresse: Küchenchef Claus-Peter Lumpp. Der gebürtige Schwabe ist stets am Puls der Zeit, ohne es mit modernen Elementen zu übertreiben. Man spürt sofort: Der Mann liebt seinen Beruf und ist mit ganzem Herzen dabei, nicht zuletzt bei der Wahl der erstklassigen Produkte. Seine Gerichte sind klar strukturiert, kommen ohne Schnickschnack und Effekthascherei aus, sind aber dennoch aufwändig bis ins Detail! Absolut bemerkenswert, wie genial vermeintlich simple Komponenten wie eine Kräutermousse sein können! Ebenfalls klasse: Confiserie und Pralinen vom Wagen! Das top Niveau der Küche findet im stilvollen, klassisch-eleganten Interieur seine Entsprechung, ebenso im Service. Sehr interessant die Weinempfehlungen, gerne auch jenseits des Mainstreams.

Spezialitäten: Lauwarmer bretonischer Hummer mit mariniertem Kürbis. Lamm von der Älbler Wacholderweide. Topfensoufflé mit Passionsfruchtsauce, Banabnen-Kiwisorbet und Vanilleeis.

Menu 125 € (Mittags), 198/245 € – Karte 202/293 €

Stadtplan: A3-e – *Hotel Bareiss, Hermine-Bareiss-Weg 1* ✉ 72270 –
✆ 07442 470 - www.bareiss.com –
Geschlossen 10. Februar-5. März, 27. Juli-27. August, 24.-31. Dezember, Montag, Dienstag

---

☺ ## Dorfstuben 🏠 🅿

REGIONAL · GEMÜTLICH ✗ "Uhren-Stube" und "Förster-Jakob-Stube", so heißen die wirklich reizenden, mit Liebe zum Detail originalgetreu eingerichteten Bauernstuben a. d. 19. Jh. Ausgesprochen herzlicher Service im Dirndl umsorgt Sie mit richtig Leckerem wie "geschmorter Schulter vom Älbler Lamm" oder "Dorfstuben Vesper".

Spezialitäten: Tatar von der Buhlbachforelle mit Rote Bete, Birnen und Walnussmayonnaise. Knusprige Bauernente aus dem Rohr mit Apfeljus, Maronen, Rotkohl und geschmälzten Serviettenknödeln. Schwäbische Apfelküchle mit Vanillesauce und Rahmeis.

Menu 52 € – Karte 32/58 €

Stadtplan: A3-e – *Hotel Bareiss, Hermine-Bareiss-Weg 1* ✉ 72270 –
✆ 07442 470 - www.bareiss.com

⍩○ ## Kaminstube

FRANZÖSISCH-KLASSISCH · FREUNDLICH ✗✗ Was bei einem Haus wie diesem zählt, ist vor allem Qualität. Dieser Anspruch ist allgegenwärtig, vom Essen (z. B. "Roulade von der Wachtel" oder saisonales "Kaminstubenmenü") bis zum wertigen Interieur.

Menu 59/78 € – Karte 53/77 €

Stadtplan: A3-e – *Hotel Bareiss, Hermine-Bareiss-Weg 1* ✉ 72270 –
✆ 07442 470 - www.bareiss.com –
Geschlossen mittags: Montag-Freitag

🏛 ## Bareiss 🍴 🐾 ≤ 🚗 🛎 🗖 🌐 🛥 🎿 🔁 🅿 🚗

LUXUS · INDIVIDUELL Schlichtweg imponierend, was Familie Bareiss im Laufe der Jahre geschaffen hat! Ein Anwesen von beachtlichen 10 000 qm, Luxus in den Zimmern, Spa- und Freizeitangebote für jeden Geschmack, tolle Garten-Poolanlage. Einkaufsboutiquen samt Bareiss'scher Eigenmarke, zuvorkommende Mitarbeiter... Für Kids: Baumhaus, Spielhaus, Piratenschiff im Waldpark. HP inkl.

89 Zimmer ⍩ – 👥 520/740 € – 10 Suiten

Stadtplan: A3-e – *Hermine-Bareiss-Weg 1* ✉ 72270 –
✆ 07442 470 - www.bareiss.com

⍩○ **Kaminstube** · ☺ **Dorfstuben** · ❀❀❀ **Restaurant Bareiss** – Siehe Restaurantauswahl

---

In Baiersbronn-Obertal Nord-West: 7 km

⍩○ ## Engelwirts-Stube 🚗 🏠 🅿 🚗

MARKTKÜCHE · GEMÜTLICH ✗✗ Ein hübsches ländlich-gediegenes Restaurant mit schöner Terrasse zum Garten. Geboten wird regional-saisonale Küche mit internationalen Einflüssen, vom "Schwarzwälder Vesper" über "geschmorte Milchkalbsbäckchen in Spätburgundersauce" bis zum "gegrillten Lachs mit Safransauce".

Menu 45/55 € – Karte 34/60 €

Stadtplan: A3-n – *Hotel Engel Obertal, Rechtmurgstraße 28* ✉ 72270 –
✆ 07449 850 - www.engel-obertal.de

🏨 Engel Obertal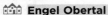

SPA UND WELLNESS · GEMÜTLICH Ein Paradebeispiel für ein Ferien- und Wellnesshotel "de luxe", in dem man Wert legt auf Understatement. Toll z. B. "Wolke 7" auf rund 5000 qm: schöne Ruhezonen und Fitness-Pavillon, Saunahäuser im Garten, Naturschwimmteich, unzählige Anwendungen... Die Zimmer (18 Kategorien): geräumig, wertig, stilvoll.

75 Zimmer ⬡ – 🛏️ 272/386 € – 4 Suiten

Stadtplan: A3-n – *Rechtmurgstraße 28* ✉ *72270* – ☎ *07449 850* – *www.engel-obertal.de*

🍴○ **Engelwirts-Stube** – Siehe Restaurantauswahl

BALDUINSTEIN

Rheinland-Pfalz – Regionalatlas **37**–E14 – Michelin Straßenkarte 543

🍴○ Am Kachelofen 🍽️ 🛋️ ♿ 🅿️

REGIONAL · WEINSTUBE 🗡️ Möchten Sie in der gemütlichen holzgetäfelten Kachelofenstube sitzen? Oder lieber in der etwas rustikaleren Weinstube? Es gibt regionale Küche mit internationalen Einflüssen - auf der Karte z. B. "Poulardenbrust mit Pfifferling-Risotto und frischem Lauch".

Menu 42/99 € – Karte 41/75 €

Landhotel Zum Bären, Bahnhofstraße 24 ✉ *65558* – ☎ *06432 800780* – *www.landhotel-zum-baeren.de* – *Geschlossen 13. Januar-7. Februar, Montag, Dienstag*

🏨 Landhotel Zum Bären 🔆 🅿️

LANDHAUS · GEMÜTLICH Nicht nur die herzliche Familie Buggle samt Team macht dieses Traditionshaus aus, auch die idyllische Lage (nur Bahnlinie und Straße trennen das Haus von der Lahn) sowie die schöne wohnlich-elegante Einrichtung. Abends kann man dem Glockenspiel lauschen.

10 Zimmer ⬡ – 🛏️ 169/210 €

Bahnhofstraße 24 ✉ *65558* – ☎ *06432 800780* – *www.landhotel-zum-baeren.de* – *Geschlossen 13. Januar-7. Februar*

🍴○ **Am Kachelofen** – Siehe Restaurantauswahl

BALINGEN

Baden-Württemberg – Regionalatlas **55**–F20 – Michelin Straßenkarte 545

🍴○ cosita 🆕 🍽️ 🛋️ ♿ 🅿️

SPANISCH · DESIGN 🗡️🗡️ In dem schönen modern designten Restaurant des gleichnamigen kleinen Hotels ("Cosita" ist übrigens der Spitzname der Tochter) darf man sich auf spanische Küche freuen, z. B. als "gebratene Rinderleber und Pulpo mit Kaffee an weißer Zwiebelcreme". Der Patron selbst empfiehlt dazu gerne die passenden Weine: über 200 Positionen aus Spanien. Tipp: die gereiften Jahrgänge!

Menu 39/59 € – Karte 35/54 €

Gratweg 2 ✉ *72336* – ☎ *07433 902170* – *www.cosita-balingen.de* – *Geschlossen 2.-14. Juni, 10.-23. August, Montag, Sonntag*

🏨 cosita 🔆 ♿ 🅿️

URBAN · DESIGN Ein schickes Design-Hotel im Herzen der Stadt. Hier wohnt man in minimalistisch gestalteten, ganz geradlinigen und dennoch warmen Zimmern, die mit wertigen Materialien ausgestattet sind. Am Morgen genießen Sie ein frisches, gut gemachtes Frühstück - meist wird man vom Chef selbst betreut!

19 Zimmer ⬡ – 🛏️ 135 € – 2 Suiten

Gratweg 2 ✉ *72336* – ☎ *07433 902170* – *www.cosita-balingen.de* – *Geschlossen 2.-14. Juni, 10.-23. August*

🍴○ **cosita** – Siehe Restaurantauswahl

BAMBERG

Bayern – Regionalatlas **50**–K15 – Michelin Straßenkarte 546

🍴○ **Kropf**   🏠 ⇔

REGIONAL · ELEGANT ✕✕ In dem schönen alten Stadthaus direkt im Zentrum sorgt ein engagiertes Team für regional gehaltene moderne Küche. Neben Fisch von der Familie gibt es Leckeres wie "Zweierlei Wild vom Großonkel Rost" und dazu ausschließlich Frankenweine. Herrlich der Innenhof.

Menu 40/79€ – Karte 42/63€

Obere Königstraße 28 ✉ 96052 – ℰ 0951 2083095 – www.kropf-restaurant.de – Geschlossen Montag, Dienstag, mittags: Mittwoch-Sonntag

🍴○ **La Villa**   🏠 🄰🄲 ⇔ 🚗

INTERNATIONAL · BISTRO ✕✕ Eine der besten Adressen Bambergs. In legerer und zugleich geschmackvoller Atmosphäre wählt man mittags von einer günstigen kleinen Karte, abends gibt es international-mediterrane Gerichte wie "gebratene Wachtelbrüstchen, rote Linsensalsa, Wasserkresse".

Menu 44/49€ – Karte 36/53€

Hotel Villa Geyerswörth, Geyerswörthstraße 15 ✉ 96047 – ℰ 0951 91740 – www.villageyerswoerth.de – Geschlossen Sonntag

🍴○ **Weinhaus Messerschmitt**   ⇦ 🏠 ⇔ 🚗

KLASSISCHE KÜCHE · TRADITIONELLES AMBIENTE ✕✕ Lust auf Saisonales wie "Rehterrine, Ebereschen-Zwiebelconfit, Brioche"? Oder lieber Waller? Der schwimmt im Sommer übrigens im Brunnen auf der Terrasse. Schön der Weinkeller (Tipp: Verkostung) - seit jeher ist man dem Thema Wein verbunden. Kleinere Mittagskarte. Gepflegt übernachten kann man in dem historischen Haus mit der langen Familientradition ebenfalls.

Menu 36/68€ – Karte 37/71€

Lange Straße 41 ✉ 96047 – ℰ 0951 297800 – www.hotel-messerschmitt.de – Geschlossen 5.-19. Januar, Mittwoch, Sonntag, mittags: Freitag

🏨 **Villa Geyerswörth**   ☆ 🐾 ▣ 🄳 🄰🄲 🖇 🚗

PRIVATHAUS · KLASSISCH Das Villenflair dieses Anwesens hat schon von außen etwas Exklusives - ganz stilgerecht ist da die wertige elegante Einrichtung. Und wer es gerne besonders ruhig hat, nimmt ein Zimmer zum Fluss (hinter dem Haus fließt ein Arm der Regnitz)! In die Altstadt sind es übrigens nur wenige Gehminuten.

39 Zimmer - 🛏 179/209€ – 🖵 18€ – 1 Suite

Geyerswörthstraße 15 ✉ 96047 – ℰ 0951 91740 – www.villageyerswoerth.de

🍴○ **La Villa** - Siehe Restaurantauswahl

BARMSTEDT

Schleswig-Holstein – Regionalatlas **10**-I4 – Michelin Straßenkarte 541

🍴○ **Lay's Loft**   ⇦ 🏠 🄳 ⇔ 🅿

KLASSISCHE KÜCHE · ELEGANT ✕✕ Stilsicher, wertig und fast intim - so präsentiert sich das Gourmetrestaurant in dem schmucken ehemaligen Fabrikgebäude. Zur angenehmen Atmosphäre tragen auch die herzlichen Gastgeber bei. Gekocht wird klassisch-saisonal in Form eines Menüs. Schön übernachten kann man ebenfalls.

Menu 55/95€

Schlickumstraße 1 ✉ 25355 – ℰ 04123 9290577 – www.lays-loft.de – Geschlossen 1.-16. Januar, 30. März-8. April, 13.-31. Juli, Montag, Dienstag

🍴○ **Lay's Bistro** - Siehe Restaurantauswahl

🍴○ **Lay's Bistro**   🏠 🄳 ⇔ 🅿

REGIONAL · BISTRO ✕ Diese charmante Restaurant-Alternative des aufwändig sanierten historischen Anwesens ist mit derselben Liebe zum Detail gestaltet wie das "Loft". Was aus der Küche kommt, ist frisch und schmackhaft - Tipp: "Roastbeef mit Bratkartoffeln und Remouladensauce"! Oder lieber "Tapas Lay's Loft"?

Karte 38/65€

Lay's Loft, Schlickumstraße 1 ✉ 25355 – ℰ 04123 9290577 – www.lays-loft.de – Geschlossen 1.-16. Januar, 30. März-8. April, 13.-31. Juli, Montag, Dienstag

BAUNACH

Bayern – Regionalatlas **50**–K15 – Michelin Straßenkarte 546

ⅼ○ **Rocus**   🐾 🏡 **P**

INTERNATIONAL · FAMILIÄR ✗✗ In dem hübschen ehemaligen Bahnhof von 1904 wird ambitioniert gekocht, z. B. "Kalbsentrecôte, Morchelsauce, Petersilienwurzel". Terrasse im Innenhof oder zur Bahnlinie. Tipp: Buchen Sie einen Tisch im Weinkeller, umgeben von vielen spanischen Rotweinen!

Menu 61/89 € – Karte 37/75 €

Bahnhofstraße 16 ✉ 96148 – 𝒞 09544 20640 – www.restaurant-rocus.de –
Geschlossen 20. August-10. September, Montag, mittags: Dienstag-Samstag

BAYERISCH GMAIN

Bayern – Regionalatlas **67**–O21 – Michelin Straßenkarte 546

ⅼ○ **Klosterhofstuben**   ≤ 🍴 🏡 & 🅰🅲 ⇔ **P** 🍸

MARKTKÜCHE · GEMÜTLICH ✗✗ Mögen Sie es gemütlich-rustikal? Richtig charmant kommen die traditionellen Stuben "Zeno" und "Itha" daher - schön die Terrasse mit Aussicht! Gekocht wird saisonal und mit Bezug zur Region. Auch Klassiker wie Zwiebelrostbraten oder Wiener Schnitzel sind zu haben.

Karte 26/70 €

Hotel Klosterhof, Steilhofweg 19 ✉ 83457 – 𝒞 08651 98250 – www.klosterhof.de –
Geschlossen Montag

🏨 **Klosterhof**   🏖 🐾 ≤ 🍴 🛎 🖼 🕙 🛁 ⊡ & 🅰🅲 🏊 **P** 🍸

SPA UND WELLNESS · MODERN Schön fügt sich der moderne Anbau des traditionellen Klosterhofs in die Landschaft ein: außen Holzschindelfassade, drinnen Naturmaterialien, warme Töne und klare Formen. Wie wär's mit einem eigenen Whirlpool im Zimmer? Toll auch die Lage: Abgeschiedenheit nebst Bergpanorama! HP serviert man im "GenussArt".

65 Zimmer ⌷ – 🛏 190/350 € – 6 Suiten

Steilhofweg 19 ✉ 83457 – 𝒞 08651 98250 – www.klosterhof.de

ⅼ○ **Klosterhofstuben** – Siehe Restaurantauswahl

BAYERSOIEN, BAD

Bayern – Regionalatlas **65**–K21 – Michelin Straßenkarte 546

🏨 **Parkhotel am Soier See**

🏖 🐾 ≤ 🍴 🖼 🕙 🛁 ⊡ & 🏊 **P** 🍸

SPA UND WELLNESS · INDIVIDUELL Die Leidenschaft der Gastgeber für Afrika spiegelt sich hier in zahlreichen Details wider, so z. B. im großzügigen Spa oder in der "African Lounge" mit Gerichten wie "Kap-Malaiisches Perlhuhn" oder "Curry-Fischsuppe". Die Zimmer sind schön wohnlich - besonders chic die im modern-alpinen Stil! Saisonale Küche im "Seestüberl", mittags Brotzeitkarte.

103 Zimmer ⌷ – 🛏 122/202 € – 5 Suiten

Am Kurpark 1 ✉ 82435 – 𝒞 08845 120 – www.parkhotel-bayersoien.de

BAYREUTH

Bayern – Regionalatlas **51**–L15 – Michelin Straßenkarte 546

ⅼ○ **Goldener Anker**   🍸

KLASSISCHE KÜCHE · TRADITIONELLES AMBIENTE ✗✗ In klassischem Ambiente bietet man hier eine ebenso klassische Küche. Alles ist stimmig, auf moderne Spielerei verzichtet man. Herzlich umsorgt man seine Gäste mit schmackhaften Gerichten von "Karpfen blau" bis "Vitello tonnato".

Menu 28 € (Mittags), 38/88 € – Karte 38/59 €

Hotel Goldener Anker, Opernstraße 6 ✉ 95444 – 𝒞 0921 7877740 –
www.anker-bayreuth.de – Geschlossen 1.-23. Januar, 22. April-7. Mai, 2.-17.
September, 11.-19. November, Montag, Dienstag, mittags: Mittwoch-Freitag

IM WAHRSTEN
SINNE DES ORTES.

Hier werden Produkte wie der
Vorarlberger Bergkäse g.U. oder der
Tiroler Bergkäse g.U. von Natur aus zu
einzigartigen Spezialitäten. Dafür steht
die geschützte Ursprungsbezeichnung.

**ENJOY
IT'S FROM
EUROPE**

KAMPAGNE FINANZIERT
MIT FÖRDERMITTELN
DER EUROPÄISCHEN UNION

DIE EUROPÄISCHE UNION UNTERSTÜTZT
KAMPAGNEN ZUR FÖRDERUNG DES ABSATZES
LANDWIRTSCHAFTLICHER QUALITÄTSERZEUGNISSE.

GESCHÜTZTER URSPRUNG

(oder eben: Im wahrsten Sinne des Ortes.)

Es geht um den Ort. „Wo bin ich?" Meist wird dieser Satz von schönen Menschen im Film gehaucht, während sie aus der Ohnmacht erwachen und sich verwundert über das schmerzende Haupt streichen.

Merke, es geht um den Ort. Wir alle wissen: Einen Stopp wert, ein Stern. Lohnender Umweg, zwei Sterne. Extra anreisen, drei Sterne. Zwar hat der Ort nichts mit der Vergabe der Sterne zu tun, aber der Ortsbezug wird auch in der Welt der Kulinarik immer wichtiger. Heute ist lokale Identität en vogue.

Die Gourmets von heute wollen keine fermentierten Tannenwipfel am Palmenstrand, kein Wellhornschnecken-Carpaccio in den Bergen. Es geht um den Ort. Dort, vor Ort, muss dann alles passen. Auch zueinander, der Ort zur Architektur, die Produkte zur Landschaft, die Inneneinrichtung zur Küchenausrichtung und alles gemeinsam soll ein großes Ganzes ergeben.

Die geschützte Ursprungsbezeichnung (g.U.) zeichnet Lebensmittel aus, die in einem bestimmten Gebiet nur mit Zutaten von dort hergestellt wurden und deren Besonderheit mit dem Ort ihrer Entstehung zusammenhängt.

Käse mit geschützter Ursprungsbezeichnung ist die Inkarnation des kulinarischen genius loci. Auf eben jener Alm zu sitzen, auf der der Käse hergestellt wurde, ein gut gereiftes Stück Almkäse g.U. mit einem winzigen Schlenz frischer Almbutter auf selbst gebackenem Brot, der Blick über die Kräuterwiesen, deren Aromen über die Kühe, die Milch an den Käse weitergereicht, die Papillen umschmeicheln. Alles gemeinsam ein großes Ganzes. Im wahrsten Sinne des Ortes.

ENJOY IT'S FROM EUROPE

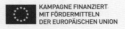
KAMPAGNE FINANZIERT MIT FÖRDERMITTELN DER EUROPÄISCHEN UNION

DIE EUROPÄISCHE UNION UNTERSTÜTZT KAMPAGNEN ZUR FÖRDERUNG DES ABSATZES LANDWIRTSCHAFTLICHER QUALITÄTSERZEUGNISSE.

🏨 Goldener Anker

TRADITIONELL · KLASSISCH Familientradition seit 13 Generationen - jede Menge Historie und stilvolle Details, wohin man schaut. Schön die Lage im Herzen der Stadt, elegant das Interieur, das Frühstück wird am Tisch serviert. Besonderheit: Tagungsbereich mit offener Landhausküche und Dachterrasse!

35 Zimmer 🛏 – 🍴 178/298 € – 2 Suiten

Opernstraße 6 ✉ 95444 – ☎ 0921 7877740 – www.anker-bayreuth.de –
Geschlossen 1.-7. Januar, 23.-31. Dezember

  🍴 **Goldener Anker** – Siehe Restaurantauswahl

BEDERKESA, BAD

Niedersachsen – Regionalatlas **9**–G5 – Michelin Straßenkarte 541

🏨 Bösehof

SPA UND WELLNESS · ELEGANT Schön und recht ruhig liegt dieser Familienbetrieb. Einige Zimmer mit Blick in den reizvollen Garten, geräumiger im Haus "Jan Bohls". Das Haus "Hermann Allmers" beherbergt einen kleinen Spa. Sehr gutes Frühstück, im Sommer auf der Terrasse. Internationale und regionale Küche im elegant-rustikalen Restaurant.

52 Zimmer 🛏 – 🍴 139/169 € – 6 Suiten

Hauptmann-Böse-Straße 19 ✉ 27624 – ☎ 04745 9480 – www.boesehof.de

BELLINGEN, BAD

Baden-Württemberg – Regionalatlas **61**–D21 – Michelin Straßenkarte 545

🏵 Landgasthof Schwanen

REGIONAL · GASTHOF XX In dem seit Generationen als Familienbetrieb geführten Haus darf man sich auf richtig gute Küche freuen - macht Ihnen z. B. "geschnetzeltes Kalbfleisch, Rahmsoße mit frischen Champignons, hausgemachte Spätzle" Appetit? Das Ambiente dazu: traditionell-regional oder hell-modern.

Spezialitäten: Pfifferling Cremesuppe mit Gartenkräutern. Medaillon vom Seeteufel mit Grauburgundersoße. Hausgemachtes Fruchtsorbet.

Menu 19 € (Mittags), 37/60 € – Karte 32/59 €

Hotel Landgasthof Schwanen, Rheinstraße 50 ✉ 79415 – ☎ 07635 811811 –
www.schwanen-bad-bellingen.de – Geschlossen 7.-30. Januar, Dienstag,
mittags: Montag und Mittwoch

🍴 Berghofstüble

MARKTKÜCHE · FREUNDLICH XX Schön liegt das Haus oberhalb des Ortes. Drinnen die nette Gaststube und der freundliche Wintergarten, draußen die hübsche Terrasse mit Aussicht! In der Küche legt man Wert auf gute, frische Produkte, auf der Karte macht z. B. "Skrei auf Blattspinat in Beurre Blanc" Appetit.

Menu 29 € (Mittags), 62/98 € – Karte 46/78 €

Badstraße 1 ✉ 79415 – ☎ 07635 1293 – www.berghofstueble-bad-bellingen.de –
Geschlossen Montag, Dienstag

🏨 Landgasthof Schwanen

FAMILIÄR · FUNKTIONELL In dem Traditionshaus von 1887 wohnen Sie entweder im Haupthaus (zentral am Schlosspark) oder im 400 m entfernten Gästehaus. Letzteres hat Appartements, Liegewiese und eine schöne Aussicht zu bieten. Den freundlichen Service haben Sie hier wie dort!

30 Zimmer 🛏 – 🍴 99/132 €

Rheinstraße 50 ✉ 79415 – ☎ 07635 811811 – www.schwanen-bad-bellingen.de –
Geschlossen 5.-30. Januar

  🏵 **Landgasthof Schwanen** – Siehe Restaurantauswahl

BEMPFLINGEN
Baden-Württemberg – Regionalatlas **55**–G19 – Michelin Straßenkarte 545

🍴○ **Krone**   🏠 ♻ 🅿

FRANZÖSISCH-KLASSISCH · RUSTIKAL XxX Seit über 40 Jahren steht der Familienbetrieb für niveauvolle Küche und klassisches Ambiente, ungebrochen das Engagement der Gastgeber. Probieren Sie z. B. "rosa gebratene Barbarie-Entenbrust mit Barolojus" oder "Winterkabeljau-Filet mit Kartoffelschuppen".

Menu 58 € – Karte 42/75 €

Brunnenweg 40 ✉ 72658 – 𝒞 07123 31083 – www.kronebempflingen.de –
Geschlossen 1.-9. Januar, 9.-27. August, Montag, Sonntag,
mittags: Dienstag-Mittwoch

BENDESTORF
Niedersachsen – Regionalatlas **10**–I6 – Michelin Straßenkarte 541

🏨 **Meinsbur Boutique Hotel**   🌿 � 🅿

LANDHAUS · ELEGANT Wirklich charmant ist dieses 400 Jahre alte reetge-deckte Bauernhaus - einst Herberge von Filmstars wie Hildegard Knef! Die Zimmer sind geschmackvoll, wohnlich und zum Teil sehr großzügig, herrlich das Gartengrundstück, freundlich der Service. Das Restaurant bietet internationale Küche. Auch Trauungen sind möglich.

12 Zimmer – 👫 139/199 € – 🖵 13 € – 3 Suiten

Gartenstraße 2 ✉ 21227 – 𝒞 04183 77990 – www.meinsbur.de

BENZ
Mecklenburg-Vorpommern – Regionalatlas **12**–L4 – Michelin Straßenkarte 542

In Benz-Gamehl Nord-Ost: 5 km über B 105

🏨 **Schloss Gamehl**   🌳 🌿 🚪 🕸 ♨ 🧖 🅿

HISTORISCHES GEBÄUDE · KLASSISCH Das herrschaftliche Anwesen ist eine echte Augenweide, außen wie innen! In den Zimmern eleganter Landhausstil in Weiß und Beige - wertig und wohnlich. Frühstück gibt's im Wintergarten mit Blick zum Park und zum kleinen See samt Insel (über Brücke erreichbar) - hier oder im Schloss selbst kann man auch heiraten. Stilvolle Atmosphäre auch im Restaurant.

14 Zimmer 🖵 – 👫 120/160 € – 5 Suiten

Dorfstraße 26 ✉ 23970 – 𝒞 038426 22000 – www.schloss-gamehl.de –
Geschlossen 2. Januar-6. Februar

BERCHTESGADEN
Bayern – Regionalatlas **67**–P21 – Michelin Straßenkarte 546

🍴○ **Lockstein 1**   🏠

VEGETARISCH · GEMÜTLICH X Das ist schon eine besondere Adresse: Durch die schöne Küche gelangt man in das 500 Jahre alte Bauernhaus. Hier wird mit Liebe und Können gekocht, und zwar ein vegetarisches Menü mit leckeren Gerichten wie "Polentaschnittchen, mit Spinat gefüllte Tomaten, Aurorasauce". Tipp: Auch die beiden Gästezimmer sind gefragt.

Menu 35/50 €

Locksteinstraße 1 ✉ 83471 – 𝒞 08652 9800 – www.biohotel-kurz.de –
Geschlossen mittags: Montag-Sonntag

🏵🏵🏵, 🏵🏵, 🏵, 😊 & 🍴○

ⅱ○ Berchtesgadener Esszimmer

REGIONAL · GEMÜTLICH ✗ Ein richtig sympathisches kleines Restaurant ist aus dem ehemaligen Gasthaus Nonntal geworden. Man kocht modern und ambitioniert, regional und saisonal. In Sachen Wein setzt man auf Österreich. Bei den Stammgästen sind die beiden "kitchen tables" beliebt - von diesen Hochtischen aus schaut man in die offene Küche!

Menu 59/98 € – Karte 36/75 €

Nonntal 7 ✉ 83471 – ☎ 08652 6554301 –
www.esszimmer-berchtesgaden.com – Geschlossen Montag, Sonntag,
mittags: Dienstag-Samstag

Kempinski Hotel Berchtesgaden

🏞 🦢 ⪡ 👝 🖼 🎱 📺 ⑩ 🌀 ♨ 🚹 🛗 ➔ 🚿 🔥 AC 🧖 P 🚗

LUXUS · MODERN Die Lage in 1000 m Höhe und die tolle Bergkulisse sind kaum zu toppen, aber auch das Interieur ist sehenswert: stimmiges chic-modernes Design und wertige Materialien. Top z. B. die Maisonette-Suiten mit Dachterrasse, klasse der Spa. Dazu das Restaurant "Johann Grill". Das bisherige Sternerestaurant "Le Ciel" wird mit neuem Stil nach Redaktionsschluss eröffnet!

126 Zimmer – 🛏 210/700 € – 🍴 35 € – 12 Suiten

Hintereck 1 ✉ 83471 – ☎ 08652 97550 –
www.kempinski.com/berchtesgaden

BERGHAUPTEN

Baden-Württemberg – Regionalatlas **54**–E19 – Michelin Straßenkarte 545

🕲 Hirsch   ⪡ 🛏 🔥 ☼ P 🚗

REGIONAL · LÄNDLICH ✗✗ Der "Hirsch" ist ein äußerst gepflegter und gut geführter Familienbetrieb, in dem man sehr gut übernachten, aber vor allem auch sehr gut essen kann. Das Repertoire der Küche reicht vom "panierten Schweineschnitzel" bis zum "Seezungenfilet mit Garnele und Rieslingsauce". Ein wirklich freundlicher und charmanter Service rundet das Bild des idealen Landgasthofs ab!

Spezialitäten: Badisches Schneckensüpple überbacken. Gekochtes Rindertafelspitz mit Meerrettichsauce, Preiselbeeren und Kartoffeln. Lauwarmes Schokoladentörtchen mit frischer Mango und Vanilleeis.

Menu 42/52 € – Karte 28/52 €

Dorfstraße 9 ✉ 77791 – ☎ 07803 93970 –
www.hirsch-berghaupten.de – Geschlossen 20. Februar-3. März, 10.-25. August,
Montag, mittags: Dienstag, abends: Sonntag

BERGISCH GLADBACH

Nordrhein-Westfalen – Regionalatlas **36**–C12 – Michelin Straßenkarte 543

In Bergisch Gladbach-Bensberg Süd-Ost: 4 km

🕸🕸🕸 Vendôme   🕸 🔥 AC ☼ 🚗

KREATIV · LUXUS ✗✗✗ Dass Joachim Wissler Koch wurde, verdankt er nicht zuletzt seiner Familie, die auf der Schwäbischen Alb einen landwirtschaftlichen Betrieb mit angeschlossenem Gasthof besaß. Nach seiner Ausbildung in der „Traube" in Baiersbronn-Tonbach und Stationen in den besten Restaurants der Republik übernahm der bodenständige und sympathische Schwabe - ausgestattet mit dem Wissen über die Raffinessen der Haute Cuisine - im Jahr 2000 die Leitung des luxuriösen Restaurants im "Althoff Grandhotel Schloss Bensberg". Joachim Wissler hat seinen ganz eigenen Stil. Den Geschmack erstklassiger Produkte bringt er wunderbar zur Geltung - beeindruckend z. B. die Kombination von Bayerischer Seeforelle, Wurzelgemüse, Meerrettich und Estragon.

Spezialitäten: Octopus und Steinpilze, Petersilienaioli, Topinambur, Leinsamenvinaigrette. Rehrücken und Waldheidelbeeren, Räucheraal-Rehleberkompott, Vogelbeeren, Tannenwipfelgelee. "Pure Dark Chocolate", Grapefruitgranité, Bergamottegelee.

Menu 165 € (Mittags), 220/295 €

Althoff Grandhotel Schloss Bensberg, Kadettenstraße ⊠ 51429 – ✆ 02204 421940 – www.schlossbensberg.com – Geschlossen 17. Februar-4. März, 22. Juli-13. August, Montag, Dienstag, mittags: Mittwoch-Freitag

⊯○ Trattoria Enoteca ⌂ & 🆎 🚗

ITALIENISCH · GEMÜTLICH ✕✕ Hier darf man sich auf italienische Küche in geschmackvoller gemütlicher Atmosphäre mit mediterraner Note freuen. Genauso schön sitzt man auf der Terrasse im romantischen Innenhof mit seinen hübsch bewachsenen Natursteinmauern.

Menu 29 € (Mittags), 59/115 € – Karte 40/82 €

Althoff Grandhotel Schloss Bensberg, Kadettenstraße ⊠ 51429 – ✆ 02204 420 – www.schlossbensberg.com

🏨 Althoff Grandhotel Schloss Bensberg

🍴 🐾 ← 🛜 📺 🕤 🛎 ⅃♨ 🖃 & 🆎 🛁 🚗

GROSSER LUXUS · KLASSISCH Ein imposantes jahrhundertealtes Schloss als wunderschöner klassischer Rahmen für luxuriöses Interieur und professionellen Service. Fantastisch die exponierte Lage über Köln mit Domblick. Auch eine tolle Kulisse für Hochzeiten! Schöne Abendbar.

99 Zimmer – 👥 175/690 € – ☕ 35 € – 21 Suiten

Kadettenstraße ⊠ 51429 – ✆ 02204 420 – www.schlossbensberg.com

❀❀❀ **Vendôme** · ⊯○ **Trattoria Enoteca** – Siehe Restaurantauswahl

In Bergisch Gladbach-Herrenstrunden Nord-Ost: 2,5 km

⊯○ Dröppelminna 🐾 ⌂ 🅿 ⌗

MARKTKÜCHE · GEMÜTLICH ✕ In dem kleinen Fachwerkhaus sorgen allerlei liebevolle Details für Gemütlichkeit. Gerne sitzen die Gäste hier bei saisonalen Menüs und schönen Weinen - die Leidenschaft des Chefs, seines Zeichens Sommelier. Hübsch auch die Terrasse.

Menu 53/63 €

Herrenstrunden 3 ⊠ 51465 – ✆ 02202 32528 – www.restaurant-droeppelminna.de – Geschlossen Montag, Dienstag, mittags: Mittwoch-Samstag

BERGKIRCHEN
Bayern – Regionalatlas **65**–L20 – Michelin Straßenkarte 546

In Bergkirchen-Unterbachern Nord-West: 5 km

⊛ Gasthaus Weißenbeck ⌂ ↻ 🅿

TRADITIONELLE KÜCHE · GEMÜTLICH ✕ Lauter zufriedene Gesichter! Kein Wunder, denn Mutter und Tochter Weißenbeck kochen richtig gut und preislich fair! In dem gemütlichen Wirtshaus - und auf der schönen Gartenterrasse - gibt's z. B. "halbe Freiland-Ente, handgeriebener Kartoffelknödel, Apfelkompott, Blaukraut". Beliebt: das preiswerte Mittagsmenü.

Spezialitäten: Leberknödelsuppe. Gefüllte Kalbsbrust mit Kartoffel-Gurkensalat. Bayrische Creme mit marinierten Früchten und Mandelstreusel.

Menu 48 € – Karte 37/55 €

Ludwig-Thoma-Straße 56 ⊠ 85232 – ✆ 08131 72546 – www.weissenbeck.de – Geschlossen Montag, Dienstag, mittags: Mittwoch-Freitag

BERGNEUSTADT
Nordrhein-Westfalen – Regionalatlas **36**–D12 – Michelin Straßenkarte 543

In Bergneustadt-Niederrengse Nord-Ost: 7 km über B 55, in Pernze links abbiegen

ⓘ○ Rengser Mühle   ⟵ 🛏 ⟨⟩ 🅿

REGIONAL · GEMÜTLICH XX Bereits seit Generationen führt Familie Vormstein das Haus mit den charmant-gemütlichen Stuben und pflegt hier die regional-saisonale Küche. Tipp: Auf Vorbestellung gibt's die beliebte "Bergische Kaffeetafel". Sie möchten übernachten? Man hat auch nette, gepflegte Gästezimmer.

Menu 25/45 € – Karte 22/61 €

Niederrengse 4 ⊠ 51702 – 𝒞 02763 91450 – www.rengser-muehle.de –
Geschlossen Montag, Dienstag

BERLEBURG, BAD
Nordrhein-Westfalen – Regionalatlas **37**–F12 – Michelin Straßenkarte 543

ⓘ○ Alte Schule ⓝ

KLASSISCHE KÜCHE · ZEITGEMÄßES AMBIENTE X Gemütlich sitzt man in dem ehemaligen Schulgebäude in schönem modernem Ambiente und lässt sich freundlich und aufmerksam umsorgen. Serviert werden saisonale Gerichte aus regionalen Produkten wie z. B. "Wittgensteiner Hirschgulasch, Serviettenknödel, Apfelkompott".

Menu 25/60 € – Karte 33/48 €

Goetheplatz 1 ⊠ 57319 – 𝒞 02751 9204780 – www.hotel-alteschule.de –
Geschlossen Donnerstag, mittags: Montag-Mittwoch und Freitag-Samstag

🏠 Alte Schule   ✿ ⛵ 🅿

HISTORISCHES GEBÄUDE · INDIVIDUELL Ein geschmackvolles und wertiges Hotel mit viel Charme, das sich dem Thema Schule verschrieben hat. Sie wohnen modern-elegant oder etwas schlichter, und zwar im "Museum", im "Fliegenden Klassenzimmer" oder in der "Alten Schule" - hier auch das hübsche Restaurant.

39 Zimmer ⊑ – ♥♥ 129/199 €

Goetheplatz 1 ⊠ 57319 – 𝒞 02751 9204780 – www.hotel-alteschule.de

ⓘ○ **Alte Schule** – Siehe Restaurantauswahl

BERLIN

Vielfältiger und kontrastreicher, lebendiger und wandlungsfreudiger kann eine Stadt kaum sein. Und das gilt nicht zuletzt auch für die Gastronomie der Bundeshauptstadt, sie boomt! Das Niveau hat sich in den letzten Jahren bedeutend gesteigert, und auch die Bandbreite der Küchen ist deutlich angewachsen. Die Gastro-Szene ist bunter und noch internationaler geworden, steckt voller Ideen und Dynamik. Sie ist praktisch ein Spiegelbild des gesellschaftlichen und kulturellen Lebens der Stadt. Essen Sie gerne fernöstlich, italienisch oder mediterran? Oder doch lieber klassisch-französisch? Auch Restaurants mit rein vegetarischer bzw. veganer Küche gehören inzwischen zu Berlin wie Boulette oder Currywurst. Auffallend bei der Entwicklung der hiesigen Gastronomie ist der Trend hin zu jungen, ganz ungezwungenen Restaurants, die es nicht selten in die Liga der Sternerestaurants schaffen und eindrucksvoll beweisen, dass legere Atmosphäre und hervorragende Küche wunderbar Hand in Hand gehen können.

Wir mögen besonders:
Das **Rutz** als erstes Berliner 3-Sterne-Restaurant. Im **einsunternull** die Vielfalt Berlins auf den Teller bekommen. Israelisch-europäische Küche im **prism**, indische im **INDIA CLUB** oder peruanische im rustikalen Chicha – Abwechslung ist garantiert! Das urbane **Barra** für sein unkompliziertes „Sharing"-Konzept. Moderne deutsche Küche im trendigen **POTS** im Hotel **The Ritz-Carlton**. Die besondere Kulisse der hip-lebendigen **Monkey Bar** im 10. Stock des **25hours Hotel Bikini** - hier überblickt man den Zoo, die Stadt oder genießt einfach den Sonnenuntergang auf der Terrasse. Keine Frage, die Hauptstadt bietet alles, was man sich an Unterhaltung vorstellen kann - einen Eindruck verschafft man sich am besten bei einer Stadtrundfahrt in einem der vielen Doppeldecker-Busse – oder lieber auf der Spree?

• Regionalatlas 22 B2
• Michelin Straßenkarte 545

elxeneize/iStock

UNSERE BESTEN RESTAURANTS

STERNE-RESTAURANTS

❀ ❀ ❀

Eine einzigartige Küche – eine Reise wert!

❀ ❀

Eine Spitzenküche - einen Umweg wert!

CSP_jacquespalut/Fotosearch LBRF/age fotostock

Eine Küche voller Finesse - seinen Stopp wert!

BIB GOURMAND 😊

UNSERE RESTAURANTAUSWAHL

ALLE RESTAURANTS VON A BIS Z

TommL / E+ / Getty Images

RESTAURANTS AM SONNTAG GEÖFFNET

UNSERE HOTELAUSWAHL

F. Cirou / PhotoAlto Agency RF Collections / Getty Images

GARTENSTADT,
FROHNAU

A

B

NIEDER-NEUENDORF

Alt-Heiligensee

Hermsdorf

MÄRKISCH VIERTEL

BERLINER
FORST TEGEL

Wilhelmsruhe

Ruppiner Chaussee

Heiligenseestraße

Hermsdorfer Damm

Waldmannsluster Damm

A 111

Villa Borsig

Sandhauser Str.

Wittenau

Roedernallee

Oranienburger

Niederneuendorfer Allee

Berliner Str.

Holzhauser Str.

Eichbornstr.

Dorfkir

Waldstr.

Str.

REINICKENDORF

TEGELER SEE

TEGELORT

Flughafensee

Schönwalder Allee

BERLINER
FORST
SPANDAU

Radelandstraße

Pionierstraße

Streitstr.

Daumstr.

Bernauer

Volkspark
Jungfernheide

BERLIN-TEGEL

Hohenzollernkanal

A 111

Müllerstr.

Seestraße

Bafu

Gotthardstr.

GARTENSTADT
STAAKEN

Zitadelle

Saatwinkle

Damm

SPANDAU

Am Juliusturm

ALTE
SPREE

Brunsbütteler Damm

Freiheit

SPREE

Fürsten

Str.

Turmstraße

HAMBURG,
LÜBECK

Seeburger
Str.

Wilhelm-

Pichelsdorfer

Ruhlebener Str.

Charlottenburger
Chaussee

Weg

A 100

Otto-Suhr-Allee

Beusser

Str.

Salzufer

Neuel
See

Olympia-
stadion

Spandauer

Spandauer Damm

Bismarckstr.

Kantstraße

Heerstraße

Stößensee

T

WEINMEISTERHORN

MESSEGELÄNDE

Pichelsdorfer Str.

Kurfürstendamm

Potsdamer
Chaussee

Schildhorn

Am
Postfenn

Teufelsberg

△120

Eichkamp

Konstanzer
Str.

Uhlandstraße

Martin-Luther-
Str.

Gatow

Gatower

BERLINER
FORST
GRUNEWALD

Hagenstr.

A 100

Grunewaldturm

GRUNEWALD

Wiesbadener
Str.

Havelchaussee

A 115

Grunewaldsee

Rhein

A 103

LINDWERDER

Brücke-Museum

Pacelliallee

Bergstraße

SACROW

Jesus Christus

DAHLEM

Schlachtstr.

Stegli
Dam

Kladower
Damm

Krumme
Lanke

Onkel
Toms Hütte

Gary Str.

Thielallee

Drakestraße

Kladow

Havel

Schlachtensee

Herz Jesu

Berliner Str.

Ringstr.

Hindenburgdamm

Klingsorstr.

Kaiser-Wil

POTSDAM

A 115

MEXIKOPL.

Potsdamer

Chaussee

Str.

Mühlenstr.

LICHTERFELDE

Großer
Wannsee

Nikolassee

ZEHLENDORF

Teltower

Damm

Dahlemer

Goerzallee

Lilienthalpark

Lichterfel
Ring

WANNSEE

a

Potsdamer

Ernst-Thälmann-
Str.

Lichterfelder
Allee

Oxdorfer
Str.

POTSDAM

BERLINER
FORST
DÜPEL

KLEINMACHNOW

B

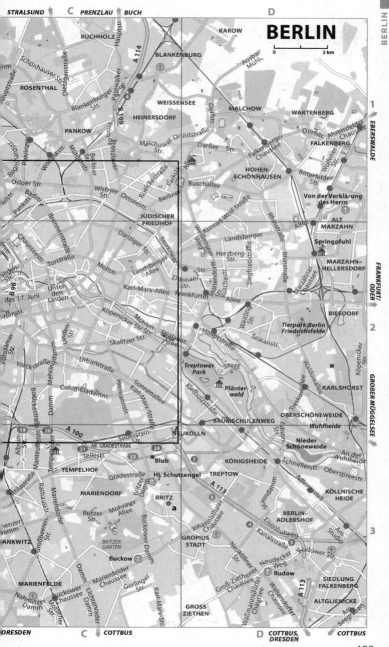

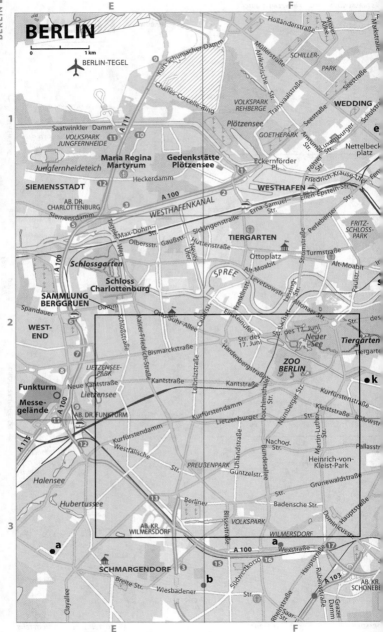

BERLIN

0   1 km

✈ BERLIN-TEGEL

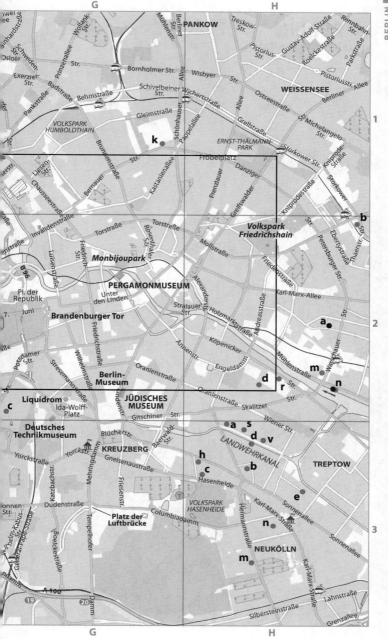

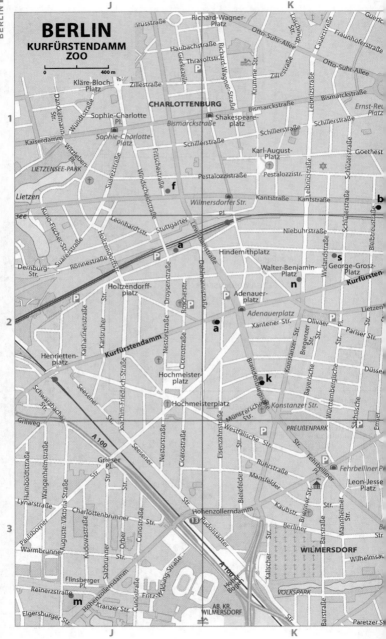

BERLIN
KURFÜRSTENDAMM
ZOO

0 ⊢———————⊣ 400 m

CHARLOTTENBURG

LIETZENSEE-PARK

Lietzen

see

PREUSSENPARK

WILMERSDORF

VOLKSPARK

AB. KR.
WILMERSDORF

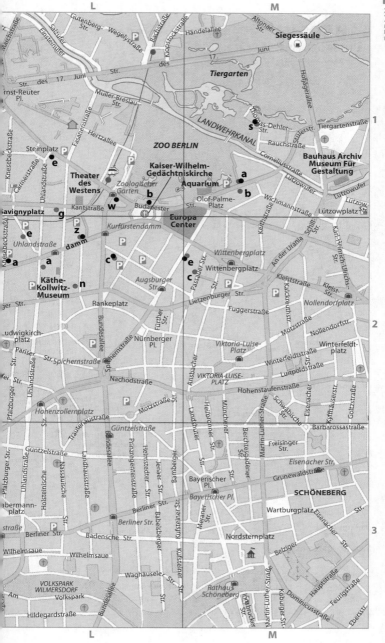

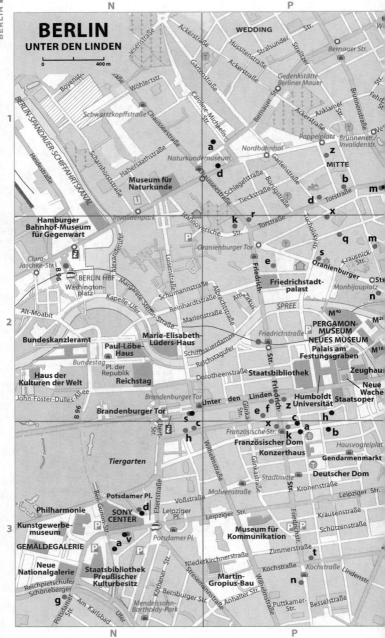

BERLIN
UNTER DEN LINDEN

0   400 m

N   P

WEDDING

Jesenstraße
Ackerstraße
Hussitenstraße
Stralsunder
Streltzer
Str.

Boyenstr.
Wöhlertstr.
Gartenstraße
Caroline-Michaelis-Str.
Schwartzkopfstraße
Chausseestraße
Habersaathstraße
Bernauer Str.
Ackerstraße
Gedenkstätte
Berliner Mauer
Anklamer
Str.
Bernauer Str.
Brunnenstraße
Fehrb
St

a
Nordbahnhof
Pappelplatz
z
Naturkundemuseum
Gartenstraße
Brunnenstr.
Invalidenstr.
Ver

d
MITTE

Museum für Naturkunde

Scharnhorststraße
Invalidenpark
Chausseestraße
Schiegelstraße
Borsigstraße
Tieckstraße
Torstraße
b
m

d
Torstraße
x

Hamburger Bahnhof-Museum für Gegenwart

Heidestraße
Hannoversche
Str.
k
r
Torstraße
Tucholskystr.

q
m

Oranienburger Tor
Friedrich-
e
s
Krausnick-
Str.

Clara-Jaschke-Str.
B 96
Alexanderufer
Luisenstraße
Schumannstraße
Albrechtstraße
Oranienburger

BERLIN HBF
Washington-platz
Margarete Steffin Straße
Reinhardtstraße
Am Zirkus
Friedrichstadt-palast
Ost
Monbijouplatz
n

Kapelle-Ufer
Marienstraße
Friedrich-
SPREE

Alt-Moabit
Schiffbauerdamm
Friedrichstraße
PERGAMON-MUSEUM
M⁴⁰
M²⁰

Bundeskanzleramt

Marie-Elisabeth-Lüders-Haus
Paul-Löbe-Haus
Reichstagufer
NEUES MUSEUM
Palais am Festungsgraben
M¹⁸

Bundestag
Pl. der Republik
Dorotheenstraße
Staatsbibliothek
Friedrichstr.
Zeughau

Haus der Kulturen der Welt
Reichstag
Neue Wache

John-Foster-Dulles-Allee
Brandenburger Tor
Unter den Linden
Glinka-Str.
Humboldt Universität
Staatsoper

B 96
Brandenburger Tor
Ebertstr.
s
c
e
f
z
h
h

h
Französische Str.
x
k
Ç
a
b

Tiergarten
Französischer Dom
Konzerthaus
Hausvogteiplatz

Wilhelmstraße
Glinkastraße
Gendarmenmarkt

Stadtmitte
Deutscher Dom

Potsdamer Pl.
Voßstraße
Mohrenstraße
Kronenstraße
Leipziger Str.

Philharmonie
Ben-Gurion-Str.
SONY CENTER
d
Leipziger Pl.
Leipziger Str.
Krausenstraße
Schützenstraße

Kunstgewerbe-museum
Potsdamer Pl.
Museum für Kommunikation
Friedrichstr.

GEMÄLDEGALERIE
a
v
Zimmerstraße
t

Neue Nationalgalerie
Staatsbibliothek Preußischer Kulturbesitz
Niederkirchnerstraße
Stresemannstraße
Kochstraße
Kochstraße
Lindenstr.

Reichpietschufer
Schöneberger
Köthener Str.
Martin-Gropius-Bau
Anhalter Str.
Wilhelmstraße
n

g
Potsdamer Str.
Am Karlsbad
Mendelssohn-Bartholdy-Park
Bernburger Str.
Puttkamer-Str.
Besselstraße

N   P

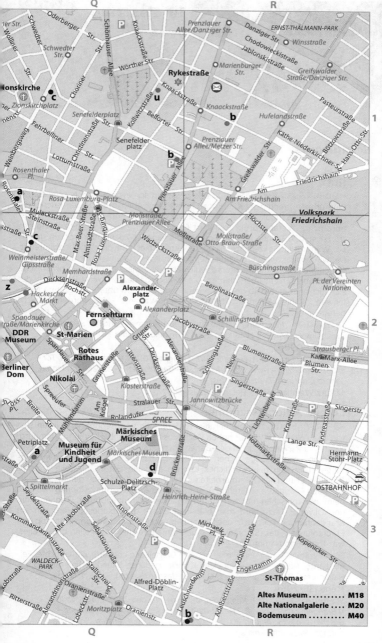

Altes Museum M18
Alte Nationalgalerie M20
Bodemuseum M40

Im Zentrum

cookedphotos/iStock

Restaurants

❀❀❀ **Rutz** 🕸 🛖 AC

MODERNE KÜCHE · DESIGN ✗✗ Das passt einfach ins kosmopolitische Berlin! Eine urbane, trendig-schicke Location mit einer ebenso modernen Küche, die sich in keine Schublade stecken lässt! Die gibt es in Form eines tollen Inspirationsmenüs. Verantwortlich dafür ist Marco Müller, der die Küchenleitung des "Rutz" seit 2004 inne hat. Ob Forellen aus eigener Zucht oder trocken gereiftes Wagyu-Rind, exzellente Produkte werden hier sehr durchdacht zubereitet. Da wird sogar ein vermeintlich einfacher Kohl zu einem nicht alltäglichen Gericht, das mit ganz unterschiedlichen Geschmacksrichtungen überrascht, aber dennoch nicht überladen ist. Die wirklich bemerkenswerte Balance findet sich nicht nur innerhalb der einzelnen Gänge, sondern über das gesamte Menü hinweg. Wählen Sie ruhig die große Menü-Variante - Sie werden es nicht bereuen!

Spezialitäten: Muscheln, Dünenkräuter und Aromen, Shoyu. Salzwiesenlamm, Zwiebelgewächse und Holunder, Gerste. Heidelbeere und Fichte, Amazake.

Menu 158/198 €

Stadtplan: P2-r – *Chausseestraße 8 (1. Etage)* ✉ *10115* – **U** *Oranienburger Tor* – 𝒸 *030 24628760* – *www.rutz-restaurant.de* – *Geschlossen 5.-13. Januar, Montag, Sonntag, mittags: Dienstag-Samstag*

🍷 **Rutz Weinbar** – Siehe Restaurantauswahl

❀❀ **Lorenz Adlon Esszimmer** 🕸 ♿ AC ⇕ 🚗

KREATIV · LUXUS ✗✗✗ Die beruflichen Stationen von Hendrik Otto lesen sich wie das „Who is Who" der hohen Kochkunst: Restaurant „Haerlin" in Hamburg, „Brenners Park Hotel" in Baden-Baden, Restaurant „Schwarzwaldstube" in Baiersbronn, um nur einige zu nennen. Nicht zuletzt die dort gesammelten Erfahrungen und sein handwerkliches Können sind ein Garant für tolle kreative Gerichte. Er und sein Team arbeiten durchdacht und akribisch genau, aus erstklassigen Produkten entstehen überraschende Aromenkompositionen wie z. B. beim norwegischen Lachs mit fermentiertem Orangenpfeffer, Tannenhonig und Olivenöl. Dazu wird man hier im 1. Stock der luxuriösen Herberge am Brandenburger Tor auch noch charmant und kompetent umsorgt, top die Empfehlungen des Sommeliers - der umfangreiche Weinkeller bietet alles, was Rang und Namen hat.

Spezialitäten: Crème und Parfait von der Gänseleber, confierte Zitrusfrüchte, Feige, Lardo. Neustrelitzer Rehrücken, Kamille, gedörrte Sauerkirschen, Schluppen. Hafercrème, Blutorangensorbet, Orangen-Jasmin-Auszug, Kräuterschnee.

Menu 135/205 €

Stadtplan: N2-s – *Adlon Kempinski, Unter den Linden 77 (1. Etage)* ✉ *10117* – **U** *Brandenburger Tor* – 𝒸 *030 22611960* – *www.lorenzadlon-esszimmer.de* – *Geschlossen 1.-15. Januar, 20. Juli-5. August, Montag, Dienstag, Sonntag, mittags: Mittwoch-Samstag*

166

✿✿ FACIL   🕸 🏠 ♿ AC 🔄 🚗

KREATIV · CHIC XXX Sich im 5. Stock fühlen wie auf einer Gartenterrasse? Und dann noch mitten in Berlin? Das puristisch-moderne Dachgarten-Restaurant des Hotels „The Mandala" macht's möglich! Nicht nur stylish-chic ist es hier, auch wunderbar luftig und licht - dank Rundumverglasung ist der herrliche begrünte Außenbereich ganz nah. Doch nicht nur die Location ist "top" im wahrsten Sinne: Das Duo Michael Kempf (Küchendirektor) & Joachim Gerner (Küchenchef) sorgt hier für kreative, absolut stimmige und durchdachte Gerichte. Da werden beispielsweise Gillardeau-Auster, Imperial-Kaviar, Schwäbisch-Hällischer Schweinebauch und grüner Kardamom zu einer ausgesprochen geschmacksintensiven Kombination mit schönen Kontrasten, die man getrost als "Signature Dish" bezeichnen kann!

Spezialitäten: Jakobsmuschel, Knollensellerie, Kamille und Wasabi. Rücken vom Fläming Reh, Navetten, Granatapfel und Ras el-Hanout. Passionsfrucht, Litschi, Kokos und Bahibe Schokolade.

Menu 57 € (Mittags), 104/210 € - Karte 57/135 €

Stadtplan: N3-v - Hotel THE MANDALA, Potsdamer Straße 3 (5. Etage) ✉ 10785 - U Potsdamer Platz - ℰ 030 590051234 - www.facil.de - Geschlossen 4.-19. Januar, 18. Juli-9. August, Samstag, Sonntag

✿ 5 - Cinco by Paco Pérez   🕸 ♿ AC

KREATIV · DESIGN XXX Nicht jeder hat die Gelegenheit, im Restaurant "Miramar" in Spanien zu speisen. Kein Problem, denn die tolle Küche des katalanischen Sternekochs Paco Pérez gibt es auch in Berlin! Andreas Rehberger, Federico Di Domenica und ihr Team setzen dessen Konzept hier im Gourmetrestaurant des Hotels "Das Stue" um. Es befindet sich im denkmalgeschützten Gebäude der ehemaligen Dänischen Gesandtschaft aus den 30er Jahren. Hingucker sind 86 mittig an der Decke hängende Kupfertöpfe, dazu interessante Einblicke in die durch Glasscheiben einsehbare Küche. Ein Signature Dish des Meisters von der Costa Brava ist z. B. "Arroz meloso mar y montaña" - so aromatisch und ausdrucksstark kann ein Reisgericht das Meer und die Berge verbinden! Klasse der Service samt top Weinberatung - da spürt man das Bemühen um den Gast!

Spezialitäten: Bernsteinmakrele, Umami und Kaviar. Taube, Mais, Mole und Huitlacoche. Yuzu, Mango, Joghurt.

Menu 130/200 €

Stadtplan: M1-s - Hotel SO/Berlin Das Stue, Drakestraße 1 ✉ 10178 - U Wittenbergplatz - ℰ 030 3117220 - www.das-stue.com/en/restaurants-bar/cinco-by-paco-perez - Geschlossen Montag, Dienstag, Sonntag, mittags: Mittwoch-Samstag

✿ GOLVET   🕸 ← 🏠 AC 🔄

KREATIV · DESIGN XX Wer hier in der 8. Etage aus dem Lift steigt, wird erst einmal beeindruckt sein von der 1a-Aussicht über den Potsdamer Platz! Doch das ist nicht alles, was den Blick auf sich zieht: Das großzügige Restaurant samt offener Küche und 13 m langer Bar (hier die vermutlich größte Aquavit-Auswahl Deutschlands!) kommt ausgesprochen stylish daher. Und dann sind da noch der Service und das Essen - beides top. Gastgeber und Küchenchef Björn Swanson (zuvor u. a. im "Facil" und im "Fischers Fritz" tätig) kocht modern-kreativ und setzt auf Produktqualität und eigene Ideen. Seine Menüs gibt es als "Gegenwart" mit 7 Gängen und als "Zukunft" mit 4 Gängen. Interessant dazu die Weinkarte mit kleinen ökologischen Betrieben. Oder darf es als Getränkebegleitung vielleicht mal ein hausgemachter Kombucha sein?

Spezialitäten: Geeister Topinambur mit Chicorée, Limone und Crosne. Schulter vom Juvenil Ferkel mit Brennnessel, schwarzen Johannisbeeren und Jalapeñohollandaise. Dessert von violetten Auberginen mit Passionsfrucht, Vanille und Basilikum.

Menu 90/128 €

Stadtplan: N3-g - Potsdamer Straße 58 (8. Etage) ✉ 10785 - U Potsdamer Brücke - ℰ 030 89064222 - www.golvet.de - Geschlossen 13.-27. Juli, Montag, Sonntag, mittags: Dienstag-Samstag

❁ Hugos

MODERNE KÜCHE · CHIC 𝟬𝟬 Die klasse Aussicht genießen und dabei hervorragend speisen? Im 14. Stock des Hotel "InterContinental" erwartet Sie in chic designtem Ambiente eine modern inspirierte klassische Küche, die seit 2000 ohne Unterbrechung mit einem MICHELIN Stern ausgezeichnet ist - ursprünglich übrigens unter dem Namen "Zum Hugenotten", später als "Hugenotte" und nun als "Hugos". Eberhard Lange steht hier bereits seit 1998 mit am Herd, seit 2015 als Küchenchef. Er setzt auf ausgesuchte Produkte, wie z. B. beim saftigen Zander mit Perigord-Trüffel und Lardo di Colonnata. Harmonisch die feinen Kontraste und verschiedenen Texturen. Reichlich Geschmack steckt auch im vegetarischen Menü! Der Service charmant-leger und kompetent. Versiert auch die Weinberatung - man hat eine sehr gut sortierte Karte.

Spezialitäten: Bretonischer Langostino, Kokos, Calamansi, Algentempura. Reh aus der Schorfheide, Fichtenspitzen, Pekannuss, Beeren von der Eberesche. Haselnuss und Topinambur, Abate Birne, Eis, Törtchen, Espresso.

Menu 110/165 €

Stadtplan: M1-a – *Hotel InterContinental, Budapester Straße 2 (14. Etage)* ✉ *10787* – **U** *Wittenbergplatz* – ✆ *030 26021263* – www.hugos-restaurant.de – *Geschlossen 1.-13. Januar, 12.-20. April, 5. Juli-24. August, Montag, Sonntag, mittags: Dienstag-Samstag*

❁ einsunternull

KREATIV · DESIGN 𝟬𝟬 Frischer Wind im "einsunternull"! Mit Silvio Pfeufer hat sich Inhaber (und wahre Gastgeberpersönlichkeit!) Ivo Ebert im März 2019 einen jungen Küchenchef an den Herd geholt, der die Vielfalt Berlins auf den Teller bringt. Modern, kreativ und international inspiriert sind seine Gerichte. Bei der Produktwahl setzt man nach wie vor auf ausgezeichnete Qualität, was Zander und Spanferkel ebenso beweisen wie die vegetarischen Speisen. Heimische Zutaten spielen ebenso eine wichtige Rolle wie die für Berlin so typische Weltoffenheit. Silvio Pfeufer, dessen prägendste Station die bei Jan Hartwig im Münchner "Atelier" war, ist übrigens wie auch Ivo Ebert gebürtiger Berliner - da haben sich die zwei Richtigen zusammengetan, um Berlin kulinarisch widerzuspiegeln! Zum Menü gibt es eine schöne Weinkarte. Oder darf es vielleicht eine alkoholfreie Begleitung sein?

Spezialitäten: Forelle, Gurke, Wassermelone, Buttermilch. Kaninchen, Pfifferlinge, Gemüse. Erdbeere, Basilikum, Pinienkerne.

Menu 129 €

Stadtplan: P2-k – *Hannoversche Straße 1* ✉ *10178* – **U** *Oranienburger Tor* – ✆ *030 27577810* – www.einsunternull.com – *Geschlossen 14.-29. Januar, Dienstag, Mittwoch, mittags: Montag und Donnerstag-Sonntag*

⚙ Pauly Saal ⚙ 🛖

FRANZÖSISCH-MODERN · TRENDY XX Sie mögen es elegant und dennoch ungezwungen? Dann wird es Ihnen in dem herrlichen hohen Saal in der ehemaligen jüdischen Mädchenschule gefallen. Markante Details - und echte Hingucker! - sind hier eine dekorative Rakete über dem Fenster zur Küche sowie stilvolle Murano-Kronleuchter an der Decke. Das Team um Küchendirektor Dirk Gieselmann sorgt für klassische Gerichte mit modernen Einflüssen. Die tolle Produktqualität ist Ihnen beim Filet vom Wolfsbarsch mit geschmortem Fenchel ebenso gewiss wie beim pochierten Freilandei mit Trüffelhollandaise und jungem Mangold. Sehr gut auch der Sommelier - man hat viele namhafte Weine. Wenn Sie gerne im Freien speisen: Ein schöner Innenhof dient als Terrasse.

Spezialitäten: Marmorierte Gänseleberterrine, geräucherte Entenbrust, Arabica Reduktion, Feige, Brioche. Steinbutt aus dem Dampf, Algenbutter, Muscheln im Kräutersud, schwarzer Reis, Kalamar, Fenchel. Jivara Schokolade und Himbeeren, fermentiertes Milchsorbet, kandierter Kakao.

Menu 85/115 €

Stadtplan: P2-q – *Auguststraße 11* ✉ *10117* – **U** *Weinmeisterstr.* –
☎ *030 33006070* - *www.paulysaal.com* –
Geschlossen Montag, Sonntag, mittags: Dienstag-Samstag

⚙ prism ❶ (Gal Ben Moshe) 🛖

ISRAELISCH · CHIC XX Nach dem Umzug vom Restaurant "Glass" in der Uhlandstraße hierher ins "prism" bietet Patron Gal Ben Moshe in minimalistisch-schickem Ambiente eine spannende Küche, die sowohl seine israelische Heimat als auch modernen europäischen Stil miteinander kombiniert! So entstehen interessante kontrastreiche Gerichte aus hervorragenden Produkten. Da hat z. B. die Komposition aus trocken gereifter Mieral-Taube, Gariguette-Erdbeeren und Baharat eine tolle geschmackliche Vielfalt und eine ganz persönliche Note, die man sonst nirgends bekommt. Harmonisch begleitet wird das Ganze von den trefflichen Weinempfehlungen der ausgesprochen freundlichen Gastgeberin und ausgezeichneten Sommelière Jacqueline Lorenz. Unter den 230 Positionen finden sich u. a. auch schöne Weine aus Israel, Syrien, dem Libanon...

Spezialitäten: Karotten, Maftool, Verjus, Arganöl. Trockengereiftes Weidelamm, Aubergine, Granatapfel, Harissa. Safran, Pistazien, Rosen, Joghurt.

Menu 95/125 €

Stadtplan: J1-f – *Fritschestraße 48* ✉ *10627* – **U** *Wilmersdorfer Str.* –
☎ *030 54710861* - *www.prismberlin.de* –
Geschlossen Dienstag, Mittwoch, mittags: Montag und Donnerstag-Samstag

⚙ SAVU A/C

KREATIV · FREUNDLICH XX Sauli Kemppainen ist zurück in Berlin. Nach seinem Erfolg im ehemaligen Sterne-Restaurant "Quadriga" und gastronomischen Stationen in Moskau und Helsinki ist der gebürtige Finne seit April 2018 für die Küche des "SAVU" im Hotel "Louisa's Place" verantwortlich. Schön leger ist es hier, wertig die Einrichtung mit nordischem Touch. Hinter einer großen Glasscheibe wird modern gekocht - skandinavisch, spanisch, italienisch. Besonderheit: Man unterscheidet nicht zwischen Vorspeisen und Hauptgängen, alle Gerichte können frei kombiniert werden. "SAVU" ist übrigens das finnische Wort für "räuchern" - diese Zubereitungsart findet hier nicht nur bei der Rentier-Pastrami Verwendung. Absolute Spitzenprodukte in beeindruckender geschmacklicher Intensität. Ebenso beachtlich ist das Preis-Leistungs-Verhältnis.

Spezialitäten: Lachs, Birkenwasser, Chorizo und Rucola. Rentier, Knollensellerie, Wildpreiselbeere, Fichte. Moltebeeren, Skyr, Joghurt und Rosmarin.

Menu 78/118 €

Stadtplan: K2-a – *Hotel Louisa's Place, Kurfürstendamm 160* ✉ *10709* –
U *Adenauerplatz* - ☎ *030 88475788* - *www.savu.berlin* –
Geschlossen Sonntag, mittags: Montag-Samstag

✿ **Bieberbau** (Stephan Garkisch)

MODERNE KÜCHE · GEMÜTLICH ✗ Einzigartig das Ambiente, absolut sehenswert das Stuckateurhandwerk von Richard Bieber! In dem wunderbar restaurierten denkmalgeschützten Gastraum von 1894 wird man unter der Leitung der sympathischen Gastgeberin und Sommelière Anne Garkisch aufmerksam umsorgt, während Patron Stephan Garkisch am Molteni-Herd moderne Gerichte zubereitet. Wirklich gelungen, wie er Kräuter und Gewürze in Szene setzt - vieles kommt aus dem eigenen Garten. Ein Faible, das aus der Zeit im "Strahlenberger Hof" in Schriesheim stammt. So bekommt z. B. Fläminger Wildschwein mit Panisse, Mangold, Möhre und Curry durch Koriandersaat und Korianderkresse eine ganz unerwartete Note. Nicht zu vergessen das hausgebackene Brot vorneweg - mal mit Anis, mal mit Körnern und Fenchel... wirklich lecker! Und die Preise sind fair!

Spezialitäten: Adlerfisch mit Waldorfsalat, Safran und Gartenkresse. Lammrücken mit Bohnen, Portulak und Minze. Melone mit Grünem Tee, Himbeeren, Hafer und Zitronenverbene.

Menu 52/74 €

Stadtplan: F3-a – *Durlacher Straße 15* ✉ *10715 –* **U** *Bundesplatz –* ☏ *030 8532390 – www.bieberbau-berlin.de – Geschlossen Samstag, Sonntag, mittags: Montag-Freitag*

✿ **Cordo** ⓝ

KREATIV · CHIC ✗ Durch und durch hochwertig und unprätentiös! Da wäre zum einen das Ambiente: trendig und zugleich gemütlich, schönes Gedeck auf blanken Naturholztischen, dekorative Weinregale... Passend dazu der Service: charmant und locker, gelegentlich kommt auch Küchenchef Yannic Stockhausen (zuletzt im "Aqua" in Wolfsburg) selbst an den Tisch und erklärt seine Gerichte. Seine Küche passt ebenso ins moderne Bild: ein kreatives Menü mit 3, 5 oder 8 Gängen, kontrastreich in Aromen und Texturen und gleichzeitig absolut harmonisch. Interessant die umfangreiche Weinkarte, auf der sich u. a. eine große Riesling-Auswahl findet. Sie können übrigens auch an der markanten Bar auf Hockern Platz nehmen und die Menü-Gerichte als kleine Snack-Variante genießen.

Spezialitäten: Matjes Müllerin-Art. Maishuhn "Caesar". Hamburger Rote Grütze.

Menu 42/105 €

Stadtplan: P2-m – *Große Hamburger Straße 32* ✉ *10115 –* **U** *Hackescher Markt –* ☏ *030 27581215 – www.cordobar.net – Geschlossen Montag, Sonntag, mittags: Dienstag-Samstag*

✿ **Bandol sur Mer** (Andreas Saul)

FRANZÖSISCH-MODERN · NACHBARSCHAFTLICH ✗ Sie würden in diesem ungezwungen-legeren Restaurant mit "shabby Chic" keine Sterneküche erwarten? Zugegeben, der kleine Raum kommt schon etwas „rough" daher: Die Einrichtung ist dunkel gehalten und sehr schlicht, die blanken Tische stehen recht eng, an den schwarzen Wänden sind die Gerichte angeschrieben. In der offenen Küche wird mit bemerkenswerter Leidenschaft, Präzision und Originalität gearbeitet. Seine eigenen Ideen zeigt Küchenchef Andreas Saul (zuvor Souschef in der "Rutz Weinbar") z. B. bei der Étouffée-Taube, die mit kräftiger Jus und einer interessanten Kombination aus Kohlrabi, Brunnenkresse und Leinsaat serviert wird. Richtig hohes Niveau gepaart mit sympathischer Bodenständigkeit. Sie sehen, man kann auch in lockerem und recht eigenwilligem Rahmen ganz vorzüglich speisen!

Spezialitäten: Stör, Kartoffel, Spargel, grüne Erdbeeren. Havelzander, Brennnessel, Escargot, Buchweizen. Birne, Topinambur, Verbene.

Menu 119 €

Stadtplan: P1-b – *Torstraße 167* ✉ *10115 –* **U** *Rosenthaler Platz –* ☏ *030 67302051 – www.bandolsurmer.de – Geschlossen Dienstag, Mittwoch, mittags: Montag und Donnerstag-Sonntag*

❀ Cookies Cream

VEGETARISCH · HIP ✗ Speziell ist schon der Weg hierher: Über Hinterhöfe erreicht man eine unscheinbare Tür, an der man klingeln muss. Über alte Treppen gelangt man in den 1. Stock, und hier in ein lebendiges Restaurant im "Industrial Style". Früher war diese trendige Location ein angesagter Nachtclub, heute gibt es zu elektronischer Musik rein vegetarische Sterneküche. Stephan Hentschel heißt der Chef am Herd. Ausgesprochen durchdacht und exakt verbindet er z. B. gebackene Aubergine mit Edamame, Papadam, Liebstöckel und Zwiebel - schön die Würze! Der Service ist cool und lässig, aber ebenso professionell und sehr gut organisiert. Ein jugendliches und gleichermaßen hervorragendes Konzept, das ankommt - das gemischte Publikum vom Hipster über den Banker bis zur Familie spricht für sich!

Spezialitäten: Vegetarischer Kaviar mit Eigelb. Parmesanknödel mit Alba Trüffel. Sellerieeis mit Apfel.

Menu 59/79 €

Stadtplan: P2-e – *Behrenstraße 55 (im Hinterhof vom Hotel Westin Grand)* ✉ *10115 –* **U** *Französische Straße –* ✆ *030 680730448 – www.cookiescream.com – Geschlossen Montag, Sonntag, mittags: Dienstag-Samstag*

🍴 **Crackers** – Siehe Restaurantauswahl

❀ Kin Dee

THAILÄNDISCH · DESIGN ✗ Diese urbane, jungendlich-legere Adresse wird ihrem Namen ("Kin Dee" bedeutet "gut essen") voll und ganz gerecht. Was Sie in dem äußerlich recht unscheinbaren Haus abseits der Touristenpfade erwartet, ist geradezu einzigartig! Eine derart authentische Thai-Küche findet man in Deutschland vermutlich kein zweites Mal. Hier treffen Top-Produkte aus Brandenburg (meist in Bio-Qualität) auf gelungene Kontraste aus typischen asiatischen Aromen. Einfach klasse, wie man z. B. den Curry-Kokossud würzig, aber nicht zu scharf abschmeckt und mit säuerlichem Thai-Basilikum abrundet! Da merkt man das Gefühl für stimmige Kombinationen ebenso wie die ganz eigene Idee. Küchenchefin Dalad Kambhu ist übrigens Quereinsteigerin. Ehemals Model, hat die gebürtige Thailänderin im Kochen ihre wahre Berufung gefunden!

Spezialitäten: Maishähnchen, Gelbe Bete, Erdnüsse. Wildschwein, Venus Muschel "Pat Namprig Pao". Kokoseis, Palmzucker, Milchbrot, Beeren.

Menu 55 €

Stadtplan: F2-k – *Lützowstraße 81* ✉ *10785 –* **U** *Kurfürstenstraße –* ✆ *030 2155294 – www.kindeeberlin.com – Geschlossen Montag, Sonntag, mittags: Dienstag-Samstag*

❀ Rutz Weinbar

REGIONAL · WEINSTUBE ✗ Die trendige Alternative zum "Rutz" macht nicht nur mit richtig guter Küche Freude, auch der herzlich-natürliche und gleichermaßen geschulte Service kommt an. Traditionell-regionale Gerichte wie "Prignitzer Landhuhn mit Steinchampignon und Schmorkohl" isst man auch gerne an Hochtischen.

Spezialitäten: Landgurkensalat und Ziegenfeta, Kefirdressing. Geschmorter Brandenburger Ochse, Kräuterpüree und gegrillter Salat. Marinierte Mirabelle und Buttermilcheis, Weizengras, Walnuss.

Karte 36/59 €

Stadtplan: P2-r – *Rutz, Chausseestraße 8* ✉ *10115 –* **U** *Oranienburger Str. –* ✆ *030 24628760 – www.rutz-restaurant.de – Geschlossen 5.-13. Januar, Montag, Sonntag, mittags: Dienstag-Samstag*

❀ Colette Tim Raue ⅙

FRANZÖSISCH-KLASSISCH · BRASSERIE ✗ Tim Raue - wohlbekannt in der Gastroszene - hat hier eine moderne, sympathisch-unkomplizierte Brasserie geschaffen, die man eher in Paris vermuten würde. Probieren Sie z. B. "Bouillabaisse", "Steak Frites" oder "Tarte Tatin".

Spezialitäten: Grünkohlconsommé mit Räucheraal und Salzzitrone. Entenbrust, Birne, Bohne und Speck. Crème Brûlée.

Menu 26 € (Mittags)/59 € – Karte 35/68 €

Stadtplan: M2-c – *Passauer Straße 5* ✉ *10789 –* **U** *Wittenbergplatz –* ✆ *030 21992174 – www.brasseriecolette.de*

⊛ Gärtnerei ⓝ

MODERNE KÜCHE · CHIC ⅍ Das schicke Restaurant liegt quasi direkt auf einer Restaurantmeile in Berlin-Mitte. Gekocht wird modern, geschmackvoll und frisch. Auf der Karte findet sich viel Vegetarisches wie z. B. "Tomatengazpacho" oder "Erdäpfelgulasch", aber auch "Ceviche aus der Ostsee" oder "Wiener Schnitzel vom Linumer Kalb". Dazu überwiegend österreichische Weine - der Patron ist Steirer!

Spezialitäten: Rote Bete Sashimi, Quinoa, Blaubeeren, Zitrone. Zucchini Risotto, Schafskäse, Pinienkerne, Mizuna Sala. Kaiserschmarrn, Apfelkompott, Vanilleeis, Zwetschgenröster.

Karte 34/54 €

Stadtplan: P1-d – Torstraße 179 ✉ 10115 – U Rosenthaler Platz – ℰ 030 24631450 – www.gaertnerei-berlin.com – Geschlossen Sonntag, mittags: Montag-Samstag

⊛ Lokal

REGIONAL · FREUNDLICH ⅍ Sympathisch-leger und angenehm unprätentiös - so erfreut sich das Lokal größter Beliebtheit, bei Einheimischen und Berlin-Besuchern gleichermaßen. Frisch, schmackhaft und saisonal ist z. B. "Zander, Kerbelknolle, Fenchel, Gelbe Bete, Dill".

Spezialitäten: Heilbutt, Brokkoli, Spinat, Sellerie, Brot. Wildschweinsattel, Rüben-Grünkohl-Hefe. Pfannkuchen, Sahne, Erdbeere, Holunderblüte.

Karte 32/54 €

Stadtplan: P2-x – Linienstraße 160 ✉ 10178 – U Rosenthaler Platz – ℰ 030 28449500 – www.lokal-berlinmitte.de – Geschlossen mittags: Montag-Sonntag

⊛ Nußbaumerin

ÖSTERREICHISCH · GEMÜTLICH ⅍ Ein Stück Österreich mitten in Berlin gibt es in dem gemütlichen "Edel-Beisl" von Johanna Nußbaumer, und zwar in Form von Backhendl, Wiener Schnitzel oder Tafelspitz, nicht zu vergessen leckere Mehlspeisen wie Kaiserschmarrn oder Marillenknödel. Auch die guten Weine stammen aus der Heimat der Chefin.

Spezialitäten: Tafelspitzbrühe mit Frittaten. Rinderroulade in Rotweinsauce mit Erdäpfelknödel und Blaukraut. Wachauer Palatschinken, gefüllt mit Marillenröster, Bourbon-Vanilleeis mit gerösteten Mandeln.

Karte 31/46 €

Stadtplan: K2-n – Leibnizstraße 55 ✉ 10629 – U Adenauerplatz – ℰ 030 50178033 – www.nussbaumerin.de – Geschlossen 1.-15. Januar, Montag, Sonntag, mittags: Dienstag-Samstag

ⅠⓄ GRACE ⌂ 🖖 ⅍ ⷮ AC

INTERNATIONAL · CHIC ⅍⅍ Wie im Hotel, so auch im Restaurant: einmaliger stilvoll-moderner Chic vereint mit dem Flair vergangener Tage. Dazu versierter, charmanter, angenehm unprätentiöser Service sowie Gerichte mit asiatisch-kalifornischen und europäischen Aromen.

Menu 69/99 € – Karte 40/111 €

Stadtplan: L2-z – Hotel Zoo Berlin, Kurfürstendamm 25 ✉ 10719 – U Uhlandstr. – ℰ 030 88437750 – www.grace-berlin.com – Geschlossen 13. Juli-10. August, Montag, Sonntag, mittags: Dienstag-Samstag

ⅠⓄ SRA BUA 🕸 🖖 ⷮ AC ⟷ 🚗

ASIATISCH · ELEGANT ⅍⅍ Authentische Produkte und verschiedene asiatische Einflüsse ergeben hier ambitionierte Speisen, darunter interessante "Izakaya"-Gerichte im Stil japanischer Kneipen. Um Sie herum wertige geradlinig-elegante und zugleich gemütliche Einrichtung sowie zuvorkommender Service.

Menu 39/74 € – Karte 50/90 €

Stadtplan: N3-c – Adlon Kempinski, Behrenstraße 72 ✉ 10117 – U Brandenburger Tor – ℰ 030 22611590 – www.srabua-berlin.de – Geschlossen 26. Januar-3. Februar, 9. Juli-30. August, Montag, Sonntag, mittags: Dienstag-Samstag

‖○ Bocca di Bacco &⃝ AC ⟷

ITALIENISCH · ELEGANT XX Außen die schmucke historische Fassade, drinnen ein schönes modern-elegantes Restaurant mit Bar und Lounge. In der durch Fenster einsehbaren Küche kocht man italienisch, so z. B. "flambiertes Rinderfilet mit Pfeffer" oder "Fusilloni mit Pfifferlingen und Guanciale Speck". Die Pasta ist natürlich hausgemacht. Und dazu vielleicht einen der tollen toskanischen Weine?

Menu 22 € (Mittags), 55/80 € – Karte 38/68 €

Stadtplan: P3-x – *Friedrichstraße 167* ✉ *10117* – **U** *Französische Str.* –
☏ *030 20672828 – www.boccadibacco.de – Geschlossen mittags: Sonntag*

‖○ CELL ⓝ &⃝ �👌 AC

KREATIV · CHIC XX Woher der Name "Cell" kommt? Das wertige geradlinige Design greift geschickt den Bauhaus-Stil auf und lässt die einzelnen Sitznischen wie "Zellen" wirken. Dekorativ die markanten Bilder russischer Künstler. Gekocht wird französisch-modern, der Service aufmerksam und geschult.

Menu 75/130 €

Stadtplan: L2-a – *Uhlandstraße 172* ✉ *10719* – **U** *Uhlandstraße* – ☏ *030 86332466* –
cell.restaurant – Geschlossen Montag, Sonntag, mittags: Dienstag-Samstag

‖○ DUKE 🏠 �👌 AC ⟷ 🚗

FRANZÖSISCH-MODERN · TRENDY XX Die Karte des modern-freundlichen Restaurants ist zweigeteilt: "Légère" mit Salaten und Klassikern wie Wiener Schnitzel oder Pasta, "Logique" mit kreativen Gerichten wie "Mieral-Taube, Kiefernzapfen, Heidelbeeren, Getreide, Shiitake, Vogelmiere", dazu am Abend ein monatlich wechselndes Menü. Einfacheres preiswertes Angebot am Mittag. Nett sitzt man im Innenhof.

Menu 19 € (Mittags), 59/79 € – Karte 42/94 €

Stadtplan: LM2-e – *Hotel Ellington, Nürnberger Straße 50* ✉ *10789* –
U *Wittenbergplatz* – ☏ *030 683154000 – www.duke-restaurant.com*

‖○ Le Faubourg ⇦ 🏠 �👌 AC 🚗

FRANZÖSISCH · DESIGN XX In eleganter Atmosphäre (markant die schwarze Latexdecke, die Leuchter, die großen Weinklimaschränke...) serviert man moderne französische Küche - auf der Karte z. B. "Loup de Mer mit Fenchelpollen gebraten, kleine Artischocken, Aubergine, Chablissauce". Mittags einfacheres, günstiges Lunchmenü.

Menu 25 € (Mittags), 69/85 € – Karte 31/78 €

Stadtplan: L2-c – *Hotel Sofitel Berlin Kurfürstendamm,*
Augsburger Straße 41 ✉ *10789* – **U** *Kurfürstendamm* – ☏ *030 8009997700* –
www.lefaubourg.berlin – Geschlossen Sonntag

‖○ INDIA CLUB 🏠 AC 🚗

INDISCH · ELEGANT XX Absolut authentische indische Küche gibt es auch in Berlin! Sie nennt sich "rustic cuisine" und stammt aus dem Norden Indiens - das sind z. B. leckere Curries wie "Lamb Shank Curry" oder original Tandoori-Gerichte wie "Maachi Tikka". Edel das Interieur: dunkles Holz und typisch indische Farben und Muster.

Karte 39/61 €

Stadtplan: N3-h – *Behrenstraße 72* ✉ *10178* – **U** *Brandenburger Tor* –
☏ *030 20628610 – www.india-club-berlin.com* –
Geschlossen mittags: Montag-Sonntag

‖○ POTS ⓝ &⃝ 🏠 �👌 🚗

DEUTSCH · CHIC XX Locker und stylish-chic! Hingucker im Restaurant des "Ritz-Carlton" sind die markante Deko und die große offene Küche. Hier werden deutsche Gerichte modern interpretiert, so z. B. "Klopse, Bayerische Garnele, Rieslingsauce" - auch zum Teilen geeignet. Oder lieber das Überraschungsmenü? Preiswert das Mittagsmenü. Patron ist übrigens kein Geringerer als Dieter Müller.

Menu 26 € (Mittags)/59 € – Karte 26/56 €

Stadtplan: N3-d – *The Ritz-Carlton, Potsdamer Platz 3* ✉ *10785* –
U *Potsdamer Platz* – ☏ *030 337775402 – www.ritzcarlton.com* –
Geschlossen Sonntag, abends: Montag, mittags: Samstag

⁑○ Restaurant 1687   🌿 🄰🄲

MEDITERRAN · DESIGN XX In einer kleinen Seitenstraße zu "Unter den Linden" ist dieses geschmackvoll-stylische Restaurant samt netter Terrasse zu finden. Gekocht wird überwiegend mediterran mit internationalen Einflüssen. Mittags ist die Karte reduziert. Frühstücken können Sie hier übrigens auch.

Menu 45/54 € – Karte 30/72 €

Stadtplan: P2-s – *Mittelstraße 30* ✉ *10117* – **U** *Friedrichstraße* – ☏ *030 20630611* – *www.1687.berlin* – *Geschlossen Sonntag*

⁑○ Brasserie Lamazère

FRANZÖSISCH · BRASSERIE X Hier im Herzen von Charlottenburg fühlt man sich fast wie in Frankreich, dafür sorgen charmant-unkomplizierte und lebhafte Bistro-Atmosphäre und ebenso authentische wechselnde Gerichte, die sich an der Saison orientieren und richtig lecker sind! Klassiker wie "Oeufs Cocotte", "Magret de Canard" oder "Mousse au Chocolat" dürfen da natürlich nicht fehlen!

Menu 42/54 € – Karte 44/60 €

Stadtplan: J2-a – *Stuttgarter Platz 18* ✉ *10627* – **U** *Wilmersdorfer Str.* – ☏ *030 31800712* – *www.lamazere.de* – *Geschlossen Montag, mittags: Dienstag-Sonntag*

⁑○ BLEND ℕ   ♿ 🄰🄲 🚗

INTERNATIONAL · CHIC X "Blend" steht für die Vermischung der verschiedenen Kulturen und Küchen, die es in Berlin gibt. So bietet die moderne internationale Karte z. B. "Asian Carbonara". Dazu erwartet Sie im Restaurant des schicken Hotels "Pullmann Berlin Schweizerhof" stylisches Design und trendige Bistro-Atmosphäre. Mittags: günstiges Lunch-Menü und einige Klassiker.

Menu 21 € (Mittags), 39/59 € – Karte 21/57 €

Stadtplan: M1-b – *Budapester Str. 25* ✉ *10787* – **U** *Wittenbergplatz* – ☏ *030 26962903* – *www.restaurant-blend.com*

⁑○ borchardt   🌿

KLASSISCHE KÜCHE · BRASSERIE X Eine Institution am Gendarmenmarkt - nicht selten trifft man hier auf Prominente und Politiker. Man sitzt gemütlich und isst Internationales sowie Klassiker, gerne auch im Innenhof. Tipp: "Wiener Schnitzel mit Kartoffel- und Gurkensalat".

Karte 26/107 €

Stadtplan: P3-k – *Französische Straße 47* ✉ *10117* – **U** *Französische Str.* – ☏ *030 81886262* – *www.borchardt-restaurant.de*

⁑○ Cassambalis   🔛 🌿 🄰🄲 🅿 🚗

MEDITERRAN · FREUNDLICH X Näher am Geschehen geht kaum: In unmittelbarer Nähe zum Ku'damm liegt dieses Restaurant mit Bistro-Charme. Reichlich Kunst sorgt für ein spezielles Ambiente, schön das Antipasti-Buffet. Gekocht wird mediterran.

Menu 37/65 € – Karte 39/73 €

Stadtplan: L2-e – *Grolmanstraße 35* ✉ *10623* – **U** *Uhlandstr.* – ☏ *030 8854747* – *www.cassambalis.de*

⁑○ Christopher's   🌿

MARKTKÜCHE · BISTRO X Ein trendig-urbanes Restaurant, in dem man sich auf ambitionierte saisonorientierte Küche freuen darf, z. B. in Form von "Schwein, Quitte, Senf, Schwarzwurzel". Das frische, junge Konzept und die persönliche Atmosphäre kommen gut an. Groß geschrieben wird auch das Thema Wein, und coole Drinks gibt's ebenfalls!

Menu 45/65 € – Karte 53/61 €

Stadtplan: K2-s – *Mommsenstraße 63* ✉ *10629* – **U** *Adenauerplatz* – ☏ *030 24356282* – *www.christophers.online* – *Geschlossen Sonntag, mittags: Montag-Samstag*

BERLIN

ⅼ○ **Crackers**

INTERNATIONAL · HIP ⅼ Eine Etage unter dem "Cookies Cream" geht es ebenso trendig zu. Nach dem Klingeln gelangt man durch die Küche in ein großes lebhaftes Restaurant mit hoher Decke und schummrigem Licht. Auf der Karte ambitionierte Fleisch- und Fischgerichte.

Karte 41/75 €

Stadtplan: P2-f – *Cookies Cream, Friedrichstraße 158* ✉ *10117 –*
U *Französische Straße –* ℰ *030 680730488 – www.crackersberlin.com –*
Geschlossen mittags: Montag-Sonntag

ⅼ○ **Dae Mon**

FUSION · TRENDY ⅼ Eine interessante Adresse ist dieses schicke und recht stylische Restaurant. Man nennt seinen Küchenstil "open minded cuisine": europäische Küche mit japanischen und koreanischen Einflüssen, geschmackvoll und aromatisch abgestimmt. Probieren Sie z. B. "Oktopus, Daikon, Wakame, Rhabarber" oder "Rinderfilet, Bete, Rübe".

Menu 25 € (Mittags), 49/89 € – Karte 48/69 €

Stadtplan: P2-n – *Monbijouplatz 11* ✉ *10178 –* **U** *Weinmeisterstraße –*
ℰ *030 26304811 – www.dae-mon.com – Geschlossen 1.-12. Januar, Sonntag,
mittags: Samstag*

ⅼ○ **Golden Phoenix**

FUSION · CHIC ⅼ Ein weiteres Restaurant von Multigastronom The Duc Ngo, untergebracht im stylischen Hotel "Provocateur". Chic das Design, locker und persönlich die Atmosphäre - man wird geduzt. Geboten wird chinesische Küche mit französischen Einflüssen, von interessanten "Dim Sum" bis "Chicken mit Yuzu-Beurre-blanc". Man reicht auch die Karte der angeschlossenen preisgekrönten Bar.

Menu 75/115 € – Karte 44/77 €

Stadtplan: K2-k – *Provocateur, Brandenburgische Straße 21* ✉ *10707 –*
U *Konstanzer Straße –* ℰ *030 2205560633 – www.goldenphoenix.berlin –*
Geschlossen Montag, Sonntag, mittags: Dienstag-Samstag

ⅼ○ **Katz Orange**

INTERNATIONAL · GEMÜTLICH ⅼ Ganz speziell, angenehm natürlich und voller Leben präsentiert sich das ausgesprochen charmante, etwas versteckt liegende Restaurant. Auf zwei Etagen gibt es ambitionierte, schmackhafte Küche - darf es vielleicht "Duroc-Schwein 'Katz-Orange'" sein? Reizend auch der Innenhof.

Karte 39/49 €

Stadtplan: P1-z – *Bergstraße 22 (Eingang im Hof)* ✉ *10115 –* **U** *Rosenthaler Platz –*
ℰ *030 983208430 – www.katzorange.com – Geschlossen mittags: Montag-Sonntag*

ⅼ○ **Mine**

ITALIENISCH · BRASSERIE ⅼ In St. Petersburg und in Moskau hat sie bereits Restaurants, nun bietet die Betreiberfamilie hier ganz in der Nähe des Ku'damms diese chic-legere Adresse. Die Küchenphilosophie ist italienisch, trotzdem zeigen sich Einflüsse der russischen Heimat - probieren Sie z. B. "Ravioli del Plin mit Rindfleisch". Dazu eine schöne Weinauswahl samt erstklassiger offener Weine.

Karte 42/67 €

Stadtplan: L2-n – *Meinekestraße 10* ✉ *10719 –* **U** *Kurfürstendamm –*
ℰ *030 88926363 – www.minerestaurant.de – Geschlossen mittags: Montag-Sonntag*

🍴○ **Ottenthal**

ÖSTERREICHISCH · KLASSISCHES AMBIENTE ✗ Das Restaurant (benannt nach dem Heimatort des Patrons) hat eine angenehm legere Atmosphäre und ist bekannt für seine österreichische Küche: Wiener Schnitzel, Tafelspitz, Apfelstrudel... , zudem Saisonales wie "Filet vom Müritz-Zander mit frischem Spargel". Integrierte kleine Weinhandlung.

Menu 34 € – Karte 38/66 €

Stadtplan: L1-g – *Kantstraße 153* ✉ *10623* – **U** *Zoologischer Garten* – ✆ *030 3133162* – *www.ottenthal.com* – *Geschlossen mittags: Montag-Sonntag*

🍴○ **Panama**

INTERNATIONAL · TRENDY ✗ Durch einen Hof gelangt man in das trendig-lebendige Restaurant auf zwei Etagen. Sympathisch-locker der Service, modern-internatio-nal die Küche. Lust auf "Krossen Stör, wilden Brokkoli, Blutorange"? Schöne Innenhof-terrasse, dazu die "Tiger Bar". Vis-à-vis: Varieté-Theater "Wintergarten".

Menu 49/79 € – Karte 36/60 €

Stadtplan: G2-c – *Potsdamer Straße 91* ✉ *10785* – **U** *Kurfürstenstraße* – ✆ *030 983208435* – *www.oh-panama.com* – *Geschlossen 1.-13. Januar, Montag, Sonntag, mittags: Dienstag-Samstag*

🍴○ **Paris-Moskau**

FRANZÖSISCH · GEMÜTLICH ✗ Das denkmalgeschützte Fachwerkhaus steht vor dem Neubau des Innenministeriums. Man kocht klassisch-französisch mit moder-nen Einflüssen, so z. B. "Winterkabeljau, Schwarzwurzelpüree, Rosenkohlblätter, geschmorter Pak Choi". Mittags einfachere Karte.

Menu 27 € (Mittags)/84 € – Karte 51/68 €

Stadtplan: F2-s – *Alt-Moabit 141* ✉ *10557* – **U** *Hauptbahnhof* – ✆ *030 3942081* – *www.paris-moskau.de* – *Geschlossen 1.-5. Januar, Sonntag, mittags: Samstag*

🍴○ **Rotisserie Weingrün**

INTERNATIONAL · FREUNDLICH ✗ Lust auf Spezialitäten vom Flammenwand-grill? Vielleicht "Spareribs vom Havelländer Apfelschwein"? Serviert wird in sym-pathisch-moderner Atmosphäre, dekorativ das große Weinregal. Im Sommer lockt die Terrasse zur Spree.

Karte 36/60 €

Stadtplan: Q3-a – *Gertraudenstraße 10* ✉ *10178* – **U** *Spittelmarkt* – ✆ *030 20621900* – *www.rotisserie-weingruen.de* – *Geschlossen Sonntag, mittags: Montag-Samstag*

🍴○ **Zenkichi** AC

JAPANISCH · INTIM ✗ Über eine Treppe erreichen Sie dieses intim-gediegene Restaurant, das wie ein Wald aus Bambus und Spiegeln erscheint. Sie sitzen ganz für sich in typisch japanischen kleinen Boxen mit Sichtschutz, rufen den freundlichen Service per Klingel und wählen à la carte oder das Omakase-Menü. Schöne Sake-Auswahl.

Menu 55/105 € – Karte 39/60 €

Stadtplan: P2-e – *Johannisstraße 20* ✉ *10178* – **U** *Oranienburger Tor* – ✆ *030 24630810* – *www.zenkichi.de*

Hotels

🏨 **Adlon Kempinski**

GROSSER LUXUS · KLASSISCH Das schon äußerlich majestätische "Adlon" direkt neben dem Brandenburger Tor ist nach wie vor eines der Flaggschiffe unter den deutschen Grandhotels. Schon die Hotelhalle, das "Wohnzimmer" der Berliner Gesellschaft, hat ein ganz besonderes Flair, und wenn dann abends das Piano erklingt... Exklusivität pur - auch dank Butler-Service. Klassische Küche im "Quarré".

307 Zimmer - 👫 250/480 € – ⊑ 49 € – 78 Suiten

Stadtplan: N2-s – *Unter den Linden 77* ✉ *10117* – **U** *Brandenburger Tor* – ✆ *030 22610* – *www.kempinski.com/adlon*

⊛⊛ **Lorenz Adlon Esszimmer** · 🍴○ **SRA BUA** – Siehe Restaurantauswahl

🏨🏨 Regent   🔥 🚭 🏋 🖵 🕭 🕭 AC 🏊 🚗

GROßER LUXUS · KLASSISCH Sie suchen perfekte Lage, klassisches Ambiente und aufmerksamen Service? Das Hotel nahe Gendarmenmarkt und "Unter den Linden" bietet zudem eine schöne Gepflogenheit: "Teatime" - englisch, russisch oder sächsisch (selbst kreierte Mischung!), stilgerecht in der eleganten Lounge und von Meissener Porzellan. Im schicken Restaurant "Charlotte & Fritz" legt man Wert auf regionale Produkte.

156 Zimmer – 🛏 260/695 € – 🛏 39 € – 39 Suiten

Stadtplan: P3-c – *Charlottenstraße 49* ✉ *10117* – **U** *Französische Str.* – ✆ *030 20338* – *www.regenthotels.com/regent-berlin*

🏨🏨 The Ritz-Carlton   🔥 📺 🚭 🏋 🖵 🕭 AC 🏊 🚗

GROßER LUXUS · KLASSISCH Eine der elegantesten Adressen Deutschlands. Nobel und repräsentativ die Halle mit freitragender Marmortreppe - hier trifft man sich nachmittags in der stilvollen Lounge zur klassischen "Teatime". Exklusive Bar mit vielen Eigenkreationen.

278 Zimmer 🛏 – 🛏 325 € – 25 Suiten

Stadtplan: N3-d – *Potsdamer Platz 3* ✉ *10785* – **U** *Potsdamer Platz* – ✆ *030 337777* – *www.ritzcarlton.com*

🍴 **POTS** – Siehe Restaurantauswahl

🏨🏨 Waldorf Astoria   🔥 📺 🕭 🚭 🏋 🖵 🕭 AC 🏊 🚗

GROßER LUXUS · ELEGANT Eindrucksvoll greift das edle modern-elegante Interieur den Stil der 20er Jahre auf! Und was wäre das Waldorf-Astoria ohne seine "Peacock Alley" - ein Stück New Yorker Hoteltradition in Berlin. Überall wurden Formen und Farben aufs Stimmigste arrangiert. Internationale Gerichte, Sandwiches und Kuchen im "ROCA".

202 Zimmer – 🛏 250/490 € – 🛏 38 € – 30 Suiten

Stadtplan: L1-w – *Hardenbergstraße 28* ✉ *10623* – **U** *Zoologischer Garten* – ✆ *030 8140000* – *www.waldorfastoriaberlin.com*

🏨🏨 Grand Hyatt Berlin   🔥 📺 🕭 🚭 🏋 🖵 🕭 AC 🏊

GROßER LUXUS · DESIGN Das in Trapezform erbaute Hotel am Potsdamer Platz besticht mit technisch sehr gut ausgestatteten Zimmern in puristischem Design. Beachtung verdient auch der "Club Olympus Spa" samt eindrucksvollem Schwimmbad über den Dächern von Berlin! Moderne Küche und Sushi im "Vox". In der schicken Bar "Jamboree" gibt es Cocktails und lokale Speisen.

326 Zimmer – 🛏 195/595 € – 🛏 36 € – 16 Suiten

Stadtplan: N3-a – *Marlene-Dietrich-Platz 2 (Eingang Eichhornstraße)* ✉ *10785* – **U** *Potsdamer Platz* – ✆ *030 25531234* – *www.berlin.grand.hyatt.com*

🏨🏨 Hotel de Rome   🔥 📺 🚭 🏋 🖵 🕭 AC 🏊 🚗

HISTORISCHES GEBÄUDE · DESIGN Ein Luxushotel mit dem repräsentativen Rahmen eines a. d. J. 1889 stammenden Gebäudes, dem früheren Sitz der Dresdner Bank. Der Tresorraum dient heute als Pool. Genießen Sie im Sommer die Aussicht von der Dachterrasse - hier Snackangebot. Mediterrane Küche im "La Banca". Ideal die Lage direkt gegenüber der Staatsoper.

145 Zimmer – 🛏 270/900 € – 🛏 39 € – 35 Suiten

Stadtplan: P2-h – *Behrenstraße 37* ✉ *10117* – **U** *Französische Str.* – ✆ *030 4606090* – *www.roccofortehotels.com*

🏨🏨 Sofitel Berlin Kurfürstendamm   🔥 🚭 🏋 🖵 🕭 AC 🏊 🚗

BUSINESS · MODERN Mitten im lebendigen Zentrum steht dieses Hotel und bietet Ihnen hinter seiner auffälligen Fassade aus Muschelkalk eine sehr großzügige Lobby, schön moderne und geräumige Gästezimmer und viel Kunst.

291 Zimmer 🛏 – 🛏 175/295 € – 20 Suiten

Stadtplan: L2-c – *Augsburger Straße 41* ✉ *10789* – **U** *Kurfürstendamm* – ✆ *030 8009990* – *www.sofitel-berlin-kurfuerstendamm.com*

🍴 **Le Faubourg** – Siehe Restaurantauswahl

🏨 InterContinental 〽️🔲📶🛁💇‍♀️🔽♿🅰️🛎️🚗

BUSINESS · KLASSISCH Das erste nach dem Krieg wieder eröffnete Hotel ist heute ein großes Business- und Konferenzhotel, das durch die zentrale Lage auch für Stadttouristen sehr interessant ist. Modern die Zimmer (Superior, Deluxe und Juniorsuiten), top die "Signature Suiten"! Dazu Spa auf über 1000 qm, nicht zu vergessen die Sterneküche des "Hugos" im 14. Stock bei klasse Aussicht.

498 Zimmer ⌿ – ♥♥ 120/450 € – 60 Suiten

Stadtplan: M1-a – *Budapester Straße 2* ✉ *10787* – **U** *Wittenbergplatz* –
☏ *030 26020* – *www.berlin.intercontinental.com*

❀ **Hugos** – Siehe Restaurantauswahl

🏨 THE MANDALA 〽️📶🛁💇‍♀️🔽🅰️🛎️

BUSINESS · DESIGN Hotel am Potsdamer Platz gegenüber dem Sony-Center. Sehr geräumige, dezent luxuriös gestaltete Zimmer und Suiten sowie der aparte, hochwertige Spa. Trendig: Bar "Qiu" mit kleinem Speiseangebot. Schon zum Frühstück gibt's eigene Backwaren.

158 Zimmer ⌿ – ♥♥ 190/430 €

Stadtplan: N3-v – *Potsdamer Straße 3* ✉ *10785* – **U** *Potsdamer Platz* –
☏ *030 590050000* – *www.themandala.de*

❀❀ **FACIL** – Siehe Restaurantauswahl

🏨 Titanic Gendarmenmarkt 〽️💇‍♀️🛁🔽♿🅰️🛎️🚗

URBAN · MODERN Sie wohnen mitten in der Stadt und doch ein bisschen in einer eigenen Welt: Das ehemalige Kostümhaus der Staatsoper ist chic designt, von der Lobby in hellem Marmor über die stilvoll-modernen Zimmer bis zum großen Hamam. Im stylischen "Beef Grill Club by Hasir" gibt's gute Steaks. Dazu die "Schinkel Bar".

208 Zimmer – ♥♥ 150/599 € – ⌿ 28 € – 7 Suiten

Stadtplan: P3-b – *Französische Straße 30* ✉ *10117* – **U** *Hausvogteiplatz* –
☏ *030 20143700* – *www.titanic-hotels.de*

🏨 Zoo Berlin 〽️💇‍♀️🔽♿🅰️🛎️🅿️

LUXUS · DESIGN Die bekannte Designerin Dayna Lee hat ein Stück Berliner Hotelgeschichte "wiederbelebt": Das Hotel verbindet überaus elegant und wertig Altes mit Neuem. Man wohnt in geschmackvollen, opulent gestalteten und dennoch funktionellen Zimmern und genießt die Atmosphäre eines Grandhotels. Im Sommer Rooftop Bar!

141 Zimmer – ♥♥ 180/1500 € – ⌿ 36 €

Stadtplan: L2-z – *Kurfürstendamm 25* ✉ *10178* – **U** *Uhlandstr.* – ☏ *030 884370* –
www.hotelzoo.de

🍽 **GRACE** – Siehe Restaurantauswahl

🏨 Am Steinplatz 〽️🔲📶💇‍♀️🛁🔽♿🅰️🛎️🚗

LUXUS · ELEGANT Einst das Künstlerhotel der Spreemetropole, heute ein eher kleineres exklusives Boutiquehotel im Herzen Charlottenburgs. Die Zimmer wertig, chic, wohnlich, der Service aufmerksam und individuell, dazu der Altbau-Charme hoher, teils stuckverzierter Decken. Mittags einfacher Lunch, abends ambitioniertere Küche.

84 Zimmer ⌿ – ♥♥ 200/400 € – 3 Suiten

Stadtplan: L1-e – *Steinplatz 4* ✉ *10623* – **U** *Ernst-Reuter-Platz* – ☏ *030 5544440* –
www.hotelsteinplatz.com

🏨 SO/Berlin Das Stue 〽️🔲📶💇‍♀️🛁🔽♿🅰️🛎️

LUXUS · DESIGN Richtig "stylish" und "cosy" ist das denkmalgeschützte Gebäude der ehemaligen Dänischen Gesandtschaft aus den 30er Jahren. Geschmackvolles topmodernes Design, dazu Ruhe trotz Großstadt. Auf Wunsch wohnt man mit Blick auf den Berliner Zoo! "The Casual": locker und niveauvoll, Internationale Küche im Tapas-Stil.

78 Zimmer – ♥♥ 220/430 € – ⌿ 35 €

Stadtplan: M1-s – *Drakestraße 1* ✉ *10787* – **U** *Wittenbergplatz* – ☏ *030 3117220* –
www.das-stue.com

❀ **5 - Cinco by Paco Pérez** – Siehe Restaurantauswahl

🏨 Boutique Hotel i-31   ♨ ⅃₅ 🔁 ⅍ 🆎 🚗

BUSINESS · INDIVIDUELL Trendig-chic ist das Design in dem Boutique-Hotel im Stadtteil Mitte. Die Zimmer: frisch, wohnlich, modern - von "Pure Cozy" bis "Comfort plus". Sie suchen das Spezielle? Auf dem Dach des Nebengebäudes hat man "Comfort Container"! Tipp: Man verleiht E-Autos und E-Scooter.

121 Zimmer – 👫 100/170 € – ♒ 18 €

Stadtplan: P1-d – *Invalidenstraße 31* ✉ *10115* – **U** *Naturkundemuseum* –
☎ *030 3384000* – *www.hotel-i31.de*

🏨 Ellington   ♨ ⅃₅ 🔁 ⅍ 🆎 🎎 🚗

BUSINESS · MODERN Hinter seiner auffälligen 185 m langen Fassade beherbergt das 1928-31 erbaute ehemalige "Haus Nürnberg" eine puristisch-schicke Lobby in Weiß sowie geradlinig und klar eingerichtete Zimmer. Details von einst bewahren den historischen Charme, so z. B. das unter Denkmalschutz stehende Treppenhaus.

284 Zimmer – 👫 128/228 € – ♒ 20 € – 1 Suite

Stadtplan: LM2-e – *Nürnberger Straße 50* ✉ *10789* – **U** *Wittenbergplatz* –
☎ *030 683150* – *www.ellington-hotel.com*

🍽 **DUKE** – Siehe Restaurantauswahl

🏨 Louisa's Place   ♨ 🖼 ⅍ 🔁 ⅍

URBAN · INDIVIDUELL Sie mögen es geschmackvoll, diskret und durchaus luxuriös, allerdings in eher kleinem und persönlichem Rahmen? Direkt am Ku'damm finden Sie das schön restaurierte Stadthaus von 1904 mit seinen großzügigen Suiten, die alle mit individueller Note und sehr wohnlich gestaltet sind! Dazu das exklusive Restaurant "SAVU".

47 Suiten – 👫 155/625 € – ♒ 26 €

Stadtplan: K2-a – *Kurfürstendamm 160* ✉ *10709* – **U** *Adenauerplatz* –
☎ *030 631030* – *www.louisas-place.de*

🌸 **SAVU** – Siehe Restaurantauswahl

🏨 Titanic Chaussee 🅝   ♨ 🖼 ⅍ ⅃₅ 🔁 ⅍ 🆎 🎎 🚗

BUSINESS · ELEGANT Sehr geschmackvolles modernes Design mit Retro-Touch von der großzügigen Lobby bis in die wohnlichen Zimmer, dazu Wellness auf 3000 qm (gegen Gebühr) sowie die Restaurants "Pascarella" (italienische Küche) und "Hasir Burger" - und das alles nur wenige Gehminuten von der trendigen Oranienburger Straße.

389 Zimmer – 👫 115/519 € – ♒ 19 € – 6 Suiten

Stadtplan: P1-a – *Chausseestr. 30* ✉ *10178* – **U** *Naturkundemuseum* –
☎ *030 311685800* – *www.titanic-hotels.de*

🏨 25hours Hotel Bikini   ♨ ⅍ 🔁 ⅍ 🆎 🎎

BUSINESS · DESIGN Einer der interessantesten Hotel-Hotspots Berlins - angebaut an die Bikini-Mall, trendig der "Urban Jungle"-Style, freie Sicht in den Zoo (von der Sauna in der 9. Etage schaut man ins Affengehege!). "Woodfire Bakery" und loungige "Monkey Bar" mit tollem Stadtblick. Im 10. Stock: "NENI" mit mediterraner und arabischer Küche. Tipp: kostenfreier Fahrradverleih!

149 Zimmer – 👫 135/150 € – ♒ 21 €

Stadtplan: L1-b – *Budapester Straße 40* ✉ *10178* – **U** *Zoologischer Garten* –
☎ *030 1202210* – *www.25hours-hotels.com*

🏨 AMANO 🅝   🔁 ⅍ 🆎 🚗

BUSINESS · MODERN Trendig und stylish ist alles in diesem Hotel nicht weit von den Hackeschen Höfen, von der schicken Lobby in gedeckten Tönen mit Metallic-Schimmer über die geradlinig-modernen Zimmer mit schönem Parkettboden bis zur Panorama-Dachterrasse mit fantsatischem Blick auf Berlin. Die chillige AMANO Bar lockt auch Einheimische an.

163 Zimmer – 👫 70/380 € – ♒ 16 € – 20 Suiten

Stadtplan: Q1-a – *Auguststraße 43* ✉ *10178* – **U** *Rosenthaler Platz* – ☎ *030 8094150*
– *www.amanogroup.de*

🏠 Amano Grand Central ℕ　　　　　🍴 ⅃⚶ 🛗 AC 🏋 🚐

BUSINESS · MODERN In Anlehnung an die Grand Central Station in New York wurde in direkter Nähe des Hauptbahnhofs ein modernes Businesshotel geschaffen. Studios und Apartments bieten besonderen Komfort. Internationale Küche und günstiger Lunch im Bistro. Highlight: "Apartment Bar" im 6. Stock samt Dachterrasse darüber!

237 Zimmer – 👫 95/390 € – ☲ 15 € – 13 Suiten

Stadtplan: A3-a – *Heidestraße 62* ✉ *10557* – **U** *Hauptbahnhof* –
☎ *030 304003000* – *www.amanograndcentral.de*

🏠 casa camper ℕ　　　　　　🛖 ⅃⚶ 🛗 ৬ AC 🏋

BOUTIQUE-HOTEL · DESIGN Von Fernando Amat und Jordi Tio stammt das hochwertige Interieur in klarem Design. In den Zimmern schaffen kräftiges Rot und warmes Holz eine angenehme Atmosphäre. Eine nette Idee: Snacks gratis im "tentempié" im 7. Stock.

54 Zimmer ☲ – 👫 245/345 €

Stadtplan: Q2-c – *Weinmeisterstraße 1* ✉ *10178* – **U** *Weinmeisterstr.* –
☎ *030 20003410* – *www.casacamper.com*

🏠 Catalonia　　　　　　　🍴 🛖 ⅃⚶ 🛗 ৬ AC 🏋

BOUTIQUE-HOTEL · DESIGN Das ist das "Pilot-Projekt" der katalanischen Hotelgruppe in Deutschland. Interessant: Die Lobby spiegelt mit ihrem speziellen Look die Vielfalt und die Veränderung Berlins wider, auf den Fluren sehenswerte Graffitis. Das Restaurant bietet einen Mix aus regionaler und spanischer Küche samt Tapas.

131 Zimmer – 👫 99/329 € – ☲ 17 €

Köpenicker Straße 80 ✉ *10179* – **U** *Heinrich-Heine-Straße* –
☎ *030 24084770* – *www.cataloniahotels.com*

🏠 Provocateur ℕ　　　　　　　🍴 🛗 ৬ AC

BOUTIQUE-HOTEL · INDIVIDUELL Glamouröser 20er-Jahre-Chic, edel und geschmackvoll! Mit dem historischen Lift geht es in die Zimmer, und die gibt es in diversen Varianten von "Petite" bis zu den tollen Suiten "Terrace" und "Maison". Morgens Frühstück à la carte, abends franko-chinesische Küche im "Golden Phoenix". Stilvolle "tempting Bar".

58 Zimmer – 👫 150/490 € – ☲ 28 € – 2 Suiten

Stadtplan: K2-k – *Brandenburgische Straße 21* ✉ *10707* – **U** *Konstanzer Str.* –
☎ *030 22056060* – *www.provocateur-hotel.com*

🍴 **Golden Phoenix** – Siehe Restaurantauswahl

🏠 Q! ℕ　　　　　　　　🍴 🛖 🛗 AC 🏋

BOUTIQUE-HOTEL · DESIGN Hinter seiner recht dezent gehaltenen Fassade verbirgt dieses Designhotel schicke, minimalistisch-moderne und technisch sehr gut ausgestattete Zimmer (Badewanne teils in den Raum integriert). Internationales im stylischen Restaurant.

77 Zimmer – 👫 105/245 € – ☲ 18 €

Stadtplan: L2-a – *Knesebeckstraße 67* ✉ *10623* – **U** *Uhlandstr.* –
☎ *030 8100660* – *www.loock-hotels.com*

🏠 SIR F.K. Savigny ℕ　　　　　　🍴 🛗 AC

URBAN · DESIGN Was für dieses Haus spricht? Zentrale Lage (ideal für Stadterkundungen), persönlicher Service, richtig schickes stilvoll-modernes Design... Zum Verweilen: "The Library" und "The Lounge". Hungrige können in "The Butcher" z. B. Burger essen.

44 Zimmer – 👫 99/179 € – ☲ 18 €

Stadtplan: K2-b – *Kantstraße 144* ✉ *10623* – **U** *Uhlandstr.* –
☎ *030 323015600* – *www.hotel-sirsavigny.de*

The Dude

🔁 AC P

URBAN · INDIVIDUELL Ein "American Townhouse" zwischen Mitte und Kreuzberg - charmant, stilvoll, individuell, diskret. Einzigartig der Mix aus historischen Details (das Haus wurde 1822 erbaut) und Design-Elementen. Im "YADA YADA breakfast club": morgens Frühstücksbuffet, tagsüber Kleinigkeiten. "The Brooklyn" bietet Grillgerichte in New-York-Steakhouse-Atmosphäre.

27 Zimmer – ♥♥ 129/239 € – ♁ 24 €

Stadtplan: Q3-d – *Köpenicker Straße 92* ✉ *10179* – **U** *Märkisches Museum* – *📞 030 411988177* – *www.thedudeberlin.com*

MANI

⌂ 🔁 ♿ AC

BOUTIQUE-HOTEL · DESIGN "Schlaf, Design & Rock 'n' Roll" - nach diesem Motto kommt das günstig gelegene Boutique-Hotel mit stylish-mondänem und wertigem Interieur daher. Die Zimmer sind nicht allzu groß, aber sehr funktionell und geschmackvoll mit ihren klaren Linien und Echtholzparkett. Gut das Frühstück. Und wer zum Essen nicht ausgehen möchte, bekommt im Restaurant internationale Küche.

63 Zimmer – ♥♥ 70/330 € – ♁ 15 €

Stadtplan: P1-m – *Torstraße 136* ✉ *10119* – **U** *Rosenthaler Platz* – *📞 030 53028080* – *www.amanogroup.de*

Außerhalb des Zentrums

In Berlin-Britz

🍽 Buchholz Gutshof Britz

🏠

REGIONAL · FREUNDLICH 🍴 Unter dem Motto "legere Landhausküche" gibt es auf dem schönen, ruhig gelegenen Gutshof des Schlosses Britz regional-saisonale Küche, z. B. in Form von "Kartoffelkloß gefüllt mit Entenfleisch auf Rotkohl". Tipp: Speisen Sie im Sommer im hübschen Garten!

Menu 28/69 € – Karte 27/51 €

Stadtplan: C3-a – *Alt-Britz 81* ✉ *12359* – *📞 030 60034607* – *www.matthias-buchholz.de* – *Geschlossen Dienstag, Mittwoch*

In Berlin-Friedrichshain

🍽 Michelberger

↩ 🏠 ♿ ⇔

MODERNE KÜCHE · BISTRO 🍴 Lassen Sie sich von der schlichten Fassade des gleichnamigen Hotels nicht abschrecken! Im Restaurant werden regionale Bio-Produkte verarbeitet, und zwar zu modernen Gerichten im Tapas-Stil - ideal zum Teilen! Die Atmosphäre ist hip und trendig, das passt gut zum legeren "Sharing"-Konzept. Mittags kleinere Auswahl. Toll der Innenhof.

Karte 15/35 €

Stadtplan: H2-m – *Warschauer Straße 39* ✉ *10243* – **U** *Warschauer Str.* – *📞 030 29778590* – *www.michelbergerhotel.com* – *Geschlossen Sonntag, abends: Montag, mittags: Samstag*

🏨 nhow ✕ 🏊 ♨ 🖥 ♿ AC 🛎 🅿 🚗

BUSINESS · DESIGN In diesem Hotel am Osthafen sind Musik und Lifestyle zu Hause! Außen klare Architektur, innen peppiger Look - alles ganz im Stil von Star-Designer Karim Rashid. Top: "State of the Art"-Veranstaltungstechnik, Tonstudio über der Stadt, jeden ersten SA im Monat Live-Konzert in der Halle...

303 Zimmer – 🛏 120/260 € – ☕ 25 € – 1 Suite

Stadtplan: H2-n – *Stralauer Allee 3* ✉ *10245* – **U** *Warschauer Str.* – ☎ *030 2902990* – *www.nhow-berlin.com*

In Berlin-Grunewald

🌼 Frühsammers Restaurant ❀ 🏡

MODERNE KÜCHE · FREUNDLICH ✕✕ Das passt zum wohlhabenden Berliner Stadtteil Grunewald mit dem gleichnamigen Forst und den schmucken historischen Gebäuden: eine attraktive Villa auf dem Gelände des Tennisclubs. Was die hübsche rote Fassade schon von außen an Niveau vermuten lässt, bewahrheitet sich im Inneren: Da wäre zum einen die klassisch-elegante Einrichtung, zum anderen die moderne Küche, in die aber auch klassische Elemente einfließen. Wenn hier beispielsweise zartes Reh mit intensiver Jus, erdig-süßlicher Roter Bete und geschmeidig-cremigem Kartoffelpüree auf den Tisch kommt, dann hat Küchenchefin und Inhaberin Sonja Frühsammer wieder einmal ausgesuchte Produkte zu einem aromatischen Gericht kombiniert. Im Service mit von der Partie ist übrigens Ehemann Peter als souveräner und charmanter Gastgeber.

Spezialitäten: Allerlei von der Karotte, Erdnuss, Vanille und Kräutersud. Étouffée Taube, Herbsttrompeten, grüne Bohnen, Birne, Lorbeer. Kaffeecrème, Ananas, Rum, Honig.

Menu 115/144 €

Stadtplan: J3-m – *Flinsberger Platz 8* ✉ *14193* – ☎ *030 89738628* – *www.fruehsammers.de* – *Geschlossen 1.-14. Januar, Montag, Dienstag, Sonntag, mittags: Mittwoch-Samstag*

🌼 **Grundschlag** – Siehe Restaurantauswahl

🌼 Grundschlag 🏡

MARKTKÜCHE · GEMÜTLICH ✕ Dies ist die Bistro-Variante der Frühsammer'schen Gastronomie: In sympathisch-gemütlicher Atmosphäre gibt es international beeinflusste Küche sowie beliebte Klassiker - lassen Sie sich nicht die tolle Sardinenauswahl entgehen!

Spezialitäten: Avocado, Rettichsalat und Kumquat. Rheinsberger Hecht mit Kartoffelstampf und geschmorter Paprika. Schokoladenpudding mit Feigen und Stracciatellaeis.

Karte 32/49 €

Stadtplan: J3-m – *Frühsammers Restaurant, Flinsberger Platz 8* ✉ *14193* – ☎ *030 89738628* – *www.fruehsammers.de* – *Geschlossen 1.-13. Januar, Sonntag, mittags: Montag*

🏨 Patrick Hellmann Schlosshotel
✕ 🐾 ⛴ 🖼 ♨ 🖥 🖥 AC 🛎 🅿

LUXUS · DESIGN Schon von außen beeindruckt das Palais von 1911, innen dann stilvoll-elegantes Ambiente von den öffentlichen Bereichen mit historischem Flair über das Restaurant, die "Champagner Lounge" und die "GQ Bar" bis zu den schönen individuellen Zimmern, die Moderne und Klassik überaus stimmig verbinden. Dazu die ideale Lage: ruhig und doch nur 10 Auto-Minuten vom Ku'damm.

43 Zimmer – 🛏 199/599 € – ☕ 29 € – 10 Suiten

Stadtplan: E3-a – *Brahmsstraße 10* ✉ *14193* – ☎ *030 895840* – *www.schlosshotelberlin.com*

In Berlin-Kreuzberg

✿✿ Tim Raue
😋 ⅃ AC

ASIATISCH • TRENDY XXX Europäische Küche, asiatisch inspiriert – diesen modernen und erfrischenden Twist schafft Tim Raue auf einzigartige Weise mit seinen kraftvollen Kompositionen. Die gibt es mittags und abends übrigens auch als veganes Menü! Der gebürtige Berliner hat einen ganz eigenen, in Deutschland sicher einmaligen Stil. In geradlinig-schickem Ambiente erlebt man unbestritten eine Küche, die man zur Kunst erhoben hat. Eine Location, die ihren Reiz im Anderssein hat. Dabei steht das hohe Niveau der Küche in keinerlei Widerspruch zur lebendig-urbanen Atmosphäre. Dass man sich hier wohlfühlt, liegt nicht zuletzt an Gastgeberin Marie-Anne Raue und ihrem charmanten Serviceteam. Weinliebhaber dürfen sich über eine schöne Auswahl an offenen Weinen freuen - Beratung mit fundiertem Sommelier-Wissen inklusive!

Spezialitäten: Kaisergranat, Wasabi, Mango. Zander Sangohachi, Sake, grüner Rettich. Quitte, Macadamia, Nougat, Passionsfrucht.

Menu 88 € (Mittags), 188/218 €

Stadtplan: P3-t – *Rudi-Dutschke-Straße 26* ✉ *10969* – **U** *Kochstr. –*
✆ *030 25937930* – *www.tim-raue.com – Geschlossen Montag, Sonntag,*
mittags: Dienstag-Donnerstag

✿✿ Horváth (Sebastian Frank)
😋 🏠 ⅃

KREATIV • GERADLINIG XX Der Liebe wegen kehrte der aus dem österreichischen Mödling stammende Sebastian Frank der Alpenrepublik den Rücken und folgte Lebensgefährtin Jeannine Kessler in deren Heimat Berlin. Hier wurde er im "Horváth" zunächst Küchenchef, bevor beide das Restaurant übernahmen. Sebastian Frank kocht mit einer völlig eigenen Note, weit weg vom Mainstream. Er reduziert sich ganz auf wenige Komponenten und verzichtet auf sogenannte Luxusprodukte. Er verwendet mit Vorliebe Gemüse und Kräuter und vermeintlich "einfachere", aber äußerst hochwertige Zutaten, die er in schlichter Perfektion zubereitet - gewissermaßen eine hochstehende Simplifizierung der Spitzenküche! Sehr angenehm und charmant ist die Atmosphäre nicht zuletzt dank des aufmerksamen und kompetenten Service samt toll abgestimmter Weinempfehlungen.

Spezialitäten: Geflämmtes Forellenfilet, geeister Schokoladenessigrahm, Dill und geröstete Senfsaat mit Senföl. Gegrillter Knollensellerie, Gemüsebechamel, Paprika-Minzreduktion, Mangalica Backenspeck mit Estragon und Knoblauchschaum. Crèmiger Baiser mit Kümmel, geröstetes Schwarzbrot, geeistes Fichtennadelöl und Waldmeisteressig-Molke.

Menu 120/145 €

Stadtplan: H3-a – *Paul-Lincke-Ufer 44a* ✉ *10999* – **U** *Kottbusser Tor –*
✆ *030 61289992* – *www.restaurant-horvath.de – Geschlossen Montag, Dienstag,*
mittags: Mittwoch-Sonntag

✿ Richard

FRANZÖSISCH-MODERN • TRENDY XX Im einstigen "Köpenicker Hof" von 1900 hat Hans Richard (ursprünglich Maler) im Jahr 2012 dieses schicke Restaurant eröffnet, das seit 2016 mit einem MICHELIN Stern ausgezeichnet ist. Die Gäste sitzen hier unter einer kunstvoll gearbeiteten hohen Decke, allerlei Accessoires, Designerlampen und schöne Bilder (sie stammen übrigens vom Patron selbst) setzen dekorative Akzente. In der Küche kann Patron Hans Richard, der zwar gelegentlich auch mit am Herd steht, sich aber vornehmlich im Restaurant um die Gäste kümmert, auf das eingespielte Team um Küchenchef Francesco Contiero vertrauen. Es gibt ein französisch-modern inspiriertes Menü, in dem geschmacklich intensive und fein abgestimmte Gänge wie z. B. Brandenburger Maibock mit Aprikose-Haselnuss-Condiment exaktes Handwerk beweisen.

Spezialitäten: Geschmorter Sellerie mit Süßholz-Gemüsejus und Beurre Noisette. Taube mit Dattel-Nuss-Condiment, Trevisiano, Rote Bete und Minze. Honigeis mit Macadamianuss und Olivenöl, Rhabarber und Maulbeere.

Menu 68/120 €

Stadtplan: H3-r – *Köpenicker Straße 174* ✉ *10997* – **U** *Schlesisches Tor –*
✆ *030 49207242* – *www.restaurant-richard.de – Geschlossen Montag, Sonntag,*
mittags: Dienstag-Samstag

BERLIN

✿ Nobelhart & Schmutzig ⠀⠀⠀⠀⠀⠀⠀⠀⠀ 🕸 ♿ A/C

KREATIV · HIP ✗ In dem unscheinbaren Haus in der Friedrichstraße verfolgt man eine ganz eigene Philosophie. Für Patron und Sommelier Billy Wagner (zuvor im Berliner "Rutz" tätig) und Küchenchef Micha Schäfer (zuvor in der "Villa Merton" in Frankfurt) haben Wertschätzung und Herkunft der Produkte größte Bedeutung. Aus besten saisonalen Zutaten, natürlich aus der Region, entsteht z. B. "Lamm / Radieschen" oder auch "Kartoffel / Apfel". Die Gerichte sind so reduziert, wie sie klingen, dabei innovativ, gefühlvoll und durchdacht. Es gibt ein Menü mit 10 Gängen, dazu überaus interessante Weine, Biere und Destillate. Mittelpunkt in dem trendigen Restaurant ist eine lange Theke - von hier aus hat man das Geschehen in der Küche im Blick. Serviert wird ebenso locker wie versiert, auch von den Köchen selbst!

Spezialitäten: Schmorgurke, Dill. Sellerie, Ei. Brombeeren, Gewürzfenchelsaat.

Menu 95/120 €

Stadtplan: P3-n – *Friedrichstraße 218* ✉ *10969* – U *Kochstr.* –
℘ *030 25940610* – *www.nobelhartundschmutzig.com* –
Geschlossen 19. Juli-13. August, Montag, Sonntag, mittags: Dienstag-Samstag

✿ tulus lotrek (Maximilian Strohe) ⠀⠀⠀⠀⠀⠀⠀ 🕸 🏠

MODERNE KÜCHE · HIP ✗ Seit Maximilian Strohe und Partnerin Ilona Scholl im November 2015 ihr "tulus lotrek" eröffnet haben, erfreut sich das Restaurant in dem hübschen Altbau in Kreuzberg großer Beliebtheit. Dass man einen Sinn für interessante moderne Kombinationen hat, zeigen der Patron und sein Küchenteam beispielsweise beim Tonkabohneneis mit Schokoladecreme und Sojasauce. Hier wird ein ganz eigenes Aromenspiel zu einem sehr speziellen und ausgesprochen intensiven Geschmackserlebnis! Neben dem tollen Essen verdient auch das Drumherum Beachtung: Zum Wohlfühlen ist zum einen das schöne Interieur mit hohen stuckverzierten Decken, Holzboden, Kunst und originellen Tapeten, zum anderen die herzliche Chefin mit ihrer sympathischen Art - charmant, ungezwungen und ebenso professionell kümmert sie sich um jeden Gast!

Spezialitäten: Jakobsmuschel und Seeigel, Yuzu und Karotte. BBQ-Wachtel à la Bergamotte. Amalfi Zitrone, Milch und Olivenöl.

Menu 115/160 €

Stadtplan: H3-c – *Fichtestraße 24* ✉ *10967* – U *Südstern* –
℘ *030 41956687* – *www.tuluslotrek.de* –
Geschlossen 1.-9. Januar, 26. Juni-9. Juli, Mittwoch, Donnerstag,
mittags: Montag-Dienstag und Freitag-Sonntag

✿ Chicha ⓝ ⠀⠀⠀⠀⠀⠀⠀⠀⠀⠀⠀⠀⠀⠀⠀⠀⠀⠀⠀⠀⠀⠀⠀ 🏠

PERUANISCH · VINTAGE ✗ Belebt, laut, rustikal, hier und da ein bisschen "shabby"... Bewusst hat man eine lockere, authentisch südamerikanische Atmosphäre geschaffen, die wunderbar zur modern-peruanischen Küche passt. Gekocht wird ambitioniert und mit guten, frischen Produkten - sehr schmackhaft z. B. "Ceviche vom Adlerfisch" oder "Schweinebauch vom Thüringer Duroc mit geräucherter Banane".

Spezialitäten: Ceviche vom Lachs, Rocoto, Nori Algen, Gurke, Ponzu. Oktopus, Chorizo, Blumenkohl-Mandelerde, Andenkartoffelchip. Schwarzes Cusqueña Parfait, Amaranth, Kakao, Inca-Kola.

Karte 29/41 €

Stadtplan: H3-d – *Friedelstraße 34* ✉ *12047* – U *Schönleinstraße* –
℘ *030 62731010* – *www.chicha-berlin.de* –
Geschlossen Montag, Dienstag, mittags: Mittwoch-Sonntag

⑪○ Orania.Berlin   ⅋

MODERNE KÜCHE · ELEGANT ✕✕ Stylish, warm und relaxt kommt das Restaurant daher, Blickfang ist die große offene Küche. Man kocht modern und kreativ, auf der Abendkarte z. B. "Kabeljau, grünes Curry, verbrannter Lauch". Der Service aufmerksam und versiert. Tipp: das Signature Dish "Xberg Duck", zubereitet im Pekingenten-Ofen (4-Gänge-Menü ab 2 Pers.). Ab mittags gibt es Lunch und Snacks.

Menü 54 € – Karte 58/64 €

Stadtplan: R3-b – *Hotel Orania.Berlin, Oranienplatz 17* ✉ *10999* – **U** *Moritzplatz* – ✆ *030 6953968780* – *www.orania.berlin* – *Geschlossen mittags: Montag-Sonntag*

⑪○ herz & niere   🏠

REGIONAL · FREUNDLICH ✕ Innereien-Menü oder vegetarisches Menü? Auch wer lieber "normal" isst, wird in dem sympathischen Restaurant fündig. Man setzt hier auf das "Nose to Tail"-Konzept, nach dem das Tier komplett verarbeitet wird. Der freundliche Service berät Sie auch gut in Sachen Wein.

Menü 48/100 €

Stadtplan: H3-h – *Fichtestraße 31* ✉ *10967* – **U** *Südstern* – ✆ *030 69001522* – *www.herzundniere.berlin* – *Geschlossen 1.-9. Januar, 9.-23. August, Montag, Sonntag, mittags: Dienstag-Samstag*

⑪○ Lode & Stijn

MODERNE KÜCHE · NACHBARSCHAFTLICH ✕ Eine sympathische und ebenso spezielle Adresse. Das Restaurant ist mit viel Holz geradlinig, klar und wertig eingerichtet, gekocht wird modern. Es gibt ein festes Menü, die Speisen sind ausgesprochen reduziert, fast schon puristisch und haben einen leicht skandinavischen Akzent. Saisonale Zutaten von ausgesuchten Produzenten stehen hier absolut im Vordergrund.

Menü 60/90 €

Stadtplan: H3-s – *Lausitzer Straße 25* ✉ *10999* – **U** *Görlitzer Bahnhof* – ✆ *030 65214507* – *www.lode-stijn.de* – *Geschlossen Montag, Sonntag, mittags: Dienstag-Samstag*

⑪○ Long March Canteen   🏠 ⅋

CHINESISCH · TRENDY ✕ Eine coole, lebendige Adresse. Aus der einsehbaren Küche kommen chinesisch-kantonesische Gerichte in Form von verschiedenen Dim Sum und Dumplings - ideal zum Teilen. "Dim Sum" steht für "kleine Leckereien, die das Herz berühren" - dieses Konzept lebt man hier. Große Auswahl an Wein, Spirituosen, Cocktails, Longdrinks.

Menü 31/44 € – Karte 40/65 €

Stadtplan: H2-d – *Wrangelstraße 20* ✉ *10969* – **U** *Schlesisches Tor* – ✆ *0178 8849599* – *www.longmarchcanteen.com* – *Geschlossen mittags: Montag-Sonntag*

⑪○ VOLT   🏠 ⅋ ✿

MODERNE KÜCHE · DESIGN ✕ Zum interessanten Industrie-Chic in dem ehemaligen Umspannwerk am Landwehrkanal kommt eine sehr ambitionierte moderne Küche, und die gibt es z. B. in Form von "Essenz mit Gelbschwanzmakrele, Shiitake, Miso, Tomate" oder als "Saibling, Kohlrabi, Sauerklee, Haselnuss".

Menü 68/79 € – Karte 56/72 €

Stadtplan: H3-v – *Paul-Lincke-Ufer 21* ✉ *10999* – **U** *Schönleinstr.* – ✆ *030 338402320* – *www.restaurant-volt.de* – *Geschlossen 1.-8. Januar, 20. Juli-9. August, Montag, Sonntag, mittags: Dienstag-Samstag*

🏠 Orania.Berlin   ✿ ♨ ⬆ ⅋ ⅋ ✪

BOUTIQUE-HOTEL · MODERN In dem schmucken Gebäude von 1912 (hier gab es einst das "Café Orianenpalast" - daher der Name) heißt es Wohlfühlen! Geschmackvolles modernes Interieur aus schönem Holz, wertigen Stoffen und warmen Farben sowie zurückhaltende Elemente aus aller Welt versprühen ein besonderes Flair. Der charmante Service tut ein Übriges. Tipp: Konzerte von Musikern aus Berlin.

32 Zimmer – 👥 230/320 € – ⯑ 29 € – 9 Suiten

Stadtplan: R3-b – *Oranienplatz 17* ✉ *10999* – **U** *Moritzplatz* – ✆ *030 69539680* – *www.orania.berlin*

⑪○ **Orania.Berlin** – Siehe Restaurantauswahl

BERLIN

In Berlin-Lichtenberg

⁂ SKYKITCHEN ⇔ ⇐ ⅋ AC 🚗

MODERNE KÜCHE · TRENDY ✕✕ Die Fahrt nach Lichtenberg lohnt sich: Hier oben im 12. Stock des "Vienna House Andel's" hat man bei chic-urbaner Atmosphäre einen klasse Blick über Berlin, zudem überzeugt die Küche von Alexander Koppe. Der waschechte Berliner (zuletzt Souschef im "Lorenz Adlon Esszimmer") verbindet in den modernen Menüs "Voyage Culinaire" und "Vegetarian" mediterrane, asiatische und auch regionale Akzente. Das Ergebnis ist z. B. die gebeizte und abgeflämmte Jakobsmuschel mit Buchenpilzen, Kohlrabi und Miso. Dazu eine Weinkarte mit einer Besonderheit: Neben Deutschland und Österreich spezialisiert man sich nur auf Slowenien, die Slowakei, Polen und Bulgarien. Übrigens: Nicht nur das Restaurant mit seinem stylischen Vintage-Look ist erlebenswert, noch ein bisschen höher lockt das "Loft14" zum Degistif!

Spezialitäten: Bio Ei, Blumenkohl, Liebstöckel, Meerrettich. Wild, Steinpilz, Sprossenkohl, rote Johannisbeere. Ivoire Schokolade, Himbeere, Rote Rübe, Schafsjoghurt.

Menu 67/124 €

Stadtplan: H2-b – *Landsberger Allee 106 (12. Etage)* ⊠ *10369* – **U** *Landsberger Allee* – ☎ *030 4530532620* – *www.skykitchen.berlin* – *Geschlossen 1.-14. Januar, 23.-28. April, 29. Juni-30. Juli, Montag, Sonntag, mittags: Dienstag-Samstag*

In Berlin-Neukölln

⁂ ⁂ CODA Dessert Dining (René Frank)

KREATIV · INTIM ✕ Die Lage ist nicht die schönste und die Fassade des mit Graffiti besprühten Hauses in der Neuköllner Friedelstraße ist nicht gerade einladend. Sterneküche würde man hier eher nicht vermuten. Das "CODA" ist ganz puristisch gehalten und wirkt etwas schummrig, von der Bar kann man in die große Küche schauen. So speziell wie die Location ist auch das Konzept: Patisserie-Handwerk steht im Fokus. Küchenchef René Frank, zuvor sechs Jahre Chef-Patissier im 3-Sterne-Restaurant "La Vie" in Osnabrück, kocht ausgesprochen kreativ. Gerichte wie Amelonado-Kakao mit Reis, Bonito und Cashewkernen bieten eine Fülle an Aromen und gelungenen Kontrasten und sind keineswegs zu süß - alles ist toll ausbalanciert! Zum 7-Gänge-Menü gibt es eine perfekt abgestimmte Getränkebegleitung aus Sake, Cocktails oder auch Wein.

Spezialitäten: Nacional Kakao, Chicorée, Haselnuss, lila Karotte. Wassermelone, Norialge, Taggiasca Olive. Aubergine, Pekan, Apfelbalsamico, Lakritzsalz.

Menu 58/148 €

Stadtplan: H3-b – *Friedelstraße 47* ⊠ *12047* – **U** *Hermannplatz* – ☎ *030 91496396* – *www.coda-berlin.com* – *Geschlossen 20. Januar-5. Februar, Montag, Mittwoch, Sonntag, mittags: Dienstag und Donnerstag-Samstag*

⊛ Barra Ⓝ

KREATIV · GERADLINIG ✕ Ein durch und durch unkompliziertes trendiges Konzept, angefangen beim minimalistisch-urbanen Look über die lockere, sympathisch-nachbarschaftliche Atmosphäre bis hin zur angenehm reduzierten modernen Küche in Form von kleinen "Sharing"-Gerichten. Aus hochwertigen, möglichst regionalen Produkten entsteht z. B. "Lachsforelle, Himbeer & Koriander".

Spezialitäten: Muscheln und Fenchel. Seeteufel, Tomate, Bohnen und Nduja. Feigen und Ziegenmilcheis.

Karte 34/47 €

Stadtplan: H3-m – *Okerstraße 2* ⊠ *12049* – **U** *Leinestraße* – ☎ *030 81860757* – *www.barraberlin.com* – *Geschlossen Dienstag, Mittwoch, mittags: Montag und Donnerstag-Sonntag*

⊛ TISK Ⓝ ♟

DEUTSCH · FREUNDLICH ✕ Das "TISK" (altdeutsch für "Tisch") nennt sich selbst "Speisekneipe", und das trifft es ganz gut. In einer ruhigeren Seitenstraße in Neukölln hat sich ein junges urbanes Konzept etabliert, das deutsche Küche modernisiert und geschmacklich aufgepeppt präsentiert! Darf es ein Menü (z. B. mit Königsberger Klopsen oder Lammhaxe) sein? Oder den Broiler für 2 Personen?

Spezialitäten: Blutwurstkroketten mit Apfelmus. Lammhaxe, Spargelsalat, Bohnen, Zwiebel. Milchschnitte, Bisquit, Honig und Milcheis.

Menu 39/59€ – Karte 35/39€

Stadtplan: H3-n – *Neckarstraße 12* ✉ *12053* – **U** *Boddiner Str. –*
✆ *030 398200000 – www.tisk-speisekneipe.de –*
Geschlossen Montag, Sonntag, mittags: Dienstag-Samstag

🍽️ eins44

MODERNE KÜCHE · HIP ✗ Das kommt an: "Industrial Design" und gute Küche! Ein trendig-urbanes Lokal mit ungezwungener Atmosphäre versteckt sich hier im 3. Hof in einer ehemaligen Destillerie! Gekocht wird saisonal und produktorientiert.

Menu 69/89€

Stadtplan: H3-e – *Elbestraße 28* ✉ *12045* – **U** *Rathaus Neukölln –*
✆ *030 62981212 – www.eins44.com –*
Geschlossen 1.-6. Januar, Montag, Sonntag, mittags: Dienstag-Samstag

In Berlin-Prenzlauer Berg

🏵️ Kochu Karu

KOREANISCH · GERADLINIG ✗ So ungewöhnlich der Mix aus spanischer und koreanischer Küche auch sein mag, die Kombination von Aromen ist überaus gelungen! Am besten beginnt man mit Gerichten im Tapas-Stil (ideal zum Teilen), und danach vielleicht "Bibimbab" oder "geschmortes Ochsenbäckchen"? Ein wirklich charmantes puristisches kleines Restaurant.

Spezialitäten: Iberico Würstchen, Reis Gnocchi, Trüffel-Brotchips. Barbecue vom Havelländer Apfelschwein nach koreanischer Art. Koreanischer Pfannkuchen, eingewecktes Obst, Joghurteis.

Menu 37/59€ – Karte 28/49€

Stadtplan: G1-k – *Eberswalder Straße 35* ✉ *10178* – **U** *Eberswalder Str. –*
✆ *030 80938191 – www.kochukaru.de –*
Geschlossen 1.-9. Januar, Montag, Sonntag

🏵️ Lucky Leek

VEGAN · NACHBARSCHAFTLICH ✗ Vegan, frisch, saisonal und mit persönlicher Note - so wird in dem charmanten Restaurant gekocht. Probieren Sie z. B. "Pilzrisotto, Chicorée, gegrillte Paprika, Haselnuss-Hokkaido, Spinatpesto" oder "Miso-Blondie, Erdnuss-Fudge, Waldbeer-Eis". Hinweis: Barzahlung nur bis 100€.

Spezialitäten: Mandelricotta-Knusper-Cannelloni, Birne, Kräuterseitling, Grüne Bohnen Senf-Panaché. Gefüllte Schmorgurke, Fenchel-Kartoffelstampf, Sunflower Minze, Safransud, Nori. Karamellisiertes Johannisbeer-Schnittchen, Schokocrumble, Joghurteis.

Menu 37/59€

Stadtplan: Q1-u – *Kollwitzstraße 54* ✉ *10405* – **U** *Senefelderplatz –*
✆ *030 66408710 – www.lucky-leek.com –*
Geschlossen Montag, Dienstag, mittags: Mittwoch-Sonntag

🍽️ La soupe populaire CANTEEN

ZEITGENÖSSISCH · INDUSTRIELL ✗ Die rohe Industriearchitektur der alten Bötzow-Brauerei ist eine tolle Kulisse - da ist diese coole Location im Industrial Chic schon etwas Besonderes! Gekocht wird modern und international - auf der Karte z. B. "französische Makrele mit Spargel und Sauce Hollandaise" oder "Ananasravioli mit Kokos und Cassis". Im Sommer hat man zusätzlich einen schönen Biergarten.

Karte 36/58€

Stadtplan: Q1-b – *Prenzlauer Allee 242* ✉ *10178* – **U** *Senefelderplatz –*
✆ *030 41209300 – www.lasoupepopulaire.de –*
Geschlossen 21. Dezember-5. Januar, Sonntag, mittags: Samstag

In Berlin-Steglitz

🍽️ **Jungbluth** 🏮 ⚙️

MODERNE KÜCHE · **NACHBARSCHAFTLICH** ⅹ Freundlich-leger und ungezwungen ist hier die Atmosphäre, schmackhaft und frisch das saisonal ausgerichtete Speisenangebot. Wie wär's z. B. mit "Adlerfisch, Perlgraupenrisotto, Zucchini,
Radicchio Trevisano"?

Menu 38/62€ – Karte 40/52€

Stadtplan: B3-c – *Lepsiusstraße 63* ✉ *12163* – **U** *Steglitzer Rathaus* –
✆ *030 79789605* – *www.jungbluth-restaurant.de* – *Geschlossen Montag,
mittags: Dienstag-Freitag*

In Berlin-Wedding

🏵️ **Ernst** (Dylan Watson-Brawn) 🦋 Ⓐ/Ⓒ

KREATIV · GERADLINIG ⅹⅹ "The hottest ticket in town"! Das Gebäude ist so
unscheinbar, dass man fast vorbeiläuft. Man klingelt an der großen Edelstahltür,
betritt einen Raum im trendigen Industrial Style und setzt sich an einen der
13 Theken-Plätze an der offenen Küche. Was folgt, ist ein beeindruckendes 3-
stündiges Genuss-Erlebnis. Das Konzept: "weniger ist mehr". Dylan Watson-
Brawn kocht klar und pur, alles dreht sich ums Produkt! In seinem Menü (bis zu
40 Teller!) setzt er auf japanische Techniken wie die "Ike Jime"-Fischschlachtung
und legt größten Wert auf die Achtung vor Lebensmitteln sowie deren Herkunft.
Seine Philosophie lässt Top-Adressen wie das "Ryugin" in Tokio (3 Sterne) oder
das "Noma" in Kopenhagen (2 Sterne) erkennen. Unkonventionell auch die Weinbegleitung. Hinweis: Reservierung über Online-Tickets!

Spezialitäten: Gurke mit Salz und Sauerampferblüten. Kalbsfilet in Entenfett
gegart, Kalbsjus, Brandteig. Gegrillter Pfirsich mit Limonentee.

Menu 190€

Stadtplan: F1-e – *Gerichtstraße 54* ✉ *13347* – **U** *Wedding* – *www.ernstberlin.de* –
Geschlossen Montag, Dienstag, Sonntag, mittags: Mittwoch-Samstag

In Berlin-Wilmersdorf

🥗 **Pastis Wilmersdorf** Ⓝ 🏮

FRANZÖSISCH-KLASSISCH · **BRASSERIE** ⅹ Diese authentische "Brasserie fran-
çaise" erfreut sich nicht zufällig großer Beliebtheit, denn hier werden frische, gute
Produkte geschmackvoll zubereitet. Probieren sollte man z. B. "Seeteufel mit
Muscheln, grünem Spargel und Artischocken". Dazu kommen die quirlig-leben-
dige Atmosphäre und der freundliche Service unter der Leitung der charmanten
Patronne.

Spezialitäten: Pochiertes Ei auf Babyblattspinat mit Bayonner Schinken und
getrüffelter Béchamel. Backpflaumen-gefüllte Jumbo-Wachtel mit Madeira-Jus
und Weiße-Bohnen-Eintopf. "Le Nougat Glacé" auf Beeren-Coulis.

Menu 36/90€ – Karte 35/65€

Stadtplan: E3-b – *Rüdesheimer Straße 9* ✉ *14197* – **U** *Rüdesheimer Platz* –
✆ *030 81055769* – *www.restaurant-pastis.de*

BERNKASTEL-KUES
Rheinland-Pfalz – Regionalatlas **46**–C15 – Michelin Straßenkarte 543

Im Ortsteil Bernkastel

🍴○ **Rotisserie Royale**

INTERNATIONAL · FREUNDLICH X In dem denkmalgeschützten Fachwerkhaus (ehemalige Küferei a. d. 16. Jh.) bekommt man in gemütlicher Atmosphäre internationale Küche mit regionalen Einflüssen serviert. Am besten parken Sie am Moselufer und laufen ca. 5 Minuten zum Restaurant. Übernachtungsgäste können die nahen hauseigenen Stellplätze nutzen.

Menu 28/47€ – Karte 28/52€

Burgstraße 19 ✉ 54470 – ✆ 06531 6572 – www.rotisserie-royale.de –
Geschlossen 8.-30. Januar, 2.-22. März, Mittwoch, mittags: Donnerstag

BESCHEID
Rheinland-Pfalz – Regionalatlas **45**–B15 – Michelin Straßenkarte 543

🍴○ **Zur Malerklause**

FRANZÖSISCH-KLASSISCH · FAMILIÄR XX Bei Familie Lorscheider wird mit guten Produkten schmackhaft und ambitioniert gekocht. Das gediegene Restaurant ist reichlich dekoriert, ein Kamin schafft Atmosphäre. Schön sitzt man auch auf der überdachten Terrasse.

Menu 70/99€ – Karte 49/78€

Im Hofecken 2 ✉ 54413 – ✆ 06509 558 – www.malerklause.de – Geschlossen 20.
Februar-4. März, 31. August-18. September, Montag, Dienstag,
mittags: Mittwoch-Samstag, abends: Sonntag

BIBERACH IM KINZIGTAL
Baden-Württemberg – Regionalatlas **54**–E19 – Michelin Straßenkarte 545

In Biberach-Prinzbach Süd-West: 4 km, Richtung Lahr

🍴○ **Landgasthaus zum Kreuz**

TRADITIONELLE KÜCHE · LÄNDLICH XX Der attraktive Mix aus regional und modern ist hier allgegenwärtig - vom gemütlichen Restaurant über die Küche bis zum wohnlichen Gästehaus "Speicher" nebenan. Auf den Tisch kommen Klassiker und Saisonales - interessant sind z. B. die "Mini-Versucherle". Schön auch die großzügige Terrasse.

Menu 36/55€ – Karte 20/58€

Untertal 7 ✉ 77781 – ✆ 07835 426420 – www.kreuz-prinzbach.de – Geschlossen 19.
Februar-4. März, mittags: Montag-Donnerstag

BIELEFELD
Nordrhein-Westfalen – Regionalatlas **27**–F9 – Michelin Straßenkarte 543

🍴○ **GeistReich**

INTERNATIONAL · ELEGANT XX Stilvoll-zeitgemäß und angenehm ungezwungen kommt das Restaurant daher. Es erwartet Sie ein breites Speiseangebot von "Senner Lachsforelle, Spargel, Rhabarber, Bärlauch" bis "Bentheimer Landschwein - Nacken Dry Aged und Rippenfleisch". Tagsüber kleine Bistrokarte in der Bar.

Menu 45/99€ – Karte 40/81€

Hotel Bielefelder Hof, Am Bahnhof 3 ✉ 33602 – ✆ 0521 5282635 –
www.bielefelder-hof.de – Geschlossen Sonntag, mittags: Montag-Samstag

ⅰ○ GUI 🛜 📶

MEDITERRAN · FREUNDLICH ✕✕ Seit vielen Jahren gibt es das wertig-moderne Bistro im Herzen der Stadt. In der offenen Küche verarbeitet man ausgesuchte Produkte - die mediterran-saisonalen Gerichte nennen sich z. B. "Schwertfisch, Avocado, Mairüben, Kokosnussreis". Übrgens: "GUI" steht in der internationalen Plansprache Esperanto für "Genießen".

Menu 50/75 € – Karte 51/73 €

Gehrenberg 8 ✉ *33602 –* 𝒸 *0521 5222119 – Geschlossen Montag, Sonntag*

ⅰ○ Klötzer's 🛜 📶 🍴

INTERNATIONAL · ZEITGEMÄßES AMBIENTE ✕✕ Einladend ist hier nicht nur das chic-moderne Ambiente, interessant auch die Küche mit mediterranen und asiatischen Einflüssen. Aus guten Produkten entstehen z. B. "Karree vom irischen Salzwiesenlamm, Honig-Rosmarinsauce, Ratatouille, Kartoffelgratin". Auch im Feinkostladen nebenan lockt allerlei Leckeres!

Menu 39/69 € – Karte 37/65 €

Ritterstraße 33 ✉ *33602 –* 𝒸 *0521 9677520 – www.kloetzer-delikatessen.de – Geschlossen Sonntag*

🏠 Bielefelder Hof ✿ 🛋 ✉ 🛗 📶 ♨ 🚗

URBAN · FUNKTIONELL Was das Hotel interessant macht? Das schöne klassische Stadthaus nebst Neubau liegt zentral zwischen Bahnhof und Stadthalle und bietet wohnlich-funktionale Zimmer sowie gute Tagungsmöglichkeiten. Sportlich Aktive freuen sich über den Fitnessraum.

161 Zimmer – 🛏 95/229 € – ⌗ 21 € – 6 Suiten

Am Bahnhof 3 ✉ *33602 –* 𝒸 *0521 5282635 – www.bielefelder-hof.de*

ⅰ○ **GeistReich** – Siehe Restaurantauswahl

In Bielefeld-Kirchdornberg West: 8 km

ⅰ○ Tomatissimo 🛜 🍴 🅿

ITALIENISCH · FREUNDLICH ✕✕ Eine gefragte Adresse für mediterrane Küche und Steaks vom Holzkohlegrill - auf der Karte z. B. "geschmorte Kaninchenkeule im Parmaschinkensud" oder "Dry Aged Ribeye vom Pommerschen Schwarzbunten". Das Ambiente: modern und zugleich gemütlich. Tipp: "Bernhards Küchentisch" (auf Vorreservierung).

Menu 54/89 € – Karte 37/78 €

Am Tie 15 ✉ *33619 –* 𝒸 *0521 163333 – www.tomatissimo.de – Geschlossen Montag, Dienstag, mittags: Mittwoch-Samstag*

In Bielefeld-Quelle Süd-West: 5 km

ⅰ○ Büscher's Restaurant 🔄 🛜 🍴 🅿

REGIONAL · GASTHOF ✕ Hier legt man Wert auf hochwertige, nachhaltig erzeugte Lebensmittel, und die finden sich in saisonal-internationalen Gerichten wie "gegrilltem Felchenfilet, Süßkartoffel, Ananas, Yuzu" oder auch in Klassikern wie "Wiener Schnitzel". Schön die Terrasse zum Garten. Gepflegt übernachten kann man ebenfalls.

Menu 35/55 € – Karte 34/53 €

Carl-Severing-Straße 136 ✉ *33649 –* 𝒸 *0521 946140 – www.hotel-buescher.de – Geschlossen Sonntag, mittags: Montag-Samstag*

In Bielefeld-Schildesche Nord: 5 km

ⅰ○ Höptners Abendmahl 🛜

INTERNATIONAL · FREUNDLICH ✕ Sie haben die Wahl: Sie können in gemütlichem Ambiente ein modern inspiriertes Menü (kleines oder großes "Abendmahl") genießen oder alternativ im rustikal-legeren "Erbsenkrug" nebenan bürgerlich-saisonal speisen. In beiden Restaurants gibt es auch eine Steakkarte. Angeschlossene Weinhandlung und hübsche Terrasse.

Menu 59/99 €

Johannisstraße 11a ✉ *33602 –* 𝒸 *0521 86105 – www.abendmahl-restaurant.de – Geschlossen 1.-14. Januar, Montag, Sonntag, mittags: Dienstag-Samstag*

In Bielefeld-Senne Süd: 10 km

🍽️○ Gasthaus Buschkamp 🛖 ⇄ 🅿️

TRADITIONELLE KÜCHE · HISTORISCHES AMBIENTE XX Ein romantisches Museumsdorf aus alten Fachwerkhäusern. In charmant-rustikalem Ambiente gibt es Regionales wie "Himmel und Ähd", aber auch feinere Speisen wie "Seeteufel, Sektbuttersauce, Ratatouille, Safran-Bandnudeln".

Menu 35/85€ – Karte 30/72€

Buschkampstraße 75 ✉ 33659 – ☎ 0521 492800 – www.museumshof-senne.de – Geschlossen Montag, Dienstag

BIENENBÜTTEL-BARDENHAGEN
Niedersachsen – Regionalatlas **19**–J6 – Michelin Straßenkarte 541

Im Ortsteil Bardenhagen Ost: 8 km

🍽️○ GUT Evening und TafelGUT 🛖 🅿️

INTERNATIONAL · TRENDY XX Sehr angenehm sitzt man hier auf der hübschen Terrasse oder im herrlichen Innenhof, aber auch drinnen hat man es richtig schön. Dazu lässt man sich ambitionierte international-kreative Gerichte wie "Knurrhahn, Mais-Zitronengrascreme, Pak Choi, Drillinge, Tomaten" schmecken. Die gibt es So - Mi. im chic-modernen TafelGUT und Do. - Sa. im etwas eleganteren GUT Evening.

Menu 50/60€ – Karte 37/50€

Hotel GUT Bardenhagen, Bardenhagener Straße 3 ✉ 29553 – ☎ 05823 95399622 – www.gut-bardenhagen.de – Geschlossen mittags: Montag-Samstag

🏨 GUT Bardenhagen 🌾 🐾 🛋 🖥 🐾 🏋 🅿️

BOUTIQUE-HOTEL · INDIVIDUELL Die tolle Anlage mit großem Festsaal ist natürlich die perfekte Location für Hochzeiten. Und wenn Sie einfach nur ausspannen möchten: Die Zimmer in Gutshaus, Uhrenhaus und SchlafGUT sind wertig, Wasser und Telefon gratis, hübsch der Wellnessbereich, dazu die Ruhe ringsum! Schöner Deko-Shop.

29 Zimmer 🔁 – 🍴 135/180€ – 2 Suiten

Bardenhagener Straße 3 ✉ 29553 – ☎ 05823 9539960 – www.gut-bardenhagen.de
🍽️○ **GUT Evening und TafelGUT** – Siehe Restaurantauswahl

BIETIGHEIM-BISSINGEN
Baden-Württemberg – Regionalatlas **55**–G18 – Michelin Straßenkarte 545

Im Stadtteil Bietigheim

⭐ Maerz - Das Restaurant (Benjamin Maerz) 🍷 🛖 ⇄ 🍸

FRANZÖSISCH-KREATIV · GEMÜTLICH XX In ihrem Hotel "Rose" hat Familie Maerz – genauer gesagt die Brüder Benjamin und Christian Maerz - ein gemütlich-modernes Restaurant, in dem man ein saisonal inspiriertes Menü zum Besten gibt. Ob Sie 3, 5 oder 7 Gänge wählen, in jedem dieser "Erlebnisse" (so nennt man hier die aromareichen Gerichte) stecken hervorragende Produkte, die technisch sehr exakt und kreativ zusammengestellt werden und das Motto "Heimweh/Fernweh" absolut treffsicher umsetzen. Nicht nur kulinarisch mischt man Regionales und Modernes, auch das Interieur greift diesen ansprechenden Mix auf: Eine hochwertige Holztäfelung strahlt wohltuende Wärme aus, während klare Linien frische Akzente setzen. Sie haben es lieber etwas schlichter und legerer? Man hat noch die schicke Weinbar mit kleinem Speisenangebot.

Spezialitäten: Saibling aus dem Schwarzwald, Himbeere, Schalotten, Litschi. Lamm, Topinambur, Brombeere, Pfifferlinge. Beans Cru Virunga Schokolade, Büffelmilch vom Bodensee, Fenchel, Yuzu.

Menu 89/109€

Kronenbergstraße 14 ✉ 74321 – ☎ 07142 42004 – www.maerzundmaerz.de – Geschlossen 19. Januar-2. Februar, 26. Juli-9. August, Montag, Sonntag, mittags: Dienstag-Samstag

ⅡO Friedrich von Schiller

FRANZÖSISCH-KLASSISCH · GEMÜTLICH ✗✗ Ein schöneres Plätzchen hätte aus dem jahrhundertealten Haus in der Altstadt kaum entstehen können! Man wird herzlich umsorgt, gekocht wird regional, klassisch, schmackhaft. Wie wär's z. B. mit Wild aus eigener Jagd? Tipp: die nette kleine Terrasse zur Fußgänger-zone! Übernachten kann man in liebenswerten Zimmern, benannt nach Stücken von Schiller.

Menu 36/89 € – Karte 32/76 €

Marktplatz 1 ✉ 74321 – ☏ 07142 90200 – www.friedrich-von-schiller.com –
Geschlossen 1.-8. Januar, 24. Juli-9. August, Sonntag, mittags: Montag-Samstag

BILSEN
Schleswig-Holstein – Regionalatlas **10**-I4 – Michelin Straßenkarte 541

ⅡO Jagdhaus Waldfrieden

INTERNATIONAL · ELEGANT ✗✗ Gemütliches Kaminzimmer, luftiger Wintergar-ten oder die schöne Terrasse mit schattenspendenden Bäumen? Auf der Karte liest man z. B. "Kalbsschulter, sous vide gegart (57°/36h) mit Bärlauchsauce". Tipp: das preislich faire Mittagsmenü. Sie möchten übernachten? Man hat hüb-sche, sehr wohnliche und individuelle Zimmer.

Menu 20 € (Mittags)/39 € – Karte 30/59 €

Kieler Straße 1 ✉ 25485 – ☏ 04106 61020 – www.waldfrieden.com –
Geschlossen Montag

BINDLACH
Bayern – Regionalatlas **51**-L15 – Michelin Straßenkarte 546

In Bindlach-Obergräfenthal Nord: 10 km

🍴 Landhaus Gräfenthal

REGIONAL · GASTHOF ✗ In dem langjährigen Familienbetrieb sorgen helles Holz, Kachelofen und nette Deko für Gemütlichkeit. Freundlich der Service samt Chefin. Auf den Tisch kommt Regionales wie "gebratenes Kalbsbries mit Waldpil-zen in Kräuterrahm" oder "Wallerfilet mit Wurzelgemüse, Meerrettich, zerlassener Butter und Schwenkkartoffeln".

Spezialitäten: Marinierter Schwertfisch mit Ingwervinaigrette. Rehbraten mit fri-schen Waldpilzen, Klößen, Preiselbeeren und Rahmwirsing. Rotweinzwetschgen mit Espresso-Krokanteis.

Karte 34/55 €

Obergräfenthal 7 ✉ 95463 – ☏ 09208 289 – www.landhaus-graefenthal.de –
Geschlossen Dienstag, mittags: Montag und Mittwoch-Freitag

BINZ – Mecklenburg-Vorpommern ➜ Siehe Rügen (Insel)

BIRKENAU
Hessen – Regionalatlas **47**-F16 – Michelin Straßenkarte 543

🍴 Drei Birken

MARKTKÜCHE · FREUNDLICH ✗✗ Seit 1976 wird das Haus von Karl und Chris-tine mit Engagement betrieben. Man isst richtig gut hier, es gibt schmackhafte Küche mit klassischer Basis, dazu gehört z. B. "Kalbsbäckchen in Spätburgunder geschmort". Interessant: Versucherlemenü in sechs kleinen Gängen. Freundliche Atmosphäre und charmanter Service.

Spezialitäten: Rehterrine, Pflaumenchutney, Apfel-Selleriesalat. Zanderfilet auf der Haut gebraten, Kalbsjus, gebratene Speckscheibe, Rahmsauerkraut, Sahnepü-ree. Kleiner Schwarzwaldbecher Schokoladen-Ingwereis, Schokostreusel, Kirschra-gout, Sahne.

Menu 36/80 € – Karte 36/65 €

Hauptstraße 170 ✉ 69488 – ☏ 06201 32368 – www.restaurant-drei-birken.de –
Geschlossen 27. Januar-13. Februar, 19. Juli-6. August, 28. September-7. Oktober,
Montag, Dienstag, mittags: Mittwoch

In Birkenau-Löhrbach Süd-West: 4 km, Richtung Abtsteinach

⭐ WILD X BERG

KREATIV · ELEGANT XX In dem schicken und äußerst hochwertig eingerichteten kleinen Gourmetstübchen in der 1. Etage des Hotels "Lammershof" erwartet Sie moderne Küche auf klassischer Basis. Unter den ausgesuchten Produkten findet sich auch immer wieder das Fleisch der selbst gezüchteten Bisons. Und wer den Weinkeller für sich entdeckt hat, kann in geschmackvollen Zimmern übernachten.

Menu 85/105 €

Absteinacher Straße 67 ✉ 69488 –
☏ 06201 845030 – www.lammershof.de – Geschlossen 29. Juli-31. August, Montag, Dienstag, Sonntag, mittags: Mittwoch-Samstag

⭐ STUBEN

MARKTKÜCHE · GEMÜTLICH X Im kleinen Hotel "Lammershof" befindet sich das täglich geöffnete Restaurant mit seinen gemütlichen Stuben. In rustikaler Atmosphäre mit gewissem Chic lässt man sich z. B. den "Bison-Burger" schmecken, dazu leckere Desserts wie Topfenknödel. Herrlich die Terrasse. Im Biergarten "Bisonwirtschaft" geht es schlichter zu.

Karte 39/96 €

Absteinacher Straße 67 ✉ 69488 –
☏ 06201 845030 – www.lammershof.de – Geschlossen mittags: Montag-Samstag

BIRNBACH, BAD

Bayern – Regionalatlas **59**–P19 – Michelin Straßenkarte 546

🏠 Hofgut Hafnerleiten

LANDHAUS · INDIVIDUELL Traumhaft wohnt man hier, und zwar in seinem eigenen Haus! Zur Wahl stehen das Haus am Feld, das Haus am Wald, das Bootshaus, das Baumhaus... Eines schöner als das andere, alle wertig und individuell. Alternativ: Suiten und Einzelzimmer. Außerdem Naturbadeteich, verschiedene "Wellness-Würfel" sowie Hofladen mit regionalen, teils eigenen Produkten. Abends speist man an einer großen Tafel im Haupthaus.

15 Zimmer ⌑ – 🛏 160/410 €

Brunndobl 16 ✉ 84364 –
☏ 08563 91511 – www.hofgut.info

BLANKENBACH

Bayern – Regionalatlas **48**–G15 – Michelin Straßenkarte 546

☺ Brennhaus Behl

REGIONAL · LÄNDLICH X Das Engagement, mit dem Familie Behl ihr Haus betreibt, zeigt sich nicht zuletzt in der guten Küche, für die man gerne regionale Produkte verwendet. Auf der Karte z. B. "Perlhuhnbrust, Spitzkohlgemüse, Granatapfelkerne, Wildkräuterpüree". Schön der schattige Innenhof! Tipp: Brennabende in der eigenen Destille. Zum Übernachten: freundliche, wohnliche Zimmer.

Spezialitäten: Butterfisch-Carpaccio, steirisches Kürbiskernöl, gratinierter Ziegenkäse vom Bio-Berghof Schöllkrippen, Feldsalatbukett. Halbe knusprige Bauernente, Meerrettich-Wirsinggemüse, Süßkartoffelpüree. Variation "Rund um die Haselnuss".

Menu 30/58 € – Karte 32/53 €

Krombacher Straße 2 ✉ 63825 –
☏ 06024 4766 – www.behl.de – Geschlossen 1.-6. Januar, mittags: Montag, abends: Sonntag

BLANKENBURG

Sachsen-Anhalt – Regionalatlas **30**–K10 – Michelin Straßenkarte 542

Villa Viktoria Luise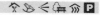

BOUTIQUE-HOTEL · KLASSISCH Die Jugendstilvilla von 1893 ist ein wirkliches Schmuckstück! Toll schon die Lage über der Stadt, dazu wohnt man geschmackvoll und mit gewisser Eleganz in Zimmern wie "Beatrix II", "Christine Luise" oder "Barockgarten". Auch die Betreuung ist sehr gut, am Morgen wird das Frühstück serviert und abends können die Hausgäste im Restaurant essen.

12 Zimmer ⌑ – ♥♥ 125/185 €

Hasselfelder Straße 8 ✉ *38889 –*

☏ *03944 91170 – www.hotelviktorialuise.com*

BLANKENHAIN

Thüringen – Regionalatlas **40**–L13 – Michelin Straßenkarte 544

Zum güldenen Zopf

REGIONAL · FREUNDLICH ✗ Das jahrhundertealte Gasthaus kommt heute in chic-modernem Design daher, der Charme von einst ist aber dennoch zu spüren. In angenehm ungezwungener, freundlicher Atmosphäre serviert man Thüringer Küche. Dabei setzt man auf regionale Produkte und präsentiert traditionelle Gerichte neu. Auf der Karte auch Biere, Weine und Brände aus der Region.

Spezialitäten: Carpaccio von der Schweinshaxe mit Bauchspeck, Kräutersalat und süßer-Senf-Vinaigrette. Filet vom Zander mit Perlgraupenrisotto und Sauerkraut. Gebackene Zwetschkloß-Krapfen mit eingelegten Zwetschgen und Vanilleeis.

Karte 26/49 €

Rudolstädter Straße 2 ✉ *99444 –*

☏ *036459 61644800 – www.zumzopf.de –*

Geschlossen 13.-19. Januar, Dienstag, Mittwoch, mittags: Montag und Donnerstag-Samstag

Masters

FRANZÖSISCH-MODERN · CHIC ✗✗ Bis zu 12 Gäste finden in dem kleinen Restaurant Platz. Freundlich und chic das Ambiente - durch bodentiefe Fenster schaut man auf die Golfplätze. Gekocht wird frankophil-mediterran, modern-kreativ interpretiert und angenehm reduziert. Schön die Weinauswahl, besonders Saale-Unstrut und Franken.

Menu 67/94 € – Karte 62/66 €

Spa & Golf Hotel Weimarer Land, Weimarer Straße 32 ✉ *99444 –*

☏ *036459 61640 – www.golfresort-weimarerland.de –*

Geschlossen 13.-19. Januar, mittags: Montag-Sonntag

Spa & Golf Hotel Weimarer Land

SPA UND WELLNESS · AUF DEM LAND Die Lage an einer 36-Loch-Golfanlage ist gefragt bei Golfern! Nicht minder attraktiv: wertige Zimmer (Tipp: Wellness-Suiten) und geschmackvoller Spa samt Pool mit Blick ins Grüne, Ruheräumen, Anwendungen. Überall gemütlich-eleganter Stil. Für Kinder großes Spielhaus und kostenlose Betreuung. Rustikal: "GolfHütte" (saisonale Küche) und "KornKammer" (Vesper-Angebot).

94 Zimmer ⌑ – ♥♥ 174/319 € – 7 Suiten

Weimarer Straße 60 ✉ *99444 –*

☏ *036459 61640 – www.golfresort-weimarerland.de –*

Geschlossen 13.-19. Januar

❍ **Masters** – Siehe Restaurantauswahl

BLIESKASTEL
Saarland – Regionalatlas **46**–C17 – Michelin Straßenkarte 543

🏵 Hämmerle's Restaurant - Barrique

FRANZÖSISCH-MODERN · ELEGANT XXX Mit Übernahme des Familienbetriebs im Jahre 1995 stellte Cliff Hämmerle die Weichen für seinen Erfolg: 2008 eröffnete er hier das Gourmetrestaurant "Barrique", in dem er klassische Küche mit viel Gefühl, Aufwand und nicht zuletzt mit erstklassigen Produkte umsetzt, so z. B. beim Steinbutt mit Artischocken und Vadouvan-Jus. Umsorgt wird man angenehm locker und professionell, dazu klares elegantes Design, dem der schöne gläserne Weinschrank bestens zu Gesicht steht. Die gute Auswahl darin stellt Ihnen Gastgeberin und Sommelière Stéphanie Hämmerle gerne vor. Auch Tochter Emelie ist inzwischen mit im Team. Sie möchten zu Mittag essen? Unter der Woche bietet das Zweitrestaurant "Landgenuss" einen beliebten Lunch. Übernachten können Sie ebenfalls: Man hat zwei schicke, wohnlich-moderne Gästezimmer.

Spezialitäten: Hummer mit Crèpe Bretonne und Sauce Barigoule. Blieswiesenlamm mit Brenschelbacher Linsen und geräucherter Paprika. Unser Blaubeerpfannkuchen.

Menu 75/98 €

Bliestalstraße 110a ✉ *66440 –* ☎ *06842 52142 – www.haemmerles-restaurant.de – Geschlossen 6.-26. Juli, Montag, Dienstag, Sonntag, mittags: Mittwoch-Samstag*

🥬 **Landgenuss** – Siehe Restaurantauswahl

🥬 Landgenuss

REGIONAL · LÄNDLICH XX In dem sympathischen Familienbetrieb der Hämmerles darf man sich auf freundliches Landhaus-Flair und richtig gute klassisch-regionale Küche freuen. Letztere ist aufwändig und dennoch unkompliziert, auf der Karte z. B. "Lamm, mit frischen Kräutern gratiniert". Tipp: Mittagsmenü zu tollem Preis-Leistungs-Verhältnis!

Spezialitäten: Kürbis-Fetarella Quiche mit Kräutersalat, Lauch, Tomaten, Radieschen und Brotchips. Königin Pastetchen gefüllt mit Blieswiesenlamm, Bibbelsches Bohnen und Perlgraupen Risotto. Tarte Maison mit Zwetschgen und Schlagsahne.

Menu 17 € (Mittags), 37/54 € – Karte 35/65 €

Hämmerle's Restaurant - Barrique, Bliestalstraße 110a ✉ *66440 –* ☎ *06842 52142 – www.haemmerles-restaurant.de – Geschlossen 12.-19. Juli, Montag, Sonntag, mittags: Samstag*

BOCHOLT
Nordrhein-Westfalen – Regionalatlas **25**–B10 – Michelin Straßenkarte 543

🍽️ Mussumer Krug

MARKTKÜCHE · NACHBARSCHAFTLICH XX Sympathisch-leger ist es in dem alten Backsteinhaus - Modernes und Rustikales hat man charmant kombiniert. Gekocht wird von trendig bis traditionell, man legt Wert auf hochwertige Produkte, gerne aus der Region. Darf es vielleicht Nordsee-Steinbeißer oder Feersisch Rind sein? Freundlicher Service.

Karte 32/53 €

Mussumer Kirchweg 143 ✉ *46395 –* ☎ *02871 13678 - www.mussumerkrug.de – Geschlossen 20. Juli-6. August, 24.-27. Dezember, Montag, Dienstag, mittags: Mittwoch-Sonntag*

BOCHUM
Nordrhein-Westfalen – Regionalatlas **26**–C11 – Michelin Straßenkarte 543

🍽️ Livingroom

INTERNATIONAL · HIP XX Ob "Dry Aged Ribeye", "Wiener Schnitzel" oder "kalt geräuchertes Filet vom Label Rouge Lachs", in dem lebendig-modernen großen Restaurant mit Bar und Bistro wird frisch und schmackhaft gekocht. Tipp: Mittagstisch zu fairem Preis. Als zweites Konzept hat man noch das kleine "FIVE": zwei Menüs in stylischem Ambiente.

Menu 69 € – Karte 30/65 €

Luisenstraße 9 ✉ *44787 –* ☎ *0234 9535685 – www.livingroom-bochum.de – Geschlossen Sonntag*

BODENMAIS
Bayern – Regionalatlas **59**–P17 – Michelin Straßenkarte 546

In Bodenmais-Mooshof Nord-West: 1 km Richtung Drachselsried

🏨 Mooshof Wellness & SPA Resort
🏠 ⩻ 🛋 🎿 🗖 ⑩ 🛁 💆 🎁 ⛳ 🅿 🚗

LUXUS · ELEGANT Ein Wellness-Hotel par excellence, das Familie Holzer hier seit 1912 führt! Begonnen hat alles mit Landwirtschaft und einer Gaststube, heute heißt es exklusiv wohnen und wohlfühlen in elegantem Ambiente. Chic der Spa mit bemerkenswertem Angebot samt Medical Wellness. Im Preis inkludiert ist die hochwertige Halbpension - und die schöne Landschaft ringsherum sowieso!

55 Zimmer – 👫 236/316 € – 25 Suiten

Mooshof 7 ✉ 94249 – ✆ 09924 7750 – www.hotel-mooshof.de – Geschlossen 6.-25. Dezember

BODMAN-LUDWIGSHAFEN
Baden-Württemberg – Regionalatlas **63**–G21 – Michelin Straßenkarte 545

Im Ortsteil Bodman

✿ s'Äpfle 🆕
⩻ 🏡 🅰🅲 ♿ 🚗

MODERNE KÜCHE · GEMÜTLICH ✕✕ Es ist das kulinarische Herzstück der schmucken "Villa Linde". Luftig-licht, wohnlich und angenehm unprätentiös ist die Atmosphäre. Gekocht wird sehr modern. Man merkt, dass hier mit Kevin Leitner ein talentierter Mann am Werk ist. Der engagierte junge Küchenchef verarbeitet regionale, aber auch internationale Produkte, allesamt von ausgesuchter Qualität. Überaus finessenreich und stimmig kombiniert er z. B. den Rücken vom Schwäbisch-Hällischen Landschwein mit Barbecue-Lack, Karottencreme, jungem Spitzkohl und Nudelsalat. Das Serviceteam um Ralf Kraft kümmert sich sehr charmant, aufmerksam und kompetent um die Gäste. Bei schönem Wetter genießt man die leicht erhöhte Lage am Bodensee am liebsten auf der Terrasse!

Spezialitäten: Terrine von der marinierten Gänseleber mit jungem Schmorkohlragout, Senfsaat und Speckbrioche. Auf der Haut gebratener Loup de Mer mit Kichererbsencrème, marinierter Fenchel, Falafel und Kardamomsauce. Zwetschgenwolke in einer karamellisierten Hippe mit Zwetschgenröster, Joghurtvinaigrette und Zwetschgensorbet.

Menu 85/145 €

Villa Linde, Kaiserpfalzstraße 50 ✉ 78351 – ✆ 07773 959930 – www.seehotelvillalinde.de – Geschlossen Montag, Sonntag, mittags: Dienstag-Samstag

🏨 Villa Linde 🆕
🏠 ⩻ 🛁 🎁 ♿ 🅰🅲 🅿 🚗

BOUTIQUE-HOTEL · GEMÜTLICH "Klein & fein" trifft es hier ebenso wie "luxuriös & stilvoll". Ein echtes Hotel-Schmuckstück, erbaut nach dem Vorbild des einstigen "Hotel Linde" a. d. 1920er Jahren. Wertig-geschmackvolle Zimmer, ausgezeichnetes Frühstück, tolle Sicht auf den Bodensee... Tipp: das historische Badehaus mit Seezugang! Und gastronomisch? Gourmetrestaurant "s'Äpfle" und "Seerestaurant".

12 Zimmer ⊊ – 👫 175/325 € – 2 Suiten

Kaiserpfalzstraße 48 ✉ 78351 – ✆ 07773 959930 – www.seehotelvillalinde.de

✿ **s'Äpfle** – Siehe Restaurantauswahl

BÖBLINGEN

Baden-Württemberg – Regionalatlas **55**–G18 – Michelin Straßenkarte 545

🍴○ **Zum Reussenstein** ⇆ & 🏧 ⇙ **P** 🚗

TRADITIONELLE KÜCHE · GEMÜTLICH ✗✗ Hier geht es schwäbisch zu: Die Karte ist nicht nur regional ausgerichtet, sondern auch im Dialekt geschrieben - Lust auf "Mauldaschasubb", "Roschdbrôôda" oder "Schweinsbäggla"? Die Glaswand zur Küche gewährt interessante Einblicke. Im Gewölbe: Wein-"Schatzkämmerle" und Kochschule. Der langjährige Familienbetrieb bietet auch wohnliche Zimmer in ländlich-modernem Stil.

Menu 40/45 € – Karte 30/55 €

Kalkofenstraße 20 ⊠ 71032 – ℰ 07031 66000 – www.reussenstein.com –
Geschlossen Montag, abends: Sonntag

BONN

Nordrhein-Westfalen – Regionalatlas **36**–C13 – Michelin Straßenkarte 543

🍴○ **Oliveto** ⇆ ⇇ 🏠 & 🏧 ⇙ 🚗

ITALIENISCH · ELEGANT ✗✗ In dem geschmackvoll-eleganten Restaurant im UG des "Ameron Hotel Königshof" sitzt man besonders schön an einem der Fenstertische oder auf der Rheinterrasse. Gut die italienische Küche, aufmerksam der Service. Gerne kommt man auch zum Business Lunch. Die wohnlich-zeitgemäßen Gästezimmer bieten teilweise Rheinblick.

Menu 49/69 € – Karte 44/85 €

Adenauerallee 9 ⊠ 53111 – ℰ 0228 2601541 – www.hotel-koenigshof-bonn.de

🍴○ **Strandhaus** 🏠

INTERNATIONAL · GEMÜTLICH ✗✗ Ein "Strandhaus" mitten in Bonn? Für maritimes Flair sorgt die charmante Einrichtung, und auch die angenehm-ungezwungene Atmosphäre passt ins sympathische Bild. Nicht zu vergessen die lauschige geschützte Terrasse. Dazu Internationales wie "gebratene Wildgarnelen, geschmorter Chinakohl, Wassermelonen-Kimchi".

Menu 34/72 € – Karte 42/70 €

Georgstraße 28 ⊠ 53111 – ℰ 0228 3694949 – www.strandhaus-bonn.de –
Geschlossen 20.-26. Februar, 18. Juli-11. August, Montag, Sonntag,
mittags: Dienstag-Samstag

🏠 **Venusberghotel** ⬥ **P**

BUSINESS · MODERN Ein individuelles kleines Hotel zum Wohlfühlen, dafür sorgt zum einen das hochwertige geradlinig-moderne Interieur von der Lobby-Lounge bis in die Zimmer, zum anderen die persönliche Gästebetreuung.

23 Zimmer ⊑ – †† 101/250 €

Haager Weg 83 ⊠ 53111 – ℰ 0228 910230 – www.venusberghotel.de

In Bonn-Bad Godesberg Süd-Ost: 9 km

✿ Halbedel's Gasthaus   🕸 🛋 ⛩

FRANZÖSISCH-MODERN · ELEGANT XXX So wertig und elegant, wie die schmucke Fassade der Gründerzeitvilla vermuten lässt, ist es auch drinnen: über Ihnen Deckenstuck, unter Ihnen dunkler Parkettboden, dazu schön abgestimmte Dekorationen. Und die Küche wird dem niveauvollen Rahmen mehr als gerecht: Seit über 30 Jahren steht Rainer-Maria Halbedel mit unvermindertem Engagement am Herd. 1984 bekam er in seinem damaligen Restaurant „Korkeiche" erstmals einen Stern und dieser blieb ihm auch nach seinem Umzug in dieses repräsentative Haus im Bad Godesberger Villenviertel erhalten. Er kocht auf klassischer Basis und setzt dabei auf ausgesuchte Zutaten - die Produkte stammen übrigens teilweise vom eigenen Bauernhof. Angenehm umsorgt wird man ebenfalls - der Chef selbst erklärt seine Gerichte am Tisch.

Spezialitäten: Bernsteinmakrele, gepickeltes Gemüse, Misovinaigrette. Anjou Taube, getrüffelter Weiskohl, Gänseleber. Alpaco Schokolade, Williamsbirne, Ingwer.

Menu 80/145 € – Karte 95/118 €

Rheinallee 47 ✉ *53173 –* ☎ *0228 354253 – www.halbedels-gasthaus.de –*
Geschlossen 15. Juli-15. August, Montag, mittags: Dienstag-Sonntag

ⅠO Redüttchen   🕸 🖨 🛋 🅰🅲 ⛩ 🅿

MODERNE KÜCHE · GEMÜTLICH X In dem ehemaligen Gärtnerhäuschen des Ball- und Konzerthauses "La Redoute" a. d. 18. Jh. erwartet Sie nicht nur eine charmante Atmosphäre, man kocht hier auch ambitioniert. Zu modernen Gerichten wie z. B. "Hirschrücken rosa gebraten, Preiselbeeren, Quinoa, Rote Bete" gibt es gute Weinempfehlungen.

Menu 49/89 € – Karte 49/75 €

Kurfürstenallee 1 ✉ *53117 –* ☎ *0228 68898840 – www.reduettchen.de –*
Geschlossen 1.-8. Januar, 21. Juli-12. August, Montag, Sonntag,
mittags: Dienstag-Samstag

In Bonn-Oberkassel Süd-Ost: 4,5 km

✿ Yunico   ≼ 🛋 ♿ 🅰🅲

JAPANISCH · ELEGANT XX Es hat seinen Grund, dass sich das Restaurant so großer Beliebtheit erfreut und auch über die Stadtgrenze hinaus bekannt ist! Sie legen Wert auf schickes Design? Sie schätzen angenehmen, professionellem Service? Und Sie mögen es kulinarisch anspruchsvoll? All das ist hier in der obersten Etage des "Kameha Grand" zu einem stimmigen Konzept vereint und trägt dem eleganten Lifestyle des Hauses Rechnung. Auf dem Teller wird die Küche Japans modern und kreativ umgesetzt, europäische Einflüsse inklusive. Wer an der raumhohen Fensterfront sitzt, schaut auf den Rhein - den besten Blick hat man aber natürlich von der Terrasse! Genuss gibt es hier also gleich in mehrfacher Hinsicht - da kommt der Name nicht von ungefähr: "Yu" und "unico" bedeuten im Japanischen "einzigartig".

Spezialitäten: Cobia, Sesam-Ingwer-Shoyu, Avocado, Myoga, Tamago, Daikon, Senfsaat. Kobe Rind. Mandarine, Ganache, Kokosnuss, Macadamia, Eis von der Sojasauce.

Menu 89/149 € – Karte 79/103 €

Hotel Kameha Grand, Am Bonner Bogen 1 ✉ *53227 –* ☎ *0228 43345500 –*
www.yunico-kameha.de – Geschlossen 1.-24. Januar, Montag, Sonntag,
mittags: Dienstag-Samstag

🏨 Kameha Grand   🎋 🏊 🕸 🐟 🛁 ⊟ ♿ 🅰🅲 🎴 🚗

LUXUS · DESIGN Toll die Lage direkt am Rhein, ein Hingucker die glasbetonte Architektur und das außergewöhnliche Design von Marcel Wanders. Themensuiten sowie King-, Queen- und Royal-Suite, dazu Spa mit Pool auf dem Dach! Modern das Restaurant "Next Level", schön die Aussicht von der Terrasse.

223 Zimmer ⌂ – ♛♛ 114/550 € – 30 Suiten

Am Bonner Bogen 1 ✉ *53227 –* ☎ *0228 43345500 – www.kamehabonn.de*

  ✿ **Yunico** – Siehe Restaurantauswahl

BONNDORF

Baden-Württemberg – Regionalatlas **62**-E21 – Michelin Straßenkarte 545

Sommerau

REGIONAL • REGIONALES AMBIENTE X Was bei Familie Hegar aus der Küche kommt, ist regional-saisonal ausgerichtet, basiert auf sehr guten Produkten und ist überaus schmackhaft, so z. B. "Wildragout in Spätburgunder geschmort, gebratene Pilze, Preiselbeeren, Butterspätzle". Gourmet-Tipp: das 5-Gänge-Feinschmeckermenü.

Spezialitäten: Kürbiscremesüpple mit Chutney und Kernöl. Saibling, Beurre blanc, Petersilienwurzel, Röstschalotten. Nuss Parfait, Zwetschgenkompott und Sabayon.

Menu 38/94 € – Karte 33/62 €

Hotel Sommerau, Sommerau 1 ✉ 79848 – ✆ 07703 670 – www.sommerau.de – Geschlossen 24. Februar-20. März, 17.-30. August, Montag, Dienstag

Sommerau

GASTHOF • GEMÜTLICH Ringsum nur Wiesen und Wald - wo könnte man besser abschalten? Da verzichtet man gerne auf TV, W-Lan und Handy-Empfang! Stattdessen genießt man gemütliche Zimmer, ein hübsches Saunahaus, den Badeteich mit Quellwasser... Das ökologische Konzept des Holzhauses passt da perfekt ins Bild!

16 Zimmer ☕ – 👥 138/185 €

Sommerau 1 ✉ 79848 – ✆ 07703 670 – www.sommerau.de – Geschlossen 24. Februar-20. März, 17.-30. August

Sommerau – Siehe Restaurantauswahl

BOPPARD

Rheinland-Pfalz – Regionalatlas **46**-D14 – Michelin Straßenkarte 543

Le Chopin

FRANZÖSISCH-KLASSISCH • ELEGANT XXX Stilvolles Ambiente, geschulter Service und dazu das regionale oder das Degustationsmenü - hier z. B. "Atlantik-Heilbutt, Bouillabaisse-Fond, Currycreme, Safran-Teigtaschen". Oder bevorzugen Sie einen Klassiker wie "Chateaubriand mit Sauce Béarnaise"?

Menu 39/98 € – Karte 53/66 €

Bellevue Rheinhotel, Rheinallee 41 ✉ 56154 – ✆ 06742 1020 – www.lechopin-boppard.de – Geschlossen 5.-28. Januar, 27. Juli-11. August, 1.-17. November, Montag, Dienstag, mittags: Mittwoch-Sonntag

Bellevue Rheinhotel

HISTORISCH • KLASSISCH Direkt an der Rheinpromenade steht das Jugendstil-Juwel von 1887, und es hat nichts von seinem Charme eingebüßt. Man bewahrt Klassisches und bleibt dennoch nie stehen, das beweist auch die rund 200 m entfernte "Résidence Bellevue" mit 20 eleganten Appartements. Schöne Gründerzeit-Atmosphäre im Restaurant "Le Bristol".

93 Zimmer – 👥 77/185 € – ☕ 11 € – 1 Suite

Rheinallee 41 ✉ 56154 – ✆ 06742 1020 – www.bellevue-boppard.de

Le Chopin – Siehe Restaurantauswahl

Jakobsberg

HISTORISCHES GEBÄUDE • INDIVIDUELL Tagungsgäste, Urlauber, Golfer... - das einstige Klostergut ist gefragt. Die Zimmerkategorien reichen von Classic bis zur Suite, die Themen von Montgolfière über Benetton bis Afrika. Im Hauptrestaurant genießt man die schöne Aussicht auf die Rheinschleife. Ambitionierte Küche im Gourmetrestaurant "Der Jakob".

95 Zimmer – 👥 139/429 € – 6 Suiten

Im Tal der Loreley ✉ 56154 – ✆ 06742 8080 – www.jakobsberg.de

In Boppard-Bad Salzig Süd: 3 km über B 9, Richtung St. Goar

⌂ Park Hotel ✿ ⌘ ⇔ ⋙ ⛤ ⚒ P

FAMILIÄR · INDIVIDUELL "New York", "Renoir" oder "Afrika-Lodge"? Hier hat man individuelle, liebevoll gestaltete Themenzimmer. Geräumiger: Junior-Suite und Alkoven-Zimmer. Und wie wär's mit Kosmetik oder Massage? Kleine Speisenauswahl für Hausgäste in der modernen "EssBAR".

23 Zimmer ⌂ – ♥♥ 130/170 €

Römerstraße 38 (am Kurpark) ✉ 56154 – ☎ 06742 93930 – www.park-villa.de – Geschlossen 1. Januar-29. Februar

In Boppard-Weiler Süd: 6,5 km über Buchenau

⍐○ Landgasthof Eiserner Ritter ⇔ ⌂ ⇔ P

MARKTKÜCHE · BÜRGERLICH ⅔ Richtig stylish und chic kommt das Restaurant in dem traditionsreichen Familienbetrieb daher. Neben regional-saisonalen Gerichten gibt es auch hochwertige Steaks aus dem verglasten Dry-Ager-Reifekühlschrank mitten im Raum. Schön zeitgemäß wohnen kann man hier ebenfalls. Tipp: Beim Haus verläuft der Rheinburgenweg.

Menu 39/49 € – Karte 37/55 €

Zur Peterskirche 10 ✉ 56154 – ☎ 06742 93000 – www.eiserner-ritter.de – Geschlossen 3. Februar-12. März, 12.-29. Oktober, 21.-25. Dezember, Mittwoch, mittags: Montag-Dienstag und Donnerstag-Samstag

BORDELUM

Schleswig-Holstein – Regionalatlas **1**–G2 – Michelin Straßenkarte 541

⍐○ norditeran ⚒ P

MEDITERRAN · FREUNDLICH ⅔ In angenehm ungezwungener Atmosphäre serviert man Ihnen regional und mediterran beeinflusste Gerichte. Dazu hat man noch ein Feinkostgeschäft samt Bistro - hier gibt's mittags und abends Burger sowie Pizza & Pasta.

Menu 45/90 € – Karte 39/61 €

Dorfstraße 12 (in Ost-Bordelum) ✉ 25852 – ☎ 04671 9436733 – www.norditeran.com – Geschlossen Montag, Dienstag, Sonntag, mittags: Mittwoch-Samstag

BOTTROP

Nordrhein-Westfalen – Regionalatlas **26**–C11 – Michelin Straßenkarte 543

⍐○ Bahnhof Nord ⌂ ⇔ P

INTERNATIONAL · TRENDY ⅩⅩ Warum das Restaurant in dem schön sanierten historischen Bahnhofsgebäude so gefragt ist? Stimmig der moderne Landhausstil, herzlich der Service, mediterran-international die Küche - es gibt z. B. "Kabeljau mit Kartoffel-Parmesanstampf".

Menu 29/69 € – Karte 31/68 €

Am Vorthbach 10 ✉ 46240 – ☎ 02041 988944 – www.bahnhofnord.de – Geschlossen Montag, Dienstag, mittags: Mittwoch-Sonntag

BRACKENHEIM

Baden-Württemberg – Regionalatlas **55**–G17 – Michelin Straßenkarte 545

In Brackenheim-Botenheim Süd: 1,5 km

⊕ Adler ⇔ ⌂ P

TRADITIONELLE KÜCHE · LÄNDLICH ⅩⅩ Hier wird schwäbische Tradition groß geschrieben, man macht aber auch Ausflüge in die internationale Küche. Aus dem schmackhaften abwechslungsreichen Angebot wählt man z. B. "schwäbischen Zwiebelrostbraten mit Maultäschle und Spätzle" oder auch "Jakobsmuscheln auf Pilz-Risotto". Serviert wird in gemütlichen Stuben.

Spezialitäten: Kürbis-Walnuss-Salat mit geräuchertem Wildschweinrücken. Schwäbischer Zwiebelrostbraten mit Maultäschle, Spätzle vom Brett und Salat. Rumtopf mit hausgemachtem Haselnusseis.

Menu 37/50 € – Karte 34/55 €

Hotel Adler, Hindenburgstraße 4 ⊠ 74336 –
✆ 07135 98110 – www.adlerbotenheim.de –
Geschlossen 1.-3. Januar, 17. August-8. September, mittags: Dienstag

🏠 Adler   ☆ 🅿

GASTHOF · TRADITIONELL In dem Gasthaus a. d. 18. Jh. steckt jede Menge Herzblut - und zwar das von Familie Rembold, die hier schon seit einigen Jahrzehnten mit Engagement bei der Sache ist! Das zeigt sich bei den schicken und wertigen Zimmern ebenso wie beim ausgezeichneten Frühstück.

17 Zimmer 🖙 – 🛉🛉 115/125 €

Hindenburgstraße 4 ⊠ 74336 –
✆ 07135 98110 – www.adlerbotenheim.de –
Geschlossen 1.-3. Januar, 17. August-8. September
🍴 **Adler** – Siehe Restaurantauswahl

BRAUNSBEDRA

Sachsen-Anhalt – Regionalatlas **31**–M11 – Michelin Straßenkarte 542

🍽️ Warias Am Markt   ⇔ 🛖 ↻ 🅿

MARKTKÜCHE · FREUNDLICH ⅹ Hier erwartet Sie frische, ambitionierte Regionalküche in freundlicher Atmosphäre. Das Speisenangebot reicht von "Schweinebäckchen mit Spitzkohl-Pilzgemüse" über Kohlrouladen bis zum 350g-Rumpsteak. Praktisch: Zum Übernachten hat man sehr gepflegte und helle Gästezimmer.

Menu 28/42 € – Karte 24/51 €

Markt 14 ⊠ 06242 –
✆ 034633 9090 – www.hotel-geiseltal.de

BRAUNSCHWEIG

Niedersachsen – Regionalatlas **30**–J9 – Michelin Straßenkarte 541

🍽️ Das Alte Haus   🛖 🆎

MODERNE KÜCHE · FREUNDLICH ⅩⅩ In dem schönen gemütlich-modernen Restaurant serviert man ein wöchentlich wechselndes Menü mit 4 - 7 Gängen - kreativ und ambitioniert. Appetit macht z. B. "dänischer Kaisergranat gebraten, wilder Brokkoli, Buttermilch, Salzzitrone, Kaisergranatsauce". Hübsche Terrasse.

Menu 78/114 €

Alte Knochenhauerstraße 11 ⊠ 38100 – ✆ 0531 6180100 – www.altehaus.de –
Geschlossen 13.-22. Januar, 17.-24. März, 8.-22. Juni, 12.-20. Oktober, Montag, Sonntag, mittags: Dienstag-Samstag

🍽️ Überland 🆕

ZEITGENÖSSISCH · CHIC ⅩⅩ Ein echter Hotspot ist das Restaurant in der 18. Etage des "BraWoParks" nahe dem Hauptbahnhof. Trendig-chic das Ambiente, klasse die Aussicht, modern die Küche. Probieren Sie z. B. schöne Cuts von ausgezeichnetem hausgereiftem Rindfleisch, aber auch Rinderschmorbraten oder gegrillten Steinbutt. Das Konzept stammt übrigens von TV-Koch und Gastro-Vollprofi Tim Mälzer.

Karte 31/67 €

Willy-Brandt-Platz 18 (Im BraWoPark, 18. Etage) ⊠ 38102 –
✆ 0531 18053410 – www.ueberland-bs.de –
Geschlossen mittags: Montag-Sonntag

Zucker   🛏 🔄

MARKTKÜCHE · TRENDY XX Schön und ungezwungen ist das Lokal in der ehemaligen Zuckerraffinerie: luftig-licht, modern, mit freiliegendem Mauerwerk. Gekocht wird frisch, saisonal und schmackhaft, so z. B. "Tafelspitz, Röstkartoffeln, Cremespinat, Apfelkren, Schnittlauchsauce". Toll der Service. Mittags günstigeres Angebot.

Menu 42/74 € – Karte 39/64 €

Frankfurter Straße 2 (im ARTmax) ✉ *38122 –* ☎ *0531 281980 –*
www.zucker-restaurant.de – Geschlossen Sonntag

In Braunschweig-Mascherode Süd: 6 km

Da Piero   🛏 **P**

ITALIENISCH · FAMILIÄR XX Warum das hübsche alte Fachwerkhaus so gut besucht ist? Die vielen Stammgäste mögen die gemütlichen Stuben, den aufmerksamen Service und nicht zuletzt die frische italienische Küche - Pasta und Desserts sollte man unbedingt probiert haben!

Menu 23 € (Mittags), 37/80 € – Karte 28/60 €

Salzdahlumerstraße 301 ✉ *38126 –* ☎ *0531 43598 - www.da-piero-bs.de –*
Geschlossen 3.-24. August, 24. Dezember-6. Juli, Montag

BREMEN

Bremen – Regionalatlas **18**–G6 – Michelin Straßenkarte 541

Wir mögen besonders...

Im Designhotel **ÜberFluss** direkt an der Weser und zugleich nur einen Katzensprung von der Fußgängerzone entfernt wohnen. Sich auch gastronomisch etwas Gutes tun: erstklassige Steaks im **THE GRILL**, Modernes in der angenehm ungezwungenen Atmosphäre des Restaurants **Küche 13** oder auch klassisch-französische Speisen in **Grashoffs Bistro** - hier sollten Sie es nicht versäumen, Leckereien für zu Hause mitzunehmen! Wer die Wesermetropole besucht, sollte sich unbedingt das eindrucksvolle Rathaus auf dem Marktplatz samt "Bremer Roland" von 1404 (beides UNESCO-Weltkulturerbe) anschauen! Und dann sind da noch rund 1600 weitere Kulturdenkmäler! Folgen Sie am besten der Spur aus Messing- und Stahlnägeln von einer Sehenswürdigkeit zur nächsten!

Restaurants

⊩○ Das Kleine Lokal

KLASSISCHE KÜCHE · NACHBARSCHAFTLICH XX Ein wirklich nettes, gemütlich-modernes kleines Restaurant, das engagiert geführt wird. Unter den geschmackvollen Speisen finden sich z. B. "Waldpilzravioli mit krossem Kalbsbries" oder "Rücken und Kohlroulade vom Hirsch mit Kürbisquiche".

Menu 57/108 € – Karte 50/67 €

Stadtplan: C3-b – *Besselstraße 40* ✉ *28203* – ✆ *0421 7949084* – *www.das-kleine-lokal.de – Geschlossen Montag, Sonntag, mittags: Dienstag-Samstag*

⊩○ Al Pappagallo

ITALIENISCH · GEMÜTLICH XX In dem eleganten Restaurant mit lichtem Wintergarten und wunderbarem Garten kann man sich wohlfühlen. Aus der Küche kommen z. B. "Wolfsbarschfilet in der Folie gegart mit Kirschtomaten, Kapern und Oliven" oder auch "Bandnudeln mit Kalbsragout".

Menu 16 € (Mittags), 49/70 € – Karte 44/68 €

Stadtplan: B3-p – *Außer der Schleifmühle 73* ✉ *28203* – ✆ *0421 327963* – *www.alpappagallo.de – Geschlossen Sonntag, mittags: Samstag*

⊩○ Wels

REGIONAL · GEMÜTLICH XX Sie mögen Fisch und Wild? Neben diesen Spezialitäten bietet man aber auch regionale Klassiker wie "Bremer Knipp", Labskaus oder Oldenburger Ente. Blickfang ist das Süßwasseraquarium - natürlich mit lebenden Welsen! Das Restaurant befindet sich im Hotel "Munte am Stadtwald" - hier hat man es gepflegt und wohnlich.

Karte 33/64 €

Stadtplan: C2-e – *Parkallee 299* ✉ *28213* – ✆ *0421 2202666* – *www.hotel-munte.de* – *Geschlossen Sonntag, mittags: Montag-Samstag*

⊩○ Grashoffs Bistro

FRANZÖSISCH-KLASSISCH · BISTRO X Der Klassiker in Bremen, ob Feinkostladen oder Restaurant. Letzteres bietet frische Küche auf Basis erstklassiger Produkte - wie wär's z. B. mit klassischem Coq au Vin? Und danach Crème brûlée von der Bitterschokolade? Schöne Weine.

Karte 50/80 €

Stadtplan: F1-n – *Contrescarpe 80 (neben der Hillmann-Passage)* ✉ *28195* – ✆ *0421 14749 – www.grashoff.de – Geschlossen Montag, Sonntag*

⊩○ Küche 13

MODERNE KÜCHE · BISTRO X Das kleine Bistro ist bewusst eher schlicht gehalten, unkompliziert und lebendig. Aus der offenen Küche kommt Leckeres wie "Kürbisgnocchi mit Apfel-Salbei-Parmesanbutter" oder "Seeteufel mit gebratenen Waldpilzen und Kartoffelstampf".

Menu 34/56 € – Karte 41/52 €

Stadtplan: B3-a – *Beim Steinernen Kreuz 13* ✉ *28195* – ✆ *0421 20824721* – *www.kueche13.de – Geschlossen Montag, Sonntag, mittags: Dienstag-Samstag*

⊩○ Osteria

ITALIENISCH · MEDITERRANES AMBIENTE X Dieses lebendige Restaurant mit mediterranem Flair ist schon eine richtig nette Adresse, die neben frischer Pasta auch authentische Klassiker wie "Kaninchen ligurische Art", "Ossobuco Milanese" und natürlich Fisch bietet.

Menu 28/55 € – Karte 30/59 €

Stadtplan: E2-b – *Schlachte 1* ✉ *28195* – ✆ *0421 3398207* – *www.osteria-bremen.de*

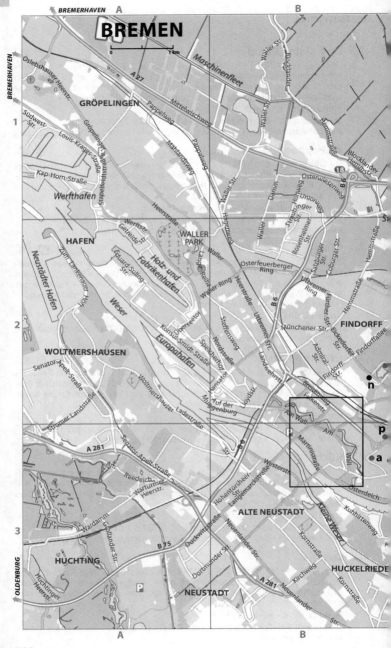

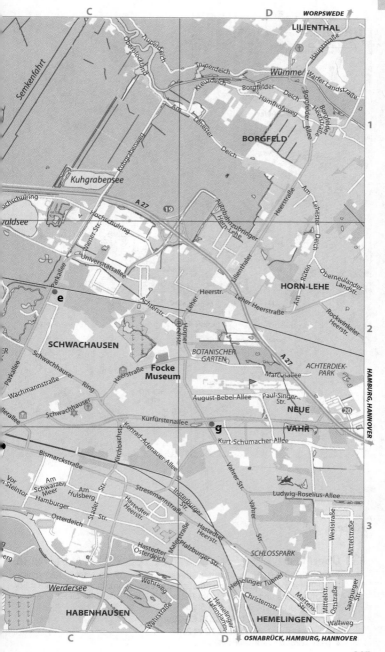

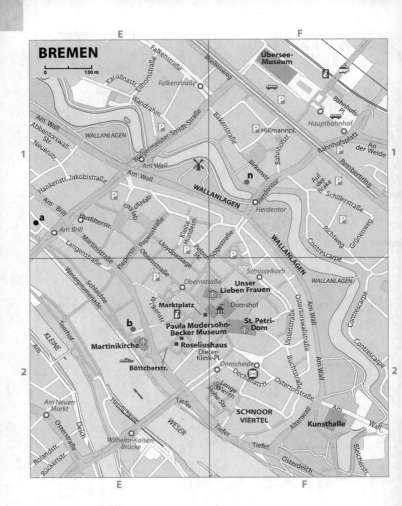

Hotels

🏨 ÜberFluss
☆ 🖼 🛋 🧖 ⬆ 👤 Ⓐ/C 🏋

BUSINESS · DESIGN Im Zentrum direkt an der Weser steht das schicke Designhotel mit technisch modern ausgestatteten Zimmern, viele mit Flussblick. Suite mit Sauna und Whirlpool. Das Restaurant "ÜberFluss Grill" bietet eine internationale Karte samt Burger und Steaks.

50 Zimmer – 🛏 139/214 € – ⬛ 18 € – 1 Suite

Stadtplan: E1-a – *Langenstraße 72* ✉ *28195* –
☏ *0421 322860* – *www.ueberfluss.de*

In Bremen-Neue Vahr

⊩○ THE GRILL 🛋 AC P

GRILLGERICHTE · RUSTIKAL XX Ein Steakhouse "de luxe"! Auf zwei mit viel
warmem Naturholz und geschmackvoller Deko gemütlich-stilvoll gestalteten
Etagen serviert man erstklassige Produkte in Form von Grillgerichten, ergänzt
durch internationale Speisen. Ein Muss sind die Steaks vom Nebraska-Beef!
Dazu gute Weine.

Karte 51/110 €

Stadtplan: D2-g – *In der Vahr 64* ✉ *28195* – ✆ *0421 87825640* –
www.the-grill-bremen.de – *Geschlossen mittags: Samstag*

BREMERHAVEN

Bremen – Regionalatlas **9**-F5 – Michelin Straßenkarte 541

⊩○ MULBERRY ST - Fine Dining by Phillip Probst Ⓝ
⇦ AC 🚗

ZEITGENÖSSISCH · FREUNDLICH XX Im Hotel "The Liberty" befindet sich dieses geschmackvoll-moderne Fine-Dining-Restaurant - dekorativ die vielen Bild-
motive aus der namengebenden Straße in Downtown Manhattan. An vier Abenden in der Woche bietet man ein sehr interessantes kreatives Menü mit
Gerichten wie "Brust und Keule von der Etouffée-Taube, Sellerie, Blaubeere,
Haselnuss".

Menu 69/109 €

Columbusstraße 67 ✉ *27568* – ✆ *0471 902240* –
www.liberty-bremerhaven.com/mulberry-de – *Geschlossen Montag, Dienstag,
Sonntag, mittags: Mittwoch-Samstag*

⊩○ Natusch Fischereihafen-Restaurant 🛋 ⇔

FISCH UND MEERESFRÜCHTE · RUSTIKAL XX Gemütlich ist die rustikale "Fi-
scherstube" mit Original-Schiffsaccessoires, gediegen das Restaurant "Captain
Morgan". Schwerpunkt der Karte ist Fisch, und den bezieht man direkt aus den
Auktionshallen gegenüber!

Menu 42/52 € – Karte 32/72 €

Am Fischbahnhof 1 ✉ *27572* – ✆ *0471 71021* – *www.natusch.de* – *Geschlossen Montag*

⊩○ Weinrot im Haverkamp ⇦ ㊂ AC ⇔ P

INTERNATIONAL · ELEGANT XX Stilvoll kommt das Restaurant in kräftigem
Rot daher. Ein schicker Rahmen, um sich international-saisonale Küche sowie
Regionales ("Originale neu interpretiert") schmecken zu lassen. Auch an Vege-
tarier/Veganer ist gedacht. Schöne Veranstaltungsräume. Das Hotel "Haver-
kamp" (hier befindet sich das Restaurant) bietet geschmackvolle wertige Zimmer.

Karte 42/52 €

Prager Straße 34 ✉ *27568* – ✆ *0471 48330* –
www.restaurant-weinrot.de

⊩○ PIER 6 ⌘ 🛋 ㊂

INTERNATIONAL · CHIC X In dem stylischen Restaurant an den Havenwelten
wird modern-international gekocht, so z. B. "Steinbutt & Miesmuscheln, Safran-
Risotto, grüner Spargel, Blumenkohl, Pernod-Schaum". Dazu umsichtiger Service
samt trefflicher Weinberatung. Kleinere Mittagskarte.

Menu 25/43 € – Karte 35/58 €

Barkhausenstraße 6 ✉ *27576* – ✆ *0471 48364080* –
www.pier6.eu – *Geschlossen 1.-8. Januar, Sonntag*

BRETTEN

Baden-Württemberg – Regionalatlas **54**–F17 – Michelin Straßenkarte 545

⅋○ MAXIME de Guy Graessel

KLASSISCHE KÜCHE · ELEGANT ✕✕ Tagsüber findet man hier das "Café Hessel-bacher" mit Frühstück, kleiner Mittagskarte und leckerer Pâtisserie, abends ein wertig-schickes Restaurant mit intimer Atmosphäre (Hingucker das Deckenge-mälde!). Auf der Karte elsässisch-badische Klassiker wie z. B. "geschmorte Kalbs-bäckle mit handgeschabten Spätzle". Tipp: das lauschige "Gärtle" hinterm Haus!

Menu 28 € (Mittags), 35/60 € – Karte 30/60 €

Melanchthonstraße 35 ⊠ 75015 – ℰ 07252 7138 – www.guy-graessel.de –
Geschlossen 24. Februar-8. März, 10.-24. August, Montag, Dienstag,
abends: Sonntag

BRETZFELD

Baden-Württemberg – Regionalatlas **55**–H17 – Michelin Straßenkarte 545

In Bretzfeld-Brettach Süd-Ost: 9 km, Richtung Mainhardt

⅋○ Landhaus Rössle ⟵ 🏠 ⇄ 🅿

INTERNATIONAL · TRENDY ✕✕ Haben Sie Lust auf Schmackhaftes aus der Regi-on? Oder lieber ein saisonales Menü? Dazu gibt es gute Weine und charmanter Service durch die Chefin. Das Ambiente ist modern-elegant, beliebt im Winter die Plätze am Kamin ein paar Stufen tiefer. Für Übernachtungsgäste hat man hüb-sche Zimmer.

Menu 58/73 € – Karte 45/60 €

Mainhardter Straße 26 ⊠ 74626 – ℰ 07945 911111 – www.roessle-brettach.de –
Geschlossen Montag, Dienstag, mittags: Freitag

BRIESEN (MARK)

Brandenburg – Regionalatlas **23**–R8 – Michelin Straßenkarte 542

In Briesen - Alt Madlitz

⅋○ Klostermühle � 🏠 🅿

INTERNATIONAL · LANDHAUS ✕✕ Lust auf moderne Küche mit internationalen Einflüssen? Die gibt es z. B. als "Omaha Short Rib mit rohem Rinderfilet, gebrate-nen Palmherzen, Paprikacreme & gebackener Süßkartoffel". Dazu gemütliches rustikal-elegantes Ambiente und freundlich-geschulter Service.

Menu 58/79 € – Karte 53/67 €

Hotel Gut Klostermühle, Mühlenstraße 11 ⊠ 15518 – ℰ 033607 59290 –
www.gutklostermuehle.com – Geschlossen Montag, Dienstag, Mittwoch, Sonntag,
mittags: Donnerstag-Samstag

🏠 Gut Klostermühle ⚘ 🕭 🚍 ⬆ 🔲 ⠩ 🏮 ⅃ 🔄 🐾 🅿

LANDHAUS · MODERN Idyllisch die Lage am Madlitzer See - das ist schon eine ländliche Oase, perfekt für alle, die Ruhe suchen! Freuen Sie sich auf geschmack-volle Zimmer und ein vielfältiges Angebot im "BRUNE BALANCE med & SPA". Eine nette Alternative zum Restaurant ist die "Klosterscheune".

66 Zimmer ⌂ – ♟ 118/218 € – 3 Suiten

Mühlenstraße 11 ⊠ 15518 – ℰ 033607 59290 – www.gutklostermuehle.com
⅋○ **Klostermühle** - Siehe Restaurantauswahl

BRILON

Nordrhein-Westfalen – Regionalatlas **27**–F11 – Michelin Straßenkarte 543

In Brilon-Alme Nord: 5 km

🕲 Almer Schlossmühle

INTERNATIONAL · LÄNDLICH X Hier wird schmackhaft gekocht - regional-saisonal und Klassiker aus der Heimat des Chefs. Da probiert man gern "Backhendl mit Kartoffel-Gurkensalat" oder Wiener Schnitzel. Und dazu Wein aus Österreich? Im Sommer gibt's mittwochs Mühlen-BBQ.

Spezialitäten: Carpaccio von der Roten Bete mit Himbeerdressing, Ziegenfrischkäse und Feldsalat. Suprême von der Maispoularde auf Kürbisrisotto, mariniertem Babyspinat und Meerrettichschaum. Kärntner Bua, Tahiti Vanilleeis mit Vanillesahne, karamellisierten Kürbiskernen und Kürbiskernöl.

Menu 37/54 € – Karte 31/60 €

Schlossstraße 13 ✉ 59929 – ℰ 02964 9451430 –
www.almer-schlossmuehle.de – Geschlossen 6.-23. Januar, 6.-23. Juli, Montag,
Dienstag

BRUCHHAUSEN-VILSEN

Niedersachsen – Regionalatlas **18**–G7 – Michelin Straßenkarte 541

🏠 Forsthaus Heiligenberg

LANDHAUS · GEMÜTLICH Sehr geschmackvoll und charmant ist das ehemalige Forsthaus in ruhiger Lage auf einer Waldlichtung, von den individuellen Zimmern bis zum Restaurant mit großem offenem Kamin. Wie wär's z. B. mit einem Zimmer in der "Klostermühle" ca. 300 m entfernt? Hier auch die Gaststube mit Angebot von Brotzeit bis Schnitzel. Tipp: der eigene Apfelsaft.

36 Zimmer ⌕ – ♥♥ 135 € – 4 Suiten

Heiligenberg 3 ✉ 27305 – ℰ 04252 93200 –
www.forsthaus-heiligenberg.de

BRÜHL

Nordrhein-Westfalen – Regionalatlas **36**–C12 – Michelin Straßenkarte 543

ⅱ◯ Glaewe's Restaurant

FRANZÖSISCH-KLASSISCH · FREUNDLICH XX Seit 1989 sorgen Doris und Hans Glaewe in ihrem Restaurant in einer kleinen Geschäftspassage für kulinarisches Niveau. Gekocht wird klassisch - probieren Sie z. B. "geschmorte Ochsenbäckchen mit Spitzkohl und Selleriepüree".

Karte 38/50 €

Balthasar-Neumann-Platz 28 ✉ 50321 – ℰ 02232 13591 –
www.glaewesrestaurant.de – Geschlossen Montag, Dienstag,
mittags: Mittwoch-Samstag

BRÜHL (BADEN)

Baden-Württemberg – Regionalatlas **47**–F16 – Michelin Straßenkarte 545

🕲 KRONE das gasthaus

KLASSISCHE KÜCHE · GASTHOF X Andreas Bretzel trifft hier genau den Nerv der Zeit: schmackhafte Küche vom vegetarischen Menü bis zum "Sauerbraten von der Ochsenbacke" und dazu ein sympathischer ländlich-schlichter Rahmen mit Flair! Im Sommer geht's raus in den schönen, teils überdachten Hofgarten.

Spezialitäten: Brühler Suppentopf mit Flädle, Markklößchen, Gemüse und Rindfleisch. Rumpsteak vom Weiderind mit geschmorten Zwiebeln, Bratkartoffeln und gemischtem Salat. Birne Helene im Glas.

Menu 39/62 € – Karte 36/66 €

Ketscher Straße 17 ✉ 68782 – ℰ 06202 6070252 –
www.krone-dasgasthaus.de – Geschlossen Montag, mittags: Dienstag-Samstag

BUCHHOLZ IN DER NORDHEIDE
Niedersachsen – Regionalatlas **10**–I6 – Michelin Straßenkarte 541

🍴○ Ristorante Il Sole
ITALIENISCH · GEMÜTLICH ✕✕ Ein wirklich sympathisches Haus, das idyllisch im Grünen liegt. Man hat viele Stammgäste, die z. B. gerne Pasta oder frischen Fisch vom Grill bestellen. Wählen Sie von der Tafel oder lassen Sie sich einfach beraten. Tipp: Speisen Sie auf der Terrasse!

Karte 30/82€

Lohbergenstraße 51 ✉ 21244 – ☎ 04181 97708 – Geschlossen 1.-20. Januar, Montag

BÜHL
Baden-Württemberg – Regionalatlas **54**–E18 – Michelin Straßenkarte 545

🍴○ Gude Stub Casa Antica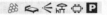
ITALIENISCH · GEMÜTLICH ✕✕ Die "Cucina Casalinga" in dem engagiert-familiär geführten Haus nahe dem Johannesplatz kommt an! Man kocht ambitioniert italienisch, vom hausgereiften Lardo über Brot bis Pasta ist alles selbstgemacht. Richtig gemütlich die Stuben, charmant der Service.

Menu 37/60€ – Karte 32/60€

Dreherstraße 9 ✉ 77815 – ☎ 07223 30606 – www.gudestub-casa-antica.de – Geschlossen 10.-28. August, Dienstag

In Bühl-Oberbruch Nord-West: 5,5 km, jenseits der A 5

⊛ Pospisil's Gasthof Krone
REGIONAL · GEMÜTLICH ✕ "Zanderfilet Badisch", "Kalbssteak mit Waldpilzen", "Variation vom Reh"... Hier darf man sich auf saisonale Klassiker freuen. Dazu freundliche, behagliche Räume und aufmerksamer Service. Und für Übernachtungsgäste hat man gepflegte, funktionelle Zimmer.

Spezialitäten: Böhmische Kartoffelsuppe. Gänsebraten mit Rieslingkraut, Rotkohl, Kastanienpüree, Servietten- und Kartoffelknödel. Dukatbuchteln mit Vanillesoße.

Menu 37/59€ – Karte 31/52€

Seestraße 6 ✉ 77815 – ☎ 07223 93600 – www.pospisilskrone.de – Geschlossen Montag, mittags: Dienstag-Freitag

BÜHLERTAL
Baden-Württemberg – Regionalatlas **54**–E18 – Michelin Straßenkarte 545

⊛ Bergfriedel
REGIONAL · FAMILIÄR ✕✕ Bei der herzlichen Familie Schäuble genießt man bei schöner Aussicht richtig gute, frische Küche - vom "badischen Sauerbraten mit Preiselbeeren" bis zum klassischen "Seeteufel mit Ratatouille". Erwähnenswert auch die tolle Weinkarte mit ca. 1000 Positionen. Und zum Übernachten: hübsche Zimmer im Landhausstil.

Spezialitäten: Steinpilz-Morchelrahmsuppe mit Sahnehaube. Kalbsschulter geschmort in Spätburgunder. Erdbeer-Pfirsichsüppchen mit Passionsfruchteis.

Menu 33/75€ – Karte 30/66€

Haabergstraße 23 (Obertal) ✉ 77830 – ☎ 07223 72270 – www.bergfriedel.de – Geschlossen Montag, Dienstag

⊛ Rebstock
REGIONAL · GASTHOF ✕ Familie Hörth bietet hier bürgerliche, regionale und auch internationale Gerichte - da schmeckt "geschmortes Weidelammhäxle mit Rahmwirsing und Semmelknödel" ebenso wie "Entrecôte mit Cognac-Pfeffersauce". Schön sitzt man auf der Terrasse. Sie möchten übernachten? Einige Zimmer liegen ruhiger zum Garten.

Spezialitäten: Badischer Feldsalat mit Balsamicodressing, Rauchforellenstreifen und gebratenem Lachs. Medaillon vom Hirschrücken, Wildsößle, kleines Gemüsebukett, hausgemachte Spätzle. Lauwarmes Zartbitter-Schokoladenküchlein, Rahmeis, Fruchtmarkspiegel.

Menu 30 € – Karte 28/52 €

Hauptstraße 88 (Obertal) ✉ 77830 – ℰ 07223 99740 – www.rebstock-buehlertal.de –
Geschlossen 17. Februar-1. März, 29. Juni-13. Juli, Montag, Donnerstag

BÜRGSTADT
Bayern – Regionalatlas **48**–G16 – Michelin Straßenkarte 546

⊛ Weinhaus Stern
REGIONAL · FAMILIÄR ✗✗ Zu Recht eine gefragte Adresse: Da wären zum einen die gemütlich-rustikale Atmosphäre und der hübsche Innenhof, zum anderen die gute saisonale Küche von Patron Klaus Markert, nicht zu vergessen die eigenen Edelbrände und die schöne Weinauswahl. Tipp: Wild- und Gänsegerichte! Man bietet auch charmante Gästezimmer, und zum Frühstück gibt's hausgemachte Fruchtaufstriche!

Spezialitäten: Petersilienwurzelrahmsuppe mit Rehschinken. Gesotterer Rindertafelspitz mit Meerrettichsoße, Wurzelgemüse, geschmälzte Kartoffeln, Preiselbeeren. Gratinierter Ziegenquark mit Essigkirschen und Rosmarineis.

Menu 30/75 € – Karte 35/53 €

Hauptstraße 23 ✉ 63927 – ℰ 09371 40350 – www.hotel-weinhaus-stern.de –
Geschlossen Dienstag, Mittwoch, mittags: Montag und Donnerstag-Sonntag

BÜNDE
Nordrhein-Westfalen – Regionalatlas **27**–F9 – Michelin Straßenkarte 543

⫸○ Zum Adler ⓝ
ZEITGENÖSSISCH · HIP ✗✗ Mit dem Namen von einst trägt das moderne Restaurant der Tradition des ursprünglichen Gasthauses "Zum Adler" a. d. 19. Jh. Rechnung. Heute ist es hier schön licht und geradlinig-chic. Im Fokus steht hochwertiges Fleisch wie z. B. "dry aged Ribeye vom Angus Rind vom biozertifizierten Gut Klepelshagen". Fisch oder Veganes gibt es aber auch.

Menu 18 € (Mittags), 33/65 € – Karte 40/76 €

Moltkestrasse 1 ✉ 32257 – ℰ 05223 4926453 – www.adler-restaurant.de –
Geschlossen Montag

BURG – Schleswig-Holstein → Siehe Fehmarn (Insel)

BURG (SPREEWALD)
Brandenburg – Regionalatlas **33**–R10 – Michelin Straßenkarte 542

⠿ 17 fuffzig
FRANZÖSISCH-MODERN · ELEGANT ✗✗✗ Durchdacht, handwerklich akkurat und auf's Wesentliche reduziert, so sieht hier klassisch-moderne Küche aus, die aber auch regionale Einflüsse zeigt. Man verwendet nur beste Produkte und schafft ausgewogene Geschmacksbilder. Der Küchenchef heißt Alexander Müller. Der gebürtige Spreewälder hat bedeutende Stationen hinter sich: Joël Robuchon in Monaco, Paul Bocuse in Lyon, Harald Wohlfahrt in Baiersbronn. Da wird man ganz dem Konzept "Alte Meister und Handwerk" gerecht. Das gilt auch fürs Ambiente: Zur wertigen Designer-Einrichtung gesellen sich überaus dekorative Gemälde bekannter Künstler. Sie fragen sich, was es mit dem etwas ausgefallenen Namen auf sich hat? "1750" ist das Gründungsjahr der einstigen "Bleiche", aus der die luxuriöse Hotelanlage samt Sterne-Restaurant entstanden ist.

Spezialitäten: Spreezander mit Wildkräutern, Rotweinbutter und Agrestschaum. Spreewälder Reh vom Grill mit Sellerie in Texturen, Blaubeeren und Wacholdersauce. Pochierter Pfirsich mit Himbeersorbet und Lavendel.

Menu 120/178 € – Karte 76/103 €

Hotel Bleiche Resort und Spa, Bleichestraße 16 ✉ 03096 – ℰ 035603 620 –
www.bleiche.de – Geschlossen Montag, Dienstag, mittags: Mittwoch-Sonntag

🏨 Bleiche Resort und Spa   🎿 🐎 🛶 ⌇ 🖼 🎦 🛖 🎮 ⊡ 🛁 🏊 **P**

LUXUS · INDIVIDUELL Was Sie auf dem tollen parkähnlichen Grundstück samt Blumen- und Kräutergärten erwartet, ist Landhausstil in wohnlichster Form - darf es vielleicht die 180 qm große SPA-Suite mit eigener Sauna und Hamam sein? Dazu umfassender Spa, top Service, Kino und Outdoor-Aktivitäten (Kahnfahrten, "Stand Up Paddling"...)

74 Zimmer 🖙 – 🛉🛉 340/660 € – 16 Suiten

Bleichestraße 16 ✉ 03096 – 𝒞 035603 620 – www.bleiche.de

❀ **17 fuffzig** – Siehe Restaurantauswahl

In Burg-Kauper Nord-West: 9 km

🍴 Speisenkammer   🛖

MODERNE KÜCHE · FREUNDLICH X Das kleine Restaurant ist schön leger und gemütlich, draußen sitzt man idyllisch im Grünen. Gekocht wird modern, produktbezogen und schmackhaft - wie wär's mit "rosa Rücken vom Brandenburger Reh, wildes Gemüse, Pfifferlinge, Quitte"? Oder lieber das vegetarische Menü? Weine empfiehlt man mündlich. Übernachten können Sie im "Ferienhof Spreewaldromantik" gleich nebenan.

Menu 55/99 €

Waldschlößchenstraße 48 ✉ 03096 – 𝒞 035603 750087 –
www.speisenkammer-burg.de – Geschlossen 3.-19. Februar, 12.-29. Oktober, Montag,
Sonntag, mittags: Dienstag-Samstag

BURGRIEDEN

Baden-Württemberg – Regionalatlas **64**-I20 – Michelin Straßenkarte 545

🍴 Ebbinghaus   🛖 ♿ **P**

INTERNATIONAL · ELEGANT XX Ein freundliches und modernes Ambiente erwartet Sie in dem Restaurant gegenüber dem Rathaus. Was hier aus frischen, guten Produkten entsteht, nennt sich z. B. "Keule vom Osterberger Lamm mit Kräuterkruste und Rosmarinjus".

Menu 82/90 € – Karte 39/59 €

Bahnhofplatz 2 ✉ 88483 – 𝒞 07392 6041 – www.restaurant-ebbinghaus.de –
Geschlossen 1.-7. Januar, 16. August-10. September, Montag, Dienstag,
abends: Sonntag

BURGWEDEL

Niedersachsen – Regionalatlas **19**-I8 – Michelin Straßenkarte 541

In Burgwedel-Großburgwedel

❀ Ole Deele   🍸 ⇚ 🛖 **P**

KREATIV · ELEGANT XX Richtig hübsch anzuschauen ist das denkmalgeschützte Bauernhaus von 1828 schon von außen. Nicht minder einladend ist es drinnen: Hier hat man altes Fachwerk geschmackvoll mit modernen Elementen und warmen Erdtönen kombiniert. Dass man sich wohlfühlt, liegt aber nicht zuletzt auch an der engagierten Gästebetreuung - die Köche servieren mit, auch Küchenchef Benjamin Gallein kommt oft selbst an den Tisch. Vom Sternerestaurant des "Schlosshotel Münchhausen" in Aerzen kam er 2015 in das beschauliche Großburgwedel. Er kocht modern und ausdrucksstark, gerne interpretiert er auch Klassiker neu. Und lassen Sie sich ruhig auf die Empfehlungen des Sommeliers ein! Übrigens: Im Sommer ist die Terrasse ein wahrhaft idyllisches Fleckchen! Zusätzlich gibt es das legere "Weinstübchen" mit kleiner Karte.

Spezialitäten: Ungestopfte Bio Gänseleber, Erdbeere, Shiso, Aal. Onglet und Shortrib vom US-Beef, Mais, Kopfsalat, Senfgurke. Baiser, Verbene, Zitrus.

Menu 98/130 €

Heinrich-Wöhler-Straße 14 ✉ 30938 – 𝒞 05139 99830 – www.ole-deele.com –
Geschlossen 7.-25. Januar, 14.-24. Juli, 20. Oktober-10. November, Montag,
Sonntag, mittags: Dienstag-Samstag

⚫️ Gasthaus zum Schwan

REGIONAL · RUSTIKAL ⚊ Gemütlich hat man es in dem traditionsreichen Gasthaus und auch auf der Terrasse sitzt man nett. Gekocht wird angenehm unkompliziert, regional und saisonal - auf der Karte z. B. "Rahmpfifferlinge mit Serviettenknödel" oder "hausgemachte Wildbratwürste mit Rahmkohlrabigemüse". Gepflegt übernachten kann man ebenfalls.

Karte 32/48 €

Birklinger Straße 2 ✉ 97355 – ☎ 09325 90133 –
www.schwan-castell.eu –
Geschlossen 27. Juli-14. August, Dienstag, Mittwoch

CELLE
Niedersachsen – Regionalatlas **19**–I8 – Michelin Straßenkarte 541

⚫️ Schaper

MARKTKÜCHE · FAMILIÄR ⚊⚊ Lust auf "Kalbsfilet mit Cognac-Morchelrahm"? Oder lieber "Zanderfilet auf Gemüse-Pfifferlings-Ragout"? In dem Familienbetrieb (4. Generation) wird mit regional-saisonalem Bezug gekocht, gemütlich die Stuben. Wer übernachten möchte, findet wohnlich-funktionale Zimmer, verteilt auf zwei Häuser.

Menu 32/58 € – Karte 33/55 €

Heese 6 ✉ 29225 – ☎ 05141 94880 – www.hotel-schaper.de –
Geschlossen 3.-9. März, 26. Juli-10. August, 13.-26. Oktober, Montag, Sonntag

⚫️ Taverna & Trattoria Palio

ITALIENISCH · MEDITERRANES AMBIENTE ⚊ In legerer Trattoria-Atmosphäre kommen frische italienische Speisen aus der offenen Küche. Wie wär's z. B. mit "Lammrücken, Zitronenpolenta, Zwiebel, Kopfsalatherzen"? Interessant auch das Themen-Konzept: Mehrmals im Jahr stellen Gastköche verschiedene Regionen Italiens vor. Sehr schöne Terrasse unter alter Kastanie!

Menu 50/59 € – Karte 36/57 €

Althoff Hotel Fürstenhof, Hannoversche Straße 55 ✉ 29221 – ☎ 05141 2010 –
www.fuerstenhof-celle.com

🏛 Althoff Hotel Fürstenhof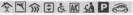

HISTORISCH · INDIVIDUELL Nicht nur die beispielhafte Gästebetreuung ist sehr angenehm, das Ambiente im Haus ist es ebenso! Passend zum Flair des jahrhundertealten Palais setzt man auf klassische Eleganz. Tipp: die neueren stilvollmodernen Zimmer! Und wenn Sie bummeln gehen möchten: In die Innenstadt sind es nur wenige Minuten!

62 Zimmer – 🛏 135/260 € – ⚊ 24 € – 3 Suiten

Hannoversche Straße 55 ✉ 29221 – ☎ 05141 2010 –
www.fuerstenhof-celle.com

⚫️ **Taverna & Trattoria Palio** – Siehe Restaurantauswahl

In Celle-Altencelle Süd-Ost: 3 km

🉐 der allerKrug

REGIONAL · LÄNDLICH ⚊⚊ Patron Sven Hütten bietet in seiner Küche einen schönen Mix aus regional-saisonalen und klassischen Einflüssen - immer ambitioniert, schmackhaft und mit guten Produkten. Auf der Karte liest man z. B. "gebratene Wachtel, Pfifferlinge, rahmiges Ragout von Lauch & Kartoffel".

Spezialitäten: Blattsalat mit Ziegenkäse im Engelshaar. Unser Wiener Schnitzel mit Kartoffel-Gurkensalat. Topfenknödel, Birne, Portweinschaum.

Menu 37/75 € – Karte 37/64 €

Alte Dorfstraße 14 ✉ 29227 – ☎ 05141 84894 – www.allerkrug.de –
Geschlossen 15. August-1. September, Montag, Dienstag, mittags: Mittwoch

In Celle-Boye Nord-West: 4 km

⃝ Köllner's Landhaus ⇔ 🚗 🏠 ♻ 🅿

INTERNATIONAL · LÄNDLICH XX Ein Anwesen wie aus dem Bilderbuch: ein charmantes Fachwerkhaus von 1589, drum herum ein 11000 qm großer Garten - da könnte das Landhaus-Interieur nicht besser passen! Und dazu gute regional-internationale Küche, z. B. in Form von "Färöer Lachsfilet im Pergament gegart, Gemüsestreifen, Kräuterdrillinge". Schön auch die wohnlich-modernen Gästezimmer.

Menu 36/62 € – Karte 36/63 €

Im Dorfe 1 ✉ 29223 – 𝒞 05141 951950 – www.koellners-landhaus.de – Geschlossen 1.-9. Januar, Montag, abends: Sonntag

CHAM

Bayern – Regionalatlas **59**–O17 – Michelin Straßenkarte 546

In Cham-Chammünster Süd-Ost: 4 km über B 85 in Richtung Passau

⊛ Gasthaus Ödenturm ⇔ ≺ 🏠 ♻ 🅿

REGIONAL · LÄNDLICH X Ein Bilderbuch-Gasthof: schön die Lage am Waldrand, sympathisch-familiär die Atmosphäre, reizvoll die Terrasse, und gekocht wird richtig gut, von regional bis mediterran, von "rosa gebratenem Frischlingsrücken mit Haselnusskruste" bis "gegrillte Calamaretti, Rucola, Balsamico, Kirschtomaten". Zum Übernachten hat man gemütlich-moderne Zimmer.

Spezialitäten: Tafelspitzbrühe mit Grießnockerl. Bachforelle nach Müllerin Art mit Salzkartoffel und grünem Salat. Kirschstrudel mit Vanilleeis und Sahne.

Karte 22/51 €

Am Ödenturm 11 ✉ 93413 – 𝒞 09971 89270 – www.oedenturm.de – Geschlossen 8. Oktober-27. November, Montag, mittags: Dienstag und Freitag, abends: Sonntag

CHEMNITZ

Sachsen – Regionalatlas **42**–O13 – Michelin Straßenkarte 544

⊛ Villa Esche 🚗 🏠 ♻ 🅿

INTERNATIONAL · TRENDY XX Interessant das Angebot von Klassikern wie "Königsberger Klopse" bis zu Internationalem wie "kanadische Jakobsmuscheln, Curry-Blumenkohl, Pinienkerne". Dazu wird man wirklich sehr aufmerksam und hilfsbereit umsorgt! Schöner Rahmen: die 1903 erbaute Orangerie einer einstigen Unternehmer-Villa (hier das Henry-van-de-Velde-Museum) nebst Terrasse zum Park.

Spezialitäten: Avocadosalat mit Koriander, Ingwer und Chili. Königsberger Klopse mit Kartoffelpüree. Flüssiger Schokoladenkuchen mit Granatapfeleis.

Menu 25 € (Mittags)/65 € – Karte 27/90 €

Parkstraße 58 (Eingang Rich.-Wagner-Straße) ✉ 09120 – 𝒞 0371 2361363 – www.restaurant-villaesche.de – Geschlossen Montag, Sonntag

CHIEMING

Bayern – Regionalatlas **67**–N21 – Michelin Straßenkarte 546

In Chieming-Ising Nord-West: 7 km

⃝ USINGA 🏠 🅿

KREATIV · GEMÜTLICH XX Das Gourmetstübchen ist das kulinarische Aushängeschild des geschmackvollen Hotels "Gut Ising". In unkomplizierter und gemütlicher Atmosphäre serviert man eine kreativ inspirierte Küche mit regionalen und internationalen Einflüssen. Auf der Karte z. B. "Waller, Linsen, Selchfond, Speckdotter". Gut abgestimmt sind auch die Weinbegleitungen.

Menu 68/109 € – Karte 59/78 €

Hotel Gut Ising, Kirchberg 3 ✉ 83339 – 𝒞 08667 790 – www.gut-ising.de – Geschlossen 23. Februar-5. März, 7.-18. Juni, 9. August-10. September, 8.-26. November, Montag, Dienstag, Sonntag, mittags: Mittwoch-Samstag

🟡 Zum Goldenen Pflug

REGIONAL · LÄNDLICH 🗶 In einem der ältesten Gasthäuser der Region schreibt man Tradition groß, ohne stehen zu bleiben. In unterschiedlichen charmanten Stuben gibt es z. B. "Rindertafelspitz aus dem Kupferpfandl, Röstkartoffeln, Apfelmeerrettich, Schnittlauchsauce, Rahmspinat" oder auch "Millirahmstrudel, Vanilleschaum, Brombeereis".

Menu 33 € (Mittags)/86 € – Karte 33/65 €

Hotel Gut Ising, Kirchberg 3 ⊠ 83339 – ℰ 08667 790 – www.gut-ising.de

🏠 Gut Ising

HISTORISCH · INDIVIDUELL Abwechslung ist Ihnen hier gewiss! Auf einem herrlich angelegten, über 170 ha großen Anwesen unweit des Chiemsees finden Sie neben ganz individuellen Zimmern Reitsport inklusive Polo, eine Segelschule, einen 9-Loch-Golfplatz, eine Tennishalle und Spa auf 2500 qm! Dazu gastronomische Vielfalt vom Ristorante "Il Cavallo" bis zum Grillrestaurant "Derby" mit tollen Steaks und Burgern.

105 Zimmer ☒ – ♟ 224/286 € – 2 Suiten

Kirchberg 3 ⊠ 83339 – ℰ 08667 790 – www.gut-ising.de

🟡 **Zum Goldenen Pflug** · 🟡 **USINGA** – Siehe Restaurantauswahl

COBURG

Bayern – Regionalatlas **50**–K14 – Michelin Straßenkarte 546

🏠 Stadtvilla

PRIVATHAUS · MODERN Das hübsche Stadthaus von 1906 liegt in einer kleinen Seitenstraße direkt am Flüsschen Itz, zum Landestheater sind es nur zehn Gehminuten. Zum Wohlfühlen: aufmerksamer Service, geschmackvoll-wohnliche Einrichtung und frisches Frühstück in einem lichten Wintergarten. Dazu ein kostenfreier Parkplatz.

10 Zimmer ☒ – ♟ 119/165 €

Seifartshofstraße 10 ⊠ 96450 – ℰ 09561 2399370 – www.stadtvilla-coburg.de – Geschlossen 23.-31. Dezember

COESFELD

Nordrhein-Westfalen – Regionalatlas **26**–C9 – Michelin Straßenkarte 543

😊 Freiberger im Gasthaus Schnieder-Bauland

TRADITIONELLE KÜCHE · GEMÜTLICH 🗶🗶 Wem Schmackhaftes wie "westfälisches Zwiebelfleisch" oder "pochierte Hechtklößchen mit Hummerravioli" Appetit macht, ist bei Benedikt Freiberger genau richtig. Kommen Sie ruhig auch mal zum preiswerten Mittagsmenü. Das rote Ziegelsteinhaus liegt übrigens schön im Grünen - da lockt auch die Terrasse.

Spezialitäten: Westfälische Rindfleischsuppe. Geschmorte Rinderbäckchen mit Wurzelgemüse und kleinen Semmelknödeln. Warmer Ofenschlupfer mit Sabayon und Rahmeis.

Menu 29 € (Mittags), 35/65 € – Karte 28/70 €

Sirksfeld 10 ⊠ 48653 – ℰ 02541 3930 – www.restaurant-freiberger.de – Geschlossen 15. Februar-4. März, 1.-10. August, Montag, Dienstag

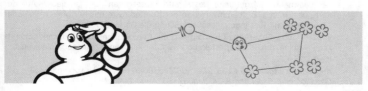

CUXHAVEN
Niedersachsen – Regionalatlas **9**–G4 – Michelin Straßenkarte 541

In Cuxhaven-Duhnen Nord-West: 6 km über Strichweg

⊛ Sterneck ⪡ ⅷ AC P

KREATIV · KLASSISCHES AMBIENTE XX Atemberaubend der Blick auf die Nordsee, den Weltschifffahrtsweg und das Weltnaturerbe Wattenmeer! Nicht minder attraktiv ist das, was Marc Rennhack im Gourmetrestaurant des "Badhotel Sternhagen" auf den Teller bringt. Seit 2012 führt er am "Sterneck"-Herd Regie, davor zählten z. B. das "Olivo" in Stuttgart oder das "Heritage by Juan Amador" in Bukarest zu seinen Stationen. Er bietet moderne, durchdachte Speisen, die mit kreativen Elementen verfeinert sind, aber dennoch ihre klassischen Wurzeln bewahren. Man orientiert sich an der Saison und setzt auf sehr gute Zutaten, vom tollen Steinbutt bis zum zarten Filet vom Arenscher Weideochsen. Für eine schöne Atmosphäre sorgen elegante Tischkultur, hübsche Blumenarrangements und die aufmerksame, geschulte Service-Crew.

Spezialitäten: Seezunge, Dorumer Krabben, Lauch, Miso, Alge. Wernerwalder Reh, Rote Bete, Topinambur, Kakao. Piña Colada, Kiwi, Litchi, Mango.

Menu 85/185 €

Badhotel Sternhagen, Cuxhavener Straße 86 ⊠ 27476 – ℰ 04721 4340 –
www.badhotel-sternhagen.de – Geschlossen 16.-29. März, 16. November-24.
Dezember, Montag, Dienstag, Mittwoch, mittags: Donnerstag-Samstag

ⅱ○ Panorama-Restaurant Schaarhörn ⪡ ⪾ ⅷ AC P

INTERNATIONAL · ELEGANT XXX In hanseatisch-elegantem Ambiente genießt man bei schönem Nordsee-Blick regionale Küche mit Niveau, z. B. als "Zweierlei vom Arenscher Weideochsen". Und lassen Sie sich am Nachmittag nicht die Kuchen aus der eigenen Konditorei entgehen!

Menu 38/64 € – Karte 42/66 €

Badhotel Sternhagen, Cuxhavener Straße 86 ⊠ 27476 – ℰ 04721 4340 –
www.badhotel-sternhagen.de – Geschlossen 22. November-20. Dezember

🏠 Badhotel Sternhagen ⚘ ⪡ ⪾ ▣ ⊛ 🐾 ⅙ ⊟ ⅷ AC P

FAMILIÄR · INDIVIDUELL Herzlich wird man in dem seit über 50 Jahren bestehenden Familienbetrieb umsorgt. Toll der Service, traumhaft die Lage direkt hinterm Deich, herrlich der Blick auf die Nordsee, dazu ein umfassendes Spa-Angebot mit Meerwasser-Konzept. Besonders chic die neueren Zimmer! Eine gemütlich-rustikale Restaurant-Alternative zu "Sterneck" und "Schaarhörn" ist das "Ekendöns".

46 Zimmer ⌑ – ♥♥ 179/285 € – 11 Suiten

Cuxhavener Straße 86 ⊠ 27476 – ℰ 04721 4340 – www.badhotel-sternhagen.de –
Geschlossen 22. November-20. Dezember

ⅱ○ **Panorama-Restaurant Schaarhörn** · ⊛ **Sterneck** – Siehe Restaurantauswahl

DACHAU
Bayern – Regionalatlas **65**–L20 – Michelin Straßenkarte 546

In Dachau-Webling Nord-West: 2 km

🍴 Schwarzberghof ⪾ 🏠 ⊙ P

MARKTKÜCHE · GASTHOF XX Hier isst man richtig gut, entsprechend gefragt ist das charmante holzgetäfelte Restaurant - reservieren Sie also lieber! Auf der Karte liest man z. B. "Lammkarree in der Kräuterkruste mit Kartoffelgratin" oder "Zanderfilet mit Rieslingcremesauce". Schön die Gartenterrasse.

Spezialitäten: Gebackene Champignons mit Remouladensauce. Münchner Schnitzel, Preiselbeeren, Röstkartoffeln und Salat. Apfelkücherl, Zimtsauce, Vanilleeis.

Karte 23/68 €

Augsburger Straße 105 ⊠ 85221 – ℰ 08131 338060 – www.schwarzberghof.eu –
Geschlossen 1.-6. Januar, 8.-14. Juni, 17.-30. August, Montag

DAHN
Rheinland-Pfalz – Regionalatlas **53**–D17 – Michelin Straßenkarte 543

🏠🏠 Pfalzblick   🏡 🐾 🚵 🛶 ⚒ 🗖 🧖 🏊 ♨ 🖹 🛁 🅿

SPA UND WELLNESS · GEMÜTLICH Schöne Ferien in ruhiger Waldrandlage: beste Wanderbedingungen und Spa auf über 1000 qm samt Panorama-Ruheraum, dazu die im Preis inbegriffene 3/4-Vitalpension. Im A-la-carte-Restaurant speist man international und regional und genießt den Blick von der Terrasse. Für Weinliebhaber: moderne Vinothek.

80 Zimmer – 🛏 220/466 € – 5 Suiten

Goethestraße 1 ⊠ 66994 – 𝒞 06391 4040 – www.pfalzblick.de

DARMSTADT
Hessen – Regionalatlas **47**–F15 – Michelin Straßenkarte 543

🍴 Orangerie   🐸 🏡 ⚙ ♿ 🅿

MEDITERRAN · ELEGANT XxX Im Orangerie-Park steht das historische Gebäude mit lichtem, elegantem Interieur - gefragt auch die Terrasse und die Lounge! Gekocht wird mediterran - von der Tafel wählt man z. B. "Seezunge im Wildkräutermantel". Für Weinfreunde: schöne Auswahl an Magnumflaschen.

Menu 48/89 € – Karte 47/83 €

Bessunger Straße 44 ⊠ 64285 – 𝒞 06151 3966446 – www.orangerie-darmstadt.de

🍴 Daniela's Trattoria Romagnola   🏡

ITALIENISCH · TRATTORIA XX Seit über 30 Jahre steht die sympathische Chefin am Herd. Probieren Sie die hausgemachte Pasta oder den Klassiker "Kalbsrücken Daniela Art"! Haben Sie die charmante Terrasse mit der freigelegten historischen Mauer gesehen?

Menu 48/120 € – Karte 45/105 €

Heinrichstraße 39 ⊠ 64283 – 𝒞 06151 20159 – www.trattoria-romagnola.de –
Geschlossen mittags: Samstag, Sonntag

In Darmstadt-Kranichstein Nord-Ost: 5 km

🍴 Kavaliersbau   🛋 🏡 ♨ 🅿

KLASSISCHE KÜCHE · TRENDY XX Im hübschen historischen Kavaliershaus des "Jagdschloss Kranichstein" erwartet Sie neben geradlinig-elegantem Ambiente (schön auch die Terrasse!) und versiertem Service eine ambitionierte modernklassische Küche, die auf ausgezeichneten Produkten basiert. Wie wär's z. B. mit "Steinbutt, Cashewnüssen, Limette"? Zum Übernachten stehen wohnlich-schicke Zimmer bereit.

Menu 49 € – Karte 45/62 €

Kranichsteiner Straße 261 ⊠ 64289 – 𝒞 06151 130670 –
www.hotel-jagdschloss-kranichstein.de – Geschlossen Montag, Sonntag,
mittags: Dienstag-Samstag

DARSCHEID
Rheinland-Pfalz – Regionalatlas **36**–C14 – Michelin Straßenkarte 543

🌸 Kucher's Gourmet   🐸 🛋 🏡 🅿

KLASSISCHE KÜCHE · ELEGANT XX Seit über 30 Jahren betreibt Familie Kucher dieses Haus mit Leidenschaft und Engagement, immer wieder wird verbessert, umgebaut, renoviert... Vor einiger Zeit sind Sohn Florian Kucher und Tochter Stefanie Becker mit eingestiegen und bringen frischen Wind ins Gourmetrestaurant! In geschmackvoller und eleganter Atmosphäre werden Sie mit zwei verschiedenen Menüs verwöhnt: zum einen "Florian's Klassik Menü", zum anderen das "Modern Art Menü". So findet man hier z. B. Taubenbrust mit Mais und Pfifferlingen, aber auch sous-vide gegartes Eifel-Ei mit Löwenzahnblüten und Speck. Feine Kontraste und intensive Aromen kennzeichnen die Küche des jungen Chefs! Die Weinauswahl gehört sicher zu den Top-Karten in Deutschland - mit über 1300 Positionen geradezu ein Eldorado für Weinliebhaber!

Spezialitäten: Rindertatar, Kürbis, Trüffel. Reh, Schwarzwurzel und Kaffee. Nougat, Orange und Hibiskus.

Menu 64/104 €

Karl-Kaufmann-Straße 2 ⊠ 54552 – ✆ 06592 629 – www.kucherslandhotel.de –
Geschlossen Montag, Dienstag, Sonntag, mittags: Mittwoch-Samstag

🍴 **Kucher's Weinwirtschaft** – Siehe Restaurantauswahl

🍴 Kucher's Weinwirtschaft   🕸 🛖 **P**

REGIONAL · FAMILIÄR ✗ Charmant die unterschiedlichen antiken Tische und Stühle, die hübsche Deko und die fast familiäre Atmosphäre. Seit jeher gibt es hier "Saure Nierle mit Bratkartoffeln" - ein Klassiker, der treue Anhänger hat! Für die regional-saisonale Küche wird generell nur Fleisch aus der Eifel verarbeitet.

Spezialitäten: Crèmesuppe von Pfifferlingen mit Kräuterschmand und Brandteigkrapfen. Königsberger Klopse mit Löwenzahnblütenkapernsauce, Rahmlauch und Grünkernrisotto. Cremá Catalana mit Safran-Pfirsichen und Pistazieneis.

Menu 19 € (Mittags) – Karte 34/56 €

Kucher's Gourmet, Karl-Kaufmann-Straße 2 ⊠ 54552 – ✆ 06592 629 –
www.kucherslandhotel.de – Geschlossen Montag, mittags: Dienstag

DAUN
Rheinland-Pfalz – Regionalatlas **45**–B14 – Michelin Straßenkarte 543

🍴 Graf Leopold   ⇦ 🛖 **P**

KLASSISCHE KÜCHE · TRADITIONELLES AMBIENTE ✗✗✗ Streifentapete, dekorative Bilder, schöne Leuchter, feine Tischkultur... Das stilvoll-elegante Ambiente wird ganz dem historischen Rahmen des "Kurfürstlichen Amtshauses Dauner Burg" gerecht. Gekocht wird mit saisonalen Einflüssen. Schön übernachtet man im Schlosshotel in individuellen, klassischen Zimmern.

Menu 68/76 € – Karte 56/78 €

Burgfriedstraße 28 ⊠ 54550 – ✆ 06592 9250 – www.daunerburg.de –
Geschlossen 2.-24. Januar, Montag, Dienstag, Sonntag, mittags: Mittwoch-Samstag

DEGGENHAUSERTAL
Baden-Württemberg – Regionalatlas **63**–H21 – Michelin Straßenkarte 545

In Deggenhausertal-Limpach

🍴 Mohren   ⇦ 🛏 🛖 ♿ ⟳ **P**

REGIONAL · GEMÜTLICH ✗ Hier kocht man regional, und zwar ausschließlich mit biozertifizierten Zutaten - Obst, Gemüse, Fleisch etc. stammen aus dem eigenen Bio-Betrieb. Chef Jürgen Waizenegger, Landwirt und Koch, bietet z. B. Rinderschmorbraten, hausgemachte Maultaschen oder Cordon bleu. Zum Übernachten bietet man hübsche, wohnliche Zimmer in angenehmen Naturtönen.

Menu 28/45 € – Karte 29/67 €

Kirchgasse 1 ⊠ 88693 – ✆ 07555 9300 – www.mohren.bio – Geschlossen 7.-30.
Januar, 27. Juli-13. August, Montag, Dienstag

DEIDESHEIM
Rheinland-Pfalz – Regionalatlas **47**–E16 – Michelin Straßenkarte 543

❀ L.A. Jordan   🕸 🛏 🛖 ♿ 🆎 **P**

KREATIV · DESIGN ✗✗✗ Hotel, Restaurants, Eventlocation - all das vereint das ehemalige Bassermann-Jordan-Weingut an der Deutschen Weinstraße. Küchenchef im Gourmetrestaurant des schön restaurierten historischen Anwesens ist Daniel Schimkowitsch. Sein Handwerk ist absolut präzise, die Produktqualität großartig. In seinen kreativen Speisen findet sich so manch ungewöhnliche Aromenkombination. Zum Menü gibt es die passende Weinbegleitung aus der Pfalz oder - als "Premium" - auch mit internationalen Gewächsen. Umsorgt wird man leger und gleichermaßen professionell. Chic-modern die Räume (mal elegant, mal trendiger), toll die Plätze am Fenster zum Hof. Ein Extra ist der Shuttle Service: Di. - Do. kostenfreie Abholungen und Heimfahrten nach vorheriger Anmeldung (mind. 3 Tage im Voraus). Fr. + Sa. eingeschränkter Shuttle.

Spezialitäten: Kaninchen, Stabmuschel, Räucheraal, Hüttenkäse und Gemüsevinaigrette. Wagyu, Mais, Meerrettich und Herbsttrompete. Schokolade "Piura Porcelana 75%", Quitte, Ingwer und Mandel.

Menu 135/190 €

Hotel Ketschauer Hof, Ketschauerhofstraße 1 ⊠ 67146 – ℰ 06326 70000 –
www.ketschauer-hof.com – Geschlossen 1. Januar-5. Februar, 17. August-1.
September, Montag, Sonntag, mittags: Dienstag-Samstag

🏵 **St. Urban**　　　　　　　　　🍴 🛋 🅿 🚗

REGIONAL · RUSTIKAL XX In den behaglichen Restaurantstuben spürt man den traditionellen Charme eines Pfälzer Gasthofs. Serviert wird gute regional-saisonale Küche, vom Vesper bis zum Menü. Auf der Karte z. B. "Ravioli vom Hasenpfeffer mit Rosenkohl, glasierten Kastanien und Wacholderschaum" oder "gebratener Bachsaibling mit Vanille-Wirsing".

Spezialitäten: Tatar vom Altrheinsaibling mit Gurke und Kaviar Crème Fraîche. Strudel von Blut- und Leberwurst auf Apfel-Meerrettichgemüse und Senfkörnersauce. Schokokuss mit Aprikosenchutney und Himbeersorbet.

Menu 35/65 € – Karte 32/52 €

Hotel Deidesheimer Hof, Am Marktplatz 1 ⊠ 67146 – ℰ 06326 96870 –
www.deidesheimerhof.de – Geschlossen 6.-17. Januar

🍴 **Schwarzer Hahn**　　　　　　🏵 🍴 🄰🄲 🅿 🚗

FRANZÖSISCH-MODERN · ELEGANT XxX Die moderne Tischkultur und das farbenfrohe Ambiente stehen hier in Kontrast zum historischen Kreuzgewölbe – und das funktioniert richtig gut! Die Speisekarte bietet für jeden etwas, ob klassisches Menu, "flotte Teller" (Kleinigkeiten im Duett serviert) oder „Heimatliebe" mit Pfälzer Spezialitäten – da darf natürlich auch der Saumagen nicht fehlen.

Menu 118/159 € – Karte 55/101 €

Hotel Deidesheimer Hof, Marktplatz 1 ⊠ 67146 – ℰ 06326 96870 –
www.deidesheimerhof.de – Geschlossen 1.-23. Januar, 5. Juli-20. August, Montag,
Dienstag, Sonntag, mittags: Mittwoch-Samstag

🍴 **riva**　　　　　　　　　　　🍴 🍴 ♿ 🄰🄲 🅿

INTERNATIONAL · HIP XX Geradliniges Interieur in hellen Naturtönen, dazu angenehm legerer Service und international-mediterrane Küche. Neben Steaks, Pizza und Pasta liest man auf der Karte z. B. "Paillard vom Kalb, Spargelragout, junge Kartoffeln, Bärlauch".

Karte 46/112 €

Kaisergarten Hotel & Spa, Weinstraße 12 ⊠ 67146 – ℰ 06326 700077 –
www.kaisergarten-deidesheim.com – Geschlossen mittags: Sonntag

🍴 **fumi**　　　　　　　　　　　🍴 🛋 🅿

JAPANISCH · FREUNDLICH X Im Weingut Josef Biffar hat sich ein kleines japanisches Restaurant etabliert. Authentisch die Küche, einschließlich Sushi und Sashimi. Tipp: Das "Fünferlei aus der japanischen Küche" gibt einen schönen Einblick. Dazu empfiehlt man hauseigene Weine.

Menu 66/87 € – Karte 39/53 €

Im Kathrinenbild 1 (im Weingut Biffar) ⊠ 67146 – ℰ 06326 7001210 –
www.josef-biffar.de – Geschlossen Montag, mittags: Dienstag-Freitag

🍴 **Leopold**　　　　　　　　　🏵 🍴 ♿ 🄰🄲 🛋 🅿

INTERNATIONAL · GERADLINIG X Der aufwändig sanierte ehemalige Pferdestall des Weinguts von Winning (übrigens ein Teil des Bassermann-Jordan-Imperiums) ist ein schön modernes und überaus beliebtes Restaurant, in dem man gut isst. Auf der Karte finden sich internationale und Pfälzer Gerichte - mögen Sie z. B. "hausgemachte Rinderroulade, Rahmkohlrabi, Kartoffelstampes"? Ideal auch für Hochzeiten.

Karte 31/72 €

Weinstraße 10 ⊠ 67146 – ℰ 06326 9668888 – www.von-winning.de –
Geschlossen 27. Januar-11. Februar

🍽️ Restaurant 1718   ⚜️ 🛏️ 🏡 ♿ 🅰️🅲 🅿️

INTERNATIONAL · TRENDY ✗ Im "White Room" und im "Black Room" treffen stilvolle Altbau-Elemente auf hochwertige Designereinrichtung. Direkt vor dem Bistro die kleine Terrasse. Zur französisch-internationalen Küche gibt es eine tolle Auswahl an Weinen aus der Pfalz und Österreich.

Karte 46/65 €

Hotel Ketschauer Hof, Ketschauerhofstraße 1 ⊠ 67146 –
☎ 06326 70000 – www.restaurant1718.de –
Geschlossen Montag

🏨 Deidesheimer Hof   🍴 ⬆️ 🅰️🅲 🧖 🅿️ 🚗

FAMILIÄR · KLASSISCH Größtes Engagement legt Familie Hahn hier an den Tag, und das bereits seit 1971! Stetige Investitionen zeigen sich in geschmackvollen und wohnlich-eleganten Zimmern, tollen Veranstaltungsorten vom Kellergewölbe bis zum Gartenhaus sowie in Tagungsräumen mit Niveau.

25 Zimmer – 🛏️ 180/230 € – � 21 € – 3 Suiten

Am Marktplatz 1 ⊠ 67146 –
☎ 06326 96870 – www.deidesheimerhof.de –
Geschlossen 6.-17. Januar

🍽️ **Schwarzer Hahn** · 🏵️ **St. Urban** – Siehe Restaurantauswahl

🏨 Ketschauer Hof   🍴 🛏️ 🍸 ⬆️ 🅰️🅲 🧖 🅿️

HISTORISCH · MODERN Hotel, Restaurants, Eventlocation - all das vereint das ehemalige Bassermann-Jordan-Weingut. Modernste Technik und exklusives Design vermitteln einen Hauch Luxus, ebenso der kleine, aber feine Spa, ganz zu schweigen vom tollen A-la-carte-Frühstück! Kochatelier für Kochkurse.

18 Zimmer ⊷ – 🛏️ 230/260 € – 1 Suite

Ketschauerhofstraße 1 ⊠ 67146 –
☎ 06326 70000 – www.ketschauer-hof.com

🍽️ **Restaurant 1718** · ❄️ **L.A. Jordan** – Siehe Restaurantauswahl

🏨 Kaisergarten Hotel & Spa

🍴 🛏️ 📺 🏊 🍸 💆 ⬆️ ♿ 🅰️🅲 🧖 🅿️ 🚗

BUSINESS · MODERN Für Wochenendurlauber, Business- und Tagungsgäste gleichermaßen interessant ist das Hotel im Herzen des historischen Weinstädtchens mit seiner wertigen chic-modernen Einrichtung. Wie wär's mit einer der vielen Anwendungen im schönen Spa?

77 Zimmer – 🛏️ 140/240 € – ⊷ 19 € – 8 Suiten

Weinstraße 12 ⊠ 67146 –
☎ 06326 700077 – www.kaisergarten-deidesheim.com

🍽️ **riva** – Siehe Restaurantauswahl

DELBRÜCK

Nordrhein-Westfalen – Regionalatlas **27**–F10 – Michelin Straßenkarte 543

🍽️ Waldkrug   🚗 🏡 ♿ 🏵️ 🅿️

TRADITIONELLE KÜCHE · LÄNDLICH ✗✗ Ob leger-rustikale Bierstube oder klassisch gehaltenes Restaurant, man bekommt hier saisonale Küche mit internationalen Einflüssen sowie regionale Gerichte, von "Spargelravioli mit Bärlauchbutter" bis "Rinderroulade Bürgerliche Art". Hübsche Terrasse vor und hinter dem Haus. In dem traditionsreichen Familienbetrieb (4. Generation) kann man auch schön übernachten.

Karte 26/62 €

Graf-Sporck-Straße 34 ⊠ 33129 –
☎ 05250 98880 – www.waldkrug.de –
Geschlossen 2.-10. Januar

In Delbrück-Schöning Nord-West: 6 km über B 64 Richtung Rietberg, dann rechts abbiegen

⑩ ESSperiment

MODERNE KÜCHE · HIP ✗✗ Mittags Bistro, abends Restaurant für Feinschmecker - so das Konzept dieser modern-legeren Adresse samt schöner Terrasse. Man kocht frisch und gut, z. B. in Form von "Entenbrust, Sesam, Karotte, Ingwer, Perlgraupen". Von Mai bis Oktober gibt's sonntagnachmittags hausgebackenen Kuchen.

Menu 69/85 € – Karte 33/64 €

Schöninger Straße 74 ⊠ 33129 – ℰ 05250 9956377 –
www.restaurant-essperiment.de – Geschlossen Montag, Dienstag,
mittags: Mittwoch-Samstag

DENZLINGEN
Baden-Württemberg – Regionalatlas **61**–D20 – Michelin Straßenkarte 545

⊛ Rebstock-Stube

KLASSISCHE KÜCHE · GEMÜTLICH ✗✗ Bei Familie Frey wird klassisch gekocht, und das kommt an! "Filetspitzen mit Steinpilzen" oder "Hechtklößchen mit Hummersoße" sind schöne Beispiele für die frisch zubereiteten, schmackhaften Gerichte. Dazu wird man freundlich und geschult umsorgt.

Spezialitäten: Badische Festtagssuppe mit Tafelspitz und Gemüse. Rehhäxle aus Elsässer Jagd, Försterin Art, mit Rahmkohlrabi und geschmelzten Bubespitzle. Dreierlei vom Holunder.

Menu 28 € (Mittags), 40/52 € – Karte 36/75 €

Hauptstraße 74 ⊠ 79211 – ℰ 07666 2071 - www.rebstock-stube.de –
Geschlossen 18.-29. Februar, Montag, Sonntag

DERMBACH
Thüringen – Regionalatlas **39**–I13 – Michelin Straßenkarte 544

❀ BjörnsOX

KREATIV · RUSTIKAL ✗✗ Björn Leist, vormals Sternekoch in Hilders, bleibt seinem 1-Menü-Konzept treu. Und hier spürt man die Verbundenheit mit seiner Rhöner Heimat. Aus erstklassigen, meist regionalen Produkten entsteht ein kreatives Überraschungsmenü ohne Schnickschnack. Hochwertiges Fleisch steht ganz klar im Mittelpunkt - der heimische Weideochse darf da natürlich nicht fehlen! Aber auch die zarte Lammkeule mit mediterranem Gemüse und Gremolata zeugt von bester Qualität. Serviert wird in einer historischen kleinen Stube, die mit Holztäfelung und Fachwerk, umlaufender Sitzbank und kleinen Nischen so richtig gemütlich ist. Dazu wird man aufmerksam, aber dennoch angenehm zurückhaltend umsorgt. Daneben bietet der "SaxenHof" freundliche und moderne Gästezimmer und als Restaurant-Alternative gibt es das "Wohnzimmer".

Spezialitäten: Eintopf von der Forelle, Safran, Karotte, Kohlrabi. Lammkeule, Zucchiniblüte, Aubergine, Gremolata. Nougat, Zitrone, Pfefferminze.

Menu 129 €

Bahnhofstraße 2 ⊠ 36466 – ℰ 036964 869230 - www.rhoener-botschaft.de –
Geschlossen Montag, Dienstag, Sonntag, mittags: Mittwoch-Samstag

DERNBACH (KREIS SÜDLICHE WEINSTRASSE)
Rheinland-Pfalz – Regionalatlas **47**–E17 – Michelin Straßenkarte 543

⊛ Schneider

REGIONAL · RUSTIKAL ✗✗ 1884 als Gaststube eröffnet und seit jeher in Familienhand. In gemütlich-freundlichen Räumen und auf der schönen Terrasse hintem Haus speist man à la carte oder in Menüform - es gibt auch ein Feinschmeckermenü. Appetit macht z. B. "Kalbsbries, Kohlrabi, Erbsen, Morcheln". Und dazu einen Pfälzer Wein? Tipp: Im Nachbarort führt der Sohn ein kleines Hotel.

Spezialitäten: Erbsencremesuppe, Crevetten, Zuckerschoten. Geschmorte Ochsenbacken, getrüffeltes Selleriepüree, Spätzle. Cheesecake, Mirabellensorbet, Zwetschgen.

Menu 33/80 € – Karte 37/60 €

Hauptstraße 88 ⊠ 76857 – ℰ 06345 8348 – www.schneider-dernbachtal.de – Geschlossen 6.-27. Januar, Montag, Dienstag, mittags: Mittwoch

DESSAU-ROSSLAU
Sachsen-Anhalt – Regionalatlas **31**–N10 – Michelin Straßenkarte 542

In Dessau-Roßlau - Ziebigk Nord-West: 1 km

🍴⃝ **Alte Schäferei**   🛗 ⃝

INTERNATIONAL · LANDHAUS ⅄ Viele Jahre war das ehemalige Freigut von 1743 für feine Küche bekannt und auch heute isst man in dem schön restaurierten Fachwerkhaus auf gehobenem Niveau. Auf der Karte macht z. B. "Eismeer-Lachsforelle, Thaispargel, Sonnenblumenkerne, Passionsfrucht" Appetit. Tipp für Sommertage: die weinberankte Gartenterasse!

Menu 42 € – Karte 35/62 €

Kirchstraße 1 ⊠ 06846 – ℰ 0340 21727809 – www.pächterhaus-dessau.de – Geschlossen Montag, mittags: Dienstag, abends: Sonntag

DETMOLD
Nordrhein-Westfalen – Regionalatlas **28**–G10 – Michelin Straßenkarte 543

🏠 **Detmolder Hof**

HISTORISCHES GEBÄUDE · ELEGANT Das a. d. 16. Jh. stammende Haus liegt mitten in der Stadt und bietet schöne Zimmer, die wertig, stimmig und wohnlich gestaltet sind. Einladend auch das Restaurant mit seiner ambitionierten internationalen Küche. Die freundliche Gästebetreuung tut ein Übriges.

13 Zimmer ⌂ – ♦♦ 149/179 €

Lange Straße 19 ⊠ 32756 – ℰ 05231 980990 – www.detmolder-hof.de

DETTIGHOFEN
Baden-Württemberg – Regionalatlas **62**–F21 – Michelin Straßenkarte 545

🏠 **Hofgut Albführen**

LANDHAUS · INDIVIDUELL Wie könnte ein Hofgut mit Gestüt schöner liegen als inmitten der Natur? Herrliche Ruhe ist Ihnen hier gewiss! Neben 150 Pferden erwarten Sie hübsche individuelle Zimmer und gepflegte Außenanlagen samt Pferdekoppeln, beim Frühstück schaut man auf den Reitplatz. Im Restaurant (toll die hohe offene Decke) kocht man mit regionalem und saisonalem Bezug.

25 Zimmer ⌂ – ♦♦ 125/175 € – 9 Suiten

Albführen 20 (Nord: 2 km, Richtung Albführen) ⊠ 79802 – ℰ 07742 92960 – www.albfuehren.de – Geschlossen 1.-15. Januar, 14.-31. Dezember

DETTINGEN AN DER ERMS
Baden-Württemberg – Regionalatlas **55**–H19 – Michelin Straßenkarte 545

🍴⃝ **Rößle**

REGIONAL · RUSTIKAL ⅄ Gemütlich hat man es in dem schönen Fachwerkhaus von 1864 - traditionell-rustikal in der netten Gaststube, modern im Anbau, dazu die einladende Gartenterrasse. Aus der Küche kommt Schwäbisches à la Kutteln, Rostbraten oder Spinatmaultaschen, aber auch "Milchlammrücken in der Petersilien-Bärlauchkruste". Sehr gepflegt übernachten kann man übrigens auch.

Menu 24 € (Mittags), 28/38 € – Karte 28/53 €

Uracher Straße 30 ⊠ 72581 – ℰ 07123 97800 – www.hotel-metzgerei-roessle.de – Geschlossen 24.-28. Dezember, Montag, mittags: Samstag, abends: Sonntag

DIERHAGEN
Mecklenburg-Vorpommern – Regionalatlas **5**–N3 – Michelin Straßenkarte 542

In Dierhagen-Neuhaus West: 1, 5 km

🏨 Strandhotel Dünenmeer

LUXUS · GEMÜTLICH Der Top-Lage mit Dünen und Strand unmittelbar vor der Tür hat man hier gelungen Rechnung getragen: Spa mit Meerblick, verglastes Restaurant samt Terrasse zur Düne hin, von der tollen Außensauna geht's direkt zum Strand und von den meisten der modern-eleganten Zimmer genießt man den Sonnenuntergang!

49 Zimmer ⌘ – ⛌ 205/299 € – 16 Suiten

Birkenallee 20 ✉ 18347 – ☎ 038226 5010 – www.strandhotel-ostsee.de

In Dierhagen-Strand West: 2 km

❀ Ostseelounge

MODERNE KÜCHE · ELEGANT ✕✕✕ Wo soll man da anfangen zu schwärmen? Bei der herrlichen Lage nebst fantastischer Aussicht? Beim bemerkenswerten Service samt erstklassiger Weinberatung? Bei der entspannten Atmosphäre? Highlights gibt es in der 4. Etage des luxuriösen Ferienhotels hinter den Dünen am Meer so einige, dennoch steht die kreative Küche von Pierre Nippkow im Mittelpunkt. Der gebürtige Mecklenburger - zuvor Souschef in der Rügener "niXe" - sorgt gemeinsam mit seinem Team dafür, dass die tollen Aromen ausgesuchter Produkte gekonnt unterstrichen werden, das gilt für den fein-würzigen Rinderbug ebenso wie für den gegrillten grünen Spargel oder auch die schön reduzierte, intensive Whisky-Jus mit malziger Note. Tipp: Versäumen Sie es nicht, auf der wunderbaren Terrasse einen Aperitif einzunehmen!

Spezialitäten: Tatar von der Jakobsmuschel, Zuckerschotencrema, Kokosmilch, Shiso. Mecklenburger Rehrücken, Fichtensprossenjus, Purple Currycrème, marinierte Ananas. Mango, Fenchelgrün, weiße Schokolade.

Menu 114 €

Strandhotel Fischland, Ernst-Moritz-Arndt-Straße 6 ✉ 18347 – ☎ 038226 520 – www.strandhotel-ostsee.de – Geschlossen 6. Januar-16. Februar, Montag, Sonntag, mittags: Dienstag-Samstag

🏨 Strandhotel Fischland

SPA UND WELLNESS · ELEGANT Schön liegt das engagiert geführte Urlaubsresort samt Ferienhausanlage hinter den Dünen am Meer. Wohnlich-elegante Zimmer (meist mit Seesicht), großer Spa und Dachterrasse. Tennisfreunde kommen drinnen wie draußen auf ihre Kosten. Und für die kleinen Gäste gibt's Kinderfrühstück, Betreuung etc. HP inkl.

69 Zimmer ⌘ – ⛌ 181/365 € – 8 Suiten

Ernst-Moritz-Arndt-Straße 6 ✉ 18347 – ☎ 038226 520 – www.strandhotel-ostsee.de – Geschlossen 12.-23. Januar

❀ **Ostseelounge** – Siehe Restaurantauswahl

DIESSEN AM AMMERSEE

Bayern – Regionalatlas **65**-K21 – Michelin Straßenkarte 546

In Dießen-Riederau Nord: 4 km

☺ Seehaus

INTERNATIONAL · GEMÜTLICH ✕✕ Hier speist man wirklich schön, nur einen Steinwurf vom Seeufer entfernt. Serviert wird moderne internationale Küche, z. B. als "gebratener Lachs, Rettich und Radieschen, Rhabarber-Reisrolle". Und am Nachmittag leckeren Kuchen? Im Sommer lockt die hübsche Terrasse.

Spezialitäten: Rote Bete-Essenz, Ziegenkäse-Meerrettichkissen, Apfel. Scheiben vom Kalbsrücken im Pfifferlingssud, Kohlrabisalat, Kräuter-Couscous. Dessert von Kaffee und Aprikose im Glas.

Menu 61/79 € – Karte 36/59 €

Seeweg-Süd 12 ✉ 86911 – ☎ 08807 7300 – www.seehaus.de

DIETERSHEIM
Bayern – Regionalatlas **49**–J16 – Michelin Straßenkarte 546

In Dietersheim-Oberroßbach Süd: 6 km über B 470

🕯○ **Landgasthof Fiedler**　　　　　　　　　⇦ 🍴 🏠 **P** 🚗

REGIONAL · GEMÜTLICH 🌿 Das sympathische Restaurant des gleichnamigen
Hotels bietet regionale Küche, für die man saisonale Produkte verwendet. Freund-
lich-gemütlich das Ambiente - besonders beliebt sind Terrasse und Wintergarten.
Zum Übernachten hat man gepflegte Gästezimmer.

Menu 18/45 € – Karte 18/55 €

Oberroßbach 3 ⊠ *91463 – ℰ 09161 2425 – www.landgasthof-fiedler.de –*
Geschlossen 1.-23. Januar, 1.-15. August, Donnerstag, mittags: Montag-Mittwoch
und Freitag, abends: Sonntag

DILLINGEN AN DER DONAU
Bayern – Regionalatlas **56**–J19 – Michelin Straßenkarte 546

In Dillingen-Fristingen Süd-Ost: 6 km Richtung Wertingen

🕯○ **Storchennest**　　　　　　　　　　　　　　🏠 🍽 **P**

KLASSISCHE KÜCHE · RUSTIKAL 🌿🌿 In dem familiär geführten Gasthof sitzt
man in gemütlich-ländlichem Ambiente und lässt sich klassisch-regional geprägte
Küche mit internationalen Einflüssen schmecken, vom "Steinbutt mit Safran-
Champagnersauce" bis zum "geschmorten Rehpfeffer mit Pilzen". Schön die Terrasse unter schattenspendenden Kastanien.

Menu 45 € – Karte 33/47 €

Demleitnerstraße 6 ⊠ *89407 – ℰ 09071 4569 – www.storchen-nest.de –*
Geschlossen 1.-8. Januar, Montag, Dienstag

DINKELSBÜHL
Bayern – Regionalatlas **56**–J17 – Michelin Straßenkarte 546

🕸 **Altdeutsches Restaurant**　　　　　　　　　🏠 🍽 🚗

REGIONAL · RUSTIKAL 🌿🌿 Seine Karte teilt Florian Kellerbauer in "Unsere Heimat" und "Unsere Leidenschaft". So liest man hier z. B. "Rostbraten mit hausgemachten Schupfnudeln" oder "Bärlauchsuppe mit getrockneten Tomaten". Dazu
wird man freundlich-charmant umsorgt.

Spezialitäten: Kräuterschaumsüppchen mit angebratenem Rindertatar. Rehnüsschen mit Nuss-Krokant-Kruste, Dinkelsbühler Allerlei und Wacholderkrapfen.
Holunderblüten, Gin, Soda, eingelegte Aprikosen, Aprikosensorbet, Crème brûlée
von der Gujana Grué Schokolade.

Menu 28/50 €

Hotel Deutsches Haus, Weinmarkt 3 ⊠ *91550 – ℰ 09851 6058 –*
www.deutsches-haus-dkb.de

🏠 **Deutsches Haus**　　　　　　　　　　　　　🎖 🕍 🚗

HISTORISCH · GEMÜTLICH Bestaunen Sie ruhig zuerst die tolle Fachwerkfassade mit ihren kunstvollen Figuren und Ornamenten! In diesem Patrizierhaus von
1440 ist inzwischen die 2. Generation der Familie im Einsatz. Hier ist alles stimmig
arrangiert, immer wieder alte Holzfußböden und schöne Antiquitäten.

12 Zimmer ⊡ – 👫 129/149 € – 2 Suiten

Weinmarkt 3 ⊠ *91550 – ℰ 09851 6058 – www.deutsches-haus-dkb.de*

🕸 **Altdeutsches Restaurant** – Siehe Restaurantauswahl

DOBERAN, BAD
Mecklenburg-Vorpommern – Regionalatlas **12**–M4 – Michelin Straßenkarte 542

In Bad Doberan-Heiligendamm Nord-West: 7 km

✿ Friedrich Franz   🕸 🔥 🅰🅲 ⇄ 🅿

MODERNE KÜCHE · LUXUS XxxX Ein Tipp vorneweg: Versuchen Sie einen Tisch am Fenster mit Blick aufs Meer zu bekommen! Aber auch der stilvoll-noble Raum selbst mit seinen feinen Seidentapeten und eleganten Kronleuchtern an hohen Decken ist schön anzuschauen und wird dem Grandhotel-Flair voll und ganz gerecht. Ebenso natürlich die Küche von Ronny Siewert. 2008 wurde er (übrigens Sohn eines Kochs) hier Küchenchef und hält seitdem den MICHELIN Stern. Gekonnt bindet man moderne Elemente in die sehr exakt gearbeiteten Gerichte, top die Produktqualität. Schön ist z. B. die Kombination von Island-Kabeljau mit süßer Kapern-Tapenade und Rauchaal-Nussbutter. Dazu wird man charmant und aufmerksam umsorgt, versiert auch die Weinberatung - man hat eine gut sortierte Karte.

Spezialitäten: Gänseleber, Erdnuss, grüner Pfeffer, Holunderblüte, Topinambur-Sorbet, Ingwer, Cassis, Trüffel. Mecklenburger Rehrücken, gepresste Keule, Rehpfefferschaum, Pekannuss, Pfirsich, kleine Kümmel-Karotte. Dessert von der Mara des Bois Erdbeere, weiße Schokolade, Basilikum.

Menu 129/189 €

Grand Hotel Heiligendamm, Prof.-Dr.-Vogel-Straße 6 ⊠ 18209 - ℰ 038203 7400 - www.grandhotel-heiligendamm.de - Geschlossen 15. November-10. Dezember, Montag, Sonntag, mittags: Dienstag-Samstag

🏨 Grand Hotel Heiligendamm

🎋 🐾 ⪵ 🏊 🗔 🕸 🎏 ⅄ 🝔 🔥 ⚒ 🅿

GROßER LUXUS · KLASSISCH Die "Weiße Stadt am Meer" ist ein imposantes Resort direkt an der Ostsee! Sie wohnen in eleganten Zimmern, relaxen im tollen großen Spa, für Kids gibt's die separate schöne Kindervilla. Zur vielfältigen Gastronomie gehören u. a. das klassische "Kurhaus Restaurant", die "Sushi Bar" oder auch die "Beach Bar". Bäderbahn "Molli" hält nur einen Steinwurf entfernt.

181 Zimmer ⊊ - 👫 198/495 € - 20 Suiten

Prof.-Dr.-Vogel-Straße 6 ⊠ 18209 - ℰ 038203 7400 - www.grandhotel-heiligendamm.de

✿ **Friedrich Franz** - Siehe Restaurantauswahl

DÖRSCHEID

Rheinland-Pfalz - Regionalatlas **46**-D15 - Michelin Straßenkarte 543

🍴 Fetz   ⇔ ⪵ 🍴 🔥 ⇄ 🅿

TRADITIONELLE KÜCHE · TRENDY X Hier hat sich nicht nur der Name geändert, man hat auch ein wertiges, geschmackvolles, geradlinig-modernes Interieur geschaffen. Dazu die herrliche Aussicht. Zu regional-saisonalen Gerichten wie z. B. "Frikassee vom Eifeler Prachthahn" gibt es Weine und Brände vom eigenen Weingut samt Destillerie. Schön wohnen kann man ebenfalls, von ländlich-gemütlich bis topmodern.

Menu 31/56 € - Karte 32/54 €

Oberstraße 19 ⊠ 56348 - ℰ 06774 267 - www.landgasthaus-bluecher.de - Geschlossen Dienstag

DONAUESCHINGEN

Baden-Württemberg - Regionalatlas **62**-F20 - Michelin Straßenkarte 545

✿ Ösch Noir 🆕   🕸 🅰🅲 🅿 🚗

MODERNE KÜCHE · CHIC XxxX Zweifelsfrei das kulinarische Highlight der gesamten Region! Manuel Ulrich sei Dank - ein wirkliches Talent am Herd! Der junge Küchenchef stammt aus der Gegend und ist nach seinen Wanderjahren mit Stationen in Lech am Arlberg und Baiersbronn in seine Heimat zurückgekehrt, genauer gesagt in das elegant designte Restaurant des neuen "Öschberghofs". Und das ist mit seinem schicken und ebenso hochwertigen Interieur sicher ein Novum in der Region. Ebenso die Küche: Manuel Ulrich begeistert mit "Signature Dishes" wie z. B. dem US Short Rib mit Räucheraal, Brokkoli, Mark und Yuzu - absolut beeindruckend, welche Aromenkomplexität und geschmackliche Tiefe ihm hier gelingen! Die richtige Begleitung finden die exzellenten modernen Gerichte in den trefflichen Weinempfehlungen des Sommeliers.

Spezialitäten: Schwarzwald Forelle, Kopfsalat, Radieschen, schwarzer Speck, Schnittlauch. US Short Rib, Räucheraal, Brokkoli, Mark, Yuzu. Fenchel, Ivoire, Hibiskus, Amalfi Zitrone.

Menu 93/165 € – Karte 86/117 €

Der Öschberghof, Golfplatz 1 ✉ 78166 – ✆ 0771 846100 – www.oeschhberghof.com – Geschlossen 13. Januar-11. Februar, 3. August-1. September, Montag, Dienstag, mittags: Mittwoch-Freitag

Baader's Schützen

MARKTKÜCHE • BÜRGERLICH X Im Herzen der Stadt dürfen sich die Gäste von Emma und Clemens Baader auf frische und unkomplizierte feine Wirtshausküche freuen, die sich am Markt orientiert und stark regional geprägt ist. Lust auf "Filetgulasch & Kalbsnierle in Pommery-Senfsauce" oder "Atlantik-Seezunge in Weißweinsauce"?

Spezialitäten: Kopfsalat Mimosa mit Mozzarella, Kirschtomätle und Luftschinken. Rinderzunge und Schweinsbäckle mit buntem Gemüse, Dinkelspätzle. Schokimus von der Valrhona Schokolade.

Menu 16 € (Mittags) – Karte 23/62 €

Josefstraße 2 ✉ 78166 – ✆ 0771 89795820 – www.schuetzen-donaueschingen.de – Geschlossen Mittwoch, abends: Dienstag

Der Öschberghof

GROßER LUXUS • ELEGANT Nach Komplettrenovierung und Neubau hat sich der "Öschberghof" zu einem Hotel der Extraklasse gemausert: Auf 470 ha Grund erwarten Sie geschmackvoll-luxuriöse Zimmer und beispielhafter Service, Spa auf über 5000 qm, drei Golfplätze (45-Loch-Anlage), ein hochwertiger Tagungsbereich sowie eine vielfältige Gastronomie von der Pizzeria bis zum Gourmetrestaurant.

110 Zimmer – 376/446 € – 16 Suiten

Golfplatz 1 ✉ 78166 – ✆ 0771 840 – www.oeschberghof.com

✿ **Ösch Noir** – Siehe Restaurantauswahl

In Donaueschingen-Aasen

die burg

MARKTKÜCHE • DESIGN XX Mitten in dem kleinen Dorf leiten die Gebrüder Grom dieses chic designte Restaurant nebst modern-funktionellem Hotelbereich. Aus der Küche kommen leckere saisonale Gerichte wie "geräucherter Süßwasserstör, schwarzer Rettich, Gurke, Chiasamen" oder "Marensin-Maispoularde, wilder Brokkoli, grüner Spargel".

Menu 43/77 € – Karte 37/63 €

Burgring 6 ✉ 78166 – ✆ 0771 17510050 – www.burg-aasen.de – Geschlossen 17. Februar-1. März, 7.-20. September, Montag, Dienstag, mittags: Samstag

In Donaueschingen-Allmandshofen

Grüner Baum

MARKTKÜCHE • GASTHOF X In dem Gasthof von 1865 wahrt man die Tradition, bringt aber auch Neues ein. Entsprechend finden sich auf der Karte Gerichte aus "Omas Küche" wie z. B. "Wildhasenragout mit Waldpilzen und Spätzle", aber auch Feines wie "Wolfsbarsch mit Pumpernickel-Schaum, jungen Rüben und Kartoffel-Rindermark-Risotto". Schön übernachten kann man ebenfalls - Tipp: die Superior-Zimmer.

Menu 36/45 € – Karte 28/62 €

Friedrich-Ebert-Straße 59 ✉ 78166 – ✆ 0771 80910 – www.flairhotel-gruenerbaum.de – Geschlossen Sonntag, mittags: Montag-Samstag

DONZDORF

Baden-Württemberg – Regionalatlas **56**-I18 – Michelin Straßenkarte 545

⊕ Castello

MARKTKÜCHE · GEMÜTLICH XX Ein toller Rahmen, das Stadtschloss von 1568 - drinnen stilvolles Ambiente mit schöner Gewölbedecke, draußen die Terrasse zum Schlossgarten! Die Küche ist richtig gut und preislich fair, es gibt Internationales und Klassiker. Lust auf "gegrillten Oktopus, Chorizo-Bohnen, Kräuter"? Oder lieber "Zwiebelrostbraten"?

Spezialitäten: Burrata, gegrillter Brotsalat, Wildkräuter. Lammkrone, wildes Gemüse, Süßkartoffel Püree. Birnenschlupfer und 2erlei von der Vanille.

Menu 35/58 € – Karte 40/45 €

Schloß 1 ✉ 73072 – 𝒞 07162 929700 – www.castello-donzdorf.de –
Geschlossen Montag, Dienstag, mittags: Samstag, abends: Sonntag

DORNUM
Niedersachsen – Regionalatlas **7**–D5 – Michelin Straßenkarte 541

In Dornum-Nessmersiel Nord-West: 8 km über Schatthauser Straße

⊕ Fährhaus

REGIONAL · RUSTIKAL X Das gemütlich-rustikale Restaurant im Hotel "Fährhaus" am Deich ist beliebt, man sitzt nett hier und isst gut, und zwar traditionell-regionale Küche mit internationalem Einfluss. Dazu gehört natürlich viel fangfrischer Fisch! Oder darf es auch mal Salzwiesenlamm sein? Mittwochs gibt's Labskaus!

Spezialitäten: Handgeschnittenes Makrelencarpaccio in Limonen-Koriander-Marinade mit Wattenmeer-Queller und Labskaus. Gebratenes Filet vom Nordsee-Steinbeißer auf geschmortem Gründeicher Schwarzkohl mit Rauchpfeffer-Sauce und kleinen friesischen Kleikartoffeln. Strudel von Omis Gartenäpfeln mit eingelegten Rumrosinen und karamellisiertem Vanilleeis.

Karte 32/50 €

Dorfstraße 42 ✉ 26553 – 𝒞 04933 303 – www.faehrhaus-nessmersiel.de –
Geschlossen 6. Januar-13. März, 1. November-25. Dezember,
mittags: Montag-Samstag

DORSTEN
Nordrhein-Westfalen – Regionalatlas **26**–C10 – Michelin Straßenkarte 543

✿ Goldener Anker

KLASSISCHE KÜCHE · ELEGANT XX Als sympathischer TV-Koch ist er wohl jedem bekannt: Björn Freitag. 1997 hat er im Alter von 23 Jahren die alteingesessene Gaststätte übernommen, frischen Wind in die Küche gebracht und 2002 einen MICHELIN Stern erkocht, was ihm und seiner Küchenbrigade seither Jahr für Jahr aufs Neue gelingt. Und schön ist es hier auch noch: wertig und chic-elegant ist das Ambiente, und das passt wunderbar zu den modern inspirierten klassischen Speisen. Hier werden z. B. beim gebratenen Loup de Mer mit Quinoa, Röstzwiebeln und Petersilie die tollen Aromen ausgezeichneter Produkte ausgesprochen stimmig kombiniert. Charmant und geschult begleiten Sommelière Marion Nagel und ihr Serviceteam Sie durch den Abend. Übrigens: Man hat auch eine Kochschule direkt im Haus.

Spezialitäten: Gebeizter Stör, Topinambur, Birne, Kerbel. Gebratener Wolfsbarsch, Rote Bete, Quinoa, Röstzwiebelsud. Passionsfrucht, Mandel, Dill.

Menu 78/126 €

Lippetor 4 (Zufahrt über Ursulastraße) ✉ 46282 – 𝒞 02362 22553 –
www.bjoern-freitag.de – Geschlossen 1.-13. Januar, Montag, Sonntag,
mittags: Dienstag-Samstag

ⅠⓄ Henschel

FRANZÖSISCH-KLASSISCH · ELEGANT XX Mit Herzblut betreiben die Henschels ihr gemütlich-elegantes Restaurant. Seit 1963 steht Leonore Henschel bereits am Herd und bleibt ihrer klassischen Küche treu. Es gibt z. B. "Seezungenfilet auf Schwarzwurzeln mit Perigord-Trüffel".

Menu 59/79 € – Karte 60/85 €

Borkener Straße 47 ✉ 46284 – 𝒞 02362 62670 – www.restaurant-henschel.de –
Geschlossen 1.-17. Januar, Montag, Dienstag, Sonntag, mittags: Mittwoch-Samstag

In Dorsten-Wulfen Nord-Ost: 7 km

✿✿ Rosin ❦ 🛖 AC P

KREATIV · CHIC XX Wer kennt ihn nicht? TV-Koch Frank Rosin. Im Alter von 24 Jahren hat der gebürtige Dorstener das schicke Restaurant eröffnet und bildet hier mit seinem Küchenchef und längjährigem Weggefährten Oliver Engelke ein eingespieltes Team. Gekocht wird klassisch, aber auch mit kreativen Einflüssen. Mit intensiven Aromen und Kontrasten setzt man z. B. bei der Gressingham-Entenbrust mit Rhabarber, Kirsche und Erdnussbutter einen eigenen Stil um, der in Erinnerung bleibt - und das nicht zuletzt auch wegen der überzeugenden Produktqualität! Absolut erwähnenswert ist auch der Service: Angenehm entspannt und ebenso professionell begleitet Sie das Team um Maître Jochen Bauer und Sommelière Susanne Spies durch den Abend - Letztere empfiehlt auch gerne die eigenen Weine der "Rosin & Spies"-Edition.

Spezialitäten: Tafel Schokolade von Entenleber, kalte Kalbsjus mit Trüffel und gebackene Beerenauslese. Gressingham Entenbrust mit Rhabarber, Kirsche und Erdnussbutter. Gebrannter Pistazien-Joghurt mit Thai Basilikum und Erdbeeren.

Menu 92/152 €

Hervester Straße 18 ✉ *46286 - ℰ 02369 4322 - www.frankrosin.de -*
Geschlossen 1.-6. Januar, 28. Juni-20. Juli, 20.-31. Dezember, Montag, Sonntag,
mittags: Dienstag-Samstag

DORTMUND

Nordrhein-Westfalen – Regionalatlas **26**–D11 – Michelin Straßenkarte 543

ⅠO La Cuisine Mario Kalweit 🛖 P

FRANZÖSISCH-KLASSISCH · ELEGANT XXX In dem schönen lichten hohen Raum im ehemaligen Tennisclubhaus bietet man modern-klassische Küche. Dabei setzt man auf ausgesuchte Produkte: Rinder und Schweine regionaler Züchter, Bio-Gemüse aus der Umgebung... Ein besonderes Faible hat der Chef für Tomaten: unzählige alte Sorten hat er bereits selbst gezüchtet! Reizvoll die Terrasse hinterm Haus.

Menu 68/82 € – Karte 55/88 €

Lübkestraße 21 (1. Etage) ✉ *44141 - ℰ 0231 5316198 - www.mariokalweit.de -*
Geschlossen 1.-15. Januar, 1.-15. August, Montag, Sonntag

In Dortmund-Barop Süd-West: 7 km

⊛ der Lennhof 🛖 AC ⇔ P

MEDITERRAN · FREUNDLICH XX Richtig gemütlich ist es in dem historischen Fachwerkhaus mit altem Gebälk. Gekocht wird frisch, schmackhaft und mediterran inspiriert, z. B. "rosa Lammrücken mit Ratatouille-Wiese und Basilikum-Gnocchi". Schön: Wintergarten und Terrasse.

Spezialitäten: Tomatisiertes Lauchcrèmesüppchen mit knuspriger Cherry-Praline. Auf der Haut gebratene Maishähnchenbrust mit geschmolzener Spitzpaprika und hausgemachten Pappardelle. Zitrusfrüchte-Allerlei, Orangensorbet, Limetten-Quarkmousse, Zitroneneis, frische Pink Grapefruit.

Menu 45/75 € – Karte 31/61 €

Hotel der Lennhof, Menglinghauser Straße 20 ✉ *44227 - ℰ 0231 758190 -*
www.der-lennhof.de - Geschlossen 1.-8. Januar

🏠 der Lennhof ✿ ⌕ AC ⛵ P

BUSINESS · DESIGN Gelungen hat man hier moderne und traditionelle Architektur kombiniert, geradlinig das Interieur. Fußball wird hier übrigens groß geschrieben - in jedem Zimmer ein großes Bild der Dortmunder Champions-League-Gewinner, BVB-Spiele werden in der Bar übertragen.

34 Zimmer – 👥 120/220 € – ⭔ 13 €

Menglinghauser Straße 20 ✉ *44227 - ℰ 0231 758190 - www.der-lennhof.de -*
Geschlossen 1.-9. Januar

⊛ **der Lennhof** – Siehe Restaurantauswahl

In Dortmund-Hombruch Süd-West: 4 km

⑪○ Cielo ≼ AC P

KREATIV · DESIGN XX Schickes Design und Panoramablick - und dazu zwei Küchenkonzepte: "Cielo" mit kreativen französischen Gerichten wie "geschmortem Pulpo auf Speck-Mohnerde, dazu Öl und Strukturen von der Karotte". Im "Esfera" heißt es "Open World Kitchen", z. B. als "Maispoularden-Flusskrebs-Gumbo mit Heudrillingen und Okraschoten".

Menu 86/112 € – Karte 55/76 €

Karlsbader Straße 1a (im Dula-Center, 7. OG) ✉ 44225 – ℰ 0231 7100111 – www.cielo-restaurant.de – Geschlossen 1.-15. Januar, 6. Juli-6. August, Montag, Sonntag

In Dortmund-Kirchhörde Süd: 6 km

⑪○ Iuma ⓝ 🛜 AC

FUSION · CHIC XX Hier heißt es japanisch inspirierte Fusion-Küche mit top Produkten aus der Region und der Welt. Angenehm reduziert, modern und harmonisch verbindet man fernöstliche Aromen mit klassisch-europäischen Elementen. Zum Menü mit fünf, sieben oder zehn Gängen gibt es gute glasweise Weinempfehlungen. Wertig, elegant und stylish das Interieur samt markanter offener Küche.

Menu 69/99 €

Hagener Straße 231 ✉ 44229 – ℰ 0231 95009942 – www.iuma-dortmund.com – Geschlossen Montag, Dienstag, Sonntag, mittags: Mittwoch-Samstag

⑪○ VIDA 🛜 ⅇ AC P

KREATIV · DESIGN XX Das kommt an: hochwertiges, stylisches Ambiente, kreative internationale Küche und freundlicher Service, und dazu noch ein gutes Preis-Leistungs-Verhältnis. Wer es lieber etwas legerer hat, sitzt an den Hochtischen oder an der Bar - hier gibt es ein kleines Angebot an ambitioniertem "Bar Food".

Menu 58/92 € – Karte 48/88 €

Hagener Straße 231 ✉ 44229 – ℰ 0231 95009940 – www.vida-dortmund.com – Geschlossen Montag, Sonntag, mittags: Dienstag-Samstag

In Dortmund-Syburg Süd: 13 km

⑬ Palmgarden 🛜 ⇔ P

KREATIV · FREUNDLICH XxX So einiges erwartet Sie hier im 1. Stock der Spielbank Hohensyburg: Neben der tollen Lage über dem Ruhrtal - schön die Terrasse! - ist auch das chic-moderne Design des Restaurants ein Hingucker - dunkle, warme Töne schaffen in dem halbrunden Raum eine angenehm intime Atmosphäre. Michael Dyllong heißt der Chef am Herd. Er ist in Dortmund geboren und hat hier auch seine Ausbildung absolviert, 2011 übernahm er dann die Leitung der "Palmgarden"-Küche, die seit 2014 einen MICHELIN Stern hat. Dass Produktqualität bei seinen kreativen Gerichten einen enorm hohen Stellenwert hat, beweisen z. B. die topfrischen Rotbarbenfilets, zu denen sich die Aromen von dezent eingesetztem Koriander und Mango sehr gut machen. Tipp: Reservieren Sie mal den Chef's Table direkt an der offenen Küche!

Spezialitäten: Saibling, Pumpernickel, Gartengurke, Honig und Senf. Heritage Black Angus, Karotte, Spinat, Rotweinschalotten. Pfirsich, Weiße Schokolade, Pistazie, Dill.

Menu 49/99 €

Hohensyburgstraße 200 (in der Spielbank Hohensyburg) ✉ 44265 – ℰ 0231 7740735 – www.palmgarden-restaurant.de – Geschlossen 3. August-3. September, 21.-31. Dezember, Montag, Dienstag, mittags: Mittwoch-Sonntag

In Dortmund-Wambel Ost: 6 km

🍴○ **der Schneider** ⬅ 🏠 🅿

MODERNE KÜCHE · TRENDY ✗✗ Modern, jung und ambitioniert ist die Gastronomie des Hotels "ambiente". In trendig-schicker Atmosphäre gibt es innovative Küche zu einem sehr guten Preis-Leistungs-Verhältnis. Zur Wahl stehen die Klassiker des Hauses und das "Menü nach Maß". Appetit macht z. B. "Milchferkel, Fenchel, schwarzer Knoblauch". Die Gästezimmer sind freundlich, zeitgemäß und wohnlich.

Menu 54/74 € – Karte 30/52 €

Am Gottesacker 70 ✉ 44143 – ☏ 0231 4773770 – www.derschneider-restaurant.com – Geschlossen Montag, Sonntag, mittags: Dienstag-Samstag

DREIS (KREIS BERNKASTEL-WITTLICH)
Rheinland-Pfalz – Regionalatlas **45**–B15 – Michelin Straßenkarte 543

❀❀❀ **Waldhotel Sonnora** 🍴 ⬅ 🅿

FRANZÖSISCH-KLASSISCH · LUXUS ✗✗✗ Dass man hier das seit Jahren in höchsten Tönen gelobte und international bekannte Top-Niveau hält, ist der Verdienst von Clemens Rambichler, ehemaliger Souschef von Helmut Thieltges und seit 2017 sein Nachfolger in der "Sonnora"-Küche. Mit seinem Team führt er die Philosophie seines einstigen Großmeisters weiter: Man wahrt die gewohnte klassisch-französische Linie, passt sich aber dennoch behutsam der Zeit an - produktorientiert wie eh und je! Sehr zur Freude der Stammgäste werden sich Klassiker wie die kleine Torte vom Rinderfilet-Tatar mit Imperial-Kaviar immer auf der Karte finden. Zusammen mit dem wertigen, zeitlos-eleganten Interieur und dem Charme der Gastgeberin Ulrike Thieltges ist das Genuss-Erlebnis komplett. Während der Sommermonate werden auch im Freien die Tische gedeckt.

Spezialitäten: Carpaccio von bretonischem Kaisergranat mit Imperial-Kaviarcrème und Haselnuss-Limonenmarinade. In der Schale gegrillter Hummer mit Langustinencrème. Marmoriertes Kokos-Mangoeis mit Ananas „Kreolischer Art" und Basilikum-Limettensorbet.

Menu 195/225 € – Karte 113/199 €

Waldhotel Sonnora, Auf'm Eichelfeld 1 ✉ 54518 – ☏ 06578 98220 – www.hotel-sonnora.de – Geschlossen 1.-23. Januar, 22.-29. April, 22. Juli-5. August, 27.-31. Dezember, Montag, Dienstag, mittags: Mittwoch-Samstag

🏨 **Waldhotel Sonnora** 🏡 🕸 ⬅ 🛎 🅿

FAMILIÄR · KLASSISCH Über einen Waldweg erreicht man eine richtige Oase, nicht nur kulinarisch, denn man kann hier auch sehr schön übernachten: Die Zimmer sind stilvoll-hochwertig oder etwas einfacher. Zudem genießt man das Engagement, die ruhige Lage und den tollen Garten!

20 Zimmer 🛏 - 🍴 150/310 €

Auf'm Eichelfeld 1 ✉ 54518 – ☏ 06578 98220 – www.hotel-sonnora.de – Geschlossen 1.-23. Januar, 22.-29. April, 22. Juli-5. August

❀❀❀ **Waldhotel Sonnora** – Siehe Restaurantauswahl

DRESDEN

Sachsen – Regionalatlas **43**–Q12 – Michelin Straßenkarte 544

Wir mögen besonders...

Sich schon beim Schlendern durch die wunderschöne Altstadt von dem als „Elbflorenz" bezeichneten Dresden auf ausgezeichnete Gastronomie freuen – auf der anderen Seite der Elbe können Sie zwischen den drei 1-Stern-Restaurants **Caroussel**, **Elements** und **Genuss-Atelier** wählen. Nach dem Besuch der Ausstellungen im eindrucksvollen Zwinger im Restaurant **Alte Meister** gemütlich speisen - von hier sind es nur wenige Schritte zur Semperoper und zum Residenzschloss. Die sympathische Atmosphäre und die schmackhafte Küche des **Schmidt's** in den ehemaligen Werkstätten für Handwerkskunst in Hellerau. Nach einer kurzen Fahrt zum herrlich direkt an der Elbe gelegenen Schloss Pillnitz auf der tollen historischen Anlage im **Kaminrestaurant** gehobene Küche genießen.

Restaurants

⚜ **Caroussel**   🏞 ⚒ 🆎 ⇄ 🚗

FRANZÖSISCH-KLASSISCH · ELEGANT XxX Kunst hat Einzug gehalten im "Caroussel". Stardesigner Carlo Rampazzi hat dem Fine-Dining-Restaurant des Hotels
"Bülow Palais", einem wunderschönen, nach original Plänen wieder aufgebauten
Gebäude im Dresdner Barockviertel, ein neues Gesicht gegeben! Hier stechen
nun moderne Bilder und Skulpturen ins Auge, die im dem mit warmem Parkettboden und schicken Stühlen ausgestatteten Raum gekonnt zeitgenössische und
farblich frische Akzente setzen. Doch auch das verjüngte Design kann der Küche
von Benjamin Biedlingmaier nicht die Show stehlen. Auf dem Teller - serviert wird
nach wie vor auf Meissener Porzellan! - fehlen weder moderne Ideen noch die
klassische Basis. Ganz die Handschrift von Biedlingmaier: die "Faux Gras", eine
tolle vegetarische Version der Gänsestopfleber!

Spezialitäten: Beete, Apfel und Walnuss. Rinderschulter, Topinambur, karamellisierter Apfel und Kaffee. Fichte, Graubrot, Haselnuss und Himbeere.

Menu 120/150 €

Stadtplan: F1-c – *Hotel Bülow Palais, Königstraße 14* ✉ *01097* – ✆ *0351 8003140* –
www.buelow-palais.de – *Geschlossen 9.-25. Februar, 26. Juli-11. August, Montag,
mittags: Dienstag-Sonntag*

⚜ **Elements** (Stephan Mießner)   🏞 🏠 ⚒ 🅿

MODERNE KÜCHE · FREUNDLICH XX Industrie-Architektur, Loft-Flair, trendig-
elegantes Design..., das ist richtig chic! Im Juni 2010 haben Stephan Mießner und
seine Frau Martina im geschichtsträchtigen "Zeitenströmung"-Gebäudeensemble
ihr "Elements" eröffnet - er leitet die Küche, sie kümmert sich sympathisch und
versiert um die Gäste. In dem großzügigen Raum mit bodentiefen Rundbogen-
fenstern, unverputzten Wänden und schönem Dielenboden sitzt man unter einer
hohen offenen Decke auf bequemen braunen Ledersesseln im Vintage-Stil und
genießt angenehm klare saisonale Küche, die moderne Elemente ebenso ein-
bezieht wie die klassische Basis. Wer schon mittags essen möchte, der bekommt
im legeren "DELI" Internationales. Gemütlich machen kann man es sich zudem in
der "Niagara"-Zigarrenlounge. Praktisch: Die Straßenbahn hält vor dem Haus.

Spezialitäten: Bunter Blumenkohlsalat, Purple Curry, Holunder, Parmesan-
Marshmallow. Perlhuhn, Pfifferlinge, Pilz-Béarnaise, Maiscrêpes. Peruanisches
Basilikumgranola, gratinierter Chesse Cake.

Menu 55/90 € – Karte 65/70 €

Stadtplan: C1-k – *Königsbrücker Straße 96 (Zeitenströmung Haus 25 -
26)* ✉ *01099* – ✆ *0351 2721696* – *www.restaurant-elements.de* – *Geschlossen 20.-23.
Februar, Sonntag, mittags: Montag-Samstag*

🍴 **DELI** – Siehe Restaurantauswahl

⚜ **Genuss-Atelier** (Marcus Blonkowski)   🏠

MODERNE KÜCHE · INTIM X Lockere, ungezwungene Atmosphäre und Sterneküche? Wie wunderbar das zusammenpasst, beweisen die Geschwister Marcus
und Nicole Blonkowski hier in der Dresdner Neustadt. Schön sitzt man sowohl im
Gewölbe der stattlichen Sandsteinvilla von 1902 als auch draußen auf der hübschen Terrasse. Marcus Blonkowski (er war u. a. bei Silvio Nickol im Gourmeres-
taurant des "Palais Coburg" in Wien oder auch bei Christian Bau im "Schloss
Berg" in Perl-Nennig tätig) bietet eine interessante modern-kreative Küche, ausdrucksstark und klar im Aufbau. Bemerkenswert: das Preis-Leistungs-Verhältnis!
Man beschränkt sich nicht auf Luxusprodukte, dennoch ist alles, was verarbeitet
wird, von ausgesuchter Qualität, aber eben erschwinglich! Noch ein praktischer
Hinweis: Am Haus befindet sich eine Bus-/Bahn-Haltestelle.

Spezialitäten: Entenleber, Portwein, Brioche. Zweierlei vom Rind, Marone, Petersilienwurzel. Birne, Mandel, Rosine.

Menu 49/89 €

Stadtplan: C2-a – *Bautzner Straße 149* ✉ *01099* – ✆ *0351 25028337* –
www.genuss-atelier.net – *Geschlossen 5.-20. Januar, 12.-27. Juli, 18.-26. Oktober,
Montag, Sonntag, mittags: Dienstag-Freitag*

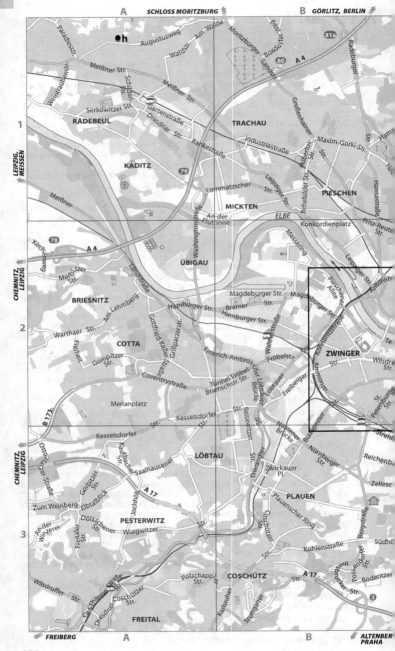

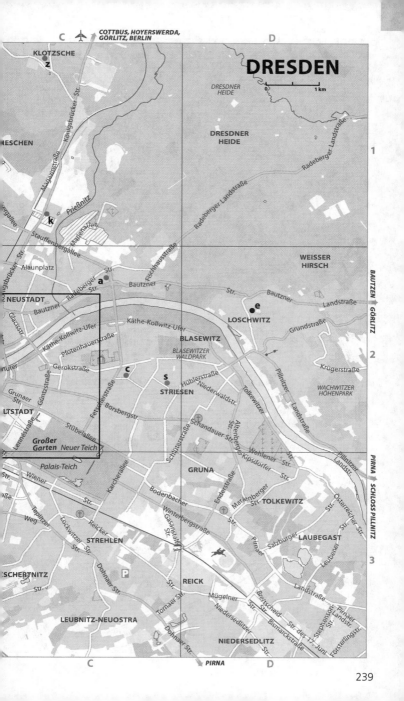

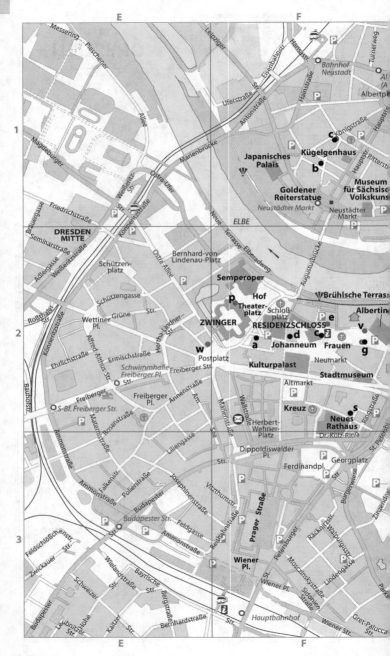

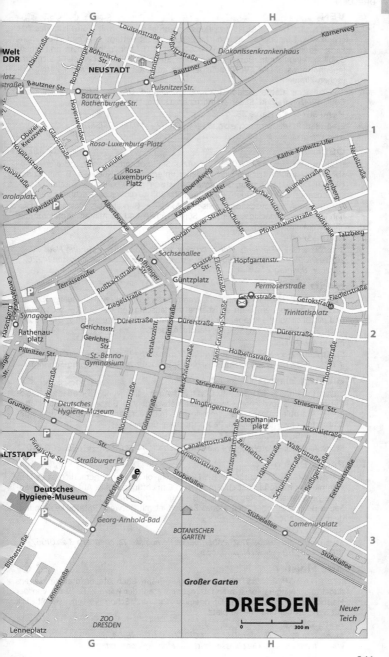

DRESDEN

⊛ VEN　　　　　　　　　⬅ 🏠 ♿ 🅰🅲 ⇪ 🚗

INTERNATIONAL · TRENDY ✗✗ Puristisch-urbaner Chic mit Loft-Flair, das hat schon was! Der überaus freundliche Service reicht mittags eine einfache Lunch-karte, abends wird es dann anspruchsvoller, z. B. bei "gebratenem arktischem Saibling, eingelegten Buchenpilzen, Dim Sum". Draußen lockt die geschützte Innenhofterrasse. Das "VEN" befindet sich im Hotel "Innside by Meliá" mit sty-lischen Zimmern.

Spezialitäten: Caesar Salad. Goldforelle, Mangold, Orange, Passionsfrucht Cous Cous, Weizengrassud. Sauerrahmtörtchen, Quitte, Mohnbiskuit, Mate.

Menu 36/45 € – Karte 38/47 €

Stadtplan: F2-v – *Rampische Straße 9* ✉ *01067* – ☎ *0351 795151021* – *www.ven-dresden.de*

⊛ DELI　　　　　　　　　　🏠 ♿ 🅿

INTERNATIONAL · TRENDY ✗ Hier sitzen Sie in unkomplizierter, lockerer Atmo-sphäre an großen Tischen und genießen internationale Küche, z. B. als "crispy Oktopus, Miso-Mayonnaise, Gurkensalat asiatisch" oder "pulled Lammschulter, Bal-samicosauce, Bohnenragout". Für eilige Mittaggäste gibt es auch schnelle Gerichte.

Spezialitäten: Crispy Oktopus, Miso-Mayonnaise, Gurkensalat. Massamam Mais-hähnchencurry, knackiges Gemüse, Süßkartoffeln und Jasminreis. Apfelcrumble, Milchschokoladencreme.

Karte 33/44 €

Stadtplan: C1-k – *Elements, Königsbrücker Straße 96 (Zeitenströmung Haus 25 - 26)* ✉ *01099* – ☎ *0351 2721696* – *www.restaurant-elements.de* – *Geschlossen 14.-20. Oktober, Sonntag*

⫶○ Moritz　　　　　　　　　🏠 🅰🅲 ⇪ 🚗

INTERNATIONAL · ELEGANT ✗✗✗ Wenn das Wetter es zulässt, sollten Sie auf der Terrasse speisen, denn es ist eine der lauschigsten der Stadt - schön ruhig und mit Blick auf die Kuppel der Frauenkirche! Auf der Karte macht z. B. "Tauben-brust, Kirsche, Portwein, Sellerie, Rauch" Appetit.

Menu 49/79 €

Stadtplan: F2-g – *Hotel Suitess, An der Frauenkirche 13 (5. Etage)* ✉ *01067* – ☎ *0351 417270* – *www.moritz-dresden.de* – *Geschlossen mittags: Montag-Sonntag*

⫶○ Bülow's Bistro　　　　　　　🏠 ♿ 🅰🅲 🚗

TRADITIONELLE KÜCHE · ELEGANT ✗✗ Auch die wohnlich-elegante Bistro-Variante der Bülow'schen Gastronomie verwöhnt ihre Gäste mit schmackhafter Küche - probieren Sie z. B. "Pomelosalat mit gebratenen Garnelen" oder "ge-schmorte Schweinebäckchen, Paprikapolenta, Cipollini".

Menu 44/58 € – Karte 23/63 €

Stadtplan: F1-c – *Hotel Bülow Palais, Königstraße 14* ✉ *01097* – ☎ *0351 8003140*

⫶○ Palais Bistro　　　　　　　　🏠 ♿ 🅰🅲 🚗

FRANZÖSISCH-KLASSISCH · BISTRO ✗✗ Stilvoll und leger-gemütlich ist es hier, stimmig das Bistroflair mit chic-modernen Einrichtungsdetails. Auf der Karte fran-zösische Speisen und Regionales, z. B. "angemachtes Rindertatar, Pommes Frites, Sauce Béarnaise" oder "gebratenes Zanderfilet mit Rotwein, Ratatouille, Bandnu-deln, Oliventapenade".

Karte 31/70 €

Stadtplan: F2-a – *Hotel Taschenbergpalais Kempinski, Taschenberg 3* ✉ *01067* – ☎ *0351 4912710* – *www.kempinski.com*

⫶○ Alte Meister　　　　　　　　　🏠 ⇪

INTERNATIONAL · BISTRO ✗ Im einstigen Braun'schen Atelier in einem Seiten-flügel des Zwingers speist man international - auf der Karte z. B. "Brust von der Maispoularde, Orangensauce, Ofengemüse, Polenta". Schön die Terrasse mit Blick auf Semperoper und Theaterplatz.

Karte 32/55 €

Stadtplan: F2-p – *Theaterplatz 1a* ✉ *01067* – ☎ *0351 4810426* – *www.altemeister.net* – *Geschlossen mittags: Montag-Donnerstag*

⑪○ **william**

DEUTSCH · CHIC ✗ Das Schauspielhaus ist ein stilvoller Rahmen für das schicke Restaurant mit Bar und Lounge. Der Fokus liegt auf junger deutscher Küche mit modern inspirierten Gerichten wie "Königsberger Klopse, Rote Beete, Kapern". Tipp: Pausenverpflegung für Theaterbesucher.

Menu 37/46 € – Karte 33/47 €

Stadtplan: E2-w – *Theaterstraße 2 (im 2. OG Staatsschauspiel Dresden)* ✉ *01067 –*
☎ 0351 49 13 976 – www.restaurant-william.de – Geschlossen 6.-26. Juli, Montag, Dienstag, mittags: Mittwoch-Sonntag

Hotels

🏨 **Taschenbergpalais Kempinski**

GROßER LUXUS · KLASSISCH Ein prächtiges rekonstruiertes Barockpalais, das nicht nur für Luxus steht, auch der Charme von einst steckt hier drin! "High Tea" im "Vestibül", rauchen können Sie in der "Karl May Bar". Schön der Freizeitbereich im obersten Stock. Und im Winter zum Eislaufen in den Innenhof?

195 Zimmer – †† 135/1050 € – ♀ 35 € – 17 Suiten

Stadtplan: F2-a – *Taschenberg 3* ✉ *01067 – ☎ 0351 49120 – www.kempinski.com*
⑪○ **Palais Bistro** – Siehe Restaurantauswahl

🏨 **Bülow Palais**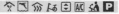

HISTORISCH · KLASSISCH Sie suchen einen Ort voller Charme und persönlicher Gastlichkeit? In dem intensiv geführten Haus im Barockviertel werden Service, Wohnkomfort und Stil groß geschrieben. Die Zimmer sind wertig und liebevoll eingerichtet, das Frühstück ist exzellent und zum Relaxen gibt es den kleinen Spabereich in der obersten Etage.

55 Zimmer – †† 125/405 € – ♀ 28 € – 3 Suiten

Stadtplan: F1-c – *Königstraße 14* ✉ *01097 – ☎ 0351 80030 – www.buelow-palais.de*
⑪○ **Bülow's Bistro** · ✿ **Carousell** – Siehe Restaurantauswahl

🏨 **Gewandhaus Dresden**

BOUTIQUE-HOTEL · DESIGN Mit Geschmack und Gefühl für die Historie des Hauses entstand dieses schicke Boutique-Hotel. Stilvoll designte Zimmer von Standard bis zur Juniorsuite. Stylish das Restaurant "(m)eatery" mit Internationalem wie Dry Aged Beef, Tatar, Fisch und Burgern. Hausgebackenes im "Kuchen Atelier" (Mi. - So.).

97 Zimmer – †† 139/409 € – ♀ 25 €

Stadtplan: F2-s – *Ringstraße 1* ✉ *01067 – ☎ 0351 49490 – www.gewandhaus-hotel.de*

🏨 **Bülow Residenz**

HISTORISCHES GEBÄUDE · ROMANTISCH Mit seiner bis ins Jahr 1730 zurückreichenden Geschichte versprüht dieses kleine Bijou einen ganz eigenen Charme! Hier sind Ihnen persönliche Betreuung, schönes Wohnen und feines Frühstück gewiss. Parken und Wellness im wenige Meter entfernten Partnerhotel.

27 Zimmer – †† 89/179 € – ♀ 18 € – 1 Suite

Stadtplan: F1-b – *Rähnitzgasse 19* ✉ *01097 – ☎ 0351 8003291 –*
www.buelow-residenz.de/romantikhotel-dresden

🏨 **Suitess**

LUXUS · KLASSISCH Eindrucksvoll die schön rekonstruierte Fassade, das Interieur ebenso geschmackvoll und edel: luxuriöse Zimmer voller ausgesuchter Materialien. Perfekt die Lage einen Steinwurf von der Frauenkirche entfernt! Der Service zuvorkommend und angenehm unaufdringlich. Für Gin-Freunde: die Bar "Dresden Gin House".

25 Zimmer ♀ – †† 140/190 € – 9 Suiten

Stadtplan: F2-g – *An der Frauenkirche 13* ✉ *01067 – ☎ 0351 417270 –*
www.suitess-hotel.com
⑪○ **Moritz** – Siehe Restaurantauswahl

Hyperion Hotel Am Schloss ⚜ 🐒 ♨ 🖨 ⚿ 🅰🄲 🏋 🚗

URBAN · DESIGN Ein ausgezeichnet geführtes Stadthotel! Außen ist das Gebäude dem historischen Vorbild nachempfunden, innen bestechen chic-modernes Design sowie Großzügigkeit in Zimmern und öffentlichen Bereichen. Schön relaxen kann man im jahrhundertealten Gewölbe. In der "Wohnstube" serviert man regionale Küche.

235 Zimmer 🍵 – 🍴 100/350 €

Stadtplan: F2-d – *Schlossstraße 16* ✉ *01067* –
℘ *0351 501200* – *www.h-hotels.com*

Vienna House QF 🖨 ⚿ 🅰🄲 🏋

BOUTIQUE-HOTEL · MODERN Die Lage an der Frauenkirche könnte kaum besser sein! Und das schicke, angenehm diskrete Boutique-Hotel hat noch mehr zu bieten: modern-komfortable Zimmer designt by Bellini! Dazu die moderne Bar im 6. Stock, und das Frühstück kann sich ebenfalls sehen lassen.

95 Zimmer 🍵 – 🍴 120/269 € – 2 Suiten

Stadtplan: F2-c – *Neumarkt 1* ✉ *01067* –
℘ *0351 5633090* – *www.viennahouse.com*

In Dresden-Hellerau

▣○ Schmidt's 🍴 ⚿ 🅿

KREATIV · BISTRO ✗ Wer hätte gedacht, dass in den Hellerauer Werkstätten für Handwerkskunst (1909 von Karl Schmidt gegründet) einmal gekocht wird? In moderner Bistro-Atmosphäre gibt es z. B. "Variation von Langburkersdorfer Fischen im Bouillabaisse-Sud". Preislich interessant: das Menü "Schmidt's Karte rauf und runter".

Menu 42/52 € – Karte 34/45 €

Stadtplan: C1-z – *Moritzburger Weg 67 (in den Hellerauer Werkstätten)* ✉ *01109* –
℘ *0351 8044883* – *www.schmidts-dresden.de* – *Geschlossen Sonntag,*
mittags: Montag und Samstag

In Dresden-Lockwitz Süd-Ost: 11 km über Dohnaer Straße D3

▣○ Landhaus Lockwitzgrund ⟺ 🍴 ⇌ 🅿

INTERNATIONAL · LÄNDLICH ✗ In den historischen ehemaligen Stallungen der alten "Makkaroni-Fabrik" sitzt man gemütlich unter einem Kreuzgewölbe und speist z. B. "Jungbullenbrust, Petersilien-Rahmsauce, Spitzkohl, Semmelknödel". Und als Vorspeise vielleicht "Vitello Tonnato"? Gepflegt übernachten kann man hier außerhalb im Grünen übrigens auch.

Menu 32 € – Karte 26/47 €

außerhalb Stadtplan – *Lockwitzgrund 100* ✉ *01257* –
℘ *0351 2710010* – *www.landhaus-lockwitzgrund.de* – *Geschlossen 6.-24. Januar,*
Montag

In Dresden-Pillnitz Süd-Ost: 13 km über Pillnitzer Landstraße D3

▣○ Kaminrestaurant ⟺ 🍴 ⚿ 🅰🄲 ⇌ 🅿

INTERNATIONAL · KLASSISCHES AMBIENTE ✗✗ In dem klassisch gehaltenen Restaurant (gemütlich im Winter das Kaminfeuer!) setzt man auf saisonale Küche mit vielen Bioprodukten. Darf es vielleicht "gebratene Jakobsmuschel, Cousous, Joghurt, Apfel" sein? Oder lieber "Lammcarré, Kräuterseitlinge, Bohnenkerne, Kirsch-Semmelknödel"? Neben dem Restaurant bietet das "Schloss Hotel" auch schöne wohnliche Zimmer.

Menu 25 € (Mittags), 35/49 € – Karte 37/62 €

außerhalb Stadtplan – *August-Böckstiegel-Straße 10* ✉ *01326* –
℘ *0351 26140* – *www.dresden-kaminrestaurant.de* – *Geschlossen 1. Januar-31. März,*
Montag, Dienstag

In Dresden-Striesen

Daniel

KLASSISCHE KÜCHE · FAMILIÄR ✗ In dem hellen geradlinigen Restaurant samt hübscher Terrasse gibt es mittags einfachen Lunch, abends kocht man gehoben-saisonal - probieren Sie z. B. klassische Terrinen oder auch "gebratenen Wels, Noilly-Prat-Sauce, Fenchelgemüse, Kartoffelstampf". Auf Reservierung bekommt man auch mittags die Abendkarte.

Spezialitäten: Kalbfleisch und Lachsforellencrème, gebackene Kapern und Kräutersalat. Gegrillte Durocschulter und Perlzwiebelsauce, Kürbis, Kräuter- Kartoffelstampf. Orangen-Panna cotta und Schokoladenmousse.

Menu 18 € (Mittags), 35/42 € – Karte 19/55 €

Stadtplan: C2-c – *Gluckstraße 3* ✉ *01309 - ℰ 0351 81197575 -*
www.restaurant-daniel.de – Geschlossen 1.-7. Januar, Montag, Sonntag,
mittags: Samstag

Spizz

INTERNATIONAL · FREUNDLICH ✗ Modern-gemütlich hat man es in dem hübschen Altbau am Barbarossaplatz. Das mögen die vielen Stammgäste ebenso wie die Küche: Es gibt Klassiker und Internationales, von "Bouillabaisse" über "Vitello Tonnato" bis "Kalbsleber & Bries mit Bärlauchpüree". Tipp: dienstagabends "Beef Tatar".

Karte 29/54 €

Stadtplan: C2-s – *Augsburger Straße 49* ✉ *01309 - ℰ 0351 3190626 -*
www.restaurant-spizz.de – Geschlossen Sonntag

DRIBURG, BAD

Nordrhein-Westfalen – Regionalatlas **28**–G10 – Michelin Straßenkarte 543

Caspar's

KLASSISCHE KÜCHE · ELEGANT ✗✗ In eleganter Atmosphäre (schön die hellen Töne, die raumhohen Bücherregale, die große Fensterfront...) wird kreativ-internationale Küche serviert. Im Sommer genießt man auf der Terrasse eine herrliche Blumenpracht. Mittags bietet man nur drei Tagesgerichte sowie Kaffee und Kuchen.

Karte 41/58 €

Hotel Gräflicher Park, Brunnenallee 1 ✉ *33014 - ℰ 05253 952320 -*
www.graeflicher-park.de – Geschlossen mittags: Montag-Samstag, abends: Sonntag

Gräflicher Park

HISTORISCH · KLASSISCH Familie Graf von Oeynhausen-Sierstorpff hat hier ein tolles weitläufiges Anwesen a. d. 18. Jh. samt Kurhaus und Wildgehege, altem Baumbestand und hübschen Beeten. Wohnlich-individuelle Zimmer, Spa auf 1500 qm (u. a. ganzjährig beheizter Außenpool), Ayurveda-Zentrum und gute Veranstaltungsmöglichkeiten. Restaurant "Pferdestall" mit schönem altem Gewölbe und Showküche.

135 Zimmer ☑ – ♟♟ 169/279 €

Brunnenallee 1 ✉ *33014 - ℰ 05253 95230 - www.graeflicher-park.de*
🍴 **Caspar's** – Siehe Restaurantauswahl

DUDELDORF

Rheinland-Pfalz – Regionalatlas **45**–B15 – Michelin Straßenkarte 543

Torschänke

REGIONAL · FREUNDLICH ✗ Das Gasthaus liegt direkt am alten Obertor des kleinen Dorfes. Ein sympathisches Lokal, urig und gemütlich. Mit ausgesuchten Zutaten wird frisch und lecker gekocht - da macht z. B. "Zander mit Blattspinat, Pinienkernen und Kartoffeln" Appetit.

Spezialitäten: Scheiben von der Kalbszunge mit Granatapfel-Kapern-Rosinen-Vinaigrette. Lachsfilet im Blätterteig, Riesengarnele und Meerrettichsoße. Heiße Apfelklöße mit Vanilleeis und Zimtzucker.

Menu 35/39 € – Karte 36/44 €

Philippsheimer Straße 1 ⊠ 54647 – ☎ 06565 2024 – www.torschaenke-dudeldorf.de – Geschlossen Montag, Sonntag

DÜRKHEIM, BAD

Rheinland-Pfalz – Regionalatlas **47**–E16 – Michelin Straßenkarte 543

ⅠⅠ○ **Weinstube Bach-Mayer** ⌂

REGIONAL · WEINSTUBE ⅹ In der gut geführten historischen Weinstube (schön das Portal a. d. 18. Jh.) darf man sich auf gemütliche Atmosphäre und Gerichte mit saisonalem und regionalem Bezug freuen. Appetit macht z. B. geschmorte Ochsenschulter - oder wie wär's im Winter mit Gans?

Menu 41/46 € – Karte 29/42 €

Gerberstraße 13 ⊠ 67098 – ☎ 06322 92120 – www.bach-mayer.de – Geschlossen 12.-23. September, Dienstag, Mittwoch, mittags: Montag und Donnerstag-Freitag

DÜSSELDORF

Nordrhein-Westfalen – Regionalatlas **25**–B11 – Michelin Straßenkarte 543

Wir mögen besonders...

Gleich in zwei Restaurants die Küche des bekannten
Yoshizumi Nagaya kennen lernen: im **Yoshi** klassisch
japanisch, im **Nagaya** mit westlichen Einflüssen. Das ganz
besondere Konzept des **Setzkasten**: Sterneküche in einem
Supermarkt! In der coolen Bar im 17. Stock des **25hours
hotel das tour** den Blick über die Stadt schweifen lassen –
aber auch das tolle Design macht einen Aufenthalt im Hotel
lohnenswert. **Im Schiffchen** von Jean-Claude Bourgueil als
DER Klassiker in Kaiserswerth. Praktisch ein Muss für
Besucher der Mode- und Kunststadt ist ein Bummel durch
die Altstadt mit ihren zahlreichen urigen Kneipen. Nicht
ohne Grund spricht man hier von der „längsten Theke der
Welt" - Biertrinker bestellen natürlich ein „Alt"!

Restaurants

⊗ Nagaya

JAPANISCH · FREUNDLICH ✕✕ Ohne Zweifel ist die Küche von Yoshizumi Nagaya etwas Besonderes. Durchdacht, klar und präzise fügt er japanische und westliche Elemente zusammen. Während seiner Ausbildung in Osaka lehrte Toshiro Kandagawa ihn die traditionelle japanische Küche, den innovativen Stil lernte er bei Takada Hasho in Gifu kennen. Daraus entwickelte er seine eigene Handschrift, die beides vereint. Exzellente Produkte sind Ehrensache. Erstklassiges Wagyu-Rind gibt es hier sowohl aus Europa als auch aus Japan. Ebenso klasse der bretonische Hummer sowie Sushi und Sashimi in Top-Qualität. Dazu darf - neben guten Weinen - eine schöne Sake-Auswahl nicht fehlen. Nicht minder anspruchsvoll der Service: Aufmerksam und professionell umsorgt man in dem mit fernöstlicher Zurückhaltung eingerichteten Restaurant seine Gäste.

Spezialitäten: Thunfischtatar mit Kaviar. Kabeljau, Shiitake, Schwarzwurzel, Maitake-Pilze und Wasabibutter. Kürbiskaramell, Mousse, Eis.

Menu 45€ (Mittags), 148/189€ – Karte 81/201€

Stadtplan: K2-n – *Klosterstraße 42* ✉ *40211 – ℰ 0211 8639636 – www.nagaya.de – Geschlossen 27. Juli-10. August, 24.-31. Dezember, Montag, Sonntag*

⊗ Agata's

MODERNE KÜCHE · TRENDY ✕✕ Sie mögen die Aromen Asiens? Unter der Leitung von Jörg Wissmann entstehen modern-kreative Gerichte, die sowohl europäisch geprägt sind als auch japanische und koreanische Einflüsse haben - letztere sind den halbkoreanischen Wurzeln des Küchenchefs zu verdanken, die er ausgesprochen geschickt einzubringen weiß. Erwähnenswert ist da nicht nur das ausgezeichnete Luma-Kalbsherz mit Shiitake, Kartoffel, Birne, Pekannuss und Gochujang! Dass man hier auch noch richtig nett sitzt, liegt an der schicken und zugleich warmen Atmosphäre. Modernes Design, erdige Töne, florale Deko... , das komplette Interieur ist überaus wertig! Und für kompetenten Service samt ebensolcher Weinberatung ist ebenfalls gesorgt, denn Patronne Agata Reul hat hier ein charmantes und versiertes Team um sich.

Spezialitäten: Sojabohnen, Sojasprossen, Edamame, Natto, Yuba, Shiitake. Wagyu Beef, Karubi, Schwarzwurzel, Kombu, Saikyo Miso. Blue Mountain Kaffee, Banane, Süßkartoffel, Rum.

Menu 69/132€

Stadtplan: F3-g – *Kirchfeldstraße 59* ✉ *40217 – ℰ 0211 30030616 – www.agatas.de – Geschlossen 1.-9. Januar, Montag, Sonntag, mittags: Dienstag-Samstag*

⊗ Berens am Kai

MODERNE KÜCHE · TRENDY ✕✕ Lust auf ein Menü namens "Modern"? Oder ziehen Sie Klassiker à la carte vor? Bei Holger Berens gibt es beides. 1998 eröffnete der Patron und Küchenchef sein Restaurant in dem Geschäftshaus am Medienhafen, damals unter dem Namen "An'ne Bell". Gekocht wird saisonal und immer mit hochwertigen Produkten. Gelungene Kontraste und zugleich schöne Harmonie zeigt beispielsweise die Kombination aus zartem Kalbsbries, Teriyaki-Sauce, gegrillter Ananas, knackiger Erdnuss und Kokos. Ein tolles Extra neben dem ausgezeichneten Essen ist der Hafenblick, den die raumhohe Fensterfront freigibt - da ist die Terrasse natürlich ebenso gefragt! Wer Wein mag, wird sich über die gut sortierte Karte freuen - gerne bietet man Ihnen am Tisch auch offene Weine an.

Spezialitäten: Roh marinierte Gänseleber, Artischocken-Aioli, Bohnensalat mit confierten Trüffeln. Anjou Taube, Brombeere, eingelegte Seitlinge, roter Curry. Buchweizen, Kaffee, Haselnuss, Schokolade.

Menu 99/155€ – Karte 88/118€

Stadtplan: F3-d – *Kaistraße 16* ✉ *40213 – ℰ 0211 3006750 – www.berensamkai.de – Geschlossen 1.-31. Januar, Dienstag, Sonntag, mittags: Samstag*

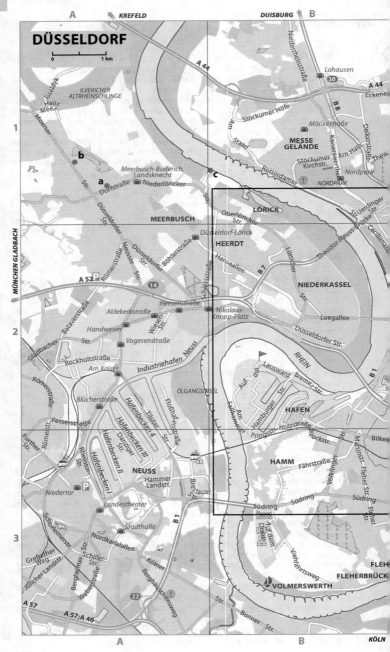

DÜSSELDORF

0 1 km

KREFELD
DUISBURG

ILVERICHER ALTRHEINSCHLINGE

Haus Mee-

Moerser

Isseldyk

b

a

Dorfstraße

Niederlöricker

Meerbusch-Büderich, Landsknecht

Str.

Düsseldorfer

Str.

MEERBUSCH

MÜNCHEN GLADBACH

Niederrheinstraße

Lohausen

30

A 44

Eckener

B 8

Stockumer Höfe

Mörikestraße

Staad

MESSE GELÄNDE

Kaiserswerther

Am Hahn

Thew

Deikerstraße

Stockumer Kirchstr.

Nordpark

NORDPARK

Rotterdamer

c

LÖRICK

Oberlöricker Str.

Düsseldorf-Lörick

Böhlerstraße

HEERDT

Hansaallee

Schiess

Str.

B 7

Lüricher

Theodor-Heuss-Brücke

St.-Uerdinger Str.

Cecilienallee

Str.

A 52

P

14

Römerstraße

Neusser

Str.

Düsseldorfer

Heesenstraße

Nikolaus-Knopp-Platz

NIEDERKASSEL

Str.

Luegallee

Düsseldorfer Str.

Aldekerkstraße

Wiesen-

Str.

Bataverstraße

Handweiser

Vogesenstraße

Gladbacher

Str.

Bockholtstraße

Am Kaiser

Industriehafen Neuss

RHEIN

Römerstraße

Blücherstraße

Hafenbecken 4

Tilsiter

Flußhafenstraße

ÖLGANGSINSEL

Auf dem

Tauswardt

Bremer-Str.

Hamburger

Str.

HAFEN

B 1

Fesserstraße

Rheinort

Str.

Danziger

Str.

Am

Fallhammer

Erringsstr.

Holzstraße

Stockstr.

Bilker

Further

Str.

Hafenbecken III

Hafenbecken II

NEUSS

Martinstr.-Fleher Str.

Niedertor

P

Hafenbecken I

Hammer

Landstr.

Breslauer

Str.

HAMM

Fährstraße

Volklinger

Str.

Südring

Fleher

Str.

Landestheater

Stadthalle

B 1

Südring

Südring

Südring

Scholtenstr.

Nordkanalallee

Kölner

Auf dem

Draap

Viehfahrtsweg

FLEH

FLEHERBRÜCK

Greffrather Weg

Jülicher Landstr.

Berghofer

Str.

Schiller-

Str.

Weberstraße

22

Berghäuschensweg

Str.

VOLMERSWERTH

A 57

A 57; A 46

Bonner Str.

KÖLN

A B

250

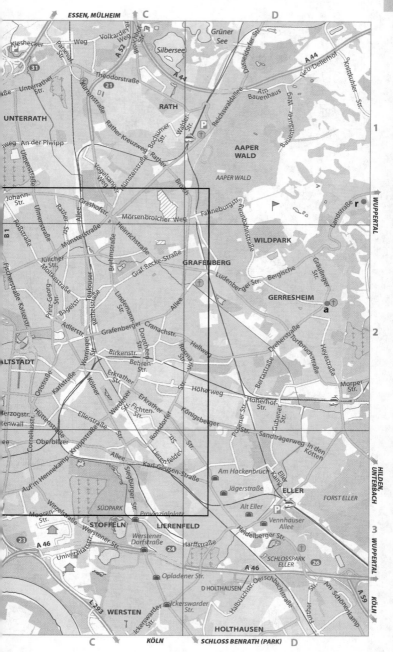

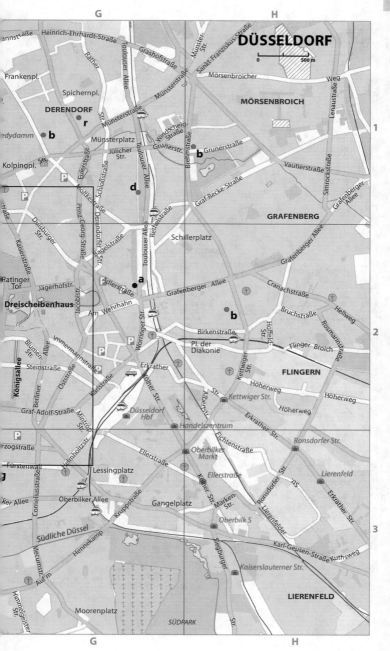

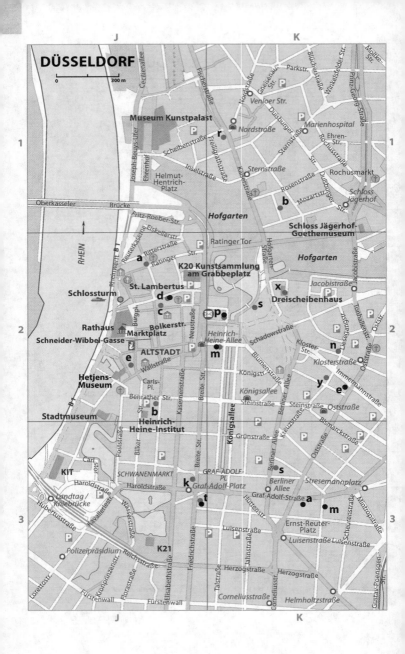

⍟ Le Flair (Dany Cerf)

FRANZÖSISCH · FREUNDLICH ⅩⅩ Da hat jemand ein Faible für die klassisch-französische Küche! Gemeint ist Dany Cerf. Der Patron und Küchenchef des inzwischen recht puristisch und mit elegantem Touch designten Restaurants stammt aus der französischsprachigen Schweiz und hat zuvor in renommierten Adressen wie dem "Baur au Lac" in Zürich oder bei Jean-Claude Bourgueil gekocht. Im "Le Flair", das er gemeinsam mit Partnerin Nicole Bänder führt, beeindruckt er in einem 4- oder 6-Gänge-Menü mit angenehmer Geradlinigkeit und hervorragenden Produkten. Durchdacht und gelungen wird z. B. bretonischer Hummer mit Kamillearoma, jungem Spinat und Zitronenperlen kombiniert. Dabei entstehen schöne Kontraste und gleichzeitig eine tolle geschmackliche Harmonie. Das ist Sterneküche ohne Schnörkel!

Spezialitäten: Gedämpfter Steinbutt, Venere Reis, Haddockschaum. Rehrücken, Brombeere, Kakao, Marone. Kokosnussmousse, Apfel, Sellerie, Gurke, Ananas-Anis-Schaum.

Menu 79/119 €

Stadtplan: G1-d – *Marc-Chagall-Straße 108* ✉ *40477* –
✆ *0211 51455688* – *www.restaurant-leflair.de* –
Geschlossen Montag, Dienstag, mittags: Mittwoch-Samstag

⍟ Setzkasten 🅰🅲

MODERNE KÜCHE · CHIC ⅩⅩ Sternerestaurant im Supermarkt? Dieses Gastro-Konzept ist ein absolutes Novum in Düsseldorf! Zu erleben im UG des "Crown", einem der größten Lebensmittelmärkte Europas! Nicht nur die Location ist erwähnenswert: Zum schicken Ambiente samt teils einsehbarer Küche (besondere Einblicke hat man vom Chefstable) bieten Küchenchef Anton Pahl und sein Team kreativ-moderne Gerichte. Der gebürtige Kasache setzt auf top Produkte - schön ausgewogen und klar die Zubereitung. Gelungen und nicht überladen ist z. B. die Kombination aus Seezunge, Sellerie, Wasabi und Sudachi-Limone. Am Abend wählen Sie ein 3-, 4- oder 5-Gänge-Menü, mittags gibt es eine legere Speisekarte.

Spezialitäten: Ceviche vom Kingfish, Finger Limes, Sargassum, Plankton, Gurke. Hida Beef, Chai Tea, Zwiebelgewächse, gefrorener Holunder. Kirsche, Frucht und Kern, Blatt und Ast.

Menu 35 € (Mittags), 45/89 € – Karte 30/68 €

Stadtplan: K3-s – *Berliner Allee 52* ✉ *40212* –
✆ *0211 2005716* – *www.setzkasten-duesseldorf.de* –
Geschlossen 12.-13. April, Sonntag

⍟ Tafelspitz 1876 (Daniel Dal-Ben) 🛖 🅰🅲

KREATIV · FREUNDLICH ⅩⅩ Moderne und Klasse gehen bei Daniel Dal-Ben Hand in Hand, das gilt sowohl für die entspannte Atmosphäre als auch für seine kreative Küche, die seit 2009 ohne Unterbrechung mit einem MICHELIN Stern ausgezeichnet ist. Daniel Dal-Ben, gebürtiger Düsseldorfer, hat im November 2002 das kleine Restaurant im Zooviertel (direkt am Zoopark und ganz in der Nähe des Eisstadions) eröffnet und beweist seither als Patron und Küchenchef volles Engagement. Er verwendet ausgesuchte Produkte, die er in Form von drei "Entdeckungsreisen" (mit 4, 6 oder 8 Gängen) durchdacht und schön harmonisch verbindet. So entsteht beispielsweise aus Bachsaibling, schwarzem Knoblauch, Bohnen und Haselnuss eine angenehme Kombination von Aromen. Umsorgt wird man aufmerksam und geschult, trefflich auch die Weinbegleitung.

Spezialitäten: Jakobsmuschel, gegrillte Melone, Lardo und Vogelmiere. Onglet vom Nebraskarind mit Karotte und Pistazie. Aprikose mit Schokolade, Moscato d'Asti und Getreide.

Menu 75/135 €

Stadtplan: H1-b – *Grunerstraße 42a* ✉ *40213* –
✆ *0211 1717361* – *www.tafelspitz1876.de* –
Geschlossen Montag, Sonntag, mittags: Dienstag-Samstag

⌘ Fritz's Frau Franzi ⠀⠀⠀⠀⠀⠀⠀⠀⠀⠀⠀⠀⠀⠀⠀⠀⠀ A/C

KREATIV · CHIC Ⅹ Ganz schön cool und trendy! Das Restaurant im stylischen Boutique-Hotel "The Fritz" kommt geschmackvoll und sehr wertig, aber keineswegs steif daher! Das frische moderne Konzept gilt auch für die Küche. Die kreativen Gerichte gibt es in Einheitsportionen, alle zu ähnlichen Preisen - da ist Mischen und Experimentieren erwünscht! Und das wird bei der Meerräsche mit Artischocken-Variation und Rucola zu einer ebenso aromareichen Erfahrung wie beim gegrillten Roastbeef vom "Big Green Egg" mit Tomatensalsa und Mais. Chef am Herd ist Sauerländer Benjamin Kriegel, zuvor bei Christian Jürgens im "Restaurant Überfahrt" in Rottach-Egern und im "Victorian" in Düsseldorf. Übrigens: Mittags hat das Gourmetrestaurant zwar geschlossen, Business Lunch gibt's aber trotzdem, von Donnerstag bis Samstag an der Bar.

Spezialitäten: Gebeiztes Filet und gebackene Brust vom Rind mit Pfifferlingen, Sellerie und Ochsenschwanzfond. Gebratener Rücken und glasierter Bauch vom Lamm mit weißen Bohnen, Steinpilzen und Jus mit fermentiertem Pfeffer. Dickmilchcrème mit Milcheis, Aprikosen, schwarzen Nüssen und Honigmolke.

Menu 82/120 €

Stadtplan: J3-t – *Hotel The Fritz, Adersstraße 8* ✉ *40215* – ✆ *0211 370750* – *www.fritzsfraufranzi.de* – *Geschlossen 1.-16. Januar, 20. Juli-10. August, Montag, Sonntag, mittags: Dienstag-Samstag*

⌘ Yoshi by Nagaya ⠀⠀⠀⠀⠀⠀⠀⠀⠀⠀⠀⠀⠀⠀⠀⠀⠀⠀⠀ A/C

JAPANISCH · GERADLINIG Ⅹ Sterneküche von Yoshizumi Nagaya gibt es in Düsseldorf gleich zweimal! Unweit des Stammhauses, ebenfalls in "Japantown", findet man seit Oktober 2016 das "Yoshi". Gekocht wird hier klassisch japanisch, ganz ohne westliche Einflüsse. Mit absolut produktorientierter und überaus exakter Zubereitung beeindruckt z. B. das Thunfischtatar mit Kaviar und Nori. Dazu bietet man eine große Auswahl an Sake. Das Ambiente ist gewissermaßen ein Spiegelbild des klaren Küchenstils: Stilvoll-puristisch hat man das Restaurant gestaltet. Tipp: Kommen Sie ruhig auch mal mittags - da gibt es ein günstigeres Menü. Und auch die zusätzlichen "einfacheren" Gerichte bieten ein tolles Preis-Leistungs-Verhältnis! Übrigens: Nicht nur der MICHELIN Stern spricht eine deutliche Sprache, viele der Gäste hier sind Japaner!

Spezialitäten: Tatar von der Norwegischen Königskrabbe mit Kaviar. Europäisches Wagyu mit Spargeltempura. Crème Brûlée.

Menu 64 € (Mittags), 118/190 € – Karte 58/125 €

Stadtplan: K2-y – *Kreuzstraße 17* ✉ *40213* – ✆ *0211 86043060* – *www.nagaya.de* – *Geschlossen 26. Juli-9. August, 20.-31. Dezember, Montag, Sonntag*

⌘ Brasserie Stadthaus ⠀⠀⠀⠀⠀⠀⠀⠀⠀⠀⠀⠀⠀⠀⠀ 🍴 A/C

FRANZÖSISCH-KLASSISCH · BRASSERIE ⅩⅩ Eine schöne Adresse im Herzen der Altstadt. Unter einer markanten hohen Kassettendecke - oder im hübschen Innenhof - speist man französisch: "Coq au Vin", "Boeuf Bourguignon", "Tarte aus Pommes"... Dazu Weine aus Frankreich.

Spezialitäten: Weinbergschnecken Café de Paris, Knoblauchpüree, Weißbrot. Gebratener Kabeljau, Artischocke, Tomate, Lauch, Pommes Parisiennes. Crème brûlée.

Menu 25 € (Mittags) – Karte 33/72 €

Stadtplan: J2-d – *Hotel De Medici, Mühlenstraße 31* ✉ *40213* – ✆ *0211 16092815* – *www.brasserie-stadthaus.de* – *Geschlossen Montag, Sonntag*

⌘ Münstermanns Kontor

INTERNATIONAL · BRASSERIE Ⅹ Vom Eier- und Butterhandel über Feinkost bis zum Restaurant - so die Geschichte des Münstermann'schen Familienbetriebs kurz gefasst. In sympathischer Atmosphäre bekommt man hier Bistro-Klassiker und Internationales, von "Steak Frites" bis "gegrillter Lachs mit Curry-Spitzkohl und Kartoffel-Wasabipüree" - unkompliziert, frisch und aus guten Produkten.

Spezialitäten: Thailändische Hühnersuppe mit Kokosmilch, Limettenblättern und Zitronengras. Kabeljaufilet unter Kartoffelrösti-Kruste mit Honigtomaten-Avocado-Salat, orientalischem Tabbouleh, Süßkartoffelpommes und Weißweinschaum. Crème brûlée.

Karte 17/60 €

Stadtplan: J2-b – *Hohe Straße 11* ✉ *40213* – ☏ *0211 1300416* – *www.muenstermann-kontor.de – Geschlossen 1.-6. Januar, 20.-25. Februar, 11.-28. Juli, 24.-31. Dezember, Montag, Sonntag, abends: Samstag*

Rob's Kitchen

MARKTKÜCHE · GEMÜTLICH ※ In dem gepflegten Eckhaus in einer lebhaften Gegend kann man in angenehm ungezwungener moderner Atmosphäre richtig gut essen. Es gibt klassisch-mediterrane Küche, z. B. in Form von "Wolfsbarschfilet, Belugalinsen, Kartoffeln, Kapernsauce". Oder mögen Sie lieber "Wiener Schnitzel, Bratkartoffeln, Preiselbeeren"?

Spezialitäten: Holländische Matjes mit Kartoffel-Gurken Salat. Berliner Kalbsleber mit Kartoffelpüree, Apfelspalten und Röstzwiebel. Pflaumen Crumble mit Vanilleeis.

Menu 37 € – Karte 31/53 €

Stadtplan: F3-r – *Lorettostraße 23* ✉ *40213* – ☏ *0211 54357428* – *www.robs-kitchen.de – Geschlossen Sonntag*

Artiste

KLASSISCHE KÜCHE · LUXUS ※※ Im Trubel der Kö finden Sie hier ein ruhiges Plätzchen im eleganten Wintergarten und genießen mit Blick auf den Hofgarten saisonal-klassische Küche - Appetit macht da z. B. "Linumer Kalbsfilet, Maccheroni-Gratin, Erbse & Lavendel, Carbonara-Sauce".

Menu 59/119 € – Karte 65/99 €

Stadtplan: K2-p – *Steigenberger Parkhotel, Königsallee 1a* ✉ *40212* – ☏ *0211 1381611* – *www.duesseldorf.steigenberger.de – Geschlossen 29. Juni-11. August, Montag, abends: Sonntag*

Brasserie 1806

FRANZÖSISCH-KLASSISCH · BRASSERIE ※※ Hier speist man in elegantem Ambiente: Louis-Seize-Stil, Kristalllüster, feine Accessoires, dazu ein Séparée für "privat dining"... Interessant sind die täglich wechselnden "Plat du Jour"-Gerichte, die man auch als Menü bekommt!

Menu 32 € (Mittags)/50 € – Karte 48/100 €

Stadtplan: K2-m – *Hotel Breidenbacher Hof, Königsallee 11* ✉ *40212* – ☏ *0211 160900 – www.breidenbacherhofcapella.com*

Lido Hafen

FRANZÖSISCH-KLASSISCH · ELEGANT ※※ In einem puristisch designten Glaskubus auf einer Brücke direkt über dem Hafenbecken bietet man produktbezogene klassisch-französische Küche. Toll: die Terrasse auf dem Wasser!

Menu 75/125 € – Karte 69/89 €

Stadtplan: F3-a – *Am Handelshafen 15* ✉ *40213* – ☏ *0211 15768730* – *www.lido1960.de – Geschlossen 20.-30. Dezember, Sonntag, mittags: Montag-Samstag*

Weinhaus Tante Anna

REGIONAL · GEMÜTLICH ※※ In dem traditionsreichen Familienbetrieb (7. Generation) speisen Sie in der beeindruckenden historischen Atmosphäre einer einstigen Kapelle a. d. 16. Jh. Es gibt gehobene regionale Speisen wie "geschmorte Lammhaxe, Bärlauch-Kartoffelstampf, Variation von der Karotte". Und dazu einen der vielen deutschen Weine?

Menu 58/86 € – Karte 53/62 €

Stadtplan: J2-c – *Andreasstraße 2* ✉ *40213* – ☏ *0211 131163 – www.tanteanna.de* – *Geschlossen Montag, Sonntag, mittags: Dienstag-Samstag*

Ⅰ◯ **PHOENIX**

INTERNATIONAL · DESIGN XX Im EG der ehemaligen Telefonzentrale des berühmten Dreischeibenhauses wurde stilvoll Modernes mit Elementen der 60er Jahre kombiniert. In der dank Verglasung einsehbaren Küche entstehen international beeinflusste Gerichte aus guten Produkten. Gefragt ist auch der attraktive Lunch.

Menu 36€ (Mittags), 66/110€ – Karte 48/97€

Stadtplan: K2-x – *Dreischeibenhaus* ✉ 40211 – ℰ 0211 30206030 –
www.phoenix-restaurant.de – *Geschlossen 1.-5. Januar, Sonntag, mittags: Samstag*

Ⅰ◯ **Rossini**

ITALIENISCH · FAMILIÄR XX Seit 1978 gibt es diese Adresse - eine feste Größe in der italienischen Gastronomie der Stadt! Stimmig-elegantes Interieur, aufmerksamer Service und ambitionierte klassische Küche. Letztere gibt es z. B. als "Steinbutt, Hummersauce, grüne Linsen, Kartoffeln".

Menu 46/62€ – Karte 40/59€

Stadtplan: K1-r – *Kaiserstraße 5* ✉ 40479 – ℰ 0211 494994 –
www.rossini-gruppe.de – *Geschlossen Sonntag*

Ⅰ◯ **Parlin**

MARKTKÜCHE · BRASSERIE X Mitten in der Altstadt ist dieses nette, angenehm unkomplizierte und lebendige Restaurant zu finden - ein Hingucker ist die tolle Stuckdecke. Aus der Küche kommen frische, schmackhafte saisonale Gerichte sowie Klassiker - Appetit macht z. B. "Perlhuhnbrust, Orangen-Chicorée & Süßkartoffel".

Menu 39€ – Karte 34/92€

Stadtplan: J2-a – *Altestadt 12* ✉ 40213 – ℰ 0211 87744595 – *www.parlin-weinbar.de* –
Geschlossen Montag, Dienstag, mittags: Mittwoch-Sonntag

Ⅰ◯ **Sansibar by Breuninger**

INTERNATIONAL · BRASSERIE X Sylt-Feeling an der Kö? In der 1. Etage des noblen Kaufhauses hat man einen schicken Ableger des Insel-Originals geschaffen. Speisen kann man ab 11 Uhr durchgehend, von der legendären Currywurst über "Filets vom Salzwiesenlamm, Ratatouille, Rosmarinjus" bis zu exklusiven Cuts vom U. S. Beef.

Menu 39€ – Karte 29/76€

Stadtplan: K2-s – *Königsallee 2 (Kö-Bogen)* ✉ 40212 – ℰ 0211 566414650 –
www.sansibarbybreuninger.de – *Geschlossen Sonntag*

Ⅰ◯ **Zweierlei**

KREATIV · FREUNDLICH X In dem modernen kleinen Restaurant wird mit guten Produkten und kreativen Akzenten gekocht, von "Kalbsrücken, Waldpilze, Polenta, Brombeere" bis "Langoustino à la Provençale". Oder lieber vegetarisch? Dazu es eine schöne Weinkarte mit Schwerpunkt Deutschland.

Menu 42/82€ – Karte 48/68€

Stadtplan: G1-f – *Schwerinstraße 40* ✉ 40213 – ℰ 0211 9894587 –
www.zweierlei-restaurant.de – *Geschlossen 29. Juni-11. August, Montag, Sonntag,
mittags: Dienstag-Samstag*

Hotels

▦▦▦ **Breidenbacher Hof**

GROßER LUXUS · ELEGANT Service und Privatsphäre stehen hier klar im Vordergrund: von der schicken Capella Bar und der exklusiven Cigar Lounge über den Afternoon Tea bei Pianomusik und den Personal Assistant bis hin zu verschiedenen Frühstücksformen. Attraktiv auch der Pool- und Saunabereich.

85 Zimmer – �� 335/1100€ – ⚌ 45€ – 21 Suiten

Stadtplan: K2-m – *Königsallee 11* ✉ 40212 – ℰ 0211 160900 –
www.breidenbacherhofcapella.com

Ⅰ◯ **Brasserie 1806** – Siehe Restaurantauswahl

De Medici

LUXUS · ELEGANT Eine Art Kunsthotel mit historischen Schätzen und luxuriöser Ausstattung. Die Zimmer sind sehr unterschiedlich geschnitten und wohnlich-elegant, attraktiv der Wellnessbereich mit ägyptischem Flair, und die Halle erinnert an einen Palazzo in Florenz!

165 Zimmer – †† 180/600€ – ☲ 26€ – 5 Suiten

Stadtplan: J2-d – *Mühlenstraße 31* ✉ *40213* – ℰ *0211 160920* – *www.living-hotels.com*

🍴 **Brasserie Stadthaus** – Siehe Restaurantauswahl

Hyatt Regency

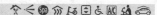

BUSINESS · MODERN Zeitgemäß-elegant designtes Hotel am Medienhafen, an der Spitze einer Landzunge. Suchen Sie sich ein Plätzchen mit Aussicht: Die haben Sie z. B. in der Club-Lounge on top (bei gutem Wetter schauen Sie bis zum Kölner Dom) oder in den "View"- oder "Deluxe"-Zimmern! Im "DOX" gibt es internationale Küche nebst Sushi.

303 Zimmer – †† 220/440€ – ☲ 34€ – 13 Suiten

Stadtplan: F3-a – *Speditionstraße 19* ✉ *40221* – ℰ *0211 91341234* – *www.dusseldorf.hyatt.com*

Steigenberger Parkhotel

LUXUS · KLASSISCH Man spürt es bereits in der Lobby: Die "Grande Dame" der Düsseldorfer Hotellerie ist ein Klassiker mit stilvoll-moderner Note, überaus komfortabel die schönen Zimmer. Eines der beiden Restaurants ist das "Steigenberger Eck", das mit 40 Sorten Champagner beeindruckt! Tipp: die Terrasse zum Kö-Bogen.

119 Zimmer – †† 215/665€ – ☲ 34€ – 11 Suiten

Stadtplan: K2-p – *Königsallee 1a* ✉ *40212* – ℰ *0211 13810* – *www.duesseldorf.steigenberger.de*

🍴 **Artiste** – Siehe Restaurantauswahl

me and all

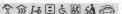

BOUTIQUE-HOTEL · MODERN Sehr gelungen dieses junge Hotel-Konzept mitten in "Japantown": die Mitarbeiter locker und kompetent, die Zimmer hochwertig und durchdacht, in der Lobby "Co-Working Area" und Tischtennisplatte, Lounge im 11. Stock mit toller Sicht (hier Burger, Sandwiches & Co. sowie einmal pro Woche After-Work-Party).

177 Zimmer – †† 150€ – ☲ 18€

Stadtplan: K2-e – *Immermannstraße 23* ✉ *40213* – ℰ *0211 542590* – *www.meandallhotels.com*

25 hours Hotel das Tour ⓝ

KETTENHOTEL · DESIGN Hier ist die deutsch-französische Freundschaft das Thema, entsprechend der Style der Zimmer: mal französisch-charmant, verspielt und in warmen Tönen, mal deutsch mit geradlinigem und eher technisch inspiriertem Design. Fitness- und Saunabereich in der 14. Etage. Ganz oben im 17. Stock die Bar mit tollem Stadtblick, darunter das Restaurant mit französischer Küche. Fahrrad- und "Mini"-Verleih.

198 Zimmer ☲ – †† 120/400€

Stadtplan: G2-a – *Louis-Pasteur-Platz 1* ✉ *40211* – ℰ *0211 9009100* – *www.25hours-hotels.com*

The Fritz

BOUTIQUE-HOTEL · TRENDIG Richtig stylish wohnt man hier in zentraler und dennoch relativ ruhiger Lage. Die Zimmer sind mit erlesenen Materialien ausgestattet und chic designt - darf es vielleicht ein "Balkonzimmer" sein? Di. - Sa. gibt es in der Bar ein Lunch-Angebot.

31 Zimmer – †† 99/236€ – ☲ 18€

Stadtplan: J3-t – *Adersstraße 8* ✉ *40215* – ℰ *0211 370750* – *www.thefritzhotel.de*

🍴 **Fritz's Frau Franzi** – Siehe Restaurantauswahl

🏨 Stage 47

BOUTIQUE-HOTEL · THEMENBEZOGEN Unter einem Dach mit dem Savoy Theater und dem Atelier Kinotheater finden Sie dieses edel designte Boutique-Hotel, in dem sich Künstler nicht nur namentlich und auf Portraits verewigt sehen, sondern auch sehr gerne zu Gast sind! Egal welche Kategorie Sie buchen, von den Superiorzimmern bis zur Stage-47-Suite geht es richtig geschmackvoll zu.

26 Zimmer – 🛏 150/615 € – 🍴 18 € – 1 Suite

Stadtplan: K3-a – *Graf-Adolf-Straße 47* ✉ *40213 –*
☎ 0211 388030 – www.stage47.de

In Düsseldorf-Derendorf

🏵 DR.KOSCH 🔊 🍴

MODERNE KÜCHE · HIP ✕ Sie mögen es lebendig und urban? So ist nämlich das sympathische Gastro-Bar-Konzept bei Volker Drkosch. Angenehm ungezwungen und modern wie die Atmosphäre ist auch die Küche. Der aus dem mittelfränkischen Lauf a. d. Pegnitz stammende Sternekoch hat schon viel von der Spitzengastronomie gesehen, so war er z. B. Küchenchef in den bestenten Restaurants "Portalis" in Berlin, "Brick Fine Dining" im Hotel "Main Plaza" in Frankfurt und "Victorian" in Düsseldorf. Er richtet sich nach der Saison und verwendet ausgezeichnete Produkte wie z. B. den Black Cod, der mit Aubergine, Fenchel, heller Tomate und Bärlauchkapern serviert wird. Und die Preise sind wirklich fair! Tipp: Wenn Sie an der Theke Platz nehmen, haben Sie einen direkten Blick zu den Köchen.

Spezialitäten: Gazpacho von Herzkirschen mit japanischer Kirschblüte, Wassermelone und Langostino. Filet vom Wolfsbarsch mit weißer Tomate, Fenchel und geschmorter Aubergine. Pêche Nicoise.

Menu 75/92 €

Stadtplan: G1-b – *Roßstraße 39* ✉ *40476 –*
☎ 0176 80487779 – www.dr-kosch.de – Geschlossen 20. Juli-6. August, Mittwoch, Sonntag, mittags: Montag-Dienstag und Donnerstag-Samstag

🍴 Rocaille 🕸 🔊

MARKTKÜCHE · BISTRO ✕ Gemütlich hat man es hier in charmanter Bistro-Atmosphäre bei Klassikern wie Boeuf Bourguignon, Tartes oder Kleinigkeiten zum Teilen. Dazu gibt's 1800 Positionen Wein. Morgens kommt man auch gerne zum Frühstücken. Tipp: Im eigenen kleinen Laden kann man hausgemachte Macarons, Kuchen etc. für zu Hause kaufen.

Karte 29/58 €

Stadtplan: G1-r – *Weißenburgstraße 19* ✉ *40476 –*
☎ 0211 97711737 – www.rocaille.de – Geschlossen Sonntag

In Düsseldorf-Flingern

🏵 Bistro Fatal 🔊

FRANZÖSISCH · BISTRO ✕ Dieses angenehm unprätentiöse Bistro von Alexandre und Sarah Bourgeuil nicht zu kennen, wäre "fatal", denn hier isst man nicht nur richtig gut, sondern auch zu einem hervorragend fairen Preis! Probieren Sie z. B. "Pot au Feu vom Marktfisch, Sauce Rouille, Croûtons, Gruyère"!

Spezialitäten: Burgunder Schnecken mit Kräuterbutter und Wachtelei. Kabeljau mit Coco de Paimpol, Artischocken Brandade, Taggiasca Oliven. Tarte aux pommes.

Karte 37/67 €

Stadtplan: H2-b – *Hermannstraße 29* ✉ *40233 –*
☎ 0211 36183023 – www.bistro-fatal.com – Geschlossen Montag, mittags: Dienstag-Samstag, Sonntag

In Düsseldorf-Gerresheim

ⅱ○ L'arte in cucina

ITALIENISCH · GEMÜTLICH X Das findet man nicht allzu oft: In dem hübschen Ristorante gegenüber der Basilika St. Margareta wird die Küche der Toskana wirklich authentisch umgesetzt, mit Liebe und Fingerspitzengefühl! Richtig lecker sind z. B. "Pappardelle all'anatra" oder "Gnudi", eine Spezialität aus der toskanischen Heimat des Chefs.

Menu 42/54 € – Karte 41/60 €

Stadtplan: D2-a – *Gerricusplatz 6* ✉ *40625 –*
𝒞 0211 52039590 – www.arteincucina.de – Geschlossen Mittwoch, mittags: Montag-Dienstag und Donnerstag-Sonntag

In Düsseldorf-Kaiserswerth Nord: 9 km über B1, Richtung Duisburg

ⵖ Im Schiffchen (Jean-Claude Bourgueil) 🕸

MEDITERRAN · ELEGANT XX Wenn von Sterneküche in einem wunderschönen barocken Backsteinhaus am Kaiserswerther Markt die Rede ist, kann es sich nur um das "Schiffchen" von Jean-Claude Bourgueil handeln. Seit 1977 am Herd und über Jahrzehnte besternt, kann man getrost vom Altmeister der Düsseldorfer Hochgastronomie sprechen. Nach Konzeptänderung und Reduzierung auf ein Restaurant bieten Bourgueil und sein bewährtes Team hier kreative französische Küche mit stark italienischen Einflüssen. Gambas, Hummer, Taube... , die Produkte sind allesamt "deluxe"! Mit reichlich Intensität und Ausdruck beweist nicht zuletzt ein luftiges und cremiges Soufflé aus Ricotta und Amalfi-Zitrone, das hier ein echter Könner am Werk ist! Dazu lebendige Atmosphäre und top Service samt erstklassiger Weinempfehlung - sehr schön die Auswahl!

Spezialitäten: Dentice aus der Bucht von San Remo, marinierter Fenchel, Tropea Zwiebeln und Tränen von Taggiasca Oliven. Excellence Taube von J.C Mieral nach der Mauritius Reise. Panna cotta mit Krokant-Cannolo und geeister Toffeecreme.

Menu 75/137 € – Karte 96/149 €

außerhalb Stadtplan – *Kaiserswerther Markt 9* ✉ *40489 –*
𝒞 0211 401050 – www.im-schiffchen.com – Geschlossen 10.-20. April, Montag, Sonntag, mittags: Dienstag-Samstag

In Düsseldorf-Ludenberg

ⅱ○ Reinhardt's auf Gut Moschenhof 🏠 ✺

REGIONAL · FREUNDLICH XX Das könnte kaum schöner zusammenpassen: ein gemütlich-ländliches Restaurant inmitten eines Gestüts! Gekocht wird regional und international - macht Ihnen vielleicht "Eifeler Lammrücken, Speckbohnen, Paprika-Pfannkuchen, geröstete Artischocken" Appetit? Tipp: Am Wochenende gibt's nachmittags Kaffee und Kuchen.

Menu 29 € (Mittags), 47/99 € – Karte 21/82 €

Stadtplan: D1-r – *Am Gartenkamp 20 (im Gut Moschenhof)* ✉ *40629 –*
𝒞 0211 30337747 – www.reinhardts-restaurant.de – Geschlossen Montag

In Düsseldorf-Niederkassel

ⅱ○ Osteria Saitta am Nussbaum

ITALIENISCH · GEMÜTLICH X Gemütlich ist es in dem kleinen gelben Häuschen in fast schon dörflicher Lage. Es gibt frische authentisch italienische Küche - wie wär's z. B. mit "Tagliatelle mit weißem Kalbsragout" oder "Steinbutt im krossen Teig mit Kirschtomaten und Basilikum"?

Karte 40/63 €

Stadtplan: F1-e – *Alt-Niederkassel 32* ✉ *40547 –*
𝒞 0211 574934 – www.saitta.de – Geschlossen Sonntag, mittags: Samstag

In Düsseldorf-Oberkassel

⅋○ Prinzinger by SAITTAVINI

ITALIENISCH · **ELEGANT** ✗✗ Mögen Sie es modern-elegant oder lieber etwas legerer? Ehrliche italienische Küche mit Klassikern wie "Vitello Tonnato" oder "Kalbskotelett, Butter-Salbei, Kartoffelpüree" bekommen Sie sowohl im Restaurant als auch im Bistrobereich - hier gibt es mittags zusätzlich günstigen Lunch.
Karte 43/67 €
Stadtplan: F2-p – *Leostraße 1A* ✉ *40545* – ✆ *0211 50670801 –*
www.prinzinger-saittavini.de – Geschlossen Sonntag

⅋○ Saittavini

ITALIENISCH · **FREUNDLICH** ✗✗ Ein Klassiker unter den italienischen Restaurants in Düsseldorf, immer auf der Suche nach neuen Produkten und Weinen. Besonders zu empfehlen: das Filet vom Piemonteser Rind! Zwischen Weinregalen, Theke und Antipastibuffet stehen die Tische dicht an dicht, über Ihnen toller Stuck.
Karte 44/73 €
Stadtplan: F2-s – *Luegallee 79* ✉ *40545* – ✆ *0211 57797918 – www.saittavini.de*

⅋○ Stappen in Oberkassel 🍽

INTERNATIONAL · **GEMÜTLICH** ✗✗ Hier speist man regional und international, der Service ist freundlich, das Ambiente modern und gemütlich. Schön ungezwungen sitzt man übrigens an einigen Hochtischen gleich neben der Bar, draußen vor der Tür die kleine Terrasse.
Menu 30/78 € – Karte 35/73 €
Stadtplan: F2-a – *Luegallee 50* ✉ *40545* – ✆ *0211 93077600 –*
www.stappen-oberkassel.de

⅋○ Dorfstube 🍽 AC

TRADITIONELLE KÜCHE · **RUSTIKAL** ✗ Rustikales Holz, Kachelöfen, Herrgottswinkel, dekorative Küchenutensilien - Chef Christian Bareiss hat das Schwarzwald-Flair der Baiersbronner Dorfstube nach Düsseldorf geholt! Man kocht natürlich badisch: "Flädlesuppe", "gebratene Maultaschen mit Kartoffel-Gurkensalat", "geschmorte Rouladen vom Weiderind"...
Karte 40/54 €
Stadtplan: E2-d – *Lanker Straße 2 (Ecke Belsenplatz)* ✉ *40545* – ✆ *0211 17152540 –*
www.dorfstube.de

DUGGENDORF
Bayern – Regionalatlas **58**–M17 – Michelin Straßenkarte 546

In Duggendorf-Wischenhofen Nord-West: 3, 5 km, Richtung Kallmünz,
dann links ab

⅋○ Gasthaus Hummel 🍽 ○

KLASSISCHE KÜCHE · **GASTHOF** ✗✗ Ruhige helle Töne, klare Linien, schöne Materialien - der schicke moderne Look des alteingessenen Gasthauses kommt an! Dazu gehobene Gerichte wie "Seeteufel im Bouillabaisseschaum und Muscheln". Im Saal serviert man Bürgerliches (auch sonntagmittags). Zudem gibt es vier einfache Gästezimmer.
Menu 55/75 €
Heitzenhofenerstraße 16 ✉ *93182* – ✆ *09473 324 – www.gasthaushummel.de –*
Geschlossen 24. Februar-4. März, 10.-26. August, 2.-10. November, Montag,
Dienstag, Mittwoch, mittags: Donnerstag-Sonntag

DUISBURG
Nordrhein-Westfalen – Regionalatlas **25**–B11 – Michelin Straßenkarte 543

In Duisburg-Duissern Ost: 3 km

⫶○ Villa Patrizia 🛜 ⇔ 🅿

ITALIENISCH · ELEGANT ×× Die vielen Stammgäste schätzen das Engagement der Betreiber und ihres Teams, die in der klassisch-eleganten Villa für italienische Küche und herzlich-familiäre Atmosphäre sorgen. Auf der Karte z. B. "gegrilltes Fassona-Kalbskotelett mit Lorbeer und Thymian". Oder lieber hausgemachte Pasta? Hübsch der Pavillon. Gediegene Smoker Lounge im OG.

Menu 40 € (Mittags)/93 € – Karte 48/80 €

Mülheimer Straße 213 ✉ 47058 – ℰ 0203 330480 – www.villa-patrizia.de – Geschlossen 19.-26. April, 4.-11. Oktober, Sonntag, mittags: Samstag

⫶○ Küppersmühle Restaurant ⓝ 🛜 ♿ ⇔ 🅿

MODERNE KÜCHE · TRENDY ꭕ Eine tolle Location: altes Industrieflair, Blick auf den Innenhafen, eine Terrasse am Wasser! In urbaner Atmosphäre gibt es ambitionierte klassisch-moderne Küche mit internationalen Einflüssen - auf der Karte z. B. "Fjordlachs & geflämmte Jakobsmuschel mit Schnittlauch-Beurre-blanc". Mittags einfacheres Angebot. Tipp: Besuch im Museum Küppersmühle gleich nebenan.

Menu 45/95 € – Karte 47/88 €

Philosophenweg 49 ✉ 47051 – ℰ 0203 5188880 – www.kueppersmuehle-restaurant.de – Geschlossen Montag

DURBACH

Baden-Württemberg – Regionalatlas **54**–E19 – Michelin Straßenkarte 545

🏵 [maki:'dan] im Ritter ⓝ

ZEITGENÖSSISCH · STUBE ×× Während man mittags sowie Sonntag bis Montag ganztags in der "Ritterstube" bürgerlich-regionale Küche à la "badischer Sauerbraten" bekommt, erlebt man am Abend überall das neue "Ritter"-Konzept: "Mezze-Style". Das sind moderne Gerichte in Einheitsgröße - da ist Mischen und Probieren angesagt! Lecker z. B. "Iberico Schwein Dim Sum, Miso, Aubergine, wilder Brokkoli".

Spezialitäten: Kalbstatar, Wildkräuter, Champignon, Ingwer. U.S. Beef Flanksteak, Bulgogi, Kimchi, Shiso. Fenchelgrün, weiße Schokolade, Baiser, Sauerampfer.

Karte 35/50 €

Hotel Ritter, Tal 1 ✉ 77770 – ℰ 0781 9323229 – www.ritter-durbach.de/makidan – Geschlossen Montag, Sonntag, mittags: Dienstag-Samstag

⫶○ Rebstock

REGIONAL · LÄNDLICH ×× Man sitzt in behaglich-ländlichen Stuben, wird aufmerksam umsorgt und lässt sich regionale Gerichte wie Schneckensuppe, Hechtklöße oder Rehragout servieren. Im Sommer schaut man von der traumhaften Terrasse auf Park und Schwarzwald - ein Renner ist die große Auswahl an hausgemachten Torten und Kuchen!

Menu 32/68 € – Karte 30/62 €

Hotel Rebstock, Halbgütle 30 ✉ 77770 – ℰ 0781 4820 – www.rebstock-durbach.de – Geschlossen 13. Januar-3. Februar, 3.-10. August, Montag

🏚 Ritter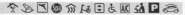

TRADITIONELL · MODERN Tradition wahren und trotzdem mit der Zeit gehen, das gelingt hier seit über 350 Jahren, z. B. in Form von schönen, modern und doch zeitlos designten Zimmern sowie Wellness auf 1200 qm samt Spa-Dachgeschoss mit Weinberg-Blick! Tipp: Spaziergang zum Schloss Staufenberg - hier hat man eine Weinstube.

80 Zimmer ⌂ – � 150/280 € – 7 Suiten

Tal 1 ✉ 77770 – ℰ 0781 93230 – www.ritter-durbach.de

🏵 **[maki:'dan] im Ritter** – Siehe Restaurantauswahl

🏚 Rebstock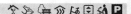

LANDHAUS · INDIVIDUELL Neben der wunderbaren Schwarzwaldlandschaft ringsum und der wertigen Einrichtung liegt es nicht zuletzt an der herzlich-engagierten Familie Baumann, dass man sich richtig wohlfühlt! Schön die wohnlichen, individuellen Zimmer (teilweise mit Kachelofen), gemütlich die Bibliothek, toll der Park mit Teich.

44 Zimmer 😑 – 👫 140/230 € – 6 Suiten

Halbgütle 30 ✉ 77770 – 𝒞 0781 4820 – www.rebstock-durbach.de – Geschlossen 13. Januar-3. Februar, 3.-10. August

🍴O **Rebstock** – Siehe Restaurantauswahl

EDESHEIM

Rheinland-Pfalz – Regionalatlas **47**–E17 – Michelin Straßenkarte 543

🏚 Schloss Edesheim

HISTORISCH · KLASSISCH Lust auf Schlossflair? Das herrschaftliche Anwesen liegt auf einem 5 ha großen Grundstück mit Teich und Weinreben. Man wohnt individuell und elegant, hier und da historische Details. Im stilvollen Restaurant serviert man klassische Küche. Für Kulturfreunde: Schlossfestspiele im Freilichttheater.

33 Zimmer 😑 – 👫 143/176 € – 8 Suiten

Luitpoldstraße 9 ✉ 67483 – 𝒞 06323 94240 – www.schloss-edesheim.de

EFRINGEN-KIRCHEN

Baden-Württemberg – Regionalatlas **61**–D21 – Michelin Straßenkarte 545

🍴O Walsers

REGIONAL · LÄNDLICH ✕✕ Hier wird schmackhaft und regional-saisonal gekocht, so z. B. "geschmorte Kalbsbäckle, Gemüse, Tagliatelle" oder "hausgemachte Ravioli, Schalottensauce, gegrillter Spargel". Schön sitzt man z. B. im licht-modernen Wintergarten! Ebenso freundlich die Gästezimmer - auch im Neubau "Walsers Zweites".

Karte 31/60 €

Bahnhofstraße 34 ✉ 79588 – 𝒞 07628 8055244 – www.walsers-hotel.de – Geschlossen Mittwoch

Im Ortsteil Blansingen Nord-West: 5 km

✿ Traube ⓝ (Brian Wawryk)

MODERNE KÜCHE · CHIC ✕✕ Ein traditionelles Haus unter neuer Leitung. Das Betreiberpaar kommt aus der Spitzengastronomie ("Maaemo" in Oslo, "La Vie" in Osnabrück) und man merkt sofort, dass hier Profis am Werk sind. Der Service durch die charmante Daniela Hasse ist angenehm ungezwungen, wortgewandt und höchst professionell - da fühlt man sich gleich willkommen und perfekt umsorgt. Respekt verdient auch Küchenchef Brian Wawryk. Der gebürtige Kanadier zeigt von Beginn an hohes Niveau. Seine moderne Küche hat einen klaren nordischen Einschlag und ist handwerklich äußerst exakt und harmonisch. Man setzt auf Regionalität und Nachhaltigkeit, von den eingeweckten Schattenmorellen aus dem Vorjahr bis zum frischen Spargel. Übrigens: Der wunderschöne historische Landgasthof in dem kleinen Weindorf ist auch toll zum Übernachten.

Spezialitäten: Tintenfisch, Kohlrabi, Liebstöckel und Molke. Wildschwein, Sellerie, Lauch und Kamille. Kirsche, Mandelmilch und braune Butter.

Menu 69/99 €

Alemannenstraße 19 ✉ 79588 – 𝒞 07628 9423780 – www.traube-blansingen.de – Geschlossen Montag, Dienstag, mittags: Mittwoch-Sonntag

EGGENSTEIN-LEOPOLDSHAFEN

Baden-Württemberg – Regionalatlas **54**–F17 – Michelin Straßenkarte 545

Im Ortsteil Eggenstein

⊕ Zum Goldenen Anker

REGIONAL · FREUNDLICH XX In dem Gasthof a. d. 18. Jh. wohnt man nicht nur gut (Tipp: die neueren Zimmer), er ist auch als ländlich-modernes Restaurant gefragt. Frisch und schmackhaft z. B. "geschmorte Rinderroulade 'Oma Emelle' mit Burgundersoße, Apfelrotkraut und Spätzle". Die Hauptgänge gibt es auch als kleine Portion.

Spezialitäten: Gebratene Geflügelleber mit Zwiebelmarmelade und Blattsalaten. Medaillons vom Schweinefilet im Speckmantel und knusprig gebratener Schweinebauch, Bohnengemüse, Krapfen mit Bergkäse. Sauerrahmeis mit Beeren-Minzsalat.

Karte 30/60 €

Hauptstraße 16 ✉ 76344 – ☎ 0721 706029 – www.hotel-anker-eggenstein.de – Geschlossen Samstag

⑩ Das garbo im Löwen

MARKTKÜCHE · LÄNDLICH XX Ländlich-elegant das Ambiente, charmant der Service, ambitioniert die Küche. Auf der Karte z. B. "Presa vom Bellota-Eichelschwein, geräucherte Paprikacreme, gegrillter Romanasalat, Parmesankrapfen, Olive", aber auch Klassiker wie "badischer Zwiebelrostbraten". Schöne Weinkarte mit rund 300 Positionen. Mittags zusätzlich Business-Lunch. Gepflegte Gästezimmer.

Menu 36 € (Mittags), 65/105 € – Karte 36/78 €

Hauptstraße 51 ✉ 76344 – ☎ 0721 780070 – www.garbo-loewen.de – Geschlossen 5. Januar-1. Februar, 27. Juli-9. August, Montag, Sonntag, mittags: Dienstag-Mittwoch

EHNINGEN

Baden-Württemberg – Regionalatlas **55**–G19 – Michelin Straßenkarte 545

✿ Landhaus Feckl

FRANZÖSISCH-KLASSISCH · FREUNDLICH XXX Manuela und Franz Feckl sind wirklich beispielhafte Gastgeber. Seit 1985 leiten sie ihr Haus und man spürt ihr Engagement. Das gilt vor allem für die Küche. Hochwertige Produkte, ausgezeichnetes Handwerk und viel Gefühl, dazu Finesse und Ausdruck, das ist die Basis der überwiegend klassisch-französisch geprägten Speisen. Zu "Franz Feckl's Klassikern" gesellt sich auch noch Interessantes wie ein vegetarisches Menü, das kohlenhydratarme Menü "Innovativ" und ein beliebtes preiswertes Mittagsmenü. Weinfreunden wird die gute Auswahl mit der ein oder anderen Rarität gefallen. Nicht weniger ansprechend ist die Atmosphäre: Eleganter Landhausstil macht das Restaurant richtig wohnlich und man kümmert sich versiert, freundlich und diskret um die Gäste. Schön, dass auch die Chefin selbst präsent ist!

Spezialitäten: Beeftatar mit Eigelb und lila Senfeis. Brust vom Schwarzfederhuhn mit Portweinsauce, Sommertrüffel, Lauch und Petersilienwurzel. Variation von der Quitte mit weißer Schokolade und Nougatstaub.

Menu 45 € (Mittags), 69/98 € – Karte 66/93 €

Hotel Landhaus Feckl, Keltenweg 1 ✉ 71139 – ☎ 07034 23770 – www.landhausfeckl.de – Geschlossen 1.-6. Januar, Montag, Sonntag

🏠 Landhaus Feckl

LANDHAUS · GEMÜTLICH Sehr freundlich wird das Haus mit den überaus wohnlichen Landhauszimmern von der Familie geleitet. Die Zimmer haben teilweise einen Balkon oder Zugang zur kleinen Dachterrasse - fragen Sie nach den großen Zimmern. Ausgezeichnetes Frühstück!

49 Zimmer – ♥♥ 89/214 € – ☑ 15 €

Keltenweg 1 ✉ 71139 – ☎ 07034 23770 – www.landhausfeckl.de – Geschlossen 1.-7. Januar

✿ **Landhaus Feckl** – Siehe Restaurantauswahl

In Ehningen-Mauren Süd: 2 km

⌂ **Landhotel Alte Mühle** 🛎 🅿 🚗

LANDHAUS · GEMÜTLICH Schön familiär ist es hier und richtig romantisch: Fachwerk und Mühlrad versprühen Charme, der Garten ist die Relaxzone schlechthin, alter Baumbestand, Blick ins Grüne, Bachlauf - idyllisch! Individuell die Zimmer, am geräumigsten die "Suite Cream". Morgens ein hochwertiges, reichhaltiges Frühstück.

4 Zimmer ☑ – ♥♥ 117/157 €

Mauren 2 ✉ 71139 – ✆ 07034 2378910 – www.landhotel-alte-muehle.de

EIBELSTADT

Bayern – Regionalatlas **49**-I16 – Michelin Straßenkarte 546

☺ **Gambero Rosso da Domenico** 🍴 🅿

ITALIENISCH · FREUNDLICH XX Seit über 20 Jahren ist Domenico schon in italienischer Mission in Franken unterwegs, seit 2012 hier am kleinen Yachthafen, wo er und seine Frau Teresa sympathisch und herzlich ihre Gäste umsorgen. Die authentische Küche gibt es z. B. als „Polposition": Oktopus vom Grill mit sizilianischer Caponata. Der Chef empfiehlt den passenden Wein. Schön die Terrasse zum Main.

Spezialitäten: Pasta al Pomodoro, Nudeln mit Bio-Tomaten aus Kalabrien. Guanciami, Ibericobäckchen in Marsalasößchen mit Kartoffeltörtchen. Panna Cotta mit Erdbeeren.

Menü 48/55 € – Karte 37/55 €

Mühle 2 ✉ 97246 – ✆ 09303 9843782 – www.gambero-rosso.eu –
Geschlossen Montag, Dienstag, mittags: Mittwoch-Samstag

EICHSTÄTT

Bayern – Regionalatlas **57**-L18 – Michelin Straßenkarte 546

🍴○ **Domherrnhof** 🎖 🍴 ↩

FRANZÖSISCH-KLASSISCH · ELEGANT XX Mit Herzblut betreiben die Waldmüllers seit 1984 das Restaurant in dem sanierten Palais a. d. J. 1715, stilvoll das Interieur mit schönem Stuck und Ornamenten. Gekocht wird klassisch-saisonal - ein Muss im Frühjahr: "gefüllte Morcheln mit Schnittlauchnudeln". Wer's regionalbürgerlich mag, isst in der rustikalen Schänke - sehenswert hier die historische Ledertapete!

Menü 68/85 € – Karte 33/61 €

Domplatz 5 (1. Etage) ✉ 85072 – ✆ 08421 6126 – www.domherrnhof.de –
Geschlossen 27. Februar-23. März, Montag

EINBECK

Niedersachsen – Regionalatlas **29**-I10 – Michelin Straßenkarte 541

☺ **Genusswerkstatt** 🛎 🍴 ♿ 🆒 ↩

INTERNATIONAL · BISTRO X Nicht alltäglich ist die Kombination von Restaurant und "PS. SPEICHER". Gleich neben der Ausstellung zum Thema "Fortbewegung auf Rädern" liest man auf der "Werkstattkarte" z. B. "Rinderfiletsteak vom Grill" oder "PS. Speicher-Burger", zubereitet in der Show-"Werkstatt". Reduzierte Mittagskarte. Zum Übernachten hat man das geradlinig-modern designte Hotel.

Spezialitäten: Confierter Sellerie, Walnuss, Feldsalat, eingelegte Pilze, Hardenberger Wildschweinschinken. Brust und Keule vom Eichsfelder Perlhuhn, Zwetschgenessigjus, Kürbis, Spitzkohl, kandierter Ingwer. Dreierlei vom Apfel: Strudel, Beignet, Sorbet.

Karte 34/62 €

Tiedexer Tor 5 (im PS. Speicher) ✉ 37574 – ✆ 05561 3199970 –
www.freigeist-einbeck.de – Geschlossen mittags: Montag

EISENACH

Thüringen – Regionalatlas **39**-J12 – Michelin Straßenkarte 544

ⓒ Weinrestaurant Turmschänke   🏵 ✿ 🅿

MARKTKÜCHE · ROMANTISCH XX In dem Restaurant im Nicolaiturm schaffen schöne historische Details wie Gemälde und original Mobiliar von 1912 eine rustikal-elegante Atmosphäre. Da lässt man sich gerne saisonal-internationale Gerichte wie "geschmorte Rinderhaxe mit Frühlingsgemüse und Kartoffelgratin" schmecken. Wie wär's mit einem Fest im "Kerker"?

Spezialitäten: Tomaten-Brotsalat mit Burrata und Basilikum. Scherz'l und rosa Onglet vom American Beef mit Topinambur, Bohnen und Kürbispüree. Variation vom weißen Pfirsich.

Menu 37/49 € – Karte 39/54 €

Karlsplatz 28 (1. Etage) ✉ 99817 – ℰ 03691 213533 –
www.turmschaenke-eisenach.de – Geschlossen 19. Januar-13. Februar, 19. Juli-13.
August, Sonntag, mittags: Montag-Samstag

🍽 Landgrafenstube   ⇦ ⇇ 🏠 � ✿ 🅿

INTERNATIONAL · RUSTIKAL XX Speisen in einmaligem Rahmen! Die stilvollen Räume werden ganz dem herrschaftlichen Charakter der a. d. 11. Jh. stammenden Burg gerecht. Grandios: die Aussicht vom Restaurant und der Terrasse! Dazu am Abend ambitionierte internationale Küche, mittags kleineres bürgerlich-regionales Angebot.

Menu 40/70 € – Karte 44/58 €

Hotel Auf der Wartburg, Auf der Wartburg 2 (Shuttle-Bus zum Hotel, Süd-West:
4 km) ✉ 99817 – ℰ 03691 797119 – www.wartburghotel.de

🏨 Auf der Wartburg   ✿ 🌀 ⇇ 🐾 🛁 🅿

HISTORISCH · INDIVIDUELL Wirklich klasse ist die ruhige und exponierte Lage über der Stadt! Es erwarten Sie freundlicher Service, schöne hochwertig eingerichtete Zimmer und ein wunderbarer Blick. Hübsch auch das Kaminzimmer und der Saunabereich. Und wie wär's mit Kosmetik und Massage?

37 Zimmer – 🛏 219/359 € – ⭐ 20 € – 1 Suite

Auf der Wartburg 2 (Shuttle-Bus zum Hotel, Süd-West: 4 km) ✉ 99817 –
ℰ 03691 7970 – www.wartburghotel.de

🍽 **Landgrafenstube** – Siehe Restaurantauswahl

ELMSHORN
Schleswig-Holstein – Regionalatlas **10**-H5 – Michelin Straßenkarte 541

🍽 Sette Feinbistro   🏠

INTERNATIONAL · BISTRO X Etwas versteckt liegt das nette Bistro in der Fußgängerzone hinter einem kleinen Feinkostgeschäft - von hier kommen die mündlich empfohlenen Weine. Unter den frischen internationalen Gerichten findet sich z. B. "Thunfisch, Rucola-Couscous, Mango & Avocado". Tipp: Probieren Sie auch ein Dessert!

Menu 24/69 € – Karte 24/47 €

Marktstraße 7 ✉ 25335 – ℰ 04121 262939 – www.sette-feinbistro.de –
Geschlossen Montag, Sonntag, abends: Samstag

ELTVILLE AM RHEIN
Hessen – Regionalatlas **47**-E15 – Michelin Straßenkarte 543

⬧ Jean (Johannes Frankenbach)   ⇦ 🏠 ✿ 🅿

FRANZÖSISCH-KLASSISCH · FREUNDLICH XX Im Familienbetrieb der Frankenbachs gibt es neben dem Hotel und dem Café auch das "Jean" in der ehemaligen Weinstube. Nach Stationen in renommierten Adressen wie dem „Ikarus" in Salzburg oder dem „Restaurant Heinz Winkler" in Aschau steht Johannes Frankenbach (die 3. Generation) hier seit 2012 am Herd. Schon der Name „Jean" (französische Kurzform von Johannes) lässt die Liebe zu Frankreich erkennen, und die steckt ebenso in der produktorientierten, mediterran beeinflussten Küche von Johannes Frankenbach wie sein Händchen für Würze und feine Kontraste. Dazu vielleicht ein Wein aus eigenem Anbau? Schön auch der Rahmen: halbhohe Holztäfelung, gepflegte Tischkultur, alte Fotos... , und draußen der hübsche Platanenhof. Überaus freundlich und natürlich ist der Service durch die junge Chefin!

267

Spezialitäten: Foie Gras de Canard, Quitte, Macadamianüsse. Steinbutt, Safransauce, Spinat, Kirschtomate, Fenchel, Pommes Carrées. Aprikose, Mandel, Sauerrahm, Thymian.

Menu 44/109 €

Wilhelmstraße 13 ✉ *65343 –* ☏ *06123 9040 – www.hotel-frankenbach.de –*
Geschlossen 26. Juli-20. August, Montag, Dienstag, Mittwoch,
mittags: Donnerstag-Samstag

⊛ Gutsausschank im Baiken ⪡ 🛖

SAISONAL · WEINSTUBE ⅹ Schon die Lage ist einen Besuch wert: inmitten von Reben, mit Blick auf die Weinberge und Eltville. Da isst man am liebsten auf der Terrasse - die ist sogar teilweise regenfest! Aus der Küche kommt z. B. "gebratene Brust und geschmorte Keule vom Landhuhn, gebackener weißer Spargel, Estragon-Gnocchi, weiße Tomatensauce". Dazu reibungsloser, charmant-lockerer Service.

Spezialitäten: Mousse und Praline von der geräucherten Wisperforelle, lauwarmer grüner Spargel und Pumpernickel. Gebratene Brust vom Landhuhn auf Chorizo-Radicchio-Risotto mit Rieslingsauce. Topfenknödel mit Schmandeis und Orangenragout.

Karte 37/54 €

Wiesweg 86 ✉ *65343 –* ☏ *06123 900345 – www.baiken.de – Geschlossen*
27. Januar-4. März, Montag, Dienstag, mittags: Mittwoch-Freitag

In Eltville-Hattenheim West: 4 km über B 42

ⅼ○ Kronenschlösschen 🕸 📭 🛖 ♻ 🅿

ZEITGENÖSSISCH · ELEGANT ⅹⅹⅹ Das hat Stil: unter der sehenswerten bemalten Decke in edlem Ambiente sitzen und sich fachkundig umsorgen lassen! Sehr schön ist aber auch die Terrasse mit angrenzendem Garten. Sie wählen das Degustations-Menü oder das Kronenschlösschen-Menü - oder lieber à la carte daraus? Dazu eine der bestsortierten Weinkarten in Deutschland! Alternativ gibt es das Bistro.

Menu 72/120 €

Hotel Kronenschlösschen, Rheinallee ✉ *65347 –* ☏ *06723 640 –*
www.kronenschloesschen.de – Geschlossen 1.-31. Januar, Monag, Sonntag,
mittags: Dienstag-Samstag

ⅼ○ Adler Wirtschaft ⪡ 🛖 ♿

REGIONAL · RUSTIKAL ⅹ Die "Adler Wirtschaft" von Franz Keller ist eine Institution in der Region. Reizend das kleine Fachwerkhaus, gemütlich und unkompliziert die Atmosphäre - hier lebt man noch Wirtshauskultur. Das Konzept: Zu einem Fixpreis stellt man sich sein Menü zusammen. Gut zu wissen: Bentheimer Schweine sowie Charolais- und Limousin-Rinder kommen vom eigenen Falkenhof im Taunus.

Menu 89 € – Karte 44/66 €

Hauptstraße 31 ✉ *65347 –* ☏ *06723 7982 – www.franzkeller.de – Geschlossen*
20. Januar-19. Februar, Montag, Dienstag, Sonntag, mittags: Mittwoch-Samstag

ⅼ○ Zum Krug 🕸 ⪡ 🛖 ♻ 🅿

SAISONAL · FAMILIÄR ⅹ Hinter der hübschen historischen Fassade sitzt man in gemütlichen Gasträumen bei regionaler und internationaler Küche mit Bezug zur Saison. Auf der Karte liest man z. B. "Sauerbraten vom Bio-Weiderind mit Kartoffelklößen und Preiselbeeren". Dazu gibt's schöne Rheingau-Weine. Gepflegt übernachten kann man ebenfalls - einige Zimmer sind besonders modern.

Menu 55/85 € – Karte 40/71 €

Hauptstraße 34 ✉ *65347 –* ☏ *06723 99680 – www.zum-krug-rheingau.de –*
Geschlossen 1.-20. Januar, 27. Juli-12. August, 20.-31. Dezember, Montag,
mittags: Dienstag, abends: Sonntag

Hotel & Restaurant Kronenschlösschen

HISTORISCH · KLASSISCH Nur die Bundesstraße trennt das hübsche Hotel a. d. J. 1894 vom Rhein. Die Zimmer sind individuell, allesamt schön stilvoll, wertig und wohnlich, dazu am Morgen ein frisches Frühstück. Passend zum Rahmen die historischen Salons.

29 Zimmer – †† 120/180 € – ☲ 18 € – 4 Suiten

Rheinallee ✉ 65347 – ℰ 06723 640 – www.kronenschloesschen.de – Geschlossen 20. Februar-8. März

⫯○ **Kronenschlösschen** – Siehe Restaurantauswahl

ELZACH

Baden-Württemberg – Regionalatlas **61**-E20 – Michelin Straßenkarte 545

Rössle

REGIONAL · FAMILIÄR ⫶ In dem Familienbetrieb kommt regional-internationale Küche aus guten Zutaten auf den Tisch, so z. B. "Perlhuhnbrust, Thymianjus, grüner Spargel, Kartoffelkrapfen". Und das Ambiente? Freundlich und mit mediterraner Note - vorne leger, weiter hinten aufwändiger eingedeckt. Tipp: die Gästezimmer mit ihrem schönen Mix aus warmem Holz, klaren Linien und lila Farbakzenten.

Spezialitäten: Rote Bete mit Ziegenkäse. Geschmorter Rehbraten aus heimischer Jagd mit Burgundersauce, Preiselbeeren und Spätzle. Lauwarmes Schokoladenküchlein mit flüssigem Kern, Rotweinzwetschgen und Kokosnusseiskrem.

Menu 39/49 € – Karte 29/45 €

Hauptstraße 19 ✉ 79215 – ℰ 07682 212 – www.roessleelzach.de – Geschlossen 8.-15. Januar, Dienstag, Mittwoch

In Elzach-Oberprechtal Nord-Ost: 7,5 km über B 294 Richtung Freudenstadt, dann rechts ab Richtung Triberg am Ortsausgang rechts Richtung Hornberg

Schäck's Adler

REGIONAL · ROMANTISCH ⫶⫶ Ein Gasthof wie aus dem Bilderbuch! Richtig gemütlich die ganz in Holz gehaltenen Stuben, ambitioniert und geschmackvoll die Küche - da kommen "Zanderklößchen mit Rieslingsauce" ebenso gut an wie "Ragout vom Elztäler Reh mit Spätzle". Schön auch die "Strumbel-Bar". Sehr gepflegt übernachten kann man ebenfalls.

Spezialitäten: Carpaccio von der heimischen Elztäler Bachforelle. Zarte Kalbsleber mit feinen Calvadosäpfelchen und Bratkartoffeln. Tolle Meringe mit Schlag, feinen Beeren und Cassis Sorbet.

Menu 28/46 € – Karte 33/67 €

Waldkircher Straße 2 ✉ 79215 – ℰ 07682 1291 – www.schaecks-adler.de – Geschlossen 1. Februar-1. März, Montag, Dienstag, mittags: Mittwoch

EMMERICH AM RHEIN

Nordrhein-Westfalen – Regionalatlas **25**-A10 – Michelin Straßenkarte 543

In Emmerich-Praest Ost: 6,5 km über B8, Richtung Rees

⫯○ Zu den drei Linden - Lindenblüte

INTERNATIONAL · ELEGANT ⫶⫶ Richtig gut isst man bei Familie Siemes, und zwar internationale Speisen mit saisonalen Einflüssen - da lässt man sich z. B. "gebackenen Kabeljau mit Garnelencurry und Blumenkohl an Bärlauchpüree" schmecken. Vor allem die Menüs sind preislich wirklich fair. Und das Ambiente? Freundlich, mit eleganter Note.

Menu 35/45 € – Karte 37/53 €

Reeser Straße 545 ✉ 46446 – ℰ 02822 8800 – www.zu-den-3-linden.de – Geschlossen 5.-17. April, mittags: Montag, Dienstag, Mittwoch, mittags: Donnerstag-Samstag

EMSDETTEN

Nordrhein-Westfalen – Regionalatlas **26**-D9 – Michelin Straßenkarte 543

⊛ Lindenhof   ⟵ 🛜 ⅙ ⇄ **P** 🍴

REGIONAL · GEMÜTLICH XX Wie das Hotel mit seinen individuellen, wohnlichen Zimmern erfreut sich auch das Restaurant der Hankhs großer Beliebtheit. Grund ist die gute regional und mediterran beeinflusste saisonale Küche. Auch die klassische "Rinderroulade nach Großmutters Rezept" fehlt nicht auf der Karte. Charmant der Service.

Spezialitäten: Savarin von der Eismeerforelle und Nordseekrabben, Kohlrabi, Miso, Orange, Meeresspargel. Geschmorte Hasenkeule mit Weinapfel, Rotkohl, Rosenkohl, Kartoffelkroketten. Karamellisierte Sauerrahmtarte, Heidelbeere, Macadamianuss, Salzkaramelleis.

Menu 39/60 € – Karte 29/54 €

Alte Emsstraße 7 ⊠ 48282 – ☏ 02572 9260 – www.lindenhof-emsdetten.de – Geschlossen Sonntag, mittags: Montag-Samstag

ENDINGEN AM KAISERSTUHL

Baden-Württemberg – Regionalatlas **61**-D20 – Michelin Straßenkarte 545

✿ Merkles Restaurant   🛜 **P**

MODERNE KÜCHE · GEMÜTLICH XX Er ist nicht nur sympathisch und engagiert, er hat definitiv auch eine kreative Ader! Gastgeber und Küchenchef Thomas Merkle. Exaktes Handwerk und Know-how stehen bei ihm außer Frage, Aromen und Texturen werden durchdacht und stimmig kombiniert, ausgesuchte Produkte sind dabei selbstverständlich. Und der Rahmen ist nicht minder attraktiv: Man speist in einem historischen ehemaligen Pfarrhaus, das mit chic-elegantem Interieur ausstaffiert ist. Die Gäste werden zuvorkommend umsorgt, dazu gehört auch eine treffliche glasweise Weinempfehlung – eine schöne Auswahl dafür bietet die besonders im deutschen Bereich gut sortierte Karte. Tipp: Wer auch daheim nicht auf Leckeres à la Merkle verzichten möchte, kann hier Hausgemachtes kaufen - es gibt Saucen, Öle, Salze...

Spezialitäten: Pulpo und Jakobsmuschel, Chicorée, Orange, Piment d'Espelette. Alte Wutz, Paprika, Bohnen, Chorizo. Himbeere, Mascarpone, Rosmarin, Gin.

Menu 73/129 €

Hauptstraße 2 ⊠ 79346 – ☏ 07642 7900 – www.merkles-restaurant.de – Geschlossen Montag, Dienstag, Sonntag, mittags: Mittwoch-Samstag

🕲 **Die Pfarrwirtschaft** – Siehe Restaurantauswahl

⊛ Die Pfarrwirtschaft   🛜 ⇄ **P**

REGIONAL · TRENDY X Modern-rustikal kommt das zweite Restaurant im Hause Merkle daher, und auch hier kocht man anspruchsvoll. Ob Käsespätzle, Reh-Burger, geschmorte Rinderbäckle oder Dry Aged Schwarzwald-Rind, es schmeckt einfach!

Spezialitäten: Rinderkraftbrühe, Nudel, Rindfleisch. Filet vom Skrei, Venere Reis, geschmorter Chicorée, Orange. Apfelschlupfer, Rahmeis.

Menu 20 € (Mittags)/35 € – Karte 32/67 €

Merkles Restaurant, Hauptstraße 2 ⊠ 79346 – ☏ 07642 7900 – www.pfarrwirtschaft.de – Geschlossen Montag, Dienstag

🏠 Zollhaus   **P**

FAMILIÄR · INDIVIDUELL Sie suchen ein individuelles und mit Liebe geführtes kleines Hotel? Klares Design und hochwertige Materialien treffen auf Historie, und zwar die eines denkmalgeschützten über 200 Jahre alten Hauses. Frisch und wirklich gut das Frühstück, gemütlich die kleine Weinlounge unter dem Gewölbe (mit Selbstbedienung).

4 Zimmer ⌛ – 👫 23/43 €

Hauptstraße 3 ⊠ 79346 – ☏ 07642 9202343 – www.zollhaus-endingen.de

In Endingen-Kiechlinsbergen Süd-West: 5,5 km über Königschaffhausen

Dutters Stube

REGIONAL · FREUNDLICH XX Schon die 4. Generation der Dutters leitet den charmanten Gasthof a. d. 16. Jh. Gut die saisonal-regionale Küche, z. B. als "Kalbsnierle in Senfsauce" oder "Lachsschnitte in Weißburgunderschaum". Etwas bodenständiger: "Dorfwirtschaft" mit Vesper, Flammkuchen, Rumpsteak. Terrassen-Alternative: die hübsche Sommerlaube!

Spezialitäten: Kraftbrühe mit Markklößchen. Lachsforelle mit Spargelragout und Nudeln. Mousse von der Endinger Manufakturschokolade.

Menu 28 € (Mittags), 39/58 € – Karte 36/58 €

Winterstraße 28 ✉ 79346 – ☎ 07642 1786 –
www.dutters-stube.de – Geschlossen Montag, Dienstag, mittags: Mittwoch-Samstag, abends: Sonntag

ENGE-SANDE

Schleswig-Holstein – Regionalatlas **1**–G2 – Michelin Straßenkarte 541

⇃O Berger's Landgasthof ⇦ 🛋 ♻ **P**

REGIONAL · GASTHOF XX Charmant-rustikal ist hier das Ambiente, hübscher Zierrat unterstreicht die gemütliche Atmosphäre. Da lässt man sich gerne regionale Küche mit internationalem Einfluss servieren - bei gutem Wetter natürlich im schönen Gartenrestaurant. Zum Übernachten stehen frisch und hell gestaltete Gästezimmer bereit.

Menu 36/45 € – Karte 31/51 €

Dorfstraße 28 ✉ 25917 – ☎ 04662 3190 –
www.bergers-landgasthof.de

ENKENBACH-ALSENBORN

Rheinland-Pfalz – Regionalatlas **47**–E16 – Michelin Straßenkarte 543

Im Ortsteil Enkenbach

⇃O Kölbl ⇦ 🛋 ♻

INTERNATIONAL · LÄNDLICH XX Viele Stammgäste mögen die regionale und internationale Küche bei den Kölbls. Auch ein vegetarisches Menü wird angeboten - und der günstige Business Lunch kommt ebenfalls gut an. Serviert wird in den gemütlichen Gaststuben oder auf der Hofterrasse. Zum Übernachten hat man funktionale Gästezimmer.

Menu 15 € (Mittags) – Karte 28/55 €

Hauptstraße 3 ✉ 67677 – ☎ 06303 3071 –
www.hotel-restaurant-koelbl.de – Geschlossen Montag, mittags: Samstag

ERDING

Bayern – Regionalatlas **58**–M20 – Michelin Straßenkarte 546

🏨 Victory Therme Erding

SPA UND WELLNESS · MODERN Ein Hotel mit Yacht-Flair direkt an der riesigen Therme Erding. Die schönen "Kabinen" sind individuell, wohnlich und wertig, meist mit Blick aufs Wellenbad. Einmaliger Eintritt in die Therme inklusive. Internationale Küche im eleganten "Empire". Tipp für Langzeitgäste: Gästehaus vis-à-vis (Therme kostenpflichtig).

128 Zimmer ヱ – ♟♟ 275/395 €

Thermenallee 1a ✉ 85435 – ☎ 08122 5503550 –
www.victory-hotel.de

In Erftstadt-Lechenich

😊 Haus Bosen

KLASSISCHE KÜCHE · BÜRGERLICH X In dem gemütlichen Fachwerkhaus, seit über 120 Jahren gastronomisch genutzt, bietet man Mediterranes, Regionales und Klassisches: "Calamares Mallorquinische Art", "Jahrgangssardinen mit Landbrot", "Königsberger Klopse", "geschmorte Schweinebäckchen"...

Spezialitäten: Mini Mozzarella mit zweierlei Tomate an Pesto und frittiertem Rucola. Kotelett vom Durocschwein, auf Chorizopüree und einer Cognac-Pfeffer-Sauce. Variation von der Himbeere.

Karte 27/45 €

*Herriger Straße 2 ⊠ 50374 – 𝒞 02235 691618 – www.hausbosen.de –
Geschlossen 1.-8. Januar, Montag*

🏵 Clara - Restaurant im Kaisersaal   🕸 🍴 🕭 🅰🅲

MODERNE KÜCHE · ELEGANT XXX Erinnern Sie sich noch an den 100-DM-Schein? Hier war Namensgeberin Clara Schumann abgebildet. Sie ziert in Form eines dekorativen großen Portraits den eleganten Gastraum, in dem man die modern-kreative Küche von Arne Linke serviert. Der gebürtige Hamburger kochte bereits bei Sterneköchen wie Christian Rach oder Jens Rittmeyer und war zuletzt Küchenchef in der "Forellenstube" im Landhotel "Zu den Rothen Forellen" in Ilsenburg. Sein ausgezeichnetes Handwerk und sein Gespür, tolle Produkte aromareich zu kombinieren, beweist nicht nur der sehr gute Carabinero, der mit Tom-Kha-Gai-Sud, süß-säuerlicher Möhre und ein paar Tropfen Korianderöl zu einem geschmacksintensiven Gericht wird. Die schöne Weinbegleitung dazu gibt's auch glasweise. Tipp: reizvolle Gartenterrasse hinter dem Kaisersaal.

Spezialitäten: Geflügelleber, Zwetschge, Kakao. Reh, Quitte, Sellerie. Kürbis, Ingwer, weiße Schokolade.

Menu 88/119 €

*Futterstraße 15 ⊠ 99084 – 𝒞 0361 5688207 – www.restaurant-clara.de –
Geschlossen 1.-20. Januar, 3.-20. August, Montag, Sonntag,
mittags: Dienstag-Samstag*

🍴○ Il Cortile   🍴

ITALIENISCH · GEMÜTLICH XX Über einen netten kleinen Innenhof erreicht man das Restaurant. Hier ist es gemütlich und man bekommt frische mediterrane Küche - da hat man natürlich so manchen Stammgast. Probieren Sie z. B. das Antipasti-Buffet oder die leckere Pasta!

Karte 51/66 €

*Johannesstraße 150 (Signal-Iduna-Passage) ⊠ 99084 – 𝒞 0361 5664411 –
www.ilcortile.de – Geschlossen Montag, Sonntag, mittags: Dienstag-Samstag*

🍴○ Das Ballenberger

MARKTKÜCHE · FREUNDLICH X Ein sympathisch-modernes Restaurant mitten in der Altstadt nahe der historischen Krämerbrücke. Man bietet saisonal-internationale Gerichte wie "Jakobsmuschel, zweierlei Spargel, Orange". Außerdem locken hausgebackene Kuchen, und ab 9 Uhr kann man hier schön frühstücken! Zum Übernachten hat man 5 charmante Apartments.

Menu 27 € (Mittags), 36/59 € – Karte 27/59 €

*Gotthardtstraße 25 ⊠ 99084 – 𝒞 0361 64456088 – www.das-ballenberger.de –
Geschlossen Sonntag*

║○ Restaurant und Weinstube Zumnorde

INTERNATIONAL · FREUNDLICH X Wer nach der Stadtbesichtigung gut essen möchte, bekommt im Restaurant des Hotels "Zumnorde am Anger" z. B. Tatar, Flammkuchen, Steaks... Einiges gibt's als kleine "Tapas"-Probierportion. Bei schönem Wetter ist der Biergarten richtig charmant! Unter der Woche kleine Mittagskarte. "Tabakskolleg" für Zigarrenliebhaber. Klassisch-elegant die Gästezimmer.

Menu 40 € – Karte 31/69 €

Grafengasse 2 ⊠ 99084 – ✆ 0361 5680426 – www.hotel-zumnorde.de –
Geschlossen 1.-12. Januar, Sonntag

ERKRATH
Nordrhein-Westfalen – Regionalatlas **26**–C11 – Michelin Straßenkarte 543

In Erkrath-Hochdahl Ost: 3 km, jenseits der Autobahn

║○ Hopmanns Olive

MEDITERRAN · GEMÜTLICH XX Direkt beim historischen Lokschuppen (ideal für Feiern) liegt das gemütliche Restaurant der Hopmanns - einladend das frische Olivgrün des Raumes, ebenso der Sommergarten! Gekocht wird regional und mediterran inspiriert, so z. B. "gebratenes Kalbsrückensteak und Garnelenravioli".

Menu 45/75 € – Karte 39/62 €

Ziegeleiweg 1 ⊠ 40699 – ✆ 02104 803632 – www.hopmannsolive.de –
Geschlossen 18. Februar-4. März, 12.-28. Oktober, Dienstag, Mittwoch,
mittags: Montag und Donnerstag-Samstag

⌂ Wahnenmühle

HISTORISCH · INDIVIDUELL Ein charmanter Ort auf einer großen Waldlichtung. Hier wohnt man individuell, die Namen der Zimmer (Städte und Regionen) machen Lust, gleich einzuziehen. Die Chefin kümmert sich persönlich um die Gäste, herzlich und familiär die Atmosphäre!

4 Zimmer ⌂ – ♥♥ 130/160 €

Wahnenmühle 1 ⊠ 40699 – ✆ 02104 1399332 – www.wahnenmuehle.de

ERLANGEN
Bayern – Regionalatlas **50**–K16 – Michelin Straßenkarte 546

In Erlangen-Kosbach West: 6 km

⊛ Polster Stube

REGIONAL · FREUNDLICH X Das zweite Restaurant im Hause Polster ist diese nette holzgetäfelte Stube. Vater und Sohn stehen gemeinsam am Herd und bereiten z. B. "Kartoffel-Steinpilzsuppe" oder "knuspriges Spanferkel mit Kloß und Sahnewirsing" zu.

Spezialitäten: Schafskäse im Zucchinibrotmantel mediterrane Art mit Rucola. Tafelspitz an schmackhaftem Crèmespinat und Röstkartofeln mit Semmel- und Apfelkren. Gebackene Apfelküchle auf Vanillesauce mit cremigem Eis.

Karte 22/58 €

Restaurant Polster, Am Deckersweiher 26 ⊠ 91056 – ✆ 09131 75540 –
www.gasthaus-polster.de

║○ Restaurant Polster

FRANZÖSISCH-KLASSISCH · ELEGANT XX Ein Familienbetrieb in 8. Generation! Im eleganten Gourmetrestaurant wird ambitioniert gekocht, da liest man auf der Karte z. B. "geschmorte Milchkalbsnuss in Waldpilzsauce mit Semmelknödel" oder "Lammkeule mit Aromaten und Rosmarinkartoffeln". Übernachtungsgäste dürfen sich auf hübsche, wohnliche Zimmer freuen.

Menu 50/74 €

Am Deckersweiher 26 ⊠ 91056 – ✆ 09131 75540 – www.gasthaus-polster.de
⊛ **Polster Stube** – Siehe Restaurantauswahl

Nordrhein-Westfalen – Regionalatlas **26**–C11 – Michelin Straßenkarte 543

🍽️○ **Paul's Brasserie** Ⓝ

FRANZÖSISCH · **BRASSERIE** ✗ Lust auf geschmackvoll-freundliche Brasserie-Atmosphäre? Hier nahe Philharmonie und Aalto-Musiktheater darf man sich auf französisch-traditionelle Gerichte wie "Tartare et frites", "Bouillabaisse" oder "Coq au vin" freuen, nicht zu vergessen die Austern und den Plat du jour! Übrigens: Name und Logo des Lokals sollen an den verstorbenen Hund des Inhabers erinnern.

Menu 28 € (Mittags)/56 € – Karte 40/71 €

Huyssenallee 7 ✉ *45128 – 𝒞 0201 26675976 – www.pauls-brasserie.de –*
Geschlossen Montag, Sonntag, mittags: Samstag

In Essen-Bredeney Süd: 6 km

🍽️○ **Parkhaus Hügel**   ⇦ ⪜ 🏠 ⟳ Ⓟ

MARKTKÜCHE · **FREUNDLICH** ✗✗ Das von Familie Imhoff seit Jahren mit Engagement geführte traditionsreiche Anwesen a. d. 19. Jh. liegt direkt gegenüber dem Baldeneysee - sowohl das geradlinig-elegante Restaurant als auch die Terrasse bieten Seeblick. Es gibt saisonal-internationale Küche, aber auch "Vergessene Klassiker" wie "Milchkalbsleber Berliner Art". Wohnliche Hotelzimmer hat man ebenfalls.

Menu 40/70 € – Karte 46/62 €

Freiherr-Vom-Stein-Straße 209 ✉ *45133 – 𝒞 0201 471091 –*
www.parkhaus-huegel.de – Geschlossen 1.-5. Januar, 27.-31. Dezember,
mittags: Montag-Freitag

In Essen-Heisingen Süd-Ost: 8 km

🍽️○ **Anneliese** Ⓝ

MODERNE KÜCHE · **TRENDY** ✗ Sympathisch, trendig und angenehm ungezwungen. Das gut geführte Lokal liegt in einem eher unscheinbaren Haus in einer Wohngegend und hat viele Stammgäste - kein Wunder, denn man kocht hier ambitioniert, modern-saisonal und mit ausgesuchten Zutaten.

Menu 45/73 € – Karte 48/62 €

Petzelsberg 10 ✉ *45259 – 𝒞 0201 61795081 – www.restaurant-anneliese.de –*
Geschlossen 15. Juli-15. August, Montag, Dienstag, Sonntag,
mittags: Mittwoch-Samstag

In Essen-Horst Ost: 3 km

❀ **Hannappel**   🅰🅲 ⟳

MODERNE KÜCHE · **ELEGANT** ✗✗ Solch ein elegantes Restaurant würde man in der ehemaligen Eckkneipe nicht unbedingt erwarten. Schon seit 1993 sind Ulrike und Knut Hannappel hier Ihre Gastgeber. Das ungebrochene Engagement merkt man nicht zuletzt an der ambitionierten Küche, einem schönen Mix aus Moderne und Klassik. Mit Tobias Weyers (zuvor Souschef im Restaurant "Am Kamin" in Mülheim an der Ruhr) hat der Patron einen talentierten Küchenchef an seiner Seite. Unter ihrer Leitung werden ausgezeichnete Produkte mit feinen Kontrasten und dennoch harmonisch kombiniert, wie z. B. beim tollen Filet vom Island-Kabeljau mit Grünkohl, gelber Bete, Orange und Rauchaal. Dazu darf man sich auf freundlichen und versierten Service freuen. Tipp: Probieren Sie unbedingt die Pralinen zum Kaffee!

Spezialitäten: Koji Huchen, Auster, Holunder, Gurke. Urlamm aus der Eifel, Rote Bete, Pflaume, Walnuss. Pfirsich, Tonkabohne, Lavendel, Büffelmilch.

Menu 53/99 € – Karte 44/68 €

Dahlhauser Straße 173 ✉ *45279 – 𝒞 0201 534506 – www.restaurant-hannappel.de –*
Geschlossen Dienstag, mittags: Montag und Mittwoch-Samstag

In Essen-Kettwig Süd-West: 11 km

✿ Laurushaus   😋 🏡 AK ↻ P

MODERNE KÜCHE · ELEGANT XX Was für ein Rahmen! Das herrschaftliche Anwesen des "Schloss Hugenpoet" a. d. 17. Jh. ist wirklich sehenswert, entsprechend stilvoll und elegant das "Laurushaus" in der ehemaligen Zehntscheune. Die Atmosphäre ist angenehm privat - fast ein bisschen wie in einem Wohnzimmer. Man legt Wert auf den Kontakt zu den Gästen, und die dürfen daher auch mal kurz in die Küche schauen! Regie am Herd führt Erika Bergheim, die schon seit 1997 im Schlosshotel tätig ist. Sie kocht klassisch, modern und saisonal - mediterrane und euroasiatische Einflüsse inklusive. Schön reduziert bereitet sie ausgesuchte Produkte zu, vom gut gereiften, zarten Rehrückenfilet bis zum Medaillon vom topfrischen Kabeljau. Charmant und fachkundig berät man Sie auch in Weinfragen - man hat über 500 Positionen.

Spezialitäten: Goldene Gazpacho, Langustinenschwanz, Tomate und Papaya. Lammrücken, Kardamomkartoffeln, Erbsen-Minzsalat und Joghurt. Baba, Kaffee, Schokolade, Jasmintee.

Menu 89/134 € – Karte 74/90 €

Hotel Schloss Hugenpoet, August-Thyssen-Straße 51 ✉ 45219 –
☎ 02054 12040 – www.hugenpoet.de – Geschlossen 1.-22. Januar, 15. Juni-5. Juli,
12.-18. Oktober, Montag, Dienstag, Mittwoch, Sonntag,
mittags: Donnerstag-Freitag

⅋○ HUGENpöttchen   🍺 🏡 ↻ P

REGIONAL · GEMÜTLICH XX Die frische und schmackhafte Küche gibt es hier z. B. als "Hugenpoeter Fischeintopf mit Aioli" oder als "Frikassee von der Maispoularde, Navetten, weiße Beete, Champignons" - und zwar von 12. 00 - 23. 00 Uhr. Von der Terrasse schaut man zum Schlosspark. Freundlich der Service. Günstiger Lunch. "Baronie" für den Aperitif.

Menu 39/54 € – Karte 39/62 €

Hotel Schloss Hugenpoet, August-Thyssen-Straße 51 ✉ 45219 –
☎ 02054 12040 – www.hugenpoet.de – Geschlossen 1.-24. Januar

🏰 Schloss Hugenpoet   🏤 🍺 🖃 ♿ AK 🛁 P

HISTORISCHES GEBÄUDE · KLASSISCH Hinter den historischen Mauern des a. d. 17. Jh. stammenden Wasserschlosses verbergen sich reichlich Kunst und antike Möbel, alte Fliesen und schöne Holzböden - herrschaftlich schon die große Halle mit mächtigem Granittor und Lounge mit offenem Kamin. Nicht zu vergessen der tolle Park. Modern die neueren Zimmer.

36 Zimmer – 🛏 160/270 € – ☲ 25 €

August-Thyssen-Straße 51 ✉ 45219 –
☎ 02054 12040 – www.hugenpoet.de – Geschlossen 1.-24. Januar

✿ **Laurushaus** · ⅋○ **HUGENpöttchen** – Siehe Restaurantauswahl

In Essen-Rüttenscheid Süd: 3, 5 km

✿ Schote

MODERNE KÜCHE · CHIC XX Es hat sich was getan bei Nelson Müller! Der sympathische Gastronom und TV-Koch hat seine "Schote" in sein zweites Essener Restaurant, das "MÜLLERS auf der Rü" am Rüttenscheider Stern, integriert. Gourmetrestaurant und Bistro hat man jetzt also unter einem Dach, dennoch ist die "Schote" räumlich abgetrennt. Das Ambiente: modern und zugleich gemütlich. Das Motto lautet unverändert "Roots & Culture": Traditionelle und filigran-moderne Elemente werden interessant und handwerklich präzise kombiniert, hochwertige Produkte sind dabei selbstverständlich. Kleine Tischkärtchen erklären die einzelnen Gänge des Menüs. Nelson Müller steht so oft wie möglich selbst am Herd, hat aber ein engagiertes Küchenteam an seiner Seite, auf das er sich auch in seiner Abwesenheit voll und ganz verlassen kann.

Spezialitäten: Maultasche von der Fjordforelle, Ingwer-Birne, Meerrettichsauce. Entrecôte vom Irish Hereford, Kürbisgulasch, Biersauce. Marone und Nougat, Gewürzzwetschgen, Portwein-Buttereis.

Menu 112/160 €

Rüttenscheider Straße 62 ⊠ 45130 – ✆ 0201 780107 – www.restaurant-schote.de – Geschlossen Montag, Sonntag, mittags: Dienstag-Samstag

ⅠO Rotisserie du Sommelier

FRANZÖSISCH-KLASSISCH · BISTRO X Richtig sympathisch ist das in der Fußgängerzone gelegene Bistro mit französischem Flair - beliebt die Hochtische bei der Theke. Auf der Karte liest man z. B. "Maultasche vom Sauerbraten auf Elsässer Rahmkraut", "Frikassee von Bio-Huhn" oder die Spezialität "Rührei mit Trüffel aus dem Burgund". Die Leidenschaft des Chefs für Wein sieht man an den rund 300 Positionen.

Menu 42/64 € – Karte 39/59 €

Wegenerstraße 3 ⊠ 45131 – ✆ 0201 9596930 – www.rotisserie-ruettenscheid.de – Geschlossen Montag, Sonntag

ⅠO Tatort Essen Ⓝ

MODERNE KÜCHE · TRENDY X Nach Stationen bei berühmten Köchen wie Alain Ducasse und Jean-Claude Bourgueil sowie in weiteren Restaurants ist Jean-Edouard Mathis in dem lebhaften Rüttenscheid sesshaft geworden. Trendig-leger das Ambiente, ambitioniert und modern-kreativ die Gerichte auf der nach Markteinkauf wechselnden Speisekarte.

Menu 25 € (Mittags)/59 € – Karte 49/64 €

Rüttenscheider Straße 182 ⊠ 45131 – ✆ 0201 32039980 – www.tatort-essen.de – Geschlossen 1.-2. Januar, 21.-31. Dezember, Sonntag, mittags: Montag

ESSLINGEN AM NECKAR

Baden-Württemberg – Regionalatlas **55**-G18 – Michelin Straßenkarte 545

ⅠO Posthörnle

INTERNATIONAL · FREUNDLICH X In einem der ältesten Wirtshäuser der Stadt ist dieses geradlinig-leger gehaltene kleine Restaurant zu finden. Aus der Küche kommen frische saisonale Gerichte, von der "Rehfrikadelle mit schwarzem Senf" bis zum "gebratenen Zander auf Orangen-Chicorée".

Menu 40/70 € – Karte 30/58 €

Pliensaustraße 56 ⊠ 73728 – ✆ 0711 50629131 – www.posthoernle.de – Geschlossen 1.-6. Januar, Montag, mittags: Dienstag-Samstag

ETTLINGEN

Baden-Württemberg – Regionalatlas **54**-F18 – Michelin Straßenkarte 545

✿ Erbprinz

KLASSISCHE KÜCHE · ELEGANT XXX Der „Erbprinz" ist ohne Zweifel eine Institution im Raum Karlsruhe - nicht nur für die zahlreichen Tagungsgäste, die hier gerne logieren. Das Haus ist eine kulinarische Adresse, wo man Wert auf ein stilvolles Ambiente und eine gute Küche legt. Herr der Töpfe ist Ralph Knebel, der sein Metier beherrscht und mit sicherer Hand geschmackvolle Klassiker kocht. Sehr aromatisch sind da z. B. die butterzart geschmorten Kalbsbacken, zu denen eine gehaltvolle, fein abgestimmte Trüffeljus serviert wird. Bei seiner Sterneküche legt der gebürtige Regensburger Wert darauf, dass die verwendeten Produkte frisch vom tagesaktuellen Marktangebot sind. Besonders hübsch ist im Sommer die blumengeschmückte Terrasse, auf der man an warmen Tagen in ungestörter Ruhe sein Essen genießen kann.

Spezialitäten: Thunfisch und Monte Ziego, Melone, Ziegenfrischkäsesud. Färse „Müritz" und Schniederspaetle, Rinderrücken, Petersilienwurzel, Birne. Mallorquinischer Pfirsich und Mandel, Pfirsichtarte, Mandeleis, Himbeere.

Menu 108/148 €

Hotel Erbprinz, Rheinstraße 1 ⊠ 76275 – ✆ 07243 3220 – www.erbprinz.de – Geschlossen 5.-21. Januar, 23. Februar-3. März, 28. August-15. September, 25. Oktober-3. November, Montag, Dienstag, Sonntag

⊛ Weinstube Sibylla 🏠 🅰️🅲 🅿 ☕

REGIONAL · **WEINSTUBE** XX Schöner alter Holzfußboden, getäfelte Wände und hübsche Deko versprühen hier traditionelles Flair. Wählen Sie saisonale Klassiker wie z. B. "Hechtklößchen mit Blattspinat" - oder ziehen Sie eines der vegetarischen Gerichte vor?

Spezialitäten: Currykokossüppchen mit Spitzkohlsalat und gebackener Gamba. Gebratene Maispoulardenbrust mit zweierlei Sellerie und Schmandpüree. Apfelstrudel mit Salzkaramelleis.

Menu 37/59 € - Karte 37/75 €

Hotel Erbprinz, Rheinstraße 1 ✉ 76275 - ℰ 07243 3220 -
www.erbprinz.de

ⅠO Hartmaier's Villa 🏖 🏠 ✪ 🅿

INTERNATIONAL · **ELEGANT** XX In einer schönen Villa von 1818 befindet sich das moderne Restaurant. Das Ambiente mal elegant, mal legerer, schöne Terrassen vor und hinter dem Haus. Auf der Karte liest man z. B. "Rumpsteak, Bohnen, Kartoffelgratin" oder "rosa gebratener Hirschrücken, Gemüse, Selleriepüree". Lunch zu gutem Preis-Leistungs-Verhältnis.

Menu 32 € (Mittags), 59/69 € - Karte 36/69 €

Pforzheimer Straße 67 ✉ 76275 - ℰ 07243 761720 -
www.hartmaiers.de

🏨 Erbprinz 🍴🔲🌐🏂⚕🔁🎧🅰️🅲🎿🅿☕

LUXUS · **KLASSISCH** Unter engagierter Leitung wird das gewachsene Hotel mit Ursprung im Jahre 1780 immer wieder erweitert und verschönert. So wohnt man hier von klassisch-gediegen bis modern-elegant, gönnt sich Beauty-Behandlungen, Fitness-Programm und Medical Spa, genießt hausgebackenen Kuchen im eigenen Café...

123 Zimmer ⌷ - 🍴🍴 180/255 € - 8 Suiten

Rheinstraße 1 ✉ 76275 - ℰ 07243 3220 -
www.erbprinz.de

⊛ **Erbprinz** · ⊛ **Weinstube Sibylla** - Siehe Restaurantauswahl

EUSKIRCHEN

Nordrhein-Westfalen - Regionalatlas **35**-B13 - Michelin Straßenkarte 543

In Euskirchen-Flamersheim Süd-Ost: 7,5 km

⊛ Bembergs Häuschen (Oliver Röder) ⬅✪🅿

MODERNE KÜCHE · **KLASSISCHES AMBIENTE** XX Steht Ihnen der Sinn nach etwas herrschaftlichem Flair? Das vermittelt die schöne jahrhundertealte Schlossanlage der Familie von Bemberg. Der angegliederte Gutshof a. d. 18. Jh. beherbergt ein ausgesprochen hübsches modern-elegantes Restaurant, das mit geradlinigem und zugleich stilvollem Interieur dem Charakter des historischen Wirtschaftsgebäudes gut zu Gesicht steht. Sternekoch Oliver Röder und sein Team bereiten hier exquisite Produkte aromareich zu und sorgen so für stimmige, ausdrucksstarke Gerichte. Dass man sich rundum wohlfühlt, liegt nicht zuletzt auch am überaus aufmerksamen, charmanten und kompetenten Service. Sie möchten diesen geschmackvollen Rahmen noch ein bisschen länger genießen? Im "Nachtquartier", ehemals Kuhstall, gibt es fünf individuelle und richtig wohnliche Zimmer!

Spezialitäten: Tomaten vom Bio-Bauern, Thymian-Honig, Jasmin, weißer Tee. Brust und Keule vom Maishähnchen, Chicorée, Sonnenblume, Schwarzkümmel. Käsekuchen, Sauerkirsche, Lavendel.

Menu 85/149 €

Burg Flamersheim (Zufahrt über Sperberstraße) ✉ 53881 - ℰ 02255 945752 -
www.burgflamersheim.de - Geschlossen 6.-22. Januar, Montag, Dienstag, Sonntag,
mittags: Mittwoch-Samstag

⊛ **Eiflers Zeiten** - Siehe Restaurantauswahl

⊛ Eiflers Zeiten 🛐 ঌ ✿ 🅿

REGIONAL · RUSTIKAL ✗ Gemütlich kommt die sympathisch-rustikale Alternative zu "Bembergs Häuschen" daher. Lust auf "gebratenes Lachsfilet mit Rahmschwarzwurzeln" oder Klassiker wie "Milchkalbsleber Berliner Art"? Es gibt auch wechselnde Tagesgerichte wie z. B. Sonntagsbraten. Hingucker: die beiden Flaschenkronleuchter! Schön auch der Blick durch die Fensterfront auf den Teich.

Spezialitäten: Waldpilzcremesuppe mit Sahnehaube und Croûtons. Gebratenes Lachsfilet mit sautierten Endivien, getrockneten Tomaten und Gnocchi. Opera-Kaffeeschnitte mit Brombeerragout und Tonkabohneneis.

Karte 29/59 €

Bembergs Häuschen, Burg Flamersheim (Zufahrt über Sperberstraße) ✉ 53881 –
☏ 02255 945752 – www.burgflamersheim.de – Geschlossen Montag, Dienstag,
mittags: Mittwoch-Donnerstag

FASSBERG

Niedersachsen – Regionalatlas **19**–I7 – Michelin Straßenkarte 541

In Faßberg-Müden Süd-West: 4 km

🏠 Niemeyer's Posthotel ✵ 🦅 🛁 🅿

FAMILIÄR · INDIVIDUELL Aus dem 19. Jh. stammt dieser traditionsreiche Familienbetrieb mit schönen individuellen Zimmern – darf es vielleicht eines der ganz modernen im Gästehaus sein? Hübsch auch der Sauna- und Ruhebereich. Zum gemütlichen Restaurant "Schäferstuben" gehört eine reizvolle Terrasse, die zum tollen parkähnlichen Garten liegt.

35 Zimmer ⚏ – †† 150/200 € – 2 Suiten

Hauptstraße 7 ✉ 29328 – ☏ 05053 98900 – www.niemeyers-posthotel.de –
Geschlossen 1.-31. Januar

FEHMARN (INSEL)

Schleswig-Holstein – Regionalatlas **4**–L3 – Michelin Straßenkarte 541

Burg

In Burg-Neujellingsdorf

⊛ Margaretenhof 🛐 ✿

REGIONAL · GEMÜTLICH ✗✗ Das einstige Bauernhaus ist nicht ganz einfach zu finden, dafür liegt es schön idyllisch! Drinnen liebevoll dekorierte Räume, draußen eine herrliche Gartenterrasse. Dazu engagierte Gastgeber und gute Küche von regional bis asiatisch, von "Fehmaraner Rehgulasch" bis "Garnelen im Tempurateig mit Wokgemüse". Tipp: sonntags Sushi-Abend.

Spezialitäten: Gebackenes Reispapier, Thunfisch, Lachs, Avocado, Ingwer, Wasabi. Gebratenes Dorschfilet, Venusmuschelragout, Bratkartoffelstampf, Schmorgurken. Aprikosen mit Mandel-Brioche gratiniert, Honigeis.

Menu 29/62 € – Karte 35/52 €

Dorfstraße 7 (Neujellingsdorf 7) ✉ 23769 – ☏ 04371 87670 –
www.restaurant-margaretenhof.com – Geschlossen 6. Januar-7. Februar, Montag,
Dienstag, mittags: Mittwoch-Samstag

FELDBERG IM SCHWARZWALD

Baden-Württemberg – Regionalatlas **61**–E21 – Michelin Straßenkarte 545

In Feldberg-Altglashütten

🏠 Schlehdorn ✵ ≼ 🍴 🔲 🌐 🦅 🗓 🖾 🅿 🚗

FAMILIÄR · GEMÜTLICH Wirklich schön hat man es in dem charmanten, sehr gut geführten Ferienhotel, dafür sorgen die Lage, die heimelige Atmosphäre, der umfassende Spa und auch die gute Küche – als HP oder à la carte. Die Zimmer gibt's im Hütten- oder Landhausstil, für Familien sind die Ferienwohnungen ideal.

16 Suiten ⚏ – †† 170/500 € – 12 Zimmer

Am Sommerberg 1 ✉ 79868 – ☏ 07655 91050 – www.schlehdorn.de

In Feldberg-Bärental

Adler Bärental

REGIONAL · RUSTIKAL XX In den netten Gaststuben heißt es Schwarzwälder Gemütlichkeit, wie man sie von früher kennt. Aus der Küche kommen leckere badische Gerichte wie "Geschnetzeltes aus der Rehkeule mit Haselnusskartoffel-knödeln". Tipp: das günstige regionale Menü. Übrigens: Von den Fenstertischen hat man eine schöne Aussicht! Zum Übernachten: wohnliche Zimmer von rustikal bis modern.

Spezialitäten: Rote Bete Suppe mit Meerrettichschaum. Hausgemachte Rehbrat-wurst mit Kartoffelpüree. Schwarzwälder Beerenragout mit Vanilleeis.

Menu 26/49 € – Karte 29/56 €

Feldbergstraße 4 ✉ 79868 – ☎ 07655 933933 – www.adler-feldberg.de –
Geschlossen 9.-25. November, Dienstag, Mittwoch

FELDBERGER SEENLANDSCHAFT
Mecklenburg-Vorpommern – Regionalatlas **14**–P6 – Michelin Straßenkarte 542

Im Ortsteil Fürstenhagen

⬡ Alte Schule - Klassenzimmer (Daniel Schmidthaler)

MODERNE KÜCHE · FREUNDLICH XX Da geht man doch richtig gerne zur Schu-le! Zu verdanken ist das Daniel Schmidthaler. Den Oberösterreicher hat es nach Stationen in Sterne-Adressen auf Mallorca, in Kitzbühel und in Berlin im März 2010 in die mecklenburg-vorpommersche Provinz verschlagen. Wo früher gepaukt wurde, gibt es heute ein modernes Überraschungsmenü mit 6 - 9 Gän-gen. Regionale Produkte der Saison stehen absolut im Fokus. Gekonnt setzt man aromatische Kräuter und die Säure von Früchten ein, so z. B. beim Bachsaibling mit Apfel, Bucheckern und Schnittlauch. Und das Ambiente? Mit Stil hat man das einstige Klassenzimmer in dem schmucken historischen Backsteinhaus gestaltet. Hübsche Details: ein alter Kachelofen, schöner Parkettboden, hohe Sprossenfens-ter... Übrigens: Man hat hier auch freundliche Zimmer zum Übernachten.

Spezialitäten: Forelle, Apfel, Bucheckern. Gockel, Pilze, Ziegenfrischkäse. Erdbee-re, Nussbutter, Buchweizen.

Menu 94/124 €

Zur Alten Schule 5 ✉ 17258 – ☎ 039831 22023 – www.hotelalteschule.de –
Geschlossen 12. Januar-14. Februar, Montag, Dienstag, mittags: Mittwoch-Sonntag

FELDKIRCHEN-WESTERHAM
Bayern – Regionalatlas **66**–M21 – Michelin Straßenkarte 546

Im Ortsteil Aschbach Nord-West: 3 km ab Feldkirchen in Richtung München

Aschbacher Hof

MARKTKÜCHE · LÄNDLICH XX Der schmucke Landgasthof von Familie Lechner bietet Ihnen nicht nur eine schöne Aussicht und geschmackvolle, wohnliche Zim-mer im Landhausstil, sondern auch eine wirklich gute und frische Küche! Probie-ren Sie z. B. schmackhafte Klassiker wie "Zwiebelrostbraten" oder "Mangfalltaler Saibling Müllerin Art". Zur Saison sind auch die Spargelgerichte beliebt.

Spezialitäten: Feldsalat mit dünnen Scheiben vom Südtiroler Speck und Bio-Vinschgauer Brot. Rosa gebratene Entenbrust an Orangen-Honigsauce mit Berg-linsen und hausgemachten Schupfnudeln. Lechner´s Aschbacher Crème.

Menu 24/37 € – Karte 27/54 €

Aschbach 3 ✉ 83620 – ☎ 08063 80660 – www.aschbacher-hof.de –
Geschlossen 7.-17. Januar, abends: Sonntag

Baden-Württemberg – Regionalatlas **55**–G18 – Michelin Straßenkarte 545

Siehe Stadtplan Stuttgart

ⓔ **Gourmet Restaurant avui** (Armin Karrer)   ⇦

KREATIV · ELEGANT XX Bekannt ist das schmucke historische Fachwerkhaus im Ortskern von Fellbach nicht zuletzt für seine Gastronomie. Im Gourmetrestaurant des Hotels „Zum Hirschen" kochen Patron Armin Karrer und Peter Fridem - seit Februar 2019 als Küchenchef an seiner Seite - überaus harmonisch, handwerklich präzise und ohne große Schnörkel. Dass hier nur ausgesuchte Produkte verarbeitet werden (beispielsweise beim Zander mit Spitzkraut, Linsen und Avocado), steht völlig außer Frage. Und die Servicecrew tut ein Übriges: Freundlich und geschult kümmert sie sich um die Gäste. Das Restaurant wirkt schon allein durch das aparte flache Tonnengewölbe äußerst attraktiv, dazu geradliniges, modern-elegantes Interieur und angenehm warmes Licht.

Spezialitäten: Tsarskaya Auster, Roggenbrot, Schalottenvinaigrette. Färöer Lachs, Chicorée, Korianderpüree. Apfeltarte, Rosmarinbaiser, Safraneis.

Menu 98/148 €

Stadtplan: Stuttgart D1-v – *Gasthaus zum Hirschen, Hirschstraße 1* ✉ *70734* – ✆ *0711 9579370* – *www.zumhirschen-fellbach.de* – *Geschlossen 25. Februar-2. März, 2. Juni-1. September, Montag, Dienstag, Sonntag, mittags: Mittwoch-Samstag*

ⓔ **Goldberg**   🍴 🆊 ✿ 🅿

MODERNE KÜCHE · HIP XX Sind Sie überrascht, hinter der doch eher sachlichen Fassade der Schwabenlandhalle solch ein schickes, elegantes Restaurant zu finden, das auch noch Sterneküche bietet? Womit Philipp Kovacs hier in der ersten Etage die Gäste begeistert, sind sehr moderne Kreationen, die harmonisch zusammengestellt und angenehm reduziert sind. Inspiriert von seinen Lehr- und Wanderjahren (er war u. a. bei Richard Stöckli im „Gourmetstübli" in Interlaken, bei Otto Koch im „KochArt" in Zürs am Arlberg sowie in der „Vila Joya" von Dieter Koschina im portugiesischen Albufeira) bindet der gebürtige Heilbronner auch internationale Elemente mit ein. Der tolle Eigengeschmack ausgezeichneter Produkte kommt z. B. beim Rehrücken mit Roter Bete, Pastinake, Kürbiskernen und Nussbutter wunderbar zur Geltung.

Spezialitäten: Kaviar, kalte Spaghetti, Schnittlauch, Olivenöl. Roastbeef, Short Rib, Pickles, Petersilie. Mojito von Aprikose, Kokosespuma, knusprige weiße Schokolade, Waldbeeren.

Menu 79/119 €

Stadtplan: Stuttgart D1-u – *Guntram-Palm-Platz 1 (Schwabenlandhalle)* ✉ *70734* – ✆ *0711 57561666* – *www.goldberg-restaurant.de* – *Geschlossen Montag, Sonntag, mittags: Dienstag-Samstag*

ⓔ **Aldinger's**   🍴 ✿

REGIONAL · GEMÜTLICH XX Gerne kommt man zu Volker und Susanne Aldinger, die den Familienbetrieb bereits seit 1991 mit ungebrochenem Engagement leiten. Gefragt ist vor allem die beständig schmackhafte Küche, die es z. B. als "Rostbraten vom Kalb" oder auch als "Thai-Currysuppe mit Scampi" gibt. Tipp: Spezialitäten wie "Innereienwoche".

Spezialitäten: Waldpilz-Cappuccino mit Steinpilzravioli. Piccata vom Kalbsrücken auf feinen Nudeln mit Tomatensauce und verschiedenen Blattsalaten. Crème Brûlée mit Portweinzwetschgen und Tonkabohneneis.

Menu 41/54 € – Karte 32/66 €

Stadtplan: Stuttgart D1-v – *Schmerstraße 6* ✉ *70734* – ✆ *0711 582037* – *www.aldingers-restaurant.de* – *Geschlossen 25. Februar-10. März, 11. August-3. September, Montag, Sonntag*

ⓔ **Gasthaus zum Hirschen**   ⇦ 🍴

TRADITIONELLE KÜCHE · LÄNDLICH X Angenehm leger hat man es hier. Man fühlt sich wohl, wenn man zwischen all den einheimischen Stammgästen sitzt und richtig gut isst. Regionales schmeckt ebenso wie Internationales. Lust auf "Zwiebelrostbraten mit Spätzle" oder "Skrei, Spitzkraut-Linsen, Guacamole, Chorizofond"? Übrigens: In dem schmucken historischen Fachwerkhaus kann man auch sehr gut übernachten.

Spezialitäten: Kürbissamtsuppe. Geschmälzte Maultaschen mit Kartoffel-Brunnenkresse-Salat und Radieschen. Schokoladeneis mit Zwetschgen und Orangenkrokant.

Menu 33 € (Mittags), 38/56 € – Karte 31/74 €

Stadtplan: Stuttgart D1-v – *Hirschstraße 1* ✉ *70734* – ☎ *0711 9579370* – *www.zumhirschen-fellbach.de* – *Geschlossen 25. Februar-2. März, 2.-14. Juni, 2.-9. August, 27. Oktober-2. November, Montag, mittags: Dienstag, abends: Sonntag*

🕸 **Gourmet Restaurant avui** – Siehe Restaurantauswahl

In Fellbach-Schmiden

🕸 ### Oettinger's Restaurant

FRANZÖSISCH-MODERN · LÄNDLICH ✕✕ "Edel, aber nicht steif" lautet das Motto hier. Entsprechend angenehm sind das wohnliche Landhaus-Ambiente und die sympathisch-lockere und gleichermaßen kompetente Gästebetreuung. Michael Oettinger (er leitet den Familienbetrieb mit über 150-jähriger Tradition gemeinsam mit seinem Bruder Martin) war in renommierten Adressen wie z. B. dem "Burgrestaurant Staufeneck" in Salach oder dem "Louis C. Jakob" in Hamburg tätig, bevor er 2005 hier die Küchenleitung übernahm. Er bietet feine Menüs wie "Küchenrunde", "Hier geht's mal nicht um die Wurst" oder "Oettinger's Menü", aber auch Klassiker. Seine Gerichte sind mal modern, mal eher klassisch-französisch. Er hat ein Gespür dafür, erstklassige Produkte in den Mittelpunkt zu stellen. Freuen darf man sich übrigens auch über die fairen Preise!

Spezialitäten: Bouillabaisse von Krustentieren mit Steinbutt, Jakobsmuschel und Kaisergranat. Filetrostbraten vom Bayrischen Rind mit gerauchter Zwiebelkruste, Sauerkraut und kleiner Maultasche, Alblinseneintopf, gebackene Spätzle und Wurzelwerk. Ofenschlupfer 2019, Stuttgarter Gaishirtle, Verjusmarmelade, Butterkaramell.

Menu 55/98 € – Karte 62/71 €

Stadtplan: D1-n – *Hotel Hirsch, Fellbacher Straße 2* ✉ *70736* – ☎ *0711 9513452* – *www.hirsch-fellbach.de* – *Geschlossen 1.-12. Januar, 27. Juli-6. September, 19.-31. Dezember, Montag, Dienstag, Sonntag, mittags: Mittwoch-Freitag*

🏠 ### Hirsch

BUSINESS · MODERN Fast schon Dorfcharakter hat der gewachsene traditionsreiche Familienbetrieb samt historischem "Schnitzbiegel-Areal" und "Lehenhof" - hier auch Lounge, Tagungsbereich und besonders schicke, puristisch-wohnliche Zimmer. Urig-gemütlich die Weinstube mit bürgerlicher Küche, schön der Biergarten.

116 Zimmer ⌚ – 🛏 112/120 € – 2 Suiten

Stadtplan: D1-n – *Fellbacher Straße 2* ✉ *70736* – ☎ *0711 95130* – *www.hirsch-fellbach.de* – *Geschlossen 1.-5. Januar, 20. Dezember-4. Januar*

🕸 **Oettinger's Restaurant** – Siehe Restaurantauswahl

FEUCHTWANGEN

Bayern – Regionalatlas **56**–J17 – Michelin Straßenkarte 546

🕸 ### Greifen-Post

MARKTKÜCHE · GASTHOF ✕ Die drei Stuben sprühen förmlich vor historischem Flair und Gemütlichkeit. Man kocht saisonal-regional und auch mit internationalen Einflüssen sowie vegetarisch. Im Winter isst man z. B. gerne Hirsch oder Wildschwein. Ganzjährige Spezialität: Ente in verschiedenen Variationen.

Spezialitäten: Galantine von Edelfischen. Pfifferlinge à la crème mit Semmelkrapfen. Beeren à la Pavlova mit hausgemachtem Eis.

Menu 27/55 € – Karte 34/50 €

Hotel Greifen-Post, Marktplatz 8 ✉ *91555* – ☎ *09852 6800* – *www.hotel-greifen.de* – *Geschlossen 1.-7. Januar, Montag, abends: Sonntag*

🏠 Greifen-Post   ✿ 🗐 🕸 🖃 🔏 🚗

HISTORISCH · GEMÜTLICH Die beiden prachtvollen Häuser a. d. 14. Jh. liegen direkt am Marktplatz. Freunde der Romantik sind hier ebenso gut aufgehoben wie Renaissance- oder Biedermeier-Fans - oder wie wäre es mit einem eleganten Landhauszimmer? Dazu kleine Aufmerksamkeiten und ein gutes Frühstück.

35 Zimmer ♑ – ♦♦ 119/154 €

Marktplatz 8 ✉ 91555 – 𝒞 09852 6800 – www.hotel-greifen.de – Geschlossen 1.-7. Januar

🏵 **Greifen-Post** – Siehe Restaurantauswahl

FICHTENAU
Baden-Württemberg – Regionalatlas **56**–I17 – Michelin Straßenkarte 545

In Fichtenau-Neustädtlein

🏠 Vital-Hotel Meiser   ✿ 🐾 🛋 ⫴ 🗐 🕸 🖃 ⅄ 🔏 🅿

SPA UND WELLNESS · GEMÜTLICH Ein Wellnesshotel wie aus dem Bilderbuch! Möchten Sie geschmackvoll-alpenländisch wohnen oder lieber gemütlich-modern? Wirklich schön auch die Lobby mit Kamin und nicht zuletzt der wertige Spa auf 1000 qm! Internationale und regionale Küche im Restaurant. Tipp: Veranstaltungen in der "Tanzmetropole" (150 m entfernt).

64 Zimmer ♑ – ♦♦ 139/269 € – 3 Suiten

Grenzstraße 43 ✉ 74579 – 𝒞 07962 711940 – www.vitalhotel-meiser.de

FINNING
Bayern – Regionalatlas **65**–K20 – Michelin Straßenkarte 546

🏵 Zum Staudenwirt   🛋 🛏 ⅄ ✿ 🅿

REGIONAL · GASTHOF 𝕏 Das gewachsene Gasthaus mit gepflegtem kleinem Hotel ist ein Familienbetrieb in 3. Generation. Ganz unterschiedlich die Räume, von ländlich bis geradlinig-zeitgemäß. Gekocht wird regional und bürgerlich, aber auch mal saisonal. Macht Ihnen z. B. "Kalbsfilet & Thunfisch auf Kartoffel-Olivenpüree" Appetit?

Spezialitäten: Pastrami vom Wildschwein mit Petersilien-Majo und Johannisbeeren. Rosa gebratene Lammhüfte mit Schwarzwurzel und Linsen. Butterkaramell-Kuchen mit Sauerrahmeis.

Karte 24/58 €

Staudenweg 6 ✉ 86923 – 𝒞 08806 92000 – www.staudenwirt.de – Geschlossen Mittwoch

FINSTERWALDE
Brandenburg – Regionalatlas **33**–Q10 – Michelin Straßenkarte 542

🍽 Goldener Hahn   🛋 🛏 ✿

SAISONAL · FREUNDLICH 𝕏𝕏 Seit über 20 Jahren sind Frank und Iris Schreiber die sympathischen Gastgeber in dem traditionsreichen Haus. Man bietet klassische Küche mit regional-saisonalen Einflüssen. Besonderheit: "Die kulinarische Lesung" einmal im Monat - hier liest die Chefin eigene Geschichten und Gedichte zu den dazu abgestimmten Gerichten ihres Mannes. Gepflegt übernachten kann man auch.

Menu 35/99 € – Karte 30/69 €

Bahnhofstraße 3 ✉ 03238 – 𝒞 03531 2214 – www.goldenerhahn.com – Geschlossen Montag, Sonntag, mittags: Dienstag-Donnerstag

FISCHEN IM ALLGÄU
Bayern – Regionalatlas **64**–J22 – Michelin Straßenkarte 546

🏠 Tanneck   ✿ ⋖ 🛋 ⫴ 🗐 🕸 🛁 🖃 🔏 🅿 🚗

SPA UND WELLNESS · INDIVIDUELL Dieses gut geführte Haus hat so manches zu bieten: schön die erhöhte Lage nebst reizvoller Sicht auf Berge und Tal, wohnlich die Zimmer (teils neu gestaltet), nicht zu vergessen jede Menge Wellness samt Naturbadeteich. Zudem gibt es verschiedene Restaurantbereiche von modern-rustikal bis elegant.

62 Zimmer ♑ – ♦♦ 250/330 € – 5 Suiten

Maderhalm 20 ✉ 87538 – 𝒞 08326 9990 – www.hotel-tanneck.de

FLONHEIM

Rheinland-Pfalz – Regionalatlas **47**–E15 – Michelin Straßenkarte 543

🛍️ **Zum Goldenen Engel**

MEDITERRAN · TRENDY ⅹ Die ehemalige Poststation beherbergt ein sympathisches geradlinig-modernes Restaurant, in dem es Spaß macht, zu essen! Die frische, richtig gute Küche gibt es z. B. als "Zanderfilet, Limonenpolenta, Schwarzwurzeln, Brokkoli". Dazu die charmante Chefin im Service. Tipp: der idyllische Innenhof! Eigene Vinothek.

Menu 49/80 € – Karte 43/55 €

Marktplatz 3 ✉ 55237 – ℰ 06734 913930 – www.zum-goldenen-engel.com –
Geschlossen Mittwoch, Donnerstag, mittags: Montag-Dienstag

In Flonheim-Uffhofen Süd-West: 1 km

🛍️ **Weinwirtschaft Espenhof**

REGIONAL · WEINSTUBE ⅹ Die Weinwirtschaft ist schon ein besonderes Fleckchen, das man so auch in der Toskana finden könnte - einfach zum Wohlfühlen der reizende Innenhof und die helle Weinstube mit rustikalem Touch! Serviert wird z. B. "gebratenes Doradenfilet, schwarzes Risotto, Chorizo, gelber Paprikaschaum", dazu schöne eigene Weine!

Menu 29/55 € – Karte 32/55 €

Landhotel Espenhof, Poststraße 1 ✉ 55237 – ℰ 06734 962730 – www.espenhof.de –
Geschlossen Montag, mittags: Dienstag-Samstag

🏨 **Landhotel Espenhof**

FAMILIÄR · GEMÜTLICH Weingut, Weinwirtschaft, Hotel... Familie Espenschied ist omnipräsent, charmant und stets um ihre Gäste bemüht. Geschmackvoll wohnen kann man nicht nur im kleinen Hotel, auch im Weingut hat man Zimmer: chic, modern, hochwertig! Nehmen Sie das leckere Frühstück im Sommer auf der netten Terrasse ein!

15 Zimmer ⌁ – 🍴 105/125 € – 2 Suiten

Poststraße 1 ✉ 55237 – ℰ 06734 94040 – www.espenhof.de

🛍️ **Weinwirtschaft Espenhof** – Siehe Restaurantauswahl

FÖHR (INSEL)

Schleswig-Holstein – Regionalatlas **1**–F2 – Michelin Straßenkarte 541

Wyk

🌸 **Alt Wyk** (René Dittrich)

KLASSISCHE KÜCHE · ELEGANT ⅹⅹ So richtig zum Wohlfühlen! In dem gepflegten Backsteinhaus in der Fußgängerzone sitzt man in gemütlich-eleganten Stuben, die jede Menge friesischen Charme versprühen. Nicht weniger Beachtung verdient die stimmige klassisch basierte Küche von René Dittrich. Hier gibt es z. B. "Das Beste vom Föhrer Zicklein" in Form von saftigem Ragout, zartem Rücken sowie einer hausgemachten Bratwurst mit leichter Fenchelnote. Und dann ist da noch der Service unter der Leitung der sympathischen Gastgeberin Daniela Dittrich: Versiert, zuvorkommend und immer freundlich kümmert man sich die um die Gäste. Wer in diesem einladenden Haus nicht weit vom Meer gerne etwas länger bleiben möchte, bucht eine der beiden wirklich hübschen Ferienwohnungen.

Spezialitäten: Variation vom Thunfisch auf Bohnen. Rindsfilet und Dicke Rippe mit asiatischem Gemüse und Sesam-Kartoffel-Plätzchen. Beeren-Macaron mit Eisenkraut.

Menu 76/108 € – Karte 59/74 €

Große Straße 4 ✉ 25938 – ℰ 04681 3212 – www.alt-wyk.de – Geschlossen 19.
Januar-19. Februar, 29. März-7. April, 5.-21. Oktober, 22. November-10. Dezember,
Montag, Dienstag, mittags: Mittwoch-Sonntag

Oevenum

🏨 Rackmers Hof

LANDHAUS · MODERN In vier Häusern (drei davon reetgedeckt) wohnt man in hübschen, modernen und hochwertigen Maisonetten und Suiten, alle mit Kitchenette. Dazu Sauna, ein kleiner Fitnessbereich sowie Private Spa (gegen Gebühr), und am Morgen ein schönes Frühstücksbuffet - die hausgemachte Marmelade gibt's auch für zu Hause!

15 Suiten 🖃 – ♥♥ 160/240 €

Buurnstrat 1 ✉ 25938 – 𝒞 04681 746377 – www.rackmers.de

FORCHHEIM

Bayern – Regionalatlas **50**–K16 – Michelin Straßenkarte 546

In Forchheim-Sigritzau Süd-Ost: 3 km in Richtung Erlangen und Pretzfeld

😊 Zöllner's Weinstube

KLASSISCHE KÜCHE · LÄNDLICH XX Außen wie innen gleichermaßen charmant ist das Bauernhaus a. d. 18. Jh. Unter einem schönen markanten Kreuzgewölbe serviert man regional, aber auch mediterran inspirierte Gerichte, und das sind z. B. "Hummerravioli mit Erbsenpüree", "Kabeljau auf Senfsauce" oder auch "Ratsherrentoast". Dazu gute Frankenweine.

Spezialitäten: Schaum von Ingwer, Karotte, rotes Thaicurry. Gegrillter Pulpo, Salsa Verde, Kräuterrisotto, Krustentierjus. Schoko-Soufflé, Schoko-Eis, Herzkirschen.

Menu 52/75 € – Karte 34/58 €

Sigritzau 1 ✉ 91301 – 𝒞 09191 13886 – www.zoellners-weinstube.de –
Geschlossen 1.-12. Januar, 12. August-3. September, Montag, Dienstag,
mittags: Mittwoch-Sonntag

FORSTINNING

Bayern – Regionalatlas **66**–M20 – Michelin Straßenkarte 546

In Forstinning-Schwaberwegen Süd-West: 1 km Richtung Anzing

😊 Zum Vaas

TRADITIONELLE KÜCHE · GASTHOF X Wo es lebendig, herzlich und familiär zugeht, kehrt man gerne ein! Was das engagierte Team als "Klassiker" oder "Heuer" auf den Tisch bringt, schmeckt und ist preislich fair! Wie wär's z. B. mit "Boeuf Bourguignon, Wurzelgemüse, Topfenspätzle"? Dazu eine überwiegend regionale Weinauswahl mit rund 500 Positionen. Im gleichnamigen Hotel kann man gepflegt übernachten.

Spezialitäten: Porchetta mit Fenchelsalat und Salzzitrone. Tafelspitz mit Wurzelgemüse, Salzkartoffeln und Meerrettich. Scheiterhaufen mit Williamsbirne, Vanillesauce und Zimtblüteneis.

Karte 23/55 €

Münchener Straße 88 ✉ 85661 – 𝒞 08121 5562 – www.zum-vaas.de –
Geschlossen Montag, Dienstag

FRAMMERSBACH

Bayern – Regionalatlas **48**–H15 – Michelin Straßenkarte 546

😊 Schwarzkopf

REGIONAL · GASTHOF XX Frisch und schmackhaft ist die regionale Küche bei Stefan Pumm und seiner charmanten Frau Anja. Ein beliebter Klassiker: "Chateaubriand mit Sauce Béarnaise" für zwei Personen. Gediegen der holzgetäfelte Gastraum, hübsch die Terrasse. Gepflegt übernachten können Sie hier auch - fragen Sie nach den renovierten Zimmern.

Spezialitäten: Toskanischer Tomaten-Brotsalat mit gehobeltem Parmesan. Filets von der Spessart Forelle mit knusprigem Speck, auf Kürbisrisotto mit Walnüssen und Rucola. Tonkabohnen-Eierlikörmousse mit Schokoladeneis.

Menu 29/60 € – Karte 26/48 €

Lohrer Straße 80 ✉ 97833 – 𝒞 09355 307 – www.schwarzkopf-spessart.de –
Geschlossen Montag, Dienstag, Mittwoch, mittags: Donnerstag-Samstag

FRANKENAU

Hessen – Regionalatlas **38**–G12 – Michelin Straßenkarte 543

🏠 Landhaus Bärenmühle ✿ 🐾 🛎 ⚒ 🎝 🅿

LANDHAUS · INDIVIDUELL Das hübsch sanierte alte Anwesen am Ende des in seiner Ursprünglichkeit unversehrten Tales entpuppt sich als wahres Idyll. Man wohnt sehr charmant und ebenso individuell, das Abendessen ist wie die herrliche Ruhe und Einsamkeit im Preis inbegriffen! Badeteich und Saunahaus.

15 Zimmer ♙ – 👫 158/223 € – 4 Suiten

Bärenmühle (Süd: 3 km, über Ellershausen, Lengeltalstraße) ⊠ 35110 –
✆ 06455 759040 – www.baerenmuehle.de – Geschlossen 12.-23. Januar

FRANKENBERG (EDER)

Hessen – Regionalatlas **38**–G12 – Michelin Straßenkarte 543

✽ Philipp Soldan 🐌 ⅃ 🅰 ⊕ 🅿 🚗

KREATIV · TRENDY ✖✖ Wirklich hübsch anzuschauen sind die drei liebenswert restaurierten historischen Häuser mitten in der charmanten Altstadt. Hier lockt das geschmackvolle Hotel "Sonne" mit einer vielfältigen Gastronomie. Dazu gehört das "Philipp Soldan" mit seiner kreativen Küche. Chic, modern und angenehm leger ist das Restaurant im Souterrain des jahrhundertealten "Stadtweinhauses". In der einsehbaren Küche entstehen unter der Leitung von Erik Arnecke (zuvor Küchenchef des 2-Sterne-Restaurants "Résidence" in Essen) durchdachte Gerichte mit Charakter. "Nördlich" und "Urtypisch" nennen sich die Menüs - dazu eine schöne Weinbegleitung. Tipp für "Gourmet-Einsteiger": das 3-Gänge-Menü sonntagmittags. Übrigens: Der Name stammt vom Bildhauer Philipp Soldan, dessen geschnitzte Holzfiguren das Rathaus zieren.

Spezialitäten: Tatar von Galloway Ochsen mit Sauerampfer, Austernvinaigrette und Kaviar. Limousin Lammrücken mit Bärlauch, junger Artischocke, Hartweizen und Pinienkernkrokant. Fichtenhonig und Joghurt mit Walderdbeersorbet, Sommerbeeren, Verveine und karamellisiertem Knäckebrot.

Menu 85/109 €

Hotel Die Sonne Frankenberg, Marktplatz 2 ⊠ 35066 – ✆ 06451 7500 –
www.sonne-frankenberg.de – Geschlossen 5. Januar-5. Februar, 19. Juli-12. August,
Montag, Dienstag, mittags: Mittwoch-Samstag, abends: Sonntag

✤ SonneStuben 🏠 ⅃ 🅰 ⊕ 🅿 🚗

REGIONAL · FREUNDLICH ✖ Sie mögen es regional-saisonal? Auf der Speisekarte findet sich Schmackhaftes wie "geschmortes Ragout vom Wildschwein mit Spitzrahmkohl und Haselnussspätzle". In den gemütlichen Stuben nehmen diverse Dekorationen Bezug zu Alt-Frankenberg. Von einigen Plätzen schaut man auf die kopfsteingepflasterten Altstadt-Sträßchen. Schön die Terrasse zum Marktplatz.

Spezialitäten: Variation vom hessischen Ziegenkäse mit eingelegten Feigen und mariniertem Feldsalat. In Burgunderjus geschmorte Rinderroulade mit cremigem Kartoffelpüree und glasiertem Gemüse. Cheesecake, Zitronen-Shortbread, Limonencreme und Himbeer-Joghurt-Eis.

Menu 24 € (Mittags), 32/58 € – Karte 29/60 €

Hotel Die Sonne Frankenberg, Marktplatz 2 ⊠ 35066 – ✆ 06451 7500 –
www.sonne-frankenberg.de

🏠 Die Sonne Frankenberg ✿ 🛎 📶 🎝 ⅃⅃ 🔼 ⅃ 🅰 🛁 🅿 🚗

HISTORISCH · MODERN Wirklich einladend sind die schön sanierten historischen Gebäude mitten im Zentrum. Man wird sehr freundlich umsorgt, das Ambiente ist herrlich wohnlich und auf drei Etagen Spa kann man toll entspannen. Restaurants hat man gleich drei, darunter das "Philippo" mit regional-mediterranem Tapasangebot.

55 Zimmer ♙ – 👫 189/269 € – 4 Suiten

Marktplatz 2 ⊠ 35066 – ✆ 06451 7500 – www.sonne-frankenberg.de –
Geschlossen 5.-12. Januar

✤ **SonneStuben** · ✽ **Philipp Soldan** – Siehe Restaurantauswahl

FRANKFURT AM MAIN

Hessen – Regionalatlas **47**–F14 – Michelin Straßenkarte 543

Wir mögen besonders...

Im **Franziska** bei herrlichem 360°-Blick auf die Frankfurter Skyline modern interpretierte Klassiker der deutschen Küche genießen. Das **Mon Amie Maxi** für französische Küche von „Étagère Extraordinaire" bis „Boudin noir à la Maxi". Das vegane Menü im **Lafleur** und das inzwischen sogar rein vegane Konzept des **SEVEN SWANS**. Innovative Küche und entspannte Atmosphäre im **Gustav**. „Viva l'Italia" im etwas versteckt gelegenen **Carmelo Greco** – die Suche lohnt sich! Kunst- und Kultur-Freunde sollten sich nicht das Museumsufer entgehen lassen – über den „Eisernen Steg" können Sie wunderbar die Uferseite wechseln. In der Altstadt erwarten Sie mit „Römer" und "Kaiserdom" zwei echte Wahrzeichen der Stadt. Von hier kann man gut zum Bauernmarkt an der Konstablerwache laufen - der lädt Do. und Sa. zum Bummeln ein.

Restaurants

❀❀ Lafleur ⬡ 🚪 ♿ AC 🔄 🅿

FRANZÖSISCH-MODERN · ELEGANT XxX Beste Produkte, technisch und optisch perfekt auf den Teller gebracht, hervorragend die Saucen und Fonds, unvergleichlich die veganen Gerichte (auch als feste Menü-Alternative) - die zwei Sterne kommen nicht von ungefähr! Andreas Krolik (zuletzt Küchenchef im Frankfurter "Tiger-Gourmetrestaurant", davor viele Jahre im "Brenners Park-Restaurant" in Baden-Baden") steht für akribisch genaue Zubereitung, eine klare Linie und absolutes Qualitätsbewusstsein. Begleitet werden die interessanten Kombinationen - Krolik selbst nennt seine Küche "zeitgemäße Klassik" - von einer rund 1000 Positionen umfassenden Weinauswahl nebst fundierter Beratung. Das Ganze hat einen stimmigen Rahmen, nämlich den Glasanbau des „Gesellschaftshauses Palmengarten": modern-elegant das Ambiente, hier und da stylische Akzente.

Spezialitäten: Marinierter europäischer Hummer mit Apfel-Olivenölemulsion, Kopfsalat, Apfelsalat und Krustentiereis. Rehrücken aus heimischer Jagd mit Pinien-Olivenkruste, Pfefferjus, zweierlei Wirsing, Rübchen, Steinpilzduxelles und Preiselbeeren. Marinierte Feigen, Feigen-Schokoladenbiskuit, Walnusscrème und Eis von Tahiti Vanille mit Zitronenthymian.

Menu 168/208 €

Stadtplan: E1-r – *Palmengartenstraße 9* ✉ *60325 – ☎ 069 90029100 – www.restaurant-lafleur.de – Geschlossen 1.-13. Januar, 6.-21. April, 6. Juli-7. August, 3.-12. Oktober, Montag, Sonntag, mittags: Dienstag-Samstag*

❀❀ Gustav 🚪

KREATIV · GERADLINIG XX Das ist Küche mit Charakter! Modern ist sie, und sie hat vor allem eins: eine eigene Handschrift. Es ist die Handschrift von Jochim Busch, der vor der Übernahme der "Gustav"-Küche bereits in der 2-Sterne-Gastronomie tätig war. Er kocht mit Mut zur Reduktion. Das Ergebnis sind kraftvolle Speisen mit einem schönen Zusammenspiel von Kontrasten und Texturen. Sehr wichtig ist ihm die Verwendung von regionalen Produkten der Saison. Ebenso hochwertig ist auch das stylische Interieur des denkmalgeschützten Stadthauses im Westend: ruhige Grautöne und klare Formen, schicke Designer-Stühle und dekorative Werke Frankfurter Künstler... Angenehm unkompliziert die Atmosphäre. Tipp: Von einigen Tischen hat man einen guten Blick auf den Küchenpass! Wer freitagmittags kommt, wählt von einer etwas kleineren Karte.

Spezialitäten: Saibling in fermentiertem Tomatenwasser gebeizt, gegrillte Birne und Fenchelpollen. Hirschrücken, Himbeeressigsauce, gegrillter Spitzkohl, karamellisierter Rahm und Bärlauchfrüchte. Topinambur, Feldsalat, Rübenkraut und Sonnenblumenkerne.

Menu 95/125 €

Stadtplan: F1-g – *Reuterweg 57* ✉ *60323 – ☎ 069 74745252 – www.restaurant-gustav.de – Geschlossen 6.-12. April, 27. Juli-20. August, Montag, Sonntag, mittags: Dienstag-Donnerstag und Samstag*

❀ Français ⬡ 🚪 ♿ AC 🚗

FRANZÖSISCH-MODERN · ELEGANT XxxX Wie könnte man dem historischen Prachtbau des noblen "Steigenberger Frankfurter Hofs" besser gerecht werden als mit wahrhaft stilvollem Interieur. Doch bei aller klassischer Eleganz kommt auch die Moderne nicht zu kurz, das beweist die Küche von Patrick Bittner - zuvor u. a. im 3-Sterne-Restaurant von Dieter Müller im "Schlosshotel Lerbach". Er kocht subtil, markant, stimmig und trifft genau das richtige Maß an Kreativität. Spielereien stehen bei Patrick Bittner nicht im Vordergrund, vielmehr legt er den Fokus auf den Geschmack! Sehr gut die Weinkarte dazu, ebenso die Beratung mit bewährten, mitunter auch gewagten Empfehlungen, die aber immer wunderbar mit den Speisen harmonieren! Im Sommer sollten Sie unbedingt einen Platz im Ehrenhof wählen! Tipp: fair kalkulierter Lunch.

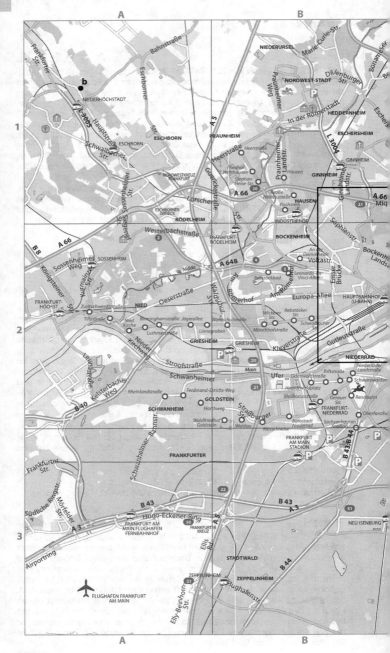

FRANKFURT AM MAIN

0   2 km

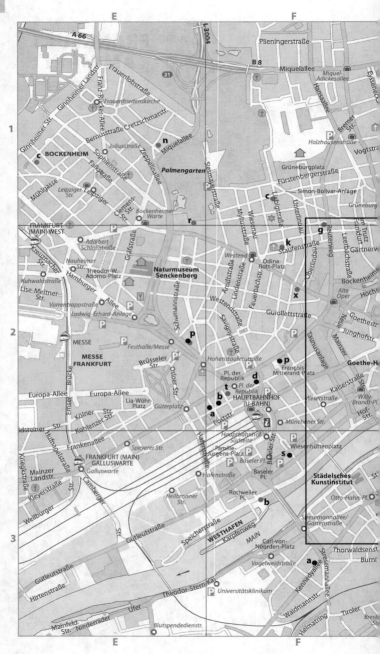

FRANKFURT AM MAIN

G · H

0 — 500 m

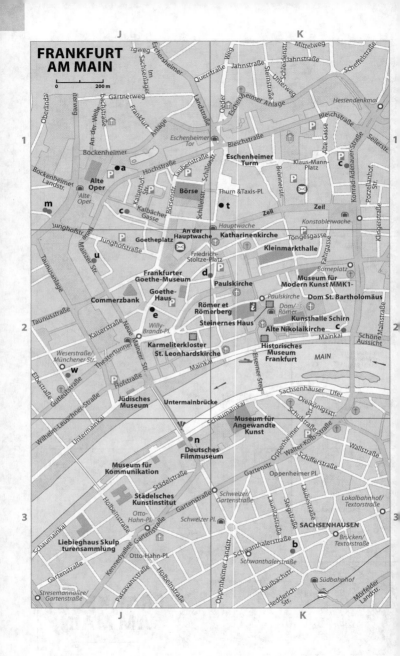

FRANKFURT AM MAIN

0   200 m

Eschersheimer Weg · Querstraße · Jahnstraße · Mittelweg · Scheffelstraße · Jahnstraße · Unterweg · Sternstraße · Eschenheimer Anlage · Hessendenkmal · Bleichstraße · Alte Gasse · Seilerstr. · Porzellanhof Str. · Konrad-Adenauer-Straße

Eschersheimer · Im Sachsenlager · Landstraße · Oeder · Eschenheimer Anlage · Oberlindau · An der Welle · Gärtnerweg · Frankfurt · Anlage · Bleichstraße

Bockenheimer · Eschenheimer Tor · Eschenheimer Turm · Klaus-Mann-Platz

a · Alte Oper · Hochstraße · Laubestraße · Schillerstr. · Brönnerstr. · Thurn & Taxis-Pl.

m · Alte Oper · **c** · Kalbächer Gasse · Börse · Börsenstr. · Schillerstr. · Zeil · **t** · Zeil · **c** · Konstablerwache

Junghofstraße · Goetheplatz · An der Hauptwache · Hauptwache · Katharinenkirche · Tongesgasse · Kleinmarkthalle

Taunusanlage · Junghofstraße · **u** · Friedrich-Stoltze-Platz · Fahrgasse

Commerzbank · Frankfurter Goethe-Museum · **d** · Paulskirche · Museum für Modern Kunst MMK1· Börneplatz

Taunusstraße · Goethe-Haus · **e** · Römer et Römerberg · Paulskirche · Dom/Römer · Dom St. Bartholomäus

Weserstraße/ Münchener Str. · **w** · Willy-Brandt-Pl. · Steinernes Haus · Kunsthalle Schirn · Alte Nikolaikirche · **c** · Schöne Aussicht

Elbestraße · Gutleutstraße · Karmeliterkloster St. Leonhardskirche · Historisches Museum Frankfurt · MAIN · Mainkai

Hofstraße · Mainkai · Eiserner Steg · MAIN

Wilhelm-Leuschner-Straße · Jüdisches Museum · Untermainbrücke · Sachsenhäuser Ufer · Dreikönigsstr.

Untermainkai · Schaumainkai · Museum für Angewandte Kunst · Schulstr. · Oppenheimer Straße · Walter-Kolb-Straße · Wallstraße

n · Deutsches Filmmuseum · Schifferstraße · Oppenheimer Pl.

Museum für Kommunikation · Städelstraße · Gartenstr. · Oppenheimer Pl.

Städelsches Kunstinstitut · Holbeinstraße · Gartenstraße · Schweizer Gartenstraße · Schweizer Pl. · Launitzstraße · Stegstraße · Laubestraße · Lokalbahnhof/ Textorstraße

Otto-Hahn-Pl. · SACHSENHAUSEN · Brücken/ Textorstraße

Liebieghaus Skulpturensammlung · Otto-Hahn-Pl. · Kennedyallee · Gartenstraße · Schwanthalerstraße · **b** · Schwanthalerstraße · Südbahnhof

Schaumainkai · Gartenstraße · Holbeinstraße · Passavantstraße · Oppenheimer Landstr. · Kaulbachstr. · Hedderich Str. · Mörfelder Landstr.

Stresemannallee/ Gartenstraße

Spezialitäten: Elsässer Gänseleber, Herzkirsche, Alge, grüne Tomate. US Beef "Dan Morgan Ranch", Aubergine, Rollgerste, Chipollino Zwiebel. Kidavoa Schokolade, Bananen, Pecannuss, Topinambur.

Menu 59€ (Mittags), 79/162€ – Karte 105/145€

Stadtplan: J2-e – *Hotel Steigenberger Frankfurter Hof, Am Kaiserplatz (Zugang über Bethmannstraße)* ✉ *60311 – ℰ 069 215118 – www.restaurant-francais.de – Geschlossen 5.-20. April, 31. Mai-10. Juni, 5. Juli-12. August, 3.-12. Oktober, Montag, Sonntag, mittags: Freitag-Samstag*

✿ Restaurant Villa Merton

KLASSISCHE KÜCHE · TRENDY XxX Dass André Großfeld auf Stern-Niveau kocht, hat er schon in seinem Restaurant "Grossfeld" in Friedberg bewiesen und zeigt dies auch in der eleganten "Villa Merton". Wie stimmig der Patron und Küchenchef Klassik und Moderne miteinander verbindet und dabei auch seine kreative Ader zum Einsatz bringt, zeigt z. B. das Filet vom Wolfsbarsch mit Rotweinjus, Erbsen, Minze und Frisée-Pilzen. Dass die Produktqualität außer Frage steht, muss wohl kaum erwähnt werden. Mit der denkmalgeschützten Villa im noblen Diplomatenviertel ist auch für einen repräsentativen Rahmen zum feinen Essen gesorgt: hohe Stuckdecke, schöner Parkettboden, stilvolle Tapete, Kamin... Nicht zu vergessen der stets präsente und dennoch unaufdringliche Service, der Sie an den hochwertig eingedeckten Tischen freundlich und geschult umsorgt.

Spezialitäten: Joghurtmousse mit Sojarettich, Karotten-Ingwerpürée und Zitronengras. Kalbsfilet mit Pistazienkruste, Pfifferlingen, Mispeln, wildem Brokkoli und weißer Polenta. Dessert von Apfel und Sellerie mit Avocado-Limettengel und Lorbeersorbet.

Menu 85/135€

Stadtplan: E1-n – *Am Leonhardsbrunn 12 (Ecke Ditmarstraße im Union International Club)* ✉ *60487 – ℰ 069 703033 – www.restaurant-villa-merton.de – Geschlossen Sonntag, mittags: Montag-Samstag*

🍴○ **Bistro Villa Merton** – Siehe Restaurantauswahl

✿ Tiger-Gourmetrestaurant [A/C]

FRANZÖSISCH-MODERN · ELEGANT XxX Sie schätzen Exklusivität und Privatsphäre? In dem Restaurant unter einem Dach mit dem Varieté-Theater fühlt man sich ein bisschen wie in einem eleganten Club. Man sitzt in verschiedenen kleinen Räumen und Nischen, die Atmosphäre ist recht intim, markantes Rot dominiert, dekorative historische Plakate zieren die Wände. Man wird professionell umsorgt und genießt moderne Küche aus hervorragenden Produkten. Verantwortlich dafür: Coskun Yurdakul. Im Mai 2017 ist er von seiner vorherigen Position als Küchenchef im "Palastbar-Restaurant" (ebenfalls im "Tigerpalast") hierher gewechselt. Sein überaus exaktes Handwerk zeigt sich z. B. bei der Variation vom Schwarzfederhuhn mit Sauce "Oriental". Die passende Begleitung gibt es auch: beachtlich die Auswahl von über 800 Weinen!

Spezialitäten: Konfierter Ikarimi Lachs mit Gurke, Ayran-Gel, Currycrème, Ingwer-Limonenschaum und Senf-Dilleis. Wagyū Beef mit Schalotten-Kirschjus und Ravioli von der Bio-Gänseleber, Pfifferlingcrème, Sauerkirschgel und gegrillten Schwarzwurzeln. Melonenessenz mit Ricottacannelloni, bretonischem Mürbeteig und Estragonsorbet.

Menu 98/145€

Stadtplan: G2-s – *Heiligkreuzgasse 20* ✉ *60313 – ℰ 069 9200220 – www.tigerpalast.de – Geschlossen 11. April-8. September, Montag, Dienstag, mittags: Mittwoch-Sonntag*

🍴○ **Palastbar-Restaurant** – Siehe Restaurantauswahl

⌘ Weinsinn

MODERNE KÜCHE · FREUNDLICH ✗✗ Man muss klingeln, um in das Restaurant im lebendig-umtriebigen Bahnhofsviertel zu gelangen - übrigens Partnerbetrieb des "Gustav". Richtig chic ist es hier: ein großer heller hoher Raum in puristisch-urbanem Design - dekorative Details setzen ansprechende Akzente. Von fast überall kann man den Köchen in der offenen Küche zusehen. Hier entsteht ein modern-kreatives Menü, aus dem man drei bis sechs Gänge auswählen kann. Verantwortlich für das Geschehen am Herd ist Julian Stowasser, der zuvor Souschef im Münchner "Atelier" war und nun hier sein Händchen für klasse Produkte und deren Aromen beweist. Man wird sehr freundlich und versiert umsorgt - zum aufmerksamen Serviceteam gehört auch ein Sommelier, der mit fundiertem Wissen eine schöne glasweise Weinbegleitung empfiehlt.

Spezialitäten: Bachforelle, Topinambur, Feldsalat. Poularde, Trüffel, Suppengemüse. Karamell und Cerealien, Buttermilch, Apfel, Sanddorn.

Menu 75/111€

Stadtplan: J2-w – *Weserstraße 4* ✉ *60329* –
✆ *069 56998080 – www.weinsinn.de –*
Geschlossen 6.-12. April, 27. Juli-20. August, Montag, Sonntag,
mittags: Dienstag-Samstag

⌘ Erno's Bistro ⅋⅋ 🏠

FRANZÖSISCH-KLASSISCH · BISTRO ✗ Seit vielen Jahren eine feste kulinarische Größe in Frankfurt - und dazu noch eine wirklich charmante, denn hier fühlt man sich wie in einem Bistro in Frankreich! Zu verdanken ist die liebenswert-nachbarschaftliche Atmosphäre zum einen der Einrichtung (hübsche Holztäfelung und dekorative Accessoires wie Weinflaschen, Bilder und Lampen), zum anderen dem sympathisch-lockeren und gleichermaßen versierten Team um Patron Eric Huber. Unter der Leitung von Küchenchef Valéry Mathis wird geradlinig und aromareich gekocht - französisch mit saisonalen und modernen Einflüssen, top die Produkte. Dazu passt die sehr gut sortierte, ebenfalls französische Weinkarte, tolle Beratung inklusive. All das kommt bei einem internationalen Business-Publikum ebenso an wie bei Stammgästen aus der Gegend.

Spezialitäten: Rindertatar mit Frankfurter Grüner Sauce und Senf-Meerrettich-Emulsion. Steinbutt mit gebratenen Calamaretti, Artischocken und Oliven-Gnocchi, Tomatenvinaigrette. Gebratene Aprikosen mit Sablé Breton, Eisenkrauteis und Rosmarincrème.

Menu 45€ (Mittags), 95/125€ – Karte 90/114€

Stadtplan: F2-k – *Liebigstraße 15* ✉ *60323* – **U** *Westend* –
✆ *069 721997 – www.ernosbistro.de –*
Geschlossen 18. Juni-11. August, 3.-12. Oktober, 23.-31. Dezember, Samstag,
Sonntag

⌘ SEVEN SWANS

VEGAN · DESIGN ✗ Speziell die Location, ganz eigen die Küchen-Philosophie! Zu finden im schmalsten, aber immerhin sieben Etagen hohen Gebäude der Stadt! Stylish und klar das Design, toll der Blick zum Main durch ein großes Fenster, das die komplette Breite und Höhe des Raumes einnimmt. Auf dem Teller Veganes aus Bio-Produkten. "Permakultur" heißt das Konzept, und das setzt auf regionale Zutaten, die ökologisch und im Einklang mit der Natur erzeugt werden. Passend zu dieser Ideologie stammen viele Produkte vom eigenen Bauernhof in der Nähe! Küchenchef Ricky Saward hat ein Händchen für interessante kreative Kombinationen. Da geht z. B. Erbse mit Blaumohn und Verbene eine auf den ersten Blick eher ungewöhnliche Liaison ein, deren unterschiedliche Aromen aber fantastisch harmonieren!

Spezialitäten: Paprika, Blaumohn, Pflaume. Blumenkohl, Einkorn, Pilz. Topinambur, Haferflocken, Akazie.

Menu 89€

Stadtplan: K2-c – *Mainkai 4* ✉ *60311* –
✆ *069 21996226 – www.sevenswans.de –*
Geschlossen 1.-6. Januar, Montag, Sonntag, mittags: Dienstag-Samstag

⭑○ Frankfurter Botschaft 🏠

INTERNATIONAL · HIP ✕✕ Keine Frage, die Lage am Westhafenplatz ist absolut top! Vom schicken, rundum verglasten Restaurant und von der Terrasse schaut man aufs Wasser, während man international-asiatisch beeinflusste Küche genießt. Tipp: Stellen Sie sich selbst ein 3- bis 5-Gänge-Menü zusammen. Gut die Weinberatung. Bei schönem Wetter gibt's Drinks und Snacks am Privatstrand.

Menu 18€ (Mittags), 49/76€ – Karte 22/76€

Stadtplan: F3-b – *Westhafenplatz 6* ✉ *60327* – ☎ *069 24004899* – *www.frankfurterbotschaft.de* – *Geschlossen Samstag, Sonntag*

⭑○ The Ivory Club 🏠 ⇱

FUSION · HIP ✕✕ Hier heißt es "Contemporary Colonial Cuisine": "Naan" aus dem Tandoori-Ofen, "Crispy Pakora Spinach with Tamarind & Raita", "Hot 'n' Spicy Beef Vindaloo with Rice"... Schön der Kolonialstil im Restaurant, aufmerksam der Service.

Menu 65/99€ – Karte 47/106€

Stadtplan: J1-m – *Taunusanlage 15* ✉ *60325* – ☎ *069 77067767* – *www.mook-group.de* – *Geschlossen 1.-5. Januar, 24.-31. Dezember, mittags: Samstag-Sonntag*

⭑○ MAIN TOWER RESTAURANT & LOUNGE ◁

MODERNE KÜCHE · TRENDY ✕✕ Einmalig die Aussicht! Die Fahrt in den 53. Stock ist bei Tischreservierung kostenfrei, ebenso der Zugang zur Aussichtsplattform. Abends stellen Sie sich zum festen Preis Ihr Menü frei von der Karte zusammen. Mittags bietet man ein günstiges Businessmenü.

Menu 39€ (Mittags), 79/105€

Stadtplan: J2-u – *Neue Mainzer Straße 52 (53. Etage)* ✉ *60311* – ☎ *069 36504777* – *www.maintower-restaurant.de* – *Geschlossen 1.-27. Januar, 13.-27. Juli, 24.-30. Dezember, Montag, Sonntag, mittags: Samstag*

⭑○ Medici 🏠 Ⓐ

INTERNATIONAL · FREUNDLICH ✕✕ Schon seit 2004 stehen die Brüder Simiakos in ihrem Restaurant mitten im Zentrum am Herd und bieten internationale Küche mit mediterranen und asiatischen Einflüssen. Macht Ihnen z. B. "Skreifilet auf Paprika-Zucchinigemüse mit Granatapfel und Parmesan-Gnocchi" Appetit? Sehr beliebt: das günstige Lunch-Menü!

Menu 21€ (Mittags)/54€ – Karte 21/62€

Stadtplan: JK2-d – *Weißadlergasse 2* ✉ *60311* – ☎ *069 21990794* – *www.restaurantmedici.de* – *Geschlossen Sonntag*

⭑○ Mon Amie Maxi 🏠 Ⓐ ⇱

FRANZÖSISCH · BRASSERIE ✕✕ Chic, fast schon opulent kommt die Brasserie in der schönen Villa von 1925 daher - toll die lebendige Atmosphäre, klassisch der Service. Mittig die "Raw Bar", dazu die einsehbare Küche. Das französische Angebot reicht von Austern (frisch vom Meeresfrüchte-Buffet) bis "Steak à la Strindberg". Gute Weinkarte. Mittags zusätzlich günstiger "Plat du jour".

Menu 60/99€ – Karte 37/140€

Stadtplan: F2-x – *Bockenheimer Landstraße 31* ✉ *60325* – ☎ *069 71402121* – *www.mook-group.de* – *Geschlossen 1.-5. Januar, 24.-31. Dezember, mittags: Samstag*

⭑○ Palastbar-Restaurant Ⓐ ⇱

INTERNATIONAL · GEMÜTLICH ✕✕ In dem sehenswerten Backsteingewölbe kann man sogar noch vor der Varieté-Vorstellung essen (ab 17 Uhr), und zwar klassisch-modern. Aus den drei Menüs "Wild & Meer", "Gewürze & Aromen" und "Auslese aus Wald und Garten" können Sie auch à la carte wählen.

Menu 66/79€ – Karte 72/78€

Stadtplan: G2-s – *Tiger-Gourmetrestaurant, Heiligkreuzgasse 20* ✉ *60313* – ☎ *069 9200220* – *www.tigerpalast.de* – *Geschlossen 11. April-8. September, Montag, Dienstag, mittags: Mittwoch-Sonntag*

ⅱ◯ Zenzakan

ASIATISCH · HIP ✗✗ Elegant und gediegen geht es hier zu: dunkle Töne und gedimmtes Licht, fernöstliche Deko, die Atmosphäre lebhaft, aber dennoch angenehm anonym. Auf der Karte pan-asiatische Speisen wie "Crispy Nori Taco mit Tuna" oder das scharfe "General Tso´s Chicken". Daneben gibt es auch Sushi, Currys und Grillgerichte.

Menu 70/130€ – Karte 55/140€

Stadtplan: J1-m – *Taunusanlage 15* ✉ *60325* – ✆ *069 97086908* – *www.mook-group.de* – *Geschlossen 1.-7. Januar, 24.-31. Dezember, Sonntag, mittags: Montag-Samstag*

ⅱ◯ Allgaiers

FRANZÖSISCH · FREUNDLICH ✗ Nachbarschaftlich-gemütlich ist es hier, dekorativ die moderne Kunst und das markante Weinregal. Dazu französisch-internationale Küche mit mediterranen und fernöstlichen Einflüssen sowie eine gut sortierte Weinkarte. Vor dem Eingang an der Ecke lockt im Sommer die efeuberankte Terrasse.

Menu 19€ (Mittags), 39/69€ – Karte 35/59€

Stadtplan: F1-c – *Liebigstraße 47* ✉ *60323* – ✆ *069 98956611* – *www.allgaiers.eu* – *Geschlossen 27. Juli-9. August, 24.-31. Dezember, Sonntag, mittags: Samstag*

ⅱ◯ bidlabu ⓝ

MARKTKÜCHE · BISTRO ✗ Das äußerst sympathische kleine Bistro liegt etwas versteckt im Herzen der Stadt, gleich um die Ecke die "Fressgass". Patron und Küchenchef sind Fachleute durch und durch, das merkt man nicht zuletzt an der schmackhaften ambitionierten Marktküche, die es z. B. als "Saibling, Kürbis, grüner Apfel & Brunnenkresse" gibt. Sehr fair kalkulierte Mittagskarte.

Menu 26€ (Mittags), 40/70€ – Karte 32/41€

Stadtplan: J1-c – *Kleine Bockenheimer Straße 14* ✉ *60313* – ✆ *069 95648784* – *www.bidlabu.de* – *Geschlossen 1.-7. Januar, 27. Juli-16. August, 23.-31. Dezember, Sonntag*

ⅱ◯ Bistro Villa Merton

REGIONAL · ELEGANT ✗ Mit dem Bistro hat die Villa Merton eine schöne Alternative in Küchenstil und Preis. Man kocht regional und international mit saisonalen Einflüssen. Mittags gibt es unter der Woche auch ein Lunchmenü.

Menu 36€ (Mittags), 52/58€ – Karte 36/54€

Stadtplan: E1-n – *Restaurant Villa Merton, Am Leonhardsbrunn 12 (Ecke Ditmarstraße im Union)* ✉ *60487* – ✆ *069 703033* – *www.restaurant-villa-merton.de*

ⅱ◯ Carte blanche ⓝ

MARKTKÜCHE · NACHBARSCHAFTLICH ✗ Eine feste Speisekarte gibt es hier nicht. Man lässt sich auf die Tagesempfehlungen ein und wählt aus einem Überraschungsmenü drei bis sieben Gänge - auf Wunsch auch mit korrespondierenden Weinen. Gekocht wird modern-saisonal und möglichst mit Produkten aus der Region. Schön der Rahmen: ein schmuckes historisches Eckhaus, in dem man unter einer hohen Stuckdecke sitzt.

Menu 55/85€

Stadtplan: G1-a – *Egenolffstraße 39* ✉ *60316* – ✆ *069 27245883* – *www.carteblanche-ffm.de* – *Geschlossen Montag, Dienstag, mittags: Mittwoch-Sonntag*

ⅱ◯ Stanley Diamond La Buvette

MODERNE KÜCHE · HIP ✗ Trendiges Konzept aus Restaurant und Bar. Das Interieur stylish und hochwertig, der Service unkompliziert und versiert, die Küche ambitioniert - neu interpretierte Klassiker wie "gelierte Oxtail mit Kartoffelschaum & Imperialkaviar".

Menu 60/88€ – Karte 46/69€

Stadtplan: F2-t – *Ottostraße 16* ✉ *60329* – ✆ *069 26942892* – *www.stanleydiamond.com* – *Geschlossen Montag, Sonntag, mittags: Dienstag-Samstag*

🍴 **Sushimoto** ⟨⟩ 🅰️ 🚗

JAPANISCH · GERADLINIG Das Ambiente ist authentisch schlicht, wie man es von einem japanischen Restaurant erwartet. Sushi, Teppanyaki und vor allem die interessanten "Omakase" bringen Ihnen die vielen Facetten der Kulinarik Japans nahe.

Menu 45/120 € – Karte 29/150 €

Stadtplan: K1-c – *Konrad-Adenauer-Straße 7 (Eingang: Große Friedberger Straße, Arabella Galerie-Passage)* ✉ 60313 – **U** Konstablerwache – ℰ 069 1310057 – www.sushimoto.eu – Geschlossen Montag, mittags: Sonntag

Hotels

🏨 **Steigenberger Frankfurter Hof** ☆ 🕸 🕸 Ⅼ▭ 🖆 ⟨⟩ 🅰️ 🏋 🚗

GROßER LUXUS · KLASSISCH Die Tradition des klassischen Grandhotels reicht bis ins Jahr 1876 zurück. Außen eine eindrucksvolle historische Fassade, innen Luxus pur: repräsentative Lobby mit reichlich Sitzmöglichkeiten, schöner Spa auf 1000 qm, geschmackvolle geräumige Zimmer - interessant für Businessgäste die Kategorie "Grand Deluxe". Bistro-Alternative zum "Français": das "OSCAR'S".

284 Zimmer – 👫 239/779 € – ⊡ 38 € – 19 Suiten

Stadtplan: J2-e – *Am Kaiserplatz (Zugang über Bethmannstraße)* ✉ 60437 – ℰ 069 21502 –
www.frankfurter-hof.steigenberger.de

🕸 **Français** – Siehe Restaurantauswahl

🏨 **Grandhotel Hessischer Hof** ☆ 🕸 Ⅼ▭ 🖆 ⟨⟩ 🅰️ 🏋 🅿️ 🚗

LUXUS · KLASSISCH Hier schreibt man Service groß, vom Willkommensgetränk über die kostenfreie Minibar bis zum hochwertigen Frühstück, entsprechend engagiert die Leitung. Im 7. Stock: Fitness, Kosmetik, medizinische Anwendungen. Eine Institution: "Jimmy's Bar" (Frankfurts Wohnzimmer genannt) - täglich Live-Musik ab 22 Uhr. Klassische Küche im "Sèvres" - toll das namengebende Porzellan!

114 Zimmer – 👫 179/599 € – ⊡ 37 € – 7 Suiten

Stadtplan: E2-p – *Friedrich-Ebert-Anlage 40* ✉ 60325 – ℰ 069 75400 –
www.grandhotel-hessischerhof.com

🏨 **Sofitel Frankfurt Opera** ☆ 🕸 Ⅼ▭ 🖆 ⟨⟩ 🅰️ 🏋 🛁

LUXUS · ELEGANT Beste Lage am Opernplatz. Der schicke "Hôtel Particulier"-Stil vermittelt französisches Flair. Geräumig die Zimmer, modern-elegant das Design, Buttlerservice für Gäste der Suiten kostenfrei. Bar "Lili's" mit klassischen Cocktails und 80 Sorten Gin. Französische Küche im Restaurant "Schönemann".

134 Zimmer – 👫 255 € – ⊡ 37 € – 16 Suiten

Stadtplan: J1-a – *Opernplatz 16 (Zufahrt über Bockenheimer Anlage oder Hochstraße)* ✉ 60313 – ℰ 069 2566950 – www.sofitel-frankfurt.com

🏨 **Jumeirah** ☆ 🕸 🖆 ⟨⟩ 🅰️ 🏋 🛁 🚗

LUXUS · MODERN Toll die zentrale Lage, ausgesucht das moderne Interieur. Echtes Highlight: die "Presidential Suite" mit 220 qm! Dazu hochwertiger "Talise Spa" sowie direkter Zugang zum benachbarten "Fitness First Frankfurt". Etwas Besonderes: selbst produzierter Honig zum Frühstück! Libanesische Küche im "El Rayyan", angeschlossen an die Shopping-Mall "MyZeil". Internationales im schicken "Max on One Grillroom".

200 Zimmer – 👫 199/1499 € – ⊡ 38 € – 18 Suiten

Stadtplan: K1-t – *Thurn-Und-Taxis-Platz 2 (Zufahrt über Große Eschenheimer Straße 8)* ✉ 60313 – ℰ 069 2972370 –
www.jumeirah.com/frankfurt

Roomers

BUSINESS • DESIGN Das beeindruckende Design sucht seinesgleichen: überall wertiges, stimmiges Interieur in dunklen Tönen, edel auch der Sauna- und Fitnessbereich. Für Nachtschwärmer "the place to be": die trendige Bar mit DJ, mittwochs auch Livemusik.

113 Zimmer – 170/490 € – 3 Suiten

Stadtplan: F3-s – *Gutleutstraße 85 ✉ 60329 – ✆ 069 2713420 – www.roomers-frankfurt.com*

25hours Hotel The Trip (N)

URBAN • DESIGN Das beim Hauptbahnhof gelegene Designhotel widmet sich Reisen um die ganze Welt - entsprechend individuell sind die Zimmer: Afrika, Asien, Ozeanien, Arktis, Tropen, Berge. Zum Relaxen: die tolle Dachterrasse im 6. Stock. Das charmant-lebendige Restaurant "Bar Shuka" bietet israelisch-orientalische Küche.

150 Zimmer – 119/229 € – 21 € – 2 Suiten

Stadtplan: F2-d – *Niddastraße 58 ✉ 60329 – ✆ 069 2566770 – www.25hours-hotels.com*

The Pure (N)

URBAN • DESIGN Richtig chic ist das puristische Design in Weiß, das in diesem Hotel in Bahnhofsnähe dominiert. Die ansprechenden modern-eleganten Gästezimmer sind teilweise nicht sehr großzügig geschnitten. Einige Zimmer liegen zum Innenhof.

50 Zimmer – 170/240 €

Stadtplan: F2-b – *Niddastraße 86 ✉ 60329 – ✆ 069 7104570 – www.the-pure.de*

25hours Hotel The Goldman

URBAN • DESIGN Ein Haus für Junge und Junggebliebene. Die Atmosphäre locker und persönlich, man ist per du. Individuell: Die "West"-Zimmer sind nach den Ideen diverser Frankfurter Persönlichkeiten designt, die "East"-Zimmer "vergessenen internationalen Helden" gewidmet. "Oost Bar" für Frühstück und als Treffpunkt, regelmäßig Live-Musik. International-mediterrane Küche im Restaurant.

97 Zimmer – 109/149 € – 18 €

Stadtplan: H2-a – *Hanauer Landstraße 127 ✉ 60314 – ✆ 069 40586890 – www.25hours-hotels.com*

In Frankfurt-Oberrad

Gerbermühle

HISTORISCH • DESIGN Die a. d. 14. Jh. stammende Mühle direkt am Main (in der Bar findet sich übrigens der alte Mühlstein) wurde zu einem schönen kleinen Hotel, wertig und stimmig in geschmackvoll-modernem Stil. Puristisch-elegant das Restaurant. An den Wintergarten schließt sich die Terrasse an, ums Eck der Biergarten zum Fluss!

13 Zimmer – 150/190 € – 18 € – 6 Suiten

Stadtplan: C2-a – *Gerbermühlstraße 105 ✉ 60594 – ✆ 069 68977790 – www.gerbermuehle.de*

In Frankfurt-Sachsenhausen

Carmelo Greco

ITALIENISCH • ELEGANT XX Folgen Sie den kleinen Hinweis-Schildern, dann finden Sie das etwas versteckt liegende Restaurant recht einfach. Bei Carmelo Greco sind alle goldrichtig, die italienische Küche und Lebensart lieben. In Sizilien geboren und im Piemont aufgewachsen, fühlt er sich auch kulinarisch mit seiner Heimat verbunden. Ein Glas Spumante als Auftakt, hausgebackenes Brot, professioneller Service mit italienischem Charme... "La dolce vita" lässt grüßen! Ausgesuchte Produkte treffen hier auf Kreativität, tadelloses Handwerk und eine gute Portion Finesse - so gelungen kann man klassisch-italienische Küche modern interpretieren. Dem ebenbürtig: modern-elegantes Interieur mit edlen Grau- und Goldtönen, schicken Deckenleuchten und der silbrig schimmernden Bar, die gleich im Eingangsbereich die Blicke auf sich zieht.

Spezialitäten: Hummer, Foie gras, Granny Smith Apfel. Simmentaler Rinderfilet, Pane e Salame. Montebianco.

Menu 39 € (Mittags), 75/119 € – Karte 39/110 €

Stadtplan: G3-a – *Ziegelhüttenweg 1* ✉ *60598* – ☎ *069 60608967* – *www.carmelo-greco.de – Geschlossen Sonntag, mittags: Samstag*

ᛏⵔ Franziska 🅝 ⟨ 🛜 & 🄰🄲

TRADITIONELLE KÜCHE · CHIC ✗✗ 40 Sekunden sind es mit dem Lift hinauf in den Henninger Turm. Bei grandiosem Blick auf die Frankfurter Skyline gibt es modern interpretierte "German Vintage Cuisine": "Russische Eier", "Wagyu-Sauerbraten", "Falscher Hase"... Der Name "Franziska" stammt übrigens von der Großtante des Mook-Group-Gründers. Cocktails in der "Barrel Bar". Terrasse eine Etage tiefer. Hinweis: nur online buchbar.

Karte 53/75 €

Stadtplan: G3-a – *Hainer Weg 72 (39. Etage im Henninger Turm)* ✉ *60599* – ☎ *069 66377640 – www.mook-group.de – Geschlossen 1.-6. Januar, 24.-31. Dezember, mittags: Montag-Donnerstag*

ᛏⵔ Lohninger 🛜 🄰🄲 ⟿

ÖSTERREICHISCH · FREUNDLICH ✗✗ Sehr chic hat man hier klassisches Altbau-Flair samt schönen hohen Stuckdecken mit moderner Geradlinigkeit verbunden. In der Küche trifft "Die Heimat" auf "Die Welt". Wie wär's z. B. mit "gegrilltem Miso-Lachs, Shiitake-Pilze, Orangen-Ingwer-Marinade, Wasserkressesalat"? Oder lieber einen österreichischen Klassiker wie Wiener Schnitzel?

Menu 42 € (Mittags)/96 € – Karte 54/112 €

Stadtplan: J3-n – *Schweizer Straße 1* ✉ *60594* – ☎ *069 247557860* – *www.lohninger.de*

ᛏⵔ The Sakai 🅝 🄰🄲

JAMAIKANISCH · EXOTISCHES AMBIENTE ✗ Mit Hiroshi Sakai steht hier ein echter Sushi-Meister am Herd! Das Restaurant im Souterrain ist im authentischen "Wabi-Sabi"-Style gehalten: "Wabi" steht für den typischen Minimalismus, "Sabi" für eine gewisse Wehmut in der japanischen Kultur. Umsorgt wird man von einem sehr freundlichen, sympathischen und gut geschulten Serviceteam. Stattlich die Sake-Auswahl.

Menu 75/120 €

Stadtplan: K3-a – *Hedderichstraße 69* ✉ *60594* – ☎ *069 89990330* – *www.the-sakai.com – Geschlossen Montag, Sonntag, mittags: Dienstag-Samstag*

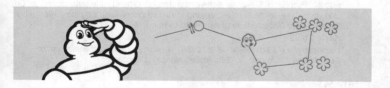

🏛 Villa Kennedy 🛝 ⟨🛏 🖻 📶 🛜 ♨ 🖬 ⬇ & 🄰🄲 🛋 🚗

GROSSER LUXUS · KLASSISCH Gelungen wurde die Villa Speyer von 1901 zum eindrucksvollen Luxushotel erweitert. Das Interieur überaus individuell und geschmackvoll, schöne Details verweisen auf die 60er Jahre. Die Zimmer sehr geräumig (teils zum tollen Innenhof), Spa auf 1000 qm. Tipp: Cappuccino vom Barista in der "JFK Bar"! Italienische Küche im "Gusto" - sonntags "Domenica Italiana"-Lunch.

127 Zimmer – 👥 275/945 € – 🖵 38 € – 36 Suiten

Stadtplan: F3-a – *Kennedyallee 70* ✉ *60596* – ☎ *069 717120* – *www.roccofortehotels.com/villakennedy*

FRANKWEILER

Rheinland-Pfalz – Regionalatlas **54**–E17 – Michelin Straßenkarte 543

Weinstube Brand

REGIONAL • **GEMÜTLICH** X Was diese rustikale Weinstube samt nettem Innenhof so beliebt macht? Hier ist es gemütlich und unkompliziert, die Gastgeber sind sympathisch und man kocht schmackhaft und frisch. Es gibt z. B. "geschmorte Schulter vom Wildkaninchen auf Cassisrotkraut". Das Wild stammt von befreundeten Jägern aus der Region.

Spezialitäten: Kürbis-Cocosschaumsüppchen mit Kernöl, Koriander und gesalzenem Kürbiskernkrokant. In Sherry geschmorte Ochsenbacke auf Lauchflan, Pfifferlingen und frischem Meerrettich. Sanddorncreme mit Pfälzer Kiwiragout und Mandarinensorbet.

Karte 25/45 €

Weinstraße 19 ✉ 76833 – ✆ 06345 959490 – Geschlossen 14.-25. Februar, 5.-21. Juli, 24.-31. Dezember, Montag, Sonntag, mittags: Dienstag

FRASDORF

Bayern – Regionalatlas **66**–N21 – Michelin Straßenkarte 546

Michael's Leitenberg N

ZEITGENÖSSISCH • **RUSTIKAL** XX Wer würde in dem kleinen Ortsteil von Frasdorf ein solches Restaurant erwarten? Der junge Chef "Michael" kocht klassisch und mit modernem Akzent. Seine Gerichte sind geschmackvoll, frisch und durchdacht - so z. B. "Gelbflossenmakrele, Gin Tonic, Buttermilch, Gurke, Apfel". Freundlich und zeitgemäß das Ambiente - helles Holz schafft eine gemütlich-rustikale Note.

Spezialitäten: Makrele, Apfel, Kohlrabi. Short Ribs, Kartoffel, Miso, wilder Brokkoli. Kokos, Karotte, Yuzu, Pandan.

Menu 69/99 € – Karte 31/62 €

Weiherweg 3 ✉ 83112 – ✆ 08052 2224 – www.michaels-leitenberg.de – Geschlossen Mittwoch, Donnerstag, mittags: Montag-Dienstag und Freitag-Samstag

In Frasdorf-Wildenwart Nord-Ost: 3 km, jenseits der A 8

Schloßwirtschaft Wildenwart

REGIONAL • **GASTHOF** X Sie suchen urige Wirtshausatmosphäre und regionale Küche? Probieren Sie z. B. Schweinsbraten, Backhendl, Fleischpflanzerl & Co. Und danach vielleicht ein Spaziergang in der schönen Natur ringsum? Hier gehen Tradition und Naturverbundenheit Hand in Hand.

Karte 21/52 €

Ludwigstraße 8 ✉ 83112 – ✆ 08051 2756 – www.schlosswirtschaft-wildenwart.de – Geschlossen 23. August-16. September, Montag, Dienstag

FREIAMT

Baden-Württemberg – Regionalatlas **61**–D20 – Michelin Straßenkarte 545

In Freiamt-Brettental

Ludinmühle

INTERNATIONAL • **GEMÜTLICH** XX Schön sitzt man in gemütlichen Stuben oder im "Rosen- & Olivengarten" bei klassisch-internationalen Gerichten, in der modern-rustikalen "Jagdstube" (nur abends) gibt es ausschließlich heimisch-saisonale Küche. Faible des Chefs: über 250 preislich faire Weine.

Menu 23 € (Mittags)/60 € – Karte 33/70 €

Hotel Ludinmühle, Brettental 31 ✉ 79348 – ✆ 07645 91190 – www.ludinmuehle.de

Ludinmühle

SPA UND WELLNESS · INDIVIDUELL Wirklich schön, was die gewachsene Hotelanlage alles bietet: zuvorkommende Gästebetreuung, wohnlich-komfortable Zimmer und die beliebte "Verwöhnpension" (ganztägig Snacks im "Genießergärt-chen"), Spa auf 2000 qm samt Blockhaus-Stubensauna im Garten, Floating, Beauty sowie Kinderparadies mit Betreuung.

60 Zimmer 🖙 – 👫 248/406 € – 5 Suiten

Brettental 31 ⊠ 79348 – ✆ 07645 91190 – www.ludinmuehle.de

🍴○ **Ludinmühle** – Siehe Restaurantauswahl

In Freiamt-Mussbach

🕸 **Zur Krone**

REGIONAL · GASTHOF 🕱 In dem gemütlichen Landhaus isst man gut und wohnt richtig nett. Seit über 200 Jahren und inzwischen in 9. Generation wird es enga-giert und mit Sinn für Tradition geführt. Aus der Küche kommt Leckeres wie "Kalbsroulade mit Käserahmsauce, Gemüse und Spätzle".

Spezialitäten: Carpaccio vom Lachs. Junger Hahn in Rotwein. Karamellisierter Apfelpfannkuchen.

Menu 24/40 € – Karte 21/47 €

Mussbach 6 ⊠ 79348 – ✆ 07645 227 – www.krone-freiamt.de – Geschlossen 23.-31. Januar, 24. Juni-8. Juli, 19. August-2. September, mittags: Montag-Freitag

FREIBURG IM BREISGAU

Baden-Württemberg – Regionalatlas **61**–D20 – Michelin Straßenkarte 545

Wir mögen besonders...

Die schöne gastronomische Vielfalt der Breisgau-Metropole, von der lockeren Studentenkneipe bis hin zum Sternerestaurant **Wolfshöhle**. Sich nach einem feinen Essen das elegante **Colombi Hotel** gönnen - die Topadresse der Stadt! Und lassen Sie sich nicht die herrlichste Terrasse Freiburgs entgehen – die finden Sie nebst ambitionierter Küche im **Chez Eric**, dem Restaurant des **Panorama Hotel**. Die alte Zähringerstadt hat definitiv Flair und Charme, das sollte man bei einem ausgiebigen Bummel einfach auf sich wirken lassen! Ein absolutes Muss ist samstags der Münsterplatz - nicht nur wegen des Münsters selbst (an ihm wurde übrigens über 300 Jahre lang gebaut), hier findet auch der wirklich tolle Markt statt!

Restaurants

✿ Wolfshöhle (Sascha Weiss)   🛋 AC ↔

FRANZÖSISCH-MODERN · FAMILIÄR ✗ Nur einen Steinwurf vom Freiburger Münster entfernt liegt dieses Traditionshaus, dessen geradliniges und (dank Holz-täfelung und Parkettboden) gleichzeitig warmes Interieur ein bisschen was von einem chic-modernen Bistro hat. Die klassisch basierte Küche von Patron Sascha Weiss und seinem langjährigen Team kommt angenehm reduziert und mit einer gewissen Leichtigkeit daher. Da verwundert es nicht, dass zahlreiche Feinschme-cker angesichts schön klar strukturierter und finessenreicher Gerichte wie Saib-ling im Escabeche-Sud zu "Wiederholungstätern" werden. Mittags gibt es übri-gens neben einer gepflegten A-la-carte-Auswahl ein sehr attraktiv kalkuliertes Lunchmenü.

Spezialitäten: Dorade rosé mit Jalapeños und Koriander. Mieral Stubenküken vom Holzkohlengrill mit Bohnensalat und Limette. Zwetschge mit Schokolade und Whiskey.

Menu 37 € (Mittags), 66/125 € – Karte 38/89 €

Stadtplan: B1_2-t – *Konviktstraße 8* ✉ *79098* – *☎ 0761 30303 –*
www.wolfshoehle-freiburg.de – Geschlossen Montag, Sonntag

⅋○ Colombi Restaurant   ⅏ AC 🛋

FRANZÖSISCH-KLASSISCH · GEMÜTLICH ✗✗ Ob elegante holzvertäfelte „Zir-belstube", traditionelle „Falkenstube" oder die aus einer historischen Schwarzwäl-der Bauernstube entstandene „Hans-Thoma-Stube", gemütlich sitzt man hier überall. Geboten wird klassische Küche aus guten Produkten. Hinweis: leicht abweichende Öffnungszeiten der einzelnen Stuben.

Menu 68/125 € – Karte 65/88 €

Stadtplan: A1-r – *Colombi Hotel, Rotteckring 16 (Am Colombi Park)* ✉ *79098 –*
☎ 0761 21060 – www.colombi.de – Geschlossen mittags: Sonntag

⅋○ Stadt Freiburg   ⇦ ⅏ AC P 🛋

INTERNATIONAL · BRASSERIE ✗✗ Hier darf man sich in schicker Brasserie-Atmosphäre auf geschmackvolle Frischeküche freuen, und die gibt es z. B. als "Loup de mer mit geröstetem Kalbskopf und Pfifferling-Maultaschen". Bei schö-nem Wetter lockt die Terrasse. Übernachten kann man in attraktiven zeitgemäßen Gästezimmern.

Menu 23 € (Mittags)/55 € – Karte 47/62 €

außerhalb Stadtplan – *Breisacher Straße 84* ✉ *79110 – ☎ 0761 89680 –*
www.hotel-stadt-freiburg.de – Geschlossen Sonntag

⅋○ Basho-An

JAPANISCH · GERADLINIG ✗ Ganz in der Nähe der Fußgängerzone gibt es in typisch puristischem Ambiente beliebte klassisch japanische Küche, z. B. in Form von "Seehecht mit Gemüse in Sojabrühe" oder "Tempura von Steingarnele", zudem Sushi. Kleinere Mittagskarte.

Menu 20 € (Mittags), 80/100 € – Karte 23/48 €

Stadtplan: B1-f – *Merianstraße 10* ✉ *79098 – ☎ 0761 2853405 – www.bashoan.com –*
Geschlossen 1.-5. Januar, Montag, Sonntag

⅋○ Kreuzblume   ⇦ 🛋

KLASSISCHE KÜCHE · GEMÜTLICH ✗ Schön die Lage in der Altstadt sowie das moderne Ambiente (sowohl im Restaurant als auch in den Gästezimmern), frisch und angenehm unkompliziert die Küche. Probieren Sie z. B. "Rote-Bete-Risotto mit Meerrettich" oder "Entenbrust auf getrüffeltem Topinamburpüree". Park-Tipp: Schlossberggarage um die Ecke.

Menu 45 € – Karte 43/63 €

Stadtplan: B2-r – *Konviktstraße 31* ✉ *79098 – ☎ 0761 31194 –*
www.kreuzblume-freiburg.de – Geschlossen Montag, Dienstag

Hotels

Colombi Hotel

LUXUS · KLASSISCH Das überaus elegante Hotel ist das Flaggschiff der Breisgau-Metropole und vereint so einiges unter einem Dach: luxuriöses Wohnen, Spa, schöne Restaurantstuben, Café (toll die Kuchen und Pralinen!), Tagungsmöglichkeiten, top Service. Von Nov. - Febr. hat man ein rustikales Chalet im Innenhof - hier gibt's Regionales.

86 Zimmer – 275/387 € – 24 € – 26 Suiten

Stadtplan: A1-r – *Rotteckring 16 (Am Colombi Park) 79098 – 0761 21060 – www.colombi.de*

Colombi Restaurant – Siehe Restaurantauswahl

The Alex Hotel

BUSINESS · MODERN Klein, individuell und persönlich. Ein modernes, chic-urbanes Stadthotel, das in einer ruhigen Seitenstraße in Bahnhofsnähe liegt. Die Zimmer sind nicht groß, aber wertig, zum Frühstück gibt's hausgemachte Marmelade - schön sitzt man auf der Terrasse! Regionale Weine in der "Winery29".

39 Zimmer – 94/195 € – 10 €

Stadtplan: A1-a – *Rheinstraße 29 79104 – 0761 296970 – www.the-alex-hotel.de – Geschlossen 1.-12. Januar, 23.-31. Dezember*

In Freiburg-Herdern Nord: 1 km über Karlstraße B1

⫶○ Chez Eric   🏵 ⇦ ⇦ 🕮 ⌂ 🅰🅲 🅿

FRANZÖSISCH-KLASSISCH · FREUNDLICH XX Hoch über Freiburg thront das "Panorama Hotel" mit seinen gut ausgestatteten Zimmern und diesem eleganten Restaurant - einmalig der Blick von der tollen Terrasse! Die Küche ist klassisch-französisch, Spezialität sind Krusten- und Schalentiere, frische Austern und ganze Fische vom Grill. Oder lieber "Kalbsroulade, gefüllt mit Steinpilzen in Rosmarinrahm"?

Menu 39/99 € – Karte 58/96 €

außerhalb Stadtplan – *Wintererstraße 89* ⊠ *79104* – *𝒞 0761 51030* – *www.chez-eric.de*

⫶○ Eichhalde ⓝ   ⌂ 🅰🅲 ⇄

ITALIENISCH · FAMILIÄR XX Nach gelungenem Facelift und unter neuen Betreibern gibt es in der "Eichhalde" nun frische klassisch-italienische Küche, die angenehm reduziert daherkommt. Probieren Sie z. B. "Pasta mit Rindersugo" oder "Saltimbocca vom Kalbsfilet mit Pfifferlingen". Nett sitzt man auch auf der kleinen Terrasse.

Menu 28 € (Mittags), 58/98 € – Karte 42/69 €

Stadtstraße 91 ⊠ *79104* – *𝒞 0761 58992920* – *www.eichhalde-freiburg.de* – *Geschlossen 1.-16. Januar, 8.-16. Juli, 21. Oktober-5. November, Mittwoch, Donnerstag*

In Freiburg-Lehen West: 3 km über Dreisamstraße A2

⫶○ Hirschen   ⇦ ⌂ 🅰🅲 🅿 🚗

MARKTKÜCHE · GEMÜTLICH XX Möchten Sie in der gemütlichen Gaststube speisen oder lieber im eleganteren Restaurant? Kulinarisch geht es klassisch zu, da heißt es z. B. "Hummerravioli, Blattspinat, Beurre blanc". Wer es bürgerlicher mag, freut sich z. B. über "saure Kalbsleber". Tipp: zur Gänse-Saison zeitig reservieren!

Menu 37/79 € – Karte 34/77 €

Breisgauer Straße 47 ⊠ *79110* – *𝒞 0761 897769681* – *www.hirschen-freiburg.de*

In Freiburg-Munzingen Süd-West: 13 km über Basler Straße A2, jenseits der A 5

⫶○ sBadische Wirtshus   ⌂ 🅳 🅰🅲 🅿 🚗

REGIONAL · GEMÜTLICH XX Moderne trifft auf Tradition! Sehr nett das Ambiente aus Natursteinboden, Wirtshaustischen und Bartresen aus dunklem Holz. Aus der Küche kommt Badisches aus frischen, guten Produkten, Spezialität sind Schmorgerichte wie Kalbsbäckle oder Rouladen. Oder mögen Sie lieber "Heilbutt & Räucheraal auf Wirsing"?

Menu 40/60 € – Karte 40/70 €

außerhalb Stadtplan – *Hotel Schloss Reinach, Sankt-Erentrudis-Straße 12* ⊠ *79112* – *𝒞 07664 407480* – *www.schlossreinach.de* – *Geschlossen Mittwoch*

🏚 Schloss Reinach   ⚑ 🛋 🕙 🏊 🎱 ⊟ 🅳 🅰🅲 ⅍ 🅿 🚗

HISTORISCH · MODERN Hier wird stetig investiert und modernisiert, dennoch hat das schöne Anwesen von 1607 seinen Gutshof-Charme bewahrt. Wohnen können Sie in chic-modernen oder klassischeren Zimmern. Dazu ein überaus attraktiver Spa. Im Sommer locken Veranstaltungen und Konzerte im Innenhof. Neues gastronomisches Konzept ab Frühjahr 2020.

93 Zimmer ⌚ – ♦♦ 139/210 € – 5 Suiten

außerhalb Stadtplan – *Sankt-Erentrudis-Straße 12* ⊠ *79112* – *𝒞 07664 4070* – *www.schlossreinach.de*

⫶○ **sBadische Wirtshus** – Siehe Restaurantauswahl

FREILASSING
Bayern – Regionalatlas **67**–O21 – Michelin Straßenkarte 546

⫣○ **Moosleitner**

REGIONAL · GASTHOF X Seit Jahrhunderten pflegt man hier die Wirtshaustradition. Die sehr hübschen gemütlichen Stuben mit ihrem ländlichen Charme sind ebenso einladend wie die frische regionale Küche - Lust auf "ausgelöstes Kräuterbackhendl mit Sauce Tartare"? Auch zum Übernachten eine schöne Adresse.
Menu 26/34€ – Karte 28/54€

Wasserburger Straße 52 ✉ *83395* – ℰ *08654 63060* – *www.moosleitner.com* –
Geschlossen 1.-6. Januar, 21.-31. Dezember, Sonntag, mittags: Samstag

FREINSHEIM
Rheinland-Pfalz – Regionalatlas **47**–E16 – Michelin Straßenkarte 543

🕷 **WEINreich** ⇐ 🛖

REGIONAL · WEINSTUBE X Mitten in dem hübschen kleinen Weinort findet man eine etwas andere Weinstube: modern-puristisch kommt sie daher und kulinarisch schaut man auch etwas über den Pfälzer Tellerrand hinaus! Probieren Sie z. B. "Pfälzer Matjes-Forelle mit süß-saurem Kürbis und Rösti". Und als Dessert vielleicht leckere Topfenknödel? Zum Übernachten: richtig nette, individuelle Zimmer.
Spezialitäten: Topinamburschaumsuppe mit Sternanis. Im Ganzen - Katzweilerer Forelle, Schmorgurken, Petersilienkartoffeln. G´schmelzte Topfenknödel, Marillenkompott.
Menu 37/54€ – Karte 36/52€

Hauptstraße 25 ✉ *67251* – ℰ *06353 9598640* – *www.weinstube-weinreich.de* –
*Geschlossen 26. Januar-9. Februar, 14.-21. Juni, 21. Juli-2. August, Montag,
Sonntag, mittags: Dienstag*

⫣○ **Freinsheimer Hof** ⓝ ⇐ 🛖 ⇅

INTERNATIONAL · LÄNDLICH XX Schön hat man es in dem Winzerhof a. d. 18. Jh. - sowohl in den einstigen Stallungen mit tollem Kreuzgewölbe als auch im herrlichen Innenhof. Aus der Küche kommen geschmackvolle Gerichte wie „gebratene Perlhuhnbrust und Wachtel, mediterranes Gemüse, Risoleekartoffeln". Zudem laden nette Gästezimmer zum Übernachten ein.
Menu 29/59€ – Karte 31/61€

Breitestraße 7 ✉ *67251* – ℰ *06353 5080410* – *www.freinsheimerhof.com* –
Geschlossen Mittwoch, Donnerstag

⫣○ **Von-Busch-Hof** 🛖 ⇅

INTERNATIONAL · KLASSISCHES AMBIENTE XX International ist die Küche in diesem klassisch gehaltenen Restaurant hinter ehrwürdigen Klostermauern. Appetit auf "geschmorte Rinderbacke in Rotweinsauce" oder "Winterkabeljau mit Zitronensauce"? Tipp für den Sommer: der schöne Innenhof!
Menu 38/46€ – Karte 33/48€

Von-Busch-Hof 5 ✉ *67251* – ℰ *06353 7705* – *www.von-busch-hof.de* –
Geschlossen 15. Februar-15. März, Montag, Dienstag

FREISING
Bayern – Regionalatlas **58**–M19 – Michelin Straßenkarte 546

In Freising-Haindlfing Nord-West: 5 km über B 301, in Erlau links

⫣○ **Gasthaus Landbrecht** 🛖 & 🅿

MARKTKÜCHE · RUSTIKAL X So stellt man sich einen bayerisch-ländlichen Gasthof vor: In dem Familienbetrieb herrscht eine ungezwungene Atmosphäre, gekocht wird mit regionalen Produkten. Im Winter wärmt der Kachelofen, im Sommer sitzt es sich angenehm im Biergarten!
Menu 32/42€ – Karte 25/47€

Freisinger Straße 1 ✉ *85354* – ℰ *08167 8926* – *www.gasthaus-landbrecht.de* –
Geschlossen 1.-10. Juni, 10.-26. August, Montag, Dienstag

FREITAL

Sachsen – Regionalatlas **43**–Q12 – Michelin Straßenkarte 544

In Freital-Wurgwitz Nord-West: 4,5 km

⊠○ **Brasserie Ehrlich** ⓝ

MARKTKÜCHE · BRASSERIE ℤ Die Bezeichnung "Brasserie" trifft es genau. Das kleine Restaurant wird persönlich geführt, der Service ist freundlich und die Atmosphäre gemütlich. Das kommt ebenso an wie die gute saisonale Küche - da sollte man rechtzeitig reservieren. Im Sommer deckt man den überdachten Balkon ein. Tipp: sonntäglicher Mittagsschmaus nach dem Motto "Essen wie bei Oma zuhause".

Menu 35 € (Mittags), 40/60 € – Karte 42/49 €

Wiesenweg 1 ⊠ 01705 – ℰ 0351 30934232 – www.brasserie-ehrlich.de –
Geschlossen Montag, Dienstag, mittags: Mittwoch-Samstag, abends: Sonntag

FREUDENSTADT

Baden-Württemberg – Regionalatlas **54**–F19 – Michelin Straßenkarte 545

⊛ **Warteck**

FRANZÖSISCH-KLASSISCH · ELEGANT ℤℤ Oliver Gläßel bringt hier klassische Küche mit bürgerlichen Einflüssen auf den Tisch. Freuen darf man sich da z. B. auf "Kalbsrahmgulasch mit Pfifferlingen und Spätzle" oder "Kabeljau mit Champagnerkraut und Kartoffelmousseline". Neben dem gediegenen Restaurant gibt es auch schöne Gästezimmer - und ein gutes Frühstück.

Spezialitäten: Entbeinte Wachtel auf Salat von zweierlei Linsen. Filet vom Kabeljau auf Champagnerkraut mit Kartoffelmousseline. Mousse von brauner und weißer Schokolade.

Menu 49 € – Karte 34/76 €

Stuttgarter straße 14 ⊠ 72250 – ℰ 07441 91920 – www.hotelwarteck.de –
Geschlossen Dienstag, Mittwoch

In Freudenstadt-Lauterbad Süd-Ost: 4,5 km über B 28 und B 294 Richtung Freiburg

⊠○ **Stüble**

REGIONAL · LÄNDLICH ℤℤ Das "Stüble" ist das geschmackvoll-rustikale A-la-carte-Restaurant des schicken Wellnesshotels "Lauterbad"! Die ganz in Holz gehaltene Stube versprüht heimelige Atmosphäre, die Küche bietet frische traditionelle, aber auch modernere Gerichte, so z. B. „Maronen-Kartoffeltarte mit Feldsalat & Ziegenkäsemousse" oder "Zanderfilet, Pommerysenf, Kürbisgemüse, Limonensauce".

Menu 36/68 € – Karte 29/52 €

Hotel Lauterbad, Amselweg 5 (Zufahrt über Kinzigtalstraße) ⊠ 72250 –
ℰ 07441 860170 – www.lauterbad-wellnesshotel.de

⌂ **Lauterbad**

SPA UND WELLNESS · INDIVIDUELL Chic-modern sind hier sowohl die Zimmer (fast alle mit Balkon) als auch der Spa (verschiedene Ruhezonen, beheizter Außenpool, Massagen, Kosmetik...). Für Liebhaber des klassischen Schwarzwaldstils hat man auch ein paar Zimmer. Tipp: Wanderung (ca. 30 Min.) zur "Berghütte" mit Vesper, Burger & Co.

37 Zimmer ⊊ – ♟♟ 200/254 € – 4 Suiten

Amselweg 5 (Zufahrt über Kinzigtalstraße) ⊠ 72250 – ℰ 07441 860170 –
www.lauterbad-wellnesshotel.de

⊠○ **Stüble** – Siehe Restaurantauswahl

FREYUNG

Bayern – Regionalatlas **60**–Q18 – Michelin Straßenkarte 546

In Freyung-Ort Süd-West: 1 km

🍴 Landgasthaus Schuster

KLASSISCHE KÜCHE · FREUNDLICH XX Durch und durch charmant geht es im Landgasthaus der Familie Schuster zu! Das liegt in erster Linie an der herzlichen Chefin und der geschmackvollen Einrichtung. Und dann ist da noch die angenehm reduzierte klassische Küche des Patrons, die es z. B. als "Steinköhler mit Scallops-Schuppen in Speckrauchsoße" gibt. Schöne Weinauswahl mit guten "Offenen".

Menu 38/85 € – Karte 37/75 €

Ort 19 ✉ 94078 – 𝒞 08551 7184 – www.landgasthaus-schuster.de –
Geschlossen Montag, Dienstag, abends: Sonntag

FRICKENHAUSEN

Bayern – Regionalatlas **49**–I16 – Michelin Straßenkarte 546

🍴 Ehrbar-Fränkische Weinstube 🏠 ♻

REGIONAL · RUSTIKAL X Das nette Fachwerkhaus ist ein Traditionsbetrieb mit Charme. Gemütlich die liebenswert-rustikalen Stuben, regional die Küche. Lust auf "Fränkische Versucherle" oder "Sauerbraten, Rotkohl, Köße"? Im Sommer ein Muss: die reizende Hofterrasse.

Karte 21/50 €

Hauptstraße 17 ✉ 97252 – 𝒞 09331 651 – www.ehrbar-weinstube.de – Geschlossen 10.
Februar-6. März, 22. Juni-8. Juli, 19.-25. Oktober, Montag, Dienstag,
mittags: Mittwoch-Freitag

FRICKINGEN

Baden-Württemberg – Regionalatlas **63**–G21 – Michelin Straßenkarte 545

In Frickingen-Altheim Nord-West: 2 km über Leustetter Straße

🕸 Löwen 🏠 ♻

INTERNATIONAL · GEMÜTLICH X Hier ist inzwischen die 4. Generation im Haus, und die sorgt für regional-internationale Küche mit Bezug zur Saison. Die frischen, guten Produkte finden sich z. B. in "gebratenem Felchenfilet, Kräutermayonnaise, Spargel-Karotten-Kartoffel-Gemüse". Gemütlich das Ambiente, lauschig die Terrasse unter Kastanien.

Spezialitäten: Saiblings-Kartoffelküchle, cremiger Gemüsesalat, Rote Bete Püree. Gebratenes Zanderfilet, Basilikum-Paprika-Tomaten-Sud mit Kapern, Ziegenkäse-Ofenkartoffeln. Pochierter Bodensee-Weinbergpfirsich, Vanilleeis, Schokosauce, Himbeeren.

Menu 31/36 € – Karte 31/45 €

Hauptstraße 41 ✉ 88699 – 𝒞 07554 8631 – www.loewen-altheim.de –
Geschlossen 2.-22. März, 14.-20. September, 21.-31. Dezember, Montag,
mittags: Dienstag-Samstag, abends: Sonntag

FRIEDBERG

Bayern – Regionalatlas **57**–K19 – Michelin Straßenkarte 546

🍴 Gersters Genusswerkstatt im Zieglerbräu 🏠 ♿ ♻

REGIONAL · RUSTIKAL X Gemütlich-rustikal ist das Ambiente in dem über 300 Jahre alten Zieglerbräu, freundlich der Service, schmackhaft die regional-saisonale Küche - und die gibt's z. B. als "Kalbsrahmbraten mit Butterspätzle und Gemüse". Von der Terrasse schaut man auf die historischen Gebäude und den Brunnen am Marienplatz.

Menu 16 € (Mittags), 36/55 € – Karte 22/43 €

Marienplatz 14 ✉ 86316 – 𝒞 0821 2621415 –
www.genusswerkstatt-im-zieglerbraeu.de – Geschlossen Dienstag

In Friedberg-Harthausen Nord-Ost: 5 km

Speisezimmer

KLASSISCHE KÜCHE • ELEGANT XX Das modern-elegante kleine "Speisezimmer" ist das kulinarische Aushängeschild des "Landgasthofs zum Herzog Ludwig". Die klassisch-saisonale Küche gibt es als Menü, aus dem Sie Ihre Gänge selbst auswählen. Darf es als Vorspeise vielleicht "hausgebeizter Lachs, Avocado, marinierter Spargel" sein? Alternativ kann man in der netten Gaststube bürgerlich-regional essen.

Spezialitäten: Garnele, Koriander Couscous, Karotten, Zitronengras. Rehrücken, gebratene Foie Gras, Selleriepüree, Parmesannockerl, Rosenkohl, Cassis-Gewürzsoße. Zweierlei von der Tansaniaschokolade mit Brombeersorbet, frische Himbeeren und Himbeer-Chrunch.

Menu 37/89€

Ringstraße 9 ✉ 86316 – ✆ 08205 9635599 – www.zumherzogludwig.de – Geschlossen 1.-28. August, Montag, Dienstag, Mittwoch, mittags: Donnerstag-Sonntag

In Friedberg-Rohrbach Süd-Ost: 9 km, Richtung Ried, dann links abbiegen

Gasthaus Goldener Stern (N)

REGIONAL • GEMÜTLICH X Das gestandene Gasthaus in dem kleinen Ort wird in 3. Generation mit Engagement von Familie Fuß geleitet. Schön die gemütlich-modernen Räume, ebenfalls modern inspiriert die regional-saisonale Küche. Dazu charmanter Service im Dirndl. Interessanter Rahmen für verschiedene Anlässe: die schicke Vinothek im UG. Angenehm auch der Biergarten - hier etwas kleinere Karte.

Menu 37/49€ – Karte 22/59€

Dorfstraße 1 ✉ 86316 – ✆ 08208 407 – www.gasthaus-goldenerstern.de – Geschlossen Montag, Dienstag, abends: Sonntag

FRIEDBERG (HESSEN)

Hessen – Regionalatlas **38**–F14 – Michelin Straßenkarte 543

In Friedberg-Dorheim Nord-Ost: 3 km über B 455

Bastian's Restaurant

KLASSISCHE KÜCHE • GEMÜTLICH XX Das nette Landgasthaus mit der geschmackvollen hellen Einrichtung und der schönen Terrasse setzt auf kulinarische Klassik. Probieren Sie z. B. "Schweinebauch, Jakobsmuschel, Blumenkohl, Curry". Sehr freundlich und charmant der Service.

Menu 39/79€ – Karte 38/62€

Erbsengasse 16 ✉ 61169 – ✆ 06031 6726551 – www.bastians-restaurant.de – Geschlossen 10.-25. Februar, Montag, Sonntag, mittags: Dienstag-Samstag

FRIEDEWALD

Hessen – Regionalatlas **39**–I12 – Michelin Straßenkarte 543

Göbels Schlosshotel Prinz von Hessen

HISTORISCHES GEBÄUDE • VINTAGE Ideal für Wellness, Tagung oder Festlichkeiten ist das aus einer Wasserburg a. d. 16. Jh. entstandene Hotel. Die wohnlich-modernen Zimmer und Themensuiten sind wertig ausgestattet. Das Restaurant ist unterteilt in die Prinzenstube und den lichten Schlossgarten.

90 Zimmer – 212€ – 11 Suiten

Schlossplatz 1 ✉ 36289 – ✆ 06674 92240 – www.goebels-schlosshotel.de

FRIEDLAND
Niedersachsen – Regionalatlas **29**–I11 – Michelin Straßenkarte 541

🍀 **Genießer Stube** (Daniel Raub)   😋 ⟵ 🅿

KLASSISCHE KÜCHE · LÄNDLICH XX Daniel Raub ist bereits die 3. Generation in dem engagiert geführten Familienbetrieb. Nachdem er u. a. bei Dieter Müller im "Schloss Lerbach" in Bergisch Gladbach kochte, übernahm er 2011 die Küche der kleinen "Genießer Stube" im "Landhaus Biewald". Hier sitzt man in geschmackvoll-klassischem Ambiente (hübsche Details sind freiliegende alte Holzbalken an der Decke sowie dekorative Bilder an den Wänden) und lässt sich professionell und charmant umsorgen. In der Küche stellt Daniel Raub das Produkt in den Mittelpunkt und kocht ohne viel Schnickschnack. So entsteht z. B. aus schönen Wildgarnelen, würzigem Krustentierfond und kleinen Zucchiniwürfeln ein angenehm puristisches Gericht, das die tollen Aromen ausgesuchter Zutaten zur Geltung bringt. Ein Blick auf die Weinkarte lohnt sich ebenfalls.

Spezialitäten: Pulpo und Artischocke. Steinbutt und Spargel. Süße Verführung.

Menu 80/125 €

Weghausstraße 20 ✉ 37133 – 𝒞 05504 93500 – www.geniesserstube.de –
Geschlossen Montag, Sonntag

In Friedland - Groß-Schneen Süd: 10 km

🍴 **Schillingshof**   ⟵ 🏠 ❄ 🅿

MARKTKÜCHE · ELEGANT XX Das elegante Restaurant in dem Fachwerkhaus von 1648 ist ein engagiert geführter Familienbetrieb. Gekocht wird klassisch und aufs Wesentliche reduziert, ausgesucht die Produkte. Der Service freundlich-charmant, gut die Weinberatung - der Chef ist übrigens Riesling-Fan. Für Übernachtungsgäste hat man schöne Zimmer.

Menu 44 € (Mittags), 38/125 € – Karte 54/93 €

Lappstraße 14 ✉ 37133 – 𝒞 05504 228 – www.schillingshof.de – Geschlossen 6.
Januar-6. Februar, 30. März-5. April, 3.-27. August, Montag, Dienstag,
mittags: Mittwoch-Samstag

FRIESENHEIM
Baden-Württemberg – Regionalatlas **53**–D19 – Michelin Straßenkarte 545

In Friesenheim-Oberweier

😊 **Mühlenhof**   ⟵ 🏠 ❄ 🅿 🚗

REGIONAL · GASTHOF XX Das familiengeführte Restaurant des gleichnamigen Hotels ist gefragt, denn hier isst man gut und preislich fair und der Service ist freundlich und flott. Gekocht wird regional-bürgerlich und saisonal, z. B. "badische Hechtklößchen in Rieslingsoße". Gerne kommt man auch zum günstigen Lunch. Lecker: hausgebackene Kuchen.

Spezialitäten: Schutterner Feldsalat mit Nüssen und Kernen. Knuspriger Gänsebraten aus dem Ofen mit Apfelrotkraut, Maronen und Kartoffelknödel. Erfrischendes Blutorangeneis in Joghurtsößle.

Menu 35/46 € – Karte 17/32 €

Oberweierer Hauptstraße 33 ✉ 77948 – 𝒞 07821 6320 –
www.landhotel-muehlenhof.de – Geschlossen 5.-18. Februar, 5.-18. August, Dienstag

FÜRSTENFELDBRUCK
Bayern – Regionalatlas **65**–L20 – Michelin Straßenkarte 546

🍴 **Fürstenfelder**   🏠 ♿ ❄ 🅿

REGIONAL · FREUNDLICH X Eine schöne Location: drinnen modernes Ambiente unter einem tollen weißen Kreuzgewölbe, draußen die Terrasse und der SB-Biergarten. Gekocht wird mit Bioprodukten. Mittags gibt es ein Lunchbuffet, sonntags Brunch. Der Blick aufs Kloster ist auch eine reizvolle Kulisse für Hochzeiten!

Karte 27/54 €

Fürstenfeld 15 ✉ 82256 – 𝒞 08141 88875410 – www.fuerstenfelder.com –
Geschlossen Sonntag, mittags: Montag-Samstag

FÜRTH

Bayern – Regionalatlas **50**–K16 – Michelin Straßenkarte 546
Siehe Umgebungsplan Nürnberg

🍴○ Kupferpfanne

KLASSISCHE KÜCHE · RUSTIKAL ⅩⅩ Schön gemütlich hat man es in dem gedie-gen eingerichteten Restaurant gegenüber dem Rathaus. Hier heißt es klassisch speisen, so z. B. "Milchkalbsrücken mit frischen Wintertrüffeln auf Gemüse" oder "Skrei Grenobler Art aus dem Backofen".

Menu 33 € (Mittags), 68/78 € – Karte 56/78 €

Stadtplan: Nürnberg A1-n – *Königstraße 85* ✉ *90762* – ℰ *0911 771277* – *www.ew-kupferpfanne.de* – *Geschlossen 24.-27. Dezember, Sonntag*

🍴○ La Palma

ITALIENISCH · ELEGANT ⅩⅩ Freunde typisch italienischer Küche schätzen dieses helle, mit eleganter Note gestaltete Restaurant, in dem man charmant bedient wird. Die vielen Klassiker kommen ebenso gut an wie die saisonale Tageskarte und die entsprechenden Weine.

Menu 38/56 € – Karte 40/56 €

Stadtplan: Nürnberg A1-b – *Karlstraße 22* ✉ *90763* – ℰ *0911 747500* – *www.minneci.de* – *Geschlossen Montag*

FÜSSING, BAD

Bayern – Regionalatlas **60**–P19 – Michelin Straßenkarte 546

🍴○ Glockenturm

KLASSISCHE KÜCHE · ELEGANT ⅩⅩⅩ Stilvoll-elegant und modern zugleich kommt das Restaurant daher - man beachte die sehenswerte alte Schiffsglocke in der Kuppel! Gekocht wird klassisch-saisonal mit internationalen und regionalen Einflüssen. Wie wär's mit "Ganze Seezunge Müllerin Art" oder "Holzapfel's Schnitzel"?

Menu 38/86 € – Karte 39/68 €

Holzapfel Hotels, Thermalbadstraße 4 ✉ *94072* – ℰ *08531 9570* – *www.hotel-holzapfel.de* – *Geschlossen 13. Januar-7. Februar,* *mittags: Montag-Freitag*

🏨 DAS MÜHLBACH - Thermal Spa & Hotel

SPA UND WELLNESS · GEMÜTLICH Eine wirklich wohnliche familiäre Adresse mit freundlichem Service ist das gewachsene Hotel am Mühlbach. Zeitgemäße Zimmer, schöne Lounge, attraktiver Wellnessbereich samt Arztpraxis. Wie wär's mit der eleganten "Kaisersuite" mit privatem Spa? Eine hübsche kleine Hoch-zeitskapelle gibt es übrigens auch. Traditionell-regionale Küche im gemütlichen "Kirchawirt".

57 Zimmer ☑ – 👫 196/268 € – 5 Suiten

Bachstraße 15 ✉ *94072* – ℰ *08531 2780* – *www.muehlbach.de* – *Geschlossen 14.-28. Juni*

🏨 Holzapfel Hotels

SPA UND WELLNESS · KLASSISCH Hier investiert man stetig, entsprechend gefragt ist das Hotel! Man hat schöne modern-elegante Zimmer, wunderbar ent-spannen können Sie im "Zen Spa" bei Massage und Kosmetik, dazu eine tolle Sicht über die Region. "Therme I" - über einen Bademantelgang zu erreichen - ist für Hausgäste kostenfrei.

105 Zimmer ☑ – 👫 202/252 € – 12 Suiten

Thermalbadstraße 4 ✉ *94072* – ℰ *08531 9570* – *www.hotel-holzapfel.de*

🍴○ **Glockenturm** – Siehe Restaurantauswahl

FULDA

Hessen – Regionalatlas **39**–H13 – Michelin Straßenkarte 543

⊛ Goldener Karpfen   🛋 ⅏ AC ⇄ 🅿 🚗

INTERNATIONAL · FREUNDLICH ✕✕ Hier bietet man saisonal-internationale Küche mit Geschmack und Aroma. Aus frischen, wertigen Produkten entsteht z. B. "Karpfen im Sesammantel, Kokos-Chili-Kraut, Rieslingsauce, Petersilienkartoffeln". Dazu eine elegante und zugleich gemütliche Atmosphäre.

Spezialitäten: Mit Honig karamellisiertes Ziegenkäsecanapé mit Birnenkompott, Feldsalat. Sauerbraten von der Hirschkeule mit Apfel-Gewürzrotkohl, Rosinensauce und Maronenbällchen. Rumtopffrüchte mit Mohneis und Schokoladenküchlein.

Menu 32 € (Mittags)/89 € – Karte 35/72 €

Hotel Goldener Karpfen, Simpliziusbrunnen 1 ✉ 36037 – ℰ 0661 86800 – www.hotel-goldener-karpfen.de

ᛘᛘᛘ Goldener Karpfen   🛏 🐾 ⬆ 🧖 🅿 🚗

TRADITIONELL · INDIVIDUELL Das Stadthaus im Zentrum beherbergt hinter seiner über 300 Jahre alten Fassade eine schön dekorierte Lobby mit Kamin sowie wohnliche Zimmer von stilvoll-gediegen bis chic-modern. Wie wär's mit einem der netten Themenzimmer?

50 Zimmer ⌂ – ♥♥ 165/490 € – 4 Suiten

Simpliziusbrunnen 1 ✉ 36037 – ℰ 0661 86800 – www.hotel-goldener-karpfen.de

⊛ **Goldener Karpfen** – Siehe Restaurantauswahl

GAIENHOFEN

Baden-Württemberg – Regionalatlas **63**–G21 – Michelin Straßenkarte 545

In Gaienhofen-Hemmenhofen

⅏○ Seensucht   ⇐ ⪪ 🚆 🛋 ⇄ 🅿

INTERNATIONAL · FREUNDLICH ✕✕ Das Hotel "Höri am Bodensee" mit seinen wohnlichen Zimmern ist auch zum Speisen eine gefragte Adresse. Und dafür ist die Terrasse wohl der idyllischste Ort! Sollte das Wetter mal nicht mitspielen, schauen Sie vom Restaurant durch die großen Panoramfenster auf den See! Aus der Küche kommen z. B. "Seeteufelbäckchen auf cremigem Risotto und Radieschen süß-sauer".

Menu 35/84 € – Karte 35/59 €

Uferstraße 20 ✉ 78343 – ℰ 07735 8110 – www.hoeri-am-bodensee.de – Geschlossen mittags: Montag-Freitag

GARBSEN

Niedersachsen – Regionalatlas **18**–H8 – Michelin Straßenkarte 541

In Garbsen-Berenbostel

⅏○ Landhaus am See   🐾 ⇐ ⪪ 🚆 🛋 ⅏ 🅿

KLASSISCHE KÜCHE · ELEGANT ✕✕ So speist man gerne: schönes Interieur im Landhausstil, tolle Terrasse, Blick in den Garten Richtung See. Gekocht wird mit saisonalem und mediterranem Einfluss, so z. B. "Zanderfilet, Krustentiersauce, Blumenkohlgraupen, Mandelbutter". Zum Übernachten hat man richtig hübsche individuelle Zimmer.

Menu 59/89 € – Karte 41/72 €

Seeweg 27 ✉ 30827 – ℰ 05131 46860 – www.landhausamsee.de – Geschlossen 1.-6. Januar, Sonntag

GARMISCH-PARTENKIRCHEN

Bayern – Regionalatlas **65**–K22 – Michelin Straßenkarte 546

Joseph Naus Stub'n

REGIONAL · GEMÜTLICH XX Das behaglich-ländliche Restaurant ist nicht einfach nur ein nettes Stüberl, man isst hier auch ausgesprochen gut, und das zu einem fairen Preis. Wie wär's z. B. mit "Tatar vom Ammergauer Kalb mit Kapern, Parmesan und Pumpernickel" oder "geschmorter Ochsenbacke mit Sellerie-Gorgonzola-Stampf"?

Spezialitäten: Carpaccio vom Weideochsen, Parmesan, Salat, Brot-Chip. Uffinger Kalbsgulasch, Spätzle und Rosenkohl. Apfelstrudel mit Vanillesoße.

Menu 37/55 € – Karte 38/57 €

Hotel Zugspitze, Klammstraße 19 ⊠ 82467 – ℰ 08821 9010 – www.hotel-zugspitze.de

Husar

KLASSISCHE KÜCHE · GEMÜTLICH XX Schon von außen ist das über 400 Jahre alte Gasthaus mit seiner bemalten Fassade ein Hingucker, drinnen dann charmante Stuben, in denen man aufmerksam mit klassischer Küche umsorgt wird - und die gibt es z. B. als "im Speckmantel gebratene Fasanenbrüstchen auf Champagnerkraut".

Karte 38/90 €

Fürstenstraße 25 ⊠ 82467 – ℰ 08821 9677922 – www.restauranthusar.de –
Geschlossen 28. August-12. Oktober, Montag, Dienstag

Wurzelwerk

MODERNE KÜCHE · REGIONALES AMBIENTE XX Klare Linien, warme Töne, viel Holz... Wirklich charmant das geradlinig-rustikale Interieur in diesem Abendrestaurant! Passend dazu die ambitionierte moderne Regionalküche - die gibt es z. B. als "gegrillten Bachsaibling, Schrobenhauser Spargel, Sauerrahm, Leindotteröl". Besonders schön: die Terrasse zum Kurpark!

Menu 68/89 €

Hotel Werdenfelserei, Alleestraße 28 ⊠ 82467 – ℰ 08821 6869390 –
www.werdenfelserei.de – Geschlossen 2.-23. November, mittags: Montag-Sonntag

vaun

INTERNATIONAL · BISTRO X Das nette moderne kleine Bistro hat sich mit seiner frischen Küche einen Namen gemacht. Appetit machen da z. B. "Couscous-Salat, Granatapfel, karamellisierte Feige, Entenbrust" oder "Zanderfilet, Spinatgnocchi, Ratatouille, Parmesanschaum".

Karte 26/44 €

Zugspitzenstraße 2 ⊠ 82467 – ℰ 07735 8110 – www.hoeri-am-bodensee.de –
Geschlossen Montag, Sonntag, mittags: Dienstag-Samstag

Werdenfelserei

BOUTIQUE-HOTEL · REGIONAL Ein Hotspot unter den Garmischer Hotels! Am Michael-Ende-Kurpark liegt das reine Vollholz-Hotel, das regionale Akzente, liebevolle Details und luxuriöse Großzügigkeit gelungen vereint. Wunderschön und wertig hat man es hier - darf es eine Suite mit eigenem Spa oder Kamin sein? Zum Relaxen: toller Ruheraum unter hoher Dachschräge, Ganzjahres-Außenpool, Bar "neun10"...

51 Zimmer ⌑ – ♙♙ 240/344 € – 8 Suiten

Alleestraße 28 ⊠ 82467 – ℰ 08821 6869390 – www.werdenfelserei.de –
Geschlossen 2.-23. November

♙O Wurzelwerk – Siehe Restaurantauswahl

Staudacherhof

SPA UND WELLNESS · INDIVIDUELL Die Staudachers sind Hoteliers aus Leidenschaft, und das merkt man an den individuellen, geschmackvoll-wohnlichen und sehr hochwertigen Zimmern, am tollen Spa auf 1400 qm, am richtig guten Frühstück und an der 3/4-Pension, die vor allem beim Abendessen kaum Wünsche offen lässt - wie wär's mal mit "bayurvedisch"? Schöne Weinempfehlungen.

49 Zimmer ⌑ – ♙♙ 195/425 € – 4 Suiten

Höllentalstraße 48 ⊠ 82467 – ℰ 08821 9290 – www.staudacherhof.de –
Geschlossen 19.-30. April

⌂ Zugspitze

LANDHAUS · GEMÜTLICH Hier lässt es sich klasse Urlaub machen: Man hat wohnliche Zimmer mit Landhaus-Charme, meist mit Bergblick und Balkon, sowie ein gutes Spa-Angebot samt "Vino Spa" und Taiji-Schule. Dazu ausgezeichnetes Frühststück und anspruchsvolle HP. Der gemütlich-moderne Pavillon "Zugspitz Stad'l" dient als Bar und Restaurant.

45 Zimmer 🛏 – 👫 148/338 € – 3 Suiten

Klammstraße 19 ✉ 82467 – ☎ 08821 9010 – www.hotel-zugspitze.de

🍴 **Joseph Naus Stub'n** – Siehe Restaurantauswahl

GEHRDEN
Niedersachsen – Regionalatlas **18**–H9 – Michelin Straßenkarte 541

🍴 Berggasthaus Niedersachsen   🖼 **P**

KLASSISCHE KÜCHE · LÄNDLICH ✕✕ Das historische Anwesen auf dem Gehrdener Berg bietet richtig gute Küche: ein interessanter Mix aus bürgerlichen und feinen klassischen Gerichten, von "Hannoverschem Zungenragout" bis "Steinbutt mit Krustentier-Béarnaise". Tolle Terrasse! Tipp: werktags ab 15 Uhr sowie am Wochenende durchgehend warme Küche.

Spezialitäten: Bunter Tomaten Salat mit Kichererbsen und Estragonvinaigrette. Kurz gebratene Rehkeule mit Pfifferlingen, Sellerie und Kartoffelcannelloni. Panna Cotta mit Aprikosen und Cassissorbet.

Menu 37/79 € – Karte 28/52 €

Köthnerberg 4 ✉ 30989 – ☎ 05108 3101 – www.berggasthaus-niedersachsen.de – Geschlossen 2.-13. April, 12.-25. Oktober, Montag, Dienstag, Mittwoch, mittags: Donnerstag-Freitag

GEISENHEIM
Hessen – Regionalatlas **47**–E15 – Michelin Straßenkarte 543

In Geisenheim-Johannisberg Nord: 4, 5 km in Richtung Presberg

✿✿ Schwarzenstein Nils Henkel   ✿ ≼ 🍴 🖼 **P**

KREATIV · ELEGANT ✕✕✕ Dass Nils Henkel nach vielen Jahren im „Gourmetrestaurant Lerbach" in Bergisch Gladbach "Burg Schwarzenstein" zu seiner Wirkungsstätte gemacht hat, war die richtige Entscheidung. Man merkt ihm seine Zufriedenheit an, und seiner Küche ebenfalls! In dem schicken lichten Glaspavillon können Sie bei tollem Rheingau-Blick zwischen den Menüs "Flora" und „Fauna" wählen – letzteres ist komplett vegetarisch. Nils Henkel hat seinen eigenen Stil, kocht innovativ und nur mit absoluten Spitzenprodukten. Quasi eine Hommage sowohl an seine schleswig-holsteinische Heimat als auch an den Rheingau ist z. B. der wunderbar aromatische Grünkohl mit Kartoffelrisotto, Meerrettich und Rieslingtrauben. Passend zum top Niveau der Küche: das edle Interieur mit eleganten Grautönen, formschönen Samtsesseln und dunklem Schieferboden.

Spezialitäten: Kingfish, Ceviche, Staudensellerie, Grapefruit. Rehbock, Sonnenblumenwurzel, Wacholderessig, Cassis. Himbeere, Cru Virunga 70%, Paprika, Lavendel.

Menu 150/225 €

Hotel Burg Schwarzenstein, Rosengasse 32 ✉ 65366 – ☎ 06722 99500 – www.burg-schwarzenstein.de – Geschlossen 1.-23. Januar, Montag, Dienstag, mittags: Mittwoch-Freitag

🍴 Grill & Winebar   ≼ 🍴 **P**

GRILLGERICHTE · TRENDY ✕✕ Ein weiteres Gastronomie-Konzept der Burg Schwarzenstein: leger und modern die Atmosphäre, passend dazu Speisen wie Steak vom Holzkohlegrill, Fish & Seafood, Burger... Und das alles natürlich bei traumhaftem Blick über die Weinberge.

Karte 42/88 €

Hotel Burg Schwarzenstein, Rosengasse 32 ✉ 65366 – ☎ 06722 99500 – www.burg-schwarzenstein.de – Geschlossen Montag, Dienstag

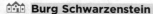 Burg Schwarzenstein

HISTORISCHES GEBÄUDE · ELEGANT Was aus der historischen Burganlage entstanden ist, verdient die Bezeichnung Luxushotel! Traumhafte Lage in den Weinbergen mit weiter Sicht, wunderschöne, wertige Zimmer, meist in chic-geradlinigem Design (klasse die Panoramasuite!), und last but not least das ungebrochene Engagement der Familie Teigelkamp. Highlight für Gäste des "Burgrestaurants": die Terrasse!

49 Zimmer – ♥♥ 290/320 € – ☑ 25 € – 2 Suiten

Rosengasse 34 ⊠ 65366 – ℰ 06722 99500 – www.burg-schwarzenstein.de

❀❀ **Schwarzenstein Nils Henkel** · ⑩ **Grill & Winebar** – Siehe Restaurantauswahl

GEISINGEN

Baden-Württemberg – Regionalatlas **62**–F21 – Michelin Straßenkarte 545

⑩ Zum Hecht

MARKTKÜCHE · GASTHOF XX Hinter der markant roten Fassade dürfen Sie eine der besten Küchen der Region erwarten! Die mediterran geprägten Speisen nennen sich z. B. "Ligurische Fischsuppe mit Gambas" oder "Lamm, Artischocken, Bohnen, Püree".

Menu 48/68 € – Karte 42/64 €

Hauptstraße 41 ⊠ 78187 – ℰ 07704 281 – www.zumhecht.de – Geschlossen Montag, Dienstag, mittags: Mittwoch-Samstag

GELNHAUSEN

Hessen – Regionalatlas **48**–G14 – Michelin Straßenkarte 543

⑩ Bergschlösschen

ITALIENISCH · ELEGANT XX In einmalig schöner Lage wird hier richtig gute authentisch italienische Küche geboten. Je nach Saison bekommen Sie bretonischen Hummer, weiße Trüffel und immer topfrischen Fisch! Das Olivenöl holt der Chef höchstpersönlich aus Apulien!

Menu 35/86 € – Karte 45/75 €

Am Schlößchen 4 ⊠ 63571 – ℰ 06051 472647 – www.restaurant-bergschloesschen.de – Geschlossen Dienstag, mittags: Samstag

GENGENBACH

Baden-Württemberg – Regionalatlas **54**–E19 – Michelin Straßenkarte 545

❀ Die Reichsstadt

REGIONAL · FREUNDLICH XX Gute badisch-saisonale Küche gibt es in dem charmanten historischen Gasthaus, z. B. als "Gengenbacher Forellenröllchen auf Kürbisrisotto" oder als "Zwiebelrostbraten mit Spätzle". Tipp: Beim Menü "Himmlisch Einfach" kombinieren Sie selbst. Oder lieber das Monatsmenü? Wahrhaft bezaubernd die Terrasse!

Spezialitäten: Burrata mit Waldpilzen und Mango. Geschmorte Kalbsbacke mit Kürbis-Kartoffelpüree. Brombeersabayon mit Vanilleeis.

Menu 37/110 € – Karte 40/69 €

Hotel Die Reichsstadt, Engelgasse 33 ⊠ 77723 – ℰ 07803 96630 – www.die-reichsstadt.de – Geschlossen Montag

❀ Ponyhof

REGIONAL · LÄNDLICH X Ein Restaurant, das man sich in der Nachbarschaft wünscht! Hier stehen zwei Brüder gemeinsam mit dem Vater am Herd. Das Ergebnis: Schmackhaftes von moderner Küche (z. B. "Rübenvielfalt, Räucheraal, gedörrte Physalis, Sonnenblumencreme") über Klassiker wie Cordon bleu bis zum Dry Aged Rind. Tipp: hausgemachte Kuchen!

Spezialitäten: Kürbisvielfalt, tannengeräucherte Schwarzwaldforelle, eingelegter Holunder. Schwarzfederhuhn, Paprikakraut, Galtürer Bergkäse. Waffel, Apfel, Zimtblüte, Vanilleeis.

Menu 54/99 € – Karte 32/73 €

Mattenhofweg 6 ⊠ 77723 – ℰ 07803 1469 – www.ponyhof.co – Geschlossen Montag, Dienstag, mittags: Mittwoch-Donnerstag

🏚 Die Reichsstadt 🏯 🕭 🎶 🖪 🕹 🗚 🖐 🚗

HISTORISCHES GEBÄUDE · MODERN Sie wohnen direkt in der Altstadt in einem ganz reizenden und schicken kleinen Hotel, das Altes und Neues wirklich gelungen miteinander verbindet. Schön modern und individuell die Zimmer, herzlich der Service, hübsch die Sauna und der Garten, klasse die Skylounge auf dem Dach mit Blick über die Stadt!

26 Zimmer 🖾 – 👥 160/245 € – 5 Suiten

Engelgasse 33 ✉ *77723* – ☎ *07803 96630* – *www.die-reichsstadt.de*

🍽 **Die Reichsstadt** – Siehe Restaurantauswahl

GERNSBACH
Baden-Württemberg – Regionalatlas **54**–E18 – Michelin Straßenkarte 545

🏵 Werners Restaurant 🍷 ← 🎢 ↺ 🅿

FRANZÖSISCH-KLASSISCH · ELEGANT 𝕏𝕏 Hoch über dem Murgtal thront „Schloss Eberstein" auf einer Bergkuppe, ringsherum Weinreben, klasse der Schwarzwaldblick! Doch das ist nicht alles, denn bei Familie Werner erwartet Sie neben einer gelungenen Kombination aus Historie und moderner Eleganz eine seit 2007 mit Stern gekrönte Küche. Patron Bernd Werner, der selbst Erfahrungen in Sterne-Restaurants sammelte, hat sich mit Andreas Laux einen sehr guten Mann an den Herd geholt, der u. a. im besternten „Walk'schen Haus" in Weingarten und bei 3-Sterne-Koch Klaus Erfort in Saarbrücken tätig war. Gerichte wie Rücken vom Maibock mit Cassis, wildem Blumenkohl und Kartoffelknödel sind durchdacht und auf klassische Art zubereitet, doch auch moderne Elemente bindet man mit ein.

Spezialitäten: Gänseleber-Maki, Räucheraal, rosa Ingwer, Umepflaume. Glasiertes US-Short Rib „Rossini", Kartoffel, Trüffeljus. Valrhona „Nyangbo" 68% Kuvertüre, Kirsche, Mascarpone.

Menu 59/90 € – Karte 70/105 €

Hotel Schloss Eberstein, Schloss Eberstein 1 ✉ *76593* – ☎ *07224 995950* – *www.schlosseberstein.com* – *Geschlossen 1.-9. Januar, Montag, Dienstag, mittags: Mittwoch-Samstag*

🍽 Schloss-Schänke ← 🍺 🎢 ↺ 🅿

REGIONAL · BÜRGERLICH 𝕏 Die gemütlich-rustikale Schloss-Schänke, der schöne "gotische Raum", die herrliche Platanen-Terrasse mit traumhaftem Blick - lauter tolle Plätze für regional-saisonale Küche oder "Badische Happas". Es gibt z. B. "Badisches Hirschragout und rosa gebratene Keule, Speck-Rahmwirsing, Spätzle, Preiselbeerbirne".

Menu 33/44 € – Karte 28/52 €

Hotel Schloss Eberstein, Schloss Eberstein 1 ✉ *76593* – ☎ *07224 995950* – *www.schlosseberstein.com*

🏚 Schloss Eberstein 🏯 🕭 ← 🍺 🖪 🗚 🖐 🅿

HISTORISCHES GEBÄUDE · GEMÜTLICH Das Schloss in wunderbarer Aussichtslage am hauseigenen Weinberg hat Charme und Atmosphäre. Moderne, sehr wohnliche und hochwertige Zimmer, dazu eine reizvolle kleine Liegewiese zwischen historischen Mauern - exklusiv für Hotelgäste.

14 Zimmer 🖾 – 👥 158/248 €

Schloss Eberstein 1 ✉ *76593* – ☎ *07224 995950* – *www.schlosseberstein.com*

🏵 **Werners Restaurant** · 🍽 **Schloss-Schänke** – Siehe Restaurantauswahl

GIESSEN
Hessen – Regionalatlas **37**–F13 – Michelin Straßenkarte 543

🍽 heyligenstaedt ← 🎢 🕹 🖪 ↺ 🅿

INTERNATIONAL · TRENDY 𝕏𝕏 Hohe Decken, Stahlträger, große Sprossenfenster, hier und da freigelegte Backsteinwände... Den Industrie-Charme der einstigen Fabrik hat man bewusst bewahrt, dazu chic-modernes Design und schmackhafte Speisen wie "Isländischer Saibling, Schwarzwurzel, Urkarotte". Mittags kleinere Karte. Angeschlossen: Boutiquehotel mit trendigen Zimmern und Saunabereich auf dem Dach!

Menu 21 € (Mittags), 45/75 € – Karte 34/77 €

Aulweg 41 ✉ *35392* – ☎ *0641 4609650* – *www.restaurant-heyligenstaedt.de* – *Geschlossen Sonntag, mittags: Montag-Mittwoch und Samstag*

⑩ Restaurant Tandreas

INTERNATIONAL · FREUNDLICH XX In schönem geradlinig-modernem Ambiente bestellt man hier z. B. US-Beef-Burger, Grillgerichte vom "Big Green Egg" oder auch "Heilbuttfilet mit Blumenkohlkruste und Rotweinbutter". Freundlich und engagiert der Service. Alle Flaschen von der Weinkarte kann man auch kaufen. Mittags ist das Angebot reduziert. Zum Übernachten hat man wohnliche Zimmer.

Menu 27 € (Mittags), 54/68 € – Karte 26/76 €

Licher Straße 55 ⌂ 35394 – ℰ 0641 94070 – www.tandreas.de –
Geschlossen Sonntag, mittags: Montag und Samstag

GLASHÜTTEN
Hessen – Regionalatlas **47**–F14 – Michelin Straßenkarte 543

⑩ Glashüttener Hof

INTERNATIONAL · FAMILIÄR XX Diese sympathische Adresse ist beliebt wegen ihrer angenehm unkomplizierten Atmosphäre, dem charmanten Service und Gerichten wie "Kotelett vom Bentheimer Landschwein". Toller Mittagstisch: Man bestellt einen Hauptgang und bekommt Suppe, Salat und Dessert dazu! Gepflegt übernachten kann man hier ebenfalls.

Menu 19/34 € – Karte 32/68 €

Limburger Straße 86 ⌂ 61479 – ℰ 06174 6922 – www.glashuettenerhof.com –
Geschlossen 6.-21. Januar, 27. Juli-11. August, 24.-27. Dezember, Montag, Dienstag

In Glashütten-Schlossborn Süd-West: 3,5 km

⑩ Schützenhof

KREATIV · LÄNDLICH XX Lothar und Martina Mohr sind Gastronomen aus Leidenschaft und ihr Faible für feine Küche bringt sie in die besten Restaurants der Welt. Man verwendet gute Produkte und kocht modern-kreativ auf klassischer Basis, z. B. "Gamba Roja mit Mango". Dazu schöne Weine.

Menu 83 € – Karte 55/78 €

Langstraße 13 ⌂ 61479 – ℰ 06174 61074 – www.schuetzenhof-mohr.de –
Geschlossen Montag, Dienstag, mittags: Mittwoch-Donnerstag und Sonntag

GLEISWEILER
Rheinland-Pfalz – Regionalatlas **54**–E17 – Michelin Straßenkarte 543

🏠 Landhotel Herrenhaus Barthélemy

LANDHAUS · MEDITERRAN Voller Liebe zum Detail steckt das tolle Anwesen von 1619, die "Chambres d'hôtes" der Provence waren hier Vorbild. Individuelle Zimmer, antike Stücke, geschmackvolle Deko... Dazu der traumhafte Barockgarten und sehr persönliche Atmosphäre! Zusätzlich drei schöne Ferienwohnungen in der Remise von 1775.

2 Zimmer ⌂ – ♯♯ 139/149 € – 2 Suiten

Bergstraße 4 ⌂ 76835 – ℰ 06345 953022 – www.herrenhaus-barthelemy.com –
Geschlossen 7. Januar-5. März, 8.-26. November

GLINDE
Schleswig-Holstein – Regionalatlas **10**–J5 – Michelin Straßenkarte 541

⑩ San Lorenzo 🎐 ⇦ 🅿

ITALIENISCH · KLASSISCHES AMBIENTE XX Zum Wohlfühlen ist die schmucke Villa mit ihrem stilvollen Interieur und dem lichten Wintergarten. Charmant wird man mit frischer gehobener italienischer Küche umsorgt - Pastagerichte sind ebenso schmackhaft wie z. B. "Loup de mer mit Mönchsbart". Tipp: sehr interessantes Tagesmenü mit Weinbegleitung!

Menu 53/89 € – Karte 49/81 €

Kupfermühlenweg 2 ⌂ 21509 – ℰ 040 7112424 – www.san-lorenzo-glinde.de –
Geschlossen Montag, Sonntag, mittags: Dienstag-Samstag

GLONN

Bayern – Regionalatlas 66–M20 – Michelin Straßenkarte 546

In Glonn-Herrmannsdorf Nord-Ost: 3 km über Rotter Straße, nach Mecking links

🍴○ Wirtshaus zum Herrmannsdorfer Schweinsbräu 🈺 ♿ 🅿

MARKTKÜCHE · LÄNDLICH 🍴 Hier setzt man auf Bio-Qualität. Aus den hochwertigen Produkten des eigenen Hofguts bereitet man für Sie ein Überraschungsmenü zu. Daneben gibt es auch Klassiker wie Schweinsbraten sowie richtig gute Steaks! Ein Hingucker auch das Restaurant selbst: ein großer hoher Raum mit modern-rustikalem Scheunen-Ambiente samt Balkenkonstruktion bis unters Dach.

Menu 59/160 € – Karte 45/92 €

Herrmannsdorf 7 ⊠ 85625 – ☏ 08093 909445 – www.herrmannsdorfer.de –
Geschlossen Montag, Dienstag

GLOTTERTAL

Baden-Württemberg – Regionalatlas 61–E20 – Michelin Straßenkarte 545

🏵 Zum Goldenen Engel ⇦ 🈺 ♻ 🅿

REGIONAL · RUSTIKAL 🍴🍴 Gemütlich hat man es in dem charmanten 500 Jahre alten Traditionsgasthaus. Zur gepflegten Atmosphäre passt die klassisch-regionale Küche von "hausgemachter Wildschweinbratwurst mit Wirsing und Püree" bis "Zander mit Dijonsenf gratiniert auf Meerrettich-Spitzkohl". Lecker auch die Desserts! Sie möchten übernachten? Im Schwarzwälder Stil oder lieber moderner?

Spezialitäten: Consommé mit Kräuterflädle und Markklößle. Königin Pastete mit Ragout Fin und Kalbsbries, Gemüse und Pilzen. Zweierlei vom Pfirsich Classic.

Menu 38/62 € – Karte 29/61 €

Friedhofweg 2 (im Ortsteil Unterglottertal) ⊠ 79286 – ☏ 07684 250 –
www.goldener-engel-glottertal.de – Geschlossen 24. Februar-5. März,
27. August-3. September, 12.-26. November, Mittwoch

🏵 Wirtshaus zur Sonne 🈺 🅿

REGIONAL · FAMILIÄR 🍴 Seit über 300 Jahren ist der Gasthof bereits in Familienhand. Drinnen sitzt man in einer wunderschönen holzgetäfelten Stube, draußen lockt die hübsche Gartenterrasse. Auf den Tisch kommt Schmackhaftes wie "Tafelspitzsülze auf Radieschen-Carpaccio" oder "Skrei mit Tomaten und Kräutern gebraten".

Spezialitäten: Lauwarmer Ziegenfrischkäse auf Rote Beete Carpaccio mit Nussvinaigrette und Feldsalatröschen. Rosa gebratene Lammhüfte im Kräutermantel auf Rosmarinjus, Gemüse und Kartoffelgratin. Schokomousse auf Birnenragout, Krokantparfait und Zwetschgensorbet.

Menu 41 € – Karte 31/55 €

Talstraße 103 ⊠ 79286 – ☏ 07684 242 – www.sonne-glottertal.de –
Geschlossen Mittwoch, Donnerstag

🍴○ Gasthaus Adler ⇦ 🈺 ♻ 🅿

REGIONAL · GASTHOF 🍴🍴 Was passt besser zum Schwarzwald als badische Küche in urgemütlichen Stuben? Auch der herzliche Service sorgt dafür, dass man sich wohlfühlt, während man sich z. B. die winterlichen Wild- und Gänsegerichte schmecken lässt. Zum Übernachten: wohnliche, teils auch einfache Zimmer.

Menu 34/44 € – Karte 30/68 €

Talstraße 11 ⊠ 79286 – ☏ 07684 90870 – www.adler-glottertal.de –
Geschlossen 13.-30. Januar, Montag, Dienstag

GLÜCKSBURG

Schleswig-Holstein – Regionalatlas 2–H2 – Michelin Straßenkarte 541

ⅡO **Felix** ≼ 🏠 & 🗘 **P**

REGIONAL · FREUNDLICH ⅩⅩ Hier sitzt man angenehm leger in stimmiger Atmosphäre, schaut auf die Förde und lässt sich mediterran und regional inspirierte Gerichte wie "Seezunge, Algen, Crunch, Allerlei Möhre" oder "Sauerbraten vom Reh, Rote Bete, Arme Ritter" schmecken. Schöne Terrasse!

Menu 57/79 € – Karte 46/79 €

Strandhotel, Kirstenstraße 6 ⌧ 24960 – ℰ 04631 6141500 –
www.strandhotel-gluecksburg.de

🏠 **Strandhotel** 🛥 ⌂ ≼ 🍴 🕸 🛁 🗗 🏋 **P**

HISTORISCH · MODERN 1872 als Kurhotel erbaut und nach einem Brand 1914 wiedereröffnet, ist die schöne Ferienadresse heute als "weißes Schloss am Meer" bekannt. Geschmackvoll der skandinavische Stil, alles sehr wohnlich - fragen Sie nach den Zimmern mit Fördeblick! Erholung findet man auch in der hübschen "Wellness-Lounge".

33 Zimmer ⌕ – 👫 199/259 € – 3 Suiten

Kirstenstraße 6 ⌧ 24960 – ℰ 04631 61410 – www.strandhotel-gluecksburg.de

ⅡO **Felix** – Siehe Restaurantauswahl

In Glücksburg-Meierwik Süd-West: 3 km

✿✿ **Meierei Dirk Luther** 🐝 ≼ & 🔠 **P** 🚗

KLASSISCHE KÜCHE · ELEGANT ⅩⅩⅩ Wenn Sie in dem eleganten Restaurant an einem der schönen Tische - gefertigt aus 100 Jahre alten Ostsee-Holzstegen - Platz nehmen und durch die bodentiefen Fenster schauen, ist das schon ein Erlebnis, das seinesgleichen sucht. Doch neben dem freien Blick über die Flensburger Förde bis hinüber an die dänische Küste begeistert hier vor allem die Küche von Dirk Luther. Fantastisch verbindet der gebürtige Hamburger klassische und moderne Elemente. Den ein oder anderen fast schon genialen Moment bringt er beispielsweise beim Milchkalbsherzbries mit Gewürzlack, Limonenblätterjus, Chicorée und Passionsfruchtgel auf den Teller - ein klasse Gericht, das nur so strotzt vor Kraft und Vollmundigkeit! Angenehm entspannt der Service: professionell, charmant-aufmerksam und diskret.

Spezialitäten: Scheiben von der schottischen Jakobsmuschel, Crème fraîche, Dill, Gurke. Rosa gebratener Poltinger Lammrücken, Aubergine, Ricotta, Artischocke. Himbeer-Soufflé, Pfirsich, Buttermilch, Himbeer-Champagnersud.

Menu 178/199 €

Vitalhotel Alter Meierhof, Uferstraße 1 ⌧ 24960 – ℰ 04631 6199411 –
www.alter-meierhof.de – Geschlossen 1.-11. Januar, 30. Juni-8. August, 6.-17. Oktober,
22.-31. Dezember, Montag, Sonntag, mittags: Dienstag-Samstag

ⅡO **Brasserie** ≼ 🍴 🏠 & **P** 🚗

INTERNATIONAL · LÄNDLICH ⅩⅩ Eine schöne Alternative zur Gourmetküche der "Meierei". In freundlicher Atmosphäre gibt es international-regionale Küche. Auf der Karte z. B. "Tatar vom Glücksstädter Matjes", "in Rotwein geschmorte Rinderbacke" oder "Seesaibling mit Zitronen-Thymianschaum".

Menu 50/66 € – Karte 47/77 €

Vitalhotel Alter Meierhof, Uferstraße 1 ⌧ 24960 – ℰ 04631 6199410 –
www.alter-meierhof.de

🏠 **Vitalhotel Alter Meierhof** 🛥 ≼ 🍴 🏊 🗐 ⓔⓐⓦ 🕸 🗗 🏋 **P** 🚗

SPA UND WELLNESS · GEMÜTLICH Was für ein Haus! Viel stilvoller und wertiger kann man an der Ostsee nicht wohnen. Elegante Einrichtung mit skandinavischem Touch, sehr guter, aufmerksamer Service, beeindruckendes Frühstück, ein orientalischer Spa auf rund 1400 qm und dann auch noch die Lage direkt an der Förde!

53 Zimmer ⌕ – 👫 210/510 € – 1 Suite

Uferstraße 1 ⌧ 24960 – ℰ 04631 61990 – www.alter-meierhof.de

✿✿ **Meierei Dirk Luther** · ⅡO **Brasserie** – Siehe Restaurantauswahl

GMUND AM TEGERNSEE

Bayern – Regionalatlas **66**–M21 – Michelin Straßenkarte 546

🍴 **Jennerwein**   ⛱ 🅿

REGIONAL · BÜRGERLICH ✗ Eine wirklich nette Adresse mit charmant-rustikaler Gasthaus-Atmosphäre. In den gemütlichen Stuben bekommt man frische und saisonal-bayerische Küche: "Böfflamott mit Wurzelgemüse", "gebratener Zander auf Rahmwirsing", "Knödel-Tris"...

Menu 27/35 € – Karte 30/51 €

Münchner Straße 127 ✉ 83703 – ☎ 08022 706050 – www.gasthaus-jennerwein.de –
Geschlossen Dienstag, Mittwoch

In Gmund-Ostin

🍴 **Ostiner Stub'n**   ⛱ 🔄 🅿

INTERNATIONAL · GASTHOF ✗✗ Frisch und freundlich kommt das Ambiente in dem regionstypischen Gasthaus daher, der Gemütlichkeit tut das keinerlei Abbruch. Auf der Karte findet man international-saisonale Gerichte sowie bayerische Schmankerl. Appetit macht z. B. "Maispoulardenbrust, Pfifferlingsragout, Frühlauch-Kartoffelstampf". Hübsch der Garten.

Spezialitäten: Rinderkraftbrühe, Grießnockerl, Gartenschnittlauch. Gebratenes Saiblingsfilet, Orangenfenchel, Strohkartoffeln, Rote Beete-Sauce. Passionsfruchtsorbet, Beeren.

Menu 50/79 € – Karte 35/54 €

Schlierseer Straße 60 ✉ 83703 – ☎ 08022 7059810 – www.ostiner-stubn.de –
Geschlossen Dienstag, mittags: Montag und Mittwoch

GNOTZHEIM

Bayern – Regionalatlas **57**–K17 – Michelin Straßenkarte 546

🍴 **Gasthof Gentner**   🔁 ⛱ 🔄 🅿

REGIONAL · GASTHOF ✗ Der familiengeführte Gasthof gibt ein stimmiges Bild ab: ein traditionsreiches Haus, Produkte aus der Region, "Slow Food"-Mitglied... und das Obst kommt von der eigenen Streuobstwiese. Sie speisen in sorgsam restaurierten Stuben und übernachten in hübschen geräumigen Zimmern mit ländlichem Charme.

Menu 30/45 € – Karte 32/65 €

Spielberg 1 ✉ 91728 – ☎ 09833 988930 – www.gasthof-gentner.de – Geschlossen 23.
Februar-10. März, 15.-23. Juni, 31. August-22. September, Montag, Dienstag,
abends: Sonntag

GÖHREN-LEBBIN

Mecklenburg-Vorpommern – Regionalatlas **13**–N5 – Michelin Straßenkarte 542

🍴 **Blüchers**   🛏 ⛱ 👤 🅿 🚗

KLASSISCHE KÜCHE · CHIC ✗✗ Entsprechend dem "Organic"-Konzept des Hauses verwendet man im Restaurant Produkte aus der Region, teilweise sogar aus der eigenen Landwirtschaft. Interessant: Immer wieder stellen Gastköche ihre Gerichte vor. Das Interieur: eine gelungene Verbindung von zeitgemäßem Chic und historischem Flair.

Menu 92 € – Karte 51/93 €

Hotel Schloss Fleesensee, Schlossstraße 1 ✉ 17213 – ☎ 039932 80100 –
www.schlosshotel-fleesensee.de – Geschlossen Montag, Sonntag,
mittags: Dienstag-Samstag

🏨 **Schloss Fleesensee**   🐿 🛁 📺 🎬 🕐 🏋 🔄 👤 🅰 🧖 🅿 🚗

HISTORISCHES GEBÄUDE · KLASSISCH Ein richtig schönes herrschaftliches Anwesen ist das Schloss von 1842 nebst verschiedenen Dependancen. Die hochwertigen Zimmer gibt es chic-modern oder klassisch. Tipp: Spa-Suiten mit eigener Sauna. Stilvoll designt die Lobby und die Lounge "Wine and Book". Internationale Kost in der luftig-lichten Orangerie.

179 Zimmer 🛏 – 🍴 188/228 € – 16 Suiten

Schlossstraße 1 ✉ 17213 – ☎ 039932 80100 – www.schlosshotel-fleesensee.com

🍴 **Blüchers** – Siehe Restaurantauswahl

GÖRLITZ

Sachsen – Regionalatlas **44**–S12 – Michelin Straßenkarte 544

🙂 Schneider Stube

⇐ 🛏 ♿ 🅿

REGIONAL · GEMÜTLICH ✕✕ Das "Tuchmacher" (ein schönes Renaissance-Bürgerhaus) ist mit seiner gemütlichen Stube eine Institution in der Stadt. Lust auf saisonal-internationale Küche? Oder lieber einen Klassiker? Auf der Karte z. B. "Filet vom Kalb mit Jakobsmuschel und Hummersauce" oder "Rindsroulade in Bautz'ner Senfsauce". Ein Traum: der Innenhof!

Spezialitäten: Sauerampfer Suppe mit Wachtelei. Saltimbocca vom Seeteufel auf Fenchelrisotto und Tomaten-Rucola-Sauce. Schokoladen-Chili-Mousse und Pfirsich.

Menu 31/64 € – Karte 28/50 €

Hotel Tuchmacher, Peterstraße 8 ✉ *02826 – ☎ 03581 47310 – www.tuchmacher.de – Geschlossen mittags: Montag*

GOTTENHEIM

Baden-Württemberg – Regionalatlas **61**–D20 – Michelin Straßenkarte 545

🙂 Zur Krone

⇐ 🛏 ♿ 🅿

REGIONAL · GEMÜTLICH ✕✕ Die Stuben in dem schmucken Gasthaus a. d. 18. Jh. haben nicht nur eine nette Atmosphäre, man isst auch gut, nämlich klassisch-saisonale Gerichte wie "Wildkraftbrühe, Reh-Steinpilzravioli, Gemüseperlen" oder "Filet vom arktischen Saibling, aromatische Gartenkräutersauce, Kohlrabi, Butterkartoffeln". Gepflegt übernachten kann man hier ebenfalls.

Spezialitäten: Gebeiztes Lachsfilet mit Mango, Avocado und Passionsfrucht. Schweinebauch leicht geräuchert, Speckrahmwirsing, Süßkartoffelpüree. Zwetschgencrumble, Vanilleeis.

Menu 37/58 € – Karte 32/58 €

Hauptstraße 57 ✉ *79288 – ☎ 07665 6712 – www.krone-gottenheim.de – Geschlossen 16. Februar-1. März, 1.-8. November, Montag, Sonntag, mittags: Dienstag-Samstag*

GRAINAU

Bayern – Regionalatlas **65**–K22 – Michelin Straßenkarte 546

🍴 Henri-Philippe

⇐ 🍴 🛏 🅿 🚗

INTERNATIONAL · ELEGANT ✕✕ Wer das geschmackvolle Restaurant im Sommer besucht, sollte einen Tisch auf der Terrasse wählen - hier hat man einen fantastischen Ausblick. Im abendlichen Gourmet-Menü finden sich Gerichte wie z. B. "Drachenkopf, Belugalinsen, Speck, Apfel".

Menu 58/128 €

Alpenhotel Waxenstein, Höhenrainweg 3 ✉ *82491 – ☎ 08821 9840 – www.waxenstein.de – Geschlossen mittags: Montag-Sonntag*

🏨 Alpenhotel Waxenstein

🌳 ⇐ 🍴 🖼 🦢 🔁 🎰 🅿 🚗

LANDHAUS · INDIVIDUELL Ein wunderschönes Hotel, zum einen wegen des zeitgemäßen Landhausstils, zum anderen wegen der tollen Aussicht auf Waxenstein und Zugspitze. Letzteres ist ein guter Grund, eines der Südzimmer mit Balkon zu buchen!

41 Zimmer 🖙 – 🛏 230/380 € – 4 Suiten

Höhenrainweg 3 ✉ *82491 – ☎ 08821 9840 – www.waxenstein.de*

🍴 **Henri-Philippe** – Siehe Restaurantauswahl

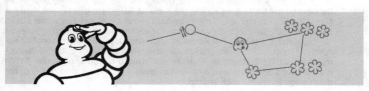

GREIFSWALD

Mecklenburg-Vorpommern – Regionalatlas **13**–P4 – Michelin Straßenkarte 542

⊛ Tischlerei

REGIONAL · FREUNDLICH X Eine absolut sympathische Adresse, die etwas versteckt zwischen Segelmachern und Werften liegt (Tipp: Parkplatz des "Marina Yachtzentrums"). Leger sitzt man an langen Tischen und wählt von der Tafel Leckeres wie "geschmorte Ochsenschulter auf Pilzrisotto". Mittags kommt man gerne zum günstigen Tagesessen. Im Sommer ist die Terrasse zum Hafen ein Muss!
Spezialitäten: Gazpacho mit Büffel Mozzarella. Ochsenschulter mit Pilzrisotto. Crème brûlée.

Karte 34/44 €

Salinenstraße 22 ✉ 17489 – ☎ 03834 884848 – Geschlossen Sonntag

ⅠO goldmarie

DEUTSCH · BISTRO X Der Partnerbetrieb der "Tischlerei" setzt ebenfalls auf das bewährte Konzept aus ungezwungener, lebhafter Atmosphäre und Speisenangebot von der Tafel. Hier liest man z. B. Garnelenburger, Soljanka oder Königsberger Klopse. Sie mögen Bier? Man hat eine große Auswahl an Craft-Bieren (auch gezapft).

Karte 17/35 €

Fischstraße 11 ✉ 17489 – ☎ 03834 8876103 – Geschlossen Sonntag

GRENZACH-WYHLEN

Baden-Württemberg – Regionalatlas **61**–D21 – Michelin Straßenkarte 545

⊛ Rührberger Hof 🛏 ۞ 🅿

KLASSISCHE KÜCHE · TRENDY XX Dass das historische Anwesen einmal landwirtschaftlich genutzt wurde, sieht man dem heutigen Restaurant mit seiner hübschen modernen Einrichtung nicht mehr an. Richtig gut die klassisch basierte Küche: "Kalbszunge auf Linsensalat", "Spargelcremesuppe mit Sot l'y Laisse", "Chuck Flap vom Wagyu-Rind"...
Spezialitäten: Consommé mit Kräuterflädle. Geschnetzelte Kalbsleber in Madeirajus mit Rösti. Coupe Danmark.

Menu 22 € (Mittags), 27/62 € – Karte 37/65 €

Hotel Rührberger Hof, Inzlinger Straße 1 (Nord: 3 km im Ortsteil Rührberg) ✉ 79639 – ☎ 07624 91610 – www.ruehrbergerhof.com – Geschlossen 20. Januar-6. Februar, Montag, Dienstag

🏠 Rührberger Hof 🎏 🦐 🔄 🔄 🅿

FAMILIÄR · MODERN Der Landgasthof a. d. 19. Jh. hat eine lange gastronomische Tradition. Heute beherbergt er geschmackvolle moderne Zimmer, die wohnlich und funktionell zugleich sind. Wer etwas mehr Platz und einen Balkon mit schöner Sicht möchte, bucht die Juniorsuite im DG.

19 Zimmer ☲ – 📏 110/160 €

Inzlinger Straße 1 ✉ 79639 – ☎ 07624 91610 – www.ruehrbergerhof.com – Geschlossen 20. Januar-6. Februar

⊛ **Rührberger Hof** – Siehe Restaurantauswahl

Im Ortsteil Grenzach

✿ Eckert (Nicolai Peter Wiedmer) 🛏 ۞ 🅿

KREATIV · DESIGN XX In wertigem Design kommt das "Eckert" daher. Ob im chic-modernen Wintergarten (von hier gelangt man auf die Terrasse) oder in der Bar-Lounge mit Bistro-Atmosphäre, die Karte ist überall die gleiche. Am Herd hat Nicolai Peter Wiedmer das Sagen, der nach seiner Lehre bei Tanja Grandits im Basler "Stucki" das "Eckert" gemeinsam mit seinem Vater übernahm (dieser ist für das Hotel zuständig). Die Küche ist angenehm klar und international beeinflusst. Wie produktorientiert und kreativ man hier kocht, zeigt z. B. das Jakobsmuschel-Tataki mit dezenter Röstnote und würzig-pikanten Akzenten! Schön dazu die rund 350 Positionen umfassende Weinkarte. Mittags wird das Angebot durch einen Business-Lunch ergänzt.

Spezialitäten: Gelbschwanzmakrele, Ponzu, grüne Papaya, Erdnuss. Rehrücken, Weißkohl, Steinpilz, Haselnuss. Blutorangensorbet, Wassermelone, Roibusch.
Menu 39 € (Mittags), 80/115 € – Karte 50/84 €

Hotel Eckert, Basler Straße 20 ⊠ 79639 – 𝒞 07624 91720 –
www.eckert-grenzach.de – Geschlossen Montag, Dienstag

🏠 Eckert   🖄 🕪 ⏚ 🛁 🖨 ⛊ 🖼 🚣 🅿

FAMILIÄR · DESIGN Der Familienbetrieb ist ein echtes Schmuckstück mit seiner ausgesprochen hochwertigen modernen Designereinrichtung! Draußen kann man auf der Liegewiese entspannen, dazu ein Außenpool mit Gegenstromanlage. Praktisch: Ladestationen für Elektrofahrzeuge.
46 Zimmer – 👫 98/118 € – 🖵 15 €

Basler Straße 20 ⊠ 79639 – 𝒞 07624 91720 –
www.eckert-grenzach.de

🌸 Eckert – Siehe Restaurantauswahl

GREVEN

Nordrhein-Westfalen – Regionalatlas 26-D9 – Michelin Straßenkarte 543

🍽 Altdeutsche Gaststätte Wauligmann   🖄 ⏚ 🕸 🅿

TRADITIONELLE KÜCHE · GEMÜTLICH 🕱 Das charmante Gasthaus der Wauligmanns (Familienbetrieb seit 1841) ist hier schon eine Institution - sogar die Bushaltestelle vor dem Haus ist nach der Familie benannt! Die westfälische Küche kommt an, so z. B. die hausgemachten Würste!
Menu 25 € (Mittags)/34 € – Karte 19/53 €

Schifffahrter Damm 22 ⊠ 48268 – 𝒞 02571 2388 –
www.gaststaette-wauligmann.de – Geschlossen 1.-5. Januar, 10.-30. August, 21.-31. Dezember, Montag, Dienstag

GRIESBACH IM ROTTAL, BAD

Bayern – Regionalatlas 59-P19 – Michelin Straßenkarte 546

In Bad Griesbach-Therme Süd: 3 km Richtung Bad Füssing

🏨 Maximilian   🖄 🕪 ⏚ 🖵 🕪 🕸 🛁 🖨 ⛊ 🚣 🚐

SPA UND WELLNESS · ELEGANT In dem komfortablen Hotel werden Wellness und Golf groß geschrieben. Man bietet Spa auf 2500 qm und einen Shuttle-Service zu den Golfplätzen des "Hartl Resorts". Verschiedene Boutiquen im Haus. Internationale Küche im eleganten Restaurant.
194 Zimmer 🖵 – 👫 122/174 € – 11 Suiten

Kurallee 1 ⊠ 94086 – 𝒞 08532 7950 –
www.quellness-golf.com/maximilian

GRÖNENBACH, BAD

Bayern – Regionalatlas 64-I21 – Michelin Straßenkarte 546

🌸 Charlys Topf-Gucker   🕸 ⛊

REGIONAL · GEMÜTLICH 🕱 Bei Charly Bittner wird mit regionalem und saisonalem Bezug gekocht, und das richtig lecker! Tipp: Kommen Sie mal donnerstags zum "Topf-Gucker-Burger"! Oder wie wär's mit dem guten Sonntagsbraten? Das charmante Restaurant hat auch eine schöne Terrasse direkt auf dem Marktplatz.

Spezialitäten: Kürbissamtsuppe mit Croûtons. Topf-Gucker Pfännle, Schweinefilet auf gebratenem Semmelknödel, Zwiebelrostbraten mit Kässpatzen und Maultasche. Kaiserschmarrn mit Preiselbeeren und Vanillerahmeis.
Karte 30/63 €

Marktplatz 8 ⊠ 87730 – 𝒞 08334 259725 –
www.topf-gucker.com – Geschlossen Montag, Dienstag, mittags: Mittwoch-Freitag

GROSS MECKELSEN

Niedersachsen – Regionalatlas **9**–H6 – Michelin Straßenkarte 541

In Groß Meckelsen-Kuhmühlen West: 5 km, jenseits der A 1, über Lindenstraße, hinter Groß Meckelsen rechts abbiegen

🏠 Zur Kloster-Mühle

LANDHAUS · MODERN Idyllisch liegt der Gutshof mit seinen charmanten Häusern an einem kleinen Weiher. In den schönen modernen Zimmern (darunter ein hochwertiges Wellnesszimmer mit Whirlpool!) steht sogar Wein und Sekt bereit. Am Morgen gibt es ein reichhaltiges Frühstücksbuffet. Regional-mediterrane Küche im Restaurant.

17 Zimmer ⌑ – ♯♯ 120/250 €

Kuhmühler Weg 7 ✉ 27419 –
☎ 04282 594190 – www.kloster-muehle.de –
Geschlossen 1.-6. Januar

GROSS NEMEROW

Mecklenburg-Vorpommern – Regionalatlas **13**–P5 – Michelin Straßenkarte 542

🏨 Bornmühle

LANDHAUS · MODERN Ruhig liegt das gut geführte Hotel oberhalb des Tollensesees - ideal für Ausflüge in die schöne Umgebung. Alternativ locken der hübsche Garten und der attraktive Wellness- und Fitnessbereich. Chic-modern die Zimmer, see- oder landseitig gelegen und mit wertigem "Schlaf-Gesund-Konzept". Das Restaurant "Räthro" setzt auf regional-saisonale Produkte (Di. - Sa. abends).

97 Zimmer ⌑ – ♯♯ 130/230 € – 10 Suiten

Bornmühle 35 ✉ 17094 –
☎ 039605 600 – www.bornmuehle.de

GROSSHEUBACH

Bayern – Regionalatlas **48**–G16 – Michelin Straßenkarte 546

🍴 Zur Krone

MARKTKÜCHE · GASTHOF ✕✕ Schon seit 1969, inzwischen in 2. Generation, wird das Gasthaus von Familie Restel geführt. Ihr Engagement merkt man nicht zuletzt an der guten Küche, die es z. B. als "Tafelspitz mit Frankfurter Grüner Soße und Bratkartoffeln" gibt. Dazu eine gut sortierte Weinkarte mit Bezug zur Region. Schön die begrünte Terrasse. Gepflegt übernachten kann man ebenfalls.

Spezialitäten: Doppelte Rinderkraftbrühe mit Einlage. Rehkeule geschmort in Wacholderrahmsauce mit Waldpilzen, Preiselbeeren, Spätzle, Salat. Mousse von weißer und dunkler Schokolade.

Menu 42/52 € – Karte 35/57 €

Miltenberger Straße 1 ✉ 63920 –
☎ 09371 2663 – www.gasthauskrone.de –
Geschlossen 5.-14. August, 21. Oktober-5. November, Montag, mittags: Freitag

GROSSKARLBACH

Rheinland-Pfalz – Regionalatlas **47**–E16 – Michelin Straßenkarte 543

🍴 Karlbacher

KLASSISCHE KÜCHE · GEMÜTLICH ✕✕ Einladend ist hier schon das 400 Jahre alte Fachwerkhaus mit seinem reizenden überdachten Innenhof und dem Mix aus gemütlicher Weinstube und Gourmetrestaurant. Ebenso gut kommen die Gerichte an - probieren Sie z. B. "Winter-Kabeljau-Rücken auf Grünkohl, schwarzer Trüffel-Velouté und sardischen Gnocchetti" oder "Topinambur und Mais mit bretonischem Hummer".

Karte 52/96 €

Hauptstraße 57 ✉ 67229 –
☎ 06238 3737 – www.karlbacher.info –
Geschlossen 2.-29. Januar, Montag, Dienstag

GROSS-UMSTADT

Hessen – Regionalatlas **48**–G15 – Michelin Straßenkarte 543

⑩ Farmerhaus

AFRIKANISCH · EXOTISCHES AMBIENTE XX Wenn man die original afrikanischen Spezialitäten auf der Terrasse genießt und dabei auf die Weinberge schaut, hat man fast ein bisschen das Gefühl, im "Grande Roche" in Paarl (Südafrika) zu sein! Authentisch auch die Deko im Restaurant.

Menu 65/110 € – Karte 58/86 €

Am Farmerhaus 1 ✉ 64823 – 𝒞 06078 911191 – www.farmerhaus.de –
Geschlossen 1.-16. Januar, Montag, Sonntag, mittags: Dienstag-Samstag

🏠 Farmerhaus Lodge

LANDHAUS · DESIGN Rund 2 km vom Restaurant "Farmerhaus" findet man in einer ehemaligen Hofreite im Zentrum ein nicht alltägliches Designhotel. Mit Liebe zum Detail hat man überall afrikanische Kunst und dekorative Accessoires aufs Stimmigste arrangiert. Toller Innenhof. 800 m weiter: das Gästehaus "Blumeins" - eine überaus geschmackvoll eingerichtete Jugendstilvilla mit großem Garten.

8 Zimmer – 🛏 110/215 € – ☲ 18 €

Carlo-Mierendorffstraße 5 ✉ 64823 – 𝒞 06078 9307570 –
www.farmerhaus-lodge.de – Geschlossen 1.-6. Januar

GRÜNWALD

Bayern – Regionalatlas **65**–L20 – Michelin Straßenkarte 546

⑩ Alter Wirt

REGIONAL · FREUNDLICH XX Sympathisch-leger ist es hier! In der "Wirtschaft" gibt es durchgehend warme Küche - beliebt der Mittags-Imbiss. Etwas besser eingedeckt ist das "Restaurant" mit urigem Charme. Man setzt auf Bioprodukte - auf der Karte z. B. "geschmorter Tafelspitz vom Weiderind". Zum Übernachten: mit Naturmaterialien nach ökologischen Gesichtspunkten ausgestattete Zimmer.

Karte 25/63 €

Marktplatz 1 ✉ 82031 – 𝒞 089 6419340 – www.alterwirt.de

GSCHWEND

Baden-Württemberg – Regionalatlas **56**–H18 – Michelin Straßenkarte 545

⑱ Herrengass

INTERNATIONAL · CHIC XX In dem ehemaligen Kolonialwarenladen sitzt man in frischer moderner Atmosphäre und wird freundlich umsorgt. Auf den Tisch kommen schmackhafte Gerichte mit saisonalem und regionalem Bezug. Probieren Sie z. B. "gebratenen Kalbsrücken mit Pilzkruste, Portweinjus, Kerbelknollen, Kartoffel-Schnittlauchstrudel".

Spezialitäten: Bruscette mit gebratenen Pfifferlingen und Rauke mit gehobeltem Parmesan. Gebratenes Hohenloher Landschweinefilet mit geschmortem Spitzkohl und Schupfnudeln. Quitte, Zwetschge, Birne und Kürbiskern.

Menu 36/92 € – Karte 31/61 €

Welzheimer Straße 11 ✉ 74417 – 𝒞 07972 912520 – www.herrengass-gschwend.de –
Geschlossen 1.-14. Januar, Montag, Dienstag, mittags: Mittwoch-Freitag

GÜSTROW

Mecklenburg-Vorpommern – Regionalatlas **12**–M4 – Michelin Straßenkarte 542

🏠 Kurhaus am Inselsee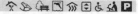

LANDHAUS · GEMÜTLICH In ruhiger Lage am Inselsee wohnt man stilvoll-klassisch, Zimmer zur Seeseite mit Balkon. Dazu aufmerksamer Service, gutes Frühstück sowie Restaurant mit Brasserie-Flair und Terrasse zum Park. 200 m weiter, ebenfalls am Strand, liegt das etwas einfachere Schwesterhotel. Auch Radfahrer schätzen das Haus.

48 Zimmer ☲ – 🛏 129/159 € – 3 Suiten

Heidberg 1 ✉ 18273 – 𝒞 03843 8500 – www.kurhaus-guestrow.de

GÜTERSLOH

Nordrhein-Westfalen – Regionalatlas **27**–F10 – Michelin Straßenkarte 543

⃝ **ParkRestaurant**   🍴 ⌂ ♿ AC ⇌ 🚗

INTERNATIONAL · KLASSISCHES AMBIENTE XxX Schön elegant kommt das gastronomische Prunkstück des "Parkhotels" daher, dazu eine wunderbare Terrasse zum Garten mit Teich. Auf der Karte Klassiker wie "Wiener Schnitzel vom Weidekalb" sowie Internationales wie "Label Rouge Lachs mit Noilly-Prat-Sauce" oder Steaks vom Grill.

Menu 34 € (Mittags) – Karte 34/66 €

Parkhotel, Kirchstraße 27 ⊠ 33330 – 𝒸 05241 8770 – www.parkhotel-gt.de –
Geschlossen abends: Samstag-Sonntag

🏨 **Parkhotel**   🏊 🛖 ♨ 🖭 AC 🌿 🚗

BUSINESS · ELEGANT Ansprechend der großzügige Rahmen und der zeitloselegante Stil. Es empfängt Sie eine repräsentative Halle mit Piano und Kamin sowie klassischer Bar. In Sachen Wohnkomfort stehen drei Zimmerkategorien sowie verschiedene Suiten zur Wahl. Gemütlich das mediterran-legere "Bellini" mit italienischer Küche.

100 Zimmer – 👫 99/159 € – 🍽 18 € – 3 Suiten

Kirchstraße 27 ⊠ 33330 – 𝒸 05241 8770 – www.parkhotel-gt.de

⃝ **ParkRestaurant** – Siehe Restaurantauswahl

GUMMERSBACH

Nordrhein-Westfalen – Regionalatlas **36**–D12 – Michelin Straßenkarte 543

In Gummersbach-Dieringhausen Süd: 7 km über B 55

⃝⃝⃝ **Mühlenhelle** (Michael Quendler)   🥂 ⇌ 🍴 ♿ AC 🅿

FRANZÖSISCH-MODERN · ELEGANT XX Wo könnte man Sterne-Küche stilgerechter präsentieren als in einer eindrucksvollen Villa? Eine solche ist die "Mühlenhelle". Hinter ihren großen Sprossenfenstern sitzen die Gäste in einem hellen, eleganten Raum. Und was hier auf den Teller kommt, sind ausgezeichnete Produkte, die modern, leicht und angenehm unkompliziert zubereitet werden. Die Gerichte sind kreativ, aber nicht überladen, sie sind harmonisch und geschmacklich schön abgestimmt. Und dazu eine passende Weinempfehlung? Wenn Sie mal ganz auf Fleisch verzichten möchten, hat man auch immer ein veganes Menü parat. Auch Service wird im Hause Quendler groß geschrieben, da versteht es sich von selbst, dass man - entsprechend dem hohen Niveau der Küche - ausgesprochen freundlich und versiert umsorgt wird.

Spezialitäten: Lambachtaler Forelle, Zitrone, Petersilie. Wiehler Reh, Haselnuss, Birne, Olive. Schokolade, Rote Bete, Himbeere.

Menu 60/120 € – Karte 55/100 €

Hotel Die Mühlenhelle, Hohler Straße 1 ⊠ 51645 – 𝒸 02261 290000 –
www.muehlenhelle.de – Geschlossen 2.-18. Januar, 6. Juli-6. August, Montag,
Dienstag, Mittwoch, mittags: Donnerstag-Samstag

🍽 **Mühlenhelle - Bistro**   🍴 ♿ AC 🅿

MARKTKÜCHE · LÄNDLICH XX Das schöne Restaurant mit der angenehm luftigen Atmosphäre ist eine nette Alternative zum Gourmet. Auch hier isst man gut, aus der einsehbaren Küche kommt Saisonales wie "Hirschragout mit Rosenkohl und Serviettenknödel" oder "Pilzlasagne mit Kürbiskernpesto".

Spezialitäten: Mühlenhelle Gazpacho mit Oliven und Mandeln. Zanderfilet mit mediterranen Gemüsen und Crèmepolenta. Holunderblütenparfait mit Erdbeeren und Minz-Pesto.

Menu 38 € – Karte 35/59 €

Hotel Die Mühlenhelle, Hohler Straße 1 ⊠ 51645 – 𝒸 02261 290000 –
www.muehlenhelle.de – Geschlossen 2.-18. Januar, 6. Juli-6. August

Mühlenhelle

LANDHAUS · ELEGANT Hübsch ist die denkmalgeschützte Villa, in der sich Familie Quendler überaus charmant und persönlich um ihre Gäste kümmert. Geräumige, hochwertige und geschmackvolle Zimmer mit schicken Bädern, dazu nette kleine Aufmerksamkeiten überall im Haus!

8 Zimmer 🖃 – 🛉🛉 100/160 €

Hohler Straße 1 ⊠ 51645 – ℰ 02261 290000 – www.muehlenhelle.de –
Geschlossen 2.-18. Januar, 6. Juli-6. August

Mühlenhelle · Mühlenhelle - Bistro – Siehe Restaurantauswahl

GUNDELFINGEN

Baden-Württemberg – Regionalatlas **61**-D20 – Michelin Straßenkarte 545

🍴 Bahnhöfle

FRANZÖSISCH-KLASSISCH · LÄNDLICH In dem kleinen Häuschen am Gundelfinger Bahnhof sitzt man in legerer Atmosphäre (dekorativ die Bilder einer jungen polnischen Künstlerin), sehr schön die Terrasse vor dem Haus! Thierry Falconnier ist einer der großen Klassiker im Raum Freiburg, entsprechend seiner Herkunft kocht er französisch - angenehm reduziert und schmackhaft. Tipp: die Enten- oder Fischgerichte.

Karte 39/86 €

Bahnhofstraße 16 ⊠ 79194 – ℰ 0761 5899949 – www.bahnhoeflegundelfingen.de –
Geschlossen Mittwoch, mittags: Montag-Dienstag und Donnerstag-Samstag

In Gundelfingen-Wildtal

🍴 Sonne Wildtal

MARKTKÜCHE · GERADLINIG In dem hübschen Fachwerkhaus werden Sie in freundlichem modernem Ambiente richtig gut bekocht! Man versteht sein Handwerk - ambitioniert und schmackhaft bereitet man z. B. "Ceviche vom Kabeljau" oder "Rücken vom Salzwiesenlamm" zu. Auf der Vesperkarte z. B. Flammkuchen oder Wurstsalat. Schöne Terrasse am Dorfplatz.

Menu 53/94 € – Karte 34/102 €

Talstraße 80 ⊠ 79194 – ℰ 0761 61257060 – www.sonnewildtal.com –
Geschlossen Montag, Dienstag, mittags: Mittwoch-Freitag

HAAN

Nordrhein-Westfalen – Regionalatlas **36**-C11 – Michelin Straßenkarte 543

🍴 EssensArt

INTERNATIONAL · FREUNDLICH Trotz der etwas versteckten Lage hat man sich hier mit saisonaler Küche einen Namen gemacht. Das Angebot reicht vom vegetarischen Menü bis zu internationalen Gerichten. Die Gastgeber sind herzlich-engagiert, das Ambiente freundlich, draußen die nette überdachte Terrasse.

Menu 47/70 € – Karte 46/66 €

Bachstraße 141 ⊠ 42781 – ℰ 0212 9377921 – www.essensart-haan.de –
Geschlossen Montag, Dienstag, mittags: Mittwoch-Samstag

HÄUSERN

Baden-Württemberg – Regionalatlas **62**-E21 – Michelin Straßenkarte 545

⭐ Adler (Florian Zumkeller)

FRANZÖSISCH-KLASSISCH · LÄNDLICH Ein MICHELIN Stern der ersten Stunde! Und den hält man hier ununterbrochen seit der Einführung der begehrten Auszeichnung im Guide MICHELIN Deutschland 1966 - inzwischen in 3. Generation. Seit 2011 führt Florian Zumkeller als Küchenchef diese Tradition fort. Geschickt verbindet er Klassik mit modernen Einflüssen, gerne bindet er asiatisch-internationale Elemente in seine Gerichte ein - ausgesuchte Produkte sind dabei selbstverständlich, wie z. B. das rosa gebratene Kalbsfilet beweist, zu dem sich eine rauchig-fruchtige BBQ-Sauce ausgesprochen gut macht. Das Ambiente schafft den Spagat zwischen traditionell und geradlinig-chic - immer gemütlich! Das gilt auch für den Hotelbereich, der den Schwarzwald-Charme bewahrt, aber auch seine moderne Seite zeigt.

Spezialitäten: Mit Gin und Gurke gebeizte Lachsforelle, Edamame und Süßkartoffelvinaigrette. Rehrücken mit Schokoladen-Wacholdercrumble, Rosenkohlblättern und geschmortem Sellerie. Zwetschgen mit Zimt, Orange und Vanille.
Menu 85/129€ – Karte 81/94€

Hotel Adler, St.-Fridolin-Straße 15 ✉ 79837 –
✆ 07672 4170 – www.adler-schwarzwald.de –
Geschlossen 14. Juni-3. Juli, Montag, Dienstag, mittags: Mittwoch-Sonntag

ⅰ○ Adler Wirtshus ⓝ   🛋 🏠 ⇄ 🅿 🚗

KLASSISCHE KÜCHE · LÄNDLICH ⅩⅩ Dies ist das "Mittags-Restaurant" des "Adlers". In denselben Räumlichkeiten, in denen abends Sterneküche geboten wird, serviert man am Mittag Klassiker wie z. B. "Adlerwirt's Hummersuppe" oder "Adlerwirt's Fischteller mit Champagnersauce". Die Auswahl ist kleiner und klassisch-regional - niveauvoll isst man ebenfalls!
Karte 47/62€

Hotel Adler, Sankt-Fridolin-Straße 15 ✉ 79837 –
✆ 07672 4170 – www.adler-schwarzwald.de –
Geschlossen 14. Juni-3. Juli, abends: Montag-Sonntag

ⅰ○ Kamino   ⇔ 🏠 ⇄ 🅿

MEDITERRAN · GEMÜTLICH ⅩⅩ Aus dem einstigen "Chämi-Hüsli" der Familie Zumkeller (Betreiber des "Adlers") ist das gemütliche "Kamino" entstanden. Hier gibt es frische mediterrane Küche mit Tapas und Gerichten wie "gebratener Pulpo & Garnelen, Mojosauce, marokkanischer Couscous". Oder lieber ein bürgerliches "Kalbsrahmschnitzel mit Pilzen"? Zum Übernachten hat man zwei hübsche, wohnliche Zimmer.
Menu 36/40€ – Karte 20/36€

Sankt-Fridolin-Straße 1 ✉ 79837 –
✆ 07672 4819970 – www.restaurant-kamino.de –
Geschlossen 27. Januar-6. Februar, 31. August-17. September, Mittwoch,
Donnerstag

🏨 Adler   🏊 🛋 📺 ⊛ 🐾 ♨ 🔲 🆎 🅿 🚗

SPA UND WELLNESS · INDIVIDUELL Wie schön sich Tradition und Moderne verbinden lassen, sieht man hier z. B. an den tollen zeitgemäß-puristisch und gleichzeitig ländlich designten Zimmern. Doch keine Sorge, der geschätzte "Adler"-Charme ist erhalten geblieben! Ebenso natürlich die Wertigkeit überall im Haus, vom Spa über Frühstück und Halbpension (im Preis inkl.) bis zum Service!
39 Zimmer ⌂ – 🛏 269/490€ – 4 Suiten

St.-Fridolin-Straße 15 ✉ 79837 –
✆ 07672 4170 – www.adler-schwarzwald.de

   ❀ **Adler** · ⅰ○ **Adler Wirtshus** – Siehe Restaurantauswahl

HAGNAU
Baden-Württemberg – Regionalatlas **63**–G21 – Michelin Straßenkarte 545

🏨 Burgunderhof   🍷 ≼ 🛋 ⌒ ♨ 🅿

LUXUS · AUF DEM LAND Hotel, Weingut, Distillerie - alles in Bio-Qualität! Dazu die klasse Lage zwischen Weinbergen und Obstwiesen, Blick zum Bodensee inklusive! Seit über 40 Jahren wird man von Familie Renn mit Herzblut betreut. Geschmackvoll die liebenswert gestalteten Zimmer und die "Spa Suite", herrlich der Garten samt Außenpool, wirklich toll das Frühstück! Mindestalter 18 Jahre.
15 Zimmer ⌂ – 🛏 195/480€

Am Sonnenbühl 70 ✉ 88709 –
✆ 07532 807680 – www.burgunderhof.de –
Geschlossen 1. Januar-25. Februar, 1. November-31. Dezember

HAIGER
Hessen – Regionalatlas **37**–E13 – Michelin Straßenkarte 543

ⅼ○ **Villa Busch**

INTERNATIONAL · ELEGANT ☒☒ Wirklich schön: In einer ausgesprochen aufwändig sanierten Villa hat man eine angenehme, geradlinige und stilvolle Atmosphäre geschaffen, in der man internationale Küche bietet. Probieren Sie die Fischgerichte - hier liegt der Schwerpunkt der Karte.

Menu 29 € (Mittags), 58/80 € – Karte 42/68 €

Westerwaldstraße 4 ✉ 35708 –
☎ 02773 9189031 – www.villabusch.com –
Geschlossen Montag

HALLBERGMOOS

Bayern – Regionalatlas **58**-M19 – Michelin Straßenkarte 546

In Hallbergmoos-Goldach Süd: 2 km

🏠 **Daniel's**

LANDHAUS · KLASSISCH Angenehm persönlich wird das schmucke kleine Hotel geführt. Es ist mit Stil und Liebe hochwertig und stimmig eingerichtet, herzlich und aufmerksam der Service, gut das Frühstück... Ein Haus mit individuellem Charme!

26 Zimmer ☲ – ♥♥ 99/299 €

Hauptstraße 11 ✉ 85399 –
☎ 0811 55120 – www.hotel-daniels.de –
Geschlossen 1.-7. Januar, 23.-31. Dezember

HALLE (SAALE)

Sachsen-Anhalt – Regionalatlas **31**-M11 – Michelin Straßenkarte 542

ⅼ○ **MahnS Chateau**

KLASSISCHE KÜCHE · BISTRO ☒☒ In unmittelbarer Nachbarschaft zur Marienkirche finden Sie das schicke moderne Restaurant, in dem der Patron selbst am Abend Gerichte wie z. B. "gebratene Taubenbrust, Gewürzjoghurt, Spitzkohl, Preiselbeeren, Linguine" oder "Süß, sauer, bitter... Orange, Mandarine, Zitrone, Pomelo, Grapefruit, Gingerbeer, Kardamom, Tonkabohne" zubereitet. Mittags einfacheres Angebot.

Menu 48/79 € – Karte 25/56 €

Oleariusstraße 4A ✉ 06108 –
☎ 0345 20369860 – www.mahns-chateau.de –
Geschlossen Sonntag, mittags: Montag

HALLE (WESTFALEN)

Nordrhein-Westfalen – Regionalatlas **27**-F9 – Michelin Straßenkarte 543

In Halle-Künsebeck Süd: 5 km

ⅼ○ **Landgasthof Pappelkrug**

BÜRGERLICHE KÜCHE · LÄNDLICH ☒ Ein richtig schönes Landgasthaus: geschmackvoll-modern das Interieur, gekocht wird regional, saisonal und mediterran, z. B. "geschmortes Schweinebäckchen mit Spitzkohlgemüse" oder "Lachssteak, Balsamicogemüse, Safran-Tagliatelle". Sie möchten übernachten? Man hat wohnliche, mit Liebe zum Detail eingerichtete Zimmer.

Karte 31/43 €

Pappelstraße 4 ✉ 33790 – ☎ 05201 7479 – www.landgasthof-pappelkrug.de –
Geschlossen mittags: Montag-Samstag

HALTERN AM SEE

Nordrhein-Westfalen – Regionalatlas **26**–C10 – Michelin Straßenkarte 543

✿ **Ratsstuben** (Daniel Georgiev)

MODERNE KÜCHE · FREUNDLICH XX Das kleine "Ratshotel" mitten in der Alt-stadt ist auch gastronomisch interessant. Patron und Küchenchef Daniel Georgiev kocht modern, mit ausgesuchten Zutaten und internationalen Einflüssen wie z. B. bei Calamaretti und Schweinebauch mit Asia-Sud und Creme von schwarzem Knoblauch. Oder mögen Sie statt dem Gourmet-Menü lieber mal ein Steak vom Grill? Dazu eine gut sortierte Weinkarte mit rund 250 Positionen. In Sachen Ambiente ist das Restaurant zweigeteilt: vorne eher bürgerlich mit Theke, hinten geradlinig-elegant in warmen Erdtönen. Draußen hat man ein paar Tische auf dem Gehsteig zur Fußgängerzone. Sie haben es mittags unter der Woche etwas eilig? Zu dieser Zeit wird die Sterneküche zwar nicht angeboten, stattdessen ist bei Stammgästen und Stadtbesuchern der einfache Lunch sehr beliebt.

Spezialitäten: Schweinebauch und Pulpo, Kimchi, Oktopus, Chili, Rettich, Sud. Bretonischer Steinbutt, Spitzmorcheln, grüner Spargel, Erbsen, Kartoffel. Ivoire Schokolade und Portulak, Passionsfrucht, Crème, Joghurt, Kamille-Eiscrème.

Menu 49/130€ – Karte 39/72€

Hotel Ratshotel, Mühlenstraße 3 ✉ *45721 –* ✆ *02364 3465 – www.hotel-haltern.de – Geschlossen 1.-14. Januar, Mittwoch*

HAMBERGE

Schleswig-Holstein – Regionalatlas **11**–J4 – Michelin Straßenkarte 541

⁑○ **Restaurant Hauck** 🛖 ✿ 🅿

INTERNATIONAL · ELEGANT XX Wintergarten-Atmosphäre kommt in dem schönen geradlinig-eleganten Restaurant auf, dafür sorgt die große Glasfront. Auf der Karte z. B. "Skreifilet, gestovter Spitzkohl, Kartoffelstampf, Pommery-Senfsauce", aber auch Saisonales wie Spargel, Wild etc. Gute Weinempfehlungen - der Gastgeber ist auch Sommelier.

Menu 38/58€ – Karte 36/67€

Stormarnstraße 14 ✉ *23619 –* ✆ *0451 8997110 – www.restaurant-hauck.de – Geschlossen Montag, Dienstag, Mittwoch, mittags: Donnerstag-Freitag*

HAMBURG

Wer denkt bei Hamburgs Gastronomie nicht unweigerlich an Scholle, Aal und Steinbutt? Keine Frage, die Hansestadt ist ein Eldorado für Liebhaber von Fisch und allem, was das Meer zu bieten hat, doch hier im hohen Norden gibt es kulinarisch noch weit mehr zu entdecken. Ob traditionelle regionale Klassiker wie Pannfisch, Hamburger Aalsuppe und Labskaus oder modern-kreative Gerichte, Sushi und Steaks, ob bodenständig-deftig oder fein, raffiniert und innovativ, so abwechslungsreich die Küche, so vielfältig auch die Restaurants selbst. Ob im geschäftigen Zentrum oder im Szene-Stadtteil St. Pauli, ob in der trendigen HafenCity oder in den vornehmen Elbvororten, in Sachen Atmosphäre reicht die Palette vom nordisch-charmanten Landgasthof über die chic-moderne In-Location bis zur hanseatisch-eleganten Villa. Was Sie auf keinen Fall verpassen sollten, ist eine der zahlreichen tollen Terrassen an der Waterkant mit Blick auf Alster oder Elbe!

Wir mögen besonders:
Nach einem Essen im luxuriösen **Haerlin** an der Binnenalster bei einem kurzen Spaziergang auf einen „Gin Basil Smash" in die Bar Le Lion einkehren - hier wurde der inzwischen weltweit bekannte Drink übrigens auch erfunden! In der modernen Speicherstadt im **The Table Kevin Fehling** einen der Top-Köche Deutschlands erleben, der mit seinem einzigartigen Konzept internationales Spitzenniveau bietet. Sich von Thomas Imbusch im locker-kosmopolitischen **100/200** eindrucksvoll zeigen lassen, wie man ein Menü nur um wenige Hauptzutaten aufbauen kann. **Brechtmanns Bistro** für seinen finessenreichen und zugänglichen Mix aus frischer Marktküche und asiatischen Einflüssen. Sich im **haebel** auf St. Pauli mit einem nordisch inspirierten „Carte Blanche"-Menü bekochen lassen.

- Regionalatlas 10-15
- Michelin Straßenkarte 541

UNSERE BESTEN RESTAURANTS

STERNE-RESTAURANTS

Eine einzigartige Küche - eine Reise wert!

Eine Spitzenküche - einen Umweg wert!

lunamarina/Fotosearch LBRF/age fotostock

Eine Küche voller Finesse - einen Stopp wert!

BIB GOURMAND

335

ALLE RESTAURANTS VON A BIS Z

M. Möller / EyeEm / Getty Images

J. Hoersch / Picture Press / Getty Images

Rocky89 / iStock

RESTAURANTS AM SONNTAG GEÖFFNET

UNSERE HOTELAUSWAHL

juefraphoto / iStock

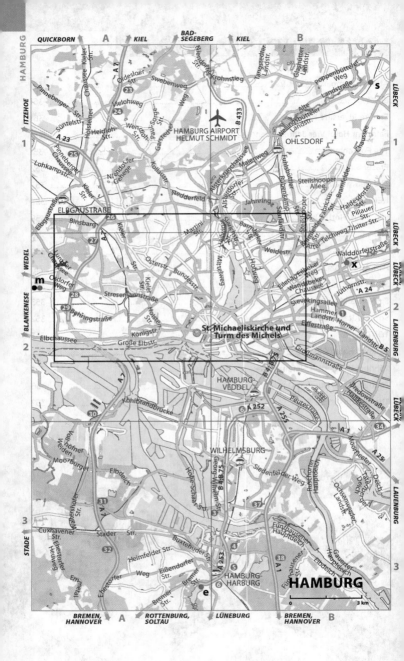

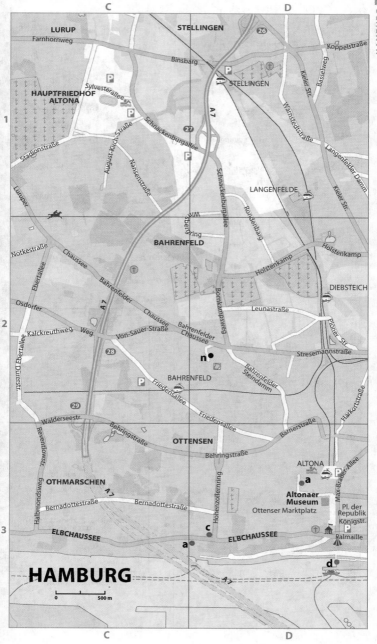

LURUP

STELLINGEN

Farnhornweg

Binsbarg

26

Koppelstraße

Basselweg

P

STELLINGEN

Kieler Str.

HAUPTFRIEDHOF ALTONA

Sylvesterallee

August-Kirch-Straße

Schnackenburgallee

A7

27

Nansenstraße

Langenfelder Damm

Stadionstraße

Schnackenburgallee

LANGENFELDE

Kieler Str.

Warnstedtstraße

Luruper

Notkestraße

Chaussee

Ebertallee

Bahrenfelder

Holstenkamp

Osdorfer

A7

Chaussee

BAHRENFELD

Holstenkamp

DIEBSTEICH

Kalckreuthweg

Von-Sauer-Straße

Weg

Bornkampsweg

Leunastraße

Plöner Str.

Ebertallee

Dürerstr.

28

Bahrenfelder Chaussee

Stresemannstraße

Harkortstraße

n

BAHRENFELD

Bahrenfelder Steindamm

P

Friedensallee

29

Walderseestr.

Friedensallee

Barnerstraße

Reventlowstr.

Behringstraße

OTTENSEN

Behringstraße

Halbmondsweg

OTHMARSCHEN

A7

Bernadottestraße

Bernadottestraße

ALTONA

P

Max-Brauer-Allee

Hohenzollernring

a

Altonaer Museum

Pl. der Republik

ELBCHAUSSEE

c

ELBCHAUSSEE

Ottenser Marktplatz

Königstr.

a

Palmaille

d

HAMBURG

0   500 m

C

D

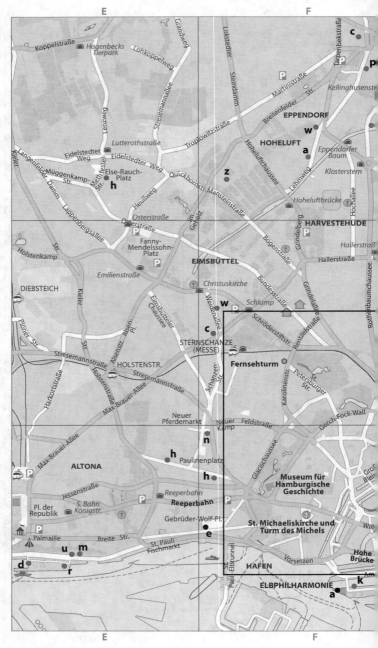

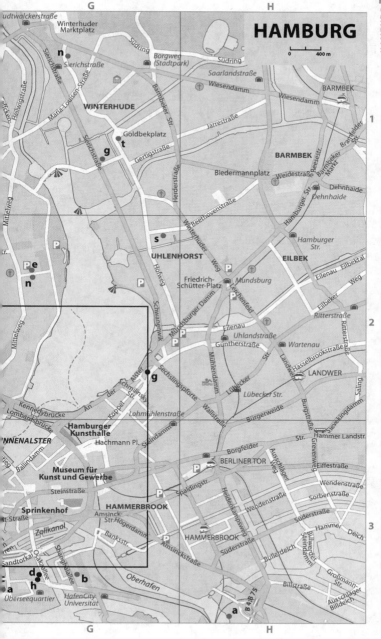

HAMBURG

0 — 400 m

G

H

udtwalckerstraße

Winterhuder Marktplatz

Südring

Borgweg (Stadtpark)

Südring

Saarlandstraße

Wiesendamm

BARMBEK

Wiesendamm

Sierichstraße

n Sierichstraße

Hellwigstraße

Maria-Louisen-Straße

Barmbeker Str.

Jarrestraße

1

WINTERHUDE

Goldbekplatz

t

g

Gertigstraße

Sierichstraße

Herderstraße

Beethovenstraße

BARMBEK

Biedermannplatz

Weidestraße

Barmbeker Markt

Beesestr.

Bramfelder Str.

Hamburger Str.

Dehnhaide

Dehnhaide

Mittelweg

Winterhuder Weg

Hamburger Str.

s

UHLENHORST

Hofweg

Schwanenwik

Mühlenkamper Damm

Friedrich-Schütter-Platz

Mundsburg

EILBEK

Eilenau

Elbektal

Eichenfeld

Eilbeker Weg

Ritterstraße

2

Mittelweg

P **e**

n

P

P

P

P

Eilenau

Uhlandstraße

Güntherstraße

Wartenau

Str.

Ritterstraße

Hasselbrookstraße

Mühlendamm

An der Alster

Schmilinsky

Koppel Str.

Sechslingspforte

Lübecker Str.

Landwehr

LANDWER

Kennedybrücke

Lombardsbrücke

Lohmühlenstraße

Wallstraße

Burgstraße

Sievekingdamm

g

Lübecker Str.

Bürgerweide

Hamburger Kunsthalle

Hachmann Pl.

Steindamm

Borgfelder

Hammer Landstr.

INNENALSTER

Ballindamm

Museum für Kunst und Gewerbe

Steinstraße

BERLINER TOR

P

P

P

Ausschläger Weg

Greinweg

Eiffestraße

Wendenstraße

Sorbenstraße

3

Sprinkenhof

-Straße

Spaldingstr.

Heidenkampsweg

Wendenstraße

Süderstraße

Hammer Deich

HAMMERBROOK

Amsinck-Str.

Högerdamm

Bankstr.

Amsinckstraße

HAMMERBROOK

Süderstraße

Bullerdeich

Bullerdeich

Billstraße

Zollkanal

d

b

Oberhafen

Großmann-Str.

Ausschläger Billdeich

Sandtorkai

Oakenallee

Shanghaiallee

a

h

a

Übersee-quartier

HafenCity Universität

a

B 4 B 75

G

H

343

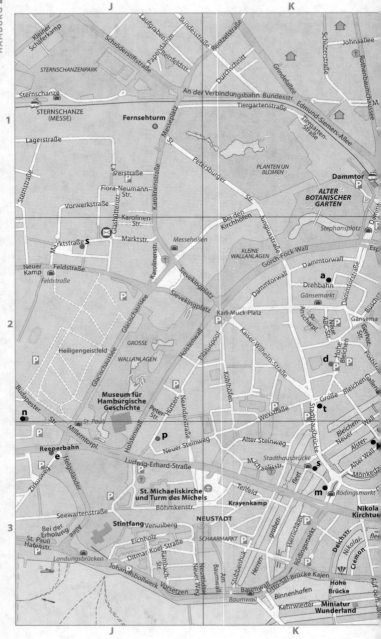

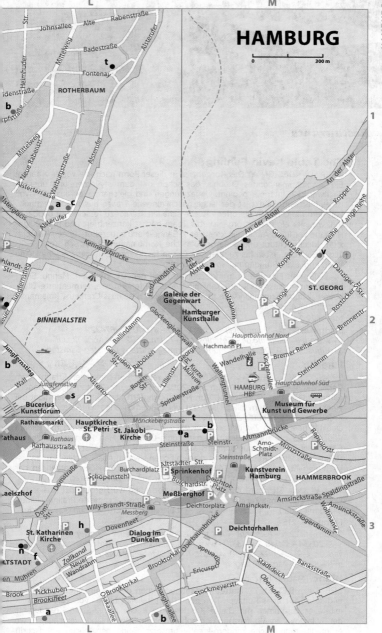

HAMBURG

0 ____ 300 m

L

M

Johnsallee Alte Rabenstraße

Helmhude Mittelweg Badestraße

idenstraße

b pfstraße

Fontenay **t**

ROTHERBAUM

Neue Rabenstr.

Mittelweg

Warburgstraße

Alsterterrasse

Alsterufer

Alsterplatz **a** **c**

hlandt- Str.

Jungfernstieg

Kennedybrücke

An der Alster

Koppel

An der Alster

Gurlitzstraße

d

Koppel Reihe Lange Reihe

Danziger Str.

v

ST. GEORG

Rostocker Str.

Brennerstr.

Ferdinandstr.

An der Alster **a**

Holzdamm

Langе

Bremer Reihe

Steindamm

Hauptbahnhof Süd

BINNENALSTER

Galerie der Gegenwart

Hamburger Kunsthalle

Glockengießerwall

Ballindamm

Gertruden- Raboisen Str.

Georgspl.

Hauptbahnhof Nord

Hachmann Pl.

Wandelhalle

Wallringtunnel

HAMBURG HBF

Kirchenallee

Museum für Kunst und Gewerbe

b

Wall Jungfernstieg

Alstertor

Rosen- Str.

Lilienstr.

Kurze Mühren

Spitalerstraße

s

Bucerius Kunstforum

Rathausmarkt

Hauptkirche St. Petri

St. Jakobi Kirche

Mönckebergstraße

t

a **b**

Steinstraße

Steinstr.

Altmannbrücke

Arno- Schmidt- Platz

Münzstr.

Repsoldstr.

Rathaus

Rathaus

Rathausstraße

Domstraße

Altstädter Str.

Steinstraße

Kunstverein Hamburg

HAMMERBROOK

Burchardplatz

Sprinkenhof

Deichtor- Platz

Burchardstr.

Schopenstehl

Meßberghof

Amsinckstraße Spaldingstraße

aeiszhof

Dom- Str.

Willy-Brandt-Straße

Messberg

Deichtorplatz

Amsinckstr.

Amsinckstraße

Wolmann.

h

Dovenfleet

Deichtorplatz

Högerdamm

St. Katharinen Kirche

Dialog im Dunkeln

Deichtorhallen

n **f**

Zollkanal

Neuer Wandrahm

Brooktorkai Oberbaumbrücke

Stadtdeich

Banksstraße

LTSTADT

en Mühren

Brook

Pickhuben

Brooksfleet

O Brooktorkai

Stockmeyerstr.

Ericuspl.

Oberhafen

a

b

Shanghaiallee

Osakaallee

L

M

M. Falzone/AWL Images/Getty Images

Restaurants

✿✿✿ **The Table Kevin Fehling**

KREATIV · DESIGN XxX Das Konzept ist in dieser Form nach wie vor einzigartig! Ein absolut spannendes Erlebnis, das schon mit dem stylischen und überaus hochwertigen Interieur beginnt. Ungezwungen und gleichermaßen anspruchsvoll ist es hier. Mittelpunkt ist der lange geschwungene Tresen aus Kirschbaumholz, von dem die Gäste in die offene Küche schauen. Geradezu fesselnd zu beobachten, wie hier ein perfekt organisiertes Team höchst konzentriert und mit völliger Hingabe vor Ihren Augen ein kreatives 7-Gänge-Menü zubereitet, dessen Komplexität, Ideenreichtum und außergewöhnliche Kombinationen (typisch Kevin Fehling!) Sie vom ersten bis zum letzten Bissen faszinieren! Eine ganz eigene kleine Welt, in der die Stunden nur so verfliegen!

Spezialitäten: Fjordforelle in indischen Aromen gebeizt, Tandoori, Mango, Senfkörner und Kokossud. Rehrücken mit Walnuss-Pfefferkruste, fermentierte Blaubeeren, Sherryessighollandaise und Rosmarinjus. Haselnuss-Crémeux, Kalamansigelee, Guave, Bananen-Curryeis, Kurkuma.

Menu 220 €

Stadtplan: G3-b – *Shanghaiallee 15* ✉ *20457 –* ☏ *040 22867422 –*
www.the-table-hamburg.de – Geschlossen 1.-7. Januar, 12.-20. April, 12. Juli-
3. August, 20.-31. Dezember, Montag, Sonntag, mittags Dienstag-Samstag

✿✿ **Haerlin**   ✿ ≼ ⅙ AC ⇕ 🚗

FRANZÖSISCH-KREATIV · LUXUS XxxX Mit reichlich Sterneküchen-Erfahrung im Gepäck kam Christoph Rüffer im Jahr 2002 in das Gourmetrestaurant des legendären Hotels „Vier Jahreszeiten" am Neuen Jungfernstieg. Dass es hier nicht bei einem MICHELIN Stern blieb, ist nicht verwunderlich angesichts der modernen Kreationen des geübten Esseners. Harmonisch verbindet er Produkte, deren Qualität über jeden Zweifel erhaben ist, von der Regenbogenforelle mit feinem Raucharoma bis zur Rinderrippe mit Honig-Chili-Jus. Man kann die einzelnen Gänge der beiden Menüs übrigens auch tauschen - und das ist nicht selbstverständlich in einem Restaurant mit diesem hohen Niveau! Absolut stilvoll und klassisch-elegant das in hellen Tönen gehaltene Interieur. Von den Plätzen an der Fensterfront hat man einen fantastischen Blick auf die Binnenalster.

Spezialitäten: Steinbutt mit Sellerie, Bergamotte und würzige Chorizovinaigrette. Limousin Lamm mit Zucchini, grüne Olivensauce und geschmorte Praline. Heidelbeere mit Quarkeis, Macadamianuss, Kerbelcrème und Cru Virunga Schokolade.

Menu 155/215 €

Stadtplan: L2-v – *Fairmont Hotel Vier Jahreszeiten, Neuer Jungfernstieg*
9 ✉ *20354 –* ☏ *040 34943310 - www.restaurant-haerlin.de – Geschlossen 1.-6.*
Januar, 1.-9. März, 12. Juli-10. August, 11.-19. Oktober, Montag, Sonntag,
mittags: Dienstag-Samstag

✿✿ **bianc** (Matteo Ferrantino)   ✿

KREATIV · DESIGN XxX Matteo Ferrantino - schon der Name klingt südländisch und so ist auch das Konzept. Den gebürtigen Italiener hat es von Portugal (hier leitete er zusammen mit Dieter Koschina die Küche des 2-Sterne-Restaurants der "Vila Joya" in Albufeira) in den hohen Norden Deutschlands verschlagen, wo er mediterrane Küche modern-kreativ umsetzt. Seine persönliche Handschrift zeigt z. B. der tolle Bacalhau mit Pata Negra, Topinambur, Artischocke und schwarzem Trüffel. Zur Wahl stehen die Menüs "Markt", "Emotion" oder "Garten" (vegetarisch). Vorab eine Einstimmung mit "Wow-Effekt": eine Vielzahl feiner Amuses Bouches, die alle gleichzeitig auf den Tisch kommen! In Sachen Architektur hat Julia Erdmann in dem Bürogebäude in der HafenCity eine schicke Atmosphäre geschaffen - Blick in die Küche inklusive.

Spezialitäten: Jakobsmuschel, Sellerie, Amalfi Zitrone, Imperial Kaviar. Iberico-Secreto, Pfahlmuschel, Perlzwiebel, Dijon Senf. Caramelia Schokolade, Mascarpone, Feige, Vanille.

Menu 125/175 €

Stadtplan: L3-a – Am Sandtorkai 50 ✉ 20457 – ✆ 040 18119797 – www.bianc.de – Geschlossen 7.-23. Januar, 4.-25. August, Montag, Sonntag, mittags: Dienstag-Samstag

⸙ SE7EN OCEANS ⟨ ♿ AC

FRANZÖSISCH-KLASSISCH • CHIC XX Nicht nur zum Shoppen ist die Europa-Passage eine gefragte Adresse, Gourmets zieht es vor allem in die 2. Etage des Einkaufszentrums. Hier bietet das "SE7EN OCEANS" bei tollem Blick auf den Jungfernstieg eine modern inspirierte internationale Küche, die auf erstklassigen Produkten basiert. Verantwortlich dafür ist seit Mitte Juni 2019 Stefan Beiter. Bevor es den gebürtigen Baden-Württemberger in den hohen Norden verschlug, bescherte er dem "Esszimmer" in Coburg und zuletzt der "Alten Post" in Nagold einen Stern. Nicht nur das Essen ist klasse: aufmerksam und versiert der Service, chic das geradlinige Interieur. Im Sommer lassen sich die großen Glastüren zur Alster hin öffnen. Tipp: der Business-Lunch. Es gibt übrigens auch einen Bar-/ Bistro-Bereich, eine Sushi-Bar und eine Cigar Lounge.

Spezialitäten: Markklößchensuppe, Liebstöckel, Brathühnchenfett. Perlhuhn, Tom Kha Gai, Tomate, Shiitake. Erdnuss, Karamell, Salz.

Menu 56 € (Mittags), 69/148 € – Karte 74/94 €

Stadtplan: L2-s – Ballindamm 40 (2. Etage) ✉ 20038 – ✆ 040 32507944 – www.se7en-oceans.de – Geschlossen 10.-23. Februar, 10.-23. August, Montag, Sonntag

⸙ Die Gute Botschaft ⓝ

REGIONAL • TRENDY X Lebhaft und ungezwungen geht es hier im ehemaligen US-Generalkonsulat zu. Die Küche kann man direkt einsehen, sie ist quasi Teil des Restaurants, alles ganz offen. Der Service arbeitet flott und kompetent. Man merkt, dass hier Profis am Werk sind. Die Gerichte sind ein Mix aus Regionalem und Japanischem. Tipp: das Omakase-Menü.

Spezialitäten: Kimchi Sprotten mit konfiertem Eigelb. Katsu Sando mit Wagyu-Hüfte, Kraut und Tonkatsu-Sauce. Yuzu-Pudding mit Kokoseis und Grüntee-Granité.

Menu 63 € – Karte 28/81 €

Stadtplan: L1-c – Alsterufer 3 ✉ 20354 – ✆ 040 28410014 – www.dgb.hamburg – Geschlossen Sonntag, mittags: Samstag, abends: Montag-Dienstag

ⓣ○ Jahreszeiten Grill ⟨ ♿ AC 🚗

FRANZÖSISCH-KLASSISCH • ELEGANT XXX Eine stilvolle Hamburger Institution mit Art-déco-Ambiente, die neben Klassikern wie "Hamburger Pannfisch, Senfsauce, Bratkartoffeln" auch Feines wie "Atlantik-Hummer mit Frisée und Kräutern" sowie Grillgerichte bietet - immer aus erstklassigen Produkten.

Menu 33 € (Mittags)/75 € – Karte 74/118 €

Stadtplan: L2-v – Fairmont Hotel Vier Jahreszeiten, Neuer Jungfernstieg 9 ✉ 20354 – ✆ 040 34940 – www.fairmont-hvj.de

ⓣ○ NIKKEI NINE

JAPANISCH • CHIC XX Einer der angesagtesten kulinarischen Hotspots der Elbmetropole! Die Atmosphäre ist stylish und warm zugleich, gekocht wird japanisch mit peruanischen Einflüssen: "Toban Yaki von Meeresfrüchten", "kalte Soba-Nudeln, Ei, Kaviar, Dashi-Soja", Wagyu-Steak, Sushi & Sashimi... Die Produkte sind top!

Menu 32 € (Mittags)/89 € – Karte 47/185 €

Stadtplan: L2-v – Fairmont Hotel Vier Jahreszeiten, Neuer Jungfernstieg 9 ✉ 20354 – ✆ 040 34943399 – www.nikkei-nine.de

HAMBURG

ⅡO **Anna Sgroi** ♨

ITALIENISCH · ELEGANT ✗✗ Charmant ist die Atmosphäre in dem aufwändig renovierten Haus von 1897. Angenehm reduziert ist sowohl das stilvoll-gemütliche Interieur als auch die klassisch italienische Küche. Letzteres gibt es z. B. als "Ravioli von Sylter-Royal-Austern und Spinat mit Schnittlauch". Zusätzliches günstiges Mittagsangebot.

Menu 40 € (Mittags), 77/89 € – Karte 40/72 €

Stadtplan: G2-e – *Milchstraße 7* ✉ *20148* – *ⓒ 040 28003930* – *www.annasgroi.de* – *Geschlossen Montag, Dienstag, mittags: Samstag-Sonntag*

ⅡO **DIE BANK** ♨

INTERNATIONAL · BRASSERIE ✗✗ Einer der Hotspots der Stadt! Kein Wunder, denn die Kassenhalle im 1. OG des einstigen Bankgebäudes von 1897 ist eine beeindruckende Location. Zu den Klassikern zählen hier z. B. "Tunasashimi mit Sesamvinaigrette und Wasabigurken" oder "Steak Frites vom Weideochsen". Bar mit Brasserie-Karte.

Menu 29 € (Mittags), 65/74 € – Karte 48/72 €

Stadtplan: K2-d – *Hohe Bleichen 17* ✉ *20354* – *ⓒ 040 2380030* – *www.diebank-brasserie.de* – *Geschlossen Sonntag*

ⅡO **Bootshaus Bar & Grill** ⓝ ♨ AC

FLEISCH · ZEITGEMÄẞES AMBIENTE ✗✗ Das "Bootshaus" liegt mitten in der HafenCity. Gemütlich sitzt man im "Boot" mit Blick in die offene Küche - oder möchten Sie lieber vom luftig-lichten Barbereich auf den Grasbrookhafen schauen? Im Mittelpunkt steht Fleisch vom Josper-Grill: "New York Strip", "Rib Eye"... - genau richtig zubereitet! Dazu eine große Auswahl an Beilagen und gute Saucen.

Karte 33/84 €

Stadtplan: G3-c – *Am Kaiserkai 19 (Vasco da Gama Platz)* ✉ *20457* – **U** *Überseequartier* – *ⓒ 040 33473744* – *www.bootshaus-hafencity.de* – *Geschlossen Montag, Sonntag, mittags: Dienstag-Samstag*

ⅡO **Henriks** ♨ ᴖ AC

INTERNATIONAL · DESIGN ✗✗ In dem chic designten Restaurant wird ambitioniert gekocht. Das Angebot ist ein Mix aus asiatischer, mediterraner und regionaler Küche und reicht von Wiener Schnitzel bis Hummer. Dazu eine gute Weinauswahl. Beliebt die großzügige Terrasse samt Lounge.

Karte 40/117 €

Stadtplan: L1-b – *Tesdorpfstraße 8* ✉ *20148* – *ⓒ 040 288084280* – *www.henriks.cc*

ⅡO **Heritage** ᴖ AC 🚗

GRILLGERICHTE · TRENDY ✗✗ Das Restaurant bietet nicht nur einen fantastischen Ausblick auf die Alster, auch die Küche lockt. Es gibt Internationales wie "Nordsee-Steinbutt mit Belugalinsen und Limonen-Hollandaise" oder erstklassige gereifte Steaks mit besonderem Aroma - dem 800°-US-Southbend-Broiler sei Dank!

Menu 89 € – Karte 56/111 €

Stadtplan: M2-d – *Hotel Le Méridien, An der Alster 52* ✉ *20099* – *ⓒ 040 21001070* – *www.heritage-hamburg.com* – *Geschlossen mittags: Montag-Sonntag*

ⅡO **IZAKAYA** ♨ AC ⟷

JAPANISCH · ELEGANT ✗✗ Hier gibt es japanische Küche mit einem für Deutschland ausgesprochen umfangreichen Angebot an top Produkten. Macht Ihnen z. B. "Crispy Soft Shell Crab, Mango & Chili Lime Dressing" Appetit? Die Atmosphäre ist lebhaft und hip - chic die Bar. Das Glasdach des Innenhofs lässt sich öffnen!

Karte 45/96 €

Stadtplan: L3-n – *Hotel Sir Nikolai, Katharinenstraße 29* ✉ *20457* – *ⓒ 040 29996669* – *www.izakaya-restaurant.com* – *Geschlossen Sonntag*

ⵏ○ petit bonheur

FRANZÖSISCH-KLASSISCH · BRASSERIE ✗✗ Draußen die geschmackvolle Jugendstilfassade, drinnen eine charmant-elegante Brasserie - sehr schön die Bilder aus der Kunstsammlung des Chefs! Gekocht wird natürlich klassisch-französisch, von Taschenkrebssalat über Bouillabaisse bis zum Entrecôte. Und als Dessert am Tisch flambierte Crêpes Suzette?

Menu 45/89 € – Karte 41/87 €

Stadtplan: J3-p – *Hütten 85* ✉ *20355 - ☎ 040 33441526 -*
www.petitbonheur-restaurant.de – Geschlossen Montag, Sonntag

ⵏ○ STRAUCHS FALCO

INTERNATIONAL · TRENDY ✗✗ In den Elbarkaden mitten in der HafenCity finden Sie dieses stylish-schicke Restaurant. Gekocht wird international - schmackhaft z. B. "Ceviche von der Eismeerforelle, Verjus, Trauben, Meerrettichespuma, Forellenkaviar", "Vitello Tonnato Spezial" oder auch "Rib Eye vom US Prime Beef". Im OG eine Tapasbar.

Karte 27/86 €

Stadtplan: L3-b – *Koreastraße 2* ✉ *20457 - ☎ 040 226161511 -*
www.falco-hamburg.de

ⵏ○ Tschebull

ÖSTERREICHISCH · ZEITGEMÄßES AMBIENTE ✗✗ In der 1. Etage der exklusiven Einkaufspassage ist der Bezug zu Österreich allgegenwärtig: als Deko in Form von Kuhglocken und Edelweiß-Motiv an der Decke sowie Bergpanorama-Wandbild, auf dem Teller in Form von Klassikern wie Wiener Schnitzel, Kaiserschmarrn & Co. Dazu auch modernere Gerichte wie "warm gebeizter Saibling". Legerer: "Beisl" mit "Austrian Tapas".

Menu 50/60 € – Karte 42/79 €

Stadtplan: M2-t – *Mönckebergstraße 7 (1. Etage)* ✉ *20095 - ☎ 040 32964796 -*
www.tschebull.de – Geschlossen Sonntag

ⵏ○ YOSHI im Alsterhaus

JAPANISCH · FREUNDLICH ✗✗ In der 4. Etage des noblen Einkaufszentrums finden Sie diesen Treffpunkt für Freunde japanischer Esskultur. Japanische Köche bringen hier Tradition und Moderne in Einklang, z. B. mit "Kamo-Nabe", "Blaukrabben-Tempura mit Matcha-Salz" oder Sushi. Gefragte Dachterrasse!

Menu 28 € (Mittags), 48/98 € – Karte 36/113 €

Stadtplan: L2-b – *Jungfernstieg 16 (Alsterhaus 4. OG - Direkter Lift-Zugang Poststraße 8)* ✉ *20354 - ☎ 040 36099999 - www.yoshi-hamburg.de -*
Geschlossen Sonntag

ⵏ○ Basil & Mars

MODERNE KÜCHE · HIP ✗ Trendig-chic und angenehm leger ist es in dem Restaurant direkt bei der Kennedybrücke. In der offenen Küche wird modern gekocht, mit mediterranen und asiatischen Einflüssen: "Calamaretti vom Grill", "Lachsfilet mit Sesamspinat und Yakitori-Sauce", "US Black Angus Steak"... Tipp: das 6-gängige "Chef's Choice"-Menü. Mo. - Fr. einfachere Mittagskarte.

Menu 18 € (Mittags)/47 € – Karte 36/85 €

Stadtplan: L1-a – *Alsterufer 1* ✉ *20354 - ☎ 040 41353535 - www.basilundmars.com -*
Geschlossen Sonntag, mittags: Samstag

ⵏ○ Bistrot Vienna

MARKTKÜCHE · BISTRO ✗ Charmant-lebhaft ist das etwas versteckt liegende kleine Restaurant. In quirlig-legerer Atmosphäre gibt es saisonal-internationale Gerichte wie "Carpaccio vom Oktopus" oder "Fenchelbratwurst mit Rahmwirsing". Reservierung nicht möglich!

Menu 28 € – Karte 26/46 €

Stadtplan: F2-c – *Fettstraße 2* ✉ *20357 - ☎ 040 4399182 -*
www.vienna-hamburg.de – Geschlossen Montag, mittags: Dienstag-Sonntag

◎○ Brook

INTERNATIONAL · BISTRO ✗ Hier wird mit internationalen, deutschen und klassischen Einflüssen gekocht, z. B. "Lammcarré mit Schneidebohnen und Parmesankartoffeln" oder "Reh mit Rosenkohl und Maronen". Abends ist die hübsch angestrahlte Speicherstadt vis-à-vis ein schöner Anblick!

Menu 19 € (Mittags), 39/43 € – Karte 16/56 €

Stadtplan: L3-f – *Bei den Mühren 91* ✉ *20457 –*
𝒞 040 37503128 – www.restaurant-brook.de – Geschlossen Montag, Sonntag

◎○ Butcher's american steakhouse ⟷

FLEISCH · FAMILIÄR ✗ Steak-Liebhaber aufgepasst! Hier setzt man auf exklusives Nebraska-Beef, und das steht auf dem Teller absolut im Mittelpunkt! Wer Seafood vorzieht, bekommt ebenfalls tolle Qualität. Tipp: Besonders gemütlich hat man es im Winter am Kamin.

Karte 71/173 €

Stadtplan: G2-n – *Milchstraße 19* ✉ *20148 –*
𝒞 040 446082 – www.butchers-steakhouse.de – Geschlossen Sonntag,
mittags: Samstag

◎○ Coast by east

FUSION · FREUNDLICH ✗ Schön am Wasser gelegen, an den "Marco-Polo-Terrassen" am Rand der HafenCity! Ein weiterer Trumpf ist das Konzept: euro-asiatische Speisen und kreative Sushiküche. Im UG gibt es noch mehr Gastronomie: die Enoteca mit italienischem Angebot. Ab 18 Uhr parken Sie in der Unilever-Garage nebenan.

Karte 46/95 €

Stadtplan: G3-a – *Großer Grasbrook 14* ✉ *20457 –*
𝒞 040 30993230 – www.coast-hamburg.de

◎○ Cox

INTERNATIONAL · BISTRO ✗ Sympathisch-leger - ein Bistro im besten Sinne! Das bunt gemischte Publikum bestellt hier z. B. "Lammfilets mit Basilikum-Pesto im Brickteig gebraten, Ratatouille, frittierte Kapern". Freundlich und aufmerksam der Service. Beliebt: das günstige Mittagsangebot.

Menu 44/49 € – Karte 36/52 €

Stadtplan: M2-v – *Lange Reihe 68* ✉ *20099 –*
𝒞 040 249422 – www.restaurant-cox.de

◎○ Heldenplatz

FRANZÖSISCH-MODERN · TRENDY ✗ Hier bietet man bis Mitternacht die gesamte Karte! Wie wär's z. B. mit "Bresse-Taube, Topinambur, eingelegte Holunderbeeren, Pistazie"? Und als Dessert vielleicht "Zitruskuchen"? Ebenso ansprechend das Ambiente: geradlinig-modernes Design und markante Bilder an den Wänden.

Menu 65/79 € – Karte 50/70 €

Stadtplan: L3-h – *Brandstwiete 46* ✉ *20457 –*
𝒞 040 30372250 – www.heldenplatz-restaurant.de – Geschlossen Montag, Dienstag,
mittags: Mittwoch-Sonntag

◎○ Kinfelts Kitchen & Wine

MARKTKÜCHE · CHIC ✗ In unmittelbarer Nähe zur Elbphilharmonie betreibt der aus dem "Trüffelschwein" bekannte Kirill Kinfelt sein zweites Restaurant. Chic-modern die Einrichtung, ambitioniert und zugleich bodenständig die regional-saisonale Küche. Die schöne Weinauswahl zeigt fundiertes Sommelierwissen. Preiswerte Mittagskarte.

Menu 49/69 € – Karte 35/69 €

Stadtplan: F3-k – *Am Kaiserkai 56* ✉ *20457 –*
𝒞 040 30068369 –
www.kinfelts.de – Geschlossen 1.-5. Januar, Montag, mittags: Dienstag-Samstag

🍴○ **Petit Délice**   🏡 AC ⟷

FRANZÖSISCH-KLASSISCH · NACHBARSCHAFTLICH ⅋ Mit den Brüdern Henssler (Söhne des einstigen Betreibers aus den 80er Jahren) sorgt in der schicken zentral gelegenen Einkaufspassage "Galleria" die junge Generation für aufmerksamen Service und klassische Küche ohne Schnickschnack, so z. B. "Steinbutt, Erbsenpüree, Champagnersauce". Sehr schön die Terrasse zum Fleet!

Menu 60/90 € – Karte 45/81 €

Stadtplan: K2-p – *Große Bleichen 21 (in der Galleria Passage)* ✉ 20354 –
✆ 040 343470 – www.petit-delice-hamburg.de –
Geschlossen Sonntag

Hotels

🏛️ **Fairmont Hotel Vier Jahreszeiten**

🏹 ≼ 🛋 🕸 🕸 ⅃ 🖃 ⅃ AC 🐾 🚗

GROßER LUXUS · ELEGANT Ein Grandhotel alter Schule mit über 120 Jahren Tradition - das spiegelt sich in Stil, Eleganz, Service und hanseatischer Diskretion wider! Keine Frage, hier wohnt man absolut wertig und geschmackvoll, und das direkt an der Binnenalster. Highlight in Sachen Design ist die exklusive "Ralph Lauren Suite"! Legendär: Afternoon Tea in der stilvollen "Wohnhalle".

139 Zimmer – ♀♀ 325/545 € – ⊑ 45 € – 17 Suiten

Stadtplan: L2-v – *Neuer Jungfernstieg 9* ✉ 20354 –
✆ 040 34940 – www.fairmont-hvj.de

🍴○ **Jahreszeiten Grill** · ✿✿ **Haerlin** · 🍴○ **NIKKEI NINE** – Siehe Restaurantauswahl

🏛️ **The Fontenay**   🏹 ≼ 🛋 ⅃ 🗂 🕸 🕸 ⅃ 🖃 ⅃ AC 🐾 🚗

GROßER LUXUS · ELEGANT Edel-modernes Design gepaart mit hanseatischer Zurückhaltung, das hat Stil! Schön licht die Architektur, äußerst hochwertig die Ausstattung. Alles hier vermittelt Exklusivität, von den großzügigen Zimmern (teils mit herrlichem Blick zur Alster) über den Spa samt tollem Pool in der 6. Etage bis zum Service. Das "Lakeside" im 7. Stock bietet internationale Küche.

113 Zimmer – ♀♀ 305/745 € – ⊑ 35 € – 17 Suiten

Stadtplan: L1-t – *Fontenay 10* ✉ 20354 –
✆ 040 60566050 – www.thefontenay.de

🏛️ **Atlantic Kempinski**   🏹 ≼ 🗂 🕸 🖃 AC 🐾 🚗

GROßER LUXUS · KLASSISCH Das "Weiße Schloss an der Alster" zeigt sich so richtig luxuriös! Sie betreten eine Lobby voll purer Klassik, nächtigen in Zimmern von edler Zeitlosigkeit (feines Ebenholz, topmoderne Technik...) und tagen oder feiern in stilvollen Salons! Das elegante Restaurant bietet klassische Küche, modern-saisonales Angebot im chic-legeren "Atlantic Grill & Health".

221 Zimmer – ♀♀ 199/579 € – ⊑ 35 € – 33 Suiten

Stadtplan: M2-a – *An der Alster 72* ✉ 20099 –
✆ 040 28880 – www.kempinski.com/hamburg

🏛️ **Park Hyatt**   🏹 🗂 🕸 🕸 ⅃ 🖃 ⅃ AC 🐾 🚗

GROßER LUXUS · MODERN Im 1. Stock empfängt man in dem einstigen Kontorhaus von 1912 seine Gäste. Von der geschmackvollen Lounge bis in die Zimmer überzeugt das Luxushotel mit Wertigkeit und zeitgemäßer Eleganz. Das Restaurant "Apples" lädt mit seiner Showküche zum Zuschauen ein.

283 Zimmer – ♀♀ 250/550 € – ⊑ 34 € – 21 Suiten

Stadtplan: M3-b – *Bugenhagenstraße 8 (im Levantehaus)* ✉ 20095 –
✆ 040 33321234 – www.hamburg.park.hyatt.de

HAMBURG

⌂⌂⌂⌂ Fraser Suites ⓝ   ☆ 〝 ⅃⌂ 🖭 🕭 🅰

HISTORISCHES GEBÄUDE · GROSSER LUXUS Ein wahrhaft imposanter Bau! Bei der Konversion des ehemaligen Sitzes der Oberfinanzdirektion hat man wunderschöne historische Details sorgsam restauriert und so einen beeindruckenden Rahmen für dieses luxuriöse Hotel geschaffen. Prächtig die Marmor-Lobby, stilvoll-modern und großzügig die Zimmer und Suiten (viele mit Kitchenette), elegant "The Dining Room".

154 Zimmer – †† 130/350 € – 44 Suiten

Stadtplan: K3-m – Rödingsmarkt 2 ✉ 20459 – ☎ 040 3808636888 – www.frasershospitality.com

⌂⌂⌂⌂ Le Méridien   ☆ 🖭 〝 ⅃⌂ 🖭 🕭 🅰 🚗

KETTENHOTEL · MODERN Der attraktive klare Stil zieht sich von den Zimmern (hier speziell entworfene therapeutische Betten) bis in den Wellnessbereich. Was halten Sie von einem Panorama-Zimmer zur Alster in einer der oberen Etagen? Ebenso schön ist die Sicht von Restaurant und Bar im 9. Stock (auch per Außen-Glaslift erreichbar!).

275 Zimmer – †† 169/309 € – ☲ 32 € – 14 Suiten

Stadtplan: M2-d – An der Alster 52 ✉ 20099 – ☎ 040 21000 – www.lemeridienhamburg.com

⑩ **Heritage** – Siehe Restaurantauswahl

⌂⌂⌂⌂ SIDE   ☆ 🖭 🌐 〝 ⅃⌂ 🖭 🕭 🅰 🚗 ♨ 🚗

LUXUS · DESIGN "SIDE 2. 0" trifft es auf den Punkt, denn hinter der schicken Glas-Naturstein-Fassade hat Matteo Thun ein topmodernes, klares, exklusives Design geschaffen, angefangen bei der 28 m hohen Lobby über die geräumigen Zimmer samt neuester Technik bis zum tollen Spa und der farbenfrohen Sky Lounge mit Dachterrasse! Im trendigen "[m]eatery" kommen Fleischfans auf ihre Kosten.

178 Zimmer – †† 175/650 € – ☲ 30 € – 10 Suiten

Stadtplan: K2-a – Drehbahn 49 ✉ 20354 – ☎ 040 309990 – www.side-hamburg.de

⌂⌂⌂⌂ Sofitel Alter Wall ⓝ   ☆ 🖭 🌐 〝 ⅃⌂ 🖭 🕭 🅰 🚗

KETTENHOTEL · DESIGN Puristisch und luxuriös zugleich ist der klare moderne Style. Das Alsterfleet hat man gleich vorm Haus - das genießt man am besten auf der Terrasse direkt über dem Wasser! Dazu ein schicker Spa. Im "Ticino" gibt es italienisch-mediterrane Küche.

223 Zimmer – †† 180/280 € – ☲ 32 € – 18 Suiten

Stadtplan: K3-b – Alter Wall 40 ✉ 20457 – ☎ 040 369500 – www.sofitel.com

⌂⌂⌂⌂ The Westin   ☆ ≤ 🖭 🌐 〝 ⅃⌂ 🖭 🕭 🅰 🚗

LUXUS · TRENDIG Das neue Wahrzeichen Hamburgs, die Elbphilharmonie, ist eine wirklich spektakuläre Location: unten alter Speicher, oben futuristisches Bauwerk, im Übergang die "Plaza". Grandios der Blick auf Hafen und HafenCity, hell, topmodern, puristisch die Zimmer, chic der Spa. Norddeutsche Küche im Restaurant "Fang & Feld".

244 Zimmer – †† 220/500 € – ☲ 30 € – 39 Suiten

Stadtplan: F3-a – Am Platz der Deutschen Einheit 2 ✉ 20457 – ☎ 040 8000100 – www.westinhamburg.com

⌂⌂⌂ The George   ☆ 〝 🅰 🚗 🚗

URBAN · DESIGN Modern-britisch der Stil - cool und urban. Ob Bibliothek, Bar oder Zimmer, überall gedeckte Töne und Details wie Bilder, Bezüge, Tapeten. Geräumig die "M"-Zimmer, die "S"-Zimmer kleiner und zur Straße gelegen. Genießen Sie von der Dachterrasse den Blick über Hamburg! Mediterran-italienische Küche im "DaCaio".

125 Zimmer – †† 150/290 € – ☲ 22 € – 2 Suiten

Stadtplan: G2-g – Barcastraße 3 ✉ 20038 – ☎ 040 2800300 – www.thegeorge-hotel.de

Sir Nikolai ·

URBAN · ELEGANT Direkt am Nikolai-Fleet liegt dieses zunächst unscheinbar wirkend Gebäude. Drinnen erwartet Sie ein attraktives Interieur: trendy, modern, hochwertig. Die Zimmer sind zwar nicht allzu groß, aber fast schon luxuriös ausgestattet.

94 Zimmer – ♥♥ 103/623 € – ⌂ 23 € – 7 Suiten

Stadtplan: L3-n – *Katharinenstraße 29* ✉ 20457 – ☎ 040 29996660 –
www.sirhotels.com/nikolai

🍴 **IZAKAYA** – Siehe Restaurantauswahl

TORTUE · 🔆 ⬆ AC 🕍

BOUTIQUE-HOTEL · ELEGANT Wertiges modern-elegantes Design von der Lobby über die Zimmer bis zu den Restaurants! In der "brasserie" speist man französisch, im "JIN GUI" asiatisch. Dazu ein herrlicher Innenhof sowie Bars, in denen regelmäßig angesagte After-Work-Partys stattfinden. Überall im Haus präsent: das Markenzeichen Schildkröte (frz. "tortue") in Form von Statuen, Lampen, Bildern...

120 Zimmer – ♥♥ 190/340 € – ⌂ 22 € – 6 Suiten

Stadtplan: K2-t – *Stadthausbrücke 10* ✉ 20355 – ☎ 040 33441400 – *www.tortue.de*

HENRI · 🔆 📶 ⬆ AC P 🚗

URBAN · VINTAGE Ein Hotel mit besonderer Atmosphäre: Hochwertig und mit dem Komfort von heute lässt man in dem einstigen Kontorhaus die 50-60er Jahre wieder aufleben. Charmant: Lounge mit Wohnzimmer-Flair, Küche mit Snacks und Getränken sowie täglichem "Abendbrod" und Kuchen am Wochenende!

61 Zimmer – ♥♥ 108/999 € – ⌂ 16 € – 4 Suiten

Stadtplan: LM3-a – *Bugenhagenstraße 21* ✉ 20095 – ☎ 040 5543570 –
www.henri-hotel.com

25hours Hafen City · 🔆 📶 ⬆ 🕍 AC 🕍 🚗

URBAN · INDIVIDUELL An Individualität ist das hier kaum zu überbieten! Da trifft junges klares Design auf gemütliches Holz, Seemannsgeschichten, alte Schallplatten im loungigen "Vinyl Room", Gäste-Seesack in der Hafensauna auf dem Dach... Und die Zimmer sind natürlich Kojen! Am Wochenende Langschläferfrühstück bis 12 Uhr.

170 Zimmer – ♥♥ 150/510 € – ⌂ 21 €

Stadtplan: G3-h – *Überseeallee 5* ✉ 20457 – ☎ 040 2577770 –
www.25hours-hotels.com

🏠 25hours Hotel Altes Hafenamt · 🔆

BOUTIQUE-HOTEL · TRENDIG Trendig-urbanes Design mit Industrie-Flair und maritimen Details - so kommt das Boutique-Hotel im denkmalgeschützten ältesten Gebäude der HafenCity daher. Die individuellen Zimmer nennen sich "Stuben". Leseratten werden in der "mare Schmökerstube" fündig. Das Restaurant "NENI" bietet ostmediterrane Küche.

47 Zimmer – ♥♥ 149/349 € – ⌂ 18 €

Stadtplan: G3-d – *Osakaallee 12* ✉ 20038 – ☎ 040 5555750 –
www.25hours-hotels.com/hotels/hamburg/altes-hafenamt

ullstein bild/Getty Images

Außerhalb des Zentrums

In Hamburg-Altona

⚙ Le Canard nouveau   🕸 ⟨ 🏠 ⇄ **P**

INTERNATIONAL · GERADLINIG XxX "Le Canard nouveau 2. 0" - so nennt Küchenchef Norman Etzold das im Juni 2019 nach einem Brand in schickem Design wiedereröffnete Restaurant. Der gebürtige Thüringer, der zuvor im "Edvard" in Wien Sterneküche bot, gibt hier kreative Gerichte zum Besten. Angenehm klar sein Stil, z. B. beim Kabeljau mit Artischocke und Speck. Ausgezeichnete Produkte stehen im Fokus und werden gelungen mit reichlich Kräutern und Essenzen ergänzt. Serviert wird teilweise von den Köchen selbst. Klasse ist übrigens auch der Rahmen: Architekt Meinhard von Gerkan hätte der tollen Lage seines Restaurants nicht besser gerecht werden können als mit einem halbrunden Bau in Dampfer-Form nebst großer Fensterfront und wunderbarer Terrasse mit faszinierendem Blick auf die Elbe und den niemals ruhenden Containerhafen!

Spezialitäten: Hummer, Kohlrabi, Vanille. Rind, Zwiebel, Lauch, Kartoffel. Zitronentarte.

Menu 45 € (Mittags), 89/129 € – Karte 66/79 €

Stadtplan: C3-a – *Elbchaussee 139* ✉ *22763* – ☎ *040 88129531* – *www.lecanard-hamburg.de* – *Geschlossen 1.-13. Januar, 6. Juli-3. August, 3.-19. Oktober, Montag, Sonntag, mittags: Samstag*

⚙ Landhaus Scherrer (Heinz O. Wehmann)   🕸 **AC** ⇄ **P**

FRANZÖSISCH-KLASSISCH · ELEGANT XxX Heinz O. Wehmann gehört zum "Landhaus Scherrer" wie der "Michel" zu Hamburg! Schon seit 1980 ist er Küchenchef in dem 1976 von Armin und Emmi Scherrer eröffneten Restaurant (bereits seit 1978 mit einem, zeitweise sogar mit zwei MICHELIN Sternen ausgezeichnet!). In vielen Restaurants ein Trend, hier seit Jahren eine Selbstverständlichkeit: herausragende regionale, oftmals biozertifizierte Produkte! So klassisch wie das Ambiente (Hingucker ist nach wie vor das große erotische Gemälde!) sind auch die Speisen. Absolut fantastisch z. B. das Holsteiner Reh mit exzellenter Rosmarin-Sauce. Dazu beeindruckt der gewachsene Weinkeller mit über 10.000 Flaschen! Der Service aufmerksam und professionell, aber keineswegs steif. Alternative zur Gourmetküche: gute regionale Gerichte in "Wehmann's Bistro".

Spezialitäten: Tatar vom Demeter Limousin Rind mit gepökeltem Kalbskopf, fermentierter Knoblauch. Steinbutt an der Gräte gekocht mit Wasabischaum, geriebene Meerrettichwurzel. Quarkknödel aus der Wilster Marsch mit Salzkaramelleis.

Menu 75 € (Mittags), 89/142 € – Karte 77/120 €

Stadtplan: C3-c – *Elbchaussee 130* ✉ *22763* – ☎ *040 883070030* – *www.landhausscherrer.de* – *Geschlossen Sonntag*

⚙ Petit Amour (Boris Kasprik)   🏠

FRANZÖSISCH-KREATIV · CHIC XX "Petit Amour" - ein kleines Restaurant, in dem jede Menge Liebe steckt. Und zwar die von Boris Kasprik. Der gebürtige Hamburger kochte u. a. bei Alain Ducasse im "Le Jules Vernes" in Paris, im "Nihonryori RyuGin" in Tokio oder auch im "Louis C. Jacob" hier in der Hansestadt, bevor er in dem hübschen Eckhaus dieses wertig-moderne und gleichermaßen gemütliche Restaurant eröffnet hat. Die Atmosphäre ist recht intim, der Service freundlich und versiert - da fühlt man sich wohl. Ebenso viel Hingabe zeigt Patron Boris Kasprik am Herd: kreative klassisch basierte Küche, die geschickt mit Strukturen spielt und Top-Produkte - vom bretonischen Hummer bis zum zarten Salzwiesenlamm aus Mont-Saint-Michel - in den Mittelpunkt stellt. Geöffnet hat man April - August von Do. - Sa. , Sept. - März von Di. - Sa.

Spezialitäten: Terrine von der Foie Gras mit Datteln, Sanddorn und Salzzitrone. Pastilla von der Taube mit Kirschen, Pinienkernen und Süßholz. Geeiste Portweinfeige, Pistazienganache und Fromage Blanc.

Menu 149/199 €

Stadtplan: D3-a – *Spritzenplatz 11* ✉ *22765* – ☏ *040 30746556* – *www.petitamour-hh.com* – *Geschlossen 13.-27. Januar, Montag, Dienstag, Sonntag, mittags: Mittwoch-Samstag*

🍽️ Fischereihafen Restaurant

FISCH UND MEERESFRÜCHTE · KLASSISCHES AMBIENTE XXX Es ist und bleibt eine Institution - gewissermaßen das Hamburger "Wohnzimmer" für Fischliebhaber, ob Alt oder Jung! In elegantem hanseatisch-traditionellem Ambiente samt Hafenblick kommen topfrische Qualitätsprodukte vom Fischmarkt auf den Tisch, von "Nordsee-Steinbutt in Senfsauce" bis "Hummerragout mit Cognac".

Menu 25 € (Mittags), 46/75 € – Karte 42/118 €

Stadtplan: E3-d – *Große Elbstraße 143* ✉ *22767* – ☏ *040 381816* – *www.fischereihafenrestaurant.de*

🍽️ RIVE

FISCH UND MEERESFRÜCHTE · BRASSERIE XX Die Betreiber des "Tschebull" leiten auch dieses direkt am Hafen gelegene Bistro. Es gibt Seafood und Grillgerichte mit Geschmack und Niveau, aber auch Klassiker wie Hamburger Pannfisch und Wiener Schnitzel sind zu haben. Im Sommer ist die wunderbare Terrasse praktisch ein Muss! Durchgehend warme Küche.

Menu 33 € (Mittags), 55/65 € – Karte 41/116 €

Stadtplan: E3-r – *Van-der-Smissen-Straße 1* ✉ *22767* – ☏ *040 3805919* – *www.rive.de* – *Geschlossen 2.-13. Januar, Montag*

🍽️ Au Quai ⓝ

FISCH UND MEERESFRÜCHTE · HIP X Trendig, hip und relaxed geht es hier direkt am Wasser zu, toll der Blick auf den Containerhafen - vor allem im Sommer von der Terrasse! Die Küche ist international. Probieren Sie mal "Ceviche vom Gelbflossentuna mit Kokos, Mango und Koriander" oder "krossen Pulpo mit Olivenöl, Pimentos und Frühlingslauch".

Karte 43/89 €

Stadtplan: D3-m – *Große Elbstraße 145 b* ✉ *22767* – ☏ *040 38037730* – *www.au-quai.com* – *Geschlossen 1.-7. Januar, Sonntag, mittags: Samstag*

🍽️ HACO

MODERNE KÜCHE · GEMÜTLICH X Trendig und relaxed geht es in dem netten Eck-Restaurant zu (der Name "HACO" setzt sich übrigens aus "HAmburg" und "COrner" zusammen). Der modern-skandinavische Stil der Einrichtung findet sich auch in der produktorientierten Küche wieder, und die ist auch für Vegetarier und Veganer ein Vergnügen.

Menu 59/99 € – Karte 49/96 €

Stadtplan: F3-h – *Clemens-Schultz-Straße 18* ✉ *20359* – ☏ *040 74203939* – *www.restaurant-haco.com* – *Geschlossen Montag, Sonntag, mittags: Dienstag-Samstag*

🍽️ Henssler Henssler

ASIATISCHE EINFLÜSSE · GERADLINIG X Hier sind vor allem die Sushi- und Sashimi-Variationen gefragt, es gibt aber auch Gerichte wie "Filet von der Dorade" oder "Rib Eye vom Heiderind" mit Beilage und Sauce nach Wahl. Oder lieber "Sushi to go"?

Menu 69 € – Karte 41/70 €

Stadtplan: E3-u – *Große Elbstraße 160* ✉ *22767* – ☏ *040 38699000* – *www.hensslerhenssler.de* – *Geschlossen 23.-31. Dezember, Sonntag*

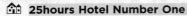
HAMBURG

In Hamburg-Bahrenfeld

🏠 25hours Hotel Number One   ☆ ⇦ 🖵 🏃 🅿

URBAN · MODERN Richtig trendig: Das ehemalige Lagerhaus ist gefragt bei Freunden von modern-urbanem Design mit Retro-Touch. Tipp: Leihfahrräder sowie "Mini" zur Stadterkundung! Praktisch sind auch die Parkplätze am Haus.

128 Zimmer – 👫 85/300 € – 🛏 16 €

Stadtplan: D2-n – *Paul-Dessau-Straße 2* ✉ *22761 –*
☎ *040 855070 – www.25hours-hotels.com*

In Hamburg-Blankenese West: 16 km über Elbchaussee A2

❀❀ Süllberg - Seven Seas (Karlheinz Hauser)   ⊛ ⇦ ≼ 🖼 占 🔟 ⇦

FRANZÖSISCH-MODERN · LUXUS XxxX Da, wo Hamburg am hanseatischsten ist, in Blankenese, liegt das „Süllberg - Seven Seas". Hoch über der Elbe, in einem wilhelminischen Klinkerbau mit hübschen Türmchen im Zuckerbäckerstil und Räumen in stilvoller Noblesse, zelebriert seit 2002 Patron Karlheinz Hauser Feinschmeckerkultur. Ideenreich sind die französisch geprägten Gerichte, die unter der Leitung seines Küchenchefs Axel Krause entstehen. Erstklassige Produkte wie z. B. die tolle Seezunge oder die Imperial-Taube sind selbstverständlich. Entsprechend der ausgezeichneten Küche verrät auch die gut sortierte Weinkarte Kennerschaft und Charakter. Und wenn Sie nach so viel Genuss nicht gleich wieder abreisen möchten, können Sie hier auch niveauvoll übernachten.

Spezialitäten: Jakobsmuscheln mit Tandooriaromen, Mango, Reis, knusprige Hühnerhaut. Schwarzfederhuhn, Artischocke, Brunnenkresse, Schwertmuschel. "Tea Time" Earl Grey, Bergamotte, Honig.

Menu 95/195 €

außerhalb Stadtplan – *Süllbergsterrasse 12* ✉ *22587 –*
☎ *040 8662520 – www.karlheinzhauser.de –*
Geschlossen 1. Januar-19. Februar, Montag, Dienstag, mittags: Mittwoch-Sonntag

In Hamburg-Duvenstedt Nord-Ost: 21 km über B1, Richtung Kiel

🍽 LENZ   🖼 🔟 🅿

REGIONAL · FREUNDLICH X Hier bietet man in freundlicher und moderner Atmosphäre regionale Küche von Labskaus über geschmorte Kalbsbäckchen bis zur roten Grütze. Dazu aufmerksamer Service. Der lichte Wintergarten lässt sich übrigens im Sommer öffnen!

Menu 36 € – Karte 18/99 €

außerhalb Stadtplan – *Poppenbütteler Chaussee 3* ✉ *22397 –*
☎ *040 60558887 – www.restaurant-lenz.de –*
Geschlossen Dienstag

In Hamburg-Eimsbüttel

🍽 Zipang   ◡̻

JAPANISCH · GERADLINIG X "Zipang" bedeutet "Reich der aufgehenden Sonne" - so kocht man hier traditionell japanisch, bindet aber auch gelungen westliche Einflüsse mit ein. In puristischem Ambiente gibt es z. B. "Lachs Teriyaki - Panierter Thunfisch" oder Sushi und Sashimi. Gut die Auswahl an hochwertigen Sake! Einfacheres Lunch-Angebot.

Spezialitäten: Miso-Suppe mit Gemüse. Barbarie Entenbrust Teriyaki. Crème Brûlée Grüner Tee mit Mascarpone.

Menu 26 € (Mittags), 49/69 € – Karte 37/57 €

Stadtplan: F1-z – *Eppendorfer Weg 171* ✉ *20253 –*
☎ *040 43280032 – www.zipang.de –*
Geschlossen Montag, Sonntag

🍴○ **Heimatjuwel** 🏠

KREATIV · GERADLINIG X Marcel Görke, in Hamburg kein Unbekannter, hat hier ein geradlinig-rustikales und ganz legeres kleines Restaurant. Die kreativ-regionale Küche gibt es z. B. als "Fischbrötchen à la Heimatjuwel" oder "Blumenkohl-Raviolo". Reduzierter und einfacher Mittagstisch. Kleine Terrasse auf dem Gehweg.

Menu 22€ (Mittags), 48/80€

Stadtplan: E1-h – *Stellinger Weg 47* ✉ *20255* – ✆ *040 42106989* – *www.heimatjuwel.de* – *Geschlossen 1.-9. Januar, 13. Juli-3. August, Montag, Sonntag, mittags: Dienstag-Mittwoch und Samstag*

🍴○ **Witwenball** 🌿 🏠

MODERNE KÜCHE · BISTRO X Ein chic-modernes "Bistro deluxe" in einem ehemaligen Tanzlokal: hellgrüne Stühle und azurblaue Bänke, glänzende Marmortische, eine markante weiße Marmortheke, dazu dekorative Weinregale... Die themenbezogene Karte wechselt alle paar Wochen. Zu den richtig leckeren Gerichten gibt es über 300 Weine - hier legt man Wert auf ökologischen Anbau. Tipp: die Desserts!

Karte 25/40€

Stadtplan: F2-w – *Weidenallee 20* ✉ *20357* – ✆ *040 53630085* – *www.witwenball.com* – *Geschlossen Montag, mittags: Dienstag-Sonntag*

In Hamburg-Eppendorf

🌸 **Piment** (Wahabi Nouri) 🏠

KREATIV · NACHBARSCHAFTLICH XX Immer engagiert, immer auf Verbesserung bedacht - Wahabi Nouri hat eine unbestechliche Leidenschaft fürs Kochen! Ausgangspunkt sind immer die Zutaten: Seine beiden Menüs basieren auf den besten saisonalen Produkten, die der Markt zu bieten hat, vom saftigen Lamm bis zur köstlichen Makrele. Und welche Aromen auch immer er hinzufügt, das im Mittelpunkt stehende Produkt wird keinesfalls überlagert, sondern vielmehr hervorgehoben. Wahabi Nouri ist auch ein geschickter Techniker, doch die Technik geht nie auf Kosten des Geschmacks - seine Gerichte sind mühelos und einfach zu essen. Die persönliche Note verdankt seine Küche dem Respekt vor seinen familiären Wurzeln. Nouri stammt aus Casablanca, so lässt er hier und da feine nordafrikanische Akzente einfließen, die vielen seiner Speisen eine besondere Dimension verleihen.

Spezialitäten: Foie Gras mit Tajine Aromen. Étouffée Taube à la Marrakesch. Marokkanische Mandelpaste mit Arganöleis.

Menu 78/115€

Stadtplan: F1-a – *Lehmweg 29* ✉ *20251* – ✆ *040 42937788* – *www.restaurant-piment.de* – *Geschlossen Mittwoch, Sonntag, mittags: Montag-Dienstag und Donnerstag-Samstag*

🌸 **Stüffel**

MARKTKÜCHE · CHIC X So attraktiv wie die Lage direkt am Isekai ist auch die saisonale Küche mit mediterranem und regionalem Einfluss. Aus guten Produkten entsteht z. B. "Steinbeißerfilet mit Tomaten-Brot-Salat & Basilikum". Dazu eine gut sortierte Weinkarte - der Chef berät Sie auch gerne selbst. Serviert wird in stylish-modernem Bistro-Ambiente oder auf der Terrasse am Kai.

Spezialitäten: Makrele, Kohlrabi, Liebstöckel, Krabbenchips. Ruppiner Kalbsrücken, Steinpilzkruste, Schichtkartoffeln, Kräuterseitlinge, Sauce Bordelaise. Kirsch Parfait, Joghurt, Amarant.

Menu 37/58€ – Karte 25/66€

Stadtplan: F1-e – *Isekai 1* ✉ *20249* – ✆ *040 60902050* – *www.restaurantstueffel.de* – *Geschlossen 1.-3. Januar, Montag, mittags: Samstag*

🌸 **Brechtmanns Bistro** 🏠

ASIATISCHE EINFLÜSSE · GERADLINIG X Ausgesprochen beliebt ist das sympathische modern-puristische Bistro der Brechtmanns. Machen Ihnen die asiatisch inspirierten Gerichte Appetit? Die gibt es z. B. als "Fischkrapfen mit süß-saurer Chilisauce" oder als "gelbes Thai-Curry" (hier kann man diverse Extras dazu bestellen).

Spezialitäten: Tom Kha Gai. Rotes Thai Curry mit Hähnchenbrust, Pak Choi, Litschi und Auberginen. Limonentarte mit Cashewkern-Sauerrrahmeis.

Menu 39€ – Karte 28/58€

Stadtplan: F1-c – *Erikastraße 43* ✉ *20251* – ☎ *040 41305888* – *www.brechtmann-bistro.de* – *Geschlossen Sonntag, mittags: Samstag*

ⅼО Cornelia Poletto

ITALIENISCH · FREUNDLICH ⅹ Cornelia Poletto bringt hier ein Stück Italien nach Hamburg, und zwar in Form eines gemütlich-modernen Restaurants mit ambitionierter Küche. Die Speisekarte teilt sich in "Cornelia Poletto Classico" und "Menu degustazione". Tipp: Man hat auch eine Kochschule.

Menu 65/159€ – Karte 45/86€

Stadtplan: F1-p – *Eppendorfer Landstraße 80* ✉ *20249* – ☎ *040 4802159* – *www.cornelia-poletto.de* – *Geschlossen 1.-7. Januar, Montag, Sonntag*

ⅼО Poletto Winebar   🍸 🏠

ITALIENISCH · GEMÜTLICH ⅹ In der gemütlich-quirligen Weinbar heißt es bei italienischer Küche "sehen und gesehen werden". Hier bestellt man z. B. "Entrecôte vom Rind, Tomaten-Rucola, gehobelter Parmesan". Und als Dessert vielleicht "Tiramisu Classico"? Kleiner Weinladen nebenan.

Menu 32€ – Karte 35/62€

Stadtplan: F1-w – *Eppendorfer Weg 287* ✉ *20251* – ☎ *040 38644700* – *www.poletto-winebar.de*

In Hamburg-Flottbek

😊 Zur Flottbeker Schmiede   🏠 🅿

PORTUGIESISCH · BISTRO ⅹⅹ Lust auf ein bisschen Portugal in Hamburg? In der denkmalgeschützten alten Schmiede trifft traditionell-deutsches Ambiente (samt authentischer Deko und offener Feuerstelle von einst) auf südländisch-familiäre Atmosphäre und portugiesisch-mediterrane Küche in Form von leckeren Tapas.

Spezialitäten: Gratinierter Ziegenkäse mit Rosmarinhonig. Pulpo gebraten, Chorizo, Paprikagemüse. Leite Creme queimado.

Karte 25/47€

außerhalb Stadtplan – *Baron-Voght-Straße 79* ✉ *20038* – ☎ *040 20918236* – *www.zurflottbekerschmiede.de* – *Geschlossen 1.-8. Januar, Montag, mittags: Dienstag-Sonntag*

😊 HYGGE Brasserie & Bar   🍴 🏠 🅿

REGIONAL · BRASSERIE ⅹⅹ "Hygge" (dänisch) steht für Geborgenheit, Vertrautheit, Gemeinschaft... Chic, stylish und entspannt ist es in dem hübschen Fachwerkhaus, Herzstück der mittige Kamin. Es gibt saisonal-regionale Gerichte wie "gedünstetes Filet vom Müritzsaibling" oder "Hüftsteak vom Hirsch aus heimischer Jagd". Trendige Bar-Lounge.

Spezialitäten: Krosse Beef Tatar Stulle mit gepickelten Zwiebeln und Gartenkresse. Tranche vom Atlantik Heilbutt mit Beurre blanc, Kürbispüree und eingewecktem Kürbis. Buttermilcheis mit Brombeeren und Naturjoghurt vom Milchhof Reitbrook.

Menu 36/48€ – Karte 38/71€

Stadtplan: A2-m – *Hotel Landhaus Flottbek, Baron-Voght-Straße 179* ✉ *22607* – ☎ *040 82274160* – *www.hygge-hamburg.de* – *Geschlossen 1.-12. Januar, mittags: Montag-Sonntag*

🏠 Landhaus Flottbek   🌳 🍴 🈵 🅿

FAMILIÄR · GEMÜTLICH Das geschmackvolle Ensemble aus mehreren Bauernhäusern a. d. 18. Jh. beherbergt neben dem guten Restaurant auch schöne wohnliche Zimmer mit nordischem Touch - vielleicht eines zum Garten hin? Am Morgen lockt ein leckeres Frühstück.

26 Zimmer – 👫 150/190€ – ☕ 21€

Stadtplan: A2-m – *Baron-Voght-Straße 179* ✉ *22607* – ☎ *040 82274110* – *www.landhaus-flottbek.de*

😊 **HYGGE Brasserie & Bar** – Siehe Restaurantauswahl

In Hamburg-Harburg

⌒○ Leuchtturm ⌂ & ♻ 🅿

FISCH UND MEERESFRÜCHTE · GEMÜTLICH XX Seezunge, Zander, wilder Loup de Mer... Fisch und Meeresfrüchte sind hier Spezialität. Serviert werden die frische Küche und auch die schönen Weine und Grappas bei mediterranem Flair oder auf der Terrasse am Außenmühlteich. Großer Festsaal.

Menu 35/39 € – Karte 38/83 €

Stadtplan: A3-e – *Außenmühlendamm 2* ✉ *21073* – ☎ *040 70299777* – *www.leuchtturm-harburg.de*

In Hamburg-Lemsahl-Mellingstedt Nord: 20 km über B1, Richtung Lübeck

⊛ Stock's Restaurant ⌂ ♻ 🅿

FISCH UND MEERESFRÜCHTE · DESIGN XX Ein charmantes Fachwerkhaus, unter dessen Reetdach man schön gemütlich sitzt. Freundlich umsorgt lässt man sich leckere Fischgerichte wie "Black Cod, Avocadopüree, Teriyaki" schmecken. Oder haben Sie Lust auf Sushi? Für Fleischliebhaber gibt's z. B. "Rinderfiletspitzen, Waldpilze, Tagliatelle".

Spezialitäten: Thai Black Tiger Roll, Garnele Tempura, Gurke, Koriander, Spicy Mayo. Geschmorte US-Rinderschulter, Kräuterkruste, Waldpilze, Süßkartoffelstampf. Warmer Grießknödel, Zwetschgenkompott, Vanilleeis.

Menu 23 € (Mittags)/54 € – Karte 34/69 €

außerhalb Stadtplan – *An der Alstersschleife 3* ✉ *22399* – ☎ *040 6113620* – *www.stocks.de* – *Geschlossen Montag*

  ⌒○ **Kaminstube** – Siehe Restaurantauswahl

⌒○ Kaminstube ⌂ 🅿

ÖSTERREICHISCH · GEMÜTLICH X Warmes Holz, Felle auf Stühlen und Bänken, Geweih als Deko - modern-alpenländisches Flair in nordischen Gefilden! Passend dazu österreichische Gerichte wie "Wiener Schnitzel mit Kartoffel-Gurkensalat", aber auch "krossen Zander mit Rahmsauerkraut", "Barbecue Spareribs" oder Sushi. Dachterrasse.

Menu 32/38 € – Karte 31/52 €

außerhalb Stadtplan – *Stock's Restaurant, An der Alstersschleife 3 (1. Etage)* ✉ *22399* – ☎ *040 61136217* – *www.stocks.de* – *Geschlossen Montag, Dienstag*

In Hamburg-Nienstedten West: 13 km über Elbchaussee A2

⊛⊛ Jacob's Restaurant ⊛ ≤ ⌂ AK ♻ 🚗

FRANZÖSISCH-KLASSISCH · CHIC XXX Thomas Martin hat sich nie auf seinem Ruhm ausgeruht. Auch wenn er die Küche in diesem eleganten Hotel direkt an der Elbchaussee schon seit über 20 Jahren leitet, sucht er nach wie vor mit unermüdlichem Eifer nach den besten Zutaten. Auch für neue Ideen ist er immer offen und Anregungen von seinem Team werden gerne ausprobiert. Sein Kochstil lässt zwar seinen klassisch-französischen Background erkennen, doch verleihen geschickt angewendete moderne Techniken und eine raffinierte Präsentation seinen exquisiten Gerichten markante moderne Akzente. Wählen Sie am besten das Menü, dann ist Ihnen ein wunderbar ausgewogenes Rundum-Erlebnis sicher! Der überaus komfortable und edle Speiseraum - hier wird man von einem erfahrenen Serviceteam mit viel Charme und Persönlichkeit umsorgt - schafft die passende Kulisse für diese feine Küche.

Spezialitäten: Störmousse und Imperial Kaviar. Steinbutt mit Beurre Blanc. Karamellisierte Altländer Apfeltarte, Crème Chantilly.

Menu 102/148 € – Karte 71/117 €

außerhalb Stadtplan – *Hotel Louis C. Jacob, Elbchaussee 401* ✉ *22609* – ☎ *040 82255406* – *www.hotel-jacob.de* – *Geschlossen Montag, Dienstag, mittags: Mittwoch-Sonntag*

😊 Weinwirtschaft Kleines Jacob

KLASSISCHE KÜCHE · WEINSTUBE ✗ So mancher hat hier schon sein Lieblings-restaurant gefunden - kein Wunder, denn Weinstuben-Charme, warmes Kerzen-licht und aufmerksamer Service machen es richtig schön. Aus der offenen Küche kommt z. B. "auf der Haut gebratener Adlerfisch mit Rieslingschaum". Speisen und Weine nur aus deutschsprachigem Anbaugebiet.

Spezialitäten: Geräucherter Saibling mit Kartoffel-Buttermilchsud, Kräuteröl und Meerrettich. Rheinischer Sauerbraten von der Rinderschulter mit Spitzkohlsalat und Kartoffelpüree. Vanillepudding mit Roter Grütze.

Menu 36 € – Karte 36/67 €

außerhalb Stadtplan – *Hotel Louis C. Jacob, Elbchaussee 404* ✉ *22609 –*
📞 *040 82255510 – www.kleines-jacob.de – Geschlossen mittags: Montag-Samstag*

🏨 Louis C. Jacob

LUXUS · KLASSISCH Wunderbar die Lage, sehr gut die Führung, top der Ser-vice und überall im Haus hanseatische Eleganz! Darf es vielleicht ein Elbzimmer mit herrlicher Sicht sein? Geschichtlich Interessierte lassen sich den historischen Eiskeller zeigen!

66 Zimmer – 👥 200/475 € – ⌑ 32 € – 19 Suiten

außerhalb Stadtplan – *Elbchaussee 401* ✉ *22609 –* 📞 *040 822550 –*
www.hotel-jacob.de

⭐⭐ Jacob's Restaurant · 😊 Weinwirtschaft Kleines Jacob – Siehe Restaur-antauswahl

In Hamburg-Rothenburgsort

⭐ 100/200 (Thomas Imbusch)

KREATIV · CHIC ✗✗ In einem unscheinbaren Fabrikgebäude trifft "Industrial Chic" auf Sterneküche. Eyecatcher in dem urbanen Loft im 3. Stock: die rundherum ein-sehbare Küche mit tollem Molteni-Herd als Herzstück. Hier entsteht bei 100 bzw. 200 Grad (daher der Name) ein kreatives Überraschungsmenü. Aus Achtung vor den Lebensmitteln verarbeitet man Tiere nach dem "Nose to Tail"-Prinzip. Es gibt z. B. zarte Lunge in hauchdünnem Pastateig mit Petersilienöl und Rindermark. Handwerklich akkurat, durchdacht, geradlinig - so die Handschrift von Thomas Imbusch, den vor allem seine Stationen bei 3-Sterne-Koch Christian Bau in Perl-Nennig sowie bei Tim Mälzer im "Madame X" geprägt haben. Serviert wird übri-gens auf stylischen Tischplatten aus Baumstämmen, und zwar von den Köchen selbst! Hinweis: Reservierung über Ticketsystem.

Spezialitäten: Innereien als Ragout. Das "Pfaffenstück" mit Salzzitrone. Brioche mit Reneklöden.

Menu 95/119 €

Stadtplan: H3-a – *Brandshofer Deich 68* ✉ *20539 –* 📞 *040 30925191 –*
www.100200.kitchen – Geschlossen Samstag, Sonntag, mittags: Montag-Freitag

In Hamburg-St. Pauli

😊 Nil

INTERNATIONAL · NACHBARSCHAFTLICH ✗ In dem Restaurant im Szenevier-tel "Schanze" sitzt man zwar ein bisschen eng, aber gemütlich. Dazu gute Gerichte wie "Zickleinbratwurst mit Linsen und Pastinaken-Apfelsenf" oder "ge-bratener Skrei mit Ofenmöhren und Koriander". Schön der nach hinten gelegene Garten. Kochkurse nebenan.

Spezialitäten: Gebeizter Heilbutt mit Kürbiskernpesto, Quark und Meerrettich. Geschmorte Schulter vom Bunten Bentheimer Schwein mit Nero di Toskana-Kohl und Kartoffelkrapfen. Tiramisu mit Birne und Schokolade.

Menu 34/45 € – Karte 37/52 €

Stadtplan: F3-n – *Neuer Pferdemarkt 5* ✉ *20359 –* 📞 *040 4397823 –*
www.restaurant-nil.de – Geschlossen mittags: Montag-Sonntag

Echt gut im Beet.

Auf dem Teller noch besser.

⊛ philipps 🏠

INTERNATIONAL · HIP 🍴 Eine wirklich nette Adresse, etwas versteckt in einer Seitenstraße. Über ein paar Stufen nach unten gelangt man in ein freundlich-puristisches Lokal mit niedrigen Decken. Locker und engagiert der Service, modern-saisonal die Karte - hier z. B. "Sashimi von der Eismeerforelle, Soja, Ingwer, grüner Spargel, Navetten".

Spezialitäten: Tomatencremesuppe mit Basilikum. Königsberger Klopse, Salzkartoffeln, Rote Bete Salat. Schokoladenkuchen mit flüssigem Kern und Brombeersorbet.

Menu 40/60 € – Karte 36/58 €

Stadtplan: J2-s – *Turnerstraße 9* ✉ *20357* – ☏ *040 63735108* – *www.philipps-restaurant.de* – *Geschlossen 19. Januar-3. Februar, 10.-13. April, 14.-28. Juli, 24.-31. Dezember, Montag, Sonntag, mittags: Dienstag-Samstag*

🍽️ East 🏠 ⅊ 🚗

FUSION · DESIGN 🍴🍴 Ein echter Hingucker ist das Restaurant mit der tollen Industrie-Architektur und dem geradlinig schicken Interieur. Zentrales Element in der einstigen Werkshalle ist der Sushitresen. Auf der Karte moderne Gerichte wie "Red Snapper süß-sauer" sowie feine Steaks vom Southbend-Grill.

Karte 42/105 €

Stadtplan: J2-n – *Hotel East, Simon-von-Utrecht-Straße 31* ✉ *20359* – ☏ *040 309933* – *www.east-hamburg.de* – *Geschlossen mittags: Samstag-Sonntag*

🍽️ Clouds - Heaven's Bar & Kitchen ≤ 🏠 🆔 ⟳

FRANZÖSISCH-MODERN · DESIGN 🍴 Der Blick ist schlichtweg grandios! Hoch über Elbe und Michel speist man modern, schön die Auswahl an Fleisch-Cuts. Ein Klassiker ist auch das am Tisch zubereitete Tatar. Das Interieur: stylish-urban. Ab Mai: Dachterrasse "heaven's nest" für Drinks und Snacks!

Karte 52/130 €

Stadtplan: J3-e – *Reeperbahn 1 (im 23. Stock der Tanzenden Türme)* ✉ *20359* – ☏ *040 30993280* – *www.clouds-hamburg.de* – *Geschlossen mittags: Samstag-Sonntag*

🍽️ haebel

FRANZÖSISCH-KREATIV · ZEITGEMÄßES AMBIENTE 🍴 Ein sehr kleines Restaurant im charmant-modernen Bistrostil, aus dessen offener Küche ein nordisch-französisch inspiriertes Überraschungsmenü kommt - die Karte verrät nur die ausgezeichneten Zutaten, die dann kreativ und angenehm reduziert zubereitet werden.

Menu 39 € (Mittags), 85/105 €

Stadtplan: E3-h – *Paul-Roosen-Straße 31* ✉ *22767* – ☏ *01517 2423046* – *www.haebel.hamburg* – *Geschlossen Montag, Sonntag, mittags: Dienstag-Freitag*

🏨 Empire Riverside Hotel 🍽️ ≤ 🐾 🛋 ⅊ 🤝 🆔 🏋️ 🚗

BUSINESS · DESIGN Puristisches Design von David Chipperfield bestimmt das Hotel nahe den Landungsbrücken. Fragen Sie nach den (Eck-) Zimmern mit Hafenblick! Den bietet auch das Restaurant "Waterkant" - hier kommt in der offenen Showküche Fisch auf den Grill. Der In-Treff schlechthin ist die Panorama-Bar "20 up" im 20. Stock!

327 Zimmer – 🛏️ 129/179 € – ⊡ 23 €

Stadtplan: F3-e – *Bernhard-Nocht-Straße 97* ✉ *20359* – ☏ *040 311190* – *www.empire-riverside.de*

🏨 East 🐾 🛋 ⅊ 🤝 🆔 🏋️ 🚗

BUSINESS · DESIGN Einst Eisengießerei, heute Trendhotel! Topmodern und wertig: neueste Technik, sehr spezielles Design, durchdacht bis ins kleinste Detail! Nicht minder stylish: "Sporting Club".

171 Zimmer – 🛏️ 119/299 € – ⊡ 32 € – 8 Suiten

Stadtplan: J2-n – *Simon-von-Utrecht-Straße 31* ✉ *20359* – ☏ *040 309930* – *www.east-hamburg.de*

🍽️ East – Siehe Restaurantauswahl

HAMBURG

In Hamburg-Sülldorf West: 15 km über A2, Richtung Wedel

🍽️ **Memory** 🛖 **P**

INTERNATIONAL · FAMILIÄR XX Hier fühlt man sich eher wie in einem Privathaus. Der leicht mediterrane Touch sorgt für freundliche Atmosphäre und die Betreiber sind seit Jahren sehr um ihre Gäste bemüht. Die Küche ist angenehm reduziert und konzentriert sich auf das Wesentliche, probieren Sie z. B. "Jakobsmuscheln mit Blattspinat und Rotwein" oder "Hirschrücken mit Roter Bete".

Menu 25€ (Mittags), 39/79€

Sülldorfer Landstraße 222 ✉️ *22589 – ☎️ 040 86626938 –*
www.memory-hamburg.de – Geschlossen 2.-13. März, 1.-31. Juli, Montag, Sonntag,
mittags: Dienstag-Samstag

In Hamburg-Uhlenhorst

🍽️ **Wolfs Junge** 🛖

MARKTKÜCHE · FREUNDLICH X Hier setzt man auf Regionalität und Nachhaltigkeit - da passt das "Nose to Tail"-Konzept gut ins Bild! Die Zutaten bezieht man von ausgewählten Produzenten, Gemüse und Kräuter baut man zum Teil selbst an. Mittags gibt es einfache Kost wie "hausgemachte Bratwurst", abends ein ambitioniert-kreatives Menü mit Gerichten wie "Angler Sattelschwein, Kimchi, Zwiebelferment".

Menu 24€ (Mittags)/79€

Stadtplan: G2-s – *Zimmerstraße 30* ✉️ *22085 – ☎️ 040 20965157 –*
www.wolfs-junge.de – Geschlossen Montag, Sonntag, mittags: Samstag

In Hamburg-Volksdorf Nord-Ost: 16 km über Wandsbecker Chaussee B2,
Richtung Lübeck

🏵️ **Dorfkrug** 🛖 ♻️ **P**

MARKTKÜCHE · RUSTIKAL XX Richtig charmant ist das historische Haus am Museumsdorf mit seinen alten Bauernwerkzeugen, Holzbalken und offenem Kamin. Auf der Karte finden sich Klassiker wie "Zwiebelrostbraten mit Spätzle", aber auch Asiatisches wie "Lachs-Sashimi".

Spezialitäten: Waldpilzsuppe mit Entenbruststreifen. Zanderfilet vom Grill auf Rahmspinat, dazu Rosmarinkartoffeln. Gebackene Feigen mit Vanilleeis und Sahne.

Menu 36/60€ – Karte 28/44€

außerhalb Stadtplan – *Im alten Dorfe 44* ✉️ *22359 – ☎️ 040 6039294 –*
www.dorfkrug-volksdorf.com – Geschlossen Montag, Dienstag,
mittags: Mittwoch-Samstag

In Hamburg-Wandsbek

🍽️ **Ni Hao** 🛖 ♻️

CHINESISCH · KLASSISCHES AMBIENTE X Kanton, Szechuan, Shanghai und Peking - Freunde der chinesischen Küche lassen sich hier auf authentische Art die vier Haupt-Küchenstile näher bringen. Macht Ihnen vielleicht das traditionelle Pekingenten-Menü in vier Gängen Appetit?

Menu 27/49€ – Karte 27/41€

Stadtplan: B2-x – *Wandsbeker Zollstraße 25* ✉️ *22041 – ☎️ 040 6520888 –*
www.ni-hao.de

In Hamburg-Winterhude

🍽️ **Gallo Nero** 🍷 🛖

ITALIENISCH · MEDITERRANES AMBIENTE XX Ristorante, Enoteca, "Alimentari con Cucina", drei schöne Terrassen... In dieser Winterhuder Institution heißt es italienische Lebensart samt produktbezogener Gerichte wie "Burrata con datterino e culatello di Zibello" oder "Calamaretti alla griglia". Dazu tolle italienische Rotweine und schöne Rieslinge!

Menu 54/69€ – Karte 39/68€

Stadtplan: G1-g – *Sierichstraße 46* ✉️ *22301 – ☎️ 040 27092229 – www.gallo-nero.net*

⅋○ Portomarin 🕸 🏠

SPANISCH · GEMÜTLICH ⅩⅩ Lust auf ambitionierte spanische Küche? Aus sehr guten, frischen Produkten entsteht hier z. B. "Wildfang-Wolfsbarsch, Zitronen-Essenz, Honig-Lavendelblütenbutter, Kikos". Die Atmosphäre dazu ist gemütlich und charmant. Schöne Weinauswahl.

Menu 49 € – Karte 38/56 €

Stadtplan: G1-n – *Dorotheenstraße 180* ✉ *22299 – 𝒸 040 46961547 –*
www.portomarin.de – Geschlossen Montag, Sonntag, mittags: Dienstag-Samstag

⅋○ Trüffelschwein 🏠

MODERNE KÜCHE · FREUNDLICH ⅩⅩ Hier kocht man modern und geschmack-sintensiv. Zur guten Küche in Form zweier stimmiger Menüs (darunter eine Vegi-Variante) kommen ein kompetenter und herzlicher Service samt guter Weinbera-tung sowie ein freundliches, angenehm geradliniges Ambiente.

Menu 99/139 €

Stadtplan: G1-t – *Mühlenkamp 54* ✉ *22303 – 𝒸 040 69656450 –*
www.trueffelschwein-restaurant.de – Geschlossen 1.-6. Januar, 9.-16. März, 29. Juni-13. Juli, Montag, Sonntag, mittags: Dienstag-Samstag

Nordrhein-Westfalen – Regionalatlas **27**–E10 – Michelin Straßenkarte 543

🏗️○ **Denkma(h)l** 🏠 **P** 🚭

MARKTKÜCHE · GERADLINIG ✗ Das Konzept: Lehr- und Trainingsgastronomie. Am Abend gibt es ambitionierte saisonale Küche als kleines A-la-carte-Angebot (hier z. B. "gebratener Wolfsbarsch, Kräuterschaum, Fenchel, Kartoffelkuchen") oder als "Überraschungs-Gourmet-Menü". Mittags ist die Karte einfacher und günstiger.

Karte 44/61 €

Ostenallee 73 ✉ 59065 – ✆ 02381 3053211 – www.denkmahl-hamm.de –
Geschlossen 27. Dezember-21. Januar, Sonntag, mittags: Samstag

In Hamm-Wiescherhöfen

🏗️○ **Wieland-Stuben** 🏠 🔄 **P**

FRANZÖSISCH-KLASSISCH · ELEGANT ✗✗ "Suprême von der Wachtel, Balsamicolinsen, Apfel, Kartoffel" oder "Hüfte vom Salzwiesenlamm, Bohnenragout, Möhrencreme" sind schöne Beispiele für die klassisch-saisonale Küche. Jeder der Restauranträume ist anders, aber alle sind elegant und stimmig, und draußen lockt eine herrliche Terrasse!

Menu 26 € (Mittags), 38/102 € – Karte 40/73 €

Wielandstraße 84 ✉ 59077 – ✆ 02381 401217 – www.wielandstuben.de –
Geschlossen 1.-14. Januar, Montag, Dienstag, mittags: Samstag

HANN. MÜNDEN

Niedersachsen – Regionalatlas **29**–H11 – Michelin Straßenkarte 541

In Hann. Münden-Laubach Süd-Ost: 6 km über Hedemündener Straße

🌿 **Flux - Biorestaurant Werratal** ⇦ 🏠 ♿ 🔄 **P**

REGIONAL · LÄNDLICH ✗ Ungekünstelt, natürlich, einfach und ehrlich, so das Motto hier. Die Bio-Küche gibt es z. B. als "Duett vom Lamm mit Kohlrabispaghetti und Zitronenpolenta". Oder lieber vegetarisch/vegan? Gluten- und laktosefrei ist auch kein Problem. Idyllischer Garten. Das dazugehörende "Biohotel Werratal" bietet wohnliche Zimmer.

Spezialitäten: Rote Bete Mousse mit Kardamombisquit, Ananschutney, Curryspitzkohl auf Couscous, Kürbis und gebackener Roter Bete. Geschmorte Hirschkeule mit Kräuterseitlingen, gegrillter Hokkaido und Kürbisstampf. Pflaumencrumble mit Kokos-Limettensorbet & Kokos-Karamellsauce.

Menu 28/47 € – Karte 30/45 €

Biohotel Werratal, Buschweg 40 ✉ 34346 – ✆ 05541 9980 – www.flux-biohotel.de –
Geschlossen 1.-13. Januar, Montag, Sonntag

HANNOVER

Niedersachsen – Regionalatlas **19**–I8 – Michelin Straßenkarte 541
Stadtpläne siehe nächste Seiten

🌸 🌸 **Jante** (Tony Hohlfeld) 🏠

KREATIV · GEMÜTLICH ✗✗ Keine Show, keine Blender-Küche! Was man hier geboten bekommt, sind durchdachte, absolut schlüssige und technisch hochkomplexe Gerichte, die leicht und locker daherkommen, aber bei näherem Betrachten eine enorme Tiefe und Finesse offenbaren! Alles ist angenehm ungezwungen, vom skandinavisch-geradlinigen Stil bis zum charmanten Service. Hier sind auch die jungen Köche mit von der Partie und erklären die Kreationen genau. Unbedingt probieren: die alkoholfreie Begleitung wie z. B. fermentierte Champignons mit Roter Beete! Nach gemeinsamen Jahren im Restaurant "Ole Deele" in Hannover haben Tony Hohlfeld und Partnerin Mona Schrader - ihres Zeichens Sommelière - 2015 das "Jante" eröffnet. Kaum zu glauben, dass ausgerechnet ein ehemaliges Toilettenhäuschen aus dem 60ern heute ein Sternerestaurant beherbergt!

Spezialitäten: Jakobsmuschel, saurer Spargel, Buttermilch. Odefey Huhn, Paprika, Gurke, Champignon. Pfirsich, Mohn, Radicchio.

Menu 99 €

Stadtplan: H2-j – *Marienstraße 116* ✉ *30171* – ☎ *0511 54555606* – *www.jante-restaurant.de* – *Geschlossen Montag, Sonntag, mittags: Dienstag-Samstag*

🍽️ **Die Insel**

FRANZÖSISCH-KLASSISCH · ZEITGEMÄßES AMBIENTE 🎴🎴 Eine Institution in Hannover, und das direkt am Maschsee. Mittags lockt das tolle Preis-Leistungs-Verhältnis, am Abend speist man noch etwas gehobener. Gekocht wird klassisch mit mediterranen und regionalen Einflüssen, so z. B. "Wassermelonen-Erdbeer-Gazpacho mit Basilikumeis und Garnele". Von der Terrasse hat man einen klasse Blick auf den See!

Menu 36 € (Mittags), 79/98 € – Karte 62/93 €

Stadtplan: C3-k – *Rudolf-von-Bennigsen-Ufer 81 (1. Etage)* ✉ *30519* – ☎ *0511 831214* – *www.dieinsel.com* – *Geschlossen Montag, Sonntag*

🍽️ **Titus**

FRANZÖSISCH-KLASSISCH · NACHBARSCHAFTLICH 🎴🎴 Charmant das kleine Restaurant mit seiner modern-eleganten Atmosphäre und dem sehr aufmerksamen und versierten Service. Auf der Karte z. B. "Medaillon vom Seesaibling, Krebsdashi, Blattspinat, Tomate" und "weißer Pfirsich 'Titus', wilde Brombeeren, Sauerrahmeis". Man wählt das kleine oder das große Menü oder à la carte daraus.

Menu 65/95 €

Stadtplan: C3-z – *Wiehbergstraße 98* ✉ *30519* – ☎ *0511 835524* – *www.restaurant-titus.com* – *Geschlossen 1.-15. Januar, Montag, Sonntag, mittags: Dienstag-Samstag*

🍽️ **Bistro Schweizerhof**

KLASSISCHE KÜCHE · BISTRO 🎴🎴 Ansprechend die helle, freundliche Atmosphäre, interessant der Blick in die offene Küche - hier entstehen Klassiker sowie Modernes. Schmackhaft und frisch sind z. B. "Kabeljau mit Senfsauce und Schnittlauchstampf" oder "Wiener Schnitzel mit Bratkartoffeln und Preiselbeeren". Untergebracht ist das Restaurant im "Crowne Plaza" mit sehr komfortablen modernen Zimmern.

Menu 40/79 € – Karte 30/56 €

Stadtplan: G2-d – *Hinüberstraße 6* ✉ *30175* – ☎ *0511 3495253* – *www.schweizerhof-hannover.de* – *Geschlossen 1.-6. Januar, Montag, Sonntag*

🍽️ **WeinBasis**

MARKTKÜCHE · TRENDY 🎴🎴 Lebendig, leger und trendig-stilvoll - so die Atmosphäre. Gutes Essen und guter Wein gehen hier Hand in Hand: die Küche modern-saisonal ("Dorade & Vadouvan", "Lamm & Soubise"...), das Weinangebot international. Dekorative Gemälde zeigen die Liebe zu Südafrika. Kleine Terrasse auf dem Gehsteig.

Menu 52/72 €

Stadtplan: G1-w – *Lärchenstraße 2* ✉ *30161* – ☎ *0511 89711735* – *www.wein-basis.de* – *Geschlossen Montag, Sonntag, mittags: Dienstag-Samstag*

🍽️ **Handwerk**

MODERNE KÜCHE · CHIC 🎴 Ein erfrischendes, junges Konzept: modern-kreative Küche, trendig-schickes Bistro-Ambiente und dazu ein locker-unkomplizierter und zugleich geschulter Service, der eine angenehm persönliche Note schafft. Aus der einsehbaren Küche kommen recht puristische und sehr produktorientierte Speisen, die es als Menü mit bis zu sieben Gängen gibt - und das zu einem fairen Preis.

Menu 59/89 €

Stadtplan: C3-h – *Altenbekener Damm 17* ✉ *30173* – ☎ *0511 26267588* – *www.handwerk-hannover.com* – *Geschlossen Montag, Dienstag, mittags: Mittwoch-Sonntag*

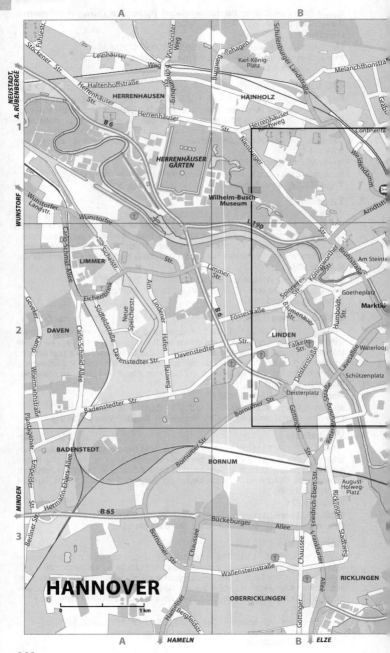

HANNOVER

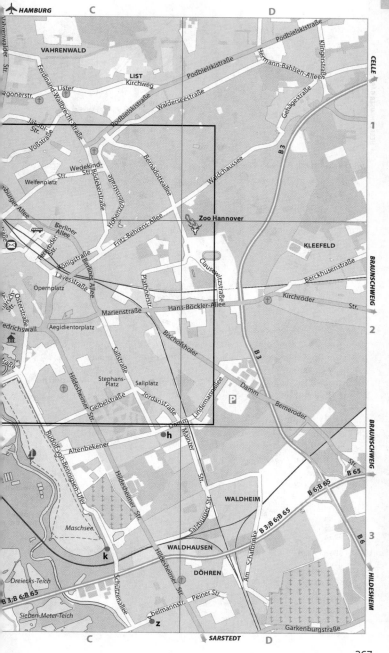

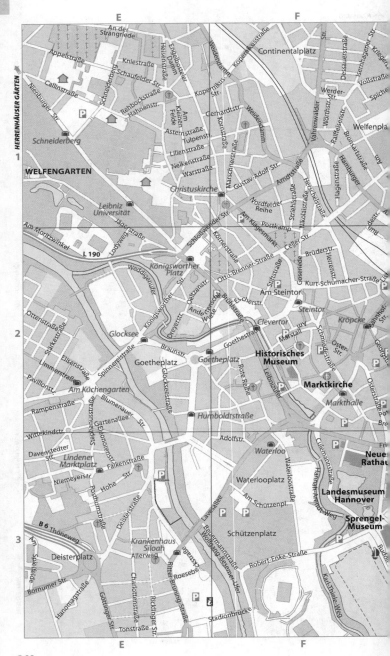

HANNOVER

EILENRIEDE

0   500 m

🏨 Dormero ⓝ

BUSINESS · MODERN Das Hotel liegt nahe dem Maschsee und nicht weit von der Innenstadt. Hier erwartet Sie klares, puristisches Design in Weiß, Grau und Rot, dazu moderne Technik. Der geradlinige Stil setzt sich im Restaurant "RED GRILL" fort. Nett: die "SONDERBAR".

293 Zimmer – 🛏 109/189 € – 🍽 16 €

Hildesheimer straße 34 ⊠ 30169 – ℘ 0511 544200 – www.dormero-hotel-hannover.de

In Hannover-List

🅐 boca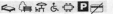

MODERNE KÜCHE · TRENDY ✗ Hier ist es schlicht, trubelig und hip! In der offenen Küche der etwas schummrigen Gastro-Bar wird lecker und unkonventionell gekocht: vegetarisches Menü auf Wunsch mit Fleisch- oder Fisch-"Upgrade" oder A-la-carte-Gerichte wie "Thunfischsteak, Sellerie-Wasabi-Püree, Rettich, Apfel, Sesam-Soja-Vinaigrette".

Spezialitäten: Karottensalat mit pochierter Birne und Ziegenkäse. Gefüllte Zwiebel mit Polenta, Kürbis und Paprika. Savarin von Zitrusfrüchten mit Schokoladenespuma und Blutorangensorbet.

Menu 37 €

Stadtplan: G1-b – *Kriegerstraße 43a (Eingang Kriegerstraße 43) ⊠ 30161 – ℘ 0511 64209778 – www.boca-gastrobar.de – Geschlossen Montag, Dienstag, Mittwoch, Sonntag, mittags: Donnerstag-Samstag*

HARDERT

Rheinland-Pfalz – Regionalatlas **36**–D13 – Michelin Straßenkarte 543

🅐 Corona - Hotel zur Post

MEDITERRAN · GASTHOF ✗✗ Hier isst man richtig gerne! Sergio und Kerstin Corona sorgen als eingespieltes Team für charmanten Service und mediterran inspirierte Küche. Schmackhaft und kraftvoll sind z. B. "Vitello tonnato" oder "Hähnchenbrust mit gebratenem Spargel und Gnocchi", und das Preis-Leistungs-Verhältnis ist bemerkenswert!

Spezialitäten: Cremesüppchen von Krustentieren mit Garnelenspieß. Bäckchen vom Iberico-Landschwein in Rotweinsauce, Salbeignocchi und Antipasti. Tartuffo auf Waldbeersauce.

Menu 36/45 € – Karte 28/58 €

Mittelstraße 13 ⊠ 56579 – ℘ 02634 2727 – www.restaurantcorona.de – Geschlossen Montag, Dienstag

HARDHEIM

Baden-Württemberg – Regionalatlas **48**–H16 – Michelin Straßenkarte 545

🅐 Wohlfahrtsmühle

REGIONAL · GASTHOF ✗✗ Ländlichen Charme versprüht dieses hübsche Anwesen: draußen Teiche, Bachläufe und viel Grün, drinnen gemütliche Stuben, in denen man gut isst, so z. B. Wild aus eigener Jagd und Forellen aus eigener Zucht. Wenn Sie übernachten möchten: Man hat gepflegte, wohnliche Gästezimmer.

Spezialitäten: Forellenfilet auf gegrilltem Gemüse, mit Tomaten-Basilikum-Pesto. Rehpfeffer mit Wildkräuterknödel. William-Birnen-Parfait mit Buchteln.

Karte 37/54 €

Wohlfahrtsmühle 1 ⊠ 74736 – ℘ 06283 22220 – www.wohlfahrtsmuehle.com – Geschlossen Montag, Dienstag, Sonntag

HAREN (EMS)

Niedersachsen – Regionalatlas **16**–D7 – Michelin Straßenkarte 541

🏠 Zur Ems

TRADITIONELLE KÜCHE • GASTHOF ✕ Der Chef ist ein wahrer Wein- und Spiri-
tuosen-Kenner und nimmt seine Gäste gerne mit in den Keller oder den Cogna-
craum! Wer auf der Terrasse speist, genießt den Blick auf die Ems. Gekocht wird
traditionell und saisonal.

Karte 24/69 €

Emmelerstraße 2 ⌧ 49733 – ✆ 05932 6403 – www.zur-ems.de –
Geschlossen Montag, Dienstag, mittags: Samstag, abends: Sonntag

HARSEWINKEL
Nordrhein-Westfalen – Regionalatlas **27**–F9 – Michelin Straßenkarte 543

😊 Poppenborg's Stübchen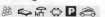

TRADITIONELLE KÜCHE • GASTHOF ✕ Dies ist die etwas legerere Restaurantvariante des Poppenborg'schen Traditionsbetriebs. Appetit machen hier z. B. "See-
wolf mit Senfsauce" oder "Tafelspitz westfälisch". Hübsch die Terrasse im Grünen!
Spezialitäten: Cappuccino von Waldpilzen. Boeuf Bourguignon, geschmortes
Rindfleisch, Rotweinsauce, Salzkartoffeln. Rosmarin-Eis, weißer Pfirsich.

Karte 28/53 €

Poppenborg, Brockhäger Straße 9 ⌧ 33428 – ✆ 05247 2241 –
www.poppenborg.com – Geschlossen 1.-12. Januar, 31. März-10. April, 29. Juli-
9. August, 29. September-11. Oktober, Mittwoch, mittags: Dienstag

🏠 Poppenborg

FRANZÖSISCH-KLASSISCH • ELEGANT ✕✕ Ein echter Klassiker! Die Poppen-
borgs betreiben das Haus seit vielen Jahren und sind bekannt für klassische
Küche. Die genießt man in eleganter Atmosphäre, serviert wird z. B. "Hummer
mit Spargelrisotto" oder "Kalbsrücken mit Morcheln und Kartoffelgratin". Romantische Gartenterrasse.

Karte 69/99 €

Brockhäger Straße 9 ⌧ 33428 – ✆ 05247 2241 – www.poppenborg.com –
Geschlossen 1.-12. Januar, 31. März-10. April, 29. Juli-9. August, 29. September-
11. Oktober, Mittwoch, mittags: Dienstag

😊 **Poppenborg's Stübchen** – Siehe Restaurantauswahl

HARTMANNSDORF
Sachsen – Regionalatlas **42**–O12 – Michelin Straßenkarte 544

😊 Laurus

MARKTKÜCHE • FREUNDLICH ✕ In dem hellen, modernen Restaurant setzt man
auf Produkte aus der Region, die man zu schmackhaften saisonalen Gerichten
verarbeitet - und die nennen sich z. B. "Wiener Schnitzel vom sächsischen Wiesenkalb, Pfifferlinge, Kartoffelwürfel". Hübsch die Terrasse zum Kräutergarten.
Tipp: Man bietet auch Kochkurse an.
Spezialitäten: Krustentiersuppe, Birne, Queller, Bronzefenchel. Wiener Schnitzel
vom sächsischen Wiesenkalb, Pfifferlinge und Kartoffelwürfel. Käsekuchen, Heidelbeere, Haselnuss.

Menu 37/65 € – Karte 32/73 €

Limbacher Straße 19 ⌧ 09232 – ✆ 03722 505210 – www.restaurant-laurus.de –
Geschlossen Montag, Sonntag, mittags: Dienstag-Samstag

HASELÜNNE
Niedersachsen – Regionalatlas **16**–D7 – Michelin Straßenkarte 541

🏠 Jagdhaus Wiedehage

TRADITIONELLE KÜCHE • GASTHOF ✕✕ Bis ins 16. Jh. reicht die Geschichte
dieses ansprechenden Hauses zurück, das mit vielen Jagdtrophäen dekoriert ist.
Ein klassisch-rustikales Restaurant mit lauschiger Terrasse. Hier speist man traditionell-regional und saisonal.

Menu 25/50 € – Karte 34/57 €

Steintorstraße 9 ⌧ 49740 – ✆ 05961 7922 – www.jagdhaus-wiedehage.de –
Geschlossen Montag, mittags: Dienstag-Samstag

HATTINGEN
Nordrhein-Westfalen – Regionalatlas **26**–C11 – Michelin Straßenkarte 543

🟠 **Diergardts Kühler Grund**   🏠 AK ⇔ P

KLASSISCHE KÜCHE · GEMÜTLICH ✕✕ In dem langjährigen Familienbetrieb (4. Generation) merkt man die Leidenschaft fürs Kochen. Für seine schmackhaften klassisch-saisonalen Gerichte setzt der Chef auf richtig gute Produkte, darunter hochwertiges Fleisch aus dem eigenen Reifeschrank! Da macht "Ribeye vom Angus Beef" ebenso Appetit wie "gegrilltes Filet vom Wildfang-Steinbutt". Auch für Feiern ideal.

Menu 19 € (Mittags), 35/79 € – Karte 29/68 €

Am Büchsenschütz 15 ✉ 45527 – ☎ 02324 96030 – www.diergardt.com – Geschlossen Montag, Dienstag

HAUSEN OB VERENA
Baden-Württemberg – Regionalatlas **62**–F20 – Michelin Straßenkarte 545

🟠 **Hofgut Hohenkarpfen**   ⇔ ⇐ 🏠 P

INTERNATIONAL · FREUNDLICH ✕✕ Der Blick ist wirklich klasse, da sollten Sie auf der Terrasse speisen! Wenn das Wetter nicht mitspielt, genießt man die Aussicht vom Panorama-Pavillon. Auf der Karte liest man z. B. "Kalbsrücken, geräucherte Mandelkruste, Hokkaidokürbis, Maisgrieß". In der einstigen Scheune des denkmalgeschützten Anwesens übernachtet man in schönen geradlinig-wohnlichen Zimmern.

Menu 48/98 € – Karte 33/73 €

Am Hohenkarpfen 1 ✉ 78595 – ☎ 07424 9450 – www.hohenkarpfen.de – Geschlossen 1.-5. Januar

HAUZENBERG
Bayern – Regionalatlas **60**–Q19 – Michelin Straßenkarte 546

🟢 **Landgasthaus Gidibauer-Hof**   🏠 ⇔ P

REGIONAL · RUSTIKAL ✕ Richtig gut isst man hier, und die regionale Küche gibt es zudem zu wirklich fairen Preisen. Appetit macht z. B. "gesottenes Rindermaiserl im Kartoffel-Wurzelsud" - das Rindfleisch stammt übrigens aus eigener Zucht. Freundlich und gemütlich-rustikal das Ambiente. Für Gesellschaften: schöner ehemaliger Ochsenstall.

Spezialitäten: Knuspriger Ziegenkäse mit Rote Beete, roter Endivie und Rote Beete Humus. Geschmorte Kalbsbacken mit Wirsing und Kartoffel-Petersilienwurzelpüree. Tonka Bohnen Panna Cotta mit Zwetschge und Nusseis.

Menu 25/40 € – Karte 18/44 €

Hotel Landgasthaus Gidibauer-Hof, Grub 7 ✉ 94051 – ☎ 08586 96440 – www.gidibauer.de – Geschlossen Montag

🏠 **Landgasthaus Gidibauer-Hof**   🛏 ⇐ 🏠 ⅃ ⚙ P

HISTORISCH · GEMÜTLICH "Naturhotel" trifft es genau, denn der historische Vierseithof liegt wunderbar im Grünen und ist passend zur schönen Naturstein-Architektur mit wertigen Massivholzmöbeln ausgestattet. Wer es geradlinig-modern mag, bucht ein Zimmer im "Salettl". Man kümmert sich herzlich um seine Gäste!

18 Zimmer ⌥ – 👫 82/90 € – 1 Suite

Grub 7 ✉ 94051 – ☎ 0858696440 – www.gidibauer.de

🟢 **Landgasthaus Gidibauer-Hof** – Siehe Restaurantauswahl

In Hauzenberg-Haag Süd: 8 km

🟢 **Anetseder**   🏠 ⅃ ⇔ P

REGIONAL · GERADLINIG ✕ Schön sitzt man hier unter einer hohen Decke in trendig-modernem Ambiente und wird freundlich umsorgt. Gekocht wird sehr frisch und richtig gut, dabei legt man Wert auf saisonale Produkte, vorzugsweise aus der Region. Lecker z. B. "Zweierlei vom bayerischen Rind, Kartoffel-Röstzwiebelpüree, gegrillter Mais, Lauchzwiebel".

Spezialitäten: Crèmesuppe vom Hokkaido-Kürbis, Gewürzkürbiswürfel,Kernöl. Kalbsbackerl geschmort, Wacholdersoße, Kartoffelpüree, Herbstgemüse. Topfen-Cassis-Mousse,Zitronen-Verbene-Sorbet, Proseccoschaum.

Menu 30/48 € – Karte 21/44 €

Lindenstraße 15 ✉ 94051 – ☎ 08586 1314 – www.anetseder-wirtshauskultur.de –
Geschlossen 7.-29. Januar, Montag, Dienstag, mittags: Mittwoch-Samstag

HAVELBERG
Sachsen-Anhalt – Regionalatlas **21**–M7 – Michelin Straßenkarte 542

🏨 **Art Hotel Kiebitzberg**   🐟 🐕 🚪 🏠 🖨 🕃 🛗 **P**

BOUTIQUE-HOTEL · MODERN Der Name lässt es bereits vermuten: Hier sorgt Kunst für eine individuelle Note. Neben tollen wohnlichen Zimmern (wie wär's mit der Wellness-Juniorsuite?) genießt man auch die sehr schöne Lage an der Havel. Tipp: Im modernen Restaurant sind Gerichte vom Wagyu-Rind beliebt! Herrlich sitzt man auf der Terrasse.

34 Zimmer 🛏 – 👯 110/150 € – 4 Suiten

Schönberger Weg 6 ✉ 39539 – ☎ 039387 595151 – www.arthotel-kiebitzberg.de

HAYINGEN
Baden-Württemberg – Regionalatlas **63**–H20 – Michelin Straßenkarte 545

😊 **ROSE**   ⇦ **P**

BIO · ZEITGEMÄßES AMBIENTE ✗✗ Bei Familie Tress dreht sich alles um das Thema Bio sowie die Verwertung von Tieren nach dem "Nose to Tail"-Prinzip. Man kocht regional und saisonal, gerne auch vegetarisch. Dazu gibt es ausschließlich Demeter-Weine. Mit im Haus: Shop mit Kochbüchern, Suppen, Eintöpfen, Pasta... Zum Übernachten: Gästehaus gegenüber.

Spezialitäten: Ziegenkäse-Nougat mit Gemüse süß/sauer und Kapuziner-Kresse-Pesto. Keule und Feinragout vom Lamm mit Mangold, Tomate und Ziegenkäse-Thymian-Polenta. Allerlei von Beeren mit Rosmarin-Crumble, Minzgel und Frischkäse-Espuma.

Karte 34/50 €

Aichelauer Straße 6 ✉ 72534 – ☎ 07383 94980 – www.biorestaurant-rose.de –
Geschlossen 7.-29. Januar, Montag

HEIDELBERG

Baden-Württemberg – Regionalatlas **47**–F16 – Michelin Straßenkarte 545

Wir mögen besonders...

Das angesagte modern-lebendige **959**, in dem man ein interessantes Konzept von leger bis Gourmet umsetzt - für Zigarrenfreunde gibt es die Bar. Unmittelbar gegenüber der Kontrast in Form des klassisch-traditionellen Grand Hotels **Europäischer Hof**, eine Institution. Das **Chambao** für seine mediterran-international beeinflusste Crossover-Küche – gleich vis-à-vis das **Chambino** mit köstlichen Tapas. Lohnenswert ist immer ein Spaziergang auf dem hochgelegenen Philosophenweg, traumhaft die Aussicht über die gesamte Altstadt. Oder Sie fahren mit der Bergbahn hinauf zum Königstuhl hoch über dem berühmten Schloss. Von hier blickt man auf die Stadt und sogar über die Rheinebene. Ein Geheimtipp ist die etwas versteckte **Bent Bar** - klein und intim.

Restaurants

❀ Le Gourmet 🏠 AC P

KREATIV · ROMANTISCH 🅇🅇 Das „Le Gourmet" pflegt eine lange Tradition: Schon 1472 wurden in der Hirschgasse auf der gegenüberliegenden Seite des Schlosses Gäste empfangen. Aufwändig bespannte Wände und historische Details wie schöner Parkettboden, ein wertvoller Kachelofen und hübsche Sprossenfenster unterstreichen die besondere Atmosphäre der Räumlichkeiten. Dieses stilvollen Ambientes würdig ist die seit 2014 mit einem MICHELIN Stern ausgezeichnete Küche von Mario Sauer, der zuvor Souschef im 3-Sterne-Restaurant „Waldhotel Sonnora" war. Feinschmecker schätzen seine kreativen, klassischen, mit modernen Elementen versehenen Gerichte wie zum Beispiel das Bressehuhn mit Blumenkohl und Eigelb nicht zuletzt auch wegen der sehr guten Produktqualität.

Spezialitäten: Jakobsmuschel und Kaisergranat mit Fenchel-Birnensalat. Kohlrabi im Heuteig gebacken mit Erbsen und Morcheln. Himbeere, weiße Schokolade und Shiso.

Menu 85/195 €

Stadtplan: E1-s – *Hotel Die Hirschgasse, Hirschgasse 3* ✉ 69120 – 𝒞 06221 4540 – *www.hirschgasse.de* – *Geschlossen 1. Januar-13. Februar, 15.-30. August, Montag, Sonntag, mittags: Dienstag-Samstag*

❀ Oben 🏠 P

KREATIV · CHIC 🅇🅇 Etwas versteckt und richtig idyllisch liegt der historische "Kohlhof" zwischen Wald und Wiesen. Der gepflasterte Innenhof mit seinem fast ländlichen Charme lädt zum Aperitif ein, danach geht's in den mit liebevollen Details wertig-chic eingerichteten Gastraum. Man sitzt in angenehm intimer Atmosphäre und kann in die Küche schauen, wo ein Menü mit 13 durchdachten modernen Gerichten wie z. B. dem mild geräucherten Aal mit Holunder und Sellerie entsteht. Küchenchef Robert Rädel kocht sehr kreativ und stark regional geprägt, wobei ein Teil der Produkte aus dem eigenen Garten kommt. Viele der Speisen werden übrigens von den Köchen selbst serviert und erklärt. Kompetent auch die Weinberatung. Hinweis: Man akzeptiert weder Karte noch Barzahlung, der Gast überweist bequem von zu Hause aus.

Spezialitäten: Fetter Kohl, Vergorenes und Verkohltes, Saibling. Schweinewedel, Boskop, Kren, Schnittlauch. Roggenbroteis, Kopfsalat, Himbeeressig.

Menu 120 €

außerhalb Stadtplan – *Am Kohlhof 5* ✉ 69117 – 𝒞 0172 9171744 – *www.restaurant-oben.de* – *Geschlossen Montag, Dienstag, Sonntag, mittags: Mittwoch-Samstag*

❀ Scharff's Schlossweinstube ⟨ 🏠 ⟲ P

KLASSISCHE KÜCHE · ELEGANT 🅇🅇 Heidelberg an sich ist schon Romantik pur, und dann noch ein Dinner hoch über der Stadt in den historischen Räumen eines Seitenflügels des Schlosses... Gastgeber Martin Scharff hat ein präzise arbeitendes Team in der Küche, das Ihnen das Menü "Karl-Theodor" sowie eine vegetarische Variante bietet. Sehr angenehm: Sie können nach Belieben die Anzahl der Gänge bestimmen sowie die Auswahl der Gerichte variieren. Eine geschmacklich schön stimmige Kombination ergeben z. B. Rote-Beete-Falafel, bunter Linsensalat, Minzjoghurt, Zuckerschoten und Granatapfel. Etwas Besonderes ist natürlich der Rahmen: elegante Räume, die sich mit ihrer Mischung aus Geradlinigkeit und stilvollen Details wie Stuckdecke, Kachelofen und Ölgemälden wunderbar in die beeindruckende Kulisse des Schlosses einfügen.

Spezialitäten: Onsenei mit jungem Spinat, Kartoffelschaum und Herbsttrüffel. Hirschkalbsrücken mit Pastinake, Waldpilzen, Hagebutte und Haselnussknöpfle. Weißes Kaffeemousse mit Quitte und Butter-Vanillecrumble.

Menu 75/135 €

Stadtplan: E2-q – *Schlosshof 1* ✉ 69117 – 𝒞 06221 8727010 – *www.heidelberger-schloss-gastronomie.de* – *Geschlossen 1.-31. Januar, 1.-31. August, Montag, Sonntag, mittags: Dienstag-Samstag*

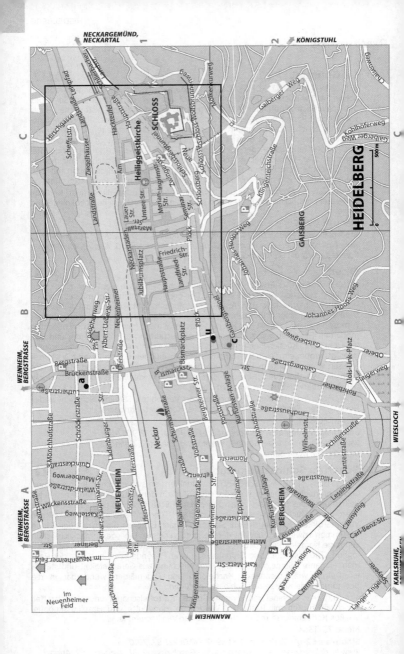

‖○ **Die Kurfürstenstube** 🕸 ⅃ 🄰🄲 🚃

FRANZÖSISCH-KLASSISCH · ELEGANT XxX Ein Klassiker der Stadt! Die mächtige Kassettendecke und Wandvertäfelungen mit schönen Intarsienarbeiten bewahren ein Stück Geschichte. Gekocht wird klassisch mit modernen Einflüssen. In der warmen Jahreszeit hat das Sommerrestaurant geöffnet.

Menu 75/110 € – Karte 59/81 €

Stadtplan: B2-u – *Der Europäische Hof Heidelberg, Friedrich-Ebert-Anlage 1* ✉ 69117 – ℰ 06221 5150 –
www.europaeischerhof.com

‖○ **Herrenmühle** 🛖

INTERNATIONAL · RUSTIKAL XX In einer kopfsteingepflasterten Straße in der Altstadt finden Sie dieses Restaurant mit freundlich-rustikalem Ambiente und schmackhafter bodenständiger Küche. Romantisch hat man es draußen auf der Terrasse.

Menu 66/98 € – Karte 49/84 €

Stadtplan: E1-e – *Hauptstraße 239* ✉ 69117 – ℰ 06221 602909 –
www.herrenmuehle.net – *Geschlossen mittags: Montag-Samstag*

‖○ **Restaurant 959** 🕸 🛖 ⟳

ZEITGENÖSSISCH · CHIC XX Das Revival des Stadtgarten-Pavillons von 1936! Trendig-chic das Ambiente - eine gute Portion Glamour inklusive! Angenehm reduziert und produktorientiert die modern-klassische Küche am Abend. Auf Nachfrage (wenn vorrätig) gibt es auch spezielle Fleisch-Cuts vom "Big Green Egg". Mittags einfachere Karte. Bar-Klassik in "Pino's Bar" samt Außenlounge.

Menu 85/110 € – Karte 27/95 €

Stadtplan: B2-c – *Friedrich-Ebert-Anlage 2* ✉ 69117 – ℰ 06221 6742959 –
www.959heidelberg.com – *Geschlossen Dienstag, mittags: Sonntag*

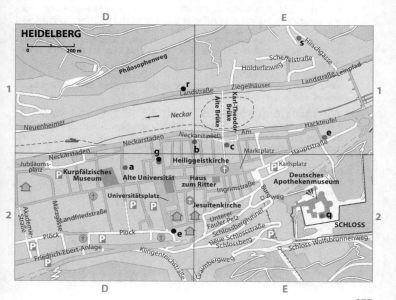

ⅱ○ **Weißer Bock**

INTERNATIONAL · GEMÜTLICH ℀℀ Für Gemütlichkeit sorgen hier hübsche Details wie Holztäfelung und historische Fotos. Aus der Küche kommen internationale und regionale Gerichte wie "gegrillter Wolfsbarsch mit Riesling-Sabayone, Paprika, Auberginen-Risotto".

Karte 49/79 €

Stadtplan: D2-g – *Hotel Weißer Bock, Große Mantelgasse 24* ⊠ *69117 –* ℰ *06221 90000 - www.weisserbock.de – Geschlossen Montag, Sonntag, mittags: Dienstag-Samstag*

ⅱ○ **Mensurstube**

KLASSISCHE KÜCHE · GEMÜTLICH ℀ Blanke Holztische mit Schnitzereien einstiger Studenten, freigelegtes Mauerwerk und allerlei Zierrat prägen das Bild der historischen Stube. Von einer wechselnden Tageskarte wählen Sie saisonale Gerichte - mal klassisch, mal modern. Vom Charcuterie-Wagen kommen z. B. Pasteten, Terrinen, Roastbeef oder auch Crêpes Suzette direkt an den Tisch.

Menu 39/55 € – Karte 48/60 €

Stadtplan: E1-s – *Hotel Die Hirschgasse, Hirschgasse 3* ⊠ *69120 –* ℰ *06221 4540 – www.hirschgasse.de – Geschlossen 1. Januar-13. Februar, Montag, Sonntag, mittags: Dienstag-Samstag*

ⅱ○ **Backmulde**

REGIONAL · GEMÜTLICH ℀ In der ehemaligen Schifferherberge a. d. 17. Jh. gibt es nicht nur wohnliche Hotelzimmer, hier kann man auch gut essen - probieren Sie z. B. "Zwiebelrostbraten, Maultasche und Spätzle" oder "Kabeljaufilet auf Rahmwirsing". Im Sommer sitzt man auf der Terrasse genauso nett wie im geschmackvollen Restaurant, dazu wird man aufmerksam umsorgt.

Menu 49/64 € – Karte 41/65 €

Stadtplan: D2-a – *Schiffgasse 11* ⊠ *69117 –* ℰ *06221 53660 – www.gasthaus-backmulde.de – Geschlossen 8.-14. Februar, 16. August-8. September, Montag, Sonntag, mittags: Dienstag-Samstag*

ⅱ○ **Chambao**

KREATIV · MEDITERRANES AMBIENTE ℀ Auch wenn es hier leger und ungezwungen zugeht, braucht man auf gute Küche nicht zu verzichten. Gekocht wird schmackhaft und mit ausgesuchten Produkten. Das Ergebnis sind unkomplizierte Gerichte wie "Iberico-Kinn, Rotkohlschaum, Koriander". Dazu gibt es im "Chambino" eine schöne Auswahl an Tapas. Tipp: Terrasse mit Blick auf die Alte Brücke!

Menu 45/88 € – Karte 48/75 €

Stadtplan: DE1-b – *Dreikönigstraße 1* ⊠ *69117 –* ℰ *06221 7258271 – www.chambao-heidelberg.com – Geschlossen 24.-26. Dezember, Montag, Dienstag, mittags: Mittwoch-Samstag, abends: Sonntag*

ⅱ○ **Wirtshaus zum Nepomuk**

TRADITIONELLE KÜCHE · ROMANTISCH ℀ Schön gemütlich ist das Restaurant im Hotel "Zur Alten Brücke": Viel Holz schafft typische Wirtshausatmosphäre, dazu hübsche Deko, Kissen, Bilder an den Wänden... Auf dem Teller z. B. klassischer Rostbraten oder auch halbe Ente. Gerne sitzt man im hübschen Innenhof.

Karte 31/59 €

Stadtplan: E1-c – *Obere Neckarstraße 2* ⊠ *69117 –* ℰ *06221 739130 – www.altebruecke.com*

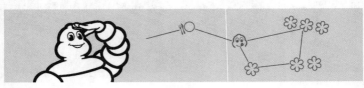

Hotels

🏨 Der Europäische Hof Heidelberg
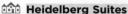

LUXUS · INDIVIDUELL Grandhotel-Tradition seit 1865. Seit jeher ein Haus mit Stil, in dessen klassisches Flair man behutsam Moderne einbindet. Fitness und Relaxen mit Stadtblick heißt es im "Panorama Spa" auf 600 qm samt toller Dach-Liegeterrasse! Repräsentativ die Veranstaltungsräume.

118 Zimmer – 👫 228/384 € – 🍽 28 € – 3 Suiten

Stadtplan: B2-u – *Friedrich-Ebert-Anlage 1* ✉ 69117 – ✆ 06221 5150 – *www.europaeischerhof.com*

🍽 **Die Kurfürstenstube** – Siehe Restaurantauswahl

🏨 Heidelberg Suites

BOUTIQUE-HOTEL · MODERN Was könnte man aus drei eleganten Stadtvillen in wunderbarer Neckarlage Schöneres machen als ein niveauvolles Boutique-Hotel? Highlight ist die "Sky Suite"! Auf dem Wasser ist die restaurierte historische "H. S. Patria" für Events oder als A-la-carte-Restaurant buchbar.

26 Zimmer – 👫 285/385 € – 🍽 25 € – 21 Suiten

Stadtplan: D1-r – *Neuenheimer Landstraße 12* ✉ 69120 – ✆ 06221 655650 – *www.heidelbergsuites.com*

🏨 Arthotel

BOUTIQUE-HOTEL · MODERN Sehr gelungen die Verbindung von Alt und Neu, alles ist wertig und chic - ein Boutique-Hotel im besten Sinne! Besonders schön wohnt man im Erkerzimmer, relaxen kann man auf der Dachterrasse. Geradlinig-modern auch das Restaurant, toll der Innenhof. Übrigens: Trotz Altstadtlage hat man eine Tiefgarage!

24 Zimmer – 👫 116/206 € – 🍽 15 €

Stadtplan: D2-e – *Grabengasse 7* ✉ 69117 – ✆ 06221 650060 – *www.arthotel.de*

🏨 Astoria

PRIVATHAUS · MODERN Die charmante, etwas versteckt gelegene Villa von 1907 ist ideal für Individualisten, die "Understatement" bevorzugen. An der Eingangstür steht nach wie vor "Pension Astoria", nichtsdestotrotz hat man es hier komfortabel, modern und wohnlich. Gut das Frühstück, nett die kleine Bar. Begrenzte Parkkapazität.

7 Zimmer 🍽 – 👫 150/190 €

Stadtplan: B1-a – *Rahmengasse 30* ✉ 69117 – ✆ 06221 7290350 – *www.heidelberg-astoria.de*

🏨 Weißer Bock

GASTHOF · INDIVIDUELL In ihrer 300-jährigen Geschichte war diese Heidelberger Institution schon mal ein Brauhaus und auch Studentenverbindungshaus der Ripuaria. Es liegt mitten in der Altstadt (Neckar und Fußgängerzone ganz in der Nähe), die Zimmer geschmackvoll und wohnlich, der Service zuvorkommend.

23 Zimmer – 👫 90/140 € – 🍽 12 €

Stadtplan: D2-g – *Große Mantelgasse 24* ✉ 69117 – ✆ 06221 90000 – *www.weisserbock.de*

🍽 **Weißer Bock** – Siehe Restaurantauswahl

In Heidelberg-Grenzhof Nord-West: 8 km über A1, Richtung Mannheim

🍽 Gutsstube

MARKTKÜCHE · LÄNDLICH 🍴 Mögen Sie es ländlich-charmant oder lieber moderner? Die regional-internationale Küche kann man sich sowohl in der Stube als auch im Wintergarten schmecken lassen - oder aber draußen im Freien! Mittags nur Lunchbuffet. Tolle Festscheune. Hübsch und wohnlich sind die Landhaus- und die Themenzimmer im Hotel "Grenzhof".

Menu 35 € (Mittags), 49/89 € – Karte 45/61 €

außerhalb Stadtplan – *Grenzhof 9* ✉ 69123 – ✆ 06202 9430 – *www.grenzhof.de* – *Geschlossen 24.-26. Dezember, Sonntag*

In Heidelberg-Rohrbach Süd : 6 km über Rohrbacher Straße B1

⫧○ **Traube**

INTERNATIONAL · GEMÜTLICH Ⅹ Ein gemütliches Lokal, das von einem jungen Team engeführt wird. Auf der saisonal beeinflussten Karte liest man z. B. "Freilandhuhn, Bimi, Reiscreme". Tipp: öffentlicher Parkplatz bei der Thorax-Klinik drei Gehminuten entfernt.

Karte 37/65 €

außerhalb Stadtplan – *Rathausstraße 75* ⊠ *69126* – ℰ *06221 6737222* – *www.traube-heidelberg.de* – *Geschlossen mittags: Montag-Freitag*

HEIDESHEIM AM RHEIN

Rheinland-Pfalz – Regionalatlas **47**–E15 – Michelin Straßenkarte 543

✿ **Gourmetrestaurant Dirk Maus**

FRANZÖSISCH-KLASSISCH · CHIC ⅩⅩ Mit dem denkmalgeschützten Sandhof a. d. 12. Jh. hat sich Dirk Maus ein tolles Objekt für sein gastronomisches Doppelkonzept ausgesucht. Neben dem ebenerdig angelegten "Landgasthaus" mit regionaler Küche hat man ein paar Stufen höher den kleinen "Fine Dining"-Bereich. Nachdem er zuvor im Mainzer "Maus im Mollers" und im Essenheimer "Domherrenhof" Sterneküche bot, gibt es die nun hier z. B. als zartes Lammrückenfilet mit Brioche-Kräuterkruste, einem mit Vanille verfeinerten weißen Bohnenpüree sowie Lammjus mit Preiselbeeren - exzellent die Produkte. Schön dazu die fair kalkulierte Weinkarte. Und auch das Drumherum stimmt: Historische Bruchsteinwände und klare Formen harmonieren wunderbar und sorgen ebenso wie der charmante Service unter der Leitung von Tina Maus für Wohlfühl-Atmosphäre.

Spezialitäten: Reh, Erdmandel, wilder Broccoli, Brombeere. Rind dry aged, Shiitake-Pilz, Spitzkohl. Limone, Joghurt, Sauerrahm.

Menu 85/120 €

Sandhof 7 ⊠ *55262* – ℰ *06132 4368333* – *www.dirk-maus.de* – *Geschlossen 27. Juli-19. August, Montag, Dienstag*

⫧○ **Landgasthaus Sandhof** – Siehe Restaurantauswahl

⫧○ **Landgasthaus Sandhof**

INTERNATIONAL · GEMÜTLICH Ⅹ Ein kleines bisschen legerer ist es im zweiten Maus'schen Restaurant. Hier wird man aber nicht weniger freundlich umsorgt und die Küche kann sich ebenfalls sehen lassen - wie wär's z. B. mit "Filetscheiben vom spanischen Landschwein, Schwarzwurzel in Rahm und Gnocchi"?

Menu 42/54 € – Karte 44/72 €

Gourmetrestaurant Dirk Maus, Sandhof 7 ⊠ *55262* – ℰ *06132 4368333* – *www.dirk-maus.de* – *Geschlossen 27. Juli-19. August, Montag, Dienstag*

HEILBRONN

Baden-Württemberg – Regionalatlas **55**–G17 – Michelin Straßenkarte 545

⊛ **Bachmaier** ⛺

MARKTKÜCHE · TRENDY Ⅹ Sehr nett ist dieses modern in warmen Farben gehaltene Restaurant, schmackhaft die saisonale Küche des oberbayerischen Patrons - mittags kommt das günstige 3-Gänge-Menü gut an, abends bietet man ein variables 4-Gänge-Menü. Die Chefin managt kompetent den Service, gut die offene Weinbegleitung.

Spezialitäten: Kalte Erbsensuppe mit Blumenkohlpüree, Erbsentrieben und ausgelöster Tiefseegarnele aus Wildfang. Geschmorte Ribfingers vom Black Angus Rind auf Aquerello Risotto mit Ofengemüse. Mandelmousse mit Zwetschgenröster, Sorbet und Mandelcrumble.

Menu 23 € (Mittags), 46/71 € – Karte 23/71 €

Untere Neckarstraße 40 ⊠ *74072* – ℰ *07131 6420560* – *www.restaurant-bachmaier.de* – *Geschlossen 1.-18. Januar, 14.-28. April, 1.-15. Juni, 11. September-3. Oktober, Montag, Sonntag, mittags: Dienstag-Samstag*

⊛ Beichtstuhl ⓝ

ZEITGENÖSSISCH · FARBENFROH ✗ Seit 1979 gibt es das Restaurant mit dem ausgefallenen Namen schon. Nach aufwändiger Renovierung bietet Chef Fabian Lidak nun in gemütlich-moderner Atmosphäre schmackhafte und preislich faire Küche aus sehr guten Produkten. Appetit macht da z. B. "Jakobsmuschel, Blumenkohl, Petersilie, Zitrone". Oder darf es vielleicht ein "Sharing"-Gericht sein?

Spezialitäten: Gazpacho von Gurken und Mandeln mit Garnelentatar. Sommerliche Ente in zwei Gängen. Sektkaltschale, marinierte Beeren, Zitronen-Thymian-Sorbet, Choux au Grand Marnier.

Menu 23 € (Mittags), 37/54 € – Karte 23/56 €

Fischergasse 9 ✉ *74072 – ☏ 07131 2758985 – www.beichtstuhl-hn.de –*
Geschlossen 1.-6. Januar, 27. Juli-10. August, Sonntag, mittags: Montag-Mittwoch und Samstag

⫮○ Magnifico da Umberto

ITALIENISCH · FREUNDLICH ✗✗ Umberto Scuccia ist kein Unbekannter in Heilbronn. In dem attraktiven, geradlinig und wertig eingerichteten Restaurant im 12. Stock des WTZ-Turmes bietet man italienische Küche, die angenehm reduziert ist und das Produkt in den Mittelpunkt stellt. Dazu gibt's einen tollen Blick auf die Stadt!

Menu 75/95 € – Karte 68/78 €

Im Zukunftspark 10 (12. Etage) ✉ *74076 – ☏ 07131 74564140 –*
www.wtz-magnifico.de – Geschlossen Montag, Sonntag, mittags: Dienstag-Samstag

HEILIGENBERG

Baden-Württemberg – Regionalatlas **63**–G21 – Michelin Straßenkarte 545

⫮○ Bayerischer Hof

REGIONAL · BÜRGERLICH ✗ Wirklich sehr gepflegt ist dieser Gasthof. Hier bekommt man regional-bürgerliche Küche, z. B. in Form von "geschmorter Kalbshaxe mit Waldpilzrahm". Es gibt auch eine rustikale Stube, in der man leger bei einem Bier sitzen kann. Sie möchten übernachten? Man hat praktische, neuzeitliche Zimmer.

Menu 18/35 € – Karte 17/45 €

Röhrenbacherstraße 1 ✉ *88633 – ☏ 07554 217 –*
www.bayerischerhof-heiligenberg.de – Geschlossen 13. Januar-1. Februar, Dienstag

HEINSBERG

Nordrhein-Westfalen – Regionalatlas **35**–A12 – Michelin Straßenkarte 543

In Heinsberg-Randerath Süd-Ost: 8 km, jenseits der A 46

⛉ Burgstuben Residenz

FRANZÖSISCH-MODERN · ELEGANT ✗✗✗ In der "Burgstuben Residenz" ist ein engagiertes Dreiergespann am Werk. Sie sind nicht nur langjährige Freunde, sondern ergänzen sich auch fachlich bestens: Während Sommelier Ronny Schreiber und das umsichtige, clevere Serviceteam eine sympathisch-unprätentiöse Atmosphäre schaffen, führt der gebürtige Russe Alexander Wulf gemeinsam mit Marcel Kokot am Herd Regie. Das Küchenchef-Duo kocht modern und lässt geschickt und angenehm dezent den ein oder anderen russischen Akzent einfließen - das bleibt ebenso in Erinnerung wie die schöne rund 650 Positionen umfassende Weinauswahl samt beispielhafter Beratung! Und wenn Ihnen mal nicht nach einem Gourmetmenü ist, dann finden Sie im "Bistro" eine legere Alternative.

Spezialitäten: Okroschka Gurke, Dill, Smetana. Wagyu Borschtsch Style 2.0. Karotte, Weiße Schokolade, Ingwer.

Menu 79/177 €

Feldstraße 50 ✉ *52525 – ☏ 02453 306980 – www.burgstuben-residenz.de –*
Geschlossen Montag, Sonntag, mittags Dienstag-Samstag

⫮○ **Bistro** – Siehe Restaurantauswahl

🍴○ **Bistro**

MARKTKÜCHE · BRASSERIE X Ein wirkliches nettes Bistro mit moderner und angenehm legerer Atmosphäre. Auch hier bekommt man die Qualität, für die das Haus bekannt ist! Auf der Karte liest man z. B. "Krustentierschaumsüppchen mit Fjordforelle" oder "Kalbsschnitzel, Kartoffel, Gurke".

Menu 42/51 € – Karte 41/64 €

Burgstuben Residenz, Feldstraße 50 ✉ *52525 – ℰ 02453 306980 –*
www.burgstuben-residenz.de – Geschlossen Montag, mittags: Dienstag-Samstag,
abends: Sonntag

In Heinsberg-Unterbruch Nord-Ost: 3 km, über B 221 Richtung Wassenberg

🍴○ **Altes Brauhaus**

KLASSISCHE KÜCHE · TRADITIONELLES AMBIENTE XX 1779 steht über dem Eingang des schönen "Alten Brauhauses", in dem nie Bier gebraut wurde. Stattdessen gibt es hier heute schmackhafte klassische Speisen wie z. B. "Rinderfilet, Selleriepüree, Rosenkohlblätter". Sehenswert die elegant-traditionellen Stuben mit kostbarer Holztäfelung und Schnitzereien.

Menu 35 € (Mittags), 49/65 € – Karte 39/54 €

Wurmstraße 4 ✉ *52525 – ℰ 02452 61035 – www.altesbrauhaus-heinsberg.de –*
Geschlossen 9.-25. Juni, Montag, Dienstag, mittags: Samstag

HEITERSHEIM
Baden-Württemberg – Regionalatlas **61**–D21 – Michelin Straßenkarte 545

☺ **Landhotel Krone**

MARKTKÜCHE · LÄNDLICH XX Hier sitzen Sie in schönen gemütlichen Stuben und lassen sich badische Spezialitäten wie "Duo vom Wild mit gebratenen Pilzen und Spätzle" schmecken. Mittags reduziertes Angebot mit preislich fairem "Bistromenü". In dem gepflegten Familienbetrieb stehen auch hübsche, individuell und wohnlich gestaltete Gästezimmer und Appartements zur Verfügung.

Spezialitäten: Lauwarm marinierter Lachs, Gurkengelee, Dillsud. Geschmorte Bauernente mit Rotkohl und Kartoffelklößen. Topfenknödel, glasierte Zwetschgen, Karamelleis.

Menu 24 € (Mittags), 41/58 € – Karte 32/56 €

Hauptstraße 12 ✉ *79423 – ℰ 07634 51070 – www.landhotel-krone.de –*
Geschlossen Dienstag, mittags: Mittwoch

HENNEF (SIEG)
Nordrhein-Westfalen – Regionalatlas **36**–C13 – Michelin Straßenkarte 543

In Hennef-Heisterschoß Nord-Ost: 7 km, über B 478 Richtung Waldbröhl, in Bröl links nach Happerschloss abbiegen

☺ **Sängerheim - Das Restaurant**

MARKTKÜCHE · FREUNDLICH XX Macht Ihnen z. B. "Barberie-Ente - Relish und Knusper - mit Kürbisknödel" Appetit? In dem modernen Restaurant wird international und mit saisonalen Einflüssen gekocht, und das mit Geschmack. Freundlich der Service. Hinter dem Haus die schöne Terrasse.

Spezialitäten: Cappuccino von der Strauchtomate, Trüffelburrata, Spinat. Zanderfilet mit Herbstgewürzen, Walnuss, Kartoffel, Karamellsauerkraut. Schokoladencrème brûlée, Himbeere, Weißes Mokkaeis.

Menu 30/60 € – Karte 29/48 €

Teichstraße 9 ✉ *53773 – ℰ 02242 3480 – www.das-saengerheim.de –*
Geschlossen Dienstag, Mittwoch, mittags: Montag und Donnerstag-Samstag

HERFORD
Nordrhein-Westfalen – Regionalatlas **28**–F9 – Michelin Straßenkarte 543

Am Osterfeuer

REGIONAL · FREUNDLICH ✗✗ Schon viele Jahre ist das Haus von Hans-Jörg Dunker für seine gute Küche bekannt. Man kocht regional und mit mediterranen Einflüssen - darf es vielleicht "Filet vom Wollschwein mit Rahmpilzen" sein? Oder lieber "gegrillter weißer Heilbutt, Safranschaum, Serrano-Schinken, cremiges Risotto"?

Spezialitäten: Zuckerschotencreme mit Wan Tan. Filet vom Wollschwein mit Pfifferlingen in Rahm, Gemüse und Rösti. Rotweinschaum mit Zwetschgen und Streuseln.

Menu 40/50 € – Karte 32/53 €

Hellerweg 35 ⊠ 32052 – ℰ 05221 70210 – www.am-osterfeuer.de –
Geschlossen Montag, Dienstag, mittags: Mittwoch-Samstag

○ Die Alte Schule

INTERNATIONAL · WEINSTUBE ✗ In einem Fachwerkhaus a. d. 17. Jh. befindet sich dieses sympathische Restaurant auf zwei Ebenen. Gekocht wird international und mit klassischen Einflüssen, so z. B. "Lammrücken mit zweierlei Krusten, Tomatenpolenta, Bohnen". Schöne deutsche und italienische Weine.

Menu 28/69 € – Karte 36/68 €

Holland 39 ⊠ 32052 – ℰ 05221 51558 – www.diealteschule.com –
Geschlossen Sonntag, mittags: Montag-Samstag

In Herford-Schwarzenmoor Nord-Ost: 2,5 km Richtung Vlotho

○ Aureus

MODERNE KÜCHE · FARBENFROH ✗✗ Das Restaurant im gepflegten Hotel "Vivendi" ist in klassisch-gediegenem Stil gehalten, schön die farbliche Gestaltung. An gut eingedeckten Tischen werden Sie freundlich mit moderner Küche umsorgt, und die gibt es z. B. als "Jakobsmuscheln, marokkanische Salzzitronen, Risotto, Dille".

Karte 44/65 €

Paracelsusstraße 14 ⊠ 32049 – ℰ 05221 9200 – www.vivendi-hotel.de –
Geschlossen 1.-31. August, Donnerstag, mittags: Montag-Mittwoch und
Freitag-Samstag

HERINGSDORF – Mecklenburg-Vorpommern → Siehe Usedom (Insel)

HERLESHAUSEN
Hessen – Regionalatlas **39**-I12 – Michelin Straßenkarte 543

In Herleshausen-Holzhausen Nord-West: 8 km über Nesselröden

✿ La Vallée Verte (Peter Niemann)

KREATIV · CHIC ✗✗✗ Das kulinarische Aushängeschild des Hotels "Schloss Hohenhaus". Wunderbar ist schon das aus einem Rittergut entstandene herrschaftliche Anwesen aam Schloss von 1901, das so malerisch in herrlicher Wald- und Wiesenlandschaft liegt! Hier gibt es ein kleines Restaurant mit Stil und Chic, in dem man ein deutsches und ein bretonisches Menü serviert. Mit diesen beiden Küchenstilen schlagen gewissermaßen zwei Herzen in der Brust von Patron und Küchenchef Peter Niemann. Sein Konzept hat der Bretagne-Fan übrigens von seiner vorherigen Wirkungsstätte, dem Sterne-Restaurant "Residenz im Herrenhaus" in Leipzig, mitgebracht. In seinen finessenreichen saisonalen Gerichten ergeben z. B. fein gewürztes Aubrac-Tatar und aromatische frische Belon-Auster eine sehr interessante und harmonische Kombination.

Spezialitäten: Forelle von der Petersbach Quelle, Demeter Beete, Crème von Ziegenmilch. Loup de Mer, Fenchel und Pollen, Bohnen. Mirabelle, Sorbet, Schokolade.

Menu 109/184 € – Karte 70/180 €

Hotel Hohenhaus, Hohenhaus 1 ⊠ 37293 – ℰ 05654 9870 – www.hohenhaus.de –
Geschlossen 1.-31. Januar, 24.-31. Dezember, Montag, Dienstag, Sonntag,
mittags: Mittwoch-Samstag

🍴 Hohenhaus Grill 🏠 ♻

REGIONAL · RUSTIKAL XX Das zweite Hohenhaus'sche Restaurant kommt mit klassisch-rustikaler Note und warmer Atmosphäre daher - schön der Kachelofen a. d. 18. Jh. Aus tollen, überwiegend regionalen Produkten entsteht hier z. B. "Terrine vom Hohenhauser Wild, Honig-Kohlrabi, Haselnuss-Selleriecreme". Von der Terrasse schaut man ins Grüne.

Menu 39/42 € – Karte 36/72 €

Hotel Hohenhaus, Hohenhaus 1 ⊠ 37293 – ☏ 05654 9870 – www.hohenhaus.de – Geschlossen 9.-31. Januar, Montag, Sonntag, mittags: Dienstag-Samstag

🏨 Hohenhaus 🏠 ♨ ⇔ 🛏 🖼 🏠 ☐ � ♿ ⚐ 🅿 🚗

HISTORISCHES GEBÄUDE · KLASSISCH Man muss es inmitten des weitläufigen hauseigenen Wald- und Wiesengebiets erst einmal finden, doch es lohnt sich, denn das einstige Rittergut a. d. 16. Jh. ist ein wahres Idyll und ein komfortables Hotel mit klassisch-gediegenen Zimmern und sehr gutem Service. Abends lässt es sich schön am Kamin verweilen.

28 Zimmer ⌆ – 👫 122/320 €

Hohenhaus 1 ⊠ 37293 – ☏ 05654 9870 – www.hohenhaus.de – Geschlossen 9.-31. Januar

❀ **La Vallée Verte** · 🍴 **Hohenhaus Grill** – Siehe Restaurantauswahl

HERNE

Nordrhein-Westfalen – Regionalatlas **26**–C11 – Michelin Straßenkarte 543

🍴 Gute Stube im Parkhotel ⇔ 🏠 ♿ ♻ 🅿

MODERNE KÜCHE · ELEGANT XX In einem hübschen Palais-Gebäude beim Stadtgarten befindet sich dieses modern-elegante Restaurant nebst Dachterrasse. Auf der modern-internationalen Karte liest man z. B. "Schaufelstück vom Tiroler Milchkalb mit Teriyaki-Marinade". Einfachere Alternative am Abend: das "Stübchen", dazu der Biergarten. Gepflegt übernachten kann man im angeschlossenen "Parkhotel".

Menu 50/75 € – Karte 53/89 €

Schäferstraße 109 ⊠ 44623 – ☏ 02323 9550 – www.parkhotel-herne.de – Geschlossen Montag

HEROLDSBERG

Bayern – Regionalatlas **50**–K16 – Michelin Straßenkarte 546

❀❀ Sosein. 🍸 🏠 ♻ 🅿

KREATIV · TRENDY XX Man muss klingeln, um in das historische Fachwerkhaus zu gelangen. Schön das Interieur, ein Mix aus rustikal und modern. Wer hier isst, lässt sich auf eine ganz eigene Philosophie ein. Die Küche von Felix Schneider ist nicht einfach nur kreativ, was auf den Teller kommt, ist außergewöhnlich: vollkommene Klarheit und Reduzierung auf das Wesentliche, Effekthascherei gibt es nicht! Alles wird selbst gemacht. Verwendet wird, was die Saison bietet, und das in bester Qualität. Absolut klasse ist schon das Brot zu Beginn. Dies wird ebenso umfassend erklärt wie alle folgenden Gänge des Menüs. Da wird z. B. der topfrische Zander nach respektvoller "Ike Jime"-Methode geschlachtet, perfekt gegrillt und mit feinwürziger Kräutervinaigrette serviert. Und dazu vielleicht mal einen tollen Saft statt Wein?

Spezialitäten: Saibling roh. Zander, Bohnensaft. Bienenstock.

Menu 170 €

Hauptstraße 19 ⊠ 90562 – ☏ 0911 95699680 – www.sosein-restaurant.de – Geschlossen Montag, Dienstag, Sonntag, mittags: Mittwoch-Samstag

🏵 Freihardt 🏠 🅿

GRILLGERICHTE · ZEITGEMÄSSES AMBIENTE XX Hier wird international gekocht und auch mit Bezug zur Region, die Metzgerei nebenan garantiert Frische. Lust auf "Garnelenpfännchen" oder "Zwiebelrostbraten à la Freihardt"? Ein Highlight sind auch die Steaks! Tipp: Im lichten Wintergarten sitzt man fast wie im Freien.

Spezialitäten: Carpaccio aus Roter Beete mit Limonenöl, eingelegte rote Zwiebeln, frittierte Rauke, karamellisierter Ziegenkäse. Gebratene Hirschrückenmedaillons mit Szechuan-Pfeffer-Pistazien-Kruste, Gewürz-Blaukraut, eingelegte Quitte, Kürbiscrème. Lauwarme Cassisfeige, Preiselbeereis, weiße Schokomousse.

Menu 25 € (Mittags), 37/65 € – Karte 36/69 €

Hauptstraße 81 ✉ 90562 – ✆ 0911 5180805 – www.freihardt.com –
Geschlossen Montag, Dienstag, mittags: Mittwoch-Donnerstag

HERRENALB, BAD
Baden-Württemberg – Regionalatlas **54**–F18 – Michelin Straßenkarte 545

In Bad Herrenalb-Rotensol Nord-Ost: 5 km

⊕ **Lamm** ⅋ ⇦ 🏠 ✿ 🅿 🚗

REGIONAL · LÄNDLICH XX "Zwiebelrostbraten vom Albtäler Weiderind" oder "Zanderfilet aus dem Ofen mit Pfifferlingen"? Man kocht richtig gut, und zwar schwäbisch-badisch und saisonal. Dazu schöne Weine, nicht zu vergessen das spezielle Whisky-Angebot. Viel warmes Holz sorgt für Gemütlichkeit, im Sommer genießt man von der Terrasse die Sicht. Gepflegt übernachten kann man übrigens auch.

Spezialitäten: Perlhuhnterrine mit Ananaschutney, kleinem Salat und Johannisbeere. Seesaibling mit Gemüsefettucini und Pfifferlingen. Crème brûlée von der Vanille mit Früchten der der Saison.

Menu 29 € (Mittags), 58/65 € – Karte 34/61 €

Hotel Lamm, Mönchstraße 31 ✉ 76332 – ✆ 07083 92440 – www.lamm-rotensol.de –
Geschlossen 24. Februar-10. März, Montag

HERRENBERG
Baden-Württemberg – Regionalatlas **55**–G19 – Michelin Straßenkarte 545

In Herrenberg-Gültstein

⊛ **noVa** ⓝ ⇦ 🅿

KREATIV · CHIC XX Dieses kleine, fast schon intime Restaurant würde man hier im Gewerbegebiet nicht unbedingt vermuten! Im Hotel "Römerhof" wollte man seinen Gästen mehr als das Übliche bieten, und genau das gelingt mit dem "noVa". Unter der Leitung von Küchenchef David Höller (er kochte zuvor u. a. in den Berliner Restaurants "Lorenz Adlon Esszimmer" und „Horváth") entsteht aus erstklassigen Produkten ein kreatives Menü mit bis zu sieben Gängen - und jeder glänzt mit gelungenen Kontrasten und schöner Balance. Bleibenden Eindruck hinterlässt da z. B. der fein gewürzte, saftige Steinbutt mit sautierten Blumenkohlrosen, feinem Apfelragout und intensiver Brunnenkressecreme! Die Atmosphäre dazu ist chic-modern, der Service freundlich und aufmerksam.

Spezialitäten: Gelbschwanzmakrele, Topinambur, Haselnuss, Granny Smith. Rinderfilet, Urkarotte, Senf, Miso. Gin Tonic, Gurke, Litschi, Limette.

Menu 80/110 €

Rigipsstraße 1 ✉ 71083 – ✆ 07032 71837 – www.nova-gourmet.de –
Geschlossen 25.-29. Februar, 23. Juni-18. Juli, 8.-12. September, 22.-31. Dezember, Montag, Sonntag, mittags: Dienstag-Samstag

HERRSCHING AM AMMERSEE
Bayern – Regionalatlas **65**–L20 – Michelin Straßenkarte 546

⅋O **Chalet am Kiental** ⇦ 🏠 ♿ ✿ 🅿

KREATIV · CHIC XX Als reizvoller Mix aus Alt und Neu kommt das schöne moderne Restaurant in dem historischen Bauernhaus daher, und hier bietet man Ihnen kreativ inspirierte Menüs. Möchten Sie vielleicht auch über Nacht bleiben? Die Gästezimmer sind mit Geschmack und Liebe zum Detail individuell eingerichtet.

Menu 36/98 € – Karte 36/67 €

Andechsstraße 4 ✉ 82211 – ✆ 08152 982570 – www.gourmetchalet.de

HERSFELD, BAD
Hessen – Regionalatlas **39**–H12 – Michelin Straßenkarte 543

⓼ L'étable

KLASSISCHE KÜCHE · ELEGANT XX Dass man hier in einem ehemaligen Kuhstall (frz.: "l'étable") speist, lässt nur noch der Name des Restaurants vermuten.
Das schmucke historische Haus mitten in der beschaulichen Altstadt war früher
eine Postkutschenstation. Wo einst Stallungen untergebracht waren, sitzt man
heute freundlich und aufmerksam umsorgt in zurückhaltend elegantem Ambiente
und wählt aus zwei Menüs. Unter der Leitung von Henrik Weiser entstehen geradlinig, klar und handwerklich exakt zubereitete Gerichte. Dabei kommen ausgesuchte Produkte zum Einsatz wie z. B. der Heilbutt, der mit Tomate, Fenchel
und Basilikum serviert wird. Dazu reicht man eine gut sortierte Weinkarte. Sie
möchten übernachten? Das Hotel "Zum Stern" bietet dafür unterschiedlich
geschnittene, wohnliche Zimmer. Parken können Sie im Hof.
Spezialitäten: Bretonischer Hummer, Bagna cauda, Gartenkräuter, Nussbutter.
Pfälzer Lamm, Bohnen, geräucherte Aubergine, Mais, schwarzer Knoblauch. Baba
au Rhum, Ananas-Passionsfruchtjus, Kokoseis, Vanille.
Menu 96/120 €

Linggplatz 11 (Zufahrt über Webergasse) ✉ 36251 – ☎ 06621 1890 –
www.zumsternhersfeld.de – Geschlossen Montag, Dienstag, Mittwoch,
mittags: Donnerstag-Samstag

⓼ Stern's Restaurant

REGIONAL · GEMÜTLICH XX Dies ist die "gute Stube" des historischen Hotels
"Zum Stern", ländlich-charmant das Ambiente mit Holztäfelung und schönem weißem Kachelofen. Aus der Küche kommen regionale Gerichte mit internationalem
Einfluss - wie wär's z. B. mit "gebratenem Rhönforellenfilet, Spinatpüree, Kartoffelgnocchi"?
Spezialitäten: Sellerie-Apfelsuppe mit Maronen. Roastbeef auf Senfvinaigrette mit
lauwarmem Bohnensalat, gebackenen Zwiebeln und Remoulade. Zwetschgenku-
chen im Glas mit Kaffee-Eis.
Menu 23 € (Mittags), 39/54 € – Karte 30/74 €

Linggplatz 11 (Zufahrt über Webergasse) ✉ 36251 – ☎ 06621 1890 –
www.zumsternhersfeld.de

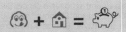

HERXHEIM
Rheinland-Pfalz – Regionalatlas **54**–E17 – Michelin Straßenkarte 543

In Herxheim-Hayna Süd-West: 2, 5 km Richtung Kandel

⓼ Pfälzer Stube

REGIONAL · GEMÜTLICH XX Lust auf Pfälzer Küche, gespickt mit internationalen
Einflüssen? Dann sind Sie in den charmanten Stuben goldrichtig! Saumagen und
Maultaschen sind ebenso lecker wie z. B. "bei Niedertemperatur geschmorte Rin-
derbäckchen mit Selleriepüree und Spätburgunder-Jus" oder "knusprig gebratene
Pfälzer Freilandentenbrust mit Lavendelhonig glasiert".
Spezialitäten: Spargelschaumsüppchen, Crépinette von der Annweiler Goldforel-
le. Pfälzer Saumagen auf Apfel-Rieslingsekt-Sauerkraut und Schnittlauchpüree.
Vanille- und Walnusseiscreme mit eingelegten Schattenmorellen.
Menu 35 € (Mittags), 49/69 € – Karte 31/68 €

Hotel Krone, Hauptstraße 62 ✉ 76863 – ☎ 07276 5080 – www.hotelkrone.de

Krone

FAMILIÄR · GEMÜTLICH Ob man das schmucke Landhotel aus gastronomischer Sicht oder in Sachen Wohnkomfort betrachtet, es ist nach wie vor ein Aushängeschild der Pfalz! Man schläft in geschmackvollen, individuellen Zimmern, genießt ein ausgedehntes Frühstück und entspannt im schönen Wellnessbereich. Freitag- und samstagabends Gourmetküche im "Kronen-Restaurant".

62 Zimmer ⌂ – ♥♥ 170/240€ – 4 Suiten

Hauptstraße 62 ✉ 76863 – ℰ 07276 5080 – www.hotelkrone.de

🍴 **Pfälzer Stube** – Siehe Restaurantauswahl

HESSDORF

Bayern – Regionalatlas **50**–K16 – Michelin Straßenkarte 546

In Heßdorf-Dannberg Nord-West: 4 km, über Hannberg, in Niederlinberg links abbiegen

🍴 Wirtschaft von Johann Gerner

REGIONAL · GEMÜTLICH 𝕏 Der Weg hier hinaus aufs Land lohnt sich, denn Detlef Gerner und seine Frau Tanja leben in den gemütlichen Stuben Gastlichkeit "par excellence". Die gute regional-saisonale Küche gibt es z. B. als "Kalbsröllchen mit Süßkartoffel und Rosenkohl". Im Sommer sitzt man schön auf der Terrasse vor dem Haus. Übernachten kann man im hübschen "Häusla" (für 2-7 Personen).

Spezialitäten: Cappuccino vom Gorgonzola mit Garnele. Rinderbackerln mit Pimentokürbis und Kartoffelpüree. Gratin von der Rotweinzwetschge mit Zartbitterschokoladeneis.

Menu 37/58€ – Karte 34/55€

Dannberg 3 ✉ 91093 – ℰ 09135 8182 – www.wvjg.de – Geschlossen 1.-7. Januar, 24. Februar-3. März, 24. August-15. September, Montag, Dienstag, mittags: Mittwoch-Freitag

HESSHEIM

Rheinland-Pfalz – Regionalatlas **47**–E16 – Michelin Straßenkarte 543

🍴 Ellenbergs

REGIONAL · GEMÜTLICH 𝕏 In dem Gasthaus mit der gelben Fassade sorgen die Ellenbergs für freundlichen Service und gute regional-saisonal beeinflusste Küche, so gibt es hier in ländlich-gemütlichem Ambiente z. B. "Kalbsfilet im Fleischfond gegart mit Bouillongemüse und frischem Meerrettich". Schön übernachten kann man ebenfalls.

Spezialitäten: Kürbis-Ingwersuppe. Gebratene Entenbrust an Beerensoße mit Brokkoli und kleinen Reibekuchen. Zitronensorbet.

Menu 29/52€ – Karte 31/51€

Hauptstraße 46a ✉ 67258 – ℰ 06233 61716 – www.ellenbergs-restaurant.de – Geschlossen mittags: Montag-Samstag

HILDEN

Nordrhein-Westfalen – Regionalatlas **36**–C12 – Michelin Straßenkarte 543

⭐🍴 Pungshaus

MARKTKÜCHE · GEMÜTLICH 𝕏 Richtig gemütlich hat man es in dem netten Fachwerkhäuschen und gut essen kann man hier ebenfalls. Gekocht wird mit saisonalen Einflüssen. Auf der Karte liest man z. B. "Lammhüfte unter der Curry-Ingwer-Kruste".

Menu 35€ (Mittags)/54€ – Karte 41/61€

Grünstraße 22 ✉ 40723 – ℰ 02103 61372 – www.pungshaus.de – Geschlossen 17.-26. Februar, Sonntag, mittags: Samstag

⚙ OSCARS fine dining   🅿

FRANZÖSISCH · ELEGANT XXX Warum es hier "fine dining" heißt? Weil man Klassik und Moderne gekonnt und keineswegs forciert vereint. Weil international Zutaten von ausgesuchter Qualität durchdacht kombiniert werden. Weil man ein stets schlüssiges Aromenspiel auf den Teller bringt. Top Produkte wie trocken gereifter Rücken vom Luma-Beef oder die als Carpaccio servierte Jakobsmuschel können Sie aus zwei Menüs wählen, eines davon ist vegetarisch. Zur kreativen Küche von Daniel Weimer wird man auch noch überaus höflich und aufmerksam umsorgt, treffliche Weinempfehlungen inklusive. Zu finden ist das Restaurant übrigens im Nebenbau des "Parkhotel Adler". Mit Respekt vor der Historie des Hauses hat man ein stilvolles und warmes Ambiente geschaffen.

Spezialitäten: Bretonische Makrele, Topinambur, Ponzu, Shiitake. Challans Ente, Schwarzwurzel, Rotkraut, Birne, Dim Sum. Cappuccino Oscars, Valrhona Schokolade, Gianduia, Gewürzespresso.

Menu 76/166 €

Parkhotel Adler, Adlerplatz 3 ⊠ 79856 – ℰ 07652 1270 – www.parkhoteladler.de – Geschlossen 1. März-1. April, 7.-21. September, 21.-31. Dezember, Montag, Dienstag, mittags: Mittwoch-Sonntag

🍴 Adler Stuben   🚗 🏠 ㅕ 🅿 🕌

KLASSISCHE KÜCHE · ELEGANT XX Mit ihren alten Holztäfelungen und niedrigen Decken kommen die Stuben des historischen Schwarzwaldhauses schön gemütlich daher, gut macht sich dazu der moderne Touch. Dieser findet sich auch in der Küche, z. B. bei "Atlantik-Seeteufel, Zitrusfrucht, zweierlei Fenchel, Chorizo-Ravioli". Dazu badische Klassiker wie Zwiebelrostbraten.

Karte 35/90 €

Parkhotel Adler, Adlerplatz 3 ⊠ 79856 – ℰ 07652 1270 – www.parkhoteladler.de – Geschlossen 1.-31. März

🍴 Thomahof   🚗 🏠 ㅁ 🅿 🕌

INTERNATIONAL · GEMÜTLICH XX Ein Hotelrestaurant, das Sie sich merken sollten, denn im "Thomahof" bietet man nicht nur eine gehobene Halbpension, sondern auch ein ambitioniertes A-la-Carte-Angebot. In behaglichem Ambiente serviert man z. B. "hausgemachte Rehravioli", "Vitello Tonnato" oder "Hirschrücken mit Herbsttrompeten und Rotkohl".

Menu 28/46 € – Karte 33/55 €

Hotel Thomahof, Erlenbrucker Straße 16 ⊠ 79856 – ℰ 07652 1230 – www.thomahof.de

🏨 Parkhotel Adler   ⛲ 🌿 🚗 ㅈ 🔲 🌐 🍸 ㄥ⁶ 🔁 🕌 🅿 🕌

BOUTIQUE-HOTEL · INDIVIDUELL Ein Schwarzwald-Klassiker zum Wohlfühlen, dafür sorgen ein stilvoller Mix aus Tradition und Moderne, wohnlich-elegante Zimmer und ein Spa auf 1500 qm, nicht zu vergessen der 4 ha große Park samt Wildgehege. Einladend auch das Café "Diva".

56 Zimmer � – ♔♔ 209/329 € – 10 Suiten

Adlerplatz 3 ⊠ 79856 – ℰ 07652 1270 – www.parkhoteladler.de – Geschlossen 1.-31. März

⚙ **OSCARS fine dining** · 🍴 **Adler Stuben** – Siehe Restaurantauswahl

🏨 Erfurths Bergfried   ⛲ 🌿 🚗 ㅈ 🔲 🌐 🍸 ㄥ⁶ 🔁 🅿 🕌

LANDHAUS · GEMÜTLICH Mit Engagement hat Familie Erfurth dieses kleine luxuriöse Ferienidyll geschaffen: sehr schöne individuelle Zimmer mit allem Komfort und hübschen Einrichtungsdetails, attraktiver Spa nebst Barfußgarten sowie anspruchsvolle inkludierte HP. Gegenüber hat man noch ein einfacheres Hotel garni mit Appartements.

42 Zimmer – ♔♔ 224/350 € – 2 Suiten

Sickinger Straße 28 ⊠ 79856 – ℰ 07652 1280 – www.bergfried.de

Thomahof

SPA UND WELLNESS · INDIVIDUELL Ein Wellness- und Ferienhotel par excellence hat die engagierte Familie Thoma hier. Reizvoll die Lage am Kurpark, wohnlich und individuell die Zimmer im eleganten Landhausstil, hübsch der öffentliche Bereich und der Spa. Die 3/4-Pension mit hochwertigem Abendmenü ist im Preis enthalten.

49 Zimmer ☑ – ♥♥ 198/306 € – 4 Suiten

Erlenbrucker Straße 16 ✉ 79856 – ✆ 076521230 – www.thomahof.de

🍴 **Thomahof** – Siehe Restaurantauswahl

Kesslermühle

SPA UND WELLNESS · AUF DEM LAND So wünscht man sich ein Ferienhotel: geschmackvoll, wohnlich und hochwertig, dazu ein Spa auf 1000 qm und die tolle Lage im Grünen mit Wanderwegen und Loipen ringsum. Hier wird stetig investiert, so hat man großzügige Zimmer von Landhausstil bis chic-alpin. Kulinarisch: gute 3/4-Pension.

48 Zimmer ☑ – ♥♥ 242/334 € – 6 Suiten

*Erlenbrucker Straße 45 ✉ 79856 – ✆ 07652 1290 – www.kesslermuehle.de –
Geschlossen 15. November-17. Dezember*

Reppert

SPA UND WELLNESS · KLASSISCH Ein Familienbetrieb wie aus dem Bilderbuch! Was die Repperts hier bieten, reicht von der geschmackvollen "Wohnzimmer-Lobby" über individuelle Zimmer und Spa-Vielfalt auf 1000 qm bis zur erstklassigen 3/4-Pension. Letztere beginnt mit einem Frühstück bis 11. 30 Uhr und endet mit einem umfassenden Abendmenü.

42 Zimmer ☑ – ♥♥ 214/346 € – 4 Suiten

*Adlerweg 21 ✉ 79856 – ✆ 07652 12080 – www.reppert.de – Geschlossen 16.
November-5. Dezember*

In Hinterzarten-Bruderhalde Süd-Ost: 7, 5 km über B 31

🍴 Alemannenhof

MODERNE KÜCHE · RUSTIKAL 🕱🕱 Möchten Sie in hübschen rustikalen Stuben speisen oder lieber auf der herrlichen See-Terrasse? Mittags gibt es Vesper im Tapas-Stil, Käsespätzle, Schnitzel... , am Abend "Fine Dining" wie "Lammrücken, Aprikose, Aubergine, Parmesan". Zum Übernachten: Zimmer mit einem schönen Mix aus Moderne und Tradition.

Menu 75 € – Karte 33/85 €

Bruderhalde 21 ✉ 79856 – ✆ 07652 91180 – www.hotel-alemannenhof.de

HÖCHST IM ODENWALD

Hessen – Regionalatlas **48**-G15 – Michelin Straßenkarte 543

In Höchst-Hetschbach Nord-West: 2 km über B 45 Richtung Groß-Umstadt

🕙 Gaststube

REGIONAL · BÜRGERLICH 🕱 Lust auf frische regional-bürgerliche Küche? In der gemütlichen, angenehm unkomplizierten Gaststube der "Krone" lässt man sich z. B. "Kalbstafelspitz, Kohlrabi, Spätzle, Senfsoße" oder "Odenwälder Forellenfilet, Blattspinat, Apfelwein-Kräutersoße" schmecken.

Spezialitäten: Marinierte Rote Bete, gebackener Zander, Meerrettich. Wildschweinsauerbraten mit Wirsinggemüse glasierten Äpfeln und Spätzle. Nougatmousse, Mandarine, Apfel.

Menu 29/112 € – Karte 37/61 €

*Krone, Rondellstraße 20 ✉ 64739 – ✆ 06163 931000 – www.krone-hetschbach.de –
Geschlossen 27. Juli-13. August, Montag, Donnerstag*

🍴 **Krone** 🐌 ⇔ 🏠 ✿ **P**

KLASSISCHE KÜCHE • ELEGANT XX Modern, klassisch und saisonal sind z. B. "Zander, Kalbsbries, Spargel" oder "Lammrücken, Bohnen, Bärlauch" - gerne kocht man in dem geradlinig-eleganten Restaurant mit heimischen Produkten. Freundlicher Service samt guter Weinberatung (400 Positionen). Gepflegt übernachten kann man ebenfalls.

Menu 50/112€ – Karte 48/68€

Rondellstraße 20 ✉ 64739 – ℰ 06163 931000 – www.krone-hetschbach.de – Geschlossen 27. Juli-13. August, Montag, Donnerstag, mittags: Dienstag-Mittwoch

🍽 **Gaststube** – Siehe Restaurantauswahl

HÖCHSTÄDT AN DER DONAU

Bayern – Regionalatlas **56**–J19 – Michelin Straßenkarte 546

🍽 **Zur Glocke** ⇔ 🏠 ✿ **P** 🚫

MARKTKÜCHE • CHIC X Mit Herzblut ist Familie Stoiber in dem trendig-modernen Restaurant bei der Sache. Das merkt man nicht zuletzt an der guten Küche. Wie wär's mit "Entrecôte, Süßkartoffel, Bohne & Speck" oder "Skrei, Zuckerschoten, Kräuterseitlinge, Hummus, Blutorangen-Hollandaise"? Oder lieber das Überraschungsmenü? Zum Übernachten hat man wohnliche Zimmer.

Spezialitäten: Kleiner gemischter Salat mit französischem Dressing, gerösteten Kernen und Croûtons. Brust vom Schwarzfederhuhn, Kirschessigjus, Erbsencrème, Steinpilz-Schupfnudeln. Sorbet-Variation mit frischen Früchten.

Menu 33/45€ – Karte 30/61€

Friedrich-von-Teck-Straße 12 ✉ 89420 – ℰ 09074 957885 – www.restaurant-zur-glocke.de – Geschlossen Montag, Sonntag, mittags: Dienstag-Freitag

HÖVELHOF

Nordrhein-Westfalen – Regionalatlas **28**–F10 – Michelin Straßenkarte 543

🍽 **Gasthof Brink** ⇔ ✿ **P** 🚗 🚫

FRANZÖSISCH-KLASSISCH • FAMILIÄR XX Seit 1880 ist Familie Brink in diesem schönen Haus aktiv. Eine Bastion klassisch-französischer Küche, unkompliziert und sehr schmackhaft. Hausgemachte Pasteten und Terrinen sind ebenso gefragt wie "Kalbsrückensteak mit Sauce Béarnaise" und "Seezunge Müllerin" oder das 4-Gänge-Menü in kleinen Portionen.

Spezialitäten: Steinpilzrahmsuppe. Seeteufel mit Orangen-Hummersoße und Nudeln. Limonentopfen mit Früchten.

Menu 35/65€ – Karte 31/65€

Allee 38 ✉ 33161 – ℰ 05257 3223 – Geschlossen 1.-17. Januar, 3.-21. August, Montag, mittags: Dienstag-Sonntag

In Hövelhof-Riege Nord-West: 5 km Richtung Kaunitz, dann rechts ab

🍴 **Gasthaus Spieker** ⇔ 🏠 ⚓ ✿ **P**

REGIONAL • GASTHOF XX In geschmackvollen, wirklich liebenswert dekorierten Räumen lässt man sich regionale Küche mit mediterranem Touch schmecken, so z. B. "Spiekers leckere Tapas" oder "Lammragout auf Bulgur, grüner Spargel, Crème fraîche". Und wer dazu ein bisschen mehr Wein trinken möchte, kann auch gepflegt übernachten.

Menu 30/50€ – Karte 25/51€

Detmolder Straße 86 ✉ 33161 – ℰ 52572222 – www.gasthaus-spieker.de – Geschlossen 1.-3. Januar, 2.-14. August, Montag, Dienstag, abends: Mittwoch-Samstag

HOFHEIM AM TAUNUS

Hessen – Regionalatlas **47**–F15 – Michelin Straßenkarte 543

🍴⭕ Die Scheuer

REGIONAL · GEMÜTLICH 🍴 Richtig charmant, die einstige "Hammelsche Scheune" a. d. 17. Jh. , das mögen auch die zahlreichen Stammgäste! In gemütlicher Atmosphäre gibt es Leckeres wie Wild aus eigener Jagd oder auch "Zwiebelrostbraten mit Maultasche, Sauerkraut und Spätzle". Im Sommer lockt die Terrasse.

Karte 45/68 €

Burgstraße 12 ✉ *65719 – ☎ 06192 27774 –*
www.die-scheuer.de – Geschlossen Montag, Dienstag

HOHEN DEMZIN

Mecklenburg-Vorpommern – Regionalatlas **13**–N5 – Michelin Straßenkarte 542

🍴⭕ Wappen-Saal

KLASSISCHE KÜCHE · ELEGANT 🍴🍴🍴 Sie dinieren in einem eindrucksvollen historischen Saal und genießen charmanten, versierten Service. Klassisch-französisch das Menü - hier z. B. "Wachtel in Macadamia und Schwarzessig glasiert, Pastinake und Trauben" oder "rosa gebratener Rücken vom Kalb". Daneben gibt es noch eine Auswahl an Gerichten mit Kaviar.

Menu 70/110 €

Schlosshotel Burg Schlitz, Burg Schlitz 2 ✉ *17166 – ☎ 03996 12700 –*
www.burg-schlitz.de – Geschlossen Montag, Sonntag, mittags: Dienstag-Samstag

🏰 Schlosshotel Burg Schlitz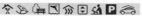

LUXUS · KLASSISCH Das imposante Schloss auf dem 180 ha großen Anwesen wurde 1806 von Graf Schlitz erbaut und ist heute ein aufwändig und edel mit Stil und Geschmack eingerichtetes Hotel. Klassisch-elegant sind die großen Zimmer mit ihren wunderschönen Decken, toll der Spa. Brasserie "Louise" mit französischer Küche.

14 Zimmer – 👫 198/345 € – ☖ 25 € – 6 Suiten

Burg Schlitz 2 ✉ *17166 – ☎ 03996 12700 –*
www.burg-schlitz.de

🍴⭕ **Wappen-Saal** – Siehe Restaurantauswahl

HOHENKAMMER

Bayern – Regionalatlas **58**–L19 – Michelin Straßenkarte 546

❀ Camers Schlossrestaurant

MEDITERRAN · ELEGANT 🍴🍴 Ganz schön herrschaftlich! Wie es dem eleganten Schloss gebührt, muss man zuerst den Wassergraben überqueren, bevor man durch den Innenhof (hier kann man sich dem Reiz der Terrasse kaum entziehen) in einen angenehm geradlinig gehaltenen Raum mit schmuckem weißem Gewölbe kommt. Florian Vogel (zuvor u. a. im "Kastell" in Wernberg-Köblitz und im "Dallmayr" in München), gibt hier ausdrucksstarke moderne Küche zum Besten. Das Konzept: Im Sommer kocht man eher mediterran und klassisch, im Winter asiatisch inspiriert. Sein präzises Handwerk zeigt der gebürtige Wilhelmshavener z. B. beim zarten Hendl "von um die Ecke" mit kraftvoll-pikanter Tom-Kha-Gai-Sauce. Viele der top Produkte kommen vom nah gelegenen Gut Eichethof. Übrigens: Im angeschlossenen Hotel finden Sie Zimmer in klarem Design.

Spezialitäten: Salat vom Eichethof Schwein, Romanasalat, Koriandervinaigrette, Yuzu. Lammrücken, Curry-Hollandaise, kleine Tomaten, Blumenkohl, Pak Choi. Erdbeeren, Buttermilchmousse, Zitronenpfeffer.

Menu 105/125 €

Schlossstraße 25 ✉ *85411 – ☎ 08137 93443 –*
www.camers.de – Geschlossen 1.-20. Januar, 10.-13. April, 8.-15. Juni, 10. August-1. September, Montag, Sonntag, mittags: Dienstag-Samstag

HOHENTENGEN AM HOCHRHEIN

Baden-Württemberg – Regionalatlas **62**–E21 – Michelin Straßenkarte 545

In Hohentengen-Lienheim West: 5 km

⭕ **Landgasthof Hirschen** ⇦ 🎏 🅐🅒 ⇦ 🅿

MARKTKÜCHE · GASTHOF Ausflugsziele gibt es in der Gegend einige, und als Abschluss kehren Sie hier in freundlich-ländlichem Ambiente ein und lassen sich regionale und mediterran beeinflusste Speisen schmecken. Und zum Übernachten hat man gepflegte Gästezimmer und Appartements.

Menu 35/45 € – Karte 25/62 €

Rheintalstraße 13 ✉ *79801 – ☎ 07742 7635 –*
www.hirschen-lienheim.de – Geschlossen mittags: Samstag, Sonntag

HOMBURG VOR DER HÖHE, BAD

Hessen – Regionalatlas **47**–F14 – Michelin Straßenkarte 543

⭕ **Sänger's Restaurant** 🕸 🎏

FRANZÖSISCH-KLASSISCH · KLASSISCHES AMBIENTE Seit über 40 Jahren hält Klaus Sänger kulinarisch die klassische Fahne hoch. In elegantem Ambiente hinter wilhelminischer Fassade bietet man z. B. "Lammrücken unter der Kräuterkruste" oder "bretonischen Hummer". Und dazu einen schönen Bordeaux oder Burgunder?

Menu 38 € (Mittags), 85/120 € – Karte 83/99 €

Kaiser-Friedrich-Promenade 85 ✉ *61348 – ☎ 06172 928839 –*
www.saengers-restaurant.de – Geschlossen 3.-10. Februar, 3.-17. August, Montag,
Sonntag, mittags: Samstag

In Bad Homburg-Dornholzhausen West: 4 km

⭕ **Lindenallee** 🎏 🅿

INTERNATIONAL · CHIC Geschmackvoll das geradlinig-elegante Ambiente, versiert der Service, richtig gut die Küche. Aus frischen Produkten entstehen hier z. B. leckere "Ravioli von Ricotta und Kartoffel" oder "auf der Haut gebratener Zander mit Gurkengemüse und Senfsauce".

Menu 38/48 € – Karte 40/60 €

Lindenallee 2 ✉ *61348 – ☎ 06172 8506601 –*
www.restaurant-lindenallee.de – Geschlossen Montag, Sonntag,
mittags: Dienstag-Samstag

HORB

Baden-Württemberg – Regionalatlas **54**–F19 – Michelin Straßenkarte 545

⭕ **Quartier 77** 🎏 ⇦ 🅿

MARKTKÜCHE · FREUNDLICH In einer ehemaligen Kaserne finden Sie dieses geradlinig gehaltene Lokal. Gekocht wird schmackhaft, frisch und saisonal. Neben Gerichten wie "gebratenes Zanderfilet, Spinatcreme, Thymian-Tomaten-Gnocchi" macht auch das "Regionale Menü" Appetit. Passende Räume für Events gibt es ebenfalls.

Menu 45 € – Karte 34/55 €

Am Garnisonsplatz ✉ *72160 – ☎ 07451 6230977 –*
www.quartier77.de – Geschlossen Samstag, mittags: Sonntag

HORBEN

Baden-Württemberg – Regionalatlas **61**–D20 – Michelin Straßenkarte 545

✿ Gasthaus zum Raben (Steffen Disch)

FRANZÖSISCH-KLASSISCH · GEMÜTLICH ✗ Viele Gäste, die zum ersten Mal in dem reizenden Bauerngehöft von 1728 einkehren, denken bei der Kulisse an eine alte Postkarte aus einer längst vergangenen Zeit – so idyllisch wirkt dieser Ort. Im Inneren sorgen bemalte Holzdecken, rustikale Holztische und -bänke sowie ein alter Kachelofen für heimelige Gemütlichkeit. Wie schön, dass man in diesem schmucken Haus auch noch hervorragend isst. Patron Steffen Disch versteht es, seine Gäste mit klassisch-französischer Küche zu verwöhnen, die er gekonnt mit regionalen Einflüssen mischt. Ein tolles Beispiel - auch für die exzellente Produktqualität - ist der Kabeljau mit Schwarzwurzel, Kürbis und Vadouvan. Eine echte Alternative sind die ausdrucksstarken Gerichte aus "Disch's kleinem Asien".

Spezialitäten: Ceviche von der Gelbschwanzmakrele, Avocado, gepickelte Radieschen. Hirschkalbsrücken, Sellerie, Wilder Brokkoli, Topfenknödel, Zwetschgen. Brombeere, Schokolade, Karamell, Curry.

Menu 58/118 € – Karte 40/94 €

Dorfstraße 8 ✉ *79289 –* ☏ *0761 556520 – www.raben-horben.de –*
Geschlossen Montag, Dienstag, mittags: Mittwoch-Freitag

HORN-BAD MEINBERG
Nordrhein-Westfalen – Regionalatlas **28**–G10 – Michelin Straßenkarte 543

Im Stadtteil Fissenknick

⊛ Die Windmühle

REGIONAL · LÄNDLICH ✗ In der einstigen Getreidemühle sitzt man heute bei Familie Lemke gemütlich in der Mühlenstube, im Kaminzimmer oder auf der Terrasse und lässt sich Leckeres wie "Seeteufelmedaillon auf Morchelrisotto" oder "geschmortes Ochsenbäckchen mit Spitzkohl" schmecken. Mit Hingabe empfiehlt man Ihnen ausgesuchte deutsche Weine.

Spezialitäten: Kürbisvariation süßsauer, Suppe und Quiche. Roulade vom roten Höhenvieh mit jungem Spitzkohl und Serviettenknödeln. Birnenduftkuchen mit Fichtennadelparfait und Vanillesauce.

Menu 37/55 € – Karte 28/43 €

Windmühlenweg 10 ✉ *32805 –* ☏ *05234 919602 – www.diewindmuehle.de –*
Geschlossen 13.-31. Januar, Montag, Dienstag, mittags: Mittwoch-Donnerstag

HORNBACH
Rheinland-Pfalz – Regionalatlas **53**–C17 – Michelin Straßenkarte 543

⃝ Refugium

INTERNATIONAL · ELEGANT ✗✗✗ Im Gourmetrestaurant der Kloster-Gastronomie trifft ein tolles altes Kreuzgewölbe auf moderne Eleganz. In den ambitionierten wechselnden Menüs "Flora" und "Fauna" hat jedes Gericht seinen eigenen Namen - auch à la carte wählbar.

Menu 62/125 € – Karte 64/86 €

Hotel Kloster Hornbach, Im Klosterbezirk ✉ *66500 –* ☏ *06338 910100 –*
www.kloster-hornbach.de – Geschlossen 1.-31. Januar, 25. Mai-10. Juni, 26.
Oktober-11. November, Montag, Dienstag, Mittwoch, Sonntag,
mittags: Donnerstag-Samstag

⌂ Kloster Hornbach

HISTORISCH · INDIVIDUELL Eine gelungene Einheit von Historie und Moderne ist das Kloster a. d. 8. Jh. Ganz individuell die Zimmertypen: Remise, Shaker, Mediterran, Asien, Ethno. Oder wie wär's mit einer bewusst schlichten "Pilgerzelle"? Die Mitarbeiter auffallend herzlich, ein Traum die Gartenanlage samt Kräutergarten! Regional-internationale Küche in der gemütlichen "Klosterschänke".

33 Zimmer 🛏 – ♟ 159/214 € – 3 Suiten

Im Klosterbezirk ✉ *66500 –* ☏ *06338 910100 – www.kloster-hornbach.de*

⃝ **Refugium** – Siehe Restaurantauswahl

🏚️ Lösch für Freunde

GROßER LUXUS · INDIVIDUELL Ein einzigartiger Ort voller Individualität: von Plätzen der Begegnung ("Wohnzimmer", Weinlounge oder die lange Tafel für gemeinsame Abendessen) über tolle, durch Paten erschaffene Wohnwelten wie "Literarium", "Jagdzimmer", "Konrads Salon"... bis zum Service samt Vollpension inkl. Snacks, Kaffee & Kuchen!

15 Zimmer 🖙 – ♥♥ 149/235 € – 7 Suiten

Hauptstraße 19 ✉ 66500 – ✆ 06338 91010200 – www.loesch-fuer-freunde.de –
Geschlossen 1.-31. Januar

HOYERSWERDA

Sachsen – Regionalatlas **34**–R11 – Michelin Straßenkarte 544

In Hoyerswerda-Zeißig Süd-Ost: 3 km Richtung Bautzen über die B 96

😊 Westphalenhof

INTERNATIONAL · FREUNDLICH XX Etwas versteckt liegt das stilvoll-gedie-gene Restaurant in einem Wohngebiet. Hier sorgen die Brüder Westphal (der eine Küchenchef, der andere Sommelier) für saisonal-internationale Küche (z. B. "Roastbeef, grüner Pfeffer, Kräuterseitling") und gute Weinberatung - im begeh-baren Weindepot hat man rund 150 Positionen. Mittags etwas reduziertes Spei-senangebot.

Spezialitäten: Ziegenfrischkäse mit Lawendelcreme, gerösteter Pumpernickel und Tomatensorbet. Lackierte Brust vom Schwarzfederhuhn mit Morchelrahm, Honig-Salbei-Möhrchen, Zucchini und Petersilienwurzel. Crème brûlée, Espresso-Kro-kant-Eis.

Menu 37/75 € – Karte 33/59 €

Dorfaue 43 ✉ 02977 – ✆ 03571 913944 – www.westphalenhof.de –
Geschlossen 20.-31. Januar, Montag

HÜCKESWAGEN

Nordrhein-Westfalen – Regionalatlas **36**–D12 – Michelin Straßenkarte 543

In Hückeswagen-Kleineichen Süd-Ost: 1 km

🍴 Haus Kleineichen

TRADITIONELLE KÜCHE · RUSTIKAL XX Wer es alpenländisch mag, ist hier genau richtig. Viel warmes Holz, ein Ofen und charmante Deko verbreiten Gemüt-lichkeit, auf der Karte z. B. "Gänsekeule mit Bratapfel, Apfelrotkohl und Kartoffel-knödel". Beliebt: das günstige Mittagsangebot.

Menu 16 € (Mittags)/33 € – Karte 27/43 €

Bevertalstraße 44 ✉ 42499 – ✆ 02192 4375 – www.haus-kleineichen.de –
Geschlossen 22. Juni-6. Juli, Montag, Dienstag

HÜFINGEN

Baden-Württemberg – Regionalatlas **62**–F21 – Michelin Straßenkarte 545

In Hüfingen-Mundelfingen Süd-West: 7,5 km über Hausen

😊 Landgasthof Hirschen

REGIONAL · FAMILIÄR XX Das Engagement von Chefin Verena Martin und ihrer (übrigens rein weiblichen) Brigade spürt und schmeckt man: In charmanter Atmo-sphäre gibt es "geröstetes Grießsüpple mit Bergkäse", "Dreierlei vom Kalb" oder auch "Schwarzwälder Saibling mit Linsen und Speckkartoffeln".

Spezialitäten: Kartoffelsuppe mit Rauchlachs-Croûton. Badisches Rehragout mit Pilzen, Gewürzrotkraut und Knödelscheiben vom Landbrot. Gebackene Grieß-nockerl mit Zwetschgen und Holunder-Joghurt-Eis.

Menu 38/77 € – Karte 33/64 €

Wutachstraße 19 ✉ 78183 – ✆ 07707 99050 – www.hirschen-mundelfingen.de –
Geschlossen Mittwoch, Donnerstag

IDSTEIN

Hessen – Regionalatlas **47**–E14 – Michelin Straßenkarte 543

🍽️⃝ **Henrich HÖER's Speisezimmer** ⇦🍴♻️ **P**

KLASSISCHE KÜCHE · ROMANTISCH XX Der "Höerhof" hat einfach Charme, das gilt für die hübschen Gästezimmer ebenso wie für die historischen Restauranträume mit rustikalem Touch und den lauschigen Lindenhof! Und dann ist da noch die gute Küche - es gibt z. B. "Rücken vom Kalb mit Apfel, Wasabi und Zwiebel". Tipp: Kommen Sie auch mal zum Business Lunch, das Preis-Leistungs-Verhältnis ist wirklich fair!

Menu 30 € (Mittags)/83 € – Karte 43/61 €

Obergasse 26 ✉ 65510 – ☎ 06126 50026 – www.hoerhof.de –
Geschlossen abends: Sonntag

IHRINGEN

Baden-Württemberg – Regionalatlas **61**–D20 – Michelin Straßenkarte 545

😊 **Bräutigam** ⇦🍴 **P**

REGIONAL · GEMÜTLICH XX Familie Bräutigam hat hier eine gemütlich-rustikale Weinstube, in der klassisch und unkompliziert gekocht wird, alles ist frisch und schmackhaft. Probieren Sie z. B. "Forellenfilets im Kartoffelmantel", "gratinierte Weinbergschnecken" oder "gebratene Entenbrust mit Wintergemüse und Grießschnitten". Zum übernachten stehen gepflegte Zimmer bereit.

Spezialitäten: Froschschenkel in Zwiebel und Knoblauch gebraten. Kalbszüngle in Burgunder mit Brägele. Halbgefrorenes mit Vanillekirschen.

Menu 29/77 € – Karte 32/59 €

Bahnhofstraße 1 ✉ 79241 – ☎ 07668 90350 – www.braeutigam-hotel.de –
Geschlossen 17. Februar-3. März, Montag, mittags: Dienstag

😊 **Holzöfele** 🍴

REGIONAL · GASTHOF XX In diesem Traditionshaus in Ihringen kommt auch unter neuer Leitung reichlich Geschmack auf den Teller! Man kocht badisch und international-französisch inspiriert, z. B. "Iberico Schwein - gebackenes Kotelett, provenzalisches Gemüse, Thymiankartoffeln" oder "Lachs - Steak gegrillt, Paella-Risotto, grüner Spargel, Tomatenschaum". Nett die Terrasse vor dem Haus.

Spezialitäten: Apfel-Meerrettich Crèmesuppe, Räucherforelle, Kracherle. Kalbsleber Berliner Art, Kalbsjus, glasierter Apfel, Kartoffelpüree, Gemüse, Röstzwiebeln. Eis-Gugelhupf, Pistazie, Schokolade, Schattenmorellenragout, Orangenschaum.

Menu 50/80 € – Karte 35/65 €

Bachenstraße 46 ✉ 79241 – ☎ 07668 207 – www.holzoefele-ihringen.de –
Geschlossen 17.-27. Februar, 27. April-5. Mai, Montag, Dienstag

ILBESHEIM BEI LANDAU IN DER PFALZ

Rheinland-Pfalz – Regionalatlas **47**–E17 – Michelin Straßenkarte 543

😊 **Hubertushof** 🍴

MODERNE KÜCHE · GEMÜTLICH X Die sympathischen Gastgeber Sandra Bernhard und Jochen Sitter haben hier ein charmantes Restaurant (gemütlich: Sandstein, Fachwerk und Kamin) samt traumhaftem Innenhof. Die Küche ist ein saisonaler Mix aus regional und international, z. B. "knusprig gebackenes Landei mit roh mariniertem Rosenkohl" oder "Lachssashimi mit Schnittlauch-Kartoffelcreme". Dienstags Sushi.

Spezialitäten: Süppchen aus Opas Garten. Blutwurst mit Walnusskrokant vom Ritzmannhof mit Meerrettich, marinierten Linsen und Gewürzapfelchutney. Kürbiskernparfait mit Vanille-Birne.

Menu 28 € (Mittags), 37/45 € – Karte 37/59 €

Arzheimer Straße 5 ✉ 76831 – ☎ 06341 930239 –
www.restaurant-hubertushof-ilbesheim.de – Geschlossen Montag, Sonntag,
mittags: Dienstag-Samstag

ILLERTISSEN

Bayern – Regionalatlas **64**–I20 – Michelin Straßenkarte 546

In Illertissen-Dornweiler Süd-West: 1,5 km Richtung Dietenheim

🏵 Vier Jahreszeiten Restaurant Imhof   🛋 ⛦ ✿ 🅿

MARKTKÜCHE · GASTHOF 🗶 Bei Andreas Imhof isst man richtig gut, da ist der "Rostbraten mit Kraut-Krapfen" praktisch ein Muss! Oder mögen Sie lieber "Schweinefilet mit Maultäschle"? Zusätzlich gibt's auch immer Leckeres zum Vesper wie z. B. "Alb-Linsen mit Wienerle und Spätzle". Drinnen ist das Gasthaus hell und modern, draußen im Biergarten sitzt man unter einen schönen großen Linde!
Spezialitäten: Ziegenkäse mit Roter Bete, Holunderbeeren und Feldsalat. Lechtaler Saiblingsfilet mit Spargelgemüse und Kartoffel-Bärlauch-Maultäschle. Mascarponecrème mit Erdbeeren und Sauerrahmeis.

Menu 36/63 € – Karte 29/57 €

Dietenheimer Straße 63 ✉ 89257 – ✆ 07303 9059600 –
www.vier-jahreszeiten-illertissen.de – Geschlossen Mittwoch, mittags: Samstag

ILLSCHWANG

Bayern – Regionalatlas **51**–M16 – Michelin Straßenkarte 546

🏵 Weißes Roß   ⇔ 🛋 ✿ 🅿

REGIONAL · GASTHOF 🗶🗶 Was im zweiten Restaurant der Familie Nägerl auf den Tisch kommt, ist regional und saisonal, frisch und aromatisch - das Fleisch stammt übrigens aus der eigenen Metzgerei! Und das Ambiente? Gemütlich und ländlich-charmant ist es hier.
Spezialitäten: Feldsalat, Speck, Croûtons. Geschmorte Rehkeule, Kräuterspätzle, Salat. Eierlikörtorte mit Blattgold und Sauerrahm.

Karte 26/61 €

Cheval Blanc, Am Kirchberg 1 ✉ 92278 – ✆ 09666 188050 – www.weisses-ross.de –
Geschlossen 6.-13. Januar, Montag

🍴O Cheval Blanc   ⇔ 🍴 🅿

KLASSISCHE KÜCHE · CHIC 🗶🗶🗶 Das kleine Gourmetrestaurant im "Weißen Roß" präsentiert sich chic, wertig und mit rustikal-elegantem Touch - gelungen der Mix aus Alt und Neu! Auf der Karte ambitionierte und interessante klassische Gerichte mit moderner Note, z. B. "Rehrücken, Markbällchen, Petersilie, Steinpilze". Charmant-aufmerksamer Service. Schön die Gästezimmer in klarem, wohnlichem Design.

Menu 98/110 € – Karte 73/83 €

Am Kirchberg 1 ✉ 92278 – ✆ 09666 188050 – www.weisses-ross.de –
Geschlossen 1.-14. Januar, 23.-31. Dezember, Montag, Dienstag, Sonntag,
mittags: Mittwoch-Samstag

🏵 **Weißes Roß** – Siehe Restaurantauswahl

ILSENBURG

Sachsen-Anhalt – Regionalatlas **30**–J10 – Michelin Straßenkarte 542

🏚 Landhaus Zu den Rothen Forellen

LANDHAUS · KLASSISCH Schon von außen ein Blickfang, attraktiv die zentrale Lage am Forellensee. Man wohnt in exklusiver Landhaus-Atmosphäre, toll die Badehaus-Juniorsuiten direkt am Wasser! Dazu leckeres Frühstück, entspannende Spa-Anwendungen und richtig guter Service! Schön das "Landhaus-Restaurant" mit Wintergarten und Terrasse zum See. Einen Besuch wert: das Kloster im Ort.

76 Zimmer 🛋 – 🛏 220/250 €

Marktplatz 2 ✉ 38871 – ✆ 039452 9393 – www.rotheforelle.de

ILSFELD

Baden-Württemberg – Regionalatlas **55**–G17 – Michelin Straßenkarte 545

ⓘO Häußermann's Ochsen

REGIONAL · FAMILIÄR 𝕏 Was in dem traditionsreichen Familienbetrieb (bereits seit 1895) auf den Tisch kommt, ist traditionell-regional und saisonal, so z. B. "Zwiebelrostbraten mit Spätzle" oder auch Spargelgerichte. Tipp: "Probiererles-Menü". Schinken räuchert man übrigens selbst. Praktisch: Man kann hier gut parken.

Menu 25/31€ – Karte 29/58€

König-Wilhelm-Straße 31 ✉ 74360 – ☎ 07062 67900 – www.ochsen-ilsfeld.de –
Geschlossen 1.-24. Januar, 3.-18. August, Donnerstag, mittags: Freitag

IMMENSTAAD AM BODENSEE
Baden-Württemberg – Regionalatlas **63**–H21 – Michelin Straßenkarte 545

ⓐ Heinzler

REGIONAL · GASTHOF 𝕏𝕏 Ob in der Jagdstube, im Panorama-Restaurant oder auf der tollen Terrasse (fast direkt am Wasser!), bei den Brüdern Heinzler ist Ihnen gute saisonal beeinflusste Küche gewiss. Es gibt z. B. "geräuchertes Filet vom Bodenseefelchen auf Rote-Bete-Salat mit Meerrettichmousse und Reibeküchle" oder "Zweierlei vom Kalb in Pfeffersoße mit Rosenkohl und Bratkartoffeln".

Spezialitäten: Gebratene Rehleber, Bodensee-Kirschsauce, Rahmgemüse, gebackene Zwiebeln, Püree. Regenbogenforelle und Gamba auf grillgemüse mit Sauce Béarnaise. Crème Brûlée von der Tahitivanille mit Blutorangensorbet.

Karte 30/53€

Hotel Heinzler, Strandbadstraße 3 ✉ 88090 – ☎ 07545 93190 –
www.heinzleramsee.de

ⓐ Seehof

REGIONAL · GEMÜTLICH 𝕏𝕏 Herrlich die Seelage beim Yachthafen. Neben der gefragten Terrasse hat man die "Badische Weinstube" und das Panoramarestaurant "Alois". Gekocht wird schmackhaft und handwerklich klassisch, so z. B. "Salemer Lammleber mit Quitten-Balsamessigjus" oder "Egli mit Pfifferlingen". Schön übernachten kann man ebenfalls - Tipp: Panoramazimmer und "Bootshäuser"!

Spezialitäten: Bouillabaisse, Röstbrot und Aioli. Coq au Vin von Salemer Landhuhnkeule in Birnauer Weißherbst geschmort, Gemüse und Kartoffelgratin. Zimtblütencrème mit Zwetschgenröster.

Menu 34/69€ – Karte 30/72€

Bachstraße 15 (Am Yachthafen) ✉ 88090 – ☎ 07545 9360 – www.seehof-hotel.de –
Geschlossen 24.-26. Dezember

🏠 Heinzler

FAMILIÄR · AM SEE Wunderbar die Lage am See (hier eigener Strandbereich, Liegewiese, Bootsanleger), schön die wohnlich-modernen Zimmer - meist mit Seesicht. Toll: Panoramasuiten mit top Ausblick! Freier Eintritt ins Strandbad gegenüber sowie in den "BALANCE. Fitness Club". Tipp: Mieten Sie die "Stingray 250 CR"-Yacht! 10 Autominuten entfernt: 3 luxuriöse Appartements am See!

34 Zimmer ⌑ – ♥♥ 138/298€ – 2 Suiten

Strandbadstraße 3 ✉ 88090 – ☎ 07545 93190 – www.heinzleramsee.de

ⓐ **Heinzler** – Siehe Restaurantauswahl

INGOLSTADT
Bayern – Regionalatlas **57**–L18 – Michelin Straßenkarte 546

ⓘO Avus

MARKTKÜCHE · ELEGANT 𝕏𝕏 Modern-elegantes Restaurant in der ersten Etage des gläsernen "Audi Forums". Das Speiseangebot ist international-saisonal, wochentags günstiges Lunchmenü. "Audi museum mobile" nebenan.

Menu 39/59€ – Karte 40/65€

Auto-Union-Straße 1 (im Audi Forum) ✉ 85057 – ☎ 0841 8941071 –
www.moevenpick-restaurants.com/ingolstadt-audi-forum – Geschlossen Sonntag

⑩○ Inzlinger Wasserschloss

KLASSISCHE KÜCHE · HISTORISCHES AMBIENTE XºX Denkmalgeschütztes Gemäuer, ein Wassergraben drum herum, stilvoll-elegantes Interieur... Hier bieten die herzlichen Gastgeber klassische Gerichte wie z. B. "Lamm-Medaillon unter der Kräutersenfkruste, mediterranes Gemüse, Risotto". Richtig schön übernachten können Sie im 150 m entfernten Gästehaus.

Menu 35 € (Mittags), 75/105 € – Karte 53/85 €

Riehenstraße 5 ✉ 79594 – ✆ 07621 47057 –
www.inzlinger-wasserschloss.de – Geschlossen Dienstag, Mittwoch, mittags: Montag und Donnerstag

⑩○ Krone

MARKTKÜCHE · CHIC XX Richtig chic das modern-elegante Restaurant im gleichnamigen Hotel, ebenso die Zimmer hier. Gekocht wird klassisch-international, da machen z. B. "Tatar vom Rinderfilet, Wasabi, Rauke, Senfkörner, Kapern" oder "Rotbarsch, Sojalack, Pak Choi, Wildreis" Appetit.

Menu 22 € (Mittags), 55/72 € – Karte 35/66 €

Riehenstraße 92 ✉ 79594 – ✆ 07621 2226 –
www.krone-inzlingen.de – Geschlossen Donnerstag, mittags: Freitag

IPHOFEN

⑩○ Zehntkeller

REGIONAL · GEMÜTLICH XX In dem traditionsreichen Haus mitten im Ort bekommt man gute regionale Küche mit internationalen und saisonalen Einflüssen. In gemütlichen Stuben oder auf der Terrasse unter Glyzinien gibt es neben eigenen Bio-Weinen z. B. "Saltimbocca von der Perlhuhnbrust, gegrillte Salzwassergarnelen, Tomaten-Risotto" oder "Fränkischen Zwiebelrostbraten". Kleinere Mittagskarte.

Menu 34/85 € – Karte 32/88 €

Hotel Zehntkeller, Bahnhofstraße 12 ✉ 97346 – ✆ 09323 8440 –
www.zehntkeller.de – Geschlossen 5.-12. Januar, Montag

⑩○ Zur Iphöfer Kammer

MARKTKÜCHE · LÄNDLICH X Mit persönlicher Note leiten die engagierten Gastgeber das hübsche historische Gasthaus direkt am Marktplatz des netten Weinortes. Gekocht wird ausdrucksstark und ambitioniert, so z. B. "Rotbarsch, Polenta, Mangold" oder "Rehragout, Steinpilzgnocchi, Pfifferlinge". Dazu gibt es sehr schöne Weine vom Weingut Wirsching.

Menu 35/50 € – Karte 39/52 €

Marktplatz 24 ✉ 97346 – ✆ 093238772677 –
www.kammer-iphofen.com – Geschlossen 27. Januar-20. Februar, 8.-22. Juli, Montag, Dienstag, mittags: Mittwoch-Samstag, abends: Sonntag

⑩○ 99er Kulinarium 🏠

MARKTKÜCHE · FREUNDLICH X Im Herzen der Stadt, nahe Marktplatz und Kirche heißt es in gemütlichen Stuben regional-saisonale Küche. Lust auf "gratiniertes Lammkarree mit Minz-Cashewkruste" oder "Forellenfilet im Bierteig gebacken"? Etwas kleinere Mittagskarte. Terrassen hat man zwei: charmant und ruhig hinterm Haus, etwas lebhafter vor dem Haus.

Karte 26/42 €

Pfarrgasse 18 ✉ 97346 – ✆ 09323 804488 –
www.99er-kulinarium.de – Geschlossen Montag, Donnerstag

Zehntkeller

HISTORISCH · KLASSISCH Bereits seit drei Generationen betreibt Familie Seufert das schmucke Anwesen mit Weingut. Charmant der historisch-gemütliche Rahmen, wohnlig die stilvoll-klassischen Zimmer. Eine richtige grüne Oase ist der schöne Garten mit Bäumen und Kräutern. Gute Veranstaltungs- und Tagungsräume hat man ebenfalls.

54 Zimmer 🖭 – 👫 138/176 € – 5 Suiten

Bahnhofstraße 12 ⊠ 97346 – ℰ 09323 8440 – www.zehntkeller.de –
Geschlossen 5.-12. Januar

🍽️ **Zehntkeller** – Siehe Restaurantauswahl

In Iphofen-Birklingen Ost: 7 km

🍽️ Augustiner am See

REGIONAL · GEMÜTLICH 🗶 Schön liegt das Haus zwischen der Kirche St. Maria und dem kleinen Dorfsee im ehemaligen Klosterbereich. Ob im Klassenzimmer oder im Klosterstüble, man sitzt gemütlich bei saisonal-regionaler Küche. Tipp: Spezialitäten von der Kalbsleber jeden ersten Montag im Monat. Gekocht wird ganztägig, ab 20 Uhr nur noch kalte Gerichte. Beliebt: die Terrasse zum See!

Menu 35/40 € – Karte 27/45 €

Klostergasse 6 ⊠ 97346 – ℰ 09326978950 – www.augustiner-am-see.de –
Geschlossen 17. Februar-5. März, Mittwoch, Donnerstag

ISNY

Baden-Württemberg – Regionalatlas **64**–I21 – Michelin Straßenkarte 545

🏵️ Allgäuer Stuben

REGIONAL · GEMÜTLICH 🗶🗶 Das Restaurant heißt zwar "Allgäuer Stuben", dennoch merkt man deutlich die Passion der Juniorchefin für die mediterrane Küche. Probieren Sie z. B. hausgemachte Pasta, Gnocchi oder Risotti - richtig lecker! Aber auch der Bezug zur Region kommt nicht zu kurz. Umsorgt wird man freundlich und zuvorkommend. Herrlich die Terrasse. Tipp: Montag ist Pasta-Tag.

Spezialitäten: Gnocchi mit Pfifferlingen und Kräutern. Medaillons vom Hällischen Landschwein mit Marktgemüse und Spätzle. Mascarponemousse mit Aprikosenragout.

Menu 30/60 € – Karte 31/55 €

Hotel Hohe Linde, Lindauer Straße 75 ⊠ 88316 – ℰ 07562 97597 –
www.hohe-linde.de – Geschlossen Sonntag, mittags: Montag-Samstag

Hohe Linde

FAMILIÄR · INDIVIDUELL Familie Rimmele führt ihr Haus mit großem Engagement, investiert ständig und sorgt für angenehme Atmosphäre. So darf man sich auf gut ausgestattete Zimmer freuen, mal modern, mal etwas klassischer im Stil, aber allesamt sehr gepflegt. Dazu ein ausgezeichnetes Frühstück und ein einladender Freizeitbereich. Ein weiteres Plus: der schöne Garten mit Teich.

29 Zimmer 🖭 – 👫 130/150 € – 5 Suiten

Lindauer Straße 75 ⊠ 88316 – ℰ 07562 97597 – www.hohe-linde.de

🏵️ **Allgäuer Stuben** – Siehe Restaurantauswahl

ISSELBURG

Nordrhein-Westfalen – Regionalatlas **25**–B10 – Michelin Straßenkarte 543

In Isselburg-Anholt Nord-West: 3, 5 km

Parkhotel Wasserburg Anholt

HISTORISCHES GEBÄUDE · KLASSISCH Das beeindruckende jahrhundertealte Schloss mit seiner besonderen Atmosphäre ist ein Ort zum Entspannen - von den stilvollen Zimmern über den 34 ha großen Park bis hin zum eigenen Museum. Saisonale Küche im eleganten "Wasserpavillon" direkt auf dem Schlossteich - herrlich die Terrasse! Toller Rahmen für Hochzeiten.

31 Zimmer 🖭 – 👫 145/250 € – 3 Suiten

Schloß 1 ⊠ 46419 – ℰ 02874 4590 – www.schloss-anholt.de – Geschlossen 20.-24.
Dezember

JAMELN

Niedersachsen – Regionalatlas **20**–K7 – Michelin Straßenkarte 541

⊪○ **Das Alte Haus**   🏠 P

INTERNATIONAL · GEMÜTLICH 𝕏 Jede Menge Charme hat das hübsche Fachwerkhaus mit seiner rustikalen Einrichtung. Blickfang ist der offen ins Restaurant integrierte Grill - ein Muss ist da das "Feersisch Rind"! Ebenfalls lecker ist z. B. "Rehcarpaccio an Steinpilzen mit Trüffelöl".

Menu 22/34 € – Karte 21/46 €

Bahnhofstraße 1 ⊠ 29479 – ℰ 05864 608 – www.jameln.de – Geschlossen Montag, Dienstag, Mittwoch, mittags: Donnerstag-Sonntag

JENA

Thüringen – Regionalatlas **41**–L12 – Michelin Straßenkarte 544

⊪○ **Landgrafen**   ⇦ ⪅ 🏠 P

REGIONAL · FREUNDLICH 𝕏𝕏 Einen fantastischen Blick über die Stadt bietet dieses Restaurant, das zu Recht als "Balkon Jenas" bezeichnet wird. Gekocht wird international mit regional-saisonalen Einflüssen. Schön auch der Biergarten vor dem Haus. Drei individuelle Gästezimmer zum Übernachten: Landhaus-, Artdéco- oder Hochzeitszimmer.

Karte 35/51 €

Landgrafenstieg 25 (Zufahrt über Am Steiger) ⊠ 07743 – ℰ 03641 507071 – www.landgrafen.com – Geschlossen 3. Februar-1. März, Montag

⊪○ **SCALA - Das Turm Restaurant**   ⪅ ६ 🆎 ⇩

INTERNATIONAL · CHIC 𝕏𝕏 Wer hier in 128 m Höhe am Fenster sitzt, genießt eine traumhafte Aussicht auf die Stadt und die Umgebung! Nicht minder beachtenswert ist die modern-internationale Küche - hier setzt man auf sehr gute Produkte und verzichtet auf unnötige Spielerei. Tipp: Am besten parkt man im Parkhaus "Neue Mitte", dann über die Fahrstühle bis hinauf ins Restaurant (ausgeschildert).

Menu 30 € (Mittags), 57/109 € – Karte 58/72 €

SCALA - Das Turm Hotel, Leutragraben 1 (im JenTower, 28. Etage) ⊠ 07743 – ℰ 03641 356666 – www.scala-jena.de – Geschlossen abends: Sonntag

🏨 **SCALA - Das Turm Hotel**   ⚱ ⪅ ⬆ 🆎 🛁 🚗

URBAN · MODERN Wo könnte der Blick über Jena eindrucksvoller sein als hoch oben im "JenTower", einem der Wahrzeichen der Stadt? Tolle Sicht von jedem der Zimmer (hier klares, reduziertes Design) sowie beim Frühstück. Gut die Lage mitten im Zentrum.

17 Zimmer – ♔♔ 139/199 € – ⊆ 20 €

Leutragraben 1 (im JenTower, 27. Etage) ⊠ 07743 – ℰ 03641 3113888 – www.scala-jena.de

⊪○ SCALA - Das Turm Restaurant – Siehe Restaurantauswahl

JOHANNESBERG

Bayern – Regionalatlas **48**–G15 – Michelin Straßenkarte 546

⊪○ **Helbigs Gasthaus**   🎋 ६ P

MARKTKÜCHE · FREUNDLICH 𝕏 "Casual Fine Dining" heißt das Konzept der sehr freundlichen und engagierten Betreiber. Angenehm leger die Atmosphäre, aufmerksam und geschult der Service. Das Angebot reicht von traditionellen Gasthausgerichten bis zum abendlichen "Genussmenü". Man beachte auch die umfangreiche Kunstsammlung im Haus! Eine Kochschule hat man ebenfalls.

Menu 43/127 € – Karte 46/93 €

Hotel Auberge de Temple, Hauptstraße 2 ⊠ 63867 – ℰ 60214548300 – www.auberge-de-temple.de – Geschlossen Montag, Sonntag

Auberge de Temple

GASTHOF · INDIVIDUELL Sie sollten nicht nur zum Essen zu den Helbigs kommen, denn geschmackvoller kann man kaum übernachten! Neben den wertigen, individuellen und geräumigen Zimmern (sie tragen übrigens die Namen von Künstlern) genießt man eine liebevolle Betreuung durch die Familie samt persönlich serviertem Frühstück.

6 Zimmer 🖵 – 👯 174/214 €

Hauptstraße 2 ✉ 63867 – 𝒞 06021 4548300 – www.auberge-de-temple.de –
Geschlossen 24. Februar-8. März

🍴○ **Helbigs Gasthaus** – Siehe Restaurantauswahl

JORK

Niedersachsen – Regionalatlas **10**–I5 – Michelin Straßenkarte 541

In Jork-Borstel Nord: 1 km

🍴○ Die Mühle Jork

REGIONAL · LÄNDLICH XX Liebenswert hat man die ehemalige Mühle von 1856 im rustikalen Stil eingerichtet, draußen lockt die schöne Terrasse mit Blick auf die Obstplantagen. Die Küche ist saisonal geprägt - Klassiker sind z. B. im Ganzen gebratene Forelle oder Dorade. Mittags einfachere Karte.

Menu 25 € (Mittags), 49/99 € – Karte 26/63 €

Am Elbdeich 1 ✉ 21635 – 𝒞 04162 6395 – www.diemuehlejork.de – Geschlossen 1.-31.
Januar, Montag, Dienstag

JUGENHEIM

Rheinland-Pfalz – Regionalatlas **47**–E15 – Michelin Straßenkarte 543

🍴 Weedenhof

MEDITERRAN · WEINSTUBE X Schön gemütlich hat man es in dem mit Holz und Bruchstein hübsch gestalteten Restaurant. Dazu gibt es schmackhafte mediterran-regionale Küche aus sehr guten Produkten. Macht Ihnen z. B. "Lammhüfte, Mittelmeergemüse, Rosmarin-Polenta" Appetit? Übernachten können Sie übrigens auch richtig nett und gepflegt.

Spezialitäten: Zander Medaillon, Linsensalat, weißer Speckschaum. Gefüllter Ochsenschwanz, Wirsing, Kartoffel-Blutwurst-Knödel. Latte Macchiato Mousse, Kakao Crumble, weißes Kaffee-Eis, Milchschaum.

Menu 29/55 € – Karte 35/48 €

Mainzerstraße 6 ✉ 55270 – 𝒞 06130 941337 – www.weedenhof.de – Geschlossen 1.-8.
Januar, 6.-18. Juli, Montag, Dienstag, mittags: Mittwoch-Samstag

JUIST (INSEL) Niedersachsen – Regionalatlas **7**–C5 – Michelin Straßenkarte 541

🍴○ Danzer's

INTERNATIONAL · FREUNDLICH XX Schon das zeitgemäße Ambiente in geradlinigem und zugleich wohnlichem Stil ist ansprechend - ganz zu schweigen von der Terrasse mit Deichblick! Dazu gibt es international-regionale Küche wie "Wolfsbarschfilet in Speckbutter mit Wirsinggemüse aus dem Wok und Gnocchi". Kleinere Mittagskarte.

Menu 38/75 € – Karte 34/78 €

Hotel Achterdiek, Wilhelmstraße 36 ✉ 26571 – 𝒞 04935 8040 –
www.hotel-achterdiek.de – Geschlossen 15. November-22. Dezember

🍴○ Rüdiger's

MARKTKÜCHE · ELEGANT XX In dem eleganten kleinen Restaurant kommt auf den Tisch, was die Saison zu bieten hat. Probieren Sie z. B. Maischolle mit frischen Krabben oder Juister Austern! Mittags kleinere Karte. Schöne Terrasse.

Menu 39/65 € – Karte 35/90 €

Hotel Pabst, Strandstraße 15 ✉ 26571 – 𝒞 04935 8050 – www.hotelpabst.de –
Geschlossen 1.-6. Januar, 29. November-19. Dezember, mittags: Montag-Dienstag

🏨 Achterdiek

SPA UND WELLNESS · GEMÜTLICH Ein Ferienhotel wie man es sich wünscht! Ruhige Lage, warme, angenehme Atmosphäre, schöne, individuelle Zimmer (meist mit Blick aufs Wattenmeer) und ein Service, der dem geschmackvollen Interieur in nichts nachsteht!

46 Zimmer 🖃 – ♥♥ 184/374€ – 3 Suiten

Wilhelmstraße 36 🖂 26571 – ℰ 04935 8040 – www.hotel-achterdiek.de – Geschlossen 15. November-22. Dezember

🍴 **Danzer's** – Siehe Restaurantauswahl

🏨 Pabst

TRADITIONELL · GEMÜTLICH Sie können sich aussuchen, ob Sie modern oder doch lieber klassisch-friesisch wohnen möchten. Familie Pabst (bereits die 4. Generation) investiert ständig in ihr Haus und macht es so für die Gäste richtig behaglich und hübsch!

50 Zimmer 🖃 – ♥♥ 180/410€ – 6 Suiten

Strandstraße 15 🖂 26571 – ℰ 04935 8050 – www.hotelpabst.de – Geschlossen 6.-29. Januar, 29. November-19. Dezember

🍴 **Rüdiger's** – Siehe Restaurantauswahl

KAISERSLAUTERN

Rheinland-Pfalz – Regionalatlas **46**–D16 – Michelin Straßenkarte 543

🏨 Zollamt 🖃 AC 🛁

URBAN · DESIGN Seit über 30 Jahren betreibt Familie Folz dieses Hotel und ist mit Herzblut bei der Sache - alles ist top in Schuss, geschmackvoll der klare moderne Stil, die Zimmer wertig eingerichtet und durchdacht bis ins Detail. Nicht zu vergessen das gute Frühstück!

33 Zimmer – ♥♥ 115/125€ – 🖃 14€

Buchenlochstraße 1 🖂 67663 – ℰ 0631 3166600 – www.hotel-zollamt.de – Geschlossen 1.-12. Januar

KAISHEIM

Bayern – Regionalatlas **57**–K18 – Michelin Straßenkarte 546

In Kaisheim-Leitheim Süd-Ost: 6 km

🍴 Weingärtnerhaus  🛋 ♿ ⇄ 🅿

INTERNATIONAL · GERADLINIG ✕✕ Im schönen Weingärtnerhaus von 1542 (benannt nach den unterhalb gelegenen Weinbergen) liest man auf der Speisekarte z. B. "Spanferkelrücken mit Soja-Teriyaki-Lack" oder "Wolfsbarschfilet mit Vanille-Zitronen-Schaum". Tipp: Man hat auch diverse südafrikanische Weine.

Menu 40/75€ – Karte 37/51€

Hotel Schloss Leitheim, Schlossstraße 1 🖂 86687 – ℰ 09097 485980 – www.schloss-leitheim.de – Geschlossen 1.-12. Januar, mittags: Montag-Freitag

🏨 Schloss Leitheim

HISTORISCHES GEBÄUDE · ELEGANT In herrlicher exponierter Weitsicht-Lage steht dieses ausgesprochen geschmackvolle Hotel, das sich gelungen in das historische Anwesen des Schlosses einfügt. Die Zimmer sind elegant, hell und wohnlich. Toll das Frühstück, chic der Freizeitbereich samt Außenpool und Kosmetik-/Massage-Angebot. Tipp: Im Sommer Konzerte im prächtig verzierten Rokokosaal im Schloss.

47 Zimmer 🖃 – ♥♥ 200/240€ – 2 Suiten

Schlossstraße 1 🖂 86687 – ℰ 09097 485980 – www.schloss-leitheim.de – Geschlossen 1.-12. Januar

🍴 **Weingärtnerhaus** – Siehe Restaurantauswahl

KALLSTADT

Rheinland-Pfalz – Regionalatlas **47**–E16 – Michelin Straßenkarte 543

🕸 Intense

KREATIV · FREUNDLICH XX "'S' werd gesse, was uff de Disch kummt! " - nach diesem Motto gibt es hier ein Menü mit 15 Gängen, das nicht verkürzt oder verändert werden kann! Vermutlich möchten Sie das aber auch gar nicht angesichts der durchdachten und puristisch präsentierten Kreationen von Benjamin Peifer, der bereits im "Urgestein" in Neustadt a. d. Weinstraße einen MICHELIN Stern erkochte. Gekonnt verbindet der gebürtige Speyerer Regionales mit dezenten japanischen Einflüssen. Echt pfiffig und eine Hommage an die Pfälzer Heimat sind z. B. die Dampfnudeln mit Weinsoße! Der schöne Rahmen tut ein Übriges: Ein hübsches Fachwerk-Sandsteinhaus mitten in dem bekannten Weinort, in dem ein tolles altes Gewölbe auf modernes Design, Lounge-Musik und lockeren jungen Service trifft - einfach eine coole Location!

Spezialitäten: Aal mit grüner Erdbeere und schwarzer Knoblauch. Freilandente in zwei Gängen serviert. Bienenstich "Intense".

Menu 130/180 €

Weinstraße 80 (im Weissen Ross) ⊠ *67169 -* ☎ *06322 9591150 -*
www.restaurant-inten.se - Geschlossen 1.-13. Januar, 5.-15. April, 28. Juli-17. August, Montag, Sonntag, mittags: Dienstag-Samstag

ⅰ○ Vinothek im Weingut am Nil   ⇐ 🛖 ⇔ 🅿

INTERNATIONAL · CHIC XX Wertig und chic der Mix aus rustikal und modern in dem historischen Gemäuer, dazu ein Traum von Innenhof! Auf der Karte z. B. "hausgemachte Mini-Frikadellen, spicy Tomaten-Senf, schwäbischer Kartoffelsalat", "gebratener Wildfang-Kabeljau, Schwarzwurzeln, Chorizo-Schaum" oder auch Flammkuchen. Sehr gut die Weinauswahl vom eigenen Weingut. Tipp: die edlen Gästezimmer!

Karte 31/59 €

Neugasse 21 ⊠ *67169 -* ☎ *06322 9563160 - www.weingutamnil.de - Geschlossen 1.-8. Januar, 7. Februar-8. März, 28.-31. Dezember, Montag, Dienstag, mittags: Mittwoch-Samstag*

ⅰ○ Weinhaus Henninger   🛖 🅿

REGIONAL · WEINSTUBE X Es ist schon wirklich gemütlich hier. Es gibt Pfälzer Klassiker, und das in liebenswerten Stuben, im schönen Innenhof oder im ehemaligen Barrique-Keller mit spezieller Atmosphäre. Probieren Sie sich durch die hiesige Küchen- und Weinlandschaft, von Saumagen bis Rumpsteak, von Riesling bis Spätburgunder.

Menu 30 € (Mittags), 35/45 € - Karte 31/55 €

Hotel Weinhaus Henninger, Weinstraße 93 ⊠ *67169 -* ☎ *06322 2277 -*
www.weinhaus-henninger.de - Geschlossen 22.-24. Dezember, mittags: Montag

🏠 Weinhaus Henninger   ☆ 🎞 🐥 🅿

HISTORISCH · MODERN Über vier Jahrhunderte gibt es den Vierkanthof schon, heute ein geschmackvolles Hotel mit schönen, hochwertigen Zimmern - attraktiv auch der moderne Landhausstil im Gästehaus "Weinkastell" vis-à-vis. Am Morgen ein frisches Landfrühstück.

13 Zimmer - 👥 125/255 € - 🍴 16 €

Weinstraße 93 ⊠ *67169 -* ☎ *06322 2277 - www.weinhaus-henninger.de -*
Geschlossen 22.-24. Dezember

ⅰ○ **Weinhaus Henninger** - Siehe Restaurantauswahl

KANDEL

Rheinland-Pfalz - Regionalatlas **54**-E17 - Michelin Straßenkarte 543

🕸 Zum Riesen   ⇐ 🛖 ⇔ 🅿

REGIONAL · TRENDY X Recht stylish und frisch kommt das Restaurant der Familie Wenz daher, im Sommer ergänzt durch die hübsche begrünte Terrasse. Die freundliche Chefin leitet den Service selbst, aus der Küche kommt Schmackhaftes wie "Perlhuhnbrust mit Waldpilzen und Graupenrisotto". Und danach vielleicht "Mandel-Rumküchlein mit Beerensorbet"? Zum Übernachten: schöne individuelle Zimmer.

Spezialitäten: Kürbis-Kokos-Suppe mit Jakobsmuschel. Perlhuhnbrust, Pfifferling-Graupen-Risotto. Geistreiches Sorbet.

Menu 37/65€ – Karte 35/51€

Rheinstraße 54 ⊠ 76870 – 𝒞 07275 3437 – www.hotelzumriesen.de –
Geschlossen Montag, Sonntag, mittags: Dienstag-Samstag

KANDERN

Baden-Württemberg – Regionalatlas **61**–D21 – Michelin Straßenkarte 545

In Kandern-Egerten Süd: 8 km, Richtung Lörrach, in Wollbach links ab

🍴 **Jägerhaus**

INTERNATIONAL · FREUNDLICH XX In dem kleinen Haus am Waldrand kocht man schmackhaft, frisch und mit australischem Einfluss. Auf der Karte z. B. "Aussie's prime"-Rinderfilet oder "Surf'n turf", und zum Nachtisch "Pavlova", ein leckeres Schaumkuchendessert! Dazu freundlicher Service. Etwas für Kunstfreunde: eigenes Max-Böhlen-Museum!

Karte 34/72€

Wollbacher Straße 30 ⊠ 79400 – 𝒞 07626 8715 – www.restaurant-jaegerhaus.de –
Geschlossen 1.-31. Januar, 1.-31. August, Montag, Dienstag, Mittwoch,
mittags: Donnerstag-Samstag, abends: Sonntag

In Kandern-Wollbach Süd: 6 km, Richtung Lörrach

☺ **Pfaffenkeller**

MARKTKÜCHE · FAMILIÄR X Wohnzimmeratmosphäre im besten Sinne: liebevoll arrangierte Deko, ein heimeliger Kachelofen, alte Holzbalken und dazu gute produktorientierte Küche! Wie wär's z. B. mit "Hirschroulade, Rotkraut, Knöpfle, Sanddornsauce"? Draußen im lauschigen Garten sitzt es sich nicht weniger schön!

Spezialitäten: Gemüsetatar, Limettencreme, Brotscheiben. Onglet, Merlotsoße, Gemüse, Kartoffelgratin. Dampfnudel, Eierlikörcreme.

Menu 55/75€ – Karte 34/75€

Hotel Pfaffenkeller, Rathausstraße 9 ⊠ 79400 – 𝒞 07626 9774290 –
www.pfaffenkeller.de – Geschlossen 1. Februar-2. März, 3.-18. August, Montag,
Dienstag, mittags: Mittwoch-Samstag

🏠 **Pfaffenkeller**

FAMILIÄR · INDIVIDUELL Sie suchen das Besondere? Die beiden Betreiber stecken sehr viel persönliches Engagement in das jahrhundertealte ehemalige Pfarr- und Domänenhaus und geben ihm so seine eigene Note: Stil und Geschmack, allerlei Antiquitäten, kleine Aufmerksamkeiten... TV hat man übrigens nicht - genießen Sie die Ruhe!

9 Zimmer ⌧ – †† 130/150€

Rathausstraße 9 ⊠ 79400 – 𝒞 07626 9774290 – www.pfaffenkeller.de –
Geschlossen 1.-28. Februar, 3.-17. August

☺ **Pfaffenkeller** – Siehe Restaurantauswahl

KAPPELRODECK

Baden-Württemberg – Regionalatlas **54**–E19 – Michelin Straßenkarte 545

In Kappelrodeck-Waldulm Süd-West: 2, 5 km

☺ **Zum Rebstock**

REGIONAL · GASTHOF XX Eine Adresse, die Spaß macht! In dem einladenden historischen Fachwerkhaus (seit 1750 in Familienhand) sitzt man in reizenden holzgetäfelten Stuben bei charmantem Service und richtig guter badischer Küche. Tipp: Vorspeise und Dessert als kleine "Versucherle"! Für daheim: selbstgebranntes Kirsch- und Zwetschgenwasser.

Spezialitäten: Schaumsüppchen von Steinpilzen und Pfifferlingen mit weißem Trüffelschaum. Gebackenes „Schnittchen" von Hecht und Saibling auf Kartoffel-Kürbispüree. Grießflammerie und Bühler Zwetschgensorbet vom eigenen Baum.

Menu 38/69€ – Karte 30/52€

Kutzendorf 1 ⊠ 77876 – 𝒞 07842 9480 – www.rebstock-waldulm.de –
Geschlossen mittags: Montag-Freitag

KARBEN
Hessen – Regionalatlas **47**–F14 – Michelin Straßenkarte 543

Neidharts Küche 🌐

REGIONAL · FREUNDLICH ✕✕ Seit Jahren stehen die Neidharts für leckere Regionalküche, und die gibt es z. B. als "gebratenen Zander auf Schwarzwurzel!" oder "Kalbsrahmgulasch mit Spätzle". Das schöne Ambiente (nett auch die Terrasse hinterm Haus) und der charmante Service durch die Chefin machen das attraktive Bild komplett.

Spezialitäten: Gebackene Wildpraline mit Preiselbeer-Majo und gelber Beete. Gebratene Edelfische auf Apfel-Rahmkraut mit bunten Dorheimer Kartoffelchips. Das Beste vom Apfel.

Menu 30/49€ – Karte 30/44€

Robert-Bosch-Straße 48 ⊠ 61184 – 𝒞 06039 934443 – www.neidharts-kueche.de –
Geschlossen Montag, Dienstag, mittags: Mittwoch-Samstag

KARLSRUHE
Baden-Württemberg – Regionalatlas **54**–F18 – Michelin Straßenkarte 545

✿ **sein** (Thorsten Bender) 🌐

MODERNE KÜCHE · INTIM ✕✕ Das kleine Restaurant liegt in einer recht ruhigen Wohnstraße, im Sommer hat man ein paar kleine Tische draußen auf den Gehsteig. Die Einrichtung ist wertig und modern-puristisch, aber keineswegs kühl. Das kommt ebenso an wie die kreative Küche von Thorsten Bender. Was der Patron und Küchenchef auf den Teller bringt, ist klar strukturiert und zeugt von richtig gutem Handwerk, so z. B. der Pulpo, zu dem man u. a. eine cremige, überaus intensive Basilikum-Pesto-Sauce serviert. Von ausgesuchter Qualität ist auch das Stubenküben, dem asiatische Aromen von fruchtig-süß bis pikant gelungene Kontraste bringen. Da merkt man die sehr guten Stationen des Chefs, wie z. B. den "Teufelhof" in Basel. Auch die zahlreichen Stammgäste sprechen eine eindeutige Sprache. Hinweis: mittags nur Lunchmenü.

Spezialitäten: Pulpo, Pak Choi, Buchweizen, Frühlingszwiebel, Hoisin. Eifler Ur-Lamm gratiniert, Artischocken, Tomate, Zitronenthymian. Bienenstich, Vanille, Mandel, Honig.

Menu 34€ (Mittags), 90/120€

Scheffelstraße 57 ⊠ 76135 – 𝒞 0721 40244776 – www.restaurant-sein.de –
Geschlossen 27. Januar-12. Februar, 22. Juni-8. Juli, 28. September-14. Oktober,
Montag, Dienstag, mittags: Samstag-Sonntag

Oberländer Weinstube ✿ 🌐

KLASSISCHE KÜCHE · GEMÜTLICH ✕✕ Das Stadthaus von 1826 sprüht nur so vor Charme: drinnen gemütlich-traditionelle holzgetäfelte Stuben, draußen der reizende Innenhof. Was hier aus der Küche kommt, nennt sich z. B. "Tafelspitz vom Rind mit Pommery Senf und Sellerie" und ist richtig schmackhaft. Mittags kleinere Karte.

Spezialitäten: Caprese auf unsere Art. Gebratener Rheinzander mit Birne, Bohne und Räucheraal. Inspiration von Erdbeere und Joghurt.

Menu 32€ (Mittags), 59/69€ – Karte 37/56€

Akademiestraße 7 ⊠ 76133 – 𝒞 0721 25066 – www.oberlaender-weinstube.de –
Geschlossen 1.-2. Januar, 23.-29. Februar, 29. März-11. April, 30. August-13.
September, Montag, Sonntag

🍽️ **EigenArt**

INTERNATIONAL · FREUNDLICH XX In dem gepflegten alten Stadthaus nahe dem Marktplatz sitzt man in legerer Bistro-Atmosphäre oder im geradlinig-eleganten Restaurant und speist saisonal, z. B. "FlussZanderFilet, RoteBeteRisotto, SafranSchaum, BabyMangold". Reduzierte, günstigere Mittagskarte.

Menu 53/82 € – Karte 33/43 €

Hebelstraße 17 ✉ 76133 – 𝒞 0721 5703443 – www.eigenart-karlsruhe.de –
Geschlossen 1.-6. Januar, 1.-7. Juni, 17.-30. August, Donnerstag, Sonntag,
mittags: Montag und Freitag-Samstag

🍽️ **erasmus** 🔵

ITALIENISCH · GEMÜTLICH XX In einem denkmalgeschützten Gebäude von 1928 erwartet Sie eine nicht alltägliche, ambitionierte Küche, die modern, durchdacht und mit klarem italienischem Einfluss daherkommt. Hier wird Nachhaltigkeit gelebt, nahezu alle Produkte sind biozertifiziert. Toll z. B. "Arancino aperto, Salsiccia, Pistazien" oder "Zunge vom Kalb, Marsala, Blumenkohl, Rote Bete".

Menu 42 € (Mittags), 65/129 € – Karte 37/80 €

Nürnberger Straße 1 ✉ 76133 – 𝒞 0721 40242391 – www.erasmus-karlsruhe.de –
Geschlossen Dienstag, mittags: Samstag

🍽️ **Livingroom**

MARKTKÜCHE · FREUNDLICH X Ein freundliches Restaurant, in dem Sie in charmant-modernem Ambiente sitzen und angenehm leger umsorgt werden. Die kreativen Gerichte, die hier am Abend aus der Küche kommen, können Sie als Überraschungsmenü oder von der Tageskarte wählen. Vor dem Haus hat man eine Terrasse.

Menu 49/122 € – Karte 36/68 €

Sophienstraße 112 ✉ 76133 – 𝒞 0160 5154763 – www.livingroomkitchenbar.de –
Geschlossen Montag, mittags: Dienstag-Sonntag

In Karlsruhe-Durlach Ost: 7 km

🍽️ **Zum Ochsen**

FRANZÖSISCH-KLASSISCH · ELEGANT XxX Wer bei Familie Jollit zu Gast ist, schätzt die klassisch-französische Küche, und die serviert man z. B. als "Pavé vom Kabeljau mit Spargel und Morchelschaum". Und dazu ein schöner Wein aus Frankreich (Heimat des Chefs)? Zum Übernachten: charmante und wertig eingerichtete Zimmer.

Menu 45 € (Mittags), 75/98 € – Karte 51/104 €

Pfinzstraße 64 ✉ 76227 – 𝒞 0721 943860 – www.ochsen-durlach.de –
Geschlossen 1.-8. Januar, 17. August-9. September, Montag, Dienstag

🍽️ **Anders auf dem Turmberg**

INTERNATIONAL · FREUNDLICH XX Herrlich die Lage, wunderbar der Blick über Karlsruhe! Noch mehr fürs Auge (und natürlich für den Gaumen) bietet man mit dem schönen Mix aus kreativer, klassischer und saisonaler Küche - auch an Vegetarier ist gedacht. Und das alles bei modernem Ambiente und freundlichem Service.

Menu 35 € (Mittags), 65/105 € – Karte 42/68 €

Reichardtstraße 22 ✉ 76227 – 𝒞 0721 41459 – www.anders-turmberg.de –
Geschlossen Dienstag, Mittwoch, mittags: Montag und Donnerstag-Samstag

🏨 **Der Blaue Reiter**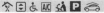

URBAN · INDIVIDUELL Schön wohnlich hat man es in diesem gut geführten Hotel - ansprechend die Deko mit Bildern der Künstlergruppe "Der Blaue Reiter". Recht modern die Superiorzimmer sowie die großzügigen Zimmer im Gästehaus "Kubus". Sehr gute Tagungsräume, im 3. OG mit kleiner Dach-Lounge. Rustikales Restaurant mit Hausbrauerei.

88 Zimmer 🛏 – 🍴 129/189 € – 2 Suiten

Amalienbadstraße 16 ✉ 76227 – 𝒞 0721 942660 – www.hotelderblauereiter.de

In Karlsruhe-Grünwinkel West: 5 km

⊫○ **Kesselhaus**

MODERNE KÜCHE · BISTRO Ⅹ In dem schön sanierten Backstein-Kesselhaus mit seiner denkmalgeschützten Industrie-Architektur haben der Küchenchef, seine Frau und sein Bruder die Leitung übernommen. Das Konzept: moderne Küche mit eigener Idee und geschmacklichem Pfiff - so z. B. "Sashimi von der Gelbflossen-Makrele mit mariniertem Rotkraut". Mittags reicht man eine einfachere Bistrokarte.

Menu 28 € (Mittags), 65/79 € – Karte 29/67 €

Griesbachstraße 10C ✉ 76185 – ℰ 0721 6699269 – www.kesselhaus-ka.de –
Geschlossen 1.-12. Januar, 10.-23. August, Montag, Sonntag, mittags: Samstag

In Karlsruhe-Neureut Nord: 7 km

⊫○ **Nagels Kranz** 🏠 ⇔

REGIONAL · GEMÜTLICH Ⅹ Hier setzt man auf erstklassige Produkte, die sich z. B. in "Hirschrücken, Serviettenknödel, Rahmwirsing, Macadamia-Crumble" finden. Tipp: das "Wilde Welt"-Menü. Nett die Atmosphäre, ob im gemütlichen Lokal oder auf der lauschigen Terrasse im Hof.

Menu 58 € (Mittags)/68 € – Karte 39/75 €

Neureuter Hauptstraße 210 ✉ 76149 – ℰ 0721 705742 – www.nagels-kranz.de –
Geschlossen Montag, Sonntag, mittags: Samstag

KASSEL

Hessen – Regionalatlas **28**–H11 – Michelin Straßenkarte 543

⊫○ **VOIT**

MODERNE KÜCHE · HIP ⅩⅩ Sie sitzen hier unter einer hohen Decke, schön klar das Design, durch große Fenster schaut man zur Straße. Die Küche ist frisch und modern, das Produkt steht im Mittelpunkt. Aus dem angebotenen Menü können Sie auch à la carte wählen. Gut die kleine Weinkarte.

Menu 64/115 € – Karte 61/87 €

Friedrich-Ebert-Straße 86 ✉ 34119 – ℰ 0561 50376612 – www.voit-restaurant.de –
Geschlossen 1.-7. Januar, 14. August-2. September, Montag, Sonntag,
mittags: Dienstag-Samstag

KEHL

Baden-Württemberg – Regionalatlas **53**–D19 – Michelin Straßenkarte 545

⊫○ **Grieshaber's Rebstock** 🏠 AC P

FRANZÖSISCH-MODERN · FREUNDLICH ⅩⅩ Eine schöne Mischung aus Tradition und Moderne - das gilt sowohl für das charmante Ambiente als auch für die schmackhafte Küche mit reichlich Aroma und Ausdruck sowie ausgesuchten Produkten - egal ob "Saltimbocca vom Seeteufel mit Thymiansauce" oder "Rehragout mit Pilzen". Ein Muss: die Terrasse hinterm Haus!

Menu 52 € – Karte 37/68 €

Hotel Grieshaber's Rebstock, Hauptstraße 183 ✉ 77694 – ℰ 07851 91040 –
www.rebstock-kehl.de – Geschlossen 1.-9. Januar, 23. Februar-8. März, 2.-16. August,
Montag, Sonntag, mittags: Dienstag-Samstag

🏠 **Grieshaber's Rebstock**

FAMILIÄR · INDIVIDUELL Zum Wohlfühlen: Die Zimmer ("Spiegel", "Journal", "Schwarzwaldmädel", "Hilde"...) sind so schön wie individuell (fragen Sie nach den ruhigeren zum Garten!), man wird herzlich umsorgt und genießt ein reichhaltiges Frühstücksbuffet. Tipp: Mieten Sie das Beetle Cabrio samt Picknickkorb! Montagabends Pasta für Hotelgäste.

49 Zimmer ☲ – ♥♥ 110/145 € – 3 Suiten

Hauptstraße 183 ✉ 77694 – ℰ 07851 91040 – www.rebstock-kehl.de

⊫○ **Grieshaber's Rebstock** – Siehe Restaurantauswahl

In Kehl-Kork Süd-Ost: 4 km

⅝○ **Hirsch** ⇦ 🔁 ♻ **P**

REGIONAL · LÄNDLICH ✗✗ Lust auf badische Küche mit einem Schuss Internationalem? Auf den Tisch kommen hier z. B. "Kartoffelsüppchen mit Kracherle", "Hirschpfeffer mit Spätzle" oder auch "Gamba und Kalbskopf im Paella-Sud mit Couscous". Der traditionsreiche Familienbetrieb bietet auch gepflegte, individuelle Gästezimmer.

Menu 24/89€ – Karte 26/67€

Gerbereistraße 20 ✉ 77694 – ☏ 07851 99160 – www.hirsch-kork.de –
Geschlossen 1.-12. Januar, 3.-23. August, Sonntag, mittags: Montag und Samstag

KELSTERBACH

Hessen – Regionalatlas **47**–F15 – Michelin Straßenkarte 543

⅝○ **Ambiente Italiano in der Alten Oberförsterei** 🕸 🔁 **P**

ITALIENISCH · ELEGANT ✗✗ In der schmucken Villa von 1902 sitzt man in einem eleganten Wintergarten mit Blick auf Kirche und Main. Ambitionierte italienische Speisen sind hier z. B. "gegrillter Seeteufel in Nusskruste, Artischocken-Barigoul, Petersilienkartoffelpüree", dazu gute Weine. Toll die wettergeschützte Terrasse! Business Lunch.

Menu 37/99€ – Karte 49/73€

Staufenstraße 16 ✉ 65451 – ☏ 06107 9896840 – www.ambienteitaliano.de –
Geschlossen 1.-12. Januar, 4.-15. Oktober, Sonntag, mittags: Samstag

⅝○ **Trattoria Alte Oberförsterei** – Siehe Restaurantauswahl

⅝○ **Trattoria Alte Oberförsterei** 🕸 🔁 **P**

ITALIENISCH · FREUNDLICH ✗ Sie essen gern traditionell-italienisch? In der gemütlich-modernen Trattoria bietet man neben "Vitello Tonnato", "Lasagnetta Tradizionale" oder "Saltimbocca alla Romana" auch "Pizze Classiche". Glutenfreie Gerichte bekommt man übrigens ebenfalls.

Menu 37€ – Karte 29/56€

Ambiente Italiano in der Alten Oberförsterei, Staufenstraße 16 ✉ 65451 –
☏ 06107 9896840 – www.ambienteitaliano.de – Geschlossen 1.-12. Januar, 4.-15.
Oktober, mittags: Samstag, Sonntag

KENZINGEN

Baden-Württemberg – Regionalatlas **61**–D20 – Michelin Straßenkarte 545

⊛ **Scheidels Restaurant zum Kranz** 🕸 ⇦ 🔁 **P**

KLASSISCHE KÜCHE · TRADITIONELLES AMBIENTE ✗✗ Die lange Familientradition (7. Generation) verpflichtet und so geht es hier engagiert und zugleich traditionell-bodenständig zu. Historisch-charmant die Gaststube, der Service herzlich und aus der Küche kommen schmackhafte klassische Gerichte wie "Sauté von der Wachtel, Wirsing, Pommes dauphines".

Spezialitäten: Herbstsalat mit gebratener Geflügelleber. Kleines Kalbssteak mit Jus, Pommes dauphines und Tagesgemüse. Birne Helene.

Menu 36/62€ – Karte 34/60€

Offenburger Straße 18 ✉ 79341 – ☏ 07644 6855 – www.scheidels-kranz.de –
Geschlossen 17. Februar-4. März, 26. Oktober-18. November, Montag, Dienstag

⅝○ **Schieble** ⇦ 🔁 **AC** ♻ **P**

BÜRGERLICHE KÜCHE · ZEITGEMÄSES AMBIENTE ✗ Das Haus sticht einem ins Auge mit seiner orangefarbenen Fassade und den roten Fensterläden. Drinnen lässt man sich in schönem ländlich-modernem Ambiente frische bürgerliche Speisen schmecken. Gerne kommt man auch zum günstigen Mittagstisch. Im gleichnamigen Hotel stehen Zimmer in wohnlichem Landhausstil zur Verfügung.

Menu 25/35€ – Karte 21/51€

Offenburger Straße 6 ✉ 79341 – ☏ 07644 9269990 – www.hotel-schieble.de –
Geschlossen 19. Februar-12. März, 29. Juli-20. August, Montag, mittags: Mittwoch und Freitag-Samstag

KERNEN IM REMSTAL

Baden-Württemberg – Regionalatlas **55**-H18 – Michelin Straßenkarte 545

In Kernen-Stetten

⸱ Malathounis

MEDITERRAN · GEMÜTLICH XX Griechische Küche mit Stern? "Modern greek cuisine" liest man an der Haustür, und die findet man in dem geschmackvoll-charmanten Restaurant der Eheleute Malathounis dann auch vor. Mit mediterraner Leichtigkeit und dennoch kraftvoll kommen die Gerichte daher - das ist der unverkennbare Stil von Patron Joannis Malathounis. Seine griechischen Wurzeln merkt man den kreativen Speisen an, wobei sie nie zu dominant sind, sondern die südländische Note ausgesprochen stimmig unterstreichen. Spannend, wie man hier die Küche Griechenlands interpretiert - das findet man in Deutschland nur ganz selten! Umsorgt wird man in den gemütlichen Gasträumen übrigens ausgesprochen herzlich, und zwar von Chefin Anna Malathounis persönlich. Sie empfiehlt Ihnen auch gerne einen der schönen Weine aus Griechenland.

Spezialitäten: Bauernsalat, Meeresfrüchte, Olivenölsud. Pochierter Kabeljau, Kräuteremulsion , Rote Bete, Korinthen, Ziegenquark. Weiße Schokolade, Brombeeren, Kokos, Pistazie.

Menu 50/75€ – Karte 49/80€

Gartenstraße 5 ✉ 71394 – ☎ 07151 45252 – www.malathounis.de –
Geschlossen Montag, Sonntag

ⵔ Zum Ochsen ⇺ ⇆

INTERNATIONAL · GASTHOF XX Viele Stammgäste mögen das über 300 Jahre alte Gasthaus, und das liegt nicht zuletzt an Fleisch- und Wurstwaren aus der eigenen Metzgerei. Darf es vielleicht das interessante "Schwäbische Menü" sein? Es gibt auch nicht ganz Alltägliches wie z. B. Kalbsherz. Sie möchten übernachten? Man hat ein Gästehaus im Ort.

Menu 37/71€ – Karte 32/63€

Kirchstraße 15 ✉ 71394 – ☎ 07151 94360 – www.ochsen-kernen.de –
Geschlossen Dienstag, Mittwoch

KERPEN

Nordrhein-Westfalen – Regionalatlas **35**-B12 – Michelin Straßenkarte 543

ⵔ Schloss Loersfeld

FRANZÖSISCH-KLASSISCH · ELEGANT XX Das jahrhundertealte Schloss samt 10 ha großem Park ist schon ein prächtiger Rahmen für diese kulinarische Institution in der Region. In stilvoll-historischen Räumen genießt man ambitionierte klassische Küche, die zeitgemäß interpretiert ist und auch internationale Einflüsse zeigt. Tipp: Übernachten kann man in drei hübschen Appartements in einem Nebenhaus.

Menu 55€ (Mittags), 99/145€

Schloss Loersfeld 1 ✉ 50171 – ☎ 02273 57755 – www.schlossloersfeld.de –
Geschlossen Montag, Sonntag

KETSCH

Baden-Württemberg – Regionalatlas **47**-F17 – Michelin Straßenkarte 545

ⵔ Gasthaus Adler

REGIONAL · FREUNDLICH XX Die Leute mögen das gepflegte Gasthaus, und im Sommer die nette Hofterrasse! Ob in den gemütlichen Stuben oder im gediegenen Restaurant, es gibt einen Mix aus bürgerlicher und gehobener Küche. Für besondere Anlässe hat man separate Räume.

Menu 27/89€ – Karte 28/65€

Schwetzinger Straße 21 ✉ 68775 – ☎ 06202 609004 – www.adler-ketsch.de –
Geschlossen Montag, abends: Sonntag

Hessen – Regionalatlas **47**–E15 – Michelin Straßenkarte 543

⌘ Weinschänke Schloss Groenesteyn (Dirk Schröer) 🛖 🗘 **P**

MODERNE KÜCHE · GEMÜTLICH Ⅹ Sie mögen es rustikal, aber dennoch niveau-voll? Die ehemalige Gutsschänke in dem historischen Fachwerkhaus versprüht jede Menge Gemütlichkeit, dafür sorgt viel warmes Holz. An blanken alten Holz-tischen wird man bei wertiger Tischkultur freundlich und aufmerksam umsorgt. Patron und Küchenchef Dirk Schröer (zuvor u.a. im "Caroussel" in Dresden und im Gourmetrestaurant der "Burg Schwarzenstein" in Geisenheim) bietet moderne Gerichte mit klassischer Basis, und die sind preislich auch noch wirklich interes-sant! Sein angenehm unkomplizierter Kochstil zeigt sich z. B. bei der tollen Dorade mit Artischocken-Gröstl und Rucola-Fond. Die Chefin empfiehlt dazu so manch schönen Wein aus der Region. Und wer auf der Terrasse speist, genießt die Aussicht auf die Weinberge und Burg Scharfenstein.

Spezialitäten: Asiatischer Rindfleischsalat mit grüner Papaya, Tomaten, Koriander und Erdnüssen. Rochenflügel mit Blattspinat, Kapern und Zitrone. Brombeere mit Zitronenverbene, Macadamianüssen und weißer karamellisierter Schokolade.

Menu 65/115 € – Karte 59/85 €

Oberstraße 36 ⊠ 65399 – ℰ 06123 1533 – www.groenesteyn.net – Geschlossen 15. Januar-13. Februar, Dienstag, Mittwoch, mittags: Montag und Donnerstag-Freitag

Schleswig-Holstein – Regionalatlas **3**–I3 – Michelin Straßenkarte 541

⌘ Ahlmanns 🛖 ♿ **P**

FRANZÖSISCH-MODERN · CHIC ⅩⅩ Das hat Stil: Eine schmucke ehemalige Ban-kiersvilla a. d. J. 1911, die das historische Flair bewahrt und gelungen mit moderner Geradlinigkeit und warmen Tönen kombiniert. Wenn Küchenchef Mathias Apelt seine kreativen Gerichte zubereitet, verwendet er top Produkte wie z. B. das hervorragende Schwarzfederhuhn, das er stimmig mit den Aromen von Paprika, Estragon und Salzzi-trone kombiniert. Nach Stationen im Wiesbadener "Tasca" und der "Villa Mittermeier" in Rothenburg kam der gebürtige Berliner 2011 in den "Kieler Kaufmann", wo er im 2016 eröffneten "Ahlmanns" die Küchenleitung übernahm. Umsorgt wird man sehr auf-merksam, freundlich und geschult, gut auch die glasweise Weinempfehlung. Sie spei-sen gerne im Freien? Von der Terrasse am Park genießt man den Blick.

Spezialitäten: Selenter Goldforelle, Karotte, Kopfsalat und Erdbeere. Dicke Rippe vom Black Angus Rind, Saubohnen, Artischocke und Röstzwiebelschaum. Fer-mentierte Kirsche, Holunder, Orelys Schokolade und Grüner Pfeffer.

Menu 72/162 €

Hotel Kieler Kaufmann, Niemannsweg 102 ⊠ 24105 – ℰ 0431 88110 – www.kieler-kaufmann.de – Geschlossen Montag, Dienstag, Sonntag, mittags: Mittwoch-Samstag

ⅠⓄ das neue Weinstein 🛖

MODERNE KÜCHE · GEMÜTLICH Ⅹ Das Restaurant von Mario E. Brüggemann gehört zweifelsohne zu den Top-Adressen der Stadt, denn hier gibt es in legerer Atmosphäre schmackhafte saisonale Gerichte wie "Holsteiner Kalb - Filet & Ragout - mit Blumenkohl, Mango & Bärlauchgnocchi". Tipp: das ambitionierte Hei-mat-Menü "domum" auf Vorbestellung.

Menu 27/35 € – Karte 44/66 €

Holtenauer Straße 200 ⊠ 24103 – ℰ 0431 555577 – www.weinstein-kiel.com – Geschlossen 1.-14. Januar, Montag, mittags: Dienstag-Samstag, Sonntag

🏨 Kieler Kaufmann 🍸 🦅 🖼 🕉 ♨ 🎱 ♿ 🅰 ♨ **P**

HISTORISCH · KLASSISCH Die schmucke ehemalige Bankiersvilla von 1911 hat dank stetiger Investitionen so einiges zu bieten. Wohnlich und geschmackvoll die Zimmer im Marienflügel, in der Villa oder im Parkflügel. Zum Relaxen: Sauna, Beauty & Co. Im modern-legeren "Kaufmannsladen" gibt's z. B. Steaks und Burger.

57 Zimmer ⊡ – 🛏 176/226 € – 1 Suite

Niemannsweg 102 ⊠ 24105 – ℰ 0431 88110 – www.kieler-kaufmann.de

⌘ **Ahlmanns** – Siehe Restaurantauswahl

KIRCHDORF AN DER AMPER

Bayern – Regionalatlas **58**–M19

⊛ Zum Caféwirt

MARKTKÜCHE · FREUNDLICH X In dem traditionellen Gasthaus mit der hübschen Fassadenmalerei sitzt man in schlichtem, freundlichem Ambiente bei regional-saisonaler Küche, und die reicht vom "Backhendl Caféwirt" über "Hirschmedaillons unter der Nusskruste mit Schwarzbrotknödel" bis zum sonntäglichen Schweinebraten. Preiswertes Tagesmenü.

Spezialitäten: Terrine von gegrilltem Gemüse mit gebratenem Lammfilet und Minzpesto. Heimischer Saibling auf Ratatouillegemüse mit Risottopralinen in Safranschaum. Mascarponecrème mit Wassermelone, Zitronensorbet und Kokos.

Menu 25 € (Mittags), 28/35 € – Karte 15/42 €

Hirschbachstraße 9 ✉ 85414 – ☏ 08166 9987222 – www.cafewirt.de –
Geschlossen 7.-20. Januar, 28. August-15. September, Montag, Mittwoch,
mittags: Donnerstag-Samstag

KIRCHDORF AN DER ILLER

Baden-Württemberg – Regionalatlas **64**–I20

In Kirchdorf-Oberopfingen Süd: 3 km

⊛ Landgasthof Löwen

KLASSISCHE KÜCHE · LÄNDLICH XX Alexander Ruhland und seine Frau Pia leiten das Haus mittlerweile in 4. Generation und haben dem traditionsreichen Landgasthof ein tolles Niveau beschert! Unter den klassischen Gerichten des Chefs finden sich z. B. "Wild-Consommé mit Ravioli und Grießnockerl" oder "Ochsenbäckchen auf Bergkäse-Risotto". Tipp: Man bietet auch moderne und wohnliche Gästezimmer!

Spezialitäten: Gebeizter Bachsaibling, Zweierlei Blumenkohl, Haselnuss, Forellenkaviar, Yuzu. Saltimbocca von der Maispoularde, Olivenerde, Grüner Spargel, Erbsenrisotto. Alexander Ruhland's Birne Helene.

Menu 39/79 € – Karte 32/59 €

Kirchdorfer Straße 8 ✉ 88457 – ☏ 08395 667 – www.loewen-oberopfingen.de –
Geschlossen Montag, mittags: Dienstag-Samstag

KIRCHDORF (KREIS MÜHLDORF AM INN)

Bayern – Regionalatlas **66**–N20 – Michelin Straßenkarte 546

✿ Christian's Restaurant - Gasthof Grainer

KLASSISCHE KÜCHE · GEMÜTLICH XX Klassisch-französische Küche, finessenreich und nicht zu verspielt - dafür steht Patron und Küchenchef Christian F. Grainer. Seit 1990 leitet er den traditionsreichen bayerischen Gasthof mitten im Ort, der seit dem 16. Jh. in Familienhand ist. Statt einer Speisekarte gibt es ein Überraschungsmenü. Es ist schön aufs Wesentliche reduziert, im Fokus die exzellenten Produkte. Angenehm mischt das jahrhundertealte Gasthaus gemütlich-rustikales Flair mit einer eleganten Note. Die persönliche Atmosphäre ist der äußerst herzlichen Chefin zu verdanken. Als Sommelière berät sie ihre Gäste auch trefflich in Sachen Wein - davon lagern über 1000 Positionen (samt feinen Raritäten und Großflaschen) unter Ihnen im historischen Gewölbe-Weinkeller. Tipp: Sonntags bietet man von 12 - 18 Uhr das Gourmetmenü.

Spezialitäten: Jakobsmuschel und Trüffel. Rehrücken, Steinpilze, Gemüse. Himbeere, Kirsche, Zitrus, Schokolade.

Menu 65/115 €

Dorfstraße 1 (Anfahrt über Alte-Schul-Straße 2) ✉ 83527 – ☏ 08072 8510 –
www.christians-restaurant.de – Geschlossen Montag, Dienstag,
mittags: Mittwoch-Samstag

KIRCHHEIM AN DER WEINSTRASSE
Rheinland-Pfalz – Regionalatlas **47**–E16

⭐ Schwarz Gourmet 🍴 ♿ **P**

FRANZÖSISCH · INTIM XX Es ist nicht übertrieben, Manfred Schwarz als Altmeister zu bezeichnen - er hat es einfach drauf! Seine Küche ist unverändert "up to date", gekonnt verbindet er Klassisches mit Modernem. In schön klar strukturierten Gerichten bringt er erstklassige Produkte wunderbar zur Geltung, so z. B. beim Seezungenfilet mit Salzwasser-Garnelen, Kürbis, Balsamico-Schaum und Spinat. Wo die Deutsche Weinstraße beginnt, hat Manfred Schwarz im März 2017 in einem charmanten roten Sandsteinhaus dieses geradlinig-schicke kleine Restaurant eröffnet. Dass der gebürtige Waiblinger sein Metier versteht, stellte er schon Jahre zuvor u. a. mit den ebenfalls besternten Häusern "schwarz Das Restaurant" in Heidelberg und "Schwarzberg - Lammershof by Schwarz" in Löhrbach bei Birkenau unter Beweis.

Spezialitäten: Offene Ravioli. Adlerfisch und Louisiana Krebse. Knusperschnitte vom Salzkaramell.

Menu 75/98 €

Weinstraße Süd 1 ⊠ 67281 – 𝒞 06359 9241702 – www.schwarz-restaurant.de –
Geschlossen 2.-9. Januar, 16.-20. April, 26. Oktober-9. November, Montag,
Dienstag, Mittwoch, mittags: Donnerstag-Sonntag

🍴○ **Schwarz Restaurant** – Siehe Restaurantauswahl

🍴○ Schwarz Restaurant 🍴 ♿ **P**

INTERNATIONAL · CHIC X Ein bisschen Wohnzimmerflair vermittelt die im schicken Bistrostil gehaltene Restaurant-Alternative im Hause Schwarz. Die Küche bietet internationale Einflüsse, aber auch regionale Klassiker wie der berühmte Saumagen werden hier kreativ interpretiert.

Menu 59/65 € – Karte 44/78 €

Schwarz Gourmet, Weinstrasse Süd 1 ⊠ 67281 – 𝒞 06359 9241702 –
www.schwarz-restaurant.de – Geschlossen 2.-9. Januar, 16.-20. April, 26. Oktober-
9. November, Dienstag, Mittwoch, mittags: Montag und Donnerstag

KIRCHLAUTER
Bayern – Regionalatlas **50**–K15 – Michelin Straßenkarte 546

In Kirchlauter-Pettstadt

🏡 Gutshof Andres ⇦ 🍴 **P**

REGIONAL · FAMILIÄR X Ein denkmalgeschützter Gutshof mit Familientradition seit 1839, eingerahmt von altem Baumbestand und mit kleinem Weiher vor der Tür - hier der schöne Biergarten. Gekocht wird frisch, regional und modern. Dazu können Sie hausgemachte Aufstriche und Brände kaufen. Zwei Appartements im einstigen Brauhaus, geradlinig-schicke Doppelzimmer in der ehemaligen Remise.

Spezialitäten: Fasanenbrust, Ziegenkäse, Traube, Walnuss, Ackersalat. Lammhüfte rosa gebraten, Hokkaidokürbis, Thymianjus, Pfannenrösti. Vanille Buchteln, eingeweckte Brombeeren, Heumilchsorbet, Mohnbutter.

Menu 35 € (Mittags), 45/60 € – Karte 23/49 €

Pettstadt 1 ⊠ 96166 – 𝒞 09536 221 – www.gutshof-andres.de – Geschlossen 17.
Februar-6. März, 27. Juli-14. August, Montag, Dienstag, mittags: Mittwoch-Freitag

KIRCHZARTEN
Baden-Württemberg – Regionalatlas **61**–D20 – Michelin Straßenkarte 545

🏡 Sonne 🍴 **P**

REGIONAL · BÜRGERLICH X Gemütlich sitzt man hier in hübschen Stuben mit Holztäfelung und Dielenboden. Gekocht wird richtig gut, und zwar ein Mix aus Traditionellem und modernen Ideen, von "badischem Ochsenfleisch mit Meerrettichsauce" bis "Barbarie-Entenbrust, Süßkartoffelpüree, Mangold, Kokosschaum, Zwetschgen-Chutney". Schöne Terrasse.

Spezialitäten: Gratinierter Ziegenkäse vom Ringlihof mit Ibentäler Honig, konfierten Zwetschgen und Radicchio. Ragout vom Ochsenbäckle mit Kartoffelpüree, Schwarzwurzeln und gebeiztem Eigelb. Waldbeer-Panna Cotta mit weißer Schokolade, Beerensponge, Butterbrösel und Sauerrahmeis.

Menu 29/59 € – Karte 21/55 €

Hotel Sonne, Hauptstraße 28 ⊠ 79199 – ℰ 7661901990 – www.sonne-kirchzarten.de – Geschlossen mittags: Freitag-Samstag

Sonne   ⇗ ⁂ ⅃ᴐ 🅿

GASTHOF · GEMÜTLICH Seit sieben Generationen investiert Familie Rombach stetig in das Traditionshaus von 1725! Das Ergebnis sind z. B. die freundlich designten Landhaus-Zimmer oder - wenn Sie's ein bisschen frecher mögen - die "Schwarzwald-Pop"-Zimmer. Nicht zu vergessen der ansprechende moderne Saunabereich samt Anwendungen.

21 Zimmer ⌕ – ♦♦ 85/145 € – 3 Suiten

Hauptstraße 28 ⊠ 79199 – ℰ 7661901990 – www.sonne-kirchzarten.de

🍴 **Sonne** – Siehe Restaurantauswahl

In Kirchzarten - Burg-Höfen Ost: 1 km

🍴 Schlegelhof   🕸 ⇦ 🛖 🅿

MARKTKÜCHE · LÄNDLICH XX Freundlich das Ambiente, herzlich der Service (auch die Chefs sind stets präsent), richtig gut die Küche. Neben Regionalem wie "Rostbraten Schlegelhof Art" gibt es auch ambitionierte, finessenreiche Gerichte wie "arktischer Saibling, Pfifferlinge, schwarze Berglinsen". Interessante Weinauswahl. Schön sitzt man hinterm Haus auf der Terrasse oder der weitläufigen Wiese.

Spezialitäten: Gratinierter Ziegenfrischkäse mit Thymianhonig Cassisfeigen, Nüssen und Blattsalaten. Seeteufel mit Tomaten-Estragonrisotto, wildem Broccoli und Safrannage. Topfennockerl mit Zwetschgenkompott und Limonen-Zibärtlesorbet.

Menu 37/72 € – Karte 34/75 €

Höfener Straße 92 ⊠ 79199 – ℰ 76615051 – www.schlegelhof.de – Geschlossen 1.-11. Juni, Mittwoch, mittags: Montag-Dienstag und Donnerstag-Samstag

KIRKEL
Saarland – Regionalatlas **46**-C17 – Michelin Straßenkarte 543

In Kirkel-Neuhäusel

🍴 Ressmann's Residence   🕸 ⇦ 🛖 ⇩ 🅿

MODERNE KÜCHE · FREUNDLICH XX Das moderne Ambiente mit klaren Formen und hellen warmen Tönen kommt bei den Gästen gut an, ebenso die ambitionierte international-saisonal beeinflusste Küche sowie die schöne kleine Weinkarte. Einer der Räume ist klimatisiert. Oder sitzen Sie lieber draußen? Der nette Biergarten liegt ruhig hinterm Haus.

Menu 31 € (Mittags), 45/85 € – Karte 32/69 €

Kaiserstraße 87 ⊠ 66459 – ℰ 06849 90000 – www.ressmanns-residence.de – Geschlossen Dienstag, mittags: Samstag, abends: Sonntag

KIRN
Rheinland-Pfalz – Regionalatlas **46**-D15 – Michelin Straßenkarte 543

🍴 Kyrburg   ⇦ 🛖 AC ⇩ 🅿

KLASSISCHE KÜCHE · RUSTIKAL X In einem Gebäude von 1764 - intergriert in die Kyrburg a. d. 12. Jh. - befindet sich das rustikale Restaurant mit modernem Anbau und Whisky-Museum (zahlreiche Destillate werden offen ausgeschenkt), traumhaft die Terrasse mit Blick ins Nahetal. Geboten wird Klassisches wie Zanderfilet oder Rehrücken.

Karte 32/53 €

Auf der Kyrburg 1 ⊠ 55606 – ℰ 06752 91190 – www.kyrburg.de – Geschlossen 1.-8. Januar, 9.-26. Februar, Montag, Dienstag

KISSINGEN, BAD

Bayern – Regionalatlas **49**–I14 – Michelin Straßenkarte 546

✿ Laudensacks Gourmet Restaurant

FRANZÖSISCH-KLASSISCH · ELEGANT XX Schön elegant wie der Rest des Laudensack'schen Parkhotels kommt auch das Gourmetrestaurant daher. Bereits 1994 wurde die Küche erstmals mit Stern gewürdigt, seit 2009 wird er von Küchenchef Frederik Desch (zuvor bei Dieter Müller in Bergisch Gladbach, in der „Zirbelstube" in Freiburg sowie im „Louis C. Jakob" in Hamburg tätig) Jahr für Jahr bestätigt. Sein Kochstil: ein gelungener Mix aus Klassik und Moderne. Dafür verwendet er sehr gute Produkte wie Rhöner Lachsforelle, heimisches Reh oder Bresse-Poularde, deren Eigengeschmack er schön in den Vordergrund stellt. Etwas Besonderes ist auch das Hummer-Menü - fragen Sie nach den Terminen! Und noch ein Tipp: Kommen Sie mal im Sommer, dann können Sie das feine Essen und den herzlichen Service samt guter Weinberatung auf der herrlichen Terrasse genießen.

Spezialitäten: Bio Entenleberparfait mit Variation von Quitte, Marone und Kakao. Rhöner Bio-Ochsenfilet, Petersilienjus, Polenta und Chicorée. Banane und Schokolade, Kalamansi.

Menu 74/110 €

Laudensacks Parkhotel, Kurhausstraße 28 ✉ 97688 – ✆ 0971 72240 – www.laudensacks-parkhotel.de – Geschlossen 19.-31. Dezember, Montag, Sonntag, mittags: Dienstag-Samstag

Schuberts Wein & Wirtschaft

REGIONAL · WEINSTUBE X Richtig schön und angenehm leger sitzt man hier in fünf charmanten Stuben und im hübschen Innenhof. Eine Besonderheit ist die original Weinstube a. d. 19. Jh. mit Wand- und Deckenmalerei. Sehr nett auch die Nische im Weinfass! Aus der Küche kommt Schmackhaftes wie "Kalbstafelspitz mit Schnittlauchsauce und Nudeln". Und dazu vielleicht einen Frankenwein?

Spezialitäten: Apfel-Selleriesuppe, Wintertrüffel und Croûtons. Geschmorte Rinderschulter, Schmorzwiebel, Haselnuss-Pastinake und Spätzle. Sauerrahmeis, karamellisierte Oliven und Lüneburger Heidehonig.

Menu 39/65 € – Karte 36/50 €

Kirchgasse 2 ✉ 97688 – ✆ 0971 2624 – www.weinstube-schubert.de – Geschlossen Montag, Dienstag

Laudensacks Parkhotel

BOUTIQUE-HOTEL · GEMÜTLICH Seit fast drei Jahrzehnten ist Familie Laudensack nicht nur ein Garant für kulinarische Höhen, auch geschmackvolles und komfortables Wohnen samt erstklassigem Frühstück ist Ihnen hier gewiss. Nicht zu vergessen der schöne Wellnessbereich (Tipp: das Beauty-Angebot der Chefin) und der 4000 qm große Park. Halbpension auch an Ruhetagen des Gourmetrestaurants.

21 Zimmer – 160/194 € – 1 Suite

Kurhausstraße 28 ✉ 97688 – ✆ 0971 72240 – www.laudensacks-parkhotel.de – Geschlossen 1.-27. Januar, 20.-31. Dezember

✿ **Laudensacks Gourmet Restaurant** – Siehe Restaurantauswahl

KLEINES WIESENTAL

Baden-Württemberg – Regionalatlas **61**–D21 – Michelin Straßenkarte 545

Im Ortsteil Schwand

Sennhütte

REGIONAL · FREUNDLICH XX Essen Sie gerne bürgerlich-regional? Oder lieber moderner? Bei Familie Grether gibt es beides, von "geschnetzelte Kalbsleber, Balsamicosauce, Rösti" bis "Eismeerforelle, marinierter Spargel, Miso-Mayonnaise". Gekocht wird schmackhaft, unkompliziert und mit guten, frischen Produkten. Zum Übernachten hat der traditionsreiche Gasthof sehr gepflegte, wohnliche Zimmer.

Spezialitäten: Fenchel-Orangencremesuppe. Kalbsrücken, Pfifferlinge in Butter, Karottenpüree, Kartoffelkrapfen. Hausgemachtes Kokosnusseis, Exotische Früchte.

Menu 60 € – Karte 26/62 €

Schwand 14 ⊠ 79692 – ℰ 07629 91020 – www.sennhuette.com – Geschlossen 1.-29. Februar, Dienstag

KLEINWALLSTADT

Bayern – Regionalatlas **48**–G15 – Michelin Straßenkarte 546

⬦○ Landgasthof zum Hasen   ⇦ 🏠 ᕦ ♿ 🅿

MARKTKÜCHE · GASTHOF ✗ Gemütlich ist es in dem Gasthof von 1554: rustikale Einrichtung mit hübscher Deko, draußen der schöne Innenhof! Sie werden herzlich umsorgt und bekommen regional geprägte Küche mit internationalen Einflüssen serviert. Sie möchten übernachten? So liebenswert wie der Gastraum sind auch die Zimmer.

Menu 38 € – Karte 26/58 €

Marktstraße 3 ⊠ 63839 – ℰ 06022 7106590 – www.kleinwallstadt-zumhasen.de – Geschlossen Montag, Dienstag

KLEINWALSERTAL

⊠ 6993 – Vorarlberg – Regionalatlas **64**–I22 – Michelin Straßenkarte 730

In Hirschegg

✿ Kilian Stuba   < 🍴 🏠 ᕦ 🆎 🅿 🚗

KREATIV · ELEGANT ✗✗✗ Richtig edel das modern-elegante Interieur mit schicken cremefarbenen Designerstühlen und wertigen Accessoires, schönem Parkettboden und dekorativer Altholzvertäfelung! Dieser Klasse wird auch die Küche der "Kilian Stuba" im tollen "Travel Charme Ifen Hotel" gerecht. Einst Schüler von Ortwin Adam, der 1978 bereits im ursprünglichen "Ifen Hotel" einen Stern erkochte, ist Sascha Kemmerer seit 2012 selbst Küchenchef in diesem Haus. Er kocht kreativ, saisonal und reduziert sich aufs Wesentliche. Fantastisch, wie z. B. beim konfierten Brüstchen von der Étouffée-Taube oder beim zarten Filet vom Milchkalb der intensive Geschmack ausgezeichneter Produkte zur Geltung kommt. Ein Gedicht auch die Kalbsjus! Kompetent empfiehlt man dazu die passenden Weine - man hat natürlich zahlreiche österreichische.

Spezialitäten: Österreichische Steinpilze, Gaiskäsepraline, Pumpernickelstreusel, Zirbenessigvinaigrette, eingelegter Pfirsich. Geangelter St. Pierre aus Concarneau, Risotto, Staudensellerie, Taschenkrebs, Limonenblätter-Beurre blanc. Sorbet von Limette und Koriandergrün, Sesamsablé, klare Molkevinaigrette, Erdnussemulsion.

Menu 95/125 € – Karte 92/114 €

Travel Charme Ifen Hotel, Oberseitestraße 6 – ℰ 00435517 6080 – www.travelcharme.com – Geschlossen 12.-20. April, 7.-29. Juni, 9.-24. August, 8.-30. November, Montag, Sonntag, mittags: Dienstag-Samstag

✿ Carnozet   < 🍴 🅿 🚗

REGIONAL · FREUNDLICH ✗ Geschmackvoll-modernes Ambiente und regionale Küche mit Bezug zur Saison - wer das mag, ist im "Carnozet" genau richtig. Aus guten, frischen Produkten entsteht hier Leckeres wie "auf der Haut gebratenes Heimertinger Saiblingsfilet, Veltlinersoße, Paradeiser-Rollgerste, gebratener Blumenkohl".

Spezialitäten: Hausgebeizte Lachsforelle mit Krenschaum und Radieserlvinaigrette. Rosa gebratener Rücken vom Wallser Hirsch mit Preiselbeeren und Sherry-Rahmsoße. Warmer, gedeckter Apfelkuchen mit Rosmarineis und Walnusskrokant.

Menu 39/59 € – Karte 34/56 €

Travel Charme Ifen Hotel, Oberseitestraße 6 – ℰ 00435517 6080 – www.travelcharme.com – Geschlossen mittags: Montag-Sonntag

415

ⅇ◯ Sonnenstüble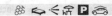

REGIONAL · LÄNDLICH XX Hier im Restaurant des ruhig gelegenen Ferienhotels "Birkenhöhe" sorgen warmes Holz und Kachelofen für Gemütlichkeit, während man Sie z. B. mit "Tatar vom Walser Rind" oder "Heimertinger Saibling mit Rieslinggemüse" verwöhnt. Dazu eine sehr gute Weinauswahl samt Raritäten aus Italien und Frankreich.

Menu 45/100 € – Karte 45/100 €

Oberseitestraße 34 – ℰ 00435517 5587 – www.birkenhoehe.com – Geschlossen 13. April-28. Mai, 26. Oktober-19. Dezember, abends: Montag-Dienstag

🏰 Travel Charme Ifen Hotel

SPA UND WELLNESS · MODERN Alpiner Charme und Moderne vereint: Der geradlinig-elegante Stil des Designers Lorenzo Bellini trifft hier auf schöne Naturmaterialien wie Holz und Stein. Schicke Zimmer mit Balkon oder Terrasse, toller "PURIA Premium Spa" auf 2300 qm, klasse Aussicht. HP im Restaurant "Theo's".

117 Zimmer ⌇ – ♥♥ 218/338 € – 8 Suiten

Oberseitestraße 6 – ℰ 00435517 6080 – www.travelcharme.com

🍴 **Carnozet** · ✿ **Kilian Stuba** – Siehe Restaurantauswahl

In Mittelberg

ⅇ◯ Wirtshaus Hoheneck 🏠 P

TRADITIONELLE KÜCHE · GEMÜTLICH X Ein charmant-rustikales Gasthaus, unten und oben ist es gleichermaßen gemütlich, hier wie dort mit herrlicher Bergblick-Terrasse. Gekocht wird regional-saisonal, so z. B. "Golasch vom Hirschegger Rend mit Serviettenknödel", dazu schöne Weine aus Österreich. Tipp: nachmittags Kaffee und hausgebackener Kuchen.

Menu 36/81 € – Karte 29/55 €

Walserstraße 365 – ℰ 0043 5517 55225 – www.hoheneck.at – Geschlossen 8. November-8. Dezember, Dienstag

In Riezlern

🍴 Humbachstube im Alpenhof Jäger 🔗

REGIONAL · GEMÜTLICH XX Richtig gemütlich sitzt man in der kleinen Stube bei schmackhafter regionaler Küche, z. B. in Form von "Rumpsteak vom Walser Jungrind mit Chili-Frischkäsekruste und Frühlingsgemüse". Beliebt sind auch Wildgerichte. Charmant der Service samt guter Weinberatung.

Spezialitäten: Schaumsuppe vom Muskatkürbis mit schwarzem Gold. Zart gebackene Klößchen vom See Zander mit Rieslingsauce, frischen Blattspinat und Ravioli. Geeister Kaiserschmarren mit Fruchttröster.

Menu 37/80 € – Karte 37/78 €

Unterwestegg 5 – ℰ 0043 5517 5234 – www.alpenhof-jaeger.de – Geschlossen 15. April-21. Mai, 28. Juni-31. Juli, 8. November-20. Dezember, Dienstag, Mittwoch, mittags: Montag und Donnerstag-Sonntag

KLETTGAU

Baden-Württemberg – Regionalatlas **62**–E21 – Michelin Straßenkarte 545

In Klettgau-Grießen

🍴 Landgasthof Mange 🏠 ✿ P

MARKTKÜCHE · FREUNDLICH XX Eine der besten Adressen der Region und preislich richtig fair! Man kocht überwiegend regional und mit Bezug zur Saison – darf es vielleicht "Kaninchenrückenfilet, Weckknödel, Spargelfrikassee, Schnittlauch" sein? Probieren Sie auch Schnaps und Brot - beides stammt aus der eigenen Produktion der Familie.

Spezialitäten: Tafelsitzbrühe mit Kräuterflädle, Markknödel und Maultäschle. In Spätburgunder geschmortes Kalbsbäckle, Selleriepüree und Wurzelgemüse. Apfelküchle mit Rahmeis und Vanillesauce.

Menu 32€ (Mittags), 44/56€ – Karte 31/51€
Kirchstraße 2 ⊠ 79771 – ✆ 07742 5417 –
www.mange-griessen.de –
Geschlossen 4.-18. August, Montag, Sonntag, mittags: Dienstag-Freitag

KNITTELSHEIM

Rheinland-Pfalz – Regionalatlas **54**–E17 – Michelin Straßenkarte 543

🕪 Steverding's Isenhof

KLASSISCHE KÜCHE · RUSTIKAL XX Wer beim Anblick dieses reizenden historischen Fachwerkhauses ein gemütliches und charmantes Interieur erwartet, liegt ganz richtig. Hübsche rustikale Elemente verbinden sich hier gelungen mit einer eleganten Note, in der Küche mischen sich klassische und moderne Einflüsse.

Menu 49€ (Mittags), 89/118€
Hauptstraße 15a ⊠ 76879 – ✆ 06348 5700 –
www.isenhof.de –
Geschlossen 15. Juni-15. August, Montag, Dienstag, Mittwoch,
mittags: Donnerstag-Samstag, abends: Sonntag

KOBERN-GONDORF

Rheinland-Pfalz – Regionalatlas **36**–D14 – Michelin Straßenkarte 543

🕪 Alte Mühle Thomas Höreth

REGIONAL · ROMANTISCH X Ein echtes Bijou: Die Stuben sind liebevoll dekoriert, dazu ein Innenhof, der idyllischer kaum sein könnte, und ein eigenes Weingut! Möchten Sie da nicht etwas länger bleiben? Man hat individuelle und sehr wohnliche Gästezimmer, die schön ruhig liegen! Am Wochenende kann man hier auch standesamtlich heiraten.

Menu 39/129€ – Karte 29/56€
Mühlental 17 ⊠ 56330 – ✆ 02607 6474 –
www.thomashoereth.de –
Geschlossen 2. Januar-1. Februar, mittags: Montag-Freitag

KOBLENZ

Rheinland-Pfalz – Regionalatlas **36**–D14 – Michelin Straßenkarte 543

⬡ Da Vinci

FRANZÖSISCH · DESIGN XX Modern ist das Konzept dieses Restaurants in bester Innenstadtlage gegenüber dem Kurfürstlichen Schloss. Puristisch das Ambiente, kreativ die Küche. Letzteres gibt es in Form eines finessenreichen Menüs mit internationalen Einflüssen, für das Küchenchef Daniel Pape verantwortlich zeichnet. Seine bisherige Laufbahn führte ihn von einem Spitzenkoch zum nächsten, von Dirk Luther über Thomas Bühner und Christian Jürgens zu Joachim Wissler. Welch hohen Stellenwert Produktqualität bei ihm hat, zeigt beispielsweise das rosa gebratene Filet vom Kalb mit einer fabelhaften Begleitung aus Schalotte und Karotte. Neben dem Genuss kommen auch Charme und Herzlichkeit nicht zu kurz - dem geschulten Serviceteam sei Dank! Da können Sie auch getrost den regionalen Weinempfehlungen folgen.

Spezialitäten: Ora King Lachs, Auster, Rettich. Kalb, Schalotten, Karotte. Erdbeere, Pistazie, Ricotta.

Menu 109/136€
Deinhardplatz 3 ⊠ 56068 – ✆ 0261 9215444 –
www.davinci-koblenz.de –
Geschlossen Montag, Dienstag, mittags: Mittwoch-Sonntag

❀ Schiller's Restaurant ⇦ 🛱 ⇧ **P**

MODERNE KÜCHE · ELEGANT XX Aufwändig und modern geht es gastronomisch im Hotel "Stein" zu. Am Herd steht Patron Mike Schiller (zuvor u. a. im Düsseldorfer "Hummerstübchen" und im "Wald- und Schlosshotel" in Friedrichsruhe), im Restaurant sorgt seine Frau Melanie Stein-Schiller für zuvorkommenden Service und entspannte Atmosphäre. Serviert wird ein 4- bis 6-gängiges Überraschungsmenü - wenn Sie möchten, verrät man Ihnen aber auch, was es gibt! Komplex und harmonisch zugleich ist z. B. das Frühlingsgemüse mit Zitronenconfit - ein tolles frisches Gericht, das gewissermaßen die ersten Sonnenstrahlen auf den Teller bringt! Und dazu eine alkoholfreie Getränkebegleitung? Die ist wirklich interessant und nicht "von der Stange". Attraktiv ist auch der Rahmen: Ein heller, freundlicher Wintergarten mit Blick in den Garten.

Spezialitäten: Steinpilze aus heimischen Wäldern. Fasan klassisch. Brie de Meaux, Hibiskus.

Menu 89/140€

Mayenerstraße 126 ✉ *56070 – ℰ 0261 963530 – www.schillers-restaurant.de – Geschlossen 20. Februar-2. März, 13.-20. Juli, 12.-19. Oktober, Montag, Sonntag, mittags: Dienstag-Samstag*

❀ GERHARDS GENUSSGESELLSCHAFT 🛱 ♿ ⇧

KLASSISCHE KÜCHE · FREUNDLICH X Zu Klosterzeiten wurde hier, nicht weit vom Deutschen Eck, wo Rhein und Mosel zusammenfließen, Proviant gelagert, heute gibt es in dem schönen alten Gewölbe mit modernem Interieur richtig gute Küche: "Rinderfilet mit Rotwein-Pfeffersauce", "Skreifilet mit Petersilien-Graupen"... Herrlich die Terrasse.

Spezialitäten: Eingelegte Birne mit Gorgonzolacrème, Ringelbete, Wildkräutern und Sonnenblumenkern-Krokant. Maishähnchenbrust mit Kardamomschaum, Orangen-Chicorée, gebratener Grapefruit und Kürbis-Gnocchi. Kleines Schwarzwälder-Kirsch im Glas.

Menu 25€ (Mittags), 37/48€ – Karte 32/57€

Danziger Freiheit 3 (im Blumenhof) ✉ *56068 – ℰ 026191499133 – www.gerhards-genussgesellschaft.de – Geschlossen 20.-26. Februar, Montag, mittags: Dienstag-Donnerstag*

⑪○ Landgang ⇦ ⇐ 🛱 ♿ 🏧 ⇧ **P**

FRANZÖSISCH · CHIC XX Das moderne Restaurant in der 1. Etage des Hotels "Fährhaus" zieht schon allein durch seine herrliche Lage Gäste an. Sie genießen den Blick auf die Mosel, während Sie sich eine französisch-mediterran geprägte Küche mit regionalen Einflüssen schmecken lassen. Eine Vinothek mit sehr guten Weinen gibt es ebenfalls. Mittags einfachere Karte.

Karte 39/77€

Fährhaus, An der Fähre 3 ✉ *56072 – ℰ 0261 201710 – www.fähr.haus – Geschlossen mittags: Montag-Dienstag, mittags: Samstag-Sonntag*

⑪○ Verbene 🛱

MODERNE KÜCHE · TRENDY XX Mit dem schmucken kleinen Restaurant im Herzen der Altstadt hat Koblenz eine wirklich interessante kulinarische Adresse! Es gibt ein modernes, regional inspiriertes Menü mit sehr ambitionierten Gerichten wie "Blaue Garnelen aus Bayern, gerösteter Topinambur, Gartenkresse". Tipp für den Sommer: der Innenhof!

Menu 54/132€ – Karte 54/65€

Brunnenhof Königspfalz ✉ *56068 – ℰ 0261 10046221 – www.restaurant-verbene.de – Geschlossen 1.-8. Januar, Montag, Sonntag*

🏠 Fährhaus 🍴 ♨ ⇐ 🖼 🧖 🎐 🎱 ♿ 🏧 💆 **P**

LUXUS · MODERN Wie ein Schiff liegt der moderne weiße Bau am Moselufer - die Sonnensegel auf der Terrasse unterstreichen diesen Eindruck. Chic die Zimmer - zur Flussseite mit wunderbarem Ausblick. Wie wär's mit dem tollen Panorama-Penthouse? Attraktiv auch der Wellnessbereich im 5. Stock. Angenehm ruhige Lage ohne Durchgangsverkehr.

47 Zimmer – ♟♟ 140/350€ – ☲ 20€ – 10 Suiten

An der Fähre 3 ✉ *56072 – ℰ 0261 201710 – www.faehr.haus*

⑪○ **Landgang** - Siehe Restaurantauswahl

KÖLN

Nordrhein-Westfalen – Regionalatlas **36**–C12 – Michelin Straßenkarte 543

Wir mögen besonders...

Unseren All-Time-Klassiker **Le Moissonnier** und das fast nebenan gelegene **astrein** für ihre Sternküche, auch am Mittag. Sich im **Pure White** dank der Spezialitäten vom Josper-Grill für einen kurzen Moment wie im Urlaub fühlen. Österreichische Küche in **Gruber's Restaurant**. Das **maximilian lorenz** für seine kreative deutsche Küche - dazu die Weinbar **heinzhermann**. Das Menü mit Cocktail-Begleitung im Restaurant **THE BAYLEAF**. Das Überraschungsmenü im **Pottkind**. Übernachten im **Humboldt1** oder im **THE QVEST hideaway**, zwei Boutique-Hotels mit ganz individueller Note. Gewissermaßen zum Pflichtprogramm in Köln gehört ein Besuch in einer der vielen Kölsch-Kneipen in der Altstadt. Ebenso lohnt sich immer ein Blick auf die aktuellen Events im Musical Dome oder in der LANXESS arena.

R. Mattes/hemis.fr

Restaurants

⌘⌘ Ox & Klee   A/C

MODERNE KÜCHE · CHIC XX Richtig trendig ist es hier. Das beginnt schon bei der Location, denn das Restaurant befindet sich im mittleren Kranhaus - da darf man Industrie-Architektur und Hafenblick erwarten. Zusammen mit der stimmig-schicken Einrichtung ergibt das einen absolut modernen Look. Ebenso modern die Küche. Es gibt ein "menu Surprise", dessen durchdachte und kreative Gänge nur so strotzen vor Ausdruck und Kraft. Als Doppelspitze des Küchenteams setzen Daniel Gottschlich und Erik Schmitz auf eine klare Linie, so kommen die exzellenten Produkte toll zur Geltung. Und der Service? Versiert, charmant, ungezwungen - die Köche selbst bringen die Speisen an den Tisch! Und wenn es mal ein anderes Ess-Konzept sein soll: Das Restaurant "THE BAYLEAF" im EG bietet ein ambitioniertes Menü mit Cocktail-Begleitung.

Spezialitäten: Gemüsecarpaccio, Sonnenblumenkerne, Holunderblüte. Kabeljau, Schweinebauch, Brioche, Bärlauch. Guanaja, Kaffee, Pfeffer aus Kambodscha, Passionsfrucht.

Menu 115/175 €

Stadtplan: G3-x – *Im Zollhafen 18 (im Kranhaus 1)* ⊠ *50678* – ℰ *0221 16956603* – *www.oxundklee.de* – *Geschlossen Montag, Sonntag, mittags: Dienstag-Samstag*
⭘ **THE BAYLEAF** – Siehe Restaurantauswahl

⌘⌘ Le Moissonnier   A/C

FRANZÖSISCH-KREATIV · BISTRO X Seit 1987 heißt es in dem angenehm legeren Restaurant "Savoir-vivre". Man fühlt sich direkt in das quirlige Paris mit seinen entzückenden Bistros versetzt. Charmante Jugendstilelemente und hübsches Interieur mit aparter Patina tragen ihr Übriges dazu bei. Äußerst zuvorkommend und schlichtweg perfekt im Umgang mit den Gästen zeigen sich die herzlichen Gastgeber Liliane und Vincent Moissonnier. Landsmann Monsieur Eric Menchon ist seit Beginn als Küchenchef mit von der Partie und begeistert mit einer aromenintensiven Küche, die auf seiner französischen Heimat basiert. Raffiniert bringt er z. B. beim exzellenten wilden Kabeljau mit cremiger Kräutersauce, Blattspinat und Risotto mit Parmesan seine unverkennbare Handschrift ein, ohne dabei das Produkt an sich aus den Augen zu verlieren.

Spezialitäten: Foie gras de canard Maison. Pigeonneau rôti aux épices. Le Moka Oriental.

Menu 98 € (Mittags), 198/210 € – Karte 85/120 €

Stadtplan: F1-e – *Krefelder Straße 25* ⊠ *50670* – ℰ *0221 729479* – *www.lemoissonnier.de* – *Geschlossen Montag, Sonntag*

⌘ Alfredo (Roberto Carturan)   A/C

ITALIENISCH · FREUNDLICH XX Wer in Köln tolle italienische Küche ohne große Schnörkel sucht, kommt an Roberto Carturan nicht vorbei. Sein Vater Alfredo hat in den 70er Jahren den Grundstein für gehobene italienische Kulinarik gelegt, und die pflegt man hier in zweiter Generation. Der Padrone bleibt seinem geradlinigen und reduzierten Stil treu und bringt Frische und jede Menge Geschmack auf den Teller. Für ein angenehmes Drumherum sorgt der freundliche, ungezwungene und zugleich elegante Service. Einfach eine sympathische Adresse, was nicht zuletzt am Chef liegt: Gerne ist er selbst am Gast und erklärt seine Gerichte oder hilft auch schon mal mit der Garderobe! Neben dem Kochen hat Roberto Carturan übrigens ein weiteres Talent: Er ist ausgebildeter Sänger – freitagabends gibt's die „musikalisch-kulinarische Soirée"!

Spezialitäten: Gamberi Rossi 3 Cotture. Isländischer Kabeljau mit Pfifferlingen. Kombination von Schokolade und Passionsfrucht.

Menu 65/98 € – Karte 60/90 €

Stadtplan: J2-k – *Tunisstraße 3* ⊠ *50667* – ℰ *0221 2577380* – *www.ristorante-alfredo.com* – *Geschlossen Samstag, Sonntag*

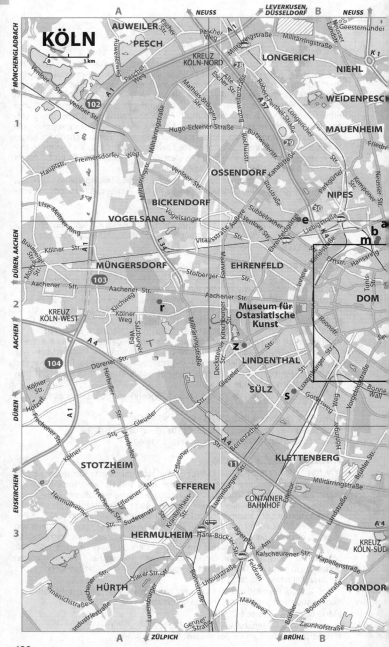

KÖLN

0   1 km

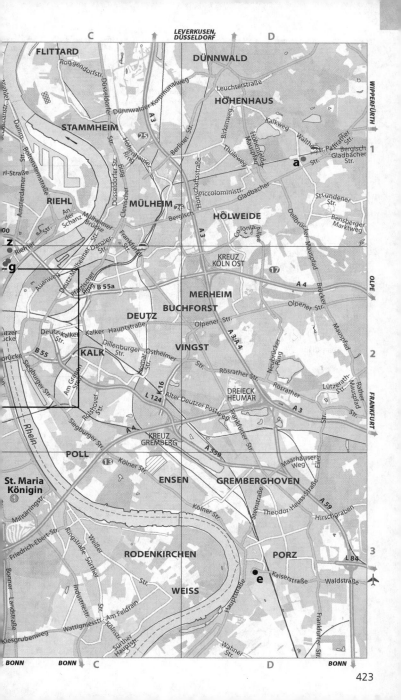

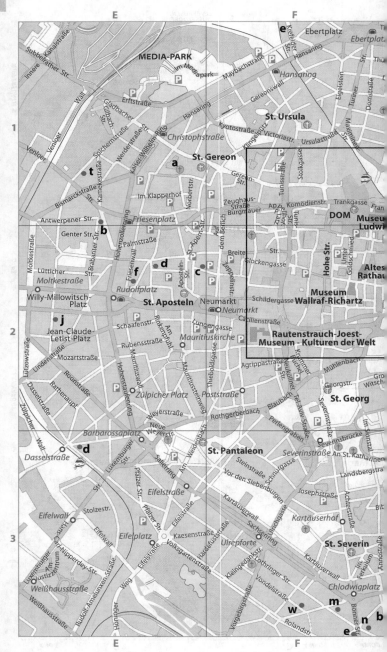

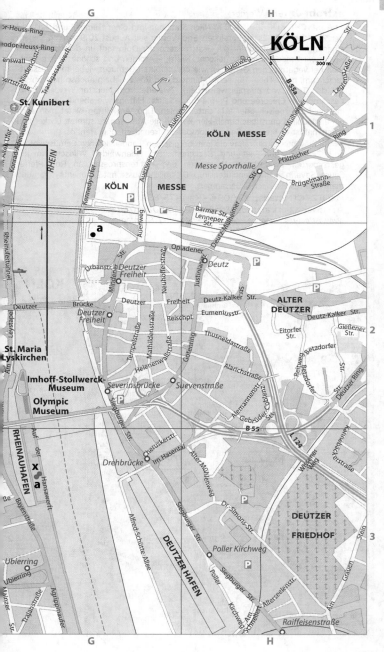

KÖLN

0   300 m

St. Kunibert

RHEIN

KÖLN MESSE

Messe Sporthalle

KÖLN MESSE

a

Rheinufertunnel

Deutzer

Brücke
Deutzer
Freiheit

St. Maria
Lyskirchen

Imhoff-Stollwerck-
Museum

Olympic
Museum

RHEINAUHAFEN

x
a

Ubierring

Ubierring

Auenweg

Opladener

Deutz

Deutzer
Freiheit

Deutz-Kalker Str.

ALTER
DEUTZER

Reischpl.

Eumenlusstr.

Thusneldastraße

Alarichstraße

Severinsbrücke

Suevenstraße

Alemannenstr.

B 55

L 124

Drehbrücke

Im Hasental

Alter Mühlenweg

DEUTZER HAFEN

Poller Kirchweg

DEUTZER
FRIEDHOF

Raiffeisenstraße

G   H

425

✿ **astrein** 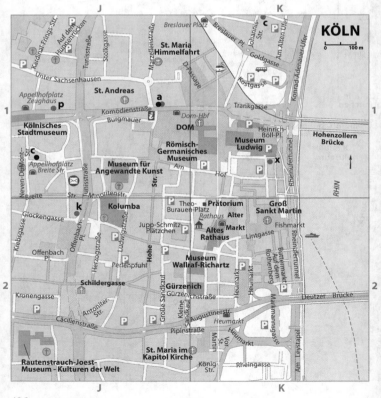 (Eric Werner)

KLASSISCHE KÜCHE · CHIC ✕✕ Nach Stationen im Kölner "Himmel und Äd" und der "Résidence" in Essen bereichert Eric Werner seit August 2019 nun mit seinem eigenen kleinen Restaurant die Gastro-Szene der Domstadt. In der halboffenen Küche wird modern-kreativ gekocht. Kräftige Aromen und schöne Würze kommen bei vegetarischen Gerichten wie der gefüllten Gemüsezwiebel mit Nussbutterschaum, bergischem Hühnerei, Mangold und Röstzwiebeln ebenso harmonisch auf den Teller wie beispielsweise beim Zweierlei vom Münster Weiderind mit geschmortem Chicorée und Purple-Curry-Sauce. Mittags wie abends können Sie in Menüform speisen oder à la carte wählen. Tipp: Am Mittag bietet man auch ein unglaublich günstiges Lunch-Menü! Auch die Atmosphäre stimmt: Locker und entspannt ist es hier, der Service kompetent, freundlich, unprätentiös.

Spezialitäten: Gefüllter Raviolo mit bergischem Landei, kleiner Gemüseeintopf und Zitronensoße. Filet und Bäckchen vom Odenwälder Wildschwein mit geschmorten Zwetschgen, Walnüssen und Fichtensprossen an Rosa-Pfeffer Sauce. Savarin in Orangenblütensirup, Dickmilchmousse mit Zitronenthymian und marmoriertes Himbeer-Sauerrahmeis.

Menu 29 € (Mittags), 79/109 € – Karte 75/85 €

Stadtplan: B2-m – *Krefelder Straße 37* ⊠ *50670* – ☏ *0221 95623990* – *www.astrein-restaurant.de* – *Geschlossen Montag, Sonntag*

⚙ maximilian lorenz ⚜

REGIONAL · CHIC ✗✗ Sie haben sich ganz der deutschen Küche verschrieben: Maximilian Lorenz (bekannt aus dem "L'escalier") und Küchenchef Enrico Hirschfeld (zuletzt Souschef im Kölner "maiBeck"). Hier, nahe Hauptbahnhof, Dom und Rhein, bilden sie die kreative Doppelspitze am Herd. Ihre Menüs: "Innovation" als moderne Variante, "Tradition" als klassische Alternative. Was beide gemeinsam haben: Sie sind top in Produktqualität, Handwerk und Geschmack! Gelungen z. B. die Kombination von Lachsforelle und angenehm säuerlichem Fenchel-Sauerampfer-Schaum. Passend zur Küche mit ihren erlesenen regionalen Zutaten gibt es nur deutsche Weine. Und das Restaurant selbst? Wertig, chic, geradlinig. Tipp für Liebhaber internationaler Weine: Das locker-moderne Weinlokal "heinzhermann" nebenan bietet rund 1500 Positionen.

Spezialitäten: Fischbrötchen, Hering, Weißkraut, Dill und rote Zwiebel. Kalbsmarkknochen, Makrele, Liebstöckl, Petersilie. Geeiste Frankfurter Kräuter, Himbeeren und Distelöl.

Menu 90/139 €

Stadtplan: K1-c – *Johannisstraße 64* ✉ *50668* – ☎ *0221 37999192* – *www.restaurant-maximilianlorenz.de* – *Geschlossen Montag, Sonntag, mittags: Dienstag-Samstag*

⏽◯ **heinzhermann** – Siehe Restaurantauswahl

⚙ La Société ⚜ AC

MODERNE KÜCHE · NACHBARSCHAFTLICH ✗✗ Zugegeben, die Lage in einer Nebenstraße nahe dem Bahnhof Süd ist nicht die attraktivste in Köln. Doch hier im "Kwartier Latäng" werden zwischen zahlreichen Kneipen und Gaststätten auch Gourmets fündig. Auch wenn die Einrichtung vielleicht ein bisschen speziell ist mit ihrem interessanten Deko-Mix, so versprüht sie doch Charme und die Atmosphäre ist angenehm unprätentiös - auch dank des sehr freundlichen und professionellen Service. An hochwertig eingedeckten Tischen genießt man die überaus exakt gearbeitete modern-internationale und saisonale Küche von Grischa Herbig, der zuvor u. a. im "Seven Seas" und im "The Table Kevin Fehling" in Hamburg tätig war. Gut ins niveauvolle und zugleich unkomplizierte Bild passen auch die "Kölschen Tapas", die es hier zum Auftakt gibt!

Spezialitäten: Taschenkrebs von Kopf bis Fuß, Ossietra Kaviar, Kopfsalat, Crème Fraîche, Blini. Interpretation von Bouillabaisse, Jacobsmuschel, Hummer, Tortelloni, Rouille. Grüner Apfel, Valrhona Opalys, Calvados, Verveine.

Menu 85/129 €

Stadtplan: E3 d-6.936945083252280 – *Kyffhäuser Straße 53* ✉ *50674* – ☎ *0221 232464* - *www.restaurant-lasociete.de* – *Geschlossen 1.-9. Januar, 1.-16. Juli, Dienstag, Mittwoch, mittags: Montag und Donnerstag-Sonntag*

⚙ taku ⚜ AC 🍴

ASIATISCH · GERADLINIG ✗✗ Würden Sie in einem klassischen Grandhotel wie dem "Excelsior Ernst" von 1863 ein Restaurant in puristisch-asiatischer Geradlinigkeit vermuten? Bei aller Klassik hat das Traditionshaus direkt beim Dom auch eine stilvoll-moderne Seite, und da passt das "taku" perfekt ins Bild! Zum klaren eleganten Design gesellen sich die durchdachten Gerichte von Mirko Gaul. Mit der richtigen Dosis Schärfe verbindet er die Küchen verschiedener asiatischer Länder mit klassischen und mediterranen Einflüssen. Wunderbar umgesetzt z. B. beim 14 Stunden gegarten US-Shortrib mit Lauch, Ingwer, Kartoffel und Sichuan-Sauce. Neben einem 5- bis 7- Gänge-Menü gibt es auch Gerichte zum Teilen sowie einen echten Klassiker der chinesischen Küche: das Pekingenten-Menü (mindestens 24 Stunden im Voraus bestellen!).

Spezialitäten: Hamachi mit Rettich, Yuzu-Kosho, Dashisud. Ente, Pfeffersud, rote Zwiebeln. Apfel-Crème Brûlée, Schokoladenmousse, Apfel-Ingwereis.

Menu 115/145 € – Karte 70/105 €

Stadtplan: J1-a – *Excelsior Hotel Ernst, Trankgasse 1* ✉ *50667* – ☎ *0221 2701* – *www.taku.de* – *Geschlossen 20.-27. Februar, 6.-19. April, 28. Juni-27. Juli, Montag, Sonntag, mittags: Dienstag-Samstag*

✸ **maiBeck** (Jan C. Maier und Tobias Becker) 🏠

MODERNE KÜCHE · TRENDY X Dass man gerne zu Jan Cornelius Maier und Tobias Becker (kurz "maiBeck") kommt, liegt in erster Linie an der unkomplizierten Sterneküche, die es hier zu wirklich fairen Preisen gibt. Aber auch die beiden Gastgeber mit ihrer superfreundlichen Art machen das Restaurant in der Kölner Altstadt richtig sympathisch. Trotz des Erfolgs bleiben sie auf dem Boden - die Küche ebenso: Man kocht geradlinig und ohne Chichi, dafür mit Kraft und Ausdruck, Produktqualität hat oberste Priorität. Immer wieder findet sich auf der modernen Karte auch ein deutlicher regionaler Bezug. Die meisten Gerichte gibt's übrigens auch als kleine Portion - das kommt ebenfalls gut an. Für alle, die im Sommer gerne im Freien sitzen, dürfte die schöne Terrasse mit Rheinblick zum Lieblingsplatz werden.

Spezialitäten: Schafskäse, Mirabellen, Tomaten, grüne Olive, Basilikum. Rosa Rehkeule, Johannisbeere, Kohlrabi, Liebstöckel, Leinsamen. Rote Bete, Himbeere, weiße Schokolade.

Menu 49 € – Karte 39/62 €

Stadtplan: K1-x – *Am Frankenturm 5* ✉ *50667 –* ☎ *0221 96267300 –* *www.maibeck.de – Geschlossen Montag*

✸ **NeoBiota** (Sonja Baumann und Erik Scheffler) 🏠

MODERNE KÜCHE · HIP X "Neobiota"? Das sind laut Definition Arten, die sich in einem Gebiet angesiedelt haben, in dem sie ursprünglich nicht heimisch waren. Das trifft gewissermaßen auch auf die Gastgeber und Küchenchefs - und Nicht-Kölner - Sonja Baumann und Erik Scheffler zu. Bevor sie in die Domstadt kamen, waren sie gemeinsam für die Küche des Sternerestaurants "Gut Lärchenhof" in Pulheim verantwortlich. Ihr trendig-unkompliziertes Konzept ist ein Konzept für jedermann, denn es vereint praktisch zwei Restaurants unter einem Dach: Das "Neo" bietet von 10 - 15 Uhr ein gutes Frühstück (toll die verschiedenen Sorten hausgemachtes Brot!), am Abend begeistert das "Biota" mit einem modernen Gourmetmenü, für das in der offenen Küche hochwertige Produkte mit einem Gespür für feine Kontraste kombiniert werden.

Spezialitäten: Jakobsmuschel mit Wassermelone und Magnolie. Kalb, Morchel und Gemüse. Pflaume mit Quark und Brot.

Menu 75/125 €

Stadtplan: E2-d – *Ehrenstraße 43c* ✉ *50672 –* ☎ *0221 27088908 –* *www.restaurant-neobiota.de – Geschlossen 1.-6. Januar, Montag, Sonntag,* *mittags: Dienstag-Samstag*

✸ **Capricorn [i] Aries Brasserie** 🏠

FRANZÖSISCH-KLASSISCH · BISTRO X Eine Brasserie, wie man sie sich wünscht: sympathisch-ungezwungen, gemütlich, lebendig! Und genauso unkompliziert ist auch die schmackhafte Küche, z. B. in Form von "Poularde, Gemüse, Kartoffelpüree". Charmant der Service.

Spezialitäten: Kalbstafelspitz in Gemüsevinaigrette. Petermännchenfilet in Schnittlauchsauce mit Karotten-Lauchragout. Marinierte Erdbeeren mit Basilikumsorbet.

Menu 25 € (Mittags), 33/59 € – Karte 32/58 €

Stadtplan: F3-b – *Alteburgerstraße 31* ✉ *50678 –* **U** *Chlodwigplatz –* ☎ *0221 3975710 – www.capricorniaries.com – Geschlossen Mittwoch, Sonntag,* *mittags: Samstag*

✸ **Wein & Dine** 🏠

MODERNE KÜCHE · TRENDY X Trendige und gleichzeitig warme Atmosphäre, offene Küche, freundlich-sympathischer Service - so kommt das schicke kleine Restaurant daher. Hier stellt man sich sein Menü einfach selbst zusammen - von der modern-internationalen Karte wählt man z. B. "Adlerfisch, Safran-Quinoa, Artischocke, Chorizo".

Spezialitäten: Gebeizter Rindernacken, Sellerie, BBQ. Rotbarbe, Fregola, Dörrobst, Erbse, Salzzitrone. Macadamia, Quitte, Lavendel.

Menu 39/69 € – Karte 38/48 €

Stadtplan: B2-a – *Weißenburgstraße 32* ✉ *50670 –* ☎ *0221 91391875 –* *www.wein-dine.de – Geschlossen 17.-26. Februar, Montag, Sonntag,* *mittags: Dienstag-Samstag*

❧ THE BAYLEAF

MODERNE KÜCHE · TRENDY ❌ Was als legere „Restobar" begann, hat sich zum stylish-eleganten Restaurant gewandelt. Die gewachsenen Ansprüche verwundern nicht, gehört man doch zum zweifach besternten „Ox & Klee". Dem besonderen Konzept bleibt man weitestgehend treu: Zu einem ambitionierten Überraschungsmenü bietet man eine stimmige Cocktail-Begleitung, die begeistert - gerne auch alkoholfrei.

Menu 44/77 €

Stadtplan: G3-a – *Ox & Klee, Im Zollhafen 18 (Kranhaus 1- Mittleres Kranhaus)* ✉ *50678* – ☎ *0221 16956601* – *www.bayleaf.cologne* – *Geschlossen Montag, Sonntag, mittags: Dienstag-Samstag*

❧ ACHT

INTERNATIONAL · TRENDY ❌ Eine trendig-urbane Adresse in den Spichernhöfen am Rande des Belgischen Viertels. Man sitzt an blanken Holztischen, schaut in die Küche und speist Saisonal-Internationales wie "Tatar vom U. S. Beef" oder "Fischsuppe ACHT". Schöner Innenhof.

Menu 43/53 € – Karte 43/53 €

Stadtplan: E1-t – *Spichernstraße 10* ✉ *50672* – ☎ *0221 16818408* – *www.restaurant-acht.de* – *Geschlossen 1.-2. Januar, 24.-31. Dezember, Sonntag, mittags: Montag-Samstag*

❧ Christoph Pauls Restaurant

INTERNATIONAL · GERADLINIG ❌ Christoph Paul, kein Unbekannter in der rheinischen Gastro-Szene, leitet hier im Hotel "Hopper" zusammen mit Ehefrau Juliane dieses modern-trendige Restaurant (markant das sakrale Motiv an der Wand!). Gekocht wird international-saisonal, so z. B. "Label Rouge Lachs, Zitronenrisotto, Safran-Limonenschaum". Schön die Terrasse unter alten Bäumen.

Menu 44/50 € – Karte 42/53 €

Stadtplan: E2-j – *Brüsseler Straße 26* ✉ *50674* – ☎ *0221 34663545* – *www.christoph-paul.koeln* – *Geschlossen Montag, mittags: Dienstag-Samstag, Sonntag*

❧ Gruber's Restaurant

ÖSTERREICHISCH · FREUNDLICH ❌ In dem charmanten Restaurant (sehenswert die Hundertwasser-Replikate) wird österreichisch gekocht - mal traditionell (klasse die Schnitzel, nicht zu vergessen der Kaiserschmarrn), mal modern (z. B. als "Kärtner Kasnudel, Blaubeere, Nussbutter"), immer mit ausgesuchten Produkten. Mittags reduziertes Angebot samt "Schnitzel-Menü". Für Gesellschaften: "Österia"

Menu 31 € (Mittags), 49/99 € – Karte 33/65 €

Stadtplan: C2-g – *Clever Straße 32* ✉ *50668* – ☎ *0221 7202670* – *www.grubersrestaurant.de* – *Geschlossen Sonntag, mittags: Samstag*

❧ heinzhermann

INTERNATIONAL · CHIC ❌ In dem Weinlokal macht es Spaß zu essen, denn man sitzt in moderner Bistro-Atmosphäre (Blickfang sind die dekorativen Weinschränke) und isst richtig gut. Dazu rund 1500 internationale Weine. Freundlich der Service samt engagiertem Sommelier. Mittags kommt man gerne zum beliebten Business-Lunch.

Menu 37/49 € – Karte 36/68 €

Stadtplan: K1-c – *maximilian lorenz, Johannisstraße 30* ✉ *50668* – ☎ *0221 37999192* – *www.weinlokal-heinzhermann.de* – *Geschlossen Montag, Sonntag*

❧ HENNE.Weinbar

INTERNATIONAL · BRASSERIE ❌ Im Herzen der lebendigen Altstadt hat Hendrik ("Henne") Olfen sein sympathisches Lokal mit Bistro-Atmosphäre - und das ist richtig gefragt! Mittags gibt es eine einfache Karte, am Abend laden modernsaisonale Gerichte im Tapas-Stil zum Teilen ein. Nett die mittige kleine Terrasse.

Menu 25 € (Mittags)/34 € – Karte 28/33 €

Stadtplan: E2-f – *Pfeilstraße 31* ✉ *50672* – ☎ *0221 34662647* – *www.henne-weinbar.de* – *Geschlossen Sonntag*

⅋○ Metzger & Marie   🏠

FLEISCH UND MEERESFRÜCHTE · TRENDY ⅄ Ein gelernter Metzger und ein ehemaliges Funkenmariechen bieten hier ambitionierte Küche, bei der Fleisch in Form von schönen Cuts, Innereien, Schnitzel etc. im Fokus steht. Es gibt aber auch Seafood und Vegetarisches. Die Atmosphäre ist angenehm leger - sympathisch der Mix aus rustikal und modern. Hinweis: nur Kartenzahlung möglich.
Karte 35/66 €

Stadtplan: B2-b – *Kasparstraße 19* ✉ *50667* – ✆ *0221 99879353* –
www.metzgermarie.de – Geschlossen 27. Dezember-7. Januar, Dienstag, Mittwoch, mittags: Montag und Donnerstag-Sonntag

⅋○ Nada   🏠 ▱

INTERNATIONAL · HIP ⅄ "Eifeler Lammhüfte, marinierte Feigen, in Honig eingelegter Knoblauch, Belugalinsen, Rosmarinjus" ist ein schönes Beispiel für die moderne internationale Küche. Das Ambiente: ein hoher runder Raum in warmen Tönen, über Ihnen ein markanter Leuchter!
Menu 39/98 € – Karte 39/72 €

Stadtplan: C2-g – *Clever Straße 32* ✉ *50668* – ✆ *0221 88899944* –
www.nadakoeln.de – Geschlossen mittags: Montag-Samstag, Sonntag

⅋○ Phaedra

MEDITERRAN · TRENDY ⅄ Lust auf mediterrane Küche mit griechischen Einflüssen? Es gibt z. B. "weißen Heilbutt vom Lavasteingrill mit Balsamico-Beurre-Blanc und Tomatenrisotto" oder auch hausgemachte "Mezze". Man verwendet gute Produkte wie Fleisch von Franz Keller oder Wildfang-Garnelen. Schön der trendige Bistro-Look, angenehm locker die Atmosphäre. Tipp: Öffentliches Parkhaus gegenüber.
Karte 49/61 €

Stadtplan: F3-m – *Elsaßstraße 30* ✉ *50677* – ✆ *0221 16826625* –
www.phaedra-restaurant.de – Geschlossen 19. Februar-10. März, Montag, Dienstag, mittags: Mittwoch-Samstag

⅋○ Poisson   🏠 ᴀᴄ

FISCH UND MEERESFRÜCHTE · BISTRO ⅄ Der Name sagt es bereits, hier stehen Fisch und Meeresfrüchte im Mittelpunkt: Austern, gebratene Calamaretti, bretonischer Seeteufel oder geangelter Wolfsbarsch... Lassen Sie die erstklassigen Produkte vor Ihren Augen in der offenen Küche zubereiten! Tipp: das preiswerte Lunch-Menü. Praktisch: Parkhaus gleich nebenan.
Menu 32 € (Mittags), 69/85 € – Karte 60/108 €

Stadtplan: E2-c – *Wolfsstraße 6* ✉ *50667* – ✆ *0221 27736883* –
www.poisson-restaurant.de – Geschlossen Montag, Sonntag

⅋○ Pottkind   🏠

KREATIV · GERADLINIG ⅄ Das kleine Restaurant befindet sich in der lebendigen Kölner Südstadt. Die Einrichtung ist eher schlicht, besonders beliebt sind die Theken-Plätze an der offenen Küche. Direkt vor Ihren Augen wird ein ambitioniertes kreatives "Carte Blanche"-Menü mit 3 - 5 Gängen zubereitet.
Menu 45/75 €

Stadtplan: F3-n – *Darmstädter Straße 9* ✉ *50678* – ✆ *0221 42318030* –
www.pottkind-restaurant.de – Geschlossen 24.-29. Februar, 22.-30. Dezember, Montag, Sonntag, mittags: Dienstag-Samstag

⅋○ Pure White   🏠

GRILLGERICHTE · NACHBARSCHAFTLICH ⅄ Locker-leger hat man es hier nahe dem Friesenplatz, in der einsehbaren Küche werden nur top Produkte verarbeitet! Vom Josper-Grill kommt hochwertiges Beef aus den USA, Schottland, Australien oder Japan. Oder lieber Seafood? Das Angebot reicht von Kingcrab über Fjord-Austern bis Wildfang-Fisch. Gleich um die Ecke: der "Food Club" für Events, mit kleinem Shop.
Karte 68/136 €

Stadtplan: E1_2-e – *Antwerpener Straße 5* ✉ *50672* – ✆ *0221 29436507* –
www.pure-white-food.de – Geschlossen mittags: Montag-Samstag, Sonntag

⊗ **Teatro**

ITALIENISCH · NACHBARSCHAFTLICH ⊠ Italienisch speisen heißt es in dem sympathisch-familiären Restaurant in dem typisch kölschen "Veedel". Dekorativ: Schwarz-Weiß-Fotos diverser Filmstars in einem der beiden Räume, Theaterkulisse als Wandbild im anderen. Von der Terrasse auf dem Gehsteig beobachtet man das lebhafte Treiben. Tipp: günstiger Lunch.

Menu 21 € (Mittags) – Karte 34/63 €

Stadtplan: F3-e – *Zugweg 1* ⊠ *50677* – *☎ 0221 80158020* – *www.teatro-ristorante.de* – *Geschlossen Dienstag, mittags: Samstag-Sonntag*

⊗ **Zippiri Gourmetwerkstatt**

SARDISCH · FREUNDLICH ⊠ Die Betreiberfamilie - Gastronomen mit Leib und Seele - hat sardische Wurzeln, und die lässt man auch in schmackhafte Gerichte wie "geschmortes Kaninchen, Mandeln, Kapern, Oliven, getrocknete Tomaten" mit einfließen. Dazu gibt es eine gute Weinauswahl.

Menu 36/115 € – Karte 55/99 €

Stadtplan: C2-z – *Riehler Straße 73* ⊠ *50667* – *☎ 0221 92299584* – *www.zippiri.de* – *Geschlossen Dienstag, mittags: Montag und Mittwoch-Sonntag*

Hotels

⊞⊞⊞⊞ **Excelsior Hotel Ernst**

GROSSER LUXUS · KLASSISCH Das Grandhotel von 1863 - direkt gegenüber dem Dom - ist das Flaggschiff der Kölner Hotellerie und ein Ort mit Charme, Stil und unaufdringlichem Luxus, klassisch und modern zugleich. Der Service sucht seinesgleichen, in den Classic-Zimmern ebenso wie in den edlen Suiten.

137 Zimmer – ♥♥ 250/850 € – ⊈ 36 € – 21 Suiten

Stadtplan: J1-a – *Domplatz/Trankgasse 1* ⊠ *50667* – *☎ 0221 2701* – *www.excelsiorhotelernst.com*

❀ **taku** – Siehe Restaurantauswahl

⊞⊞ **THE QVEST hideaway**

BOUTIQUE-HOTEL · DESIGN Kein Hotel von der Stange ist das einstige Stadtarchiv! Chic der Mix aus Neogotik, Design und Kunst, die Atmosphäre leger, die Gästebetreuung sehr gut und individuell. Ihnen gefällt ein Möbelstück oder ein Accessoire? Sie können es kaufen!

33 Zimmer – ♥♥ 150/750 € – ⊈ 20 € – 1 Suite

Stadtplan: E1-a – *Gereonskloster 12* ⊠ *50670* – *☎ 0221 2785780* – *www.qvest-hotel.com*

⊞ **Humboldt1**

BOUTIQUE-HOTEL · INDIVIDUELL Schon eine spezielle Adresse, dieses sympathisch-persönlich geführte kleine Boutique-Hotel! Die Zimmer sind hochwertig und mit individueller Note eingerichtet - besonders hübsch ist Zimmer Nr. 6: eine Maisonette mit Bad unterm Dach.

7 Zimmer ⊈ – ♥♥ 149/219 €

Stadtplan: J1-c – *Kupfergasse 10 (1. Etage)* ⊠ *50667* – *☎ 0221 27243387* – *www.humboldt1.de*

In Köln-Dellbrück

⊗ **La Cuisine Rademacher** ⓝ

FRANZÖSISCH-MODERN · TRENDY ⊠ Einladend ist hier sowohl das Ambiente in trendig-schickem Bistrostil als auch die ambitionierte modern-französische Küche aus guten Produkten. Mittags ist das Angebot preiswerter und einfacher - auf Nachfrage (am besten schon beim Reservieren) bekommt man auch Gerichte von der Abendkarte. Tipp für Autofahrer: Park & Ride in unmittelbarer (Lauf-) Nähe.

Menu 19 € (Mittags), 55/85 € – Karte 43/55 €

Stadtplan: D1-a – *Dellbrücker Hauptstraße 176* ⊠ *51069* – *☎ 0221 96898898* – *www.la-cuisine-koeln.de* – *Geschlossen 20.-25. Februar, Montag, Dienstag, mittags: Samstag*

In Köln-Deutz

🏨 Hyatt Regency ⚲ ≼ 🗌 🐦 🛴 🖃 & 🄰 🄺 🄿 🚗

LUXUS · KLASSISCH Das Businesshotel liegt zwar auf der "Schäl Sick", also auf der "falschen" (rechten) Rheinseite, doch von hier hat man den besten Blick auf den Dom! Wohnliche Eleganz, äußerst komfortable Zimmer, sehr guter Service. Internationales im Restaurant "Glashaus" im 1. OG, mit Sushibar. Dazu "Legends Bar".

289 Zimmer ⌂ – 👫 199/599 € – 17 Suiten

Stadtplan: G2-a – *Kennedy-Ufer 2a* ✉ *50679* – ✆ *0221 8281234* – *www.cologne.regency.hyatt.de*

In Köln-Ehrenfeld

🍴 Carls ⌂

INTERNATIONAL · NACHBARSCHAFTLICH ✗ Sie mögen's sympathisch-nachbarschaftlich? Dann wird Ihnen diese charmante bürgerlich-rustikale Adresse gefallen, und die Küche kommt auch an: international-regional, von "Thunfischsteak mit Chicorée-Zitronen-Risotto" bis "Himmel un Äd".

Karte 28/46 €

Stadtplan: B1_2-e – *Eichendorffstraße 25 (Neu Ehrenfeld)* ✉ *50823* – ✆ *0221 58986656* – *www.carlsrestaurant.de* – *Geschlossen 1.-15. Februar, 15. Juni-9. Juli, Montag, Dienstag, mittags: Mittwoch-Sonntag*

In Köln-Lindenthal

🙂 ZEN Japanese Restaurant

JAPANISCH · GERADLINIG ✗ Mitten in einem Wohngebiet bekommen Sie gute japanische Küche zu fairem Preis! Aus frischen Produkten entstehen hier neben Sushi und Sashimi z. B. "Hourenso No Goma-Ae" (Spinat mit Sesamsauce) oder "Gyoza" (gebratene Teigtasche mit gemischtem Hackfleisch). Puristisch-leger die Atmosphäre.

Spezialitäten: Salat mit Sashimi und Ingwer-Sojasaucendressing. Volcano Roll, Inside Out Roll mit Lachs, Masago, Frühlingszwiebeln, Spicy-Mayonnaise und Teriyakisauce. Im Teigmantel frittiert. Drei Kugeln Mochi-Eis.

Karte 24/58 €

Stadtplan: B2-z – *Bachemer Straße 236* ✉ *50931* – ✆ *0221 28285755* – *www.restaurant-zen.de* – *Geschlossen Montag, mittags: Dienstag-Sonntag*

In Köln-Müngersdorf

🌸 Maître im Landhaus Kuckuck (Erhard Schäfer) & 🍽 🄿

FRANZÖSISCH-KLASSISCH · ELEGANT ✗✗ Erhard Schäfer ist einer der Großmeister der kulinarischen Klassik in der Domstadt. Seit 2009 hat er in schöner Lage beim Sportpark (gleich um die Ecke übrigens das FC-Stadion) sein kleines Gourmetrestaurant, zuvor erkochte er im Kölner "Börsenrestaurant Maître" einen MICHELIN Stern. Sein Talent, herausragende Produkte stimmig und aromareich zu kombinieren, beweist er z. B. beim erstklassigen, in Pergament gegarten bretonischen Wolfsbarsch mit raffinierter Jus, feiner Gemüsebeilage aus roter Paprika, Zucchini und Aubergine sowie perfekt zubereitetem Safranrisotto. So klassisch wie das Restaurant mit seinen elegant eingedeckten Tischen ist auch der aufmerksame und reibungslose Service. Und wer gerne draußen speist, findet unter alten Bäumen oder großen Sonnenschirmen ein reizvolles Plätzchen.

Spezialitäten: Bretonisches Seezungenfilet mit Jakobsmuschelschuppen, Kerbelpüree, Nussbutter. Étouffée-Taube mit Pfifferlingen, Brombeeren und Sauce Riche. Dome von der Valrhona Schokolade, Quarkbällchen, Passionsfruchteis.

Menu 109/129 € – Karte 86/104 €

Stadtplan: A2-r – *Olympiaweg 2 (Zufahrt über Roman-Kühnel-Weg)* ✉ *50933* – ✆ *0221 485360* – *www.landhaus-kuckuck.de* – *Geschlossen 17. Februar-1. März, 29. Juni-26. Juli, Montag, Dienstag, mittags: Mittwoch-Sonntag*

In Köln - **Porz-Langel** Süd: 17 km über Hauptstraße D3

😸 **Zur Tant** (Thomas Lösche)

KLASSISCHE KÜCHE · FREUNDLICH XX Das gepflegte Fachwerkhaus in idyllischer Lage am Rhein ist schon lange als Feinschmecker-Adresse bekannt. 2014 übergaben Franz und Petra Hütter die Leitung des viele Jahre mit einem MICHELIN Stern ausgezeichneten Restaurants an ihren Küchenchef Thomas Lösche. So klassisch wie das Interieur ist auch die Küche des gebürtigen Dresdners. Präzise werden ausgesuchte Zutaten verarbeitet, wobei man angenehm schnörkellos kocht. So beweist z. B. das Salzwiesenlamm mit Strandflieder, Tomaten, Topinambur und Frike, dass hier das Handwerk und der Geschmack im Mittelpunkt stehen. Dazu bietet man gute Weine - darf es vielleicht einer der vielen österreichischen sein? Tipp: Lassen Sie sich bei schönem Wetter auf keinen Fall die Balkon-Terrasse entgehen - hier genießt man den Blick auf den Rhein!

Spezialitäten: Herzbries, Kohlrabi, Kapuzinerkresse. Wolfsbarsch, Blumenkohl, Pfifferlinge, Ei, Sommertrüffel, Kalbskopfravioli. Ziegenfrischkäse, Orangeneis, Kumquat, Olive.

Menu 75/95 € – Karte 63/80 €

außerhalb Stadtplan – *Rheinbergstraße 49* ✉ *51143* – ☎ *02203 81883* – *www.zurtant.de* – *Geschlossen 17.-25. Februar, Mittwoch, Donnerstag*

🍴 **Piccolo** – Siehe Restaurantauswahl

😋 **Piccolo**

KLASSISCHE KÜCHE · FREUNDLICH XX Hier wird Klassisches modern interpretiert - regionale und mediterrane Einflüsse inklusive. Aus guten Produkten entstehen z. B. "Kalbsleber, Salbei-Butter, Spinat, Kartoffelpüree" oder "Entrecôte vom Eifeler Rind, Rotweinsauce, Bohnen". Sie können à la carte wählen oder sich ein 3-Gänge-Menü zu einem festen Preis zusammenstellen. Schöne Weine aus Österreich.

Spezialitäten: Sülze vom Berkshire Schwein, eingelegte Gemüse. Lachs, Kerbelsauce, Schalotte, Kapern, Limette, Spitzkohl, Kartoffelstampf. Cheesecake, Pflaumensorbet, Pflaumenkompott.

Menu 37/47 € – Karte 37/47 €

außerhalb Stadtplan – *Zur Tant, Rheinbergstraße 49* ✉ *51143* – ☎ *02203 81883* – *www.zurtant.de* – *Geschlossen 17.-25. Februar, Mittwoch, Donnerstag*

In Köln-Sülz

😋 **Gasthaus Scherz**

ÖSTERREICHISCH · NACHBARSCHAFTLICH X Als gebürtiger Vorarlberger setzt Michael Scherz in seiner neuen Wirkungsstätte (nur einen Katzensprung von der ehemaligen entfernt) auf österreichische Küche samt k. u. k. Klassikern wie Backhendl, Wiener Schnitzel und Innereien - Letztere auch an der (14 m langen!) Bar "Bagage". Abends gibt es zudem das modernere "Schmankerl-Menü". Schöne Weine aus Österreich.

Spezialitäten: Halbe Bayrische Wachtel, glasiert und gefüllt, Wachtelleberpraline. Wolfsbarschnacken mit Hafer und Crosne. Zwetschgenknöderl mit Millirahm und Lorbeer.

Menu 22 € (Mittags), 33/60 € – Karte 33/65 €

Stadtplan: B2-s – *Luxemburger Straße 250* ✉ *50937* – ☎ *0221 16929440* – *www.scherzrestaurant.de* – *Geschlossen Sonntag, mittags: Montag*

KÖNGEN
Baden-Württemberg – Regionalatlas 55-H18 – Michelin Straßenkarte 545

😋 **Schwanen**

REGIONAL · ZEITGEMÄßES AMBIENTE XX Chic-modern das Ambiente, frisch und schmackhaft die Küche. Aus guten Produkten entstehen regionale und internationale Gerichte wie z. B. "Rostbraten, Zwiebel, Röstkartoffel" oder "Atlantik-Barsch, Rote-Beete-Risotto, Parmesan". Tipp: das Mittagsmenü. Zum Übernachten bietet der langjährige Familienbetrieb zeitgemäß-funktionale Zimmer.

Spezialitäten: Tatar vom Thunfisch. Steak vom Wiesenkalb, Wilder Brokkoli, Schupfnudeln. Zwetschgen Crumble, Mandeleis.

Menu 18 € (Mittags), 35/52 € – Karte 32/52 €

Schwanenstraße 1 ⊠ 73257 – ℰ 07024 97250 – www.schwanen-koengen.de – Geschlossen 1.-6. Januar, 10.-30. August, Montag, Sonntag

ⓐ **Tafelhaus** ⇦ 🛏 & ✿ 🅿

REGIONAL · FREUNDLICH ✗✗ Geschmackvoll-modern zeigt sich das engagiert geführte Restaurant des Businesshotels "Neckartal". Auf der Karte finden sich neben Klassikern wie "Rahmschnitzel mit Spätzle" auch mediterrane oder asiatische Einflüsse, so z. B. beim "Thai-Curry-Süppchen mit Thunfisch und Algensalat".

Spezialitäten: Schwäbisches Maultaschensüppchen mit Speckzwiebelschmelze. Nödingers Rostbraten im pikanten Sahne-Pfeffersößle mit Gemüsewürfeln und Pilzen, Röstkartoffeln. Apfelstudel Tafelhaus-Style, Zimtparfait mit Marzipan-Mandel-Mousse, Apfelkompott und Strudelteig.

Menu 60/71 € – Karte 32/53 €

Bahnhofstraße 19 ⊠ 73257 – ℰ 07024 97220 – www.hotel-neckartal.com – Geschlossen Sonntag, mittags: Montag und Freitag-Samstag

KÖNIGSBRONN

Baden-Württemberg – Regionalatlas **56**–I18 – Michelin Straßenkarte 545

In Königsbronn-Zang Süd-West: 6 km

❀ **Ursprung** (Andreas Widmann) & ✿ 🅿

KREATIV · CHIC ✗ Gastronomisch fahren Andreas und Anna Widmann (übrigens schon die 8. Generation hier) zweigleisig - und dies ist die Gourmet-Variante. Im ältesten Teil des "Widmann's Löwen", nämlich in der einstigen Dorfmetzgerei, hat man ein kleines Restaurant mit fast schon intimer Atmosphäre eingerichtet. Wertig-chic der Mix aus modern und heimisch-rustikal! Passend dazu trifft in der Küche schwäbische Heimat auf gehobene Kulinarik. Die ausgezeichneten Zutaten bezieht man von Produzenten aus der Umgebung und bereitet sie kreativ und mit eigener Idee zu. Toll, wie man z. B. das feine Wildaroma des Rehs aus der Ostalb-Jagd zur Geltung bringt. Interessant auch, was man aus Hanfsamen so machen kann! Im Service sorgt die sympathische Gastgeberin als ausgebildete Sommelière für die richtige Weinbegleitung.

Spezialitäten: Steinpilze und geräucherter Bodensee Aal mit Spitzkraut und Eigelb. Rehrücken und Keule mit Mais, Schalotte und fränkischer Haselnuss. Aprikose und Lavendel mit Biotal Joghurt.

Menu 64/139 €

Hotel Wildmann's Löwen, Struthstraße 17 ⊠ 89551 – ℰ 07329 96270 – www.loewen-zang.de – Geschlossen 8.-15. Januar, 24. August-17. September, Montag, Dienstag, mittags: Mittwoch-Sonntag

ⓐ **Gasthaus Widmann's Löwen** 🛏 🛏 ✿ 🅿

TRADITIONELLE KÜCHE · LÄNDLICH ✗ Was man hier in gemütlicher Atmosphäre serviert, sind regionale und traditionelle Gerichte, für die gute, frische Produkte verwendet werden. Probieren Sie doch mal Spezialitäten vom Ostalb-Lamm! Oder lieber ein Klassiker wie Zwiebelrostbraten? Tipp: eigene Kochschule gegenüber.

Spezialitäten: Kürbisschaumsüpple mit Räucherforellen Crostini. Gebratene Blutwurst vom schwäbisch-hällischen Landschwein mit Kartoffel-Ackersalat und Sauce Tartare. Crème Brûlée von der Original Beans Schokolade mit Cassissorbet.

Menu 37 € – Karte 26/62 €

Hotel Wildmann's Löwen, Struthstraße 17 ⊠ 89551 – ℰ 07328 96270 – www.loewen-zang.de – Geschlossen 24. August-15. September, Dienstag, mittags: Mittwoch

🏨 Widmann's Löwen ⚭ 🍴 🖥 🛊 🅿

GASTHOF · AUF DEM LAND Nordic Walking, Radtouren, ein Besuch im Steiff-Museum... , das Hotel der engagierten Widmanns ist ein guter Ausgangspunkt. Wohnlich die Zimmer, mal ländlich, mal modern. Etwas Besonderes sind die schicken "LANDzeit"- und "LANDglück"-Zimmer oder die Lodges mit Blick auf die Streuobstwiese! Tipp für Feste: die gemütlich-urige Kerbenhofhütte am Waldrand.

27 Zimmer ⚏ – 🛏 84/319 €

Struthstraße 17 ✉ 89551 – 𝒞 07328 96270 – www.loewen-zang.de

❀ **Ursprung** • ❀ **Gasthaus Widmann's Löwen** – Siehe Restaurantauswahl

KÖNIGSFELD IM SCHWARZWALD
Baden-Württemberg – Regionalatlas **62**–E20 – Michelin Straßenkarte 545

In Königsfeld-Buchenberg

❀ Café Rapp ⭪ 🍴 🛊 🅿

KLASSISCHE KÜCHE · FREUNDLICH Ursprünglich als Bäckerei und Café geführt, ist der Familienbetrieb heute auch ein Restaurant, in dem Qualität, Geschmack und Preis stimmen. Lust auf "gesottenen Tafelspitz auf Marktgemüse mit Petersilienkartoffeln und Meerrettichsauce"? Nachmittags ein Muss: die leckeren frischen Kuchen! Hübsche Gästezimmer.

Spezialitäten: Sommerliche Blattsalate, Speckpfifferlinge. Saibling aus der Region, Mandelbutter, Blattspinat, Petersilienkartoffeln, Rieslingschaum. Pralineneis, Grand Manier, Zwetschgen Mandelsplitter.

Menu 37/59 € – Karte 36/60 €

Dörfle 22 ✉ 78126 – 𝒞 07725 91510 – www.cafe-rapp.de – Geschlossen 17. Februar-1. März, 3.-23. August, Montag, Dienstag

KÖNIGSTEIN IM TAUNUS
Hessen – Regionalatlas **47**–F14 – Michelin Straßenkarte 543

🏨 Villa Rothschild ⭢ 🏊 ⭪ 🍴 🖥 🎬 🛊 🅿

LUXUS · INDIVIDUELL In einem Park steht die schmucke Bankiers-Villa von 1894 - ein edles und stilvolles Boutiquehotel mit geschmackvollen Zimmern. Shuttle-Service zum Ascara-Spa des Schwesterbetriebs "Falkenstein". "Casual Fine Dining" im schicken Restaurant "Grill & Health". In "Tizian's Bar & Brasserie" gibt es Snacks wie Flammkuchen und Clubsandwiches, aber auch Wiener Schnitzel und Zander.

22 Zimmer ⚏ – 🛏 199/299 € – 4 Suiten

Im Rothschildpark 1 ✉ 61462 – 𝒞 06174 29080 – www.brhhh.com/villa-rothschild

In Königstein-Falkenstein Nord-Ost: 2 km

🏨 Falkenstein Grand ⭢ 🏊 ⭪ 🍴  🅿

LUXUS · KLASSISCH Ein nobles Bild, vom schmucken Äußeren des Häuserensembles bis zum wertigen Interieur (einschließlich der prächtigen Säle) und dem umfassenden Spa-Angebot - nicht zu vergessen der ausgezeichnete Service! Picknicken Sie doch mal sonntags im Park, während Ihre Kinder den Spielplatz erkunden! Regionales, Internationales und "Health Food" im Restaurant "Landgut Falkenstein".

88 Zimmer – 🛏 170/279 € – ⚏ 32 € – 24 Suiten

Debusweg 6 ✉ 61462 – 𝒞 06174 900 – www.brhhh.com/falkenstein-grand

KÖNIGSWINTER
Nordrhein-Westfalen – Regionalatlas **36**–C13 – Michelin Straßenkarte 543

🍴 Petit Lion 😋 🍴 🛊

INTERNATIONAL · GEMÜTLICH Restaurant und Vinothek unter einem Dach! Gastronomisch bietet das Hotel "Krone" eine mediterran und französisch beeinflusste Küche, dazu eine gute Weinauswahl nebst versierter Beratung. Schön auch das Ambiente: moderner Look in traditionsreichem Rahmen.

Menu 37/69 € – Karte 30/67 €

Hauptstraße 374 ✉ 53639 – 𝒞 02223 700970 – www.krone-koenigswinter.de – Geschlossen 15.-29. Februar, Montag, Sonntag, mittags: Dienstag-Samstag

KÖTZTING, BAD
Bayern – Regionalatlas **59**–O17 – Michelin Straßenkarte 546

In Bad Kötzting-Liebenstein Nord: 7 km in Richtung Ramsried

❄ **Leos by Stephan Brandl**   🕭 🝙 🅿

KREATIV · GEMÜTLICH ✕✕✕ Rustikales Holz in Kombination mit wertig-geradlinigem Design und origineller Deko... Das "Leos" ist eine modern interpretierte kleine "Stube" mit gerademal fünf Tischen. Zum schicken Look und der angenehm ungezwungenen Atmosphäre gesellen sich ein lockerer und dennoch fachlich sehr kompetenter Service und die durchdachten, klar strukturierten Gerichte von Küchenchef Stephan Brandl. Dass der gebürtige Oberpfälzer kochen kann, beweist er mit einem Menü, dessen wahlweise 5 oder 8 Gänge allesamt aus herausragenden Produkten bestehen - da ist die Bresse-Taubenbrust mit Purple Curry, Portwein und Mango keine Ausnahme! Stimmig auch die Auswahl an offenen Weinen dazu. Übrigens: Wer als Hausgast hier speist, bekommt das Menü deutlich günstiger!

Spezialitäten: Entenlebervariation, grüner Apfel, Amarettini, Joghurt, Radicchio, Johannisbeere. Poltinger Lammrücken, Kräuter, Paprika, Pistazie, Quinoa. Luna von Williamsbirne und Safran, Topfenküchlein, Williamssorbet.

Menu 98/105 € – Karte 72/96 €

Hotel Bayerwaldhof, Liebenstein 25 ✉ 93444 – ☎ 09941 94800 –
www.bayerwaldhof.de – Geschlossen 1.-7. Januar, 23. Februar-17. März, 3.-16. August,
Montag, Dienstag, Sonntag, mittags: Mittwoch-Samstag

🏛 **Bayerwaldhof**   ✿ 🐾 ⬅ 🏊 🝙 ⊡ 🎱 ♨ 🝙 ⊡ 🅿 🚗

SPA UND WELLNESS · GEMÜTLICH Lust auf ruhige Lage, Aussicht und alpenländischen Charme? Für Erholung sorgen hier wohnliche Zimmer (traditionell oder modern), aufmerksames Personal und Spa-Vielfalt auf 10 000 qm. Einladend der Garten mit zwei Naturbadeteichen und Blockhaussauna. Einen Reitstall hat man übrigens auch. HP inklusive.

88 Zimmer 🖙 – 🛉🛉 208/368 € – 6 Suiten

Liebenstein 25 ✉ 93444 – ☎ 09941 94800 – www.bayerwaldhof.de

❄ **Leos by Stephan Brandl** – Siehe Restaurantauswahl

KOHLGRUB, BAD
Bayern – Regionalatlas **65**–K21 – Michelin Straßenkarte 546

🏛 **Das Johannesbad**   ✿ 🝙 🝙 ♨ 🝙 ⊡ 🅿 🚗

SPA UND WELLNESS · INDIVIDUELL Hier lautet der Untertitel "Medical Spa & Vitalrefugium", entsprechend umfangreich das Angebot an Beauty, Massage & Co. Schön zur Ruhe kommt man auch in der Kaminbibliothek und im alpinen Landhausambiente der Zimmer und des Restaurants mit abendlichem Menü. Die Führung engagiert und herzlich-familiär.

41 Zimmer – 🛉🛉 180/242 € – 1 Suite

Saulgruber Straße 6 ✉ 82433 – ☎ 08845 840 – www.johannesbad-schober.de –
Geschlossen 16. November-3. Januar

KONSTANZ
Baden-Württemberg – Regionalatlas **63**–G21 – Michelin Straßenkarte 545

❄❄ **Ophelia**   ⬅ 🏛 🝙 ⇔ 🅿

FRANZÖSISCH-KREATIV · ELEGANT ✕✕✕ Sterneküche an einem herrlichen Fleckchen Erde! Direkt an der Uferpromenade liegt das Hotel "Riva" samt Gourmetrestaurant. Über einen separaten Eingang der Jugendstilvilla a. d. J. 1909 gelangt man in das geschmackvolle "Ophelia" - mit tollem Holzboden, schicken Sesseln und edel eingedeckten Tischen wertig in unaufdringlicher Eleganz ausgestattet. Eine traumhafte Terrasse mit Blick auf den Bodensee vollendet das stimmige Bild. Küchenchef Dirk Hoberg kombiniert mit angenehmer Leichtigkeit und auf technisch absolut hohem Niveau top Produkte zu klasse ausbalancierten Gerichten mit gelungenen Kontrasten - da ist der Steinbutt mit Pfifferlingen und Nektarine nur eines von vielen Beispielen. Lassen Sie sich von der Weinbegleitung überraschen! Der Chef ist immer am Gast und serviert hin und wieder mit.

Spezialitäten: Gänseleber, Gemüse, Pilze. Ente, Honig, Kürbis, Kerne. Valrhona, Haselnuss, Bodenseeapfel.

Menu 130/195 €

Hotel RIVA, Seestraße 25 (Zufahrt über Kamorstraße) ✉ 78464 –
☏ 07531 363090 – www.hotel-riva.de – *Geschlossen 26. Januar-8. März, Dienstag, Mittwoch, mittags: Montag und Donnerstag-Sonntag*

✿✿ **San Martino - Gourmet** (Jochen Fecht)

FRANZÖSISCH-KREATIV · FREUNDLICH ✗✗ Wer hier an einem der wenigen Tische Platz nimmt, darf sich auf ein 5-Gänge-Menü freuen, das es in sich hat! Da zeigen z. B. am Tisch auf glühendem Binchotan gegrillte Carabineros, mit wie viel Finesse und Geschmack man klassisch basierte Küche modern umsetzen kann. Wem das gelingt? Jochen Fecht. Der Patron und Küchenchef leitet das Restaurant gemeinsam mit Weggefährte und Mitinhaber Thomas Haist. In dem gepflegten alten Stadthaus brauchen Sie nur einige Stufen hinabzusteigen und finden sich in einem modern-eleganten Raum mit klarem Design und aparten Natursteinwänden wieder. Zur angenehm ungezwungenen Atmosphäre trägt nicht zuletzt auch der sehr freundliche und professionelle Service unter Thomas Haist bei.

Spezialitäten: Galizischer Pulpo und Wilde Garnele. Hegau Kalb, Wirsing, Steinpilze. Williams Birne und Dörrapfel, Champagner, Dinkel, Valrhona Schokolade.

Menu 115/165 €

Bruderturmgasse 3 (Zugang über Schlachttorgasse) ✉ 78462 –
☏ 07531 2845678 – www.san-martino.net – *Geschlossen 1. Januar-18. März, 2.-13. Juni, Montag, Dienstag, Sonntag, mittags: Mittwoch-Samstag*

🍴 **San Martino - Bistro** – Siehe Restaurantauswahl

✿ **Brasserie Colette Tim Raue**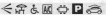

FRANZÖSISCH · BRASSERIE ✗ Ganz im Stil einer französischen Brasserie kommt sowohl die Atmosphäre als auch die Küche daher. Es gibt typische Klassiker wie "Boeuf Bourguignon" oder "Moules Frites". Und zum Abschluss vielleicht "Tarte au citron"? Schön sitzt man hier im 1. Stock auch auf der Terrasse zur Fußgängerzone.

Spezialitäten: Vichyssoise, Lauch, Pistazie und Aprikose. Lammbauch, Artischocke und Lorbeer. Crème Brûlée, gegrillte Zitrone, Olive und weiße Schokolade.

Menu 24 € (Mittags)/59 € – Karte 35/68 €

Brotlaube 2A ✉ 78462 –
☏ 07531 1285100 – www.brasseriecolette.de – *Geschlossen Montag, Dienstag*

🍴 **RIVA** ≼ 🛆 & 🏧 ⇆ **P** 🚗

INTERNATIONAL · FREUNDLICH ✗✗ Besonders schön ist es in dem mediterran gehaltenen Restaurant, wenn die bodentiefen Fenster zur Terrasse und zum See geöffnet sind! Auf der Karte z. B. "Ricotta-Gnudi, gebratene Kräuterseitlinge, Bärlauchpesto" oder "Filet vom Bodenseefelchen, Blattspinat, Pinienkerne". Und als Dessert "Tarte Tatin"?

Menu 37 € – Karte 44/73 €

Hotel RIVA, Seestraße 25 (Zufahrt über Kamorstraße) ✉ 78464 –
☏ 07531 363090 – www.hotel-riva.de – *Geschlossen 3. Februar-1. März*

🍴 **San Martino - Bistro**

INTERNATIONAL · FREUNDLICH ✗ Auch in der Bistro-Variante der "San Martino"-Gastronomie isst man durchaus mit Niveau, ob "Coq au Vin", "Bouillabaisse", "Skrei vom Teppanyaki-Grill" oder "Kaiserschmarrn mit Rum-Rosinen" - geschulter Service und lockere Atmosphäre inklusive.

Menu 48/68 € – Karte 42/84 €

San Martino - Gourmet, Bruderturmgasse 3 ✉ 78462 –
☏ 07531 2845678 – www.san-martino.net – *Geschlossen 20.-26. Januar, Montag, Sonntag*

🏠 RIVA   🕊 🐾 ⟨ 🎿 🛎 🎶 🏋 ⊡ 🕭 AC ⚒ 🅿 🚗

SPA UND WELLNESS · MODERN Modern-dezenter Luxus in absoluter Paradelage! Die Uferpromenade vor der Tür, wertig-schickes Interieur, exzellentes Frühstück, dazu eine tolle Lounge mit Seeblick und der klasse Spa, der nach der Erweiterung des Hauses kaum Wünsche offen lässt! Übrigens: Der beheizte Pool auf dem Dach ist ein ganzjähriges Vergnügen!

41 Zimmer 🖵 – 🛏 220/466 € – 5 Suiten

Seestraße 25 (Zufahrt über Kamorstraße) ✉ 78464 – 𝒫 07531 363090 –
www.hotel-riva.de – Geschlossen 3. Februar-1. März

🍴 **RIVA · ✿✿ Ophelia** – Siehe Restaurantauswahl

🏠 Hotel 47°   🕊 🎶 ⊡ 🕭 AC ⚒

BUSINESS · MODERN Eine schöne Adresse am Seerhein: geradliniges Design, wertige Materialien, warme Töne, gutes Platzangebot und moderne Technik. Im Restaurant "Friedrichs" schaut man durch die Fensterfront auf den See und die Stadt. Am Abend kocht man international mit regional-saisonalem Bezug, mittags nur Lunchbuffet.

99 Zimmer 🖵 – 🛏 140/340 €

Reichenaustraße 17 ✉ 78462 – 𝒫 07531 12749 0 – *www.47grad.de*

🏠 Steigenberger Inselhotel   🕊 ⟨ 🍴 🎶 🏋 ⊡ 🕭 AC ⚒ 🅿

HISTORISCH · KLASSISCH Das Dominikanerkloster a. d. 13. Jh. mit seinem wunderschönen Kreuzgang wird seit 1874 als Hotel geführt, seit 1966 ist es ein Steigenberger! Trumpf ist hier natürlich die Lage am See, herrlich die Liegewiese! Internationale Küche im schicken "Seerestaurant" mit hübscher Terrasse, Regionales in der "Dominikaner Stube".

100 Zimmer 🖵 – 🛏 250/300 € – 2 Suiten

Auf der Insel 1 ✉ 78462 – 𝒫 07531 1250 – *www.konstanz.steigenberger.de*

In Konstanz-Staad Nord-Ost: 4 km

🍴 Schiff am See   ⟺ ⟨ 🍽 🅿

INTERNATIONAL · FREUNDLICH X "Wiener Schnitzel vom Kalbsrücken mit Kartoffelsalat", "Filet vom Saibling auf der Haut gebraten mit mediterranem Risotto", "Ganzes Räucherfelchen mit Meerrettich"... Im Restaurant des Hotels "Schiff am See" erwarten Sie gute Küche und freundlicher Service. Zum Übernachten hat man helle, freundliche Zimmer.

Karte 33/58 €

William-Graf-Platz 2 ✉ 78464 – 𝒫 07531 34424 – *www.hotel-schiff-konstanz.de*

KORSCHENBROICH

Nordrhein-Westfalen – Regionalatlas **35**-B11 – Michelin Straßenkarte 543

In Korschenbroich-Steinhausen Ost: 10 km

🍴 Gasthaus Stappen   ⟺ 🍽 ✿ 🅿

REGIONAL · GASTHOF XX Das gemütlich-moderne Restaurant in dem hübschen Backsteinhaus wird seit Generationen engagiert geführt. Die Küche ist regional-international und bietet z. B. "Thunfischsteak mit Süßkartoffel-Kürbis-Curry" oder auch "Wiener Schnitzel". Schöner Innenhof. Nach Vereinbarung kann man die Vinothek buchen. Tipp: Es gibt auch chic-moderne Gästezimmer!

Menu 45 € – Karte 38/71 €

Steinhausen 39 ✉ 41352 – 𝒫 02166 88226 – *www.gasthaus-stappen.de –
Geschlossen 1.-3. Januar, 27.-31. Dezember, Dienstag, mittags: Montag und
Mittwoch-Samstag*

KRAIBURG AM INN

Bayern – Regionalatlas **66**-N20 – Michelin Straßenkarte 546

🍴○ **Hardthaus** ⇦ 🏠

INTERNATIONAL · ROMANTISCH ✗✗ In dem denkmalgeschützten Haus umgibt Sie das charmante Ambiente eines ehemaligen Kolonialwarenladens. Ebenso einladend der gemütliche Gewölbe-Weinkeller und die schöne Terrasse am Marktplatz. Gekocht wird international und kreativ. Im Haus gegenüber hat man moderne, hochwertige Zimmer.

Menu 36 € – Karte 36/98 €

Marktplatz 31 ✉ 84559 – 𝒞 08638 73067 – www.hardthaus.de – Geschlossen 1.-9. Juni, 10.-28. August, Montag, Dienstag, Mittwoch, mittags: Donnerstag-Samstag

KRAKOW AM SEE

Mecklenburg-Vorpommern – Regionalatlas **12**–N5 – Michelin Straßenkarte 542

In Krakow-Kuchelmiß Nord-Ost: 9, 5 km

✿ **Ich weiß ein Haus am See** 🦋 ⇦ ⇐ 🛏 🅿 🍽

FRANZÖSISCH-KLASSISCH · FAMILIÄR ✗✗ Irgendwo im Nirgendwo zwischen Berlin und Rostock... Genau diese Abgeschiedenheit macht das wunderbare Grundstück direkt am See zu einem idyllischen Fleckchen Erde! Das charmant-elegante Landhausflair könnte da nicht besser passen, und die herzlichen Gastgeber kümmern sich aufmerksam, unaufdringlich und mit der richtigen Portion Witz um Sie. Jeden Abend bietet Küchenchef Raik Zeigner ein anderes Menü - klassisch und aus top Produkten, wie z. B. der zarte Steinbutt mit Pfifferlingen und Beurre Blanc. Für die ideale Begleitung dazu sorgt Adelbert ("Adi") König. Der Patron und Sommelier lebt gewissermaßen für Wein - fragen Sie nach seinen neuen Entdeckungen! Oder lieber eine der interessanten Raritäten von der Karte? Danach können Sie übrigens in richtig hübschen Gästezimmern übernachten.

Spezialitäten: Steinbutt mit Safranrisotto, Rosenkohlblätter und Beurre Blanc. Kalbsfilet und geschmorte Kalbsbäckchen mit feinem Gemüse, Selleriepüree, Sauce Marchand de Vin. Dessert von Kürbis und Orange.

Menu 85/100 €

Paradiesweg 3 ✉ 18292 – 𝒞 038457 23273 – www.hausamsee.de – Geschlossen 1.-28. Februar, 1.-30. November, Montag, Sonntag, mittags: Dienstag-Samstag

KRESSBRONN AM BODENSEE

Baden-Württemberg – Regionalatlas **63**–H21 – Michelin Straßenkarte 545

🍴○ **Meersalz** 🏠 🅿

INTERNATIONAL · ELEGANT ✗ In dem ehemaligen Steinmetz-Betrieb kocht man für Sie modern und international-saisonal. Auf der Karte z. B. "Pulpo-Carpaccio mit Kalamansi und Chili" oder "Perlhuhnbrust mit Kräuter-Maultaschen und Spargel". Oder lieber das "Tasting-Menü"? Elegant das Ambiente, zuvorkommend und freundlich der Service.

Menu 56/98 € – Karte 46/60 €

Boutique-Hotel Friesinger, Bahnhofstraße 5 ✉ 88079 – 𝒞 07543 9398787 – www.restaurant-meersalz.de – Geschlossen 17. Februar-1. März, 25. Oktober-8. November, Montag, Dienstag, mittags: Mittwoch-Samstag

🏨 **Boutique-Hotel Friesinger** 🌿 🅿

BOUTIQUE-HOTEL · MODERN Das kleine Bijou nahe dem See steht für stilvollmoderne, individuelle, geräumige und hochwertige Zimmer, für Liebe zum Detail überall im Haus sowie für ehrliche Herzlichkeit - schlichtweg ein "Vorzeige"-Boutique-Hotel!

7 Zimmer 🖃 – 👥 136/188 € – 4 Suiten

Bahnhofstraße 5 ✉ 88079 – 𝒞 07543 9398787 – www.boutique-hotel-friesinger.de

🍴○ **Meersalz** – Siehe Restaurantauswahl

⌂ Pension am Bodensee

LANDHAUS · INDIVIDUELL Sicher eine der charmantesten und am schönsten gelegenen Adressen am Bodensee! Ausgesprochen geschmackvoll sind die individuellen, liebevoll dekorierten Zimmer in dem ehemaligen kleinen Fischerhaus sowie die hochwertigen Apartments in der 200 m entfernten "Park-Villa". Sehr gut das Frühstück, toll der Garten mit Seesicht! Zum Entspannen: Massagen und Bäder.

8 Zimmer ⌂ – ♥♥ 110/225 € – 1 Suite

Bodanstraße 7 ⊠ 88079 – ℘ 07543 7382 – www.pension-am-bodensee.de –
Geschlossen 5.-30. November

KREUTH

Bayern – Regionalatlas **66**–M21 – Michelin Straßenkarte 546

In Kreuth-Weißach West: 1 km

⊛ MIZU Sushi-Bar

JAPANISCH · DESIGN ⅹ In diesem stylischen Restaurant des "Bachmair Weissach" gibt es einen Mix aus klassischer und moderner japanischer Küche, von traditionellem Sashimi und neuen Sushi-Variationen über Gerichte wie "Schweinebauch, Zwetschgen, Kastanienpüree" bis zu Desserts wie "Sesam-Tofu mit Sojasaucen-Karamelleis".

Spezialitäten: Algenbrühe, Sojabohnenpaste, saisonales Gemüse. Schneekrabbe, Masagokaviar, Avocado, Gurke. Regentropfenkuchen, Feigensorbet, Schwarzhonig, geröstetes Sojabohnenmehl.

Karte 34/58 €

Hotel Bachmair Weissach, Wiesseer Straße 1 ⊠ 83700 – ℘ 08022 278523 –
www.bachmair-weissach.com – Geschlossen Montag, Sonntag,
mittags: Dienstag-Samstag

ⅠO Gasthof zur Weissach

REGIONAL · GASTHOF ⅹ Im "Gasthof zur Weissach" von 1861 gibt es bayerische Küche, und zwar in hübschen Stuben, die teils in ihrem ursprünglichen Zustand daherkommen! Auf der Karte: "Bayerische Bouillabaisse", Wiener Schnitzel vom Milchkalb", "Kaiserschmarrn"...

Karte 40/74 €

Hotel Bachmair Weissach, Wiesseer Straße 1 ⊠ 83700 – ℘ 08022 278523 –
www.bachmair-weissach.com

🏨 Bachmair Weissach

RESORT · MONTAN So wünscht man sich ein luxuriöses Ferien- & Wellnessresort: Zimmer und Suiten mit erstklassiger Technik und hochwertigem Interieur, ein 4500 qm großer Spa samt schickem japanischem "Mizu Onsen Spa" und dazu ein schönes gastronomisches Angebot, das im Winter durch die "Kreuther Fondue Stube" abgerundet wird.

141 Zimmer ⌂ – ♥♥ 334/513 € – 72 Suiten

Wiesseer Straße 1 ⊠ 83700 – ℘ 08022 2780 – www.bachmair-weissach.com
ⅠO **Gasthof zur Weissach** · ⊛ **MIZU Sushi-Bar** – Siehe Restaurantauswahl

KREUZNACH, BAD

Rheinland-Pfalz – Regionalatlas **46**–D15 – Michelin Straßenkarte 543

⊛ Im Kittchen

MEDITERRAN · WEINSTUBE ⅹ Das kleine Restaurant in der Altstadt ist beliebt wegen seiner charmanten Atmosphäre und der guten Küche. Tipp: das interessante Überraschungsmenü im Tapas-Stil! Oder lieber à la carte? Es gibt z. B. "Topinambursuppe mit Chorizo" oder "geschmorte Kalbsbäckchen mit Buchenpilzen".

Spezialitäten: Fischsuppe im Safransud unter der Blätterteighaube. Wiener Schnitzel mit Kartoffelgratin und Salat. Zwetschgensorbet mit Winzersekt aufgegossen.

Menu 32/70 € – Karte 37/58 €

Alte Poststraße 2 ✉ 55545 – ℰ 0671 9200811 – Geschlossen 15. Juni-1. Juli, Montag, Sonntag, mittags: Dienstag-Samstag

ⅈ○ Im Gütchen 🍴 🅿

MEDITERRAN · TRENDY ✕✕ Kaum zu glauben, dass dieser modern-elegante, luftig-hohe Raum mal ein Schweinestall war! Die freundlichen Gastgeber bieten in dem schön sanierten Gebäude a. d. 18. Jh. charmanten Service und aromatische mediterran geprägte Küche aus guten Zutaten, z. B. "gebratener Pulpo, Tomaten-Nudel-Risotto, Kräuterartischocken".

Menu 55/65 € – Karte 55/66 €

Hüffelsheimer Straße 1 ✉ 55545 – ℰ 0671 42626 – www.jan-treutle.de – Geschlossen 16.-28. Februar, Dienstag, Mittwoch, mittags: Montag und Donnerstag-Samstag

KRONACH
Bayern – Regionalatlas **50**–L14 – Michelin Straßenkarte 546

⌂ Die Kronacher Stadthotels 🌾 🎡 🚻 🆔 🛇 🛏

HISTORISCH · INDIVIDUELL In der charmanten Oberstadt warten in den historischen Häusern Pfarrhof, Am Pförtchen und Zum Floßherrn liebevoll gestaltete Zimmer auf Sie - vier Zimmer haben sogar einen kleinen Balkon und Blick zur Festung, besonders chic sind die Juniorsuiten im Pfarrhof. Tipp: eigenes Bier und Ente als Spezialität im "Antlabräu".

40 Zimmer 🖙 – 👫 125/179 €

Amtsgerichtsstraße 12 ✉ 96317 – ℰ 09261 504590 – www.stadthotel-pfarrhof.de

KRONBERG IM TAUNUS
Hessen – Regionalatlas **47**–F14 – Michelin Straßenkarte 543

ⅈ○ Schlossrestaurant 🕸 ⬅ 🍴 🛇 🅿

FRANZÖSISCH · HISTORISCHES AMBIENTE ✕✕✕ In dem ehrwürdigen Saal mit seinem besonderen Flair fühlt man sich zurückversetzt in die Kaiserzeit. Dagegen hat die Küche bei aller Klassik auch moderne Züge - ausdrucksstarke Gerichte, die begleitet werden von rund 500 Positionen Wein. Wunderbar die Terrasse zum Park.

Menu 78/137 € – Karte 55/76 €

Schlosshotel Kronberg, Hainstraße 25 ✉ 61476 – ℰ 06173 70101 – www.schlosshotel-kronberg.de

ⅈ○ Grüne Gans 🕸 🍴

FRANZÖSISCH · FREUNDLICH ✕✕ Die ehemalige Schlosserei a. d. 17. Jh. ist ein gemütlich-moderner Rahmen für französisch-internationale Küche. Neben leckeren Flammkuchen bekommt man z. B. auch "Tatar von der Fjordforelle" oder "Wildsaugulasch, Blaukraut, Maronen, Klöße".

Karte 44/56 €

Pferdstraße 20 ✉ 61476 – ℰ 06173 783666 – www.gruene-gans.com – Geschlossen mittags: Montag-Samstag

🏨 Schlosshotel Kronberg 🌾 🏊 ⬅ 🍴 🆔 🛏 🅿

HISTORISCHES GEBÄUDE · KLASSISCH Schlichtweg beeindruckend: der 58 ha große Park mit herrlichem Baumbestand, das Schloss a. d. 19. Jh. mit Renaissance-, Barock- und Tudor-Elementen, zahlreiche Antiquitäten und Kunst, Lüster und alte Gobelins. Dazu Annehmlichkeiten vom Schuhputzservice bis zum Butler. Ein Grandhotel alter Schule, das Geschichte atmet!

61 Zimmer 🖙 – 👫 250/600 € – 12 Suiten

Hainstraße 25 ✉ 61476 – ℰ 06173 70101 – www.schlosshotel-kronberg.de

ⅈ○ **Schlossrestaurant** – Siehe Restaurantauswahl

KROZINGEN, BAD

Baden-Württemberg – Regionalatlas **61**–D20 – Michelin Straßenkarte 545

In Bad Krozingen-Schmidhofen Süd: 3,5 km über B 3

🍀 **Storchen** (Fritz und Jochen Helfesrieder) ⇔ 🌳 ♻ 🅿

KLASSISCHE KÜCHE · GASTHOF XX Wenn man an einem warmen Sommertag auf der Terrasse des schmucken Gasthofs von 1764 neben dem kleinen Teich sitzt und sich mit durchdachten, zeitgemäßen und harmonisch auf den Punkt gekochten Speisen verwöhnen lässt, dann möchte man sich bei Familie Helfesrieder am liebsten dafür bedanken, dass sie diesen gemütlichen badischen Gasthof hier draußen nun seit über 40 Jahren mit so viel Herzblut führt! Vater und Sohn sind ein eingespieltes Team am Herd. Sie konzentrieren sich ganz auf die Produkte und verzichten bewusst auf Schnickschnack. Ob "Der große Storch" oder "Einfach Storchen", der gelungene Mix aus Gourmet und Regionalem bietet für jeden etwas. Daneben gibt es noch die Tagesempfehlungen. Und dazu ein gutes Gläschen Wein? Vielleicht aus der Region? Einfach zum Genießen!

Spezialitäten: Variation vom Thunfisch à la Niçoise. Sandwich vom Atlantik Seezungenfilet, cremiger Spinat, Herbstwurzeln. Crème brûlée mit Tahiti-Vanille, Rote Grütze von Sommerbeeren, Schmandeis.

Menu 38 € (Mittags), 68/114 € – Karte 45/95 €

Felix und Nabor Straße 2 ✉ 79189 – ℰ 07633 5329 – www.storchen-schmidhofen.de – Geschlossen Montag, Sonntag

KRÜN

Bayern – Regionalatlas **65**–L22 – Michelin Straßenkarte 546

🍽 **Das Alpenglühn Restaurant** ⓝ 🌳 🅿

MODERNE KÜCHE · RUSTIKAL X Gelungen hat die 4. Generation der Familie Kriner hier Moderne und Tradition vereint - das gilt sowohl für das freundliche Ambiente mit rustikaler Note als auch für die Küche. Letztere reicht von kreativ inspirierten Gerichten wie "Regenbogenforelle, Sellerie, Apfel, Holunder" bis zu bayerischen Schmankerln wie "Rindersaftgulasch, Sauerrahm, Semmelknödel".

Spezialitäten: Ziegenkäse, Himbeere, Vogelsalat, Walnüsse. Ochsenbackerl, Perlgraupen, Pfifferlinge. Sauerkirsche, Senfsaat, Schokolade, Baiser.

Menu 42/50 € – Karte 30/54 €

Kranzbachstraße 10 ✉ 82494 – ℰ 08825 2082 – www.hotel-alpengluehn.de – Geschlossen Donnerstag, mittags: Montag-Mittwoch und Freitag

In Krün-Elmau Süd-West: 9 km über Kais, nur über mautpflichtiger Straße zu erreichen

🍀🍀 **Luce d'Oro** 🎖 🅿

MODERNE KÜCHE · CHIC XxX Was das einzigartige Hideaway "Schloss Elmau" im Hotel- und Spa-Bereich an Luxus bietet, findet im "Luce d'Oro" sein kulinarisches Pendant. Es wird kreativ gekocht, die Produkte sind top. Nur selten bekommt man eine Imperial-Taube von stets exzellenter Qualität! Das ungeheuer geschmackvolle und zarte Fleisch wird mit kräftiger Soja-Limettenjus und karamellisierter Miso-Aubergine kombiniert. Christoph Rainer (er machte bereits mit 2-Sterne-Küche im Frankfurter "Tiger-Gourmetrestaurant" von sich reden) schafft hier feine Kontraste und interessante asiatische Einflüsse. So niveauvoll die Speisen, so wertig das Interieur: edles naturbelassenes Holz, geradliniges Design, warme Farben und das namengebende golden schimmernde Licht. Kurzum: ein Ort, der Klasse und Wohlfühl-Atmosphäre vereint!

Spezialitäten: Zander „Matsukasa Yaki", kross anfrittiert, Holundernage, Beere, Meerrettich und Blumenkohl, Lorbeer. Schwarzfederhuhn mild angeräuchert und gegrillt, Sanchobeerenjus, schwarzer Pilz, Spitzkohlmaki, Dim Sum von der Keule. "Elmauer Walboden", Piura Porcelana 75%, Brombeere, Hibiki Whiskey und Eichenholz.

Menu 140/215 €

Hotel Schloss Elmau, Elmau 2 ✉ 82493 – ℰ 08823 180 – www.schloss-elmau.de – Geschlossen 11. März-4. April, 22. April-16. Mai, 16.-26. September, 8.-19. Dezember, Montag, Dienstag, Sonntag, mittags: Mittwoch-Samstag

442

🏨 Schloss Elmau ☆ ⅋ ≤ 🛏 ⫴ 🗄 🕮 🏊 ♨ 🖐 ⊡ 🧖 🅿 🚗

GROßER LUXUS · MODERN Das Nonplusultra in Sachen Großzügigkeit, Design und Wertigkeit, vom stilvollen historischen Schloss bis zum "Retreat" - hier hat man es etwas diskreter und intimer. Herrlich die Landschaft, top der Service. Ebenso klasse: pure Spa-Vielfalt inklusive "Shantigiri Spa", "Familiy Spa", TCM... Zur tollen Gastronomie gehört auch das "Tutto Mondo & Summit" mit mediterraner Küche und Steaks. HP inkl.

115 Zimmer ⥮ – 🛏🛏 450/850 € – 20 Suiten

Elmau 2 ✉ 82493 – ☏ 08823 180 – www.schloss-elmau.de

  ❀❀ **Luce d'Oro** – Siehe Restaurantauswahl

In Krün-Kranzbach Süd-West: 7 km über Klais, nur über mautpflichtige Straße zu erreichen

🏨 Das Kranzbach ☆ ⅋ ≤ 🛏 ⫴ 🗄 🕮 🏊 ♨ 🖐 ⊡ 🧖 🅿 🚗

SPA UND WELLNESS · INDIVIDUELL Das "Schloss Kranzbach" von 1915 - mit dem Flair eines englisches Landsitzes - ist heute ein Wellnesshotel par excellence! Geschmackvolle Zimmer, ein Spa auf 3500 qm mit allem, was das Herz begehrt, dazu ein klasse Frühstück samt eigenem Saftraum sowie eine hervorragende 3/ 4-Pension (inkl.). Tipp: das Baumhaus im Wald oder die Suiten im modernen Gartenflügel!

133 Zimmer – 🛏🛏 390/544 € – 4 Suiten

Kranzbach 1 ✉ 82494 – ☏ 08823 928000 – www.daskranzbach.de

KÜNZELSAU

Baden-Württemberg – Regionalatlas **48**-H17 – Michelin Straßenkarte 545

🍴 Anne-Sophie 🍽 & 🆎 🅿 🚗

INTERNATIONAL · FREUNDLICH 🕆 Sie sitzen gemütlich unter freigelegten Deckenbalken, im luftig-lichten Wintergarten oder auf der Terrasse zum Schlossplatz und lassen sich z. B. "Bachsaibling mit Lauchgemüse und Krabben" oder "Zwiebelrostbraten vom Weiderind mit handgeschabten Spätzle" servieren - saisonal, schmackhaft und preislich fair.

Spezialitäten: Riesengarnelen mit Paprikamousse, eingelegten Pimientos und gegrillter Ochsenherztomate. Brust vom Schwarzfederhuhn mit grünen Bandnudeln, Estragon, jungen Möhren und Sauce Hollandaise. Schokoladen Crème Brûlée mit Mangosorbet und Physalis.

Menu 31 € – Karte 23/48 €

Hotel Anne-Sophie, Hauptstraße 22 ✉ 74653 – ☏ 07940 93462041 – www.hotel-anne-sophie.de

🍴 handicap. 🍽 & 🆎 🅿

MODERNE KÜCHE · ELEGANT 🕆🕆 Das Konzept des geschmackvollen Restaurants: Man integriert erfolgreich Menschen mit Handicap - daher der Name. Stilvoll der Rahmen aus Geradlinigkeit und Kunst, an der Decke ein Himmelsgemälde von Markus Schmidgall. Einfachere Lunchkarte.

Menu 40 € (Mittags), 70/90 € – Karte 33/68 €

Hotel Anne-Sophie, Hauptstraße 22 ✉ 74653 – ☏ 07940 93460 – www.hotel-anne-sophie.de – Geschlossen 1.-14. Januar, 1.-23. August, Montag, Dienstag, abends: Sonntag

🏨 Anne-Sophie ☆ ♨ 🖐 ⊡ & 🧖 🅿 🚗

HISTORISCH · ELEGANT Die moderne Architektur des Neubaus ist ein gelungener Kontrast zum 300 Jahre alten Stadthaus und dem "Würzburger Bau" von 1710 samt diverser Kunstobjekte. Sie wohnen in großzügigen, geschmackvoll-eleganten Zimmern oder günstiger im Gästehaus Anne-Sophie. Schauen Sie sich auch im "Lindele-Laden" um!

49 Zimmer ⥮ – 🛏🛏 110/170 €

Hauptstraße 22 ✉ 74653 – ☏ 07940 93460 – www.hotel-anne-sophie.de – Geschlossen 1.-3. Januar, 23.-31. Dezember

  🍴 **handicap.** · 🍴 **Anne-Sophie** – Siehe Restaurantauswahl

KÜPS

Bayern – Regionalatlas **50**–L14 – Michelin Straßenkarte 546

🐝 Werners Restaurant　　　　　　　　　　　　　　　🛋 🕀

MEDITERRAN · FREUNDLICH ✗✗ Bereits seit 1983 sorgen Werner Hühnlein und seine Frau, gebürtige Sizilianerin, für kulinarisches Niveau. Gekocht wird stark mediterran geprägt, so z. B. "Kürbis-Minestrone mit Ricotta-Ravioli" oder "Porchetta" ("mediterranes Spanferkel-Schäufele").

Spezialitäten: Saison-Salat vom Nürnberger Knoblauchsland mit Balsamico-Vinaigrette und Parmesan-Splitter. Kalbsrücken mit Salbei-Rosmarin-Soße und Spätzle-Gratin. Geeisster Espresso Corretto.

Menu 49/58 € – Karte 35/59 €

Griesring 16 ✉ 96328 – ☏ 09264 6446 – www.werners-restaurant.de –
Geschlossen 31. August-14. September, Sonntag, mittags: Montag-Samstag

KÜRTEN

Nordrhein-Westfalen – Regionalatlas **36**–C12 – Michelin Straßenkarte 543

🐝 Zur Mühle　　　　　　　　　　　　　　　　　　　🅿

INTERNATIONAL · GEMÜTLICH ✗✗ Hermann und Kerstin Berger sorgen in dem traditionsreichen Haus (Familienbetrieb seit 1895) für richtig gute international inspirierte Küche, und die gibt es z. B. als "Lachstranche, Rucola-Pestokruste, Teriyakibohnen, Kartoffelpüree & süßer Senf". Und das Ambiente? Gemütlich mit moderner Note.

Spezialitäten: Blumenkohl-Currycreme, Riesengarnele im Kokosmantel. 24 Stunden gegarter Bauch vom Duroschwein mit einem Spitzkohl-Kürbisgemüse und gebratenen Serviettenknödelscheiben. Dreierlei von der Zwetschge, Parfait, Espuma und Ragout.

Menu 39/49 € – Karte 38/55 €

Wipperfürther Straße 391 ✉ 51515 – ☏ 02268 6629 –
www.restaurant-zur-muehle.com – Geschlossen Dienstag, Mittwoch

KUPPENHEIM

Baden-Württemberg – Regionalatlas **54**–E18 – Michelin Straßenkarte 545

In Kuppenheim-Oberndorf Süd-Ost: 2 km Richtung Freudenstadt

❀ Raubs Landgasthof　　　　　　　　　🏵 ⇦ 🛋 🕀 🅿

FRANZÖSISCH-KLASSISCH · LÄNDLICH ✗✗ Schon seit fünf Generationen gilt der Landgasthof in dem kleinen Ort zwischen Karlsruhe und Baden-Baden als sehr gute Einkehradresse - mit kurzer Unterbrechung wird man bereits seit 1989 vom Guide MICHELIN mit einem Stern ausgezeichnet. Bei Familie Raub kocht man klassisch nach alter Schule, beherrscht es aber auch, in die durchdachten Gerichte hier und da mediterrane Elemente einfließen zu lassen, wie man beispielsweise beim Atlantik-Wolfsbarsch mit sizilianischem Gemüseeintopf erkennen kann. Viele Stammgäste schätzen auch das vegetarische Menü sowie die zusätzliche Mittagskarte, die mit vorwiegend regionalen Spezialitäten zu einem attraktiven Preis lockt. Darüber hinaus hat sich das Haus ebenso als erstklassige Übernachtungsmöglichkeit etabliert.

Spezialitäten: Geangelter Steinköhler auf Ragout von Kichererbsen, Tomaten und Ras el-Hanout. Kalbsnieren und - Herz mit Staudensellerie, getrockneten Datteltomaten und Kartoffelmaultaschen. Brioche-Scheiterhaufen mit Feigen in Portwein.

Menu 33 € (Mittags), 68/142 € – Karte 57/99 €

Hauptstraße 41 ✉ 76456 – ☏ 07225 75623 – www.raubs-landgasthof.de –
Geschlossen Montag, Sonntag, mittags: Dienstag

LAASPHE, BAD

Nordrhein-Westfalen – Regionalatlas **37**–F12 – Michelin Straßenkarte 543

In Bad Laasphe-Glashütte West: 14 km über B 62 sowie Feudingen und

Volkholz, in Saßmannshausen links

🍽️ **Rôtisserie Jagdhof Stuben**   🍴 ⛱️ **P**

GRILLGERICHTE · GEMÜTLICH ✕✕ Schon allein der große Rôtisseriegrill neben der offenen Küche verbreitet in dem liebevoll dekorierten Restaurant Gemütlichkeit. Es gibt Leckeres vom Holzkohlegrill sowie traditionell-klassische und internationale Küche - auch das ein oder andere Lieblingsgericht von Patron Edmund Dornhöfer ist vertreten!

Menu 49/59 € – Karte 44/73 €

Hotel Jagdhof Glashütte, Glashütter Straße 20 ⊠ 57334 – ℰ 02754 3990 – www.jagdhof-glashuette.de – Geschlossen mittags: Montag-Freitag

🏘️ **Jagdhof Glashütte**   🌳 🦌 🍴 📺 🛁 💺 🏊 **P** 🏡

LUXUS · GEMÜTLICH Die Dornhöfers sind beispielhafte und liebenswürdige Gastgeber! Dass man hier nicht stehenbleibt, zeigt u. a. der attraktive Spa. Dazu schöne Einrichtung mit ländlichem Charme und ruhige Lage umgeben von Wald und Wiese. Reizend: die "Fuhrmannskneipe", mit der hier einst alles begann! "Stammgastrevier" heißt die bürgerlich-regionale Wittgensteiner Küche. Interessant: Gastkoch-Konzept im "Ars Vivendi".

20 Zimmer 🛏️ – 👥 276/396 € – 9 Suiten

Glashütter Straße 22 ⊠ 57334 – ℰ 02754 3990 – www.jagdhof-glashuette.de

🍽️ **Rôtisserie Jagdhof Stuben** – Siehe Restaurantauswahl

LADENBURG

Baden-Württemberg – Regionalatlas **47**–F16 – Michelin Straßenkarte 545

🍽️ **Backmulde**   🕸️ ⛱️

FRANZÖSISCH-MODERN · GEMÜTLICH ✕ So ein Lokal wünscht man sich in der Nachbarschaft: tolles Essen, ausgesuchte Weine nebst versierter Beratung und dazu die gemütliche Atmosphäre eines charmanten jahrhundertealten Fachwerkhauses! Tipp: Weinladen gegenüber.

Menu 55/105 € – Karte 51/83 €

Hauptstraße 61 ⊠ 68526 – ℰ 06203 404080 – www.back-mul.de – Geschlossen 2.-8. Juni, Montag, mittags: Dienstag-Freitag

🍽️ **Zum güldenen Stern**   ⛱️

BÜRGERLICHE KÜCHE · FREUNDLICH ✕ Hier darf man sich auf freundliche Gastgeber und gute Küche zu fairen Preisen freuen. In dem eher schlicht gehaltenen Gasthaus a. d. J. 1598 (das älteste in Ladenburg) gibt es frische bürgerliche Gerichte wie "Pfifferlingssüppchen" oder "Wiener Schnitzel mit Kartoffel-Gurkensalat". Mittags ist das Tagesessen beliebt.

Menu 35 € – Karte 25/44 €

Hauptstraße 65 ⊠ 68526 – ℰ 06203 15566 – www.sternladenburg.de – Geschlossen 10.-23. August, Dienstag, Mittwoch, mittags: Donnerstag

LAHR (SCHWARZWALD)

Baden-Württemberg – Regionalatlas **53**–D19 – Michelin Straßenkarte 545

🍽️ **Grüner Baum**   ⛱️ 🔄 **P**

REGIONAL · GASTHOF ✕ Besonders schön sitzt man auf der Terrasse hinter dem über 300 Jahre alten Gasthof unter einer großen Kastanie, aber auch drinnen hat man es bei den engagierten Gastgebern gemütlich. Es gibt Traditionelles, aber auch mediterrane Einflüsse, von "Schweinelendchen mit Waldpilzrahm" bis "Loup de mer mit cremigem Lauch".

Menu 49/59 € – Karte 21/59 €

Burgheimer Straße 105 ⊠ 77933 – ℰ 07821 22282 – www.gruenerbaum-lahr.de

In Lahr-Reichenbach Ost: 3,5 km über B 415

🕸 Adler (Daniel Fehrenbacher)

FRANZÖSISCH-MODERN · CHIC XX Familie Fehrenbacher führt ihr Gasthaus seit vier Generationen mit viel Charme und sicherer Hand und schreibt damit eine Erfolgsgeschichte, denn seit 1990 wird das gemütliche Lokal ununterbrochen mit einem MICHELIN Stern ausgezeichnet! Man verwöhnt seine Gäste mit einer vorzüglichen modern-französischen Küche - dafür verantwortlich ist Sohn Daniel Fehrenbacher, der das Ruder in der Sterneküche von seinem Vater Otto übernommen hat. Der Junior kocht stimmig und baut immer wieder dezent interessante Kontraste ein. Kenner und Genießer edler Tropfen erfreut der „Adler" mit einer gut sortierten Weinkarte aus der Region und dem benachbarten Frankreich. Die gelungene Kombination von Moderne und Klassik gilt übrigens auch fürs Ambiente: ein Mix aus geradlinig-schickem Stil und Schwarzwald-Charme.

Spezialitäten: Gänseleberterrine, Feige, Schwarzbrot und Sauerklee. Beef geschmort und Tatar, Rettich süß-sauer, Basilikum und Selleriecreme. Tannenzapfen, Schokolade, Schnaps-Kirsche und Fichtensprossen.

Menu 69/171 €

Hotel Adler, Reichenbacher Hauptstraße 18 ✉ 77933 –
✆ 07821 906390 – www.adler-lahr.de – Geschlossen 20. Februar-10. März, 1.-31.
August, Montag, Dienstag, mittags: Mittwoch-Samstag

🕸 Gasthaus   🕸 ⇄ 🅿

REGIONAL · GASTHOF X Auch im "Gasthaus" mischen sich Moderne und Tradition, optisch und kulinarisch. Hier geht es etwas legerer zu, man isst aber ebenfalls gut: Spezialitäten sind Wildgerichte und Stubenküken vom Grill. Sehenswert: der lange Eichentisch.

Spezialitäten: Knuspergarnele mit Guacamole, Aprikosensalsa und Eiszapfenrettich. Rehgeschnetzeltes mit Steinpilzen, Salatherzen, Cranberries und Quarkknöpfle. Gefüllte Zwetschgen mit Walnuss-Krokanteis.

Menu 37/45 € – Karte 33/62 €

Hotel Adler, Reichenbacher Hauptstraße 18 ✉ 77933 –
✆ 07821 906390 – www.adler-lahr.de – Geschlossen 20.-25. Februar,
mittags: Montag-Dienstag

🏨 Adler

FAMILIÄR · INDIVIDUELL Familientradition wird bei den Fehrenbachers groß geschrieben, und das seit 4 Generationen. Das Haus hat sehr zur Freude der Gäste über all die Jahre seinen badischen Charme bewahrt und trotzdem passt auch der ganz moderne Stil einiger Zimmer gut ins Bild!

20 Zimmer ☲ – ♥♥ 130/170 €

Reichenbacher Hauptstraße 18 ✉ 77933 –
✆ 07821 906390 – www.adler-lahr.de – Geschlossen 20. Februar-10. März, 1.-31.
August

🕸 **Gasthaus** · 🕸 **Adler** – Siehe Restaurantauswahl

LANDAU IN DER PFALZ

Rheinland-Pfalz – Regionalatlas **54**–E17 – Michelin Straßenkarte 543

🍴 Altstadt Stern'l No 1   🕸 🄰🄲 🍽

MARKTKÜCHE · BISTRO X Ein trendiges, locker-legeres Bistro, das sehr günstig in der Altstadt liegt. Im Sommer ist die Gartenterrasse ein beliebter Treffpunkt. Aus der Küche (durchgehend geöffnet) kommen Tapas und Snacks sowie wöchentlich wechselnde Gerichte mit saisonalem Bezug. Dazu gibt's schöne Weine - nebenan die Vinothek mit gutem Angebot namhafter Pfälzer Winzer.

Karte 27/37 €

Kleiner Platz 6 ✉ 76829 –
✆ 06341 929450 – Geschlossen Montag, Sonntag

In Landau-Arzheim West: 4 km

🍴 **Weinstube Hahn**

REGIONAL · WEINSTUBE ⅹ Stammgäste haben die herzlichen Betreiber so einige, denn man sitzt richtig nett in gemütlich-rustikaler Atmosphäre und essen kann man auch gut. Fast ein Muss: "Fläschknepp mit Meerrettichsoße und Bratkartoffeln"! Dazu Weine aus der Region.

Karte 27/37 €

Arzheimer Hauptstraße 50 ⊠ 76829 – ℰ 06341 33144 – Geschlossen 25.-29. Juni, 24.-27. September, 24.-31. Dezember, Montag, Dienstag, Mittwoch, mittags: Donnerstag-Sonntag

LANDSHUT

Bayern – Regionalatlas **58**–N19 – Michelin Straßenkarte 546

🍴 **Fürstenzimmer und Herzogstüberl**

FRANZÖSISCH-KLASSISCH · FREUNDLICH ⅩⅩ Ob im stilvoll-eleganten Fürstenzimmer, im Herzogstüberl mit bayerischem Flair oder auf der charmanten Terrasse, Sie werden stets mit frischer klassischer Küche umsorgt. Oder lieber etwas von der bürgerlich-regionalen Schmankerlkarte? Dazu eine gut sortierte Weinkarte - schön die glasweise Weinbegleitung zum Menü. Tipp: Man bietet auch Kochkurse an.

Menu 58/86 € – Karte 58/80 €

Hotel Fürstenhof, Stethaimer Straße 3 ⊠ 84034 – ℰ 0871 92550 – www.hotel-fuerstenhof-landshut.de – Geschlossen 1.-20. Januar, 9.-23. August, Montag, Sonntag, mittags: Dienstag-Samstag

🍴 **Bellini**

ITALIENISCH · MEDITERRANES AMBIENTE ⅩⅩ Der gebürtige Kalabrier Maurizio Ritacco hat das Lokal mit der herrlichen begrünten Hofterrasse schon über 25 Jahre. Er kocht klassisch-italienisch, unkompliziert, schnörkellos und mit sehr guten, frischen Produkten, so z. B. "Linguine mit Jakobsmuscheln". Seine zweite Leidenschaft: Wein, darunter tolle (Rot-) Weine aus seiner Heimat. Schön auch die Grappa-Auswahl.

Menu 39/59 € – Karte 36/58 €

Papiererstraße 12 ⊠ 84028 – ℰ 0871 630303 – www.bellini-landshut.de – Geschlossen mittags: Samstag

🏠 **Fürstenhof**

FAMILIÄR · INDIVIDUELL Ein Stadthotel zum Wohlfühlen! Das historische Haus von 1906 hat zwar nicht die schönste Lage, doch dafür stimmen die inneren Werte umso mehr! Sie wohnen in geschmackvollen Zimmern mit individuellem Touch, besonders interessant sind die Keramik-Suite oder das Tuchhändler-Zimmer. Dazu genießt man einen ausgezeichneten Service samt frischem, gutem Frühstück.

21 Zimmer ⌂ – ♥♥ 110/160 € – 1 Suite

Stethaimer Straße 3 ⊠ 84034 – ℰ 0871 92550 – www.hotel-fuerstenhof-landshut.de

🍴 **Fürstenzimmer und Herzogstüberl** – Siehe Restaurantauswahl

LANGEN

Hessen – Regionalatlas **47**–F15 – Michelin Straßenkarte 543

🍴 **Merzenmühle**

KLASSISCHE KÜCHE · FREUNDLICH ⅩⅩ Die über 600 Jahre alte Mühle liegt recht schön und hat eine hübsche Terrasse, drinnen gepflegte gemütlich-rustikale Atmosphäre. Aus der Küche kommen frische Gerichte wie "Hirschrücken, Waldnusskruste, Schokojus". Einfachere Alternative: die "Scheuer", ein Mix aus Heurigem und Apfelweinlokal samt Biergarten.

Menu 24 € (Mittags), 38/56 € – Karte 36/58 €

Koberstädter Straße 204 ⊠ 63225 – ℰ 06103 53533 – www.merzenmuehle.de – Geschlossen 31. Dezember-4. Januar, Montag, mittags: Samstag, abends: Sonntag

⊓○ Mosbach's Restaurant 🛖 ⇔

FRANZÖSISCH-KLASSISCH · FREUNDLICH ✕✕ In dem hübschen Fachwerkhaus im Ortskern setzen die elsässischen Brüder Guy und Dominique Mosbach auf traditionelle französische Speisen. Probieren Sie z. B. "Poulet de Bresse à la Crème" oder "Saiblingsklöße 'Nantua'". Sonntags bis 16 Uhr warme Küche.

Karte 30/69 €

Vierhäusergasse 1 ⊠ 63225 – ℰ 06103 502713 – www.mosbachs.com – Geschlossen 1.-5. Januar, Montag, mittags: Dienstag-Donnerstag und Samstag, abends: Sonntag

LANGENARGEN

Baden-Württemberg – Regionalatlas **63**–H21 – Michelin Straßenkarte 545

⊠ SEO Küchenhandwerk ⓝ 🛖 🅐🅒

MODERNE KÜCHE · CHIC ✕✕ Das hat schon eine gewisse Exklusivität: Das kleine Restaurant im "SeeVital Hotel Schiff" kommt mit sehr hochwertigem, schickem Interieur und gerademal vier Tischen daher und liegt zudem nur einen Steinwurf vom Wasser entfernt – richtig klasse ist da natürlich die Terrasse mit wunderbarem See- und Bergblick! Nicht minder erwähnenswert ist die moderne Küche von Roland Pieber. Der junge Österreicher beweist hier als Küchenchef echtes Talent, wenn er beispielsweise aus zartem geschmortem Lamm, arabischem Kraut, Tapenade und Riebel ein ausdrucksstarkes Gericht mit schöner Balance und feinen Kontrasten kreiert – regionale und alpenländische Akzente inklusive. Umsorgt wird man freundlich und kompetent, wobei auch für interessante Weinempfehlungen gesorgt ist.

Spezialitäten: Bayrische Garnele, Melone, Grüne Mandel, Gurke. Hecht, Spinat, Paprika, Salzzitrone. Erdbeere, Fruchtsalbei, Ziegentopfen, Macadamia.

Menu 144 € – Karte 100/151 €

SeeVital Hotel Schiff, Marktplatz 1 ⊠ 88085 – ℰ 07543 93380 – www.restaurant-seo.de – Geschlossen 1. Januar-1. Mai, 13. Juli-24. August, 21.-27. Dezember, Montag, Dienstag, Sonntag, mittags: Mittwoch-Samstag

⊓○ Malereck 🛖 ⇔ 🅿

INTERNATIONAL · LÄNDLICH ✕✕ Ausgesprochen schön ist es hier: wunderbar der eigene Park, toll die Terrasse zum Yachthafen mit Blick ins Grüne, elegant das Restaurant. Auf der internationalen und regional-saisonal beeinflussten Karte z. B. "gebratener Zander, Orangenquinoa risottata, Gemüse, Parmaschinken". Nicht entgehen lassen sollten Sie sich Desserts wie "Mandelmousse mit Beerensorbet"!

Menu 30/70 € – Karte 32/62 €

Argenweg 60 (im BMK-Yachthafen) ⊠ 88085 – ℰ 07543 912491 – www.restaurantmalereck.de – Geschlossen Dienstag

⊓○ Schuppen 13 🛖 🅿

ITALIENISCH · GEMÜTLICH ✕✕ Das stilvoll-maritime Restaurant ist eine feste Gastro-Größe direkt am Yachthafen – herrlich ist da natürlich die Terrasse! Aus richtig guten Produkten entstehen italienisch-saisonale Speisen wie "Acquerello-Risotto, Bisque, halber Hummer" oder "Kaninchen - Keule & Filet 'Cacciatora'".

Menu 54 € – Karte 40/67 €

Argenweg 60 (im BMK-Yachthafen) ⊠ 88085 – ℰ 07543 1577 – www.schuppen13.de – Geschlossen 20. Dezember-5. März, Montag

🏠 SeeVital Hotel Schiff ⓝ 🕿 ≼ 🛝 🛗 🅐🅒 🛎

BOUTIQUE-HOTEL · GEMÜTLICH Besser könnte das schmucke Lifestyle-Hotel kaum liegen: direkt am See mit herrlichem Blick - auch auf die Berge in der Ferne! Dazu wohnt man in schönen modernen Zimmern, frühstückt im Sommer auf der Terrasse und relaxt im gepflegten Wellnessbereich. An Restaurants hat man das hochwertige "SEO" und das "PASTA N°1" mit frischer mediterran-italienischer Küche.

55 Zimmer ⊏⊐ – ♥♥ 199/455 €

Marktplatz 1 ⊠ 88085 – ℰ 07543 93380 – www.seevital.de – Geschlossen 23.-29. Dezember

⊠ **SEO Küchenhandwerk** – Siehe Restaurantauswahl

LANGENAU

Baden-Württemberg – Regionalatlas **56**–I19 – Michelin Straßenkarte 545

Gasthof zum Bad (Hans Häge)

FRANZÖSISCH-KLASSISCH • ZEITGEMÄẞES AMBIENTE XX Wenn der Vater mit dem Sohne... Familie Häge ist ein schönes Beispiel dafür, wie erfolgreich zwei Generationen zusammenarbeiten und ihren Betrieb zu einer der besten Adressen der Region machen. Der beste Beweis: 2014 bekam der „Gasthof zum Bad" einen MICHELIN Stern verliehen! Seitdem bestätigt Juniorchef Hans Häge diese Auszeichnung mit einer wunderbaren klassisch-saisonalen Küche, in die er immer mehr seinen eigenen Stil einfließen lässt, so z. B. beim erstklassigen Huchen mit Meerrettich, Kartoffelcreme und Holunder-Liebstöckel-Sud. Obwohl er nur ausgesuchte Zutaten verwendet, sind die Preise fair kalkuliert! Dass sich der Patron auch auf schwäbische Spezialitäten versteht, zeigt sich am Mittag - hier gibt's neben den Abendmenüs auch bürgerliche Gerichte wie Maultaschen und Zwiebelrostbraten.

Spezialitäten: Oktopus, Kalbskopf, Waldpilzgelée, Kräuter. Wolfsbarsch, Tomate, Olive, Pfifferlinge, Zitrone. Aprikose, Baileys, Sesam, Sauerrahm-Limetteneis.

Menu 45/130 €

Hotel Gasthof zum Bad, Burghof 11 ✉ 89129 – ✆ 07345 96000 – www.gasthof-zum-bad.de – Geschlossen 27. Juli-14. September, 27.-31. Dezember, Montag, abends: Sonntag

Gasthof zum Bad

GASTHOF • GEMÜTLICH Ein Haus, in dem man wirklich gerne übernachtet, denn hier ist die ganze Familie mit viel Herzblut im Einsatz! Außerdem sind die Zimmer schön zeitgemäß und wohnlich, das Frühstück ist lecker und die Preise stimmen auch. Praktisch: Günzburg mit "Legoland" sowie Ulm sind schnell erreicht.

36 Zimmer ☕ – 👥 105/125 €

Burghof 11 ✉ 89129 – ✆ 07345 96000 – www.gasthof-zum-bad.de – Geschlossen 27. Juli-17. August, 27.-31. Dezember

✿ **Gasthof zum Bad** – Siehe Restaurantauswahl

LANGENLONSHEIM

Rheinland-Pfalz – Regionalatlas **47**–E15 – Michelin Straßenkarte 543

Jugendstil-Hof

LUXUS • INDIVIDUELL Richtig chic hat man es hier! Die Chefin ist Inneneinrichterin und so dienen die Räume quasi als "Showroom" für die hochwertige Einrichtung, die man auch kaufen kann. Die Atmosphäre ist privat, man wird persönlich betreut und zum Frühstück gibt's frische Eier der eigenen Hennen und Obst aus dem Garten.

3 Zimmer – 👥 188/198 € – ☕ 25 €

Naheweinstraße 172 ✉ 55450 – ✆ 06704 9638682 – www.jugendstil-hof.de

LANGENZENN

Bayern – Regionalatlas **50**–K16 – Michelin Straßenkarte 546

In Langenzenn-Keidenzell Süd: 4 km

Keidenzeller Hof (Martin Grimmer)

MODERNE KÜCHE • LÄNDLICH XX Richtig schön und gemütlich: Man hat dem ehemaligen Bauernhof in dem kleinen Örtchen ein bisschen was von seinem ursprünglichen Charakter bewahrt und mit moderner Note kombiniert. Der Küchenchef (und Ehemann der Inhaberin) heißt Martin Grimmer und er hat Erfahrungen in der Sternegastronomie (Souschef im "Bayrischen Haus" in Potsdam) mit nach Keidenzell gebracht. Er bietet nur ein Menü, dabei setzt er auf internationale Einflüsse und lässt auch seine kreative Ader erkennen. Ein interessantes Aromenspiel gelingt ihm z. B. bei den hausgemachten Ravioli mit Ziegenfrischkäse-Füllung, Spinatcreme und eingekochten schwarzen Holunderbeeren! Zum Menü stellt man drei Weine zum Kennenlernen vor. Sie essen gerne mal etwas bodenständiger? Sonntagmittags gibt es z. B. Schmorgerichte oder Wiener Schnitzel.

Spezialitäten: Geräucherte Wassermelone, Parmesan, Pinienkerne. Rind, Kohlrabi, BBQ. Zierquitte, Kräutereis, Süßholz.

Menu 95/115 €

Fürther Straße 11 ✉ *90579 -* ☎ *09101 901226 - www.keidenzeller-hof.de -*
Geschlossen 6.-26. Januar, 30. März-12. April, Montag, Dienstag, Mittwoch,
mittags: Donnerstag-Freitag

LANGEOOG (INSEL)

Niedersachsen - Regionalatlas **7**-D4 - Michelin Straßenkarte 541

🏠 Norderriff

LANDHAUS · MODERN Ein echtes friesisches Schmuckstück: sehr wohnlich, sehr wertig und sehr geschmackvoll im nordischen Stil, die Führung angenehm persönlich, die Lage ruhig und nicht weit vom schönsten Strand! Dazu leckeres Frühstück und inkludierte Minibar.

8 Zimmer ☲ - ♥♥ 160/170 € - 6 Suiten

Willrath-Dreesen-Straße 25 ✉ *26465 -* ☎ *04972 96980 - www.hotel-norderriff.de -*
Geschlossen 3. Januar-1. Februar, 1.-27. Dezember

🏠 De Insulåner

FAMILIÄR · GEMÜTLICH Richtig chic ist dieses persönlich geführte kleine Hotel (ursprünglich als Hotel "Deutscher Kaiser" um die Jahrhundertwende erbaut), von den wohnlich-modernen Zimmern bis zum eleganten Frühstücksraum - hier gibt's am Morgen ein ansprechendes Buffet. Zudem liegt das Haus schön am charmanten Rosengarten beim Rathaus.

12 Zimmer ☲ - ♥♥ 150/170 € - 7 Suiten

Vormann-Otten-Weg 12 ✉ *26465 -* ☎ *04972 777 - www.hotel-de-insulaner.de*

LANGERWEHE

Nordrhein-Westfalen - Regionalatlas **35**-B12 - Michelin Straßenkarte 543

In Langerwehe-Merode Süd-Ost: 4,5 km Richtung Düren, über B 264 und Pier

⅋○ Wettsteins Restaurant 🏡 ♻ 🅿

REGIONAL · LÄNDLICH ✕✕ Bei Rudolf und Stefanie Wettstein dürfen Sie sich auf bürgerliche Klassiker wie Rostbraten freuen, aber auch auf ambitionierte Gerichte wie "gegrillte Jakobsmuscheln mit krossem Schweinebauch, Birne und Bohnen". Im Sommer sitzt man sehr schön auf der Terrasse. Man hat auch passende Räume für Gesellschaften.

Menu 40/55 € - Karte 33/54 €

Schlossstraße 66 ✉ *52379 -* ☎ *02423 2298 - www.wettsteins-restaurant.de -*
Geschlossen Montag, Dienstag

LAUCHHEIM

Baden-Württemberg - Regionalatlas **56**-J18 - Michelin Straßenkarte 545

⅋○ Roter Ochsen ⇔ 🏡 ♻ 🅿

SAISONAL · RUSTIKAL ✕ Lust auf gute Küche, herzlichen Service und nette ländlich-rustikale Atmosphäre? Bei Familie Groll legt man Wert auf frische Produkte, und die stammen teilweise sogar aus eigener Produktion - lecker z. B. "Züricher Kalbsgeschnetzeltes in Rahmsoße". Tipp: günstiger Mittagstisch. Gepflegt übernachten kann man ebenfalls.

Karte 28/54 €

Hauptstraße 24 ✉ *73466 -* ☎ *07363 5329 - www.roter-ochsen-lauchheim.de -*
Geschlossen 24. August-14. September, Montag

LAUF AN DER PEGNITZ

Bayern - Regionalatlas **50**-L16 - Michelin Straßenkarte 546

Waldgasthof am Letten

REGIONAL · LÄNDLICH ✗✗ Hier sitzt man in gemütlichen Nischen (charmant die rustikalen Holzbalken) bei freundlichem Service und schmackhafter regional-internationaler Küche - die gibt es z. B. als "Rindergulasch mit Quarkspätzle und Salat". Auch zum Übernachten ist der am Waldrand und dennoch verkehrsgünstig gelegene Familienbetrieb ideal.

Spezialitäten: Kartoffelcremesuppe mit Trüffel. Involtini vom Hirsch mit Pfifferlingen, Wirsingfleckerln, Preiselbeeren und Kartoffel-Selleriepüree. Zwetschgenknödel, auf Zwetschgenröster und Vanilleeis.

Menu 20/60€ - Karte 28/56€

Letten 13 ✉ 91207 - ☎ 091239530 - www.waldgasthof-am-letten.de -
Geschlossen 9.-23. August, 22.-31. Dezember, Sonntag

LAUFFEN AM NECKAR

Baden-Württemberg – Regionalatlas **55**–G17 – Michelin Straßenkarte 545

Elefanten

REGIONAL · BÜRGERLICH ✗✗ Im Herzen der netten Stadt hat Familie Glässing ihr freundliches Gasthaus, und das schon in 4. Generation. Gekocht wird frisch, saisonal und schmackhaft, z. B. regionale Klassiker wie "Rostbraten mit Spätzle und Maultasche". Und vorneweg vielleicht ein "Hummersüppchen mit Gemüsestreifen"?

Spezialitäten: Ziegenkäse in Sesam gebacken an Wildkräutersalaten in Kardamom-Vinaigrette. Milchkalbsleber mit glacierten Birnenspalten an Portwein-Jus, Bandnudeln mit Parmeancroûtons. Warmer schwäbischer Ofenschlupfer an Vanillesahne.

Menu 52€ - Karte 28/58€

Bahnhofstraße 12 ✉ 74348 - ☎ 07133 95080 - www.hotel-elefanten.de -
Geschlossen 1.-12. Januar, 27. Juli-15. August, Freitag, mittags: Montag-Donnerstag und Samstag

LAUMERSHEIM

Rheinland-Pfalz – Regionalatlas **47**–E16 – Michelin Straßenkarte 543

‖○ Zum Weißen Lamm

REGIONAL · GASTHOF ✗✗ Seit vielen Jahren führen Sigrid und Kai Hofheinz mit Engagement dieses stattliche Anwesen in der Ortsmitte. Ob im ländlich-eleganten Restaurant oder im reizvollen Innenhof, freuen Sie sich auf regional-saisonale Küche mit internationalen Einflüssen, z. B. in Form von "Rumpsteak mit Zwiebel-Pfeffersauce" oder "Kabeljaufilet mit Kürbis-Kokoscurry".

Menu 60/78€ - Karte 29/58€

Hauptstraße 38 ✉ 67229 - ☎ 06238 929143 - www.lamm-laumersheim.de -
Geschlossen Dienstag, Mittwoch, mittags: Donnerstag-Samstag

LAUTENBACH (ORTENAUKREIS)

Baden-Württemberg – Regionalatlas **54**–E19 – Michelin Straßenkarte 545

Sonne

INTERNATIONAL · LÄNDLICH ✗✗ Wirklich gemütlich sitzt man in dem holzgetäfelten Restaurant des Hotels "Sonnenhof". Die gute regionale Küche gibt es z. B. als "hausgebeizten Lachs mit Rösti und Honig-Dill-Senfsauce" oder "Ragout vom Wild aus eigener Jagd". Haben Sie auch das Bodenfenster gesehen? Unter Ihnen lagern schöne Weine! Im "Sonnenstüble" Di. -Sa. tagsüber Klassiker und Vesper.

Spezialitäten: Kürbiscremesuppe mit Curry, gerösteten Kürbiskernen und Kernöl. Ragout vom Wild aus eigener Jagd mit Preiselbeer-Apfel. Schokoladentarte mit Mirabellensorbet und Birnen-Vanilleragout.

Menu 36/56€ - Karte 27/53€

Hauptstraße 51 ✉ 77794 - ☎ 07802 704090 - www.sonnenhof-lautenbach.de

LAUTERBACH

Hessen – Regionalatlas **38**-H13 – Michelin Straßenkarte 543

⊛ schuberts   ⇐ 🏡 ✿ 🅿

REGIONAL · BRASSERIE 🍴 Nett die legere Brasserie-Atmosphäre, gut die klassisch basierte, regional-saisonale Küche mit mediterranen Einflüssen. Eine Spezialität ist z. B. "Lauterbacher Beutelches mit gegrillter Kartoffelwurst und Zwiebelsauce". Beliebt auch die gemütliche Weinstube "Entennest" - die Karte ist hier dieselbe. Samstags Brunch. Das Haus direkt an der Lauter hat auch schöne individuelle Gästezimmer.

Spezialitäten: Pfifferlingcremesuppe. Kabeljaufilet gebraten auf Blattspinat, dazu Bio Kartoffeln und Senfsauce. Lauwarmer Käsekuchen mit Gewürzkumquats und Sorbet von der dunklen Valrhona Schokolade.

Menu 35/70 € – Karte 27/67 €

Kanalstraße 12 ⊠ 36341 – 𝒞 06641 96070 – www.hotel-schubert.de – Geschlossen Sonntag

LEBACH

Saarland – Regionalatlas **45**-B16 – Michelin Straßenkarte 543

ⅡO Locanda Grappolo d'Oro   🏡 🅿

MEDITERRAN · FREUNDLICH 🍴🍴 Hell und freundlich das Restaurant, sympathisch die Gastgeber, frisch und schmackhaft die mediterran inspirierte Küche. Pasta, Gnocchi, Brot... , alles ist hausgemacht. Und zum Abschluss gibt es einen richtig guten Espresso!

Menu 52 € (Mittags), 68/84 € – Karte 49/75 €

Mottener Straße 94 (im Gewerbegebiet) ⊠ 66822 – 𝒞 06881 3339 – Geschlossen 1.-3. Januar, 17.-25. Februar, 1.-14. August, 12.-23. Oktober, Montag, mittags: Samstag, abends: Sonntag

LEIMEN

Baden-Württemberg – Regionalatlas **47**-F17 – Michelin Straßenkarte 545

⊛ Weinstube Jägerlust   🏡 🅿

REGIONAL · WEINSTUBE 🍴 Seit 1707 hat Familie Seeger ihr Weingut und seit über 120 Jahren auch diese Weinstube, die mit ihrem historisch-rustikalen Charme schön urig-gemütlich ist. "Hausgemacht" heißt hier die Devise - traditionell und ehrlich: Maultaschen, Fleischküchle oder Ochsenfleisch mit Meerrettichsauce, dazu Eigenbauweine.

Spezialitäten: Hausgemachte Maultaschen. Geschmorte Ochsenbacken mit Salat. Crème Brûlée mit Sorbet.

Karte 28/41 €

Rohrbacher Straße 101 ⊠ 69181 – 𝒞 06224 77207 – www.seegerweingut.de – Geschlossen 1.-24. Januar, 7.-17. April, 11. August-11. September, Montag, Samstag, Sonntag, mittags: Dienstag-Freitag

LEINFELDEN-ECHTERDINGEN

Baden-Württemberg – Regionalatlas **55**-G18 – Michelin Straßenkarte 545
Siehe Stadtplan Stuttgart (Umgebungsplan)

Im Stadtteil Leinfelden

⊛ Am Park   ⇐ 🏡 ✿ 🅿

REGIONAL · FREUNDLICH 🍴🍴 Seit über 20 Jahren steht Familie Schienle für gute Küche und angenehmes Wohnen. Im gediegenen Restaurant serviert man Regionales - auf der Karte z. B. "Kalbsrahmbraten, Tagliatelle, Gemüse" oder "gebratener Zander, Blattspinat, Kartoffeln, Limonensauce". Schön die Terrasse!

Spezialitäten: Schwäbisches Kuttelsüpple mit Trollinger. Geschmorte Stücke aus dem Rinderbug in kräftiger Rotweinsauce mit Tagliatelle und buntem Gemüse. Apfelküchle mit Vanillesauce und Vanilleeis.

Menu 30/50 €

Stadtplan: B3-k – *Lessingstraße 4 ⊠ 70771 – 𝒞 0711 903100 – www.hotelampark-leinfelden.de – Geschlossen Samstag, Sonntag*

453

LEIPZIG

Sachsen – Regionalatlas **32**–N11 – Michelin Straßenkarte 544

Wir mögen besonders...

Das **Falco** für ein rundum gelungenes Gesamtpaket: Essen, Service und Aussicht – Sie speisen hier in der 27. Etage! Mit dem Restaurant **Stadtpfeiffer** im Neuen Gewandhaus auch mal die Gourmet-Seite des Konzerthauses kennen lernen. Das urbane Konzept des **Felix** im 7. Stock des „Lebendigen Hauses" – hier wie auch in der Bar eine Etage tiefer hat man einen klasse Blick auf den Augustusplatz! Das **Frieda** in Gohlis als unkompliziert-moderne (und gut besuchte) Bereicherung der Leipziger Gastronomie. **C'est la vie** für französische Kulinarik und Lebensart. Tipp: Schlendern Sie bei Ihrer Stadterkundung unbedingt auch durch die sehenswerte Mädlerpassage!

Restaurants

✿✿ Falco
KREATIV · DESIGN ✗✗ Ein Schwarzwälder in Sachsen... Peter Maria Schnurr, geboren in Forbach im Murgtal, hat sein Handwerk in den besten Sternerestaurants der Republik gelernt. Nach seiner Ausbildung im Restaurant „Fallert" in Sasbachwalden folgten u. a. Stationen im „Hirschen" in Sulzburg, im „Waldhotel Sonnora" in Dreis, „First Floor" in Berlin und bei Jean-Claude Bourgueil im Düsseldorfer „Schiffchen". Peter Maria Schnurr sprüht vor Ideen, die er im Gourmetrestaurant des Hotels "The Westin" als Menü oder à la carte präsentiert - fantastische kreative Kombinationen verschiedener Aromen! Da wird sogar der klasse Stadtblick von der 27. Etage zur Nebensache! Der herzliche und ausgezeichnete Service sowie die umfangreiche Weinauswahl mit sehr guter Jahrgangstiefe tun ein Übriges.

Spezialitäten: Kalbszunge, Langoustine stark geröstet, Lauchmark, Mandarine, Shisoblatt grün, Wasabi. Reh auf dem Salzstein gegart, Koriandersaat, Drosselbeeren, rosa Pfeffer, Bachkressecoulis, Trüffel. Blaubeeren, Matcha Tee, Hafermilch-Eiscrème, Grünkohl, Saft von Gurke, Apfel, Kiwi.

Menu 99/262 € – Karte 290/450 €

Stadtplan: E1-a – *Hotel The Westin, Gerberstraße 15 (27. Etage)* ✉ 04105 – ☎ 0341 9882727 - www.falco-leipzig.de – *Geschlossen Montag, Sonntag, mittags: Dienstag-Samstag*

✿ Stadtpfeiffer (Detlef Schlegel)
FRANZÖSISCH-MODERN · ELEGANT ✗✗ Nicht nur Konzerte ziehen Besucher ins Neue Gewandhaus, auch die Küche des "Stadtpfeiffer" ist gefragt. Detlef Schlegel hat das Restaurant im Oktober 2001 zusammen mit Partnerin (und späterer Ehefrau) Petra Jürgens übernommen und interpretiert hier klassisch-französische Küche auf moderne Art. Er kocht angenehm klar und ohne große Spielereien, dafür mit erstklassigen Produkten. Es stehen zwei marktfrische Menüs zur Wahl, hervorragend z. B. die Ravioli mit Kalbszunge, Spinat und Eigelb. Auch das Drumherum stimmt: diskret, freundlich und geschult das Serviceteam um Gastgeberin Petra Schlegel, zeitlos-elegant das Ambiente. Der Name des Restaurants geht übrigens auf die "Leipziger Stadtpfeifer" a. d. 18. Jh. zurück, den Vorläufern des Gewandhausorchesters.

Spezialitäten: Saibling, Muskatkürbis, Ingwer, Zuckerschote. Hirsch von der Region, Bete, Moosbeere, Rettich. Bitterschokolade, Quitte, Edelkastanie.

Menu 58/138 € – Karte 106/122 €

Stadtplan: F2-a – *Augustusplatz 8 (Neues Gewandhaus)* ✉ 04109 – ☎ 0341 2178920 - www.stadtpfeiffer.de – *Geschlossen 1. Juli-31. August, 20.-28. Dezember, Montag, Sonntag, mittags: Dienstag-Samstag*

○ C'est la vie
FRANZÖSISCH · ELEGANT ✗✗ Was man hier hinter großen Fenstern in stilvollmodernem Ambiente serviert bekommt, ist ein Stück Frankreich. Sowohl die Küche als auch die Weinkarte sind französisch ausgerichtet - viele der Weine werden auch glasweise angeboten.

Menu 55/105 € – Karte 56/66 €

Stadtplan: E2-c – *Zentralstraße 7* ✉ 04109 – ☎ 0341 97501210 – www.cest-la-vie.restaurant – *Geschlossen Montag, Sonntag, mittags: Dienstag-Samstag*

○ Felix ◎
KREATIV · CHIC ✗✗ Im 7. Stock des "Lebendigen Hauses" bietet man in cooler, urbaner Atmosphäre kreative Gerichte. Dazu eine herrliche Sicht auf Augustaplatz, Oper und Gewandhaus sowie interessante Einblicke in die offene Küche. Eine Etage tiefer: Terrasse sowie "Felix Kantine" als legere Alternative. Mit im Haus Apartment-Hotel, Event-Location, Fitnessstudio, Büros und Geschäfte.

Menu 42/62 € – Karte 46/71 €

Stadtplan: F2-b – *Augustusplatz 1* ✉ 04109 – ☎ 0341 21829910 – www.dein-felix.de – *Geschlossen Montag, Dienstag, Sonntag, mittags: Mittwoch-Samstag*

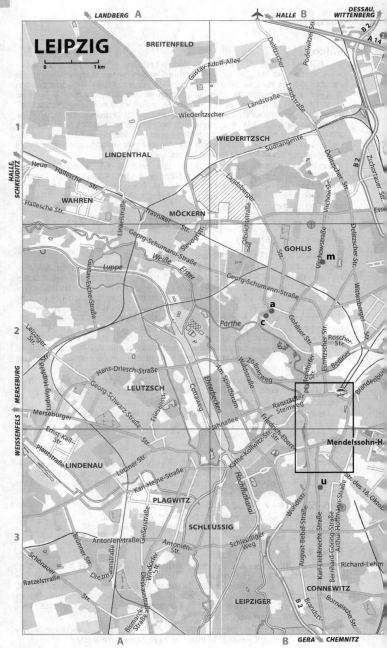

LEIPZIG

0   1 km

LANDBERG A

HALLE B

DESSAU, WITTENBERG

B 2

A 14

BREITENFELD

Gustav-Adolf-Allee

Delitzscher Str.

Podelwitzer Str.

Wiederitzscher

Landstraße

Landstraße

WIEDERITZSCH

Südtangente

Delitzscher Str.

B 2

Zschortauer Str.

LINDENTHAL

Landsberger Straße

Esse

Neue Hallesche Str.

HALLE SCHKEUDITZ

WAHREN

Hallesche Str.

Linkelstraße

Travniker Str.

MÖCKERN

Olbrichtstraße

Viehowstraße

GOHLIS

m

Georg-Schumann-Straße

Sievogtstr.

Gustav-Esche-Straße

Luppe

Weiße   Elster

Georg-Schumann-Straße

a

c

Gohliser Str.

Wittenberger Str.

Roscher-Str.

Leipziger Str.

Hans-Driesch-Straße

Parthe

Zöllnerweg

Waldstraße

Am Sportforum

Eutritzscher Str.

Berliner

Pfaffendorfer Str.

Brandenburg

MERSEBURG WEISSENFELS

LEUTZSCH

Georg-Schwarz-Straße

Cottaweg

Friesenstr.

Elsterbecken

Jahnallee

Ranstädter Steinweg

Friedrich-Ebert-

Merseburger

Ernst-Keil-Str.

Plautstraße

LINDENAU

Lützner Str.

Karl-Heine-Straße

Käthe-Kollwitz-Str. Str.

Mendelssohn-H.

u

Str. des 18. Okt.

PLAGWITZ

Gießerstraße

Hochflutkanal

Wundtstr.

August-Bebel-Straße

Karl-Liebknecht-Straße

Bernhard-Göring-Straße

Arthur-Hoffmann-Straße

SCHLEUSSIG

Antonienstraße

Antonien-Str.

Schleußiger Weg

Brünner Str.

Gleiselstraße

Windorfer Str.

Schönauer Str.

Diezmannstraße

Dieskaustraße

Ratzelstraße

Bismarck-Straße

CONNEWITZ

Richard-Lehm.

Bornaische Str.

LEIPZIGER

Brandtstr.

B 2

A

B   GERA CHEMNITZ

456

SEEHAUSEN

SEEGERITZ

PLAUSSIG

MOCKAU

THEKLA

TAUCHA

EUTRIZSCH

SCHÖNEFELD

PAUNSDORF

MÖLKAU

ENGELSDORF

Russische
Gedächtniskirche

STÖTTERITZ

BAALSDORF

PROBSTHEIDA

HOLZ-HAUSEN

ÖSSNIG

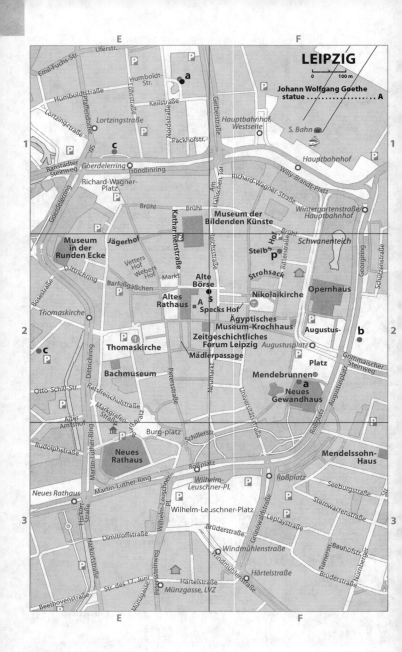

LEIPZIG

0   100 m

Johann Wolfgang Goethe
statue . . . . A

Emil-Fuchs-Str.

Uferstr.

Humboldt-
Str.

a

Humboldtstraße

Lohrstraße

Keilstraße

Pfaffendorfer Str.

Lortzingstraße

Lortzingstraße

c

Packhofstr.

Hauptbahnhof,
Westseite

S. Bahn

Hauptbahnhof

Ranstädter
Steinweg

Goerdelerring

Tröndlinring

Richard-Wagner-
Platz

Richard-Wagner-Straße

Willy-Brandt-Platz

Goerdelerring

Brühl

Brühl

Museum der
Bildenden Künste

Wintergartenstraße/
Hauptbahnhof

Katharinenstraße

Reichsstraße

Am Hallischen Tor

Brühl

Museum
in der
Runden Ecke

Jägerhof

Vetters
Hof

Webers
Hof

Steibs Hof

Ritterstraße

Schwanenteich

Georgiring

Schützenstraße

Dittrichring

Barfußgäßchen

Markt

Alte
Börse

Strohsack

p

Nikolaikirche

Opernhaus

Thomaskirche

Altes
Rathaus

A
S

Specks Hof

Ägyptisches
Museum-Krochhaus

Augustus-

b

Rosstraße

Thomaskirche

Zeitgeschichtliches
Forum Leipzig

Augustusplatz

Platz

Grimmaischer Steinweg

Dittrichring

Ratsfreischulstraße

Peterssteinweg

Mädlerpassage

Augustusplatz

c

Bachmuseum

Otto-Schill-Str.

Markgrafen-
Straße

Mendebrunnen

a

Neues
Gewandhaus

Roßplatz

Augustusplatz

Alter
Amtshof

Burg-platz

Schillerstr.

Universitätsstraße

Rudolphstraße

Neues
Rathaus

Martin-Luther-Ring

Roßplatz

Wilhelm-
Leuschner-Pl.

Roßplatz

Mendelssohn-
Haus

Neues Rathaus

Harkort-
Straße

Martin-Luther-Ring

Wilhelm-Leuschner-Pl.

Wilhelm-Leuschner-Platz

Seeburgstraße

Sternwartenstraße

Harkortstraße

Dimitroffstraße

Brüderstraße

Grünewaldstraße

Leplaystraße

Turnerstr.

Bauhofstr.

Nürnberger Str.

Brüderstraße

Beethovenstraße

Str. des 17. Juni

Petersteinweg

Münzgasse

Windmühlenstraße

Windmühlenstraße

Härtelstraße

Härtelstraße
Münzgasse, LVZ

E

F

458

🍴 Michaelis

INTERNATIONAL · KLASSISCHES AMBIENTE XX Gerne kommt man in das Restaurant des gut ausgestatteten gleichnamigen Hotels (übrigens ein sorgsam restauriertes Gebäude aus der Gründerzeit). Hier ist es dank vieler Fenster schön hell und freundlich. Sie speisen lieber draußen? Hinter dem Haus befindet sich eine nette Terrasse.

Menu 39/49 € – Karte 42/58 €

Stadtplan: B3-u – *Paul-Gruner-Straße 44* ✉ *04107 –* ✆ *0341 26780 – www.michaelis-leipzig.de – Geschlossen Sonntag, mittags: Montag-Samstag*

🍴 Villers

INTERNATIONAL · KLASSISCHES AMBIENTE XX Im Restaurant des Hotels "Fürstenhof" sitzen Sie in klassisch-elegantem Ambiente unter einer schönen hohen Decke und wählen z. B. "Fjordforelle aus der Ostsee, Gurke, Zucchini, Ajo Blanco, Verjus". Im Sommer lockt die Innenhofterrasse.

Menu 74/104 € – Karte 56/74 €

Stadtplan: E1-c – *Tröndlinring 8* ✉ *04105 –* ✆ *0341 1400 – www.restaurant-villers.de – Geschlossen Montag, Sonntag, mittags: Dienstag-Samstag*

🍴 Planerts

INTERNATIONAL · GERADLINIG X "Casual fine dining" nahe Nikolaikirche und Oper. Hohe Decken, frei liegende Lüftungsschächte, urbaner Stil und offene Küche vermitteln trendigen "Industrial Style". Gekocht wird mit asiatischen Einflüssen. Mittags bietet man einen Tagesteller oder Empfehlungen am Tisch, abends ist das Angebot ambitionierter.

Menu 20 € (Mittags), 53/73 € – Karte 39/56 €

Stadtplan: F2-p – *Ritterstraße 23* ✉ *04109 –* ✆ *0341 99999975 – www.planerts.com – Geschlossen Montag, Sonntag, mittags: Samstag*

Hotels

🏨 The Westin

BUSINESS · MODERN Das Tagungs- und Businesshotel liegt günstig im Zentrum, großzügig die Lobby, hochwertig die Zimmer, gut ausgestattet der Konferenzbereich. Besonders toll ist der Stadtblick von den Zimmern in den obersten Etagen. Und gönnen Sie sich auch eine Massage! Restaurant "GUSTO" mit international beeinflusster Küche.

404 Zimmer – 🛏 109/299 € – ☲ 21 € – 32 Suiten

Stadtplan: E1-a – *Gerberstraße 15* ✉ *04105 –* ✆ *0341 9880 – www.westinleipzig.com*

❀❀ Falco – Siehe Restaurantauswahl

🏨 Steigenberger Grandhotel Handelshof

LUXUS · MODERN Die klassische Fassade des einstigen Handelshofes von 1909 könnte wohl kaum repräsentativer in Szene gesetzt werden. Während das historische Flair außen architektonisch festgehalten wird, herrscht innen stilvolle Moderne! Das Restaurant "Le Grand" bietet französisch und mediterran geprägte Küche.

167 Zimmer – 🛏 159/399 € – ☲ 32 € – 10 Suiten

Stadtplan: EF2-s – *Salzgäßchen 6* ✉ *04109 –* ✆ *0341 3505810 – www.leipzig.steigenberger.de*

In Leipzig-Gohlis

🍴 Schaarschmidt's

BÜRGERLICHE KÜCHE · GEMÜTLICH XX Das Restaurant ist wirklich hübsch und wird engagiert geführt. Hier isst man Tatar, Hirschrücken, Crêpe Suzette... Die Renner auf der Karte: Gohliser Filettopf oder Sächsische Rinderroulade! Mit Bäumchen begrünte kleine Terrasse zur Straße.

Karte 38/69 €

Stadtplan: B2-m – *Coppistraße 32* ✉ *04157 –* ✆ *0341 9120517 – www.schaarschmidts.de – Geschlossen Sonntag, mittags: Montag-Samstag*

○ Frieda

KREATIV · BISTRO X Sympathisch, erfrischend, unprätentiös. In angenehm unkomplizierter Bistro-Atmosphäre gibt es moderne Küche, die sich aufs Wesentliche konzentriert, überzeugend die Produktqualität. Freundlich-geschult der Service. Eine nette Terrasse hat man ebenfalls. Benannt ist das Restaurant übrigens nach der Großmutter des Chefs.

Menu 45/74 € – Karte 46/68 €

Stadtplan: B2-a – *Menckestraße 48* ⊠ *04155* – ℰ *0341 56108648* – *www.frieda-restaurant.de* – *Geschlossen Montag, Sonntag, mittags: Dienstag-Samstag*

○ Münsters

MARKTKÜCHE · GEMÜTLICH X Gemütlich ist es hier: rustikale Backsteindecke, Bilder und Weinflaschen als Deko. In der ehemaligen Mühle serviert man Saisonales wie "Steinbutt unter der Kartoffelkruste, Hummerschaum, Anis-Kürbisgemüse". Das Lokal ist sehr gefragt, und der große Biergarten erst! Bar in der 2. Etage.

Karte 34/58 €

Stadtplan: B2-c – *Platnerstraße 13* ⊠ *04155* – ℰ *0341 5906309* – *www.munsters.com* – *Geschlossen Sonntag, mittags: Montag-Samstag*

LENGERICH

Nordrhein-Westfalen – Regionalatlas **27**–E9 – Michelin Straßenkarte 543

○ Hinterding

FRANZÖSISCH-KLASSISCH · ELEGANT XXX Die ehemalige Ärztevilla ist schon von außen schön anzusehen, innen setzt sich das stilvolle Bild fort: hohe Räume, warme Farben, wohnlich-elegante Atmosphäre und dazu klassische Küche aus guten Produkten - gerne serviert man auch auf der Terrasse.

Menu 59/69 € – Karte 43/74 €

Bahnhofstraße 72 ⊠ *49525* – ℰ *05481 94240* – *www.hinterding-lengerich.de* – *Geschlossen 7.-28. September, Montag, Donnerstag, mittags: Dienstag-Mittwoch und Freitag-Samstag*

LENGGRIES

Bayern – Regionalatlas **65**–L21 – Michelin Straßenkarte 546

In Lenggries-Schlegldorf Nord-West: 5 km, links der Isar in Richtung Bad Tölz, über Wackersberger Straße

⊛ Schweizer Wirt

REGIONAL · GEMÜTLICH X Seit 1983 verwöhnt Chefin Barbara Hipp ihre Gäste mit leckeren unkomplizierten Gerichten wie "Matjestatar auf grünen Bohnen", "Kalbsrücken und gratinierter Tafelspitz mit Püree" oder "Marillenpalatschinken". Charmant die Atmosphäre in dem ehemaligen Bauernhof.

Spezialitäten: Feldsalat mit gebratenen Schwammerln. Kalbstafelspitz mit Meerrettichsahnesauce, Röstkartoffeln und Crèmespinat. Gebackene Marillenknödl mit Zwetschgenröster.

Karte 25/50 €

Schlegldorf 83 ⊠ *83661* – ℰ *08042 8902* – *www.schweizer-wirt.de* – *Geschlossen Montag, Dienstag*

LICHTENBERG (OBERFRANKEN)

Bayern – Regionalatlas **41**–M41 – Michelin Straßenkarte 546

⊛ Harmonie

REGIONAL · FREUNDLICH XX Das charmante Haus von 1823 hat seinen traditionellen Charakter bewahrt - schönes altes Holz macht es richtig gemütlich! Freundlich umsorgt speist man hier regional-saisonale Gerichte wie "fränkische Schiefertrüffelsuppe" oder "geschmorte Rehkeule". Beim Eingang kann man übrigens einen Blick in die Küche erhaschen.

Spezialitäten: Pastinaken-Kartoffelrösti, Räucherlachs, Rote-Beete-Panna Cotta. Geschmorte Ochsenbacken. Hausgemachtes Sorbet mit Frankensecco.

Menu 49/65 € – Karte 32/68 €

Schloßberg 2 ⊠ *95192 – ☏ 09288 246 – www.harmonie-lichtenberg.com – Geschlossen 6.-15. Januar, Montag, Dienstag, mittags: Mittwoch und Freitag*

LIEBENZELL, BAD

Baden-Württemberg – Regionalatlas **54**–F18 – Michelin Straßenkarte 545

In Bad Liebenzell - Monakam Nord-Ost: 4,5 km

ᵗⁱO **Hirsch Genusshandwerk**   🏠 ♻ **P**

MARKTKÜCHE · GASTHOF ⅩⅩ Würden Sie in dem traditionsreichen Gasthaus in diesem kleinen Dörfchen eine solch interessante moderne Küche vermuten? Frisch und freundlich das Ambiente, auf der Karte z. B. "Hirschrücken & französische Blutwurst, Cranberries, Petersilienwurzel" oder "Maronenravioli, Topinambur, 70-Minuten-Ei, Chicorée".

Menu 46/82 € – Karte 42/61 €

Monbachstraße 47 ⊠ *75378 – ☏ 07052 2367 – www.hirsch-genusshandwerk.de – Geschlossen 27. Juli-20. August, Dienstag, Mittwoch, mittags: Montag und Donnerstag-Freitag*

LIMBURG AN DER LAHN

Hessen – Regionalatlas **37**–E14 – Michelin Straßenkarte 543

✿ **360°** (Alexander Hohlwein)   ≼ 🏠 **AC**

MODERNE KÜCHE · GERADLINIG ⅩⅩ "360°"... Wer denkt da nicht an eine tolle Aussicht? Highlight in dem Restaurant beim Einkaufszentrum "WERKStadt" ist die Dachterrasse! Aber auch drinnen genießt man dank großer Fenster die Sicht - beliebt sind die Tische mit Blick auf den Dom. Außerdem kann man Alexander Hohlwein und seinem Team beim Kochen zusehen. Mit Partnerin Rebekka Weickert eröffnete er nach einigen gemeinsamen Stationen wie z. B. "La Belle Epoque" in Travemünde im März 2016 das "360°". Die herzliche Gastgeberin berät Sie auch kompetent in Sachen Wein. Dass es in dem hellen, geradlinig-modernen Restaurant wirklich Spaß macht zu essen, liegt nicht zuletzt an frischen kreativen Gerichten, die es auch noch zu einem sehr guten Preis-Leistungs-Verhältnis gibt! Tipp: Mittags kommt das zusätzliche Lunch-Menü richtig gut an.

Spezialitäten: Gänseleber "Bangkok", Mango, Thai Curry, Tamarinde, Sushi Reis. Lammrücken, Haxe, Aubergine, Tsatsiki, Moussaka. Cafe Arabica, Single Malt, Walnuss, Herbstfrüchte.

Menu 33 € (Mittags), 79/119 € – Karte 38/45 €

Bahnhofsplatz 1a ⊠ *65549 – ☏ 06431 2113360 – www.restaurant360grad.de – Geschlossen 1.-12. Januar, 20.-26. Juli, Montag, Sonntag*

LINDAU IM BODENSEE

Bayern – Regionalatlas **63**–H22 – Michelin Straßenkarte 546

ᵗⁱO **Valentin**   🏠

ZEITGENÖSSISCH · CHIC ⅩⅩ In einer kleinen Seitengasse der Insel-Altstadt finden Sie dieses Restaurant in einem schönen Kellergewölbe. In geschmackvollem Ambiente gibt es ambitionierte moderne Küche z. B. in Form von "Nordsee-Seezunge mit Nordseekrabben-Cremolata, Algen und Kartoffelvariation". Tipp: Desserts wie das "Milchreis-Soufflé"!

Menu 44 € (Mittags), 61/85 € – Karte 59/74 €

In der Grub 28A ⊠ *88131 – ☏ 08382 5043740 – www.valentin-lindau.de – Geschlossen Montag, Sonntag*

🍴 KARRisma

KREATIV · FREUNDLICH X Richtig chic, dieses kleine Restaurant: Mit klaren Formen, geschmackvollen Farben und Stoffen sowie dekorativen Accessoires (Hingucker die zahlreichen Spiegel an der Wand) hat man hier ein charmant-modernes Ambiente geschaffen. Eine Speisekarte gibt es nicht, man bietet ein immer wieder wechselndes Menü.

Menu 69/89 €

Hotel Adara, Alter Schulplatz 1 (auf der Insel) ✉ 88131 – ☎ 08382 9435041 – www.karrisma.de – Geschlossen 7.-30. Januar, Montag, Sonntag, mittags: Dienstag-Samstag

🏨 Bayerischer Hof   🐦 ⟨ 🛏 🎋 🍴 🕙 ⟩ 🔥 ⬇ 🅰🅲 🛁 🅿 🚗

LUXUS · KLASSISCH Ein echter Bodensee-Klassiker! Ideale Seelage am Hafen, elegante Zimmer (toll die Suiten) und ein umfassendes Wellnessangebot, das man sich mit dem benachbarten Schwesterhotel teilt. Schön auch das Hallenbad und der Garten- und Poolbereich!

104 Zimmer ⚏ – 🚻 211/388 € – 4 Suiten

Bahnhofplatz 2 ✉ 88131 – ☎ 08382 9150 – www.bayerischerhof-lindau.de

🏨 Helvetia   🐦 ⟨ 🛏 🗎 🕙 🔥 🛁 ⬇ 🛁 🚗

TRADITIONELL · MODERN Wie gemacht für Romantiker und Wellnessfans: geschmackvolle "Wellrooms", Themensuiten und tolle schwimmende "Yacht Rooms" im Hafen, sensationelle Panoramasauna nebst Infinity-Pool auf dem Dach, toller Relaxbereich... Tipp: Yacht für Ausflüge buchbar! Regional-mediterrane Küche im eleganten Restaurant, einfachere Mittagskarte. Exklusiv für Hotelgäste: "Habour Lounge".

42 Zimmer ⚏ – 🚻 199/380 € – 5 Suiten

Seepromenade 3 ✉ 88131 – ☎ 08382 9130 – www.hotel-helvetia.com – Geschlossen 12.-24. Januar

🏨 Adara   ⬍

BOUTIQUE-HOTEL · GEMÜTLICH Jede Menge Charme hat das Boutique-Hotel in dem denkmalgeschützten Gebäudeensemble! Und das liegt nicht zuletzt am wertigen Interieur mit allerlei geschmackvollen Details. Gelungen der Mix aus alt und neu: rustikales Holz, Naturstein, moderner Stil. Tipp: Parkplatz "P5" bei der "Inselhalle". Ferienwohnung ab 3 Nächten.

16 Zimmer ⚏ – 🚻 200/230 € – 2 Suiten

Alter Schulplatz 1 (auf der Insel) ✉ 88131 – ☎ 08382 943500 – www.adara-lindau.de
🍴 **KARRisma** – Siehe Restaurantauswahl

In Lindau-Aeschach Nord: 2 km

🏠 Am Rehberg   🐦 🛏 🗎 🕙 🅿

FAMILIÄR · KLASSISCH Alles ist schön wohnlich bei der charmant-engagierten Familie Bast, von der Halle über die großzügigen Zimmer (Tipp: Komfort-Suite "D3" unterm Dach!) bis zum alpenländisch-eleganten Frühstücksraum. Zum Entspannen: kleines Hallenbad und Sauna, nicht zu vergessen der hübsche Garten!

12 Suiten ⚏ – 🚻 154/186 € – 7 Zimmer

Am Rehberg 29 ✉ 88131 – ☎ 08382 3329 – www.lindauhotels.de – Geschlossen 1. Januar-1. April, 20. Oktober-31. Dezember

In Lindau-Bodolz Nord-West: 4 km

🏵 VILLINO

MODERNE KÜCHE · FREUNDLICH XxX Hier spürt man das Engagement der Familie - die nächste Generation ist inzwischen mit von der Partie. So kümmern sich Gastgeberin Sonja Fischer und Tochter Alisa um die Gäste, und auch Bruder Rainer Hörmann, seines Zeichens Sommelier, gehört zum Team. Ein herzlicher, sehr gut organisierter Service samt kompetenter Weinberatung ist Ihnen da gewiss. Gekocht wird saisonal und kreativ, mit asiatischen und italienischen Einflüssen. Gelungene Kontraste schafft Küchenchef Toni Neumann z. B. wenn er krossen Spanferkelbauch und knusprige, mit Ananas gefüllte Cannelloni kombiniert! Das Ambiente: stilvoll, hell und luftig. Die hohe Decke und große, bodentiefe Rundbogenfenster schaffen Orangerie-Atmosphäre. Herrlich sitzt man auch im Innenhof um einen hübschen Brunnen - da kommt mediterrane Stimmung auf!

Spezialitäten: Asiatische Vorspeisenvariation. Lammrücken, Fregola, Aubergine, Joghurt. Himbeere, Kokos, Brioche.

Menu 102/156 €

Hotel VILLINO, Mittenbuch 6 ✉ 88131 - ✆ 08382 93450 - www.villino.de - Geschlossen 6.-22. Januar, 20.-25. Dezember, mittags: Montag-Sonntag

🏡 VILLINO

LANDHAUS · GEMÜTLICH Umgeben von Wiesen und Obstplantagen finden Sie ein wahres Kleinod! Zeitloser italienischer Charme zieht sich durch das ganze Haus: elegante und romantische Zimmer, top Service, eine mit Liebe zum Detail gestaltete Saunalandschaft und nicht zuletzt ein mediterraner Traumgarten von 4000 qm!

21 Zimmer ⌂ - 👫 180/290 € - 3 Suiten

Mittenbuch 6 ✉ 88131 - ✆ 08382 93450 - www.villino.de - Geschlossen 6.-22. Januar

🏵 **VILLINO** - Siehe Restaurantauswahl

In Lindau-Bad Schachen Nord-West: 4 km

😊 Schachener Hof

KLASSISCHE KÜCHE · FAMILIÄR XX Bei Familie Kraus darf man sich auf schmackhafte klassisch-saisonale Küche freuen, z. B. als "Felchenfilets vom Bodensee mit Weißweinsauce" oder "Rinderrücken, Bärlauchbutter, Schalottensauce". Darf es vielleicht das "schwäbische Menü" sein? Oder lieber das "Gourmetmenü"? Schön die Terrasse unter alten Kastanienbäumen. Gepflegt übernachten können Sie hier auch.

Spezialitäten: Törtchen von Räucherfischen mit Gartenkräutersalat. Saltimbocca von oberschwäbischer Pute auf Schachener Gemüse mit Kartoffelplätzchen. Zwetschgenbuchtel mit Vanilleeis.

Menu 32/75 € - Karte 36/62 €

Schachener Straße 76 ✉ 88131 - ✆ 08382 3116 - www.schachenerhof-lindau.de - Geschlossen 2. Januar-9. Februar, Dienstag, Mittwoch, mittags: Montag und Donnerstag-Samstag

LINSENGERICHT

Hessen - Regionalatlas **48**-G14 - Michelin Straßenkarte 543

In Linsengericht-Eidengesäß Süd-Ost: 3 km, jenseits der A 66

🍽 Der Löwe

INTERNATIONAL · GASTHOF XX Seit Jahren wird das Haus der Sauters für seine schmackhafte regional-internationale Küche geschätzt. In gediegener Atmosphäre kommen z. B. "In Kräutern und Knoblauch gebratener Oktopus, Paprika, Zucchini, Tomatenreis" oder "Kabeljaurücken in geräucherter weißer Petersiliensauce" auf den Tisch.

Karte 36/61 €

Dorfstraße 20 ✉ 63589 - ✆ 06051 71343 - www.derloewe.com - Geschlossen 1.-12. Januar, 3.-16. August, Montag, Dienstag

LÖRRACH

Baden-Württemberg – Regionalatlas **61**–D21 – Michelin Straßenkarte 545

In Lörrach-Brombach Nord-Ost: 4 km, über Brombacher Straße, jenseits der A 98

🍴 **Villa Feer**

INTERNATIONAL · ELEGANT XX Was man Ihnen in der schmucken alten Villa an internationalen Gerichten serviert, nennt sich z. B. "gebratenes Filet vom Wolfsbarsch auf geräucherter Gerste mit gefüllter Zucchiniblüte und Grapefruit". Hübsch die hellen, freundlichen Räume, toll der Garten!

Menu 27 € (Mittags), 65/89 € – Karte 52/68 €

Beim Haagensteg 1 ⊠ 79541 – 𝒞 07621 5791077 – www.villa-feer.com –
Geschlossen 15.-29. März, 18. Oktober-8. November, Montag, Dienstag,
abends: Sonntag

LOHMAR

Nordrhein-Westfalen – Regionalatlas **36**–C12 – Michelin Straßenkarte 543

In Lohmar-Wahlscheid Nord-Ost: 4 km über B 484

🏠 **Schloss Auel**

HISTORISCHES GEBÄUDE · INDIVIDUELL Historischen Charme versprüht das tolle dreiflügelige Schloss am Golfplatz. Stilgerecht hat man zahlreiche Antiquitäten in das individuelle, sehr wohnliche Interieur integriert. Schön auch die "Golflodge". Alternativ zum Restaurant gibt es Snacks im Bistro. Eigene Kapelle.

28 Zimmer – 🛏 130/210 € – � 15 €

Haus Auel 1 ⊠ 53797 – 𝒞 02206 60030 – www.schlossauel.de

LOHNE

Niedersachsen – Regionalatlas **17**–F7 – Michelin Straßenkarte 541

🍴 **Haus Uptmoor** 🛖

MARKTKÜCHE · ELEGANT XX Ein stilvolles Restaurant mit schönem Parkett und hohen Decken in einer Gründerzeitvilla von 1906. Geboten wird ein Überraschungsmenü mit 3 bis 9 Gängen, das man vorab beim Aperitif mit Ihnen bespricht - auf Wünsche geht man gerne ein! Aus der Küche kommen dann ambitionierte Gerichte wie "Bouillabaisse nach Art des Hauses" oder "Surf ´n´ Turf mal anders".

Menu 53/92 €

Marktstraße 30 ⊠ 49393 – 𝒞 04442 7396669 – www.restaurant-haus-uptmoor.de –
Geschlossen 15. Juli-4. August, Montag, Dienstag, mittags: Mittwoch-Sonntag

LOHR AM MAIN

Bayern – Regionalatlas **48**–H15 – Michelin Straßenkarte 546

In Lohr-Wombach Süd: 2 km über Westtangente

🍴 **Spessarttor**

TRADITIONELLE KÜCHE · GASTHOF X Der alteingesessene Familienbetrieb ist ein seriös geführtes Haus, in dem man in gemütlichen Stuben regional isst. Wie wär's mit "Krustentierrahmsuppe mit Scampi"? Genauso lecker ist der "Hirschbraten mit Blaukraut und Knödel". Im Gasthof sowie im 300 m entfernten Gästehaus kann man auch sehr gut übernachten.

Menu 21/88 € – Karte 20/45 €

Wombacher Straße 140 ⊠ 97816 – 𝒞 09352 87330 – www.hotel-spessarttor.de –
Geschlossen 1.-22. August, mittags: Montag, Dienstag

LOTTSTETTEN

Baden-Württemberg – Regionalatlas **62**–F21 – Michelin Straßenkarte 545

In Lottstetten-Nack Süd: 1,5 km

ᵗⒾ◯ **Gasthof zum Kranz** 🏠 ⅚ ⇧ **P**

REGIONAL · GASTHOF XX Bereits in der 7. Generation ist der Gasthof von 1769 in Familienhand, schön die modern-elegante Einrichtung in klaren Linien. Aus der Küche kommen schmackhafte klassisch-internationale Speisen - im Herbst sollten Sie Wild probieren! Zum Übernachten hat man vier einfache, aber gepflegte Zimmer (ohne TV).

Menu 24 € (Mittags), 55/85 € – Karte 37/70 €

Dorfstraße 23 ✉ 79807 – ☎ 07745 7302 –
www.gasthof-zum-kranz.de – Geschlossen 17. Februar-2. März, 3.-28. August,
Dienstag, Mittwoch

LUDWIGSBURG

Baden-Württemberg – Regionalatlas **55**–G18 – Michelin Straßenkarte 545

ᵗⒾ◯ **Gutsschenke**

INTERNATIONAL · FREUNDLICH XX Wirklich schön, wie man das geschmackvoll-moderne Interieur der "Gutsschenke" in den historischen Rahmen der Domäne Monrepos eingebunden hat. Das ist ebenso einladend wie die Küche - hier stehen Nachhaltigkeit und der Bezug zur Region im Vordergrund.

Karte 43/58 €

Schlosshotel Monrepos, Monrepos 22 (beim Schloss Monrepos) ✉ 71634 –
☎ 07141 3020 – www.schlosshotel-monrepos.de –
Geschlossen Montag, Sonntag

ᵗⒾ◯ **Post-Cantz** 🏠 ⒶⓀ ⇧

REGIONAL · BÜRGERLICH XX In dem Traditionshaus a. d. 18. Jh. zeigt sich Familie Buhl in 3. Generation unverändert engagiert! Man hat zahlreiche Stammgäste, und die mögen schwäbische Klassiker ebenso wie Saisonales, da sind "saure Kutteln" und "Rostbraten mit Maultäsche" ebenso gefragt wie "Zanderfilet auf Rahmkraut".

Karte 26/66 €

Eberhardstraße 6 ✉ 71634 – ☎ 07141 923563 - www.post-cantz.de – Geschlossen 29.
Mai-11. Juni, 25. August-10. September, Mittwoch, Donnerstag

🏛 **Schlosshotel Monrepos**

BUSINESS · GERADLINIG Hier genießt man attraktiven modernen Wohnkomfort inmitten einer hübschen Parkanlage samt Schloss und See sowie Golfplatz und Reitverein. Der Tag beginnt schön mit einem Frühstück im Wintergarten oder auf der Terrasse zum See.

75 Zimmer – 🛉 120/220 € – ☷ 19 € – 2 Suiten

Domäne Monrepos 22 (beim Schloss Monrepos) ✉ 71634 – ☎ 07141 3020 –
www.schlosshotel-monrepos.de

ᵗⒾ◯ **Gutsschenke** – Siehe Restaurantauswahl

LUDWIGSHAFEN AM RHEIN

Rheinland-Pfalz – Regionalatlas **47**–F16 – Michelin Straßenkarte 543

ᵗⒾ◯ **A table** 🏠

KLASSISCHE KÜCHE · ZEITGEMÄßES AMBIENTE XX Auf freundlich-versierten Service und modernes Ambiente darf man sich hier ebenso freuen wie auf klassisch-internationale Küche, und die gibt es z. B. als "Medaillon vom bretonischen Seeteufel mit Garnelenravioli und geschmortem Chicorée".

Menu 32 € (Mittags), 56/80 € – Karte 55/78 €

Welserstraße 25 ✉ 67063 – ☎ 0621 68556565 - www.atable.lu –
Geschlossen Sonntag, mittags: Montag und Samstag

In Ludwigshafen-Friesenheim

🍴○ **Das Gesellschaftshaus** 🕸 ⚐ AC ⇄ P

INTERNATIONAL · KLASSISCHES AMBIENTE XX Geradezu herrschaftlich kommt das historische Gesellschaftshaus der BASF daher. Klassisch das Interieur, freundlich und kompetent der Service. Auf der Karte liest man z. B. "Rindermittelbug in Traubenmost geschmort mit Muskatkürbis, Berberitzen und in Heu gegartem Sellerie mit Semmelstoppeln".

Menu 58/102 € – Karte 53/69 €

Wöhlerstraße 15 ✉ 67063 –
✆ 0621 6078888 – www.gesellschaftshaus.basf.de – Geschlossen 23. Dezember-6.
Januar, Samstag, Sonntag, mittags: Montag-Freitag

LÜBBEN

Brandenburg – Regionalatlas **33**–Q9 – Michelin Straßenkarte 542

🏠 **STRANDHAUS** ⚐ 🏖 �︎ 🛎 🔁 AC P

BOUTIQUE-HOTEL · MODERN Toll die Lage direkt an der Spree. Die Einrichtung wertig und schön wohnlich-modern - darf es vielleicht eine Spa-Suite sein? Machen Sie auch mal eine Kahnfahrt oder mieten Sie ein Paddelboot! Öffentliches Strandbad ganz in der Nähe. Saisonale Küche im Restaurant mit herrlicher Terrasse. Hübsche Lounge.

20 Zimmer ⌑ – 📍148/288 € – 4 Suiten

Ernst-von-Houwald-Damm 16 ✉ 15907 –
✆ 03546 7364 – www.strandhaus-spreewald.de

LÜBECK

Schleswig-Holstein – Regionalatlas **11**–K4 – Michelin Straßenkarte 541

🏵 **Wullenwever** (Roy Petermann) 🕸 🛖 ⇄

KLASSISCHE KÜCHE · ELEGANT XxX Bereits seit 1990 führt Roy Petermann sein "Wullenwever" in dem wunderschönen Patrizierhaus a. d. J. 1585 und bietet hier feine klassische Küche. Effekthascherei und Chichi sind nicht sein Ding, vielmehr konzentriert er sich auf das Wesentliche, nämlich die erstklassigen Produkte. So wird z. B. ein butterzartes, bei Niedertemperatur perfekt gegartes Pyrenäen-Milchlamm von hervorragender Qualität zu einem angenehm reduzierten Gericht voller Geschmack. Der gebürtige Hamburger leitet das geschmackvolle elegante Restaurant mitten in der Altstadt gemeinsam mit seiner sympathischen Frau Manuela, die sich stets aufmerksam und charmant um die Gäste kümmert. Ein herrliches Plätzchen ist im Sommer übrigens auch der Innenhof: Hier sitzt man auf einer mit Zierbäumen hübsch begrünten Terrasse.

Spezialitäten: Marinierter Hamachi mit grünem Apfel und Curryöl. Hirschkalbsrücken auf Steckrüben-Gerstenrisotto und Pilzen. Tami's "Waldspaziergang".

Menu 65/135 €

Stadtplan: A2-a – *Beckergrube 71 ✉ 23552 –*
✆ 0451 704333 – www.wullenwever.de – Geschlossen Montag, Sonntag,
mittags: Dienstag-Samstag

🍴○ **Johanna Berger** 🛖

INTERNATIONAL · ELEGANT XX Etwas versteckt liegt das Haus aus der Gründerzeit mitten im Zentrum. Charmant das Interieur mit Dielenboden, Lüstern und elegantem Touch, draußen die schöne Terrasse. Aus der Küche kommt z. B. "Zanderfilet, grüner Spargel, Kräuterseitlinge". Mittags einfacheres Angebot - auf Wunsch auch die Abendkarte.

Menu 45/53 € – Karte 21/61 €

Stadtplan: B2-b – *Doktor-Julius-Leber-Straße 69 ✉ 23552 –*
✆ 0451 58696890 – www.restaurant-johanna-berger.de – Geschlossen Montag,
Dienstag

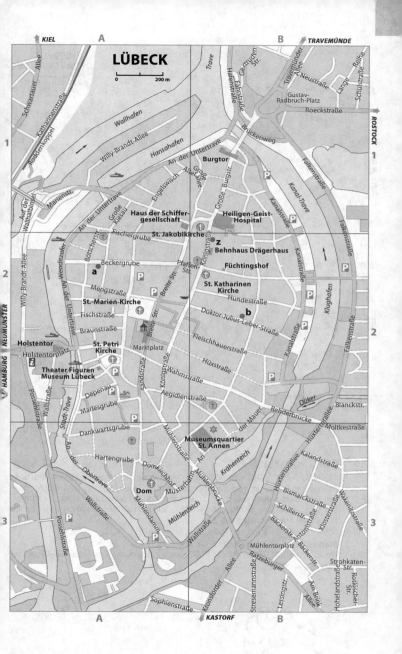

LÜBECK

KIEL
TRAVEMÜNDE
ROSTOCK
HAMBURG
NEUMÜNSTER
KASTORF

0   200 m

Schwartauer Allee
Katharinenstraße
Kandenkoppel
Wallhafen
Willy-Brandt-Allee
Hansahafen
Marienstr.
An der Wallhalbinsel
An der Untertrave
Engelswisch
Große Altefähre
Burgtor
Große Burgstr.
Brückenweg
Gertruden-Str.
Travemünder Allee
N. Neustraße
Gustav-Radbruch-Platz
Roeckstraße
Lange Reihe
Schulstraße
Fehmarnstraße
Falkenstraße
Kanal-Trave
Falkenstraße
An der Untertrave
Große Kiesau
Große Gröpelgrube
Fischergrube
Böttcherstr.
Haus der Schiffergesellschaft
St. Jakobikirche
Heiligen-Geist-Hospital
Königstr.
z
Behnhaus Drägerhaus
Beckergrube
a
Pfaffen-Str.
Füchtingshof
Kanalstraße
Klughafen
Falkenstraße
Mengstraße
Breite Str.
St. Katharinen Kirche
Hundestraße
Wendischer
An der Untertrave
Willy-Brandt-Allee
St.-Marien-Kirche
Fischstraße
Braunstraße
Breite Str.
Doktor-Julius-Leber-Straße
b
Fleischhauerstraße
Kanalstraße
Holstentor
Holstentorplatz
St. Petri Kirche
Marktplatz
Sandstraße
Königstraße
Wahmstraße
Hüxstraße
Düker
Blanckstr.
Theater Figuren Museum Lübeck
Depenau
Aegidienstraße
Rehderbrücke
Moltkestraße
Wallstraße
Marlesgrube
Stadt-Trave
Dankwartsgrube
Mühlenstraße
An der Mauer
Museumsquartier St. Annen
Hüxtertorallee
Kalandstraße
Hartengrube
Domkirchhof
Mühlenbrücke
Krähenteich
Bismarckstraße
Schillerstraße
Antonstraße
Bäckerstr.
Klosterstraße
Wakenitzstraße
An der Obertrave
Dom
Müsterbann
Mühlenfeld
Hüxtertorallee
Wallstraße
Mühlendamm
Mühlentorplatz
Kronsforder Allee
Ratzeburger Allee
Stresemannstraße
Lessingstr.
Am Brink
Hohelandstraße
Röttischen-Str.
Strohkaten-Str.
Bäckerstr.
Sophienstraße

Possehlstraße
Possehlstraße

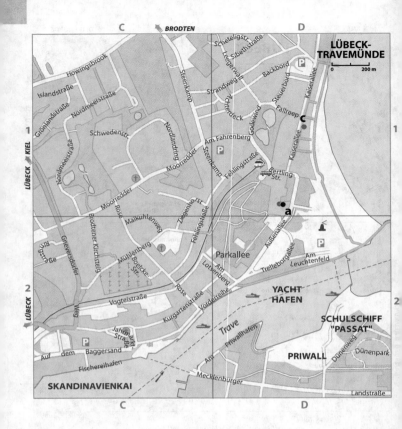

🍴 Die Zimberei 🏡 ᵹ ⇆

KLASSISCHE KÜCHE · ELEGANT ✕✕ Altstadtflair, schickes Ambiente und dann noch gutes Essen? In dem Kaufmannshaus a. d. 13. Jh. serviert man frische Speisen wie "Garnelenbratwurst mit Linsensalat und Tomatensalsa" oder "geschmorten Ochsenschwanz mit Kartoffel-Trüffelnocken". Toll für Veranstaltungen: beeindruckende stilvoll-historische Säle!

Menu 36/55€ – Karte 36/55€

Stadtplan: B2-z – *Königstraße 5 (im Haus der Gemeinnützigen Gesellschaft)* ✉ 23552 – ℰ 0451 73812 – www.zimberei.de – *Geschlossen 1.-13. Januar, Montag, Sonntag*

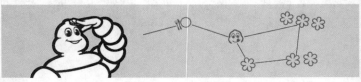

In Lübeck-Travemünde Nord-Ost: 19 km

❀ Buddenbrooks   🕭 🆑 ⇄ 🅿 🚗

FRANZÖSISCH-KREATIV · ELEGANT XxX Das kulinarische Flaggschiff des luxuriösen Hotels "A-ROSA". Küchenchef Dirk Seiger setzt auf moderne Klassik, die er hier und da mit asiatischen Einflüssen spickt. So bringt er z. B. mit einer fantastischen getauchten norwegischen Jakobsmuschel, gegrilltem Blumenkohl, Shiitake und Bonito-Dashi genau das richtige Maß an Kreativität auf den Teller. Der aus Lippstadt stammende Gastronomen-Sohn war hier im Haus bereits Souschef, erkochte dann in der Heidelberger "Schlossweinstube" einen Stern und kehrte 2014 nach Travemünde zurück. So niveauvoll die Küche, so stilvoll der Rahmen des denkmalgeschützten Kurhauses: hohe Decke mit tollem Stuck und markanten Designerlüstern, stilvoller Holzfußboden, geradlinig-elegantes Interieur, große Gemälde... Tipp: "Dienstags-Special"-Menü zu besonders fairem Preis.

Spezialitäten: Hummer, Koriander, Kokos, Coeur de Cognac. Nordseekrabbe, Ostsee Kabeljau, Pastinake, Petersilie, Zitrone. Valrhona Schokolade, Vanille, Kaymak.
Karte 64/90 €

Stadtplan: D1-a – *Hotel A-ROSA, Außenallee 10* ✉ *23570 – 𝒞 04502 3070835 – www.buddenbrooks-travemuende.de – Geschlossen 5.-13. Januar, 22. März-6. April, 17.-27. Juli, 4.-19. Oktober, Montag, Sonntag, mittags: Dienstag-Samstag*

❀ Villa Mare - Balthazar   ⇐ ⇄ 🅿

MODERNE KÜCHE · ELEGANT XxX Schon von außen ist die 1904 erbaute "Villa Mare" an der Promenade ein schöner Anblick. Drinnen setzt sich das attraktive Bild fort, gelungen fügt sich das modern-elegante Design in den stilvollen historischen Rahmen. Hier genießt man den Ausblick und lässt sich vom geschulten, aufmerksamen Service mit der angenehm klaren Küche von Oliver Pfahler umsorgen. Mit Sterne-Erfahrung im Gepäck (zuletzt "Rugard's Gourmet" auf Rügen, davor "Seehotel Töpferhaus" in Alt Duvenstedt) übernahm der gebürtige Böblinger 2016 die Küchenleitung des "Balthazar" und wurde in der darauffolgenden Ausgabe des Guide MICHELIN prompt mit einem Stern ausgezeichnet. Ein tolles Beispiel für die vier bis acht durchdachten kreativen Gänge seines Menüs ist die gegrillte Brust von der Étouffée-Taube mit Melone und Pistazie.

Spezialitäten: Carabinero, Paprika, Papaya, Sauerklee. Étouffée Taube, Melone, Pistazie. Yuzu, Ananas, Passionsfrucht, Basilikum.
Menu 79/139 €

Stadtplan: D1-c – *Kaiserallee 6* ✉ *23570 – 𝒞 04502 86250 – www.villa-mare-ostsee.de – Geschlossen Sonntag, mittags: Montag-Samstag*

❀ Weinwirtschaft   🍴 & 🆑 ⇄ 🅿 🚗

REGIONAL · RUSTIKAL X Nicht ohne Grund ist das Lokal so gut besucht: Die Atmosphäre ist locker und es gibt eine tolle Auswahl an offenen Weinen, zu denen man Leckeres aus deutschsprachigen Weinregionen serviert, z. B. "Sulz von blauen Zipfeln mit Kren" oder "Zander mit Blutwurstkruste". Oder lieber Klassiker wie "Fiaker-Gulasch"?

Spezialitäten: Klare Paradeiseressenz mit Bärlauch-Topfenknödel. Perlhuhnbrust im Wiesenheu gebacken mit Rotweinbuttersoße, gegrilltem Spargel und gezupftem Kartoffel-Bärlauchpfannkuchen. Gebrannte Vanillecreme mit Kokoseis.
Menu 39 € – Karte 32/60 €

Stadtplan: D1-a – *Hotel A-ROSA, Außenallee 10* ✉ *23570 – 𝒞 04502 3070847 – www.a-rosa-resorts.de – Geschlossen mittags: Montag-Freitag*

🏨 A-ROSA   🌲 ⇐ 🛏 🛏 🏊 🕸 🛁 🔄 🛗 🅿 🚗

LUXUS · MODERN Traditionsreiches Seebad, modernes Ferienresort und Wellnesshotel par excellence! Letzteres zeigt sich auf 4500 m² von Ayurveda bis zum Meerwasserpool. Wohnen kann man im ehemaligen Kurhaus oder im Neubau, immer modern und komfortabel. Nicht alltägliche Cocktails in der "Fusion-Bar". Kids-Club ab 3 Jahre.

191 Zimmer ⌴ – ♥♥ 218/338 € – 40 Suiten
Stadtplan: D1-a – *Außenallee 10* ✉ *23570 – 𝒞 04502 30700 – www.a-rosa-resorts.de/travemuende*

❀ **Buddenbrooks** · ❀ **Weinwirtschaft** – Siehe Restaurantauswahl

LÜDENSCHEID

Nordrhein-Westfalen - Regionalatlas **36**-D11 - Michelin Straßenkarte 543

🕴⚪ VIF Salzmanns Kleines Restaurant

KLASSISCHE KÜCHE · ELEGANT XX In dem kleinen Restaurant neben dem toll bestückten Weinkontor bietet Manfred Salzmann seine geschätzte klassische Küche, z. B. in Form von "geflämmtem Pulpo mit Butternuss-Kürbis" oder "Flanksteak mit Schwarzwurzel und Räucherkartoffel". Samstagmittags ausschließlich Bouillabaisse!

Menu 54/110 € - Karte 51/71 €

Südstraße 70a ✉ 58509 - ℰ 02351 8947585 - www.vif-kleines-restaurant.de -
Geschlossen 6.-31. Januar, Montag, Dienstag, Mittwoch, Sonntag,
mittags: Donnerstag-Freitag

LÜDINGHAUSEN

Nordrhein-Westfalen - Regionalatlas **26**-D10 - Michelin Straßenkarte 543

🏠 Hotel No. 11

BOUTIQUE-HOTEL · DESIGN Mitten in der Altstadt steht das intime kleine Hotel. Alles ist ausgesprochen charmant, hochwertig und liebevoll eingerichtet, vom Kaminraum mit Bibliothek über das Frühstücksbistro bis in die Zimmer sorgt Erlesenes und Kurioses aus diversen Nachbarländern für besonderes Flair. Öffentlicher Parkplatz am Haus.

7 Zimmer ⌂ - 🛉🛉 105/125 €

Hermannstraße 11 ✉ 59348 - ℰ 02591 7949176 - www.no11hotel.de

LÜNEBURG

Niedersachsen - Regionalatlas **19**-J6 - Michelin Straßenkarte 541

🏵 RÖHMS DELI

MARKTKÜCHE · CHIC X Ein unkompliziertes modernes Konzept. In freundlich-eleganter Bistro-Atmosphäre serviert man saisonale Gerichte wie "Kabeljau, zweierlei Erbsen, Rösti-Pommes", die leckeren Desserts wählen Sie an der Theke. Abends gibt es zusätzlich ein ambitioniertes 3-Gänge-Menü. Top die Produkte, toll der Geschmack.
Spezialitäten: Eismeerforelle, Ponzu und warme Nussbutter. Geschmortes "falsches" Filet vom US-Beef, wilder Broccoli und Kartoffel-Comté-Püree. Cheesecake.

Menu 52 € - Karte 35/55 €

Heiligengeiststraße 30 ✉ 21335 - ℰ 04131 24160 - www.roehmsdeli.de -
Geschlossen 1.-7. Januar, 6.-14. April, 20. Juli-5. August, Montag, Sonntag

In Lüneburg-Häcklingen Süd-West: 8 km

🕴⚪ Ristorante Osteria

ITALIENISCH · TRADITIONELLES AMBIENTE XX Ob "Skreifilet in Spargelsauce" oder "Fettuccine mit Lammsugo", hier kocht man frisch und authentisch italienisch. Keine Frage, dass man da viele Stammgäste hat, und die lieben auch die Atmosphäre: lebendig, gemütlich und angenehm leger!

Menu 35/69 € - Karte 34/61 €

Hauptstraße 2 ✉ 21335 - ℰ 04131 789227 - www.osteria-lueneburg.de -
Geschlossen Montag, Dienstag

LÜTJENBURG

Schleswig-Holstein - Regionalatlas **3**-J3 - Michelin Straßenkarte 541

🕴⚪ PUR

MARKTKÜCHE · BISTRO X In dem netten geradlinig gehaltenen kleinen Bistro kocht man saisonal und gerne mit Produkten aus der Region, von Flammkuchen über Burger und Salate bis "Lammbraten vom Coburger Fuchsschaf, Ginsauce, Bärlauch-Ravioli, Gemüse". Tipp: Im Feinkostladen gibt's u. a. Wein und selbstgemachte Saucen und Marmeladen!

Karte 22/45 €

Neuwerkstraße 9 ✉ 24321 - ℰ 04381 404147 - www.einfachpurgeniessen.de -
Geschlossen Montag, Dienstag

LÜTJENSEE
Schleswig-Holstein – Regionalatlas **10**–J5 – Michelin Straßenkarte 541

🐸 Fischerklause

REGIONAL · FREUNDLICH ✕✕ Hier angelt man noch selbst: Forelle, Aal, Hecht, Karpfen... Daraus bereitet man Leckeres wie "Forelle Müllerin (gebraten) mit zerlassener Butter, Salzkartoffeln, Dill-Gurkensalat" zu. Oder lieber Wild aus eigener Jagd? Dazu u. a. Weine aus Österreich. Herrliche Terrasse zum See. Tipp: hausgemachtes Eis an schönen Sommertagen im Freien am Bootshaus!

Spezialitäten: Getrüffelte Kartoffelrahmsuppe mit Blutwurstpraline. Bratwurst vom Wildschwein mit Wirsing, Bratkartoffeln und Pommerysenf. Marillenknödel mit Marillenragout und Vanilleeis.

Karte 34/67 €

Hotel Fischerklause, Am See 1 ⊠ 22952 – 𝒸 04154 792200 –
www.fischerklause-luetjensee.de – Geschlossen 13. Januar-7. Februar, Montag,
mittags: Dienstag-Mittwoch

🏠 Fischerklause

LANDHAUS · FUNKTIONELL Ein Traum für alle, die es idyllisch mögen, ist die Lage direkt am Lütjensee! Die Zimmer sind modern gestaltet, teilweise mit wunderbarem Blick auf den See, und im Sommer beginnt der Tag mit einem Frühstück auf der Terrasse.

12 Zimmer – 👫 100/160 € – ⊊ 12 €

Am See 1 ⊠ 22952 – 𝒸 04154 792200 – www.fischerklause-luetjensee.de –
Geschlossen 13. Januar-6. Februar

🐸 **Fischerklause** – Siehe Restaurantauswahl

LUNDEN
Schleswig-Holstein – Regionalatlas **1**–G3

⅋🍴 Lindenhof 1887

REGIONAL · FAMILIÄR ✕✕ An einem begrünten Platz mit Lindenbäumen steht der erweiterte Gasthof von 1887. In schönem modernem Ambiente (klare Formen und warme Farben) speist man regional-saisonal, z. B. "Nordseescholle mit Speck" oder "geschmorte Lammkeule, weiße Bohnen, grüner Spargel". Attraktiv auch die geradlinig-zeitgemäßen Gästezimmer.

Menu 45/70 € – Karte 29/50 €

Friedrichstraße 39 ⊠ 25774 – 𝒸 04882 407 – www.lindenhof1887.de –
Geschlossen 4.-19. Februar, Dienstag

MAGDEBURG
Sachsen-Anhalt – Regionalatlas **31**–L9 – Michelin Straßenkarte 542

🏠 Residenz Joop

FAMILIÄR · KLASSISCH Das von den Eigentümern geführte Hotel garni liegt in einem ruhigen Villenviertel. Neben angenehm persönlicher Atmosphäre, sehr aufmerksamem, charmantem Service und klassisch-elegantem Ambiente darf man sich auf ein hochwertiges Frühstück freuen. Dazu lädt ein kleiner Garten mit schöner Terrasse zum Verweilen ein.

25 Zimmer ⊊ – 👫 124/142 €

Jean-Burger-Straße 16 ⊠ 39112 – 𝒸 0391 62620 – www.residenzjoop.de

In Magdeburg-Ottersleben Süd-West: 7 km, Richtung Wansleben

🐸 Landhaus Hadrys

REGIONAL · FREUNDLICH ✕✕ Seit 2003 steht Sebastian Hadrys für anspruchsvolle Küche! Sein Restaurant ist geschmackvoll-elegant, aber keineswegs steif, dazu kommt ein aufmerksamer Service durch charmante Damen. Die richtig gute Küche gibt es z. B. als "Kürbissuppe, Kokos, Garnele" oder "OX, Wurzeln, Rotweinschalotten". Tipp: Kochkurse kann man hier ebenfalls machen!

Spezialitäten: Ente, Hefekloß, Rotkohl, Sesam, Rettich. Saibling, Hummersud, Kohlrabi, Chili. Nougat, Bisquit, Nüsse.

Menu 37/56 € – Karte 27/56 €

An der Halberstädter Chaussee 1 ⊠ 39116 – ☏ 0391 6626680 –
www.landhaus-hadrys.de – Geschlossen 10.-15. Februar, 16.-23. Mai, 27. Juli-15.
August, 24.-31. Oktober, Montag, Sonntag, mittags: Dienstag-Donnerstag

MAIERHÖFEN
Bayern – Regionalatlas **64**–I21 – Michelin Straßenkarte 546

⏱○ Landhotel zur Grenze

REGIONAL · GASTHOF XX Eine schöne Adresse ist dieser gestandene Gasthof: Er liegt angenehm im Grünen, bietet freundlichen und zuvorkommenden Service sowie einen gediegen-ländlichen Rahmen für die regional-internationale Küche. Lust auf "Salzwiesenlamm provenzalisch mit Polenta"? Zudem hat man sehr gepflegte Gästezimmer.

Menu 39/80 € – Karte 34/56 €

Schanz 2 ⊠ 88167 – ☏ 07562 975510 – www.landhotel-zur-grenze.de –
Geschlossen 15. März-15. April, 1.-28. November, Montag, mittags: Dienstag

MAIKAMMER
Rheinland-Pfalz – Regionalatlas **47**–E17 – Michelin Straßenkarte 543

⊛ Dorf-Chronik   hT

MARKTKÜCHE · GEMÜTLICH X Mitten im Ort liegt das schöne Winzerhaus von 1747 - drinnen gemütlich-rustikales Ambiente, draußen die charmante Hofterrasse. Gastgeberin Marion Schwaab und ihr Team umsorgen Sie aufmerksam mit saisonal-regionalen Gerichten wie "Kabeljaufilet mit Kürbisrisotto" oder "Rehgulasch, Spitzkohl, Butternudeln". Man hat auch eine Vinothek und gute Weine vom eigenen Weingut.

Spezialitäten: Crème brûlée vom Ziegenkäse mit Calvados-Apfel, Nusskaramell, Salatbouquet. Rinderhüftsteak, geschmorter Butternut Kürbis, pochierte Birne, Kartoffelgnocchi. Trauben-Weincreme- Schnitte, Eis von weißer Schokolade und Vanille.

Menu 30/50 € – Karte 25/45 €

Marktstraße 7 ⊠ 67487 – ☏ 06321 58240 – www.restaurant-dorfchronik.de –
Geschlossen 27. Juli-11. August, Mittwoch, Donnerstag, mittags: Montag-Dienstag
und Freitag

MAINBURG
Bayern – Regionalatlas **58**–M19 – Michelin Straßenkarte 546

⏱○ Espert-Klause   hT

INTERNATIONAL · TRENDY XX Klassisch und saisonal wird in diesem modernen Restaurant gekocht. Kultige Kugellampen schaffen ein bisschen 70er Jahre-Flair, hinter dem Haus die nette Terrasse. Auf Vorbestellung bietet man auch ein Hummermenü.

Menu 30/80 € – Karte 34/56 €

Espertstraße 7 ⊠ 84048 – ☏ 08751 1342 – www.espert-klause.de –
Geschlossen Montag, Dienstag, abends: Sonntag

MAINTAL
Hessen – Regionalatlas **48**–G14 – Michelin Straßenkarte 543

In Maintal-Dörnigheim

⏱○ Fleur de Sel   hT

FRANZÖSISCH-KLASSISCH · LÄNDLICH X Hier serviert man Ihnen in nettem mediterranem Ambiente frische klassisch geprägte Küche. Wie wär's z. B. mit "Wolfsbarsch, Walnussrisotto, glasiertes Wurzelgemüse, Petersilienpesto" oder "Iberico-Schweinebäckchen, geschmorte rote Paprika, Rosmarinjus"?

Menu 35/43 € – Karte 33/45 €

Florscheidstraße 19 ⊠ 63477 – ☏ 06181 9683385 – www.restaurant-fleurdesel.de –
Geschlossen 1.-13. Januar, Dienstag

🏮 Geberts Weinstuben

KLASSISCHE KÜCHE · WEINSTUBE XX Frische, Geschmack, Aroma - dafür steht die Küche von Frank Gebert. Klassisch-traditionelle Gerichte sind hier z. B. "Züricher Kalbsgeschnetzeltes mit Rösti" oder "Barbarie-Ente à l'Orange mit Apfelrotkraut und Kartoffelkloß". Geschmackvoll-elegant das Ambiente, draußen im Hof die weinberankte Terrasse.

Spezialitäten: Kaltgeräucherter Lachs mit Apfel-Meerrettich. Knusprige Brust vom Schwarzfederhuhn mit Pfifferlingen und Kroketten. Crème Brûlée mit Aprikosensorbet und Mandelhippe.

Menu 34/78 € – Karte 35/50 €

Frauenlobstraße 94 ⊠ 55118 – ℰ 06131 611619 – www.geberts-weinstuben.de – Geschlossen 6.-28. Juli, Montag, Dienstag

🍴 FAVORITE restaurant

← 🏮 & 🅰🅒 🅿 🚗

FRANZÖSISCH-MODERN · ELEGANT XXX Anfang März hat Tobias Schmitt hier das Zepter in der Küche übernommen, nachdem er zuvor einige Jahre als Sous-chef im Frankfurter "Lafleur" am Herd stand. Fragen Sie am besten nach einem Tisch am Fenster - oder speisen Sie auf der Terrasse, hier ist der Blick auf Rhein und Dom besonders schön.

Menu 45 € (Mittags), 139/159 € – Karte 72/110 €

Favorite Parkhotel, Karl-Weiser-Straße 1 ⊠ 55131 – ℰ 06131 8015133 – www.favorite-mainz.de – Geschlossen 17. Februar-8. März, 29. Juni-19. Juli, Montag, Dienstag, mittags: Samstag

🍴 Heinrich's Die Wirtschaft

TRADITIONELLE KÜCHE · BÜRGERLICH X Lebendig-gemütliche Kneipen-Atmosphäre zu frischer, unkomplizierter Küche? Man bietet hier z. B. Leberwurststrudel oder Ochsenbacke, dazu Weine aus Rheinhessen. Der Chef ist übrigens auch passionierter Maler und hat eine eigene Galerie.

Karte 34/55 €

Martinsstraße 10 ⊠ 55116 – ℰ 06131 9300661 – www.heinrichs-die-wirtschaft.com – Geschlossen Montag, Sonntag

🏨 Favorite Parkhotel

🍽 ← 🛏 🖼 🎵 🖨 & 🅰🅒 🏋 🅿 🚗

BUSINESS · MODERN Dies ist das Teamhotel des FSV Mainz 05 und Lebenswerk der engagierten Familie Barth. Und die investiert stetig: tolles Konferenzcenter, zeitgemäß designte Zimmer - zwei Suiten sind die luxuriösesten der Stadt. "Weinbar": moderne Küche und sehr gute Weine im Offenausschank. Biergarten direkt am Stadtpark.

144 Zimmer 🛏 – 🍴🍴 189/229 € – 7 Suiten

Karl-Weiser-Straße 1 ⊠ 55131 – ℰ 06131 80150 – www.favorite-mainz.de

🍴 **FAVORITE restaurant** – Siehe Restaurantauswahl

In Mainz-Finthen West: 7 km

🍴 Stein's Traube

🐝 🏮 ♻ 🅿

MARKTKÜCHE · FREUNDLICH XX Mit Philipp Stein ist hier bereits die 6. Generation im Haus. Bei seiner ambitionierten Küche legt er Wert auf den Bezug zur Saison. Auf der Karte z. B. "gepökelte Kalbszunge, lauwarm mariniert, Schnittlauchcreme, Kürbis, geröstete Kerne". Dazu chic-modernes Ambiente, ein schöner Innenhof und eine wirklich herzliche Juniorchefin im Service.

Menu 42 € (Mittags), 57/98 € – Karte 42/64 €

Poststraße 4 ⊠ 55126 – ℰ 06131 40249 – www.steins-traube.de – Geschlossen Montag, mittags: Dienstag

MAISACH
Bayern – Regionalatlas **65**–L20 – Michelin Straßenkarte 546

In Maisach-Überacker Nord: 3 km über Überackerstraße

‖○ Gasthof Widmann   P ⊬

INTERNATIONAL · GEMÜTLICH XX Man schmeckt, dass hier mit Freude gekocht wird. Es gibt Saisonales und Internationales mit Bezug zur Region - probieren Sie z. B. "Medaillon vom Kalbsfilet, geröstete Artischocken, Estragonsauce"! Serviert wird in zwei gemütlichen Stuben.

Menu 76 €

Bergstraße 4 ⊠ 82216 – ℰ 08135 485 – Geschlossen 1.-15. Januar, 23. Februar-1. März, 15. August-15. September, 23.-31. Dezember, Montag, Sonntag, mittags: Dienstag-Samstag

MALCHOW
Mecklenburg-Vorpommern – Regionalatlas **13**–N5 – Michelin Straßenkarte 542

🏨 Rosendomizil   🏝 🎐 🛁 🚗

FERIENHOTEL · INDIVIDUELL Mit Geschmack hat man hier hochwertige und moderne Wohnräume geschaffen, wunderbar die Lage am See. Nur einen Steinwurf entfernt: Gästehaus "Hofgarten" mit tollem Loungegarten, Badesteg und Sauna. Wintergartenflair im Restaurant/Café zum Wasser hin. Hauseigene Bäckerei und Konditorei.

27 Zimmer ☲ – ♥♥ 119/149 €

Lange Straße 2 ⊠ 17213 – ℰ 039932 18065 – www.rosendomizil.de

MANNHEIM
Baden-Württemberg – Regionalatlas **47**–F16 – Michelin Straßenkarte 545

🌸🌸 Opus V   🎐 ⪜ 🏠 & 🅰🅲 ⟷

MODERNE KÜCHE · CHIC XxX Wer Shopping mit einem kulinarischen Erlebnis verbinden möchte, der gönnt sich hoch oben im Modehaus „engelhorn Mode im Quadrat" die kreative und moderne "Opus V"-Küche. Tristan Brandt, ehemaliger Schüler von Harald Wohlfahrt, ist hier mit Leib und Seele Küchenchef. Seine Kreationen sind durchdacht, subtil und bestechen durch konzentrierte Aromatik und Ausgewogenheit an Texturen. Inspiriert von seinen Lehr- und Wanderjahren in Shanghai lässt er hier und da asiatische Einflüsse erkennen. Zum monatlich wechselnden Menü darf man sich auf eine gute Weinberatung freuen. Und das Interieur? Es ist angenehm klar und hat eine nordische Note - eine Hommage an das Restaurant „Noma" in Kopenhagen, das Tristan Brandt auf einer seiner Reisen begeistert hat.

Spezialitäten: Makrele, Tomate, Kimizu. Reh, Trüffel, Artischocke. Aprikose, Heidelbeere, Zitronenthymian.

Menu 129/210 €

O5, 9-12 (in der 6. Etage des Modehaus Engelhorn) ⊠ 68161 – ℰ 0621 1671155 – www.restaurant-opus-v.de – Geschlossen 23. Februar-15. März, 2.-23. August, Montag, Sonntag, mittags: Dienstag-Samstag

🌸 Doblers   🏠 🅰🅲 ⟷

KLASSISCHE KÜCHE · ELEGANT XxX Wahrhaftig eine Institution in der Quadratestadt. Seit über 30 Jahren erfreuen Gabriele und Norbert Dobler ihre Gäste mit tollen Gerichten aus exzellenten Produkten, die klassisch zubereitet werden, dabei aber keineswegs altbacken sind. Norbert Dobler setzt hier und da geschickt moderne Elemente ein, was z. B. die sous-vide gegarten Atlantik-Steinbutt mit Spargel, Erbsenpüree und Beurre blanc mit Waldmeister zu einem schön auf den Punkt gebrachten Gericht ohne viel Chichi macht. Man sitzt in hellen, modern-elegant eingerichteten Räumen, wo Gabriele Dobler charmant den Service leitet. Sicher ist dies mit ein Grund, weshalb so viele Stammgäste den sympathischen Gastgebern seit vielen Jahren die Treue halten. Mögen Sie Wein? Man hat hier u. a. eine attraktive Auswahl aus der Pfalz.

Spezialitäten: Wilde Gambas mit Mandelcrème, buntem Blumenkohl-Couscous und Zebra-Tomaten. Keule vom bayrischen Reh mit Pfifferlingen, Feigenkompott und Molejus. Aprikosenparfait mit Rosenschaum, Erdbeeren, Joghurtsteinchen und Kapuzinerblüten.

Menu 41 € (Mittags), 84/98 € – Karte 68/94 €

Seckenheimer Straße 20 ⊠ 68159 – ℰ 0621 14397 – www.doblers.de –
Geschlossen 1.-18. Januar, 23. Juni-14. Juli, Montag, Sonntag

⸎ Marly (Gregor Ruppenthal) 🏠 AC 🚪

KLASSISCHE KÜCHE · ELEGANT XxX Monumental und spektakulär prägt der „Speicher 7" das Mannheimer Hafenbild. In dieser attraktiven modernen Location bietet Gregor Ruppenthal mit dem richtigen Maß an Kreativität zubereitete Gerichte, die sich an der mediterranen Küche orientieren. Man kocht handwerklich exakt und geschmacksintensiv, aber nicht überladen. Das Know-how und das Feingefühl, mit dem hier tolle Produkte in den Mittelpunkt gestellt werden, zeigt sich beispielsweise bei Schulter und Bries vom Kalb mit Steinpilzen, Zwiebeln, Saubohnen und Pommes Purée. Ein weiteres Highlight ist der begehbare Weinkühlschrank, der sich mit seiner riesigen Glasscheibe und rund 15 Quadratmetern über eine gesamte Wandbreite erstreckt. Angenehm der freundliche und professionelle Service.

Spezialitäten: Lauwarmer Oktopussalat mit Oliven-Zitronenvinaigrette, Datteltomaten, Sellerie und Kartoffeln. Lammrücken, Kichererbse, Paprika und Vadouvanjus. Schokolade, Cassis, Buchweizen.

Menu 42 € (Mittags), 69/123 €

Rheinvorlandstraße 7 (am Hafen, im Speicher 7) ⊠ 68159 – ℰ 0621 86242121 –
www.restaurant-marly.com – Geschlossen 1.-7. Januar, 8.-28. Juli, Montag, Dienstag,
Sonntag

⸎ le Corange ⪡ & AC 🚪

FRANZÖSISCH-MODERN · GERADLINIG XX „Top" im wahrsten Sinne des Wortes! Klasse ist zu einem die „Rooftop"-Lage im Modehaus Engelhorn und auch kulinarisch bekommt der Gast hier so einiges geboten. Neben dem besternten „Opus V" hat man mit dem „Le Corange" noch ein zweites Gourmetrestaurant im Haus, und auch dieses befindet sich im Penthouse und bietet einen wirklich fantastischen Blick über die Stadt! Der Chef am Herd heißt Igor Yakushchenko und er hat ein eingespieltes Team um sich. Man orientiert sich an der französischen Küche und spickt diese mit modernen Elementen. Die Karte zeigt internationale Einflüsse, aber auch den Bezug zur Region. Die Kreationen sind geschmacksintensiv und stellen die hervorragenden Produkte in den Mittelpunkt.

Spezialitäten: Goldforelle, Kaviar, Milchkalbstafelspitz, Wurzelgemüsesud, Meerrettich und Granny Smith Apfel. Wolfsbarsch aus der Bretagne mit Tomaten-Beurre-Blanc, Mangold und eingelegten Senfsamen. Délice von Valrhona Schokolade mit Kirschsorbet.

Menu 59/104 €

O5, 9-12 (in der 6. Etage des Modehaus Engelhorn) ⊠ 68161 – ℰ 0621 1671133 –
www.corange-restaurant.de – Geschlossen Donnerstag, Sonntag,
mittags: Montag-Mittwoch

⸎ Emma Wolf since 1920

INTERNATIONAL · TRENDY X Wer würde vermuten, dass man im Untergeschoss einer Einkaufspassage so gut isst!? Mitten in der Mannheimer City liegt das trendig-coole Restaurant mit entspannter Bistro-Atmosphäre und offener Küche. Hier ist die Wirkungsstätte von Dennis Maier, der schon Stationen wie das „Sra Bua by Juan Amador" in Frankfurt-Gravenbruch, das „Da Gianni" in Mannheim und das „Port Petit" in Cala d'Or auf Mallorca hinter sich hat. Er kocht leicht und modern, interessant das gekonnte Säurespiel wie z. B. bei der gebeizten Makrele mit Staudensellerie, Mandel und Granny Smith. Alle Menüs werden mit hausgefiltertem Mannheimer Tiefenbrunnenwasser serviert! Benannt ist das „Emma Wolf since 1920" übrigens nach der Großmutter des Chefs.

Spezialitäten: Saibling in zwei Texturen und Temperaturen, Rettich, Sauerkraut-sud, geröstete Reis-Mayonnaise. Lammrücken, Aubergine, Himbeere, Rucola. Mohn, Banane, Kokos.

Menu 69/110 € – Karte 55/67 €

Q6 Q7 (UG) ✉ 68161 – ℰ 0621 18149550 – www.emmawolf1920.com –
Geschlossen Montag, Sonntag

⅋○ Le comptoir 17   斎

FRANZÖSISCH · BISTRO ✗ Französisch-mediterrane Lebensart prägt hier nicht nur die Speisekarte, sondern auch die quirlige Atmosphäre dieses äußerst netten Bistros. Als "Marly-Ableger" steht man für sehr gute Qualität - da überzeugen "ge-bratene Blutwurst von Christian Parra, pommes purée maison und Schalotten-Apfelragoût" oder klassische "Tarte au chocolat" ebenso wie die frischen Austern.

Menu 35 € (Mittags), 40/55 € – Karte 39/55 €

Lameystraße 17 ✉ 68165 – ℰ 0621 73617000 – www.comptoir17.com –
Geschlossen 28. Juli-17. August, Montag, Sonntag

⅋○ C-Five   斎 ಔ AC

INTERNATIONAL · TRENDY ✗ Modernes Restaurant mit schöner Terrasse auf dem Gelände des Zeughaus-Museums. Auf der Karte machen z. B. "Black Angus Rinderfilet, Rosmarinkartoffeln, Rotweinjus" oder "Seeteufel, Safransauce, Passe-pierre" Appetit.

Karte 47/75 €

C5,1 ✉ 68159 – ℰ 0621 1229550 – www.c-five.de – Geschlossen 24.-31. Dezember,
Sonntag, mittags: Montag

🏨 Speicher 7   🌰 AC 🛁 🅿

BOUTIQUE-HOTEL · DESIGN Früher ein Getreidespeicher, heute ein attraktives und nicht alltägliches Hotel. Moderne Elemente mit kultigen Details der 50er und 60er Jahre - stylish, trendig und wirklich toll, von den großen Zimmern mit Loft-flair (Tipp: "Silolounge" mit 12 m hohem Bad!) bis zur loungigen Bar. Und all das direkt am Rhein!

20 Zimmer – 🛏 99/450 € – ☒ 19 €

Rheinvorlandstraße 7 ✉ 68159 – ℰ 0621 1226680 – www.speicher7.com

MARBURG
Hessen – Regionalatlas **38**–F13 – Michelin Straßenkarte 543

🏵 MARBURGER Esszimmer   斎 ಔ AC

INTERNATIONAL · CHIC ✗✗ Chic das modern-elegante Restaurant im EG des Hauptsitzes der Deutschen Vermögensberatung, schön die vorgelagerte Terrasse. Lust auf Klassiker wie "Navarin vom Lamm"? Oder lieber Sushi & Co. nach dem Motto "Esszimmer meets Asia"? Es gibt auch Vegetarisches wie "Israelische Shakshuka". Oder darf es das Überraschungsmenü sein?

Spezialitäten: Thai-Kokossuppe mit Garnelen. Kirchweihente mit Spitzkohl und Dampfnudeln. Nektarinen-Crumble mit griechischem Joghurteis.

Menu 43/72 € – Karte 34/59 €

Anneliese Pohl Allee 1 ✉ 35037 – ℰ 06421 8890471 – www.marburger-esszimmer.de –
Geschlossen Montag, Sonntag

🏨 VILA VITA Hotel Rosenpark

🍴 ⌱ 🖼 💶 🌰 ╆ 🍽 ಔ AC 🛁 🚗

LUXUS · MODERN Das geschmackvolle Grandhotel ist für Privatgäste, Tagungen und Geschäftsreisende gleichermaßen ideal. Schön die Lage an der Lahn, wohn-lich die Zimmer, umfassend das Spa-Angebot, dazu Hotelbar & Lounge. In der gemütlich-rustikalen "Zirbelstube" speist man regional, im "OLIVA" gibt es medi-terrane Küche. Tipp: Torten, Waffeln & Co. im angrenzenden "Café Rosenpark".

148 Zimmer – 🛏 149/189 € – ☒ 18 € – 46 Suiten

Anneliese Pohl Allee 7 ✉ 35037 – ℰ 06421 60050 – www.rosenpark.com

MARCH
Baden-Württemberg – Regionalatlas **61**–D20 – Michelin Straßenkarte 545

In March-Neuershausen Nord-West: 1 km

ⓐ Jauch's Löwen   ⇦ 🛏 ✿ 🅿

REGIONAL · LÄNDLICH XX Bei Familie Jauch kocht man badisch mit internationalen Einflüssen - Lust auf "Thunfischtatar und gebratene Gamba mit Avocado
und Salatbukett" oder "Cordon bleu vom Kalb mit Gemüse und Kroketten"? Hell,
offen und freundlich hat man das Gasthaus gestaltet, draußen eine schöne Terrasse. Und zum Übernachten hat man gemütliche Zimmer.

Spezialitäten: Mariniertes Gemüse mit Burrata, Datteltomaten und Neuershauser
Brotsalat. Geschmorte Rinderhochrippe an Spätburgundersauce mit Gemüse und
Kartoffelpüree. Melonenminzsüppchen mit Kokosnusseis und Sauerrahmespuma
im karamellisierten Blätterteig.

Menu 35/62 € – Karte 34/58 €

Eichstetter Straße 4 ✉ 79232 – ☎ 07665 92090 – www.jauch-loewen.de –
Geschlossen Mittwoch, Donnerstag

MARKTBERGEL
Bayern – Regionalatlas **49**–J16 – Michelin Straßenkarte 546

ⓐ Rotes Ross   ⇦ 🛏 ♿ ✿

REGIONAL · GASTHOF X Wer frische regional-saisonale Küche mit mediterranem Einfluss mag, ist bei Familie Bogner richtig. In ihrem freundlich-gemütlichen
Restaurant (im Sommer mit begrünter Hofterrasse) gibt es z. B. "Sauerbraten,
Rote Bete, Kartoffelkloß" oder "Ravioli mit Käse-Kräuterfüllung". Man hat auch
wohnliche Gästezimmer, und mit E-Bike oder E-Smart können Sie die Region
erkunden.

Spezialitäten: Rote Bete, Gänseleber, Mango. Geschmorte Rehschulter, Wirsing,
Steinpilze, Kartoffeln. Joghurt, Passionsfrucht, Schokolade.

Menu 28/45 € – Karte 24/48 €

Würzburger Straße 3 ✉ 91613 – ☎ 09843 936600 – www.rotes-ross-marktbergel.de –
Geschlossen 31. August-15. September, Dienstag, mittags: Montag und
Mittwoch-Sonntag

MARKTBREIT
Bayern – Regionalatlas **49**–I16 – Michelin Straßenkarte 546

ⓐ Alter Esel   ✿

MARKTKÜCHE · FAMILIÄR X Das herzliche und engagierte Betreiberpaar bietet
hier saisonale Küche mit regionalen und mediterranen Einflüssen, z. B. als "Kohlrabi, Thunfisch, Estragon". Serviert wird in der gemütlichen, liebevoll dekorierten
Gaststube oder an einem der wenigen Tische im Freien mit Blick auf die historischen Häuser des charmanten kleinen Städtchens. Mittags 3-Gänge-Lunchmenü.

Spezialitäten: Minigurke, Estragon, Lachs. Bio-Hähnchen, Garnele, Krustentierschaum. Heidelbeere, Joghurt, Crumble.

Menu 25 € (Mittags), 45/65 € – Karte 27/44 €

Marktstraße 10 ✉ 97340 – ☎ 09332 5949477 – www.alteresel-marktbreit.de –
Geschlossen Montag, Dienstag

ⓐ Michels Stern   🐝 ⇦ 🛏 ✿

REGIONAL · TRADITIONELLES AMBIENTE X Seit jeher steckt Familie Michel
jede Menge Engagement in ihr Gasthaus, inzwischen die 4. Generation. Wolfgang
Michel kocht von bürgerlich bis fein, von "geschmorter Kalbshaxe" bis zu "gebratenem Wolfsbarschfilet mit Safranfenchel", sein Bruder Stefan empfiehlt mit Leidenschaft den passenden Frankenwein.

Spezialitäten: Kaninchenrücken mit eingelegten Gemüsen. Kotelett vom Steiger-
wälder Schwarzerle mit gerbatenen Pfifferlingen und Selleriepüree. Birnentarte-
lette mit Haselnusscreme und Birnensorbet.

Menu 33/49 € – Karte 25/45 €

Bahnhofstraße 9 ✉ 97340 – ☎ 09332 1316 – www.michelsstern.de – Geschlossen 27.
Juli-13. August, 2.-19. November, Mittwoch, Donnerstag

MARKTHEIDENFELD

Bayern – Regionalatlas **48**–H15 – Michelin Straßenkarte 546

⊛ Weinhaus Anker   ⇦ 🏠 ♿ ✿ **P** 🚗

FRANZÖSISCH · GEMÜTLICH XX Ein Haus mit Tradition, das engagiert geführt wird. In der liebenswerten Stube isst man französisch-regional, von "Entenbrust mit Portwein-Schalotten-Sauce" bis "hausgemachte Terrine vom Spessart-Wild". Im Winter Do. - Sa. abends kleine fränkische Karte im rustikalen Gewölbe "Schöpple". Im Hotel übernachtet man zentral und gemütlich.

Spezialitäten: Petersilienwurzel-Schaumsuppe mit eingelegtem Muskat-Kürbis. Ragout vom Reh mit Speck-Knödel, Rahm-Kohlrabi und hausgemachter Preiselbeeren-Spätburgunder-Sauce. Topfenknödel mit Rotwein-Zwetschgen und Spätburgunder-Sorbet.

Menu 33/89 € – Karte 28/57 €

Obertorstraße 13 ✉ *97828 –* ✆ *09391 6004801 – www.weinhaus-anker.de –*
Geschlossen mittags: Dienstag

MASELHEIM

Baden-Württemberg – Regionalatlas **64**–I20 – Michelin Straßenkarte 545

In Maselheim-Sulmingen Nord-West: 2,5 km

⊛ Lamm   🏠 ✿ **P**

REGIONAL · LÄNDLICH XX Einladend ist hier schon die sehr gepflegte Fassade. Drinnen wird man überaus freundlich empfangen, nimmt in charmantem Ambiente Platz und isst auch noch ausgesprochen gut! Der Chef kocht klassisch, reduziert und mit ausgesuchten Produkten. Probieren Sie z. B. "Zander auf getrüffeltem Erdfrüchteragout". Und als Dessert vielleicht "Schokoladentarte mit Bratapfeleis"?

Spezialitäten: Gerollte Maultaschen vom Lamm, Birne, Bohne und Speck. Gebratene Rehkeule, Selleriemousseline und Apfelcrêpe. Aprikosensorbet mit Lavendel.

Menu 44/75 € – Karte 33/52 €

Baltringer Straße 14 ✉ *88437 –* ✆ *07356 937078 – www.sulminger-lamm.de –*
Geschlossen 1.-6. Januar, 1.-7. Juni, 16. August-6. September, Montag, Dienstag,
mittags: Mittwoch-Samstag

MASSWEILER

Rheinland-Pfalz – Regionalatlas **46**–D17 – Michelin Straßenkarte 543

⫯○ Borst   ⇦ 🏠 ✿ **P**

FRANZÖSISCH-KLASSISCH · FAMILIÄR XX Mit seiner ambitionierten klassischen Küche ist das moderne Restaurant gewissermaßen der kulinarische Leuchtturm der Region. Seit 1988 sind die Gastgeber freundlich und engagiert bei der Sache und bieten z. B. "Hirschrücken in Sommertrüffeljus auf Wirsinggemüse". Zum Übernachten: einfache, gepflegte Zimmer im Gästehaus gegenüber.

Menu 46/79 € – Karte 53/77 €

Luitpoldstraße 4 ✉ *66506 –* ✆ *06334 1431 – www.restaurant-borst.de –*
Geschlossen Montag, Dienstag

MAXHÜTTE-HAIDHOF

Bayern – Regionalatlas **58**–M17 – Michelin Straßenkarte 546

In Maxhütte-Haidhof - Ponholz

⊛ Alte Post - Kandlbinder Küche   🏠 ✿ **P** 🚭

REGIONAL · FREUNDLICH XX In der alten Post von 1766 macht es Spaß, zu essen! In sehr geschmackvollem Ambiente serviert man regional-saisonale Küche mit internationalen Einflüssen. Aus frischen, guten Produkten entstehen z. B. "geschmorte Ochsenbäckchen mit Kürbispüree" oder "gebratene Jakobsmuschel, Portulak, Avocadocreme, Safransauce". Interessant auch das Gourmetmenü.

Spezialitäten: Lammfilet, Artischocken, Auberginen, Rauchpaprikasauce. Kalbs-bäckchen, Kartoffelpüree, Lauch, Estragonsenfsauce. Grießflammerie.

Menu 37/75€ – Karte 29/65€

Postplatz 1 ✉ 93142 – ☎ 09471 6050646 – www.kandlbinders-kueche.de –
Geschlossen Dienstag, Mittwoch, mittags: Montag und Donnerstag-Samstag

MEDDERSHEIM
Rheinland-Pfalz – Regionalatlas **46**–D15 – Michelin Straßenkarte 543

⊛ Landgasthof zur Traube 🏠 ⇄ 🅿

REGIONAL · GASTHOF ⅔ Schon seit 1998 haben Ingrid und Herbert Langendorf ihr gemütlich-rustikales Lokal in dem hübschen Naturstein-Fachwerk-Haus. Gekocht wird richtig gut - es gibt regional und klassisch geprägte Gerichte wie z. B. "Schweinebäckchen, Wirsinggemüse, Kartoffelknödel". Oder vielleicht ein Fischgericht? Dazu regionale Weine.

Spezialitäten: Blutwurstscheiben, Kartoffelragout, marinierte Pfifferlinge. Enten-brust, Karotten-Perlgraupenrisotto, Preiselbeersauce, gebratener Romanasalat. Karamellisierte Vanillecreme mit Eis und Physalis.

Menu 28/58€ – Karte 30/58€

Sobernheimer Straße 2 ✉ 55566 – ☎ 06751 950382 – www.langendorfstraube.de –
Geschlossen 13. Juli-6. August, 21.-31. Dezember, Montag, Dienstag, Mittwoch,
abends: Sonntag

MEERBUSCH
Nordrhein-Westfalen – Regionalatlas **25**–B11 – Michelin Straßenkarte 543
Siehe Düsseldorf (Umgebungsplan)

In Meerbusch-Büderich

⊛ Anthony's Kitchen 🏠 A/C

KREATIV · TRENDY ⅔ Einen schicken Mix aus Restaurant und Kochschule hat Gastgeber Anthony Sarpong hier. Der gebürtige Ghanaer kann sich auf ein tolles Team verlassen: Die Brigade um Küchenchef Leonardo Oddone Guelbenzú ver-arbeitet ausgesuchte Zutaten zu kreativen Gerichten und bindet dabei südame-rikanische und asiatische Einflüsse perfekt ein - klasse z. B. das peruanische Lable-Rouge-Lachs-Sashimi. Da merkt man nicht nur die Reisen des Chefs um die halbe Welt, man spürt auch die Liebe der Köche zum Beruf! Die Gerichte tref-fen ebenso den Zeitgeist wie das klare moderne Design und die legere Atmo-sphäre. Das motivierte junge Serviceteam gibt einem das Gefühl, wirklich will-kommen zu sein - auch der Patron selbst ist im Restaurant präsent, und es macht ihm sichtlich Freude, sich um seine Gäste zu kümmern!

Spezialitäten: Schweinebauch, Topinambur, Meerrettich, Kirsche. Rochenflügel, Kürbis, Pfifferlinge, Sauerampfer. Maiz Morado-Cheescake, Schokolade, Johannis-beere.

Menu 95/125€

Stadtplan: A1-b *– Moerser Straße 81 ✉ 40667 – ☎ 02132 9851425 –*
www.anthonys.kitchen – Geschlossen 1.-20. August, Montag, Dienstag, Mittwoch,
mittags: Donnerstag-Sonntag

ⅰ○ Landhaus Mönchenwerth 🠔 🏠 ⇄ 🅿

KLASSISCHE KÜCHE · ELEGANT ⅔⅔ In dem einladenden Landhaus direkt am Rhein (toll die Terrasse!) bietet man mediterran und modern beeinflusste Küche - da macht z. B. "Maibock mit karamellisiertem Rhabarber und Marsala-Jus" Appe-tit. Sehr charmant der Service.

Menu 65/85€ – Karte 55/90€

Stadtplan: B1-c *– Niederlöricker Straße 56 ✉ 40667 – ☎ 02132 757650 –*
www.moenchenwerth.de – Geschlossen Montag, mittags: Dienstag-Samstag

⛶○ **WINELIVE im Lindenhof**

MEDITERRAN · BISTRO ⅹ In dem netten Backsteinhaus wählt man von einer internationalen Karte. Dazu gibt es eine schöne Weinauswahl (rund 40 Weine werden offen ausgeschenkt) und gemütliche Bistro-Atmosphäre. Angeschlossen die Vinothek.

Karte 29/49 €

Stadtplan: A1-a – *Dorfstraße 48* ✉ *40667* – ✆ *02132 6586460* – *www.winelive.de* – *Geschlossen Montag*

MEERFELD

Rheinland-Pfalz – Regionalatlas **45**-B14 – Michelin Straßenkarte 543

⛶ **Poststuben**

INTERNATIONAL · GEMÜTLICH ⅹ Kein Wunder, dass man so viele Gäste hat: Man wird aufmerksam umsorgt und die regional-saisonale Küche ist frisch und schmackhaft, so z. B. "geschmortes Rinderbäckchen mit Steinpilzen" oder "Eifeler Forelle im Ganzen gebraten mit zerlassener Butter und Salzkartoffeln". Neben dem Restaurant hat der traditionsreiche Familienbetrieb "Zur Post" auch gepflegte Gästezimmer.

Spezialitäten: Cremesuppe von Pfifferlingen, Croûtons, Milchschaum. Maishähnchenbrust in der Parmesan-Ei-Hülle, Ofengemüse, gebackene Risottobällchen. Lauwarmes Schokoladenküchlein, Mangosorbet.

Menu 37 € – Karte 37/52 €

Meerbachstraße 24 ✉ *54531* – ✆ *06572 931900* – *www.die-post-meerfeld.de* – *Geschlossen Montag, Dienstag, mittags: Mittwoch-Samstag*

MEERSBURG

Baden-Württemberg – Regionalatlas **63**-G21 – Michelin Straßenkarte 545

⛶ **Casala**

MODERNE KÜCHE · ELEGANT ⅩⅩ Ist es nicht herrlich, hier bei schönem Wetter auf der Terrasse zu sitzen und auf den Bodensee zu schauen? Und wenn man dann auch noch Sterneküche genießen darf... Dass es die bei den engagierten Inhabern Manfred und Susanne Lang gibt, ist der Verdienst von Küchenchef Markus Philippi. Er kocht modern und saisonal. Sehr gut ausbalanciert und aromareich ist nicht nur der Hohentwieler Wasserbüffel mit toller Röstzwiebeljus, Kartoffelsoufflé und Gartengemüse. Dem niveauvollen Essen wird auch das hochwertige und wirklich geschmackvolle Interieur gerecht, zu dem sich auch noch ein ausgesprochen zuvorkommender, freundlicher und kompetenter Service gesellt. Hier trägt auch der versierte Sommelier mit seinen sehr guten Weinempfehlungen zum runden Bild bei.

Spezialitäten: Wildlachs „Barrique", Kaviar, Apfel, Meerrettich. Lamm, Tomate, Polenta, Bohnen. Kokosnuss, Jasminreis, Maracuja.

Menu 104/140 €

Hotel Residenz am See, Uferpromenade 11 ✉ *88709* – ✆ *07532 80040* – *www.hotel-residenz-meersburg.com* – *Geschlossen 2. Februar-5. März, 25. Oktober-24. November, Montag, Dienstag, Mittwoch, mittags: Donnerstag-Sonntag*

⛶○ **Residenz am See**

ZEITGENÖSSISCH · ELEGANT ⅩⅩ Auch im Zweitrestaurant der "Residenz am See" erwartet Sie hochwertige Gastronomie! In elegantem Ambiente wird man aufmerksam umsorgt, z. B. mit "Hechtklößchen, Krustentierschaum, Pulpo, Blattspinat" oder "Allgäuer Reh, Kräuterpilze, Brokkoli, Topfenspätzle". Mittags etwas einfachere Karte. Schön die Plätze am Fenster oder auf der Terrasse mit Seeblick!

Menu 26 € (Mittags), 39/66 €

Hotel Residenz am See, Uferpromenade 11 ✉ *88709* – ✆ *07532 80040* – *www.hotel-residenz-meersburg.com* – *Geschlossen 2. Februar-5. März, mittags: Montag-Donnerstag*

Residenz am See

BOUTIQUE-HOTEL · MODERN Das charmante Haus liegt nicht nur herrlich an der Seepromenade, sondern auch noch praktisch gegenüber der Therme Lindau! Sie wohnen in sehr geschmackvoller Atmosphäre in stilvollen und individuell gestalteten Zimmern, genießen ein wunderbares Frühstück und werden herzlich umsorgt. Dazu lässt das Haus gastronomisch kaum Wünsche offen!

23 Zimmer ⌑ – †† 194/302 € – 2 Suiten

Uferpromenade 11 ⊠ 88709 – ℰ 07532 80040 –
www.hotel-residenz-meersburg.com – Geschlossen 2. Februar-5. März

❀ **Casala** · ⫶○ **Residenz am See** – Siehe Restaurantauswahl

Villa Seeschau

VILLA · INDIVIDUELL Diese Villa ist ein Ort voller Stil und Charme! Die Liebe zum Detail und das Engagement der Gastgeberin merkt man an der geschmackvollen, sehr persönlichen und individuellen Einrichtung (toll z. B. die "Grande Suite"), am schönen Frühstück und am aufmerksamen Service! Dazu der herrliche Blick auf Bodensee und Altstadt - diese erreicht man in nur 5 Gehminuten.

18 Zimmer ⌑ – †† 130/299 €

Von-Laßberg-Straße 12 ⊠ 88709 – ℰ 07532 434490 – www.hotel-seeschau.de –
Geschlossen 1. Januar-15. März, 1. November-31. Dezember

3 Stuben ✿ 🗄 🅿

HISTORISCH · INDIVIDUELL Das sympathische Hotel befindet sich in einem hübschen restaurierten Fachwerkhaus in der Altstadt. Auf die Gäste warten hier individuell und wohnlich gestaltete Zimmer und ein ansprechendes Restaurant in hellen, warmen Tönen. Gekocht wir saisonal-international.

28 Zimmer ⌑ – †† 120/180 €

Kirchstraße 7 ⊠ 88709 – ℰ 07532 80090 – www.3stuben.de – Geschlossen 1.
Januar-10. März, 15.-31. Dezember

MEININGEN

Thüringen – Regionalatlas **39**–J13 – Michelin Straßenkarte 544

⫶○ Posthalterei

INTERNATIONAL · GEMÜTLICH �XX Auch bei Theaterbesuchern beliebt! Schön sitzt man an gut eingedeckten Tischen, umgeben von warmem Holz, alten Natursteinbögen und hübscher Deko. Es gibt z. B. "Blutwursttravioli mit Champagnerkraut" oder "Kalbsrücken in Miso-Soja". Gut sortierte Weinkarte. Das Restaurant befindet sich übrigens im traditionsreichen "solewerk Hotel Sächsischer Hof".

Menu 39/59 € – Karte 37/66 €

Georgstraße 1 ⊠ 98617 – ℰ 03693 4570 – www.saechsischerhof.com –
Geschlossen Montag, Dienstag, Sonntag, mittags: Mittwoch-Samstag

MEISENHEIM

Rheinland-Pfalz – Regionalatlas **46**–D16 – Michelin Straßenkarte 543

⊛ Meisenheimer Hof

MARKTKÜCHE · GEMÜTLICH X In den drei hübschen kleinen Restaurantstuben lässt man sich in ungezwungener Atmosphäre von Chef Markus Pape richtig gut bekochen - auf der Karte z. B. "Filet vom Hunsrücker Saibling, wilder Brokkoli, Zitronen-Graupen, Beurre Blanc". Dazu viele Eigenbau-Weine und eine unerwartete Bordeaux-Auswahl.

Spezialitäten: Beef Tea vom Glandrind, Ravioli, Kräuterroyal, Markklößchen. Sobernheimer Wildschwein, Zwiebel, Pfefferkraut, Alsenzer Kartoffel, Senfjus. Karamellisierte Creme vom Sauerrahm, Waldbeersorbet, weiße Schokolade, Mandelknusper.

Menu 37/119 € – Karte 35/71 €

Hotel Meisenheimer Hof, Obergasse 33 (Zufahrt über Stadtgraben) ⊠ 55590 –
ℰ 06753 1237780 – www.meisenheimer-hof.de – Geschlossen 1.-19. Januar, 28.
September-3. Oktober, Montag, mittags: Dienstag-Sonntag

🏠 Meisenheimer Hof 🛋 🅿

HISTORISCH · INDIVIDUELL Schön vereint das aufwändig sanierte Gebäudeensemble Historie (alte Böden, Antiquitäten...) und Moderne. Speziell: einstiges Stadtkino als Open-Air-Veranstaltungsraum. Gegenüber das Café "Meisentörtchen" mit Kuchen, Feinkost und kleiner Bücherauswahl. Zudem gibt es das "Kochhaus": ein Gästehaus mit Kochschule.

20 Zimmer 🖴 – 🛏 125/169 € – 4 Suiten

Obergasse 33 (Zufahrt über Stadtgraben) ✉ 55590 – ✆ 06753 1237780 –
www.meisenheimer-hof.de – Geschlossen 1.-17. Januar

🍽 **Meisenheimer Hof** – Siehe Restaurantauswahl

MEPPEN
Niedersachsen – Regionalatlas **16**–D7 – Michelin Straßenkarte 543

🍽 von Euch ⇔ 🛋 & 🎧 ⇵ 🚗

INTERNATIONAL · FREUNDLICH ✕✕ Schön sitzt man im hellen, eleganten Restaurant oder auf der begrünten Terrasse hinterm Haus. Auf der Karte z. B. "Bäckchen vom Limburger Klosterschwein, Kartoffelcreme, glasierte Karotten, Portwein-Jus" oder "gegrillter Hummer, Safran-Risotto, Gemüse, Limetten-Beurre-Blanc". Im gleichnamigen Hotel finden Sie tipptopp gepflegte, neuzeitlich eingerichtete Zimmer.

Menu 29/59 € – Karte 29/39 €

Kuhstraße 21 ✉ 49716 – ✆ 05931 4950100 – *www.voneuch.de – Geschlossen 1.-5.*
Januar, Sonntag, mittags: Montag-Samstag

MERGENTHEIM, BAD
Baden-Württemberg – Regionalatlas **49**–I16 – Michelin Straßenkarte 545

🍽 Bundschu ⇔ 🛋 & 🅿 🚗

MARKTKÜCHE · BÜRGERLICH ✕✕ Hier wird regional, saisonal und mit mediterranen Einflüssen gekocht. Nach wie vor ein Klassiker: die Bouillabaisse. Oder mögen Sie lieber "Schwäbischen Rostbraten, Röstzwiebelchen, Kalbsjus, Dinkelspätzle, Maultasche"? Schön die Terrasse zum Garten. Familie Bundschu bietet in ihrem Haus auch sehr gepflegte Gästezimmer.

Menu 30/46 € – Karte 23/48 €

Milchlingstraße 24 ✉ 97980 – ✆ 07931 9330 – *www.hotel-bundschu.de –*
Geschlossen Montag

MESCHEDE
Nordrhein-Westfalen – Regionalatlas **27**–F11 – Michelin Straßenkarte 543

🍽 Von Korff 🕸 ⇔ 🛋 & ⇵ 🅿

INTERNATIONAL · GERADLINIG ✕✕ Das Restaurant im gleichnamigen Hotel - ein Patrizierhaus von 1902 nebst architektonisch gelungener Erweiterung - bietet internationale Küche in ansprechendem geradlinigem Ambiente. Schöne Auswahl an Bordeaux-Weinen.

Menu 25/69 € – Karte 28/65 €

Le-Puy-Straße 19 ✉ 59872 – ✆ 0291 99140 – *www.hotelvonkorff.de –*
Geschlossen Sonntag

In Meschede-Remblinghausen Süd: 6 km

🍽 Landhotel Donner ⇔ 🛋 & ⇵ 🅿

REGIONAL · LÄNDLICH ✕✕ Hier kocht man klassisch-regional, auf der Karte z. B. "geschmorte Wildschweinkeute in Wacholderjus". Gemütlich das Ambiente: hübsche ländliche Gaststuben mit hochwertigen Stoffen und warmem Holz. Und nachmittags selbst gebackenen Kuchen auf der schönen Gartenterrasse? Sehr gepflegt übernachten kann man ebenfalls.

Menu 37/49 € – Karte 26/57 €

Zur Alten Schmiede 4 ✉ 59872 – ✆ 0291 952700 – *www.landhotel-donner.de –*
Geschlossen Mittwoch, mittags: Montag

MESSKIRCH
Baden-Württemberg – Regionalatlas **63**–G20 – Michelin Straßenkarte 545

In Meßkirch-Menningen Nord-Ost: 5 km über B 311

🍴○ **Zum Adler Leitishofen**   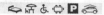

REGIONAL · GASTHOF XX Etwas abseits liegt dieser familiengeführte Gasthof samt netter Terrasse mit Blick ins Grüne. Gekocht wird regional-bürgerlich mit internationalen Einflüssen, vom "Schweinerückensteak mit Bärlauchkruste" bis zur "mediterranen Fischsuppe".

Menu 14 € (Mittags), 27/36 € – Karte 22/51 €

Leitishofen 35 ⊠ 88605 –
𝒞 07575 925080 – www.adler-leitishofen.de – Geschlossen 20. Januar-13. Februar, Dienstag, mittags: Mittwoch

METZINGEN
Baden-Württemberg – Regionalatlas **55**–G19 – Michelin Straßenkarte 545

🍴○ **Zur Schwane**

MARKTKÜCHE · LANDHAUS X Hier wird das Thema Alb groß geschrieben. Beim saisonal wechselnden Speiseangebot legt man Wert auf gute Produkte aus der Region. Beliebt auch die "Mittags-Specials" von "Low Carb" bis "Vegi". Hingucker im Restaurant ist ein großes Panoramabild der Schwäbischen Alb. Tipp: Im Haus hat man auch schicke Gästezimmer, zudem ist die Lage in der "Outlet-City" interessant.

Menu 37/60 € – Karte 28/77 €

Bei der Martinskirche 10 ⊠ 72555 –
𝒞 07123 9460 – www.schwanen-metzingen.de

MICHENDORF
Brandenburg – Regionalatlas **22**–O8 – Michelin Straßenkarte 542

In Michendorf-Wildenbruch Süd-Ost: 4 km

🏠 **Gasthof Zur Linde**   ⚙ 🅿

LANDHAUS · GEMÜTLICH Auf einem schönen, ehemals bäuerlich genutzten Anwesen gegenüber der Kirche übernachten Sie bei freundlichen Gastgebern in individuellen, überaus wohnlichen und modernen Zimmern, darunter eine Ferienwohnung im Nebengebäude. Regionale Küche im charmant-rustikalen Restaurant - im Sommer ist der Hofgarten gefragt.

8 Zimmer ⌇ – †† 100/190 €

Kunersdorfer Straße 1 ⊠ 14552 –
𝒞 033205 23020 – www.linde-wildenbruch.de

MIESBACH
Bayern – Regionalatlas **66**–M21 – Michelin Straßenkarte 546

🍴○ **MANUELIS**

MARKTKÜCHE · NACHBARSCHAFTLICH X Richtig charmant ist das kleine Restaurant mit seiner betont legeren, lockeren Atmosphäre. Aus regionalen Produkten entstehen z. B. "Ziegenkäse, Blätterteig, Honig" oder "Wildfang-Saibling, Navetten, Rote-Beete-Knödel". Dazu ausschließlich deutsche Weine. Freitagabends nur ein 5-Gänge-Überraschungsmenü.

Karte 42/63 €

Kolpingstraße 2 ⊠ 83714 –
𝒞 08025 9229693 – www.manuelis.de – Geschlossen Montag, Dienstag, mittags: Mittwoch-Sonntag

MINTRACHING

Bayern – Regionalatlas **58**–N18

In Mintrachting-Sengkofen Süd-Ost: 6 km über Regensburgerstraße

🍽️ Gasthaus zum Goldenen Krug ⛲ 🅿️

MODERNE KÜCHE · GEMÜTLICH ※ Man kann das Gasthaus an der Ortseinfahrt eigentlich nicht verfehlen! Drinnen ist es gemütlich-rustikal, draußen auf der Terrasse spenden im Sommer große Bäume Schatten. Gern kommt man auch aus der weiteren Umgebung, um hier richtig gut zu essen, z. B. "2erlei Iberico-Schwein, Maronijus, Schwarzwurzel-Wirsinggemüse".

Spezialitäten: Geschäumte Kürbis-Kokossuppe mit eingelegtem Kürbis und Frischkäse. Loup de Mer mit Tomaten-Kapernbutter, Artischokengemüse, Auberginencreme und hausgemachten Gnocchi. Pflaume und Fenchel, Rosmarin Panna Cotta, Fenchel-Anissorbet und Aprikose.

Menu 69 € – Karte 36/57 €

Brunnenstraße 6 ✉ 93098 – ☎ 09406 2855811 – www.zum-goldenen-krug.de –
Geschlossen Montag, Dienstag, mittags: Mittwoch-Samstag

MITTENWALD

Bayern – Regionalatlas **65**–L22 – Michelin Straßenkarte 546

✿ Das Marktrestaurant (Andreas Hillejan) ⛲ 🌀

REGIONAL · GERADLINIG ※※ Ursprünglich stammt Andreas Hillejan vom Niederrhein, doch vor einigen Jahren verschlug es ihn nach Oberbayern, wo er in dem wunderschönen, von Alpengipfeln umgebenen Örtchen Mittenwald mit seinen bunt bemalten Häusern und seiner Geigenbaugeschichte ein eigenes Lokal eröffnete – und es hat sich gelohnt! Mit seiner eigenen verfeinerten Wirtshausküche kommt er richtig gut an. In legerer, unkomplizierter Atmosphäre gibt es finessenreiche, ausdrucksstarke Gerichte mit regionalem Anstrich. Die Gäste finden auf der Karte Köstliches wie Schwarzfederhuhn mit Kaspressknödel, Ei, Spinat und Trüffel, aber auch Bodenständigeres wie Wiener Schnitzel mit Kartoffel-Radieschen-Salat oder Rostbraten - und all das auch noch zu einem hervorragenden Preis-Leistungs-Verhältnis!

Spezialitäten: Mittenwalder Forelle, Pilzsud, geräuchertes Ei, Rettich. Lamm, Karotte, Purple Curry, Kartoffel. Kastanien-Grießknödel, Quitte, Mädesüß, Dörrtrauben, Kürbiskernölbrösel.

Menu 56/97 € – Karte 40/73 €

Dekan-Karl-Platz 21 ✉ 82481 – ☎ 08823 9269595 – www.das-marktrestaurant.de –
Geschlossen Montag, Sonntag

MÖLLN

Schleswig-Holstein – Regionalatlas **11**–K5 – Michelin Straßenkarte 541

🍽️ Zum Weissen Ross ⬦ ⬦ ⛲ 🌀 🅿️

MARKTKÜCHE · FAMILIÄR ※※ Wer in dem traditionsreichen Familienbetrieb speist, kann direkt auf den Stadtsee schauen - oder in die offene Küche. Mittags sind die einfacheren Tagesessen gefragt, abends bietet man interessante Gerichte wie "Seezungenfilets in Brioche gebacken". Tipp: Das hausgemachte Sonnenblumenkernbrot ist ein Gedicht!

Menu 32/60 € – Karte 30/59 €

Hauptstraße 131 ✉ 23879 – ☎ 04542 2772 – www.weissesross.com –
Geschlossen Montag, abends: Sonntag

MÖNCHENGLADBACH

Nordrhein-Westfalen – Regionalatlas **35**–B11 – Michelin Straßenkarte 543

In Mönchengladbach-Hardt West: 6 km

۩○ Lindenhof-Kasteel

MODERNE KÜCHE · GASTHOF XX Eine gefragte Adresse ist das familiengeführte Restaurant in dem gleichnamigen Hotel. In schönem Ambiente (die Deckenbalken sind ein Relikt aus dem ursprünglichen Haus von 1682) serviert man moderne, ambitionierte und produktorientierte Küche - alles ist hausgemacht!

Menu 39/89€ - Karte 48/79€

Vorster Straße 535 ⊠ 41169 - ℰ 02161 551122 - www.lindenhof-mg.de -
Geschlossen Montag, Sonntag, mittags: Dienstag-Samstag

MOERS

Nordrhein-Westfalen - Regionalatlas **25**-B11 - Michelin Straßenkarte 543

۩○ Kurlbaum

KLASSISCHE KÜCHE · ELEGANT XX Über zwei Etagen verteilt sich das zeitlos-elegante Restaurant - im Sommer gibt es zudem einige Plätze draußen in der Fußgängerzone. Man hat hier zahlreiche Stammgäste, und die mögen die klassisch geprägte Küche. Gerne kommt man auch zur Mittagszeit - da gibt es ein 2-Gänge-Menü zu einem attraktiven Preis!

Menu 25€ (Mittags), 49/85€ - Karte 49/67€

Burgstraße 7 ⊠ 47441 - ℰ 02841 27200 - www.restaurant-kurlbaum.de -
Geschlossen 1.-10. Januar, Dienstag, mittags: Montag und Samstag-Sonntag

MOLFSEE

Schleswig-Holstein - Regionalatlas **3**-I3 - Michelin Straßenkarte 541

⊛ Bärenkrug

REGIONAL · LÄNDLICH X Von der "Friesenstube" bis zum lauschigen Hofgarten, hier darf man sich auf einen Mix aus Holsteiner und gehoben-internationaler Küche freuen. Lust auf "Sauerfleisch mit Bratkartoffeln" oder "geschmorte Markeruper Entenbrust, Jus, Cashewnüsse, grüner Spargel"?

Spezialitäten: Molfseer Bouillabaisse. Adlerfisch, Rieslingsauce, Fenchel-Orangengemüse, Graupenrisotto, bunte Kartoffelchips. Topfenknödel, Nougat, Mandelschaum, Quitte, Dominostein-Cremeeis.

Menu 27€ (Mittags), 44/59€ - Karte 36/61€

Hotel Bärenkrug, Hamburger Chaussee 10 ⊠ 24113 - ℰ 04347 71200 -
www.baerenkrug.de - Geschlossen 23. März-5. April, 5.-18. Oktober, 21. Dezember-3.
Januar, Montag, Dienstag, mittags: Mittwoch-Freitag

🏠 Bärenkrug

GASTHOF · GEMÜTLICH In dem historischen Gasthof, den Familie Sierks seit 1919 betreibt, fühlt man sich einfach wohl, denn das Haus wird engagiert geführt und die Zimmer sind hübsch und richtig wohnlich. Praktisch für Stadttouristen: Das Zentrum von Kiel ist nur 10 km entfernt.

36 Zimmer ⊆ - ♥♥ 125/145€

Hamburger Chaussee 10 ⊠ 24113 - ℰ 04347 71200 - www.baerenkrug.de
⊛ **Bärenkrug** - Siehe Restaurantauswahl

MONTABAUR

Rheinland-Pfalz - Regionalatlas **37**-E14 - Michelin Straßenkarte 543

⊛ Kroli am Markt ◍

FRANZÖSISCH ZEITGENÖSSISCH · TRENDY X Im 1. Stock eines schmucken alten Fachwerkhauses in der Altstadt findet man das kleine Restaurant, das zum Hotel "Schloss Montabaur" gehört. Attraktiv der Mix aus modernem Interieur und historischem Rahmen. Das Konzept: Hier kochen und servieren Azubis. Aus regionalen Produkten entstehen richtig gute saisonale Gerichte.

Spezialitäten: Forelle, Aubergine, Radieschen. Saibling, Pfifferlinge, Lauch. Aprikosen, Basilikum, Schokolade.

Menu 36/48 € – Karte 36/48 €

Großer Markt 4 ⊠ 56410 – ℰ 02602 9978069 – www.hotelschlossmontabaur.de –
Geschlossen 1.-8. Januar, 19. Juli-11. August, Montag, Dienstag, Sonntag,
mittags: Mittwoch-Samstag

MOOS BEI DEGGENDORF
Bayern – Regionalatlas **59**–O18 – Michelin Straßenkarte 546

⊪○ [KOOK] 36
INTERNATIONAL · FREUNDLICH ✕✕ Ein freundliches modernes Restaurant in einer ruhigen Wohngegend, in dem Ihnen ein sympathisches Team internationalsaisonale Speisen wie "Ente, Polenta, Sherry, Rotkohl" bietet. Und wie wär's mit einem Aperitif oder Digestif in der Lounge mit ihren bequemen Chesterfield-Sesseln? Im Sommer lockt die schöne Terrasse.

Menu 46/61 € – Karte 39/68 €

Thundorfer Straße 36 ⊠ 94554 – ℰ 09938 9196636 – www.kook36.com –
Geschlossen Montag, Dienstag, mittags: Mittwoch-Freitag

MORITZBURG
Sachsen – Regionalatlas **43**–Q12 – Michelin Straßenkarte 544

⊪○ Adams Gasthof
MARKTKÜCHE · LÄNDLICH ✕ Die ehemalige sächsisch-königliche Ausspanne von 1675 ist ein sympathischer Gasthof, der idyllisch an einem Teich liegt - wunderbar die Terrasse! Gekocht wird frisch und mit vielen regionalen Produkten, z. B. "Lachsforelle aus dem Rauch, Meerrettich, Rote Bete, Kraut".

Karte 21/37 €

Markt 9 ⊠ 01468 – ℰ 035207 99775 – www.adamsgasthof.de

MOSBACH
Baden-Württemberg – Regionalatlas **48**–G17 – Michelin Straßenkarte 545

In Mosbach-Nüstenbach Nord-West: 4 km Richtung Reichenbach

⊪○ Landgasthof zum Ochsen
MARKTKÜCHE · GEMÜTLICH ✕✕ Auch unter den neuen Betreibern ist der traditionsreiche Gasthof in dem kleinen Ort im Grünen eine charmante Adresse. In gemütlichen Stuben oder auf der lauschigen Terrasse serviert man eine frische saisonale Küche mit mediterranen Einflüssen, so z. B. "Ragout vom Sommerbock" oder "Lammkarree unter der Olivenkruste". Für besondere Anlässe: die tolle "Ox-Scheune".

Menu 35/49 € – Karte 33/57 €

Im Weiler 6 ⊠ 74821 – ℰ 06261 15428 – www.restaurant-zum-ochsen.de –
Geschlossen 17.-27. Februar, Montag, Dienstag, mittags: Mittwoch-Samstag

MÜHLHEIM AM MAIN
Hessen – Regionalatlas **48**–G15 – Michelin Straßenkarte 543

In Mühlheim-Lämmerspiel Süd-Ost: 5 km über Lämmerspieler Straße

🏠 Landhaus Waitz
LANDHAUS · INDIVIDUELL Motto des engagiert geführten Hauses: "Tradition, Evolution, Innovation". Man hat individuelle Zimmer von modern-toskanischem Landhausstil bis klassisch-elegant (drei Zimmer sind große Maisonetten), dazu die moderne "Steff's Lounge" (beliebt hier der Mittagstisch) und die gemütliche Zigarrenbar "Fledermaus".

74 Zimmer – 🛏 150/350 € – ⊇ 15 € – 7 Suiten

Bischof-Kettelerstraße 26 ⊠ 63165 – ℰ 06108 6060 – www.hotel-waitz.de –
Geschlossen 1.-5. Januar

MÜLHEIM AN DER RUHR
Nordrhein-Westfalen – Regionalatlas **26**–C11 – Michelin Straßenkarte 543

Villa am Ruhrufer

BOUTIQUE-HOTEL · DESIGN Die herrschaftliche Villa an der Ruhr (1898 erbaut) ist der Inbegriff eines Boutique-Hotels: individuell, geradlinig-chic, auffallend wertig! Beispielhaft der Service, z. B. Shuttle zu den eigenen Golfplätzen und in die City. Noch etwas ruhiger schläft man im Hinterhaus. Kleines Speiseangebot für Hausgäste.

6 Zimmer – †† 225/375 € – ⌚ 25 € – 6 Suiten

Dohne 105 ✉ 45468 – ☎ 0208 9413970 – www.villa-am-ruhrufer.de –
Geschlossen 1.-6. Januar, 19.-31. Dezember

MÜLHEIM (MOSEL)
Rheinland-Pfalz – Regionalatlas **46**–C15 – Michelin Straßenkarte 543

Weinromantikhotel Richtershof

HISTORISCH · INDIVIDUELL Schön das historische Gebäudeensemble (einst Weingut), hübsch die Zimmer von "Petit Charme" über "Flair", "Charme" und "Grand" bis zur Juniorsuite und Suite. Reizvolle Gartenanlage und römischer Spa nebst Beauty-Atelier. Sehenswert: Fassweinkran im Frühstücksraum sowie Kellergewölbe auf 1700 qm! Regional-internationale Küche in der "Remise" und im "Culinarium R 2. 0".

40 Zimmer ⌚ – †† 165/215 € – 3 Suiten

Hauptstraße 81 ✉ 54486 – ☎ 06534 9480 – www.weinromantikhotel.com

MÜLLHEIM
Baden-Württemberg – Regionalatlas **61**–D21 – Michelin Straßenkarte 545

⭑○ Taberna

MARKTKÜCHE · HIP ✗ Im Herzen von Müllheim leiten die sympathischen Birks' (sie gebürtige Südafrikanerin, er Engländer) dieses charmante Restaurant. Modern inspirierte Gerichte wie "geschmortes Färsenrind, confierte Chips, Béarnaise" können frei zum Menü kombiniert werden. Tipp: die Terrasse am bzw. über dem Klemmbach!

Menu 19 € (Mittags), 35/59 €

Marktplatz 7 ✉ 79379 – ☎ 07631 174884 – www.taberna-restaurant.de –
Geschlossen Montag, Sonntag

In Müllheim-Feldberg Süd-Ost: 6 km über Vögisheim

⭑○ Ochsen

REGIONAL · GASTHOF ✗ Der Gasthof ist seit seiner Gründung 1763 in Familienbesitz. Drinnen reizende Stuben, draußen eine hübsche Terrasse und ein Innenhof (zur Weihnachtszeit mit kleinem Markt). Es wird frisch gekocht, z. B. "Kutteln in Weißweinsoße" oder "gebratene Dorade auf mediterranem Gemüse". Schön übernachten kann man auch.

Menu 29/58 € – Karte 26/65 €

Bürgelnstraße 32 ✉ 79379 – ☎ 07631 3503 – www.ochsen-feldberg.de –
Geschlossen 3. Februar-5. März, 13. August-9. September, Mittwoch, Donnerstag

MÜNCHEN

Deftig bayerische Küche, wie man sie von
Brauereigaststätten kennt, gehört zur „Weltstadt mit
Herz" wie Frauenkirche, Viktualienmarkt und Englischer
Garten. Aber das ist natürlich längst nicht alles. Die
bayerische Landeshauptstadt ist in Sachen Gastronomie
ebenso innovativ aufgestellt wie beispielsweise Berlin
oder Hamburg. Auch hier heißt der Trend „jung und leger",
und der reicht vom bodenständigen Lieblingslokal für
jeden Tag bis zum 3-Sterne-Restaurant. Gerne beziehen
die Gastronomen ihre Produkte aus der Region, auch
Bio-Qualität steht hoch im Kurs. München hat kulinarisch
eine enorme Bandbreite zu bieten, von zünftig-bayerisch
in Form von Leberkäs, Weißwurst & Co. über regional-
saisonale und internationale Spezialitäten bis zur klassisch-
französischen Hochküche. Auch Pizzerien und „Edel-
Italiener" sind in der „nördlichsten Stadt Italiens" zahlreich
vertreten. Nicht zu vergessen das nach wie vor boomende
vegetarische und vegane Angebot. Tipp: Besuchen Sie
unbedingt einen der tollen Biergärten – die haben hier
Tradition! In diesem Sinne: Servus in „Minga"!

Wir mögen besonders:
Bayerische Wirtshaustradition ebenso kennen lernen wie
absolute Spitzengastronomie, vom **Bratwurstherzl** über
die großen Brauereilokale bis hin zum 3-Sterne-Restaurant
Atelier im Hotel **Bayerischer Hof**. Sterneküche ist
überaus vielfältig vertreten: rein vegetarisch im **Tian**,
französisch-modern im **Les Deux** oder bei Showroom-
Atmosphäre im **EssZimmer** in der BMW-Welt. Oder
vielleicht in einem Streetart-Museum? Das **mural** macht's
möglich. Was man als München-Besucher ebenfalls
gesehen haben sollte, sind Wahrzeichen wie Englischer
Garten, Viktualienmarkt, Marienplatz, Stachus, Platzl oder
Allianz Arena, um nur einige zu nennen! Kulturelle Vielfalt
und eine blühende Hotel- und Restaurantlandschaft von
hypermodern bis klassisch-traditionell... Die bayerische
Landeshauptstadt ist immer eine Reise wert!

• Regionalatlas 65-L20
• Michelin Straßenkarte 546

M. Ripani/Sime/Photononstop

UNSERE BESTEN RESTAURANTS

STERNE-RESTAURANTS

✿ ✿ ✿

Eine einzigartige Küche - eine Reise wert!

✿ ✿

Eine Spitzenküche - einen Umweg wert!

Eine Küche voller Finesse - einen Stopp wert!

BIB GOURMAND 😋

LightFieldStudios/iStock

UNSERE RESTAURANTAUSWAHL

ALLE RESTAURANTS VON A BIS Z

Kaplanec / iStock

AngiePhotos / iStock

CLFortin / iStock

RESTAURANTS AM SONNTAG GEÖFFNET

UNSERE HOTELAUSWAHL

KhongkitWiriyachan / iStock

A   KARLSFELD   DACHAU   B

DR. MÜNCHEN-ALLACH
Lippweg
A 99
Ludwigsfelder Str.
Dachauer Str.

FASANERIE NORD
Max-Born-Straße

Mitterfeldstraße
Paul-Ehrlich-Weg
Gateboldstraße
A 8
KR. MÜNCHEN-WEST
Langwieder Hauptstr.
LOCHHAUSEN
Stochhausen
A 99

ALLACH
UNTERMENZING
Von-Kahr-Straße
Allacher Str.

MOOSACH
Olympia-Einkaufszentr
MOOSACH BE
Pelkovenstr.
Moosacher Sankt-Martins-Pla
Hugo-Troendle-Straße
Wintrichring

Lochhausener
Mühlangerstraße
Str.
OBERMENZING
Menzinger Str.
Hanauer Str.
Westfriedhe

AUBING
Bergsonstraße
Altostraße
PIPPING
Alte Allee
Pippinger Str.
Verdistraße
Amalienburgstraße
Botanischer Garten
Maria-Ward-Straße
Dall'Armistraße
Nymphenburg
Schloss Nymphenburg
Renatastraße

Aubinger
Bergsonstraße
Dunham-Aubinger Str.
Bodenseestraße
NEUAUBING
Meyerbeer Str.
Pippinger Str.
MÜNCHEN PASING
Rathaus Pasing
Pasing Bahnhof
Offenbachstraße
Am Knie
Landsberger
Westbad
Willibaldplatz
Romanplatz
Hubertusstraße
NEUHAUSEN
Kriemhildenstraße
Steubenplatz
Briefzentrum

Gräfstraße
Lohensteinstraße
Agnes-Bernauer-Platz
Fürstenrieder Str.
Am Lokschuppen
Lautensackstraße
Hans-Thonauer Straße
Westendstraße

Planegger Str.
Blumenauer Str.
PASING
Laimer Pl.
Friedenheimer Str.
Siglstraße
Fachnerstraße
LAIM
Säulingstraße

A 96
LOCHHAM
Lochhamer Str.
Bahnhofstr.
Ammerseestraße
Stegener Weg
38
Senftenauerstraße
UNTERSENDLI
39

GRÄFELFING
BLUMENAU
37
A 96
Gondrellplatz
KLEINHADERN
Haderner Stern
Westpark
Partnachp

Ruffinallee
Würmtalstraße
Großhadern
b
Holzapfelkreuth
Würmtalstraße
Waldfriedhof-Str.
Albert-Ro

Pasinger Str.
MARTINSRIED
Klinikum Großhadern
a
GROSSHADERN
Fürstenrieder Str.
Südpark
MITTERSENDLIN
B 2
Aidenbachstraße

Germeringer Str.
Münchner
Fürstenrieder Str.
Neurieder Str.
Fürstenrieder Wald
Hadener Weg
Tischlerstr.
Forst-Kasten-Allee
2
Forstenrieder Allee
Machtlfinge
Str.

Gautinger Str.
NEURIED
Gautinger Str.
Fürstenried West
A 95
Basler Str.
OBERSENDLIN
Lochhamer Str.

FORST KASTEN
Stäblistraße
Hofbrunn Str.
STOCKDORF
3
FORSTENRIED
Herterichstraße
SOLLN

MÜNCHEN
0   2 km

A   GARMISCH-PARTENKIRCHEN, STARNBERG   B   INNSBRUCK

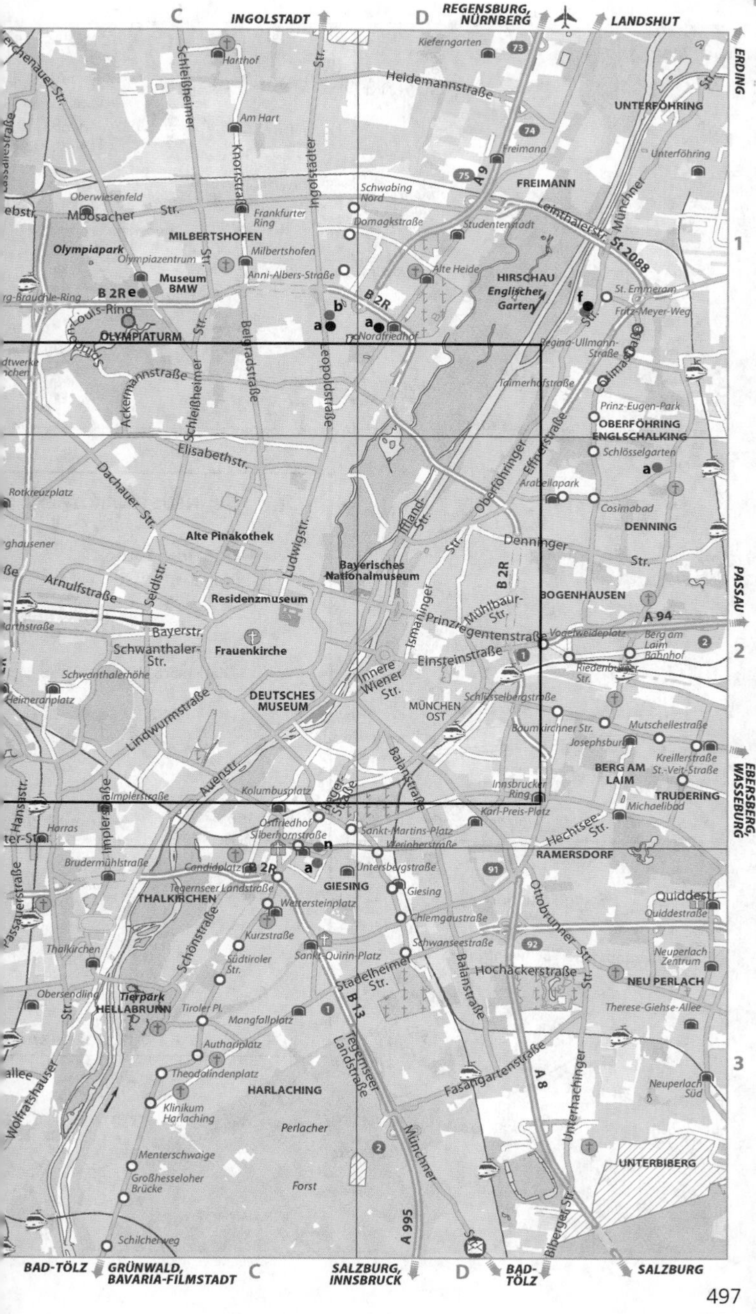
C
INGOLSTADT
D
REGENSBURG, NÜRNBERG
LANDSHUT
ERDING
Lerchenauer Str.
Schleißheimer Str.
Harthof
Kieferngarten
73
Heidemannstraße
UNTERFÖHRING
Am Hart
Knorrstraße
Ingolstädter Str.
74
Freimann
Unterföhring
75
A 9
FREIMANN
Oberwiesenfeld
Moosacher Str.
Frankfurter Ring
Schwabing Nord
Domagkstraße
Studentenstadt
Leinthaler Str. St 2088
Münchner Str.
MILBERTSHOFEN
Milbertshofen
Olympiapark
Olympiazentrum
Anni-Albers-Straße
Alte Heide
HIRSCHAU
Englischer Garten
1
Museum BMW
B 2R
e
b
a
f
St. Emmeram
Fritz-Meyer-Weg
Georg-Brauchle-Ring
Spiridon-Louis-Ring
OLYMPIATURM
Belgradstraße
Leopoldstraße
Nordfriedhof
Regina-Ullmann-Straße
Cosimastraße
Ackermannstraße
Tdimerhofstraße
Prinz-Eugen-Park
OBERFÖHRING
ENGLSCHALKING
Schlösselgarten
Elisabethstr.
Dachauer Str.
Effnerstraße
Oberföhringer Str.
Arabellapark
Rotkreuzplatz
Iffland-Str.
Cosimabad
DENNING
Alte Pinakothek
Ludwigstr.
Denninger Str.
Bayerisches Nationalmuseum
B 2R
Arnulfstraße
Seidlstr.
Residenzmuseum
BOGENHAUSEN
PASSAU
Ismaninger Str.
Mühlbaur-Str.
A 94
Prinzregentenstraße
Vogelweideplatz
Berg am Laim Bahnhof
Bayerstr.
Frauenkirche
Schwanthaler-Str.
Einsteinstraße
Innere Wiener Str.
Riedenburger Str.
2
Schwanthalerhöhe
Heimeranplatz
Lindwurmstraße
DEUTSCHES MUSEUM
MÜNCHEN OST
Schlösselbergstraße
Baumkirchner Str.
Mutschellestraße
Josephsburg
Balanstraße
Kreillerstraße
St.-Veit-Straße
EBERSBERG, WASSEBURG
BERG AM LAIM
Auenstr.
Kolumbusplatz
Innsbrucker Ring
TRUDERING
Michaelibad
Implerstraße
Hansastr.
Harras
Ostfriedhof
Silberhornstraße
Sankt-Martins-Platz
Karl-Preis-Platz
Hechtsee-Str.
Weinbergerstraße
RAMERSDORF
n
Brudermühlstraße
Candidplatz
Untersbergstraße
91
GIESING
Giesing
Tegernseer Landstraße
THALKIRCHEN
Wettersteinplatz
Quiddestr.
Quiddestraße
Passauerstraße
Chiemgaustraße
Kurzstraße
Ottobrunner Str.
Schwanseestraße
92
Thalkirchen
Schönstraße
Südtiroler Str.
Sankt-Quirin-Platz
Neuperlach Zentrum
Stadelheimer Str.
Hochäckerstraße
NEU PERLACH
Obersendling
Tierpark HELLABRUNN
Tiroler Pl.
B 13
Mangfallplatz
Therese-Giehse-Allee
Authariplatz
Fasangartenstraße
3
Theodolindenplatz
HARLACHING
Tegernseer Landstraße
A 8
Neuperlach Süd
Wolfratshauser Str.
Klinikum Harlaching
Perlacher Forst
Unterhachinger Str.
Menterschwaige
Münchner Str.
UNTERBIBERG
Großhesseloher Brücke
A 995
Bibergerstr.
Schilcherweg
BAD-TÖLZ
GRÜNWALD, BAVARIA-FILMSTADT
SALZBURG, INNSBRUCK
BAD-TÖLZ
SALZBURG

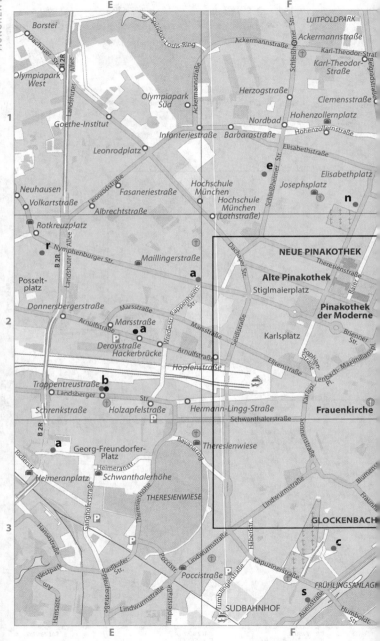

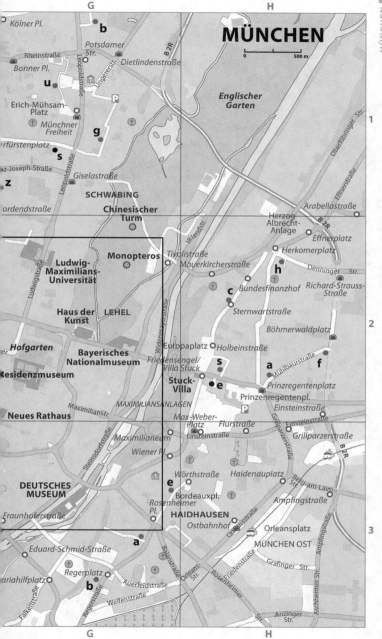

MÜNCHEN

0   500 m

Kölner Pl.   **b**

Potsdamer Str.

Rheinstraße

Bonner Pl.   Dietlindenstraße

u

Erich-Mühsam-Platz

Münchner Freiheit

g

rfürstenplatz   **s**

az-Joseph-Straße   Giselastraße

z

ordendstraße

SCHWABING

Chinesischer Turm

Englischer Garten

Arabellastraße

Herzog Albrecht-Anlage

Effnerplatz

Herkomerplatz

h

Denninger Str.

Richard-Strauss-Straße

Monopteros

Tivolistraße

Mauerkircherstraße

Ludwig-Maximilians-Universität

c

Bundesfinanzhof

Sternwartstraße

Böhmerwaldplatz

Haus der Kunst   **LEHEL**

Hofgarten

Europaplatz   Holbeinstraße

Bayerisches Nationalmuseum

Friedensengel/Villa Stuck

s

a   **f**

Mühlbaurstraße

Residenzmuseum

Stuck-Villa

e

Prinzregentenplatz

Prinzregentenpl.

Einsteinstraße

Neues Rathaus

Maximilianstr.

MAXIMILIANSANLAGEN

Max-Weber-Platz

Flurstraße

Einsteinstraße

Grillparzerstraße

Maximilianeum

Einsteinstraße

Wiener Pl.

DEUTSCHES MUSEUM

Wörthstraße   Haidenauplatz

e

Bordeauxpl.

Berg-am-Laim Str.

Rosenheimer Pl.

HAIDHAUSEN

Ampfingstraße

Fraunhoferstraße

Ostbahnhof

Orleansplatz

MÜNCHEN OST

a

Eduard-Schmid-Straße

Grafinger Str.

ariahilfplatz

b

Regerplatz

Auerfeldstraße

Welfenstraße

Anzinger Str.

G   H

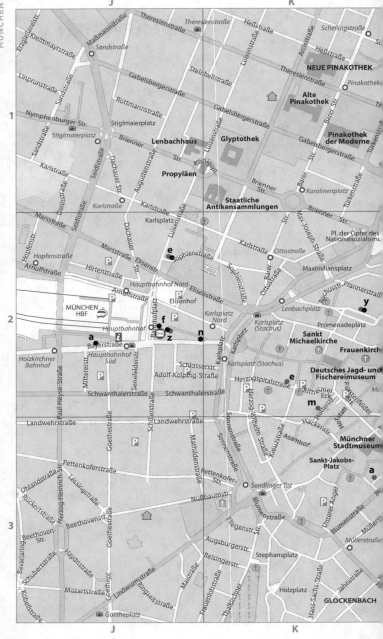

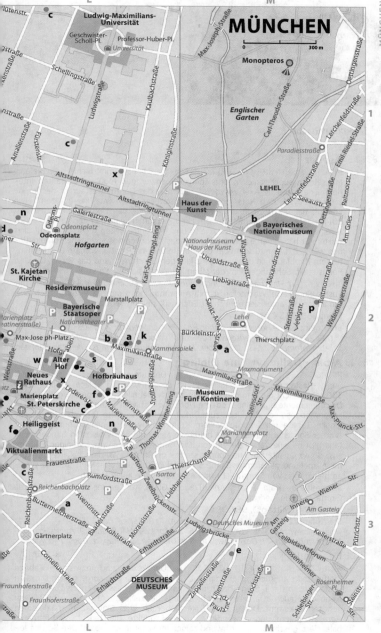

MÜNCHEN

0   300 m

Monopteros

Englischer Garten

Ludwig-Maximilians-Universität

Geschwister-Scholl-Pl.

Professor-Huber-Pl.

Universität

Schellingstraße

Blütenstr.

c

straße

Amalienstraße

Fürstenstr.

Ludwigstraße

Kaulbachstraße

Königinstr.

c

x

Altstadtringtunnel

Altstadtringtunnel

Galeriestraße

n

Odeons-Pl.

Odeonsplatz

Odeonsplatz

d

ner

Str.

Hofgarten

St. Kajetan Kirche

Residenzmuseum

Marstallplatz

Bayerische Staatsoper

Nationaltheater

Marienplatz (Theatinerstraße)

Max-Jose ph-Platz

b

a

k

Maximilianstraße

Kammerspiele

Hofgraben

Weinstraße

W

s

u

Alter Hof

z

Hofbräuhaus

Neues Rathaus

x

Ledererstr.

f

s

Marienplatz

St. Peterskirche

c

Tal

Heiliggeist

f

Viktualienmarkt

c

Reichenbachplatz

Buttermelcherstraße

a

Baaderstraße

Reichenbachstraße

Gärtnerplatz

Frauenstraße

Rumfordstraße

Cornelliusstraße

Fraunhoferstraße

Fraunhoferstraße

Carl-Theodor-Straße

Paradiesstraße

LEHEL

Lerchenfeldstraße

Oettingenstraße

Emil-Riedel-Straße

Seeaustr.

Am Gries

Reitmorstr.

Haus der Kunst

b **Bayerisches Nationalmuseum**

Nationalmuseum/Haus der Kunst

Wagmüllerstr.

Unsöldstraße

Liebigstraße

e

Sankt-Anna-Straße

Lehel

Alexandrastr.

Sternstraße

Veblgstr.

p

Reitmorstraße

Widenmayerstraße

Bürkleinstr.

Thierschplatz

a

Maximilianstraße

Maxmonument

Museum Fünf Kontinente

Maximilianstraße

Steinsdorf-Str.

Maximilianstraße

Max-Planck-Str.

Herrnstraße

r

n

Tal

Thomas-Wimmer-Ring

Isartor

Kartorpl.

Zweibrückenstr.

Marianenplatz

Thierschstraße

Liebherrstr.

P

Isartor

Innere

Wiener Str.

Am Gasteig

Gasteig

Celibidacheforum

Kellerstraße

Püttrichstr.

Deutsches Museum

Ludwigsbrücke

e

Zeppelinstraße

Lilienstraße

Pauly

Morassistraße

Kohlstraße

Erhardtstraße

DEUTSCHES MUSEUM

Erhardtstraße

Hochstraße

Schleibinger Str.

Rosenheimer Pl.

Rosenheimer Str.

Steinstr.

Im Zentrum

Brzozowska/iStock

Restaurants

✿✿✿ Atelier

FRANZÖSISCH-KREATIV • ELEGANT XXX Der Name kommt nicht von ungefähr: Mit seinem super-schicken und ebenso hochwertigen reduziert-eleganten Interieur - designed by Axel Vervoordt - erinnert das Gourmetrestaurant des imposanten „Bayerischen Hofs" an ein Künstleratelier. Auch was hier auf den Teller kommt, hat die Bezeichnung "Kunst" verdient. Mit Jan Hartwig steht seit Mai 2014 ein echtes Ausnahmetalent am Herd - schon in seinem ersten Jahr erkochte er einen MICHELIN Stern, der zweite und der dritte ließen nicht lange auf sich warten! Er hat seinen eigenen Stil: durchdachte, schön ausgewogene Kombinationen wie z. B. Lammrücken vom Gutshof Polting mit Ricotta, Tomate und fermentiertem Knoblauch, in denen er ganz klar den Geschmack und das Produkt in den Fokus stellt. Sehr angenehm der stimmige, professionelle Service.

Spezialitäten: Rauchaal und Jungschweinebauch, Zucchini, Dill, Safran-Dashi mit Pastis. Soufflierte Wachtelbrust mit Amaranth, geschmorten Pilzen, Lauch und Vin Jaune. Karamellisierte Felchlin „Edelweiß" mit Ingwer und Olivenkrokant.

Menu 185/245 €

Stadtplan: K2-y – *Hotel Bayerischer Hof, Promenadeplatz 2 ✉ 80333 – ✆ 089 21200 – www.bayerischerhof.de – Geschlossen 1.-7. Januar, 5.-14. April, 26. Juli-1. September, 24.-31. Dezember, Montag, Sonntag, mittags: Dienstag-Samstag*

✿✿ Alois - Dallmayr Fine Dining

FRANZÖSISCH-MODERN • ELEGANT XXX Delikatessengeschäft, Bistro, Café, Sterne-Restaurant - das „Dallmayr" ist schlichtweg ein „place to be"! Über 300 Jahre reicht die Erfolgsgeschichte zurück. Bei aller Tradition bringen wertige Designelemente auch eine moderne Note in die stilvollen Räume: Elegante Sessel zeugen ebenso von der Liebe zum Detail wie der markante Teppich oder die originelle Tapete mit eindrucksvollem Kranichmotiv. Küchenchef Christoph Kunz (vorher Souschef hier im Haus) bietet ein Menü mit sechs bis zehn Gängen; mittags gibt es eine verkürzte Version. Die Gerichte kommen mit wenigen Zutaten aus, deren Qualität im Mittelpunkt steht - großartig z. B. die Challans-Ente, die mit Mispel und geflämmter Sahne ohne viel Chichi zubereitet wird. Toll die Weinempfehlungen von Sommelier und Restaurantleiter Julien Morlat!

Spezialitäten: Kalb, Pinienkerne, Traube. Glattbutt, Seeigel, schwarzer Trüffel. Cironé, Pistazie, Cedro.

Menu 59 € (Mittags), 98/198 €

Stadtplan: L2-w – *Dienerstraße 14 (1. Etage) ✉ 80331 – ✆ 089 2135100 – www.dallmayr.com/alois – Geschlossen 6.-21. April, 31. Mai-9. Juni, 2. August-1. September, 24.-31. Dezember, Montag, Dienstag, Sonntag, mittags: Mittwoch*

✿✿ Les Deux

FRANZÖSISCH-MODERN • CHIC XX "Les Deux" das sind inzwischen Fabrice Kieffer und sein Küchenchef Edip Sigl. Das kongeniale Duo sorgt in dem schicken Restaurant in der 1. Etage dafür, dass man vom Business Lunch bis zum großen Menü oder auch à la carte sowohl mittags als auch am Abend ein top Niveau geboten bekommt. Der in der Türkei geborene Edip Sigl hat in erstklassigen Adressen gelernt und verwendet nur beste Produkte. Die Gerichte sind fein ausbalanciert, geschmacksintensiv und zeigen intelligente Kontraste! Den Service leitet der Patron selbst, alles läuft wie ein Uhrwerk. Fabrice Kieffer ist ein Maître wie aus dem Bilderbuch: Der Gast geht ihm über alles! Hervorragend auch seine Weinempfehlungen, bei denen er aus rund 600 Positionen schöpfen kann. Dazu kommt natürlich die tolle Lage im Herzen der Stadt.

Spezialitäten: Ravioli von jungen Erbsen, Pfifferlinge, Haselnuss, Schnittlauchsauce. Bretonischer Seeteufel, Topinambur, Kerbel-Estragonnage. Toffifee "Les Deux".

Menu 59 € (Mittags), 85/125 € – Karte 83/136 €

Stadtplan: L2-p – *Maffeistraße 3a (1. Etage)* ✉ 80333 – ☎ 089 710407373 – *www.lesdeux-muc.de – Geschlossen 3.-21. August, Sonntag, mittags: Samstag*

⊘ **Brasserie Les Deux** – Siehe Restaurantauswahl

🕸 ## Alfons   🕸

MODERNE KÜCHE · FREUNDLICH ✗✗ "Alfons" nennt sich das Schuhbeck'sche Restaurant am berühmten Münchner Platzl im Herzen der Stadt nun. Das Interieur ist hochwertig, elegant und zurückhaltend mit modernen Elementen gespickt. Obwohl das Restaurant eher klassisch daherkommt, ist die Atmosphäre dennoch angenehm ungezwungen. Die Küche ist mediterran geprägt. Aus verschiedenen Vorspeisen, Zwischengerichten, Hauptgängen und Desserts können Sie sich Ihr Menü selbst zusammenstellen. Sehr gelungen z. B. die Tristan-Languste, die von Frucht, Säure und erdigen Noten perfekt begleitet wird. Schön auch die Gerichte für zwei Personen, wie die Imperial-Taube mit Bunter Beete, Kokos und Schokolade. Mittags gibt es ein einfacheres und preiswerteres Lunchmenü.

Spezialitäten: Bretonischer Hummer, Mais, Hummus, Kreuzkümmel. Rinderrücken, Wurzelgemüse, Petersilie, Pilze. Baba "Schwarzwälderkirsch", Haselnuss, Kirschen, Nougat.

Menu 60 € (Mittags), 78/116 €

Stadtplan: L2-s – *Pfisterstraße 9* ✉ 80331 – ☎ 089 2166900 – www.schuhbeck.de – *Geschlossen 1.-5. Januar, 2.-24. August, Montag, Sonntag*

🕸 ## Schwarzreiter   🅰🅲 🚗

MODERNE KÜCHE · ELEGANT ✗✗ Frauenpower – so lautet das Motto im legendären Restaurant des Münchner Luxus-Hotels „Vier Jahreszeiten" an der berühmten Maximilianstraße. Chefin in der Küche ist Maike Menzel, die nach ihrem Vater und auch ihrem Großvater übrigens Köchin in 3. Generation ist. Hinter ihrer „Young Bavarian Cuisine" verbergen sich leichte, modern-reduzierte Gerichte, die sehr akkurat und stimmig zubereitet sind. Sie verwendet Produkte von ausgesuchter Qualität, und die bezieht sie vorzugsweise aus der Region - so gibt es z. B. Lamm vom Gutshof Polting mit Emmer, Sellerie, Hollerbeeren und Steinpilzen. Das Interieur ist chic in zarten Cremetönen gehalten, wertig-elegant und ebenso stylish-modern. Dabei ist die Atmosphäre keineswegs steif, sondern schön urban, der Service angenehm locker und geschult.

Spezialitäten: Bayerische Garnele, Kopfsalat, Waldstaudenroggen, Rüben. Zander, Erdäpfel, Kraut, Buchenpilze, Tiroler Speck. Reis „Trautmannsdorf", Milchreis, Pfirsich, Zimt, Macadamia.

Menu 125/165 €

Stadtplan: L2-a – *Hotel Vier Jahreszeiten Kempinski, Maximilianstraße 17* ✉ 80539 – ☎ 089 21250 – www.schwarzreiter.com – *Geschlossen 1.-6. Januar, 5.-20. April, 2.-31. August, Montag, Sonntag, mittags: Dienstag-Samstag*

🕸 ## Tian   🛋 ♿ 🅰🅲

VEGETARISCH · TRENDY ✗✗ Sie möchten gerne mal auf tierische Produkte verzichten? Dann ist das schicke "Tian" direkt am Viktualienmarkt absolutes Pflichtprogramm! Auch wenn die Küche komplett vegetarisch bzw. vegan ist, kommt man geschmacklich voll und ganz auf seine Kosten! Dafür sorgt Artischocke mit Marone und Kürbis ebenso wie Tarhonya mit Bio-Eigelb und Petersilie. Dank eigener Idee, Finesse und beachtlicher Intensität vermisst man weder Fleisch noch Fisch - und das gilt sowohl für das kleinere Mittagsmenü als auch für das Abendmenü. Letzteres bekommt man übrigens auf Wunsch auch schon mittags. Keine Frage, da hat sich Geschäftsführer Paul Ivic, der auch das "Tian" in Wien leitet, für sein Münchner Restaurant ein ebenso tolles Team an den Herd geholt.

Spezialitäten: Topinambur, Schwarzwurzel, Walnuss, Traube. Ravioli, Kartoffel, Kraut. Haselnuss-Nougat, Zwetschge, Mohn.

Menu 47 € (Mittags), 99/122 €

Stadtplan: L3-c – *Frauenstraße 4* ✉ *80331* – ☏ *089 885656712* – *www.tian-restaurant.com* – *Geschlossen 12.-27. Januar, 27. September-5. Oktober, Montag, Sonntag, mittags: Dienstag*

⸙ mural 🆕   🍸 🌿

KREATIV · GERADLINIG ✗ Sie sind jung, talentiert und haben in top Häusern gelernt. Johannes Maria Kneip und Joshua Leise heißen die beiden Küchenchefs. Untergebracht ist das Restaurant im MUCA, dem "Museum of Urban and Contemporary Art", daran angelehnt das Design des "mural". Während man hier mittags eher ein Museumscafé mit leichten Gerichten ohne Gourmet-Ambition vorfindet, setzt das Küchenchef-Duo am Abend eindrucksvoll eigene Ideen um. Die fünf bis sieben Gänge des Menüs sind überaus kreativ und stecken voller Aromen. Die Produkte dafür stammen fast ausschließlich aus Bayern - ein Hochgenuss z. B. die Forelle in absoluter Spitzenqualität! Die Köche servieren die Speisen, das sympathisch-hippe und versierte Serviceteam empfiehlt auch offene Weine, die nicht unbedingt alltäglich sind. Toll die Rieslingauswahl!

Spezialitäten: Saibling, Petersilie, Eigelb, Senf. Lamm, rote Paprika, weiße Bohne. Aprikose, Molke, Buchweizen.

Menu 89/139 €

Stadtplan: K2-m – *Hotterstraße 12* ✉ *80331* – ☏ *089 23023186* – *mural.restaurant* – *Geschlossen Montag, Dienstag, Sonntag, mittags: Mittwoch-Samstag*

⸙ Sparkling Bistro (Jürgen Wolfsgruber)   🌿

MODERNE KÜCHE · BISTRO ✗ Steife Etikette? Die brauchen Sie hier nicht zu fürchten! Die Atmosphäre in dem hübschen kleinen Bistro in der Amalienpassage ist schön entspannt und unkompliziert - und so ist auch Chef Jürgen Wolfsgruber, der hier nicht nur kocht, sondern auch direkt am Gast ist (mitunter wird man geduzt) und auch gleich den passenden Wein empfiehlt. Der gebürtig aus dem Salzkammergut stammende Patron bietet am Abend ein anspruchsvolles Menü aus erstklassigen Zutaten - überaus geschmacksintensiv und wunderbar aufs Produkt reduziert! Da wird ein toller dänischer Kaisergranat beispielswesie mit Ossietra, Röstzwiebeln, Wasabi und Ingwer kombiniert. Im Sommer können Sie hier unter der Woche auch mittags speisen, da gibt es dann einen etwas einfacheren Business Lunch.

Spezialitäten: Saibling, Essigzwetschge, Steinpilz, Haselnuss. Reh, Foie Gras, Kürbis, Vogelbeere. Apfelquitte, Buchtel, Schafmilch, Kernöl.

Menu 85/150 €

Stadtplan: L1-c – *Amalienstraße 79 (in der Amalien Passage)* ✉ *80799* – ☏ *089 46138267* – *www.sparklingbistro.de* – *Geschlossen 1.-8. Januar, Sonntag, mittags: Montag-Samstag*

⸙ Colette Tim Raue   🌿 ⅋

FRANZÖSISCH · BRASSERIE ✗ Mit diesem Konzept trifft Tim Raue den Nerv der Zeit: Man fühlt sich wie in einer französischen Brasserie, die Atmosphäre gemütlich und angenehm ungezwungen, die Küche richtig gut und bezahlbar. Wie wär's z. B. mit "Huhn im Blätterteig, Trüffeljus, Topinambur"? Hochwertige Produkte sind selbstverständlich.

Spezialitäten: Salat Colette, mariniertes Gemüse, Blattsalate, Petersiliendressing. Wildschweinragout Bourguignon, Steinpilzschaum, Portweinbirne und Marone. Tarte Biscuit, Apfelkompott, Mandeleis und Sahne.

Menu 59 € – Karte 35/68 €

Stadtplan: F3-c – *Klenzestraße 72* ✉ *80469* – ☏ *089 23002555* – *www.brasseriecolette.de* – *Geschlossen mittags: Montag-Sonntag*

⸙ Ménage Bar 🆕   🌿

KREATIV · HIP ✗ Eine angesagte kleine Bar im Glockenbachviertel, urban und doch wohnlich. Das Konzept: äußerst ausgefallene selbst kreierte Cocktails und ebenso kreative kleine Speisen. Aus sehr guten Produkten entsteht z. B. "White Chocolate Risotto, Fisch-Chicharron, Saiblings-Kaviar". Interessant auch die Bar-Snacks. Bis 20. 30 Uhr gibt's das günstige "Early-Bird-Menü".

Spezialitäten: White Chocolate Risotto, Saiblings Chicharron, Seehasen Kaviar. Poltinger Lammschulter, Erbsenpüree, Dry Mint, geräucherte Papaya, Parmesan Chip. Bourbon-Erdnuss-Cookie, Cascara-Schoko-Sauce, Popcorn-Eis, Thymian Staub.

Menu 31/43 € – Karte 26/41 €

Stadtplan: L3-a – *Buttermelcherstraße 9 ⊠ 80469 – ℰ 089 23232680 – www.menage-bar.com –*
Geschlossen Sonntag, mittags: Montag-Samstag

⍟ Matsuhisa Munich

JAMAIKANISCH · TRENDY ✗✗ Hochwertig wie alles im luxuriösen "Mandarin Oriental" ist auch das geradlinig-elegante Restaurant von Nobuyuki Matsuhisa, der weltweit Restaurants betreibt. Die Küche ist modern-japanisch und interessant mit peruanischen Aromen und Techniken verfeinert - ein spannender Mix. Fast schon ein Muss: Sushi und Sashimi, aber auch der Klassiker schlechthin, "Black Cod"!

Menu 39 € (Mittags), 95/125 € – Karte 41/178 €

Stadtplan: L2-s – *Hotel Mandarin Oriental, Neuturmstraße 1 (1. Etage) ⊠ 80331 – ℰ 089 290981875 – www.mandarinoriental.com*

⍟ Blauer Bock

INTERNATIONAL · CHIC ✗✗ Das Duo Bachmeier/Grosse steht hier seit Jahren für hohe Kontinuität! Im geschmackvollen, geradlinig-zeitgemäßen Restaurant serviert man modern angehauchte Klassik. Tipp: Fragen Sie nach dem am Tisch zubereiteten Tomatensalat, dem Steinbutt an der Gräte oder der im Lokal aufgeschlagenen Sabayon. Gepflegt übernachten kann man ebenfalls.

Menu 26 € (Mittags), 65/79 € – Karte 45/162 €

Stadtplan: K3-a – *Sebastiansplatz 9 ⊠ 80331 –*
ℰ 089 45222333 – www.restaurant-blauerbock.de –
Geschlossen Montag, Sonntag

⍟ Galleria

ITALIENISCH · GEMÜTLICH ✗✗ Eine sehr sympathische Adresse! In dem liebevoll dekorierten kleinen Restaurant (ein Hingucker sind die farbenfrohen Bilder) gibt es richtig gute italienische Küche! Macht Ihnen "Tortelli mit Kalbsbrust und Dörrobst an Brandy-Lorbeerschaum" Appetit?

Menu 16 € (Mittags), 59/79 € – Karte 45/59 €

Stadtplan: L2-x – *Sparkassenstraße 11 ⊠ 80331 –*
ℰ 089 297995 – www.ristorante-galleria.de

⍟ Garden-Restaurant

ZEITGENÖSSISCH · FREUNDLICH ✗✗ Ausgesprochen chic: Die hohe Wintergartenkonstruktion mit ihrem Industrial-Style und der lichten Atmosphäre hat ein bisschen was von einem Künstleratelier. Aus der Küche kommen neben Klassikern auch moderne, leichte Gerichte. Lunchmenü.

Menu 40 € (Mittags)/76 € – Karte 68/108 €

Stadtplan: K2-y – *Hotel Bayerischer Hof, Promenadeplatz 2 ⊠ 80333 – ℰ 089 21200 – www.bayerischerhof.de*

⍟ Halali

KLASSISCHE KÜCHE · GEMÜTLICH ✗✗ Eine echte Institution. In dem Gasthaus a. d. 19. Jh. mit dunkler Holztäfelung sitzt es sich gemütlich bei guter saisonaler Küche: "Medaillons vom bayerischen Rehrücken, Schwammerl, Wacholdersauce", "Loup de Mer, Graupenrisotto, Lauch"...

Menu 29 € (Mittags)/72 € – Karte 44/78 €

Stadtplan: L1-x – *Schönfeldstraße 22 ⊠ 80539 –*
ℰ 089 285909 – www.restaurant-halali.de –
Geschlossen Montag, Sonntag, mittags: Samstag

IZAKAYA

JAMAIKANISCH · CHIC XX Der Name des Restaurants (untergebracht im Hotel "Roomers") ist das japanische Wort für "Gasthaus/Kneipe". Allerdings ist dies eher die Deluxe-Variante, denn aus der offenen Küche kommen japanisch-südamerikanische Speisen aus sehr hochwertigen Produkten. Tipp: "Sushi IZAKAYA Style" oder auch die geschmacklich gut abgestimmten Gerichte vom Robata-Grill.

Menu 59 € (Mittags), 99/135 € – Karte 59/135 €

Stadtplan: E2-b – *Roomers, Landsberger Straße 68* ✉ *80339 – ℰ 089 122232000 – www.izakaya-restaurant.com*

Museum

SAISONAL · CHIC XX Eine angesagte Adresse im Bayerischen Nationalmuseum. Am liebsten sitzt man im Freien auf der gemütlichen Terrasse, ansonsten unter Kreuzgewölbe und hohen Decken in chic-modernem Brasserie-Ambiente. Mittags kleinere, einfachere Karte, am Abend etwas ambitioniertere saisonal-mediterrane Küche. Weinkarte mit Spezialitäten, aber auch Weinen für zwischendurch.

Menu 65/89 € – Karte 38/67 €

Stadtplan: M2-b – *Prinzregentenstraße 3 (im Bayerischen Nationalmuseum, Zufahrt über Lerchenfeldstraße)* ✉ *80538 – ℰ 089 45224430 – www.museum-muenchen.de – Geschlossen Montag, abends: Sonntag*

Nymphenburger Hof

INTERNATIONAL · FREUNDLICH XX Wirklich schön diese Traditionsadresse. Der Chef ist gebürtiger Steirer und so finden sich auf der Karte auch Gerichte aus seiner Heimat, dazu ausgewählte österreichische Weine. Nett sitzt man auf der lauschigen Terrasse.

Menu 33 € (Mittags), 79/98 € – Karte 39/79 €

Stadtplan: E2-a – *Nymphenburger Straße 24* ✉ *80335 – ℰ 089 1233830 – www.nymphenburgerhof.de – Geschlossen Montag, Sonntag, mittags: Samstag*

Pageou

MEDITERRAN · GEMÜTLICH XX Im Gebäude des CityQuartiers "Fünf Höfe" gibt Ali Güngörmüs (ehemals am Herd des "Le Canard Nouveau" in Hamburg) mediterrane Küche mit nordafrikanischem Einfluss zum Besten. Dazu geschmackvolles Interieur und entspannte Atmosphäre. Herrlich: die geschützte Terrasse im Innenhof! Mittags Business Lunch.

Menu 54 € (Mittags), 79/145 € – Karte 70/80 €

Stadtplan: K2-c – *Kardinal-Faulhaber-Straße 10 (1. Etage)* ✉ *80333 – ℰ 089 24231310 – www.pageou.de – Geschlossen 24.-28. Dezember, Montag, Sonntag*

Pfistermühle

REGIONAL · REGIONALES AMBIENTE XX In der einstigen herzoglichen Mühle (1573) serviert man in stilvoll-bayerischem Ambiente (schön das Kreuzgewölbe) z. B. "in Nussbutter gebratene Renke, bayrische‚Minestrone', Emmerkorn, junges Gemüse". Tipp für den eiligen Mittagsgast: Mo. - Fr. günstiges "Pfistermühlen Brettl"- Menü mit vier kleinen Gängen, die zusammen auf einem Holzbrett serviert werden - auch vegetarisch.

Menu 20 € (Mittags), 55/95 € – Karte 50/70 €

Stadtplan: L2-z – *Hotel Platzl, Pfisterstraße 4* ✉ *80331 – ℰ 089 23703865 – www.pfistermuehle.de – Geschlossen Sonntag*

Rocca Riviera

MEDITERRAN · TRENDY XX Stylish-elegant kommt das Restaurant unweit des Odeonsplatzes daher - 50er/60er-Jahre-Retro-Charme inklusive! Man speist hier nach dem Food-Sharing-Prinzip Kleinigkeiten der mediterran-französischen Fusionküche oder man genießt Steaks und Fisch vom Holzkohlegrill.

Menu 59/99 € – Karte 33/82 €

Stadtplan: L2-n – *Wittelsbacherplatz 2* ✉ *80331 – ℰ 089 28724421 – www.roccariviera.com – Geschlossen Sonntag, mittags: Samstag*

🍴○ Schuhbecks in den Südtiroler Stuben 🕸 🛖 🆊 ⟺

REGIONAL · RUSTIKAL XX Alfons Schuhbecks kleines Imperium am Platzl hat hier seine Keimzelle. In gewohnt elegantem Ambiente hat man sich - nach der Eröffnung des Gourmetrestaurants "Alfons" gleich um die Ecke - der weltoffenen bayerischen Küche verschrieben - dazu gehört z. B. "Kabeljau auf lauwarmem Spargel-Linsensalat". Ebenfalls am Platzl: Eis, Schokolade, Gewürze...

Menu 35 € (Mittags), 52/84 € – Karte 35/70 €

Stadtplan: L2-u – *Platzl 6* ⊠ *80331 – ℰ 089 2166900 – www.schuhbeck.de – Geschlossen 1.-5. Januar, Sonntag*

🍴○ Shane's Restaurant 🛖 🆊 ⟺

MODERNE KÜCHE · TRENDY XX "The place to be" würde man in der irischen Heimat von Shane McMahon sagen. Modern sowohl das Ambiente als auch die feine Küche in Form eines Überraschungsmenüs, der Service leger und kompetent. Lounge-Food in Shane's Bar/Lounge mit Terrasse.

Menu 69/139 €

Stadtplan: F3-s – *Geyerstraße 52* ⊠ *80331 – ℰ 089 74646820 – www.shanesrestaurant.de – Geschlossen 1.-8. Januar, Montag, Sonntag, mittags: Dienstag-Samstag*

🍴○ Le Stollberg 🛖 🆊

KLASSISCHE KÜCHE · FREUNDLICH XX Das sympathisch-lebendige kleine Restaurant wird nicht nur sehr persönlich geführt, man bekommt auch gute, frische Küche zu einem fairen Preis. Die Patronne kocht französisch inspiriert - schmackhaft z. B. "Onglet vom US-Beef, grüner Spargel, Oliven-Kartoffel-Frühlingsrolle". Kompetent die Weinempfehlung. Gegenüber: Kleinigkeiten im Tagesbistro "Le Petit Stollberg".

Menu 28 € (Mittags), 62/80 € – Karte 50/64 €

Stadtplan: L2_3-r – *Stollbergstraße 2* ⊠ *80331 – ℰ 089 24243450 – www.lestollberg.de – Geschlossen Sonntag*

🍴○ Vecchia Lanterna 🆖 ⟸ 🛖

MEDITERRAN · FAMILIÄR XX Das schicke kleine Restaurant liegt im komfortablen Stadthotel "domus" im Lehel. Aus der Küche kommen mediterrane Speisen mit italienischem Schwerpunkt - der Chef stammt aus Kalabrien. Probieren Sie z. B. "Tagliatelle mit Jakobsmuscheln" oder "Glattbutt mit frischen Morcheln"! Auch in Sachen Wein wird man hier fündig. Sehr nett die geschützt liegende Terrasse.

Menu 27 € (Mittags), 55/95 € – Karte 62/83 €

Stadtplan: M2-e – *Sankt-Anna-Straße 31* ⊠ *80538 – ℰ 089 81892096 – www.vecchia-lanterna.de – Geschlossen 1.-6. Januar, 25. August-9. September, 24.-31. Dezember, Montag, Sonntag, mittags: Samstag*

🍴○ Sophia's Restaurant 🆖 🛖 🆊 🛋

MODERNE KÜCHE · CHIC X Ein luftig-hoher Raum in elegantem Bistrostil und ruhigen Naturtönen - die Deko nimmt Bezug auf den benachbarten Alten Botanischen Garten. Gekocht wird modern, saisonal und mit sehr guten Produkten, z. B. "Maishähnchenbrust vom Gutshof Polting, gerösteter Blumenkohl, Schnittlauch, Radieschen". Aufmerksam der Service. Mittags etwas reduziertes Angebot.

Menu 27 € (Mittags)/75 € – Karte 43/78 €

Stadtplan: J2-e – *The Charles, Sophienstraße 28* ⊠ *80333 – ℰ 089 5445551200 – www.roccofortehotels.com*

🍴○ Weinhaus Neuner 🕸 🆊 ⟺

TRADITIONELLE KÜCHE · TRADITIONELLES AMBIENTE X Schön, wie Kreuzgewölbe, Fischgrätparkett und Holztäfelung den traditionellen Charme des historischen Hauses bewahren. Dazu Speisen, die zu einem gehobenen Münchner Wirtshaus passen - probieren Sie z. B. "Flusskrebs-Maultaschen", "Gröstl vom Waller" oder "Wachtelbrust mit Schmorgemüse".

Menu 25 € (Mittags), 59/65 € – Karte 25/62 €

Stadtplan: K2-e – *Herzogspitalstraße 8* ⊠ *80331 – ℰ 089 2603954 – www.weinhaus-neuner.de*

ⓘ○ Brasserie Les Deux

INTERNATIONAL · BISTRO ⅹ Sie mögen lebendige und moderne Bistro-Atmo-
sphäre? Dann können Sie sich im EG des "Les Deux" international-saisonale
Gerichte wie "Gnocchi mit Spargel und Black Tiger Garnelen" schmecken lassen.
Oder lieber "alte" und "neue" Klassiker wie "Mini-Burger" und "Beef Tatar mit
Imperial Caviar"?

Karte 38/93 €

Stadtplan: L2-p – *Les Deux, Maffeistraße 3a* ⊠ *80333* – *☏ 089 710407373* –
www.lesdeux-muc.de – *Geschlossen Sonntag*

ⓘ○ Cafe Luitpold

TRADITIONELLE KÜCHE · FREUNDLICH ⅹ Hier sitzt man in lebendiger Kaffee-
haus-Atmosphäre, auf der Karte Traditionelles und internationale Einflüsse, von
"geschmortem Bürgermeisterstück mit Selleriepüree" bis "Ceviche vom Label
Rouge Lachs". Tipp: leckere "Luitpold Tapas" am Abend. Sehenswert das eigene
Museum im 1. Stock mit Blick in die Backstube. Apropos: Probieren Sie auch Torten, Pralinen & Co.!

Menu 29/79 € – Karte 24/50 €

Stadtplan: L2-g – *Brienner Straße 11* ⊠ *80333* – *☏ 089 2428750* –
www.cafe-luitpold.de

ⓘ○ Gesellschaftsraum

KREATIV · HIP ⅹ Das trendig-urbane Restaurant befindet sich mitten in München. In
stylischer Atmosphäre wird man kompetent betreut, interessante Weinempfehlungen inklusive. Am Abend bietet man ein modernes Menü mit Leckerem wie
"Iberico-Presa, Rösttopinamburpüree, Rhabarber, Mönchsbart" sowie eine vegetarische Variante. Mittags einfachere Karte. Tipp: kleine Weinbar direkt nebenan.

Menu 26 € (Mittags), 65/95 €

Stadtplan: L2-f – *Bräuhausstraße 8* ⊠ *80331* – *☏ 089 55077793* –
www.der-gesellschaftsraum.de – *Geschlossen Sonntag, mittags: Samstag*

ⓘ○ Jin

ASIATISCH · GERADLINIG ⅹ Besonders ist hier sowohl das wertige geradlinig-
asiatische Interieur als auch die aromenreiche panasiatische Küche, die chinesisch
geprägt ist, aber auch japanische und europäische Einflüsse zeigt. Probieren Sie
unbedingt die "Dim Sum" oder Spezialitäten wie "Soft-Shell-Crab mit Szechuan-
pfeffer, Erdnuss, Chili und Lauch".

Menu 75/96 € – Karte 39/75 €

Stadtplan: L3-g – *Kanalstraße 14* ⊠ *80538* – *☏ 089 21949970* –
www.restaurant-jin.de – *Geschlossen Montag*

ⓘ○ KOI

FUSION · FREUNDLICH ⅹ Auf zwei Etagen kann man sich hier sowohl optisch
als auch kulinarisch an einem interessanten Stilmix erfreuen. Aus frischen Produkten entsteht eine Mischung aus japanischer und europäischer Küche samt Sushi
und Fleisch vom Robata-Grill.

Karte 39/130 €

Stadtplan: L2-d – *Wittelsbacherplatz 1* ⊠ *80333* – *☏ 089 89081926* –
www.koi-restaurant.de – *Geschlossen Sonntag, mittags: Samstag*

ⓘ○ Little London

GRILLGERICHTE · FREUNDLICH ⅹ Lebendig geht es in dem Steakhouse am
Isartor zu, vorne die große klassische Bar mit toller Whiskey- und Gin-Auswahl.
Freuen Sie sich auf hochwertiges Fleisch - gefragt ist z. B. Black Angus Prime
Beef vom Grill, aber auch Maispoulardenbrust oder Lammkarree.

Karte 40/198 €

Stadtplan: L3-n – *Tal 31* ⊠ *80331* – *☏ 089 122239470* – *www.little-london.de* –
Geschlossen mittags: Montag-Sonntag

🍴 Rüen Thai

THAILÄNDISCH · FAMILIÄR 🟊 Zahlreiche Stammgäste schätzen die südthailändische Küche, die man hier bereits seit 1990 bietet. Es gibt verschiedene Currys, Riesengarnelen, Ente, Rinderfilet... Wie wär's mit einem Menü mit Weinbegleitung? Auf Vorbestellung auch Fingerfood-Menü. Auf der großen Weinkarte finden sich auch Raritäten.

Menu 56/86 € – Karte 31/57 €

Stadtplan: E3-a – *Kazmairstraße 58* ✉ 80339 –
☎ 089 503239 – www.rueen-thai.de –
Geschlossen 2.-23. August, mittags: Freitag-Sonntag

🍴 TOSHI
AC

JAPANISCH · GERADLINIG 🟊 Steht Ihnen der Sinn nach authentisch japanischer Küche? So typisch wie die puristische Einrichtung ist auch die Speisekarte: Hier findet man Schmackhaftes aus Fernost, Sushi, Teppanyaki und auch Pan-Pacific-Cuisine.

Menu 50/140 € – Karte 40/180 €

Stadtplan: L2-k – *Wurzerstraße 18* ✉ 80539 –
☎ 089 25546942 – www.restaurant-toshi.de –
Geschlossen 5.-15. April, 9.-17. August, Montag, Sonntag, mittags: Samstag

🍴 Trichards ⓝ

FRANZÖSISCH-KLASSISCH · CHIC 🟊 Im Quartier Lehel liegt das chic-moderne Restaurant, das gleichzeitig eine Weinbar ist! Der Patron stammt aus Frankreich, entsprechend ist auch seine Küche geprägt. Probieren Sie z. B. "Galantine von Ente mit Schalottenmarmelade und Salat" oder "Gambas, Rotbarbe, Loup de Mer auf 'Bouillabaisse Art' mit Rouille".

Karte 32/57 €

Stadtplan: M2-e – *Reitmorstraße 21* ✉ 80538 –
☎ 089 54843526 – www.trichards.de –
Geschlossen 11.-23. August, Montag, Sonntag, mittags: Dienstag-Samstag

🍴 VINOTHEK by Geisel

REGIONAL · RUSTIKAL 🟊 Hier sitzen Sie in gemütlich-rustikalem Ambiente unter einer schönen Gewölbedecke. Zum tollen Weinangebot gibt es mediterran inspirierte Gerichte wie "Edelfische im Bouillabaissefond mit Artischocken, Stangensellerie und Rouillecrostini", dazu Pasta und Klassiker wie "Roastbeef mit Bratkartoffeln".

Menu 25 € (Mittags), 45/63 € – Karte 46/62 €

Stadtplan: J2-z – *Hotel EXCELSIOR by Geisel, Schützenstraße 11* ✉ 80335 –
☎ 089 551377140 – vinothek.by-geisel.de –
Geschlossen mittags: Sonntag

Hotels

🏠 Mandarin Oriental

GROSSER LUXUS · KLASSISCH Das wunderschöne Hotel im Herzen Münchens ist ein Paradebeispiel für die Serviceleistungen der "Mandarin Oriental Group" und ein Haus mit internationalem Ruf! Man fühlt sich wohl, vom "Wohnzimmer", der Lobby (hier z. B. Afternoon Tea), über die geschmackvollen, zeitlos-eleganten Zimmer bis zum exquisiten Frühstück. Nicht zu vergessen: Rooftop-Terrasse als Highlight!

67 Zimmer – 🛏 650/1150 € – 🍽 44 € – 6 Suiten

Stadtplan: L2-s – *Neuturmstraße 1* ✉ 80331 –
☎ 089 290980 – www.mandarinoriental.com/munich
🍴 **Matsuhisa Munich** – Siehe Restaurantauswahl

The Charles 🍴 📺 🛎 🌐 ♨ ⬇ 🔌 🆎 🛗 🚭

GROSSER LUXUS · ELEGANT Das Hotel am Alten Botanischen Garten ist zweifelsohne eine der Top-Adressen der Isarmetropole. Ein elegantes Haus mit geschmackvoller und wertiger Einrichtung, das alle Luxus-Standards erfüllt. Sehr geräumig schon die Classic-Zimmer, aufwändig die Suiten. Schön auch der grosszügige Spa - der Pool ist auch für Schwimmer bestens geeignet! Ausgezeichnet das Frühstück.

136 Zimmer – 🛏 280/950 € – ♨ 42 € – 24 Suiten

Stadtplan: J2-e – *Sophienstraße 28* ✉ *80331* – ☎ *089 5445550* – *www.roccofortehotels.com/hotels-and-resorts/the-charles-hotel/*

🍴 **Sophia's Restaurant** – Siehe Restaurantauswahl

Bayerischer Hof 🍴 📺 🛎 🌐 ♨ ⬇ 🔌 🆎 🛗 🚭

GROSSER LUXUS · KLASSISCH Das Grandhotel von 1841 steht für Klassik, modernen Luxus, Individualität - Wertigkeit hat oberste Priorität! Szenetreff im Sommer: Dachgarten mit klasse Aussicht! Eindrucksvoll auch "Falk's Bar" im Spiegelsaal von 1839! Teil der vielfältigen Gastronomie: "Trader Vic's" mit polynesischer Küche, bayerisch-rustikal der "Palais Keller".

337 Zimmer – 🛏 410/610 € – ♨ 42 € – 74 Suiten

Stadtplan: K2-y – *Promenadeplatz 2* ✉ *80333* – ☎ *089 21200* – *www.bayerischerhof.de*

🍴 **Garden-Restaurant** · ✿✿✿ **Atelier** – Siehe Restaurantauswahl

Vier Jahreszeiten Kempinski 🍴 📺 🌐 ♨ ⬇ 🆎 🛗 🚭

LUXUS · KLASSISCH Der Klassiker der Münchner Grandhotels a. d. J. 1858 hat historischen Charme, wie man ihn nur noch selten findet. Doch auch die Moderne hat hier Einzug gehalten, in sehr komfortabler und wohnlicher Form. In der Tagesbar - zur Maximilianstraße hin gelegen - serviert man Internationales.

245 Zimmer – 🛏 390/1165 € – ♨ 42 € – 60 Suiten

Stadtplan: L2-a – *Maximilianstraße 17* ✉ *80539* – ☎ *089 21250* – *www.kempinski.com/vierjahreszeiten*

✿ **Schwarzreiter** – Siehe Restaurantauswahl

Roomers 🍴 ♨ ⬇ 🔌 🆎 🛗 🚭

LUXUS · DESIGN Wohnlichkeit meets Glamour & Chic - das ist der typische "Roomers"-Charme! Wertig-durchdachte Zimmer (vielleicht mit Terrasse samt Jacuzzi?), dazu Beauty und Fitness, das Restaurant "IZAKAYA" mit japanisch-südamerikanischer Küche, eine coole Bar sowie der spezielle "Hidden Room" (Reservierung). 150 m vom Hotel isst man im "Servus Heidi" regional-mediterran.

280 Zimmer – 🛏 170/548 € – ♨ 32 € – 4 Suiten

Stadtplan: E2-b – *Landsberger Straße 68* ✉ *80339* – ☎ *089 4522020* – *www.roomers-munich.com*

🍴 **IZAKAYA** – Siehe Restaurantauswahl

Sofitel Munich Bayerpost 🍴 📺 🛎 🌐 ♨ ⬇ 🔌 🆎 🛗 🚭

KETTENHOTEL · DESIGN Gelungen hat man in das imposante denkmalgeschützte Gebäude aus der Gründerzeit moderne Architektur und zeitgenössisches Design integriert. Das steht auch dem hochwertigen Spa gut zu Gesicht - schauen Sie sich den interessanten Pool an! International-französische Küche im schicken Restaurant "Délice La Brasserie".

354 Zimmer – 🛏 220/350 € – ♨ 40 € – 42 Suiten

Stadtplan: J2-a – *Bayerstraße 12* ✉ *80335* – ☎ *089 599480* – *www.sofitel-munich.com*

BEYOND by Geisel 🍴 ⬇ 🆎

LUXUS · ELEGANT Ein ganz neues Konzept der "Geisel Privathotels": Die kleine Residenz vereint Luxus und "Wohlfühlen wie zuhause"! Äußerst zentrale Lage, exklusive "Schlafzimmer", dazu ein Wohnzimmer mit Bibliothek und eine Wohnküche (hier Frühstück und auf Wunsch Ihr Lieblingsgericht) sowie 24-h-Concierge-Service - alles inklusive!

19 Zimmer ♨ – 🛏 480/1900 €

Stadtplan: L2-t – *Marienplatz 22 (Zufahrt über Rindermarkt 17, 5. Etage)* ✉ *80331* – ☎ *089 700746700* – *www.beyond-muc.de*

ANNA HOTEL by Geisel ☆ 🖨 🅰🅲 🚗

BUSINESS · MODERN Auf ein junges und junggebliebenes Publikum trifft man in dem modernen Hotel direkt am Stachus. Wenn Sie Panoramasicht möchten, nehmen Sie ein Zimmer im obersten Stock. Ganz diskret und ebenso chic wohnt man im Nebengebäude! Das Bistro nebst gut besuchter Bar bietet euro-asiatische Gerichte.

73 Zimmer – 🛏 160/680 € – 🖵 22 € – 2 Suiten

Stadtplan: J2-n – *Schützenstraße 1* ✉ *80335* – *℘ 089 599940* – *www.annahotel.de*

Cortiina ☆ 🛗 🖨 🅰🅲 🚗

URBAN · ELEGANT Ein schönes Haus in etwas versteckter, aber doch sehr zentraler Lage: wertige Materialien, wohin man schaut - Holz, Schiefer, Jura-Marmor und Naturfarben absolut stimmig kombiniert! In der Weinbar "Grapes" gibt es zur guten Weinauswahl ein kleines Speiseangebot.

70 Zimmer – 🛏 209/469 € – 🖵 25 € – 5 Suiten

Stadtplan: L2-c – *Ledererstraße 8* ✉ *80331* – *℘ 089 2422490* – *www.cortiina.com*

EXCELSIOR by Geisel ☆ 🖨 ♿ 🏋 🚗

BUSINESS · KLASSISCH Familie Geisel investiert stetig in ihre Betriebe, so auch in dieses Hotel. Sehr schön und wohnlich die Zimmer, toll das Frühstück, nicht zu vergessen die Lobby mit ihren Lüftlmalereien. Und dann ist da noch die zentrale Lage zwischen Stachus und Hauptbahnhof!

115 Zimmer – 🛏 165/525 € – 🖵 22 €

Stadtplan: J2-z – *Schützenstraße 11* ✉ *80335* – *℘ 089 551370* – *www.excelsior-hotel.de*

🍴 **VINOTHEK by Geisel** – Siehe Restaurantauswahl

Platzl 🎵 🖨 ♿ 🅰🅲 🏋 🚗

TRADITIONELL · GEMÜTLICH Das Hotel mitten in der Altstadt hat schon einen gewissen Charme - das liegt an schön zeitgemäß designten, wohnlichen Zimmern sowie am attraktiven Erholungsbereich im Stil des Maurischen Kiosks von Ludwig II.

166 Zimmer – 🛏 185/385 € – 🖵 31 € – 1 Suite

Stadtplan: L2-z – *Sparkassenstraße 10* ✉ *80331* – *℘ 089 237030* – *www.platzl.de*

🍴 **Pfistermühle** – Siehe Restaurantauswahl

Louis ☆ 🎵 🛗 🖨 🅰🅲 🏋

URBAN · ELEGANT Die Lage direkt gegenüber dem Viktualienmarkt ist sicher mit die beste in München! Daneben bietet das "LOUIS" geschmackvolle wohnlich-modern designte Zimmer (teils mit Sicht zum Markt), die interessante und gut bestückte "Sparkling Bar" sowie das Restaurant "The LOUIS Grillroom" - hier gibt es schöne Cuts, vom Kobe-Beef bis zum bayerischen Rind.

72 Zimmer – 🛏 229/609 € – 🖵 29 €

Stadtplan: L3-f – *Viktualienmarkt 6* ✉ *80331* – *℘ 089 41119080* – *www.louis-hotel.com*

Opéra 🖨 🏋

BOUTIQUE-HOTEL · INDIVIDUELL Sie suchen etwas Spezielles? Das kleine Schmuckstück nahe der Oper ist schon ein Unikat, sehr charmant die Atmosphäre, wunderbar der Innenhof. Die Zimmer sind ganz individuell, mal klassisch, mal modern, dazu zahlreiche Antiquitäten. Besonders reizend: die drei Suiten. Das Frühstück wird übrigens serviert.

25 Zimmer 🖵 – 🛏 170/420 € – 3 Suiten

Stadtplan: M2-a – *St.-Anna-Straße 10* ✉ *80538* – *℘ 089 2104940* – *www.hotel-opera.de*

25hours The Royal Bavarian ☆ 🎵 🛗 🖨 ♿ 🅰🅲 🏋

HISTORISCH · THEMENBEZOGEN Angesagtes "25hours"-Konzept im lebendigen Hauptbahnhof-Viertel. Im einstigen Telegraphenamt von 1869 wohnt man heute richtig chic: "Dienstbotenkammer", "Herrschaftszimmer", "Adelsgemach"... - jedes erzählt seine eigene kleine Geschichte. Tagsüber schmökert man in der Bibliothek, abends trifft man sich in der "Boilerman Bar". Frühstück im trendigen Restaurant "NENI".

164 Zimmer – 🛏 149/999 € – 🖵 24 € – 1 Suite

Stadtplan: J2-f – *Bahnhofplatz 1 (1. Etage)* ✉ *80335* – *℘ 089 9040010* – *www.25hours-hotels.com*

🏠 The Flushing Meadows

BOUTIQUE-HOTEL · DESIGN Eine besondere Adresse! In dem äußerlich unscheinbaren Hotel im Glockenbachviertel gehen Künstler, Musiker und Trendmaker ein und aus! Die Zimmer sind sehr individuell, haben alle ihre eigene Note, teils wurden sie von Prominenten designt - modern, wohnlich und nicht alltäglich! Dazu eine Bar mit Blick über die Stadt.

16 Zimmer – 👥 150/500 € – 🍽 11 €

Stadtplan: L3-b – *Frauenhoferstraße 32* ✉ *80469 –*
☏ *089 55279170 – www.flushingmeadowshotel.com*

Außerhalb des Zentrums

ekash/iStock

In München-Bogenhausen

✿ Acquarello *(Mario Gamba)*

MEDITERRAN · FREUNDLICH 𝕏𝕏𝕏 Was könnte besser zum südländischen Flair dieses freundlich-eleganten Restaurants passen als italienisch-mediterrane und französische Küche? Patron und Küchenchef Mario Gamba, ursprünglich gelernter Übersetzer, ist Autodidakt in Sachen Kochen, doch als Gastronomen-Sohn liegt ihm die Leidenschaft für diesen Beruf gewissermaßen im Blut. Aus hervorragenden Zutaten zaubert der gebürtige Italiener eine leichte, geschmacklich feine "Cucina del Sole", z. B. in Form von Kartoffelravioli mit Herbsttrompeten, Madeira-Schaum und Petersiliensauce. Dazu natürlich schöne Weine aus Italien. Während Sie auf stilvollen Polsterstühlen an wertig eingedeckten Tischen sitzen, werden Sie aufmerksam und geschult umsorgt. Mit von der Partie ist hier übrigens auch Massimo Gamba, der Sohn des Patrons.

Spezialitäten: Feigentortelli mit gebratener Gänseleber auf Weißweinschaum. Seeteufel in Knusperkruste mit Hummerbisque. Panna Cotta von der Yuzu.

Menu 60 € (Mittags)/118 € – Karte 80/100 €

Stadtplan: H2-f – *Mühlbaurstraße 36* ✉ *81677 –*
☏ *089 4704848 – www.acquarello.com – Geschlossen 1.-4. Januar, Montag, mittags: Samstag-Sonntag*

🍴 Bogenhauser Hof

KLASSISCHE KÜCHE · TRADITIONELLES AMBIENTE 𝕏𝕏𝕏 Moderne Linien tun der Gemütlichkeit des traditionsreichen Gasthauses keinen Abbruch! Die zahlreichen (Stamm-) Gäste schätzen die ambitionierte klassische Küche von Rinderroulade bis Hummer. Wunderschön der Garten. Weinkarte mit Raritäten.

Menu 92 € – Karte 61/93 €

Stadtplan: H2-c – *Ismaninger Straße 85* ✉ *81675 –*
☏ *089 985586 – www.bogenhauser-hof.de – Geschlossen 1.-6. Januar, 24.-31. Dezember, Sonntag*

Hippocampus

ITALIENISCH · ELEGANT XX Das "Hippocampus" ist nicht irgendein Italiener im noblen Bogenhausen, sondern ein nettes, lebendiges Ristorante mit klassisch-italienischer Cucina, in dem man die außergewöhnlich guten Pastagerichte ebenso empfehlen kann wie Seeteufel oder paniertes Milchkalbskotelett! Übrigens: Auch auf die Weinempfehlungen können Sie sich verlassen!

Menu 29 € (Mittags)/62 € – Karte 52/66 €

Stadtplan: H2-a – *Mühlbaurstraße 5* ✉ *81677* – ℰ *089 475855* –
www.hippocampus-restaurant.de – *Geschlossen Montag, mittags: Samstag*

Huber

INTERNATIONAL · TRENDY XX In dem modernen Restaurant (das schicke geradlinige Interieur stammt von einem Münchner Designer) bekommt man ambitionierte international-saisonale Gerichte. Es gibt z. B. "Maibockrücken, Artischocke, Puntarelle". Und als Dessert vielleicht "Erdbeere - gefüllt, weiße Schokolade, Eis"? Dazu schöne österreichische Weine.

Menu 79 €

Stadtplan: H2-h – *Newtonstraße 13* ✉ *81679* – ℰ *089 985152* –
www.huber-restaurant.de – *Geschlossen Montag, Sonntag,*
mittags: Dienstag-Samstag

Käfer-Schänke

SAISONAL · GEMÜTLICH XX Der Name "Käfer" gehört einfach zur Münchner Gastroszene! Der Feinkostladen unter einem Dach mit dem gemütlichen Restaurant garantiert sehr gute Zutaten, aus denen man u. a. beliebte Klassiker zubereitet. Für besondere Anlässe: zahlreiche ganz individuelle Stuben.

Menu 104 € – Karte 54/145 €

Stadtplan: H2-s – *Prinzregentenstraße 73 (1. Etage)* ✉ *81675* – ℰ *089 4168247* –
www.feinkost-kaefer.de/schaenke – *Geschlossen Sonntag*

Palace

TRADITIONELL · KLASSISCH Ein geschmackvolles Hotel, das zahlreiche Musiker zu seinen Stammgästen zählt. Erdtöne und Dielenboden machen es hier ausgesprochen wohnlich. Charmant der kleine Freizeitbereich mit Dachterrasse, hübsch der Garten. Täglich "Afternoon Tea" in der Palace Bar, klassisch-internationale Küche im Restaurant.

89 Zimmer – ♥♥ 230/430 € – ☑ 35 € – 6 Suiten

Stadtplan: H2-e – *Trogerstraße 21* ✉ *81675* – ℰ *089 419710* –
www.hotel-muenchen-palace.de

In München-Englschalking

Martinelli

ITALIENISCH · FREUNDLICH X Sie mögen italienische Gastlichkeit und ebensolche Küche? In dem kleinen Restaurant kocht man mit modernen und saisonalen Einflüssen - da heißt es z. B. "Pecorino-Ravioli mit Walnuss und Balsamico" oder "Hirsch-Rücken mit Quitten". Als Auftakt gibt es immer luftgetrockneten Schinken und leckeres Brot!

Menu 60/80 € – Karte 51/75 €

Stadtplan: D2-a – *Wilhelm-Dieß-Weg 2 (Ecke Englschalkinger Straße)* ✉ *80331* –
ℰ *089 931416* – *Geschlossen Sonntag, mittags: Samstag*

In München-Giesing

Gabelspiel (Florian Berger)

MODERNE KÜCHE · FAMILIÄR X Sabrina und Florian Berger kommen mit ihrem kleinen Restaurant mitten in Giesing richtig gut an! Das liegt zum einen an der gänzlich unprätentiösen und angenehm familiären Atmosphäre - da spürt man das Herzblut der Gastgeber! Die sympathische Chefin managt den Service allein - unheimlich freundlich und fachlich geschult sorgt sie für einen reibungslosen Ablauf. Aber auch die moderne regional-saisonale Küche zieht Gäste an. Was man hier in Form eines Wahl-Menüs bekommt, sind erstklassige Produkte wie z. B. der als Tataki servierte Königsfisch. Florian Berger zeigt wirklich tolles Handwerk und setzt seine Erfahrungen in der Sternegastronomie (u. a. "Hangar 7", "Tantris", "Restaurant N° 15") geschickt um.

Spezialitäten: Kürbis, Soja, Tonkabohne, Airbread. Rehrücken, Blaubeere, Schwarzwurzel, Kaffee. Pastinake, Mandarine, Schokolade.

Menu 95/135 €

Stadtplan: C3-a – *Zehentbauernstraße 20* ✉ *81539 – ℰ 089 12253940 – www.restaurant-gabelspiel.de – Geschlossen 1.-6. Januar, 24. Mai-9. Juni, Montag, Sonntag, mittags: Dienstag-Samstag*

Der Dantler ⓝ

MODERNE KÜCHE · HIP 🅧 Man nennt sich selbst "Bayrisch' Deli". In ungezwungener, alpenländisch-charmanter Atmosphäre bekommt man mittags Snacks wie Pastrami-Sandwiches oder Ramen-Suppe, am Abend wird es ambitionierter: kleine modernkreative Gerichte (z. B. "Hot Dog Negi Maguro mit Tuna, Salzzitrone, Lauchzwiebel"), die frei kombinierbar sind - auch ideal zum Teilen. Tipp: Feinkost-Verkauf.

Spezialitäten: Rauchfischtatar, Ketakaviar, Gurkencrème. Mangalitza Wollsau am Stück gegrillt, Hasselbackpotatoes, Eingelegtes. Erdbeersnickers, Erdnussbutterreis, Schokoladencrème.

Menu 22 € (Mittags), 45/70 € – Karte 36/39 €

Stadtplan: C3-n – *Werinherstraße 15* ✉ *81541 – ℰ 089 39292689 – www.derdantler.de – Geschlossen 1.-19. August, Montag, Samstag, Sonntag*

In München-Großhadern

🍴 Johannas

SAISONAL · FREUNDLICH 🅧🅧 Einladend die freundlich-moderne Gasthaus-Atmosphäre, schön die Innenhof-Terrasse. Gekocht wird klassisch-französisch und mediterran, aber auch regional-saisonale Klassiker wie Wildgerichte. Für zwei Personen gibt es z. B. ganzen bretonischen Steinbutt. Dazu über 1000 Positionen Wein. Das Restaurant befindet sich übrigens im familiengeführten Hotel "Neumayr".

Menu 25 € (Mittags), 37/105 € – Karte 28/80 €

Stadtplan: B3-b – *Heiglhofstraße 18* ✉ *81377 – ℰ 089 7411440 – www.hotel-neumayr.de – Geschlossen 2.-22. März, Donnerstag*

In München-Haidhausen

�_ Showroom

KREATIV · FREUNDLICH 🅧 Ein sehr modernes und urbanes Konzept, das Dominik Käppeler und sein Team hier bieten! Die Köche sind mit im Service, alles ist überaus persönlich und komplett auf den Gast zugeschnitten. Sie wählen ein Menü mit fünf bis acht aufwändigen Gängen, die durchaus eine verspielte Note zeigen. Sie sind ausdrucksstark, haben eine eigene Idee und basieren auf exzellenten Produkten! Auch auf die Weinempfehlungen des Sommeliers ist Verlass - (angenehme) Überraschungen inklusive! Dominik Käppeler wurde die Leidenschaft für gutes Essen schon in die Wiege gelegt, denn bereits seine Mutter besaß ein eigenes Restaurant. Er kochte in diversen Betrieben in Rottach-Egern (darunter die „Egerner Höfe" sowie die „Fährhütte am See"), bevor er das ehemalige "Schweiger2" zu seinem "Showroom" machte.

Spezialitäten: Hamachi, weißer Spargel, Ponzu, Ziegenquark, Dashi. Presa vom Iberico Schwein, Mispeln, Rettich, Blumenkohl, Buttermilch. Weiße Schokolade, Umeboshi, Rhabarber, Dulce de Lecheeis, Zitronenverbene.

Menu 130/160 €

Stadtplan: M3-e – *Lilienstraße 6* ✉ *81669 – ℰ 089 44429082 – www.showroom-restaurant.de – Geschlossen 1.-5. Januar, 3.-21. August, Samstag, Sonntag, mittags: Montag-Freitag*

🍴 Vinaiolo

ITALIENISCH · GEMÜTLICH 🅧 Ein Stück Dolce Vita in der Altstadt von Haidhausen: Service mit südländischem Charme, die Küche typisch italienisch - lecker z. B. Pastagerichte wie "Pappardelle mit Lammragout". Komplett wird das gemütlich-authentische Bild durch Einrichtungsstücke eines alten Krämerladens aus Triest!

Menu 24 € (Mittags)/59 € – Karte 51/61 €

Stadtplan: G3-e – *Steinstraße 42* ✉ *81667 – ℰ 089 48950356 – www.vinaiolo.de – Geschlossen mittags: Samstag*

ⵏⵔ Atelier Gourmet ⌂

FRANZÖSISCH-KLASSISCH · BISTRO ⵣ Klein, eng, lebhaft, gut besucht - eben einfach nett! Das kulinarische Pendant zur sympathischen Atmosphäre: leckere und frische Gerichte wie "Rinderfilet, Artischocken, Graupen, Gremolata, Sardellen-Sabayon" - wählen Sie Ihr Menü von der Tafel. Dazu flotter Service und gute Weinberatung.

Menu 45/89 €

Stadtplan: G3-a – *Rablstraße 37 ✉ 81667 - ☏ 089 487220 - www.ateliergourmet.de – Geschlossen 12.-20. April, 31. Mai-8. Juni, 23. August-7. September, 24.-27. Dezember, Sonntag, mittags: Montag-Samstag*

ⵏⵔ Ebert ⓝ ⌂

KLASSISCHE KÜCHE · NACHBARSCHAFTLICH ⵣ Wirklich nett ist die Atmosphäre in dem kleinen Restaurant in Haidhausen. Hier wird man vom Chef selbst umsorgt, auch in Sachen Wein berät er Sie gerne. Gekocht wird klassisch und mit guten, frischen Produkten. Jede Woche gibt es ein neues Menü, z. B. mit "Crépinette vom Perlhuhn mit Gewürzpolenta".

Menu 69/89 €

Stadtplan: G3-b – *Regerplatz 3 ✉ 81541 - ☏ 089 44449940 - www.restaurantebert-muenchen.de – Geschlossen 1.-19. Januar, 1.-16. August, Samstag, Sonntag, mittags: Montag-Freitag*

In München-Maxvorstadt

ⵏⵔ Bar Mural ⓝ ⌂

ZEITGENÖSSISCH · HIP ⵣ Bei diesem trendig-urbanen Konzept handelt es sich um eine Food-Bar, in der es allerdings nicht nur Nüsse zum Knabbern gibt, sondern richtig schmackhafte Küche zu tollen Preisen! Probieren Sie z. B. "Schweinebauch, Gewürzbisquit, Schwarzwurzel, Speck". Die cool-entspannte Atmosphäre bietet sich auch für Drinks wie "Adam without Eve" an. Im Sommer mit Außenplätzen.

Karte 27/41 €

Stadtplan: L1-c – *Theresienstraße 1 ✉ 80333 - ☏ 089 27373380 - www.kopper.bar.de – Geschlossen Montag, Sonntag, mittags: Dienstag-Samstag*

🏨 Eurostars Grand Central ⓝ

BUSINESS · MODERN Ein modernes Businesshotel, nur eine S-Bahn-Station vom Hauptbahnhof entfernt. Zu den sehr komfortablen, wohnlichen und wertigen Zimmern gesellt sich ein großzügiger Hallenbereich mit Lounge/Bar und angeschlossenem Restaurant. Dazu ein kleiner Saunabereich auf dem Dach.

243 Zimmer ⌂ - ⵏⵏ 109/629 € - 4 Suiten

Stadtplan: E2-a – *Arnulfstraße 35 ✉ 80331 - ☏ 089 5165740 - www.eurostarsgrandcentral.com*

In München-Milbertshofen

❀❀ EssZimmer ♨ ⚹ 🅰🄲 ⌂

FRANZÖSISCH-MODERN · CHIC ⵣⵣⵣ Nicht nur Autos kann man hier bestaunen, denn was in der 3. Etage der BMW Welt am Fuße des Olympiaturms aus der Küche kommt, verdient Ihre volle Aufmerksamkeit! Mit einem Lift gelangt man in das schicke Restaurant, dessen elegantes Interieur das urbane Flair Münchens widerspiegelt. Doch bei aller Moderne kommen auch Wohnlichkeit und Ruhe nicht zu kurz - dazu trägt auch der Service bei, der sich aufmerksam und professionell um die Gäste kümmert - nicht zu locker und nicht zu steif. Auf dem Teller Kreativität à la Bobby Bräuer. Geschickt bringt man z. B. bei Kotelett und Filet vom Milchkalb mit Haselnussessig und Spitzkohl jede Menge Aromen und starke Kontraste in Einklang, angenehm reduziert der Stil. Passend die Weine dazu dank versiertem Sommelier. Übrigens: Parken ist kostenfrei.

Spezialitäten: Carabinero, Streifenbrasse, Safran, Muskatkürbis. Wagyu aus Südtirol, Sattel und Short Rib, Spitzpaprika, Rotes Miso. Zwetschge, Joghurt, Lavendel, Getreide.

Menu 150/195 €

Stadtplan: C1-e – *Am Olympiapark 1 (3. Etage in der BMW Welt, über Lift erreichbar)* ⊠ *80807* –
℘ *089 358991814* – *www.esszimmer-muenchen.de* – *Geschlossen 1.-16. Januar, 4. August-1. September, Montag, Sonntag, mittags: Dienstag-Samstag*

⇤○ **Bavarie** – Siehe Restaurantauswahl

⇤○ Bavarie　　　　　　　　　　　　🏠 ᴄ 🄰🄺 ⇆ 🗠

MARKTKÜCHE · TRENDY ⅹ Regionalität und Nachhaltigkeit sind zwei Grundgedanken der Bavarie-Idee. So setzt man beim Kombinieren bayerischer und französischer Elemente auf hochwertige Produkte. Ein Klassiker ist z. B. "Ceviche vom Label Rouge Lachs". Das Restaurant in der BMW Welt hat eine schöne Terrasse mit Blick auf Olympiapark und -turm.

Menu 34 € (Mittags), 42/68 € – Karte 38/50 €

Stadtplan: C1-e – *EssZimmer, Am Olympiapark 1 (2. Etage in der BMW Welt, über Lift erreichbar)* ⊠ *80331* –
℘ *089 358991818* – *www.feinkost-kaefer.de* – *Geschlossen 1. Januar-29. Februar, 3.-23. August, abends: Sonntag*

In München-Nymphenburg

⇤○ Broeding ⓝ　　　　　　　　　　　　　🕸 🏠

KLASSISCHE KÜCHE · GEMÜTLICH ⅹⅹ Das gemütlich-lebendige Lokal gehört zu den Institutionen von Neuhausen, und was das Konzept und die bemerkenswerte, praktisch rein österreichische Weinauswahl angeht, sogar von ganz München. Jeden Abend gibt es ein neues Menü mit Gerichten wie "gegrilltem Schwertfisch mit Artischocken und Tomaten". Dazu charmanter Service und eine lauschige Innenhofterrasse.

Menu 86/92 €

Stadtplan: E2-r – *Schulstraße 9* ⊠ *80636* –
℘ *089 164238* – *www.broeding.de* – *Geschlossen 22. Dezember-6. Januar, Sonntag, mittags: Montag-Samstag*

⇤○ Acetaia　　　　　　　　　　　　　　　🕸 🏠

ITALIENISCH · GEMÜTLICH ⅹ Ein echtes Kleinod am Nymphenburger Kanal, und noch dazu ein wirklich sympathisches! Hier genießt man italienische Küche und gemütliche Atmosphäre mit tollem Jugendstil-Flair. Der Name stammt übrigens vom alten Aceto Balsamico, den man hier auch kaufen kann.

Menu 29 € (Mittags)/70 € – Karte 50/70 €

Stadtplan: C2-a – *Nymphenburger Straße 215* ⊠ *80639* –
℘ *089 13929077* – *www.acetaia.de* – *Geschlossen mittags: Samstag*

In München-Oberföhring

⊛ Freisinger Hof　　　　　　　　　🏠 ⇆ 🅿 🗠

REGIONAL · GASTHOF ⅹⅹ Der charmante Gasthof von 1875 ist immer gut besucht, denn die Atmosphäre ist gemütlich und das Essen schmeckt! Es gibt Klassiker aus Bayern und Österreich - im Mittelpunkt steht Gekochtes vom Rind! Und als Dessert vielleicht "Palatschinken mit Marillenmarmelade"?

Spezialitäten: Tafelspitzbouillon mit Tageseinlage. Ofenfrischer Krustenbraten mit Dunkelbiersauce, Kartoffelknödel und Speck-Krautsalat. Wachauer Marillenpalatschinken.

Karte 35/70 €

Stadtplan: D1-f – *Hotel Freisinger Hof, Oberföhringer Straße 189* ⊠ *81925* –
℘ *089 952302* – *www.freisinger-hof.de*

🏠 Freisinger Hof ⟫ 🖫 🐕 🅿 🚗

LANDHAUS · GEMÜTLICH Eine schöne Adresse, traditionell und zeitgemäß zugleich und zudem nur einen Katzensprung vom Englischen Garten entfernt! Es stehen tipptopp gepflegte und behagliche Gästezimmer zur Verfügung, die kleine Halle ist hell und freundlich.

50 Zimmer 🖙 – 👫 169/350 €

Stadtplan: D1-f – *Oberföhringer Straße 191* ✉ *81925* – ✆ *089 952302* – *www.freisinger-hof.de*

🍴 **Freisinger Hof** – Siehe Restaurantauswahl

In München-Pasing

🍽 Essence 🛒 AC 🚗

KLASSISCHE KÜCHE · CHIC ✗✗ In dem geschmackvoll-modernen Restaurant samt Lounge und wunderbarer Innenhofterrasse kocht man französisch und mit mediterranen und asiatischen Einflüssen. Auf der Abendkarte liest man z. B. "Loch-Duart-Lachs, Curry, Mandel, Patisson". Mittags einfachere Gerichte.

Menu 33 € (Mittags), 51/87 €

Stadtplan: A2-a – *Gottfried-Keller-Straße 35* ✉ *81245* – ✆ *089 80040025* – *www.essence-restaurant.de* – *Geschlossen 1.-6. Januar, Montag, mittags: Samstag-Sonntag*

In München-Schwabing

❀❀ Tantris ❀ 🛒 AC ⇄ 🅿

FRANZÖSISCH-KLASSISCH · VINTAGE ✗✗✗ Es ist kein Geheimnis: Im Dezember 2020 geht die Ära Hans Haas zu Ende! Und die Bezeichnung "Ära" ist nicht übertrieben, denn seit 1991 hält die Koch-Legende mit unaufhörlicher Passion das Küchen-Zepter in der Hand! Zutaten allererster Güte bringt er durch handwerkliches Können wunderbar zur Geltung, die natürlichen Aromen der Produkte stehen dabei im Vordergrund. Einer seiner Klassiker: lauwarmer Lachs mit Lauchpüree, brauner Butter und Imperialkaviar. Seit über 45 Jahren kommen Gourmets an diesen schon fast magischen Ort, der für sie wie ein Wahrzeichen zu München gehört. Seit seiner Eröffnung wurde das "Tantris" fast durchgehend mit zwei (zeitweise sogar mit drei) Sternen gekürt. Über das extravagante, originalgetreu renovierte 70er-Jahre-Interieur könnte man Bände schreiben. Anfang 2021 heißt es "Tantris 2. 0"!

Spezialitäten: Variation vom Thunfisch. Lamm im Artischockenboden mit Curry-Artischocken-Fond. Mohnsoufflé mit Heidelbeercrème und Sauerkirscheis.

Menu 100 € (Mittags), 200/235 € – Karte 130/175 €

Stadtplan: G1-b – *Johann-Fichte-Straße 7* ✉ *80805* – ✆ *089 3619590* – *www.tantris.de* – *Geschlossen 1.-15. Januar, 5.-21. April, 30. August-8. September, 20.-28. Dezember, Montag, Dienstag, Sonntag*

❀❀ Werneckhof by Geisel ❀ AC

MODERNE KÜCHE · GEMÜTLICH ✗✗ Unweigerlich assoziiert man den "Werneckhof" in Münchens Stadtteil Schwabing mittlerweile mit dem Namen Tohru Nakamura. Enorm prägen die von zwei Welten beeinflussten Wurzeln des sympathischen Deutsch-Japaners die Küche des gemütlichen Restaurants. Vermutlich gibt es derzeit keine weitere Adresse in Deutschland, die moderne europäische und japanische Elemente so finessenreich und ausbalanciert miteinander verbindet. Kein Wunder also, dass er - obwohl erst seit 2016 hier im Haus - bereits im 2-Sterne-Segment etabliert ist! Ebenso wie das Team in der Küche zeigt auch der ausgezeichnete, charmante Service eine eigene Handschrift - nicht zuletzt mit seinen Getränkeempfehlungen, zu denen neben schön abgestimmten Weinen auch durchaus mal eine interessante alkoholfreie Begleitung gehört.

Spezialitäten: Hamachi, Taschenkrebs, Kapuzinerkresse und Sellerie. Ozaki Wagyu, Kashihikari, Schwarzwurzel, Gobo und Wasabi. Tokyo Banana, Koriander, Mirinsabayon, schwarzer Sesam und Passionsfrucht.

Menu 180/215 €

Stadtplan: G1-g – *Werneckstraße 11* ✉ *80802* – ✆ *089 38879568* – *www.geisels-werneckhof.de* – *Geschlossen 1.-8. Januar, 5.-20. April, 2. August-7. September, Montag, Sonntag, mittags: Dienstag-Samstag*

🕸 **Le Cézanne**

FRANZÖSISCH · FAMILIÄR ✗ In dem sympathischen Restaurant an der Ecke kocht der Chef Speisen aus seiner Heimat Frankreich. Von der Tafel oder von der kleinen Klassiker-Karte wählt man z. B. "Fischsuppe mit Croûtons und Rouille" oder "geschmorte Kalbsroulade mit Kartoffelgratin". Im Sommer ist die Fensterfront geöffnet.

Spezialitäten: Kürbiscremesuppe. Rib-Eye Steak mit Dijonsenfsauce. Crème brûlée.

Menu 49/54 € – Karte 34/65 €

Stadtplan: G1-z – *Konradstraße 1* ✉ *80801* – ℰ *089 391805* – *www.le-cezanne.de* – Geschlossen Montag

🍴○ **Bibulus**

ITALIENISCH · ELEGANT ✗✗ Wenn ein Restaurant beliebt ist bei den Einheimischen, spricht das für sich! Hier mag man die gute, unkomplizierte italienische Küche und den charmanten Service - am liebsten sitzt man draußen auf dem kleinen Platz unter Platanen. Günstiger Lunch.

Menu 55/84 € – Karte 44/67 €

Stadtplan: G1-u – *Siegfriedstraße 11* ✉ *80802* – ℰ *089 396447* – *www.bibulus-ristorante.de* – Geschlossen Sonntag, mittags: Samstag

🍴○ **Il Borgo**

ITALIENISCH · ELEGANT ✗✗ Seit 1989 ist dieses italienische Restaurant eine schöne Konstante in Schwabing. Das Ambiente ist modern-elegant und gemütlich zugleich, gelungen hat man alte Wandfliesen und die ursprüngliche Theke integriert. Auf der Karte liest man z. B. "Steinbutt mit Basilikum-Scampi-Farce auf Schwarzwurzeln".

Menu 59 € – Karte 46/66 €

Stadtplan: F1-e – *Georgenstraße 144* ✉ *80797* – ℰ *089 1292119* – *www.il-borgo.de* – Geschlossen Sonntag, mittags: Samstag

🍴○ **La Bohème**

FLEISCH · TRENDY ✗ Schön gesellig und locker ist es hier! Wer hochwertige Steak-Cuts schätzt, ist in dem trendig-urbanen Restaurant genau richtig. Es gibt sogar 1000-g-Steaks als "Sharing"-Variante. Ebenfalls zum Teilen sind die gemischten Platten. Sonntags kommt man gerne zum Brunch.

Menu 37/99 € – Karte 35/137 €

Stadtplan: C1-b – *Leopoldstraße 180* ✉ *80804* – ℰ *089 23762323* – *www.boheme-schwabing.de* – Geschlossen Montag, mittags: Samstag

🍴○ **Pure Wine & Food** ⓝ

MEDITERRAN · TRENDY ✗ Angenehm locker ist es hier, trendig der Bistrostil. Aus der Küche kommen saisonal-mediterrane Gerichte - aus frischen Produkten klar und modern zubereitet, teils auch mit internationalen Einflüssen. Appetit macht da z. B. "Flanksteak vom Weiderind, Auberginencreme, Süßkartoffel, Johannisbeeren, Cumin-Jus". Toll: über 250 (Bio-) Weine - auch zum Mitnehmen.

Menu 53/62 € – Karte 34/60 €

Stadtplan: F1-n – *Neureutherstraße 15* ✉ *80799* – ℰ *089 399936* – *www.pure-wine-food.de* – Geschlossen 1.-6. Januar, 1.-11. Juni, Montag, mittags: Dienstag-Sonntag

🏨 **Andaz München Schwabinger Tor** ⓝ

LUXUS · DESIGN Ein angesagtes Lifestyle-Luxus-Hotel am aufstrebenden Schwabinger Tor - überall Designerstücke und topmoderne Ausstattung. Großzügige Zimmer und tolle Suiten, dazu Wellness und Spa auf 2000 qm samt Pool über den Dächern der Stadt. Restaurant "The Lonely Broccoli" mit hochwertigen Fleisch-Cuts, ansprechenden Tellergerichten und auch Burgern aus zwei offenen Showküchen.

277 Zimmer – 👫 249/529 € – 🍽 30 €

Stadtplan: C1-a – *Leopoldstraße 170* ✉ *80804* – ℰ *089 9042191234* – *www.hyatt.com*

Pullman

BUSINESS · MODERN In dem modernen Businesshotel wohnen Sie schön komfortabel in schicken Zimmern, relaxen im kleinen Wellnessbereich und lassen sich im Restaurant "Theos" internationale Küche servieren. Im Sommer lockt der Innenhof mit Lounge, Terrasse und Beach-Bar.

317 Zimmer – 169/269 € – 25 € – 14 Suiten

Stadtplan: D1-a – *Theodor-Dombart-Str. 4 (Ecke Berliner Straße)* 80805 – 089 360990 – *www.pullman-hotel-muenchen.de*

SCHWABINGER WAHRHEIT by Geisel

BUSINESS · MODERN Mitten im pulsierenden Schwabing findet man dieses "Hybrid-Hotel" der Privathotelier-Familie Geisel, das auf Businessgäste und Stadttouristen gleichermaßen ausgelegt ist. Das Design: geradlinig, jung, schnörkellos und dennoch mit gewissem Chic! Interessant für Familien: "Teamzimmer" für max. 6 Personen. Zum Relaxen: Innenhofterrasse mit Jacuzzi sowie moderne Sauna.

79 Zimmer – 140/370 € – 14 € – 1 Suite

Stadtplan: G1-s – *Hohenzollernstraße 5* 80801 – 089 383810 – *www.schwabinger-wahrheit.de*

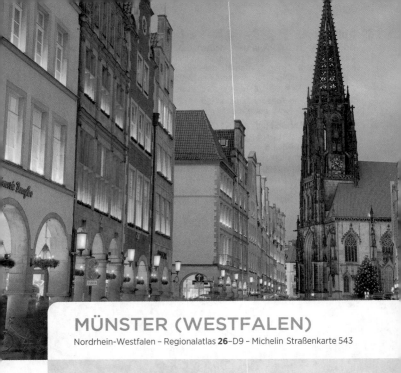

MÜNSTER (WESTFALEN)

Nordrhein-Westfalen – Regionalatlas **26**–D9 – Michelin Straßenkarte 543

Wir mögen besonders...

Neben „Grünkohl & Pinkel" oder „Münsterländer Töttchen"
auch interessante Sterneküche erleben, und zwar im
ferment als Teil des Restaurants **Ackermann** sowie im
Coeur D'Artichaut als tolle Casual-Fine-Dining-Adresse.
Die ambitionierte mediterrane Küche der schicken **Villa
Medici**. Richtig schön individuell wohnen im Hotel **Hof zur
Linde**. Sich als Design-Fan im **Factory Hotel** wohlfühlen.
Tipp: Machen Sie auch ruhig eine Kneipentour! Das durch
zahlreiche angehende Akademiker geprägte Kneipenbild
der ausgesprochen fahrradfreundlichen Universitätsstadt
ist im recht alternativen Hansaviertel besonders prägnant.
Auch Architektur-Liebhaber werden fündig: Münster hat
zahlreiche historische Bauten! Richtig gut entspannen kann
man bei einem Spaziergang am Aasee.

Restaurants

⚜ Coeur D'Artichaut 🅽

MODERNE KÜCHE · FREUNDLICH [X] Ein bisschen versteckt in einem Innenhof und doch nur einen Steinwurf entfernt von Rathaus und Dom findet man dieses attraktive "Casual Fine Dining"-Konzept: In wohnlicher Atmosphäre können die Gäste in die offene Küche schauen, wo der gebürtige Franzose Frédéric Morel (zuvor Küchenchef im Hamburger "Se7en Oceans") die Leidenschaft für seine bretonische Heimat zum Ausdruck bringt. Auf moderne Art verbindet er die Küche der Bretagne mit westfälischen Produkten und kreolischen Gewürzen - das Ergebnis sind sehr ausgewogene Gerichte mit Tiefe und Geschmack, und die gibt es als monatlich wechselndes Menü. Serviert wird von den Köchen selbst, daneben kümmert sich die Frau des Chefs (sie hat ihre Wurzeln übrigens hier im charmanten Münster) ausgesprochen sympathisch und geschult um die Gäste.

Spezialitäten: Lauch, Meerrettich, Saiblingskaviar. Kapaun, Maitake, Navette. Schokolade und Trüffel.

Menu 45 € (Mittags), 64/100 €

Stadtplan: B1-a – *Alter Fischmarkt 11A* ✉ 48143 – ☎ 0251 39582823 – *www.coeur-dartichaut.de – Geschlossen Montag, Dienstag, mittags: Mittwoch-Freitag, abends: Sonntag*

ⅈ○ von Rhemen

FRANZÖSISCH-KLASSISCH · FREUNDLICH XXX Sie sitzen in einem stilvollen hohen Raum unter einer schönen Stuckdecke und lassen sich modern interpretierte klassische Gerichte wie "Tranche vom Kabeljau, Blumenkohl, Trauben, Joghurtschaum, geräucherte Mandeln" schmecken. 12 - 18 Uhr Tageskarte mit reduzierter Speisenauswahl.

Menu 41/85 € – Karte 45/63 €

außerhalb Stadtplan – *Hotel Schloss Wilkinghege, Steinfurter Straße 374 (Zufahrt über Wilkinghege 41, über Steinfurter Straße A1)* ✉ 48159 – ☎ 0251 144270 – *www.schloss-wilkinghege.de – Geschlossen Sonntag, mittags: Montag*

ⅈ○ Giverny - Caveau de Champagne [AC]

FRANZÖSISCH-KLASSISCH · GEMÜTLICH XX In dem langjährigen Familienbetrieb führt inzwischen die nächste Generation Regie. Ansprechend sind sowohl das elegante Bistro-Flair als auch die französische Küche: Austern, Bouillabaisse, "Medaillons vom Seeteufel und Bouchot Muscheln", "gefüllte Brust vom Schwarzfederhuhn"...

Menu 29 € (Mittags), 49/69 € – Karte 50/82 €

Stadtplan: B1-g – *Spiekerhof 25* ✉ 48143 – ☎ 0251 511435 – *www.restaurant-giverny.de – Geschlossen Montag, Sonntag*

ⅈ○ Villa Medici 🛋️ 🅿️

MEDITERRAN · CHIC XX In dieser Münsteraner Institution empfängt man Sie in stilvoll-modern designtem Ambiente zu ambitionierter und schmackhafter mediterraner Küche und italienischem Wein. Sie möchten übernachten? Man hat auch fünf schöne Gästezimmer.

Menu 36 € (Mittags), 49/60 € – Karte 50/79 €

außerhalb Stadtplan – *Prozessionsweg 402 (über Warendorfer Straße C1)* ✉ 48155 – ☎ 0251 34218 – *www.villa-medici-muenster.de – Geschlossen Montag, mittags: Samstag*

ⅈ○ Brust oder Keule

MARKTKÜCHE · FREUNDLICH X Das Restaurant kommt gut an bei den Gästen, und das liegt an der hübschen modernen Einrichtung, am freundlichen Service samt kompetenter Weinberatung und nicht zuletzt an den frischen saisonalen Gerichten.

Menu 72 € – Karte 53/68 €

Stadtplan: B1-d – *Melchersstraße 32* ✉ 48149 – ☎ 0251 9179656 – *www.brustoderkeule.de – Geschlossen Montag, Sonntag*

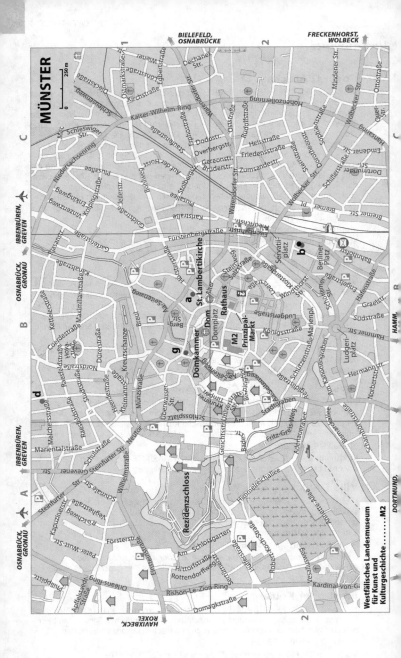

MÜNSTER

0 — 250 m

Westfälisches Landesmuseum
für Kunst und
Kulturgeschichte M2

Hotels

🏨 Factory Hotel ☆ 🔼 ⅃ 🎬 ♨ 🅿 🚗

URBAN · DESIGN Diese recht spezielle Lifestyle-Adresse - eine ehemalige Brauerei, deren alte Industrie-Architektur mit einem Neubau kombiniert wurde - bietet puristisch designte Zimmer, die großzügige trendige Bar "TIDE" sowie die Restaurants "EAT" mit regional-internationaler Küche und "la tapia" mit spanischem Angebot. Leger: "MOLE" als Speise-Kneipe.

128 Zimmer – 👫 84/259 € – 🖙 17 € – 16 Suiten

außerhalb Stadtplan *– An der Germania Brauerei 5 (Zufahrt über Grevener Str. 91, A1)* ✉ 48159 – ☎ 0251 41880 –
www.factoryhotel.de

🏨 Kaiserhof ☆ 🌐 🛏 ⅃ᵃ 🔼 🎬 ♨ 🅿

HISTORISCH · MODERN Das traditionsreiche Haus im Herzen Münsters steht für engagierte Führung und hochwertiges Interieur zum Wohlfühlen. Wie wär's mit etwas Ruhe im schönen Spa oder einem Buch im Kaminzimmer? Im geradlinigschicken Restaurant "Gabriel's" serviert man international-saisonale Küche.

95 Zimmer – 👫 109/249 € – 🖙 19 € – 5 Suiten

Stadtplan: B2-b *– Bahnhofstraße 14* ✉ 48143 – ☎ 0251 41780 –
www.kaiserhof-muenster.de *– Geschlossen 1.-5. Januar*

🏨 Schloss Wilkinghege ☆ 🛏 ♨ 🅿

HISTORISCHES GEBÄUDE · KLASSISCH Das im 16. Jh. erbaute Schloss mit schönem Park gibt heute individuellen Zimmern einen geschmackvollen Rahmen. Etwas zeitgemäßer die Dependance. Das Haus wird gerne für Feierlichkeiten genutzt. Gut die Lage: ruhig und doch zentrumsnah.

34 Zimmer 🖙 – 👫 140/180 € – 13 Suiten

außerhalb Stadtplan *– Steinfurter Straße 374 (Zufahrt über Wilkinghege 41, über Steinfurter Straße A1)* ✉ 48159 – ☎ 0251 144270 –
www.schloss-wilkinghege.de

🍴 **von Rhemen** – Siehe Restaurantauswahl

In Münster-Handorf Ost: 7 km über Warendorfer Straße C1, Richtung Bielefeld

🍴 Landhaus Eggert ☜ 🛏 🏡 🅿

FRANZÖSISCH-MODERN · LANDHAUS XX Mögen Sie die westfälische Küche oder speisen Sie lieber moderner? Zur Wahl stehen das "Heimat-" und das "Genießer-Menü". In der kalten Jahreszeit sitzt man gerne vor dem alten Kamin im "Westfälischen Raum", im Sommer lockt die Terrasse mit Blick aufs Wersetal. Auf dem idyllisch gelegenen historischen Anwesen kann man auch schön übernachten.

Menu 35 € (Mittags), 39/94 € – Karte 41/79 €

außerhalb Stadtplan *– Zur Haskenau 81* ✉ 48157 – ☎ 0251 328040 –
www.landhaus-eggert.de

🏨 Hof zur Linde ☆ 🛀 🛏 🛏 ⅃ᵃ 🔼 ♨ 🅿

LANDHAUS · INDIVIDUELL Aus einem historischen Bauernhof ist das schöne Anwesen entstanden. Jedes Zimmer ist anders, beliebt sind Fischerhaus und Waldhaus - idyllisch an der Werse gelegen! Oder lieber eine Spa-Juniorsuite mit Whirlwanne und kleiner Sauna? Das Restaurant vereint rustikalen Charme mit Eleganz, dazu regionale Küche. Klasse: einstige Scheune als schicker Veranstaltungsbereich.

52 Zimmer 🖙 – 👫 141/179 € – 8 Suiten

außerhalb Stadtplan *– Handorfer Werseufer 1* ✉ 48157 – ☎ 0251 32750 –
www.hof-zur-linde.de

In Münster-Roxel

❀ ferment

KREATIV · FREUNDLICH ✕✕ Dass man hier häufig ausgebucht ist, liegt nicht allein daran, dass dieses Gourmetrestaurant nur 14 Plätze hat. Familie Ackermann betreibt ihr Haus mit Herzblut, entsprechend hat man sich einen richtig guten Mann an den Herd geholt: Laurin Kux, zuvor Küchenchef im Hamburger "Jellyfish". Für sein modernes und sehr durchdachtes Menü verarbeitet er ausgesuchte, möglichst regionale Produkte wie z. B. das zarte Reh aus heimischer Jagd, das mit Pilzen, Sellerie und toller Pfefferblatt-Jus serviert wird. Zu erreichen ist das in der ehemaligen Kegelbahn untergebrachte "ferment" über den Weinkeller, wo eine schöne Auswahl lagert. Auch eine freundliche und versierte Beratung ist Ihnen gewiss. Alternativ hat man noch das "Restaurant Ackermann" - auch hier sprechen die zahlreichen Stammgäste für sich!

Spezialitäten: Tatar vom Rind, Kohlrabi, Senf, Tageties. Zweierlei Taube, Kohlgemüse, Liebstöckel-Pesto, Sauerbratenjus. Zitronentarte, Sauerampfer, Schokolade, Orange.

Menu 79/99 €

Ackermann, Roxeler Straße 522 ✉ 48161 – ✆ 02534 1076 –
www.restaurant-ackermann.de – Geschlossen Montag, Dienstag, Mittwoch,
mittags: Donnerstag-Sonntag

MÜNSTERTAL
Baden-Württemberg – Regionalatlas **61**–D21 – Michelin Straßenkarte 545

In Obermünstertal

⊗⊙ Spielweg   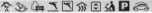

FRANZÖSISCH-KLASSISCH · GEMÜTLICH ✕✕ Richtig gemütlich sitzt man in dem 1705 erstmals urkundlich erwähnten "Spielweg"-Stammhaus. In charmanten Stuben im Schwarzwälder Stil wird man äußerst freundlich und aufmerksam umsorgt - Familie Fuchs ist stets präsent. Gekocht wird ambitioniert, regional und mit asiatischen Einflüssen, so z. B. "Rotes Thai-Curry mit rosa gebratenem Wildschweinfilet".

Menu 45 € (Mittags), 52/95 € – Karte 35/72 €

Hotel Spielweg, Spielweg 61 ✉ 79244 – ✆ 07636 7090 – www.spielweg.com

⊕⊕⊕ Spielweg

FAMILIÄR · INDIVIDUELL Ein Ferienhotel mit Charme und eigener Note, und das in idyllischer Lage! Seit Generationen führt Familie Fuchs das Haus und investiert stetig. So wohnt man in individuellen Zimmern von klassisch-traditionell bis modern-regional. Ausgezeichnet das Frühstück mit Käse aus der eigenen Käserei!

41 Zimmer ⊡ – ♦♦ 145/267 € – 3 Suiten

Spielweg 61 ✉ 79244 – ✆ 07636 7090 – www.spielweg.com

⊗⊙ **Spielweg** – Siehe Restaurantauswahl

MUGGENSTURM
Baden-Württemberg – Regionalatlas **54**–E18 – Michelin Straßenkarte 545

☺ Lamm   ⌂

INTERNATIONAL · GASTHOF ✕✕ In dem traditionellen Gasthof hat man zahlreiche Stammgäste, und die schätzen neben der gepflegten, freundlichen Atmosphäre natürlich vor allem die gute regional-internationale Küche. Probieren Sie z. B. "gegrillte Medaillons vom Schweinefilet, Pfeffer-Béarnaise, Gemüse der Sasion".

Spezialitäten: Steinpilzsuppe mit Pinienkernen. Gebratenes Ochsenschwanz Gulasch mit Pfifferlingen und handgeschabten Dinkel-Spätzle. Schweinelende, Rahm, Champignons, Räucherschinken, Croûtons und handgeschabte Spätzle.

Menu 38/63 € – Karte 36/61 €

Hauptstraße 24 ✉ 76461 – ✆ 07222 52005 – www.lamm-muggensturm.de –
Geschlossen mittags: Samstag

MULFINGEN

Baden-Württemberg – Regionalatlas **49**–I17 – Michelin Straßenkarte 545

In Mulfingen-Ailringen Nord-West: 7, 5 km über Ailringer Straße

🕸 Amtskeller

FRANZÖSISCH-KLASSISCH · ELEGANT XX Das schmucke jahrhundertealte "Amtshaus" ist attraktiv bis in den Keller. Schon der historische Rahmen ist etwas Besonderes: Ausgesprochen schön hat man ein altes Naturstein-Tonnenge-wölbe mit modern-elegantem Stil kombiniert. In erster Linie geht es hier aber natürlich um die Küche. Sebastian Wiese kocht saisonal, produktorientiert und sehr ausdrucksstark. Bewusst verzichtet er auf unnötigen Schnickschnack, statt-dessen konzentriert er sich auf die ausgesuchten Zutaten, die er gerne aus der Umgebung bezieht. Diesen regionalen Aspekt setzt er z. B. beim Jagsttal-Mai-bockrücken mit weißem Spargel aromareich um. Internationale Einflüsse bindet er aber ebenfalls in seine Küche ein. Dass man sich hier wohlfühlt, liegt nicht zuletzt auch am sehr freundlichen, geschulten und eingespielten Service.

Spezialitäten: Maultaschen vom Ziegenfrischkäse mit Kaninchenragout. Zwiebel-rostbraten vom Hohenloher Weiderind mit Spätzle und Rotweinsoße. Schoko-ladentarte mit Aprikosen und Vanilleeis.

Menu 79/109 € – Karte 67/73 €

Hotel Amtshaus, Kirchbergweg 3 ✉ *74673 –* ✆ *07937 9700 –*
www.amtshaus-ailringen.de – Geschlossen 1.-14. Januar, Montag, Dienstag,
mittags: Mittwoch-Samstag

🏠 Amtshaus

LANDHAUS · MODERN Richtig gut wohnen lässt es sich in dem hübschen klei-nen Hotel von 1650: geschmackvolles Ambiente, moderne Technik, ausgewähltes Frühstück... , und all das umgeben von schönem altem Fachwerk. Unter den wohnlichen Zimmern finden sich auch geräumige Maisonetten.

15 Zimmer ⌷ – ♥♥ 159 € – 3 Suiten

Kirchbergweg 3 ✉ *74673 –* ✆ *07937 9700 –*
www.amtshaus-ailringen.de

🕸 **Amtskeller** – Siehe Restaurantauswahl

In Mulfingen-Heimhausen Süd: 4 km Richtung Buchenbach

😊 Jagstmühle

REGIONAL · LÄNDLICH X Mit seinem gemütlich-eleganten Interieur passt das Restaurant wunderbar ins charmante Jagstmühlen-Bild. Die helle, warme Holz-täfelung, ein Kachelofen, hübsche Stoffe - all das sorgt für Behagen. Gekocht wird regional und saisonal - probieren Sie doch mal das "Regio-Tapas-Menü"! Schön übernachten kann man ebenfalls.

Spezialitäten: Gebackene Tomate mit Ricotta, gegrilltem Gartengemüse und Rucolapesto. Siedfleisch vom Hohenloher Weiderind mit Meerrettich, süß-sauer eingelegtem Gemüse und Salzkartoffeln. Weincrème mit rotem Apfelsorbet.

Menu 35/82 € – Karte 27/58 €

Jagstmühlenweg 10 ✉ *74673 –* ✆ *07938 90300 –*
www.jagstmuehle.de – Geschlossen 23.-24. Dezember

MURNAU

Bayern – Regionalatlas **65**–L21 – Michelin Straßenkarte 546

🍽 Murnauer Reiter

REGIONAL · CHIC XX Auch gastronomisch bleibt der "Alpenhof" nicht stehen - darf es vielleicht das chic-moderne "Panorama-Restaurant" sein? Schön sind auch die anderen Räume, und die ambitionierte Küche gibt es überall. Aus sehr guten Produkten entsteht z. B. "gebratener Zander mit Sauerkraut und Blut-wurst-Kartoffelstrudel".

Menu 38/134 € – Karte 26/80 €

Hotel Alpenhof Murnau, Ramsachstraße 8 ✉ *82418 –* ✆ *08841 4910 –*
www.alpenhof-murnau.com

🏨 Alpenhof Murnau ✿ ⊛ ≼ 🖽 🗴 🖸 ⑱ 𝄞 🛅 🖃 ⟲ 🏊 🚗

LUXUS · MONTAN Ein Luxus-Ferienhotel im Wandel: Hier wird stetig investiert und erneuert, der Servicegedanke bleibt! Neben geschmackvollen Zimmern (Tipp: die ganz modernen!) bietet man ein tolles Frühstück (auch für Langschläfer) und reichlich Wellness. Dazu viel Natur ringsum und schöne Sicht auf Wetterstein und Estergebirge.

100 Zimmer ⊊ – 👥 149/499 € – 4 Suiten
Ramsachstraße 8 ✉ 82418 – ☏ 08841 4910 –
www.alpenhof-murnau.com

🍴 **Murnauer Reiter** – Siehe Restaurantauswahl

NAGOLD
Baden-Württemberg – Regionalatlas **54**–F19 – Michelin Straßenkarte 545

🍴 Ostaria da Gino

ITALIENISCH · FAMILIÄR ✗ Schön familiär geht es hier zu! Typisch italienisch die Speisen, ungezwungen und charmant die Atmosphäre! Man berät Sie gerne bei der Auswahl von der Tafel, ebenso in Sachen Wein. Vielleicht noch was Leckeres für zuhause aus dem Feinkostladen? Übrigens: Man bietet auch Kochkurse an.

Menu 49/69 € – Karte 36/66 €
Querstraße 3 ✉ 72202 – ☏ 07452 66610 – www.dagino-nagold.de –
Geschlossen Sonntag

NAUHEIM, BAD
Hessen – Regionalatlas **38**–F14 – Michelin Straßenkarte 543

🍴 Zuleger's 🛖

MARKTKÜCHE · ZEITGEMÄBES AMBIENTE ✗ Wolfgang Zuleger ist kein Unbekannter in der Wetterau. Er kocht frisch und schmackhaft - mittags gibt es eine einfache Tageskarte, abends Gerichte wie "Loup de mer & Riesengarnele, Risotto, Krustentiersoße" oder "Oldenburger Ente mit Steckrübenpüree".

Menu 29/45 € – Karte 27/59 €
Mittelstraße 3 ✉ 61231 – ☏ 06032 700870 –
www.zulegers.de – Geschlossen Montag, Dienstag, mittags: Samstag

NAUMBURG
Sachsen-Anhalt – Regionalatlas **41**–M12 – Michelin Straßenkarte 542

🍴 Gasthof Zufriedenheit 🆕 ⇆ 🛖 🅿

ZEITGENÖSSISCH · DESIGN ✗✗ Man kann dieses Haus schon als Design-Gasthof bezeichnen, denn das Ambiente ist richtig chic und ganz modern. Aus der Küche kommen frische, schmackhafte Gerichte wie z. B. "karamellisierter Fond aus Fenchelpollen und Hummer mit Hummer-Ravioli" oder auch "Königsberger Klopse mit Roter Bete und Schnittlauch". Charmant der Service, passend die Weinempfehlungen.

Menu 20 € (Mittags), 53/78 € – Karte 39/64 €
Steinweg 26 ✉ 06618 – ☏ 03445 7912051 –
www.gasthof-zufriedenheit.de – Geschlossen Montag

🏨 Gasthof Zufriedenheit ✿ 🖃 🅿

BOUTIQUE-HOTEL · GEMÜTLICH Der schöne Gasthof im Herzen Naumburgs, nur wenige Schritte vom Dom, trägt den Namen "Zufriedenheit" zu Recht: Hier wird Wohnkomfort groß geschrieben. Wertige moderne Einrichtung, ausgezeichneter Service, sehr gutes Frühstück und ein Restaurant, in dem es Spaß macht, zu essen... All das sorgt für Wohlfühl-Atmosphäre!

17 Zimmer – 👥 185/240 € – ⊊ 22 € – 2 Suiten
Steinweg 26 ✉ 06618 – ☏ 03445 7912051 –
www.gasthof-zufriedenheit.de

🍴 **Gasthof Zufriedenheit** – Siehe Restaurantauswahl

NAURATH (WALD)

Rheinland-Pfalz – Regionalatlas **45**–B15 – Michelin Straßenkarte 543

🦚 Rüssel's Landhaus

KREATIV · CHIC XXX Schon bei der Anfahrt über die kleine Brücke spürt man das Landhausflair - gelungen hat man den Charakter der alten Mühle bewahrt! Hier zeigt sich das Herzblut, das Ruth und Harald Rüssel in ihr Haus stecken, ebenso wie in der Küche. Das starke Team um den Patron und seinen Küchenchef Enrico Back kocht kreativ-saisonal und legt dabei Wert auf Regionalität. Ein Großteil der ausgezeichneten Zutaten stammt von lokalen Produzenten, Wild sogar aus eigener Jagd! Diese Naturverbundenheit spiegelt sich auch in der Wahl der Farben und Materialien im Restaurant wider, die hochwertige Tischkultur unterstreicht die elegante Note. Durch große Fenster kann man zudem auf das idyllische Mühlenanwesen schauen. Noch näher ist man der Natur nur auf der Terrasse - hier sitzt man herrlich an einem kleinen See!

Spezialitäten: Gebratener Kalbskopf, Hummer, Kartoffel-Bohnensalat, Kapernmayonnaise. Rehrücken und Schulter, Sauerkleewurzel, Pfifferlinge, Sellerie, Berberitzenjus. Schwarzkirsche, weiße Schokolade, Milchschaum, Mädesüß.

Menu 125/170 € – Karte 94/118 €

Hotel Rüssel's Landhaus, Büdlicherbrück 1 ✉ *54426 –* ℰ *06509 91400 –*
www.ruessels-landhaus.de – Geschlossen 2.-8. Januar, 22. Juni-1. Juli, Dienstag,
Mittwoch, mittags: Montag und Donnerstag

🍽️ Rüssel's Hasenpfeffer

REGIONAL · LÄNDLICH X Eine wirklich hübsche Alternative zum Rüssel'schen Gourmetrestaurant und beliebt bei den Gästen, denn hier kocht man schmackhaft und mit guten Produkten. Gerne bestellt man z. B. Wild und Geschmortes - ein Hasengericht findet sich übrigens auch immer auf der regional-saisonalen Karte.

Menu 58/70 € – Karte 51/69 €

Hotel Rüssel's Landhaus, Büdlicherbrück 1 ✉ *54426 –* ℰ *06509 91400 –*
www.ruessels-landhaus.de – Geschlossen 2.-8. Januar, 22. Juni-1. Juli, Dienstag,
Mittwoch, mittags: Donnerstag

🏨 Rüssel's Landhaus

LANDHAUS · INDIVIDUELL Der Name Rüssel steht nicht nur für richtig gute Küche. Werfen Sie einen Blick in die Zimmer und Sie werden über Nacht bleiben wollen! Ob Landhausstil oder Themen wie "Weinselig" oder "Provence", hier ist ein Raum schöner als der andere!

14 Zimmer 🛏️ – 🛏️ 140/235 € – 2 Suiten

Büdlicherbrück 1 ✉ *54426 –* ℰ *06509 91400 –*
www.ruessels-landhaus.de – Geschlossen 2.-8. Januar, 22. Juni-1. Juli

🦚 **Rüssel's Landhaus** · 🍽️ **Rüssel's Hasenpfeffer** – Siehe Restaurantauswahl

NECKARGEMÜND

Baden-Württemberg – Regionalatlas **47**–F17 – Michelin Straßenkarte 545

🍽️ Christians Restaurant

FRANZÖSISCH-KLASSISCH · ZEITGEMÄSSES AMBIENTE XX Schöne Rundbogenfenster geben in dem hellen, geradlinigen Restaurant den Blick auf den Neckar frei - auch für Feierlichkeiten ein hübscher Rahmen. Aus der Küche kommt Klassisches mit mediterranem Einfluss, so z. B. "Iberico-Schweinekotelett, Gorgonzola, Rosmarinsoße, Wild-Brokkoli, Kürbisravioli". Mittags ist das Angebot etwas einfacher und reduzierter.

Menu 45/95 € – Karte 39/70 €

Neckarstraße 40 ✉ *69151 –* ℰ *06223 9737323 –*
www.restaurant-christian.de – Geschlossen 9.-20. Januar, 4.-11. Juni, Dienstag,
Mittwoch, mittags: Montag und Donnerstag-Freitag

In Neckargemünd-Waldhilsbach Süd-West: 5 km über B 45 Richtung Sinsheim

Zum Rössel

REGIONAL · LÄNDLICH X Gut essen kann man in der einstigen Poststation von 1642. In dem hübschen traditionell gehaltenen Restaurant gibt es Klassiker wie "Zander mit Kartoffel-Gurkensalat" oder "Medaillons vom Schweinefilet mit frischen Pilzen". Dazu interessante Monatsempfehlungen. Tipp: Auf Vorbestellung Gourmetmenü im "Zimmerle".
Spezialitäten: Kraftbrühe mit Leberklößchen. Wildragout mit Rahmwirsing und Spätzle. Sauerrahmtarte mit Beerensorbet.
Menu 36/68 € – Karte 30/59 €
Heidelberger Straße 15 ✉ *69151 – ✆ 62232665 – www.roessel-waldhilsbach.de – Geschlossen 24. Februar-4. März, 1.-9. Juni, 24. August-8. September, Montag, Dienstag, mittags: Mittwoch*

NECKARTAILFINGEN
Baden-Württemberg – Regionalatlas **55**–G19 – Michelin Straßenkarte 545

Gasthaus Schwanen

REGIONAL · LÄNDLICH XX Freundlich und ländlich-traditionell ist die Atmosphäre in den Gasträumen im 1. Stock. Passend dazu kocht man bürgerlich-regional, mit Blick fürs Detail und angenehmer Würze. Der Chef ist selbst Jäger - da probiert man gerne mal entsprechende Spezialitäten. Tipp: eigene Produkte zum Mitnehmen.
Karte 26/52 €
Nürtinger Straße 18 ✉ *72666 – ✆ 07127 929420 – www.schwanen-neckartailfingen.de – Geschlossen Dienstag, Mittwoch*

NENNDORF, BAD
Niedersachsen – Regionalatlas **18**–H8 – Michelin Straßenkarte 541

In Bad Nenndorf-Riepen Nord-West: 4, 5 km über die B 65 Richtung Minden

August

INTERNATIONAL · GEMÜTLICH XX Lange Familientradition und richtig gute Küche - dafür stehen die Gehrkes. Gekocht wird frisch, saisonal und mit internationalem Einfluss: "Hirschkeulenbraten mit Waldpilzsauce", "Entenbrust und Spitzkohl mit Chorizo und Rosinen", "Seehechtfilet auf Bandnudel-Wokgemüse"... Weinschrank mit toller Auswahl! Zum Übernachten hat das "Schmiedegasthaus Gehrke" schöne Zimmer.
Spezialitäten: Kartoffel-Bärlauch-Suppe, Nordseekrabben und Rauchlachssandwich. Brust vom Schwarzfederhuhn in Madeira-Trüffelbrühe gegart, Rahmkohlrabi, Kartoffelmousseline, Sommertrüffel. Hausgemachte Amarettokirschen mit weißem Schokoladenmousse und Vanilleeis mit deren Saft.
Menu 25/42 € – Karte 35/52 €
Hotel Schmiedegasthaus Gehrke, Riepener Straße 21 ✉ *31542 – ✆ 05725 94410 – www.schmiedegasthaus.de – Geschlossen 1.-8. Januar, 23.-31. Dezember, Montag, Dienstag*

NETTETAL
Nordrhein-Westfalen – Regionalatlas **25**–A11 – Michelin Straßenkarte 543

In Nettetal-Hinsbeck

Sonneck

BÜRGERLICHE KÜCHE · FAMILIÄR XX 150 Jahre Familientradition hat das freundlich-gemütliche Restaurant von Birgit und Ernst-Willi Franken. Aus der Küche kommt Schmackhaftes wie "Spinatsalat mit gerösteten Pinienkernen, Parmesanspänen und Wachtelspiegelei" oder "gebratene Seezungenfilets mit Safran-Meeresfrüchtesauce, Broccoli und Basmati-Reis". Schön die Terrasse im Garten - hier wachsen auch Kräuter.

Spezialitäten: Salat mit Trauben, Nüssen, hausgemachter Fasanenterrine und Mispelmark. Geschmortes „Eifel-Kaninchen" mit Steinpilzsauce, Wirsing und Semmelklößen. Walnuss-Parfait mit Schokoladensauce.

Menu 27 € (Mittags), 29/46 € – Karte 34/59 €

Schloßstraße 61 ⊠ 41334 – ℰ 02153 4157 – www.restaurantsonneck.de –
Geschlossen 1.-15. Februar, 1.-13. September, Montag, Dienstag

NEUBEUERN

Bayern – Regionalatlas **66**–N21 – Michelin Straßenkarte 546

ⓐ Auers Schlosswirtschaft   🛱 ⇄ 🅿 🍴

REGIONAL · GASTHOF ⚹ Seit über 30 Jahren ist man hier mit Engagement im Einsatz. In dem netten ländlich-schlichten Gasthaus kocht man schmackhaft, frisch und konzentriert sich ganz auf die sehr guten Zutaten, darunter viele Bio-Produkte. Wie wär's z. B. mit "Kalbsbrieskrusteln, Petersilienwurzelpüree, Rübchenmarmelade"? Oder lieber gebratene Forellenfilets? Schöne Terrasse mit Bäumen.

Spezialitäten: Bio-Lammleber mit Spargelsalat. Rollbraten vom Zicklein mit Gemüse. Geeister Cappuccino mit Eierlikör und Milchschaum.

Karte 33/56 €

Rosenheimer Straße 8 ⊠ 83115 – ℰ 08035 2669 – www.auers-schlosswirtschaft.de –
Geschlossen 23. August-15. September, Montag, Sonntag,
mittags: Dienstag-Samstag

NEUBURG AM INN

Bayern – Regionalatlas **60**–P19 – Michelin Straßenkarte 546

ⓐ Hoftaferne Neuburg   ≼ 🛱 ⇄ 🅿

REGIONAL · GEMÜTLICH ⚹⚹ In der Hoftaferne von 1440 wird richtig gut gekocht, und zwar bayerisch-österreichisch. Auf der Karte finden sich Klassiker und gehobenere Gerichte - Lust auf Tafelspitzsülze, Wiener Schnitzel, Kaiserschmarrn & Co.? Drinnen charmant-historisches Flair, draußen lockt im Sommer der Biergarten!

Spezialitäten: Kürbisrahmsuppe, Hähnchenspieß, Sesam. Fleischpflanzerl, Kartoffel-Sahnepüree, Naturjus, Beilagensalat. Crème brûlée von der Vanille, Milcheis, Haselnuss-Crumble.

Menu 22 € (Mittags), 39/65 € – Karte 36/56 €

Hotel Hoftaferne Neuburg, Am Burgberg 5 ⊠ 94127 – ℰ 08507 923120 –
www.hoftaferne-neuburg.de – Geschlossen 1.-22. März, 20. Juli-3. August, 1.-15.
November, 24.-28. Dezember, Montag, Dienstag, abends: Sonntag

🏠 Hoftaferne Neuburg   ☆ ⑊ ≼ 🖃 ⅄ 🅰 🅿

HISTORISCHES GEBÄUDE · HISTORISCH An der ehemaligen Wehranlage a. d. 11. Jh. hat man ein Gästehaus mit hübschen wohnlichen Zimmern. Aber nicht nur das gepflegte Ambiente ist erwähnenswert, auch die Lage: ruhig, erhöht und mit schöner Aussicht.

24 Zimmer ⌷ – ♥♥ 89/125 €

Am Burgberg 5 ⊠ 94127 – ℰ 08507 923120 – www.hoftaferne-neuburg.de –
Geschlossen 1.-24. März, 20. Juli-3. August, 1.-16. November, 24.-28. Dezember
ⓐ **Hoftaferne Neuburg** – Siehe Restaurantauswahl

NEUBURG AN DER DONAU

Bayern – Regionalatlas **57**–L18 – Michelin Straßenkarte 546

In Neuburg-Bergen Nord-West: 8 km über Ried, im Igstetter Wald links

ⓐ Gaststube   🖙 🛱 🅿

REGIONAL · LÄNDLICH ⚹ So stellt man sich eine historische bayerische Gaststube vor: Holzbalken an der Decke, Dielenboden, Kachelofen - rustikal und schön gemütlich! Auf dem Teller Leckeres wie "Schwäbisch-Hällisches Landschwein im Gusseisentopf geschmort, Spitzkraut, Kartoffelgratin".

Spezialitäten: Wildconsommé mit Rehmaultäschchen. Filet von der Schutter-Forelle mit Kräutern gebraten, Petersilienkartoffeln und Blattsalaten. Bayerische Creme auf Himbeermark mit frischen Früchten.

Menu 30/75 € – Karte 33/72 €

Hotel Zum Klosterbräu, Kirchplatz 1 ⊠ 86633 – ℰ 08431 67750 –
www.zum-klosterbraeu.de – Geschlossen 21.-29. Dezember, mittags: Montag

🏨 Zum Klosterbräu ⵣ🕭🍴🕭🏠📺🎿🅿

GASTHOF · GEMÜTLICH Familientradition seit 1744! Hübsch die Zimmer mit wertigem Vollholz und warmen Farben, toll das Kreuzgewölbe in Lobby und Malztenne (hier gibt es Frühstück), ein Traum der Klostergarten samt Outdoor-Pool. Chic: modern-rustikales Badehaus im historischen Zehntstadel.

26 Zimmer ⵣ – ♥♥ 169/249 € – 1 Suite
Kirchplatz 1 ⊠ 86633 – ℰ 08431 67750 – www.zum-klosterbraeu.de
🍴 **Gaststube** – Siehe Restaurantauswahl

NEUDROSSENFELD
Bayern – Regionalatlas **51**-L15 – Michelin Straßenkarte 546

🍴○ Schloss Neudrossenfeld 🏞 🕭

MARKTKÜCHE · RUSTIKAL 🟙 Der rechte Schlossflügel hat einiges zu bieten: ein schönes Restaurant (mal gemütlich-rustikal, mal modern), eine Vinothek und im OG einen Saal. Draußen die tolle Terrasse! Aus der Küche kommt Klassisches mit ländlichem Einfluss - Appetit macht da z. B. "Hirschrücken mit Pinienkruste und gegrillten Schalotten".

Menu 54 € – Karte 40/60 €

Schlossplatz 2 ⊠ 95512 – ℰ 09203 68368 – www.schloss-neudrossenfeld.de –
Geschlossen 1. Januar-4. Februar, Montag, Dienstag, mittags: Mittwoch-Samstag

NEUENAHR-AHRWEILER, BAD
Rheinland-Pfalz – Regionalatlas **36**-C13 – Michelin Straßenkarte 543

Im Stadtteil Heppingen Ost: 4 km

🕸🕸 Steinheuers Restaurant Zur Alten Post 🕭 🅰🅲 🅿

FRANZÖSISCH-KLASSISCH · ELEGANT 🟙🟙 Familie Steinheuer verfolgt in ihrem Landgasthof ein großes Anliegen: Alle sollen sich wohlfühlen! Kein Wunder, dass sich bei den engagierten Gastgebern seit vielen Jahren die (Stamm-) Gäste die Klinke in die Hand geben. Da ist zum einen das schöne elegante Ambiente samt hochwertiger und stilvoller Deko, zum anderen natürlich die Küche von Patron Hans Stefan Steinheuer und Schwiegersohn Christian Binder. Ihre Gerichte sind klassisch und haben Bezug zur Region, dezent bindet man auch internationale Einflüsse mit ein. Mit Gabriele Steinheuer und Tochter Désirée - ihres Zeichens Sommelière - leiten die Damen der Familie charmant und gleichermaßen kompetent den Service. Gut zu wissen: Die junge Generation setzt die lange Tradition des Hauses auf professionelle und persönliche Art und Weise fort!

Spezialitäten: Gänseleber mit Kaffee und Milch. Eifler Rehrücken mit Spitzkohl und Pfifferlingen. Mandelplanet.

Menu 140/195 €

Landskroner Straße 110 (Eingang Konsumgasse) ⊠ 53474 – ℰ 02641 94860 –
www.steinheuers.de – Geschlossen 1.-16. Januar, 5. Juli-6. August, Dienstag,
Mittwoch, mittags: Montag und Donnerstag-Freitag

🍴○ Steinheuers Landgasthof Poststuben 🔙🏞🅰🅲🅿

REGIONAL · ZEITGEMÄSSES AMBIENTE 🟙🟙 Dies ist nicht "Steinheuer light", sondern ein ganz eigenständiges Restaurant mit ambitionierter Frischeküche, die z. B. als "Salat von Kalbskopf und Zunge mit Böhnchen" oder "Zander auf Rieslingkraut" überzeugt. Wer übernachten möchte, wählt die Doppelzimmer im Haupthaus oder das komfortable Gästehaus.

Menu 49/65 € – Karte 40/58 €

Landskroner Straße 64 ⊠ 53474 – ℰ 02641 94860 – www.steinheuers.de –
Geschlossen 1.-16. Januar, Dienstag, Mittwoch

Im Stadtteil Walporzheim Süd-West: 4 km

⁂ Historisches Gasthaus Sanct Peter Restaurant Brogsitter
🐾 ⌖ 🅿

MODERNE KÜCHE · ELEGANT XxX Schon im 13. Jh. war das Historische Gasthaus Sanct Peter als Hof- und Weingut des Kölner Domstifts für seinen Wein bekannt. Daran hat sich bis heute nichts geändert, denn das charaktervolle Anwesen wird von Familie Brogsitter mit der Erfahrung langer Winzertradition geführt. Die tolle Auswahl mit über 100 offen ausgeschenkten Weinen passt wunderbar zur Küche von Tobias Rocholl, zuvor Küchenchef im Restaurant "Heldmann" in Remscheid. Seine modernen Gerichte wie z. B. der bretonische Steinbutt mit Pak Choi, Parmesan, Dill und Sauce von gerösteten Pinienkernen bleiben nicht zuletzt dank erstklassiger Produktqualität in Erinnerung. Umsorgt wird man freundlich und geschult, und das in einem eleganten Ambiente, bei dessen Gestaltung man wirklich Geschmack bewiesen hat.

Spezialitäten: Gelbflossenmakrele, Gartengurke, Radieschen, Dillsud. Nebraska Rinderrücken und Sauté vom Ochsenschwanz, Mais, Möhren, Gewürzjus. Zwetschge, Buchweizen, Ingwer, Joghurt.

Menu 135/165 €

Walporzheimer Straße 134 ✉ 53474 – ☎ 02641 97750 – www.sanct-peter.de –
Geschlossen 27. Januar-13. Februar, Montag, Dienstag, mittags: Mittwoch-Freitag
🍴 **Historisches Gasthaus Sanct Peter Restaurant Weinkirche** – Siehe Restaurantauswahl

🍴 Historisches Gasthaus Sanct Peter Restaurant Weinkirche
🏠 ⌖ ✿ 🅿

INTERNATIONAL · LÄNDLICH XX Ein stilvolles Restaurant mit Galerie, dessen Historie bis ins 13. Jh. zurückgeht. Sehr schön speist man auch im schmucken Innenhof oder in der leger-modernen Raucherlounge mit Bar. Alternative: die Kaminstube mit Vesperangebot.

Menu 42 € (Mittags), 70/89 € – Karte 47/89 €

Historisches Gasthaus Sanct Peter Restaurant Brogsitter, Walporzheimer Straße
134 ✉ 53474 – ☎ 02641 97750 – www.sanct-peter.de

🏨 Sanct Peter   ⟋ 🛏 🐾 ▣ 🅿

PRIVATHAUS · KLASSISCH Hier wohnt man klassisch-elegant im schmucken Romantik-Hotel oder geradlinig-zeitlos in den großzügigen Zimmern des modernen Landhotels. Zum schönen Ambiente kommen aufmerksamer Service, ein sehr gutes Frühstück und ein Traum von Garten!

23 Zimmer ⌷ – 🛏 158/208 €

Walporzheimer Straße 118 ✉ 53474 – ☎ 02641 905030 – www.hotel-sanctpeter.de

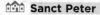

NEUENBÜRG

Baden-Württemberg – Regionalatlas **54**–F18 – Michelin Straßenkarte 545

🍴 Gasthaus Grösseltal   🛏 ✿ 🅿

TRADITIONELLE KÜCHE · RUSTIKAL X In einem romantischen Seitental liegt das gut 150 Jahre alte Gasthaus, charmant die Atmosphäre in den schlicht-rustikalen Stuben. Gekocht wird klassisch-traditionell - lassen Sie sich nicht die "geschmorten Rinderbäckle in Lembergersauce mit handgeschabten Spätzle" entgehen! Nett die Terrasse vor dem Haus.

Karte 30/54 €

Grösseltal 1 ✉ 75305 – ☎ 07082 2385 – www.gasthaus-groesseltal.de –
Geschlossen Montag, Sonntag

NEUENDORF BEI WILSTER

Schleswig-Holstein – Regionalatlas **9**–H4 – Michelin Straßenkarte 541

In Neuendorf-Sachsenbande Süd-Ost: 2 km

⊛ **Zum Dückerstieg** ⇦ 🏠 ♻ **P**

REGIONAL · LÄNDLICH XX Ein hübsches, gemütliches Restaurant mit ländlichem Flair, in dem man saisonal und regional gekocht wird. Klassiker wie "gebratene Scholle in Speckbutter" schmecken ebenso gut wie "krosser Spanferkelrücken mit Estragonsoße, Rahmsteckrüben und Pilzen". Der traditionsreiche Familienbetrieb hat auch schöne wohnliche Gästezimmer für Sie.

Spezialitäten: Zuckerschotencremesuppe mit Schinkenravioli. Gebratenes Zanderfilet mit Portweinschaum auf Traubensauerkraut und Speck-Kartoffelstampf. Parfait von der Rubin-Schokolade mit Himbeeren.

Menu 41/55 € – Karte 30/49 €

Dückerstieg 7 ✉ *25554 – ☎ 04823 92929 – www.dueckerstieg.de – Geschlossen 1.-5. Januar, 27.-31. Dezember, Montag, mittags: Dienstag-Donnerstag*

NEUHARDENBERG

Brandenburg – Regionalatlas **23**–R8 – Michelin Straßenkarte 542

🏚 **Schloss Neuhardenberg** 🌳 🍴 🏠 ⊟ 🕭 🏊 **P**

HISTORISCHES GEBÄUDE · MODERN Inmitten eines wunderbaren Parks wohnen Sie hier in einem Schloss a. d. 18. Jh. Die Zimmer sind modern-elegant, darunter Galerie-Zimmer auf zwei Ebenen - darf es vielleicht ein Sternenzimmer mit Glasdach sein? Die "Brennerei" ist ein sympathisch-rustikales Restaurant mit typischer Landgasthaus-Küche.

54 Zimmer ⌂ – 🛉🛉 132/162 € – 2 Suiten

Schinkelplatz ✉ *15320 – ☎ 033476 6000 – www.schlossneuhardenberg.de*

NEUHARLINGERSIEL

Niedersachsen – Regionalatlas **8**–E5 – Michelin Straßenkarte 541

🟡○ **Poggenstool** ⇦ 🏠 **P**

REGIONAL · GASTHOF XX Sehr freundlich wird das gemütlich gestaltete Restaurant in Deichnähe von der Inhaberfamilie geleitet, serviert wird überwiegend regionale Küche samt Nordsee-Klassikern wie Steinbutt und Seezunge. Zum Übernachten hat man gepflegte wohnliche Gästezimmer.

Karte 20/62 €

Addenhausen 1 ✉ *26427 – ☎ 04974 91910 – www.poggenstool.de – Geschlossen 6. Januar-13. Februar, 16. November-16. Dezember, Montag, Dienstag, mittags: Mittwoch-Sonntag*

NEUHAUSEN (ENZKREIS)

Baden-Württemberg – Regionalatlas **54**–F18 – Michelin Straßenkarte 545

In Neuhausen-Hamberg

🕸 **Alte Baiz** 🆕 **P**

MODERNE KÜCHE · CHIC XX Sie kennen bereits die gute Küche des Restaurants "Grüner Wald"? Dann dürfte Sie auch der gastronomische Neuzugang hier im Haus interessieren: ein gemütlich-schickes Gourmetrestaurant, in dem der in der Region wohlbekannte Küchenchef Claudio Urru modern-kreative Speisen zum Besten gibt. Nachdem er schon in den Stuttgarter Restaurants "top air" und "5" Sterneküche bot, knüpft er nun in der "Alten Baiz" an dieses Niveau an. Ein prägnantes Beispiel für für seine ideen für sein Können und seinen Ideenreichtum ist die Süßkartoffel in Texturen mit Bauch vom Klosterschwein, Tamarinde, Curryöl, Buchenpilzen und Kapuzinerkresse! Dazu empfiehlt man vorzugsweise deutsche Weine, gerne auch als passende Weinbegleitung.

Spezialitäten: Geflämmter Gamba Carabinero, Physalis, Umeboshi, Kombucha, Buttermilch, Rauchmandel. Rehrücken aus der Heimat, Spitzkohl, Steinpilze, Pain perdu, glasierter Liebesapfel, Rouennaiser Sauce. Weiße Kuvertüre von Original Beans, Erbsen, Mandeln, Pea Shots, Grüner Apfel, Blaubeerjus, Briochecrème.

Menu 98/139 €

Grüner Wald, Hauptstraße 2 ⊠ 75242 – ℰ 07234 9473899 – www.gruenerwald.de –
Geschlossen 8.-14. April, 3.-6. Juni, 5. August-5. September, 28.-31. Oktober,
Montag, Dienstag, Sonntag, mittags: Mittwoch-Samstag

☺ Grüner Wald   🀱 ⟳

REGIONAL · RUSTIKAL XX Gelungen hat man hier hochwertiges geradliniges Interieur mit landlichem Charme verbunden. Auf schöne massive Holztische kommen schmackhafte regionale Klassiker wie z. B. "Rostbraten von der Färse mit handgeschabten Spätzle". Als etwas rustikalere Alternative gibt es das "Braustüble". Biere aus der eigenen Brauerei.

Spezialitäten: Rinderkraftbrühe mit Flädle und Schnittlauch. Gebratene Kalbsleber, Sellerie, Grüner Apfel, Sauerkirschsauce. Gebackener Topfenknödel mit glasierter Babybirne, Butterstreusel, Haselnusseis und Vanilleschaum.

Karte 35/60 €

Hauptstraße 2 ⊠ 75242 – ℰ 07234 9473899 – www.gruenerwald.de –
Geschlossen 1.-13. Januar, 3. August-1. September, Montag
   ⚙ **Alte Baiz** – Siehe Restaurantauswahl

NEUHÜTTEN

Rheinland-Pfalz – Regionalatlas **45**–C16 – Michelin Straßenkarte 543

☺ Le temple (Christiane Detemple-Schäfer)   ⬅ 🀱 **P**

FRANZÖSISCH-MODERN · CHIC XxX Seit 1992 sind die freundlichen Gastgeber Christiane Detemple-Schäfer und Oliver Schäfer hier mit beachtlichem Engagement im Einsatz und haben ihren "Tempel" zu einer festen gastronomischen Größe gemacht – nicht nur im kleinen Neuhütten, auch unter den rheinland-pfälzischen Sterne-Restaurants. Filigran, aufwändig und ausgesprochen präzise - so ist die kreative klassische Küche, die ganz klar Know-how, top Handwerk und ein Gefühl für moderne, harmonische Kompositionen beweist. Von Geschmack zeugt auch das Interieur, im geradlinig-eleganten Restaurant ebenso wie in der kleinen Cigar-Lounge nebenan. Und wer umgeben von der schönen Landschaft des Hunsrücks übernachten möchte, kann dies in wohnlichen, mit mediterraner Note eingerichteten Gästezimmern - ein leckeres Frühstück gibt's ebenfalls!

Spezialitäten: Variationen von der Gänseleber, Melone und Verbene. Das Beste vom Salzwiesenlamm, Graupenrisotto, Petersilie, Senfkörnersauce. Saft von der Cocosfrucht, Goa Curry, Litschi, Passionsfrucht, Fenchel.

Menu 120/150 €

Saarstraße 2 ⊠ 54422 – ℰ 06503 7669 – www.le-temple.de – Geschlossen 29.
Juni-23. Juli, Mittwoch, mittags: Montag-Dienstag und Donnerstag-Samstag
   ☺ **Bistro** – Siehe Restaurantauswahl

☺ Bistro   🀱 **P**

REGIONAL · BISTRO X Das Bistro im Hause Detemple-Schäfer hat ein bisschen was von einer modernen Dorfwirtschaft, in der man richtig gut und zu fairen Preisen essen kann. Probieren Sie z. B. "Vitello Tonnato mit Rucola und Parmesan", "Kartoffelsuppe mit Garnelen" oder hochwertige Steaks vom "Ibérico Secreto Bellota".

Spezialitäten: Steinpilzravioli in Parmesansauce mit Heidelbeeren. Kalbskotelett, Kichererbsencreme, junges Gemüse. Prickelnde Erdbeere mit Pistazieneis.

Menu 35/39 € – Karte 26/73 €

Le temple, Saarstraße 2 ⊠ 54422 – ℰ 06503 7669 – www.le-temple.de –
Geschlossen 29. Juni-23. Juli, Mittwoch, mittags: Montag-Dienstag und
Donnerstag-Samstag

NEU-ISENBURG
Hessen – Regionalatlas **47**–F15 – Michelin Straßenkarte 543
Siehe Stadtplan Frankfurt am Main

In Neu-Isenburg-Gravenbruch Süd-Ost: 11 km

🏨🏨 Kempinski Hotel Frankfurt Gravenbruch
分 🛏 ⤫ 🔲 ⑨ 🐎 ♨ ⊡ ⎕ Ⓜ 🛁 🅿

LUXUS · KLASSISCH Die schöne Parklage direkt an einem kleinen See ist hier ebenso attraktiv wie das ausgesprochen wohnliche Interieur im ganzen Haus. Alles ist stimmungsvoll und mit Geschmack gestaltet: Lobby, Smokers Lounge, Ballsaal, Zimmer und Suiten... Restaurant "Levante" mit libanesischer Küche. Internationales Angebot im "EssTisch", Regionales in der "Torschänke". Dazu das asiatische Steakhaus "NIU".

225 Zimmer – 🛏🛏 159/599 € – ⌑ 33 € – 26 Suiten
Stadtplan: D3-t – *Graf zu Ysenburg und Büdingen-Platz 1* ✉ *63263 –*
☏ 069 389880 – www.kempinski.com/gravenbruch

NEUKIRCH (BODENSEEKREIS)
Baden-Württemberg – Regionalatlas **63**–H21 – Michelin Straßenkarte 545

In Neukirch-Goppertsweiler Ost: 2 km, Richtung Wangen

🍴 Gasthof zum Hirsch ⇦ 🛖 ⟳ 🅿

INTERNATIONAL · LÄNDLICH XX Mit drei gemütlichen Stuben und einer charmanten Gartenterrasse ist hier für lauter hübsche Plätze gesorgt. Dazu gibt's gute Küche, ganz gleich ob Sie regional, asiatisch oder mediterran essen möchten. Zum Übernachten hat man freundlich-funktionale Zimmer. Darf es vielleicht auch mal ein Kochkurs sein?

Menu 31/45 € – Karte 29/52 €
Argenstraße 29 ✉ *88099 – ☏ 07528 1765 – www.gasthof-zum-hirsch.com –*
Geschlossen 2.-17. März, 14.-29. September, Montag, Dienstag,
mittags: Mittwoch-Donnerstag und Samstag

NEUKIRCHEN-VLUYN
Nordrhein-Westfalen – Regionalatlas **25**–B11 – Michelin Straßenkarte 543

Im Stadtteil Vluyn

😊 Little John's Ⓝ 🛖

MARKTKÜCHE · GEMÜTLICH X In einem hübschen Wohnhaus von 1905 ist ein freundliches Restaurant im skandinavischen Stil entstanden, in dem es lebendig und gleichzeitig fast intim zugeht. Appetit macht schon die offene Küche im Eingangsbereich - hier kocht man bodenständig und zugleich modern, gerne mit regionalen und saisonalen Produkten. Mittags-Tipp: "Mini-Set-Lunch". Hinweis: nur Barzahlung!

Spezialitäten: Hummer-Bisque mit gebratenen Jakobsmuscheln, zweierlei Spargel und Kräuter. Omas Frikadelle mit Endivien-Schlaat, Schmorzwiebeln, Speck und Bratensauce. Gebackene Vanilleschnitte, Aprikosenkompott, Vanille-Eiscreme.

Menu 13 € (Mittags), 37/52 € – Karte 17/51 €
Niederrheinallee 310 ✉ *47506 – ☏ 02845 7908210 – www.little-johns.de –*
Geschlossen 1.-6. Januar, 7.-19. Juli, 11.-18. November, Montag, Sonntag,
abends: Dienstag-Mittwoch, mittags: Samstag

NEULEININGEN
Rheinland-Pfalz – Regionalatlas **47**–E16

⚛ **Alte Pfarrey** (Silvio Lange)

FRANZÖSISCH-MODERN · ELEGANT XX Wirklich reizend, wie sich das hübsche Anwesen des jahrhundertealten Pfarrhauses in das malerische Ortsbild einfügt. Hierher hat es Sternekoch Silvio Lange und seine Frau Bettina zurück verschlagen - Jahre zuvor leitete er nämlich schon einmal die "Pfarrey"-Küche. Was man bei den sympathischen Gastgebern geboten bekommt, ist kreativ, saisonal und besteht aus top Produkten, wie z. B. dem zarten Rücken vom US-Beef, der sehr gut mit Schwarzwurzel und Barbecue-Sauce harmoniert. Möchten Sie in schönem klassisch-historischem Ambiente speisen oder lieber im lichten modern-eleganten Wintergarten an tollen schweren Holztischen mit Blick auf das alte Gemäuer? Draußen lockt zudem der herrliche Innenhof - und zum Übernachten laden so geschmackvolle wie individuelle Zimmer ein!

Spezialitäten: Hummer, Tomate, Basilikum. Kalbsrücken, Kürbis, Speckkrapfen. Zwetschge, Nougat, Tonkabohne.

Menu 80/120 €

Hotel Alte Pfarrey, Untergasse 54 ✉ 67271 – ☏ 06359 86066 – www.altepfarrey.de – Geschlossen 1.-11. März, Montag, mittags: Dienstag-Donnerstag, abends: Sonntag

⅋○ **H'manns**

KLASSISCHE KÜCHE · LÄNDLICH XX Dieses wirklich charmante Haus der Hegmanns wird Sie begeistern! Aus der Küche kommen nur beste Produkte, und die werden mit Geschmack und Sorgfalt zubereitet. Probieren Sie z. B. "bretonischen Seeteufel mit Risotto und Kräuterseitlingen" oder "Lammravioli mit Schafskäse und Tomaten". An bestimmten Tagen gibt es auch spezielle Angebote wie Tapas oder Bratwurst.

Menu 59/85 € – Karte 48/71 €

Am Goldberg 2 ✉ 67271 – ☏ 06359 5341 – www.hmanns.de – Geschlossen 1.-9. Januar, Montag, Dienstag, mittags: Mittwoch-Freitag und Sonntag

🏠 **Alte Pfarrey**

HISTORISCH · INDIVIDUELL Ein malerischer Ort! Das schmucke Häuserensemble a. d. 16. Jh. birgt hübsche, individuelle Zimmer mit historischem Charme - oder darf es vielleicht eine der beiden modernen Maisonetten mit Terrasse und Ausblick sein?

11 Zimmer 🖵 – 👫 130/180 €

Untergasse 54 ✉ 67271 – ☏ 06359 86066 – www.altepfarrey.de – Geschlossen 1.-11. März

⚛ **Alte Pfarrey** – Siehe Restaurantauswahl

NEUMAGEN-DHRON

Rheinland-Pfalz – Regionalatlas **45**–B15

⅋○ **Lekker**

INTERNATIONAL · HIP X In dem schönen historischen Haus speist man in einem tollen Gewölbe mit stylish-modernem Ambiente. Gekocht wird saisonal inspiriert - wie wär's mir dem beliebten Überraschungsmenü? Mittags wählt man auch gerne Kalbsschnitzel, Rumpsteak & Co. von der Bistrokarte. Hübsche Terrasse! Zum Übernachten gibt es großzügige Appartements und Suiten.

Menu 27/69 € – Karte 31/63 €

Grafenweg 1 ✉ 54347 – ☏ 06507 939771 – www.hotel-lekker.com – Geschlossen Dienstag, Mittwoch, mittags: Montag und Donnerstag-Samstag

NEUMÜNSTER

Schleswig-Holstein – Regionalatlas **10**–I4 – Michelin Straßenkarte 541

⅋○ **Am Kamin**

KLASSISCHE KÜCHE · ELEGANT XX Hier wird klassisch-saisonal gekocht, so z. B. "Mignon vom Kalbsfilet mit Mandelbutterkruste" oder "Skreifilet, Petersilienpüree, Beluga-Linsen". Zudem hat man es richtig gemütlich, vor allem an kalten Winterabenden am Kamin! Mittags interessantes Lunchmenü.

Menu 27 € (Mittags), 46/72 € – Karte 56/70 €

Propstenstraße 13 ✉ 24534 – ☏ 04321 42853 – www.am-kamin.info – Geschlossen 6.-31. Juli, Montag, Sonntag

Bayern – Regionalatlas **51**–N17 – Michelin Straßenkarte 546

In Neunburg-Hofenstetten West: 9 km Richtung Schwarzenfeld, in Fuhrn links

❀❀ **Obendorfer's Eisvogel** (Hubert Oberndorfer)   ⬡ ≼ ㊍ **P** 🚗

KREATIV · CHIC ХХ Hubert Obendorfer verfolgt eine moderne Linie. Tolle Produkte werden dabei perfekt in Szene gesetzt, gelegentlich mit mediterranem Einschlag. Es gibt ein Menü, aus dem man fünf bis neun Gänge auswählen kann - der ein oder andere Extra-Gang kommt noch hinzu! Die Gerichte sind gut ausbalanciert und elegant, ein Gedicht ist z. B. das Label-Rouge-Lamm, das Ihnen mit Sicherheit in Erinnerung bleiben wird! Der Service ist charmant, geschult und überaus aufmerksam - auch der Patron selbst, Gastgeber mit Leib und Seele, hilft gelegentlich mit! Ein Hingucker in dem schicken Abendrestaurant ist der ellipsenförmige Weinschrank mitten im Raum. Und Dank der freien Lage auf einer Kuppe genießt man durch die großen Fenster den Blick auf die Oberpfälzer Hügellandschaft - grandiose Sonnenuntergänge inklusive!

Spezialitäten: Balfegó Thunfisch roh mariniert, Pfirsich, Ingwer, Eukalyptus. Roastbeef, Topinambur, Powerade, Trüffel, Aprikose. Brombeere, Buttermilch, Heu.

Menu 120/192 €

Landhotel Birkenhof, Hofenstetten 43 ✉ 92431 – ✆ 09439 9500 – www.landhotel-birkenhof.de – Geschlossen 1.-23. Januar, 26. Juli-20. August, 20.-31. Dezember, Montag, Sonntag, mittags: Dienstag-Samstag

❀ **Turmstube**   ≼ 🍴 🏠 ㊍ ✿ **P** 🚗

REGIONAL · ELEGANT ХХ Freundlich und elegant hat man es hier, während man sich regionale und internationale Küche aus guten Produkten servieren lässt. Da machen "Rahmpfifferlinge mit Serviettenknödeln" ebenso Appetit wie "gebratener Adlerfisch mit Zucchini-Shrimpsragout und Parmesanrisotto". Tipp: Genießen Sie die Aussicht von der Terrasse.

Spezialitäten: Pfifferlingsschaumsuppe mit Rehschinken und Croûtons. Gebratene Kaninchenkeule mit Zitronen-Thymianrahmsauce, Kohlrabi-Karottengemüse und Bandnudeln. Schokomousse mit Orangen und Basilikumsorbet.

Menu 29/39 € – Karte 38/59 €

Landhotel Birkenhof, Hofenstetten 55 ✉ 92431 – ✆ 09439 9500 – www.landhotel-birkenhof.de – Geschlossen 20.-26. Dezember

🏨 **Landhotel Birkenhof**   ♜ ⅏ ≼ 🍴 ⟋ 🏴 ⓐ ⑳ 🎿 ⊡ 🛁 **P** 🚗

SPA UND WELLNESS · GEMÜTLICH Seit über 30 Jahren betreut Familie Oberndorfer hier mit Engagement ihre Gäste. Schön die Lage im Grünen, die wohnlich-eleganten Zimmer und großzügigen modernen Suiten sowie der Spa, der keine Wünsche offen lässt! Whisky-Liebhaber zieht es in die Hotelbar, Kochwillige ins "Genuss Atelier"!

70 Zimmer ⌧ – ♟ 171/229 € – 15 Suiten

Hofenstetten 55 ✉ 92431 – ✆ 09439 9500 – www.landhotel-birkenhof.de – Geschlossen 20.-26. Dezember

❀❀ **Obendorfer's Eisvogel** · ❀ **Turmstube** – Siehe Restaurantauswahl

NEUPOTZ
Rheinland-Pfalz – Regionalatlas **54**–E17 – Michelin Straßenkarte 543

❀ **Zur Krone** (Faycal Bettioui)   🏠 ㊍ **P**

MARKTKÜCHE · FREUNDLICH ХХ Von Miami nach Neupotz. Im Oktober 2015 haben Kerstin und Faycal Bettioui nach vielen Jahren Gastronomie-Erfahrung in den USA im kleinen pfälzischen Neupotz (von hier stammt die Gastgeberin) die traditionelle "Krone" übernommen und sie zu einer gemütlich-zeitgemäßen Adresse gemacht, die sehr gefragt ist. Das liegt neben dem freundlichen, aufmerksamen und geschulten Service vor allem an der modern inspirierten klassischen Küche von Faycal Bettioui. Der gebürtige Marokkaner verzichtet bewusst auf Effekthascherei, vielmehr setzt er auf erstklassige Zutaten wie z. B. beim feinen Rindertatar mit gehackten Schalotten und dezentem Ingwer-Aroma sowie luftiger Miso-Mayonnaise und asiatischem Soja-Dressing. Trotz der tollen Qualität von Jakobsmuschel, Taube & Co. sind die Preise überaus fair!

Spezialitäten: Hiramasa Kingfish, Tomaten-Dashi, Daikon-Rettich. Dry-Aged Taube, fermentierte Blaubeeren, Rübe, Taubenjus. Yuzumousse, Zitrone–Limettenkaviar-Kompott.

Menu 79/99 €

Hauptstraße 25 ⊠ 76777 – ℰ 07272 9337845 –
www.zurkroneneupotz.de – Geschlossen Montag, Dienstag,
mittags: Mittwoch-Sonntag

⊛ Gehrlein's Hardtwald

REGIONAL · LÄNDLICH ✗✗ Es liegt etwas versteckt, das Restaurant der Familie Gehrlein. Drinnen ist es schön gemütlich, im Garten die hübsche Terrasse. Hier wie dort gibt es Schmackhaftes wie die Spezialität Zander. Fisch kommt übrigens aus der eigenen Fischerei am Rhein. Tipp: richtig wohnliche Zimmer im Gästehaus vis-à-vis.

Spezialitäten: Kürbiscrèmesuppe mit Gorgonzola und Kürbiskernen. Pfälzer Rumpsteak mit Pfeffersauce und Gemüse. Crème brûlée mit Vanilleeis.

Menu 35/89 € – Karte 28/54 €

Sandhohl 14 ⊠ 76777 – ℰ 07272 2440 –
www.gehrlein-hardtwald.de – Geschlossen 30. September-10. Oktober, Mittwoch,
Donnerstag

⊛ Zum Lamm

KLASSISCHE KÜCHE · LÄNDLICH ✗ Ein Gasthof im besten Sinne! Ulrike und Manfred Kreger sind herzliche Gastgeber und führen ihr stets gut besuchtes Lokal mit großem Engagement. Aus der Küche des Patrons kommen regionale Gerichte wie „gebackener Zander mit Kartoffelsalat". Oder lieber „Entenbrust mit Sesam-Honigkruste"? Eine Sünde wert sind auch die Desserts! Zum Übernachten hat man gepflegte Zimmer.

Spezialitäten: Gebratene Garnelenschwänze mit Knoblauch und frischen Kräutern. Geschmorte Rinderbäckchen in Rotweinsauce mit Wirsing. Vanille-Grießknödel mit Zwetschgenröster.

Menu 28/60 € – Karte 27/50 €

Hauptstraße 7 ⊠ 76777 – ℰ 07272 2809 –
www.gasthof-lamm-neupotz.de – Geschlossen 1.-6. Januar, 20. Juli-10. August,
Dienstag, mittags: Montag und Freitag, abends: Sonntag

NEUSS

Nordrhein-Westfalen – Regionalatlas **35**-B11 – Michelin Straßenkarte 543

�○ Herzog von Burgund

MARKTKÜCHE · ELEGANT ✗✗ Außen schöne Villa, innen gemütliches klassisch-elegantes Ambiente. Der Service freundlich-versiert, die Küche saisonal - ein Klassiker ist das Wiener Schnitzel. Zusätzliches Mittagsmenü. Die Terrasse ist eine grüne Oase inmitten der Stadt!

Menu 25 € (Mittags), 49/59 € – Karte 35/55 €

Erftstraße 88 ⊠ 41460 – ℰ 02131 23552 –
www.herzogvonburgund.de – Geschlossen 1.-8. Januar, Montag, Sonntag,
mittags: Samstag

�○ Spitzweg

MARKTKÜCHE · BISTRO ✗ Chic der geradlinig-moderne Look samt markantem Rot und dekorativen Bildern an den Wänden. Draußen an der Straße die lebendige Terrasse. Auf der Karte finden sich saisonale, regionale und internationale Gerichte.

Menu 45 € – Karte 38/60 €

Glockhammer 43a ⊠ 41460 – ℰ 02131 6639660 –
www.restaurant-spitzweg.de – Geschlossen 20. Juli-3. August, Sonntag,
mittags: Montag-Samstag

⚙ Urgestein im Steinhäuser Hof (Hedi Rink)

MODERNE KÜCHE · ROMANTISCH XX Wirklich charmant, wie sich das Ensemble reizender historischer Fachwerkhäuser samt tollem Innenhof in das Altstadtbild einfügt. Es ist der älteste pfälzische Bürgerhof mit Ursprung im 13. Jh. Hier im ehemaligen Marstall mit seiner wunderschönen Kreuzgewölbedecke aus Backstein und dem modernen Interieur (reizvoll der Kontrast!) bieten Patron Hanno und Küchenchefin Hedi Rink kreative Sterneküche. Exzellente Produkte, Mut zur Würze und eine eigene Idee stecken schon in den diversen vorab servierten "Amuses Bouches", gefolgt von aufwändig zubereiteten Gerichten wie dem Wildfang-Steinbutt mit Taschenkrebs-Cannelloni und Tomate. Trefflich die Weinempfehlungen: Klassiker, aber auch junge Winzer. Die über 300 Weine gibt's übrigens auch in der Weinbar. Und zum Übernachten hat man hübsche Gästezimmer.

Spezialitäten: Ungestopfte Entenlebercrème, Quitte, Radicchio. Rinderrippe vom Hereford Rind, Pastinake, Röstzwiebeln, Senfsaatbrot, Bresaola. Zitrus, Buttermilch, Kokos.

Menu 100/190 €

Rathausstraße 6A ✉ *67433 – ✆ 06321 489060 – www.restaurant-urgestein.de –*
Geschlossen 14.-29. Januar, 4.-18. August, Montag, Sonntag,
mittags: Dienstag-Samstag

ⓐ Das Esszimmer

MEDITERRAN · INTIM X Richtig nett hat man es in dem Gasthaus in der Altstadt: hübsch das freundliche, geradlinig-moderne Ambiente, angenehm intim die Atmosphäre. Aus der offenen Küche kommen italienisch-mediterrane Gerichte wie "knuspriger Oktopus mit Kartoffelcreme und Bottarga". Schön sitzt man auch auf der Terrasse!

Spezialitäten: Getrüffeltes Parmesansüppchen. Rückensteak vom Iberico Schwein, cremige Polenta, Caponata. Zwetschgentarte, Cantuccinicrumble, Zwetschgenkompott, Vanilleeis.

Menu 34/68 € – Karte 34/57 €

Hintergasse 38 ✉ *67433 – ✆ 06321 354996 – www.esszimmer-neustadt.de –*
Geschlossen Montag, Sonntag, mittags: Dienstag

In Neustadt-Diedesfeld Süd-West: 4 km über Hambach

ⓐ Grünwedels Restaurant

MARKTKÜCHE · ELEGANT XX Wirklich schön sitzt man in dem ehemaligen Weingut in hellem, elegantem Ambiente unter einem weißen Kreuzgewölbe. Aus der Küche kommen saisonale und regionale Gerichte, darunter z. B. "Karree vom Spanferkel auf Erdapfel-Knoblauchpüree und Rosenkohl". Auch für Feiern eine ideale Adresse.

Spezialitäten: Carpaccio vom Pulpo an Wildkräutersalat und Tomaten-Kapernmarinade. Stubenküken auf Pfifferlinggraupen. Karamell Pfannküchlein mit Eierlikörrahmeis.

Menu 36/56 € – Karte 32/55 €

Weinstraße 507 ✉ *67434 – ✆ 06321 2195 – www.gruenwedels-restaurant.de –*
Geschlossen Mittwoch, Donnerstag, mittags: Montag-Dienstag und Freitag

In Neustadt-Haardt Nord: 2 km

ⓐ Spinne

REGIONAL · FREUNDLICH X In dem geradlinig gehaltenen Restaurant am Waldrand wird regional-saisonal gekocht. Aus guten Produkten entsteht z. B. "Filet vom heimischen Zander, Alb-Leisa-Linsen, Trüffel-Kartoffelpüree". Und wie wär's mit dem Menü? Das gibt es übrigens auch vegetarisch. Zum Übernachten hat man freundliche, moderne Zimmer.

Spezialitäten: Cappuccino vom Hummer. Cordon Bleu vom Kalb mit Gemüse und Bratkartoffeln. Unser Schokopudding von Belgischer Schokolade mit Roter Grütze und Vanillesauce.

Menu 38/60 € – Karte 34/70 €

Eichkehle 58 ⊠ 67433 – ℰ 06321 9597799 –

www.restaurant-spinne.com – Geschlossen Dienstag, Mittwoch, mittags: Montag und Donnerstag-Samstag

NEU-ULM
Bayern – Regionalatlas **56**–I19 – Michelin Straßenkarte 546

⭐○ Stephans-Stuben

KLASSISCHE KÜCHE · CHIC XX Seit 1995 stehen Franziska und Siegfried Pfnür für ambitionierte Gastronomie. Auch über die Stadtgrenzen von Neu-Ulm hinaus sind sie bekannt für ihre saisonal, regional und mediterran beeinflusste Küche, z. B. als "Rinderfilet, rote Zwiebel, Pfifferlinge, Parmesan-Ravioli". Dazu gute Weine, freundliches Ambiente mit modern-mediterraner Note sowie charmanter Service.

Menu 32 € (Mittags), 52/110 € – Karte 30/73 €

Bahnhofstraße 65 ⊠ 89231 – ℰ 0731 723872 –

www.stephans-stuben.de – Geschlossen 20.-30. Januar, 3.-16. August, Montag, Dienstag, mittags: Samstag, abends: Sonntag

NEUWIED
Rheinland-Pfalz – Regionalatlas **36**–D14 – Michelin Straßenkarte 543

⭐ Coquille St. Jacques im Parkrestaurant Nodhausen (Florian Kurz) ✿ 🅿

FRANZÖSISCH-KREATIV · ELEGANT XXX Ist es nicht ein schöner Anblick, wie das fast schon herrschaftlich anmutende ehemalige Gutshaus mit roter Ziegelsteinfassade, Spitztürmchen und weißer Holzveranda abseits in einem idyllischen Park liegt? In dem langjährigen Familienbetrieb befindet sich neben einer Brasserie das elegante Fine-Dining-Restaurant "Coquille St. Jacques". Seit 2008 ist Junior Florian Kurz hier Küchenchef. Er kocht auf klassischer Basis und mit modernen Einflüssen, klar und ohne Chichi und immer mit hervorragenden Produkten. Auf den hochwertig eingedeckten Tisch kommt z. B. topfrische bretonische Langoustine mit feinem Ragout von jungen Erbsen, Püree von geräucherter roter Paprika sowie cremiger Safransauce. Umsorgt wird man freundlich und angenehm familiär - gute Weinempfehlungen inklusive.

Spezialitäten: Carabinero mit Wassermelone, Tomate und Feta. Hirsch mit Spitzkohl, Steinpilzen und Sanddorn. Wiedspaziergang mit Fichtensprosse und Beeren.

Menu 65/140 €

Wiedpfad 1 ⊠ 56567 – ℰ 02631 813423 –

www.parkrestaurant-nodhausen.de – Geschlossen 1.-14. Januar, 15. Juli-11. August, Montag, Dienstag, Sonntag, mittags: Mittwoch-Samstag

○ **Brasserie Nodhausen** – Siehe Restaurantauswahl

○ Brasserie Nodhausen 🏠 ✿ 🅿

MARKTKÜCHE · ELEGANT XX In der Brasserie des schmucken historischen Anwesens gibt es international, regional und saisonal geprägte Küche - auf der Karte z. B. "Kabeljau mit Blattspinat und Orangengnocchi". Oder darf es vielleicht ein Steak sein? Ansprechend auch das Wintergartenflair.

Menu 35 € (Mittags), 42/65 € – Karte 32/80 €

Coquille St. Jacques im Parkrestaurant Nodhausen, Nodhausen 1 ⊠ 56567 –

ℰ 02631 813423 –

www.parkrestaurant-nodhausen.de – Geschlossen 27. Juli-11. August, Montag, Sonntag, mittags: Samstag

NIDEGGEN

Nordrhein-Westfalen – Regionalatlas **35**–B13 – Michelin Straßenkarte 543

🕸 **Burg Nideggen - Brockel Schlimbach**   ≼ 🏠 ✿ **P**

MODERNE KÜCHE · LÄNDLICH XX Toll ist schon die Location: eine Burg a. d. 12.
Jh. oberhalb von Nideggen mit klasse Aussicht! Man sitzt in einer richtig hübschen historischen kleinen Stube, komplett mit altem Holz getäfelt und mit schicken Designelementen gespickt - das schafft eine puristische und zugleich warme
Atmosphäre. Hier verwirklichen sich die namengebenden Patrons Herbert Brockel
(zuvor viele Jahre im Erftstadter "Husarenquartier" mit Stern) und Tobias Schlim-
bach (ebenfalls mit langjähriger Sterne-Erfahrung) mit einem regional beeinflussten modernen Menü. Top Produktqualität beweist z. B. das Eifeler Ur-Lamm mit
Mousse von geräuchertem Ziegenkäse. Mit von der Partie sind übrigens auch die
Ehefrauen der beiden Chefs. Während die Herren ihre Gerichte selbst servieren,
empfehlen die Damen interessante Weine.

Spezialitäten: Rheinisches Mettbrot, Senfgurke, Gartenkresse, Kölsch. Juvenil
Milchferkel from „Nose to Tail", Presskopf, Bohnensud, Buttermilch. Mirabelle,
Mandel, Bienenstich, Basilikum.

Menu 68/120 €

Kirchgasse 10 a ✉ 52385 – ☎ 02427 9091066 – www.burgrestaurant-nideggen.de –
Geschlossen 1.-17. Januar, Montag, Dienstag, mittags: Mittwoch-Samstag

🏠 **Kaiserblick** – Siehe Restaurantauswahl

🏠○ **Kaiserblick**   🏠 **P**

MARKTKÜCHE · TRENDY XX Das Hauptrestaurant des tollen Anwesens a. d. 12.
Jh. kommt ebenfalls modern daher. Auf der regional und international geprägten
Karte liest man z. B. "Bärlauchsuppe mit pochiertem Landei" oder "Eifeler Kanin-
chenkeule, Blumenkohl, Perlzwiebeln, confierte Kartoffeln". Schöne Terrasse im
Burghof.

Menu 31 € (Mittags)/46 € – Karte 38/65 €

Burg Nideggen, Kirchgasse 10 a ✉ 52385 – ☎ 02427 9091066 –
www.burgrestaurant-nideggen.de – Geschlossen 1.-17. Januar, Montag, Dienstag

NIEDERHAUSEN

Rheinland-Pfalz – Regionalatlas **46**–D15 – Michelin Straßenkarte 543

🏠○ **Hermannshöhle**   🏠 ✿ **P**

KLASSISCHE KÜCHE · GEMÜTLICH XX In dem ehemaligen Fährhaus von
1517 gibt es regional-mediterran inspirierte Gerichte wie "Kalbsrücken mit Salbei
gebraten und Blattspinat". Hübsch: modernes Vinothek-Ambiente samt begeh-
barem verglastem Weinkühlschrank - Schwerpunkt sind Weine aus der Region.

Menu 37/69 € – Karte 35/58 €

Hermannshöhle 1 ✉ 55585 – ☎ 06758 6486 – www.hermannshoehle-weck.de –
Geschlossen 13. Januar-13. Februar, 27. Juli-9. August, Montag

NIEDERKASSEL

Nordrhein-Westfalen – Regionalatlas **36**–C12 – Michelin Straßenkarte 543

In Niederkassel-Uckendorf Nord-Ost: 2 km über Spicher Straße

🕸 **Le Gourmet**   🏠 ⅗ **P**

KREATIV · ELEGANT XX Über den tollen Innenhof des zum Hotel erweiterten
denkmalgeschützten Vierseithofs gelangt man in das geschmackvoll-elegante
Gourmetrestaurant. Oder möchten Sie direkt auf der herrlichen Terrasse Platz
nehmen? In der Küche entstehen aus exzellenten Produkten moderne Gerichte
mit eigener Idee, angeboten als Menü mit Wahlmöglichkeit. Klasse z. B. der
gebeizte Polarsaibling mit aromatischer Karotte in Form von Salat, zartem Püree
und säuerlich-süßlichem Sud. Verantwortlich für die kreativen und auch optisch
sehr schön angerichteten Speisen ist Thomas Gilles, der bereits seit einigen Jahren hier im Haus tätig ist und im Sommer 2018 die Küchenleitung übernommen
hat. Sehr angenehm der Service: auffallend freundlich und natürlich - und eine
fachkundige Weinberatung bekommen Sie ebenfalls.

flammkraft
GRILLKULTUR

www.flammkraft.de

MADE IN GERMANY

Spezialitäten: Kalbstatar, Topinambur, Aprikose süß-sauer, Estragonmayonnaise. Eifeler Rehrücken, Sternanisjus, Schwarzwurzeln, Gnocchi, Gewürzkruste, Birnenchutney. Blaubeere und Schokolade, Laugenknödel, Kakaobruch, Valrhona Tulakalum, Sherry PX „San Emilio".

Menu 59/99 €

Hotel Clostermanns Hof, Heerstraße 2a ⊠ 53859 – ℰ 02208 94800 – www.clostermannshof.de – Geschlossen 1.-14. Januar, Montag, Dienstag, Sonntag, mittags: Mittwoch-Samstag

🏠 Clostermanns Hof 　　　　　　　　　　✿ 🌿 🍽 🍴 🛁 🖨 ♨ **P**

LANDHAUS · GEMÜTLICH Aus einem hübschen historischen Gutshof ist das stilvoll-wohnliche Hotel entstanden. Auch die Lage überzeugt: beim Golfplatz, umgeben von viel Grün, zwischen Köln und Bonn, nicht weit vom Flughafen. Im Hotelrestaurant bietet man bürgerlich-regionale Küche. Schöne Terrasse zum Park sowie Biergarten im Innenhof.

66 Zimmer ⊑ – ¶¶ 89/160 €

Heerstraße 2a ⊠ 53859 – ℰ 02208 94800 – www.clostermannshof.de

❀ **Le Gourmet** – Siehe Restaurantauswahl

NIEDERWEIS

Rheinland-Pfalz – Regionalatlas **45**–B15 – Michelin Straßenkarte 543

🅰 Schloss Niederweis 　　　　　　　　　　　🏠 🕭 ♻ **P**

KLASSISCHE KÜCHE · LÄNDLICH ✕✕ In der ehemaligen Kornscheune des Schlosses a. d. 18. Jh. wird klassisch-saisonal gekocht, schmackhaft z. B. "Filet vom Winterkabeljau, Rotweinbutter, Lauchgemüse, Kartoffelpüree". Attraktivmodern das Ambiente samt historischem Dachstuhl, reizvoll der Garten. Schöner Festsaal - ein Standesamt hat man übrigens auch!

Spezialitäten: Gazpacho Andaluz, Crostini, Olivenöl. Gnocchi, Fenchel, Kirschtomate, Parmesan, Wildkräuter. Limettencrème, Gurke, Praliné, Gurken-Toniceis.

Menu 38/48 € – Karte 38/54 €

Hauptstraße 9 ⊠ 54668 – ℰ 06568 9696450 – www.schloss-niederweis.de – Geschlossen 24. Februar-8. März, 19. Oktober-1. November, Montag, Dienstag

NIEDERWINKLING

Bayern – Regionalatlas **59**–O18 – Michelin Straßenkarte 546

🏠 Buchners 　　　　　　　　　　　　　　　✿ 🕭 **P**

FAMILIÄR · AUF DEM LAND Im Hotel der Achatz' lässt es sich richtig gut wohnen. Alles ist durchdacht, modern und überaus wertig. Speisen können Sie hier im Haus oder Sie nutzen den Shuttle-Service zum Sternerestaurant "Buchner", das die Familie in Welchenberg betreibt.

31 Zimmer ⊑ – ¶¶ 101/149 €

Hauptstraße 20 ⊠ 94559 – ℰ 09962 2035107 – www.buchners-hotel.de – Geschlossen 22.-25. Dezember

In Niederwinkling-Welchenberg Süd-West: 1,5 km

❀ Buchner (Mathias Achatz) 　　　　　　　　　❀ 🏠 ♻ **P**

MODERNE KÜCHE · RUSTIKAL ✕✕ Wenn man sich den Werdegang von Patron Mathias Achatz anschaut, wundert es kaum, dass über dem elterlichen Betrieb, den er in 5. Generation mit großem Engagement führt, ein MICHELIN Stern leuchtet: Lehre er bei Heinz Winkler in Aschau, dann Stationen in den 3-Sterne-Restaurants „Cheval Blanc" in Basel, „La Maison Troisgros" in Roanne und „Amador" in Mannheim. Sein Koch-Talent wurde ihm aber schon in die Wiege gelegt, denn seine Mutter hat hier zuvor auch schon auf gutem Niveau gekocht! Der Service wird nach wie vor von Vater und Mutter Achatz geleitet, das bringt eine besonders familiäre Atmosphäre! Für die Zusammenstellung der erstklassigen Weinauswahl ist Mathias' Bruder Andreas zuständig - er kümmert sich inzwischen vor allem um das eigene Hotel 2 km weiter.

Spezialitäten: Thunfisch, Teriyaki, Passionsfrucht, Dill. Kalbsfilet, Artischocke, Kro-
kette, Bohne, Trüffeljus. Valrohna Schokolade, Holunder, Buttermilch, Kokos.

Menu 65/105 € – Karte 38/70 €

Freymannstraße 15 ⊠ 94559 – ℰ 09962 730 –
www.buchner-welchenberg.de – Geschlossen Montag, Dienstag

NIENSTÄDT
Niedersachsen – Regionalatlas **18**–G9 – Michelin Straßenkarte 541

In Nienstädt-Sülbeck West: 2 km

⊛ Sülbecker Krug ⇦ 🍴 ♻ 🅿

FLEISCH · FREUNDLICH X Lust auf Prime Beef aus dem 800°-Ofen? Das Haus
ist bekannt für richtig gutes Fleisch. Auf der Karte finden sich Klassiker wie
Ribeye, Rumpsteak oder Flanksteak, dazu gibt es tolle Saucen - und alles wird
auf dem Holzbrett serviert! Man hat auch eine Weinbar für Raucher und zum
Übernachten stehen schlichte, gepflegte Gästezimmer bereit.

Spezialitäten: Tataki vom Yellow Fin Thunfisch. Rindersaftgulasch, Pilze, Spätzle.
Vanilleeis, geröstete Kürbiskerne, Kernöl.

Menu 50 € – Karte 30/67 €

Mindener Straße 6 ⊠ 31688 – ℰ 05724 3992550 –
www.suelbeckerkrug.de – Geschlossen Montag, Dienstag,
mittags: Mittwoch-Samstag

NITTEL
Rheinland-Pfalz – Regionalatlas **45**–A16 – Michelin Straßenkarte 543

ⅠⓄ Culinarium ⇦ 🍴 🅿

MARKTKÜCHE · ELEGANT XX Modern-elegant: klare Linien, warmer Holzfußboden, schicker Kaminofen, Deko zum Thema Kulinarik und Wein. Dazu regional-
saisonale Küche von "Wiener Schnitzel mit Petersilienkartoffeln" bis "Lachsforelle,
Chicorée, Schwarzwurzel". Neben dem Restaurant hat man auf dem familiengeführten Weingut auch wohnliche Gästezimmer.

Menu 35/58 € – Karte 25/55 €

Weinstraße 5 ⊠ 54453 – ℰ 06584 91450 –
www.culinarium-nittel.de – Geschlossen 1.-8. Januar, 4.-29. März, 22.-29. Juli,
Montag, Dienstag, mittags: Mittwoch-Samstag, abends: Sonntag

NÖRDLINGEN
Bayern – Regionalatlas **56**–J18 – Michelin Straßenkarte 546

✿ Wirtshaus Meyers Keller 🍴 ♻ 🅿

MARKTKÜCHE · LÄNDLICH X Großes Gourmetmenü oder einfach ein Schnitzel? Es ist schon etwas Besonderes, das sympathische rustikal-trendige Restaurant, das Joachim (genannt Jockl) Kaiser zusammen mit seiner Frau Evelin
bereits in 3. Generation betreibt. Kreativ und zugleich bodenständig ist das
interessante Küchenkonzept, das man in einem Sterne-Restaurant nicht unbedingt erwartet. Neben feinen modernen Speisen gibt es auch Wirtshausküche à
la Blutwurst-Gröstl! Das volle Kaiser'sche Engagement merkt man auch am
sehr freundlichen, angenehm natürlich-unkomplizierten und gleichermaßen
geschulten Service. Und wussten Sie, dass im ehemaligen Bierkeller unter
Ihnen Culatello-Schinken reift? Den sollten Sie probieren! Seinen Lieblingsplatz
hat man hier übrigens auch ganz schnell gefunden: Im Sommer unter alten Linden und Kastanien!

Spezialitäten: Variation von fränkischer Walnuss mit Rochenflügel. Hesselberger
Stör vom Holzkohlengrill mit violettem Kartoffelstampf und Kaviar. Heidelbeersor-
bet und Vanilleeis im Schokomantel mit Baiser und Joghurtcrème.

Menu 59/130 € – Karte 54/84 €

Marienhöhe 8 ⊠ 86720 – ℰ 09081 4493 –
www.meyerskeller.de – Geschlossen 1.-28. Januar, 13.-25. Juni, Montag, Dienstag,
mittags: Mittwoch

NÖRTEN-HARDENBERG

Niedersachsen – Regionalatlas **29**–I10 – Michelin Straßenkarte 541

ⅺ○ **Novalis** 🏡 🕸 🅿 🚗

FRANZÖSISCH-KLASSISCH · ELEGANT XxX Drinnen sitzt man in schönem stilvoll-elegantem Ambiente, draußen mit Blick auf den Reitplatz und die historische Burganlage. Die Küche ist saisonal beeinflusst und basiert auf sehr guten Produkten, der Service ist aufmerksam und herzlich.

Menu 54/89 € – Karte 39/70 €

Hardenberg BurgHotel, Hinterhaus 11a ✉ 37176 – ℰ 05503 9810 –
www.hardenberg-burghotel.de

🏨 **Hardenberg BurgHotel** 🕸 🚶 🕸 🔄 🏌 🅿

TRADITIONELL · ELEGANT Auf dem "Gräflichen Landsitz Hardenberg" am Fuße der historischen Burgruine ist alles sehr geschmackvoll, von den Zimmern über das Restaurant "Novalis" bis zum "BurgSpa". Zum Freizeitangebot gehört auch das nahe gelegene "GolfResort". Tipp für Reitsportfreunde: das bekannte "Hardenberg Burgturnier".

42 Zimmer 🖙 – ♙♙ 119/229 € – 2 Suiten

Hinterhaus 11a ✉ 37176 – ℰ 05503 9810 –
www.hardenberg-burghotel.de

ⅺ○ **Novalis** – Siehe Restaurantauswahl

NOHFELDEN

Saarland – Regionalatlas **46**–C16 – Michelin Straßenkarte 543

In Nohfelden-Gonnesweiler Süd-West: 6 km

🏨 **Seezeitlodge Hotel & Spa**
🕸 🏊 ⪕ 🚶 🏊 🔄 🕸 🕸 🏌 🔄 🏌 🅿

SPA UND WELLNESS · DESIGN Unmittelbar am malerischen Bostalsee und direkt am Naturpark Saar-Hunsrück liegt dieses Spa-Hideaway. Wirklich schön die modernen, großzügigen Zimmer, toll das Gesamtangebot einschließlich "Seele baumeln lassen" - und das geht ganz wunderbar im bemerkenswerten Spa auf 2700 qm samt keltischem Saunadorf!

98 Zimmer – ♙♙ 338/390 € – 2 Suiten

Am Bostalsee 1 ✉ 66625 – ℰ 06852 80980 –
www.seezeitlodge-bostalsee.de –
Geschlossen 5.-16. Januar

NONNENHORN

Bayern – Regionalatlas **63**–H22 – Michelin Straßenkarte 546

🍂 **Torkel** 🚶 🏡 🕸 🅿 🚗

MARKTKÜCHE · GASTHOF XX Bei Familie Stoppel kocht man mit regionalem und saisonalem Bezug - da schmecken z. B. "Zwiebelrostbraten vom Bioland-Rind mit Bratkartoffeln" und "Bodensee-Felchenfilet in Dijonsenf". Serviert wird in freundlichen Räumen oder auf der hübschen Terrasse.

Spezialitäten: Vitello vom Allgäuer Tafelspitz. Gebackenes Kalbskotelett „Wiener Art", Waldpreiselbeeren, Petersilien-Kartoffeln. Vanille-Panna cotta, Zwetschgen, Schokoladenbisquit.

Menu 49/99 € – Karte 36/65 €

Hotel Torkel, Seehalde 14 ✉ 88149 – ℰ 08382 98620 –
www.hotel-torkel.de –
Geschlossen Mittwoch, mittags: Dienstag und Donnerstag

❌ Haus am See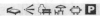

REGIONAL · FREUNDLICH ✕✕ Der Blick auf See und Garten gibt dem hellen, eleganten Wintergartenrestaurant samt schöner Terrasse seinen besonderen Reiz. Auf der regional-saisonalen Karte liest man z. B. "hausgebeizte Lachsforelle, Dill-Gurken, Honig-Senf-Sauce, Pumpernickel" oder "Wiener Schnitzel, Petersilien-Kartoffeln, Preiselbeeren". Zum Übernachten hat man geschmackvolle, wohnliche Zimmer.

Menu 43/55 € – Karte 42/69 €

Uferstraße 23 ⊠ 88149 – ℰ 08382 988510 – www.hausamsee-nonnenhorn.de – Geschlossen 1. Januar-10. März, 22.-31. Dezember, mittags: Montag, Dienstag, Mittwoch, mittags: Donnerstag-Sonntag

🏠 Torkel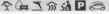

FAMILIÄR · ELEGANT Der engagiert geführte Familienbetrieb (bereits in 4. Generation) liegt nicht nur richtig toll, hier lässt es sich auch schön modern wohnen, und zum Relaxen hat man einen attraktiven Freizeitbereich mit Massage- und Kosmetikanwendungen.

26 Zimmer ☑ – ♦♦ 189/399 € – 3 Suiten

Seehalde 14 ⊠ 88149 – ℰ 08382 98620 – www.hotel-torkel.de

🍴 **Torkel** – Siehe Restaurantauswahl

NORDDORF – Schleswig-Holstein ➜ Siehe Amrum (Insel)

NORDERNEY (INSEL) Niedersachsen – Regionalatlas 7-D5 –

Michelin Straßenkarte 541

✿✿ Seesteg

MODERNE KÜCHE · CHIC ✕✕ In dem exklusiven kleinen Boutique-Hotel direkt am Meer darf man auch gastronomisch hohes Niveau erwarten, und zwar in Form des wertig-schicken "Seestern". Wenn Sie nicht gerade den Blick Richtung Nordsee schweifen lassen (am liebsten natürlich von der Seeterrasse!), können Sie das Geschehen in der verglasten Showküche beobachten. Verantwortlicher hier: Markus Kebschull, zuvor Küchenchef im "Sterneck" in Cuxhaven. Er verarbeitet ausgezeichnete Produkte von roter Garnele über gebeizte Auster bis zur Hüfte vom schottischen Lamm. Überzeugend auch der topfrische Rochenflügel, der zusammen mit einem krossen Pancettachip, Ölsardinenbrandade und tomatisiertem Minestrone-Sud zu einem tollen modernen Gericht voller Aroma und Würze wird. Wer zum Luch kommt, wählt von einer kleineren Karte.

Spezialitäten: Gebratene Entenleber, Blaubeere, Kürbis. Taube, Topinambur, Apfel, Steinpilz. Geschmorte Aprikose, Graupe, Sanddorn, Honig.

Menu 48/95 € – Karte 48/99 €

Hotel Seesteg, Damenpfad 36a ⊠ 26548 – ℰ 04932 893600 – www.seesteg-norderney.de – Geschlossen mittags: Montag-Sonntag

❌ N'eys

INTERNATIONAL · TRENDY ✕✕ "N'eys" nennt sich das kleine Abendrestaurant im Wintergarten. Stylish ist das Ambiente, grandios der Blick aufs Meer, und aus der Küche kommen klassisch-internationale Speisen.

Karte 45/80 €

Strandhotel Georgshöhe, Kaiserstraße 24 ⊠ 26548 – ℰ 04932 898404 – www.georgshoehe.de – Geschlossen 7.-25. Dezember, Montag, mittags: Dienstag-Sonntag

❌ Esszimmer

MODERNE KÜCHE · HIP ✕ Trendy-leger: morgens Frühstück, tagsüber Café, abends Restaurant. Letzteres bietet modern-saisonale Gerichte wie "Zander, Krustentierfond-Risotto, Erbsen und Rüben, Chorizo". Man sitzt ungezwungen umgeben von dekorativen Weinregalen. Der Service ist angenehm locker.

Menu 39 € – Karte 37/59 €

Hotel Inselloft, Damenpfad 37 ⊠ 26548 – ℰ 04932 893809 – www.inselloft-norderney.de

Strandhotel Georgshöhe

SPA UND WELLNESS · MODERN Ein idealer Ort zum Urlaubmachen: die strandnahe Lage und der große Spa, der u. a. Saunen mit Meerblick bietet! Toll für Freunde modernen Designs: die Zimmerkategorien "Prestige" und "Sportive". Im Wintergarten "Seeterrasse" gibt es regional-traditionelle Küche (ab 13 Uhr durchgehend).

132 Zimmer 🖵 – 👫 138/285 € – 25 Suiten
Kaiserstraße 24 ✉ 26548 – ℰ 04932 8980 – www.georgshoehe.de –
Geschlossen 7.-25. Dezember
🕪 **N'eys** – Siehe Restaurantauswahl

Inselloft

LANDHAUS · MODERN Das frische, junge Konzept des schmucken Häuserensembles a. d. 19. Jh. kommt an: hochwertige Studios, Lofts und Penthouse-Zimmer in schickem nordisch-modernem Look, "Wohnzimmer"-Lounge, Spa-Shop nebst Anwendungen, "Design Shop 1837", "Wein & Deli", eigene Bäckerei und dazu locker-familiäre Atmosphäre.

35 Zimmer – 👫 150/460 € – 🖵 18 € – 7 Suiten
Damenpfad 37 ✉ 26548 – ℰ 04932 893800 – www.inselloft-norderney.de
🕪 **Esszimmer** – Siehe Restaurantauswahl

Seesteg

BOUTIQUE-HOTEL · MODERN Es gibt wohl nichts in diesem Boutique-Hotel, das nicht exklusiv ist! Lage am Strand, Wertigkeit und Design der Lofts, Studios und Penthouse-Zimmer, Highlights wie Private Spa und Rooftop-Pool. Tipp: Genießen Sie den Sonnenuntergang in der "Milchbar" nebenan! Wer einen Parkplatz wünscht, sollte reservieren!

16 Zimmer 🖵 – 👫 290/450 € – 5 Suiten
Damenpfad 36a ✉ 26548 – ℰ 04932 893600 – www.seesteg-norderney.de
❀ **Seesteg** – Siehe Restaurantauswahl

Haus Norderney

PRIVATHAUS · GEMÜTLICH Die Villa von 1927 ist eines der schönsten Häuser der Insel und perfekt für Individualisten! Klares Design in warmen Tönen, Frühstück im kleinen Garten, relaxen am Kamin oder in der Sauna, dazu kostenfreie Fahrräder und nette Kleinigkeiten!

10 Zimmer 🖵 – 👫 145/245 €
Janusstraße 6 ✉ 26548 – ℰ 04932 2288 – www.hotel-haus-norderney.de

NORDHAUSEN

Thüringen – Regionalatlas **30**–K11 – Michelin Straßenkarte 544

In Nordhausen-Rüdigsdorf

⊛ Feine Speiseschenke

MARKTKÜCHE · FREUNDLICH ⅹ Sie finden dieses freundliche Restaurant in einem von Wald und Wiesen umgebenen kleinen Ort in einem ruhigen Seitental. Serviert wird saisonale Küche mit regionalen und internationalen Einflüssen. Etwas Besonderes: Man züchtet schottische Hochlandrinder. Sie wählen aus verschiedenen Menüs (darunter ein vegetarisches) oder von der Klassiker-Karte.

Spezialitäten: Kraftbrühe vom Hochlandrind mit Wurzelgemüse und Markklößchen. Geschmortes Ochsenbäckchen mit Rotweinjus, Sellerie, Karotte, Kartoffelkrapfen. Impressionen von heimischer Zwetschge.

Menu 35/88 €

Winkelberg 13 ✉ 99734 – ℰ 03631 4736490 – www.speiseschenke.de –
Geschlossen Montag, Dienstag, mittags: Mittwoch-Samstag, abends: Sonntag

NORDKIRCHEN

Nordrhein-Westfalen – Regionalatlas **26**–D10 – Michelin Straßenkarte 543

🍴○ **Schloss Restaurant Venus** ⇔ **P** ⇗

INTERNATIONAL · KLASSISCHES AMBIENTE ✕✕ Im "Westfälischen Versailles" finden Sie dieses klassisch-gediegene Gewölberestaurant - die zahlreichen Gemälde stammen übrigens von Patron Franz L. Lauter, einem passionierten Maler! Geboten werden Klassiker sowie ein ambitioniertes ("12-Stationen"-) Menü mit westfälischen Tapas. Eine nette legere Alternative ist das Bistro mit großer Terrasse.

Menu 38 € (Mittags), 45/120 € – Karte 41/50 €

Schloss 1 ✉ 59394 – ☎ 02596 972472 – www.lauter-nordkirchen.de –
Geschlossen 1.-30. Januar, Montag, Dienstag, mittags: Mittwoch-Samstag

NOTZINGEN

Baden-Württemberg – Regionalatlas **55**–H19 – Michelin Straßenkarte 545

🏡 **Die Kelter** 🛖 ⇔ **P**

MEDITERRAN · RUSTIKAL ✕ Gelungen hat man die ehemalige Kelter von 1700 restauriert! In einem schönen hohen Raum mit freigelegtem altem Fachwerk und dekorativen modernen Bildern bekommt man gute regional-mediterrane Küche - macht Ihnen vielleicht "geschmortes Kalbsossobuco an Wurzelgemüse" Appetit?

Spezialitäten: Kürbissuppe mit Kürbiskernen und Kernöl. Saltimbocca vom Kalbsrücken, gefüllt mit Parmaschinken und Salbei mit Tagliatelle. Mangoparfait mit Früchten.

Menu 30/50 € – Karte 36/60 €

Kelterstraße 15 ✉ 73274 – ☎ 07021 863786 – www.kelter-notzingen.de –
Geschlossen Montag, Dienstag, mittags: Mittwoch-Samstag

NÜRNBERG

Bayern – Regionalatlas **50**–K16 – Michelin Straßenkarte 546

Wir mögen besonders...

Das schicke **Imperial by Alexander Herrmann** für seine fränkisch-internationale Küche. Im **ZweiSinn Meiers** gleich zwei Restaurant-Optionen zur Wahl haben: modern-kreative Speisen im **Fine Dining** oder französisch-mediterran inspirierte Küche im **Bistro**. In einem der typischen Bratwurst-Lokale wie z. B. dem **Bratwursthäusle** am Rathausplatz eine echte Nürnberger Tradition erleben. Oder lieber Spitzenküche im **Essigbrätlein**? Machen Sie auf jeden Fall einen Spaziergang durch die historische Altstadt und schauen Sie sich den pyramidenförmigen Schönen Brunnen am Hauptmarkt, die gotische Frauenkirche oder die Kaiserburg an – und das sind nur ein paar der lohnenswerten Sehenswürdigkeiten! Wer sich seinen Bummel etwas versüßen möchte, wird z. B. in der kleinen Eismanufaktur in der charmanten Weißgerbergasse fündig.

Restaurants

✿✿ **Essigbrätlein** (Andree Köthe)   🕸

KREATIV · GEMÜTLICH ✗✗ Man muss an der Glocke läuten, um in das kleine "Essigbrätlein" mitten in der Nürnberger Altstadt zu kommen. Ein schönes intimes Restaurant, bei dem man das Gefühl hat, als wäre man bei Freunden zu Besuch. Nur zu gerne nimmt man hier in gemütlich-heimeliger Atmosphäre Platz. Was folgt, ist eine ausdrucksstarke und ebenso feinfühlige kreative Naturküche, die von der Region und der Saison lebt. Patron Andree Köthe und Küchenchef Yves Ollech - seit Jahren ein eingespieltes Team am Herd - haben ein Faible für Kräuter, Gewürze und Gemüse. Man fermentiert und weckt ein. Immer steht bei ihnen der Eigengeschmack der Produkte im Mittelpunkt, und die sind erstklassig! Geschickt spielt man mit Säure und Aromen, kocht geradlinig und klar strukturiert, stimmig und modern, ohne Chichi oder Effekthascherei!

Spezialitäten: Grünes Gemüse. Ente auf Rotkohlcrème. Kartoffeleis mit Kräutern.

Menu 78 € (Mittags), 132/162 €

Stadtplan: K1-z – *Weinmarkt 3* ✉ *90403* – ✆ *0911 225131* – *www.essigbraetlein.de* – *Geschlossen Montag, Sonntag*

✿ **ZweiSinn Meiers | Fine Dining**   🕸 🏠 ⚹

KREATIV · ZEITGEMÄßES AMBIENTE ✗✗ Sie mögen es jung, ungezwungen, stylish? Und das in Kombination mit Sterneküche? Dann wird Ihnen das "Fine Dining"-Restaurant von Patron und Küchenchef Stefan Meier gefallen. Geradlinig-schickes Interieur, beispielhafter, locker-charmanter Service, moderne und kreative Küche... Das passt alles wunderbar zusammen. Nach Stationen im "Louis C. Jacob" in Hamburg, im "Amador" in Langen oder bei Johanna Maier im österreichischen Filzmoos gelingen dem gebürtigen Mittelfranken aromareiche Kombinationen aus hervorragenden Zutaten. So trifft z. B. getauchte Jakobsmuschel auf wilden Brokkoli, Süßkartoffel und Trüffel-Dashi. Und richtig hübsch anzuschauen sind die Gerichte obendrein. Rein vegetarisch ist das ausgezeichnete Essen übrigens ebenfalls zu haben.

Spezialitäten: Bretonischer Hummer, Erdnuss, Erbse, Radieschen. Label Rouge Perlhuhn, Blutwurst, Topinambur, Sauce Albufera. Cassis, Pistazie, Veilchen, Rote Bete.

Menu 100/130 €

Stadtplan: H1-b – *Äußere Sulzbacher Straße 118* ✉ *90491* – ✆ *0911 92300823* – *www.meierszweisinn.de* – *Geschlossen 1.-9. Januar, 31. Mai-10. Juni, 23. August-16. September, Montag, Sonntag, mittags: Dienstag-Samstag*

🍴◯ **ZweiSinn Meiers | Bistro** – Siehe Restaurantauswahl

✿ **Entenstuben** (Fabian Denninger)   🏠

MODERNE KÜCHE · ELEGANT ✗✗ Sein Traum war ein eigenes Restaurant, und dieser Traum ist für Fabian Denninger in Erfüllung gegangen. Nachdem der gebürtige Mannheimer u. a. in der Küche der "Burg Wernberg" und im "Waldhotel Sonnora" in Wittlich tätig war, leitete er hier in Nürnberg zuerst die Küche des "Koch und Kellner", bevor er im Juni 2014 Inhaber und Küchenchef der "Entenstuben" wurde. Er kocht mit internationalen Einflüssen und geschickt eingesetzten modernen Elementen. Ein schönes Beispiel für seine geschmacklich klaren und interessanten Kombinationen ist die topfrische bayerische Garnele mit säuerlich marinierter Gurke und Erdnusscrumble. Neben dem sehr ansprechend präsentierten Gerichten kann sich auch das Restaurant selbst sehen lassen: geradlinig und zugleich wohnlich ist es hier.

Spezialitäten: Lauwarmer Stör, Apfel, Radicchio, Kaviar. Fränkischer Rehrücken, weiße Rübe, Johannisbeere, Amaranth. Weinbergspfirsich, Vanille, Champagner.

Menu 85/119 € – Karte 55/75 €

Stadtplan: M1-e – *Schranke 9* ✉ *90403* – ✆ *0911 5209128* – *www.entenstuben.de* – *Geschlossen 1.-8. Januar, 4.-20. August, Montag, Sonntag, mittags: Dienstag-Samstag*

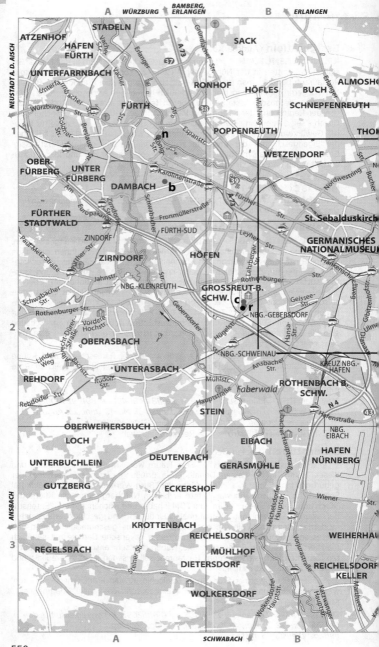

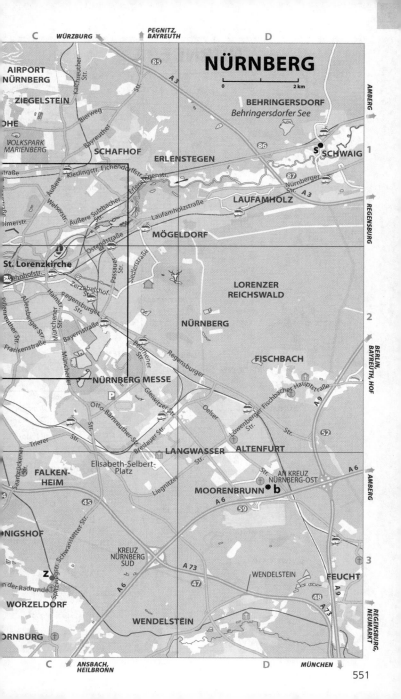

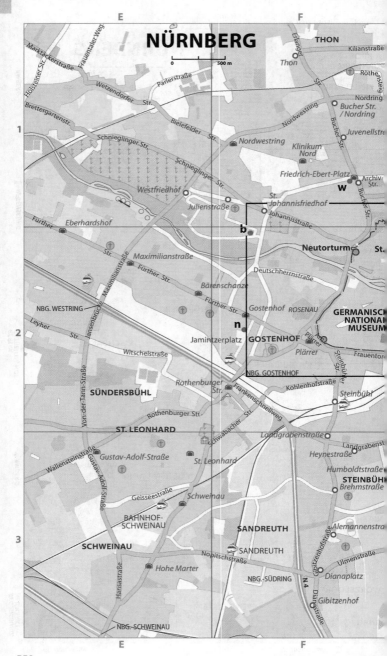

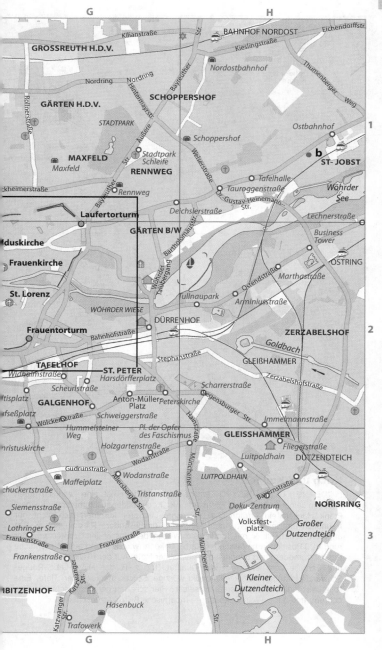

GROSSREUTH H.D.V.

Kilianstraße

BAHNHOF NORDOST

Eichendorffstr.

Kieslingstraße

Nordostbahnhof

Thumenberger Weg

GÄRTEN H.D.V.

Nordring

Nordring

SCHOPPERSHOF

Rollnerstraße

STADTPARK

Hintermayrstr.

Schoppershof

Ostbahnhof

1

MAXFELD

Str.

Stadtpark
Schleife

ST- JOBST

b

Maxfeld

RENNWEG

Weißestraße

Tafelhalle

ckheimerstraße

Rennweg

Bayreuther

Tauroggenstraße

Wöhrder
See

Dr.-Gustav-Heinemann-
Str.

Lechnerstraße

Laufertorturm

Deichslerstraße

GÄRTEN B/W

Bartholomäusstr.

Business
Tower

duskirche

Frauenkirche

Wöhrder
Talübergang

OSTRING

St. Lorenz

Ostendstraße

Marthastraße

WÖHRDER WIESE

Tullnaupark

Arminiusstraße

Frauentorturm

Bahnhofstraße

DÜRRENHOF

ZERZABELSHOF

2

Goldbach

Stephanstraße

GLEIßHAMMER

TAFELHOF

ST. PETER

Zerzabelshofstraße

Widhalmstraße

Harsdörfferplatz

Scheurlstraße

Scharrerstraße

tisplatz

Anton-Müller-
Platz

Peterskirche

Regensburger Str.

Hainstraße

GALGENHOF

ufseßplatz

Wölckernstraße

Schweiggerstraße

Immelmannstraße

Hummelsteiner
Weg

Pl. der Opfer
des Faschismus

GLEISSHAMMER

hristuskirche

Holzgartenstraße

Fliegerstraße

Gudrunstraße

Wodanstraße

Luitpoldhain

DUTZENDTEICH

Maffeiplatz

Wodanstraße

Münchener Str.

LUITPOLDHAIN

chuckertstraße

Tristanstraße

Siemensstraße

Allersberger Str.

Doku-Zentrum

NORISRING

Lothringer Str.

Volksfest-
platz

Frankenstraße

Bayernstraße

Großer
Dutzendteich

3

Frankenstraße

Frankenstraße

Münchener Str.

Frankenstraße

Katzwanger Str.

IBITZENHOF

Kleiner
Dutzendteich

Hasenbuck

Katzwanger Str.

Münchener Str.

Trafowerk

G

H

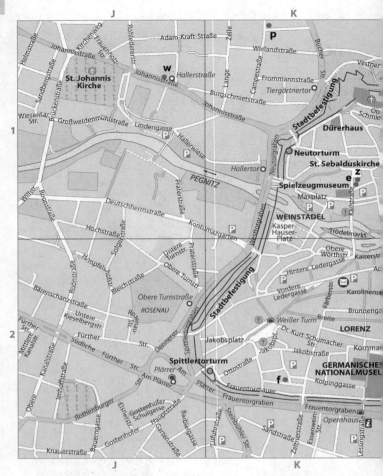

✿ Koch und Kellner

MODERNE KÜCHE · BISTRO X Patron Frank Mackert hat einen wirklich guten Mann an seiner Seite: Gerald Hoffmann. Als "Koch" bildet zusammen mit "Kellner" Frank Mackert ein erfolgreiches Gespann. Letzterer kümmert sich nicht nur freundlich um seine Gäste, als Weinfreund (insbesondere Riesling hat es ihm angetan) empfiehlt er mit fundiertem Wissen den passenden Tropfen von der rund 400 Positionen umfassenden Karte. Gekocht wird klar und aufs Wesentliche reduziert, modern und dennoch mit klassischer Note. Auf dem Teller Fleisch, Fisch und Gemüse von hervorragender Qualität (top z. B. das Miéral-Label-Rouge-Schwarzfederhuhn), dazu vollmundig-würzige Saucen mit schöner Tiefe. Eine tolle Leistung! Und das Restaurant selbst? Hier schaffen geradlinig-schlichte Einrichtung und nette Wein-Deko eine sympathische Bistro-Atmosphäre.

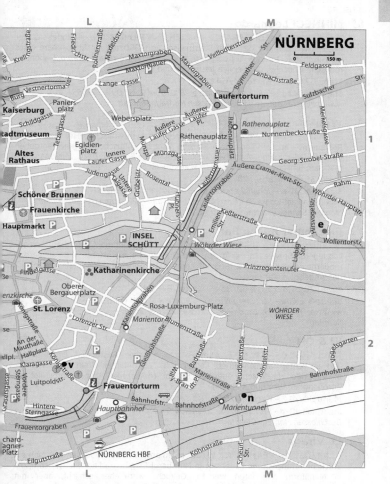

Spezialitäten: Seeteufel, Tomate, Koriander. Fränkisches Reh, Süßkartoffel, Wacholder. Banane, Schokolade, Sanddorn.

Menu 50 € (Mittags), 75/120 € – Karte 60/72 €

Stadtplan: F2-n – *Obere Seitenstraße 4* ⊠ *90429* – ℰ *0911 266166* – *www.kochundkellner.de* – *Geschlossen 1.-5. Januar, 17.-30. August, Sonntag*

⫦◯   **Imperial by Alexander Herrmann**   `A/C`

INTERNATIONAL · TRENDY ✗✗ Modern, chic und trendy kommt das Restaurant daher. Freundlich der Service, locker die Atmosphäre, mittig die offene Küche. Hier entstehen internationale Speisen mit fränkischem Einfluss, man kocht ausdrucksstark und ambitioniert. Im EG das "Fränk'ness" - "The Urban Fränkisch Taste".

Menu 99/109 € – Karte 53/109 €

Stadtplan: L2-a – *Königstraße 70 (1. Etage)* ⊠ *90402* – ℰ *0911 24029955* – *www.ah-imperial.de* – *Geschlossen Montag, Dienstag, Sonntag, mittags: Mittwoch-Samstag*

ⅰ○ MINNECI Leonardo

ITALIENISCH · MEDITERRANES AMBIENTE ✗✗ Richtig schön verbindet sich der historische Charakter des alten Stadthauses von 1560 mit der Atmosphäre eines italienischen Ristorante. Auf der Karte z. B. "Lammcarré rosa gebraten, Caponata, römische Gnocchi", der Service freundlich und charmant.

Menu 52/80 € – Karte 44/64 €

Stadtplan: K2-f – *Zirkelschmiedsgasse 28* ✉ *90402* – ☎ *0911 209655* – *www.minneci-ristorante.de* – *Geschlossen Montag, Sonntag*

ⅰ○ Wonka

MODERNE KÜCHE · FREUNDLICH ✗✗ Wirklich sympathisch dieses freundliche Restaurant - im Sommer sollten Sie sich nicht den hübschen Innenhof entgehen lassen! In der Küche entstehen kreativ-klassische Speisen, dazu wird man aufmerksam umsorgt. Mittags ist das Angebot kleiner.

Menu 35 € (Mittags), 74/94 €

Stadtplan: J1-w – *Johannisstraße 38* ✉ *90419* – ☎ *0911 396215* – *www.restaurant-wonka.de* – *Geschlossen 1.-6. Januar, 22. August-8. September, Montag, Sonntag, mittags: Samstag*

ⅰ○ Einzimmer Küche Bar

INTERNATIONAL · GEMÜTLICH ✗ Ein kleiner Raum, intime Atmosphäre, freundlich-legerer Service. In der durch eine Glasscheibe einsehbaren Küche werden moderne, ausdrucksstarke und unverkünstelte Gerichte zubereitet. Mittags ist das Angebot einfacher.

Menu 28 € (Mittags), 52/83 € – Karte 28/83 €

Stadtplan: K1-e – *Schustergasse 10* ✉ *90403* – ☎ *0911 66463875* – *www.einzimmerkuechebar.de* – *Geschlossen 23. Dezember-6. Januar, Montag, Sonntag*

ⅰ○ IU & ON

THAILÄNDISCH · TRENDY ✗ Ältestes thailändisches Restaurant Deutschlands und ein echter Familienbetrieb! Lecker z. B. "Yam Plamük" (fein-scharfer Oktopussalat nach Hausrezept) oder "Gai Ta Krai" (gebratenes Hähnchenbrustfilet mit Zitronengrassauce und Klebreis).

Menu 30/41 € – Karte 38/55 €

Stadtplan: K1-p – *Roritzerstraße 10* ✉ *90419* – ☎ *0911 336767* – *www.iu-on.de* – *Geschlossen Montag, Dienstag*

ⅰ○ Le Virage

FRANZÖSISCH · FAMILIÄR ✗ In dem charmanten kleinen Bistro erfährt man ein Stückchen französische Lebensart in Nürnberg! Es gibt traditionelle Gerichte, die in Menüform angeboten werden. Gekocht wird eher schlicht, aber mit Geschmack - und alles ist frisch!

Menu 40/48 €

Stadtplan: F2-b – *Helmstraße 19* ✉ *90419* – ☎ *0911 9928957* – *www.nefkom.net/le.virage* – *Geschlossen Montag, Dienstag, mittags: Mittwoch-Sonntag*

ⅰ○ Würzhaus

MODERNE KÜCHE · GERADLINIG ✗ Ein pfiffiges und interessantes Gasthaus! Mit hochwertigen Produkten kocht man hier moderne internationale Gerichte, und die werden ausgesprochen charmant serviert! Am Abend gibt es gehobene, ambitionierte Speisen wie "Kabeljau, gelbe Linsen, Gewürzasche", mittags das einfachere, unschlagbar günstige Menü!

Menu 21 € (Mittags), 56/80 € – Karte 22/56 €

Stadtplan: F1-w – *Kirchenweg 3a* ✉ *90419* – ☎ *0911 9373455* – *www.wuerzhaus.info* – *Geschlossen 2.-13. Januar, Sonntag, mittags: Montag und Samstag*

ⅉ○ ZweiSinn Meiers | Bistro   🚲 🏠 ⌖

MODERNE KÜCHE · BISTRO ⅉ Zur Straße hin liegt das Bistro mit seiner markanten Theke und blanken Tischen, nett die Terrasse seitlich am Haus. Auf der Karte z. B. "Maishähnchen, Bohnencassoulet, Tomaten-Risoni". Mittags kommt der günstige Tagesteller gut an!

Karte 45/72 €

Stadtplan: H1-b – *ZweiSinn Meiers | Fine Dining, Äußere Sulzbacher Straße 118* ✉ *90491* – ☏ *0911 92300823* –
www.meierszweisinn.de – *Geschlossen Montag, Sonntag*

Hotels

🏨 Drei Raben   ⬆ A/C

URBAN · THEMENBEZOGEN Sie möchten die Geschichte Nürnbergs kennenlernen? In den schönen Themenzimmern kann man Wissenswertes nachlesen, außerdem liegt das kleine Hotel im Herzen der Stadt! Nicht zu vergessen das charmante, hilfsbereite Personal, das für eine angenehm persönliche Note sorgt. Morgens gibt es ein sehr gutes Frühstück, am Abend sind die Gäste zum Aperitif eingeladen.

22 Zimmer – 👬 140/250 €

Stadtplan: L2-v – *Königstraße 63* ✉ *90402* – ☏ *0911 274380* –
www.hoteldreiraben.de

In Nürnberg-Großreuth bei Schweinau

🏵 Waidwerk (Valentin Rottner)   🅿

MODERNE KÜCHE · CHIC ⅉⅉ Dies ist das kulinarische Aushängeschild im Hause Rottner. Junior Valentin Rottner und sein Team bieten im kleinen Gourmetrestaurant des traditionsreichen Familienbetriebs ein modernes Menü mit persönlicher Note. Ebenso anspruchsvoll das Interieur: Richtig chic ist der geradlinige Stil in Kombination mit einem ländlichen Touch und Bezug zur Jagd - Letzteres kommt nicht von ungefähr: Der Küchenchef ist Jäger. Da findet sich unter den kreativ inspirierten Gerichten z. B. ein erstklassiges Stück vom Rehrücken, perfekt sousvide gegart und begleitet von frischen heimischen Pilzen, Beeren und Erbsen. Valentin Rottner hat so manch renommierte Adresse hinter sich, so kochte er u. a. im 2-Sterne-Restaurant "Söl'ring Hof" auf Sylt oder im "Gourmetrestaurant Lerbach" in Bergisch Gladbach.

Spezialitäten: Hummerravioli, Saibling, Sanddorn. Hirsch, Steinpilz, Johannisbeerholz. Safran, Mandarine, Koriander.

Menu 120/140 €

Stadtplan: B2-c – *Hotel Rottner, Winterstraße 15* ✉ *90403* – ☏ *0911 612032* –
www.rottner-hotel.de – *Geschlossen 1.-7. Januar, 9.-16. April, 23. August-
8. September, 20.-31. Dezember, Montag, Sonntag, mittags: Dienstag-Samstag*

🏨 Rottner   🍴 ⬆ ⌖ 🛋 🅿 🚗

FAMILIÄR · MODERN Familie Rottner bietet nicht nur schöne wohnlichmoderne Zimmer, sondern auch charmante Stuben im separaten 300 Jahre alten Gasthaus mit hübscher Fachwerkfassade - hier gibt es regionale und klassische Küche. Nicht zu vergessen der tolle Nussbaumgarten!

37 Zimmer 🍴 – 👬 110/245 €

Stadtplan: B2-r – *Winterstraße 15* ✉ *90431* – ☏ *0911 612032* –
www.rottner-hotel.de – *Geschlossen 24.-31. August, 27.-31. Dezember*

   🏵 **Waidwerk** – Siehe Restaurantauswahl

In Nürnberg-Moorenbrunn

🏵 Landgasthof Gentner   ⬅ 🏠 ⌖ 🅿

REGIONAL · GASTHOF ⅉ Richtig heimelig hat man es in den reizenden Zirbelholz-Stuben und gute Küche gibt's obendrein! Wie wär's mit "Filetspitzen, Waldpilzrahm, Kartoffelrösti"? Oder lieber "Wallerfilet im Speckmantel"? Kein Terrassenwetter? Dann setzen Sie sich ins Garten-Stüberl. Gepflegt übernachten kann man ebenfalls.

Spezialitäten: Pfifferlings Rahmsuppe. Geschmorte Ochsenbäckchen mit getrüffeltem Wurzelgemüse und Brezen Serviettenklößen. Weißbier Tiramisu mit Zwetschgenröster.

Menu 31/36 € – Karte 34/65 €

Stadtplan: D3-b – *Bregenzer Straße 31* ✉ *90475 –* ℰ *0911 80070 –*
www.landgasthof-gentner.de –
Geschlossen 1.-6. Januar, 27. Juli-16. August, mittags: Montag-Freitag

In Nürnberg-Worzeldorf

🍴○ **Zirbelstube**

REGIONAL · RUSTIKAL ✗✗ Ein schmuckes Sandsteingebäude von 1860 mit ebenso schönem Interieur - charmant die Zirbelstube und das Gewölbe. Die Gerichte der verschiedenen Menüs können Sie auch variieren. Macht Ihnen z. B. "gebackener Kalbskopf, Kartoffel-Risotto, süßer Senf" Appetit? Reizend die Terrasse. Der freundlich geführte Familienbetrieb hat auch hübsche Gästezimmer.

Menu 40/85 € – Karte 40/61 €

Stadtplan: C3-z – *Friedrich-Overbeck-Straße 1* ✉ *90455 –* ℰ *0911 998820 –*
www.zirbelstube.com –
Geschlossen 1.-14. Januar, 31. Mai-15. Juni, Montag, Sonntag,
mittags: Dienstag-Mittwoch

NÜRTINGEN

Baden-Württemberg – Regionalatlas **55**–H19 – Michelin Straßenkarte 545

🍴○ **belsers Restaurant**

FRANZÖSISCH-MODERN · CHIC ✗ Direkt am Marktplatz ist das stylish-schicke Restaurant zu finden. Mittags kocht man etwas bürgerlicher, abends klassisch-modern, z. B. "rosa gebratene Barbarie-Entenbrust auf Lauch-Spinat-Cassoulet" oder "geschmorte Rinderbacke in Barolojus".

Menu 17 € (Mittags)/28 € – Karte 34/60 €

Brunnsteige 15 ✉ *72622 –* ℰ *07022 7195860 – www.belsers.com –*
Geschlossen Montag, abends: Sonntag

🍴○ **Weinstube zum Schloßberg**

REGIONAL · NACHBARSCHAFTLICH ✗ Hier ist man immer gut gebucht! Auch viele Stammgäste kommen gerne in die urig-gemütliche Weinstube unweit der Kirche, um sich bei den herzlichen Betreibern schwäbische Gerichte schmecken zu lassen.

Karte 27/45 €

Schloßberg 1 ✉ *72622 –* ℰ *07022 32878 –*
Geschlossen 7.-19. September, 23.-31. Dezember, Montag, Sonntag,
mittags: Dienstag-Samstag

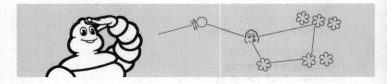

NUTHETAL

Brandenburg – Regionalatlas **22**–O8 – Michelin Straßenkarte 542

In Nuthetal-Philippsthal Süd-Ost: 6 km über Potsdamer Straße

⑪○ Philippsthal 🛖 P

INTERNATIONAL · RUSTIKAL ⅄ Der Weg zu diesem denkmalgeschützten Anwesen lohnt sich: schön das Ambiente mit seinem Mix aus Rustikalem und Modernem, reizend der Hofgarten und gekocht wird richtig gut - macht Ihnen z. B. "Fjord-Lachsfilet auf Rettich-Senfgemüse mit Kartoffel-Lauchpüree" Appetit?

Menu 53/62€ – Karte 46/65€

Philippsthaler Dorfstraße 35 ⊠ 14558 – ℰ 033200 524432 –
www.restaurant-philippsthal.de

OBERAMMERGAU

Bayern – Regionalatlas **65**–K21 – Michelin Straßenkarte 546

⑪○ Ammergauer Maxbräu 🛖 & AC P

REGIONAL · GASTHOF ⅄ In der Hausbrauerei des "Maximilian" serviert man nicht nur ein frisch Gezapftes, es kommt auch saisonal-bayerische Küche auf den Tisch: "gebackener Ziegenkäse mit Ammergauer Bergblütenhonig", "Maxbräu Brotzeitbrett'l", "Schnitzel vom Werdenfelser Kalb"...

Menu 27/55€ – Karte 27/55€

Hotel Maximilian, Ettaler Straße 5 ⊠ 82487 – ℰ 08822 9487460 –
www.ammergauer-maxbraeu.de – Geschlossen 15. November-31. Dezember, Montag,
Dienstag

🏨 Maximilian 🀄 🀱 ⊟ & 🛝 P 🚗

LUXUS · DESIGN Das alpine Lifestyle- & Designhotel ist schon ein kleines Schmuckstück! Man wohnt wirklich schön: Moderner Luxus und ausgezeichneter Service werden groß geschrieben, es gibt ein sehr gutes Frühstück und einen hübschen Saunabereich hat man ebenfalls. Und dann ist da noch der Malzduft aus der eigenen Brauerei...

18 Zimmer ☲ – 👫 205/360€ – 2 Suiten

Ettaler Straße 5 ⊠ 82487 – ℰ 08822 948740 – www.maximilian-oberammergau.de –
Geschlossen 15. November-31. Dezember

⑪○ **Ammergauer Maxbräu** – Siehe Restaurantauswahl

OBERAUDORF

Bayern – Regionalatlas **66**–N21 – Michelin Straßenkarte 546

⑪○ Bernhard's 🚗 🛖 ☼ P 🚗

MARKTKÜCHE · FREUNDLICH ⅄ Das Restaurant der Familie Bernhard liegt sehr zentral, ist gemütlich und lockt viele Stammgäste an. Tipp: Gerichte mit Schweizer Akzent - der Senior ist gebürtiger Graubündner! Lecker auch Regionales wie "geschmortes Audorfer Lamm, Bärlauch-Knödel-Terrine, Frühlingsgemüse, gebratene Pilze". Übernachten können Sie hier oder im "Seebacher Haus" unter gleicher Leitung.

Menu 44€ – Karte 29/52€

Marienplatz 2 ⊠ 83080 – ℰ 08033 30570 – www.bernhards.biz – Geschlossen 21.-24.
Dezember, Donnerstag

🏨 Feuriger Tatzlwurm 🀄 🐾 ≼ 🛒 🍵 🎴 🕙 🀱 🛝 ⊟ & 🛝 P

SPA UND WELLNESS · GEMÜTLICH Das Gasthaus a. d. 19. Jh. (reizend die Leiblstube von 1863!) ist heute ein komfortables Wellnesshotel mit stimmigem regionstypischem Konzept. Wohnlich und wertig die Einrichtung, vielfältig das Freizeitangebot. Und die wunderbare Natur gibt's gratis dazu: Blick aufs Kaisergebirge, Badeteich beim Wildbach...

78 Zimmer ☲ – 👫 176/360€ – 2 Suiten

Tatzelwurmstraße 1 ⊠ 83080 – ℰ 08034 30080 – www.tatzlwurm.de

OBERBOIHINGEN

Baden-Württemberg – Regionalatlas **55**–H19 – Michelin Straßenkarte 545

Zur Linde

REGIONAL · BÜRGERLICH X Seit Jahrzehnten ein bewährter Klassiker in der Region! Mit sehr guten Produkten wird geschmackvoll und traditionell gekocht. Wie wär's z. B. mit "geschmälzten Maultaschen" oder "Hirschkalbsbraten mit Spätzle"? Tipp: Für Langzeitgäste hat man im Nebenhaus topmoderne Apartments.

Spezialitäten: Probiermaultasche mit Kartoffel und Blattsalat. Ziegenkitzbraten aus dem Ofen mit Aromaten und Spätzle. Spätsommerliches Beerenragout mit Honigrahmeis.

Menu 32/75 € – Karte 28/75 €

Nürtinger Straße 24 ⊠ 72644 – 𝒞 07022 61168 – www.linde-oberboihingen.de – Geschlossen Montag, Dienstag

OBERDING

Bayern – Regionalatlas **58**–M19 – Michelin Straßenkarte 546

In Oberding-Notzing Süd: 2 km

Kandler

REGIONAL · GASTHOF XX Im Restaurant des gleichnamigen Hotels bekommt man regional-saisonale Gerichte wie "gekochten Rindertafelspitz, Meerrettichsauce, Wirsing, Speck-Bratkartoffeln" oder "Roulade vom bayerischen Alpenrind in Rotweinsauce geschmort". Drinnen schöne Gewölbedecke und Holztäfelung, draußen hübsche Terrasse mit Springbrunnen.

Spezialitäten: Rinderkraftbrühe mit Kräuterpilzpfannkuchenstreifen. Barbarie Entenkeule mit Apfel-Majoranjus, Blaukraut und Kartoffel-Kürbisknödel. Sorbet-Auswahl mit Tonkabohnenschmand.

Menu 25/60 € – Karte 30/49 €

Erdingermoosstraße 11 ⊠ 85445 – 𝒞 08122 2826 – www.hotelkandler.de – Geschlossen 1.-6. Januar, 3.-27. August, Sonntag

OBERHAUSEN

Nordrhein-Westfalen – Regionalatlas **26**–C11 – Michelin Straßenkarte 543

Hackbarth's Restaurant

MODERNE KÜCHE · MEDITERRANES AMBIENTE X Hinter der roten Eingangstür erwartet Sie ein trendig-schickes Ambiente, in dem Sie das herzliche Hackbarth-Team aufmerksam umsorgt. Man kocht modern-saisonal mit traditionellen und internationalen Einflüssen - wie wär's z. B. mit "Tapas Cross Over" oder "Maishuhn-Brust, Macadamia-Nüsse, Wacholderjus"? Gut sortierte Weinkarte. Schön die mediterran begrünte Terrasse.

Menu 54 € – Karte 39/64 €

Im Lipperfeld 44 ⊠ 46047 – 𝒞 0208 22188 – www.hackbarths.de – Geschlossen 28. Juni-12. Juli, 24.-31. Dezember, Sonntag, mittags: Montag und Samstag

OBERKIRCH

Baden-Württemberg – Regionalatlas **54**–E19 – Michelin Straßenkarte 545

Haus am Berg

INTERNATIONAL · FREUNDLICH XX Ruhe, Weinberge ringsum, Blick bis zum Straßburger Münster... Kein Wunder, dass die Terrasse an warmen Sommertagen beliebt ist! Hier und im ländlichen Restaurant speist man international. Probieren Sie doch mal das beliebte Tagesmenü!

Menu 29 € – Karte 32/65 €

Am Rebhof 5 ⊠ 77704 – 𝒞 07802 4701 – www.haus-am-berg-oberkirch.de – Geschlossen 3.-9. Februar, 1.-7. Juni, 2.-15. November, Dienstag, mittags: Mittwoch

In Oberkirch-Ödsbach Süd: 3 km

⌂ Waldhotel Grüner Baum

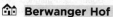

SPA UND WELLNESS · INDIVIDUELL Zur herrlichen Schwarzwaldlandschaft kommen hier noch ein großer Garten mit Streichelzoo, der "zeitlos SPA" auf 1000 qm samt tollem "Außen-Living-Pool", die Kaminlounge und das charmant-rustikale "Back- und Brennhus", dazu wohnliche Zimmer (Tipp: Panorama-Suite) und Restauranträume von ländlich bis elegant.

40 Zimmer ⌑ – ♥♥ 182/240 € – 5 Suiten

Alm 33 ✉ 77704 – ☎ 07802 8090 – www.waldhotel-gruener-baum.de

OBERMAISELSTEIN

Bayern – Regionalatlas **64**–I22 – Michelin Straßenkarte 546

⌂ Berwanger Hof

SPA UND WELLNESS · MODERN Hier lässt es sich richtig schön wohnen: ruhige Lage, hübsche Zimmer (Tipp: die neueren in schickem modern-alpinem Look), attraktiver "AlpenSpa" auf 1000 qm sowie regional-internationale Küche - Tipp: Speisen Sie auf der reizvollen Terrasse! HP inklusive.

38 Zimmer ⌑ – ♥♥ 134/266 € – 4 Suiten

Niederdorf 11 ✉ 87538 – ☎ 08326 36330 – www.berwangerhof.de

OBEROTTERBACH

Rheinland-Pfalz – Regionalatlas **54**–E17 – Michelin Straßenkarte 543

⌂ Schlössl

HISTORISCH · INDIVIDUELL Dieses Kleinod a. d. 18. Jh. besteht aus dem ehemaligen Amtshaus und der Zehntscheuer. Sie wohnen in sehr geschmackvollen, wertig eingerichteten Zimmern, genießen am Morgen ein frisches Frühstück (gerne auf der Terrasse) und werden im "Gudd Gess" regional verköstigt. Do. - Sa. (18 - 20 Uhr) sowie sonntagmittags bietet man auch ein großes Menü im Gourmetrestaurant.

8 Zimmer ⌑ – ♥♥ 120/180 €

Weinstraße 6 ✉ 76889 – ☎ 06342 923230 – www.schloessl-suedpfalz.de

OBER-RAMSTADT

Hessen – Regionalatlas **47**–F15 – Michelin Straßenkarte 543

ⅱ○ Hessischer Hof

INTERNATIONAL · ELEGANT ✕ Hier kommen in modern-elegantem Ambiente frische regional-internationale Gerichte wie "Rumpsteak mit Kräuterravioli an Rotwein-Schalottenbutter" oder "Gratin vom Zanderfilet mit Langostinos und Zucchini" auf den Tisch. Gut übernachten kann man ebenfalls.

Karte 30/45 €

Schulstraße 14 ✉ 64372 – ☎ 06154 63470 – www.hehof.de – Geschlossen 3.-27. Juli, Freitag, mittags: Samstag

OBERRIED

Baden-Württemberg – Regionalatlas **61**–D20 – Michelin Straßenkarte 545

⌬ Gasthaus Sternen Post

REGIONAL · LÄNDLICH ✕ In dem sympathischen Gasthaus von 1875 erwarten Sie neben netten, wohnlich-ländlichen Stuben auch ein charmanter Service und die geschmackvolle, frische Küche von Patron Bernd Lutz. Probieren Sie z. B. "Feldsalat mit Speck und Kracherle" oder "Schwarzfederhuhn in Rotweinsauce mit Rahmwirsing". Zum Übernachten hat man freundliche Zimmer und eine schicke Ferienwohnung.

Spezialitäten: Lauchcrèmesuppe mit Blutwurst Wan Tan. Rehrollbraten mit Cassissauce, Wirsing und handgeschabten Spätzle. Weißes Schokoladeneis mit Früchten.

Menu 69/72 € – Karte 35/63 €

Hauptstraße 30 ✉ 79254 – ✆ 07661 989849 – www.gasthaus-sternen-post.de –
Geschlossen Dienstag, abends: Montag

In Oberried-Hofsgrund Süd-West: 11 km Richtung Schauinsland

🐸 Die Halde

REGIONAL · RUSTIKAL XX Hier oben in über 1100 m Höhe ist mit diesem stilvollen Restaurant der Spagat zwischen Historie und Moderne geglückt! In gemütlichen Stuben serviert man z. B. "Pfifferlingsrahmsuppe mit Schnittlauch-Schmand und geröstetem Graubrot" oder "Boeuf Bourguignon vom Schwarzwälder Wagyurind". Gerne verwendet man regionale Produkte. Übrigens: Man jagt auch selbst!

Spezialitäten: Kürbis-Currysuppe, Kerne, Kernöl. Boeuf Bourguignon vom Schwarzwälder Rind, Bandnudeln, Spinat-Kürbisgemüse, Speck, Perlzwiebeln. Gebrannte Vanillecreme, Schokoladensorbet, Rumquitten.

Menu 54/69 € – Karte 38/58 €

Hotel Die Halde, Halde 2 ✉ 79254 – ✆ 07602 94470 – www.halde.com

🏠 Die Halde

SPA UND WELLNESS · MODERN Wandern Sie gerne? Der einstige Bauernhof liegt ruhig und abgeschieden in 1147 m Höhe, toll der Blick zum Feldberg und ins Tal! Die Einrichtung ist eine Mischung aus Modernem und Regionalem, hochwertig und wohnlich. Wellness gibt es u. a. in Form eines schönen Naturbadeteichs. HP inklusive.

39 Zimmer ⌸ – 👥 294/412 € – 2 Suiten

Halde 2 ✉ 79254 – ✆ 07602 94470 – www.halde.com

🐸 **Die Halde** – Siehe Restaurantauswahl

OBERSTAUFEN
Bayern – Regionalatlas **64**-I22 – Michelin Straßenkarte 546

🍴 Esslust

MODERNE KÜCHE · GEMÜTLICH XX Richtig gemütlich hat man es in den charmanten Stuben. Gekocht wird frisch, saisonal und mit regionalen Einflüssen, so z. B. "Wirsingwickel vom Staufner Quell-Saibling, Linsenragout, Meerrettichsauce" oder "Schnitzel vom Allgäuer Milchkalb, Bratkartoffeln, Preiselbeeren".

Karte 37/60 €

Hotel Alpenkönig, Kalzhofer Straße 25 ✉ 87534 – ✆ 08386 93450 –
www.hotel-alpenkoenig.de – Geschlossen 14.-27. Juni, 6.-25. Dezember, Montag,
Dienstag, Sonntag, mittags: Mittwoch-Samstag

🍴 die.speisekammer 📶 🍽 &

MODERNE KÜCHE · TRENDY XX Das trendig-wertige Design des Hotels setzt sich im Restaurant fort: Ein attraktiver Mix aus zeitgemäßer Geradlinigkeit und Bezug zur Natur. Passend dazu die Speisekarte: Hier spielen die Region und die Saison eine große Rolle und moderne Einflüsse finden sich ebenfalls. Lassen Sie sich ruhig auch auf die Weinempfehlungen ein!

Menu 35 € (Mittags), 69/99 € – Karte 52/83 €

Hotel DAS.HOCHGRAT, Rothenfelsstraße 6 ✉ 87534 – ✆ 08386 9914620 –
www.die-speisekammer.de – Geschlossen Mittwoch, mittags: Montag-Dienstag und
Donnerstag-Samstag

🏠 DAS.HOCHGRAT 🍽 🍴 🍖 🐾 🚗

LUXUS · MODERN Das ist modern-alpiner Chic! Das edle Interieur der Zimmer und Chalets vereint auf äußerst geschmackvolle Weise klare Linien, schöne wohnliche Stoffe und Naturmaterialien wie warmes Holz und Stein. Wie wär's mit dem "Panorama-Chalet"?

15 Suiten – 👥 186/342 € – ⌸ 19 € – 4 Zimmer

Rothenfelsstraße 6 ✉ 87534 – ✆ 08386 9914620 – www.das-hochgrat.de

🍴 **die.speisekammer** – Siehe Restaurantauswahl

⌂ Alpenkönig

LANDHAUS · GEMÜTLICH Familie Bentele hat hier ein echtes Schmuckstück: wertig und geschmackvoll die wohnlich-eleganten Zimmer mit hübschen modernen Details, schön der Kosmetik- und Freizeitbereich. Weiterer Wohlfühlfaktor: die angenehm persönliche Atmosphäre!

23 Zimmer ☲ – ♔♔ 186/214 €

Kalzhofer Straße 25 ⊠ 87534 – ℰ 08386 93450 – www.hotel-alpenkoenig.de – Geschlossen 14.-27. Juni, 6.-25. Dezember

🍴○ **Esslust** – Siehe Restaurantauswahl

In Oberstaufen-Kalzhofen Nord-Ost: 1 km über Kalzhofer Straße

⌂ Haubers Naturresort

RESORT · FUNKTIONELL Ein tolles Resort auf 60 ha Grund mit Golfplatz, Wanderwegen, einem ganzen Bergrücken, zwei Almen und den komfortablen Hotels "Landhaus" und "Gutshof" - Letzteres mit schicken Themenzimmern. Dazu ein Wellnesshaus mit Panoramasauna am 2500 qm großen Natursee! Hochwertige HP - auch als Menü für externe Gäste.

62 Zimmer ☲ – ♔♔ 264/456 € – 8 Suiten

Meerau 34 ⊠ 87534 – ℰ 08386 93305 – www.haubers.de

OBERSTDORF

Bayern – Regionalatlas **64**-J22 – Michelin Straßenkarte 546

✿ Das Maximilians

FRANZÖSISCH-MODERN · GEMÜTLICH XX "Das Maximilians" ist das Aushängeschild der Fetz'schen Gastronomie! In dem kleinen Gourmetrestaurant des familiengeführten Hotels "Das Freiberg" ist Tobias Eisele der Verantwortliche am Herd. Zuvor hat er in "Schreiegg's Post" in Thannhausen Sterneküche geboten, nun hier. Top-Produkte verarbeitet er zu klassisch-kreativen Speisen, die er in Form eines Menüs und als kleine A-la-carte-Auswahl präsentiert. Gekonnt bringt er z. B. den tollen Eigengeschmack der zarten Lachsforelle aus Eppenhausen zur Geltung. Gelungene Kontraste bringt z. B. Spargel mit Waldmeister-Vinaigrette und Aprikosenmousse! Das wertig-elegante Interieur trägt ebenso zum stimmigen Gesamtbild bei wie der geschulte Service samt Gastgeberin Margret Bolkart-Fetz, die Sie trefflich in Sachen Wein berät.

Spezialitäten: Spitzkraut, Brokkoli, Aprikose, Lavendel. Rehbock aus heimischer Jagd, Kohlrabi, Guter Heinrich, Johannisbeere. Apfel, Mandel, Dill.

Menu 99/137 € – Karte 79/91 €

Hotel Das Freiberg, Freibergstraße 21 ⊠ 87561 – ℰ 08322 96780 – www.das-maximilians.de – Geschlossen 19.-29. April, 8.-18. November, Montag, Sonntag, mittags: Dienstag-Samstag

✿ ESS ATELIER STRAUSS

KLASSISCHE KÜCHE · GEMÜTLICH XX Hochwertige Möbel aus Altholz, bequeme, mit schönen Karo-Stoffen bezogene Designerstühle, in die Decke eingelassene Edelweißleuchten und geradlinige, edle Tischkultur - so frisch und modern präsentiert sich das Restaurant. Aber nicht nur der chic-alpine Look gefällt den Gästen, alles, was Hausherr Peter A. Strauss hier auf den Teller bringt, begeistert ebenso. Man verwöhnt Sie mit klassischen Gerichten, die modern-kreativ beeinflusst sind und angenehm reduziert zubereitet werden. So findet man auf der Karte unter anderem Rehrücken von ausgezeichneter Qualität mit Spitzkohl, Schwarzwurzel und Buchenpilzen. Blickfang ist der 18 qm große verglaste Weinklimaschrank! Rund 300 verschiedene Weine aus Deutschland, Frankreich, Österreich und Italien sind zu haben.

Spezialitäten: Schottischer Wildlachs, Yuzu, Gurke, Grüner Apfel, Joghurt, Basilikum. Taube, Mais, Pfefferkirschen. Edelweiß Schokolade, Waldbrombeere, Topfen-Limetteneis.

Menu 58/160 €

Hotel Löwen & Strauss, Kirchstraße 1 ⊠ 87561 – ℰ 08322 800080 – www.loewen-strauss.de – Geschlossen 10. April-10. Mai, 11.-19. Juni, 1. November-13. Dezember, Montag, Dienstag, Mittwoch, mittags: Donnerstag-Sonntag

⊛ Das Fetzwerk

INTERNATIONAL · TRENDY ✗ Ein witziges Konzept, das Jung und Alt gleichermaßen anspricht: Die trendig-ungezwungene "Genuss-Werkstatt" bietet regional-internationales "Fast Slow Food" im Weckglas! Da heißt es z. B. "Patriotische Poularde" oder "Kicher-Tofu".

Spezialitäten: Il Tonno, Thunfisch, Kartoffel, Olive, Bohne. Maultasche, Kalbfleisch, Spinat, Wurzelgemüse, Zwiebel. Gold Bömbchen, Schokolade, Kirsche, Vanille.
Karte 21/32€

Hotel Das Freiberg, Freibergstraße 21 ✉ 87561 – ☎ 08322 96780 –
www.das-fetzwerk.de

⊛ Das Jagdhaus

REGIONAL · GASTHOF ✗ Das charmante Holzhaus von 1856 mit seinen drei Stuben ist ein netter Ableger des Sternerestaurants "Das Maximilians". Auf den Tisch kommen nur Produkte aus der Region - Tipp: die Wildgerichte! Im schönen Biergarten gibt's typische Speisen unter Kastanien.

Spezialitäten: Kalbskutteln Schwäbische Art mit König-Ludwig-Brot. Fleischpflänzle vom heimischen Wild, auf Kohlrabi in Creme mit Brezenknödeln. Zwetschgenkompott, Haselnusseis, Schlagrahm und Streusel.
Menu 25€ (Mittags), 35/45€ – Karte 30/49€

Ludwigstraße 13 ✉ 87561 – ☎ 08322 987380 – www.das-jagdhaus.de –
Geschlossen 9.-19. November, Mittwoch, Donnerstag

⊛ Löwen-Wirtschaft

REGIONAL · GASTHOF ✗ Der modern-rustikale Stil (schön die liebevollen Details wie alte Skier, Kuhglocken etc.) kommt ebenso gut an wie der freundliche Service und die schmackhafte regional-saisonale Küche. Letztere gibt's z. B. als "Wiener Schnitzel vom Allgäuer Milchkalb" oder "rosa Barbarie-Flugentenbrust mit Cassis-Blaukraut". Aktionsabende.

Spezialitäten: Hüttenkäse, Allgäuer Hirsch, Zirbenelixir, Schwarze Johannisbeere. Schmorbackerl vom Ox, Perlgraupen Risotto, Pastinake. Tiramisu von Weißbier und Waldhimbeere.
Menu 36€ – Karte 33/55€

Hotel Löwen & Strauss, Kirchstraße 1 ✉ 87561 – ☎ 08322 800088 –
www.loewen-strauss.de – Geschlossen 10. April-1. Mai, 1. November-2. Dezember,
Montag, Dienstag, mittags: Mittwoch

⫯○ Ondersch Genusswirtschaft   &

MODERNE KÜCHE · FREUNDLICH ✗✗ Unter dem Motto "Ondersch" (Dialekt für "Anders") bietet man hier im "LOFT" einen Mix aus Kino, Streetfood-Bar und Genusswirtschaft. In der oberen Etage gibt es in lebendig-urbaner Atmosphäre richtig schmackhafte moderne Küche mit regionalem und saisonalem Bezug.
Menu 45/59€ – Karte 36/62€

Ludwigstraße 7 ✉ 87561 – ☎ 08322 3004885 – www.ondersch.de – Geschlossen 19.
April-7. Mai, Montag, Sonntag, mittags: Dienstag-Samstag

⌂ Exquisit

SPA UND WELLNESS · ELEGANT Hier wurden nur wertigste Materialien verarbeitet, heimisches Holz und wohnliche Stoffe - behaglicher und geschmackvoller kann moderne Eleganz kaum sein! Auch kulinarisch fehlt es den Hausgästen an nichts dank des gehobenen Menüs. HP inklusive.
43 Zimmer – †† 297/450€ – 9 Suiten

Lorettostraße 20 ✉ 87561 – ☎ 08322 96330 – www.hotel-exquisit.de

⌂⌂⌂ Das Freiberg ☆ ⌖ ⌦ ⌧ ⍟ ⊡ P ⌾

LANDHAUS · MODERN Beeindruckend, was Familie Bolkart-Fetz hier geschaffen hat: richtig schöne, individuelle Zimmer, Suiten und Maisonetten. Lieben Sie es stylish mit extravaganten Details? Oder darf es ein schicker Mix aus modern und traditionell sein? Ebenso attraktiv: Sauna, Garten mit Pool, Massage. HP in der "Stube".

24 Zimmer ⌂ – ♥♥ 160/317 € – 3 Suiten

Freibergstraße 21 ⌧ 87561 – ℰ 08322 96780 – www.das-freiberg.de

⊛ **Das Fetzwerk** · ⊛ **Das Maximilians** – Siehe Restaurantauswahl

⌂⌂⌂ Parkhotel Frank ☆ ⌖ ⌦ ⌧ ⍟ ⊛ ⍟ ⌦ ⊡ ⌦ ⍟ P ⌾

SPA UND WELLNESS · KLASSISCH Neben herzlichen Gastgebern erwarten Sie hier Zimmer von gemütlich-rustikal über modern bis elegant-gediegen, dazu Spa-Vielfalt samt toller "WellÉtage", verglaster "Welle" und Naturpool im schönen großen Garten. Das Restaurant bietet die Abendmenüs "Grenzenlos" und "Heimatstücke", samstags Themenbuffet. Tipp: Wanderung (45 Min.) zum Café "gruben1a" im Trettachtal.

81 Zimmer ⌂ – ♥♥ 266/386 € – 8 Suiten

Sachsenweg 11 ⌧ 87561 – ℰ 08322 7060 – www.parkhotel-frank.de

⌂⌂ Löwen & Strauss ☆ ⍟ P

LANDHAUS · MODERN "AlpinLifeStyleHotel" im Herzen von Oberstdorf. Für den regionalen Bezug sorgen die Materialien ebenso wie die guten Produkte zum Frühstück! Schön der Saunabereich mit Jacuzzi und Dachterrasse. Tipp: Reservieren Sie zeitig einen Parkplatz.

25 Zimmer ⌂ – ♥♥ 120/260 €

Kirchstraße 1 (Zufahrt über Bachstr. 12) ⌧ 87561 – ℰ 08322 800080 –
www.loewen-strauss.de – Geschlossen 20.-30. April, 9.-22. November

⊛ **ESS ATELIER STRAUSS** · ⊛ **Löwen-Wirtschaft** – Siehe Restaurantauswahl

OBERSTENFELD

Baden-Württemberg – Regionalatlas **55**–H18 – Michelin Straßenkarte 545

⊛ Zum Ochsen ⌦ ⌸ P

REGIONAL · LÄNDLICH ⊀ Bei der engagierten Familie Schick sitzt man in behaglichen Stuben bei schwäbischer, aber auch internationaler Küche. Lust auf Klassiker wie "Siedfleisch vom Ochsen-Bugblatt" oder "Chef's Maultaschen"? Oder lieber "schottischer Lachs vom Grill mit Spinat"? Schöne überdachte Terrasse! Das traditionsreiche Haus hat auch freundliche, moderne Gästezimmer.

Spezialitäten: Rinderkraftbrühe mit Kräuterflädle. Zartes Ragout von Reh und Hirschkalb mit Preiselbeeren, Semmelknödel und Blattsalat. Eisgugelhupf mit Beerenragout.

Menu 35 € – Karte 29/59 €

Großbottwarer Straße 31 ⌧ 71720 – ℰ 07062 9390 –
www.hotel-gasthof-zum-ochsen.de – Geschlossen 1.-9. Januar, 24.-27. Februar, 10.-25.
August, Montag, Dienstag, mittags: Mittwoch-Samstag

OBERTHAL

Saarland – Regionalatlas **46**–C16 – Michelin Straßenkarte 543

In Oberthal - Steinberg-Deckenhardt Nord-Ost: 5 km

⍥○ Zum Blauen Fuchs ⌸ P

FRANZÖSISCH-KLASSISCH · LÄNDLICH ⊀⊀ In gemütlich-elegantem Ambiente lassen Sie sich mit guter klassischer Küche umsorgen, die in Form zweier Menüs angeboten wird - hier z. B. "Flankensteak mit getrüffeltem Kartoffelstampf". Dazu berät Sie die Chefin freundlich in Sachen Wein.

Menu 40 € (Mittags), 58/94 €

Walhausener Straße 1 ⌧ 66649 – ℰ 06852 6740 – www.zumblauenfuchs.de –
Geschlossen 24.-31. Dezember, Montag, Dienstag, mittags: Mittwoch-Samstag,
abends: Sonntag

OBERTSHAUSEN

Hessen – Regionalatlas **48**–G15 – Michelin Straßenkarte 543

🍴○ Zum Nachtwächter   🛖

MARKTKÜCHE · RUSTIKAL 🍴 Es hat schon Atmosphäre, das denkmalgeschützte Fachwerkhaus a. d. J. 1709! Auf zwei Ebenen mit rustikalem Charme serviert man frische Marktküche, die z. B. mit "gegrillten Kräuter-Forellenfilets" oder "Kalbskotelett mit Bärlauchbutter" Appetit macht.

Karte 20/44 €

Fünfhäusergasse 3 ⊠ 63179 –
𝒞 06104 43376 – www.zum-nachtwaechter-obertshausen.de –
Geschlossen mittags: Samstag

OBERURSEL (TAUNUS)

Hessen – Regionalatlas **47**–F14 – Michelin Straßenkarte 543

🍴○ Kraftwerk   🕸 🛖 🅿

ZEITGEMÄSS · TRENDY 🍴🍴 Das einstige Kraftwerk ist nicht nur eine schicke Location, man isst hier auch richtig gut! In zwei trendig-modernen Restaurants gibt es interessante Menüs, von österreichisch (inspiriert von der Heimat der Patrons) bis zum Tasting-Menü - ein schöner Mix von "Wiener Schnitzel" bis "Jakobsmuscheln & Garnelen, Kürbis, Romanesco, Kokosschaum". Sehr gute Weinempfehlungen.

Menu 40/99 € – Karte 40/66 €

Zimmersmühlenweg 2 (Gewerbegebiet) ⊠ 61440 –
𝒞 06171 929982 – www.kraftwerkrestaurant.de – Geschlossen Montag, Sonntag,
mittags: Dienstag-Samstag

OBERWESEL

Rheinland-Pfalz – Regionalatlas **46**–D15 – Michelin Straßenkarte 543

🍴○ Burgrestaurant Auf Schönburg   ⇔ ⇐ 🛖 ♻ 🅿

KLASSISCHE KÜCHE · ELEGANT 🍴🍴 Burgflair ist hier allgegenwärtig! Stilvoll die drei Stuben, herrlich die Terrassen, ob mit Rhein- oder Pfalzblick. Die Küche ist klassisch und saisonal beeinflusst, auf der Karte z. B. "warme Galantine vom Stubenküken mit Morchelfüllung, Rahmwirsing, Spätburgundersauce". Tagsüber zusätzliche Vesperkarte.

Menu 35/79 € – Karte 40/63 €

Schönburg 1 ⊠ 55430 –
𝒞 06744 93930 – www.hotel-schoenburg.com – Geschlossen 5. Januar-15. März,
Montag

ODENTHAL

Nordrhein-Westfalen – Regionalatlas **36**–C12 – Michelin Straßenkarte 543

🕸 Zur Post (Alejandro und Christopher Wilbrand)   ⇔ 🆎 ♻ 🅿

FRANZÖSISCH-MODERN · ELEGANT 🍴🍴🍴 Das hat schon was: Von außen zeigt das historische Gasthaus seinen traditionellen Charakter, drinnen wurde mit Sinn für stimmige Formen und Farben eine modern-elegante Note geschaffen. Hier setzen die Brüder Alejandro und Christopher Wilbrand auf ausgesuchte Produkte. Jede Menge Ideen stecken in der interessanten klassisch-modernen Küche - das Engagement des Duos ist da deutlich zu spüren! Man beachte auch die erlesenen Weine - trefflich die Empfehlungen. Sie möchten nach diesem hervorragenden Essen am liebsten nur noch in ein bequemes Bett fallen? Kein Problem, neben dem Sterne-Restaurant und der „Postschänke" (falls Sie es ein bisschen legerer mögen) hat man auch ein eigenes kleines Hotel! Und wenn mal eine Feier ansteht, der tolle Festsaal (samt topmoderner Küche) ist wie gemacht dafür.

Spezialitäten: Gänseleberterrine geraspelt mit Joghurtschaum und weißem Pfirsich. Bergischer Rehbockrücken, Kräuterseitling, Wassermelone, Wacholderjus, Muskathollandaise. Pochierte Aprikose mit Pistazienparfait, Schokoladenerde, Tonkabohnen-Baiser.

Menu 69/125 €

Altenberger-Dom-Straße 23 ⊠ 51519 – ℰ 02202 977780 – www.zurpost.eu –
Geschlossen Montag, Dienstag, mittags: Mittwoch-Freitag

🍴 **Postschänke** – Siehe Restaurantauswahl

🍴 **Postschänke** 🗝️ 🅿️

MARKTKÜCHE · BISTRO ✗ Gemütlich und sympathisch-lebhaft ist es hier. Das kommt ebenso an wie die schmackhafte saisonale Küche samt Tagesmenü. Auf der Karte macht z. B. "Bergischer Sauerbraten mit handgeschabten Spätzle, Vanilleapfel, Rahmwirsing und kaltgerührten Preiselbeeren" Appetit.

Spezialitäten: Gratinierter Ziegenkäse mit Pinienkernkruste, Wildkräutersalat in Zitronenvinaigrette. Filet vom bergischen Lax mit Bandnudeln, Blattspinat und Champagnerbutter. Zwetschgenröster mit Preiselbeer-Mohnparfait und Sesamcrunch.

Menu 35/49 € – Karte 32/54 €

Zur Post, Altenberger-Dom-Straße 23 ⊠ 51519 – ℰ 02202 977780 –
www.zurpost.eu – Geschlossen 1.-8. Januar

ÖHNINGEN

Baden-Württemberg – Regionalatlas **62**–F21 – Michelin Straßenkarte 545

In Öhningen-Schienen Nord: 2,5 km in Richtung Radolfzell

🏵️ **Falconera** (Johannes Wuhrer) 🐾 🗝️ ✥ 🅿️

FRANZÖSISCH-KLASSISCH · FAMILIÄR ✗✗ Wahrhaft idyllisch ist es hier auf der Halbinsel Höri! Seit 2002 sind die sympathischen Gastgeber Anne und Johannes Wuhrer in dem schmucken jahrhundertealten Fachwerkhaus im Grünen im Einsatz. Hübsch, wie sich zur eleganten Note auch rustikale Elemente wie Natursteinmauern, freigelegte alte Holzbalken und ein offener Kamin gesellen. Schön sind nicht nur die Falken- und die Mühlenstube, im Sommer lockt der lauschige Garten. Der Patron kocht konsequent klassisch und angenehm ungekünstelt. Dabei setzt er auf Handwerk und Geschmack, und der ist nicht zuletzt ausgezeichneten Produkten wie dem Filet vom Atlantik-Steinbutt zu verdanken, das z. B. mit feinem Bergamotte-Aroma daherkommt. Seinen Namen hat das einstige Mühlenanwesen übrigens von einer Falknerei, dem Hobby einer früheren Besitzerin.

Spezialitäten: Gebackene Jakobsmuschel, gegrillte Wildgarnele und mit Dörrfrüchten gefüllter Tintenfisch. Im Ofenrohr geschmorte und mit Panch Phoron glasierte Nantaiser Ente. Törtchen mit Mousse und Parfait von belgischer Schokolade mit Beeren und Rahmeis.

Menu 49 € (Mittags), 69/112 € – Karte 88/98 €

Zum Mühlental 1 ⊠ 78337 – ℰ 07735 2340 – www.falconera.de –
Geschlossen Montag, Dienstag, Sonntag

ÖHRINGEN

Baden-Württemberg – Regionalatlas **55**–H17 – Michelin Straßenkarte 545

🍴 **Kleinod** 🗝️ 🖑 ✥ 🅿️

MODERNE KÜCHE · TRENDY ✗✗ Chic ist das klare moderne Design in der Orangerie im Hoftheater. Man kocht nach dem Motto "Orient trifft Okzident", dabei hebt man die "Meze"-Kultur hervor. Auf der Karte z. B. "Baba Ghanoush - geröstete Auberginen, Sesampüree" oder "Entenbrust Kebap Style".

Menu 50/120 € – Karte 39/44 €

Uhlandstraße 27 ⊠ 74613 – ℰ 07941 9894727 – www.restaurant-kleinod.de –
Geschlossen 1.-7. Januar, 2. August-8. September, Montag, Dienstag, Sonntag,
mittags: Mittwoch-Samstag

ÖTISHEIM
Baden-Württemberg – Regionalatlas **55**–F18 – Michelin Straßenkarte 545

🏛 Sternenschanz   🛝 ⇆ **P**

BÜRGERLICHE KÜCHE · GASTHOF 🕸 Bei Familie Linck kann man richtig gut und preislich fair essen! Kein Wunder, dass man zahlreiche Stammgäste hat, und die mögen frische schwäbische Gerichte wie "Kutteln in Lembergersauce mit Bratkartoffeln", "Lachsmaultäschle" oder "Kalbsrahmbraten mit Spätzle". Im Sommer ist der schöne Garten beliebt.

Spezialitäten: Blattsalate mit marinierten Maultäschchen. Geschmorte Schweinebäckchen mit Wirsingspätzle und Waldpilzen. Schwarzwaldbecher.

Karte 22/48 €

Gottlob-Linck-Straße 2 ✉ 75443 – ☏ 07041 6667 – www.sternenschanz.de – Geschlossen 19. August-1. September, Montag, Dienstag

OEVENUM – Schleswig-Holstein ➜ Siehe Föhr (Insel)

OFFENBACH
Hessen – Regionalatlas **47**–F15 – Michelin Straßenkarte 543

🍽 schauMahl   🛝 **P**

KREATIV · GEMÜTLICH 🕸🕸 In dem historischen Stadthaus setzt man auf kreative Küche mit gelungenen geschmacklichen Kontrasten. Man spielt mit asiatischen Aromen und verbindet sie mit klassischen Elementen. Interessant: Hier und da finden sich auch selten verwendete Produkte. Und die Atmosphäre? Richtig nett, leger und alles andere als steif. Kompetent und angenehm locker der Service.

Menu 55/135 € – Karte 69/78 €

Bismarckstraße 177 ✉ 63067 – ☏ 069 82994300 – www.schaumahl.de – Geschlossen 1.-9. Januar, 13. Juli-13. August, 22.-31. Dezember, mittags: Montag-Samstag, Sonntag

OFFENBURG
Baden-Württemberg – Regionalatlas **53**–D19 – Michelin Straßenkarte 545

🍽 Wasser & Brot

INTERNATIONAL · TRENDY 🕸 Legere Atmosphäre, stylish-moderner Look, offene Frontküche. Das in die verglaste Lobby des Hotels "Liberty" integrierte Restaurant bietet internationale Küche. Tagsüber und an Ruhetagen kleine Karte. Schön der Weinkeller für Weinproben und Anlässe. Die beiden historischen Sandsteingebäude des ehemaligen Gefängnisses beherbergen wertig-schicke Gästezimmer.

Menu 29 € (Mittags) – Karte 39/119 €

Grabenallee 8 ✉ 77652 – ☏ 0781 28953000 – www.hotel-liberty.de

In Offenburg-Rammersweier Nord-Ost: 3 km

🏛 Blume

REGIONAL · LÄNDLICH 🕸🕸 In dem hübschen Fachwerkhaus hat man es richtig gemütlich bei schmackhaften regionalen und klassischen Gerichten wie "Rehragout mit Wacholdersoße". Beliebt ist auch "Krammer's Fischsuppe Bouillabaisse". Die Gästezimmer: individuell mit Namen wie "Rose" oder "Vergissmeinnicht".

Spezialitäten: Badische Schneckenrahmsuppe. Gemischte Filetspitzen rosa gebraten in Pilzrahmsoße, feines Gemüse und Spätzle. Mangoschnitte mit Sauerrahmeis.

Menu 39/65 € – Karte 37/66 €

Weinstraße 160 ✉ 77654 – ☏ 0781 33666 – www.gasthof-blume.de – Geschlossen 1.-15. Juni, 21. September-2. Oktober, Montag, Sonntag

OFTERSCHWANG
Bayern – Regionalatlas **64**–I22 – Michelin Straßenkarte 546

🏵 Silberdistel
≤ ⅃ 🆔 🅿 🚗

KLASSISCHE KÜCHE · ELEGANT XxX Definitiv einen Besuch wert ist das seit 1919 von Familie Fäßler geführte "Sonnenalp Resort" auch von gastronomischer Seite. Die Chefs der "Silberdistel"-Küche Kai Schneller und Carsten Müller verarbeiten ausgesuchte saisonale Zutaten, wobei Produkte aus der Region im Fokus stehen. In ihrer "Alpine Cuisine" gibt es z. B. eine ausgezeichnete bayerische Garnele mit Krustentierfond und -schaum sowie fein-säuerlich abgeschmeckten Alblinsen und lockerem hausgemachtem Gugelhupf. Hier in der 4. Etage hat man übrigens eine wunderbare Aussicht, wählen Sie also am besten einen Fensterplatz! Doch auch das Restaurant selbst mit seinem Mix aus elegantem Stil und alpenländischem Charme kann sich sehen lassen. Dazu kommt das Bemühen um den Gast, das in diesem traditionsreichen Haus allgegenwärtig ist.

Spezialitäten: Tatar vom Rind, Kaviar, Krenschmand, Waffelkartoffeln. Rehrücken und Praline mit Steinpilzchutney, Piemonteser Haselnuss, Mohnöl und Spitzkraut. Allgäuer Sauerrahm mit rauchigen Brombeeren, Original Beans No. 1 Schokolade, Sauerampfer.

Menu 74/145 € – Karte 81/116 €

Hotel Sonnenalp Resort, Sonnenalp 1 (Zufahrt über Schweineberg 10) ⊠ 87527 – ℰ 08321 2720 – www.sonnenalp.de – Geschlossen 22.-31. März, 13.-21. Dezember, Montag, Dienstag, Sonntag, mittags: Mittwoch-Samstag

🍴 freistil
⇐ 🏡 🅿

MODERNE KÜCHE · FREUNDLICH X Ein sympathisch-modernes Restaurant, in dem regional und saisonal gekocht wird - wie wär's z. B. mit "Gunzesrieder Alpensaibling, Erbse, Bärlauch, Möhre"? Es gibt auch Vegetarisches. Mittags reduziertes Angebot. Gepflegt übernachten kann man hier ebenfalls - fragen Sie nach den neueren Zimmern.

Menu 30/62 € – Karte 26/43 €

Schweineberg 20 ⊠ 87527 – ℰ 08321 7071 – www.kiehnes-freistil.de – Geschlossen Donnerstag, Sonntag

🏨 Sonnenalp Resort
🎿 🐎 ≤ 🏡 🖼 ⛷ 🏞 ⑩ 🏊 ♨ 🔄 ⅃ 🏋 🅿 🚗

GROẞER LUXUS · ELEGANT Seit 1919 investiert Familie Fäßler (4. Generation) immer wieder und hat hier eines der führenden Ferienresorts in Deutschland, das Tradition und Moderne vereint. Top Service, alpiner Luxus und Freizeitangebote aller Art samt Wellness auf 20. 000 qm, 42-Loch-Golfplatz und Shopping-Vergnügen dank zahlreicher Stores. HP inklusive. Trendig-rustikal: "Fäßlers Grillstube".

184 Zimmer ⌂ – ♥♥ 448/1008 € – 34 Suiten

Sonnenalp 1 (Zufahrt über Schweineberg 10) ⊠ 87527 – ℰ 08321 2720 – www.sonnenalp.de

🏵 Silberdistel – Siehe Restaurantauswahl

OPPENAU
Baden-Württemberg – Regionalatlas **54**–E19 – Michelin Straßenkarte 545

In Oppenau-Kalikutt West: 5 km über B 28 und Ramsbach

🍴 Kalikutt
⇐ ≤ 🏡 🏞 ♻ 🅿 🚗

REGIONAL · GASTHOF X Ruhig liegt der familiengeführte Berggasthof auf einer Anhöhe - da genießt man die schöne Aussicht, während man sich bürgerlich-regionale Küche servieren lässt. Sie möchten übernachten? Man hat gepflegte Zimmer, teilweise mit Balkon. Sie können auch Kosmetik und Massage buchen, zudem gibt es einen Friseursalon.

Menu 25/45 € – Karte 21/55 €

Kalikutt 10 ⊠ 77728 – ℰ 07804 450 – www.kalikutt.de – Geschlossen 13. Januar-2. Februar, 7.-13. September, Montag, mittags: Dienstag

ORB, BAD
Hessen – Regionalatlas **48**–H14 – Michelin Straßenkarte 543

ⅈ○ Rauchfang

ITALIENISCH · RUSTIKAL ✗✗ Die Plätze hier sind rar - reservieren Sie also lieber, wenn Sie die moderne italienische Küche genießen möchten. Aus wirklich guten Produkten entsteht z. B. "Battuta vom Gelbflossenthunfisch, Pistazien, Lemon Myrtle, Assampfeffer". Gemütlich das Ambiente, freundlich der Service.

Menu 109 € – Karte 62/88 €

Gutenbergstraße 15 ✉ *63619 –*
☏ 06052 912376 – www.restaurant-rauchfang.de – Geschlossen Montag, Dienstag,
mittags: Mittwoch-Sonntag

OSNABRÜCK
Niedersachsen – Regionalatlas **17**–E9 – Michelin Straßenkarte 541

✼ Kesselhaus 🅽

KREATIV · TRENDY ✗✗ Das hätte sich die einstige Event- und Party-Location im Gewerbegebiet etwas außerhalb des Stadtkerns auch nicht träumen lassen, dass sie mal ein Sternerestaurant beherbergen würde! Attraktiv der Rahmen: Industrie-Architektur, modernes Interieur, relaxte Atmosphäre. Sie sitzen unter einer hohen Decke, um Sie herum freiliegende Backsteinmauern, hohe Sprossenfenster und schicke Design-Elemente wie der mittige "Center Table" aus massivem Holz oder Comic-Kunst an der Wand. Man kocht modern und kreativ - gelungene Aromenspiele z. B. beim Bavette vom US-Rind mit Mais, Brombeere und Achiote. Küchenchef Randy de Jong sowie Restaurantleiterin und Inhaberin Thayarni Garthoff sind ein eingespieltes Duo, sie kennen sich - wie fast das gesamte Team - aus dem ehemaligen Osnabrücker 3-Sterne-Restaurant "La Vie".

Spezialitäten: Forelle, Sellerie, Kartoffel, Meerrettich. Rind Backrib, Schwarzwurzel, Pflaume, Shiso. Quitte, Meeressalat, Kurkuma.

Menu 79/99 €

Neulandstraße 12 ✉ *49084 –*
☏ 0541 97000072 – www.kesselhaus-os.de – Geschlossen 13. Juli-3. August, Montag,
Sonntag, mittags: Dienstag-Freitag

✾ Walhalla 🕎 ✿ 🚗

MARKTKÜCHE · FREUNDLICH ✗✗ Gelungen hat man dem traditionellen Haus eine moderne Note gegeben. Gekocht wird richtig gut, mit regionalem und saisonalem Bezug - auf der Karte macht z. B. "Maispoulardenbrust, Ratatouille, Kartoffeln" Appetit. Tipp: Man hat auch schöne Plätze draußen im Hof.

Spezialitäten: Rinderkraftbrühe mit Gemüse und Eierstich. Perlhuhnbrust auf Kartoffel-Kräuter-Mousseline mit kleinem Gemüse. Karamellparfait mit Erdnuss und Himbeere.

Menu 38/53 € – Karte 37/61 €

Hotel Walhalla, Bierstraße 24 ✉ *49074 –*
☏ 0541 34910 – www.hotel-walhalla.de

ⅈ○ IKO 🅽 🕎 ✿

MODERNE KÜCHE · GERADLINIG ✗ Unscheinbar liegt das Lokal in einer Wohngegend in einem Hinterhof - hier die charmante Terrasse. Drinnen speist man in modernem Ambiente an "normalen" Tischen oder Hochtischen. Interessant: die offene Küche und der Holzofen, in dem tolles Sauerteigbrot entsteht! Man kocht exakt, ohne Chichi und gerne mit frischen Kräutern! Serviert wird auf handgemachter Töpferware.

Menu 75/95 € – Karte 75/95 €

Stadtweg 38A ✉ *49086 –*
☏ 0541 44018030 – www.iko-restaurant.de – Geschlossen Montag, Dienstag,
Sonntag, mittags: Mittwoch-Samstag

🏠 Walhalla

HISTORISCH · GEMÜTLICH Ein Ensemble historischer Häuser mitten in der Altstadt. Zimmer von klassisch bis geradlinig-modern, ein wertiger Saunabereich (auch Massagen) und die "David Lounge" als luftig-lichter Wintergarten mit Zugang zum Innenhof. Im angeschlossenen Nachbarhaus: "Olle Use EssBar" mit trendigem "Sharing"-Konzept. Übrigens: Ihr Auto parkt man gerne für Sie.

69 Zimmer 🛏 – 👫 119/199 €

Bierstraße 24 ✉ 49074 – ☏ 0541 34910 – www.hotel-walhalla.de

🍴 **Walhalla** – Siehe Restaurantauswahl

In Osnabrück-Stutthausen Süd-West: 6 km Richtung Hagen, jenseits der A 30

🍴 Wilde Triebe

REGIONAL · TRENDY ✕✕ Trendig-puristisch und ideenreich vereint das über 150 Jahre alte ehemalige Bahnhofsgebäude Kunst und Kulinarik. Wertiges Ambiente aus Backstein, Beton, Stahl und Holz, überaus charmanter Service und sehr produktbezogene Küche auf eigens gebranntem Ton-Geschirr. Besuchen Sie auch das "stille Örtchen": Durch eine Glasabdeckung schaut man hier in einen Brunnenschacht!

Menu 45/73 € – Karte 41/60 €

Am Sutthauser Bahnhof 5 ✉ 49082 – ☏ 0541 60079033 – www.wilde-triebe.de – Geschlossen 1.-9. Januar, Dienstag, Mittwoch, Donnerstag, mittags: Montag und Freitag-Samstag

OSTFILDERN

Baden-Württemberg – Regionalatlas **55**–G18 – Michelin Straßenkarte 545

In Ostfildern-Ruit

🍴 Hirsch

MARKTKÜCHE · FREUNDLICH ✕✕ Der Traditionsbetrieb ist nicht nur ein gepflegtes Businesshotel, sondern auch ein Restaurant mit ambitionierter Küche aus frischen, guten Produkten. Gekocht wird regional und saisonal - probieren Sie z. B. "in Bärlauch sautierte Spargelspitzen mit Garnelen" oder "gebratene Kalbsleber mit Apfelspalten und Bratkartoffeln". Und dazu vielleicht einen Wein aus der Region?

Menu 27/79 € – Karte 24/56 €

Stuttgarter Straße 7 ✉ 73760 – ☏ 0711 441300 – www.hirsch-hotel.com

OSTRACH

Baden-Württemberg – Regionalatlas **63**–H20 – Michelin Straßenkarte 545

🍴 Landhotel zum Hirsch

BÜRGERLICHE KÜCHE · FREUNDLICH ✕ In dem über 300 Jahre alten Gasthaus gibt es gute schnörkellose bürgerliche Küche. Wie wär's mit einem Klassiker? Vielleicht "Ochsenfleisch vom Bürgermeisterstück mit Meerrettichsößle"? Ebenfalls lecker die "Maultaschen im Eimantel gebraten mit Kartoffelsalat". Auch asiatische Einflüsse machen die Küche interessant. Zum Übernachten hat man wohnliche Zimmer.

Spezialitäten: Schwäbische Festtagssuppe mit allem was hinein gehört. Ochsenfleisch vom Bürgermeisterstück mit Meerrettichsauce. Kokos Panna Cotta mit Ananas.

Menu 25/37 € – Karte 20/45 €

Hauptstraße 27 ✉ 88356 – ☏ 07585 92490 – www.landhotel-hirsch.de – Geschlossen 1.-7. Januar, 3.-16. August

OTTOBEUREN
Bayern – Regionalatlas **64**–J21 – Michelin Straßenkarte 546

🏠 Parkhotel Maximilian   🏖 🐾 ⪦ 🛏 ⛾ 🌐 🕸 🖃 🏋 🅿

SPA UND WELLNESS · MODERN Das komfortable Hotel liegt ruhig oberhalb des Klosters am Waldrand und ist beliebt bei Individual-, Wellness- und Business-gästen. Die Zimmer sind wohnlich-modern, entspannen kann man bei Kosmetik, Massage & Co. oder am schönen Pool im Freien! Sonntags Langschläferfrühstück.

110 Zimmer ⌑ – ♂♂ 165/195 € – 1 Suite

Bannwaldweg 11 ⊠ 87724 – ℰ 08332 92370 – www.parkhotel-ottobeuren.de

OY-MITTELBERG
Bayern – Regionalatlas **64**–J21 – Michelin Straßenkarte 546

Im Ortsteil Mittelberg

🏠 Die Mittelburg   🏖 🐾 ⪦ 🛏 🖾 🕸 🏋 🅿

FAMILIÄR · GEMÜTLICH Von der Begrüßung über das sehr gute Frühstück bis zum Ausflugstipp ist der Service freundlich und hilfsbereit, die Leitung persön-lich-familiär, ländlich-elegant das Ambiente. Im Restaurant tagsüber unter der Woche kleine Vesperkarte, abends sollte man reservieren. Beliebt: Kaffee und Kuchen am Nachmittag.

27 Zimmer ⌑ – ♂♂ 180/390 € – 3 Suiten

Mittelburgweg 1 ⊠ 87466 – ℰ 08366 180 – www.mittelburg.de

PADERBORN
Nordrhein-Westfalen – Regionalatlas **28**–G10 – Michelin Straßenkarte 543

🕸 Balthasar (Elmar Simon)   🍴 ⅙ ⟳ 🅿

FRANZÖSISCH-MODERN · ELEGANT XxX Nicht ohne Grund finden Elmar und Laura Simon schon lange regen Zuspruch bei den Gästen: Seit 1999 ist das "Bal-thasar" mit einem Stern ausgezeichnet! Inhaber und Küchenchef Elmar Simon machte sich hier 1996 selbstständig, tatkräftig unterstützt wird er von seiner char-manten Frau Laura, ihres Zeichens Sommelière, die mit ihrem Team für einen angenehm lockeren und gleichermaßen professionellen Service sorgt. Schon auf dem Weg in das wertig-elegante Restaurant gewährt das Bullauge im Eingangs-bereich einen Blick ins Herzstück des "Balthasar" - das steigert die Vorfreude auf die klassisch-moderne Küche. Und die gibt es z. B. als top Island-Kabeljau mit fei-nen Röstaromen, serviert mit Karotte in Form von Püree, gegarten Mini-Möhrchen und würzig-fruchtigem Chutney - klasse die Curryschaumsauce!

Spezialitäten: Gelbflossenmakrele, Aubergine, Ricotta, Rucola. Hirschkalbsrücken, Bohnen, Röstzwiebel, schwarzer Pfeffer. Zwetschgen, Sellerie, Vanille, Topfenknö-del.

Menu 79/135 €

Warburger Straße 28 ⊠ 33098 – ℰ 05251 24448 – www.restaurant-balthasar.de – Geschlossen 1.-8. Januar, 3.-10. April, 29. Juni-14. Juli, Montag, Sonntag, mittags: Dienstag-Samstag

PANKER
Schleswig-Holstein – Regionalatlas **3**–J3 – Michelin Straßenkarte 541

🕸 Restaurant 1797   ⪦ 🍴 🅿

FRANZÖSISCH-KREATIV · LÄNDLICH XX Welch ein idyllischer Ort! Die wunder-bare Wald- und Wiesenlandschaft rings um das historische Trakehner-Gestüt Gut Panker würdigt man am besten auf der herrlichen Terrasse - Schattenspender ist hier eine tolle alte Rotbuche! Sollte das Wetter nicht mitspielen, gibt es die krea-tive Küche und den herzlichen Service im eleganten ehemaligen Jagdzimmer des schmucken Gutshofs. Sie legen Wert auf Produkte aus der Region? Küchenchef Volker M. Fuhrwerk ebenfalls. Mit eigener Handschrift stellt er in seinem saison-alen Menü den Bezug zu Ostholstein in den Fokus, so z. B. mit einem exzellenten saftig-zarten Saibling und überaus schmackhaften Krebsen aus dem Selenter See. Gemüse und Kräuter kommen sogar aus dem eigenen Garten - das passt zum heimatverbundenen Konzept. Tipp: interessante Weinbegleitung.

Spezialitäten: Fenchel und Karotten aus dem eigenen Garten mit Estragon und Stachelbeere. Rosa gebratener Hirschrücken aus heimischer Jagd mit Petersilienwurzel, Birne und Portulak. Brombeeren vom Hof Moorhörn mit Mirabelle, Buchweizen und Topinambur.

Menu 89/119 €

Hotel Ole Liese, Gut Panker ✉ *24321 –*
☏ *04381 90690 – www.ole-liese.de – Geschlossen 1. Januar-31. März, Montag, Dienstag, Sonntag, mittags: Mittwoch-Samstag*

Ⅰ○ **Forsthaus Hessenstein**

MARKTKÜCHE · GEMÜTLICH ⅩⅩ Dass das ehemalige Forsthaus unterhalb des Aussichtsturms eine gefragte Adresse ist, liegt an den heimelig-charmanten Stuben, am freundlichen Service und nicht zuletzt an der guten Küche, die es z. B. in Form von Klassikern wie Wiener Schnitzel, Zwiebelrostbraten oder Crème brûlée gibt.

Menu 37/48 € – Karte 29/50 €

Am Turm 1 ✉ *24321 –*
☏ *04381 9416 – www.forsthaus.hessenstein.com – Geschlossen 5.-16. Februar, 10.-14. Juni, 21. Oktober-1. November, Montag, Dienstag, mittags: Mittwoch-Samstag*

Ⅰ○ **Ole Liese Wirtschaft**

REGIONAL · GEMÜTLICH Ⅹ Eine sympathische Alternative zum Gourmetrestaurant "1797" ist die ländlich-gemütliche "Wirtschaft" mit ihrer schmackhaften regional-saisonalen Küche. Und die gibt es z. B. als "gedämpften Kabeljau, Spinat, gebratene Kartoffeln, Sauerkrautschaum". Lecker-unkompliziert z. B. Brotzeit oder Wiener Schnitzel.

Menu 38 € (Mittags) – Karte 34/53 €

Hotel Ole Liese, Gut Panker ✉ *24321 –*
☏ *04381 90690 – www.ole-liese.de – Geschlossen Montag*

⌂ **Ole Liese**

LANDHAUS · ELEGANT Ein idyllisches Anwesen inmitten von Wald und Wiesen, nur zehn Minuten von der Ostsee entfernt. Geschmackvolle Zimmer (benannt nach Rebsorten), ein anspruchsvolles Frühstück, dazu sympathische und herzliche Gastgeber! Gut Panker ist übrigens bekannt für seine Trakehner-Zucht.

19 Zimmer ⌨ – †† 99/175 € – 4 Suiten

Gut Panker ✉ *24321 –*
☏ *04381 90690 – www.ole-liese.de*

❀ **Restaurant 1797** · Ⅰ○ **Ole Liese Wirtschaft** – Siehe Restaurantauswahl

PAPPENHEIM

Bayern – Regionalatlas **57**–K18 – Michelin Straßenkarte 546

☺ **Zur Sonne** ⇦ 🏠

REGIONAL · GASTHOF Ⅹ Bei Familie Glück kann man richtig gut essen! Darf es etwas Saisonales sein oder lieber ein regionaler Klassiker? Wildgerichte machen hier ebenso Appetit wie "Zwiebelrostbraten Hohenloher Art". Mittags speist man im lichten Wintergarten im Neubau, im Sommer lockt die Terrasse. Die "Sonne" hat auch schöne Gästezimmer, darunter Themenzimmer.

Spezialitäten: Beef-Tatar, Gin Tonic-Gurke, Sauerrahm, Schwarzbrot-Crumble, Eigelbcreme. Geschmorte Keule und Schulter vom Rehwild mit Himbeeressig-Gewürzsauce, gebratene Laugenbrezel-Knödelscheiben und Salat. Soufflierter Schmarrn von der Brombachseer Kirsche, Estragoneis, Walnussschaum.

Menu 29 € (Mittags), 33/55 € – Karte 19/44 €

Deisinger Straße 20 ✉ *91788 –*
☏ *09143 837837 – www.sonne-pappenheim.de – Geschlossen 24.-28. Februar, 31. Oktober-6. November, Dienstag*

PASSAU

Bayern – Regionalatlas **60**–P19 – Michelin Straßenkarte 546

😊 **Weingut**

INTERNATIONAL · TRENDY ✗ Nach einem Stadtbummel in chic-moderner Atmosphäre speisen? Die gute Küche gibt es z. B. als "Loinfilet vom Skrei, Rieslinggurken, Rote Bete, Butterkartoffeln, Meerrettichschaum". Dekorative Weinregale tragen zum schönen Ambiente bei, angeschlossen die Vinothek.

Spezialitäten: Pfifferling-Schaumsuppe, Bauernhendl-Praline, Schnittlauch. Gebratenes Saiblingsfilet, gegrillte Wassermelone, Rucola-Risotto, Thymianschaum. Mousse au Chocolat, Himbeersauce, Früchte, Minze.

Menu 35 € – Karte 35/69 €

Theresienstraße 28 ✉ 94032 – ℰ 0851 37930500 - www.weingut-passau.de – Geschlossen Montag, Sonntag, mittags: Dienstag-Donnerstag

ⅡO **Das Oberhaus**

REGIONAL · HIP ✗ Ein echter Logenplatz ist das hier oben, fantastisch der Blick auf die Stadt - da ist die Terrasse natürlich der Renner! Es gibt gute bürgerlichbayerische Küche, schmackhaft z. B. "Fränkische Bratwürstel", "Buttermilch-Backhendl" oder "Augustiner-Bierbraten". Tipp: Besuch der Veste Oberhaus mit Museum.

Karte 24/45 €

Oberhaus 1 ✉ 94034 – ℰ 0851 37930657 - www.dasoberhaus.com

PENZBERG

Bayern – Regionalatlas **65**–L21 – Michelin Straßenkarte 546

ⅡO **Troadstadl**

MARKTKÜCHE · GEMÜTLICH ✗ Saisonale Gerichte aus guten Produkten (z. B. "Lachsfilet aus Norwegen, Spinatpesto, Babyblattspinat, Gnocchi") bieten die freundlichen Gastgeber in dem ruhig gelegenen Haus a. d. 13. Jh. In den gemütlichen Stuben schaffen moderne Accessoires einen reizvollen Kontrast zum rustikalen Charakter des Restaurants.

Menu 38/55 € – Karte 30/62 €

Kirnberger Straße 1 ✉ 82377 – ℰ 08856 9482 - www.troadstadl.com – Geschlossen Dienstag, Sonntag

PERASDORF

Bayern – Regionalatlas **59**–O18 – Michelin Straßenkarte 546

In Perasdorf-Haigrub Nord-Ost: 3 km Richtung St. Englmar

😋 **Gasthaus Jakob** 🔘 (Michael Klaus Ammon)

KLASSISCHE KÜCHE · GEMÜTLICH ✗ Man muss schon wissen, wo dieses kleine 250 Jahre alte Landgasthaus zu finden ist. Aber die Suche lohnt sich, denn hier sitzen Sie richtig gemütlich (im Sommer auch auf der Terrasse vor dem Haus) und werden wirklich charmant umsorgt. Geboten wird eine feine Küche, die man hier ab vom Schuss mitten im Bayerischen Wald nicht unbedingt erwarten würde! Küchenchef und Inhaber Michael Klaus Ammon kocht auf klassischer Basis, aber mit modernen Ideen - so entstehen z. B. eine ausdrucksstarke geröstete Hummersuppe mit gebackenem Hummer oder auch eine angenehm leichte Joghurt-Crème-brûlée. Zum Team des gebürtigen Oberfranken gehören übrigens auch seine Lebensgefährtin Mona Haka und sein Bruder Andreas, die zusammen den Service leiten - schön auch die offenen Weinempfehlungen.

Spezialitäten: Sashimi, Thunfisch, Soja, Wasabi, Mango, Avocado. 2erlei vom Bauernhuhn, Brust im Tramezzini und Keule geschmort, Sellerie, Rote Betejus. Brownie, Schokolade, Walnuss, Blaubeere, Crumble, Tonkabohne.

Menu 50/73 €

Haigrub 19 ✉ 94366 – ℰ 09965 80014 - www.genuss-jakob.de – Geschlossen 19. Januar-2. Februar, Montag, mittags: Dienstag-Samstag, abends: Sonntag

PERL

Saarland – Regionalatlas **45**–A16 – Michelin Straßenkarte 543

In Perl-Nennig Nord: 10 km über B 419

🏵🏵🏵 Victor's Fine Dining by christian bau 🏵 ⟵ AC P

KREATIV · ELEGANT XxX Er ist Visionär, Perfektionist und einer der besten Köche des Landes: Christian Bau, gebürtiger Offenburger und seit April 1998 Küchenchef auf Schloss Berg. Kaum ein anderer schafft es, so viele kleine Details derartig ausbalanciert, elegant und zugleich kraftvoll auf den Teller zu bringen! Absolut exakt, kreativ und mit enormem Aufwand verbindet er klassische und japanische Küche, umgesetzt in den Menüs "Tradition" und "Paris - Tokio". Dasselbe Engagement, das Christian Bau in der Küche an den Tag legt, zeigt auch das Serviceteam, das sich in den edel-modernen Räumen des wunderschönen Renaissance-Schlosses kompetent um die Gäste kümmert. Mit von der Partie: Sommelière Nina Mann, die mit fundiertem Wissen in Sachen Wein und auch Sake glänzt.

Spezialitäten: Langoustine, Karotte, Maracuja, Bonitoessig. Kinmedai mit Stabmuscheln, Palmherz, Yuzu-Koshu und XO. Dessert aus Matcha, schwarzem Sesam und Mango.

Menu 175/285 €

Schlossstraße 27 ✉ 66706 – ☎ 06866 79118 – www.victors-fine-dining.de –
Geschlossen 1.-21. Januar, 11.-28. Mai, 21. September-8. Oktober, Montag, Dienstag, mittags: Mittwoch-Samstag

🏨 Victor's Residenz - Hotel Schloss Berg

🧘 🐾 ⟵ 🛁 🖥 💧 🍴 🛗 ⬛ ♿ 🏋 P

SPA UND WELLNESS · ELEGANT Nahe der Mosel liegt das elegante Hotel schön ruhig am Rande der Weinberge. Wer etwas Besonderes sucht, bucht z. B. eine der "Götter-Suiten"! Relaxen kann man im hübschen Wellnessbereich oder bei Anwendungen in "Victor's Spa". Mediterrane Küche im "Bacchus", Internationales in der rustikalen "Scheune". Tipp: ein Essen in "Victor's FINE DINING by Christian Bau"!

93 Zimmer ⚌ – 🛏 166/296 € – 7 Suiten
Schlossstraße 27 ✉ 66706 – ☎ 06866 790 – www.victors.de

PETERSTAL-GRIESBACH, BAD

Baden-Württemberg – Regionalatlas **54**–E19 – Michelin Straßenkarte 545

Im Ortsteil Bad Griesbach

🏵🏵 Le Pavillon 🏵 ⟵ ♿ P 🚗

FRANZÖSISCH-KLASSISCH · KLASSISCHES AMBIENTE XxX Nicht nur Naturliebhaber zieht es in die idyllische Schwarzwaldlandschaft, dafür sorgt der reizvoll gelegene Familienbetrieb „Dollenberg". Hier findet man neben dem wunderschönen Hotel-Resort ein fantastisches Gourmetrestaurant. Küchenchef Martin Herrmann zelebriert Klassik, ohne sich der Moderne zu verschließen. Geboten wird ein 9-Gänge-Menü, das Sie aber auch kürzen können. Angenehm klar und durchdacht wird z. B. Taube mit Senfcreme, Pfifferlingen und Essenz von roten Aromen zubereitet. Dazu gesellen sich ein gemütlich-elegantes Ambiente nebst herrlichem Blick durch die bodentiefen Fenster sowie ein ungezwungener und zugleich stilvoller Service samt sehr guter Weinberatung. Der Sommelier hat die ein oder andere Überraschung parat - darf es vielleicht mal ein hochwertiger Sake sein?

Spezialitäten: Steinbutt, Steinpilze, Gnocchi, Rahm. Limousin Lamm, Löwenzahn, Artischocken, gebrannte Asche von der Banane. Schwarze Johannisbeere, 2x Champagner.

Menu 133/197 €

Hotel Dollenberg, Dollenberg 3 ✉ 77740 – ☎ 07806 780 – www.dollenberg.de –
Geschlossen 1.-18. März, 21. Juni-8. Juli, Dienstag, Mittwoch, mittags: Montag und Donnerstag-Sonntag

⊕ Kamin- und Bauernstube

REGIONAL · LÄNDLICH XX Der aufmerksame Service ist Ihnen sowohl in der ländlich-rustikalen Bauernstube als auch in der eleganten Kaminstube und auf der tollen großen Terrasse gewiss, ebenso regional-internationale Küche wie "Zander, Sauerkraut, Trauben, Speck". Tipp: das Menü der Woche! Dienstags beliebte "Küchenparty"!

Spezialitäten: Rinderconsommé mit Kräuterflädle und Gemüsewürfel. Renchtäler Schwarzwaldbachforelle, zerlassene Butter, Dampfkartoffeln. Zitronensorbet mit Champagner.

Menu 28/58 € – Karte 36/70 €

Hotel Dollenberg, Dollenberg 3 ✉ 77740 – ℰ 07806 780 – www.dollenberg.de

⛫ Dollenberg

SPA UND WELLNESS · ELEGANT Dieses fabelhafte Feriendomizil ist das Lebenswerk von Meinrad Schmiederer und eines der Top-Hotels in Deutschland. Wohnräume mit Stil und Geschmack, Spa-Vielfalt auf rund 5000 qm, ein 1A-Service und Gastronomie vom 2-Sterne-Restaurant bis zur rustikalen Hütte. Und all das in einmalig schöner Lage!

63 Zimmer ⌕ – ♥♥ 260/400 € – 38 Suiten

Dollenberg 3 ✉ 77740 – ℰ 07806 780 – www.dollenberg.de

⚙⚙ **Le Pavillon** • ⊕ **Kamin- und Bauernstube** – Siehe Restaurantauswahl

PFAFFENWEILER

Baden-Württemberg – Regionalatlas **61**–D20 – Michelin Straßenkarte 545

⚙ Zehner's Stube

FRANZÖSISCH-KLASSISCH · ELEGANT XX Sie suchen Klassik? Auf der Speisekarte? Bei der Präsentation auf dem Teller? Beim Ambiente? Dann sind Sie bei Fritz und Margret Zehner genau richtig! Seit 1988 zeigen die herzlichen Gastgeber sowohl in der Küche als im Service großes Engagement. Passend zum Rahmen werden die Speisen hier ohne Schnickschnack und Spielerei serviert. Ob Steinbutt mit Hummerschaum und Trüffel oder die Erdbeeren "Walterspiel" mit Sorbet, solch klassische Gerichte bekommt man nicht mehr oft angeboten! Die deutschen Weine auf der Karte schenkt man übrigens alle auch glasweise aus. Genießen darf man das Ganze im stilvollen ehemaligen Bürgersaal des historischen Rathauses a. d. 16. Jh. mit seinem tollen alten Gewölbe. Alternativ kann man auch – etwas legerer – im „Stubenkeller" speisen.

Spezialitäten: Bretonischer Hummersalat. Elsässer Taubenbrust auf Gänseleberschaum. Schokoladensoufflé mit Joghurteis.

Menu 79/125 € – Karte 64/87 €

Weinstraße 39 ✉ 79292 – ℰ 07664 6225 – www.zehnersstube.de –
Geschlossen Montag, mittags: Dienstag

PFINZTAL

Baden-Württemberg – Regionalatlas **54**–F18 – Michelin Straßenkarte 545

In Pfinztal-Söllingen

⋕○ Villa Hammerschmiede

KLASSISCHE KÜCHE · GEMÜTLICH XX Ob in behaglichen Stuben oder im lichten Pavillon, man serviert Ihnen klassisch-regionale Küche, vom interessanten "Villa-Lunch" bis zum Feinschmecker-Menü am Abend. Wie wär's z. B. mit "sanft gesottenem Kalbstafelspitz aus dem Kupertopf"? Reizvolle Terrasse.

Menu 34 € (Mittags), 79/118 € – Karte 34/79 €

Hotel Villa Hammerschmiede, Hauptstraße 162 ✉ 76327 – ℰ 07240 6010 –
www.villa-hammerschmiede.de – Geschlossen abends: Montag, mittags: Samstag

🏚️ Villa Hammerschmiede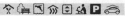

HISTORISCHES GEBÄUDE · KLASSISCH Schon von außen wirkt die modern erweiterte Villa a. d. J. 1893 äußerst einladend, im Inneren besticht die exquisite Einrichtung. Viele der Zimmer liegen besonders ruhig zum weitläufigen Park. Gönnen Sie sich auch eine Kosmetikanwendung oder Massage in der "Spa-Suite"!

27 Zimmer – 🛏️ 164/298 € – ⌑ 22 € – 2 Suiten

Hauptstraße 162 – ✉ 76327 – ✆ 07240 6010 – www.villa-hammerschmiede.de

🍴 **Villa Hammerschmiede** – Siehe Restaurantauswahl

PFORZHEIM

Baden-Württemberg – Regionalatlas **54**–F18 – Michelin Straßenkarte 545

🍴 Hoppe's

FRANZÖSISCH · FREUNDLICH ✕ Man kommt immer wieder gerne hierher, denn das Restaurant ist gemütlich, charmant-lebendig und richtig sympathisch! Wer's elsässisch-badisch mag, darf sich z. B. auf "gegrillte Kalbsnieren mit Dijon-Senfsauce" oder "Flusszander mit Rieslingsauce" freuen.

Menu 30/49 € – Karte 36/57 €

Weiherstraße 15 – ✉ 75175 – ✆ 07231 105776 – www.hoppes-pforzheim.de – Geschlossen 1.-15. Februar, 30. Mai-15. Juni, 18. August-10. September, Montag, Sonntag, mittags: Dienstag-Samstag

PFRONTEN

Bayern – Regionalatlas **64**–J22 – Michelin Straßenkarte 546

In Pfronten-Obermeilingen Ost: 5 km, Richtung Füssen, dann rechts abbiegen

🏵️ PAVO im Burghotel Falkenstein 🆕 ◁ 🅿️

MODERNE KÜCHE · INTIM ✕✕ "Sharing Experience" in 1268 m Höhe. Simon Schlachter, Sohn des traditionsreichen Familienbetriebs, begeistert mit moderner Küche als "Neuinterpretation von Altbewährtem". Es gibt ein Menü mit drei Gängen, die jeweils aus mehreren kleinen Gerichten bestehen - kreativ, durchdacht und perfekt zum Teilen! Geschult und auf herzlich-natürliche Art kümmert sich das Serviceteam um Sie und erklärt die einzelnen Gänge. "Pavo" ist übrigens das thailändische Wort für "Pfau" - Lieblingstier von König Ludwig II. In Anlehnung an den eindrucksvollen Vogel hat man hier ein edles Interieur geschaffen: wertige Materialien, königliches Blau, ein kunstvolles Gemälde an der Decke und Pfauenfedern als Deko. Zum schönen Look kommt noch eine angenehm intime Atmosphäre, denn das Restaurant hat gerademal 10 Plätze.

Spezialitäten: Huchen, Gurke, Lemon, Apfel. Perlhuhn, Lauch, Marille, Sellerie. Soufflé, Topfen, Vanille.

Menu 120/170 €

Das Burghotel Falkenstein, Auf dem Falkenstein 1 (Höhe 1 250 m) – ✉ 87459 – ✆ 08363 914540 – www.burghotel-falkenstein.de – Geschlossen 2.-15. März, 5.-18. Oktober, Montag, Dienstag, Mittwoch, mittags: Donnerstag-Sonntag

🍴 Berghotel Schlossanger Alp ◁ 🏡 ♻️ 🅿️

REGIONAL · GEMÜTLICH ✕✕ "Kalbstafelspitz, Marktgemüse, Meerrettich-Schnittlauchsauce" ist nur eines der frischen, schmackhaften Gerichte aus der angenehm schnörkellosen naturorientierten Küche, die man hier in gemütlichen Stuben oder im Wintergarten genießt. Im Sommer lockt natürlich die Terrasse. Günstiges Mittagsmenü.

Menu 32 € (Mittags), 63/79 € – Karte 39/67 €

Berghotel Schlossanger Alp, Am Schlossanger 1 (Höhe 1 130 m) – ✉ 87459 – ✆ 08363 914550 – www.schlossanger.de

🏨 Berghotel Schlossanger Alp

FAMILIÄR · GEMÜTLICH Erholen leicht gemacht: toller Service, charmantes Ambiente von der Kamin-Lounge mit Empore und Bibliothek bis in die individuellen Zimmer, Panoramasauna, Beautyprogramm, beheizter Außenpool und Naturbadeteich... und ringsum Bergkulisse! Tipp: die Giebel-Chalets!

35 Zimmer ☲ – ♥♥ 209/426 €
Am Schlossanger 1 (Höhe 1 130 m) ✉ 87459 – ☎ 08363 914550 –
www.schlossanger.de
🍴 **Berghotel Schlossanger Alp** – Siehe Restaurantauswahl

🏨 Das Burghotel Falkenstein

FAMILIÄR · INDIVIDUELL Die Anfahrt hinauf auf über 1250 m Höhe lohnt sich schon wegen der gigantischen Aussicht auf Allgäu und Alpen! Und dann sind da noch die sympathisch-herzlichen Gastgeber, die individuellen, wertig-geschmackvollen Zimmer, der exklusive Saunabereich, das klasse Frühstück, das schicke traditionell-elegante Restaurant "Zu Pfronten"... Tipp: Wanderung zur Burgruine oder zur Mariengrotte.

11 Zimmer ☲ – ♥♥ 220/420 € – 5 Suiten
Auf dem Falkenstein 1 (Höhe 1 250 m) ✉ 87459 – ☎ 08363 914540 –
www.burghotel-falkenstein.de
🌸 **PAVO im Burghotel Falkenstein** – Siehe Restaurantauswahl

PIDING
Bayern – Regionalatlas **67**–O21 – Michelin Straßenkarte 546

🍽 Lohmayr Stub'n

REGIONAL · LÄNDLICH ✕✕ Chef Sebastian Oberholzner ist Koch mit Leib und Seele, entsprechend gefragt sind seine leckeren Gerichte - es gibt z. B. "Wallerfilet im Wurzelsud" oder "Zweierlei vom Ochsen in Cabernetreduktion mit Trüffelpüree". Charmant umsorgt wird man in dem schönen historischen Haus ebenfalls.
Spezialitäten: Kürbis-Currysupperl. Ragout vom heimischen Reh mit Blaukraut und Topfenschupfnudeln. Kürbiskern-Krokantparfait mit Cassissorbet.
Menu 33/52 € – Karte 30/50 €
Salzburger Straße 13 ✉ 83451 – ☎ 08651 714478 – *www.lohmayr.com* –
Geschlossen Dienstag, Mittwoch

PIESPORT
Rheinland-Pfalz – Regionalatlas **45**–C15 – Michelin Straßenkarte 543

🌸🌸 schanz. restaurant.

FRANZÖSISCH-MODERN · CHIC ✕✕ Seit Thomas Schanz sein Restaurant betreibt, hat sich die für Spitzenweine bekannte Gemeinde Piesport auch noch zu einem wahren kulinarischen Magneten entwickelt! Der gebürtige Trierer, zu dessen Lehrherren unter anderem Klaus Erfort und Helmut Thieltges gehörten, setzt z. B. beim Frikassee vom gegrillten Hummer klassische Küche modern um. Und dazu vielleicht ein Wein vom eigenen Weingut? Daneben genießt man das schicke Design des Restaurants und den kompetenten, charmanten Service - die Mutter von Thomas Schanz ist übrigens als herzliche Gastgeberin im Einsatz. Der Patron, nicht nur gelernter Koch, sondern auch Hotelfachmann, bietet im einst elterlichen Betrieb auch richtig schöne Gästezimmer, und die sind - wie sollte es bei einem Gourmet-Hotel anders sein - an das Thema "Food" angelehnt.
Spezialitäten: Knusprige Gänseleberplättchen mit Pastis, geröstete Geflügelhaut und Pinienkernen. Hunsrücker Rehrücken mit Innereienpraline, Eiskraut, roter Paprikasud und Schwarzteejus. Ile Flottante mit Kaffir-Limette, Walderdbeeren und Sauerkleesorbet.
Menu 97/154 €
schanz. hotel., Bahnhofstraße 8a ✉ 54498 – ☎ 06507 92520 –
*www.schanz-restaurant.de – Geschlossen 15. Januar-5. Februar, 22. Juli-5. August,
Montag, Dienstag, mittags: Mittwoch-Donnerstag und Samstag*

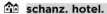 schanz. hotel.

FAMILIÄR · ELEGANT Das ansprechende Landhaus unweit der Mosel ist ein engagiert geführter Familienbetrieb, in dem man wirklich schön in modern-funktionellen Zimmern übernachtet und sehr gut frühstückt. Für Weinliebhaber: Man hat ein eigenes kleines Weingut.

12 Zimmer ⌑ – 👫 144/150 €

Bahnhofstraße 8a ✉ 54498 – ℰ 06507 92520 – www.schanz-hotel.de –
Geschlossen 15. Januar-5. Februar, 22. Juli-5. August

❀❀ **schanz. restaurant.** – Siehe Restaurantauswahl

PILSACH
Bayern – Regionalatlas **51**–L17 – Michelin Straßenkarte 546

In Pilsach-Hilzhofen Süd-Ost: 9 km über B 299 Richtung Amberg, über Laaber, in Eschertshofen links

😊 Landgasthof Meier

REGIONAL · LÄNDLICH ✗ Richtig gelungen die Kombination aus charmant-rustikalem Landgasthof und trendig-modernem Anbau. Aus der Küche kommen z. B. "Birnen-Gelbe-Rüben-Suppe mit Kakao" oder "Sauerbraten vom Fleckvieh" - man verwendet viele Bio-Produkte sowie Gemüse und Kräuter aus dem eigenen Garten. Chic übernachten können Sie übrigens auch.

Spezialitäten: Gratinierter Ziegenweichkäse. Angus Schnitzel mit Kürbispanade, Dill, Petersilie, Majoran, Liebstöckel, Koriander. Gebackener Fenchel, Sternanis, Vanille, eingelegte Gewürzmelone, Sauerrahmreis.

Menu 29/89 € – Karte 30/89 €

Hilzhofen 18 ✉ 92367 – ℰ 09186 237 – www.landgasthof-meier.de –
Geschlossen Montag, Dienstag

PINNEBERG
Schleswig-Holstein – Regionalatlas **10**–I5 – Michelin Straßenkarte 541

🍴 Rolin

INTERNATIONAL · KLASSISCHES AMBIENTE ✗✗ Elegant das Ambiente, freundlich der Service, schmackhaft und ambitioniert die internationale, klassische und saisonale Küche - auf der Karte z. B. "Filet vom Nordsee-Kabeljau mit Kruste von Meerrettich, Honig und Rosmarin". Übrigens: "Rolin" ist der Name eines Schiffskapitäns. Zum Übernachten hat das Hotel "Cap Polonio" gepflegte Zimmer.

Menu 55/75 € – Karte 35/64 €

Fahltskamp 48 ✉ 25421 – ℰ 04101 5330 – www.cap-polonio.de –
Geschlossen Mittwoch, Donnerstag

PIRMASENS
Rheinland-Pfalz – Regionalatlas **53**–D17 – Michelin Straßenkarte 543

❀ Die Brasserie (Vjekoslav Pavic)

KLASSISCHE KÜCHE · BRASSERIE ✗✗ Hier trifft die unkomplizierte Atmosphäre einer Brasserie auf das Niveau eines Sternerestaurants! Hinter der auffallenden roten Fassade speisen Sie in schönem mediterranem Ambiente. Im vorderen Bistrobereich nimmt man an Hochtischen Platz, hinten im Restaurant unter einem dekorativen Deckengemälde auf bequemen Korbstühlen. Dass Patron und Küchenchef Vjekoslav Pavic (zuletzt verantwortlich für den MICHELIN Stern des Restaurants "Walram" in Bad Bergzabern) Wert legt auf Produktqualität, Konzentration auf das Wesentliche und handwerkliche Präzision, merkt man z. B. am Filet vom bretonischen Steinbutt mit Hummersauce, topfrischen Wildgarnelen und Fregola Sarda. Auch auf richtig guten Service braucht man nicht zu verzichten: Überaus kompetent und aufmerksam werden die Gäste hier umsorgt.

Spezialitäten: Marinierte Elsässer Gänseleber mit Quitten und Schokolade. Gegrilltes Kinn vom iberischen Pata Negra Schwein mit Teriyakilack, jungem Räucheraal, Spitzkohl, Sauerkirschen und Sellerie. Eis von reduzierter Milch mit Pflaumen, Armagnac und Amalfi Zitronen.

Menu 28 € (Mittags), 76/89 € – Karte 50/109 €

Landauer Straße 105 ✉ 66953 –
✆ 06331 7255544 – www.diebrasserie-ps.de –
Geschlossen 1.-31. Januar, 12.-31. Juli, Montag, Sonntag,
mittags: Dienstag-Mittwoch

In Pirmasens-Winzeln West: 4 km

🏠 Kunz 　　　　　　🏇 🖙 📺 🕭 🏠 ➕ AC 🛁 🅿

FAMILIÄR · KLASSISCH Familie Kunz steht für herzlichen Service, wohnliche Zimmer, Juniorsuiten und Suiten, einen ansprechenden zeitgemäßen Spa und am Morgen ein sehr gutes Frühstück. International-regionale Küche im gemütlich-eleganten Restaurant. Bekannt in der Region für gute Cocktails bis spät in den Abend: "Emil's Bar".

54 Zimmer ➴ – 🍴 115/150 € – 2 Suiten

Bottenbacher Straße 74 ✉ 66954 –
✆ 06331 8750 – www.hotel-kunz.de –
Geschlossen 1.-5. Januar, 23.-31. Dezember

PLANEGG

Bayern – Regionalatlas **65**–L20 – Michelin Straßenkarte 546
Siehe München (Umgebungsplan)

In Planegg-Martinsried

🍽 SEVEN AND MORE 　　　　　　🍴 AC 🅿

FRANZÖSISCH · DESIGN ✗ Richtig chic das puristische Design in Schwarz und Weiß. Dank raumhoher Glasfront ist das Restaurant zudem schön licht. Man kocht mediterran mit südfranzösischen Einflüssen, z. B. "ausgelöste Taube, Erbsen-Minz-Püree, Frühlingszwiebeln". Günstiges Mittagsmenü.

Menu 28 € (Mittags), 40/60 € – Karte 45/67 €

Stadtplan: A3-a – *Am Klopferspitz 21 ✉ 82152 – ✆ 089 1892876777 –*
www.sevenandmore.de –
Geschlossen 24. Dezember-1. Januar

PLEINFELD

Bayern – Regionalatlas **57**–K17 – Michelin Straßenkarte 546

😊 Landgasthof Siebenkäs 　　　　　　🍴

REGIONAL · LÄNDLICH ✗ Lassen Sie sich das Mittagessen hier nicht entgehen! "Kürbissuppe mit Curry und Kokosmilch" oder "Rinderschmorbraten mit Rahmwirsing"? Internationales ist ebenso lecker wie Regionales. Freitagsabends gibt es eine größere A-la-carte-Auswahl. Umsorgt wird man von der freundlichen Chefin. Man ist übrigens Bioland-Partner.

Spezialitäten: Hausgemachte Tafelspitzsülze. Geschmorte Kalbsbäckchen mit Rahmwirsing und Kartoffelstopfer. Joghurteis mit Früchten.

Karte 27/52 €

Kirchenstraße 1 ✉ 91785 –
✆ 09144 8282 – www.landgasthof-siebenkaes.de –
Geschlossen 1.-13. Januar, Montag, Sonntag, abends: Dienstag-Donnerstag und
Samstag

PLEISKIRCHEN

Bayern – Regionalatlas **59**–O20 – Michelin Straßenkarte 546

🕸 **Huberwirt** (Alexander Huber) 🛜 ⟳ **P**

MODERNE KÜCHE · GASTHOF ⅞ Ein alteingesessenes bayerisch-charmantes Gasthaus mit beachtlicher 400-jähriger Familientradition - von der Landwirtschaft über die Metzgerei und das Wirtshaus bis zum Sternerestaurant! Schon immer steht Regionalität hier hoch im Kurs, und die führt Chef Alexander Huber in 11. Generation fort. Er kocht modern-kreativ, angenehm klar und nur mit ausgesuchten Zutaten, darunter Wurst und Schinken aus familieneigener Produktion. Fleischliebhaber dürften z. B. beim hocharomatischen Dry Aged Wagyu Roastbeef schwach werden, das mit Wacholderjus und einer gelungenen Kombination von Roter Beete und Brombeeren serviert wird. Übrigens sind die Preise wirklich fair, vor allem am Mittag - kommen Sie mal zum Menü "LunchZeit_1612" oder zum "Signatur-Menü", die gibt es von Mittwoch bis Samstag.

Spezialitäten: Eingelegte Renke, Gurke, Rote Zwiebel, Schwarzbrot, Kren. Pleiskirchner Rehrrücken und Schulter, Gewürzbutter, Walnuss, Wilder Blumenkohl, Maronentascherl. Beni Wild 66% Bitterschokolade, Zwetschge, Cassis, Rote Shisho.

Menu 30 € (Mittags), 49/118 € – Karte 42/77 €

Hofmark 3 ✉ 84568 – ℰ 08635 201 – www.huber-wirt.de – Geschlossen 1.-15. Januar, 7.-16. Juni, 15. August-1. September, Montag, Dienstag

PLEISWEILER-OBERHOFEN
Rheinland-Pfalz – Regionalatlas **54**–E17 – Michelin Straßenkarte 543

🍴 **Reuters Holzappel** ⟵ 🛜 ⟳

REGIONAL · ROMANTISCH ⅞ Außen schmuckes Fachwerkhaus von 1742 mit reizendem Hof, drinnen jede Menge Charme durch warmes Holz, nette Deko und herzlichen Service! Es gibt traditionelle Pfälzer Küche samt Tagesempfehlungen, dazu regionale Weine. Man merkt, dass die Gastgeber mit Freude bei der Sache sind! Tipp: regelmäßige Weinabende.

Menu 34 € – Karte 29/54 €

Hauptstraße 11 ✉ 76889 – ℰ 06343 4245 – www.reuters-holzappel.de – Geschlossen 1.-29. Februar, 1.-11. Juli, Montag, Dienstag, mittags: Mittwoch-Samstag

PLIEZHAUSEN
Baden-Württemberg – Regionalatlas **55**–G19 – Michelin Straßenkarte 545

🍴 **Schönbuch** 🕸 ⟵ ⟵ 🛋 ⟳ **P**

ZEITGENÖSSISCH · ELEGANT ⅞⅞ Im Restaurant des gleichnamigen Tagungshotels wird ambitioniert gekocht. Es gibt Modernes wie "Thunfisch, Salat Nicoise, Sojagel, Wasabi-Mayonnaise, Sesam", aber auch Klassiker wie Rostbraten. A-la-carte-Angebot von Mi. - Fr. abends sowie Sa. mittags und abends. So. , Mo. und Di. sind Thementage. Schön die Weinkarte. Für Whisky-Liebhaber: rund 200 Positionen.

Menu 35 € (Mittags), 39/79 € – Karte 33/54 €

Lichtensteinstraße 45 ✉ 72124 – ℰ 07127 56070 – www.hotel-schoenbuch.de – Geschlossen 1.-6. Januar, 27.-31. Dezember

In Pliezhausen-Dörnach Nord: 4 km, in Gniebel rechts

🕸 **Landgasthaus zur Linde** (Andreas Goldbach) 🕸 🛜 ⟳ **P**

FRANZÖSISCH-KLASSISCH · GASTHOF ⅞ Ein sympathisches Ehepaar und ein klasse Team: Andreas und Irene Goldbach. Seit 1990 arbeiten die beiden zusammen, zunächst in verschiedenen Restaurants in Stuttgart (z. B. in den Sterne-Restaurants „Speisemeisterei" und „Zirbelstube") und seit 2003 als stolze Patrons ihres eigenen Lokals, einem gemütlichen Gasthof wie aus dem Bilderbuch. Andreas Goldbach kocht klassisch und mit mediterranem Einfluss. Angenehm reduziert kommt z. B. sein gegrillter Steinbuttfilet mit schwarzem Risotto, Staudensellerie und Kräutersauce daher. Die Produktqualität ist sehr gut, die Preise sind dennoch fair! Dass man sich hier wohlfühlt, ist nicht zuletzt auch der charmanten Hausherrin und Sommelière Irene Goldbach zu verdanken, die für lockeren und gleichermaßen kompetenten Service sorgt.

Spezialitäten: Essenz vom Ochsenschwanz mit kleinen Klößchen, Flädleschnitte und Gemüse. Rosa gebratener Rehrücken, Pilzragout, Nudelblatt. Dreierlei von der Zwetschge mit Topfenknödel.

Menu 62/82 € – Karte 62/69 €

Schönbuchstraße 8 ✉ 72124 – ✆ 07127 890066 –
www.linde-doernach.de – Geschlossen 23. Februar-4. März, 1.-11. Juni, 24. August-16.
September, Dienstag, Mittwoch, mittags: Samstag

PLOCHINGEN

Baden-Württemberg – Regionalatlas **55**–H18 – Michelin Straßenkarte 545

⊛ Cervus ⌂

TRADITIONELLE KÜCHE · FREUNDLICH ⅹ Ein wirklich nettes Gasthaus, das Ihnen neben unkomplizierter, legerer Atmosphäre richtig schmackhafte und frische Küche bietet. Es gibt Maultaschensuppe, Rostbraten und Wiener Schnitzel, aber auch "Kutteln italienische Art" oder "Skrei in Safransauce". Mittags kleinere, einfachere Karte. Charmanter Innenhof.

Spezialitäten: Feine Blattsalate mit gebratenen Kräutergarnelen. Schwäbischer Rostbraten mit Brot. Apfelküchle mit Vanilleeis.

Karte 34/49 €

Bergstraße 1 ✉ 73207 – ✆ 07153 558869 –
www.gasthaus-cervus.de – Geschlossen Montag, Sonntag, mittags: Freitag-Samstag

In Plochingen-Stumpenhof Nord-Ost: 3 km Richtung Schorndorf

⊛ Stumpenhof

REGIONAL · RUSTIKAL ⅹⅹ Ein herzliches "Grüß Gott", eine aufmerksame Beate Wägerle, immer mit einem offenen Ohr für die Wünsche der Gäste... , so sehen hier über 75 Jahre Familientradition aus! Die gute Küche reicht von Maultaschen über Rostbraten bis "Hohenloher Dry Aged Rinderrücken in Portweinsauce". Terrasse mit Aussicht!

Spezialitäten: Klare Pfifferlingssuppe, Rehmaultäschle. Kalbsgulasch, Semmelknödel, Gemüse. Nougatparfait mit marinierten Zwetschgen.

Menu 22 € (Mittags), 42/85 € – Karte 30/62 €

Am Stumpenhof 1 ✉ 73207 – ✆ 07153 22425 –
www.stumpenhof.de – Geschlossen 3.-11. Februar, 29. Juni-16. Juli, Montag, Dienstag,
mittags: Mittwoch

POLLE

Niedersachsen – Regionalatlas **28**–H10 – Michelin Straßenkarte 541

⊛ Graf Everstein

REGIONAL · FREUNDLICH ⅹ Bei Familie Multhoff genießt man frische Küche bei wunderschöner Aussicht auf die Weser! Probieren Sie z. B. saisonale Wildgerichte oder Klassiker wie "Kalbsleber mit Apfel-Zwiebelgemüse" oder die "Weser-Bergland-Tapas".

Spezialitäten: Solling Reh, Ziegenkäse, Räucherforelle. Taube, Brust und Keule, Trüffelpüree, Weintrauben, Burgundersauce. Schokoladensoufflé, Pflaumenragout.

Menu 29 € (Mittags), 36/42 € – Karte 32/55 €

Amtstraße ✉ 37647 – ✆ 05535 999780 –
www.graf-everstein.de – Geschlossen Montag, Dienstag

POTSDAM

Brandenburg – Regionalatlas **22**–O8 – Michelin Straßenkarte 542

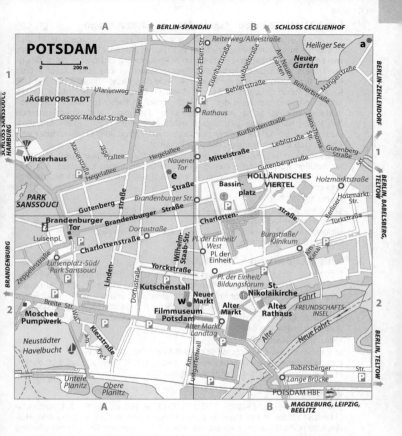

⌘ Kabinett F. W.

🛏 ⟷ **P**

FRANZÖSISCH-MODERN · ELEGANT XxX Herrlich die ruhige Lage mitten im Wald, wunderschön das Gebäudeensemble um das "Bayrische Haus" a. d. J. 1847! In Sachen Gastronomie hat es kleine Veränderungen gegeben: Das "Friedrich Wilhelm" heißt nun "Kabinett F. W. " und hat mit dem Zweitrestaurant (ehemals "Bistro Elise", jetzt "Restaurant 1847") die Räumlichkeiten getauscht. Doch keine Sorge, Klasse und Niveau sind geblieben. Das gilt natürlich auch für die - mit kurzer Unterbrechung - seit 2005 besternte Küche von Alexander Dressel. Dass er hier auch nach all den Jahren mit unverminderter Leidenschaft am Herd steht, beweist das moderne saisonale Menü mit gelungenen Kontrasten und tollen Aromen. Stimmig die glasweise Weinbegleitung. Umsorgt wird man geschult, engagiert und sehr aufmerksam, aber keineswegs aufdringlich.

Spezialitäten: Kabeljau, Lauch, Yuzu, Kartoffel. Poltinger Lamm, Schmorgurke, Curry, Kefir, Hibiskus. Mirabelle, Verbene, Joghurt, Tee.

Menü 85/155 €

außerhalb Stadtplan – *Hotel Bayrisches Haus, Elisenweg 2 (im Wildpark)* ✉ *14471* – ☎ *0331 55050* – *www.bayrisches-haus.de* – *Geschlossen 1. Januar-13. Februar, 21. Juni-12. August, Montag, Dienstag, Sonntag, mittags: Mittwoch-Samstag*

🥂 kochZIMMER in der Gaststätte zur Ratswaage

MODERNE KÜCHE · DESIGN ✕✕ Richtig stylish ist die Ratswaage a. d. 18. Jh.! Außen die historische Fassade, innen puristisches Interieur mit schicken Details wie silbergrauen Wänden, Leuchtern im 50er-Jahre-Stil und orange-roten Designer-Stühlen. Nach dem Umzug von Beelitz zurück in ihre Heimatstadt setzen Familie Frankenhäuser und ihr Team auf "neue preußische Küche". Unter der Leitung von David Schubert (schon zu Beelitzer Zeiten mitverantwortlich für die Küche und zuvor am Herd des "Louis C. Jacob" in Hamburg) werden top Produkte verarbeitet, gerne von Brandenburger Erzeugern. Sie können zwischen drei Menüs wählen oder sich einfach selbst Ihr eigenes Menü zusammenstellen. Dazu sollten Sie auf die Weinempfehlungen von Patron Jörg Frankenhäuser vertrauen! Tipp für den Sommer: der tolle Innenhof!

Spezialitäten: Jakobsmuschel, Kürbis, Bündner Fleisch, grüner Apfel, Nussbutter. Weißer Stör, Bouillabaissesud, kandierte Oliven, Chorizo, Bohnen, Austernblätter. Gehobelter Comté Reserve, eingelegte Aprikose, Schafgarbe, Aprikosenkerne.

Menu 76/110 €

Stadtplan: A2-w – *Am Neuen Markt 10* ✉ *14467* – 𝄐 *0331 20090666* –
www.restaurant-kochzimmer.de –
Geschlossen 1.-14. Januar, 19. Juli-11. August, Montag, Sonntag,
mittags: Dienstag-Samstag

Ⅰ○ Villa Kellermann - Tim Raue 🄽

DEUTSCH · ELEGANT ✕✕ Sehr geschmackvoll ist die 1914 erbaute Villa am Heiligen See - nach mehrjährigem Dornröschenschlaf von Günther Jauch zu neuem Leben erweckt. "Salon Alter Fritz", "Elefantensalon", "Grüner Salon" - jeder Raum hat seinen eigenen Charme! Deutsche Küche mit traditionellen Einflüssen aus Brandenburg und Potsdam, z. B. "Königsberger Klopse, Rote Bete, Kartoffelpüree". Kulinarischer Berater: Tim Raue.

Menu 62 € – Karte 40/57 €

Stadtplan: B1-a – *Mangerstraße 34* ✉ *14467* – 𝄐 *0331 20046540* –
www.villakellermann.de – *Geschlossen 1.-7. Januar, 13.-28. April, 27. Juli-11. August,*
Montag, Dienstag, mittags: Mittwoch-Freitag

Ⅰ○ Juliette

FRANZÖSISCH-KLASSISCH · GEMÜTLICH ✕ Sie suchen ein Stück französische Lebensart mitten in Potsdam? In dem wirklich liebenswerten Restaurant im Holländischen Viertel bietet man auf drei Ebenen bei dezenter Chansons-Begleitung ambitionierte klassische Küche. Wie wär's z. B. mit "Elsässer Saibling, Frühlingsgemüse, Pumpernickel"? Dazu die passenden Weine.

Menu 45/95 € – Karte 48/62 €

Stadtplan: A1-e – *Jägerstraße 39* ✉ *14467* – 𝄐 *0331 2701791* –
www.restaurant-juliette.de – *Geschlossen 6.-14. Januar, Montag, Dienstag,*
mittags: Mittwoch-Freitag

🏚 Bayrisches Haus

SPA UND WELLNESS · ELEGANT Ein "Stadthotel" mitten im Wald. Herrlich die ruhige Lage (Tipp: Führung durch den Wildpark), wunderschön das Gebäudeensemble - Herzstück ist das im Jahre 1847 erbaute Bayrische Haus. Wohnlich-wertige Zimmer mit kleinen Aufmerksamkeiten, freundliche Betreuung im attraktiven Spa. Frische saisonale Küche im "Restaurant 1847".

41 Zimmer ⌷ – ♟ 155/305 €

außerhalb Stadtplan – *Elisenweg 2 (im Wildpark)* ✉ *14471* – 𝄐 *0331 55050* –
www.bayrisches-haus.de – *Geschlossen 2.-10. Januar*

🥂 **Kabinett F. W.** – Siehe Restaurantauswahl

PRESSECK
Bayern – Regionalatlas **50**–L14 – Michelin Straßenkarte 546

In Presseck-Wartenfels Süd-West: 7,5 km

Gasthof Berghof - Ursprung

REGIONAL · GASTHOF X "Tradition trifft Moderne" gilt sowohl fürs Ambiente als auch für die Küche. Da schmeckt die "Brodsuppn nach Oma Lottes Rezept" ebenso gut wie "rosa gebratener Hirschrücken, gegrillte Shiitake, Moosbeeren". Es gibt auch pfiffige Menüs und Brotzeiten. Den Wein wählt man per iPad. Gepflegt übernachten können Sie auch.

Spezialitäten: Caesar Salad, Saté vom Maishähnchen, geröstete Croûtons, Parmesan und Strauchtomaten. Pastrami von der fränkischen Bio-Ochsenbrust, Kraut-Kartoffeln und gepickelte rote Zwiebeln. Tiramisu.

Menu 37/69 € – Karte 32/64 €

Wartenfels 85 ⊠ 95355 – ℰ 09223 229 – www.berghof-wartenfels.de –
Geschlossen 6.-29. Januar, 1.-17. Juni, Montag, Dienstag

PRIEN AM CHIEMSEE

Bayern – Regionalatlas **66**-N21 – Michelin Straßenkarte 546

Reinhart

ZEITGENÖSSISCH · GEMÜTLICH XX Was im Restaurant des "Garden Hotel Reinhart" serviert wird, sind schmackhafte ambitionierte Gerichte, für die man sehr gute Produkte verwendet. Darf es vielleicht "sauer eingelegte Chiemsee-Renke mit Rösti und Crème frâiche" sein? Oder lieber "Bavette vom Rind Café de Paris mit Süßkartoffel"? Im Sommer hat man eine schöne Terrasse.

Menu 48 € – Karte 35/58 €

Garden Hotel Reinhart, Erlenweg 16 ⊠ 83209 – ℰ 08051 6940 –
www.restaurant-reinhart.de – Geschlossen Sonntag, mittags: Montag-Samstag

Thomas Mühlberger

KLASSISCHE KÜCHE · BISTRO X Thomas Mühlberger, Urgestein der gehobenen Chiemsee-Gastronomie, betreibt hier einen Mix aus Kochschule und Foodbar - trendige Atmosphäre inklusive! Aus der Küche kommt Leckeres wie "Skrei mit Chorizo-Tortellini und Safransauce". Auch Desserts wie "Ananas und Schokolade" sollte man nicht verpassen! Eine nette Alternative zu den klassischen Restaurants in der Region!

Karte 42/54 €

Bernauer Straße 31 ⊠ 83209 – ℰ 08051 966888 – www.kochstdunoch.de –
Geschlossen Montag, Dienstag, Samstag, abends: Mittwoch-Donnerstag

PULHEIM

Nordrhein-Westfalen – Regionalatlas **35**-B12 – Michelin Straßenkarte 543

In Pulheim-Stommeln Nord: 5 km Richtung Grevenbroich

Gut Lärchenhof

FRANZÖSISCH-MODERN · ELEGANT XXX Wer möchte nicht an einem schönen Sommertag auf einer tollen Terrasse sitzen, ins Grüne schauen und dabei auch noch vorzüglich speisen? Da kommt fast schon Urlaubsstimmung auf! Auch wenn man mal kein Terrassenwetter ist, den Blick auf den Golfplatz kann man auch drinnen genießen, denn das elegante Restaurant hat so manch reizvollen (und ebenso begehrten) Fensterplatz! Im Mittelpunkt steht aber natürlich die ausgezeichnete moderne Küche von Torben Schuster. Mit ihm hat sich Gastgeber Peter Hesseler Ende 2017 einen talentierten Mann an den Herd geholt. Und der hält das Stern-Niveau: Intelligent und kontrastreich werden sehr gute Produkte zu aromareichen Gerichten verarbeitet. Dazu serviert das freundliche, aufmerksame und versierte Team die passende Begleitung - der schönen Weinauswahl sei Dank!

Spezialitäten: Gänseleber, Rohmilchkäse und Kohlrabi. Black Angus Roastbeef, Aubergine und Lauch. Indische Banane, Ingwer, Weiße Schokolade und Curry.

Menu 89/159 €

Hahnenstraße (im Golfclub Lärchenhof, Zufahrt über Am Steinwerk) ⊠ 50259 –
𝒞 02238 9231016 – www.restaurant-gutlaerchenhof.de – Geschlossen Montag,
Dienstag, mittags: Mittwoch-Freitag

⊫○ **Bistro** – Siehe Restaurantauswahl

⊫○ Bistro   🛋 ⟳ 🅿

MARKTKÜCHE · BISTRO ⅹ Wer es gerne mal ein bisschen einfacher hat, für den ist das Bistro ideal. Hier gibt es in neuzeitlichem Ambiente Klassiker und Aktuelles. Nicht nur für Golfer eine interessante Adresse.

Menu 45 € – Karte 25/70 €

Gut Lärchenhof, Hahnenstraße (im Golfclub Lärchenhof, Zufahrt über Am
Steinwerk) ⊠ 50259 – 𝒞 02238 9231016 – www.restaurant-gutlaerchenhof.de –
Geschlossen 1.-16. Januar, 17.-25. Februar

PULLACH

Bayern – Regionalatlas **65**–L20 – Michelin Straßenkarte 546

🏠 Seitner Hof   🛋 ⇕ ⅍ 🅿 🚗

LANDHAUS · GEMÜTLICH Wohnliche Zimmer, ein schöner Garten, die ruhige Lage und dennoch eine gute Anbindung nach München, dazu der freundliche Service - da kommen schon so einige Annehmlichkeiten zusammen. Natürlich sei auch die kleine Bibliothek erwähnt! Gehobene französische Küche im Restaurant "Alte Brennerei".

40 Zimmer � – ⑂⑂ 190/380 €

Habenschadenstraße 4 ⊠ 82049 –
𝒞 089 744320 – www.seitnerhof.de

QUEDLINBURG

Sachsen-Anhalt – Regionalatlas **30**–K10 – Michelin Straßenkarte 542

⊫○ Weinstube   🛋 ⟳ 🅿

REGIONAL · KLASSISCHES AMBIENTE ⅹ Die ehemalige Stallung ist heute ein reizender Raum, in dem Terrakottafliesen, warme Töne und eine alte Backsteindecke für ein schönes Ambiente mit ländlichem Touch sorgen. Die Küche ist klassisch-regional und saisonbezogen, auf der Karte z. B. "Lammrücken, grüner Spargel, Kartoffel, Holunder".

Menu 30 € – Karte 34/53 €

Hotel Am Brühl, Billungstraße 11 ⊠ 06484 – 𝒞 03946 96180 –
www.hotelambruehl.de – Geschlossen mittags: Montag-Sonntag

🏠 Hotel Am Brühl   🛋 ⇕ ⅍ 🅿

HISTORISCH · GEMÜTLICH Hier hat man eine Gründerzeitvilla und ein historisches Fachwerkgebäude mit Liebe zum Detail restauriert und daraus ein charmant-elegantes Hotel gemacht. Sie wohnen in ausgesprochen geschmackvollen Zimmern unterschiedlicher Größe, am Morgen gibt es ein ausgezeichnetes Frühstück und in die schöne Altstadt sind es nur wenige Minuten zu Fuß.

48 Zimmer ⊡ – ⑂⑂ 115/150 € – 5 Suiten

Billungstraße 11 ⊠ 06484 – 𝒞 03946 96180 – www.hotelambruehl.de

⊫○ **Weinstube** – Siehe Restaurantauswahl

RADEBEUL

Sachsen – Regionalatlas **43**–Q12 – Michelin Straßenkarte 544

Siehe Stadtplan Dresden

⁂ Atelier Sanssouci

KLASSISCHE KÜCHE · ELEGANT XX "Atelier Sanssouci" - schon der Name klingt stilvoll, und genau so ist das wundervolle Anwesen a. d. 18. Jh. auch! Nicht nur von außen ist die "Villa Sorgenfrei" samt herrlichem Garten eine Augenweide, absolut sehenswert auch das Interieur: ein mediterran-eleganter Saal mit markanten Lüstern, Wandmalerei und hoher Stuckdecke. Diesem Niveau ebenbürtig ist die Küche von Marcel Kube, der zuvor u. a. im "bean&beluga" in Dresden kochte. Aus sehr guten Produkten entsteht ein gelungener Mix aus Klassik und Moderne. Mit feinen Kontrasten und zugleich schön harmonisch wird z. B. gebratener Atlantik-Steinbutt mit knackigem wildem Spargel und frischem aromatischem Muschelragout kombiniert. Weinliebhabern wird die gut sortierte Karte und die treffliche Beratung durch den versierten Sommelier gefallen.

Spezialitäten: Steinpilze mit Pflaume und gebrannter Sahne. Lackiertes Short Rib vom Rind, Bohnen, schwarzer Knoblauch und Estragon. Mascarpone mit Bergamotte und eingelegten Aprikosen.

Menu 75/135€ – Karte 88/109€

Stadtplan: Dresden A1-h – *Hotel Villa Sorgenfrei, Augustusweg 48* ✉ *01445 –* ☎ *0351 7956660 - www.atelier-sanssouci.de – Geschlossen 3.-13. Februar, Dienstag, Mittwoch, mittags: Montag und Donnerstag-Sonntag*

⛫ Villa Sorgenfrei

HERRENHAUS · GEMÜTLICH Wirklich bildschön ist dieses Herrenhaus a. d. 18. Jh. samt traumhaftem Garten. Stilvolle Möbel, helle Farben, Dielenböden, teilweise gemütliche Dachschrägen... Die Zimmer mischen äußerst geschmackvoll historischen Charme mit modernem Komfort. Ein Genuss ist auch das A-la-carte-Frühstück!

14 Zimmer 🗝 – 👫 99/189€ – 2 Suiten

Stadtplan: Dresden A1-h – *Augustusweg 48* ✉ *01445 –* ☎ *0351 7956660 – www.hotel-villa-sorgenfrei.de – Geschlossen 3.-13. Februar*

⁂ **Atelier Sanssouci** – Siehe Restaurantauswahl

RADEBURG
Sachsen – Regionalatlas **43**–Q11 – Michelin Straßenkarte 544

In Radeburg-Bärwalde Süd-West: 4,5 km

⊛ Gasthof Bärwalde

KLASSISCHE KÜCHE · LÄNDLICH X Wer auch das Umland von Dresden kulinarisch erkunden möchte, kommt um Familie Seidels Gasthaus in dem kleinen Dörfchen nicht herum! In gemütlich-gediegener Atmosphäre gibt es klassische Gerichte wie "Variation von Schönfelder Karpfen und Forelle". Die Weinkarte verrät, dass man lange im Badischen war.

Spezialitäten: Variationen von Schönfelder Karpfen und Forelle. Gefüllte Wachtel nach Art der Großmutter. Löwenzahnblüten-Sorbet mit Mirabellen und Kirschbrand.

Menu 32/56€ – Karte 30/47€

Kalkreuter Straße 10a ✉ *01471 –* ☎ *035208 342901 – Geschlossen Dienstag, Mittwoch*

RADOLFZELL
Baden-Württemberg – Regionalatlas **62**–G21 – Michelin Straßenkarte 545

⛫ bora HotSpaResort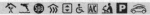

RESORT · DESIGN Urlauber, Wellnessgäste, Tagungen... Die Lage nur einen Steinwurf vom See entfernt und schickes wertiges Interieur im ganzen Haus spricht jeden an! Alle Zimmer mit Balkon. Sie möchten richtig schön entspannen? Skylounge mit toller Sicht, nebenan SPA samt textilfreiem Pool. Ambitionierte moderne Küche im "RUBIN".

84 Zimmer 🗝 – 👫 205/250€

Karl-Wolf-Straße 35 ✉ *78315 –* ☎ *07732 950400 – www.bora-hotsparesort.de*

In Radolfzell-Mettnau

Art Villa am See

FAMILIÄR · INDIVIDUELL So einiges zieht die Gäste hierher: traumhaft die Lage am Mettnaupark, der See vor der Tür, geschmackvolle Zimmer (klasse die Penthouse-Suite), der schöne Garten, die Ruhe, Beauty-Anwendungen.... Tolles Frühstück bis 13 Uhr! Der Chef bietet zudem eine ausgezeichnete Weinauswahl mit 500 Positionen.

9 Zimmer ⊊ – 🍴 135/250 € – 3 Suiten
Rebsteig 2/2 ✉ 78315 – ✆ 07732 94440 – www.artvilla.de

RAHDEN

Nordrhein-Westfalen – Regionalatlas **17**–F8 – Michelin Straßenkarte 543

⍓○ Rupert

INTERNATIONAL · ELEGANT ✕✕ In schönem geradlinig-elegantem Ambiente gibt es moderne Küche, für die regionale Produkte verwendet werden. Appetit macht da z. B. "wildes Ossobuco von der Rehhaxe mit Petersilien-Walnussgremolata". Für Feiern: gemütliche "Schweizer Stuben" und "Spiegelsaal". Das Restaurant befindet sich im Hotel "Westfalen Hof" mit neuzeitlich-wohnlichen Zimmern.

Menu 24/39 € – Karte 29/59 €
Rudolf-Diesel-Straße 13 ✉ 32369 –
✆ 05771 97000 – www.westfalen-hof.de

RAMMINGEN

Baden-Württemberg – Regionalatlas **56**–I19

⍓○ Landgasthof Adler

KLASSISCHE KÜCHE · ELEGANT ✕✕ In diesem charmanten Haus genießt man sehr guten Service, eine wohnliche und elegante Atmosphäre mit ländlichem Touch und richtig schön übernachten kann man hier ebenfalls. Aus der Küche kommt Klassisches - probieren Sie z. B. gebeizten Saibling, geschmorte Rinderroulade oder gratinierten Lammrücken! Der Chef selbst empfiehlt dazu gern die passenden Weine.

Menu 39 € (Mittags), 59/148 € – Karte 40/80 €
Riegestraße 15 ✉ 89192 – ✆ 07345 96410 – www.adlerlandgasthof.de –
Geschlossen 17.-23. August, Montag, mittags: Dienstag-Donnerstag

RATEKAU

Schleswig-Holstein – Regionalatlas **11**–K4 – Michelin Straßenkarte 541

In Ratekau-Warnsdorf Nord-Ost: 9 km

🏠 Landhaus Töpferhof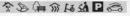

LANDHAUS · ELEGANT Sie mögen es individuell? Dieses schöne Anwesen bietet hochwertige und wohnliche Zimmer im Haupthaus und in der "Alten Scheune". Im "Café Tausendschön" lockt hausgemachter Kuchen, draußen der große Garten mit Ententeich. Gemütliches Restaurant mit hübschem Wintergarten. Kostenloser Fahrradverleih.

31 Zimmer ⊊ – 🍴 145/290 € – 7 Suiten
Fuchsbergstraße 5 ✉ 23626 –
✆ 04502 2124 – www.landhaus-toepferhof.de

RATHENOW

Brandenburg – Regionalatlas **21**–N8 – Michelin Straßenkarte 542

In Rathenow-Semlin Nord-Ost: 6 km über B 188, in Stechow links

🏨 Golf Resort Semlin am See ⚑ 🐾 🖼 📺 🛁 🔲 🦽 **P**

LANDHAUS · REGIONAL Ein Golfhotel in herrlich ruhiger Lage etwas außerhalb. Die Zimmer sind wohnlich gestaltet und verfügen über Balkon/Terrasse zum Golfplatz oder zum Wald. Gute Tagungsmöglichkeiten. Schön sind die Restaurantterrasse mit Blick ins Grüne sowie der große Barbereich.

72 Zimmer ☲ – 🍴 104/149 €

Ferchesarer Straße 8b ✉ 14712 – ☎ 03385 5540 – www.golfresort-semlin.de

RATINGEN

Nordrhein-Westfalen – Regionalatlas **26**–C11 – Michelin Straßenkarte 543

In Ratingen-Homberg Ost: 5 km jenseits der A3

🍽 Essgold 🛖

INTERNATIONAL · GEMÜTLICH ✕✕ In dem Fachwerkhaus von 1875 sitzt man in einem gemütlich-modernen Raum mit Kachelofen bei saisonal-mediterran beeinflusster Küche. Tipp: die Terrasse auf einem malerischen kleinen Platz mit Blick auf die Kirche! Gepflegt übernachten kann man übrigens auch: Man hat vier sehr hübsche Zimmer.

Menu 49/75 € – Karte 29/57 €

Dorfstraße 33 ✉ 40882 – ☎ 02102 5519070 – www.restaurant-essgold.de –
Geschlossen Montag, Sonntag

RATSHAUSEN

Baden-Württemberg – Regionalatlas **62**–F20 – Michelin Straßenkarte 545

🉐 Adler 🛖 🍽 **P**

MARKTKÜCHE · RUSTIKAL ✕ Gemütlich-rustikal ist es in dem historischen Gasthaus, herzlich der Service unter der Leitung der Chefin - die charmante Steirerin ist eine tolle Gastgeberin! In der Küche bereiten Vater und Sohn z. B. "Kutteln in Lemberger mit Bratkartoffeln", "Rehpfeffer" oder auch "Tarte Tatin" zu. Ob gehoben oder bürgerlich, man kocht richtig schmackhaft! Tipp: eigene Brände.

Spezialitäten: Kürbiscremesüpple mit Croûtons und steirischem Kürbiskernöl. Schwäbischer Filderrostbraten vom Grill mit Sauerkraut und Schupfnudeln. In Honig, Thymian und Salzbutter gebratene Aprikosen mit Ziegenfrischkäse.

Menu 35 € – Karte 37/70 €

Hohnerstraße 3 ✉ 72365 – ☎ 07427 2260 – www.adler-ratshausen.de –
Geschlossen 17.-27. Februar, 24. August-8. September, Montag, Dienstag,
mittags: Mittwoch-Samstag

RAUHENEBRACH

Bayern – Regionalatlas **49**–J15 – Michelin Straßenkarte 546

In Rauhenebrach-Schindelsee Ost: 9 km

🉐 Gasthaus Hofmann ⬅ 🛖 **P**

REGIONAL · GASTHOF ✕ Nicht ohne Grund zieht es viele Stammgäste hier hinaus zu Bettina Hofmann, denn man hat es in den netten rustikalen Stuben nicht nur gemütlich, man isst auch gut. Gekocht wird regional-saisonal und mit modernen Einflüssen, es gibt z. B. "Steigerwald-Rehkeule, Nussküchla, Gartenbohnen, Pfifferlinge". Dazu schöne Weine. Wohnliche Gästezimmer hat man auch.

Spezialitäten: Saiblingtatar, Buttermilch, hausgebackenes Knäckebrot. Kalb, Topinambur und Kräuterpüree, schwarze Nüsse. Sorbet von Schindelseer Äpfeln, Dinkelstreusel, Zimtschaum.

Menu 35/75 € – Karte 30/60 €

Schindelsee 1 ✉ 96181 – ☎ 09549 98760 – www.schindelsee.de – Geschlossen 7.-29.
Januar, Montag, Dienstag, mittags: Mittwoch-Samstag

RAVENSBURG

Baden-Württemberg – Regionalatlas **63**–H21 – Michelin Straßenkarte 545

⃝ Lumperhof ☂ ✿ **P**

REGIONAL · LÄNDLICH ✗ Idyllisch liegt der familiengeführte Landgasthof im Grünen - reizvoll die Terrasse mit mächtiger alter Linde! Die schmackhaften regional-saisonalen Gerichte nennen sich z. B. "Rehragout mit Spätzle und Pilzen" oder "Ravensburger Spargel mit gebackenem Maischollenfilet und Sauce Hollandaise". Nur Barzahlung.

Menu 39/63 € – Karte 41/62 €

Lumper 1 ✉ 88212 – ✆ 0751 3525001 – www.lumperhof.de – Geschlossen 2.-14. Juni, 7.-13. September, Montag, Dienstag, mittags: Mittwoch-Freitag

REES

Nordrhein-Westfalen – Regionalatlas **25**–B10 – Michelin Straßenkarte 543

In Rees-Reeserward Nord-West: 4 km über Westring und Wardstraße

⃝ Landhaus Drei Raben ☂ ✿ **P**

REGIONAL · GEMÜTLICH ✗✗ Seit 1995 steht Familie Koep für beständig gute Gastronomie, und die gibt es auf dem historischen Anwesen mit Landgut-Charakter in gemütlichen Räumen (im Winter mit wärmendem Kamin) oder auf der tollen Terrasse mit Blick zum Mahnensee. Man kocht international, regional und saisonal, z. B. "Entenbrust mit Portwein-Aprikosen". Tagsüber beliebt: Flammkuchen und Kuchen.

Menu 38 € (Mittags), 42/58 € – Karte 39/57 €

Reeserward 5 ✉ 46459 – ✆ 02851 1852 – www.landhaus-drei-raben.de – Geschlossen Montag, Dienstag, mittags: Mittwoch-Samstag

REGENSBURG

Bayern – Regionalatlas **58**–N18 – Michelin Straßenkarte 546

✿ Storstad (Anton Schmaus) ⊗⊗ ☂

KREATIV · TRENDY ✗✗ Schwedisch ist hier nicht nur der Name ("storstad" bedeutet "Großstadt"), nordische Akzente finden sich auch im Design und in der kreativen Küche des chic-urbanen Restaurants im 5. Stock des Turmtheaters. Patron Anton Schmaus (er kocht auch für die deutsche Fußball-Nationalmannschaft) hat die Leitung der Küche seinem langjährigen Souschef Josef Weig anvertraut. Wie gekonnt er hervorragende Produkte zubereitet, zeigt z. B. der sous-vide gegarte Kabeljau mit würzig eingelegter Pflaume, roter Shiso-Kresse und fantastischem Schaum von Purple Curry. Der Service ist engagiert und geschult, kompetent die Weinberatung. Man hat hier oben im historischen Goliathhaus übrigens eine klasse Sicht auf den Dom! Die raumhohe Fensterfront lässt sich im Sommer zur tollen Terrasse hin komplett öffnen.

Spezialitäten: Europäischer Hummer, Bergamotte, Birne, Radicchio. Galizisches Rind, Sobrassada, Tomate, Honig, Topinambur. Quarksoufflé, Heidelbeere, Lavendel.

Menu 40 € (Mittags), 99/145 € – Karte 85/122 €

Stadtplan: B1-s – *Watmarkt 5 (5. Etage) ✉ 93047 – ✆ 0941 59993000 – www.storstad.de – Geschlossen Montag, Sonntag*

⃝ LUMA ☂ 🅰🅲 ✿ **P**

INTERNATIONAL · CHIC ✗✗ Lust auf modernen Chic und gute Küche? In dem überaus geschmackvoll und hochwertig eingerichteten Restaurant und auf der schönen Terrasse lässt man sich z. B. "Karree vom Iberico-Schwein, Chorizo-Risotto, Confit-Tomaten" schmecken. Im Bistro-Bar-Bereich gibt's alternativ Club Sandwich & Co.

Menu 25 € (Mittags), 52/69 € – Karte 48/64 €

Stadtplan: C1-m – *Hochweg 83 ✉ 93049 – ✆ 0941 2805598 – www.luma-regensburg.de – Geschlossen Montag, Dienstag, mittags: Samstag*

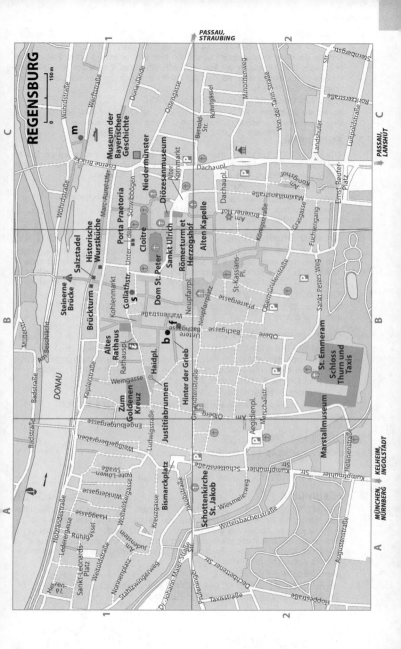

REGENSBURG

0   150 m

MÜNCHEN, NÜRNBERG
KELHEIM, INGOLSTADT
PASSAU, LANSHUT
PASSAU, STRAUBING

DONAU

Museum der Bayerischen Geschichte
Eiserne Brücke
Steinerne Brücke
Salzstadel
Historische Wurstküche
Brückturm
Porta Praetoria
Niedermünster
Diözesanmuseum
Alter Kornmarkt
Cloître
Sankt Ulrich
Dom St. Peter
Römerturm et Herzogshof
Alten Kapelle
Am Bruxener Hof
Goliathstr.
Kohlenmarkt
Wahlenstraße
Neupfarrpl.
Neupfarrgasse
St-kassians-Pl.
Altes Rathaus
Rathauspl.
Haidpl.
Hinter der Grieb
Untere Bachgasse
Obere Bachgasse
Zum Goldenen Kreuz
Weingasse
Justitiabrunnen
Schottenkirche St. Jakob
Bismarckplatz
St. Emmeram
Schloss Thurn und Taxis
Marstallmuseum
Aegidienpl.
Am Olberg

Dachaupl.
Am Königshof
Ernst-Reuter-Platz
Maximilianstraße

Badstraße
Weißgerbergraben
Engelburgergasse
Ludwigstraße
Gesandtenstraße

591

⅒○ Kreutzer's   ⽊ & P

INTERNATIONAL · TRENDY ⅔ Die Lage beim Westhafen ist zwar etwas ab vom Schuss, doch der Besuch lohnt sich, denn hier gibt es richtig gutes Fleisch und Fisch vom Grill! Und auch die klassisch-internationalen Vorspeisen und Desserts können sich sehen lassen, ebenso der Business Lunch. Im Sommer locken Terrasse und "Garden Lounge".

Menu 22€ (Mittags), 59/85€ – Karte 20/95€

außerhalb Stadtplan – *Prinz-Ludwig-Straße 15a* ⊠ 93055 – ℰ 0941 569565020 – *www.kreutzers-restaurant.de* – *Geschlossen Sonntag, mittags: Samstag*

⅒○ Sticky Fingers

KREATIV · HIP ⅔ Ein schön urbanes Konzept: cool das reduzierte Design, locker und leger die Atmosphäre, Musik zur akustischen Untermalung. Da passt die kreative Küche perfekt ins Bild - man speist übrigens mit Stäbchen.

Menu 57/69€ – Karte 39/83€

Stadtplan: B1-f – *Unteren Bachgasse 9* ⊠ 93047 – ℰ 0941 58658808 – *www.stickyfingers.restaurant* – *Geschlossen Montag, Sonntag, mittags: Dienstag-Samstag*

🏠 Orphée Großes Haus   ⵣ 🔁 🎿

HISTORISCHES GEBÄUDE · INDIVIDUELL Für Autofahrer ist die Innenstadtlage zwar nicht ganz ideal, dafür stecken jede Menge Charme und Geschichte in diesem Haus! Wie könnte man attraktiver wohnen als in stilgerecht erhaltenen Räumen mit Stuck, Dielenböden, Kunst und Antiquitäten? Bistro mit Pariser Flair.

33 Zimmer ⊆ – ♥♥ 150/185€ – 1 Suite

Stadtplan: B1-b – *Untere Bachgasse 8* ⊠ 93047 – ℰ 0941 596020 – *www.hotel-orphee.de*

🏠 Orphée Andreasstadel   🐾 P

FAMILIÄR · INDIVIDUELL Das charmante ehemalige Salzstadel nahe der Steinernen Brücke besticht durch herzliche Gästebetreuung und geräumige, wertige Zimmer mit mediterraner Note, teils zu den Donauauen hin. Das Frühstück serviert man Ihnen auf dem Zimmer. Parkplatz in der Salzgasse.

10 Zimmer ⊆ – ♥♥ 150/185€

außerhalb Stadtplan – *Andreasstraße 26* ⊠ 93059 – ℰ 0941 59602300 – *www.hotel-orphee.de*

REHLINGEN-SIERSBURG

Saarland – Regionalatlas **45**–B16 – Michelin Straßenkarte 543

Im Ortsteil Eimersdorf Nord-West: 2 km ab Siersburg

⅒○ Niedmühle   ⇦ 🍴 ⽊ P

FRANZÖSISCH ZEITGENÖSSISCH · LANDHAUS ⅔⅔ Wertig-elegant das Interieur, schön die Tischkultur, aufmerksam und geschult der Service. Dazu ambitionierte klassische Küche aus guten Produkten - und werfen Sie auch mal einen Blick in die fair kalkulierte Weinkarte. Gerne sitzt man im romantischen, zur Nied gelegenen Garten mit altem Baumbestand. Zum Übernachten: hell und wohnlichmodern eingerichtete Zimmer.

Menu 28/89€ – Karte 51/78€

Niedtalstraße 23 ⊠ 66780 – ℰ 06835 67450 - *www.restaurant-niedmuehle.de* – *Geschlossen Montag, Sonntag, mittags: Samstag*

ॐॐॐ, ॐॐ, ॐ, ☺ & ⅒○

REICHENAU (INSEL)

Baden-Württemberg – Regionalatlas **63**–G21 – Michelin Straßenkarte 545

Im Ortsteil Mittelzell

⅋○ **Ganter Restaurant Mohren** ⇦ 🛏 ✿ **P**

INTERNATIONAL · GEMÜTLICH XX Ob in gemütlich-rustikalem oder chic-modernem Ambiente, im Restaurant des "Ganter Hotel Mohren" gibt es frische Regionalküche mit internationalem Einfluss. Probieren Sie z. B. "Kalb x 2 - Tatar, Zunge, Estragon, Paprika" oder "Zander, Pastinake, Birne, Walnuss". Lecker auch die Desserts! Schön übernachten kann man im historischen Stammhaus oder im Neubau.

Menu 39 € – Karte 37/59 €

Pirminstraße 141 ✉ 78479 – ☏ 07534 9944607 – www.mohren-bodensee.de

REICHERTSHAUSEN

Bayern – Regionalatlas **58**–L19 – Michelin Straßenkarte 546

In Reichertshausen-Langwaid Süd-West: 6 km, Richtung Hilgertshausen, in Lausham rechts ab

⅋○ **Gasthof zum Maurerwirt** 🛏 🅰️🅲 **P**

KLASSISCHE KÜCHE · LÄNDLICH XX Gemütlich sitzt man in geschmackvollen Stuben, der ländliche Charme passt schön zur langen Tradition des Gasthauses. Gekocht wird ambitioniert und mit internationalem Einfluss. Der freundliche Service empfiehlt dazu den passenden Wein.

Menu 44/72 € – Karte 38/58 €

Scheyerer Straße 3 ✉ 85293 – ☏ 08137 809066 – www.maurerwirt.de – Geschlossen Montag, Dienstag, mittags: Mittwoch-Samstag

REICHSHOF

Nordrhein-Westfalen – Regionalatlas **37**–D12 – Michelin Straßenkarte 543

In Reichshof-Hespert

⅋○ **Ballebäuschen** 🛏 ✿ **P**

FRANZÖSISCH-KLASSISCH · GEMÜTLICH XX Seit über 25 Jahren betreibt Familie Allmann dieses nette Restaurant - man lebt die Tradition und bleibt dennoch nicht stehen. Die Küche ist schmackhaft, frisch und ehrlich, sie reicht von regional bis klassisch und bietet auch Wild aus eigener Jagd. Mittags kleine Tageskarte. Schöne Terrasse hinterm Haus.

Menu 22 € (Mittags)/69 € – Karte 30/66 €

Hasseler Straße 10 ✉ 51580 – ☏ 02265 9394 – www.ballebaeuschen.de – Geschlossen Montag, Dienstag

REIL

Rheinland-Pfalz – Regionalatlas **46**–C15 – Michelin Straßenkarte 543

⊛ **Heim's Restaurant** ⇦ ⟨ 🛏 ✿ **P** 🚗

TRADITIONELLE KÜCHE · FAMILIÄR XX In dem rund 300 Jahre alten Haus genießt man in geschmackvollem Ambiente frische saisonale Küche von "Original Wiener Schnitzel" bis "Kabeljau, Bouillabaisse-Sud, Krustentierravioli, Sauce Rouille". Tipp: Fensterplätze mit Blick auf Weinberge und Mosel. Küchen-Öffnungszeiten: Fr. und Sa. 12 - 21 Uhr, So. 12 - 20 Uhr. Zum Übernachten hat der "Reiler Hof" schöne Zimmer.

Spezialitäten: Sommersalat, Pfifferlinge, Parmesan, Brotchips, Limonen-Pfeffervinaigrette. Schweinebauch, Rotweinschalotten, Schnippelbohnen, Rosmarinkartoffeln. Sorbet mit Rieslingsekt aufgefüllt.

Menu 34/80 € – Karte 33/66 €

Moselstraße 27 ✉ 56861 – ☏ 06542 2629 – www.reiler-hof.de – Geschlossen 1. Januar-18. März, 20.-31. Dezember

REIT IM WINKL

Bayern – Regionalatlas **67**–N21 – Michelin Straßenkarte 546

🏠 Unterwirt 🎇 🍴 ⌁ 🖳 📶 🎐 ⅃♨ 🖬 🅿 🛋

GASTHOF · GEMÜTLICH Im 14. Jh. erbaut und 1612 erstmals als Gasthaus erwähnt! Der traditionsreiche "Unterwirt" liegt mitten in dem Skiort und hat einen großzügigen Wellnessbereich sowie schöne wohnliche Zimmer von traditionell bis chic-alpin. Im Restaurant (auch hier zum Teil ganz modernes Design) serviert man regionale Küche mit internationalen Einflüssen.

71 Zimmer ⊡ – 🛏 158/340 € – 3 Suiten

Kirchplatz 2 ✉ 83242 – ℰ 08640 8010 – www.unterwirt.de

In Reit im Winkl-Blindau Süd-Ost: 2 km

🍴 Gut Steinbach Ⓝ 🎇 ⌖ 🅿

REGIONAL · LANDHAUS ✗✗ "Heimat", "Auerhahn", "Bayern" oder "Tiroler Stube" – unterschiedliche Räume bietet das Restaurant des schmucken gleichnamigen Resorts, allesamt geschmackvoll und gemütlich. Die Speisekarte ist überall die gleiche. Probieren Sie z. B. "Beef Tatar vom Almochsen" oder auch "gebratenen Zander auf Szegediner Kraut".

Menu 34/139 € – Karte 38/77 €

Hotel Gut Steinbach, Steinbachweg 10 ✉ 83242 – ℰ 08640 8070 –
www.gutsteinbach.de

🏠 Gut Steinbach 🎇 🍂 ⌖ 🍴 🖳 📶 🎐 ⅃♨ ⌖ 🖬 🅿 🛋

LANDHAUS · MODERN Das Schwesterhotel der "Egerner Höfe" in Rottach-Egern ist ein wunderschönes Landresort mit Haupthaus und sieben herrlichen Chalets – da möchte man gar nicht mehr ausziehen! Wunderbar die ruhige Lage, toll das Anwesen samt gutseigenen Tieren, dazu Spa, ausgezeichneten Service und ein hervorragendes Frühstück. Das ist naturverbundener und unprätentiöser Luxus!

65 Zimmer ⊡ – 🛏 184/420 € – 15 Suiten

Steinbachweg 10 ✉ 83242 – ℰ 08640 8070 – www.gutsteinbach.de

🍴 **Gut Steinbach** – Siehe Restaurantauswahl

REMAGEN

Rheinland-Pfalz – Regionalatlas **36**–C13 – Michelin Straßenkarte 543

🍴 Alte Rebe 🛏

INTERNATIONAL · GERADLINIG ✗ Eine hübsche Adresse direkt am Marktplatz etwas oberhalb des Rheins. Das Ambiente geradlinig-modern mit markanten Farbakzenten in Lila. Charmant der Service. Auf der internationalen Karte machen z. B. "gebratener Oktopus und Wildgarnele mit Orange und Fenchel" oder "Westerwälder Lachsforelle mit weißer Zwiebelcreme, Lauch und Reis" Appetit. Mittags kleinere Karte.

Karte 31/65 €

Kirchstraße 4 ✉ 53424 – ℰ 02642 9029269 – www.alte-rebe-remagen.de –
Geschlossen 15.-30. September, Montag, Dienstag

REMCHINGEN

Baden-Württemberg – Regionalatlas **54**–F18 – Michelin Straßenkarte 545

In Remchingen-Wilferdingen

🍴 Zum Hirsch 🡠 🎇 ⌖ 🅿

REGIONAL · RUSTIKAL ✗✗ Ein charmanter Fachwerk-Gasthof von 1688 – im Winter sitzt man gerne in der Ofenstube, im Sommer auf der schönen Terrasse. Sehr lecker sind z. B. "Tatar vom Schwarzwälder Färsenrind" oder "knusprig gebratener Flusszander, Weißburgundercreme, Apfel-Rahmsauerkraut". Mittags: "Eat & Talk". Das Haus ist auch eine praktische Übernachtungsadresse.

Menu 33 € (Mittags), 59/89 € – Karte 36/67 €

Hauptstraße 23 ✉ 75196 – ℰ 07232 79636 – www.hirsch-remchingen.de –
Geschlossen 16.-27. Februar, 30. Mai-14. Juni, Montag, Sonntag

REMSCHEID

Nordrhein-Westfalen – Regionalatlas **36**–C12 – Michelin Straßenkarte 543

⑪○ Heldmann & Herzhaft   🛋 ὦ ⇄ **P**

KLASSISCHE KÜCHE · GEMÜTLICH ✕✕ Das Konzept der Heldmanns kommt an: Man unterscheidet nicht mehr zwischen "Gourmet" und "Bistro", sondern bietet nur noch eine Karte. Hier liest man z. B. "Bergisches Kalbsfilet, Zuckerschoten, Pilzravioli, Pfeffersauce". Unverändert der attraktive Rahmen der schmucken Industriellenvilla a. d. 19. Jh.

Menu 44/95 € – Karte 39/72 €

Heldmann, Brüderstraße 56 ⊠ 42853 – ℰ 02191 291941 –
www.heldmann-herzhaft.de – Geschlossen 1.-11. Januar, 14. Juli-12. August, Montag,
Sonntag, mittags: Samstag

REMSHALDEN

Baden-Württemberg – Regionalatlas **55**–H18 – Michelin Straßenkarte 545

In Remshalden-Hebsack

⑪○ Lamm Hebsack   🏖 ⇦ 🛋 ⇄ **P**

MARKTKÜCHE · GASTHOF ✕✕ Puppen-, Back-, Bauern- und Jägerstube - die Räume sind so gemütlich wie ihre Namen klingen! Eine Spezialität des Hauses: "Wurstknöpfle in Petersilienbutter geschmelzt, Filderkraut, Zwiebelstroh". Oder lieber "Barbarie-Entenbrust, Alblinsengemüse, Kartoffeln"? Dazu rund 300 Weine. Gepflegt übernachten kann man in dem traditionsreichen Familienbetrieb ebenfalls.

Menu 32/65 € – Karte 35/63 €

Winterbacher Straße 1 ⊠ 73630 – ℰ 07181 45061 – www.lamm-hebsack.de –
Geschlossen 1.-8. Januar, Sonntag

RENCHEN

Baden-Württemberg – Regionalatlas **54**–E19 – Michelin Straßenkarte 545

In Renchen-Erlach Süd-Ost: 2 km über Renchtalstraße in Richtung Oberkirch

⑪○ Drei Könige   🛋 ⇄ **P**

REGIONAL · LÄNDLICH ✕ Hier kümmert man sich freundlich und fürsorglich um seine Gäste. Sie sitzen gemütlich in holzvertäfelten Stuben und lassen sich schmackhafte regionale Gerichte servieren. Sehr beliebt im November und überregional bekannt: "Gänsebraten mit Rotkohl, Maronen und Kartoffelklößen".

Karte 23/56 €

Erlacher Straße 1 ⊠ 77871 – ℰ 07843 2287 – www.3-koenige.de – Geschlossen 2.-19.
März, 14.-25. September, Montag, Mittwoch

RHEDA-WIEDENBRÜCK

Nordrhein-Westfalen – Regionalatlas **27**–F10 – Michelin Straßenkarte 543

Im Stadtteil Rheda

✿ Reuter (Iris Bettinger)   🏖 🛋 ὦ **P**

FRANZÖSISCH-MODERN · ELEGANT ✕✕ Familientradition seit 1894 - da ist Ihnen echtes Engagement gewiss. In dem schönen wertig-eleganten Restaurant macht Iris Bettinger mit ihrem "interregiomediterraneurasischen" Menü von sich reden. Nach Stationen wie dem "Colombi" in Freiburg, der "Käfer-Schänke" und dem "Mandarin Oriental" in München hat sie im Jahre 2007 in 4. Generation die Küchenleitung übernommen. Produktorientiert und mit kreativer Note verbindet sie regionale und internationale Einflüsse. So kombiniert sie z. B. aromatische Jakobsmuscheln mit Karotte in verschiedenen Varianten und einem schmackhaften Sesamcracker. Dazu werden die Gäste angenehm professionell umsorgt. Auch der Sommelier berät Sie mit Herzblut - mit rund 250 Positionen hat man eine gut sortierte Weinauswahl.

Spezialitäten: Tatar vom holländischen Langostino, Jasmin-Reiscrème, Sud von Gurke und Maracuja. Milchkalbskotelett mit Steinpilzen, Spitzkohl, Sauce Béarnaise in der Kartoffelkiste. Sanddorn, Mirabelle, Beni Wild Harvest 66% Original Beans Schokolade.

Menu 95/169 €

Hotel Reuter, Bleichstraße 3 ✉ 33378 – ☏ 05242 94520 – www.hotelreuter.de – Geschlossen 1.-14. Januar, 27. Juni-25. August, 24.-31. Dezember, Montag, Dienstag, Sonntag, mittags: Mittwoch-Samstag

Gastwirtschaft Ferdinand Reuter

MARKTKÜCHE · BISTRO ⅗ Lust auf "Maispoulardenbrust mit Bärlauchkruste" oder "Schnitzel vom Schwäbisch Hällischen Landschwein"? Was hier gekocht wird, schmeckt richtig gut und basiert auf ausgesuchten Produkten, gerne aus der Region. Das Ambiente dazu: freundlich und modern - alte Fotos erinnern an die Geschichte des "Reuters".

Spezialitäten: Feine Kalbsrückenscheiben mit marinierten Pfifferlingen, gegrillten Pfirsichspalten, Rucola und Parmesan. Gegrillte Maispoulardenbrust und argentinische rote Garnele auf Safran-Gemüse-Paella, grüne und gelbe Zucchini. Geeister Kaiserschmarrn mit Aprikosenkompott und Strudelblätter.

Menu 37 € – Karte 31/54 €

Hotel Reuter, Bleichstraße 3 ✉ 33378 – ☏ 05242 94520 – www.hotelreuter.de – Geschlossen 1.-5. Januar, 24.-31. Dezember, Sonntag, mittags: Freitag-Samstag

⅊○ Emshaus

MARKTKÜCHE · FREUNDLICH ⅗⅗ Schön liegt das schmucke Backsteinhaus von 1936 zwischen Rosengarten und Schlosspark. In dem geschmackvollen Restaurant erwarten Sie sympathische Gastgeber sowie regionale, mediterrane und saisonale Gerichte wie "Maishähnchenbrust, Grappa-Rahmsauce, Spargelragout mit Tomaten". Sa. und So. gibt es nachmittags Kuchen.

Menu 38/49 € – Karte 38/55 €

Gütersloher Straße 22 ✉ 33378 – ☏ 05242 4060400 – www.emshaus-rheda.de – Geschlossen Montag, Dienstag, mittags: Mittwoch-Samstag

Reuter

FAMILIÄR · INDIVIDUELL Schon in 4. Generation betreibt die Familie mit Engagement dieses Haus, immer wieder wird investiert, alles ist topgepflegt, der Service aufmerksam. Die Zimmervielfalt reicht vom puristisch-praktischen kleinen Einzelzimmer bis zum schicken klimatisierten Komfortzimmer. Gut auch das Frühstück.

36 Zimmer ⌼ – ♥♥ 129/189 €

Bleichstraße 3 ✉ 33378 – ☏ 05242 94520 – www.hotelreuter.de – Geschlossen 1.-5. Januar

⚙ Reuter · ⊕ Gastwirtschaft Ferdinand Reuter – Siehe Restaurantauswahl

RHEINE

Nordrhein-Westfalen – Regionalatlas **16**–D8 – Michelin Straßenkarte 543

Beesten

KLASSISCHE KÜCHE · FREUNDLICH ⅗⅗ Mit Engagement und Herz ist Familie Beesten hier in 4. Generation bei der Sache. Gemütlich sitzt man bei guten internationalen Gerichten wie "Carpaccio vom Rinderfilet" oder "Kabeljaufilet an Kräutersenfsauce mit Herzoginkartoffeln". Schön: Terrasse mit altem Baumbestand.

Spezialitäten: Rinderbrühe mit Crêpe-Roulade, Eierstich und Ochsenbrust. Artischocken-Mangold-Strudel auf Frischkäsesauce mit Zucchinirouladen Paprikapüree und Kartoffelravioli. Passionsfrucht-Vanilletarte mit Pistazieneis.

Menu 37/65 € – Karte 32/56 €

Eichenstraße 3 ✉ 48431 – ☏ 05971 3253 – www.restaurant-beesten.de – Geschlossen 15.-31. Juli, Donnerstag

Zum Alten Brunnen

FAMILIÄR · GEMÜTLICH Ein reizendes Anwesen wie ein kleines Dörfchen, mittig ein charmanter Hof mit Brunnen - hier gibt's bei schönem Wetter das Frühstück, und das wird am Tisch serviert. Man spürt die persönliche Note, überall im Haus geschmackvolle Details wie Antiquitäten. Darf es vielleicht eine klimatisierte Suite sein?

12 Zimmer ☲ – ♥♥ 128/148 € – 4 Suiten

Dreierwalder Straße 25 ⊠ 48429 – ℰ 05971 961715 – www.zumaltenbrunnen.de

RHODT UNTER RIETBURG
Rheinland-Pfalz – Regionalatlas **47**–E17 – Michelin Straßenkarte 543

Wohlfühlhotel Alte Rebschule

LANDHAUS · MODERN Zum Wohlfühlen sind die ruhige Lage und der Blick auf das Rebenmeer (besonders schön von der Terrasse!), die sehr komfortablen Zimmer (chic z. B. die Barrique-Zimmer) und das Wellnessangebot. Dazu ein klassisches Restaurant mit wechselndem Abendmenü sowie das rustikale Gasthaus "Sesel". Verwöhnpension inkl.

37 Zimmer ☲ – ♥♥ 206/235 € – 3 Suiten

Theresienstraße 200 ⊠ 76835 – ℰ 06323 70440 – www.alte-rebschule.de

RIEDENBURG
Bayern – Regionalatlas **58**–M18 – Michelin Straßenkarte 546

⊓○ **Forst's Landhaus**

INTERNATIONAL · FREUNDLICH ✗ Hier kommen die freundliche Atmosphäre und die frische international ausgerichtete Küche gut an. Sie möchten draußen sitzen? Man hat schöne Terrassenplätze am Bach. Gepflegt übernachten können Sie übrigens auch.

Menu 35 € (Mittags), 37/75 € – Karte 40/61 €

Mühlstraße 37b ⊠ 93339 – ℰ 09442 9919399 - www.forsts-landhaus.de –
Geschlossen 17. Februar-5. März, Montag, Dienstag, mittags: Mittwoch-Donnerstag

RIEDLINGEN
Baden-Württemberg – Regionalatlas **63**–H20 – Michelin Straßenkarte 545

⊓○ **Rosengarten** ⓝ

MARKTKÜCHE · CHIC ✗ Aus einem einfachen Gasthaus hat sich dieses recht moderne Restaurant entwickelt. Ob Sie im gediegenen Stübchen sitzen oder im geradlinig gehaltenen Anbau, die jungen Betreiber verwöhnen Sie mit frischer Küche. Und die gibt es z. B. als "Essenz vom Ochsenschwanz mit eigenen Ravioli". Oder lieber etwas Schwäbisches wie hausgemachte Maultaschen?

Menu 34/54 € – Karte 15/45 €

Gammertinger Straße 25 ⊠ 88499 – ℰ 07371 7336 – www.rosengarten-riedlingen.de –
Geschlossen 1. Januar-1. Juli, 16.-29. September, Mittwoch

RIETBERG
Nordrhein-Westfalen – Regionalatlas **27**–F10 – Michelin Straßenkarte 543

In Rietberg-Mastholte Süd-West: 7 km über Mastholter Straße

Domschenke

REGIONAL · KLASSISCHES AMBIENTE ✗✗ Hier ist schon die 3. Generation im Einsatz. Ob Gaststube, Wintergarten oder draußen unter alten Bäumen, man umsorgt Sie herzlich mit regional-internationaler Küche von der "westfälischen Hochzeitssuppe" bis zum "mediterranen Wildschweinragout". Dazu Tagesangebot von der Tafel.

Spezialitäten: Westfälische Hochzeitssuppe mit Markklößchen. Kalbfleischfrikadellen mit Kürbis-Kartoffelpüree, frischen Pfifferlingen, Kürbissalat und Kernöl. Gratinierte Pflaumen mit Vanillecrème, gratiniertem Pflaumenragout und Walnusseis.

Karte 29/49 €

Lippstädter Straße 1 ⊠ 33397 – ℰ 02944 318 – www.domschenke-mastholte.de –
Geschlossen Dienstag, mittags: Montag und Mittwoch-Samstag

RINGSHEIM
Baden-Württemberg – Regionalatlas **61**–D20 – Michelin Straßenkarte 545

⊛ Heckenrose
INTERNATIONAL · TRENDY ✗✗ Dass man hier richtig gut isst, hat sich bis in die Schweiz und ins Elsass herumgesprochen. Man sitzt in sympathisch-moderner Atmosphäre und lässt sich Internationales wie "Dorsch, Selleriemousseline, Lauch" oder "Rinderfilet, Artischocke, La Ratte" schmecken. Gepflegte, zeitgemäße Gästezimmer gibt es in dem engagiert geführten Haus ebenfalls.

Spezialitäten: Kürbiscappuccino, Fröhknäcke. Wild Pulled Pork, Rotkohl, Serviettenknödel. Maronen-Birnen-Millefeuille, Tonkabohneneis.

Menu 30/45 € – Karte 39/59 €

Bundesstraße 24 ⊠ 77975 – ℰ 07822 789980 – www.hotel-heckenrose.de –
Geschlossen Mittwoch, mittags: Montag-Dienstag und Donnerstag-Samstag

RIPPOLDSAU-SCHAPBACH, BAD
Baden-Württemberg – Regionalatlas **54**–E19 – Michelin Straßenkarte 545

Im Ortsteil Bad Rippoldsau

⊛ Klösterle Hof
REGIONAL · FAMILIÄR ✗ Markus Klein kocht klassisch mit regional-saisonalem Bezug, so z. B. "Schweinerücken mit Wirsing, Trüffelsoße und Kartoffelkrusteln" oder "Bachsaibling mit Pinienkernen". Hier stimmen Geschmack und Preis, dazu nettes ländliches Ambiente. Tipp für Übernachtungsgäste: die "Wohlfühl-" und "Komfortzimmer".

Spezialitäten: Tafelspitzbrühe mit Kräuterflädle. Rehragout mit Pilzen, Kartoffelknödel und Preiselbeeren. Tannenhonigparfait mit Rumfrüchten.

Karte 33/52 €

Klösterleweg 2 ⊠ 77776 – ℰ 07440 215 – www.kloesterle-hof.de –
Geschlossen Montag, abends: Sonntag

RÖDENTAL
Bayern – Regionalatlas **40**–K14 – Michelin Straßenkarte 546

In Rödental-Oberwohlsbach Nord: 5 km

⫶○ Alte Mühle
INTERNATIONAL · GEMÜTLICH ✗✗ Freundlich und geradlinig kommt das Restaurant daher - angebaut an das historische Gebäude einer einstigen Kornmühle, in der man heute gepflegt übernachten kann. Man kocht international und regional, von "handgemachten Panzerotti mit Steinpilzfüllung in Trüffelbutter" bis zu "geschmorten Ochsenbäckchen in Barolosauce".

Karte 28/58 €

Mühlgarten 5 ⊠ 96472 – ℰ 09563 72380 – www.alte-muehle-hotel.com –
Geschlossen 1.-12. Januar, 24. Februar-1. März, abends: Sonntag

RÖHRMOOS
Bayern – Regionalatlas **58**–L19 – Michelin Straßenkarte 546

In Röhrmoos-Großinzemoos Nord-West: 2 km

⫶○ Landgasthof Brummer
REGIONAL · FAMILIÄR ✗ Gemütlich hat man es in dem traditionsreichen Familienbetrieb, während man sich regionale und mediterrane Gerichte servieren lässt. Nett sitzt es sich auch im Biergarten. Sie möchten übernachten? Gepflegte Gästezimmer hat man ebenfalls.

Karte 24/50 €

Indersdorfer Straße 51 ⊠ 85244 – ℰ 08139 7270 – www.landgasthof-brummer.de –
Geschlossen Montag, Dienstag

RÖTZ

Bayern – Regionalatlas **52**–N17 – Michelin Straßenkarte 546

In Rötz-Hillstett West: 4 km in Richtung Seebarn

🕸️ **Gregor's** (Gregor Hauer)

KREATIV · ELEGANT XX Seit über 125 Jahren ist das Resort-Hotel "Die Wutz-schleife" in Familienbesitz und es wird neben Wellness-Fans, Tagungsgästen und Golfern auch Feinschmeckern gerecht! Dafür sorgen Junior Gregor Hauer und seine Küchenchefin Angela Deml mit international-klassischen Gerichten, für die das kleine Gourmetrestaurant seit 2012 mit einem Stern ausgezeichnet wird. Keine Frage, dass in ihrem Menü nur ausgesuchte Produkte auf den Teller kom-men, so gibt es z. B. hervorragendes Kalb zum einen als rosa gegartes Filet im Tramezzinimantel, zum anderen als zart geschmortes Stück von der Schulter, dazu eine schön reduzierte Kalbsjus mit angenehmem Röstaroma! Stimmig der Rahmen: wertig-elegantes Interieur in warmen Tönen sowie stilvoller Service samt versierter Weinberatung.

Spezialitäten: Skreifilet, Reis, Auster, Apfel. Kalb "Rossini", Ratatouille, Morchel, Leber. Rosmarin, Trüffel, Erdbeere, belgische Schokolade.

Menu 119/148 €

Hotel Resort Die Wutzschleife, Hillstett 40 ⊠ 92444 –
𝄞 09976 180 – www.wutzschleife.com – Geschlossen 5. Januar-31. März, 1. August-17. September, Montag, Dienstag, Sonntag, mittags: Mittwoch-Samstag

🕸️ **Spiegelstube**

REGIONAL · FREUNDLICH XX Auch in der schlichteren Alternative zum "Gre-gor's" kocht man geschmackvoll und ambitioniert - probieren Sie z. B. "Spanfer-kelfilet im Brotmantel" oder "Kabeljaumedaillons mit Pilzrisotto und Spinat".

Spezialitäten: Karotten-Curry-Suppe. In Fassbutter gebackenes Wiener Schnitzel, Bratkartoffeln und Zitronenmarmelade. Tiramisu, Kirscheis, Cappuccinoeis.

Menu 35/39 € – Karte 33/63 €

Hotel Resort Die Wutzschleife, Hillstett 40 ⊠ 92444 –
𝄞 09976 180 – www.wutzschleife.com – Geschlossen Montag, Sonntag

🏨 **Resort Die Wutzschleife**

SPA UND WELLNESS · FUNKTIONELL Ob Wellness, Tagung, Kurzurlaub, Golf oder kulinarischer Genuss, das Resort-Hotel (seit über 125 Jahren in Familien-besitz) wird jedem gerecht! Großzügig die Atriumhalle über mehrere Etagen, freundlich der Service, nicht zu vergessen die ruhige Lage!

59 Zimmer ⊑ – †† 84/296 € – 1 Suite

Hillstett 40 ⊠ 92444 – 𝄞 09976 180 –
www.wutzschleife.com

🕸️ **Gregor's** · 🕸️ **Spiegelstube** – Siehe Restaurantauswahl

ROSSHAUPTEN

Bayern – Regionalatlas **64**–J21 – Michelin Straßenkarte 546

🏨 **Kaufmann**

FAMILIÄR · MODERN Ehemals ein ländlicher Gasthof, heute ein modernes Ferienhotel unweit des Forggensees. Einige Zimmer muten fast schon puris-tisch an, andere sind traditioneller. Der chic designte Spa glänzt u. a. mit einer Panoramasauna und dem lichtdurchfluteten Poolhaus samt Wasserfall. Das Restaurant bietet für Hausgäste Saisonales und Regionales (bedingt auch für externe Gäste).

39 Zimmer ⊑ – †† 135/255 € – 4 Suiten

Füssener Straße 44 ⊠ 87672 –
𝄞 08367 91230 – www.hotel-kaufmann.de

In Rostock-Hohe Düne

❀ **Gourmet-Restaurant Der Butt** ♿ 🆔 🅿 🚗

MODERNE KÜCHE · KLASSISCHES AMBIENTE ✗✗✗ Sein Können hat André Münch bereits im "Saphir" in Wolfsburg unter Beweis gestellt, seit Sommer 2017 setzt er all sein Talent, Know-how und Geschick am Herd des Warnemünder "Butt" ein. Das ausgesprochen gelungene Ergebnis sind klar aufgebaute moderne Gerichte. Da überzeugt z. B. die Étouffée-Taubenbrust im Blätterteig mit einem absolut harmonischen Geschmackbild - als Highlight wird sie im Ganzen am Tisch präsentiert! Auch Vegetarier kommen dank der fleischfreien Menü-Variante nicht zu kurz. Ob mit oder ohne tierische Komponente, die Produktqualität ist erstklassig! Das Restaurant befindet sich übrigens im obersten Stock eines Pavillons, was einen wunderbaren Blick über den Yachthafen mit sich bringt - und den sollte man unbedingt mal bei Sonnenuntergang erlebt haben!

Spezialitäten: Getauchte Jacobsmuschel, Brillard Savarin, Ossietra Kaviar, Granny Smith. Rehrücken aus der Rostocker Heide, Malzpüree, Preiselbeere, hausgemachte Blutwurst, Wild-Pfefferjus. Blaubeeren, Savarin, weiße Schokolade von Valrhona.

Menu 119/149 €

Hotel Yachthafenresidenz Hohe Düne, Am Yachthafen 1 ✉ 18119 – ☎ 0381 50400 – www.hohe-duene.de – Geschlossen 20. Januar-4. Februar, 26. Oktober-9. November, Montag, Sonntag, mittags: Dienstag-Samstag

🏨 **Yachthafenresidenz Hohe Düne**

✿ 🍴 ⛵ 🛁 🖥 SPA 🏊 🧖 🔒 ♿ 🆔 🏋 🅿 🚗

RESORT · MODERN Eine wirklich imposante Anlage am Meer - ideal für Wellness, Familien, Tagungen. Yachthafen direkt am Haus, die Zimmer klassisch-maritim, toller Spa auf über 4000 qm, Kinderclub samt Piratenschiff sowie Restaurantvielfalt von Pizza über Fisch bis Steakhouse.

342 Zimmer ☒ – 🛏 210/355 € – 26 Suiten

Am Yachthafen 1 ✉ 18119 – ☎ 0381 50400 – www.hohe-duene.de

❀ **Gourmet-Restaurant Der Butt** – Siehe Restaurantauswahl

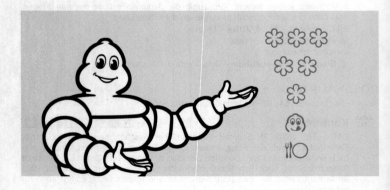

ⓐ Landhaus Hohenlohe ⇔ 🏠 ⇕ **P**

MEDITERRAN · ELEGANT ⁑ Hier haben Sie die Wahl zwischen gemütlich-rustikalem oder freundlich-elegantem Ambiente. Und auch die Küche von Matthias Mack bietet einen Mix: mediterrane Gerichte wie "Lammrücken mit Kruste von Provence-Knoblauch, Pimentocreme, gebackener Safran-Risotto", aber auch Klassiker wie Zwiebelrostbraten. Freundlich der Service. Zum Übernachten hat man gepflegte Zimmer.

Spezialitäten: Karamellisierter Hohenloher Ziegenkäse mit Mispel Chutney. Zwiebelrostbraten in Lembergersoße mit Maultasche an Rahmlauch, Kirschtomaten und Rosmarin Bounzeli. Thymian Apfelküchle mit Kürbiskerneis und Miniorangen.

Menu 55/80 € – Karte 35/70 €

Erlenweg 24 ☒ 74585 – ℰ 07955 93100 – www.landhaus-hohenlohe.de –
Geschlossen 1.-19. Januar, 11.-22. Oktober, Montag, mittags: Dienstag-Samstag,
abends: Sonntag

ROTENBURG (WÜMME)

Niedersachsen – Regionalatlas **18**-H6 – Michelin Straßenkarte 541

⅃◯ Die Wachtelei 🍴 🏠 🆎 ⇕ **P** 🚗

REGIONAL · ELEGANT ⁑⁑ In dem schönen eleganten Restaurant serviert man Ihnen ambitionierte Gerichte wie "gefüllte Wachtel, Gemüse-Blütennest, Kräuterseitlinge" oder "Loup de mer, Auberginenconfit, geschmorte Paprika". Mittags ist die Karte kleiner und etwas einfacher.

Menu 59 € – Karte 42/61 €

Hotel Landhaus Wachtelhof, Gerberstraße 6 ☒ 27356 – ℰ 04261 8530 –
www.wachtelhof.de

🏚 Landhaus Wachtelhof ✿ 🍴 🔲 ⑨ 🐎 🎮 ⊟ 🏊 **P** 🚗

BOUTIQUE-HOTEL · ELEGANT Nicht ohne Grund fühlt man sich in diesem Haus richtig wohl: Die Zimmer sind geschmackvoll, wohnlich und mit luxuriöser Note eingerichtet, man hat einen schönen Spa und genießt ausgezeichneten Service, nicht zu vergessen das wirklich gute Frühstück! Tipp: Buchung von Kreuzfahrten möglich.

36 Zimmer – 🛏 148/245 € – ⌑ 25 € – 2 Suiten

Gerberstraße 6 ☒ 27356 – ℰ 04261 8530 – www.wachtelhof.de
⅃◯ **Die Wachtelei** – Siehe Restaurantauswahl

ROTHENBURG OB DER TAUBER

Bayern – Regionalatlas **49**-I17 – Michelin Straßenkarte 546

⅃◯ Mittermeier 🏠

MODERNE KÜCHE · HIP ⁑ "Casual Dining" nennt man hier das Konzept: Trendig-leger und elegant zugleich kommt das schöne Restaurant daher. Hier sitzt man richtig gemütlich, während man freundlich mit guter modern inspirierter Küche in Form eines Menüs umsorgt wird. Tipp: Wein und Delikatessen für zuhause.

Menu 49/99 €

Stadtplan: B1-v – *Hotel Villa Mittermeier, Vorm Würzburger Tor 7 ☒ 91541 –*
ℰ 09861 94540 – www.villamittermeier.de – Geschlossen 1. Januar-11. Februar, 10.-23.
August, Montag, Sonntag, mittags: Dienstag-Samstag

⅃◯ topinambur ⇔ 🏠 🆎

INTERNATIONAL · TRENDY ⁑ Freundlich, geradlinig und unkompliziert das Ambiente, frisch und saisonal die Küche - hier im Restaurant des "Prinzhotel Rothenburg" findet sich auch immer wieder die namengebende Knolle. Vor dem Eingang hat man eine nette Terrasse. Praktisch: öffentlicher Parkplatz in der Nähe. Burger-Fans aufgepasst: Dienstags gibt es ausschließlich "Special Burgers"!

Menu 40/72 € – Karte 35/57 €

Stadtplan: B1-f – *An der Hofstatt 3 ☒ 91541 – ℰ 09861 97585 –*
www.prinzhotel.rothenburg.de – Geschlossen 1.-8. Januar, Montag, Sonntag,
mittags: Dienstag-Samstag

🏠 Villa Mittermeier

FAMILIÄR · INDIVIDUELL In der hübschen Sandsteinvilla von 1892 finden sich nicht nur wunderschöne individuelle Zimmer mit persönlichen Details (z. B. Schachspiel), man wird auch herzlich betreut und bekommt am Morgen ein hervorragendes Frühstück. Parken kann man vor dem Haus oder im Innenhof.

28 Zimmer – 🛏 109/145 € – 🍽 17 €

Stadtplan: B1-v – *Vorm Würzburger Tor 7* ✉ *91541* – ✆ *09861 94540* – *www.villamittermeier.de*

🍴 **Mittermeier** – Siehe Restaurantauswahl

ROTTACH-EGERN
Bayern – Regionalatlas **66**–M21 – Michelin Straßenkarte 546

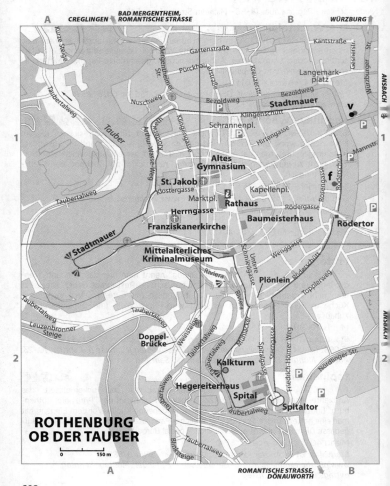

❀❀❀ Restaurant Überfahrt Christian Jürgens   🕸 🏠 ♿ 🚢

KREATIV · ELEGANT XXX Ein Abendessen wie ein Kunstwerk - und das ist nicht übertrieben! Nicht umsonst reisen Gourmets aus aller Welt an, um hier vor der herrlichen Kulisse des Tegernsees und Berge der Voralpen die ganz eigene Handschrift von Christian Jürgens zu erleben. Seine Küche strotzt nur so vor Finesse, Reinheit und Eleganz, ist niemals schwer oder überladen. Das Spiel mit Texturen, Komponenten und vor allem Säure beherrscht er wie kaum ein anderer. Man spürt ganz klar, Christian Jürgens braucht niemandem etwas zu beweisen, er kann es einfach! Dem ebenbürtig: Ambiente und Service. Stets präsent, aber dennoch unaufdringlich, charmant-leger und mit Klasse begleitet Sie das Team um Peter Nasser und Sommelière Marietta Stegbuchner in dem stilvollen Restaurant mit seinem edlen geradlinigen Interieur durch das Menü.

Spezialitäten: Huchen, Saiblingskaviar, Spitzkohl, Vin Jaune. Rehrücken, Boudin Noir, Rouennaiser Sauce, Blaubeeren. Oma Jürgens warmer Himbeerkuchen, Himbeeren, Milchmädcheneis, Guanaja.

Menu 249/309 €

Althoff Seehotel Überfahrt, Überfahrtstraße 10 ✉ 83700 – ☎ 08022 6690 – www.restaurant-ueberfahrt.com – Geschlossen 4.-29. Mai, 2.-27. November, Montag, Dienstag, mittags: Mittwoch-Donnerstag

❀ Dichterstub'n   ♿ 🅿

FRANZÖSISCH ZEITGENÖSSISCH · ELEGANT XXX Nach seinem Umzug von der "Burg Wernberg" in der Oberpfalz (wo er einige Jahre zwei MICHELIN Sterne hielt) in die "Egerner Höfe" nach Rottach-Egern beweist Thomas Kellermann hier seit 2018 seine Stärke am Herd. In dem sehr schönen gläsernen Restaurant-Pavillon mit seinen auffallend violetten Polstern und dem zentralen Kamin kommen Sie in den Genuss eines 9-Gänge-Menüs, das man aber auch verkleinern kann! Er kocht kontrastreich und mit Aufwand, aber dennoch nicht überladen - hervorragende Produkte stehen im Fokus. Auch findet man Gerichte, die das Zeug zum "Signature Dish" haben, wie z. B. "Brotsuppe, Imperial Taube, Malzgelee und Eiszapfen" - herrlich ausdrucksstark! Dazu werden Sie von einem charmanten Damenteam angenehm betreut und ebenso gut beraten!

Spezialitäten: Tegernseer Saibling, Blumenkohl und Muskatblüte. Rehbock, Kerbelwurzel und Birne. Grapefruit, süßer Sesam und Joghurt.

Menu 128/198 €

Park-Hotel Egerner Höfe, Aribostraße 19 ✉ 83700 – ☎ 08022 6660 – www.egerner-hoefe.de – Geschlossen 13.-19. April, 8.-14. Juni, 17.-30. August, 2.-8. November, Montag, Dienstag, Sonntag, mittags: Mittwoch-Samstag

ⅠO Hubertusstüberl & Malerstub'n   🍽 🏠 ♿ 🅿 🚢

REGIONAL · GEMÜTLICH XX Gemütlich sitzt man hier im bayerisch-eleganten "Hubertusstüberl", in der "Maler Stub'n" oder im "St. Florian", und überall gibt's frische regionale Gerichte wie "Brust vom Dietramszeller Bauerngockel, Bergkasrisotto, glasierte Rübchen" oder "Seeforelle, Kohlrabi, Pfifferlinge, Kapern-Beurre-Blanc".

Menu 45/59 € – Karte 41/60 €

Park-Hotel Egerner Höfe, Aribostraße 19 ✉ 83700 – ☎ 08022 666502 – www.egerner-hoefe.de

ⅠO Fährhütte 14   🍽 🏠

INTERNATIONAL · RUSTIKAL X Ein echtes Bijou ist das ruhig am Seeufer gelegene Restaurant der "Überfahrt". Traditionell, bodenständig und doch modern die Atmosphäre, herzlich-leger und versiert der Service. Aus der Küche kommt Internationales wie "Skreifilet, Zitronen-Mascarpone-Risotto, Beurre Rouge". Nicht mit dem Auto erreichbar, 300 m Fußweg.

Karte 37/65 €

Weißachdamm 50 ✉ 83700 – ☎ 08022 188220 – www.faehrhuette14.de – Geschlossen 17. Januar-6. Februar, Montag, Dienstag

🍴 **Haubentaucher**

INTERNATIONAL · BISTRO X Die Lage direkt am See ist einfach klasse - da ist die Terrasse natürlich der Renner! Die Atmosphäre angenehm unkompliziert, die Küche modern inspiriert. Mittags gibt es einige Gerichte von der Tafel, am Abend bietet man ein Menü.

Menu 58/70 € – Karte 29/62 €

Seestraße 30 ⊠ 83700 – ℰ 08022 6615704 –
www.haubentaucher-tegernsee.de - Geschlossen Sonntag

🍴 **Kirschner Stuben**

INTERNATIONAL · RUSTIKAL X Nett die Lage am See, heimelig-gemütlich und sympathisch-lebendig die Atmosphäre, und dazu ein schöner Mix an guten, frischen Gerichten, von "Sashimi vom roten Thunfisch mit Spargel-Sushi" bis "Wildschweinrücken rosa gebraten mit Bärlauch-Tagliolini".

Menu 25/150 € – Karte 36/78 €

Hotel Maier im Kirschner, Seestraße 23 ⊠ 83700 – ℰ 08022 273939 –
www.kirschner-stuben.de – Geschlossen 9.-25. März, 8. November-3. Dezember,
Mittwoch

🏨 **Althoff Seehotel Überfahrt**

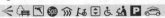

GROSSER LUXUS · ELEGANT Die eleganten Zimmer in warmen Tönen wie auch der "4 elements spa" samt Spa-Suiten bieten Luxus, top die Lage direkt am See - hier kommt man in den Genuss eines eigenen Strandbades. Toll der Küchenpavillon für exklusive Kochkurse. Im Restaurant "Egerner Bucht" setzt man auf saisonale Produkte aus der Alpenregion. Charmant die "Bayernstube". Italienisches im "Il Barcaiolo".

152 Zimmer 🔲 – 🛏 255/755 € – 24 Suiten

Überfahrtstraße 10 ⊠ 83700 – ℰ 08022 6690 – www.seehotel-ueberfahrt.com

🌼🌼🌼 **Restaurant Überfahrt Christian Jürgens** – Siehe Restaurantauswahl

🏨 **Park-Hotel Egerner Höfe**

LUXUS · INDIVIDUELL Hier fühlt man sich richtig wohl: Regionaler Charme und moderne Elemente in gelungenem Mix, das Personal auffallend zuvorkommend, jeder versteht sich als Gastgeber! Wer's ganz besonders individuell mag, bucht die "Alm"-Zimmer. Hochwertige Suiten und Premium-Doppelzimmer in den Höfen Valentina und Catherina.

98 Zimmer 🔲 – 🛏 179/360 € – 19 Suiten

Aribostraße 19 ⊠ 83700 – ℰ 08022 6660 – www.egerner-hoefe.de

🍴 **Hubertusstüberl & Malerstub'n** · 🌼 **Dichterstub'n** – Siehe Restaurantauswahl

🏠 **Haltmair am See**

FAMILIÄR · GEMÜTLICH Direkt am See liegt das sympathische familiär geführte Haus. Wohnlich sind die Landhauszimmer, Appartements sowie die Seesuite, chic und modern ist der Spabereich. Und das gute Frühstück genießt man bei gemütlicher Atmosphäre und Seeblick.

40 Zimmer 🔲 – 🛏 130/210 € – 3 Suiten

Seestraße 33 ⊠ 83700 – ℰ 08022 2750 – www.haltmair.de

🏠 **Maier zum Kirschner**

FAMILIÄR · REGIONAL Hier lässt es sich schön urlauben: tolle Lage nebst Seeblick, geschmackvolle Zimmer mit alpenländischem Charme, ein schicker Saunabereich und der große Garten mit Sommerpool. Attraktiv auch die Suiten in der Dependance und die tolle Gartensuite im Hüttenstil.

42 Zimmer 🔲 – 🛏 140/200 € – 11 Suiten

Seestraße 23 ⊠ 83700 – ℰ 08022 67110 – www.maier-kirschner.de –
Geschlossen 9.-28. November

🍴 **Kirschner Stuben** – Siehe Restaurantauswahl

ROTTWEIL

Baden-Württemberg – Regionalatlas **62**–F20 – Michelin Straßenkarte 545

ⅢO Johanniterstube

INTERNATIONAL · FREUNDLICH XX Im gemütlichen Restaurant des Hotels "Johanniterbad" sitzen Sie mit Blick auf den alten Stadtgraben und werden dabei freundlich und aufmerksam mit international-saisonaler Küche umsorgt. Ein Muss ist im Sommer die schöne Terrasse! Für Hausgäste interessant: Menü mit gutem Preis-Leistungs-Verhältnis.

Menu 30/57 € – Karte 36/58 €

Johannsergasse 12 ✉ 78628 – ℰ 0741 530700 – www.johanniterbad.de – Geschlossen 1.-6. Januar, mittags: Montag, abends: Sonntag

RUDERSBERG
Baden-Württemberg – Regionalatlas **55**–H18 – Michelin Straßenkarte 545

In Rudersberg-Schlechtbach Süd: 1 km

⊛ Gasthaus Stern 🏠 ✿ 🅿

REGIONAL · GASTHOF X Der unscheinbare Gasthof an der Ortsdurchfahrt bietet mehr als leckere typische Maultaschen. In rustikal-bürgerlichem Ambiente wird man sehr herzlich umsorgt, und zwar mit Schmackhaftem von "Jakobsmuscheln mit Liebstöckelkruste" über "Rindertafelspitz mit Meerrettich" bis "Feldhasenbraten in Rotwein-Preiselbeersoße".

Spezialitäten: Salat von geschmorten Artischocken mit bunten Spirelli in Agaven-balsamico-Dressing, zweierlei Paprikamus. Kabeljaufilet auf der Haut gebraten mit röschem Speck, Safran-Rahm-Mangold und Quinoa-Bulgur-Risotto. Quarknocken mit Zimt-Mandel-Streuseln auf Zwetschgenröster.

Menu 37/49 € – Karte 25/63 €

Heilbronner Straße 16 ✉ 73635 – ℰ 07183 8377 – www.stern-schlechtbach.de – Geschlossen 1.-2. Januar, 27. Mai-18. Juni, 14. Oktober-5. November, 24.-31. Dezember, Mittwoch, Donnerstag

RÜGEN (INSEL)

Mecklenburg-Vorpommern – Regionalatlas **6**–P3 – Michelin Straßenkarte 542

Wir mögen besonders...

Im **freustil** kreative Sterneküche erleben und zugleich angenehm unprätentiös umsorgt werden. Das etwas versteckt gelegene **Gutshaus Kubbelkow** für alle, die lieber weniger Trubel haben - hier kann man nicht nur klassisch speisen, sondern auch stilvoll wohnen und im Park wunderbar relaxen. Das wertig-stylische Design im Hotel **CERÊS**, das zudem noch an der schönen Promenade von Binz liegt. Als Wellness-Fan das tolle Angebot des Hotels **AM MEER & SPA** entdecken oder einfach auf der herrlichen Terrasse Seeluft atmen und den Augenblick genießen. Wirklich lohnenswert ist ein Besuch des kleinen Fischerdorfs Vitt am Kap Arkona ganz im Norden der Insel Rügen - mit seinen denkmalgeschützten Häusern zählt es zum UNESCO-Weltkulturerbe.

N. Stengert/Novarc Images/age fotostock

Binz

✿ freustil

KREATIV · TRENDY ✗ Hübsch anzuschauen ist die weiße Fassade im typischen Bäderstil. Sie gehört zum Hotel "Vier Jahreszeiten", dessen Gourmetrestaurant mit der kreativsten und feinsten Küche der größten deutschen Insel aufwartet - und die bekommt man auch noch zu einem klasse Preis-Leistungs-Verhältnis! Ralf Haug (zuvor Küchenchef in der besternten "niXe" auf Rügen) kocht unkompliziert, leicht und recht gemüseorientiert, so z. B. fein gewürzten violetten Spitzkohl mit Bamberger Hörnchen und geschmolzenem Münsterkäse sowie süßlichem Walnusskrokant! Hier sind dem gebürtigen Schwarzwälder ausgesuchte Produkte ebenso wichtig wie z. B. beim Färöer Lachs mit Gurke in unterschiedlichen Texturen. Angenehm die lockere Atmosphäre samt sympathischem, aufmerksamem Service. Tipp: Mittags zusätzlicher günstiger Lunch.

Spezialitäten: Jakobsmuschel, Rentierbouillon, Stockfisch, Tannenspitzen. Landhuhn, Emmer, Suppengemüse, Ei. Sanddorn, Karotte, weiße Schokolade, Hafer.

Menu 66/86 €

Hotel Vier Jahreszeiten, Zeppelinstraße 8 ✉ 18609 – ☎ 038393 50444 – www.freustil.de – Geschlossen Montag, Dienstag

🏨 Travel Charme Kurhaus Binz

SPA UND WELLNESS · KLASSISCH Seit 1908 existiert der beeindruckende Bau an der bekannten Seebrücke. Komfortabel und wertig die Zimmer, großzügig der Wellnessbereich. Dazu die geräumige Atrium-Lobby, das gemütliche Kaminzimmer und die schöne Lounge-Bar "Kakadu". Regional-internationale Küche im klassisch-stilvollen "Kurhaus" (Meerblick inklusive), Grillgerichte im "Steakhaus".

137 Zimmer 🛏 – 🛏 152/411 € – 6 Suiten

Strandpromenade 27 ✉ 18609 – ☎ 038393 6650 – www.travelcharme.com/kurhaus-binz

🏨 CERÊS

LUXUS · DESIGN Der Eigentümer ist Architekt, daher das durchgestylte Interieur! Wertiges Design in Zimmern und Bädern (teilweise mit Seeblick von der Badewanne!), schicker kleiner Spa, modernes Restaurant "NEGRO", Innenhof mit Loungeflair. Tipp: Buchen Sie einen der hauseigenen Strandkörbe am Meer oder machen Sie einen Ausflug mit dem Porsche!

42 Zimmer 🛏 – 🛏 178/268 € – 6 Suiten

Strandpromenade 24 ✉ 18609 – ☎ 038393 66670 – www.ceres-hotel.de

🏨 AM MEER & SPA Ⓝ

SPA UND WELLNESS · MODERN Ein Wellness-Hotel wie aus dem Bilderbuch! Wunderschön direkt am Meer gelegen, sehr chic und wertig die Ausstattung von den geschmackvollen, überaus wohnlichen Zimmern mit stylish-maritimem Touch bis zum tollen Spa. Im Restaurant verwendet man gerne regionale Produkte, darunter viel Fisch. Herrliche Terrasse zum Meer!

60 Zimmer 🛏 – 🛏 170/400 €

Strandpromenade 34 ✉ 18609 – ☎ 038393 440 – www.hotel-am-meer.de

🏨 Villa niXe

BOUTIQUE-HOTEL · MODERN Die schmucke Villa von 1903 samt modernem Nebengebäude ist ein wahres Bijou - und Dependance des "HOTEL AM MEER & SPA". Sie wohnen in chic designten Zimmern (beeindruckend die mit Meerblick!) und genießen ein gutes Frühstück sowie angenehm persönlichen Service.

13 Zimmer 🛏 – 🛏 170/230 € – 3 Suiten

Strandpromenade 10 ✉ 18609 – ☎ 038393 666200 – www.nixe.de

🏠 Vier Jahreszeiten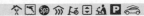

SPA UND WELLNESS · KLASSISCH Außen die ansprechende weiße Fassade im typischen Bäderstil, innen schön wohnliche Zimmer - wie wär's mit frischem modern-maritimem Stil? Zum Wohlfühlen auch der Spa. Im freundlichen Restaurant "Orangerie" gibt es das HP-Angebot.

79 Zimmer 🛏 – 👫 119/219 €

Zeppelinstraße 8 ✉ 18609 – ☎ 038393 500 – www.vier-jahreszeiten.de

❀ **freustil** – Siehe Restaurantauswahl

Sassnitz

🍽 Gastmahl des Meeres

FISCH UND MEERESFRÜCHTE · GEMÜTLICH ✗ Eine sympathische Adresse für Fischliebhaber. Hier freut man sich z. B. auf "gebratenen Heilbutt mit Kräuterbutter, Blattsalaten und Petersilienkartoffeln" - gerne sitzt man dazu auf der Terrasse zur Strandpromenade. Und wer in einem der ländlich-wohnlichen Zimmer übernachtet, hat einen eigenen Parkplatz.

Karte 23/48 €

*Strandpromenade 2 ✉ 18546 – ☎ 038392 5170 –
www.gastmahl-des-meeres-ruegen.de*

Sehlen

In Sehlen-Klein Kubbelkow Nord-West: 3, 5 km, über die B 96 Richtung Bergen

🍽 Gutshaus Kubbelkow

INTERNATIONAL · ELEGANT ✗✗ Mit schmucker Fassade und stilvollen Salons bewahrt das denkmalgeschützte Herrenhaus in herrlich ruhiger Parklage den Charme von 1908. Gekocht wird frisch und ambitioniert, z. B. "Kubitzer Boddenzander, gelierter Bouillabaisse-Sud, gebratener Spargel". Tipp: Dieses Idyll bietet auch Gästezimmer: wertig-geschmackvoll, hier und da antike Stücke, toll das Frühstück!

Menu 49/76 € – Karte 59/70 €

Im Dorfe 8 ✉ 18528 – ☎ 03838 8227777 – www.kubbelkow.de – Geschlossen 1.-20. Februar, mittags: Montag-Sonntag

Sellin

🍽 Ambiance

INTERNATIONAL · KLASSISCHES AMBIENTE ✗✗ Appetit machen hier ambitionierte international-saisonale Gerichte wie "Australisches Rinderfilet, exotisches Spargelragout, Estragonrisotto". Alternativ können Sie auch von der Karte des "Clou" nebenan wählen. Der Rahmen klassisch, der Service herzlich und versiert. Schön die Terrasse.

Menu 33 € (Mittags), 39/99 € – Karte 38/65 €

*Hotel ROEWERS Privathotel, Wilhelmstraße 34 ✉ 18586 – ☎ 038303 1220 –
www.roewers.de*

🍽 Clou

INTERNATIONAL · FREUNDLICH ✗ Sie sitzen in freundlicher Atmosphäre, werden geschult und angenehm leger umsorgt und lassen sich frische, gute Küche schmecken. Wie wär's z. B. mit "Filet vom Steinköhler unter der Kartoffelkruste, Rahmkohl, Dijon-Senfsauce"?

Menu 39/89 € – Karte 31/49 €

*Hotel ROEWERS Privathotel, Wilhelmstraße 34 ✉ 18586 – ☎ 038303 1220 –
www.roewers.de*

ROEWERS Privathotel

LUXUS · GEMÜTLICH Das hübsche Villen-Ensemble ist eine ausgesprochen engagiert geführte Adresse, die sich zum Wohl des Gastes stetig weiterentwickelt. Die Zimmer wohnlich-elegant, die Mitarbeiter aufmerksam. Zudem findet man auf dem 1 ha großen Grundstück unweit des Ostseestrandes einen herrlichen Privatpark samt schönem Spa.

28 Zimmer ⌂ – ♥♥ 169/229 € – 24 Suiten

Wilhelmstraße 34 ⊠ 18586 – ⌀ 038303 1220 – www.roewers.de

ⓘ○ **Ambiance** · ⓘ○ **Clou** – Siehe Restaurantauswahl

RÜTHEN
Nordrhein-Westfalen – Regionalatlas **27**–F11 – Michelin Straßenkarte 543

In Rüthen-Kallenhardt Süd: 8 km über Suttrop

Knippschild

REGIONAL · FREUNDLICH XX Dorfstube, Bauernstube, Romantikstube - richtig gemütlich ist es hier, die Einrichtung steckt voller Charme und Liebe zum Detail! Man kocht saisonal und gerne mit regionalen Produkten, lecker z. B. der "Sauerbraten vom heimischen Überläufer (1-jähriges Wildschwein)". Der Service freundlich-leger. Tipp: Absacker im "Wirtshaus". Schöne Gästezimmer hat man ebenfalls.

Spezialitäten: Sauerländer Hochzeitssuppe. Schnitzel aus der Rehkeule auf Birnenspalten in Preiselbeerrahm, Spätzle und Feldsalat. Soester Pumpernickel-Küchlein mit Kirschragout und Marmor-Eiskuchen.

Menu 36/60 € – Karte 32/52 €

Theodor-Ernst-Straße 3 ⊠ 59602 – ⌀ 02902 80330 – www.hotel-knippschild.de

RUPPERTSBERG
Rheinland-Pfalz – Regionalatlas **47**–E16 – Michelin Straßenkarte 543

Hofgut Ruppertsberg

REGIONAL · RUSTIKAL X Das historische Anwesen am Ortsrand ist eine der Keimzellen des Weinguts Bürklin-Wolf und heute ein charmantes Restaurant samt herrlichem Innenhof - perfekt für Hochzeiten! Gekocht wird französisch, regional und saisonal, z. B. "Tatar vom Altrheinhecht mit Ampfer-Spinatsalat" - man setzt übrigens auf Bio-Produkte. Tipp: Spaziergang durch die umliegenden Weinberge!

Menu 52/74 € – Karte 30/64 €

Obergasse 2 ⊠ 67152 – ⌀ 06326 982097 – www.dashofgut.com –
Geschlossen Montag, mittags: Dienstag-Freitag, abends: Sonntag

RUST
Baden-Württemberg – Regionalatlas **53**–D20 – Michelin Straßenkarte 545

ammolite - The Lighthouse Restaurant

MODERNE KÜCHE · DESIGN XxxX Nur die „Euromaus" hat in dem exklusiven Restaurant im „Europa Park" keinen Zutritt. Ansonsten ist diese coole Abend-Adresse im Erdgeschoss des Leuchtturms für Groß und Klein ein Ort zum Wohlfühlen. Denn auch dort gehört das „Gute-Laune-Prinzip" des berühmten Freizeitparks zum Konzept und selbstverständlich gibt es auch für Kinder etwas Passendes zu essen. Richtig fein das mondäne Ambiente mit seiner eleganten Farbgestaltung, den schicken Samtsesseln, der raffinierten Beleuchtung, den edel eingedeckten Tischen... Dazu setzt Küchenchef Peter Hagen-Wiest auf klassische Küche mit mediterranen Einflüssen. Mit reichlich Aromen und Finesse kombiniert er z. B. Kaninchen, Trüffel, Karotte und Olive. Dem Niveau am Herd entspricht die gepflegte Auswahl auf der Weinkarte, die von Kennerschaft zeugt.

Spezialitäten: Saibling, Buttermilch-Dashi, Liebstöckel, Kimizu. Polterdinger Lamm, gegrillte Paprika, Bohnenkraut, Couscous. Topfensoufflé, Zwetschge, Mandel.

Menu 99/163 €

Hotel Bell Rock, Peter-Thumb-Straße 6 ✉ 77977 - ☎ 07822 776699 - www.ammolite-restaurant.de - Geschlossen 29. Januar-23. Februar, Montag, Dienstag, mittags: Mittwoch-Samstag

Bell Rock　　　　　　　　　　☆ ⟍ ⃞ 🅐🅑🅒 🛏 ⎝🅕⎠ 🔄 ⎝🅖⎠ 🄰🄲 ⚓ 🅿

RESORT · ELEGANT Entdecken Sie das historische Neuengland! Stilvolle Fassaden und geschmackvolles Interieur mit maritimem Touch auf 40 000 qm. Zahlreiche schöne Details von den großen Bildern in der Halle über originelle Kinder-Etagenbetten im Schiffs-Look bis zum Pooldeck "Mayflower" widmen sich den Pilgervätern in Amerika.

191 Zimmer 🖙 - 🍴 244/369 € - 34 Suiten

Peter-Thumb-Straße 6 (im Europa-Park) ✉ 77977 - ☎ 07822 8600 - www.europapark.de/bell-rock

　❀❀ **ammolite - The Lighthouse Restaurant** - Siehe Restaurantauswahl

SAALEPLATTE

Thüringen - Regionalatlas **41**-L12 - Michelin Straßenkarte 544

Im Ortsteil Eckolstädt

🍴 Venerius　　　　　　　　　　　　　🏠 🔄 ⟳ 🅿

INTERNATIONAL · TRENDY XX Das Restaurant liegt schon etwas ab vom Schuss, doch ein Besuch lohnt sich: Auf dem ehemaligen Kasernengelände erwarten Sie engagierte junge Gastgeber, modern-trendige Atmosphäre und international-saisonale Küche, und die macht z. B. als "Filet von der Gelbschwanzmakrele mit Rauch-Steckrüben-Gemüse" Appetit.

Menu 30/55 € - Karte 28/42 €

Darnstedter Straße 23 ✉ 99510 - ☎ 036421 35556 - www.restaurant-venerius.de - Geschlossen 1.-15. Januar, 20. Juli-5. August, Montag, Dienstag, Mittwoch, mittags: Donnerstag-Freitag

SAARBRÜCKEN

Saarland - Regionalatlas **45**-C17 - Michelin Straßenkarte 543

❀❀❀ GästeHaus Klaus Erfort　　　　　❀ 🍴 🏠 🔄 ⟳ 🅿

FRANZÖSISCH-KLASSISCH · ELEGANT XxX Strahlend weiß und herrschaftlich-luxuriös, so steht die schöne Villa von Klaus Erfort in der Innenstadt von Saarbrücken. Was die Fassade an Stil und Klasse vermuten lässt, bewahrheitet sich im Inneren: Klassik und moderne Geradlinigkeit verbinden sich hier zu einem eleganten Bild. Dem wird auch die Küche des Patrons gerecht. Aus besten Zutaten entstehen klassisch-reduzierte Gerichte. Klar im Aufbau und in der Präsentation ist z. B. die ausgezeichnete auf Holzkohle gegrillte Taubenbrust mit Selleriepüree und Zitronen-Szechuanpfeffer. Umsorgt wird man geschult, freundlich und diskret, trefflich auch die Empfehlungen aus der sehr guten Weinauswahl. Im Sommer sollten Sie übrigens draußen auf der herrlichen Terrasse zum englischen Park speisen!

Spezialitäten: Gemüseacker mit bretonischem Hummer, Olivenkrokant und pochiertem Wachtelei. Bresse-Poularde mit Trüffel, Kartoffelschaum und jungem Lauch. Délice von der Marone mit heimischer Quitte und Gewürzsud.

Menu 148/220 € - Karte 105/170 €

Mainzer Straße 95 ✉ 66121 - ☎ 0681 9582682 - www.gaestehaus-erfort.de - Geschlossen Montag, Sonntag, mittags: Samstag

⛬ Esplanade

KREATIV · FREUNDLICH XX Hochwertig geht es in der ehemaligen Schule in der Innenstadt zu. Das gilt sowohl für das Restaurant selbst (ein freundlich-moderner Raum mit bodentiefen Fenstern) als auch für die Küche von Silvio Del Fabro. Er sammelte Erfahrungen bei Großmeistern wie Helmut Thieltges, Heinz Winkler oder Klaus Erfort (hier war er zuletzt Souschef). Doch er kopiert nicht deren klassischen Stil, sondern hat seine eigene Handschrift. Er kocht aufwändig, kreativ und mit ausgezeichneten Produkten (absolute Spitzenklasse z. B. die Langoustine "Royal", die mit Frühlingsmorcheln, Spargel und Schnittlauch serviert wird), interessant die intelligent eingestreuten Kontraste. Der Service stimmt ebenfalls - man wird angenehm locker und zugleich kompetent umsorgt. Die Tipp: Kommen Sie auch mal zum preiswerten Lunch!

Spezialitäten: Jakobsmuschel, confierte Zwiebel, Nussbutterschaum. Duett vom Lamm, Breite Bohnen, Polenta, Sarriette. Zweierlei Champagner, Yuzugel, Krokant.

Menu 38 € (Mittags), 66/129 € – Karte 65/105 €

Nauwieserstraße 5 ✉ 66111 – ℰ 0681 8596566 –
www.esplanade-sb.de – Geschlossen 6.-21. Januar, 20. Juli-4. August, Montag, Dienstag

ⅰ◯ Albrechts Casino am Staden ⓝ

FRANZÖSISCH · KLASSISCHES AMBIENTE XX Ein "place to be" ist die schöne Jugendstilvilla etwas außerhalb des Zentrums an einer Grünanlage - ein Restaurant mit Charakter, im Stil einer luxuriösen Brasserie. Serviert werden interessante Gerichte wie "Duett Jakobsmuschel & saarländische Blutwurst, pochierte Birne, junger Lauch, Bergpfeffer, Süßkartoffelcreme".

Menu 26 € (Mittags), 48/99 € – Karte 46/86 €

Bismarckstraße 47 ✉ 66121 – ℰ 0681 62364 –
www.albrechts-casino.de

ⅰ◯ Le Comptoir ⓝ

FRANZÖSISCH ZEITGENÖSSISCH · BISTRO X In dem historischen Sandstein-Klinkerhaus im Nauwieser Viertel (Geburtshaus des Regisseurs Max Ophüls) erwartet Sie ein sympathisch-unkompliziertes Konzept mit Bistro-Lunch am Mittag und modern-französischen Gerichten in Menüform am Abend. Am liebsten speist man hier an der Theke mit Blick in die offene Küche.

Menu 28 € (Mittags), 69/79 €

Försterstraße 15 ✉ 66111 – ℰ 0681 94727799 –
www.lecomptoir-restaurant.de – Geschlossen Sonntag, mittags: Montag

ⅰ◯ Schlachthof Brasserie

FLEISCH · BRASSERIE X Mitten im Schlachthofviertel gelegen, steht in der charmanten Brasserie natürlich Fleisch im Mittelpunkt - an der "Schwamm sélection" mit ihrem Rind aus Trockenreifung kommt kein Steak-Liebhaber vorbei, aber auch "gebratener Pulpo mit Fenchel, Sellerie und Dill" ist lecker!

Menu 23 € (Mittags), 39/59 € – Karte 38/74 €

Straße des 13. Januar 35 ✉ 66121 – ℰ 0681 6853332 –
www.schlachthof-brasserie.de – Geschlossen Montag, mittags: Samstag, abends: Sonntag

⌂ Bayrischer Hof

FAMILIÄR · GEMÜTLICH Das Haus in bevorzugter Wohnlage wird sehr intensiv und persönlich von der freundlichen Gastgeberin und ihrem Team geführt, ist überaus liebenswert eingerichtet und bietet den Gästen eine herzliche Betreuung.

22 Zimmer ⌂ – †† 99/119 €

St. Ingberter Straße 46 ✉ 66123 – ℰ 0681 9582840 –
www.bayrischerhof-sb.de

In Saarbrücken - Alt-Saarbrücken

⊛ Restaurant Quack in der Villa Weismüller   🏠 ⅃ ⬦ 🅿

MARKTKÜCHE · FREUNDLICH ⅩⅩ Das Angebot an frischen schmackhaften Speisen reicht hier von Sauerbraten über Rehrücken bis zu Thai-Gemüse-Curry mit Bliesgau-Lamm. Und dazu ein feiner Wein? Gefragt ist auch der "Chef's Table" mit Blick in die Küche. Champagner-Lounge.

Spezialitäten: Paté Maison mit Pommery Senf und Karottenconfit. Tafelspitz New Style auf Rahmspinat mit Petersilienkartoffel und Meerrettich Sauce. Lauwarme Aprikosentarte auf Vanillesauce.

Menu 23 € (Mittags), 34/69 € - Karte 33/69 €

Gersweilerstraße 43A ✉ 66117 - ☎ 0681 52153 - www.restaurant-quack.de -
Geschlossen Montag, Sonntag, mittags: Samstag

SAARLOUIS

Saarland - Regionalatlas **45**–B17 - Michelin Straßenkarte 543

✿ LOUIS   ⅛⅛ 🏠 🅿

KREATIV · ELEGANT ⅩⅩ Das "LA MAISON", ein aus historischer Villa und modernem Anbau bestehendes Boutique-Hotel, hat eine ausgesprochen niveauvolle gastronomische Seite. Bei der Einrichtung des "LOUIS" hat man wirklich Geschmack bewiesen: Das Restaurant mit den vier Tischen kommt chic und wertig, aber keineswegs steif daher - warme Farben, Fischgrätparkett und hohe Decken schaffen Atmosphäre. Ein schöner Mix aus Klassik und Moderne, der sich auch in den Gerichten von Martin Stopp (zuvor u. a. Küchenchef im Sternerestaurant "Le Noir" in Saarbrücken) wiederfindet. Wer das Menü "LOUIS' petits XIV" wählt, erfährt in 14 spannenden kleinen Gängen - allesamt aus erstklassigen Produkten - die ganze Bandbreite seiner technisch sehr anspruchsvollen und ebenso geschmacksintensiven Küche. Toll abgestimmt die Weinreise dazu.

Spezialitäten: Salate Japonaise, Forelle vom Gut Rosengarten, weiße Soyasauce, Schwarzer Knoblauch und Granatapfel. Bretonischer Steinköhler, Orange, Liebstöckel, Kohlrabi und Vadouvan. Geeiste Litschi, Blütenaromen und japanischer Reis.

Menu 129/149 €

Hotel LA MAISON, Prälat-Subtil-Ring 22 ✉ 66740 - ☎ 06831 89440440 -
www.lamaison-hotel.de - Geschlossen 1.-14. Januar, 5. Juli-5. August, Montag,
Dienstag, Sonntag, mittags: Mittwoch-Samstag

⊛ PASTIS bistro   ⬠⬠ 🏠 ⬦ 🅿

FRANZÖSISCH · BISTRO Ⅹ Im Zweitrestaurant des "LA MAISON" darf man sich auf richtig gute Bistro-/Brasserie-Küche wie in Frankreich freuen. Wertig-modern das Ambiente, schön die Plätze an der Fensterfront zum Garten. Tipp: Kommen Sie mal mittags zum "Menu de la semaine" - hier z. B. "Orecchiette & Mimolette mit Entenbrust". Man erreicht das Restaurant übrigens über den Feinkostladen im Haus.

Spezialitäten: Elsässer Zwiebelsuppe, Weißbrot und Comté. Rinderfilet Rossini, Gänsestopfleber und Trüffeljus. Nougat de Montélimar mit Ananasconfit und Joghurt Espuma.

Menu 23 € (Mittags)/59 € - Karte 31/70 €

Hotel LA MAISON, Prälat-Subtil-Ring 22 ✉ 66740 - ☎ 06831 89440440 -
www.lamaison-hotel.de - Geschlossen 27. Juli-4. August, Montag, Dienstag

🏛 LA MAISON   ✿ ⬠ ⅃⅃ ▣ ⅃ ⅏ 🅿 ⇄

BOUTIQUE-HOTEL · INDIVIDUELL Hochwertig, individuell und mit stilvollmodernem Design, so zeigt sich die historische Villa nebst Neubau. Wie wär's mit einer schicken Themen-Suite? Die Bäder hier sind ein echtes Highlight! Und haben Sie das tolle Treppenhaus gesehen? Wunderbar auch der Garten. Dazu zuvorkommender Service.

50 Zimmer ⊊ - 👥 130/185 € - 5 Suiten

Prälat-Subtil-Ring 22 ✉ 66740 - ☎ 06831 89440440 - www.lamaison-hotel.de

✿ **LOUIS** · ⊛ **PASTIS bistro** - Siehe Restaurantauswahl

AUSERWÄHLT FÜR DIE BESTEN KÖCHE

SAAROW, BAD

Brandenburg – Regionalatlas 23–Q8 – Michelin Straßenkarte 542

‖○ AS am See ⓝ   🏠 🅿

MODERNE KÜCHE · CHIC ✗ "AS" steht hier u. a. für "Am See" und "Andreas Staack" (Inhaber und Küchenchef). Der sympathische Patron empfiehlt in diesem einladenden, freundlichen Mix aus Vinothek und Bistro moderne Küche in Form eines Menüs mit frei wählbaren Gängen (z. B. "Kabeljaurücken mit Rote-Beete-Senf-Creme") sowie einige Snack-Klassiker.

Menu 42/92 €

Seestraße 9 ⊠ 15526 – ℰ 033631 599244 – www.asamsee.de – Geschlossen Montag, Dienstag, mittags: Mittwoch-Samstag

🏨 Esplanade Resort & Spa   ⚐ 🐾 🛏 🏊 🖂 🆗 🏋 🅛🅼 🖂 ⚒ 🛗 🅿

SPA UND WELLNESS · MODERN Die schöne Hotelanlage am Scharmützelsee bietet freundlich-moderne Zimmer, ein vielfältiges Angebot im ansprechenden Spa sowie eine eigene Marina. "Spa-Suite" mit Sauna. Italienische Küche im "O'Vino" in der Dependance. In der beliebten "Pechhütte" gibt's zünftige Speisen.

170 Zimmer ⊑ – 🛏 120/299 €

Seestraße 49 ⊠ 15526 – ℰ 033631 4320 – www.esplanade-resort.de

🏨 Palais am See   🐾 ≤ 🛏 🏋 🅛🅼 ⚒ 🅿

LANDHAUS · KLASSISCH Annette und Peter Fink haben hier ein echtes Kleinod! Das privat anmutende kleine Hotel liegt einfach traumhaft, bietet eine wunderbare Aussicht und hat einen schönen Garten zum See sowie geschmackvolle Zimmer mit Stil und Charme. Auch das Frühstück kann sich sehen lassen - vielleicht auf der Terrasse?

9 Zimmer ⊑ – 🛏 190/310 € – 1 Suite

Karl-Marx-Damm 23 ⊠ 15526 – ℰ 033631 8610 – www.palais-am-see.de – Geschlossen 1. Januar-31. Mai

SACHSA, BAD

Niedersachsen – Regionalatlas 30–J11 – Michelin Straßenkarte 541

🏨 Romantischer Winkel   ⚐ 🐾 🛏 🏊 🖂 🆗 🏋 🅛🅼 ⚒ 🅿 🚗

SPA UND WELLNESS · GEMÜTLICH Hier wird dem Gast einiges geboten: ruhige Lage am Schmelzteich, wohnliche Zimmer (auch Appartements), Spa auf 3500 qm samt "Kids Wellness", freundlicher Service, Kinderbetreuung... Im Restaurant gibt es international, regional und saisonal beeinflusste Küche. Sehenswert die kleine Kapelle in der historischen Villa.

72 Zimmer – 🛏 270/410 € – 6 Suiten

Bismarckstraße 23 ⊠ 37441 – ℰ 05523 3040 – www.romantischer-winkel.de

SÄCKINGEN, BAD

Baden-Württemberg – Regionalatlas 61–D21 – Michelin Straßenkarte 545

⚝ Genuss-Apotheke (Raimar Pilz)

KREATIV · TRENDY ✗ Von der einstigen Apotheke ist nur der Namenszusatz geblieben. Hinter den großen Fenstern erwartet Sie heute ein frisches, modernes Restaurantkonzept. Sie sitzen in einem hellen, geradlinig gehaltenen Raum an wertig eingedeckten Tischen, Blickfang ist die markante offene Küche. Hier kocht Patron Raimar Pilz kreativ und angenehm reduziert - top die Produkte, vom zarten Eifellamm bis zum aromatischen Taschenkrebs. Gelungen bindet man immer wieder würzige Kräuter in die saisonalen Gerichte ein. Freitag- und samstagabends gibt es nur das Gourmetmenü mit 4 - 7 Gängen, ansonsten auch eine kleine A-la-carte-Auswahl. Gerne kommt man übrigens auch zum 2-gängigen Lunchmenü. Dass man sich hier wohlfühlt, liegt auch mit am Service, der Sie herzlich und aufmerksam umsorgt und gut in Sachen Wein berät.

Spezialitäten: Carne cruda, Wildkräutersaft, Brathähnchencrunch, gegrillter Mais. Rehbock, fermentierte Vogelbeeren, wilde Kresse, eingelegte Eierschwämme. Safran, Grüner Tee und Haselnuss, Fichtennadelerde, Olivenölsorbet.

Menu 89/142 € – Karte 68/78 €

Schönaugasse 11 ⊠ 79713 – ☎ 07761 9333767 – www.genuss-apotheke.de – Geschlossen 1.-20. August, Montag, Sonntag, mittags: Dienstag-Donnerstag

SAILAUF
Bayern – Regionalatlas **48**–G15

🏰 Schlosshotel Weyberhöfe ☆ 🔲 🏛 🏖 🅿

HISTORISCHES GEBÄUDE · DESIGN Die historischen Weyberhöfe (ursprünglich Jagdschloss von 1265) wurden geschmackvoll, wertig und recht individuell gestaltet, gelungen die Verbindung von Klassik und Moderne. Zum Relaxen: verschiedene Saunen, Hamam und Pool. Das imposante Anwesen ist übrigens auch ideal für Feierlichkeiten. International-saisonale Küche im "Rumpolt". Fr. und Sa. abends "Fine Dining".

40 Zimmer – 👫 110/190 € – ☲ 18 € – 1 Suite

Weyberhöfe 9 ⊠ 63877 – ☎ 06093 993320 – www.schlosshotel-weyberhoefe.com

SALACH
Baden-Württemberg – Regionalatlas **56**–H18 – Michelin Straßenkarte 545

🏰 Burghotel Staufeneck ☆ 🐾 ← 🍴 🍲 🏛 🛁 🖥 🅿

HISTORISCHES GEBÄUDE · ELEGANT Geschmackvoll wohnen in einsamer, ruhiger Lage mit herrlichem Blick über das Filstal! Schöne klassische Zimmer, moderne Technik, sehr gute Tagungsmöglichkeiten, attraktiver Wellnessbereich samt Panorama-Außenpool. Toll auch das Frühstück - besonders angenehm auf der Terrasse! Das neue gastronomische Konzept mit dem Gourmetrestaurant "Fine Dining RS" und der regionalen Alternative "oifach andersch" startet erst nach Redaktionsschluss!

43 Zimmer ☲ – 👫 220/240 € – 3 Suiten

Burg Staufeneck 1 (in der Ruine Staufeneck) ⊠ 73084 – ☎ 07162 933440 – www.burg-staufeneck.de

SALEM
Baden-Württemberg – Regionalatlas **63**–G21 – Michelin Straßenkarte 545

In Salem-Neufrach Süd-Ost: 3 km über Schlossstraße und Neufracher Straße

😊 Reck's ← 🍴 ↻ 🅿 🚗

REGIONAL · GASTHOF ✕✕ Drei Schwestern leiten das Landhotel mit teils klassischen, teils stilvoll-modernen Zimmern sowie das Restaurant. Drinnen hat man drei behagliche Stuben, draußen sitzt man herrlich auf der Terrasse unter Platanen und schaut auf Streuobstwiesen! Probieren Sie die hausgemachte Fischterrine oder auch Klassiker wie Kalbsrahmgulasch! Schön: Kunst überall im Haus.

Spezialitäten: Vitello Tonnato mit mediterranem Salat. Gebratenes Felchen auf Pfifferlingsrisotto. Joghurt-Panna Cotta mit Passionsfrucht und Cassissorbet.

Menu 42/52 € – Karte 30/55 €

Bahnhofstraße 111 ⊠ 88682 – ☎ 07553 201 – www.recks-hotel.de – Geschlossen 19. Februar-6. März, 28. Oktober-15. November, Mittwoch, mittags: Donnerstag

SALZUFLEN, BAD
Nordrhein-Westfalen – Regionalatlas **28**–G9 – Michelin Straßenkarte 543

😊 Walter's Pharmacy 🍴 ↻ 🅿 🚗

INTERNATIONAL · RUSTIKAL ✕ Sehenswert ist das gemütlich-rustikale Interieur mit der Original-Einrichtung einer Londoner Apotheke von 1860 - und am Eingang macht der einsehbare "Aging Room" Appetit auf heimisches Dry Aged Beef vom Grill. Tipp: individuell zusammengestelltes Menü (Vorspeise, Hauptgang, Beilage, Sauce, Dessert) zum Festpreis.

Spezialitäten: Fjordlachs, Kürbispüree, lila Kartoffelchips,Wildkräutersalat. Pharmacy Grillteller - Dry Aged Rindersteak, Landschweinkarree, Hähnchenbrust. Walter's Apfeltarte, Vanilleeis, Sahne.

Menu 37/55 € – Karte 37/103 €

Hotel Altstadt-Palais Lippischer Hof, Mauerstraße 1 ⊠ 32105 – ℰ 05222 534296 – www.hof-hotels.de – Geschlossen mittags: Montag-Sonntag

Lippischer Hof ☆🗊🏠🖱&🛁🅿🚗

BUSINESS · INDIVIDUELL Mitten in der historischen Altstadt liegt das Boutique-Hotel nebst Design-Neubau. Chic der Rahmen und die Zimmer, toll der Stadtblick beim Frühstück im "The View" mit Dachterrasse. Stilvoll-elegant der Schotten-Look im Salon "The Alchemist".

94 Zimmer ⌒ – †† 136/164 € – 5 Suiten

Mauerstraße 1 ⊠ 32105 – ℰ 05222 5340 – www.hof-hotels.de

🍽 **Walter's Pharmacy** – Siehe Restaurantauswahl

SAMERBERG
Bayern – Regionalatlas **66**–N21 – Michelin Straßenkarte 546

In Samerberg-Grainbach

Gasthof Alpenrose ⇦🏡🌀🅿🍽

REGIONAL · GASTHOF ⅞ Bei der Kirche steht der schöne alteingesessene Gasthof (Familienbetrieb seit 1868). Drinnen gemütliche Stuben, draußen lauschiger Biergarten und Terrasse mit Aussicht. Gekocht wird bayerisch-saisonal und mit modernem Twist - da macht z. B. "Bavettesteak und Pulled Pork mit Schmorgemüsepüree und Ofenzwiebeln" Appetit. Tipp: die charmanten Gästezimmer im "Bauernstadl".

Spezialitäten: Matjes von der Chiemseerenke mit Äpfeln, Zwiebeln und Liebstöckelpüree. Rehrücken mit Kräuterseitlingen. Weinbergpfisich mit Vanillemousse und Lavendelhonig.

Menu 37/90 € – Karte 25/44 €

Kirchplatz 2 ⊠ 83122 – ℰ 08032 8263 – www.alpenrose-samerberg.de – Geschlossen 30. Mai-16. Juni, Montag, Dienstag

ST. ENGLMAR
Bayern – Regionalatlas **59**–O18 – Michelin Straßenkarte 546

In St. Englmar-Grün Nord-West: 3 km über Bogener Straße, am Ortsende links

Reinerhof ☆⇐🏡🎋🗊🌐🏠🖱🅿🚗

SPA UND WELLNESS · INDIVIDUELL Familienbetrieb und Wellness-Hotel wie aus dem Bilderbuch! Schon die exponierte Lage samt schöner Sicht macht das Haus interessant, aber auch die engagierte Führung, die Wellness-Vielfalt, die wohnlichen Zimmer. Nicht zu vergessen die hochwertige Halbpension, zu der auch Nicht-Hotelgäste willkommen sind! Sehr netter Barbereich mit zahlreichen Whiskys. Eigene Vinothek.

45 Zimmer ⌒ – †† 160/236 € – 3 Suiten

Grün 9 ⊠ 94379 – ℰ 09965 8510 – www.reinerhof.de – Geschlossen 3.-15. Mai, 6.-18. Dezember

In St. Englmar-Maibrunn Nord-West: 5 km über Grün

Berghotel Maibrunn ☆🐾⇐🏡🎋🗊🌐🏠🖱🛁🅿🚗

SPA UND WELLNESS · GEMÜTLICH Ein wirklich herrlich gelegenes Ferienhotel - quasi mit Rundumsicht! Sie wohnen in individuellen und geschmackvollen Zimmern, vom Themenzimmer bis hin zu alpinem Lifestyle! Zum Wohlfühlen trägt neben dem einladenden Wellnessbereich auch die aufmerksame und freundliche Gästebetreuung bei. Gepflegte Halbpension mit gutem Frühstück und schönen Abendmenüs.

50 Zimmer ⌒ – †† 168/288 € – 2 Suiten

Maibrunn 1 ⊠ 94379 – ℰ 09965 8500 – www.berghotel-maibrunn.de

ST. GOAR

Rheinland-Pfalz – Regionalatlas **46**–D14 – Michelin Straßenkarte 543

🏨 Schloss Rheinfels 　　　　🎯 🍸 ⟨ 🛏 🖥 🌐 🛎 🔁 🅰 🅿

HISTORISCHES GEBÄUDE · ELEGANT Ein tolles Domizil mit viel Geschichte! Klassisch-elegante Zimmer, schöner Spa, Rosen- und Kräutergarten, und das integriert in eine eindrucksvolle Burganlage von 1250. Regional-internationale Küche im Restaurant "Auf Scharffeneck" mit Wintergarten und den "Silcher Stuben". In der "Burgschänke" gibt's u. a. Flammkuchen und Vesper - ein Traum die Panoramaterrasse!

65 Zimmer ⌂ – 🛏🛏 145/280 € – 2 Suiten
Schloßberg 47 ✉ 56329 – 𝒞 06741 8020 –
www.schloss-rheinfels.de

ST. INGBERT

Saarland – Regionalatlas **46**–C17 – Michelin Straßenkarte 543

😊 Die Alte Brauerei 　　　　⟨ 🏠 🅿

FRANZÖSISCH · FAMILIÄR ✕✕ Fast wie in Frankreich fühlt man sich in dem gemütlichen Restaurant von Eric und Isabelle Dauphin, entsprechend die Küche. "Ravioli mit Hasenfilet" kommt da ebenso gut an wie "Maispoularde mit Morcheln gefüllt". Das Restaurant samt individuellen Gästezimmern erreichen Sie übrigens über den Innenhof.

Spezialitäten: Galantine von Wildlachs und Zander an Rotweinbutter. Iberico Schweinefilet mit Oliven und Fetakäse gratiniert, Gemüse der Saison und Kartoffelgratin. Moelleux au chocolat und Bourbon-Vanilleeis.

Menu 20/60 € – Karte 36/71 €
Kaiserstraße 101 ✉ 66386 – 𝒞 06894 92860 –
www.diealtebrauerei.com – Geschlossen Dienstag, mittags: Samstag

ST. PETER-ORDING

Schleswig-Holstein – Regionalatlas **1**–G3 – Michelin Straßenkarte 541

Im Ortsteil St. Peter-Bad

🏨 Aalernhüs hotel & spa 　　🎯 🍸 🛏 🍽 🖥 🌐 🛎 🧖 🔁 🅰 🅿 🚗

SPA UND WELLNESS · MODERN Für Erholung sorgen hier komfortable Gästezimmer (wie wär's z. B. ganz frisch-modern in friesischem Blau?) sowie ein schöner Garten und der attraktive Spa auf 1000 qm! Im "Aalernhüs Grill" stehen Fleisch und Fisch vom Grill im Mittelpunkt.

59 Zimmer ⌂ – 🛏🛏 149/349 € – 5 Suiten
Friedrich-Hebbel-Straße 2 ✉ 25826 – 𝒞 04863 7010 –
www.aalernhues.de – Geschlossen 5.-23. Januar

Im Ortsteil St. Peter-Dorf

🍽 Strandhütte Axels Restaurant 　　　　🏠 🍽

INTERNATIONAL · FREUNDLICH ✕ Was den sieben Meter hohen Pfahlbau am Südstrand so beliebt macht? Es ist das interessante Doppelkonzept: tagsüber "Strandhütte" als trendige Ausflugsadresse mit einfachem Angebot, am Abend "Axels Restaurant" mit wertig-modernem Ambiente und kreativen Gerichten wie "Tatar vom Holsteiner Galloway-Rind, geräucherter Heringskaviar, Knäckebrot, Trüffelmayonnaise".

Menu 51/71 € – Karte 50/77 €
Zum Südstrand ✉ 25826 – 𝒞 04863 4747011 –
www.die-strandhuette.de – Geschlossen 5. Januar-20. Februar, Montag, Dienstag

Im Ortsteil Ording

🏠 Zweite Heimat

FAMILIÄR · AUF DEM LAND "Kleine Stube", "Große Stube", "Gute Stube"... Alle Zimmer sind nordisch-modern eingerichtet, liebenswert die maritime Deko - mal für Familien, mal mit Meerblick oder auch mit Sauna. Kosmetik und Massage in der "Kleinen Flucht". Überall ist die Region in Form von schönen Bildern und Naturmaterialien gegenwärtig.

46 Zimmer 🖙 – 👬 135/398 € – 1 Suite
Am Deich 41 ✉ 25826 – 𝒞 04863 474890 –
www.hotel-zweiteheimat.de

ST. MÄRGEN
Baden-Württemberg – Regionalatlas **61**–E20 – Michelin Straßenkarte 545

😊 Zum Kreuz

REGIONAL · GEMÜTLICH ⅄ Vater und Sohn kümmern sich hier um das leibliche Wohl der Gäste, da findet sich neben Bürgerlichem wie Kalbsrahmschnitzel oder Käsespätzle auch Moderneres. Wie wär's mit dem "Genussmenü"? Oder à la carte z. B. "Schwarzwald-Ochse: Rücken & Backe, Schwarzwurzel, Lauch, Kohlspätzle mit Ziegenkäse"? Der Familienbetrieb bietet auch wohnliche Zimmer und Appartements.
Spezialitäten: Pochiertes Ei, Schinkenschaum, Bergkäse, Röstbrot. Geschmorte Rehschulter mit Waldpilzen, Rahmkohlrabi und Schupfnudeln. Topfen und Erdbeere.

Menu 24/75 € – Karte 30/55 €
Hohlengraben 1 ✉ 79274 – 𝒞 07669 91010 –
www.gasthaus-zum-kreuz.de – Geschlossen 20.-30. April, 2. November-11. Dezember,
Donnerstag, mittags: Freitag

ST. MARTIN
Rheinland-Pfalz – Regionalatlas **47**–E17 – Michelin Straßenkarte 543

ⅠО St. Martiner Weinhäusel

REGIONAL · WEINSTUBE ⅄ Richtig nett und lebendig ist es hier - typische Pfälzer Weinstuben-Atmosphäre eben! Aus der Küche kommt ein interessanter Mix aus Internationalem und Regionalem, von der "Pfälzer Dreifaltigkeit" bis zum "Seeteufel auf gebratenem Fenchel mit Sepia-Risotto". Dessert-Tipp: "Kartäuser Klöße"! Im Sommer hat das einstige Weingut mitten im Ort auch eine lauschige Terrasse.

Menu 30/44 € – Karte 30/48 €
Hornbrücke 2 ✉ 67487 – 𝒞 06323 981387 –
www.weinhaeusel.com – Geschlossen 7. Januar-12. Februar, Dienstag, Mittwoch,
mittags: Montag und Donnerstag- Freitag

ST. PETER
Baden-Württemberg – Regionalatlas **61**–E20 – Michelin Straßenkarte 545

ⅠО Zur Sonne

REGIONAL · GASTHOF ⅄⅄ Hanspeter Rombach legt in seinem einladenden freundlichen Restaurant Wert auf Bioprodukte. Man kocht regional und klassisch, auf der Karte z. B. "Ragout vom heimischen Reh in Spätburgundersauce" oder "Bio-Lachsfilet und wilde Gambas auf Kürbissaftsauce". Dazu wohnliche Gästezimmer und ein hübscher Saunabereich.

Menu 39/79 € – Karte 41/82 €
Zähringerstraße 2 ✉ 79271 – 𝒞 07660 94010 –
www.sonneschwarzwald.de – Geschlossen 3.-13. Februar, 20.-28. April, 2.-19.
November, Montag

ST. WENDEL

Saarland – Regionalatlas **46**–C16 – Michelin Straßenkarte 543

In St. Wendel-Bliesen Nord-West: 5, 5 km über Sankt Annen Straße und Alsfassener Straße

⁜ Kunz

FRANZÖSISCH-KLASSISCH · FAMILIÄR ※※ Anke und Alexander Kunz sind ein eingespieltes Team, in 2. Generation leiten sie den Familienbetrieb. Sie ist Gastgeberin aus Leidenschaft, er und seine Küchencrew stehen für geradlinige Gerichte ohne Schnörkel, bei denen ganz klar der Geschmack und die hervorragenden Produkte im Vordergrund stehen, so z. B. beim zarten Müritz-Lamm mit fantastischem Püree von der La-Ratte-Kartoffel und köstlicher Knoblauch-Rosmarin-Jus. Neben den schön angerichteten Speisen gibt's noch mehr fürs Auge - toll ist nämlich auch der Blick auf den beachtlichen "Bliestaldom" St. Remigius, den die Glasfront des schicken modern-eleganten Wintergartens freigibt. Sie können neben dem Menü des Sternerestaurants auch von der Karte des "Kaminzimmers", dem zweiten Kunz'schen Restaurant, wählen - fragen Sie ruhig nach!

Spezialitäten: Périgord Gänseleber mit pochierten Pfirsichen und weißem Portweinschaum. Salzwiesen Lamm, geschmorte Artischocken, confierte Tomaten, Anna-Kartoffeln und Rosmarin-Portweinjus. Mirabelle aus der Lorraine in Gewürzsud pochiert, Topfen-Vanilleschaum und Pistazienrahmeis.

Menu 68/96 €

Kirchstraße 22 ✉ *66606 –* ☎ *06854 8145 – www.restaurant-kunz.de –*
Geschlossen 1.-8. Januar, Montag, Dienstag, Mittwoch,
mittags: Donnerstag-Samstag, abends: Sonntag

🔥 **Kaminzimmer** – Siehe Restaurantauswahl

🔥 Kaminzimmer

FLEISCH · FREUNDLICH ※ "Kaminzimmer" - das klingt nach Gemütlichkeit, und die darf man in dem geschmackvoll-modernen, in warmen Tönen gehaltenen Restaurant auch erwarten. Dazu gibt's richtig gute Küche, z. B. als "Dry Aged Beef vom Holzkohlegrill" oder als "Lamm mit Kräuterkruste und Ratatouille". Oder lieber ein Wiener Schnitzel?

Spezialitäten: Rinderkraftbrühe mit Markklößchen, Wurzelgemüse und Rinderbrust. Freilandpoularde mit kross gebratener Haut, gratiniert mit Parmesan, Tomatensugo und Pasta. Crème Brûlée.

Menu 37/39 € – Karte 31/82 €

Kunz, Kirchstraße 22 ✉ *66606 –* ☎ *06854 8145 – www.restaurant-kunz.de –*
Geschlossen 1.-8. Januar, Montag, Dienstag, Mittwoch, mittags: Samstag

SASBACHWALDEN

Baden-Württemberg – Regionalatlas **54**–E19 – Michelin Straßenkarte 545

🔥 Engel

REGIONAL · LÄNDLICH ※※ Hier passt einfach alles zusammen: Familientradition seit 1764, charmante Stuben hinter historischen Fachwerkmauern, herzliche Atmosphäre und schmackhafte regionale Gerichte - auf der Karte macht z. B. "Sauerbraten in Spätburgunder geschmort mit feinen Nudeln" Appetit. Schön übernachten kann man ebenfalls.

Spezialitäten: Kraftbrühe vom Ochsenschaufelstück, Flädle, Markklößle, Schnittlauch. Lammrücken mit Schafskäsekruste, Kirschtomaten, Bohnen, Kartoffelgratin und Lammjus. Impressionen von der Linzer Torte.

Menu 30/46 € – Karte 31/65 €

Talstraße 14 ✉ *77887 –* ☎ *07841 3000 – www.engel-sasbachwalden.de –*
Geschlossen Montag

🟢 Badische Stuben   🌣

REGIONAL · RUSTIKAL ⅹ Die regionale Küche hier kommt richtig gut an. Lust auf "Hechtklößle mit Rieslingsauce und Blattspinat" oder "Schwarzwälder Rehragout mit Wacholderrahm"? Oder lieber die "Versucherle"? Einladend auch die Stuben selbst mit ihrer gemütlichen Atmosphäre, ebenso die großzügige Terrasse.

Spezialitäten: Kutteln in Riesling. Saures Alb-Linsengemüse und Schweinebäckle mit Spätzle. Vanilleflan mit Ortenauer Beeren.

Menu 37/48€ – Karte 32/60€

Fallert, Talstraße 36 ⊠ 77887 –

℘ 07841 628290 – www.talmuehle.de – Geschlossen 27. Januar-21. Februar, Dienstag, Mittwoch

ⅰⅠ○ Fallert   🡰 🌣

FRANZÖSISCH-KLASSISCH · FREUNDLICH ⅹⅹ Seit über 50 Jahren steht Gutbert Fallert im Dienste der Gastronomie. Seine klassische Küche verzichtet bewusst auf modische Trends, vielmehr stellt man gute Produkte in den Mittelpunkt. Im Sommer gibt es zusätzlich die regionale Karte. Man hat auch wohnliche Gästezimmer und einen schönen Garten.

Menu 39€ (Mittags), 79/98€ – Karte 39/84€

Talstraße 36 ⊠ 77887 –

℘ 07841 628290 – www.talmuehle.de – Geschlossen 27. Januar-21. Februar, Dienstag, Mittwoch

   🟢 Badische Stuben – Siehe Restaurantauswahl

SASSNITZ – Mecklenburg-Vorpommern → Siehe Rügen (Insel)

SAULGAU, BAD

Baden-Württemberg – Regionalatlas **63**-H20 – Michelin Straßenkarte 545

ⅰⅠ○ Vinum   🡰 🌣 🔥 🄰🄲 🡱 🚗

INTERNATIONAL · CHIC ⅹⅹ Das geradlinig-elegante Interieur kann sich wirklich sehen lassen, ebenso die Terrasse samt Lounge. Gekocht wird international, saisonal und mit regionalen Einflüssen, von "Avocado mit Jakobsmuschel und Zitronencreme" bis "schwäbischer Rostbraten mit Zwiebelkruste". Das Restaurant befindet sich übrigens im stilvoll-modernen Hotel "Kleber Post".

Menu 38/72€ – Karte 36/68€

Poststraße 1 ⊠ 88348 –

℘ 07581 5010 – www.kleberpost.de – Geschlossen 2.-5. Januar

SAULHEIM

Rheinland-Pfalz – Regionalatlas **47**-E15 – Michelin Straßenkarte 543

🟢 mundart Restaurant   🌣 🡱

KLASSISCHE KÜCHE · LÄNDLICH ⅹⅹ Eine charmante Adresse ist das alte Dorfhaus mitten in dem kleinen Weinort. Es gibt frische klassisch geprägte Küche, z. B. "geschmorte Ochsenbacke", "Zander auf Rahmsauerkraut" oder auch "gegrillte Jakobsmuscheln". Drinnen hübsches ländlich-modernes Ambiente, draußen der reizende Innenhof. Ideal für Feierlichkeiten ist die umgebaute Scheune.

Spezialitäten: Carpaccio von Roter Bete mit Jakobsmuscheln. Kalbsleberscheiben auf Kartoffelstampf, Apfel und Preiselbeeren. Quakknödel mit Zwetschgen und Zimteis.

Menu 39/90€ – Karte 32/53€

Weedengasse 8 ⊠ 55291 –

℘ 06732 9322966 – www.mundart-restaurant.de – Geschlossen 1.-13. Januar, Mittwoch, Donnerstag, mittags: Montag-Dienstag und Freitag-Samstag

SCHALKHAM
Bayern – Regionalatlas **59**–N19 – Michelin Straßenkarte 546

In Schalkham-Johannesbrunn

🏄○ **Sebastianihof** 🏠 ✿ **P**

INTERNATIONAL · RUSTIKAL ※ Ein wunderschönes Anwesen samt reizvollem Innenhof, das gelungen rustikal und modern verbindet. Geschmackvoll das Restaurant mit seiner luftigen Architektur, aufmerksam der Service, gut die Küche. Zu feinen Gerichten wie "Wildfang-Zander mit Speck, Wirsing und Sahnepüree" bietet man eine passende Weinbegleitung.

Menu 48/76 € – Karte 42/53 €

Brunnenstraße 9 ✉ 84175 – 𝒞 08744 919445 – www.sebastianihof.de –
Geschlossen 16.-28. August, Montag, Dienstag, Mittwoch, mittags: Donnerstag -
Samstag, abends: Sonntag

SCHARBEUTZ
Schleswig-Holstein – Regionalatlas **11**–K4 – Michelin Straßenkarte 541

✿ **DiVa** 🏠 ᇰ **AC** **P** 🚗

FRANZÖSISCH-MODERN · ELEGANT ※※ Die mediterrane Note des direkt am Ostseestrand gelegenen Hotels "BelVeder" findet sich auch im kleinen Gourmetrestaurant mit seinem eleganten, in warmen Tönen gehaltenen Interieur wieder. Hier genießt man bei aufmerksamem und kompetentem Service die Küche von Gunter Ehinger. Er kochte u. a. im "Hirschen" in Sulzburg, bei Dieter Müller in Bergisch Gladbach und in der "Bülow Residenz" in seiner Heimatstadt Dresden, und in Karlsruhe bescherte er der "Oberländer Weinstube" einen Stern. Das Restaurant bietet trotz der schönen Lage an der Lübecker Bucht zwar keinen Meerblick, doch die klassisch basierte Küche verdient ohnehin Ihre volle Aufmerksamkeit. Gekonnt setzt man z. B. beim Carabinero mit Hühnerflügel, Melone und Rübchen moderne Ideen um, die das richtige Maß an Raffinesse bringen.

Spezialitäten: Carabinero mit Hühnerflügel, Melone und Rübchen. Zweierlei vom Norddeutschen Lamm mit Moussakacreme. Caranoa Schokolade mit fermentierter Himbeerlimonade und Limette.

Menu 79/119 €

Hotel BelVeder, Strandallee 146 (Süd: 1,5 km über B 76, Richtung Timmendorfer
Strand) ✉ 23683 – 𝒞 04503 3526600 – www.hotel-belveder.de – Geschlossen 8.-18.
April, 1.-18. Juli, 23.-31. Dezember, Montag, Dienstag, Mittwoch,
mittags: Donnerstag-Sonntag

🏨 **BelVeder** ✵ ᇰ 🎬 ᇰ **P** 🚗

LANDHAUS · ELEGANT Ihr Zimmer ist wohnlich-elegant und in warmen Tönen gehalten, auf Wunsch genießen Sie vom Balkon den Blick aufs Meer, die angeschlossene Ostsee-Therme nutzen Sie gratis und freundliche Gästebetreuung ist Ihnen ebenfalls gewiss - also beste Voraussetzungen für entspannte Urlaubstage!

68 Zimmer 🛏 – 👥 170/300 € – 15 Suiten

Strandallee 146 ✉ 23683 – 𝒞 04503 3526600 – www.hotel-belveder.de

✿ **DiVa** – Siehe Restaurantauswahl

SCHEER
Baden-Württemberg – Regionalatlas **63**–G20 – Michelin Straßenkarte 545

🏄○ **Brunnenstube** **P**

FRANZÖSISCH-KLASSISCH · GEMÜTLICH ※※ Seit über 35 Jahren bietet man hier ein Stück französische Lebensart. In dem charmant-eleganten Restaurant macht saisonal beeinflusste Küche Appetit, eine Spezialität sind hausgemachte Terrinen! Dienstagabends zusätzlich "Menü Surprise".

Menu 31/58 € – Karte 39/65 €

Mengener Straße 4 ✉ 72516 – 𝒞 07572 3692 – www.brunnenstube-scheer.de –
Geschlossen Montag, mittags: Dienstag-Samstag

SCHEESSEL
Niedersachsen – Regionalatlas **18**–H6 – Michelin Straßenkarte 541

In Scheeßel-Oldenhöfen Nord-West: 7 km über Zevener Straße, in Hetzwege
rechts

😊 **Rauchfang** 🍴 ♻ **P**

REGIONAL · GEMÜTLICH ✕✕ "Waldpilze mit Semmelknödel", "Kabeljau mit Senfsauce"... Bekommen Sie da nicht Appetit? Leckere Gerichte wie diese gibt es in
dem charmant eingerichteten Landgasthof, einem Häuslingshaus von 1800. Im
Winter schafft der offene Kamin Behaglichkeit, im Sommer lockt die Terrasse mit
Blick ins Grüne.

Spezialitäten: Kohlrabirahmsuppe. Geschmorte Rinderbäckchen. Zwetschgen
Kompott mit Topfenknödel.

Menu 55/57 € – Karte 31/66 €

Oldenhöfen 3a ✉ *27383 – ☎ 04263 602 – www.rauchfang-oldenhoefen.de –*
Geschlossen 6.-29. Januar, 20. Juli-12. August, Montag, Dienstag,
mittags: Mittwoch-Samstag

SCHEIDEGG
Bayern – Regionalatlas **63**–I21 – Michelin Straßenkarte 546

🍴○ **Zum Hirschen & Gasthaus beim Stöckeler** ⇦ 🍴 ♿ ♻ **P**

REGIONAL · RUSTIKAL ✕ Eine feste Größe im Ort und in der Region ist dieser
familiengeführte Gasthof. Gemütlich-rustikal die Räume, schön die Terrasse im
Schatten der Kirche, regional-saisonal die Küche. Übernachtungsgäste dürfen
sich auf schöne modern-alpine Zimmer und ein gutes Frühstück freuen - vielleicht
auf der Balkonterrasse?

Menu 32/38 € – Karte 25/43 €

Kirchstraße 1 ✉ *88175 – ☎ 08381 2119 – www.zumhirschenscheidegg.de –*
Geschlossen 6.-28. November, Dienstag, Mittwoch

SCHELKLINGEN
Baden-Württemberg – Regionalatlas **56**–H19 – Michelin Straßenkarte 545

🏨 **HGS3 Das Konzepthotel** ✿ 🖃 ♿ 🖸 🏋 **P**

BUSINESS · DESIGN So viel Chic erwartet man nicht unbedingt im Umland von
Ulm. In den Zimmern schönes klares Design und sehr gute Technik, auf der Dachterrasse lässt es sich im Sommer gut relaxen und Kunstliebhaber freuen sich über
interessante wechselnde Ausstellungen im Haus. Im Bistro gibt es internationale
Küche. Dazu hat man noch eine Vinothek. Tipp: Leihen Sie sich ein E-Bike!

24 Zimmer ☒ – 🛏 105/175 €

Heinrich-Günter-Straße 3 ✉ *89601 – ☎ 07394 931490 – www.hgs3.de*

SCHERMBECK
Nordrhein-Westfalen – Regionalatlas **26**–C10 – Michelin Straßenkarte 543

In Schermbeck-Weselerwald Nord-West: 13 km über B 58, bei Drevenack
rechts Richtung Bocholt

🍴○ **Landhotel Voshövel** 🍴 ♻ **P** 🚗

MARKTKÜCHE · GEMÜTLICH ✕✕ Was in den unterschiedlichen hübschen Räumen und auf der schönen Terrasse serviert wird, ist schmackhaft und mit guten
Produkten zubereitet: saisonale Küche mit regionalen und internationalen Einflüssen - auf der Karte z. B. "Kabeljau mit Düsseldorfer Senfsauce und Balsamicolinsen". Mo. - Fr. mittags nur Buffet, ansonsten können Sie das HP-Menü oder à la
carte wählen.

Menu 25 € (Mittags), 35/49 € – Karte 25/61 €

Am Voshövel 1 ✉ *46514 – ☎ 02856 91400 – www.landhotel.de – Geschlossen 20.-25.*
Dezember

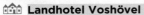 **Landhotel Voshövel**

LANDHAUS · MODERN Ein wirklich engagiert geführtes und tipp topp gepflegtes Hotel auf dem Land mit tollem "Livingroom Spa" auf über 2500 qm (Tipp:
täglich Spa-Kino) und geschmackvollen, individuellen Themenzimmern - wie
wär's z. B. mit "Bretz", "Landidyllchen", "Champagner" oder "Fuchsteufelswild"?
Eigenes Standesamt "Confideum" im Park. Ermäßigung im Golfclub nebenan.

75 Zimmer �़ – ♟ 296/526 €

*Am Voshövel 1 ✉ 46514 – ☏ 02856 91400 – www.landhotel.de – Geschlossen 20.-25.
Dezember*

⅃O **Landhotel Voshövel** – Siehe Restaurantauswahl

SCHIFFERSTADT
Rheinland-Pfalz – Regionalatlas **47**–F16 – Michelin Straßenkarte 543

⅃O **Möllers Restaurant**

INTERNATIONAL · CHIC ✕✕ Das gemütliche Restaurant im Hotel "Salischer Hof"
bietet Ihnen frische Marktküche mit regionalen, aber auch internationalen Einflüssen. Auf der Karte z. B. "Filet vom Adlerfisch mit Kräuterseitlingen, Mangold-
gemüse und Fregola Sarda". Freundlich der Service. Sehr nett die Terrasse hinterm Haus. Schön übernachten kann man in wohnlichen Gästezimmern.

Karte 44/56 €

*Burgstraße 12 ✉ 67105 – ☏ 06235 9310 – www.salischer-hof.de – Geschlossen 1.-19.
Januar, Mittwoch, Sonntag, mittags: Montag-Dienstag und Donnerstag-Samstag*

SCHIRGISWALDE-KIRSCHAU
Sachsen – Regionalatlas **44**–R12 – Michelin Straßenkarte 544

⅏ **JUWEL**

FRANZÖSISCH-MODERN · CHIC ✕✕ Das Gourmetrestaurant im Hause Schumann trägt seinen Namen nicht umsonst, das beginnt schon beim wertigen Interieur in schickem Lila-Schwarz samt ausgesuchten Details wie Amethysten und
Swarovski-Kristallen. Dazu kommt die moderne Küche von Philipp Liebisch. Sein
interessantes Menü spiegelt bemerkenswertes Engagement und handwerkliches
Können wider, die Gerichte sind kreativ und mit Aufwand zubereitet. Schön abgestimmte Kombinationen wie das im "Green Egg" gegarte "Morgan Ranch Wagyu
Navel Short Rib" mit schwarzer Kirsche und wildem Fenchel stecken voller Finesse
und Intensität. Noch ein Wohlfühlfaktor ist das sehr freundliche und geschulte
Serviceteam um Jana Metting und Patrick Grunewald, das Sie auch in Sachen
Wein kompetent berät - Tipp: Man hat eine beachtliche Champagner-Auswahl!

Spezialitäten: Carabinero, Leipziger Allerlei, gebeiztes Eigelb. Morgan Ranch
Wagyu Navel Short Rib, Schwarze Kirsche, Wilder Fenchel. Kakaobohne, Blutorange, Vanille.

Menu 117/144 €

*Hotel BEI SCHUMANN, Bautzener Straße 20 ✉ 02681 – ☏ 03592 5200 –
www.bei-schumann.de – Geschlossen 12.-18. April, 22. Juli-29. August, Montag,
Dienstag, Sonntag, mittags: Mittwoch-Samstag*

⅃O **WEBERSTUBE**

MARKTKÜCHE · RUSTIKAL ✕ Holztäfelung, Kachelofen, hübsche Deko... Die
gemütlich-rustikale Stube ist überaus charmant! Gekocht wird saisonal, dabei
legt man Wert auf regionale Produkte. Auf der Karte z. B. "In Rotweinsauce
geschmortes Schulterscherzel" oder "Tatar vom Oberlausitzer Weiderind".
Umsorgt wird man herzlich und geschult.

Karte 39/67 €

*Hotel BEI SCHUMANN, Bautzener Straße 20 ✉ 02681 – ☏ 03592 5200 –
www.bei-schumann.de – Geschlossen Montag, Sonntag, mittags: Dienstag-Samstag*

⁀⃝ **AL FORNO**

ITALIENISCH · **FREUNDLICH** X Richtig gemütlich hat man es hier bei authentischen italienischen Gerichten. Aus der offenen Küche kommen natürlich u. a. Klassiker wie Antipasti, Pasta und Pizza aus dem Steinofen! Schön sitzt man im Sommer auf der Terrasse mit Blick auf den "SEEWUNDERBAR".

Karte 27/57 €

Hotel BEI SCHUMANN, Bautzener Straße 20 ☒ 02681 – ℰ 03592 5200 –
www.bei-schumann.de – Geschlossen Donnerstag, mittags: Montag-Mittwoch und
Freitag-Sonntag

🏨 **BEI SCHUMANN**

SPA UND WELLNESS · **INDIVIDUELL** Ein wahres Erholungsrefugium und einzigartig in der Oberlausitz! Wie viel Herzblut in diesem Haus steckt, merkt man am tollen Spa-Tempel, an den wertig-wohnlichen Zimmern und edlen Suiten sowie an zahlreichen kleinen Aufmerksamkeiten. Sehr gut auch das Frühstück. Gespannt sein dürfen Sie auf den neuen chic-modernen "Seeflügel".

42 Zimmer ☑ – ♥♥ 206/314 € – 21 Suiten

Bautzener Straße 74 ☒ 02681 – ℰ 03592 5200 – www.bei-schumann.de

⁀⃝ **WEBERSTUBE** · ⁀⃝ **AL FORNO** · ❀ **JUWEL** – Siehe Restaurantauswahl

SCHLECHING

Bayern – Regionalatlas **66**–N21 – Michelin Straßenkarte 546

In Schleching-Raiten

⁀⃝ **Rait'ner Wirt** ⓝ

BAYRISCH · **GEMÜTLICH** X Das schön sanierte gestandene Wirtshaus a. d. 17. Jh. beherbergt heute hübsche, wohnliche Gästezimmer und richtig gemütliche Restauranträume - und draußen lockt im Sommer der herrliche Biergarten! Aus der Küche kommt Regionales, von der Leberknödelsuppe über den Schweinsbraten bis hin zum Backhendl.

Menu 38 € – Karte 21/49 €

Achentalstraße 8 ☒ 83259 – ℰ 08641 5911170 – www.raitnerwirt.de –
Geschlossen Montag, mittags: Dienstag-Freitag

SCHLESWIG

Schleswig-Holstein – Regionalatlas **2**–H2 – Michelin Straßenkarte 541

In Schleswig-Pulverholz Süd-West: 1,5 km

⁀⃝ **Fasanerie**

KLASSISCHE KÜCHE · **ELEGANT** XX Zum schicken modern-eleganten Ambiente gibt es hier ambitionierte klassische Küche. Auf den schön eingedeckten Tisch kommen z. B. "gebratene Jakobsmuscheln und Blutwurst" oder "Filet vom Husumer Rind und Leber von der Markeruper Gans".

Menu 72/105 € – Karte 50/98 €

Hotel Waldschlösschen, Kolonnenweg 152 ☒ 24837 – ℰ 04621 3830 –
www.hotel-waldschloesschen.de – Geschlossen 22. Dezember-31. Januar, Sonntag,
mittags: Montag-Samstag

🏨 **Waldschlösschen**

BUSINESS · **KLASSISCH** Nicht nur die schöne Lage am Waldgebiet "Pöhler Gehege" zählt hier zu den Vorzügen, attraktiv auch der moderne "GartenSpa" mit Ladies Lounge, Duftgarten & Co. Dazu hat man individuelle Zimmer, darunter Themenzimmer wie "Seide", "Kräuter" oder "Maritim". Im "Olearius" speist man regional und saisonal.

114 Zimmer ☑ – ♥♥ 105/179 € – 2 Suiten

Kolonnenweg 152 ☒ 24837 – ℰ 04621 3830 – www.hotel-waldschloesschen.de

⁀⃝ **Fasanerie** – Siehe Restaurantauswahl

SCHLUCHSEE

Baden-Württemberg – Regionalatlas **62**-E21 – Michelin Straßenkarte 545

Hegers Parkhotel Flora

SPA UND WELLNESS • INDIVIDUELL Familie Heger hat hier ein richtiges Kleinod! Das Haus steht in einem 15 000 qm großen Park, wird herzlich geführt, hat geschmackvoll-wohnliche Zimmer und einen schönen Spa, und im Restaurant bietet man regional-internationale Küche. HP ist im Preis inkludiert. Tipp für Familien: Ferienwohnungen im Nebenhaus.

31 Zimmer – 248/264 € – 9 Suiten

Sonnhalde 22 79859 – 07656 97420 – www.parkhotel-flora.de

SCHMALLENBERG

Nordrhein-Westfalen – Regionalatlas **37**-F12 – Michelin Straßenkarte 543

In Schmallenberg-Jagdhaus Süd: 7 km über B 236 Richtung Olpe, in Fleckenberg links

Jagdhaus Wiese

LANDHAUS • INDIVIDUELL Das wunderbar ruhig gelegene Anwesen mit Park ist ein Haus mit Tradition, das mit Gefühl und Geschmack modernisiert wird. Die Zimmer sind wohnlich eingerichtet und haben teilweise einen Balkon mit Aussicht. Restaurant in ländlichem Stil.

42 Zimmer – 164/239 € – 17 Suiten

Jagdhaus 3 57392 – 02972 3060 – www.jagdhaus-wiese.de – Geschlossen 13.-26. Dezember

In Schmallenberg-Oberkirchen Ost: 8 km über B 236

Gasthof Schütte

REGIONAL • RUSTIKAL XX Bewusst hat man mit liebenswerten Dekorationen den rustikalen Charme des alten Stammhauses bewahrt. Gekocht wird regional und klassisch-international, schmackhaft z. B. "Rehragout mit Preiselbeeren, Spätzle und Rotkohl" oder "Seeteufel auf Morchelsauce".

Spezialitäten: Tatar vom Matjes mit Gurkenspaghetti und Pumpernickel. Westfälische Dicke Bohnen mit Kasseler, Mettwurst und Röstkartoffeln. Eingelegte Pflaumen mit hausgemachtem Walnusseis im Hippenkörbchen.

Menu 37/64 € – Karte 36/66 €

Hotel Gasthof Schütte, Eggeweg 2 57392 – 02975 820 – www.gasthof-schuette.de – Geschlossen 29. November-26. Dezember

Gasthof Schütte

GASTHOF • GEMÜTLICH Familientradition seit über 550 Jahren! Ein schönes Haus, in das stetig investiert wird. So hat man wohnliche Zimmer und gute Freizeitmöglichkeiten - ansprechend der Spa "Lenneborn". 300 m entfernt entspannt man im Garten mit Freibad!

47 Zimmer – 246/312 € – 12 Suiten

Eggeweg 2 57392 – 02975 820 – www.gasthof-schuette.de – Geschlossen 29. November-27. Dezember

Gasthof Schütte – Siehe Restaurantauswahl

In Schmallenberg-Ohlenbach Ost: 15 km über B 236, in Oberkirchen links Richtung Winterberg

🏨 Waldhaus Ohlenbach ☆ ⓢ ≼ 🛏 🌊 🎇 ⑩ 🛁 🛗 ⚒ 🅿 🚗

LANDHAUS · INDIVIDUELL Das Hotel liegt herrlich ruhig und sonnenexponiert in 700 m Höhe - toll der Ausblick! Fragen Sie nach den neueren Zimmern in sehr schönem zeitgemäßem Stil. Auch der Spa hat einiges zu bieten. In der gemütlichen "Schneiderstube" gibt es modern beeinflusste Küche. Tipp: Nach Winterberg ist es nur ein Katzensprung.

47 Zimmer ⚏ – 👫 240/290 €

Ohlenbach 10 ✉ 57392 – 𝒞 02975 840 – www.waldhaus-ohlenbach.de

In Schmallenberg-Winkhausen Ost: 6 km über B 236

❀ Hofstube ❀ 🅿 🚗

MODERNE KÜCHE · CHIC XX Hier sticht sofort die tolle offene Showküche ins Auge! Sie erleben live mit, wie Küchenchef Felix Weber ein modernes Menü zubereitet. Nach ausgezeichneten Stationen wie dem "Waldhotel Sonnora" in Wittlich, dem "La Vie" in Osnabrück oder "Rüssel's Landhaus St. Urban" in Naurath (Wald) beweist er nicht nur beim Lamm vom Gutshof Polting mit Aubergine, Paprika und orientalischem Couscous sein Gefühl für top Produkte und sein präzises Handwerk. Untergebracht ist die "Hofstube" im Ferien- und Wellnesshotel "Deimann" - entstanden aus einem Herrenhaus von 1880 und seit 1917 im Besitz der Familie Deimann. Mit behaglichem Holz, klaren Linien und warmen Tönen hat man ein richtig schickes Design geschaffen, dazu sorgt die große, in den Raum integrierte Küche für eine attraktive Kochstudio-Atmosphäre.

Spezialitäten: Loch Duart Lachs, Champagner-Beurre-Blanc, Forellenkaviar. Lamm vom Hofgut, Aubergine, orientalischer Couscous, Sariette-Jus. Ivoire und Tahiti Vanille, Himbeeren, Rote Beete, Topfencrème.

Menu 109/139 €

Hotel Deimann, Alte Handelsstraße 5 ✉ 57392 – 𝒞 02975 810 – www.deimann.de – Geschlossen 1.-5. Januar, 5.-14. April, 19. Juli-11. August, 20.-31. Dezember, Montag, Dienstag, Sonntag, mittags: Mittwoch-Samstag

🏨 Deimann ☆ 🛏 🌊 🎇 ⑩ 🛗 🧖 ⚒ 🅿 🚗

SPA UND WELLNESS · INDIVIDUELL Das Herrenhaus von 1880 ist heute ein sehr komfortables Ferien- und Wellnesshotel. Geboten wird ein vielfältiger Spa, dazu individuelle Zimmer (meist zum Garten hin). Im Wintergarten serviert man bürgerlich-regionale Küche. Schöne Bar.

91 Zimmer ⚏ – 👫 216/416 € – 3 Suiten

Alte Handelsstraße ✉ 57392 – 𝒞 02975 810 – www.deimann.de

❀ **Hofstube** – Siehe Restaurantauswahl

SCHNEVERDINGEN

Niedersachsen – Regionalatlas **19**–I6 – Michelin Straßenkarte 541

🍽 Ramster ⇦ 🛏 🏠 🅿

REGIONAL · FAMILIÄR XX Eine sympathisch-familiäre Adresse, die auf regionalsaisonale Küche setzt. Aus frischen, oftmals lokalen Produkten entsteht z. B. "Schneverdinger Heidschnuckenkeule, Wacholdersauce, frische Pilze". Schön die Terrasse zum Garten. Übernachtungsgäste freuen sich über sehr wohnliche Zimmer, teilweise mit Balkon.

Spezialitäten: Crèmesuppe vom Hokkaidokürbis. Geschmorte Wildschweinbäckchen mit Preiselbeersoße, Pilze und Kartoffelpüree. Espressoparfait mit Früchten.

Menu 36 € – Karte 27/44 €

Heberer Straße 16 ✉ 29640 – 𝒞 05193 6888 – www.hotel-ramster.de – Geschlossen Montag, abends: Sonntag

SCHÖNWALD

Baden-Württemberg – Regionalatlas **62**–E20 – Michelin Straßenkarte 545

🕮⃝ **Zum Ochsen** ⃝ ⃝ ⃝ ⃝ 🄿 ⃝

REGIONAL · FREUNDLICH ХХ Schön gemütlich hat man es in den Stuben mit ihren charmanten Dekorationen, die ganz typisch sind für die Region. Aus der Küche kommt Schmackhaftes wie "Ravioli vom hausgeräucherten Lachs mit Orange und Mangold" oder "geschmorte Ziege mit Honig, Raz el Hanout, Möhren und Kartoffelpüree".

Menu 33/70€ – Karte 30/75€

Hotel Zum Ochsen, Ludwig-Uhland-Straße 18 ✉ 78141 – ℰ 07722 866480 – www.ochsen.com

🏠 **Zum Ochsen** ⃝ ⃝ ⃝ ⃝ ⃝ ⃝ ⃝ ⃝ ⃝ ⃝ 🄿 ⃝

FAMILIÄR · GEMÜTLICH In 6. Generation (seit 1796) wird hier Schwarzwälder Gastlichkeit gelebt! Man hat wohnliche, individuell geschnittene Zimmer, einen hübschen Spa samt Zugang zum sehr großzügigen Garten, und am Morgen verwöhnt man Sie mit einem richtig guten Frühstück.

36 Zimmer ⌗ – ♥♥ 138/184€

Ludwig-Uhland-Straße 18 ✉ 78141 – ℰ 07722 866480 – www.ochsen.com

🕮⃝ **Zum Ochsen** – Siehe Restaurantauswahl

🏠 **Dorer** ⃝ ⃝ ⃝ ⃝ ⃝ 🄿 ⃝

FAMILIÄR · GEMÜTLICH Das Haus von 1896 liegt ruhig oberhalb des kleinen Kurparks, so hat man eine schöne Aussicht - z. B. beim Relaxen im Saunabereich! Liebenswert sind sowohl die Zimmer mit ihrem wohnlich-rustikalen Charme als auch die Gastgeber, die schon seit vier Generationen familiär und persönlich für Sie im Einsatz sind! Im geschmackvollen Restaurant serviert man klassische Küche.

18 Zimmer ⌗ – ♥♥ 144/170€

Franz-Schubert-Straße 20 ✉ 78141 – ℰ 07722 95050 – www.hotel-dorer.de

SCHOPFHEIM

Baden-Württemberg – Regionalatlas **61**–D21 – Michelin Straßenkarte 545

🕮⃝ **Glöggler** ⃝

TRADITIONELLE KÜCHE · FAMILIÄR Х Gut geführt und sympathisch ist das Restaurant in der Altstadt am Rande der Fußgängerzone - schön die Terrasse. Gekocht wird traditionell und saisonal, z. B. "Entrecôte mit Pfeffersauce" oder "geschnetzeltes Hähnchenbrüstchen, Bärlauchsauce, Rösti".

Menu 29/58€ – Karte 23/65€

Austraße 5 ✉ 79650 – ℰ 07622 2167 – www.restaurant-gloeggler.de – Geschlossen Montag, Sonntag

In Schopfheim-Gersbach Nord-Ost: 16 km über B 317 und Kürnberg

🏵 **Mühle zu Gersbach** ⃝ ⃝ 🄿

MARKTKÜCHE · GASTHOF ХХ Charmant und aufmerksam wird man bei den Buchleithers mit schmackhafter saisonaler Küche umsorgt. Das Konzept: Vegetarische Gerichte bilden die Basis, ganz nach Geschmack können Sie Fleisch oder Fisch dazuwählen. Wie wär's z. B. mit "Zanderfilet gebraten auf Paprika-Vanille-Sauce mit Fenchelsalat"? In dem Haus in dörflich-ruhiger Lage kann man auch schön übernachten.

Spezialitäten: Entenbrust aus dem Heißrauch auf Curry-Linsen mit Zupfsalaten. Weiderind auf grünen Rahmkartoffeln mit glasierten Rüben. Mousse vom Frischkäse auf Waldbeerenragout.

Menu 25/48€ – Karte 27/51€

Zum Bühl 4 ✉ 79650 – ℰ 07620 90400 – www.muehle.de – Geschlossen 6.-30. Januar, 29. Oktober-6. November, Montag, Dienstag, mittags: Mittwoch-Freitag

SCHORNDORF

Baden-Württemberg – Regionalatlas **55**–H18 – Michelin Straßenkarte 545

😸 ### Gourmetrestaurant Nico Burkhardt   ⇦ 🍴 AC

FRANZÖSISCH-MODERN · CHIC ✕✕ Sicher sagt Ihnen der Name Nico Burkhardt etwas, denn als Sterne-Koch hat er schon im Stuttgarter "Olivo" von sich reden gemacht. Seit Herbst 2018 kocht er nun im Gourmetrestaurant seines "Boutique-hotels Pfauen", einem sehenswerten historischen Fachwerkhaus in der Altstadt. Mit eigenem Stil und reichlich Details bereitet er hervorragende Produkte modern zu, von der schön saftigen Wachtelbrust über den feinen Atlantik-Kabeljau bis zum perfekt gereiften Rehrücken! Serviert wird in einem geschmackvoll und warm eingerichteten Raum mit gerademal vier Tischen. Hier fühlt man sich wirklich wohl, denn die Atmosphäre ist angenehm intim und man wird zudem noch richtig aufmerksam und herzlich umsorgt!

Spezialitäten: Jakobsmuschel, Butternusskürbis, Meeresalge, Schafsjoghurt, rosa Ingwer. Rehrücken, Flower Sprout, Walnuss, Lauge, Senfkorn, Rotkohlsud. Cannelloni von Crue de Cacao und Macadamianuss, Frischkäse, Mandarine, gebrannte Schokolade.

Menu 105/150 €

Höllgasse 9 – ✉ 73614 – ☎ 07181 6699010 – www.pfauen-schorndorf.de –
Geschlossen 3. August-16. September, Montag, Dienstag, Sonntag,
mittags: Mittwoch-Samstag

SCHRAMBERG

Baden-Württemberg – Regionalatlas **62**–E20 – Michelin Straßenkarte 545

😊 ### Gasthof Hirsch   ⇦ 🍴 ✿

KLASSISCHE KÜCHE · KLASSISCHES AMBIENTE ✕✕ Im Zentrum des Schwarzwaldortes liegt der Gasthof von 1748. Man kocht richtig gut, und zwar klassisch-regional: "Cassolette von Gamba und Jakobsmuschel", "glasiertes Kalbsbries", "Rehragout in Spätburgunder"... Für eine angenehme Atmosphäre sorgt die aufmerksame Gastgeberin. Tipp: individuelle, hochwertige Gästezimmer!

Spezialitäten: Ziegenkäse im Filoblatt gebacken. Kaninchenfilet mit Pfifferlingen. Joghurtmousse mit Beerenragout.

Menu 43/75 € – Karte 37/78 €

Hauptstraße 11 (1. Etage) – ✉ 78144 – ☎ 07422 280120 –
www.hotel-gasthof-hirsch.com – Geschlossen 16. März-1. April, 10. August-26.
September, Dienstag, Mittwoch

In Schramberg-Tennenbronn Süd-West: 8,5 km

🍴 ### Adler   ⇦ ✿ P

BIO · BÜRGERLICH ✕ Hier kocht man regional-saisonal und legt Wert auf Bio-Produkte. Wie wär's z. B. mit "Rahmschnitzel vom Demeter-Kalb"? Oder lieber Wild aus heimischer Jagd? Alternativ gibt es auch Vespergerichte. Passend zum traditionellen Stil des Gasthofs ist die Atmosphäre schön gemütlich. Zum Übernachten hat man gepflegte Zimmer.

Menu 38/54 € – Karte 25/50 €

Hauptstraße 60 – ✉ 78144 – ☎ 07729 92280 – www.adler-tennenbronn.de –
Geschlossen 22. Oktober-5. November, Montag, Dienstag

SCHWÄBISCH GMÜND

Baden-Württemberg – Regionalatlas **56**–I18 – Michelin Straßenkarte 545

😊 ### Fuggerei   🍴 & ✿ P

MARKTKÜCHE · FREUNDLICH ✕ Hier sitzt man gemütlich unter einer hohen historischen Gewölbedecke, oder speisen Sie lieber im schönen Garten? Gekocht wird regional, mediterran und saisonal - auf der Karte z. B. "gefüllte Maishähnchenbrust mit Blattspinat, Trüffel und Kartoffelpüree".

Spezialitäten: Gebundene Französische Fischsuppe mit Croûtons und Rouille. Suprême vom Maishuhn kross auf der Haut gebraten mit Vanillemais und Parmesanrisotto. Pochierter Weinbergpfirsich mit Biskuit, Crème Anglaise und Lavendeleis.

Menu 34/52 € – Karte 29/53 €

Münstergasse 2 – ✉ 73525 – ☎ 07171 30003 – www.restaurant-fuggerei.de –
Geschlossen 24. Februar-8. März, Montag

🏨 Hohenlohe   ☆ ≤ 🛋 🏊 🖼 💆 👝 🛁 🤚 🏧 🧖 🅿 🚗

SPA UND WELLNESS · GEMÜTLICH Hier wohnen Sie in komfortablen Zimmern (teilweise mit luxuriösem Touch, Balkon und Stadtblick), tun sich im attraktiven und vielfältigen Spa etwas Gutes (Solebad, Salzgrotten, Physiowell-Praxis etc.) und genießen das unkomplizierte Bistro-/Bar-Konzept "Jenseits Kochers".

117 Zimmer 🖙 – 🛏 156/212 € – 4 Suiten

Weilertor 14 ✉ 74523 –
✆ 0791 75870 – www.hotel-hohenlohe.de

In Schwäbisch Hall-Hessental Süd-Ost: 3 km, Richtung Crailsheim

🕸 **Eisenbahn** (Josef und Thomas Wolf)   🦽 🏠 🏧 🔄 🅿

FRANZÖSISCH-MODERN · ELEGANT ᵡᵡ So harmonisch kann es aussehen, wenn zwei Generationen zusammenarbeiten! Im Hause Wolf stehen Vater und Sohn gemeinsam am Herd, beide bringen ihre Erfahrungen und Ideen ein. Zum Ausdruck kommt das im klassisch geprägten "Menü der Saison", im modern-international inspirierten Menü "Prestige" sowie im vegetarischen Menü. Was alle gemeinsam haben: erstklassige Produkte, die angenehm reduziert und klar mit reichlich Finesse zusammengeführt werden. So kombiniert man z. B. tollen Atlantik-Hummer und sehr gelungen mit Raz el-Hanout abgeschmeckten Couscous. Während Josef und Thomas Wolf in dem seit 1997 besternten Restaurant kochen, leitet Chefin Christa Wolf herzlich den Service. Einladend ist auch das wohnlich-elegante Ambiente in warmen Cremetönen, ebenso die hübsche Terrasse hinter dem Haus.

Spezialitäten: Tranche vom Steinbutt, Pomerolsauce, grüner Spargel, Frühlingslauch, Sherryschaum. Carré vom Lamm, kleine Artischocken, Bohnen und Sariette-Jus. Variation von Weinbergpfirsich und Aprikose.

Menu 75/148 €

Hotel Landhaus Wolf, Karl-Kurz-Straße 2 ✉ 74523 –
✆ 0791 930660 – www.landhauswolf.eu –
Geschlossen Montag, Dienstag, Sonntag, mittags: Mittwoch-Samstag

🍽 **s'Bähnle**   🏠 🔄 🅿

REGIONAL · BISTRO ᵡ Auch im legeren "Bähnle" isst man gut, und zwar bürgerlich-regionale Gerichte wie z. B. "Feines vom Hohenloher Ferkel" oder Klassiker wie "Zwiebelrostbraten mit Spätzle". Und wenn es mal etwas schneller gehen muss, ist die Tagesempfehlung interessant. Im Sommer sitzt man nett auf der Terrasse.

Menu 35 € – Karte 28/43 €

Hotel Landhaus Wolf, Karl-Kurz-Straße 2 ✉ 74523 –
✆ 0791 930660 – www.landhauswolf.eu –
Geschlossen Sonntag, mittags: Samstag

🏨 Landhaus Wolf   ☆ 🖨 👝 🧖 🅿

BUSINESS · FUNKTIONELL Mit Engagement betreibt Familie Wolf ihr gewachsenes Hotel. Wer es besonders modern mag, fragt nach den Komfortzimmern im Neubau - hier viel warmes Holz in klaren Linien. Etwas älter, aber ebenso wohnlich sind die Zimmer im Haupthaus.

58 Zimmer 🖙 – 🛏 95/130 €

Karl-Kurz-Straße 2 ✉ 74523 –
✆ 0791 930660 – www.landhauswolf.eu

🕸 **Eisenbahn** · 🍽 **s'Bähnle** – Siehe Restaurantauswahl

In Schwäbisch Hall-Veinau Nord-Ost: 4, 5 km, Richtung Crailsheim

⊛ Landhaus Zum Rössle ⇦ 🏡 ⅞ ⇅ **P**

MARKTKÜCHE · BÜRGERLICH 🗙 Familientradition seit 1493! Da hat Gastfreundschaft einen ebenso hohen Stellenwert wie die schmackhafte regional und mediterran geprägte Küche von Ernst Kunz Junior. Probieren Sie z. B. "schwäbischen Zwiebelrostbraten, Gemüse, Spätzle" oder "gebratenen Zander und Hummermedaillon, wilder Brokkoli, Tagliatelle". Zum Übernachten hat man gut ausgestattete Gästezimmer.

Spezialitäten: Hausgemachte Wildmaultasche in Kräuterbouillon. Zarter Rehrücken aus eigener Jagd mit Gemüsepfifferlingen und Haller Trampele. Tartelette mit gratinierten Heidelbeeren, hausgemachtem Sauerrahmeis und Honigcrumble.

Menu 40/50 € – Karte 30/51 €

Zeilwiesen 5 ⊠ 74523 – ℰ 0791 2593 – www.roessle-veinau.de – Geschlossen 1.-7. Januar, 22. Februar-3. März, 23. August-1. September, 26. Oktober-1. November, mittags: Montag-Samstag, abends: Sonntag

In Schwäbisch Hall-Weckrieden Süd-Ost: 3 km, Richtung Crailsheim

❀ Rebers Pflug ❀ 🏡 🔠 ⇅ **P**

MARKTKÜCHE · GEMÜTLICH 🗙🗙 Im Hause Reber richtet man sich beim Kochen ganz nach der Saison. Man findet hier klassische, mediterrane und asiatische Einflüsse, außerdem gibt es auch immer regionale Klassiker wie Tafelspitz oder Rostbraten, und Liebhaber von richtig guten Steaks dürfen sich auf schöne Cuts freuen - das hochwertige Fleisch bezieht Patron und Küchenchef Hans-Harald Reber natürlich vom Metzger seines Vertrauens, seinem Groß-Cousin! Für die angenehm klaren Speisen verwendet er beste Zutaten wie das Filet vom heimischen Kalb oder den Bühlertaler Rehrücken. Top auch der saftige Island-Barsch, der wunderbar mit aromatischen Edamame-Bohnen und fruchtiger, süß-bitterlicher Salz-Zitrone harmoniert. Für die freundliche Atmosphäre sorgen das helle, modern-elegante Interieur und der geschulte, aufmerksame Service.

Spezialitäten: Kalbsbriesravioli mit jungem Lauch, geröstetem Bries und Pilzschaum. Rehrücken mit Kornelkirschenjus, zweierlei Sellerie, Wacholderbisquit und Petersilienspätzle. Variation vom Butternusskürbis und Kernöl mit Cassis und Earl Grey.

Menu 59/105 € – Karte 45/88 €

Hotel Rebers Pflug, Weckriedener Straße 2 ⊠ 74523 – ℰ 0791 931230 – www.rebers-pflug.de – Geschlossen 1.-12. Januar, 1.-14. September, Montag, mittags: Dienstag, Sonntag

🏠 Rebers Pflug ⭐ **P**

GASTHOF · AUF DEM LAND In dem traditionellen Landgasthaus der Familie Reber lässt es sich geschmackvoll wohnen. Tipp: Das neue "Wohn. Reich" mit gemütlichen, zeitgemäß und nachhaltig eingerichteten Zimmern und Suiten. Attraktiv auch die beiden fast schon luxuriösen "Parksuiten". Dazu gibt's am Morgen ein leckeres Frühstück. Einfacheres kleines Speisenangebot in der "Schwein & Weinbar".

25 Zimmer ⌷ – 👫 119/199 € – 2 Suiten

Weckriedener Straße 2 ⊠ 74523 – ℰ 0791 931230 - www.rebers-pflug.de – Geschlossen 1.-12. Januar, 30. August-12. September

❀ **Rebers Pflug** – Siehe Restaurantauswahl

SCHWAIGERN
Baden-Württemberg – Regionalatlas **55**–G17 – Michelin Straßenkarte 545

🍴⊙ Zum Alten Rentamt ⇦ 🏡 ⇅ **P**

INTERNATIONAL · GEMÜTLICH 🗙🗙 Dem schönen 300 Jahre alten Fachwerkhaus hat man auch innen ein Stück Historie erhalten, im gemütlich-stilvollen Restaurant und auch in den Gästezimmern. Gekocht wird saisonal und auch mit Bezug zur Region - schmackhaft z. B. "Brust und Keule von der Ente, Petersilienwurzeln, Datteln, Kartoffelplätzchen".

Menu 41/59 € – Karte 35/65 €

Schlossstraße 6 ⊠ 74193 – ℰ 07138 5258 – www.altesrentamt.de – Geschlossen 3.-27. August, Montag, Sonntag, mittags: Dienstag-Samstag

In Schwangau-Hohenschwangau

🏨🏨 AMERON Neuschwanstein Alpsee Resort & Spa ⓝ

🍴 🐕 🛏 🖼 🕐 🎿 🧖 ⬛ 🚗 🏧 🏌 🅿

RESORT · MODERN Idyllisch die Lage am Alpsee, umgeben von den Schlössern Neuschwanstein und Hohenschwangau. Das schicke Resort verbindet gelungen den Charme der historischen Gebäude "Alpenrose", "Jägerhaus" und "Lisl" mit den Neubauten "Seehaus" und "Galeria". Stilvoll-wohnliche Zimmer von klassisch-elegant bis modern, schöner Spa. Dazu die Restaurants "Bräustüberl" und "Lisl" mit regional-saisonaler Küche.

122 Zimmer – 👫 150/350 € – 🍵 12 € – 15 Suiten

Alpseestraße 21 ✉ 87645 – ☎ 08362 30700 –
www.ameron-neuschwanstein.de

In Schwangau-Horn

🍴⃝ Gams & Gloria 🅿

KREATIV · GEMÜTLICH 🗙 Mehr alpiner Charme geht kaum! In der komplett in warmem Holz gehaltenen kleinen Stube mit ihren vier Tischen ist der regionale Bezug ebenso präsent wie in der Küche. Hier stehen ausgezeichnete Produkte aus der Alpenregion im Mittelpunkt, und die werden kreativ zubereitet. Gute Weinberatung.

Menu 89/139 €

Hotel Das Rübezahl, Am Ehberg 31 ✉ 87645 – ☎ 08362 8888 –
www.hotelruebezahl.de – Geschlossen 1.-10. Januar, Mittwoch, Donnerstag,
mittags: Montag-Dienstag und Freitag-Sonntag

🏨🏨 Das Rübezahl 🍴 🐿 🐕 🛏 🗡 🕐 🐒 ⬛ 🏌 🅿

SPA UND WELLNESS · GEMÜTLICH Die Lage schön ruhig, die Gastgeber engagiert, die Zimmer wohnlich-elegant (hübsch z. B. die Themen-Suiten), attraktiv der Spa mit verschiedenen Saunen, Außenpool, Ruheräumen, Panorama-Deck... Modern-saisonale Küche im Restaurant "Louis II. ", toll die Panoramaterrasse. Dazu die Bar-Lounge "AlpenRausch". Tipp: Wanderung zur eigenen Berghütte.

54 Zimmer 🍵 – 👫 236/330 € – 8 Suiten

Am Ehberg 31 ✉ 87645 – ☎ 08362 8888 –
www.hotelruebezahl.de

🍴⃝ **Gams & Gloria** – Siehe Restaurantauswahl

Im Ortsteil Stadtschwarzach

🌀 Schwab's Landgasthof 🐕 🏛 ♿ 🅿

REGIONAL · LÄNDLICH 🗙 Bereits in 4. Generation leitet Joachim Schwab den hübschen, gemütlich-fränkischen Familienbetrieb. Seine Leidenschaft gilt neben dem Kochen auch der Jagd sowie seinem eigenen Weinberg. Die gute regionale Küche gibt es z. B. als "Ragout von Reh und Hirsch mit frischen Pilzen". Schön übernachten kann man hier ebenfalls.

Spezialitäten: Antipasti von Wildschwein und Hirsch. Kalbsleber in Butter gebraten, Kartoffelstampf, Röstzwiebeln und grüner Salat. Karthäuser Klöße mit Weinschaumsoße.

Menu 40/70 € – Karte 30/48 €

Bamberger Straße 4 ✉ 97359 – ☎ 09324 1251 –
www.landgasthof-schwab.de – Geschlossen 17. Februar-1. März, Montag, Dienstag,
abends: Sonntag

SCHWARZENFELD

Bayern – Regionalatlas **51**–N17 – Michelin Straßenkarte 546

esskunst 🄽

MODERNE KÜCHE · CHIC X Früher der Schalterraum einer Bank, heute ein geradlinig-schickes Restaurant mit ambitionierter Küche. Schmackhaft verbindet man Altbewährtes mit Modernem. Auf der Karte z. B. "Saiblingsfilet, Strudelteig, Staudensellerie, Navetten, Kohlrabi". Tipp: die hausgemachten Pralinen zum Kaffee. Dazu charmanter, aufmerksamer und versierter Service.

Spezialitäten: Kalte Gurkenmeerrettichsuppe, geräucherte Forelle, Pumpernickel. Norwegisches Lachsfilet, geschmorte Bete, Mandelromanesco, Kartoffelparmesangnocchi. Aprikosenknödel, Butterbrösel, Aprikosenragout, Pralineneis.

Menu 44/46 € – Karte 35/46 €

Hauptstraße 24 ✉ 92521 – ☎ 09435 6999610 – www.restaurant-esskunst.de –
Geschlossen Mittwoch, mittags: Montag-Dienstag und Donnerstag-Samstag

SCHWEINFURT

Bayern – Regionalatlas **49**–J15 – Michelin Straßenkarte 546

Kugelmühle

FRANZÖSISCH-KLASSISCH · TRENDY XX Seit über 15 Jahren hat Max Matreux nun schon dieses klar designte Restaurant in einem Seitenflügel einer Fabrik. Ein freundliches, motiviertes Team serviert Ihnen hier klassische Gerichte wie "Hummer auf Kartoffelschaum in Rotweinbutter" oder "Saltimbocca vom Perlhuhn in Portweinjus mit Minestronegemüse und Gnocchi".

Spezialitäten: Roh marinierter Thunfisch, Limettenvinaigrette mit Wildkräutern. Sauté vom Rinderfilet, Rotwein-Schalottensauce mit Rahmwirsing und Gnocchi. Savarin von der Passionsfrucht mit Nougatmousse.

Menu 37/78 € – Karte 50/60 €

Georg-Schäfer-Straße 30 ✉ 97421 – ☎ 09721 914702 –
www.restaurant-kugelmuehle.de – Geschlossen 3.-23. August, 23.-31. Dezember,
Samstag, Sonntag

Kings and Queens

INTERNATIONAL · FREUNDLICH XX Das kleine Restaurant hat viele Stammgäste. Das liegt an der modern-eleganten Atmosphäre, am engagierten, aufmerksamen Service und an der international-saisonalen Küche. Die gibt es z. B. als "Calamaretti, Kokos-Curry-Sud, Saubohne, Chili & Bulgur". Dazu schöne Weine - besonders gut sortiert die regionale Auswahl.

Menu 40/83 € – Karte 41/51 €

Bauerngasse 101 ✉ 97421 – ☎ 09721 533242 – www.kingsqueens.eu –
Geschlossen 3.-23. September, Montag, Sonntag, mittags: Dienstag-Samstag

SCHWENDI

Baden-Württemberg – Regionalatlas **64**–I20 – Michelin Straßenkarte 545

Esszimmer im Oberschwäbischen Hof

MARKTKÜCHE · FREUNDLICH XX Ob im eleganten Restaurant oder in der Lazarus-Stube, hier wird man schmackhaft und mit frischen Produkten bekocht! Mittags bietet man nur ein kleines Auswahlmenü, abends dann die große Karte. Probieren Sie z. B. "gepickelte Rote Bete, Frischkäse, Walnüsse, Feldsalat" oder auch regionale Klassiker wie "Zwiebelrostbraten mit Filderkraut".

Spezialitäten: Hokkaido Kürbissuppe mit Kernöl, gerösteten Kürbiskernen und gepickeltem Kürbis. Hausgemachte Maultaschen geröstet mit Ei und kleinem Blattsalat. Süßes von Ananas mit Koriander, Schokolade und Kokos.

Menu 30 € (Mittags), 38/65 € – Karte 33/56 €

Hotel Oberschwäbischer Hof, Hauptstraße 9 ✉ 88477 –
☎ 07353 98490 – www.oberschwaebischer-hof.de – Geschlossen Sonntag,
mittags: Samstag

🏠 Oberschwäbischer Hof

BUSINESS · MODERN Schon die Architektur spricht einen an, ebenso das modern-funktionale Interieur. Schön die große Lobby sowie der Fitness- und Saunabereich mit Zugang zur Liegewiese, die Zimmer sind angenehm hell und liegen recht ruhig nach hinten.

30 Zimmer 🖵 – 👪 140/170 €

Hauptstraße 9 ⊠ 88477 – ℰ 07353 98490 – www.oberschwaebischer-hof.de –
Geschlossen 9.-23. August, 23.-29. Dezember

🍽 **Esszimmer im Oberschwäbischen Hof** – Siehe Restaurantauswahl

SCHWERIN

Mecklenburg-Vorpommern – Regionalatlas **11**–L5 – Michelin Straßenkarte 542

🍴 Weinhaus Uhle

INTERNATIONAL · HISTORISCHES AMBIENTE XX In dem über 250 Jahre alten Weinhaus in der Altstadt speist man unter einer kunstvoll gearbeiteten hohen Gewölbedecke, die das historische Flair des klassisch-eleganten Raums unterstreicht. Für die ambitionierte Küche verwendet man gerne regionale Produkte. Richtig schön übernachten kann man ebenfalls - die Zimmer sind geschmackvoll, modern und wertig.

Menu 49/120 € – Karte 56/77 €

Schusterstraße 15 ⊠ 19055 – ℰ 0385 48939430 – www.weinhaus-uhle.de –
Geschlossen Sonntag, mittags: Montag-Samstag

🍴 La Bouche 🍴

MEDITERRAN · BISTRO X Schon der Name des freundlichen Bistros verrät die Vorliebe für Frankreich, und auch die mediterran ausgerichtete Speisekarte zeigt entsprechende Einflüsse. Schön sitzt man auf der Terrasse in der Fußgängerzone - der Dom ist nur einen Steinwurf entfernt.

Karte 25/50 €

Buschstraße 9 ⊠ 19053 – ℰ 0385 39456092 – www.bistrolabouche.de

🍴 Gourmetfabrik

INTERNATIONAL · BISTRO X Keine Frage, dank der Lage am Schweriner See sind hier die Terrassenplätze mit Blick aufs Wasser besonders gefragt! Modern und leger die Atmosphäre, frisch die internationale Küche - wie wär's z. B. mit einem Burger oder einem Tomahawk-Steak?

Menu 35/65 € – Karte 43/62 €

Werderstraße 74B ⊠ 19055 – ℰ 0385 76098570 – www.gourmetfabrik.de –
Geschlossen 1.-5. Januar, 18.-22. Februar, 6.-10. Oktober, Montag, Sonntag

🏠 Speicher am Ziegelsee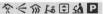

HISTORISCH · GEMÜTLICH Am Seeufer steht der markante ehemalige Getreidespeicher von 1939, aufwändig zum Hotel umgebaut. Die Zimmer sind wohnlich und zeitgemäß, teils mit tollem Seeblick, elegant das Restaurant mit hübscher Terrasse zum See - hier hat man einen Bootsanleger. Tipp: Mieten Sie ein Elektroauto oder Fahrräder/E-Bikes!

77 Zimmer 🖵 – 👪 109/145 €

Speicherstraße 11 ⊠ 19055 – ℰ 0385 50030 – www.speicher-hotel.com

SCHWERTE

Nordrhein-Westfalen – Regionalatlas **26**–D11 – Michelin Straßenkarte 543

🍴 Rohrmeisterei - Glaskasten

INTERNATIONAL · TRENDY XX Das sehenswerte Industriedenkmal aus rotem Backstein ist eine ehemalige Pumpstation von 1890. Mitten in der einstigen Werkshalle sitzt man im modernen Glaskasten bei international beeinflussten Speisen wie "Lammrücken, Zitronen-Polenta, Paprika, Apfelkapern". Tolle Eventhallen.

Menu 25/50 € – Karte 38/50 €

Ruhrstraße 20 ⊠ 58239 – ℰ 02304 2013001 – www.rohrmeisterei-schwerte.de –
Geschlossen Montag, mittags: Dienstag-Sonntag

🍴 **Unter'm Kran** – Siehe Restaurantauswahl

⃝ **Unter'm Kran**

TRADITIONELLE KÜCHE · GERADLINIG ✗ Im Bistro des architektonisch so attraktiven Gastronomie- und Kulturzentrums gibt es z. B. "Kabeljau auf der Haut gebraten mit Zitronensauce" oder schmackhafte Kleinigkeiten wie "Frikadellen mit Schwerter Senf". Schöne große Terrasse.

Karte 20/48 €

Rohrmeisterei - Glaskasten, Ruhrstraße 20 ✉ 58239 -
☏ 02304 2013001 - www.rohrmeisterei-schwerte.de - Geschlossen mittags: Montag

SCHWETZINGEN

Baden-Württemberg - Regionalatlas **47**-F17 - Michelin Straßenkarte 545

⃝ **möbius**

MODERNE KÜCHE · BISTRO ✗ Der gebürtige Leipziger Tommy R. Möbius, kein Unbekannter in der Szene der Top-Köche, hat hier einen Mix aus Feinkostladen und Bistro. Mittags gibt es drei einfache, aber frische Tagesgerichte, abends wählt man von der kleinen Karte oder der Tafel z. B. "gegrillten Oktopus mit marinierten Artischocken".

Spezialitäten: Cremige Burrata, Waldpilze und Balsamico. Wilder Wolfsbarsch, Radicchio, Pinienkerncreme. Krümelmonster, Joghurteis, Suchtfaktor und Möbius Müsli.

Menu 49 € - Karte 24/38 €

Kurfürstenstraße 22 ✉ 68723 - ☏ 06202 6085020 - www.dermoebius.com -
Geschlossen Montag, Sonntag

SEESHAUPT

Bayern - Regionalatlas **65**-L21 - Michelin Straßenkarte 546

⃝ **Bischoffs Haus am See**

MARKTKÜCHE · CHIC ✗ Ansprechend ist das modern-rustikale Ambiente hier, herrlich die Lage direkt am Starnberger See - da ist natürlich die Terrasse zum Wasser hin gefragt! Dazu kommt die gute Küche mit regionalen Klassikern und auch internationalen Einflüssen.

Menu 42/99 € - Karte 29/61 €

Sankt-Heinricher-Straße 113 ✉ 82402 - ☏ 08801 533 -
www.hausamsee-seeshaupt.de - Geschlossen Montag, Dienstag

SEHLEN - Mecklenburg-Vorpommern → Siehe Rügen (Insel)

SELLIN - Mecklenburg-Vorpommern → Siehe Rügen (Insel)

SELZEN

Rheinland-Pfalz - Regionalatlas **47**-E15 - Michelin Straßenkarte 543

⃝ **Kaupers Restaurant im Kapellenhof**

MODERNE KÜCHE · INTIM ✗✗ Eine Adresse mit Potential zum Lieblingslokal! Dafür sorgen Nora Breyer und Sebastian Kauper (beide ausgebildete Köche) in dem über 300 Jahre alten Kapellenhof. Das sympathische Betreiberpaar hat unter dem offenen Dachgiebel ein ausgesprochen gemütliches Ambiente geschaffen. Hier umsorgt die Gastgeberin Sie herzlich und empfiehlt auch tolle Weine. Nicht zu vergessen die moderne Küche von Sebastian Kauper. Der gebürtige Münchner, der Sterne-Adressen wie "Burg Schwarzenstein" in Geisenheim oder "Amador" in Langen hinter sich hat, verwendet nur ausgesuchte Produkte. So entstehen durchdacht und mit Gefühl zubereitete Gerichte wie z. B. Lammrücken aus der Region mit geschmorter und karamellisierter Selzer Feldzwiebel. Tipp: die wunderbare, hübsch begrünte Dachterrasse - Urlaubsfeeling inklusive!

Spezialitäten: Seeforelle mariniert, Gemüsedashi, eingelegter Ingwer, Wildfenchel, Dillblüte. Rehrücken aus dem Ofen, gegrillter Kohlrabi, Erdsonnenblume roh gehobelt, Noras schwarze Nuss, Wildjus. Liebesgras Savarin, geflämmt und karamellisiert, Nougatschlotzcrème, eingelegte Brombeeren, Brombeersorbet, Liebesgrassoße.

Menu 99/118 €

Kapellenstraße 18a (Zufahrt über Kirschgartenstraße 13) ✉ 55278 –
℘ 06737 8325 – www.kaupers-kapellenhof.de –
Geschlossen Mittwoch, Donnerstag, mittags: Montag-Dienstag und
Freitag-Sonntag

SENFTENBERG

Brandenburg – Regionalatlas **33**–Q11 – Michelin Straßenkarte 542

🏠 Seeschlößchen

SPA UND WELLNESS · INDIVIDUELL Hier wird so einiges geboten: geschmackvolle individuelle Zimmer, stilvolle Lounge (Tipp: Teatime), elegantes Restaurant "Sandak", beeindruckender Spa mit umfangreichem Ayurveda-Angebot und tollem Außenbereich im herrlichen Garten! 200 m entfernt: Brasserie mit italienischer Küche direkt am Senftenberger See.

50 Zimmer ☒ – ♥♥ 250/500 €

Buchwalder Straße 77 ✉ 01968 – ℘ 03573 37890 –
www.ayurveda-seeschloesschen.de

SIMMERATH

Nordrhein-Westfalen – Regionalatlas **35**–A13 – Michelin Straßenkarte 543

In Simmerath-Rurberg Ost: 8 km

⅝○ Genießer Wirtshaus

REGIONAL · GEMÜTLICH ⅛ Gemütlichkeit kommt auf, wenn man bei regionalen Gerichten wie "Döppekooche" in liebenswerten Stuben sitzt oder nach dem Abendessen in charmanten Themenzimmern (Motto "Genuss") in ein kuscheliges Bett sinkt! Und draußen: ein schöner Obstgarten mit eigenen Hühnern, Räucherhaus, Feuerstelle, Scheune mit Verkaufsladen.

Menu 31/54 € – Karte 31/54 €

Hövel 15 ✉ 52152 – ℘ 02473 3212 – www.geniesserwirtshaus.de –
Geschlossen Montag, Dienstag, Mittwoch, mittags: Donnerstag

SIMONSBERG

Schleswig-Holstein – Regionalatlas **1**–G3

In Simonsberg-Simonsbergerkoog

⅝○ Lundenbergsand

REGIONAL · FREUNDLICH ⅛ "Rosa gebratene Lammhüftsteaks, Rosmarinjus, Bohnenragout, Süßkartoffeln" oder lieber Klassiker wie "Husumer Kutterscholle"? So oder so ähnlich kommt die regional und saisonal geprägte Küche in diesem geschmackvollen Restaurant daher. Zum Übernachten gibt es in dem reetgedeckten Haus hübsche Zimmer in geradlinigem Design und frischen Farben.

Karte 26/47 €

Lundenbergweg 3 ✉ 25813 – ℘ 04841 83930 – www.hotel-lundenbergsand.de

SIMONSWALD

Baden-Württemberg – Regionalatlas **61**–E20 – Michelin Straßenkarte 545

ⅱ○ Hugenhof ⅋ ⇦ ⇐ 🍴 🅿

INTERNATIONAL · GEMÜTLICH XX Altes Gebälk, Kamin, charmante Einrichtung - da kommt Gemütlichkeit auf, während Chef Klaus Ditz Ihnen am Tisch sein ambitioniertes und schmackhaftes, täglich wechselndes 4-Gänge-Menü annonciert und Chefin Petra Ringwald freundlich-versiert die passenden Weine empfiehlt. Gegenüber die hübsche Raucherlounge.

Menu 56 €

Am Neuenberg 14 ⊠ 79263 – ℰ 07683 930066 –
www.hugenhof.de – Geschlossen 17. Februar-8. März, 17. August-6. September,
Montag, Dienstag, mittags: Mittwoch-Sonntag

SOBERNHEIM, BAD
Rheinland-Pfalz – Regionalatlas 46–D15 – Michelin Straßenkarte 543

⅏ Jungborn 🍴 🅿

MODERNE KÜCHE · ELEGANT XX Alles an dem imposanten Hotelkomplex des "BollAnts", ist überaus wertig - so auch das "Jungborn"! Hohes Niveau vom eleganten Ambiente mit wunderbarem Sandstein-Tonnengewölbe und stimmungsvoller Atmosphäre über den aufmerksamen, geschulten Service bis hin zur Küche von Philipp Helzle, der u. a. schon im "Aqua" in Wolfsburg und im "Ketschauer Hof" in Deidesheim am Herd stand. Er kocht modern-kreativ und in seinen zwei Menüs steht die Produktqualität außer Frage, das merkt man z. B. bei Rücken und Schulter vom Müritz-Lamm mit Bohnenallerlei, Süßkartoffel und Zitronenconfit. Und dazu vielleicht ein Wein aus der Region? Der Name "Jungborn" stammt übrigens aus der Gründerzeit des ehemaligen "Felke-Jungborn Kurhaus Dhonau", dem heutigen "BollAnts", und bezieht sich auf dessen Gesundheitsphilosophie.

Spezialitäten: Gelbschwanzmakrele, Tandoori, grüne Paprika, Reis, Rote Garnele. Stockyard Beef, Topinambur, Sonnenblumenkerne, Zwiebel. Fondant von Caranoa Schokolade, marmoriertes Mirabellen-Malzeis, Pflaume, Schlehen, Hanf.

Menu 121/144 €

Hotel BollAnts - SPA im Park, Felkestraße 100 ⊠ 55566 – ℰ 06751 93390 –
www.bollants.de – Geschlossen 5.-28. April, 5. Juli-11. August, 11. Oktober-
4. November, 20.-31. Dezember, Montag, Sonntag, mittags: Dienstag-Samstag

⊛ Kupferkanne 🍴 ⌖ 🅿

REGIONAL · GERADLINIG X Sie mögen frische regionale Küche? Zur Saison sind Wildgerichte gefragt - wie wär's dann z. B. mit "Ragout vom Soonwald-Hirsch mit Preiselbeeren, Rahmwirsing und Kartoffelknödel"? Das sympathische moderne Lokal hat im Sommer auch eine schöne Terrasse.

Spezialitäten: Kürbiscrèmesuppe mit Kürbiskernen und Öl. Geschmorte Ochsenbacke mit Rotweinsauce, Schmorgemüse und Kartoffelpüree. Zimtparfait mit Zwetschgenragout.

Karte 27/48 €

Berliner Straße 2 ⊠ 55566 – ℰ 06751 2858 –
www.restaurant-kupferkanne.de – Geschlossen abends: Mittwoch, Donnerstag,
mittags: Samstag

ⅱ○ Hermannshof 🍴 🅿

MEDITERRAN · LÄNDLICH XX Das hübsche Gewölbe bestimmt auch im zweiten Restaurant des "BollAnts" das Ambiente, ebenso das ausgesprochen geschmackvolle Interieur im attraktiven Vintage-Look! Gekocht wird hier mediterran mit regionalen Einflüssen.

Menu 40/55 € – Karte 45/55 €

Hotel BollAnts - SPA im Park, Felkestraße 100 ⊠ 55566 – ℰ 06751 93390 –
www.bollants.de – Geschlossen Montag, Sonntag, mittags: Dienstag-Samstag

🏠🏠 BollAnts - SPA im Park

SPA UND WELLNESS · INDIVIDUELL Ein Wellnesshotel par excellence! Auf dem 60 000 qm umfassenden Parkanwesen erwarten Sie u. a. spezielle "SPA-Lodges", exklusive "Heimat-Lodges" und schicke "Vintage"-Zimmer, eine tolle Dachsauna, geschmackvolle Ruheräume und Medical Wellness samt Felke-Kur, nicht zu vergessen der top Service. HP inklusive.

120 Zimmer 🏠 – 👥 348/508 € – 8 Suiten

Felkestraße 100 ✉ *55566* – ☎ *06751 93390* – *www.bollants.de*

🌼 **Jungborn** · 🍴 **Hermannshof** – Siehe Restaurantauswahl

SOLINGEN
Nordrhein-Westfalen – Regionalatlas **36**–C12 – Michelin Straßenkarte 543

In Solingen-Hästen Süd-Ost: 4 km

🍴 Pfaffenberg 🛖 ♿ 🆎 🅿

INTERNATIONAL · GERADLINIG XX Schön die Lage im Grünen, chic-modern das Interieur, toll die Terrasse mit Blick über die Landschaft. Auf der Karte liest man z. B. "gebratener Heilbutt, Schwarzwurzel, Chorizo, Belper Knolle". Täglich geöffnet: das Bistro - hier Burger, Steaks, internationale Gerichte, Waffeln.

Menu 44/89 €

Pfaffenberger Weg 284 ✉ *42659* – ☎ *0212 42363* – *www.pfaffenberg.com* – *Geschlossen Montag, Dienstag, mittags: Mittwoch-Sonntag*

SOMMERACH
Bayern – Regionalatlas **49**–I15 – Michelin Straßenkarte 546

🏠 Villa Sommerach 🛖 🅿

HISTORISCHES GEBÄUDE · INDIVIDUELL Mit seinem historischen Charme und den geschmackvollen, individuellen Zimmern ist das Anwesen a. d. 15. Jh. schon etwas Besonderes! Wunderbar entspannen kann man im idyllischen Garten oder im Innenhof - hier gibt's im Sommer auch das gute Frühstück. Wein spielt im Haus eine große Rolle, ist es doch ein Ableger des Weinguts Max Müller I in Volkach. Scheune für Events.

6 Zimmer 🏠 – 👥 110/140 €

Nordheimer Straße 13 ✉ *97334* – ☎ *09381 802485* – *www.villa-sommerach.de* – *Geschlossen 1.-6. Januar*

SOMMERHAUSEN
Bayern – Regionalatlas **49**–I16 – Michelin Straßenkarte 546

🌼 Philipp ⇐ 🛖 🍴

FRANZÖSISCH-MODERN · GEMÜTLICH XX Seit über 20 Jahren kümmern sich Heike und Michael Philipp mit viel Herzlichkeit um ihre Gäste. Nach ihrer gemeinsamen Ausbildung in den legendären "Schweizer Stuben" in Wertheim-Bettingen hat es die beiden in die fränkische Heimatregion des Patrons verschlagen. Nicht nur Gäste von hier schätzen seine klassisch-moderne Küche, die z. B. bei den Perlhuhn-Ravioli mit Steinpilzen „trifolati" oder der Gelbschwanz-Makrele "Togarashi" auch mediterrane und asiatische Einflüsse zeigt. In Punkto Wein können Sie voll und ganz auf die Empfehlungen der Gastgeberin und Sommelière vertrauen! Erwähnenswert ist auch der Rahmen: ein stilvoll-gemütliches Restaurant mit historischem Flair, untergebracht in einem schmucken über 400 Jahre alten Renaissance-Palais mitten in dem malerischen Winzerörtchen.

Spezialitäten: Eismeerforelle, Apfel, Wasabi, Holunderblüte. Taube aus Anjou, Chicorée, Süßholz, Miso. Sommerhäuser Apfel, Baba, Original Beans Schokolade, Salzkaramell.

Menu 49 € (Mittags), 115/145 €

Hauptstraße 12 ✉ *97286* – ☎ *09333 1406* – *www.restaurant-philipp.de* – *Geschlossen Montag, Dienstag, mittags: Mittwoch-Freitag*

SONNENBÜHL
Baden-Württemberg – Regionalatlas **55**–G19 – Michelin Straßenkarte 545

In Sonnenbühl-Erpfingen

⌘ **Hirsch** (Gerd Windhösel) 🛗 ᗒ ᖱ **P**

KLASSISCHE KÜCHE · FAMILIÄR XX Seit vielen Jahren eine gastronomische Institution auf der Schwäbischen Alb! Gäste aus nah und fern fühlen sich von der Herzlichkeit der sympathischen Gastgeber und dem gemütlichen Haus angezogen. Gerd und Silke Windhösel üben ihren Beruf mit großer Leidenschaft aus. Für den Patron, der selbst am Herd steht, ist es eine Selbstverständlichkeit, in seiner Küche ausschließlich die frischesten Zutaten zu verarbeiten. Und die bezieht er am liebsten aus der Umgebung, wie z. B das Wacholderheide-Lamm oder den feinen Rohmilchkäse von der Hohensteiner Hofkäserei. Gerd Windhösel setzt auf eine angenehm schnörkellose Küche ohne Spielerei. Er kocht saisonal-klassisch und auch gerne traditionsbewusst, und das so niveauvoll, dass er dafür seit 1995 mit einem MICHELIN Stern belohnt wird!

Spezialitäten: Jakobsmuschel und Gewürzschweinebauch mit Alblinsen. Rücken vom jungen Älbler Weidelamm mit frischen Kräutern überkrustet, buntes Gemüseallerlei, gratinierte Kartoffeln, Lembergersoße. Quarksoufflé, warmes Zwetschgenragout, Zwetschgenrahmeis.

Menu 42/110 € – Karte 56/87 €

Hotel Hirsch, Im Dorf 12 ✉ 72820 – ☏ 07128 92910 – www.restaurant-hotel-hirsch.de –
Geschlossen 24. Februar-3. März, 1.-10. Juni, 26. Oktober-1. November, Montag,
Dienstag, mittags: Mittwoch

⌘ **Dorfstube** 🛗 ᗒ ᖱ **P**

REGIONAL · GEMÜTLICH X Der "Hirsch" ist wirklich ein Refugium für "Schleckermäulchen"! Alternativ zum Gourmetrestaurant verwöhnt man Sie auch in der "Dorfstube". Hier kommt richtig gute schwäbisch-bürgerliche Küche auf den Tisch, z. B. in Form von "In Sonnenblumenkernbutter gebratenem Waller mit Roter Bete". Und vorab vielleicht die "süß-sauren Lamm-Nierchen mit Apfel und Rosmarin"?

Spezialitäten: Maultaschen vom Hokkaido Kürbis. Wallerfilet mit Roter Bete und Dampfkartoffeln. Milchreis vom Albemmer mit Quitten.

Karte 31/51 €

Hotel Hirsch, Im Dorf 12 ✉ 72820 – ☏ 07128 92910 – www.romantikhotel-hirsch.de

⌂ **Hirsch** 🔊 ⊟ **P**

GASTHOF · AUF DEM LAND Die gute Küche im Hause Windhösel ist bekannt, aber wussten Sie auch, dass man hier schön übernachten kann? Sie werden persönlich-familiär umsorgt, wohnen in reizenden, gemütlichen Zimmern und genießen am Morgen im lichten Wintergarten ein sehr gutes Frühstück. Zum Relaxen hat man eine charmante Stubensauna.

14 Zimmer ⌚ – ♥♥ 135/197 € – 1 Suite

Im Dorf 12 ✉ 72820 – ☏ 07128 92910 – www.restaurant-hotel-hirsch.de

⌘ **Dorfstube** · ⌘ **Hirsch** – Siehe Restaurantauswahl

SPALT

Bayern – Regionalatlas **57**–K17 – Michelin Straßenkarte 546

In Spalt-Stiegelmühle Nord-West: 5 km, Richtung Wernfels

⌘ **Gasthof Blumenthal** 🛗 ᖱ **P**

REGIONAL · GASTHOF X Frisch und saisonal wird in dem Familienbetrieb (bereits die 5. Generation!) gekocht, die guten Produkte stammen aus der Region. Gefragt ist da z. B. "Oma's Sauerbraten mit Kloß"! Lebhaft und freundlich ist hier die Atmosphäre, hübsch der Innenhof!

Spezialitäten: Hausgebeizter Lachs, Reibeküchlein, Lachstatar, Vitalsalate. Fangfrischer Saibling aus eigener Zucht, Knoblauch-Zitronenbutter, Petersilienkartoffeln, bunter Salat. Topfenknödel, Zwetschgenröster, Bauernhofeis.

Menu 22 € (Mittags)/35 € – Karte 22/40 €

Stiegelmühle 42 ✉ 91174 – ☏ 09873 332 – www.gasthof-blumenthal.de –
Geschlossen 7.-30. Januar, Montag, Dienstag

⊛ **Gasthof Hoffmanns-Keller** Ⓝ 🏠 ♿ ♻ 🅿

REGIONAL · FAMILIÄR ⌇ Bereits die 4. Generation betreibt dieses bürgerliche Gasthaus im schönen Spalter Hügelland. Geboten wird ein Mix aus fränkischen und österreichischen Gerichten, wobei man traditionell und zugleich modern-kreativ kocht, und das mit guten Produkten. Bei Stammgästen ist z. B. "Krusten-schäuferle" beliebt. Tipp: In der kleinen Vitrine findet man Leckeres für daheim.

Spezialitäten: Gebeiztes Lachsfilet mit Rote Beete, Frischkäse, Kaffir Limette und Beluga Linsen-Vinaigrette. Geschmorte Ochsenbacke mit Süßkartoffel-Gnocchi, Süßkartoffel Chutney und schwarzem Knoblauch. Geeiste Zartbitter Schokolade mit eingelegten Marillen, Sacher Biskuit und Salz-Karamelleis.

Menu 32/45 € – Karte 20/45 €

Windsbacher Straße 21 ✉ 91174 – ☏ 09175 857 – www.hoffmanns-keller.de –
Geschlossen Dienstag, Mittwoch, mittags: Montag und Donnerstag-Freitag

SPEYER
Rheinland-Pfalz – Regionalatlas **47**–F17 – Michelin Straßenkarte 543

🍴⃝ **CLYNe - Das Restaurant** 🄰🄲

REGIONAL · FREUNDLICH ⌇ Nett und fast schon familiär ist es in dem kleinen Restaurant in Altstadtnähe. Gekocht wird regional, mediterran und klassisch, z. B. "Cala-maretti im Pulposud", "Zandermaultaschen mit Feldsalat und Garnelenschaum" oder "Wildschweinsauerbraten mit Walnuss-Brotpudding und Kürbis". Freundlich und herz-lich der Service. Samstagmittags zusätzlich günstiges "Shopping-Menü".

Menu 18 € (Mittags), 33/65 € – Karte 36/55 €

Große Greifengasse 5 ✉ 67346 – ☏ 06232 1008285 – www.restaurant-clyne.de –
Geschlossen 29. Juni-20. Juli, Montag, Sonntag, mittags: Dienstag-Freitag

🏠 **Residenz am Königsplatz** 🛎 ⃝ ♨ 🎮 🅾 🐾

HISTORISCH · MODERN Hier gibt es so einiges, was Ihnen gefallen wird: Das schön sanierte denkmalgeschützte Gebäude a. d. 18. Jh. versprüht ein besonderes Flair, die Zimmer sind wertig und modern, toll der Frühstücksraum im Gewölbe-keller und der Innenhof, ideal die Lage nur wenige Schritte von Dom und Altpör-tel. Parkhaus nebenan.

15 Zimmer ⌷ – 🛏 170/190 €

Ludwigstraße 6 ✉ 67346 – ☏ 06232 684990 – www.residenz-speyer.de

In Speyer-Binshof Nord: 6 km

🏠 **Lindner Hotel & Spa Binshof**

🎾 🐾 🛎 ⚒ 🎮 🎰 ♨ 🐾 🔄 🄰🄲 🐾 🅿 🚗

SPA UND WELLNESS · INDIVIDUELL Highlight hier ist der Spa auf 5200 qm mit Haman, Rasul, Private Spa… Die Zimmer sind wohnlich und individuell (teils mit offenen Bädern), auch Maisonetten. Im Restaurant geradliniger Stil unter schöner Backsteindecke, nett der Wintergarten. Dazu die "Pfälzer Stube". Tipp: kleine Badeseen ganz in der Nähe.

131 Zimmer ⌷ – 🛏 198/398 € – 2 Suiten

Binshof 1 ✉ 67346 – ☏ 06232 6470 – www.lindner.de/binshof

SPROCKHÖVEL
Nordrhein-Westfalen – Regionalatlas **26**–C11 – Michelin Straßenkarte 543

In Sprockhövel-Haßlinghausen Süd-Ost: 8,5 km, jenseits der A 43 und
A 1, nahe Gevelsberg

⊛ **Habbel's** 🦐 🏠 🅿

INTERNATIONAL · GEMÜTLICH ⌇⌇ Was es hier Feines zu entdecken gibt? Inter-nationale Gerichte wie "Thunfischcarpaccio mit Wasabi-Sesammantel" oder "Lammrücken in Thymianschaum mit Grillgemüse", dazu eine rund 1000 Positio-nen umfassende Weinkarte sowie Destillate aus der Habbel-Manufaktur - darunter ein 77er Whisky!

Spezialitäten: Apfel-Sellerie-Suppe mit Beizlachsröllchen. Saltimbocca vom Schweinefilet an Schupfnudel-Pilz-Pfanne, griechischer Bauernsalat. Birnentarte mit Amarattimousse, Salzkaramell und Kefireis.

Menu 35/45€ – Karte 34/60€

Gevelsberger Straße 127 ⊠ 45549 – ℰ 02339 914312 – www.habbel.com –
Geschlossen Montag, mittags: Dienstag-Samstag

Im Stadtteil Niedersprockhövel

Eggers

REGIONAL · GEMÜTLICH ※ Entsprechend dem Motto "Auf gut Deutsch, mit internationalen Einflüssen" reicht das Angebot hier von "Sprockhöveler Krüstchen" bis "Unser Vitello Tonnato". Gemütliche Räume von rustikal bis mediterran, schöne Terrasse. Tipp: "Hobbyraum" für Feste, Kochkurse sowie das sonntägliche Brunch "Müffet" (Menü-Büffet-Mix). Zum Übernachten hat man wertigmoderne Zimmer.

Spezialitäten: Kürbis-Ingwersuppe im Kännchen serviert mit Kernöl, Kernen und Flusskrebsschwänzen. Sauerbraten vom Sauerländer Hirschkalb, Apfelessig, Dörrobst, Rotkohl, Knödel. Geeister Cappuccino mit Früchten in der Tasse serviert und gebackenem Haselnusskrokant.

Menu 24/55€ – Karte 26/59€

Hauptstraße 78 ⊠ 45549 – ℰ 02324 71780 – www.hotel-restaurant-eggers.de –
Geschlossen 1.-10. Januar, Dienstag, Mittwoch

STADE

Niedersachsen – Regionalatlas **9**–H5 – Michelin Straßenkarte 541

ⅡO Knechthausen

MARKTKÜCHE · GEMÜTLICH ※※ Das schmucke historische Fachwerkhaus im Stadtkern ist einen Besuch wert, denn hier sitzt man gemütlich, wird freundlich umsorgt und isst gut, und zwar schmackhafte saisonale Speisen wie "Ochsenbacke, Schwarzwurzel, Wirsing, Pancetta".

Menu 48/53€ – Karte 50/56€

Bungenstraße 20 ⊠ 21682 – ℰ 04141 5296360 – www.knechthausen.de –
Geschlossen Montag, Sonntag, mittags: Dienstag-Samstag

STARNBERG

Bayern – Regionalatlas **65**–L20 – Michelin Straßenkarte 546

※ Aubergine

KREATIV · CHIC ※※ Das attraktive "Vier Jahreszeiten Starnberg" ist ein schönes Beispiel dafür, dass sich ein Businesshotel auch gastronomisch einen Namen machen kann - der "Aubergine" und ihrem Küchenchef Maximilian Moser sei Dank. In einem verglasten Anbau im Wintergartenstil trifft wertiges modernelegantes Interieur auf klare, kreative Küche. Gekocht wird mit saisonalem Bezug und internationalen Einflüssen. Finessenreich kommt beispielsweise das tolle Bisonfilet mit gratinierter Markkruste und stimmiger, gehaltvoller Dijon-Hollandaise daher. Dass man auf ausgesuchte Produkte setzt, zeigt u. a. auch die zarte heimische Bachforelle, die wunderbar mit Buttermilch in Form von Mousse und Sud harmoniert. Sehr freundlich und versiert der Service samt guter Weinberatung.

Spezialitäten: Pochierte Auster, Fenchel, Grapefruit, Dill. Ammersee Lamm, Bohne, Minze, Paprika. Starnberger Kaskuchen.

Menu 99/169€

Hotel Vier Jahreszeiten, Münchner Straße 17 ⊠ 82319 – ℰ 08151 4470290 –
www.aubergine-starnberg.de – Geschlossen 1.-13. Januar, 31. Mai-15. Juni, 2.-24.
August, 1.-9. November, Montag, Sonntag, mittags: Dienstag-Samstag

🏠 Vier Jahreszeiten Starnberg　　　🍴 🛥 ⊟ 🌙 🅰🅒 🛁 🚗

BUSINESS · FUNKTIONELL Ein modern-elegantes Businesshotel mit technisch gut ausgestatteten Zimmern. Eine schöne Sicht bietet der Saunabereich im obersten Stock mit kleiner Dachterrasse. International-regionale Karte im Restaurant "Oliv's".

119 Zimmer ⌂ – ♥♥ 129/289€ – 3 Suiten

Münchner Straße 17 ⊠ 82319 – ☏ 08151 44700 – www.vier-jahreszeiten-starnberg.de

  ❀ **Aubergine** – Siehe Restaurantauswahl

STAUFEN

Baden-Württemberg – Regionalatlas **61**–D21 – Michelin Straßenkarte 545

🏠 Die Krone　　　　　　　　　　　　　　⇦ 🛏 🅿

REGIONAL · GEMÜTLICH 🍴 Es hat schon Charme, das mitten im Ort gelegene historische Gasthaus mit seinen gemütlichen Stuben. Gekocht wird schmackhaft und unkompliziert, klassisch und regional, von "Cordon bleu" bis "Zanderfilet mit Steinpilzrahmnudeln und Blattspinat". Man kann hier auch schön übernachten - einige Zimmer mit Schlossblick.

Spezialitäten: Rahmsuppe vom Hokkaidokürbis mit Garnelenklößchen. Wildschweinbraten aus Staufener Jagd mit Herbstgemüse, Spätzle, Kroketten und Preiselbeerbirne. Karamellcreme mit marinierter Ananas und Sorbet.

Menu 30/48€ – Karte 33/53€

Hauptstraße 30 ⊠ 79219 – ☏ 076335840 – www.die-krone.de –
Geschlossen Samstag, mittags: Freitag

In Staufen-Grunern Süd-West: 1 km

🍴 Ambiente　　　　　　　　　　　　　　　　🛏 🅿

MARKTKÜCHE · FREUNDLICH 🍴🍴 Man muss schon wissen, dass in dem unscheinbaren Gewerbegebiet solch ein geschmackvolles Restaurant zu finden ist! Die freundliche Chefin umsorgt sehr aufmerksam die Gäste, während der Patron selbst frische klassische Gerichte wie z. B. "Färsenrücken, Blattspinat, Gnocchi, Burgunderjus" zubereitet. Lecker auch Desserts wie "Quarkmousse mit Erdbeeren und Vanilleeis".

Menu 46/64€ – Karte 45/72€

Ballrechterstraße 8 ⊠ 79219 – ☏ 07633 802442 – www.restaurant-ambiente.com –
Geschlossen Mittwoch, Donnerstag

STEINENBRONN

Baden-Württemberg – Regionalatlas **55**–G19 – Michelin Straßenkarte 545

🏠 Krone　　　　　　　　　　　　　　　　　⇦ 🛏 🅿

MARKTKÜCHE · FREUNDLICH 🍴 Hier trifft Moderne auf Tradition, das gilt fürs Ambiente ebenso wie für die Küche. Da schmeckt "geschmorter Wildschweinbraten mit Champignons in Holunderrahmsauce" ebenso wie "gebratene Jakobsmuscheln mit Topinambur-Püree". Alternativ: kleines einfacheres Angebot im "Krönle". Schön übernachten kann man ebenfalls.

Spezialitäten: Aufgeschäumte Räucherfischsuppe mit gebackener Tempura-Auster. Steinenbronner Rehragout in Trollingersauce mit gebratenen Serviettenknödeln. Kokoseis mit Ananas-Vanille Kompott.

Menu 39/52€ – Karte 31/60€

Stuttgarter Straße 45 ⊠ 71144 – ☏ 07157 7330 – www.krone-steinenbronn.de –
Geschlossen 1.-7. Januar, Montag, Sonntag

STEINSFELD

Bayern – Regionalatlas **49**–I16 – Michelin Straßenkarte 546

In Steinsfeld-Reichelshofen Nord: 7 km

⊀◯ **Brauerei Gasthof Landwehr-Bräu** ⟨◇ 🏠 🏧 ↔ 🅿 🚗

REGIONAL · GEMÜTLICH ✕✕ Gemütlich sitzt man in bayrisch-charmanten Gasträumen, auf der Karte findet sich Saisonales und Regionales - Lust auf "Lammrücken unter der Kräuterkruste", "Karpfenfilet gebacken auf Rahmwirsing" oder
"fränkische Bratwürste"? Dazu eigenes Bier aus der Brauerei von 1755! Das traditionsreiche Haus bietet auch schöne wohnliche Gästezimmer.

Karte 28/39 €

Reichelshofen 31 ⊠ 91628 – 𝒞 09865 9890 – www.landwehr-braeu.de

STEPHANSKIRCHEN
Bayern – Regionalatlas **66**–N21 – Michelin Straßenkarte 546

In Stephanskirchen-Baierbach Ost: 7,5 km, jenseits des Inn

⊀◯ **Gocklwirt** 🏠 ↔ 🅿

BÜRGERLICHE KÜCHE · RUSTIKAL ✕ Warum es Stammgäste und Ausflügler
gleichermaßen hierher zieht? Die reichlich dekorierten Stuben sind schön urig
und die beachtliche Sammlung an Landmaschinen ist schon sehenswert! Gekocht
wird regional und klassisch-international, von "Spicy Lachstatar" über "Böfflamott" bis zum 4-Gänge-Menü. Zum Übernachten: Doppelzimmer im Nachbarhaus.

Menu 42/78 € – Karte 26/52 €

*Weinbergstraße 9 ⊠ 83071 – 𝒞 08036 1215 – www.gocklwirt.de – Geschlossen 7.-24.
Januar, Montag, Dienstag, mittags: Mittwoch-Donnerstag*

STOCKHEIM
Bayern – Regionalatlas **40**–L14 – Michelin Straßenkarte 546

In Stockheim-Haig Nord-West: 7 km über B 89, in Haßlach links

⊀◯ **Landgasthof Detsch** ⟨◇ 🏠 ↔ 🅿

REGIONAL · GASTHOF ✕ Ein sympathischer Landgasthof und Familienbetrieb
seit 1723! Man hat eine eigene Angus-Rinder-Zucht - das Fleisch findet man
natürlich auch auf der Karte, z. B. als "gegrillte Leber vom Angus-Kalb, Boskop,
Quittensenf". Oder lieber "Zander unter Pinienkernkruste"? Im kleinen Gästehaus
übernachtet man gut und günstig.

Menu 28/45 € – Karte 25/50 €

*Coburger Straße 9 ⊠ 96342 – 𝒞 09261 62490 – www.landgasthof-detsch-haig.de –
Geschlossen 24. Februar-1. März, 27. Juli-9. August, 22.-25. Dezember, Montag,
mittags: Dienstag-Samstag, abends: Sonntag*

STOLPE
Mecklenburg-Vorpommern – Regionalatlas **14**–P4 – Michelin Straßenkarte 542

ⵝ **Gutshaus Stolpe** ⟨◇ 🍴 🏠 🅿

KREATIV · LANDHAUS ✕✕ Geradezu idyllisch, wie auf dem wunderschönen
Anwesen in dem beschaulichen Dorf eine gepflasterte Allee zu dem sorgsam
sanierten historischen Gutshaus führt. Dem stilvoll-charmanten Rahmen wird das
Restaurant mit seinem eleganten englischen Landhausflair voll und ganz gerecht,
ebenso die herrliche Terrasse zum Park! Im Juni 2019 hat Stephan Krogmann hier
die Leitung der Küche übernommen, zuvor war er Souschef im 3-fach besternten
"GästeHaus Klaus Erfort" in Saarbrücken. Gekocht wird klassisch und international, verarbeitet werden Produkte von sehr guter Qualität. Ein besonderes Händchen hat Stephan Krogmann für Saucen und Jus: wirklich hervorragend z. B. die
Salzzitronenjus zu geschmortem Lammbauch und Artischocken oder auch die
Vin-Jaune-Sauce zum frischen Steinbutt mit Lauch und Champignons!

Spezialitäten: Taschenkrebs aus der Bretagne mit Staudensellerie und Crème de Bresse im Apfel-Koriander-Sud. Mecklenburger Kalb, glasiertes Bries und Haxe mit Petersilie, Jus vom Kalbskopf. Karamellisierte weiße Schokolade mit Himbeeren und Joghurt.

Menu 78/135€

Hotel Gutshaus Stolpe, Peenstraße 33 ⊠ 17391 – ℰ 039721 5500 –
www.gutshaus-stolpe.de – Geschlossen 2. Januar-13. Februar, Montag, Sonntag,
mittags: Dienstag-Samstag

Gutshaus Stolpe

LANDHAUS · KLASSISCH Dieses wunderbare Anwesen mit Gutshaus und Remise liegt schön ruhig und bietet ein überaus geschmackvolles und stimmiges Ambiente - auch für Hochzeiten und Events ein idealer Rahmen. Zum Entspannen: hübscher Saunabereich und toller Park. Außerdem ist diese Adresse ein sehr guter Startpunkt für Ausflüge an der Peene.

32 Zimmer 🖃 – 👥 145/330€ – 4 Suiten

Peenstraße 33 ⊠ 17391 – ℰ 039721 5500 – www.gutshaus-stolpe.de –
Geschlossen 3.-31. Januar

🏵 **Gutshaus Stolpe** – Siehe Restaurantauswahl

STOLPEN

Sachsen – Regionalatlas **43**-Q12 – Michelin Straßenkarte 544

In Stolpen-Heeselicht Süd: 9 km, Richtung Neustadt i. Sachsen, nach Langenwolmsdorf rechts abbiegen.

🍴○ Landhotel Zum Erbgericht

MARKTKÜCHE · NACHBARSCHAFTLICH 🍴 Der historische Gasthof mit der langen Familientradition bietet bürgerlich-saisonale Küche mit regionalem Einfluss, die in freundlichem Ambiente serviert wird. Zum Übernachten hat man wohnliche Zimmer. Es gibt übrigens einige interessante Ausflugsziele - wie wär's z. B. mit den Märzenbecherwiesen im Polenztal?

Menu 47/80€ – Karte 27/62€

Am Markt 8 ⊠ 01833 – ℰ 035973 2290 – www.erbgericht.de – Geschlossen Montag,
Dienstag

STRALSUND

Mecklenburg-Vorpommern – Regionalatlas **6**-O3 – Michelin Straßenkarte 542

🕸 LARA

MARKTKÜCHE · GERADLINIG 🍴 Quasi direkt gegenüber dem "Ozeaneum" findet man dieses schicke Bistro mit locker-legerer Atmosphäre und schmackhafter Frischküche. Es gibt z. B. "eingelegten Matjes auf Pumpernickel", "gebratenen Lachs mit weißem Spargel" oder "Entrecôte von der Färse". Nicht zu vergessen die leckeren Desserts!

Spezialitäten: Carpaccio von Roter Bete mit gerösteten Haselnüssen, Himbeeren und marinierten Küchenkräutern. Geschmorte Rinderbäckchen mit Spitzkraut und Kartoffelpüree. Mohn-Quarkschnitte mit Sanddorngelee und Sorbet der Saison.

Menu 29/72€ – Karte 30/58€

Am Fischmarkt 4 ⊠ 18439 – ℰ 03831 666339 – www.das-restaurant-lara.de –
Geschlossen 15.-23. Februar, 22.-28. Juni, Montag, Sonntag,
mittags: Dienstag-Freitag

🍴○ Zum Scheel

REGIONAL · TRADITIONELLES AMBIENTE 🍴🍴 Eine schöne alte Holzdecke, Backsteinwände, ein sehenswertes historisches Wappen... Zum hanseatischen Flair gibt es frische regionale Speisen wie "Boddenbarschfilet, sautierte Möhren, Schnittlauchrisotto" - gerne auch auf der hübschen Innenhofterrasse. Mittags günstiger Lunch. Tipp: Kaffee aus der eigenen Rösterei!

Menu 35€ – Karte 32/68€

Hotel Scheelhof, Fährstraße 23 ⊠ 18439 – ℰ 03831 2833112 – www.scheelehof.de

Scheelehof   👒 🛱 🔄 🏄 🚗

HISTORISCH · INDIVIDUELL Kein Hotel "von der Stange" ist das Geburtshaus des Chemikers Carl Wilhelm Scheele. Das historische Häuser-Ensemble liegt in der ältesten Straße Stralsunds - innen ebenso attraktiv wie von außen. Liebenswerte Zimmer mit individuellen Details, immer wieder charmante Relikte von einst! Italienische Küche im "Il Ristorante", schöne Bierauswahl in der "Kellerkneipe".

92 Zimmer 🛏 – 🛏 149/199 €

Fährstraße 23 ✉ 18439 – ☎ 03831 283300 – www.scheelehof.de

🍴 **Zum Scheel** – Siehe Restaurantauswahl

STRASSLACH-DINGHARTING
Bayern – Regionalatlas **65**–L20 – Michelin Straßenkarte 546

🍴 Gasthof zum Wildpark   🛱 🕭 🔄 🅿

REGIONAL · GASTHOF 🗙 Ein gemütlich-bayerisches Wirtshaus wie es im Buche steht! Fleisch und Wurst für die durchgehend warme Küche kommen aus der eigenen Metzgerei nebenan. Nicht nur in den unterschiedlichen Stuben sitzt man schön, draußen gibt's einen tollen "Biergarten": riesig, mit großer Markise und Fußbodenheizung!

Karte 20/39 €

Tölzer Straße 2 ✉ 82064 – ☎ 08170 99620 – www.roiderer.de

STROMBERG (KREIS KREUZNACH)
Rheinland-Pfalz – Regionalatlas **46**–D15 – Michelin Straßenkarte 543

🍴 Le Délice   🛱 🕭 🅿

MARKTKÜCHE · ELEGANT 🗙🗙 Elegant und behaglich zugleich ist die Atmosphäre hier. Dazu bietet man moderne international-saisonale Küche in Menüform - auf der Karte liest man z. B. "Pak Choi, Shiitake, Mirin" oder "Wagyu Beef, Spargel, Choron".

Menu 69/115 € – Karte 65/100 €

Land & Golf Hotel Stromberg, Am Buchenring 6 ✉ 55442 – ☎ 06724 6000 – www.golfhotel-stromberg.de – Geschlossen Montag, Dienstag, Sonntag, mittags: Mittwoch-Samstag

🏨 Land & Golf Hotel Stromberg
🏞 🐾 🍴 🖼 🎿 🔲 👒 🛱 🛋 🔄 🕭 🔄 🅿

SPA UND WELLNESS · INDIVIDUELL Diese Hotelanlage hat so einiges zu bieten: modern-elegante Zimmer und Suiten, einen schönen Spa auf 2500 qm sowie gute Veranstaltungsmöglichkeiten - und den Golfplatz haben Sie direkt vor der Tür! Am Abend locken Bar und Smokers Lounge.

167 Zimmer 🛏 – 🛏 220/240 € – 7 Suiten

Am Buchenring 6 ✉ 55442 – ☎ 06724 6000 – www.golfhotel-stromberg.de – Geschlossen 1.-19. Januar, 29. Juni-26. Juli

🍴 **Le Délice** – Siehe Restaurantauswahl

STÜHLINGEN
Baden-Württemberg – Regionalatlas **62**–E21 – Michelin Straßenkarte 545

In Stühlingen-Mauchen West: 7 km

🏵 Gengs Linde   🔄 🛱 🆎 🅿

TRADITIONELLE KÜCHE · ZEITGEMÄSSES AMBIENTE 🗙 Christian und Silvia Geng leiten das Haus in 4. Generation - er in der Küche, sie im Service. Gekocht wird überwiegend traditionell - da machen z. B. "geschwenkte Streifen von Kalb und Rind, Waldpilze, Kartoffel-Rösti" Appetit. Schön trendig das Ambiente: klare moderne Formen kombiniert mit warmem Holz. Attraktive Gästezimmer hat man ebenfalls.

Spezialitäten: Couscous-Salat mit Kräuterdip, gebackener Kartoffel-Quark-Strudel. Gebratene Maispoulardenbrust mit Rotweinsauce, Marktgemüse und Pommes Dauphine. Hausgemachtes Tiramisu mit frischen Beeren.

Menu 38/40 € – Karte 23/51 €

St.-Gallus-Straße 37 ✉ 79780 – ☎ 07744 1255 – www.gengslinde.de –
Geschlossen 27. Februar-13. März, 5.-19. September, Dienstag, mittags: Montag
und Mittwoch-Samstag

In Stühlingen-Schwaningen Nord-West: 7 km über B 314 und B 315, Richtung Singen und Weizen

⊛ Gasthaus Schwanen   ⇦ �️ 🅿

REGIONAL · GEMÜTLICH ✗ In dem Gasthaus von 1912 passt alles: sympathisch-engagierte Gastgeber, liebenswerte Atmosphäre und richtig gutes Essen, z. B. "junges Wildschwein in Milch und Honig geschmort, Butterknöpfle, Feldsalat". Es gibt übrigens auch Schnaps von eigenen Streuobstwiesen. Tipp für Übernachtungsgäste: die besonders komfortable "Villa Pfarrhus" wenige Meter entfernt.

Spezialitäten: Kraftbrühe mit Rehleberknödel. Geschmorte Kalbshaxe auf hausgemachten Pappardelle, Schmortomate, Parmesan-Späne und Sizilianischem Olivenöl. Zimtige Apfelküchle mit hausgemachtem Quarkeis.

Menu 25/65 € – Karte 30/52 €

Talstraße 9 ✉ 79780 – ☎ 07744 5177 – www.gasthaus-schwanen.de –
Geschlossen Mittwoch

STUTTGART

Baden-Württemberg – Regionalatlas **55**–G18 – Michelin Straßenkarte 545

Wir mögen besonders...

Das **OLIVO** im luxuriösen Hotel **Steigenberger Graf Zeppelin** als erste Gourmetadresse der Stadt. Der **Goldene Adler** für alle, die gerne regional essen – nicht nur der leckere Zwiebelrostbraten lockt viele Gäste an! Als Auto-Liebhaber im **Christophorus** bei gutem Essen nur durch eine Glaswand von den Ausstellungsstücken des Porsche Museums getrennt sein. Sterneküche im Terminal 1 des Flughafens – das **top air** macht's möglich. Das **Jaz Stuttgart** als absolutes Design-Hotel: hip, jung, puristisch. Wer in der Shopping-Pause ein bisschen Grün sucht, der sollte einen Spaziergang durch den Schlossgarten machen. Sie sind mit der Familie unterwegs? Dann bietet sich der „Höhenpark Killesberg" als Ausflugsziel an – hier wird für jeden etwas geboten!

Restaurants

❀❀ OLIVO   ♧ A/C 🚘

MODERNE KÜCHE · ELEGANT XX Das "Steigenberger Graf Zeppelin" ist als echter Stuttgarter Hotel-Klassiker ebenso gefragt wie als Fine-Dining-Adresse. Ganz entspannt hat man es hier, während man das geschäftige Treiben am Hauptbahnhof direkt gegenüber beobachtet. Das Ambiente in dem kleinen Restaurant ist eher klassisch, ganz im Gegensatz zur Küche von Anton Gschwendtner. Der gebürtige Bayer, der zuletzt dem Restaurant "Das Loft" im Wiener Hotel "SO/Vienna" einen Stern bescherte, kocht modern-kreativ, technisch hoch anspruchsvoll und mit eigener Note. Die Produktqualität ist über jeden Zweifel erhaben. Sehr gelungen die wohlüberlegten Kontraste, die z. B. beim Eifler Lamm mit Kichererbsen, Mung Dal und Gewürzjoghurt für einen besonderen Pfiff sorgen. Die Gästebetreuung ist ebenso niveauvoll, interessante Weinempfehlungen inklusive.

Spezialitäten: Glasiertes Kalbsbries, Lauch, Madeira, Trüffel. US Beef auf Binchotan gegrillt, Paprika, schwarzer Knoblauch, Räucheraal. Pandan, Kokos, Karotte, Kumquat.

Menu 88 € (Mittags), 154/189 €

Stadtplan: K1-v – *Hotel Steigenberger Graf Zeppelin, Arnulf-Klett-Platz 7* ⊠ *70173* – *☎ 0711 2048277* – *www.olivo-restaurant.de* – *Geschlossen Montag, Sonntag, mittags: Dienstag und Samstag*

❀ Die Zirbelstube   ♧ 🏠 A/C 🛀 🚘

FRANZÖSISCH-MODERN · ELEGANT XX Sternekoch Denis Feix zeichnet hier seit Januar 2017 für die modern-klassische Küche verantwortlich. Dabei bleibt er seiner Linie treu: geradlinig, technisch auf sehr hohem Niveau und nicht überladen. Sehr durchdacht und schön harmonisch werden erstklassige Zutaten zusammengestellt - hervorragend z. B. der Kaisergranat, der mit Auberginenragout und - als gelungener Kontrast - mit Sorbet von Kaffir-Limettenessig serviert wird. In Sachen Ambiente macht die "Zirbelstube" ihrem Namen alle Ehre: Komplett mit feinem Zirbelholz vertäfelte Wände verleihen dem Raum Wärme und Gemütlichkeit. Zusammen mit klaren Formen und dekorativen Bildern entsteht ein ausgesprochen attraktives modern-elegantes Bild. Kathrin Feix, die das professionelle Serviceteam leitet, sorgt noch für eine Extra-Portion Charme!

Spezialitäten: Wachtel, krause Petersilie, Trüffel. Rehbock, Sellerie, Mole. Edelweiß, Entenleber, Algen.

Menu 97/169 €

Stadtplan: K1-u – *Althoff Hotel am Schlossgarten, Schillerstraße 23* ⊠ *70173* – *☎ 0711 2026828* – *www.hotelschlossgarten.com* – *Geschlossen 1.-20. Januar, 31. Mai-16. Juni, 2.-26. August, Montag, Sonntag, mittags: Dienstag-Samstag*

❀ Délice   ♧ A/C

KREATIV · FREUNDLICH XX Wenn Evangelos Pattas Sie in seinem kleinen Sterne-Restaurant in der Innenstadt begrüßt, ist eines sofort klar: Er ist Gastgeber mit Leib und Seele! Ausgesprochen aufmerksam und geschult kümmert er sich um seine Gäste. In der offenen Küche bereitet Andreas Hettinger ein Menü zu, das mediterrane, kreative und klassische Einflüsse wunderbar verbindet. Wer eine Fülle an Aromen und Kontrasten sucht, findet sie z. B. in der gelungenen Mischung aus Jakobsmuscheln, fein-süßlichem Kohlrabi, Mandelmilch und Eukalyptus. Patron Evangelos Pattas ist übrigens auch Sommelier und gewissermaßen ein wandelndes Weinlexikon! Da sind eine tolle Weinkarte und top Beratung garantiert! Die Atmosphäre ist intim und charmant - auch dank des schönen Tonnengewölbes. Einziger Wermutstropfen: Es gibt nur wenige Plätze!

Spezialitäten: Hummer, Zucchini, Spitzkohl, Mango, Avocado. Rehrücken, Mandelpraline, Sellerie, Tandori, Pfifferlinge, Kirschen. Pistazie-Cookie, "Mieze-Schindler" Erdbeeren, Sabayon, Butterstreusel.

Menu 95/109 €

Stadtplan: J3-d – *Hauptstätter Straße 61* ⊠ *70178* – *☎ 0711 6403222* – *www.delice-restaurant.de* – *Geschlossen 30. Mai-7. Juni, 27. Juni-12. Juli, 3.-11. Oktober, 20.-31. Dezember, Samstag, Sonntag, mittags: Montag-Freitag*

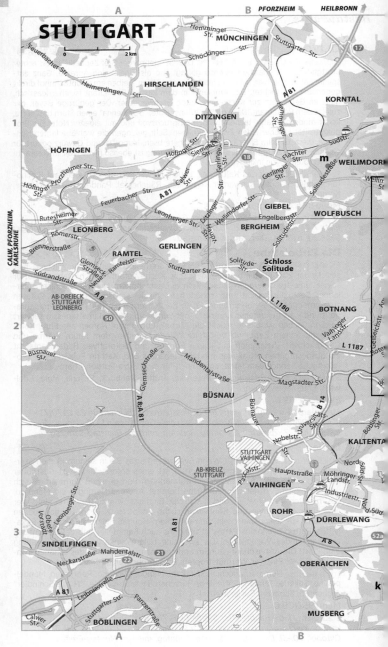

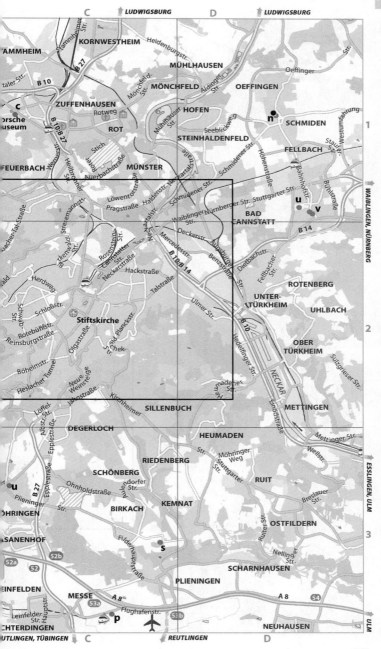

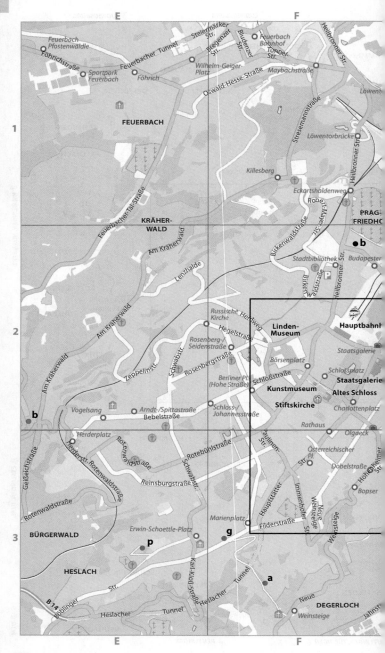

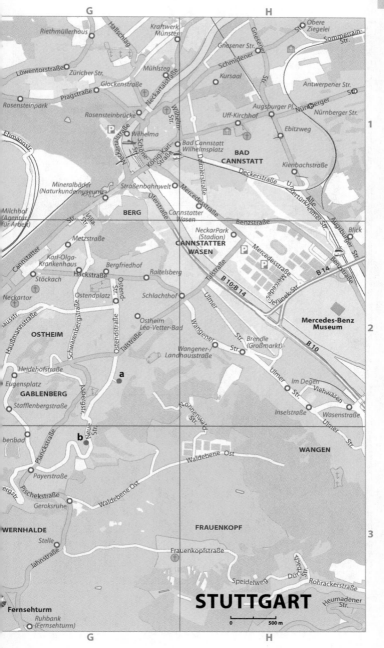

STUTTGART

0   500 m

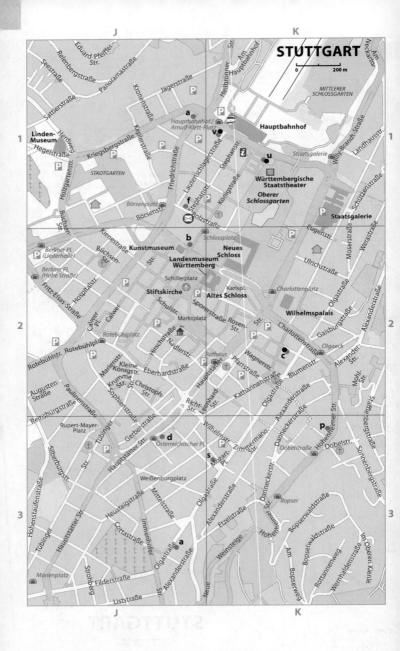

✿ Der Zauberlehrling (Fabian Heldmann)

KREATIV · CHIC ✕✕ Vorbei an einem verglasten begehbaren Weinklimaschrank (hier und im Keller lagern rund 300 Weine) gelangt man in das stilvoll-modern designte Restaurant. Chic die geradlinigen, mit hellem Leder bezogenen Tische, die formschönen Stühle mit barockem Touch, der offene Gaskamin, die farbigen Lichteffekte... Seit Junior Fabian Heldmann - nach Stationen in Top-Adressen wie "Beckers" in Trier, "Überfahrt" in Rottach-Egern oder "Victor's Fine Dining" in Perl - die Küche im Betrieb von Vater Axel Heldmann leitet, geht es hier kulinarisch modern-kreativ zu! Kontrastreich und sehr gut durchdacht ist z. B. die Kombination von Kabeljau, zarter Creme aus Wachtelbohnen sowie Chorizo-Jus mit angenehmer Schärfe. Ausgezeichnet auch der Service. Hinweis: Samstags bietet man nur "Candle Light Dinner".

Spezialitäten: Handgetauchte Jakobsmuschel aus Norwegen mit Pastinake, Fenchel und Prunier Kaviar. Zweierlei vom Iberico mit Süßkartoffel, Bohnen und Mais-Merguezsoße. Gelbe Pflaumen mit Schokolade, Apfelessig und Buttermilch.

Menu 85/135 €

Stadtplan: K2-c – *Hotel Der Zauberlehrling, Rosenstraße 38* ✉ *70182 –* ☎ *0711 2377770 – www.zauberlehrling.de – Geschlossen Sonntag, mittags: Montag-Samstag*

✿ 5

MODERNE KÜCHE · HIP ✕✕ Auch wenn das Restaurant in dem Bankgebäude nahe dem Schlossgarten so langsam auf sein 10-jähriges Bestehen zugeht, so ist das Konzept nach wie vor etwas Besonderes und immer noch trendy. Im EG eine stylish-mondäne Bar, im 1. OG "Casual Fine Dining" im Gourmetrestaurant. Die Lounge-Atmosphäre passt gut ins urbane Bild. Eyecatcher ist die schicke individuelle Bestuhlung an den blanken Tischen. Gekocht wird modern und mit eigener Idee. Sie können die Gänge Ihres Menüs frei wählen. Die Kreativität von Küchenchef Alexander Dinter kommt z. B. beim raffinierten Püree von geräucherter Paprika oder beim aromatischen Gruyère-Espuma zum Ausdruck. Und dass das Black Angus Beef von exzellenter Qualität ist, muss wohl nicht erwähnt werden! Und dann ist da noch der wirklich ambitionierte Service...

Spezialitäten: Blumenkohl, Purple Curry, Macadamia, Bulgur, Traube, Bergamotte. Bison, Kombu, Wasabi, Tapioka, Yuzu, gepickeltes Gemüse. Apfel, Calvados, Karamell, Cranberries, Sablé.

Menu 88/168 €

Stadtplan: J1-f – *Bolzstraße 8 (1. Etage)* ✉ *70173 –* ☎ *0711 65557011 – www.5.fo –* *Geschlossen 1.-14. Januar, 1. August-6. September, Dienstag, Sonntag, mittags: Montag und Mittwoch-Samstag*

✿ Goldener Adler

REGIONAL · TRENDY ✕ Eine gefragte Adresse, denn gemütlich-lebendige Atmosphäre und gute, frische Küche sorgen hier für Freude beim Essen! Klassiker wie Maultaschen und Zwiebelrostbraten machen ebenso Appetit wie "gebratene Jakobsmuschel und Oktopus mit Fenchelsalat".

Spezialitäten: Matjes mit Hausfrauen Sauce und Kartoffelrösti. Geschnetzelte Kalbsnierle in Dijonsenfsauce mit Spätzle. Ofenschlupfer mit Zwetschgen, Vanillesauce und Pistazieneis.

Karte 29/55 €

Stadtplan: F3-g – *Böheimstraße 38* ✉ *70173 –* ☎ *0711 6338802 –* *www.goldener-adler-stuttgart.de – Geschlossen mittags: Montag-Sonntag*

✿ Vetter.

MARKTKÜCHE · FREUNDLICH ✕ In diesem beliebten Restaurant in einer Wohngegend sitzt man in zwei netten Stuben bei schwäbisch-internationaler Küche. Aus guten, frischen Produkten bereitet man z. B. "Gnocchi mit kleinem Kalbsragout", "Kotelett vom Duroc-Schwein" oder auch "Kabeljau in Weißweinbutter" zu.

Spezialitäten: Schwertfisch Carpaccio mit Zitrone und Olivenöl. Kalbszunge in Schnittlauchsauce mit Gemüse und Röstkartoffeln. Hausgemachter Apfelstrudel mit Vanillesauce.

Menu 27 € – Karte 33/69 €

Stadtplan: K3-s – *Bopserstraße 18* ✉ *70180* – ✆ *0711 241916* – *Geschlossen 1.-8. Januar, 10.-23. August, Sonntag*

⭐○ **Cube** ⟨⛄ 🅰️🅲️

INTERNATIONAL · TRENDY ✗✗ Die absolute Top-Lage ist hier ebenso interessant wie die Glas-Architektur, das Design und natürlich die ambitionierte Küche! Man ist weltoffen, was sich z. B. bei "scharfer Thai-Suppe, Pulled Chicken, Zitronengras, Ingwer" zeigt. Einfachere Mittagskarte.

Menu 35 € (Mittags) – Karte 32/65 €

Stadtplan: J2-b – *Kleiner Schlossplatz 1 (im Kunstmuseum, 4. Etage)* ✉ *70173* – ✆ *0711 2804441* – *www.cube-restaurant.de*

⭐○ **Ritzi** Ⓝ 🏠 🅰️🅲️

ZEITGENÖSSISCH · BRASSERIE ✗✗ Nur einen Steinwurf von Hauptbahnhof und Zeppelin-Carré entfernt liegt diese schicke Brasserie mit recht stylischer und wertiger Einrichtung. Aus der Küche kommen modern-klassische Gerichte mit mediterraner Note, darunter z. B. "Pot au feu von Edelfischen" oder "Apfeltarte mit Crème Chantilly".

Menu 23 € (Mittags), 68/98 € – Karte 43/88 €

Stadtplan: J1-a – *Friedrichstraße 6* ✉ *70174* – ✆ *0711 5050050* – *www.richters.de* – *Geschlossen Sonntag, mittags: Samstag*

⭐○ **Schweizers Restaurant** 🏠 ⟨⟩

KLASSISCHE KÜCHE · ZEITGEMÄSSES AMBIENTE ✗✗ In dem sorgsam restaurierten Haus von 1902 nimmt man in schöner Jugendstil-Atmosphäre Platz und lässt sich vom aufmerksamen Service mit schmackhaften Gerichten wie "geschmortem Pulpo mit Erbsencreme, geräucherter Mayonnaise und confierten Kartoffeln" umsorgen. Sehr nett die ruhige Innenhofterrasse!

Menu 65/75 €

Stadtplan: J3-a – *Olgastraße 133 B* ✉ *70180* – ✆ *0711 60197540* – *www.schweizers-restaurant.de* – *Geschlossen Dienstag, Mittwoch, mittags: Montag und Donnerstag-Sonntag*

⭐○ **ZUR WEINSTEIGE** 🎱 ⟨⟩ 🏠 🅰️🅲️ 🅿️ 🚗

INTERNATIONAL · FREUNDLICH ✗✗ Im Hotel wie auch im Restaurant spürt man das Engagement der Brüder Scherle. In wohnlichem Ambiente serviert man einen interessanten Mix aus regionaler und französischer Klassik, vom "Schwäbischen Rostbraten" bis zu "Seeteufelmedaillons mit geräucherten Berglinsen". Dazu eine tolle Weinkarte mit Schwerpunkt Deutschland. Übernachten kann man von rustikal bis elegant.

Menu 43/110 € – Karte 47/82 €

Stadtplan: K3-p – *Hohenheimer Straße 30* ✉ *70184* – ✆ *0711 2367000* – *www.zur-weinsteige.de* – *Geschlossen 2.-20. Januar, 2.-22. August, Montag, Sonntag, mittags: Dienstag-Samstag*

Hotels

🏨 **Steigenberger Graf Zeppelin** 🎿 📺 🌐 ⟨⟩ 🦺 ⬆️ 🅰️🅲️ 🧖 🚗

LUXUS · ELEGANT Das Businesshotel gegenüber dem Bahnhof wird gut geführt, das spürt und sieht man. In den geräumigen Zimmern wohnen Sie modern-elegant, im oberen Stock tun Sie sich etwas Gutes, z. B. bei Fitness mit Blick über Stuttgart! Regionale Küche im rustikalen "Zeppelin Stüble", Steaks vom Grill im "Zeppelino'S".

149 Zimmer – 🛏️ 159/189 € – 🍽️ 29 € – 6 Suiten

Stadtplan: K1-v – *Arnulf-Klett-Platz 7* ✉ *70173* – ✆ *0711 20480* – *www.stuttgart.steigenberger.de*

❀❀ **OLIVO** – Siehe Restaurantauswahl

🏚️ Althoff Hotel am Schlossgarten

LUXUS · ELEGANT Die Lage ist ideal: zentral in Bahnhofsnähe und doch ruhig direkt am Schlossgarten! Und man wohnt richtig schön, dafür sorgen zeitgemäß-elegante Zimmer und zuvorkommender Service. Nett die "Weinwirtschaft Franz Keller" (hier isst man regional, badisch, elsässisch) und das Café mit Terrasse zum Schlossgarten.

102 Zimmer – **♥♥** 160/475 € – 🖵 31 € – 4 Suiten

Stadtplan: K1-u – *Schillerstraße 23* ✉ *70173* – ✆ *0711 20260* –
www.hotelschlossgarten.com

❀ **Die Zirbelstube** – Siehe Restaurantauswahl

🏚️ Jaz Stuttgart ⬤

URBAN · DESIGN Sicher mit das coolste Hotel der Stadt und ein wahrer Hotspot! Es liegt im Europaviertel, nebenan eine Shoppingmall. Puristisches Design und das Thema Musik sind allgegenwärtig. Abends wird das Restaurant (hier internationale Küche aus regionalen Produkten) zum Club mit Live-DJ! In der 6. Etage "Cloud No. 7 Bar & Lounge". Wellbeing im "Relaxercise".

166 Zimmer – **♥♥** 139/699 € – 🖵 22 € – 3 Suiten

Stadtplan: F2-b – *Wolframstraße 41* ✉ *70191* – ✆ *0711 969840* – *www.jaz-hotel.com*

🏠 Der Zauberlehrling 🔒

BOUTIQUE-HOTEL · THEMENBEZOGEN Das kleine Designhotel liegt nicht nur geschickt, man wohnt hier auch ganz individuell. Kein Zimmer gleicht dem anderen, jedes hat seinen ganz eigenen Stil! Geschmackvolles Interieur und das Herzblut der Gastgeber Karen und Axel Heldmann machen das Haus zu einem Kleinod der Stuttgarter Hotellerie. Tolles Frühstück.

17 Zimmer – **♥♥** 150/290 € – 🖵 9 € – 4 Suiten

Stadtplan: K2-c – *Rosenstraße 38* ✉ *70182* – ✆ *0711 2377770* –
www.zauberlehrling.de

❀ **Der Zauberlehrling** – Siehe Restaurantauswahl

In Stuttgart-Botnang

🍽️ bo'teca di vino 🔒

MEDITERRAN · NACHBARSCHAFTLICH ✗ Wer in der kleinen "bo'teca" im Stuttgarter Westen speisen möchte, sollte das im Vorfeld planen, denn das sympathische Lokal hat leider nur recht wenige Plätze. Hier genießt man schöne Weine und leckere Gerichte wie "Carnaroli-Risotto mit geschmortem Pulpo".

Menu 65/92 €

Stadtplan: E2-b – *Beethovenstraße 30* ✉ *70195* – ✆ *0711 6205163* –
www.boteca-stuttgart.de – *Geschlossen 12. August-5. September, Montag, Dienstag, Mittwoch, mittags: Donnerstag-Sonntag*

In Stuttgart-Degerloch

❀ Wielandshöhe (Vincent Klink)

FRANZÖSISCH-KLASSISCH · ELEGANT ✗✗ Stolz thront die „Wielandshöhe" von Koch-Urgestein Vincent Klink in exponierter Lage, umgeben von saftigen Reben, in einer der besten Wohngegenden Stuttgarts. Große Fenster geben in dem schlicht-elegant gehaltenen Restaurant den Blick über die Stadt frei. Patron Vincent Klink und sein Küchenchef Jörg Neth setzen auf Klassik und lassen sich auch von ihrer schwäbischen Heimat beeinflussen. Chichi und Effekthascherei werden Sie auf dem Teller nicht finden, stattdessen richtig gutes Handwerk und gelungen hervorgehobene Aromen bester Zutaten - das zeigt sich beim Kalbsbries mit Morcheln ebenso wie bei der Wildfang-Riesengarnele mit einem wirklich fantastischen Safranrisotto! Da ist es nicht verwunderlich, dass seit 1993 ein MICHELIN Stern über dem Lokal leuchtet.

Spezialitäten: Ziegenkäse im Strudelteig, karamellisiertes Gaishirtle. Rücken und geschmorte Haxe vom Alblamm, Grüne Bohnen, Kartoffelpüree. Meringue, marinierte Himbeeren.

Menu 88/130 € – Karte 80/110 €

Stadtplan: F3-a – *Alte Weinsteige 71* ✉ *70597* – ☏ *0711 6408848* – *www.wielandshoehe.de* – *Geschlossen Montag, Sonntag*

ⅰ○ Fässle le Restaurant 🛒 AC ⇔

FRANZÖSISCH-KLASSISCH · NACHBARSCHAFTLICH XX Patrick Giboin bietet hier in gemütlichem Ambiente seine Version der klassisch-französischen Küche. Appetit macht da z. B. "Kalbsfilet in Parmaschinken mit Servietten-Spinatknödel, Stängelkohl und Teigtasche".

Menu 26 € (Mittags), 52/74 € – Karte 31/67 €

Stadtplan: C2-a – *Löwenstraße 51* ✉ *70597* – ☏ *0711 760100* – *www.restaurant-faessle.de* – *Geschlossen Montag, Sonntag*

In Stuttgart-Flughafen

✿ top air 🕸 ⅙ AC P

KREATIV · FREUNDLICH XxX Beachtlich, mit welch feinen Kontrasten und ausgezeichnetem Handwerk hier gekocht wird. Bemerkenswert, wie stimmig man beispielsweise das Iberico-Schweinekinn auf orientalische Art zubereitet, die einzelnen Zutaten sehr schön abschmeckt und mit Texturen spielt. Marco Akuzun (seit 2013 Küchenchef des "top air") hat einen ausgesprochen vielseitigen Stil. Jedes Gericht enthält zahlreiche Geschmackskomponenten - da ist es nicht übertrieben, von einem Feuerwerk verschiedener Aromen zu sprechen! Dazu sorgt der professionelle Service samt versierten Sommelier für treffliche Weinempfehlungen. In Sachen Ambiente hat das Restaurant eine Besonderheit: die Fensterfront zum Rollfeld, die so manch interessanten Blick bietet. Und noch ein praktischer Tipp für Autofahrer: Parkplatz P5 ganz in der Nähe.

Spezialitäten: Ungestopfte Bio Gänseleber in 3 Gängen serviert. Blackmore Wagyu, Quinoa, Brokkoli, Enoki Pilze, fermentierter Knoblauch, helle Miso, Schnittlauch. Mango, Kokos, Kaffir Limette, Anapurna Curry, Valrhona Opalys Schokolade.

Menu 90/220 € – Karte 78/110 €

Stadtplan: C3-p – *im Flughafen (Terminal 1, Ebene 4)* ✉ *70629* – ☏ *0711 9482137* – *www.restaurant-top-air.de* – *Geschlossen 1.-7. Januar, 18. Mai-16. Juni, 24. August- 8. September, Montag, Sonntag, mittags: Dienstag und Samstag*

In Stuttgart-Gablenberg

ⅰ○ Nannina 🛒 P

ITALIENISCH · FREUNDLICH XX Gastgeberin Giovanna Di Tommaso (genannt Nannina) widmet sich in dem kleinen Restaurant ganz ihrer Leidenschaft, der italienischen Küche. Frisch und ambitioniert z. B. "gebratener Steinbutt, Kerbel, wilder Brokkoli, Marinda-Tomaten". Terrasse hinterm Haus.

Menu 78 € – Karte 57/84 €

Stadtplan: G2-a – *Gaishämmerstraße 14* ✉ *70186* – ☏ *0711 7775172* – *www.nannina.de* – *Geschlossen Montag, mittags: Samstag*

ⅰ○ Bei den Steins 🛒 ⇔ P

INTERNATIONAL · TRENDY X "Bei den Steins" fühlt man sich wohl, und zwar im freundlich-modernen Restaurant (Blickfang: die Vogelwand) oder im Freien unter alten Bäumen. Abends gibt es leckere international-saisonale Gerichte wie "Spanferkel-Spareribs, Mango-BBQ-Soße, Maiskeks, Süßkartoffelpüree". Kleinere Mittagskarte.

Menu 26 € (Mittags), 39/58 € – Karte 34/54 €

Stadtplan: G3-b – *Albert-Schäffle-Straße 6* ✉ *70186* – ☏ *0711 64518045* – *www.beidensteins.de* – *Geschlossen Montag, Sonntag, mittags: Samstag*

In Stuttgart-Heslach

☸ Hupperts

KLASSISCHE KÜCHE · FREUNDLICH XX Man muss das kleine Restaurant in einem Wohngebiet schon gezielt ansteuern, zufällig kommt man hier nicht vorbei. Doch der Weg lohnt sich, denn es ist eine wirklich sympathische und gemütliche Adresse mit einem überaus motivierten und charmanten Team. Marianne und Michael Huppert heißen die engagierten Gastgeber, die das Restaurant im Oktober 2014 übernommen haben. Nach Stationen in diversen Sternerestaurants (u. a. "Wald & Schlosshotel Friedrichsruhe", "Colombi" in Freiburg, "Grossfeld" in Friedberg) gibt der Gastronomen-Sohn hier eine angenehm reduzierte und auf den Punkt gebrachte klassische Küche zum Besten - ausdrucksstark und ohne Spielerei kommt da z. B. der ausgezeichnete Adlerfisch mit Paprikacreme, eingelegten Tomatenstücken und fruchtig angemachtem Fenchelsalat auf den Teller.

Spezialitäten: Fjordforelle, Rote Bete, Wirsing, Linsen. Hirsch, Petersilienwurzel, Haselnuss, Spinat. Quitte, Schokolade, Vanille, Mandel.

Menu 89/109 €

Stadtplan: E3-p – Gebelsbergstraße 97 ✉ 70199 – ☎ 0711 6406467 – www.hupperts-restaurant.de – Geschlossen Montag, Sonntag, mittags: Dienstag-Samstag

In Stuttgart-Hohenheim

☸ Speisemeisterei

MODERNE KÜCHE · CHIC XX Ambiente, Küche, Service... Anspruchsvoll ist hier alles. Gekocht wird modern-saisonal und handwerklich ausgezeichnet. Sehr gut die frischen regionalen, aber auch internationalen Produkte, von der bayerischen Garnele und dem Kalb aus Göppingen bis zur Poulardenbrust Label Rouge aus Challans - wunderbar übrigens auch die perfekt reduzierte Geflügeljus dazu! Seit 2008 steht Stefan Gschwendtner hier am Herd, 2016 wurde er vom Souschef zum Küchenchef und bestätigt seither gemeinsam mit seiner eingespielten Crew den MICHELIN Stern. Für das schöne Drumherum sorgt neben dem freundlich-geschulten Service auch die schicke Location: der Kavaliersbau des Schlosses Hohenheim. Hier trifft Historie auf Moderne. Tipp: Kommen Sie auch mal mittags - das Lunchmenü ist ebenso niveauvoll wie die Küche am Abend.

Spezialitäten: Taschenkrebs, Mango, Kokos, Kohlrabi. Rinderfilet, Blumenkohl, eingelegte Zwiebel, Süßkartoffel. Delice von der Schokolade mit Himbeere.

Menu 48 € (Mittags), 119/179 €

Stadtplan: C3-s – Schloss Hohenheim 1B ✉ 70599 – ☎ 0711 34217979 – www.speisemeisterei.de – Geschlossen 1.-12. Januar, Dienstag, mittags: Mittwoch und Samstag

In Stuttgart-Möhringen

☺ Zur Linde

REGIONAL · GASTHOF X Engagiert betreiben die Brüder Trautwein die rund 300 Jahre alte ehemalige Poststation - charmant der Mix aus historisch und modern. Es gibt schwäbische Klassiker wie Gaisburger Marsch, Maultaschen oder Kalbskutteln mit geschmortem Ochsenschwanz, zudem Saisonales. Uriger Gewölbekeller für Veranstaltungen.

Spezialitäten: Rinderbrühe mit Kräuterflädle. Schwäbische Linsen mit Saiten, geräuchertem Schweinebauch und Spätzle. Ofenschlupfer mit Vanilleeis.

Karte 29/62 €

Stadtplan: C3-u – Sigmaringer Straße 49 ✉ 70567 – ☎ 0711 7199590 – www.linde-stuttgart.de – Geschlossen 1.-8. Januar, Sonntag, mittags: Montag-Samstag

In Stuttgart-Weilimdorf

🍴○ **Meister Lampe**   🕸 🏠

KLASSISCHE KÜCHE · FAMILIÄR XX Eine herzlich geführte, gemütlich-familiäre Adresse ist das hier und gut essen kann man auch noch. Man spürt, dass mit Freude gekocht wird und das überträgt sich auf den Gast! Unter den saisonalen Gerichten findet sich z. B. "gebratener Wolfsbarsch, Senf-Sud, Gelbe Rübe, Kartoffelterrine".

Menu 53/80 € – Karte 39/58 €

Stadtplan: B1-m – *Solitudestraße 261* ✉ *70499* – *☎ 0711 9898980* – *www.restaurant-meisterlampe.de* – *Geschlossen 24. Februar-2. März, 1.-8. Juni, 3.-24. August, 26. Oktober-2. November, Montag, mittags: Samstag, abends: Sonntag*

In Stuttgart-Zuffenhausen

🍴○ **Christophorus**   🕸 ♿ 🅰🅺 ⇕ 🚗

MEDITERRAN · DESIGN XX Sie sind Auto-Enthusiast und Freund guter Küche? Mit Blick ins Porsche Museum oder auf den Porscheplatz speist man mediterran-international. Highlight und fast ein Muss: US-Prime-Beef! Und danach Digestif samt Zigarre in der Smokers Lounge?

Menu 41 € (Mittags), 80/110 € – Karte 54/111 €

Stadtplan: C1-c – *Porscheplatz 5 (im Porsche Museum 3. OG)* ✉ *70435* – *☎ 0711 91125980* – *www.porsche.com* – *Geschlossen 4.-15. August, 24.-31. Dezember, Montag, Sonntag*

SULZBURG

Baden-Württemberg – Regionalatlas **61**–D21 – Michelin Straßenkarte 545

❀❀ **Hirschen** (Douce Steiner)   🕸 ⇐ ⇕

FRANZÖSISCH-KLASSISCH · ELEGANT XX Es verwundert nicht, dass auch internationale Gäste den Weg in das beschauliche Örtchen im Markgräflerland finden. Der „Hirschen" ist ein familiengeführtes Gasthaus wie aus dem Bilderbuch, welches auf eine über 500-jährige Tradition zurückblicken kann. Am Herd steht das Cuisinier-Paar Douce Steiner und Udo Weiler, das sich 1995 in Harald Wohlfahrts Küche kennen- und lieben gelernt hat. 2008 übernahmen die beiden den „Hirschen" vom Vater Hans-Paul Steiner - auch er erkochte bereits über Jahre hinweg zwei MICHELIN Sterne. Damals wie heute serviert man in den charmant-eleganten Stuben feine klassisch-französische Küche. Exzellente Produkte kommen z. B. als Langustine Royale, Kalbsbries, Morcheln und Melonenkugeln mit Krustentieressenz und Estragonschaum toll zur Geltung.

Spezialitäten: Bretonischer Hummer, Rhabarber und Blattspinat, Essenz von Krustentieren. Confierter Steinbutt aromatisiert mit Zitrone, Artischocke, Sauce von Imperial Kaviar. Aprikosen, Pfirsich mit Rose, Vervene und Mohn.

Menu 78 € (Mittags), 150/250 € – Karte 110/150 €

Hauptstraße 69 ✉ *79295* – *☎ 07634 8208* – *www.douce-steiner.de* – *Geschlossen 3.-25. Februar, 26. Juli-18. August, Montag, Dienstag, Sonntag*

❀ **Landgasthof Rebstock**   ⇐ 🏠 🅿

REGIONAL · GEMÜTLICH X Gemütlich-ländlich kommt der jahrhundertealte Gasthof im Herzen des Weindorfs daher. Auf der Karte liest man Traditionelles wie "Ochsenbrust in Meerrettichsauce" sowie Feines wie "rosa gebratenes Rehnüsschen mit karamellisierten Maroni". Gut übernachten kann man ebenfalls.

Spezialitäten: Selleriesüppchen mit Orangenöl. In Spätburgunder Rotwein geschmortes Wildschweinragout mit hausgemachtem Rotkohl, karamellisierten Maroni und Kartoffelklößen. Warme Zimtzwetschgen mit Nusseis.

Menu 20 € (Mittags)/47 € – Karte 22/60 €

Hauptstraße 77 ✉ *79295* – *☎ 07634 503140* – *www.kellers-rebstock.de* – *Geschlossen Mittwoch*

Ⅰ○ La Maison Eric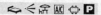

KLASSISCHE KÜCHE · GEMÜTLICH XX Ein wahres Schmuckstück ist das alte Fachwerkhaus, das etwas versteckt in einer Seitenstraße liegt. Drinnen geschmackvolles Interieur, draußen eine wunderbare Terrasse zum herrlichen Garten, nicht zu vergessen gute klassische Gerichte wie "Steinbuttfilet auf jungem Lauch, Kartoffelpüree, Chardonnaysauce".

Menu 49/68 € – Karte 38/64 €

Im Brühl 7 ⊠ 79295 – ℰ 07634 6110 – www.la-maison-eric.de – Geschlossen 1.-21. Januar, 21. Juni-5. Juli, Montag, Dienstag, mittags: Mittwoch-Samstag

SUNDERN

Nordrhein-Westfalen – Regionalatlas **27**–E11 – Michelin Straßenkarte 543

In Sundern-Langscheid Nord-West: 4 km über Stemel

Ⅰ○ Seegarten ⇦ ≼ 🏠 AC ⬦ P

MODERNE KÜCHE · KLASSISCHES AMBIENTE XX Im Restaurant bietet man eine frische moderne Küche, für die viele Produkte aus der Region verwendet werden. Macht Ihnen z. B. "geschmorte Rinderschaufel mit Kürbiskernkruste, Kürbiskrapfen und Pastinaken" Appetit? Übernachten kann man im ausgesprochen chic designten Neubau oder etwas einfacher im Stammhaus.

Menu 60/73 € – Karte 33/66 €

Zum Sorpedamm 71 ⊠ 59846 – ℰ 02935 9646351 – www.hotel-seegarten.com

SYLT (INSEL)

Schleswig-Holstein – Regionalatlas 1–F2 – Michelin Straßenkarte 541

Wir mögen besonders...

„Sehen und gesehen werden" in der kultigen **Sansibar** in den Dünen von Rantum sowie im ebenso angesagten Kampener **Gogärtchen** mit seinem reizenden friesischen Flair. Der **Söl'ring Hof** als echtes gastronomisches Highlight und wunderschön gelegenes (und ebenso geschmackvolles) Hotel. Im **Severins** unter inseltypischem Reetdach friesisch-elegante Atmosphäre genießen – machen Sie auch unbedingt einen Bummel durch das charmante einstige Kapitänsdorf Keitum, hier gibt es so manch malerischen Ort zu entdecken! Das chic-moderne **BUDERSAND Hotel** im Süden der Insel als die Adresse schlechthin für Golfer. Auch wenn es sich eigentlich von selbst versteht: Lassen Sie sich auf gar keinen Fall einen ausgedehnten Spaziergang am Meer entgehen! Oder bei einer Wattwanderung das tolle UNESCO-Weltnaturerbe entdecken?

Hörnum

✧ KAI3   🕸 ≤ 🎄 & 🗚 🅿 🚗

KREATIV · TRENDY XX Absolut erwähnenswert ist hier der Blick aufs Meer - und der ist vor allem auf der Terrasse wirklich ein Traum! Aber auch drinnen trägt man der herrlichen Lage am Südende von Sylt Rechnung, denn in dem hellen geradlinig-eleganten Sternerestaurant des luxuriösen "BUDERSAND Hotels" sorgen raumhohe Fenster für ungehinderte Sicht über die Nordsee bis zur Insel Föhr! Die Küche nennt sich "Nordic Fusion". Felix Gabel, zuvor bereits Souschef im Haus, stellt seit 2017 als Küchenchef ausgesuchte Produkte geschmacklich überaus intensiv in den Mittelpunkt, so z. B. das zarte Filet vom Färöer Lachs mit säuerlich mariniertem Rettich, Rum-Rosinen und cremiger Rucola-Speck-Sauce. Mit Sinn fürs Detail bringt er auf dem Teller modern-kreative Elemente, regionale Zutaten und internationale Einflüsse zusammen.

Spezialitäten: Jakobsmuschel roh mariniert mit Molke, fermentierter Zitrone, Kaviar und Szechuansorbet. Dreierlei vom Perlhuhn mit Süßkartoffel, Kanzuri und Ramen. Friis Holm Schokolade mit Buchweizencracker, Mandarinensorbet und warmem Marshmallow.

Menu 68/128 €

BUDERSAND Hotel - Golf & Spa, Am Kai 3 ⊠ 25997 – ✆ 04651 46070 –
www.budersand.de – Geschlossen 5. Januar-6. Februar, Mittwoch, Donnerstag,
mittags: Montag-Dienstag und Freitag-Sonntag

🏘 BUDERSAND Hotel - Golf & Spa

🏌 🐾 ≤ 🛏 🖬 🖃 📠 🛁 🗆 & 🎿 🅿 🚗

LUXUS · MODERN Außen aparte Architektur, innen edles Design - chic der nordische Stil der Zimmer. Dazu klasse Service. Das hervorragende Frühstück genießt man auch gerne auf der tollen Terrasse am Meer! Weiteres Highlight: die von Elke Heidenreich eingerichtete Bibliothek mit über 1000 Werken (teils in Lesungen vorgestellt).

77 Zimmer ⚏ – 🛏 285/490 € – 6 Suiten

Am Kai 3 ⊠ 25997 – ✆ 04651 46070 –
www.budersand.de – Geschlossen 5. Januar-7. Februar
  ✧ KAI3 – Siehe Restaurantauswahl

Keitum

🍽 Tipken´s   🕸 🛏 🎄 ✿

MEDITERRAN · ELEGANT XX Schön das wertige klare Design, frisch und modern die Küche, freundlich und geschult der Service. Die aus guten Produkten zubereiteten Gerichte gibt es à la carte oder als "Shared Dining"-Menü. Man hat auch eine sehr gut sortierte Weinkarte nebst trefflicher Beratung.

Menu 89/109 € – Karte 62/83 €

*Hotel Severin*s, Am Tipkenhoog 18 ⊠ 25980 – ✆ 04651 46066533 –*
www.severins-sylt.de – Geschlossen 9. November-18. Dezember,
mittags: Montag-Sonntag

🍽 Brot & Bier

KREATIV · FREUNDLICH X Das ist mal was anderes: Das "belegte Brote"-Konzept ist cool und trendig, setzt aber dennoch auf Qualität und Handwerk! Auf der "Stullen-Karte" liest man z. B. "Friesenbrot, Limonenschmand, Nordseekrabben, Zweierlei vom Ei, Kartoffel-Speck-Dip" - durchdacht und aus sehr guten Zutaten! Tipp: Im Shop nebenan gibt's Sylter Produkte (u. a. das berühmte Meersalz).

Karte 29/62 €

Gurtstig 1 ⊠ 25980 – ✆ 04651 9363743 –
www.brot-und-bier.de – Geschlossen 13. Januar-9. Februar, 30. November-15.
Dezember, Montag, Sonntag

🏠🏠🏠 Severin*s

LUXUS · ELEGANT Außen inseltypisch, innen stilvoll-modern. Einen Steinwurf vom Wasser entfernt beherbergen schöne Backsteinhäuser mit Reetdach luxuriöse Zimmer, einen weitläufigen Spa und zwei Restaurants - eines davon das gemütliche "Hoog" mit Sylter Küche, Snacks, Kaffee und Kuchen. Toll für Familien: ganztägige Kinderbetreuung.

62 Zimmer ☐ – ♥♥ 290/510 € – 33 Suiten

Am Tipkenhoog 18 ✉ 25980 – ☎ 04651 460660 – www.severins-sylt.de

🍽○ **Tipken´s** – Siehe Restaurantauswahl

🏠🏠🏠 Benen-Diken-Hof

LANDHAUS · INDIVIDUELL Das traditionsreiche Haus ist beliebt: Wer möchte nicht in schönen frischen Zimmern wohnen, sich gratis an der Minibar bedienen, im großen Spa relaxen? Exklusiv die Suiten in den Nebenhäusern. Für Langschläfer: Frühstücksbuffet bis 13 Uhr! Friesisch-modernes Ambiente und regionale Küche im Restaurant "KØKKEN".

48 Zimmer ☐ – ♥♥ 190/322 € – 19 Suiten

Keitumer Süderstraße 3 ✉ 25980 – ☎ 04651 93830 – www.benen-diken-hof.de

🏠🏠 Aarnhoog

LANDHAUS · GEMÜTLICH In dem reizenden kleinen Schwesterhaus des Munkmarscher "Fährhauses" ist Ihnen Diskretion ebenso gewiss wie schönes Ambiente: hochwertiges Interieur in wohnlichem nordisch-modernem Stil! Den exklusiven Service genießt man auch beim leckeren Frühstück. Nachmittags Kaffee und Kuchen.

9 Zimmer ☐ – ♥♥ 270/360 € – 7 Suiten

Gaat 13 ✉ 25980 – ☎ 04651 3990 – www.faehrhaus-hotel-collection.de

List

🐵 Königshafen

TRADITIONELLE KÜCHE · BÜRGERLICH 🍴 Die Familientradition reicht hier bis ins Jahr 1881 zurück. Hinter der weißen Backsteinfassade sitzt man in klassisch-bürgerlich gehaltenen Stuben - oder auf der Gartenterrasse hinterm Haus - und lässt sich regional-saisonale Gerichte wie "Kapitänsscholle, Speck, Kartoffelsalat" schmecken.

Spezialitäten: Currysuppe mit Knusper-Garnele. Königsberger Klopse mit Rote Bete-Risotto. Rote Grütze mit Vanilleeis und flüssiger Sahne.

Karte 32/54 €

Alte Dorfstraße 1 ✉ 25992 – ☎ 04651 870446 – www.koenigshafen.de – Geschlossen 13. Januar-13. Februar, Dienstag, mittags: Montag und Mittwoch-Samstag

🏠🏠🏠 A-ROSA

LUXUS · MODERN Ein bemerkenswertes Haus in traumhafter Lage mit Blick auf Dünen, Watt und Meer. Alles hier ist überaus hochwertig und formschön in geradlinigem Design gestaltet. SPA-ROSA auf 3500 qm mit Meerwasserpool und exklusiven Anwendungen. Buffet-Angebot im "Dünenrestaurant".

147 Zimmer ☐ – ♥♥ 218/548 € – 30 Suiten

Listlandstraße 11 ✉ 25992 – ☎ 04651 96750700 – www.a-rosa-resorts.de

🏠🏠 Strand am Königshafen

BOUTIQUE-HOTEL · AUF DEM LAND Das Hotel thront am Königshafen in der Bucht zwischen List und dem sog. Ellenbogen. Wertigkeit zieht sich durchs ganze Haus, von den modern-eleganten Zimmern (Motto: "Wind, Wasser, Sand"), meist mit Balkon/Terrasse, bis zum tollen friesischen Frühstücksbuffet. Eigene Wassersportschule. Tiefgarage im Preis inbegriffen.

15 Zimmer ☐ – ♥♥ 180/300 € – 15 Suiten

Hafenstraße 41 ✉ 25992 – ☎ 04651 889750 – www.hotel-strand-sylt.de

Morsum

Hof Galerie

LANDHAUS · ELEGANT Moderne Wohnkultur und Kunst vereint. Man hat schicke Suiten, einen netten Garten, Inselkünstler stellen ihre Werke aus und die Terrasse mit Brunnen unter alten Linden lädt zum Frühstücken ein. Nachmittags Kaffee und hausgemachten Kuchen, bis 18 Uhr kleine Gerichte in der eigenen Bäckerei gegenüber.

18 Suiten ☷ – ♥♥ 210/360 € – 2 Zimmer

Serkwai 1 ✉ 25980 – ☏ 04651 957050 – www.hotelhofgalerie.de

Landhaus Severin*s Morsum Kliff

LANDHAUS · ELEGANT Nicht zu toppen ist hier die Lage mitten im Naturschutzgebiet mit wunderbarem Blick aufs Wattenmeer - da lockt natürlich auch die Terrasse! Aber auch das Interieur des hübschen reetgedeckten Hauses kann sich sehen lassen: Alles ist hochwertig und geschmackvoll-modern mit nordischem Touch gestaltet.

13 Zimmer ☷ – ♥♥ 130/410 €

Nösistig 13 ✉ 25980 – ☏ 04651 4606880 – www.landhaus-severins.de –
Geschlossen 12. Januar-3. Februar, 22. November-20. Dezember

Munkmarsch

⃝ Käpt'n Selmer Stube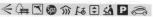

INTERNATIONAL · LÄNDLICH ✕✕ Überall sieht man die Liebe zum Detail: original blau-weiße Kacheln, Antiquitäten, nordischer Stil, dazu eine traumhafte Terrasse... Aus der Küche kommen ambitionierte saisonale Gerichte wie "Heilbutt, Kräuter-Steckrüben-Risotto, Orangenbutter". Nachmittags locken Kaffee und Kuchen.

Menu 52 € – Karte 42/78 €

Hotel Fährhaus, Bi Heef 1 ✉ 25980 – ☏ 04651 93970 – www.faehrhaus-sylt.de

Fährhaus

LUXUS · GEMÜTLICH Ein Luxushotel ohne prätentiösen Rahmen, dafür aber mit exklusivem Wohnkomfort und nahezu perfektem Service! Auch angesichts des hochwertigen Spas und der tollen Lage mit Blick zum Wattenmeer verabschiedet man sich nur sehr ungern wieder!

32 Zimmer ☷ – ♥♥ 390/470 € – 12 Suiten

Bi Heef 1 ✉ 25980 – ☏ 04651 93970 – www.faehrhaus-sylt.de

⃝ **Käpt'n Selmer Stube** – Siehe Restaurantauswahl

Rantum

❀❀ Söl'ring Hof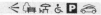

KREATIV · ELEGANT ✕✕✕ Besser könnte die Lage kaum sein! Auf Ihr Klingeln öffnet sich das weiße Tor und über eine gepflasterte Auffahrt erreichen Sie das schöne reetgedeckte Landhaus, das am Rande von Rantum auf einer Düne thront - klasse Blick auf die Nordsee inklusive! Das wertige Interieur in nordischem Stil vereint Eleganz und Gemütlichkeit, der charmante und ebenso professionelle Service tut ein Übriges - hier sei auch die exzellente Weinberatung durch Restaurantleiterin und Sommelière Bärbel Ring erwähnt! Von den meisten Plätzen kann man in die Küche schauen, wo das Team um Patron Johannes King und Küchenchef Jan-Philipp Berner ein kreatives Menü zubereitet, für dessen fein ausbalancierte Gänge (z. B. Salzwiesenlamm mit Bete, Senf und Sauerrahm) nur beste - möglichst regionale - Produkte verarbeitet werden.

Spezialitäten: Dänischer Kaisergranat, Melisse, Kohlrabi, Meerrettich. Steinbutt, Kamille, Einkorn, Rettich. Apfel, Staudensellerie, Amarant, weiße Schokolade.

Menu 184/224 €

Hotel Söl'ring Hof, Am Sandwall 1 ✉ 25980 – ☏ 04651 836200 –
www.soelring-hof.de – Geschlossen 6. Januar-5. Februar, Montag, Sonntag,
mittags: Dienstag-Samstag

ⅣO Coast

🏠 ⅃ P

MODERNE KÜCHE · FREUNDLICH XX Das charmante reetgedeckte Haus versprüht auch im Inneren friesisches Flair, dafür sorgt die modern-maritime Gestaltung samt dekorativer witziger Fischmotiv-Tapete. Freundlich-leger serviert man regional-internationale Gerichte wie "Seehecht, Fenchel-Kartoffelpüree, Chorizo-Bohnenkerne".

Karte 34/87 €

Hotel Duene, Stiindeelke 1 ✉ 25980 – ☏ 04651 1551 – www.restaurant-coast.de –
Geschlossen mittags: Montag, Dienstag, mittags: Mittwoch-Sonntag

ⅣO Sansibar

INTERNATIONAL · RUSTIKAL X Eine Adresse mit Kultstatus! Das Strandhütten-Flair ist sehr gefragt, da geht man gern fünf Minuten zu Fuß durch die Dünen - oder Sie nutzen den Shuttleservice. Lust auf einen Sansibar-Klassiker wie "Milchreis mir roter Grütze"? Oder lieber etwas Gehobeneres? Grandios die Weinkarte. Mittags keine Reservierung möglich.

Menu 110 € – Karte 33/136 €

Hörnumer Straße 80 ✉ 25980 – ☏ 04651 964646 – www.sansibar.de

🏠 Söl'ring Hof

LUXUS · INDIVIDUELL Traumhaft die Lage in den Dünen! Nicht minder attraktiv das schmucke Friesenhaus: persönliche Atmosphäre, diskreter Service, schöne wertige Zimmer, ein schicker kleiner Spa, exklusives "Open End"-Frühstück. Tipp: das Dünenzimmer "Gret Palucca" - hier haben Sie auf Ihrer Terrasse einen eigenen beheizbaren Strandkorb!

15 Zimmer ☕ – ♥♥ 495/1350 €

Am Sandwall 1 ✉ 25980 – ☏ 04651 836200 – www.soelring-hof.de – Geschlossen 5.
Januar-4. Februar

✿✿ **Söl'ring Hof** – Siehe Restaurantauswahl

🏠 Alte Strandvogtei

LANDHAUS · INDIVIDUELL Hier wohnt man so richtig schön, alles ist hochwertig, Suiten mit Kitchenette, teils Maisonetten, charmant der Frühstücksraum mit altem Ofen und handbemalten Friesenkacheln, Garten mit Strandkörben, nachmittags gibt es Tee und Kuchenbuffet... Zum Strand sind es nur wenige Minuten zu Fuß.

12 Suiten ☕ – ♥♥ € – 5 Zimmer

Merret-Lassen-Wai 6 ✉ 25980 – ☏ 04651 92250 – www.alte-strandvogtei.de

Kampen

ⅣO Gogärtchen

🏠 AK

MARKTKÜCHE · CHIC XX Ein Klassiker der Insel und ein "place to be" ist das 1951 eröffnete Lokal! Bewusst hat man dem reetgedeckten Backsteinhaus seinen friesischen Charme bewahrt: moderner Stil zu alten Fliesen und Kachelofen. Es gibt saisonale Küche (abends aufwändiger) sowie hausgebackenen Kuchen, und in Bar und Lounge heißt es "sehen und gesehen werden"!

Karte 45/90 €

Strönwai 12 ✉ 25999 – ☏ 04651 41242 – www.gogaertchen.com –
Geschlossen Montag

ⅣO Manne Pahl

TRADITIONELLE KÜCHE · RUSTIKAL X Richtig gut kommen die rustikale Gemütlichkeit und die traditionelle Küche an. In der holzgetäfelten Gaststube oder im lichten Wintergarten isst man Nordseescholle, Wiener Schnitzel oder auch "Pahl-Burger". Und nachmittags leckerer hausgebackener Kuchen?

Karte 36/62 €

Zur Uwe Düne 2 ✉ 25999 – ☏ 04651 42510 – www.manne-pahl.de –
Geschlossen Mittwoch

Village ☆ ☆ 🖨 🗖 🕸 **P**

LANDHAUS · GEMÜTLICH Das "Village ist schon ein kleines Luxushotel, und zwar eines mit Charme und Klasse. Mit seinem friesischen Stil ist das Haus schon von außen einladend, drinnen dann wertig-elegantes Interieur - viele schöne Details machen die Zimmer wohnlich und individuell. Attraktiv auch der kleine Schwimmbad- und Saunabereich. Tipp: Frühstück auf der Terrasse!

7 Suiten ☒ – ♥♥ € – 3 Zimmer

Alte Dorfstraße 7 ☒ 25999 – ℰ 04651 46970 – www.village-kampen.de

Tinnum

✿ **BODENDORF'S** 🕸 ᕼ **P**

FRANZÖSISCH-MODERN · ELEGANT ✕✕ Dass Holger Bodendorf und sein Team mit vollem Engagement bei der Sache sind, spürt man überall in dem hübschen reetgedeckten "Landhaus Stricker"! Die Leitung der Küche teilt sich der Patron inzwischen mit Philip Rümmele, der zuletzt für die Sterneküche der "Schwabenstube" in Asperg verantwortlich war. Wie gut die beiden zusammenarbeiten, beweisen kreative international geprägte Gerichte, bei denen das Produkt und dessen Eigengeschmack absolut im Fokus stehen. Kombinationen wie glacierter Rehrücken mit Sellerie aus dem Salzteig, Rhabarber und Wacholderjus sind durchdacht, haben schöne Kontraste und sind dennoch harmonisch. Darf es vielleicht ein Apero in der coolen "Miles Bar" sein, bevor Sie in dem stilvoll-modernen kleinen Restaurant an einem der hochwertig eingedeckten Tische Platz nehmen?

Spezialitäten: Gepökelte Spanferkelhaxe, Sylter Royal Auster, geräucherter Kohlrabi, Holunderblütenvinaigrette, Imperial Kaviar. US Prime Onglet, Urtomate, Artischocke, Tortelloni von der geschmorten Schulter und Chimichurri. Toskanische Erdmandel, Himbeere, Sorbet von Vanille, Joghurt und Himbeeressigemulsion.

Menu 159/189 €

Hotel Landhaus Stricker, Boy-Nielsen-Straße 10 ☒ 25980 – ℰ 04651 88990 – www.landhaus-stricker.de – Geschlossen 1. Januar-1. April, 1. November-23. Dezember, Montag, Sonntag, mittags: Dienstag-Samstag

🍽 **SIEBZEHN84** 🖨 🏠 ᕼ **P**

REGIONAL · LÄNDLICH ✕✕ Modern-friesisch, das trifft "Tenne" und "Kaminzimmer" am besten. Es gibt Steaks, aber auch "Zander, Fregola Sarda, Pak Choi" oder "Kalbsrücken, Chorizokruste, Polentacreme". Man bietet auch kleine Portionen - umso mehr kann man probieren!

Menu 74/88 € – Karte 45/75 €

Hotel Landhaus Stricker, Boy-Nielsen-Straße 10 ☒ 25980 – ℰ 04651 88990 – www.landhaus-stricker.de

🏨 **Landhaus Stricker** 🖨 🗖 🕸 ⅃⅁ ⊞ ᕼ 🎿 **P**

LANDHAUS · GEMÜTLICH Kerstin und Holger Bodendorf sind beispielhafte Gastgeber, was sich in luxuriösen, ausgesprochen geschmackvollen Zimmern und erstklassigem Service äußert, und auch mit der schicken, nicht ganz alltäglichen "Wellness-Lounge" samt topmodernem Fitnessraum haben sie etwas richtig Tolles geschaffen!

38 Zimmer ☒ – ♥♥ 190/390 € – 17 Suiten

Boy-Nielsen-Straße 10 ☒ 25980 – ℰ 04651 88990 – www.landhaus-stricker.de

🍽 **SIEBZEHN84** · ✿ **BODENDORF'S** – Siehe Restaurantauswahl

Westerland

🍽 **Hardy's Bar & Restaurant** 🕸 🛋 🚗

FRANZÖSISCH-KLASSISCH · ELEGANT ✕✕ Stilvoll verbindet das "Hardy's" (übrigens der Name des Familienhundes) klassisches Ambiente mit modernen Akzenten. In der Küche treffen französische Elemente auf hochwertige regionale Zutaten, so z. B. bei "Seeteufel, Langustinen-Tomatensalsa, Zucchiniblüte" oder "Sylter Lamm, Hummus, Auberginen-Chili-Chutney".

Menu 85/125 € – Karte 52/82 €

Hotel Stadt Hamburg, Strandstraße 2 ☒ 25980 – ℰ 04651 8580 – www.hotelstadthamburg.com

🟡 **Franz Ganser**

KLASSISCHE KÜCHE · FREUNDLICH ✕✕ Seit 1979 ist das elegante Restaurant eine kulinarische Konstante und eine gefragte Adresse. Gekocht wird klassisch-international, so z. B. "Heilbuttfilet gebraten, mit Tomaten-Kräuerbutter gratiniert, Orangen-Fenchel, Kartoffelschnee". Zusätzlich gibt es eine kleinere Mittagskarte.

Menu 82/98 € – Karte 46/72 €

Bötticherstraße 2 ⊠ 25980 – ℰ 04651 22970 – www.ganser-sylt.de – Geschlossen 29. Februar-24. März, 16. November-18. Dezember, Montag, mittags: Dienstag-Donnerstag

🟡 **Shirobar**

FUSION · GERADLINIG ✕ Das japanische Wort "Shiro" bedeutet im Deutschen "weiß", entsprechend das puristische Design. Passend dazu klassisches Sushi mit westlichen Einflüssen, von Nigiri und Maki bis hin zu aufwändigen Special Rolls wie "Rockshrimp Tempura Roll".

Karte 18/45 €

Keitumer Chaussee 5a ⊠ 25980 – ℰ 04651 9679449 – www.shirobar.de – Geschlossen 20. Januar-12. Februar, Dienstag

🏠 **Stadt Hamburg**

TRADITIONELL · KLASSISCH Ein Klassiker a. d. J. 1869 mit ganz eigenem Charme! Individuelle Zimmer in Stammhaus, Gartenflügel und Parkvilla, schön der Spa, engagiert das Personal, und das Frühstück wird am Tisch serviert! Sehenswert: die "Sylt-Lichtbilder" im Haus. Angenehm unkompliziert: "Bistro Stadt Hamburg".

45 Zimmer – 👫 225/400 € – 🛏 29 € – 25 Suiten

Strandstraße 2 ⊠ 25980 – ℰ 04651 8580 – www.hotelstadthamburg.com

🟡 **Hardy's Bar & Restaurant** – Siehe Restaurantauswahl

TANGERMÜNDE

Sachsen-Anhalt – Regionalatlas **21**–M8 – Michelin Straßenkarte 542

🟡 **Schlossrestaurant** 🅽

KLASSISCHE KÜCHE · KLASSISCHES AMBIENTE ✕✕ Das elegante Restaurant des in einem Park gelegenen Tagungshotels "Schloss Storkau" bietet geschmackvolle klassische Gerichte wie "Skrei unter der Verveine-Kruste mit Belugalinsen" oder auch Terrinen und Pasteten! Viele Produkte stammen übrigens vom eigenen Hof. Im Sommer sitzt man herrlich auf der schönen Terrasse!

Menu 55/95 € – Karte 35/49 €

Im Park ⊠ 39590 – ℰ 039321 5210 – www.schloss-storkau.de – Geschlossen 1.-6. Januar, Montag, abends: Sonntag

🏠 **Schloss Tangermünde**

SPA UND WELLNESS · INDIVIDUELL Ein romantisches Anwesen über der Elbe mit mehreren Häusern in einer idyllischen Gartenanlage. Sie wohnen in stilvollen Zimmern und entspannen in der "Kaisertherme". Das Restaurant "1699" bietet regional-saisonale Küche, schön die Terrasse mit Elbblick. Für besondere Anlässe: die Alte Kanzlei a. d. 14. Jh.

37 Zimmer 🛏 – 👫 110/178 € – 1 Suite

Amt 1 (Zufahrt über Schlossfreiheit) ⊠ 39590 – ℰ 039322 7373 – www.schloss-tangermuende.de

TANGSTEDT

Schleswig-Holstein – Regionalatlas **10**–I5 – Michelin Straßenkarte 541

🟢 **Gutsküche**

REGIONAL · TRENDY ✕ "Gutsküche" trifft es genau, denn in der ehemaligen Scheune kocht man schmackhaft, unkompliziert und regional, sehr gut die frischen (Bio-) Zutaten - Appetit machen z. B. "Angus-Filetspitzen, Pfifferlinge, Schupfnudeln". Mittags kleineres Angebot. Tipp: Snacks im "GutsKaffee", Bioprodukte im Hofladen nebenan.

Spezialitäten: Gutsküchen Bouillabaisse, Sauce Rouille, Knoblauchröstbrot. Wulksfelder Kürbis-Gerstenrisotto "sweet & sour", Hokkaido, Rucola, Basilikum-Hüttenkäse, junge Zwiebeln, Kürbiskern-Jus. "GUT´s Mule" Bergamotte-Zitronen-sorbet, Gin, Pfeffer, Ingwerlimonade.

Menu 45/75€ – Karte 36/58€

Wulksfelder Damm 15 (im Gutshof Wulksfelde) ✉ *22889 –* ☏ *040 64419441 –*
www.gutskueche.de – Geschlossen Montag, Sonntag

TAUFKIRCHEN (VILS)
Bayern – Regionalatlas **58**–N19 – Michelin Straßenkarte 546

In Taufkirchen-Hörgersdorf Süd-West: 8,5 km über B 15

🍽️ **Landgasthof Forster**   🏠 ♻️ **P**

INTERNATIONAL · LÄNDLICH ✗ In diesem sympathischen Haus wird ohne große Schnörkel, aber mit Geschmack und frischen Produkten gekocht. Appetit macht da z. B. "Wildentenbrust im Pancettamantel, Bayrisch Spitzkraut, Rahmkartoffeln". Herzlich der Service, hübsch das ländliche Ambiente.

Menu 32/65€ – Karte 33/57€

Hörgersdorf 23 ✉ *84416 –* ☏ *08084 2357 – www.landgasthof-forster.de –*
Geschlossen 31. August-15. September, Montag, Dienstag, Mittwoch,
mittags: Donnerstag-Samstag

TEGERNSEE
Bayern – Regionalatlas **66**–M21 – Michelin Straßenkarte 546

🍽️ **Leeberghof**   ≼ 🏠 ♻️ **P**

KLASSISCHE KÜCHE · GEMÜTLICH ✗✗ Wo könnte man schöner speisen als auf der Terrasse hoch überm See? Es gibt z. B. "sautierten Wolfsbarsch unter der Weißbrotkruste in Limonen-Kapernbutter", aber auch Klassiker wie "halbe Bayerische Bauernente". Hübsch die "Sassa Bar" mit Tapas-Angebot.

Menu 85/99€ – Karte 40/71€

Hotel Leeberghof, Ellingerstraße 10 ✉ *83684 –* ☏ *08022 188090 –*
www.leeberghof.de – Geschlossen Montag

🏠 **Leeberghof**   🐾 ≼ 🖭 🛁 **P**

HISTORISCH · INDIVIDUELL Ein richtiges Kleinod: traumhaft die Aussichtslage, klasse der Blick auf den Tegernsee und die ganze Bergwelt! Sie wohnen in geschmackvollen, hochwertigen Zimmern im Landhausstil und genießen die wirklich charmante Atmosphäre, nicht zu vergessen das individuelle A-la-carte-Frühstück!

15 Zimmer 🖵 – 🛏️ 195/245€ – 4 Suiten

Ellingerstraße 10 ✉ *83684 –* ☏ *08022 188090 – www.leeberghof.de*
  🍽️ **Leeberghof** – Siehe Restaurantauswahl

TEINACH-ZAVELSTEIN, BAD
Baden-Württemberg – Regionalatlas **54**–F18 – Michelin Straßenkarte 545

Im Stadtteil Zavelstein

🕸️ **Gourmetrestaurant Berlins Krone**   🐾 ≼ 🍴 **P**

FRANZÖSISCH-MODERN · GEMÜTLICH ✗✗ Ist es nicht ein schöner Gedanke, in gemütlichem Ambiente zu sitzen und sich überaus freundlich und kompetent mit feiner Küche umsorgen zu lassen? Das einstige "Gasthaus Krone" der Familie Berlin hat sich zu einer wahren Gourmetadresse gemausert und ist eine echte Bereicherung der baden-württembergischen Sterne-Gastronomie. Verantwortlich dafür ist Franz Berlin. Er und sein Team kochen modern, bewahren aber auch die klassische Basis. Mit Geschick und Know-how werden ausgesuchte Produkte harmonisch kombiniert. Werfen Sie auch einen Blick auf die gut sortierte Weinkarte - da folgt man gerne den trefflichen Empfehlungen des Sommeliers. Zum tollen Essen und dem versierten Service gesellt sich auch noch ein geschmackvolles Interieur, das ländlichen Charme mit einer eleganten Note verbindet.

Spezialitäten: Rotbarbe, Mais, Chorizo, Zwiebel. Rehbock in zwei Gängen serviert. Mango, Sesam, Erdnuss.

Menu 109/149 € – Karte 105/105 €

Berlins Hotel KroneLamm, Marktplatz 2 ⊠ 75385 – ℰ 07053 92940 –
www.kronelamm.de – Geschlossen 5.-29. Januar, 5.-29. Juli, Montag, Dienstag,
mittags: Mittwoch-Sonntag

🏨 Berlins Hotel KroneLamm

✿ ⅋ ≼ ⌂ 丄 🗏 🕮 ⥂ ⌂ ⊡ ⅋ 🛁 🅿 🚗

SPA UND WELLNESS · GEMÜTLICH Die engagierten Gastgeber bieten hier so einiges: Wellnessfans entspannen auf 1600 qm, Wohnkomfort gibt es von "Talblick" über "Katharinenplaisir" und "Burgherrengemach" bis hin zur "Jungbrunnensuite", und auch kulinarisch gibt es Abwechslung: von gehoben über schwäbisch im eleganten "Berlins Lamm" bis zur 1 km entfernten Wanderhütte.

60 Zimmer ⇄ – †† 146/300 € – 3 Suiten

Marktplatz 2 ⊠ 75385 – ℰ 07053 92940 – www.kronelamm.de

✿ **Gourmetrestaurant Berlins Krone** – Siehe Restaurantauswahl

TEISENDORF
Bayern – Regionalatlas **67**–O21 – Michelin Straßenkarte 546

In Teisendorf-Holzhausen

🍴 MundArt2015 - Bauernstube1910   🍴 🅿

REGIONAL · RUSTIKAL 🗶 Ob in der "Bauernstube1910", einer schön restaurierten gemütlich-rustikalen Stube a. d. 20. Jh. , oder im modern-eleganten "MundArt2015", man speist klassisch-regional, so z. B. "sautiertes Filet vom Steinbutt, Tagliatelle, grüner Spargel" oder "Wiener Schnitzel, Petersilienkartoffeln, Preiselbeeren".

Menu 32/94 € – Karte 36/80 €

Hotel Gut Edermann, Holzhausen 2 ⊠ 83317 – ℰ 08666 92730 –
www.gut-edermann.de

🏨 Gut Edermann   ✿ ⅋ ≼ ⌂ 丄 🗏 🕮 ⥂ ⌂ ⊡ ⅋ 🛁 🅿

SPA UND WELLNESS · GEMÜTLICH Ein gelungenes Hotelkonzept: Hier locken die schöne erhöhte Lage nebst klasse Sicht über die Region, die geschmackvollen, individuellen Zimmer sowie der "AlpenSpa" auf 2500 qm samt Naturbadeteich und "PrivatSpa". Zum Gesamtpaket gehören u. a. auch Basenfasten und die "GenussHalbpension" (im Preis inkl.), die auf Regionalität, Kräuter und Bioprodukte setzt.

50 Zimmer ⇄ – †† 174/260 €

Holzhausen 2 ⊠ 83317 – ℰ 08666 92730 – www.gut-edermann.de

🍴 **MundArt2015 - Bauernstube1910** – Siehe Restaurantauswahl

TEISNACH
Bayern – Regionalatlas **59**–O17 – Michelin Straßenkarte 546

In Teisnach-Kaikenried   Süd-Ost: 4 km über Oed und Aschersdorf

✿ Oswald's Gourmetstube   🅰🅲 🅿

FRANZÖSISCH-MODERN · ELEGANT 🗶🗶 Das kulinarische Herzstück im Hause Oswald ist umgezogen! Im Souterrain hat man eine edle Gourmetstube eingerichtet, wie man sie in dem rund 550 Einwohner zählenden Kaikenried im Bayerischen Wald kaum vermuten würde: großzügig, sehr chic und elegant, fast schon luxuriös! Hier ist Thomas Gerber Küchenchef - ein in Bayern inzwischen sehr heimisch gewordener gebürtiger Cottbuser, der zuvor viele Jahre bei Heinz Winkler in Aschau und davor bei Christian Bau in Perl als Souschef tätig war. Er bietet ein modern inspiriertes Menü, das ausgesprochen fein ausbalanciert ist und auf erstklassigen Produkten basiert. Begleitet wird das Ganze von einem aufmerksamen, sehr freundlichen und keineswegs steifen Service, der Sie auch in Sachen Wein überaus trefflich berät.

Spezialitäten: Hummer, Blumenkohl, Meertrauben, Limone. Rehrücken, Erdartischocke, Cassis, Boudin Noir, Rehjus. Valrhona Schokolade, Passionsfrucht in Texturen.

Menu 69/135 €

Landromantik Wellnesshotel Oswald, Am Platzl 2 ⊠ 94244 – ℰ 09923 84100 – www.hotel-oswald.de – Geschlossen Montag, mittags: Dienstag-Sonntag

Landromantik Wellnesshotel Oswald

🎍 🍴 ⚒ 🖾 🕙 🛋 ⅃₅ 🖃 🛁 🅿 🚗

SPA UND WELLNESS · AUF DEM LAND Wirklich klasse, was Familie Oswald hier geschaffen hat: ein Haus mit absoluter Willkommens-Atmosphäre! Freuen Sie sich auf einen richtig tollen Spa, geschmackvolle Zimmer und aufwändige Suiten, einen wohnlichen Barbereich, ein erstklassiges Hausgast-Restaurant mit guter Halbpension (im Preis enthalten) und nicht zu vergessen die feine Gourmetstube!

48 Zimmer 🛏 – ♥♥ 278/476 € – 1 Suite

Am Platzl 2 ⊠ 94244 – ℰ 09923 84100 – www.hotel-oswald.de

❀ **Oswald's Gourmetstube** – Siehe Restaurantauswahl

TENGEN

Baden-Württemberg – Regionalatlas **62**–F21 – Michelin Straßenkarte 545

In Tengen-Blumenfeld Ost: 2 km über B 314

🍴 Bibermühle   ⇦ 🛖 ⇧ 🅿

FRANZÖSISCH-KLASSISCH · HISTORISCHES AMBIENTE ✗✗ Drinnen wie draußen richtig romantisch: der historische Rahmen des Mühlengebäudes, rustikales Flair, die hübsche Terrasse beim Wasserfall. Auf der Karte Klassiker wie "Chateaubriand" und "Filetteller Bibermühle", aber auch Vegetarisches oder Veganes wie "Chili sin Carne im grünen Reisring mit buntem Gemüse". Übernachten kann man in schönen modernen Zimmern.

Menu 43/53 € – Karte 35/100 €

Untere Mühle 1 ⊠ 78250 – ℰ 07736 92930 – www.bibermuehle.de – Geschlossen 10. Februar-28. September

In Tengen-Wiechs Süd: 7 km über Schwarzwaldstraße

🍃 Gasthof zur Sonne   ఴ 🛖 ⇧ 🅿

REGIONAL · GASTHOF ✗✗ Praktisch direkt an der Schweizer Grenze kann man hier in ländlicher Atmosphäre schmackhafte, frische Küche mit regionalen, aber auch mediterranen Einflüssen genießen. Probieren Sie z. B. "Emmer-Risotto, Trollinger, gegrillte Salami Calabrese" oder "Duett von Skrei und Wildlachs in Zitronensauce". Nicht nur für Weintrinker: drei einfache, gepflegte Gästezimmer.

Spezialitäten: Nudelsuppe mit Huhn, Ingwer und Limonenblättern. Gefüllte Kaninchenkeule mit Kräuterjus, Nudeln und Gemüse. Rehragout mit Preiselbeer-Birne, Maronen, Champignons, Rotkraut und Spätzle.

Menu 34/66 € – Karte 33/60 €

Hauptstraße 57 ⊠ 78250 – ℰ 07736 7543 – www.sonne-wiechs.de – Geschlossen Montag, Dienstag

TETTNANG

Baden-Württemberg – Regionalatlas **63**–H21 – Michelin Straßenkarte 545

In Tettnang-Kau West: 3 km Richtung Friedrichshafen, in Pfingstweide links

🍃 Lamm im Kau   🛖 ⇧ 🅿

REGIONAL · GEMÜTLICH ✗ Seit 1982 betreiben die Kiechles ihr gemütlich-ländliches Gasthaus und kommen gut an mit frischen regionalen Gerichten wie "Ochsenmaulsalat mit Radiesle und Wachtelei" oder "Maibock-Ragout mit Holunderblütensößle und Rahmpfifferlingen". Charmant und aufmerksam der Service. Tipp: die schöne Terrasse vorm Haus!

Spezialitäten: Haxensalat vom Tiroler Kalb mit lauwarmer Radiesle-Vinaigrette. Fangfrische Bodensee-Kretzerfilet in der Bröselkruste gebacken auf unserem Kartoffel-Kressesalat mit Zitrone und hausgemachter Sc. Remoulade. "Marillen-Pfannenküchle" mit hausgemachtem Vanille-Eis und Sahnehaube.

Menu 18 € (Mittags) – Karte 35/64 €

Sängerstraße 50 ✉ 88069 – ℰ 07542 4734 – www.lamm-im-kau.de –
Geschlossen 24.-30. Dezember, Montag, Dienstag

THUMBY
Schleswig-Holstein – Regionalatlas **2**-I2 – Michelin Straßenkarte 541

In Thumby-Sieseby West: 3 km

🍴○ Gasthof Alt Sieseby   ⇦ 🛖 ♿

MARKTKÜCHE · FREUNDLICH XX Jede Menge Herzblut steckt in dem Gasthof von 1867. Er wird mit Hingabe geführt, ist geschmackvoll dekoriert und hat einfach Charme. Tipp: der Sonntagsbraten! Wer über Nacht bleibt, darf sich auf gemütliche Zimmer und ein gutes Frühstück freuen. Die Schlei ist übrigens nur 100 m entfernt - das lädt zum Baden ein!

Menu 40 € (Mittags)/54 € – Karte 37/51 €

Dorfstraße 24 ✉ 24351 – ℰ 04352 9569933 – www.gasthof-alt-sieseby.de –
Geschlossen 27. Januar-5. März, Montag, Dienstag

TIEFENBRONN
Baden-Württemberg – Regionalatlas **55**–F18 – Michelin Straßenkarte 545

🕸 Bauernstuben   ⇦ 🛖 ⇪ 🅿

REGIONAL · LÄNDLICH XX Urig-heimelig ist es hier, jede Menge rustikales Holz und liebenswerte Deko! Man sitzt an wertig eingedeckten Tischen, freundlich der Service. Richtig schmackhaft die saisonal-regionale Küche: Wildterrine, Rinderroulade, Steaks aus eigener Reifung... Auch Innereien finden sich auf der Karte. Neben guter Küche bietet man im Hotel "Ochsen-Post" schöne Zimmer.

Spezialitäten: Wildterrine mit Blattsalat, Cumberlandsoße. Schweinelendchen mit Käsespätzle und Blattsalat. Dreierlei von der Schokolade.

Menu 28 € (Mittags), 69/79 € – Karte 33/71 €

Franz-Josef-Gall-Straße 13 ✉ 75233 – ℰ 07234 95450 – www.ochsen-post.de –
Geschlossen Sonntag, mittags: Montag

TIMMENDORFER STRAND
Schleswig-Holstein – Regionalatlas **11**-K4 – Michelin Straßenkarte 541

✿ Orangerie

FRANZÖSISCH-KLASSISCH · ELEGANT XxX Ein echter Ostsee-Klassiker ist das Restaurant in einem Seitenflügel des "Maritim Seehotels". Seit 1990 ist der im niedersächsischen Schöningen geborene Lutz Niemann hier Küchenchef. Mit einer eingespielten Küchenbrigade samt langjährigem Souschef an seiner Seite sorgt er für handwerklich exakt zubereitete klassische Gerichte aus sehr guten Produkten. Keine Frage, die Nähe zum Meer macht Lust auf Fisch (auch wenn dieser nicht immer aus der Ostsee kommt). Zur Wahl stehen das Orangerie-Menü, das Meeresfrüchte-Menü und ein vegetarisches Menü. Oder speisen Sie lieber à la carte? Dazu ein eleganter Rahmen: Zu stilvollem Mobiliar und stimmigem Dekor kommt der freundliche und professionelle Service um Restaurantleiter und Sommelier Ralf Brönner, der Sie auch in Sachen Wein vortrefflich berät.

Spezialitäten: Salat von bretonischem Hummer mit Melone, Avocado und Sauce Aurora. Gebratene Seezunge mit grünem Spargel, Kerbelbutter und Sauce Mousseline. Crêpe Suzette mit Grand Marniereis.

Menu 89/129 € – Karte 66/102 €

Strandallee 73 ✉ 23669 – ℰ 04503 6052424 –
www.orangerie-timmendorfer-strand.de – Geschlossen 26. Januar-10. März, Montag,
Dienstag, mittags: Mittwoch-Samstag, abends: Sonntag

ⓘ○ Grill Seesteg

GRILLGERICHTE · ELEGANT XX Hier darf man sich auf klassische Grillgerichte aus hervorragenden Produkten freuen, vom US-Beef bis zur Nordsee-Seezunge. Dazu genießt man in geschmackvoller, recht intimer Atmosphäre den Blick aufs Meer.

Karte 39/95 €

Grand Hotel Seeschlösschen, Strandallee 141 ✉ 23669 – ℰ 04503 6011 – www.seeschloesschen.de – Geschlossen 13. Januar-12. Februar

ⓘ○ Panorama

FRANZÖSISCH-KLASSISCH · ELEGANT XX Was erwarten Sie von einem Restaurant mit diesem Namen? Sowohl drinnen in eleganter Atmosphäre als auch draußen auf der Terrasse über dem Strand genießt man eine wunderbare Aussicht! Die schmackhafte klassische Küche gibt es z. B. als "Filetspitzen vom Rind mit Pilzen, buntem Gemüse und Kartoffel-Mousseline".

Menu 45 € – Karte 35/75 €

Grand Hotel Seeschlösschen, Strandallee 141 ✉ 23669 – ℰ 04503 6011 – www.seeschloesschen.de – Geschlossen 13. Januar-12. Februar

🏨 Grand Hotel Seeschlösschen

SPA UND WELLNESS · KLASSISCH Die Lage ist märchenhaft! Reichlich Komfort und das Nonplusultra an Aussicht erlebt man in der 9. Etage! Dazu Spa-Vielfalt auf rund 2500 qm: Meerwasser-Außenpool, Ruheraum zur Ostsee, Ayurveda... Und das Meer direkt vor der Tür!

99 Zimmer ⓩ – †† 239/359 € – 23 Suiten

Strandallee 141 ✉ 23669 – ℰ 04503 6011 - www.seeschloesschen.de – Geschlossen 13. Januar-12. Februar

ⓘ○ **Panorama** · ⓘ○ **Grill Seesteg** – Siehe Restaurantauswahl

🏨 Strandhotel Fontana

BOUTIQUE-HOTEL · ELEGANT Das exklusive kleine Boutique-Hotel ist schon von außen ein Hingucker! Die Lage ist perfekt für Strandliebhaber, die Zimmer sind geschmackvoll und wohnlich - modern im Anbau, mediterran im Stammhaus. Schön das Frühstück mit persönlicher Betreuung - gerne auch auf der wunderbaren Terrasse. Das Restaurant "Horizont" bietet moderne Menüs, Steaks und Sushi.

19 Zimmer ⓩ – †† 150/235 € – 1 Suite

Strandallee 47 ✉ 23669 – ℰ 04503 87040 - www.strandhotel-fontana.de – Geschlossen 19. Januar-20. Februar

🏨 barefoot

LANDHAUS · TRENDIG Unkompliziert, wohnlich-chic, leger. Im Ferienhotel von Til Schweiger versprühen helle, warme Töne und natürliche Materialien maritimes Flair. Strand und Kurpromenade erreicht man bequem zu Fuß. Im Bistro gibt's morgens Frühstück, nachmittags hausgebackenen Kuchen, abends regional-internationale Küche von "Abendbrot" bis "Foods & Goods". Tipp: "Barefoot Shop".

51 Zimmer ⓩ – †† 95/390 € – 6 Suiten

Schmilinskystraße 2 ✉ 23669 – ℰ 04503 76091000 - www.barefoothotel.de

TITISEE-NEUSTADT

Baden-Württemberg – Regionalatlas **62**–E21 – Michelin Straßenkarte 545

Im Ortsteil Titisee

🏨 Seehotel Wiesler

SPA UND WELLNESS · GEMÜTLICH Die Seelage mit eigenem Strandbad ist optimal, die Zimmer sind geräumig, wohnlich-modern und bieten meist Seeblick (wie wär's z. B. mit einem Penthouse-Zimmer?), sehr schön der Spa samt Panorama-Pool. Zum Frühstück verwöhnt man Sie mit regionalen Bioprodukten und das Abendmenü kann sich auch sehen lassen!

36 Zimmer ⓩ – †† 180/268 € – 2 Suiten

Strandbadstraße 5 ✉ 79822 – ℰ 07651 98090 - www.seehotel-wiesler.de – Geschlossen 16. November-17. Dezember

🏨 Treschers Schwarzwaldhotel

🏌 🐾 ← 🛌 🍽 🎞 📶 🛁 ⚙ 🧖 **P** 🚗

SPA UND WELLNESS · KLASSISCH Seit 1847 beherbergt man hier Gäste, schon damals lockte die tolle Lage direkt am See! Geschmackvoll-wohnlich das Ambiente, herrlich der Spa auf rund 2000 qm inklusive Strandbad und Außenpool (ganzjährig). Im Restaurant speist man klassisch-regional - besonders schön die Hirschstube, wunderbar die Terrasse!

77 Zimmer 🖙 – 👫 166/286 € – 5 Suiten

Seestraße 10 ⊠ 79822 – ☎ 07651 8050 – www.schwarzwaldhotel-trescher.de

TODTNAU

Baden-Württemberg – Regionalatlas **61**–D21 – Michelin Straßenkarte 545

In Todtnau-Herrenschwand Süd: 14 km über B 317 und Präg

🏨 derWaldfrieden

🛌 🍴 **P** 🚗

REGIONAL · LÄNDLICH 🕱 Es ist bekannt, dass man bei Familie Hupfer richtig gut isst! Am Herd steht Sohn Volker und setzt auf frische regional-saisonale Küche. So wird in den ländlichen "gastStuben" z. B. "Entrecôte vom Hinterwälder Weiderind, Waldkräuterbutter, glasiertes Gemüse, Kartoffelgratin" serviert. Gerne kommt man auch zum Vesper.

Spezialitäten: Feines vom Saibling, Wildkräutersalat, Pfifferlinge, Limonen-Olivenöl. Zweierlei vom Hinterwälder Rind, Entrecôte und Bäckchen, mit Waldkräutern überbacken und in Burgunder geschmort, glasiertes Gemüse, Kartoffelgratin. Weißtannenhonig-Parfait, Schokolade, Waldbeeren, Minze.

Menu 36/58 € – Karte 28/58 €

Hotel der Waldfrieden, Dorfstraße 8 ⊠ 79674 – ☎ 07674 920930 – www.derwaldfrieden.de – Geschlossen 30. März-24. April, 9. November-18. Dezember, Dienstag

🏨 derWaldfrieden

🐾 🛌 🎞 📶 🧖 ⚙ ♿ **P** 🚗

SPA UND WELLNESS · GEMÜTLICH Ein Haus mit zwei Gesichtern! Da ist zum einen der typische Schwarzwaldgasthof mit seinen netten, wohnlichen Zimmern, zum anderen das tolle "spaHaus": Juniorsuiten und Suiten sowie "panoramaSpa", alles in schickem modern-regionalem Look!

22 Zimmer 🖙 – 👫 100/220 € – 4 Suiten

Dorfstrasse 8 ⊠ 79674 – ☎ 07674 920930 – www.derwaldfrieden.de – Geschlossen 30. März-24. April, 9. November-18. Dezember

🍴 **derWaldfrieden** – Siehe Restaurantauswahl

TÖLZ, BAD

Bayern – Regionalatlas **65**–L21 – Michelin Straßenkarte 546

In Bad Tölz-Kirchbichl Nord: 6, 5 km über Dietramszeller Straße

❀ Schwingshackl ESSKULTUR Gourmet 🆕

🍽 ♻ **P**

FRANZÖSISCH-KLASSISCH · CHIC 🕱🕱 Erich und Katharina Schwingshackl sind engagierte Gastgeber und Gastronomen mit Herzblut! Das haben sie schon früher in der "Villa am See" in Tegernsee oder auch im Bayerischen Wald unter Beweis gestellt und auch in ihrer neuen Heimat direkt an der Isar, im Alten Fährhaus in Bad Tölz leben sie das weiter! Das Restaurant ist frisch, unkompliziert und dennoch chic. Gekocht wird strikt klassisch, immer mit ausgesuchten Produkten und geschmacklicher Tiefe - die Suppen und Saucen sind ein Gedicht! Neben dem Gourmetrestaurant gibt es noch "Schwingshackl HEIMATKÜCHE". Hier kann man auch zu Mittag essen, und zwar u. a. Gerichte aus Südtirol - von dort kommt der Chef. Zu diesem Zweitrestaurant gehört auch die herrliche Terrasse zum Fluss. Übernachten kann man ebenfalls: einfach, aber gepflegt.

Spezialitäten: Curry-Limonensuppe mit Mango und Jakobsmuschel. Rehrücken mit Rouennaiser Sauce, Mandelschaum, Quitten und grüne Petersiliencrème. Lauwarmes Schokoladentörtchen mit Kokosnuss, Olivenöl, Joghurt und Himbeere.

Menu 88/115 €

An der Isarlust 1 ✉ 83646 – ✆ 08041 6030 – www.schwingshackl-esskultur.de – Geschlossen Montag, Dienstag, mittags: Mittwoch-Sonntag

⊛ Jägerwirt

REGIONAL · LÄNDLICH ✕ Ein bayerisches Wirtshaus, wie man es sich wünscht: urig-gemütliche Atmosphäre, charmanter Service und unkomplizierte, schmackhafte Küche. Und die gibt es z. B. als "Rinderschmorbraten mit Egerlingen" oder "Lammbratwürste mit Speckwirsing". Auf Vorbestellung: die beliebten Kalbs- und Schweinshaxen vom Grill!

Spezialitäten: Gratinierter Ziegenkäse mit hausgebeiztem Saiblingfilet und Honig-Dillvinaigrette. Kaninchenschlegerl geschmort mit Datteltomaten und Bohnenkrautsoße, Steinpilzrisotto. Vanillesoufflé mit glasiertem Pfirsich und hausgemachtem Himbeersorbet.

Menu 25/38 € – Karte 31/52 €

Nikolaus-Rank-Straße 1 ✉ 83646 – ✆ 08041 9548 – www.jaegerwirt.de – Geschlossen 25. Oktober-15. November, Montag, Donnerstag

TRABEN-TRARBACH
Rheinland-Pfalz – Regionalatlas **46**–C15 – Michelin Straßenkarte 543

Im Ortsteil Traben

ⅡO Belle Epoque

KLASSISCHE KÜCHE · TRADITIONELLES AMBIENTE ✕✕ Das Restaurant mit den schönen Jugendstilelementen kommt kulinarisch ambitioniert daher. Wer auf Top-Produkte Wert legt, wird z. B. "gebratene Jakobsmuscheln & Gillardeau-Austern mit Spargelspitzen" lieben! Tolle Weine von der Mosel und aus Frankreich harmonieren bestens. Für spezielle Anlässe: "Art Deco Salon".

Menu 39/95 € – Karte 36/78 €

Jugendstilhotel Bellevue, An der Mosel 11 ✉ 56841 – ✆ 06541 7030 – www.bellevue-hotel.de – Geschlossen 20. Januar-2. Februar

⌂ Jugendstilhotel Bellevue

HISTORISCH · ART DÉCO Das hübsche Gebäudeensemble mit stilvollem Haupthaus von 1903 hat so einige Details, die Jugendstil-Charme versprühen. Wohnlich und individuell die Zimmer (toll z. B. die Lifestyle-Suiten oder die Romantik-Suite mit Kamin und Dachterrasse), chic der Spa, ausgezeichnet das Frühstück, und dann noch die Lage an der Mosel!

58 Zimmer ⌷ – ♥♥ 145/195 € – 12 Suiten

An der Mosel 11 ✉ 56841 – ✆ 06541 7030 – www.bellevue-hotel.de – Geschlossen 20. Januar-2. Februar

ⅡO Belle Epoque – Siehe Restaurantauswahl

⌂ Moselschlösschen

HISTORISCHES GEBÄUDE · ELEGANT Sie wohnen auf einem historischen Anwesen in wunderbarer Lage direkt an der Moselpromade. Sehr geschmackvoll und wertig die Zimmer, modern-elegant das Restaurant mit lichter Orangerie, toll der Säulenkeller von 1754 für Veranstaltungen. Daneben gibt es noch die Kochschule "Tafelkunst" und eine Vinothek.

56 Zimmer ⌷ – ♥♥ 124/235 € – 5 Suiten

An der Mosel 15 ✉ 56841 – ✆ 06541 8320 – www.moselschloesschen.de – Geschlossen 3.-19. Januar

Im Ortsteil Trarbach

⑪○ Bauer's Restaurant

MARKTKÜCHE · BISTRO ✕ Hier wird gut gekocht, und zwar regional-saisonale Gerichte wie "Hunsrücker Hirschgulasch mit Pfifferlingen in Wacholdersauce" oder "geschmorte Lammkeule in Dornfelder Sauce mit Frühlingskräutern". Beliebt: die Terrasse mit Moselblick. Das Restaurant befindet sich im traditionsreichen Hotel "Moseltor" mit wohnlichen und individuellen Zimmern.

Menu 30/42 € – Karte 29/45 €

Moselstraße 1 ⊠ 56841 – ℰ 06541 6551 – www.moseltor.de – Geschlossen Dienstag

TRAUNSTEIN

Bayern – Regionalatlas **67**–O21 – Michelin Straßenkarte 546

⑱ Restaurant 1888

REGIONAL · KLASSISCHES AMBIENTE ✕✕ In dem zentral gelegenen hübschen Haus von 1888 erwartet Sie neben dem Businesshotel auch dieses geschmackvolle Restaurant. Hier gibt es einen interessanten Mix aus regional verwurzelter und internationaler Küche - Appetit machen z. B. "Renkenmatjes mit Spargelsalat und Radieserl" oder "gebratene Kalbsleber mit Balsamicosauce".

Spezialitäten: Schaumsuppe vom Kürbis, Kürbis Wan Tan und Kürbiskerne. Wiener Schnitzel vom Kalbsrücken mit Bratkartoffeln, Wildpreiselbeeren und kleinem Blattsalat. Crème Brûlée von der Tonkabohne mit Schwarzkirschsorbet.

Menu 33/84 € – Karte 36/66 €

Bahnhofstraße 11 ⊠ 83278 – ℰ 0861 98882216 – www.parkhotel-traunstein.de – Geschlossen Montag, Sonntag

TRECHTINGSHAUSEN

Rheinland-Pfalz – Regionalatlas **46**–D15 – Michelin Straßenkarte 543

⑪○ Puricelli ⑩

SAISONAL · FREUNDLICH ✕ Hier geniesst man in wunderbarer Lage eine saisonale, regionale und mediterrane Küche. Auf der Karte z. B. „Suprême vom Eifeler Prachthahn, Tagliatelle, Basilikumsauce, sautiertes grünes Gemüse". Drinnen freundliches geradlinig-modernes Ambiente mit rustikaler Note, von der Terrasse blickt man auf den Rhein. Schwerpunkt der Weinkarte ist die umliegende Region.

Menu 37/64 € – Karte 35/63 €

Burg Reichenstein, Burgweg 24 ⊠ 55413 – ℰ 06721 6117 – www.burg-reichenstein.com – Geschlossen 1.-7. Januar, Montag, mittags: Dienstag-Samstag

⌂ Burg Reichenstein ⑩

HISTORISCHES GEBÄUDE · MODERN Eine traumhafte Kulisse bietet die erhöht gelegene Burg Reichenstein - der Blick schweift über den Rhein. Modern und wohnlich-elegant das Ambiente, Burgflair inklusive. Die Zimmer sind baulich bedingt recht individuell geschnitten, einige sehr klein, aber charmant. Ein eigenes Museum (kostenpflichtig) gewährt Einblicke in die Burggeschichte.

24 Zimmer – ♥♥ 99/189 € – ⌻ 13 €

Burgweg 24 ⊠ 55413 – ℰ 06721 6117 – www.burg-reichenstein.com – Geschlossen 1.-7. Januar

⑪○ **Puricelli** – Siehe Restaurantauswahl

TREIS-KARDEN

Rheinland-Pfalz – Regionalatlas **46**–C14 – Michelin Straßenkarte 543

Im Ortsteil Karden

⁑○ Wein- und Schloßstube

REGIONAL · FREUNDLICH ✗✗ Ob in der klassisch-eleganten "Schloßstube" oder in der rustikaleren "Weinstube", serviert werden saisonal-regionale Gerichte wie z. B. "Schweinefilet unter der Brioche-Parmesankruste, Balsamicojus, grüner Spargel, Bärlauchgraupen, Strauchtomate". Das Restaurant befindet sich im "Schloß-Hotel Petry" mit schönen individuellen Zimmern.

Menu 15 € (Mittags), 55/82 € – Karte 30/64 €

St.-Castor-Straße 80 ✉ *56253 –* 𝒸 *02672 9340 – www.schloss-hotel-petry.de*

TRIBERG
Baden-Württemberg – Regionalatlas **62**–E20 – Michelin Straßenkarte 545

⁑○ Parkhotel Wehrle

INTERNATIONAL · GEMÜTLICH ✗✗ Die neue Gastronomie im traditionsreichen "Parkhotel Wehrle": Am Abend bieten die Restaurants "1608" und "OX" bürgerliche und modern interpretierte Küche, von "Schäufele, Sauerkraut, Schupfnudeln, grobe Senfsoße" bis "Hasenpfeffer - Hasenrücken, Gänseleber-Lolli, Birne-Szechuanmuffin, Selleriecreme, Ganache, Quinoa". Dazu jeden Tag ganztägig das unkomplizierte "Deli"-Konzept.

Menu 36 € – Karte 24/67 €

Gartenstraße 24 ✉ *78098 –* 𝒸 *07722 86020 – www.parkhotel-wehrle.de –*
Geschlossen Montag, Sonntag, mittags: Dienstag-Samstag

TRIEFENSTEIN
Bayern – Regionalatlas **48**–H15 – Michelin Straßenkarte 546

In Triefenstein-Homburg am Main Süd-Ost: 2 km

⊛ Weinhaus Zum Ritter

REGIONAL · GEMÜTLICH ✗ Das 500 Jahre alte ehemalige Bauernhaus hat schon Charakter. Die vielen Stammgäste mögen die gemütliche Atmosphäre in der reizenden Stube und natürlich die frische regionale Küche von Thomas Hausin. Hier macht z. B. "Zwiebelrostbraten mit Maultäschle" Appetit. Und danach vielleicht hausgemachter Apfelkuchen? Hinweis: Im Sommer hat man andere Öffnungszeiten.

Spezialitäten: Coppa di Parma mit Rucola, Tomaten, Olivenöl, Zitrone, Parmesan und Focaccia. Rinderrückensteak mit Pfefferrahmsauce, Gemüse, Berner Rösti. Zweierlei Schokoladenmousse mit Mango.

Karte 27/42 €

Rittergasse 2 ✉ *97855 –* 𝒸 *09395 1506 – www.weinhaus-ritter.de – Geschlossen 6.-18.*
April, 25.-30. August, 28.-30. Dezember, Montag, mittags: Dienstag-Samstag

TRIER
Rheinland-Pfalz – Regionalatlas **45**–B15 – Michelin Straßenkarte 543

⁑○ Gastraum

MODERNE KÜCHE · FREUNDLICH ✗✗ Geradlinig-elegant ist es hier im modernen Anbau der schmucken Villa, durch die raumhohe Fensterfront hat man eine schöne Aussicht auf Trier - die genießt man aber am besten von der tollen Terrasse! Mit guten Produkten wird saisonal inspiriert gekocht.

Karte 36/81 €

Stadtplan: A2-s – *Hotel Villa Hügel, Bernhardstraße 14* ✉ *54295 –* 𝒸 *0651 937100 –*
www.hotel-villa-huegel.de – Geschlossen 5.-19. Januar, Sonntag,
mittags: Montag-Samstag

🍴 Schlemmereule

INTERNATIONAL · GEMÜTLICH 𝕏 In dem einstigen Amts- und Regierungshaus a. d. 18. Jh. verbindet sich der klassisch-historische Rahmen mit modernem Stil - sehenswert die große Original-Statue der Kaiserin Helena sowie zwei Deckengemälde. Gekocht wird international-saisonal - interessant das Lunch-Angebot. Terrasse im Hof.

Menu 24 € (Mittags)/58 € – Karte 45/65 €

Stadtplan: D1-b – *Domfreihof 1b (im Palais Walderdorff)* ⊠ 54290 – 𝒞 0651 73616 – *www.schlemmereule.de* – Geschlossen 16.-28. Februar, Sonntag

🏠 Villa Hügel

PRIVATHAUS · GEMÜTLICH Sie suchen etwas mehr Stil und Charme als in einem "normalen" Stadthotel? Wie wär's mit dieser Villa von 1914? Relativ ruhig über Trier gelegen, komfortabel, wohnlich und technisch modern, dazu ein schöner Sauna- und Ruhebereich. Nicht zu vergessen Gastgeber mit Liebe zum Beruf! Zum leckeren Frühstück gibt's Stadtblick von der Panoramaterrasse.

49 Zimmer ⌑ – 👫 148/253 €

Stadtplan: A2-s – *Bernhardstraße 14* ⊠ 54295 – 𝒞 0651 937100 – *www.hotel-villa-huegel.de*

🍴 **Gastraum** – Siehe Restaurantauswahl

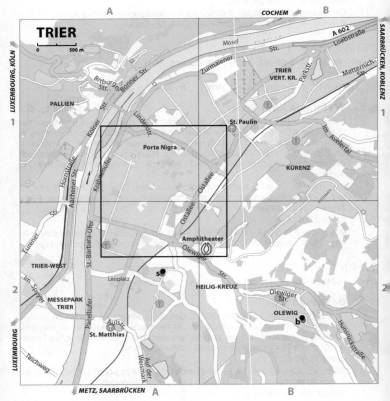

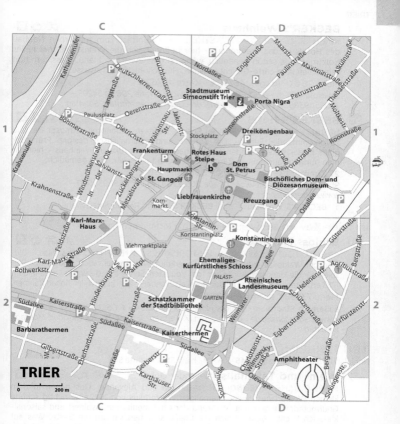

In Trier-Olewig

✿✿ BECKER'S

🕸 AC P

KREATIV · CHIC XX Aus einem urigen kleinen Weinlokal, das einmal seinen Eltern gehörte, machte Wolfgang Becker ein Gourmetrestaurant in puristisch-schickem Stil. In einem Ambiente aus ledernen Schalensesseln, edlem Parkettboden und grau verkleideten Wänden genießt man an einem der vier Tische ein Menü mit fünf oder acht Gängen. In Sachen Produktqualität geht man keine Kompromisse ein, gekonnt schafft man eine tolle geschmackliche Balance. Da bleibt z. B. das unglaublich zarte "David Blackmore Wagyu Chuck Flap" mit BBQ-Maisstrukturen, Erdnuss und Zwiebel noch lange in Erinnerung! Wolfgang Becker ist übrigens nicht nur Koch, er hat auch ein Faible für gute Tropfen. So hat er auch das Winzer-Handwerk gelernt und bietet u. a. Weine aus eigenem Anbau - der sehr gut geschulte Service berät Sie kompetent.

Spezialitäten: Confierter Kabeljau, Dill, Gartengurke, Senf. Lammrücken, Kreuzkümmel, Aubergine, Olive. Valrhona Schokoladentorte, Zwetschgen, Balsamico, Salzstreusel.

Menu 125/158 €

Stadtplan: B2-b – BECKER'S Hotel, Oledger Straße 206 ✉ 54295 – ☏ 0651 938080 – www.beckers-trier.de – Geschlossen 8.-22. Januar, 27. Juli-2. August, Montag, Dienstag, Sonntag, mittags: Mittwoch-Samstag

⁇○ **BECKER'S Weinhaus** 　　　　　　　　　　　　

KLASSISCHE KÜCHE · WEINSTUBE ⁇⁇ Ein Kontrast zum modernen Neubau des Hotels ist das Stammhaus - hier befindet sich die Weinstube. Viel helles Holz macht es schön behaglich, während man zwischen Menü, Klassikern und saisonalen A-la-carte-Gerichten wählt. Hübsch auch die Terrasse.

Menu 28 € (Mittags), 46/59 € – Karte 49/62 €

Stadtplan: B2-b – *BECKER'S Hotel, Olewiger Straße 206* ✉ *54295 –*
☏ *0651 938080 - www.beckers-trier.de – Geschlossen Montag, Sonntag*

🏠 **BECKER'S Hotel** 　　　　　　　　　　　　　　 🔾 ⊟ AC ⅏ P

URBAN · MODERN Bei Familie Becker heißt es wohnliche Atmosphäre und zuvorkommender Service. Die Zimmer sind minimalistisch designt, Frühstück gibt's in der trendig-modernen Weinbar oder im rustikalen Weinhaus - hier hat man übrigens auch einige Zimmer: kleiner und einfacher, aber gemütlich.

22 Zimmer ☲ - ♔♔ 150/210 € – 3 Suiten

Stadtplan: B2-b – *Olewiger Straße 206* ✉ *54295 –* ☏ *0651 938080 –*
www.beckers-trier.de

⁇○ **BECKER'S Weinhaus** · ❀❀ **BECKER'S** – Siehe Restaurantauswahl

In Trier-Zewen Süd-West: 7 km über A2, Richtung Luxemburg

⁇○ **Schloss Monaise** 　　　　　　　　　 ❀❀ 🔾 ⇆ P

FRANZÖSISCH-KLASSISCH · HISTORISCHES AMBIENTE ⁇⁇ "Kabeljau, Blumenkohl, Waldpilze" oder "Rebhuhn, Sauerkraut, Weintraubensauce" sind schöne Beispiele für die klassische Küche aus top Produkten. Serviert wird - wie sollte es in dem 1783 erbauten Schlösschen an der Mosel auch anders sein - in stilvollen hohen Räumen.

Menu 73/98 € – Karte 65/110 €

außerhalb Stadtplan – *Schloss Monaise 7* ✉ *54294 –* ☏ *0651 828670 –*
www.schlossmonaise.de – Geschlossen 17. Februar-3. März, 12.-20. Oktober, Montag,
Dienstag

TRITTENHEIM

Rheinland-Pfalz – Regionalatlas **45**–B15 – Michelin Straßenkarte 543

❀ **Wein- und Tafelhaus** (Alexander Oos) 　　　 ❀❀ ⇆ ⪪ 🔾 ⇆ P

MARKTKÜCHE · FREUNDLICH ⁇⁇ Daniela und Alexander Oos haben in dem kleinen Weinort aus einem ehemaligen Winzerhaus von 1672 eine richtig schöne Gourmetadresse gemacht. Während der Chef mediterran inspiriert und saisonal-klassisch kocht, kümmert sich die Chefin sehr herzlich um die Gäste. Was auf den Teller kommt, ist durchdacht, klar und absolut stimmig, das Handwerk top, die Produkte vom Feinsten! Dazu ein Genuss der anderen Art: Man speist in einem verglasten Kubus, der den wunderbaren Blick auf die berühmte Weinlage "Trittenheimer Apotheke" auf der anderen Moselseite freigibt! Das Ambiente luftig und modern-elegant, draußen der hübsche Garten, an den sich ein kleiner Weinberg anschließt. Sie können übrigens auch geschmackvoll übernachten. Und nach dem guten Frühstück vielleicht eine Wanderung durch die Weinberge?

Spezialitäten: Krustentierbisque mit gebratenem Kaisergranat. Hirschkalbsrücken mit Karotte und Wasabi. Dessert von der Walnuss und Zwetschge.

Menu 105/170 € – Karte 89/101 €

Moselpromenade 4 ✉ *54349 –* ☏ *06507 702803 - www.wein-tafelhaus.de –*
Geschlossen Montag, Dienstag, mittags: Mittwoch-Samstag

⁇○ **Weinhaus Leger** – Siehe Restaurantauswahl

⁇○ **Weinhaus Leger** 　　　　　　　　　　　　　　 ❀❀ 🔾

MARKTKÜCHE · CHIC ⁇ Mit legerer Atmosphäre und gutem Essen ist die chic-moderne Weinstube samt Gartenterrasse eine richtig nette Alternative zum Gourmetrestaurant! Es gibt marktfrische Küche, z. B. als "gebratenen Saibling mit Bärlauchrisotto". Auch hier treffliche Weinempfehlungen der charmanten Chefin.

Menu 49/63 € – Karte 41/64 €

Wein- und Tafelhaus, Moselpromenade 4 ✉ *54349 –* ☏ *06507 702803 –*
www.wein-tafelhaus.de – Geschlossen Montag, Dienstag, abends: Samstag,
mittags: Sonntag

TÜBINGEN

Baden-Württemberg – Regionalatlas **55**–G19 – Michelin Straßenkarte 545

 La Casa ♀ ⊠ ⁂ 𝄢 🌳 🛗 ⛵ 🚗

BOUTIQUE-HOTEL · MEDITERRAN Sie mögen es hochwertig und chic mit spanisch-maurischem Touch? Tipp: ruhigere Zimmer zum Innenhof! Herzlich der Service, attraktiv der zweigeteilte Freizeitbereich: lichtes "Spa La Casa" unterm Dach sowie "Arabisches Bad & Hamam" mit dem Flair aus 1001 Nacht. Regional-mediterrane Küche im Restaurant.

37 Zimmer – 🛉 235/350 € – ☕ 23 € – 3 Suiten

Hechinger Straße 59 ⊠ 72072 – ℰ 07071 946660 – www.lacasa-tuebingen.de – Geschlossen 1.-24. August

In Tübingen-Bebenhausen Nord: 6 km

❄ **Schranners Waldhorn** 🏡 ♻ **P**

KLASSISCHE KÜCHE · GEMÜTLICH XX Einfach zum Wohlfühlen: Schön und gemütlich hat man es bei Maximilian und Marie-Luise Schranner. Seit die beiden das traditionsreiche Gasthaus, das mit kurzer Unterbrechung seit 1985 einen MICHELIN Stern hat, Anfang 2014 übernommen haben, sind sie mit Leib und Seele Gastgeber. Mit viel Liebe haben sie dem Restaurant ein geschmackvolles Interieur verliehen. Maximilian Schranner bietet klassische Küche, die schmeckt und auf Schnickschnack verzichtet. Neben feinen Gerichten wie dem gebratenen Steinbutt mit Sepiatagliatelle und Hummerschaum sind auch Rostbraten oder geschmorte Kalbsbäckchen ein echter Genuss. Ein besonderes Highlight ist es, an warmen Tagen auf der herrlichen Terrasse am Seebach mit wunderschönem Blick Richtung Schloss zu sitzen. Hinweis: Mi. - Fr. mittags nur Lunchmenü.

Spezialitäten: Gebeizte Forelle mit Kohlrabi, Buttermilch, Aprikose, Dill und Wildkräutern. Hirschrücken mit Nusskruste, Sellerie und Quitten-Speckbuchteln. Variation von der Pistazie mit Kirsche und Schokolade.

Menu 29 € (Mittags), 62/79 € – Karte 50/75 €

Schönbuchstraße 49 ⊠ 72074 – ℰ 07071 61270 – www.schranners-waldhorn.de – Geschlossen 23. Februar-1. März, 1.-14. Juni, 2.-9. August, Montag, Dienstag

In Tübingen-Lustnau Nord-Ost: 4 km

🍴 **Basilikum** 🏡

ITALIENISCH · GEMÜTLICH XX Lust auf gute italienische Küche? In dem stilvollgemütlichen Restaurant heißt es "Cucina Casalinga", und die macht z. B. mit gegrilltem Wolfsbarsch, hausgemachter Pasta oder Panna Cotta Appetit. Interessant: günstiger Business Lunch.

Menu 27 € (Mittags), 42/52 € – Karte 40/60 €

Kreuzstraße 24 ⊠ 72074 – ℰ 07071 87549 – www.ristorantebasilikum.de – Geschlossen Montag, Sonntag

TUNAU

Baden-Württemberg – Regionalatlas **61**–D21 – Michelin Straßenkarte 545

🍴 **Zur Tanne** ⇦ ≤ 🍽 🏡 **P**

REGIONAL · RUSTIKAL X Das hat Charme: außen historisches Bauernhaus, drinnen urige Gemütlichkeit! Auf den Tisch kommen regionale Speisen wie "glasierte Entenbrust mit Kartoffelküchlein und Gemüse". Gepflegte Gästezimmer hat man auch - TV gibt es nicht, aber hier genießt man sowieso lieber die Ruhe!

Menu 39/49 € – Karte 29/44 €

Alter Weg 4 ⊠ 79677 – ℰ 07673 310 – www.tanne-tunau.de – Geschlossen 3.-20. November, Montag, Dienstag, mittags: Mittwoch-Samstag

TUTTLINGEN

Baden-Württemberg – Regionalatlas **62**–F20 – Michelin Straßenkarte 545

☼ **Anima** (Heiko Lacher)   🏠 &

KREATIV · DESIGN ✗✗ Wer das in einem Wohn- und Geschäftskomplex im Zentrum bei der Donau gelegene Restaurant betritt, findet sich in einer angenehmen Atmosphäre aus wertigem reduziertem Design und natürlichen Materialien und Farben wieder - da passt der Name doch sehr gut: "Anima" ist das lateinische Wort für "Seele". Diese Kombination aus klarem Stil und Bezug zur Natur spiegeln auch die modernen Gerichte wieder, die in der offenen Küche zubereitet werden. Heiko Lacher heißt der Mann am Herd. Raffinesse, geschmackliche Tiefe und Pfiff stecken z. B. in gebranntem Kohlrabi mit zarten Buchotmuscheln. Hier wie auch beim soufflierten Kikok-Hähnchen oder der geschmorten Lammbacke überzeugt die hervorragende Produktqualität. Richtig rund wird das niveauvoll-trendige Bild durch den charmanten und geschulten Service.

Spezialitäten: Schwarzwälder Saibling, eingelegte Sonnenblumenköpfe, hausgemachte Buttermilch. Heimisches Reh, eingelegte Renekloden, Quarkpizokel. Kakaoschnitte, gebranntes Eis von der Tannenrinde.

Menu 89/125 €

In Wöhrden 5 ✉ *78532 –* ☎ *07461 7803020 – www.restaurant-anima.de –*
Geschlossen 15. Januar-1. Februar, 15. August-1. September, Montag, Sonntag,
mittags: Dienstag-Samstag

TUTZING

Bayern – Regionalatlas **65**–L21 – Michelin Straßenkarte 546

In Tutzing-Oberzeismering Süd-West: 3km

🍴○ **Forsthaus Ilkahöhe**   ≼ 🏠 ♻ **P**

MARKTKÜCHE · REGIONALES AMBIENTE ✗ Mit Liebe hat man das ehemalige Forsthaus frisch, modern und wertig gestaltet - von Stube über Bistro-Stil bis Wintergarten-Flair. Es gibt saisonale Küche mit mediterran-internationalen Einflüssen sowie regionalen Klassikern. Idyllisch die erhöhte Lage mit Seeblick - da lockt natürlich die Terrasse! Dazu SB-Biergarten.

Karte 29/78 €

Oberzeismering 2 (auf der Ilkahöhe) ✉ *82327 –* ☎ *08158 8242 –*
www.restaurant-ilkahoehe.de – Geschlossen Dienstag

TWIST

Niedersachsen – Regionalatlas **16**–C7 – Michelin Straßenkarte 541

In Twist-Bült

☺ **Landgasthof Backers**   ≼ 🛏 🏠 & ♻ **P**

REGIONAL · GASTHOF ✗✗ Dass man bei Familie Backers (5. Generation) gerne isst, liegt am behaglichen Ambiente und natürlich an frischen regionalen Gerichten wie "gebratenem Waller mit Spargel-Kirschtomatengemüse". Donnerstags kommt man gerne zum "Duett-Menü" für 2 Personen. Tipp: Es gibt hier auch wohnlich-moderne Gästezimmer.

Spezialitäten: Pikante Curry-Spinatsuppe mit gebratenen Garnelen. Ravioli mit Rote Bete-Walnussfüllung, Rahmspinat und kleinem Salat. Schwarzwälder-Kirsch neu interpretiert.

Menu 30/48 € – Karte 34/48 €

Kirchstraße 25 ✉ *49767 –* ☎ *05936 904770 – www.gasthof-backers.de –*
Geschlossen Montag, Dienstag, mittags: Freitag-Samstag

ÜBERHERRN

Saarland – Regionalatlas **45**–B17 – Michelin Straßenkarte 543

Linslerhof

HISTORISCH · AUF DEM LAND Ein schöner historischer Gutshof in ruhiger Lage, dessen verschiedene Gebäude sich auf 330 ha verteilen. Mit einem Blick fürs Detail hat man liebenswerte Zimmer im englischen Landhausstil und ein gemütliches Restaurant geschaffen - hier bietet man Wild, Klassiker, Steaks...

60 Zimmer ⌂ – ♥♥ 132/239 €

Zum Linslerhof 1 ✉ 66802 – ✆ 06836 8070 – www.linslerhof.de

ÜBERLINGEN

Baden-Württemberg – Regionalatlas **63**–G21 – Michelin Straßenkarte 545

Bürgerbräu

MARKTKÜCHE · GASTHOF XX Das hübsche historische Fachwerkhaus in der Altstadt ist ein langjähriger Familienbetrieb, in dem man es bei modern beeinflusster saisonaler Küche schön behaglich hat. Topgepflegt wie das Restaurant sind übrigens auch die wohnlichen, freundlich gestalteten Gästezimmer.

Menu 39/59 € – Karte 37/58 €

Aufkircher Straße 20 ✉ 88662 – ✆ 07551 92740 – www.bb-ueb.de – Geschlossen 27. Januar-3. März, Montag

In Überlingen-Andelshofen Ost: 3 km

Johanniter-Kreuz

KLASSISCHE KÜCHE · ROMANTISCH XX Aus dem über 350 Jahre alten ehemaligen Bauernhof ist nicht nur ein schönes Romantikhotel entstanden, im einstigen Stall befindet sich auch ein geschmackvoll-rustikales Restaurant mit altem Gebälk und mittigem Kamin. Gekocht wird klassisch-regional und mit saisonalen Einflüssen, so z. B. "Lammrücken, Bärlauch, junger Lauch, Jus von roter Paprika". Gut die Weinauswahl.

Menu 40/78 € – Karte 43/63 €

Johanniterweg 11 ✉ 88662 – ✆ 07551 937060 – www.johanniter-kreuz.de – Geschlossen Montag, mittags: Dienstag

In Überlingen-Lippertsreute Nord-Ost: 9 km

Landgasthof zum Adler

REGIONAL · GASTHOF X Eine charmante Adresse, von den gemütlichen Stuben im schönen alten Fachwerkhaus bis zu den hübschen, wohnlich-ländlichen Übernachtungszimmern (verteilt auf Haupthaus und Gästehaus). Serviert werden überwiegend regional geprägte Gerichte wie z. B. "Kalbszunge mit Rahmsauce, sautierten Pfifferlingen und hausgemachten Spätzle", aber auch ein Feinschmeckermenü.

Menu 40/47 € – Karte 34/58 €

Hauptstraße 44 ✉ 88662 – ✆ 07553 82550 – www.adler-lippertsreute.de – Geschlossen Mittwoch, Donnerstag

ÜRZIG

Rheinland-Pfalz – Regionalatlas **46**–C15 – Michelin Straßenkarte 543

Moselschild & Oliver's Restaurant

MARKTKÜCHE · FREUNDLICH XX Aus der regional-saisonalen Küche von Oliver Probst kommt z. B. "Ragout vom jungen Hirsch, Butternudeln, Apfelmus, Preiselbeeren" - oder wie wär's mit dem preiswerten sonntäglichen Überraschungsmenü? Tipp: Terrasse mit Moselblick! Sie möchten mit dem eigenen Boot kommen? Man hat einen Anleger am Haus.

Menu 30/40 € – Karte 39/72 €

Hüwel 14 ✉ 54539 – ✆ 06532 93930 – www.moselschild.de – Geschlossen 1.-31. Januar, Dienstag

UFFING AM STAFFELSEE
Bayern – Regionalatlas **65**–K21 – Michelin Straßenkarte 546

🍴○ **Seerestaurant Alpenblick**   ⬱ 🛋 🏠 ♻ **P**

REGIONAL · BÜRGERLICH 🍴 Ein Logenplatz am Staffelsee! Der Blick ist herrlich, egal ob Sie im Wintergarten sitzen oder im Biergarten - übrigens einer der schönsten der Region! Aus der Küche kommt überwiegend Regionales, so z. B. "Zander mit Meerrettich auf Rahmwirsing" oder "Werdenfelser Hirschgulasch mit Semmelknödel".

Menu 30 € – Karte 21/52 €

Kirchtalstraße 30 ✉ 82449 – ℰ 08846 9300 – www.seerestaurant-alpenblick.de –
Geschlossen Donnerstag

UHINGEN
Baden-Württemberg – Regionalatlas **55**–H18 – Michelin Straßenkarte 545

🏵 **Schloss Filseck**   ⬱ 🛋 🏠 ♻ **P**

MEDITERRAN · KLASSISCHES AMBIENTE 🍴🍴 Schloss Filseck ist nicht nur ein Ort der Begegnung, Kunst und Bildung, sondern auch ein Treffpunkt für Feinschmecker! Das Restaurant mischt klassische Atmosphäre mit modernen Akzenten, dazu schaffen Holzdecke und Bruchsteinwände eine angenehme historischrustikale Note. Oder möchten Sie lieber auf der herrlichen Terrasse im Innenhof speisen? Die Küche ist stark mediterran und auch italienisch geprägt. Harmonisch und mit schöner geschmacklicher Tiefe kombiniert Küchenchef Daniele Corona z. B. einen ausgezeichneten Rochenflügel mit der gelungenen Interpretation eines toskanischen Brotsalats mit Melillo-Burrata, Ur-Tomate und Olive. Dazu eine gut sortierte Weinkarte nebst versierter Beratung. Tipp: Für Mittagsgäste gibt es ein günstiges Lunchmenü.

Spezialitäten: Krustentier Panna Cotta, Sauce Bourride, Jakobsmuscheltatar, Calamaretti. Wagyu Shortribs, Pfifferlinge, Sellerie, grüner Apfel, Estragon, Sauerklee. Süßes Pesto Genovese, Basilikum, Pinienkerne, Peccoriono, Olivenöl.

Menu 28 € (Mittags), 59/115 € – Karte 65/74 €

Filseck 1 ✉ 73066 – ℰ 07161 28380 – www.restaurant-auf-schloss-filseck.de –
Geschlossen Montag, Sonntag, mittags: Samstag

UHLDINGEN-MÜHLHOFEN
Baden-Württemberg – Regionalatlas **63**–G21 – Michelin Straßenkarte 545

Im Ortsteil Maurach

🍴○ **Seehalde**   

REGIONAL · FREUNDLICH 🍴🍴 Das Haus der Brüder Gruler liegt nicht nur klasse, man isst hier auch richtig gut. Die frische, ambitionierte Küche gibt es z. B. als "Bodensee-Hecht mit Birne, Bohne und Speck". Dazu eine schöne Weinkarte. Im Sommer sitzt man am liebsten auf der wirklich herrlichen Terrasse am See! Zum Übernachten hat man gepflegte Zimmer, die meist tollen Seeblick bieten.

Menu 42/79 € – Karte 38/72 €

Birnau-Maurach 1 ✉ 88690 – ℰ 07556 92210 – www.seehalde.de – Geschlossen 10.
Januar-14. März, Dienstag, Mittwoch

Im Ortsteil Seefelden

🏠 **Landhotel Fischerhaus**   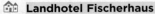

HISTORISCH · GEMÜTLICH Ein klasse Ferienhotel, und noch dazu eines mit Charme! Hier gibt es das historische Stammhaus (hübsch die Fachwerkfassade) sowie zwei schöne Gästehäuser, umrahmt von einem herrlichen Garten mit beheiztem Pool und eigenem Zugang zum See (samt Ruderboot). Dazu sehr geschmackvolle Zimmer mit persönlicher Note und ein tolles Frühstück. HP-Abendmenü auf Wunsch zubuchbar.

23 Zimmer 🖴 – 🛏 160/210 € – 6 Suiten

Seefelden 3 ✉ 88690 – ℰ 07556 8563 – www.fischerhaus-seefelden.de –
Geschlossen 1. November-3. April

ULM (DONAU)

Baden-Württemberg – Regionalatlas **56**-I19 – Michelin Straßenkarte 545

✿ Seestern ⟨ 🏠 AC P

FRANZÖSISCH-MODERN · CHIC XX Sie lassen den Blick über den See direkt vor Ihnen schweifen und genießen dabei Sterneküche - schöner geht's doch kaum! Im Gourmetrestaurant des Hotels "Lago" ist neben der tollen Aussicht auch das Interieur ein Hingucker: warmes Holz und maritime Farben - wertig und nordisch-chic. Im Sommer lockt die Terrasse nebst Lounge und kleinem Sandstrand, im Winter sorgt der Kaminofen für Behaglichkeit. Im Mittelpunkt steht aber die moderne, französisch inspirierte Küche von Klaus Buderath. Er war für die Sterneküche im "Landgasthof Adler" im Rammingen verantwortlich und bescherte auch dem Restaurant "Lago" einen Stern. Der gebürtige Böblinger legt großen Wert auf erstklassige Produkte, die er kontrastreich zubereitet. Klasse z. B. die Blutwurst vom Wollschwein mit geröstetem Sauerkraut und Apfel!

Spezialitäten: Saibling mit Quinoa und Frankfurter Kräutern. Reh aus der Eiffel mit Kürbis und Pistazien. Bananencrème mit Bronzefenchel und Heferahmeis.

Menu 79/169 € – Karte 62/100 €

Hotel LAGO, Friedrichsau 50 (Donauhalle) ✉ 89073 – ☎ 0731 2064000 – www.lago-ulm.de – Geschlossen 1.-20. Januar, 27. August-6. September, Montag, Sonntag, mittags: Dienstag-Samstag

✿ Treibgut ⓝ 🏠 AC P

ZEITGENÖSSISCH · CHIC X Das "Treibgut" als niveauvolle Alternative zum "Seestern" macht das "Lago" nochmal mehr zum Gourmethotel! In trendiger und recht stylischer Atmosphäre serviert man moderne Küche, international sowie regional. Darf es vielleicht "Tatar vom Weiderind mit gepickeltem Gemüse, Kapern und Eigelb" sein? Oder lieber "Adlerfisch mit Tomatenragout und Salbeinudeln"?

Spezialitäten: Klare Rinderkraftbrühe mit hausgemachten Maultaschen, Backspätzle und Gemüsestreifen. Gebratene Brust vom Huhn mit glasierten Karotten, Mais und Süßkartoffelpüree. Rahmeis vom Honig mit Vanillecrème, Hefegebäck und Mandelkaramell.

Menu 37/50 € – Karte 26/42 €

Hotel LAGO, Friedrichsau 50 ✉ 89073 – ☎ 0731 2064000 - www.lago-ulm.de – Geschlossen mittags: Montag-Sonntag

🏨 LAGO ✿ 🕙 ⟨ 🛏 ⧖ ⊡ ὤ AC ⚶ P

BUSINESS · MODERN Schön die Lage am See und nahe der Donau, hochwertig und geradlinig-modern das Interieur - in den Zimmern im 5. Stock finden sich Design-Elemente der Hochschule für Gestaltung (HfG) Ulm. Ansprechend auch der Freizeitbereich in der obersten Etage. Praktisch für Businessgäste: Messe gleich nebenan.

60 Zimmer – 🛉 99/155 € – ☲ 17 €

Friedrichsau 50 (Donauhalle) ✉ 89073 – ☎ 0731 2064000 - www.lago-ulm.de – Geschlossen 24.-25. Dezember

✿ **Seestern** · ⓐ **Treibgut** – Siehe Restaurantauswahl

In Ulm-Böfingen Nord-Ost: 3 km über B 19 Richtung Heidenheim

✿ SIEDEPUNKT ⇦ 🏠 AC P

FRANZÖSISCH-MODERN · CHIC XXX Wer würde ein solches Restaurant in einem Businesshotel erwarten? Im verglasten Anbau des "Atrium" darf man sich auf stylish-elegantes Design in schicken Grautönen freuen. Man sitzt an wertig eingedeckten Tischen und lässt sich charmant und geschult umsorgen. Dank der erhöhten Lage des Hauses ist natürlich auch die Terrasse mit schöner Aussicht gefragt! Zum anspruchsvollen Rahmen gesellt sich die moderne Küche von Christoph Hormel. Im Menü "KunstHandwerk" finden sich in bis zu acht saisonal geprägten Gängen ausgesuchte Produkte wie z. B. bayerisches Reh oder wilder Steinbutt, denen feine Aromen gelungen herausgearbeitet werden. Sie sind Vegetarier? Fragen Sie ruhig nach einer fleischlosen Alternative. Übrigens: Externe Gäste parken kostenlos.

Spezialitäten: Kalbsbries, Flusskrebse, Graupen, Kürbis. Zweierlei Rind, Apfel, Eberesche, Bohnenkerne, Pilze. „Cheescake", Frischkäse, Butterkeks, Blaubeeren.

Menu 59/135 €

Hotel Atrium, Eberhard-Finckh-Straße 17 ☒ 89075 – ℰ 0731 9271666 –
www.siedepunkt-restaurant.de – Geschlossen Montag, Sonntag,
mittags: Dienstag-Samstag

UMKIRCH
Baden-Württemberg – Regionalatlas **61**–D20 – Michelin Straßenkarte 545

⫯○ Villa Thai

THAILÄNDISCH · EXOTISCHES AMBIENTE ✕✕ Im Hotel Pfauen (hier einfache, aber gepflegte Zimmer) finden Sie dieses geschmackvoll-authentisch eingerichtete Thai-Restaurant. Schwerpunkt der Küche liegt auf klassisch thailändischen Gerichten wie "knusprig gegrilltem Entenfleisch auf rotem Curry", es gibt aber auch hochwertiges Sushi aus Meisterhand!

Menu 23 € (Mittags), 55/120 € – Karte 32/79 €

Hugstetter Straße 2 ☒ 79224 – ℰ 07665 93760 – www.hotel-pfauen-umkirch.de –
Geschlossen 13.-28. Januar, 5.-13. Oktober, Dienstag, mittags: Montag und
Mittwoch

UNTERAMMERGAU
Bayern – Regionalatlas **65**–K21 – Michelin Straßenkarte 546

⫯○ Dorfwirt

REGIONAL · GEMÜTLICH ✕ Bei aller Tradition wird in dem schönen alten Gasthaus mit der gemütlichen Atmosphäre doch recht modern gekocht. Es gibt ein Überraschungsmenü mit sehr schmackhaften Gerichten wie "Forello Tonnato" oder "Muscheln, Blutwurst, Linsen, Vulkanspargel". Man hat übrigens eigene Wollschweine - lecker der Mangalitza-Speck!

Menu 44 € (Mittags), 56/112 €

Pürschlingstraße 2 ☒ 82497 – ℰ 08822 9496949 – www.dorfwirt.bayern –
Geschlossen Montag, Dienstag, mittags: Mittwoch-Freitag

UNTERMÜNKHEIM
Baden-Württemberg – Regionalatlas **56**–H17 – Michelin Straßenkarte 545

⫯○ Steigenhaus

REGIONAL · LÄNDLICH ✕ Im "Steigenhaus" schläft man nicht nur gut in zeitgemäßen Zimmern, auch zum Essen lohnt sich ein Besuch. In freundlichem ländlichmodernem Ambiente gibt es saisonale, regionale und bürgerliche Küche. "Gebratenes Schollenfilet mit Spinat" schmeckt da ebenso wie "Entenbrust mit Cassissoße". Schön die nach Südwesten gelegene Terrasse!

Karte 32/53 €

Steigenhaus 1 ☒ 74547 – ℰ 0791 8301 – www.steigenhaus.de – Geschlossen Montag

URACH, BAD
Baden-Württemberg – Regionalatlas **55**–H19 – Michelin Straßenkarte 545

⫯○ Kesselhaus ⓝ

REGIONAL · BISTRO ✕ Das Bistro im Kesselhaus der ehemaligen Brauerei Quenzer verbindet Industrie-Charme mit gemütlicher, trendig-rustikaler Atmosphäre samt allerlei Brauerei-Deko. Serviert wird schwäbisches Soulfood mit internationalen Einflüssen, z. B. "Pulled Beef Burger" oder "Zwiebelrostbraten mit Spätzle". Daneben gibt es noch das Event-Restaurant "Wilder Mann" sowie chic-moderne Zimmer im Hotel "Bischoffs".

Menu 29 € – Karte 26/40 €

Pfählerstraße 7 ☒ 72574 – ℰ 07125 947330 – www.bischoffs-badurach.de –
Geschlossen Sonntag, mittags: Montag-Samstag

Der neue Mercedes-AMG GT R.

SEKUNDENKLEBER FÜR
IDEALLINIEN.

BEAST OF THE GREEN HELL.

USEDOM (INSEL)

Mecklenburg-Vorpommern – Regionalatlas **14**-Q4 – Michelin Straßenkarte 542

Ahlbeck

⊛ Kaisers Eck

INTERNATIONAL · FREUNDLICH X Direkt an der Ahlbecker Kirche ist dieses freundlich gestaltete Restaurant zu finden. Die Küche ist regional-international ausgerichtet, frisch und ausgesprochen schmackhaft - auf der Karte liest man z. B. "Dorschfilet mit Kartoffel-Senfpüree und gebratenem Blumenkohl".

Spezialitäten: Zart geräucherter Lachs auf Rote Bete Risotto, Forellenkaviar, Crème fraîche und Brotchip. Zander auf Kohlrabi mit Gnocchi. Schwarzwälder Kirsch, Schokoladenküchlein, eingelegte Kirschen, Kirschwassersahne, Mandelkrokant.

Menu 35/57 € – Karte 35/49 €

Kaiserstraße 1 ⊠ 17419 – ℰ 038378 30058 – www.kaiserseck.de – Geschlossen 6. Januar-11. Februar, Dienstag, mittags: Montag und Mittwoch-Sonntag

⅃○ Blauer Salon

KLASSISCHE KÜCHE · ELEGANT XXX Sie genießen elegante Atmosphäre, die schöne Sicht auf Promenade und Meer sowie den umsichtigen, professionellen Service, nicht zu vergessen die ambitionierten klassischen Speisen wie "Ostsee-Steinbutt mit Erbsen und grünem Spargel".

Menu 89/145 €

Seehotel Ahlbecker Hof, Dünenstraße 47 (Anfahrt über Karlstraße) ⊠ 17419 – ℰ 038378 620 – www.seetel.de – Geschlossen Montag, Sonntag, mittags: Dienstag-Samstag

🏨 Seehotel Ahlbecker Hof

SPA UND WELLNESS · KLASSISCH Ein Prachtbau von 1890 mit stilgerechtem klassischem Interieur. Umfassend das Wellnessangebot samt Asia-Spa, gut der Service, angenehm das Langschläferfrühstück bis 12 Uhr - am liebsten auf der Terrasse zur Promenade! Tipp: große Suiten in der Residenz! Internationale Küche im "Kaiserblick", "Brasserie" mit französisch-saisonaler Karte, Asiatisches im "Suan Thai".

90 Zimmer � – 🛉 157/317 € – 23 Suiten

Dünenstraße 47 ⊠ 17419 – ℰ 038378 620 – www.seetel.de

⅃○ **Blauer Salon** – Siehe Restaurantauswahl

🏨 DAS AHLBECK HOTEL & SPA

SPA UND WELLNESS · MODERN Ideal die Lage unmittelbar an der Promenade, modern die wohnlichen Zimmer und der große Spa. Wer sich mal etwas mehr gönnen möchte, bucht eine "Penthouse-Suite" mit tollem Meerblick! Im Zimmerpreis inkludiert: Bäderbahn-Ticket und ab 2 Übernachtungen ein Begrüßungs-Abendmenü im Restaurant.

32 Suiten ⊑ – 🛉 222/668 € – 18 Zimmer

Dünenstraße 48 ⊠ 17419 – ℰ 038378 49940 – www.das-ahlbeck.de

Heringsdorf

⊛ The O'ROOM [AC]

KREATIV · CHIC XX Das hat schon einen ganz besondern Charme und trifft absolut den Zeitgeist: "casual fine dining" unter einem Dach mit dem "Marc O'Polo Strandcasino"-Store. Küchenchef in dem stylischen kleinen Restaurant ist seit April 2019 André Kähler, der hier im Haus zuvor schon als Souschef kochte. Das junge Koch-Talent bietet deutsche Küche, die Produkte dafür kommen größtenteils aus der Region. Man kombiniert gut und traut sich eigene Kreationen, so z. B. bei der zart geschmorten Spanferkel-Schulter mit feiner Erbsen-Minz-Sauce. Zum klasse Menü und zum schickem Design gesellt sich ein angenehm lockerer und gleichermaßen professioneller Service. Sie mögen es mal etwas legerer? Dann gibt es alternativ das "O'ne" mit modern-regionalem Angebot.

Spezialitäten: Wilder Flussbarsch, dreierlei Zitrone, Fenchel, Meerrettich. Usedomer Reh, Gewürzbirne, Steinpilze, Blaubeere. Kürbiskuchen, Kartoffeleis, Kiefernsud, Pflaume.

Menu 99/129 €

Kulmstraße 30 ✉ 17424 – ℰ 038378 183912 –
www.strandcasino-marc-o-polo.com – Geschlossen 8.-31. Januar, Montag, Dienstag,
mittags: Mittwoch-Sonntag

ⅈ◯ Bernstein ⇦ ⪦ 🏠 🚗

INTERNATIONAL · ELEGANT XX Einfach klasse der weite Blick über den Heringsdorfer Strand und die Ostsee! In dem freundlich-modernen Restaurant kommt internationale Küche auf den Tisch, gerne auch in Form eines Überraschungsmenüs. Mittags bietet man nur eine sehr kleine Karte.

Menu 35/89 € – Karte 53/78 €

Strandhotel Ostseeblick, Kulmstraße 28 ✉ 17424 – ℰ 038378 54297 –
www.strandhotel-ostseeblick.de

🏨 Steigenberger Grandhotel und Spa
🌿 ⪦ 🛎 🏊 📺 🕸 👨 🎁 🧖 🅿 🚗

LUXUS · MODERN Ein Ferien-Grandhotel, wie man es sich wünscht: die Zimmer hochwertig und komfortabel, der Service aufmerksam, dazu ein großer Spa, Kinderbetreuung und direkte Nähe zum Strand! Für Hausgäste gibt es ein abendlich wechselndes Menü im "Lilienthal". Elegant-maritim das "Seaside Thai Cuisine". Wer's leger mag: Bistroküche im "Waterfront" samt Lounge-Terrasse.

169 Zimmer � – 🛉🛉 176/394 € – 55 Suiten

Liehrstraße 11 ✉ 17424 – ℰ 038378 4950 –
www.heringsdorf.steigenberger.de

🏨 Strandhotel Ostseeblick 🌿 ⪦ 📺 📺 🕸 👨 🅿 🚗

SPA UND WELLNESS · MODERN Ein Haus mit Charme: Es liegt mitten im Ort und strahlt dennoch Ruhe und Geborgenheit aus. Der Service ist herzlich und aufmerksam, die Einrichtung wertig und geschmackvoll, dazu diverse kleine Extras (z. B. inkludierte Minibar) und Wellness auf über 1000 qm. Einzigartiger Seeblick von den meisten Zimmern und der Lounge. Bistro-Flair im "Alt Heringsdorf" gegenüber.

56 Zimmer � – 🛉🛉 135/350 € – 4 Suiten

Kulmstraße 28 ✉ 17424 – ℰ 038378 540 –
www.strandhotel-ostseeblick.de –
Geschlossen 29. November-3. Dezember

ⅈ◯ **Bernstein** – Siehe Restaurantauswahl

USINGEN

Hessen – Regionalatlas **37**–F14 – Michelin Straßenkarte 543

ⅈ◯ essWebers - Küche am Markt 🏠 ⟷

INTERNATIONAL · GEMÜTLICH X Schon von außen ist das denkmalgeschützte Liefrink-Haus direkt am Marktplatz einladend, drinnen hat man es ebenso schön, und was aus der Küche kommt, schmeckt richtig gut. Probieren Sie z. B. "gebratenen Zander mit Grünkohl und Backpflaumen-Gnocchi". Mittags einfacheres Angebot - auf Anfrage auch die Abendkarte.

Menu 77/99 € – Karte 45/73 €

Marktplatz 21 ✉ 61250 – ℰ 06081 5763760 –
www.esswebers.de – Geschlossen Montag, Dienstag, Mittwoch, Donnerstag,
mittags: Samstag, abends: Sonntag

VAIHINGEN AN DER ENZ

Baden-Württemberg – Regionalatlas **55**–G18 – Michelin Straßenkarte 545

In Vaihingen-Horrheim Nord-Ost: 7 km Richtung Heilbronn

⁕○ **Lamm** ⇔ 🛖 ⅇ 🚗

TRADITIONELLE KÜCHE · RUSTIKAL ✗✗ In dem freundlichen Restaurant bekommen Sie in zwangloser Umgebung bürgerlich-schwäbische Gerichte serviert. Der zentral direkt an der Hauptstraße gelegene Familienbetrieb bietet auch gepflegte, gut ausgestattete Gästezimmer.

Menu 35/55€ – Karte 30/52€

Klosterbergstraße 45 ✉ *71665 – ☏ 07042 83220 – www.hotel-lamm-horrheim.de – Geschlossen 1.-6. Januar, Sonntag*

In Vaihingen-Rosswag West: 4 km über B 10 Richtung Pforzheim

⁂ **Lamm Rosswag** (Steffen Ruggaber) ⊛ ⇔ 🛖 🅿

MODERNE KÜCHE · GASTHOF ✗✗ Wer glaubt, in einem beschaulichen kleinen Weinort wie diesem auf kreative Sterneküche verzichten zu müssen, der irrt! Jedes der modernen Gerichte ist eine durchdachte und intelligente Komposition voller Harmonie, interessanter Details, guter Balance und bester Produkte - und der Chef hat eindeutig ein Händchen für intensive Saucen! Man arbeitet sehr exakt, würzt mit Gefühl und betont den Eigengeschmack der ausgesuchten Zutaten. Bei Sonja und Steffen Ruggaber speist man aber nicht nur erstklassig, auch die Atmosphäre kommt dank der sympathischen, herzlichen Gastgeber nicht zu kurz. Der Service ist angenehm leger und zugleich professionell, kompetent die Weinberatung - man hat eine schöne deutsche Auswahl. Tipp: spezielles 3-Gänge-Menü am Mittag! Und möchten Sie vielleicht auch übernachten?

Spezialitäten: Schwarzwaldsaibling, Mixed Pickles, Eigelb, Couscous, Frankfurter Grüne Sauce. Heimischer Rehrücken, Pastinake, Brombeere, Holunder, schwarze Olive. Banane, Kalamansi, Vollmilchschokolade, Kardamom.

Menu 44€ (Mittags), 70/135€

Rathausstraße 4 (1. Etage) ✉ *71665 – ☏ 07042 21413 – www.lamm-rosswag.de – Geschlossen 17. Februar-8. März, 3.-23. August, Montag, Dienstag, mittags: Mittwoch und Sonntag*

VALLENDAR

Rheinland-Pfalz – Regionalatlas **36**-D14 – Michelin Straßenkarte 543

⁕○ **Die Traube** 🛖 ⟁

REGIONAL · RUSTIKAL ✗ Gemütlich sitzt man in dem reizenden Fachwerkhaus von 1647 auf kleinen Bänken und lässt sich schmackhafte regionale Gerichte servieren. Dazu zählen z. B. "Variation vom Lamm" oder "Birnen-Bohnen-Speck". Auch der günstige Mittagstisch kommt gut an. Sehr nett die Terrasse vor der alten Scheune mit Glockenspiel.

Menu 45/89€ – Karte 37/75€

Rathausplatz 12 ✉ *56179 – ☏ 0261 61162 – www.dietraube-vallendar.de – Geschlossen 1.-9. Januar, 21. Juli-6. August, 22.-31. Dezember, Montag, Sonntag*

VALLEY

Bayern – Regionalatlas **66**-M21 – Michelin Straßenkarte 546

⁕○ **Waldrestaurant Maxlmühle** 🛖 🅿

REGIONAL · GEMÜTLICH ✗ Mögen Sie Forellen? Die räuchert man hier selbst - auch Sülze und Pasteten sind aus eigener Herstellung! Ebenso lecker sind z. B. die "panierte Kalbsbries-Milzwurst" oder das "geschmorte Rehschäuferl". Das Gasthaus liegt schön einsam am Ende der Straße direkt am Wasser - da kommt natürlich auch der Biergarten gut an.

Karte 20/52€

Maxlmühle ✉ *83626 – ☏ 08020 1772 – www.maxlmuehle.de – Geschlossen 3. Februar-6. März, 9.-20. November, Mittwoch, Donnerstag*

VELBERT

Nordrhein-Westfalen – Regionalatlas **26**–C11 – Michelin Straßenkarte 543

In Velbert-Neviges Süd-Ost: 4 km über B 224, Abfahrt Velbert-Tönisheide

⁂ Haus Stemberg (Sascha Stemberg) 🍴 🏕 ♻ 🅿

MARKTKÜCHE · GASTHOF ✕✕ "Zwei Küchen von einem Herd" nennt sich hier das Konzept, und das umfasst Modernes ebenso wie Klassiker. Umgesetzt wird das Ganze von Sascha Stemberg, der den Familienbetrieb von 1864 schon in 5. Generation führt und seit 2014 den MICHELIN Stern bestätigt. Sein Stil: Die Verbindung von regionalen und modern-internationalen Einflüssen. Ob geschmorte Ochsenbäckchen mit Burgunderjus oder wilde rote Salzwassergarnele mit Avocado und Kalamansi, alles ist exakt zubereitet, angenehm klar im Aufbau und besteht aus hervorragenden Produkten. Dazu bietet die Weinkarte mit über 200 Positionen auch interessante Raritäten. Die Tradition, die der Gasthof mit seiner Schieferfassade schon von außen vermittelt, ist auch im Inneren noch zu spüren: Von der gemütlichen Gaststube über das elegante Kaminzimmer bis zum Wintergarten finden sich ursprüngliche Details wie alte Holzbalken und Vertäfelungen.

Spezialitäten: Marinierter Kalbstafelspitz, Feldsalat, Kürbiskernvinaigrette, Tomate, gehacktes Landei. Bavette vom Amerikanischen Rind auf Holzkohle gegrillt, Sardine, Auberginenpüree. Gianduja Nougat, Fleur de Sel, Brombeere, Whisky.

Menu 34 € (Mittags), 42/99 € – Karte 45/80 €

Kuhlendahler Straße 295 ✉ 42553 – 𝒞 20535649 – www.haus-stemberg.de –
Geschlossen 15. Juli-7. August, Donnerstag, Freitag

VELDENZ

Rheinland-Pfalz – Regionalatlas **46**–C15 – Michelin Straßenkarte 543

ⵙ○ Rittersturz 🏕 ♻ 🅿

KLASSISCHE KÜCHE · GEMÜTLICH ✕ Das hat Charme: liebenswerte, gemütliche Räume, freundlicher und aufmerksamer Service und dazu die idyllische Lage im Grünen! Besonders gerne sitzt man da auf der Terrasse und genießt den Blick auf Schlossruine und Rittersturz-Fels. Auf der klassisch-saisonalen Karte liest man z. B. " Skrei mit weißer Balsamicosauce".

Menu 46/52 € – Karte 48/57 €

Veldenzer Hammer 1a ✉ 54472 – 𝒞 06534 18292 – www.rendezvousmitgenuss.de –
Geschlossen Montag, Dienstag, mittags: Mittwoch-Samstag

VERDEN (ALLER)

Niedersachsen – Regionalatlas **18**–H7 – Michelin Straßenkarte 541

⌂ Pades Restaurant 🍴 🏕 ♻

REGIONAL · FREUNDLICH ✕✕ Wolfgang Pade bietet hier schon seit 1992 anspruchsvolle Küche. Probieren Sie z. B. "Freilandhähnchen als Fricassée und pochierte Brust mit wachsweichem Ei und Masoor dal Masala". Ein interessantes Konzept ist auch "Share the Dish - in Klein für zwei". Herrlich die Gartenterrasse hinter dem schmucken Patrizierhaus!

Spezialitäten: Würziger Bulgursalat mit Feta, Gurke und Tomate. Teriyaki vom US-Beef auf Hummus. Kürbis-Cantucci-Raviolo mit Feige in Cassis und Mandel-Eiscreme.

Karte 29/60 €

Grüne Straße 15 ✉ 27283 – 𝒞 04231 3060 – www.pades.de –
Geschlossen mittags: Montag-Mittwoch

VIERSEN

Nordrhein-Westfalen – Regionalatlas **25**–B11 – Michelin Straßenkarte 543

In Viersen-Süchteln Nord-West: 4, 5 km über A 61, Ausfahrt Süchteln

ⅱ○ Alte Villa Ling

FRANZÖSISCH-KLASSISCH · ELEGANT ✗✗ Thomas Teigelkamp, Gastgeber in der schönen Jugendstilvilla von 1899, ist ein Vertreter der klassischen Küche und er legt Wert auf Produktqualität - Rind, Zicklein und Lamm kommen aus der Region. Serviert wird im Salon, in der Gaststube oder im Sommergarten. Über einen hübschen Treppenaufgang gelangt man zu den wohnlichen Gästezimmern.

Menu 55/85 € – Karte 35/85 €

Hindenburgstraße 34 ✉ *41749 – ☎ 02162 970150 – www.alte-villa-ling.de – Geschlossen Montag, mittags: Dienstag-Samstag*

VILLINGEN-SCHWENNINGEN

Baden-Württemberg – Regionalatlas **62**–F20 – Michelin Straßenkarte 545

Im Stadtteil Schwenningen

ⅱ○ Ochsenstube

REGIONAL · FREUNDLICH ✗ In der klassisch-gediegenen "Ochsenstube" serviert man frische, ambitionierte Regionalküche - ein Klassiker sind z. B. die "Schwenninger Kässpätzle". Ebenso lecker: "gebratenes Seesaiblingsfilet mit Weißweinrahmsauce". Schöne Terrasse hinterm Haus! Der traditionsreiche "Ochsen" bietet auch wohnlich-moderne Gästezimmer.

Menu 36/48 € – Karte 23/56 €

Bürkstraße 59 ✉ *78054 – ☎ 07720 8390 – www.hotelochsen.com – Geschlossen 31. Juli-23. August, Montag, Sonntag, mittags: Dienstag-Freitag*

Im Stadtteil Villingen

ⓣ Rindenmühle

MARKTKÜCHE · FREUNDLICH ✗✗ Frisch, schmackhaft und saisonal, so speist man hier - auf der Karte z. B. "Variation von Räucheraal, Fjordforelle und Rotgarnele" oder "eingemachtes Kalbfleisch mit Burgunderschnecken und Kaiserschoten". Das Ambiente: modern-elegant mit regionaler Note. Zum Übernachten gibt es wohnliche und zeitgemäße Zimmer.

Spezialitäten: Consommé von Bressegeflügel mit Pilzmaultäschle. In Burgunder gegartes Ochsenbäckle, Höri-Bülle, Kartoffelrösti. Zweierlei vom Getreide, Cassis Gel, Rote Beete Sorbet.

Menu 37/75 € – Karte 36/70 €

Am Kneip-Bad 9 (am Kurpark) ✉ *78052 – ☎ 07721 88680 – www.rindenmuehle.de – Geschlossen Montag, Sonntag*

VÖHRINGEN

Bayern – Regionalatlas **64**–I20 – Michelin Straßenkarte 546

In Vöhringen-Illerberg Nord-Ost: 3 km nahe der A 7

ⓣ Speisemeisterei Burgthalschenke

KLASSISCHE KÜCHE · FAMILIÄR ✗✗ Familie Großhammer ist seit vielen Jahren für gute Gastronomie bekannt! Mögen Sie es regional oder lieber klassischer? Probieren Sie z. B. "Zwiebelrostbraten mit Spätzle" oder "gebratenes Doradenfilet auf Basilikumsauce und Nudeln". Ein gepflegtes, auf drei Ebenen angelegtes Restaurant mit netter Terrasse. Praktisch: der große Parkplatz.

Spezialitäten: Grießnockerlsuppe. In Rotwein geschmorte Rinderbäckchen mit hausgemachten Nudeln. Nougatparfait mit Aprikosenragout.

Menu 28/52 € – Karte 29/57 €

Untere Hauptstraße 4 ✉ *89269 – ☎ 07306 5265 – www.burgthalschenke.de – Geschlossen Montag*

VÖRSTETTEN
Baden-Württemberg – Regionalatlas **61**-D20 – Michelin Straßenkarte 545

ⓘ○ Sonne ⓝ
REGIONAL · GEMÜTLICH ⅹ In dem historischen Gasthaus mit der schönen Fachwerkfassade bietet der junge Patron in gemütlich-ländlicher Atmosphäre z. B. "geschmorte Haxe vom Weidelamm mit Madeira" oder "Zanderfilt mit Pfifferlingen". Unter einer großen alten Kastanie hat man die Terrasse angelegt. Gepflegt übernachten kann man ebenfalls.

Menu 33/40 € – Karte 32/52 €

Freiburger Straße 4 ✉ 79279 – ℰ 07666 2326 – www.sonne-voerstetten.de –
Geschlossen Montag, mittags: Samstag

VOGTSBURG IM KAISERSTUHL
Baden-Württemberg – Regionalatlas **61**-D20 – Michelin Straßenkarte 545

In Vogtsburg-Achkarren

ⓘ○ Die Achkarrer Krone
REGIONAL · RUSTIKAL ⅹ Bis 1561 reicht die gastronomische Tradition des Gasthofs zurück. Heute erfreut man sich an Kalbsniere, Kutteln und Ochsenschwanzragout oder im Sommer auch gerne mal an einem leckeren Wurstsalat. Badische Küche und Weine gibt's in heimeligen Stuben oder auf der Terrasse. Man hat auch wohnliche Gästezimmer.

Menu 25/59 € – Karte 29/100 €

Schlossbergstraße 15 ✉ 79235 – ℰ 07662 93130 – www.krone-achkarren.de

In Vogtsburg-Bischoffingen

ⓘ○ Steinbuck Stube
KLASSISCHE KÜCHE · ELEGANT ⅹⅹ Ein wahres Schmuckstück ist der aufwändig restaurierte über 400 Jahre alte ehemalige "Rebstock". Die Gäste werden herzlich betreut, aus der Küche kommen schmackhafte klassische Gerichte wie "gebratener Rochenflügel in Zitronen-Kapernbutter". Richtig schön übernachten kann man ebenfalls.

Menu 48/59 € – Karte 41/68 €

Talstraße 2 ✉ 79235 – ℰ 07662 911210 – www.steinbuck-stube.de – Geschlossen 23.
Februar-11. März, 2.-12. August, 1.-18. November, Montag, Dienstag

ⓘ○ Köpfers Steinbuck
REGIONAL · LÄNDLICH ⅹⅹ Schon die wunderbare exponierte Lage mitten in den Reben lockt einen hierher, aber auch die frische Küche ist einen Besuch wert. Leckeres wie "Rückensteak vom Landschwein mit Herbsttrompeten" oder "heimischen Wildzander auf Sauerkraut" isst man natürlich am liebsten auf der traumhaften Terrasse! Schön übernachten kann man ebenfalls, teilweise mit Rebblick.

Menu 36 € (Mittags), 41/69 € – Karte 37/68 €

Steinbuckstraße 20 ✉ 79235 – ℰ 07662 9494650 – www.koepfers-steinbuck.de –
Geschlossen 16. Februar-18. März, Mittwoch, mittags: Montag-Dienstag und
Donnerstag

In Vogtsburg-Oberbergen

ⓘ○ Schwarzer Adler
FRANZÖSISCH-KLASSISCH · KLASSISCHES AMBIENTE ⅹⅹⅹ Das Haus der Familie Keller ist ein Klassiker am Kaiserstuhl. Charmant der historische Rahmen und der gemütlich-elegante Stil, aufmerksam der Service. Zur klassisch-französischen Küche bietet man rund 2700 Positionen Wein - auch vom eigenen Weingut. Da bieten sich die geschmackvollen Gästezimmer zum Übernachten an.

Menu 104/135 € – Karte 63/105 €

Badbergstraße 23 ✉ 79235 – ℰ 07662 933010 – www.franz-keller.de –
Geschlossen 20. Januar-20. Februar, Mittwoch, Donnerstag, mittags: Freitag

⅋◯ KellerWirtschaft 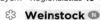

KLASSISCHE KÜCHE · TRENDY ⅩⅩ Ein beeindruckendes Anwesen ist dieses in den Rebhang gebaute und topmodern designte Weingut! Mit Blick in den Weinkeller speist man in puristischem Ambiente an blanken Tischen. Auf der Karte z. B. "Kabeljau in Schnittlauchbutter".

Menu 64 € – Karte 46/76 €

Badbergstraße 44 (1. Etage) ⊠ 79235 – ℰ 07662 933080 – www.franz-keller.de –
Geschlossen 1. Januar-6. März, Montag, Dienstag, mittags: Mittwoch-Samstag

VOLKACH

Bayern – Regionalatlas **49**–I15 – Michelin Straßenkarte 546

✿ Weinstock ⓝ   ⇔

KREATIV · CHIC ⅩⅩ Im traditionsreichen Hotel "Zur Schwane" hat in der 1. Etage ausdrucksstarke kreative Küche Einzug gehalten. Chic das Ambiente - hier trifft Moderne auf schöne historische Bausubstanz. An lederbespannten Tischen serviert man das Menü "Der Kreislauf" sowie die vegetarische Variante "Der Kern" - letztere ist bis auf die Fleisch- und Fischkomponenten identisch. Küchenchef Steffen Szabo, kein Unbekannter in der Sternegastronomie, beweist nach seinem Weggang aus dem Coburger "Esszimmer" nun hier ein Händchen für Produkte und Kombinationen, wobei er ganz klar die Natur in den Fokus stellt. Dazu schenkt man gute regionale Weine aus, natürlich auch vom angeschlossenen eigenen Weingut - erfreulicherweise gibt es alle "Schwane"-Weine auch glasweise. Zum Übernachten hat man individuelle Gästezimmer.

Spezialitäten: Kalbsbries, Texturen vom Mais, Estragon. Bluttaube, Kürbis, Birne. Kaffee, Blaubeeren, Cashew.

Menu 69/185 €

Hauptstraße 12 ⊠ 97332 – ℰ 09381 80660 – www.schwane.de – Geschlossen 1.-14.
Januar, Montag, Samstag, Sonntag, mittags: Dienstag-Freitag

VREDEN

Nordrhein-Westfalen – Regionalatlas **26**–C9 – Michelin Straßenkarte 543

In Vreden-Ammeloe Nord-West: 8 km, über B 70 Richtung Gronau, dann links ab

⊛ Büschker's Stuben   🍴 ᕲ ㎄ ⇔ 🅿

TRADITIONELLE KÜCHE · LÄNDLICH ⅩⅩ Lust auf bürgerlich-regionale Gerichte wie "Münsterländer Zwiebelfleisch"? Serviert wird in der rustikalen Gaststube und im gemütlichen Kaminzimmer. Zudem bietet das Hotel "Am Kring" neuzeitliche Gästezimmer sowie das Zweitrestaurant "Clemens" mit Überraschungsmenü am Abend. Schön die Lage in dem ringförmig um die Kirche angelegten Dorf.

Spezialitäten: Feldsalat mit gebratener Blutwurst und karamellisierte Äpfel. Saftiges Schweinefilet mit krossem Speck, Senfsoße und gebackenem Blumenkohl. Schokoladenkuchen mit flüssigem Kern und Himbeerrahmeis.

Menu 28/42 € – Karte 26/50 €

Hotel Am Kring, Kring 6 ⊠ 48691 – ℰ 02564 93080 – www.amkring.de –
Geschlossen Samstag, Sonntag

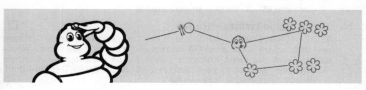

WACHENHEIM

Rheinland-Pfalz – Regionalatlas **47**–E16 – Michelin Straßenkarte 543

🕸 **THE IZAKAYA** Ⓝ   🕸 ⟷

MODERNE KÜCHE · TRENDY 𝕏 Als "japanisch-pfälzische Kneipe" könnte man diese trendig-legere Adresse bezeichnen. Benjamin Peifer (er betreibt auch das "Intense" in Kallstadt) und Yannick Schilli bieten ein "Omakase"-Menü, mit dem ihnen eine ausgezeichnete Fusion aus heimischer und japanischer Küche gelingt. Sehr gute regionale Produkte werden zu kontrastreichen, schön balancierten Gerichten. Gerne bringt man den "Josper" zum Einsatz, der z. B. bei den in Soja glasierten Spareribs mit süßer Zwiebelcreme, Koshihikari und lauwarmem Bohnensalat für angenehme Grill-Aromen sorgt. Kompetent empfiehlt man dazu tolle Weine - auch zum Mitnehmen in der angeschlossenen Weinhandlung "Rohstoff". Übrigens: Wundern Sie sich nicht über die "Otoshi", eine in japanischen Izakaya-Bars typische Platzgebühr, die Wasser und einen Snack beinhaltet.

Spezialitäten: Sashimi von gegrillter Beete, Ponzu, Wasabicreme und Apfel mit Ingwer. St. Louis Rippchen, sanft gegart und gegrillt, Kürbis, Holzofenbrot. Japanischer Milchreis aus Koshihikarireis, eingemachte Birne und Sesam.

Menu 65/105 €

Weinstraße 36 ✉ 67157 – 𝒞 06322 9593729 – www.restaurant-inten.se/the-izakaya – Geschlossen 1.-10. Januar, 24.-31. Dezember, Dienstag, Mittwoch, mittags: Montag und Donnerstag-Sonntag

WACHENROTH

Bayern – Regionalatlas **50**–K16 – Michelin Straßenkarte 546

In Wachenroth-Weingartsgreuth Süd-Ost: 3 km

ⅼ○ **Landgasthof Weichlein**   ⇐ 🏠 ⟷ 🅿

REGIONAL · LÄNDLICH 𝕏 Ein traditionsreicher Familienbetrieb a. d. 18. Jh. , der viele Stammgäste hat. Gerne sitzt man hier in gemütlichen Stuben und lässt sich mit Saisonalem wie Wildgerichten oder fränkischen Klassikern wie gebackenem Karpfen bewirten. Übernachten können Sie auch: einfacher oder komfortabler.

Karte 26/52 €

Weingartsgreuth 20 ✉ 96193 – 𝒞 09548 349 – www.gasthofweichlein.de – Geschlossen 25. August-16. September, Montag, mittags: Dienstag-Donnerstag

WACHTBERG

Nordrhein-Westfalen – Regionalatlas **36**–C13 – Michelin Straßenkarte 543

In Wachtberg-Adendorf West: 6 km Richtung Meckenheim

ⅼ○ **Kräutergarten**   🏠 🅿

KLASSISCHE KÜCHE · TRADITIONELLES AMBIENTE 𝕏𝕏 Bereits seit 1983 leiten die freundlichen Gastgeber das Restaurant mit dem netten Ambiente, und man hat viele Stammgäste. Geboten wird hier klassisch-saisonale Küche, bei der man auf Produktqualität und Frische setzt.

Menu 52/64 € – Karte 44/69 €

Töpferstraße 30 ✉ 53343 – 𝒞 02225 7578 – www.gasthaus-kraeutergarten.de – Geschlossen Montag, Dienstag, mittags: Mittwoch-Samstag, abends: Sonntag

WACKERSBERG

Bayern – Regionalatlas **65**–L21 – Michelin Straßenkarte 546

🕸 **Tölzer Schießstätte - Hager**   🏠 🅿

REGIONAL · RUSTIKAL 𝕏 Wer würde in der Schießstätte der Tölzer Schützen eine solch leckere Küche erwarten? Andreas und Michaela Hager sind ein eingespieltes Team, das merkt man nicht zuletzt an schmackhaften Gerichten wie "Rindsroulade mit Spätzle" oder "geschnetzelter Kalbsleber in Thymian-Rahm". Ein Gedicht: "geschmelzte Topfenknödel"!

Spezialitäten: Spinatknödel mit Feldsalat und Parmesan. Schweinsbrust mit Knödelfüllung. Karamellisierte Mohnschupfnudeln mit beschwipsten Kirschen und Vanilleeis.

Menu 35 € – Karte 29/50 €

Kiefersau 138 (Zufahrt über Hans-Zantl-Weg) ✉ 83646 – ☎ 08041 3545 – *www.michaela-hager.de – Geschlossen Donnerstag*

In Wackersberg-Arzbach Süd: 3 km

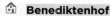

🏠 **Benediktenhof**

LANDHAUS · GEMÜTLICH Was für ein schönes, sympathisches Haus! Reizend der ländliche Charakter, herzlich die Gastgeberfamilie. Hier heißt es wohlfühlen, vom hochwertigen Bio-Frühstück (im Sommer gerne im charmanten Garten) bis zu Kosmetik und Massage. Nicht zu vergessen der Naturbadeteich. Wie wär's mit der großen Familien-Suite im Chalet?

11 Zimmer � – †† 104/144 € – 4 Suiten

Alpenbadstraße 16 ✉ 83646 – ☎ 08042 91470 – *www.benediktenhof.de – Geschlossen 7.-30. November*

WAGING AM SEE

Bayern – Regionalatlas **67**–O21 – Michelin Straßenkarte 546

⊛ **Landhaus Tanner**

REGIONAL · GEMÜTLICH XX Familie Tanner verwöhnt ihre Gäste mit einer sehr schönen, wohligen Atmosphäre. Das gilt sowohl für die schicken modern-alpenländischen Zimmer als auch für das geschmackvolle Restaurant, in dem man Ihnen Leckeres wie "Kalbsbeuscherl mit Semmelknödel" oder "gebratenen Zander in Liebstöckel-Hollandaise mit bayrischem Spargel" serviert - durchgehend von 12:30 - 21:00 Uhr.

Spezialitäten: Rehmousse mit Datteln und Granatapfel-Endiviensalat. Zweierlei vom Mattigtaler Lamm mit Wildkräutern, Peperonata, Sellerie und Polentastrudel. Cannelloni mit Kastanienmousse und Birnen-Kastanieneis.

Menu 20 € (Mittags), 45/60 € – Karte 28/57 €

Aglassing 1 ✉ 83329 – ☎ 08681 69750 – *www.landhaustanner.de – Geschlossen 27. Februar-2. März, 4.-7. September, 23.-25. Dezember, Sonntag*

WAIBLINGEN

Baden-Württemberg – Regionalatlas **55**–H18 – Michelin Straßenkarte 545

❀ **Bachofer**

KREATIV · FREUNDLICH XX Wussten Sie, dass das schöne Haus am Marktplatz das zweitälteste in Waiblingen ist? Es stammt aus dem Jahre 1647 und war einst eine Apotheke. Der Rahmen ist aber auch alles, was hier historisch ist, der Rest ist modern, von der Einrichtung bis zur Küche. Nicht ohne Grund erfreut sich das Restaurant von Bernd Bachofer großer Beliebtheit. Der Sternekoch hat im Laufe der Jahre seinen ganz eigenen Stil entwickelt. Und der bezieht Elemente aller Küchen Asiens mit ein – das bringt eine gewisse exotische Note. Die Gerichte sind angenehm leicht, ausdrucksstark und finessenreich, man arbeitet handwerklich akkurat und verwendet Spitzenprodukte. Das wertige Ambiente passt da ebenso gut ins Bild wie das professionelle, eingespielte und sehr freundliche Serviceteam. Alternativ speist man an der "Ess-Bar".

Spezialitäten: Gelbflossenthunfisch, eingelegter Rettich, Misoeis, gebackenes Eigelb, Shisosud. Short Rib vom Nebraska Beef, geräucherter Kartoffelschnee, Ingwer-Senfgurke, Paprikasud. Variation von der Herzkirsche, Schokolade, Mak Kenn Pfeffer.

Menu 75/134 € – Karte 85/105 €

Am Marktplatz 6 ✉ 71332 – ☎ 07151 976430 – *www.bachofer.info – Geschlossen 1.-4. Januar, 2.-13. Juni, Montag, Sonntag, mittags: Dienstag-Mittwoch und Freitag-Samstag*

🍴○ **Mille Miglia**   ♿ 🄰🄲 🅿

MARKTKÜCHE · GERADLINIG ❌❌ Das puristisch-elegante Restaurant in der 1. Etage passt schön in die lichte moderne Architektur des Autohauses Lorinser. Serviert werden regionale und internationale Gerichte - oder macht Ihnen die Steakkarte Appetit? Mittags günstiges Lunchmenü.

Menu 89 € – Karte 46/74 €

Alte Bundesstraße 45 (1. Etage) ✉ 71332 – ✆ 07151 1362444 –
www.restaurant-millemiglia.de – Geschlossen Samstag, Sonntag

In Waiblingen-Beinstein Ost: 4 km

🏵 **Brunnenstuben**   🛖 ♿ 🅿

REGIONAL · FREUNDLICH ❌❌ Äußerlich ist das Gebäude zwar kein Leckerbissen, die gibt's dafür drinnen zahlreich, denn Chefin Petra Beyer kann kochen! "Zander mit Balsamico-Linsen" macht ebenso Appetit wie "Wildschweinrücken, Polenta, Schmorgemüse" oder "schwäbischer Rostbraten". Ihr Mann Thorsten berät Sie freundlich, auch in Sachen Wein.

Spezialitäten: Weiße Tomatensuppe mit Kräuterklößchen. Zander auf der Haut gebraten, Balsamicolinsen und Schupfnudeln. Hausgemachtes Eis und Sorbet mit Früchten der Saison.

Menu 33/89 € – Karte 36/65 €

Quellenstraße 14 ✉ 71332 – ✆ 07151 9441227 –
www.brunnenstuben.de – Geschlossen Dienstag, mittags: Montag und
Mittwoch-Samstag

WALDBRONN

Baden-Württemberg – Regionalatlas **54**–F18 – Michelin Straßenkarte 545

In Waldbronn-Reichenbach

🏵 **Schwitzer's am Park**   🎱 🛖 ♿ 🄰🄲 ♻ 🅿 🚗

KLASSISCHE KÜCHE · ELEGANT ❌❌❌ Im Hause Schwitzer heißt es klassisch und zugleich modern speisen. Gelungene Kombinationen und toll abgestimmte Aromen - wie z. B. bei der zarten Brust von der Royal-Taube mit knusprigem Piniencrumble und Karotte - beweisen das Feingefühl und die bemerkenswerte Hingabe von Patron Cédric Schwitzer. Dass in der Küche nur exzellente Produkte Verwendung finden, steht völlig außer Frage. Auch das Restaurant selbst ist eine Erwähnung wert: Ein Interieur mit Stil, in eleganten Grau- und Blautönen gehalten. Dazu eine raumhohe Fensterfront, durch die man in den Park schaut, während man an wertig eingedeckten Tischen sitzt. Sehr freundlich, zuvorkommend und fachkundig der Service samt der herzlichen Stephanie Schwitzer - fundierte Weinberatung inklusive.

Spezialitäten: Jakobsmuschel, Kaviar, Erbsen, Zitrus. Milchkalbfilet, Bries, schwarzer Trüffel, Crème Brettone. Honig, gegrillte Ananas, Yuzu.

Menu 99/179 €

Schwitzer's Hotel am Park, Etzenroterstraße 4 ✉ 76337 – ✆ 07243 354850 –
www.schwitzers-hotel-am-park.com – Geschlossen Montag, Sonntag,
mittags: Dienstag-Samstag

🍴○ **Schwitzer's Brasserie**   🛖 ♿

INTERNATIONAL · BRASSERIE ❌ Sie mögen leger-moderne Brasserie-Lounge-Atmosphäre? Im Zweitrestaurant des "Schwitzer's Hotel am Park" gleich nebenan im Kurhaus bietet man frische Küche aus guten Produkten, vom trendigen Burger bis zum "doppelten Entrecôte mit Sauce Béarnaise und Steinpilztagliolini".

Menu 25 € (Mittags)/44 € – Karte 34/68 €

Etzenroter Straße 2 ✉ 76337 – ✆ 07243 354850 –
www.schwitzers-brasserie.de

Schwitzer's Hotel am Park 📶 ↸ ⬆ ♿ 🅰🄲 🏋 🅿 🚗

BUSINESS · MODERN Direkt am Park liegt das beeindruckende Hotel der Familie Schwitzer. Überall hochwertige Materialen, die Zimmer geräumig, chic, technisch "up to date". Turm- oder Parkzimmer? Letztere liegen ruhiger und bieten Balkon sowie Blick ins Grüne! Für Hotelgäste freier Eintritt in die Albtherme.

20 Zimmer – †† 155/255 € – ⌑ 15 € – 1 Suite

Etzenroter Straße 4 ✉ 76337 – ☏ 07243 354850 –
www.schwitzers-hotel-am-park.com

🍳 **Schwitzer's am Park** – Siehe Restaurantauswahl

WALDENBUCH
Baden-Württemberg – Regionalatlas **55**–G19 – Michelin Straßenkarte 545

⭐ Gasthof Krone (Erik Metzger) 🐾 🍴 🔄 🅿

KLASSISCHE KÜCHE · LÄNDLICH 💋 Wenn Erik Metzger klassisch-traditionelle Küche geschickt mit modern-internationalen Akzenten verbindet, entstehen angenehm reduzierte, harmonische Gerichte, die keine unnötige Spielerei brauchen. Produktqualität steht dabei natürlich völlig außer Frage. Vom Talent des Küchenchefs - der Mittzwanziger wurde 2017 übrigens zum jüngsten Sternekoch Deutschlands ernannt - kann man sich in gemütlich-historischem Ambiente überzeugen. Die Räume „Schiller-Salon" und „Goethe-Salon" tragen ihre Namen nicht umsonst: Auf der alten Tischplatte im Eingangsbereich haben sich im 18. Jh. die beiden Namengeber verewigt! Der Service stimmt ebenfalls. Sie werden kompetent umsorgt, auch in Sachen Wein. Tipp: der Mittagstisch - gute Qualität ist hier nämlich auch etwas preisgünstiger zu haben! Eine wirklich sympathische Adresse, die zu Recht gut besucht ist!

Spezialitäten: Kalbsbries, Kalbszunge und Kalbskopf mit Kürbischutney, Sauerrahmmousse und eingelegtem Muskatkürbis. Rinderfilet Rossini mit gebratener Entenleber, getrüffelter Kartoffelschnitte und Champagnerkraut. Mascaponeschnitte mit eingelegter Banane, salzigem Karamelleis, Erdnuss und Zitronengel.

Menu 58/96 € – Karte 55/75 €

Nürtinger Straße 14 ✉ 71111 – ☏ 07157 408849 – www.krone-waldenbuch.de –
Geschlossen 1.-7. Januar, 10. August-1. September, Montag, Dienstag,
mittags: Samstag

WALDENBURG
Baden-Württemberg – Regionalatlas **55**–H17 – Michelin Straßenkarte 545

⌂ Villa Blum 🛏 🍴 📶 🅿

FAMILIÄR · INDIVIDUELL Wenn Sie eines der geschmackvollen Zimmer ergattern möchten, sollten Sie zeitig buchen, denn der Charme der hübschen alten Villa und das Engagement der Familie haben sich rumgesprochen! Das Frühstück ist wirklich gut, W-Lan und Minibar sind gratis, im Frühling blüht und duftet der Garten...

9 Zimmer ⌑ – †† 135/148 €

Haller Straße 12 ✉ 74638 – ☏ 07942 94370 – www.villa-blum.de

WALDKIRCH
Baden-Württemberg – Regionalatlas **61**–D20 – Michelin Straßenkarte 545

😊 Zum Storchen ↩ 🍴 🔄 🚗

MARKTKÜCHE · GEMÜTLICH 💋 Richtig gut isst man bei Familie Trienen in dem schön sanierten alten Stadthaus. Man kocht saisonal-regional und mit modern-internationalen Einflüssen - auf der Karte z. B. "In Burgunder geschmorter Hirschbraten mit Fliederbeerkraut". Mittags reduziertes Angebot. Terrasse auf dem Gehsteig oder im ruhigeren Hinterhof.

Spezialitäten: Rahmsuppe von Marone und Sellerie mit hausgebeiztem Hirschschinken. Gebratenes Felchenfilet mit Artischocken, Schalotten-Kräutervinaigrette und Graupenrisotto. Tonkabohnen Crème Brûlée mit Rumtopffrüchten und Marzipaneis.

Karte 39/53 €

Lange Straße 24 (Zufahrt über Runzweg) ✉ 79183 – ☏ 07681 4749590 –
www.storchen-waldkirch.de

WALDKIRCHEN

Bayern – Regionalatlas **60**–Q18 – Michelin Straßenkarte 546

🕸 Johanns

MODERNE KÜCHE · TRENDY XxX Wer sein Einkaufserlebnis mit einem kulinarischen Erlebnis verbinden möchte, der ist in Waldkirchen gut aufgehoben, denn hier wird im 2. Stock des bekannten Modehauses „Garhammer" in schickem, fast schon urbanem Ambiente die ausdrucksstarke Küche von Patron Michael Simon Reis aufgetischt. Der gebürtige Passauer war vor seiner Rückkehr in die bayerische Heimat Souschef im „Steirereck" in Wien und arbeitete u. a. im „Tristan" auf Mallorca und im „Arzak" in San Sebastian. Er versteht es, Innovatives mit Traditionellem zu kombinieren, großen Wert legt er dabei auf Produkte aus der Region. Und noch etwas ist absolut erwähnenswert: Das Preis-Leistungs-Verhältnis ist unschlagbar!

Spezialitäten: Stör gebeizt und fein gerieben mit grüner Melone, Bronzefenchel und salziger Zitrone. Poltinger Lamm geschmort und gebraten mit Kerbelwurzel, BBQ-Lauch, gebackenen Kichererbsen und Ras el-Hanout. Gelierter Honigwein mit Pollenschokolade, luftiger Vanille und Bienenwachssofteis.

Menu 29 € (Mittags), 49/69 € – Karte 32/64 €

Marktplatz 24 (2. Etage im Modehaus Garhammer) ⊠ *94065 –* ☎ *08581 2082000 – www.restaurant-johanns.de – Geschlossen Sonntag*

WALDSEE, BAD

Baden-Württemberg – Regionalatlas **63**–H21 – Michelin Straßenkarte 545

🍴○ Gasthof Kreuz

REGIONAL · GASTHOF X Ein sympathischer Gasthof bei der Kirche, in dem man in freundlich-rustikaler Atmosphäre regional-saisonal isst. Macht Ihnen z. B. "Zweierlei vom heimischen Reh mit Selleriepüree, Blaukraut und Spätzle" Appetit? Im Sommer sitzt man gerne im Freien vor dem Haus. Gepflegt übernachten kann man ebenfalls.

Menu 39 € – Karte 19/48 €

Gut-Betha-Platz 1 ⊠ *88339 –* ☎ *07524 3927 – www.kreuz-gasthof.de – Geschlossen Montag, mittags: Dienstag, abends: Sonntag*

🍴○ Scala 🔟

ZEITGENÖSSISCH · TRENDY X Das moderne Restaurant mit dem schönen Blick zum See - herrlich die Terrasse! - bietet Ihnen eine ambitionierte international-saisonale Küche, z. B. in Form von "pochiertem Welsfilet mit Riesling-Rahmkraut und Petersilienkartoffeln" oder auch als "geschmorte Hirschkeule mit Wacholder-Preiselbeersauce". Dazu freundlicher Service und gepflegte Weine.

Menu 45/65 € – Karte 28/55 €

Wurzacher Straße 55 ⊠ *88339 –* ☎ *07524 9787773 – www.restaurant-scala.de – Geschlossen Dienstag*

In Bad Waldsee-Gaisbeuren Süd-West: 4 km über B 30

🍴○ Adler

REGIONAL · GEMÜTLICH X In dem über 500 Jahre alten Gasthof sitzt man in gemütlichen Stuben und lässt sich bürgerliche Regionalküche schmecken, zu der Maultaschen ebenso gehören wie z. B. "geschmorte Hirschkeule mit Quittenchutney". Tipp für den Sommer: der lauschige Biergarten hinterm Haus! Probieren Sie auch mal den selbstgebrannten Schnaps. Zum Übernachten hat man sehr gepflegte Zimmer.

Menu 27 € (Mittags)/39 € – Karte 25/50 €

Bundesstraße 15 ⊠ *88339 –* ☎ *07524 9980 – www.hotel-gasthaus-adler.de – Geschlossen 13.-27. Februar, Donnerstag*

WALLDORF

Baden-Württemberg – Regionalatlas **47**–F17 – Michelin Straßenkarte 545

⁂○ Kaminrestaurant & Lounge

INTERNATIONAL · TRENDY ✗✗ Möchten Sie im chic-modernen Restaurant, auf der schönen Terrasse oder lieber in der Lounge speisen? Die frische und ambitionierte Küche gibt es z. B. als "Tafelspitzsalat, Meerrettichschaum, Kartoffel-Erbsenkompott" oder "Atlantik-Lachs, Basilikumkruste, Thai-Bami-Goreng". Das Restaurant befindet sich im Hotel "Vorfelder" mit geradlinig-funktionellen Zimmern.

Menu 40/60 € – Karte 35/55 €

Bahnhofstraße 28 ✉ 69190 – ☎ 06227 6990 – www.hotel-vorfelder.de – Geschlossen Sonntag, mittags: Montag-Samstag

WALLENFELS

Bayern – Regionalatlas **50**–L14 – Michelin Straßenkarte 546

⁂○ Gasthof Roseneck

REGIONAL · LÄNDLICH ✗ In freundlich-ländlichem Ambiente kommen neben regionalen Klassikern auch etwas ungewöhnlichere Speisen auf den Tisch: Gerichte mit Rosenblüten - und die stammen aus dem eigenen Garten! Schön sitzt man auch im Biergarten. Tipp: Flößer-Events samt Barbecue. Zum Übernachten hat man funktionale Zimmer.

Menu 20/48 € – Karte 19/39 €

Schützenstraße 46 ✉ 96346 – ☎ 09262 7260 – www.gasthof-roseneck.de – Geschlossen 8.-22. November, Dienstag, mittags: Montag und Mittwoch-Donnerstag

WALLENHORST

Niedersachsen – Regionalatlas **17**–E8 – Michelin Straßenkarte 541

⁂○ Alte Küsterei

KLASSISCHE KÜCHE · FREUNDLICH ✗✗ Mit der Bruchsteinfassade von 1883 ist das Haus schon von außen ein Hingucker, innen dekorative Details wie freigelegte Holzbalken oder moderne Bilder. Gekocht wird klassisch, herzlich der Service.

Menu 43/53 € – Karte 42/65 €

Kirchplatz 6 ✉ 49134 – ☎ 05407 857870 – www.alte-kuesterei.de – Geschlossen 1.-23. Januar, Montag, Dienstag

WALLERFANGEN

Saarland – Regionalatlas **45**–B17 – Michelin Straßenkarte 543

❀ Landwerk

MODERNE KÜCHE · TRENDY ✗✗ Hier hat man ein Haus mit bewegter Geschichte sorgsam saniert. Entstanden sind richtig schöne wertig-moderne Gästezimmer, eine nette Bar-Lounge mit Industrie-Flair (hier gibt's Kleinigkeiten zu essen) und ein trendig-schickes Restaurant in klaren Linien. Letzteres bietet interessante, geschmacksintensive Gerichte aus erstklassigen Produkten - eine angenehm leichte Küche, deren Harmonie und Eleganz sich z. B. beim leicht kross gebratenen Skrei mit Reis, aromatischen Erbsen in unterschiedlicher Form sowie feinem Gelee von der Salzzitrone zeigen. Marc Pink heißt der Mann, der hier als Küchenchef exaktes Handwerk beweist. Da erkennt man auch seine Stationen bei top Lehrmeistern wie z. B. den 3-Sterne-Köchen Klaus Erfort, Sven Elverfeld oder Christian Jürgens.

Spezialitäten: Interpretation Vitello Tonnato. Bavette vom Blackstone Wagyu, Süßkartoffeln, Mais, Pak Choi. Mascarpone, Passionsfrucht.

Menu 69/130 € – Karte 61/82 €

Estherstraße 1 ✉ 66798 – ☎ 06831 62622 – www.land-werk.de – Geschlossen 1.-15. Januar, Montag, Dienstag, mittags: Mittwoch

WALLGAU

Bayern – Regionalatlas **65**–L22 – Michelin Straßenkarte 546

🏯 Parkhotel

SPA UND WELLNESS · GEMÜTLICH In diesem Ferienhotel sind Sie gut aufgehoben, dafür sorgen bayerischer Charme, komfortable Zimmer unterschiedlicher Kategorien, ein angenehm heller, mit Lüftlmalereien verzierter Spabereich und die Kellerbar "Max & Moritz" - damit Sie nichts verpassen, werden hier auch Fernseh-Events übertragen.

30 Zimmer 🖂 – 🛉 200/290 € – 15 Suiten

Barmseestraße 1 🖂 82499 – ℰ 08825 290 – www.parkhotel-wallgau.de

WALLUF

Hessen – Regionalatlas **47**–E15 – Michelin Straßenkarte 543

🍴 Zur Schlupp 🛖 🍽

SAISONAL · GEMÜTLICH ✗ Sehr engagiert leitet Familie Ehrhardt ihr charmantes kleines Restaurant in dem Haus a. d. J. 1608. Die Atmosphäre ist gemütlich, die Küche frisch und saisonal geprägt - und dazu einen der schönen Weine aus der Region? Vergessen Sie nicht, zu reservieren. Tipp: Romantisch ist im Sommer der Innenhof!

Menu 30/53 € – Karte 34/54 €

Hauptstraße 25 🖂 65396 – ℰ 06123 72638 – www.gasthauszurschlupp.de –
Geschlossen 1.-9. Januar, 14.-23. April, 17. Juli-12. August, 6.-15. Oktober, Mittwoch,
Donnerstag, mittags: Montag-Dienstag und Freitag-Sonntag

WALTROP

Nordrhein-Westfalen – Regionalatlas **26**–D10 – Michelin Straßenkarte 543

🐵 Gasthaus Stromberg 🐝 🛖 🅿

MARKTKÜCHE · TRENDY ✗ In dem alteingesessenen Gasthaus in der Fußgängerzone (nett die Terrasse hier) trifft Tradition auf Moderne, das Ambiente ist puristisch und gemütlich zugleich. Man kocht saisonal-regional, so z. B. "Duo vom heimischen Reh, Fichtensprossen, Sellerie, Brombeeren". Oder lieber vegetarisch? Für Gesellschaften: die 1,5 km entfernte "Werkstatt".

Spezialitäten: Dreierlei vom heimischen Kürbis, Münsterländer Ziegenkäse, kandierte Nüsse. Gebackene Ochsenschwanzpraline, Beuscherl, körniger Senf, Belper Knolle. Dunkle Schokolade, Birne, Salzkaramell.

Menu 29/45 € – Karte 29/65 €

Dortmunder Straße 5 🖂 45731 – ℰ 02309 4228 – www.gasthaus-stromberg.de –
Geschlossen 1.-12. Januar, Montag, Sonntag, mittags: Dienstag-Samstag

WANGELS

Schleswig-Holstein – Regionalatlas **11**–K3 – Michelin Straßenkarte 541

In Wangels-Weissenhaus Nord: 5 km

❀❀ Courtier 🐝 🛏 🛖 🛗 🅿

KREATIV · KLASSISCHES AMBIENTE ✗✗✗ Wunderbar dieses Schlossgut von 1896 samt romantischer Parkanlage mit altem Baumbestand, Schlossweiher und Blickschneise zur Ostsee. Mit etwas Glück sehen Sie vielleicht Damwild oder einen Fuchs... Keine Frage, dass man da im Sommer am liebsten auf der Terrasse mit traumhafter Aussicht sitzt! Küchenchef Christian Scharrer, zu dessen bedeutendsten Stationen u. a. das "Buddenbrooks" in Lübeck-Travemünde zählt, wählt die besten Produkte aus, die der Markt zu bieten hat, und verbindet sie zu kreativen Gerichten mit intensiven Aromen. Und wie sollte es bei diesem herrschaftlichen Anwesen anders sein, speist man in stilvollen Sälen mit glitzernden Kronleuchtern, wertvollen Wandgemälden, aufwändigen Stuckarbeiten und edlem Mobiliar. Den versierten und umsichtigen Service leitet Gastgeberin Nathalie Scharrer.

Spezialitäten: Carabinero, Kalbszunge, Kürbis und Curry. Lammrücken mit Artischocke, Sellerie und Parmesan. Brombeere mit Zitrone und Mascarpone.
Menu 150/195 €

Hotel Weissenhaus Grand Village Resort & Spa am Meer, Parkallee 1 ⊠ 23758 –
𝒞 04382 92620 – www.weissenhaus.de – Geschlossen 9. März-1. April, 23.
November-16. Dezember, Montag, Sonntag, mittags: Dienstag-Samstag

🍴○ **Bootshaus**　　　　　　　　　　　　⪕ 🏠 ♻

INTERNATIONAL · HIP ✗ Näher an der Ostsee geht kaum - da ist die Terrasse mit herrlichem Blick auf Strand und Meer der "place to be" schlechthin. Aber auch drinnen bietet das modern-legere Restaurant dank großer Fenster eine schöne Aussicht. Man kocht regional, saisonal und mediterran, z. B. "Ceviche von der Selenter Forelle" oder "Ostsee-Steinbutt im Ganzen gegrillt mit Grana Padano".
Menu 37 € (Mittags), 59/69 € – Karte 47/88 €
Hotel Weissenhaus Grand Village Resort & Spa am Meer, Strandstraße
4 ⊠ 23758 – 𝒞 04382 92620 – www.weissenhaus.de

🏰 **Weissenhaus Grand Village Resort & Spa am Meer**
　　🎾 🐾 ⪕ ⚒ 🖥 ⑳ 🛎 🛗 🖹 🗿 🧖 🅿

LUXUS · GEMÜTLICH Ein Luxus-Hideaway ist das beeindruckende Anwesen auf 75 ha mit Wald, Naturstrand und zahlreichen schön sanierten historischen Gebäuden samt Schloss! Man wohnt stilvoll und individuell (vielleicht im "Badehäuschen" für zwei?), alles ist absolut wertig. Toller Spa, eigenes Kino und interessante Gastronomie. Nur für Hausgäste: Mo. -Fr. abends Sushi in der Gewölbe-Bar.
55 Zimmer ⛵ – 🛏 465/830 € – 11 Suiten
Parkallee 1 ⊠ 23758 – 𝒞 04382 92620 – www.weissenhaus.de
❀❀ **Courtier** · 🍴○ **Bootshaus** – Siehe Restaurantauswahl

WANGEN IM ALLGÄU

Baden-Württemberg – Regionalatlas **63**–I21 – Michelin Straßenkarte 545

🍴○ **Alte Kanzlei**　　　　　　　　　　　　　　🏮

KREATIV · GEMÜTLICH ✗ In dem historischen Haus in der Altstadt bietet ein engagiertes Team in legerem Rahmen gute modern-saisonale Gerichte wie z. B. "Suppe von Shiitake, Pfaffenstück vom Huhn, Belper Knolle" oder "Hirsch, Pekannuss, Kürbis, Kakao". Tipp: die Fensterplätze! Aufmerksam der Service, toll die Weinberatung. Man hat übrigens auch einen Weinladen am Marktplatz.
Menu 42/72 € – Karte 37/50 €
Spitalstraße 15 ⊠ 88239 – 𝒞 07522 7090810 – www.weinbar-wangen.de –
Geschlossen Montag, Dienstag, mittags: Mittwoch-Samstag, abends: Sonntag

In Wangen-Deuchelried Ost: 1, 5 km

🍴 **Adler**　　　　　　　　　　　　　　　🏠 ♻ 🅿

REGIONAL · GEMÜTLICH ✗✗ Sie mögen regionale Küche und auch asiatische Einflüsse hier und da? Die aus frischen, guten Produkten zubereiteten Gerichte nennen sich z. B. "Perlhuhnbrust mit Currynudeln und Kräutern" oder "Skrei auf Rote-Bete-Risotto mit Meerrettichschaum". Wirklich schön das gemütlich-elegante Ambiente und der Garten!
Spezialitäten: Karotten-Ingwersüppchen mit Flusskrebsen. Rücken vom Skrei auf Rote-Bete-Risotto mit Meerrettichschaum. Zweierlei Schokoladenmousse mit Mangoragout.
Menu 38/59 € – Karte 33/54 €
Obere Dorfstraße 4 ⊠ 88239 – 𝒞 07522 707477 – www.adler-deuchelried.de –
Geschlossen Montag, Dienstag, Mittwoch, mittags: Donnerstag-Freitag

WAREN (MÜRITZ)

Mecklenburg-Vorpommern – Regionalatlas **13**–N5 – Michelin Straßenkarte 542

🏵 Kleines Meer   ⇐ 🛏 ⚄ ✿ 🚗

MARKTKÜCHE · GEMÜTLICH XX Nett sitzt man in dem freundlichen, auf zwei Ebenen angelegten Restaurant, der offene Dachstuhl macht es schön luftig. Vor dem Haus die Müritz - da ist die Terrasse mit kleinem Lounge-Bereich natürlich gefragt. Gerichte wie "Tafelspitz mit Meerrettich", "Saibling mit Gemüse" oder "Lamm aus der Region mit Kräutern gebraten" gibt es in Menüform oder à la carte.

Spezialitäten: Ratatouillecrèmesuppe. Müritzer Wildschweinrücken. Crème Brûlée mit Himbeersorbet.

Menu 34/79 € – Karte 36/46 €

Hotel Kleines Meer, Alter Markt 7 (Auch über Strandstraße) ⊠ *17192 –*
𝒞 03991 648200 – www.kleinesmeer.com – Geschlossen 6.-22. Januar, Dienstag, mittags: Montag und Mittwoch-Sonntag

WARENDORF

Nordrhein-Westfalen – Regionalatlas **27**–E9 – Michelin Straßenkarte 543

🏠 Mersch   🛏 📶 ⊟ 🛁 🚗

LANDHAUS · MODERN Alles hier ist ein bisschen mehr als nur "Standard": die geräumigen Zimmer, der schöne Garten (zu dieser Seite schläft es sich ruhiger), der aufmerksame Service, die gediegene "M's Lounge"... , und wo bekommt man schon am Abend gratis Suppe?

24 Zimmer 🖙 – 👫 135/180 €

Dreibrückenstraße 66 ⊠ *48231 –* 𝒞 *02581 63730 – www.hotel-mersch.de*

WARTMANNSROTH

Bayern – Regionalatlas **49**–I14 – Michelin Straßenkarte 546

In Wartmannsroth-Neumühle West: 6 km über Hammelburg-Diebach

🏠 Neumühle   🏔 🐎 🛏 🖼 🛎 📶 🛋 🅰 🛁 🅿

HISTORISCH · INDIVIDUELL Romantik pur und einen gelungenen Mix aus ländlichem Flair und Moderne verspricht das charmante Ensemble aus mehreren Fachwerkhäusern und einer historischen Mühle! Idyllisch die Lage am Fluss, Antiquitäten und ausgesuchte Kunst in den Räumen, freundlicher Service, nicht zu vergessen der schicke Spa und das gemütlich-rustikale Restaurant "Scheune".

29 Zimmer 🖙 – 👫 220/260 € – 2 Suiten

Neumühle 54 ⊠ *97797 –* 𝒞 *09732 8030 – www.romantikhotel-neumuehle.de –*
Geschlossen 2. Januar-13. Februar

WASSERBURG AM INN

Bayern – Regionalatlas **66**–N20 – Michelin Straßenkarte 546

🏵 Herrenhaus   🛏 ✿

MARKTKÜCHE · CHIC XX Im Herzen der wunderschönen Altstadt finden Sie das "Herrenhaus", in dessen 1. Etage der historische Rahmen und die geschmackvolle moderne Einrichtung eine besondere Atmosphäre schaffen. Die gute saisonale Küche gibt es z. B. als "Kalbstatar mit grünem Spargel" oder "Wolfsbarsch mit Artischocken und Bärlauchgnocchi". Tipp: das günstige Mittagsmenü!

Spezialitäten: Tatar vom Weiderind mit Kartoffelrösti. Filet vom Saibling mit Birne, Bohne und Speck. Mohnmousse mit Zwetschgen und Sauerrahmeis.

Menu 18 € (Mittags), 49/57 € – Karte 33/60 €

Herrengasse 17 ⊠ *83512 –* 𝒞 *08071 5971170 – www.restaurant-herrenhaus.de –*
Geschlossen Montag, Sonntag

🍴 **Weisses Rössl** 🏠

REGIONAL · FAMILIÄR 🍴 Im Herzen der schönen Altstadt steht das Haus mit der auffällig bemalten Fassade. Viele Stammgäste schätzen die sympathische, ländlich-moderne Atmosphäre, den charmanten Service und frische, schmackhafte Gerichte wie z. B. "gebeizten Lachs mit Wasabi und Gurke" oder "geschmortes Reh mit Serviettenknödel und Gemüse". Im Sommer mit kleiner Terrasse.

Karte 28/58 €

Herrengasse 1 ✉ 83512 – 𝒞 08071 5263213 – www.weisses-rössl.de –
Geschlossen Montag, Sonntag

WASSERBURG AM BODENSEE

Bayern – Regionalatlas **63**–H22 – Michelin Straßenkarte 546

🍴 **CARALEON** 🍴

MODERNE KÜCHE · KLASSISCHES AMBIENTE 🍴🍴 Sehr geschmackvoll kommt das Restaurant in dem toll gelegenen kleinen Boutique-Hotel daher, überaus wertig das Interieur samt schönem Parkettboden und edler Holzdecke - nicht zu vergessen die Sicht auf den See! Gekocht wird modern mit klassischer Basis, z. B. "Jakobsmuschel, Pastinake, roter Rettich, weißer Tomatenespuma". Charmanter Service mit guter Weinberatung.

Menu 45 € (Mittags), 59/95 € – Karte 45/110 €

Halbinselstraße 70 ✉ 88142 – 𝒞 08382 9800 – www.caraleon.de –
Geschlossen Montag, Dienstag, mittags: Mittwoch-Freitag

WEGSCHEID

Bayern – Regionalatlas **60**–Q19 – Michelin Straßenkarte 546

🏨 **Reischlhof**

SPA UND WELLNESS · AUF DEM LAND Ein Wellnesshotel wie aus dem Bilderbuch: schöne wohnliche Zimmer (von "Kuschelnest" über "Mein Refugium" bis zur tollen "Sky Suite"), Spa auf über 5000 qm drinnen und draußen mit Naturwasser-Badeteich, Chill-Out-Bereich, Relax-Hot-Pool... Zudem ambitionierte 3/4-Pension für Hausgäste. Verleih von Segways und E-Bikes.

75 Zimmer ⛉ – 🛏 278/328 € – 30 Suiten

Sperlbrunn 7 ✉ 94110 – 𝒞 08592 93900 – www.reischlhof.de

WEHR

Baden-Württemberg – Regionalatlas **61**–D21 – Michelin Straßenkarte 545

🍴 **Landgasthof Sonne**  🏠

TRADITIONELLE KÜCHE · GASTHOF 🍴 Warmes Holz, Kachelofen, dekorative Bilder... Richtig heimelig ist es hier! Dazu ambitionierte Küche: bürgerlich, aber auch gehobener. Toll die Terrasse: Hier speist man beim Rauschen des Baches unter schattenspendenden Ahornbäumen! Zum Übernachten gibt es in dem familiengeführten Gasthof hübsche, topgepflegte Zimmer.

Menu 28 € (Mittags), 36/60 € – Karte 23/59 €

Enkendorfstraße 38 ✉ 79664 – 𝒞 07762 8484 – www.hotel-sonne-wehr.de –
Geschlossen 24. Februar-2. März, 29. Mai-15. Juni, 23. Oktober-7. November,
Montag, mittags: Dienstag-Freitag

⚬ Laurentius (Jürgen Koch)   ⊗ AC P

REGIONAL · ELEGANT XX Das Haus der Familie Koch ist gewissermaßen ein "Rundum sorglos"-Paket, denn man kann hier am Marktplatz sehr schön wohnen, richtig gut essen und wird überaus zuvorkommend betreut. Die Gourmetvariante des gastronomischen Doppelkonzepts ist das "Laurentius". Patron Jürgen Koch hat sich in dem aparten Natursteintonnengewölbe mit dem modern-eleganten Ambiente regionale Küche auf die Fahnen geschrieben. Er verarbeitet hochwertige saisonale Produkte. Satt Schnörkel und Chichi bietet z. B. das zarte, mit Gänseblümchenbutter poelierte Kalbsbries jede Menge Kraft und Geschmack, ebenso die herzhafte Jus. Dazu werden Sie freundlich und geschult umsorgt. Tipp: Nehmen Sie sich gute Zutaten für daheim mit, die gibt's im "Hohenloher Märktle".

Spezialitäten: Island Rotbarschfilet mit Salzzitrone, Wasabi und Verjus. Filet und Schulter vom „Böff de Hohenloh". Holunderblüten als „Panna Cotta" und Sorbet, Aprikosen, weißes Mokkaeis.

Menu 49/110€ – Karte 54/91€

Hotel Laurentius, Marktplatz 5 ⊠ *97990 –* ✆ *07934 91080 –*
www.hotel-laurentius.de – Geschlossen 1.-29. Februar, Montag, Dienstag,
mittags: Mittwoch-Samstag, abends: Sonntag

⊛ Laurentius - Bistro   ⊞ P

TRADITIONELLE KÜCHE · BISTRO X Wenn es mal keine Gourmetküche sein soll, sind Sie im angenehm legeren Bistro bei leckeren regionalen Gerichten wie "Zupfsalat mit frischem Märktlegemüse und Rinderschulter Pastrami-Style" oder "Schwäbisch-Hällischen Maultaschen" bestens aufgehoben.

Spezialitäten: Taubertäler Fischsuppe à la Bouillabaisse. Rückenfilet und Ragout vom Bio Alblamm mit Pfifferlingen. Warmes Schokoladenküchle mit eingemachten Aprikosen und Mascarponerahmeis.

Menu 37€ (Mittags)/68€ – Karte 32/68€

Hotel Laurentius, Marktplatz 5 ⊠ *97990 –* ✆ *07934 91080 –*
www.hotel-laurentius.de – Geschlossen 1.-29. Februar, Montag, Sonntag,
mittags: Dienstag

⊞ Laurentius   ⬍ P

FAMILIÄR · GEMÜTLICH Familie Koch steckt jede Menge Herzblut in ihr kleines Hotel. Schön liegt es am historischen Marktplatz beim Schloss samt Park. Hübsch die Zimmer: "Kabinett", "Cuvée" und "Grand Cru". Im eigenen Hohenloher Märktle gibt's "Obst, Gemüse, Schwein & Wein".

13 Zimmer ⊆ – ♟ 129/159€

Marktplatz 5 ⊠ *97990 –* ✆ *07934 91080 –*
www.hotel-laurentius.de

 ⚬ **Laurentius** · ⊛ **Laurentius - Bistro** – Siehe Restaurantauswahl

⊞ Gasthaus zur Krone   ⚔ ⊞ AC ♿ P

FAMILIÄR · DESIGN In dem familiengeführten kleinen Hotel trifft Tradition auf Moderne. Richtig geschmackvoll die Designerzimmer im historischen Gasthaus, ebenso chic die wertig-puristischen Neubau-Zimmer (hier Tablet statt TV). Interessant: temporäres "Pop-up"-Restaurantkonzept auf der (verschließbaren) Terrasse. Man hat auch noch ein recht ruhig gelegenes Gästehaus.

22 Zimmer ⊆ – ♟ 130/160€

Hauptstraße 58 ⊠ *79576 –* ✆ *07621 71164 – www.kroneweil.de*

In Weil-Haltingen Nord: 3 km über B 3

🛏️○ **Rebstock** ⟨icons⟩

REGIONAL · GASTHOF XX In dem schmucken gestandenen Gasthof sitzt man in freundlich-ländlichem Ambiente und lässt sich Klassiker und Saisonales schmecken. Auf der Karte z. B. "Wiener Schnitzel" und "saure Kutteln" oder auch "Zanderfilet vom Grill, lauwarmer Tomatensalat, neue Kartoffeln". Terrasse zum Innenhof. Schön übernachten kann man in dem traditionsreichen Haus ebenfalls.

Menu 18 € (Mittags)/59 € – Karte 24/77 €

Große Gass 30 ⊠ 79576 – 𝒞 07621 964960 – www.rebstock-haltingen.de

WEILERBACH

Rheinland-Pfalz – Regionalatlas **46**–D16 – Michelin Straßenkarte 543

🛏️○ **puur!**  ⟨icons⟩

ZEITGENÖSSISCH · GEMÜTLICH X Das wohl älteste Haus im Ort ist heute ein Mix aus Bar, Weinhandlung und Restaurant. Gemütlich-trendig das Ambiente aus klaren Formen, freiliegenden Sandsteinwänden und viel Holz. Auf der Karte modern-internationale Gerichte wie z. B. "Ravioli mit geräuchertem Burrata, Tomaten-Pulpo-Sud, gebratener Schweinebauch".

Menu 50/65 € – Karte 46/64 €

Hauptstrasse 30 ⊠ 67685 – 𝒞 06374 9449100 – www.geniessen-puur.com –
Geschlossen 1.-9. Januar, Montag, Sonntag, mittags: Dienstag-Samstag

WEILER-SIMMERBERG IM ALLGÄU

Bayern – Regionalatlas **64**–I21 – Michelin Straßenkarte 546

Im Ortsteil Weiler

🏨 **Tannenhof** ⟨icons⟩

SPA UND WELLNESS · INDIVIDUELL Sport und Spa werden hier groß geschrieben: Wellnessvielfalt von Beauty über Yoga bis Physiotherapie, dazu beste Tennisbedingungen (drinnen und draußen) einschließlich Kurse. Und überall im Haus schickes modern-alpines Design - da sind die neueren Zimmer besonders gefragt. 3/4-Pension inklusive.

100 Zimmer ⌸ – ♥♥ 222/390 € – 17 Suiten

Lindenberger Straße 33 ⊠ 88171 – 𝒞 08387 1235 – www.tannenhof.com

WEIMAR

Thüringen – Regionalatlas **40**–L12 – Michelin Straßenkarte 544

🛏️○ **AnnA** ⟨icons⟩

MODERNE KÜCHE · BRASSERIE XX In dem dank viel Glas herrlich lichtdurchfluteten Restaurant mit hoher Decke sitzt man in schönem geradlinigem Ambiente und lässt sich modern-kreative Regionalküche servieren. Darf es vielleicht "Landei 62° & Aal, Lammzunge, Dill" oder "Lachsforelle im Sud & Mandelmilch, Rettich" sein?

Menu 49/59 € – Karte 53/68 €

Hotel Elephant, Markt 19 ⊠ 99423 – 𝒞 03643 8020 – www.hotelelephantweimar.de

🛏️○ **Weinbar Weimar**

MEDITERRAN · WEINSTUBE X Eine richtig charmante Weinbar am Rande der Altstadt! Hier genießt man über 100 offene Weine und gute mediterrane Küche. Zur Wahl stehen ein 5-Gänge-Menü (z. B. mit "Bärlauch-Ravioli, Jakobsmuschel, Morchelschaum") sowie ambitioniertes Barfood à la carte. Als passionierter Sommelier empfiehlt der Patron schön abgestimmte Weine! Hinweis: Das Menü muss man vorbestellen!

Menu 79 € – Karte 26/33 €

Humboldtstraße 2 ⊠ 99423 – 𝒞 03643 4699533 – www.weinbar-weimar.de –
Geschlossen 1. Januar-1. Februar, 1. Juli-1. August, Montag, Sonntag,
mittags: Dienstag-Samstag

⌂⌂⌂ Elephant　　　　　　　　　🌣 🏠 ⌂⌂ 🎦 🗛 🦺 🅿

TRADITIONELL · DESIGN Der Klassiker und Platzhirsch unter den Weimarer Hotels präsentiert sich nach intensiver Verjüngung eleganter und komfortabler denn je, doch auch die Historie des Hauses spürt man nach wie vor. Chic die wertigen Zimmer mit 20er-Jahre-Touch sowie die großzügige Hotelhalle. Kleine Snacks in der "Elephantenbar".

99 Zimmer ⌂ – 👥 180/340 € – 6 Suiten

Markt 19 ✉ 99423 –
☏ 03643 8020 – www.hotelelephantweimar.de
🕪 **AnnA** – Siehe Restaurantauswahl

WEINGARTEN (KREIS KARLSRUHE)
Baden-Württemberg – Regionalatlas **54**-F17 – Michelin Straßenkarte 545

✿ zeit|geist (Sebastian Syrbe)　　　　　　　　　🕅 🅿

KREATIV · GEMÜTLICH 💥💥 Das jahrhundertealte Walk'sche Haus im Herzen von Weingarten hat wirklich Charme: Außen sticht einem die schöne Fachwerkfassade ins Auge, drinnen mischt sich elegante Geradlinigkeit mit Gemütlichkeit. Am Herd sorgt Küchenchef Sebastian Syrbe dafür, dass auf dem Teller die Moderne nicht zu kurz kommt. Bei seinen kreativen Gerichten steht das Produkt absolut im Mittelpunkt! Mit viel Fingerspitzengefühl hebt man den Eigengeschmack der ausgezeichneten Zutaten hervor, bringt angenehme Kontraste mit ein und schafft eine feine Balance. Das geschulte und aufmerksame Serviceteam sorgt zudem für einen reibungslosen Ablauf, der Sommelier empfiehlt Ihnen gerne die passenden Weine von der gut sortierten Karte.

Spezialitäten: Geflämmter Wildlachs, Gurke, Buttermilch und Koriander. Gebratenes Filet vom Kabeljau, Lauch, Vanillenage und Ingwer. Grüne Mango, Gewürzbrot, Joghurt, Olivenöl und Yuzu.

Menu 69/119 €

Hotel Walk'sches Haus, Marktplatz 7 ✉ 76356 –
☏ 07244 70370 – www.walksches-haus.de – Geschlossen 1.-7. Januar, Montag,
Sonntag, mittags: Dienstag-Samstag

⌂⌂⌂ Walk'sches Haus　　　　　　　　　🌣 🦺 🅿

HISTORISCH · GEMÜTLICH Das historische Fachwerkhaus nebst Gästehaus ist ein echtes Gourmet-Hotel, angefangen beim Frühstück über gesunde Leckereien im Zimmer (zeitlos-funktional oder romantisch) bis zum Gourmetrestaurant "zeit|geist". Alternativ gibt es das legere "still|bruch" mit schöner Terrasse am Kanal - hier Flammkuchen, Schnitzel & Co.

25 Zimmer ⌂ – 👥 120/150 €

Marktplatz 7 ✉ 76356 –
☏ 07244 70370 – www.walksches-haus.de – Geschlossen 1.-6. Januar
✿ **zeit|geist** – Siehe Restaurantauswahl

WEINHEIM AN DER BERGSTRASSE
Baden-Württemberg – Regionalatlas **47**-F16 – Michelin Straßenkarte 545

◉ bistronauten　　　　　　　　　🕅 🅿

MARKTKÜCHE · BISTRO 💥 In dem ehemaligen OEG-Bahnhof von 1903 isst man richtig gut. In ungezwungener moderner Atmosphäre mit Industrie-Charme steht auf der Tafel ein saisonales Menü angeschrieben - beim Hauptgang wählt man zwischen Fleisch, Fisch und Vegi. Aus frischen regionalen Produkten entsteht z. B. "Lachsforelle mit Rahmsauerkraut". Wer an der Theke speist, schaut in die offene Küche.

Spezialitäten: Weiße Bohnensuppe, Blutwurst. Odenwälder Lachsforelle, bayerische Garnele, Rahmsauerkraut. Ziegenquarkmousse, Pfirsich.

Menu 37/45 €

Kopernikusstraße 43 ✉ 69469 – ☏ 06201 8461856 – www.bistronauten.de –
Geschlossen 1.-7. Januar, Montag, Sonntag, mittags: Dienstag-Samstag

❚○ esszimmer in der Alten Post

MODERNE KÜCHE · FAMILIÄR ⅩⅩ Klare Linien, ruhige Töne, schöner alter Dielenboden... Trendig und zugleich wohnlich ist das Ambiente hier. Gekocht wird modern-kreativ. Auf der Karte finden sich klassisch-französische und auch asiatische Einflüsse - Appetit macht z. B. "Sankt Jakobsmuschel, Macadamianuss, Thaicurry, grüner Spargel, Koriander". Gut auch die Steaks vom Holzkohlegrill.

Menu 49/85 €

Alte Postgasse 53 ✉ 69469 –
✆ 06201 8776787 – www.esszimmer-weinheim.de – Geschlossen 15.-29. Februar, 31.
August-20. September, Montag, Dienstag, mittags: Mittwoch-Samstag,
abends: Sonntag

❚○ Fuchs'sche Mühle

KLASSISCHE KÜCHE · RUSTIKAL ⅩⅩ In dem gemütlichen rustikal-eleganten Restaurant der einstigen Mühle serviert man klassische sowie mediterran oder regional angehauchte Gerichte, z. B. "mediterranen Pulposalat" oder "Kalbsroulade mit Marktgemüse und Semmelknödel". Terrasse mit Blick ins Grüne, dazu ein netter Biergarten. Übrigens: Auf dem historischen Anwesen von 1563 kann man auch gut übernachten.

Menu 25/75 € – Karte 34/74 €

Birkenauer Talstraße 10 ✉ 69469 – ✆ 06201 10020 – www.fuchssche-muehle.de –
Geschlossen Sonntag, mittags: Montag-Samstag

WEINSTADT

Baden-Württemberg – Regionalatlas **55**-H18 – Michelin Straßenkarte 545

In Weinstadt-Baach

❚○ Gasthaus Rössle

REGIONAL · FAMILIÄR Ⅹ Macht Ihnen "Rinderroulade mit Gemüse und Kartoffelpüree" Appetit? In den traditionell-ländlichen Stuben speist man bürgerlich-regional und wird freundlich umsorgt. Ein sympathisches Gasthaus, zu dem auch eine nette Gartenterrasse gehört.

Karte 23/35 €

Forststraße 6 ✉ 71384 – ✆ 07151 66824 – www.roessle-baach.de –
Geschlossen Mittwoch, Donnerstag

In Weinstadt-Endersbach

⊛ Weinstube Muz

MARKTKÜCHE · WEINSTUBE Ⅹ Die Weinstube von 1877 ist ein wirklich nettes Fleckchen! Man hat es schön heimelig, wird herzlich und familiär betreut und lässt sich gute Saisonküche schmecken - von "Trollingerkutteln" über "geschmelzte Maultaschen" bis "Lammrücken in der Kräuterkruste". Für private Feiern gibt es einen schönen Gewölbekeller.

Spezialitäten: Flädlesuppe. Geschmelzte Maultaschen mit Kartoffelsalat und grünem Salat. Ofenschlupfer mit Vanillesoße und Walnusseis.

Menu 37/59 € – Karte 30/56 €

Traubenstraße 3 ✉ 71384 – ✆ 07151 61321 – www.weinstube-muz.de –
Geschlossen 1.-30. August, Montag, Sonntag, mittags: Dienstag-Samstag

❀❀❀, ❀❀, ❀, ⊛ & ❚○

WEISENHEIM AM BERG

Rheinland-Pfalz – Regionalatlas 47–E16 – Michelin Straßenkarte 543

⸎ **Admiral** (Holger Stehr)   ⇔ 🏠 **P**

ZEITGENÖSSISCH · FAMILIÄR ✗✗ Tolle Qualität zu einem richtig guten Preis-Leistungs-Verhältnis! Ein wirklich charmantes Restaurant und zudem ein Klassiker in der Region, dem die engagierten Inhaber eine eigene Note verpasst haben. In der Küche sorgt Patron Holger Stehr für einen interessanten Mix aus Moderne und Klassik, geschmacklich intensiv und auch ein bisschen verspielt - da kommt der Pâtissier in ihm durch. Holger Stehr ist nämlich gelernter Konditor und war zuvor Chef-Pâtissier in verschiedenen Sternerestaurants. Lassen Sie sich also auf keinen Fall leckere Desserts wie z. B. Cheesecake mit Aprikosengelee und Mandelstreuseln entgehen! Gastgeberin Martina Kraemer-Stehr, ihres Zeichens Sommelière, ist für den freundlichen Service verantwortlich. Die offenen Weine gibt es zu den beiden Menüs auch als Weinreise.

Spezialitäten: Ceviche von der Eußerthal Forelle, Tomaten, Melone, Büffelmozzarella, Kräuteröl. Rehrücken vom Donnersberg, Steinpilze, Topinambur, Brombeeren, Spitzkohl, Mangalitzer Lardo. Walderdbeeren, Milchreiseis, roter Rhabarber, Waldmeister-Yuzugelee, Sesam.

Menu 54/93 €

*Leistadter Straße 6 ⊠ 67273 – ℰ 06353 4175 – www.admiral-weisenheim.de –
Geschlossen 24. Februar-8. März, 31. August-13. September, Montag, Dienstag,
mittags: Mittwoch-Freitag*

WEISSENSTADT

Bayern – Regionalatlas 51–M15 – Michelin Straßenkarte 546

🍽️○ **Bistro Prinz-Rupprecht Stube**   🏠 ♿ **P**

REGIONAL · BISTRO ✗ Gemütlich-leger hat man es in dem hübsch sanierten alten Gasthaus. Unter dem freigelegten böhmischen Kreuzgewölbe oder im lichten "Bistrogarden" lässt man sich z. B. "Wiener Schnitzel mit lauwarmem Kartoffelsalat" oder "Garnelen in Kräuterbutter" schmecken.

Menu 21/38 € – Karte 22/59 €

*Wunsiedler Straße 49 ⊠ 95163 – ℰ 09253 237 – www.gasthausegertal.de –
Geschlossen 1.-31. Januar, Dienstag, Mittwoch, mittags: Montag und
Donnerstag-Samstag*

WEITNAU

Bayern – Regionalatlas 64–I21 – Michelin Straßenkarte 546

In Weitnau-Hellengerst Nord-Ost: 10 km über B 12

🏨 **Hanusel Hof**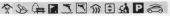

LANDHAUS · MODERN Umgeben vom satten Grün des hauseigenen Golfplatzes genießen Golfer, Urlauber und Wellnessgäste alpenländische Wohnlichkeit, Massage und Kosmetik sowie den Bergblick (sehr schön von der Terrasse!). Im Winter Loipen vor dem Haus. Das Restaurant bietet regional-traditionelle Küche, mittags reduziertes Angebot.

45 Zimmer – 👫 240/372 € – 8 Suiten

Helingerstraße 5 ⊠ 87480 – ℰ 08378 92000 – www.hanusel-hof.de

WERDER (HAVEL)

Brandenburg – Regionalatlas 22–O8 – Michelin Straßenkarte 542

🍽️○ **Alte Überfahrt**   🏠 ♿ **P**

MODERNE KÜCHE · CHIC ✗✗ Hier lockt zum einen die reizvolle Lage an der Havel (man hat auch einen Bootsanlager), zum anderen bietet man ambitionierte Küche in freundlich-moderner Atmosphäre. Sie möchten übernachten? Das Hotel "Prinz Heinrich" mit seinen gepflegten Zimmern befindet sich im selben Haus.

Menu 56/100 €

*Fischerstraße 48b ⊠ 14542 – ℰ 03327 7313336 – www.alte-ueberfahrt.de –
Geschlossen Montag, Dienstag, mittags: Mittwoch-Freitag*

WERDOHL

Nordrhein-Westfalen – Regionalatlas **27**–D11 – Michelin Straßenkarte 543

In Werdohl-Kleinhammer

🍴○ Thuns Dorfkrug   ⇔ 🏠 **P**

INTERNATIONAL · ZEITGEMÄßES AMBIENTE ✗✗ Zeitgemäß und mit elegantem Touch kommt das Restaurant daher, schön die modernen Bilder und der Parkettboden. Geboten werden schmackhafte regionale und internationale Gerichte. Gepflegt übernachten kann man ebenfalls: Die Zimmer sind geradlinig und funktionell.

Menu 36/55 € – Karte 34/60 €

Brauck 7 ✉ 58791 – ☎ 02392 97980 – www.thuns.de – Geschlossen Sonntag, mittags: Freitag-Samstag

WERNBERG-KÖBLITZ

Bayern – Regionalatlas **51**–N16 – Michelin Straßenkarte 546

🏵 Wirtsstube   🏠 ✿ **P**

REGIONAL · RUSTIKAL ✗ Im zweiten Restaurant des Hotels "Landgasthof Burkhard" heißt es in freundlich-rustikalem Ambiente regional-bürgerliche Schmankerlküche: "Rahmbraten mit Kartoffelknödel", "Cordon bleu", "Schweinefilets auf Schwarzwurzelragout"... Die Terrasse teilen sich beide Restaurants.

Spezialitäten: Leberknödelsuppe mit Schnittlauch. Filet vom Rotbarsch in Kräutersauce mit sautiertem Babyspinat und Kartoffeln. Tonkabohnen Mousse mit Vanillebirnen.

Menu 28/36 € – Karte 25/67 €

Kaminstube, Marktplatz 10 ✉ 92533 – ☎ 09604 92180 – www.hotel-burkhard.de – Geschlossen 1. Januar-1. Februar, 27.-31. Dezember, Freitag, mittags: Samstag, abends: Donnerstag und Sonntag

🍴○ Kaminstube   ⇔ 🏠 ✿ **P**

FRANZÖSISCH · RUSTIKAL ✗✗ Zirbelholzvertäfelung, Ofen, charmante Deko... , schön heimelig ist es hier! Gekocht wird französisch mit saisonalem und mediterranem Einfluss, z. B. "Lammcarré mit Kräuterkruste". Toll die Terrasse unter Kastanienbäumen! Sept. - April: samstags auf Reservierung nur "Fine Dining Stub'n Menü". Der "Landgasthof Burkhard" hat auch freundliche Gästezimmer.

Menu 45/95 € – Karte 43/68 €

Marktplatz 10 ✉ 92533 – ☎ 09604 92180 – www.hotel-burkhard.de – Geschlossen 1. Januar-1. Februar, 27.-31. Dezember, Donnerstag, Freitag, Sonntag, mittags: Montag-Mittwoch und Samstag

🏵 **Wirtsstube** – Siehe Restaurantauswahl

WERNIGERODE

Sachsen-Anhalt – Regionalatlas **30**–K10 – Michelin Straßenkarte 542

🏵 Pieket

KREATIV · GASTHOF ✗ "PIEKET" - das sind Robin PIEtsch und Jürgen KETtner. Die Freunde haben sich hier für ein interessantes modernes Gastro-Konzept zusammengetan. Pünktlich um 19 Uhr öffnet sich die Tür zu dem trendig-urbanen Tresen-Restaurant, das man eher in einer Großstadt vermuten würde als im beschaulichen Wernigerode. Man sitzt auf bequemen Barhockern an der Theke zur offenen Küche, kommunikativ die Atmosphäre. Gebannt verfolgt man das fast an eine Theateraufführung erinnernde Geschehen, die Zeit vergeht wie im Flug! Geboten wird ein kreatives Menü: französisch-japanische Crossover-Küche mit regionalen Einflüssen. Angenehm klar und ausgewogen ist da nicht nur der Pulpo im Tempurateig mit Zitrusaromen und Togarashi-Hollandaise. Schön die Weinbegleitung - oder lieber einen tollen selbst kreierten Saft?

Spezialitäten: Graubrot gegrillt, Tatar vom Simmentaler Fleckvieh, Ikura. Entenbrust, Topinambur, Harumaki Blunzn. Kokosnuss, fermentierte Banane, gereifter Mirin.

Menu 99/120 €

Breite Straße 53a (Brunnenhof) ⊠ 38855 – ℰ 03943 5536053 – www.pieket.de –
Geschlossen 22. Juni-5. Juli, 31. August-6. September, Montag, Dienstag, Sonntag,
mittags: Mittwoch-Samstag

⛉ Zeitwerk 🏠 AC

KREATIV · FREUNDLICH ⅔ Ein Menü - viele kleine Gänge. Und die bleiben in Erinnerung! Genau das ist das Ziel des jungen Teams um Inhaber und Küchenchef Robin Pietsch, der übrigens nicht nur Koch, sondern auch gelernter Konditor ist. Einen festen Küchenstil gibt es hier nicht, nur eines ist Ihnen gewiss: Kreativität. Ausgesuchte Produkte aus der Region werden sehr durchdacht und mit frischen Ideen zu angenehm reduzierten Speisen zusammengestellt. Da gibt es z. B. eine zarte konfierte Lachsforelle mit sautiertem Grünkohl und natürlichem Birnensaft – ein ausgesprochen aromatisches Gericht, das Spaß macht! Man nennt sich selbst „Wohnzimmer-Restaurant", und das trifft es recht gut. Die Atmosphäre ist trendig und zugleich angenehm persönlich, der Service charmant und leger – ein wirklich schönes modernes Bild!

Spezialitäten: Karotte, Lavendel, Ziege. Freilandhuhn, Brust, Pastinake. „Heuschnupfen", Heueis und Milch.

Menu 99/120 €

Große Bergstraße 2 ⊠ 38855 – ℰ 03943 6947884 – www.dein-zeitwerk.com –
Geschlossen Montag, Dienstag, Sonntag, mittags: Mittwoch-Samstag

⛉ Die Stuben 🚿 AC 🚗

MARKTKÜCHE · KLASSISCHES AMBIENTE ⅔⅔ Auch im zweiten Restaurant des Travel Charme Hotels isst man gut! In gepflegter Atmosphäre serviert man z. B. "gebratenes Goldmakrelenfilet, Blumenkohl-Kokospüree, Kapern-Honigvinaigrette, gebackene Glasnudeln" - und auch hier gibt es dazu schöne Weine. Besonderheit: Blick auf den historischen Marktplatz! Tipp: günstiges Buffet-Angebot für den eiligen Mittagsgast.

Spezialitäten: Vitello Tonnato, Kalbstatar, marinierter Thunfisch und Kaperncrème. Rosa Medaillon vom Apfelschwein, grüner Spargel, Pfifferlinge, Pinienkerne und Sellerieschaum. Weiße Schokolade, Grapefruit, Orange, Lakritze.

Menu 36 € – Karte 35/54 €

Travel Charme Gothisches Haus, Marktplatz 2 ⊠ 38855 – ℰ 03943 6750 –
www.travelcharme.com/gothisches-haus – Geschlossen mittags: Samstag-Sonntag

ⅰO Bohlenstube 🚗 AC 🚗

ZEITGENÖSSISCH · TRADITIONELLES AMBIENTE ⅔⅔ Die kleine Stube des schicken historischen Stadthotels hat mit ihrem stilvollen Ambiente und dem Blick zum Marktplatz schon einen gewissen Charme. Aus einem anspruchsvollen Menü können Sie beliebig viele Gänge wählen. Wie wär's z. B. mit "Perlhuhn aus Bodensee/Harz, Pilze, Schwarzwurzeln, in 2 Gängen serviert"? Lecker auch Desserts wie "Guanaja, Olivenöl, Haselnuss"!

Menu 59/99 € – Karte 57/74 €

Travel Charme Gothisches Haus, Marktplatz 2 ⊠ 38855 – ℰ 03943 6750 –
www.travelcharme.com/gothisches-haus – Geschlossen 1. Januar-4. Februar, 12. Juli-
1. September, 20.-31. Dezember, Montag, Dienstag, Sonntag,
mittags: Mittwoch-Samstag

🏨 Travel Charme Gothisches Haus 🕙 ⅍ ⅃₃ 🖃 👫 AC 🏋 🚗

HISTORISCH · KLASSISCH Ein reizender Anblick ist das aus drei Häusern bestehende Hotel - das älteste stammt a. d. 15. Jh. Drinnen erwarten Sie klassisch-komfortable Zimmer, ein gutes Frühstück und jede Menge Spa-Angebote. Toll auch die Lage direkt gegenüber dem historischen Rathaus.

113 Zimmer 🛏 – 👫 128/264 € – 3 Suiten

Marktplatz 2 ⊠ 38855 – ℰ 03943 6750 – www.travelcharme.com/gothisches-haus
⛉ **Die Stuben** · ⅰO **Bohlenstube** – Siehe Restaurantauswahl

WERTHEIM
Baden-Württemberg – Regionalatlas 48-H16 – Michelin Straßenkarte 545

In Wertheim-Bestenheid Nord-West: 3 km

🕸️ **Bestenheider Stuben** ⬅ 🏠 ♻ **P**

INTERNATIONAL · FREUNDLICH ✕✕ Es ist bekannt, dass Gastgeber Otto Hoh im Restaurant des gleichnamigen Hotels schmackhaft und unkompliziert kocht, ob "US-Rinderrücken, Bohnen, Kartoffeln, Sauce Béarnaise" oder "Steinbeißerfilet mit Pommerysenfsauce". Auch das Ambiente stimmt: hell und freundlich. Bar als Raucherbereich. Gepflegt und funktionell die Gästezimmer.

Spezialitäten: Feldsalat an Walnussöldressing mit gerösteten Speckstreifen und Weißbrotwürfeln. Rumpsteak mit gebackenen Zwiebeln, Kräuterbutter, Bratkartoffeln und Marktsalat. Warmes, halbfestes Schokoküchle mit hausgemachtem Tonkabohneneis.

Menu 41/58 € – Karte 31/63 €

Breslauer Straße 1 ✉ 97877 – 𝒞 09342 96540 – www.bestenheider-stuben.de –
Geschlossen Sonntag

WERTINGEN
Bayern – Regionalatlas 57-J19 – Michelin Straßenkarte 546

🍴 **Gänsweid** 🏠 ♿

REGIONAL · TRENDY ✕ Schön, was aus der einstigen Autowerkstatt geworden ist: ein hübsch dekoriertes, gemütlich-modernes Restaurant mit regional-internationalen Gerichten. Auf der Tafel liest man z. B. "Skreifilet mit Fenchel und Senfsoße" oder "geschmortes Rind mit Gemüse und Spätzle". Mittags ist das Angebot kleiner und einfacher.

Menu 30/45 € – Karte 28/49 €

Gänsweid 1 ✉ 86637 – 𝒞 08272 642132 – www.gaensweid.de – Geschlossen 19.-26.
Februar, Mittwoch, mittags: Samstag

WESEL
Nordrhein-Westfalen – Regionalatlas 25-B10 – Michelin Straßenkarte 543

In Wesel-Flüren Nord-West: 3 km über B 8

🕸️ **ART** 🏠 ♿ ♻ **P**

INTERNATIONAL · TRENDY ✕ Schon seit 1998 betreiben Susanne und Uwe Lemke ihr modernes Restaurant mit Bistro-Flair, in dem man zum einen das gute Essen genießt, zum anderen sehenswerte Kunst sowie den Blick ins Grüne und auf den Teich. Die international-saisonale Küche mit regionalen Einflüssen gibt es z. B. als "geschmorte Rinderschulter, Limonenblattjus, Senfkaviar, geröstetes Kürbispüree".

Spezialitäten: Krustentiersuppe mit Riesengarnele. Steinbeißerfilet, Currysauce, zweierlei Rübchen, Püree. Mango-Vanillecrème im Glas, Beerenkompott, Eis.

Menu 15 € (Mittags)/45 € – Karte 33/58 €

Reeser Landstraße 188 ✉ 46487 – 𝒞 0281 97575 – www.restaurant-art.de –
Geschlossen Montag, Dienstag

WETTENBERG
Hessen – Regionalatlas 37-F13 – Michelin Straßenkarte 543

In Wettenberg - Krofdorf-Gleiberg Süd-West: 5 km

🍴 **Burg Gleiberg** ⬅ 🏠 ♻ **P**

KLASSISCHE KÜCHE · HISTORISCHES AMBIENTE ✕ Die Aussicht hier oben auf der Burg ist schon beeindruckend! Im charmanten geschmackvoll-rustikalen Restaurant serviert man klassisch-saisonale Küche mit mediterranen Einflüssen - gerne speist man auch auf der Terrasse. In der urigen "Albertusklause" samt tollem Biergarten ist das Angebot einfacher. Tipp: Besuchen Sie die historische Ruine!

Karte 33/63 €

Burgstraße 90 ✉ 35435 – 𝒞 0641 81444 – www.burggleiberg.de –
Geschlossen Mittwoch

WICKEDE (RUHR)

Nordrhein-Westfalen – Regionalatlas **27**–E11 – Michelin Straßenkarte 543

⇔🛖 **Haus Gerbens**

INTERNATIONAL · ELEGANT XX Elegant oder lieber rustikal? In der ehemaligen Poststation (1838) wählen Sie zwischen Restaurant und Gaststube, um sich internationale Speisen wie "Lachsfilet, Dillschaum, Tomaten-Blattspinat, Kräuter-Risotto" schmecken zu lassen. Hübsche begrünte Terrasse. Zum Übernachten: schöne individuelle Zimmer.

Menu 20€ (Mittags), 36/46€ – Karte 25/73€

Hauptstraße 211 ⊠ 58739 – ℰ 02377 1013 – www.haus-gerbens.de – Geschlossen 1.-7. Januar, Montag, Sonntag, mittags: Samstag

WIECK AUF DEM DARSS

Mecklenburg-Vorpommern – Regionalatlas **5**–N3 – Michelin Straßenkarte 542

🛖 **Gute Stube**

REGIONAL · LÄNDLICH XX Richtig gemütlich hat man es in den charmanten Stuben, ebenso reizvoll die herrliche Terrasse mit Boddenblick! Man kocht frisch, regional und mit vielen Bioprodukten – lecker z. B. "Kotelett vom Steinbutt, Spargel, gelbe Bete, Bärlauch-Petersilienwurzeltaler".

Karte 32/53€

Hotel Haferland, Bauernreihe 5a ⊠ 18375 – ℰ 038233 680 – www.hotelhaferland.de – Geschlossen 30. November-13. Dezember

🏨 **Haferland**

LANDHAUS · GEMÜTLICH Schön liegen die drei Reetdachhäuser nahe dem Bodden auf einem großen Naturgrundstück mit Kräuter- und Gourmetgarten, Teichen, Wald und Feuchtwiese. Es erwarten Sie gemütliche Zimmer, Wellness in der tollen "Gesundheitsscheune" sowie Langschläferfrühstück bis 13 Uhr.

34 Zimmer ⚏ – 👫 153/180€ – 12 Suiten

Bauernreihe 5a ⊠ 18375 – ℰ 038233 680 – www.hotelhaferland.de – Geschlossen 30. November-13. Dezember

🛖 **Gute Stube** – Siehe Restaurantauswahl

WIEDEN

Baden-Württemberg – Regionalatlas **61**–D21 – Michelin Straßenkarte 545

⇔ **Berghotel Wiedener Eck**

REGIONAL · GASTHOF X Traditionelle Schwarzwaldstube oder lieber helles modernes Ambiente mit Panoramablick? Auch in der regional geprägten Küche bereichern moderne Einflüsse beliebte Klassiker wie "Geschnetzeltes aus der Rehkeule, Waldpilzsoße, Spätzle" - Wild kommt aus eigener Jagd. Übernachten kann man in hübschen wohnlich-warm eingerichteten Zimmern.

Karte 29/62€

Oberwieden 15 (Höhe 1050 m) ⊠ 79695 – ℰ 07673 9090 – www.wiedener-eck.de – Geschlossen Montag, Dienstag

WIESBADEN

Hessen – Regionalatlas **47**–E15 – Michelin Straßenkarte 543

✿ **Ente**

FRANZÖSISCH-KLASSISCH · ELEGANT XXX Klassischer geht es kaum! Der "Nassauer Hof", ein schmuckes Grandhotel von 1813, bildet den stilvollen Rahmen für die elegante "Ente". Auf zwei Ebenen - eine geschwungene Treppe mit schmiedeeisernem Geländer führt hinauf auf die Empore - sitzt man an wertig eingedeckten Tischen und wird aufmerksam und geschult umsorgt. So klassisch wie das Ambiente und die Servicebrigade präsentiert sich auch die Küche von Michael Kammermeier. Dennoch finden sich hier und da auch moderne Elemente, angenehm dezent eingesetzt in Form von interessanten Kontrasten und Texturen. Der Klassiker schlechthin und nicht wegzudenken von der Karte ist die Ente in zwei Gängen. Bemerkenswert: Seit 1980 hält die "Ente" ohne Unterbrechung ihren MICHELIN Stern - seit 2006 unter der Leitung von Michael Kammermeier.

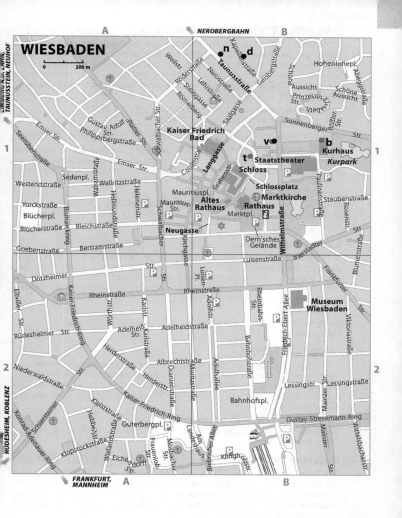

Spezialitäten: Tatar von der Roten Wildgarnele, Yuzumayonnaise, Passe Pierre, Gurke, Krustentiereis. Ente von Kopf bis Fuß. Haselnusseis, Topinambur, weiße Schokolade.

Menu 110/165 €

Stadtplan: B1-v – *Hotel Nassauer Hof, Kaiser-Friedrich-Platz 3* ✉ *65183 –* ✆ *0611 133666 – www.nassauer-hof.de – Geschlossen 1.-14. Januar, 21. Juli-5. August, Montag, Sonntag, mittags: Dienstag-Freitag*

🍽 DAS GOLDSTEIN BY GOLLNER'S ⓝ

SAISONAL · CHIC ✕✕ Richtig stylish kommt das ehemalige Schützenhaus daher, wertig das geradlinig-schicke Design - viel Holz bewahrt den Bezug zur Natur. Die ambitionierte Küche bietet traditionelle Klassiker sowie Modernes und Internationales - von "heimischem Rehrücken mit Topfenspätzle" bis "Wildlachs im Teriyaki-Stil". Toll der begehbare Weinkeller sowie die Karte mit 500 Positionen.

Menu 58/110 € - Karte 43/90 €

außerhalb Stadtplan – *Goldsteintal 50* ✉ *65207* – ☎ *0611 541187* –
www.gollners.de – *Geschlossen Montag, Dienstag*

🍽 Ente-Bistro

FRANZÖSISCH-KLASSISCH · BISTRO ✕ Der kleine Ableger der traditionsreichen "Ente" ist ein gemütliches Bistro, in dem man ebenfalls lecker isst, nur etwas schlichter. Aus der Küche kommt hier z. B. "Knurrhahn mit Bärlauchrisotto und Mairübchen".

Karte 39/58 €

Stadtplan: B1-v – *Hotel Nassauer Hof, Kaiser-Friedrich-Platz 3* ✉ *65183* –
☎ *0611 133666* - *www.nassauer-hof.de* – *Geschlossen 1.-14. Januar, 21. Juli-5. August, Montag, Sonntag*

🍽 Lambertus Kurhaus

INTERNATIONAL · BISTRO ✕ In dem prächtigen Kurhaus von 1907 (hier auch die Spielbank) bestaunt man im Parfüm-Saal große Original-Flacons, in der Belétage Werke von Gunter Sachs und im Bistro unzählige Fotos (zählen Sie die Eiffelturm-Bilder!). Die Küche ist international geprägt. Gerne kommt man sonntags zum Brunch oder auch nach dem Theater.

Karte 35/76 €

Stadtplan: B1-b – *Kurhausplatz 1 (im Kurhaus)* ✉ *65189* – ☎ *0611 536200* –
www.kuffler.de

🍽 martino KITCHEN

SAISONAL · BISTRO ✕ Ein sympathisches Bistro mit charmantem Service und mediterran beeinflusster Küche von handgemachter Pasta bis Zitronen-Hühnchen. Darf es vielleicht mal das "Carte blanche"-Menü am Chef's Table sein? Das Restaurant befindet sich im Hotel "Citta Trüffel" mit chic designten Zimmern und Feinkostladen.

Menu 33/66 € - Karte 48/63 €

Stadtplan: B1-t – *Webergasse 6* ✉ *65183* – ☎ *0611 9905530* - *www.martino.kitchen* –
Geschlossen Sonntag

🏨 Nassauer Hof

GROSSER LUXUS · KLASSISCH In dem schönen Grandhotel von 1813 pflegt man den klassischen Stil, ohne dabei stehenzubleiben. Das beweisen die zeitgemäßeleganten und hochwertigen Zimmer ebenso wie der tolle Spa im 5. Stock mit Stadtblick und 32°-Thermal-Pool! Saisonale Küche und Klassiker im Restaurant "Orangerie" mit Wintergarten.

145 Zimmer ☲ – 👥 220/400 € - 14 Suiten

Stadtplan: B1-v – *Kaiser-Friedrich-Platz 3* ✉ *65183* – ☎ *0611 1330* –
www.nassauer-hof.de

🍽 **Ente-Bistro** · 🌸 **Ente** – Siehe Restaurantauswahl

🏠 Klemm

HISTORISCH · INDIVIDUELL Ein richtig schöner Altbau von 1888, hübsche Jugendstilelemente wie Stuck oder Buntglasfenster, ein reizender Innenhof, liebevoll eingerichtete Zimmer, von denen keines dem anderen gleicht, und nicht zuletzt das tolle Frühstück. Darüber hinaus werden Sie hier auch noch überaus herzlich betreut!

62 Zimmer ☲ – 👥 110/150 € - 1 Suite

Stadtplan: B1-d – *Kapellenstraße 9* ✉ *65193* – ☎ *0611 5820* - *www.hotel-klemm.de*

In Wiesbaden-Alt Klarenthal Nord-West: 5 km über Dotzheimer Straße A2

⁂○ Landhaus Diedert ⇦ 🍴 🏠 AC 🌳 P

SAISONAL · CHIC ✗✗ Überall zeigt sich das Engagement der Familie Diedert - von den schönen Zimmern im Gästehaus über das freundliche, wertige Interieur des Restaurants mit seinen schicken Design-Akzenten bis hin zur mediterranen sowie regional-deutschen Küche. Ein Klassiker des Hauses: "Gambas 'Sambal Oelek', serviert in der 'Le Creuset'-Pfanne". Toll die Platanen-Terrasse.

Menu 28 € (Mittags), 29/69 € – Karte 30/70 €

außerhalb Stadtplan – *Am Kloster Klarenthal 9* ✉ *65195* – ☎ *0611 1846600* – *www.landhaus-diedert.de* – *Geschlossen Montag, mittags: Dienstag und Samstag*

WIESSEE, BAD
Bayern – Regionalatlas **66**–M21 – Michelin Straßenkarte 546

⊛ Freihaus Brenner ⇐ 🏠 🌳 P

REGIONAL · GEMÜTLICH ✗✗ "Blutwurstgröstl, Apfel, Sellerie" oder "Skrei, Bouil-labaissegemüse, Reis"? So oder so ähnlich klingen die schmackhaften, frischen regionalen Gerichte in herrlicher Lage oberhalb des Sees. Drinnen gemütliche kleine Stuben, draußen Panoramasicht von der tollen Terrasse. Tipp: die schöne Ferien-Suite im DG.

Spezialitäten: Geräucherter Aal, Rote Beete Salat, Meerrettich-Espuma, Kartoffel-chips. Geschmortes Kalbsvögerl, Vichy Karotten, Serviettenknödel. Kürbismousse im Glas, Quittenragout, karamellisierte Kürbiskerne.

Karte 30/70 €

Freihaus 4 ✉ *83707* – ☎ *08022 86560* – *www.freihaus-brenner.de* – *Geschlossen 7.-16. Januar, Dienstag*

⁂○ Da Mimmo 🏠 P

ITALIENISCH · GEMÜTLICH ✗✗ Viele Stammgäste zieht es in das gemütlich-ele-gante Ristorante von Padrone Mimmo - sie mögen seine klassisch-italienische Küche. Pizza gibt es keine, dafür z. B. "Linsen-Risotto mit gebratener Entenleber" oder "Seezunge vom Grill". Charmante begrünte Terrasse.

Menu 41 € – Karte 36/60 €

Sanktjohanserstraße 82 ✉ *83707* – ☎ *08022 82250* – *www.ristorante-da-mimmo.com*

🏠 Landhaus Marinella ⇐ 🍴 🦢 P

LANDHAUS · INDIVIDUELL Ein wirklich geschmackvolles kleines Domizil am Tegernsee. Individuelle Zimmer mit schönem Parkettboden, von romantisch bis maritim, eines reizender als das andere - allesamt hell, frisch und wohnlich! Dazu wird man liebenswert persönlich umsorgt, und ein gutes Frühstück gibt es eben-falls. Strandbad gleich gegenüber.

8 Zimmer ⌂ – ♥♥ 140/200 € – 3 Suiten

Am Strandbad 7 ✉ *83707* – ☎ *08022 8599990* – *www.landhaus-marinella.de*

🏠 Relais Chalet Wilhelmy ⽊ 🍴 🦢 🧖 P 🚗

BOUTIQUE-HOTEL · GEMÜTLICH Schön ist der individuelle Stil hier: Von den Zimmern bis zur kleinen Vinothek hat man traditionelle und moderne Elemente sehr hübsch gemischt. Nett auch der Saunabereich. Highlight ist die "Alm Chalet Suite"!

19 Zimmer ⌂ – ♥♥ 179/249 € – 2 Suiten

Freihausstraße 15 ✉ *83707* – ☎ *08022 98680* – *www.relais-chalet.com*

WILDBERG
Baden-Württemberg – Regionalatlas **54**–F19 – Michelin Straßenkarte 545

⊛ Talblick ⇦ ⇐ 🏠 ⅋ 🌳 P

REGIONAL · FREUNDLICH ✗✗ Bei den Weitbrechts wird geschmackvoll, frisch und mit sehr guten Produkten gekocht - wie wär's mit "Schollenfilets in Mandel-butter gebraten" oder "Filet & Bäckchen vom Landschwein mit Pommerysenf-Soße"? Auf Vorbestellung aufwändiges Menü im kleinen "Gourmet". Schön gepflegt übernachten kann man auch.

Spezialitäten: Rinderkraftbrühe mit Grießnocken. Geschmortes Lamm-Häxle, Barolojus, Speck-Bohnen und Thymian-Kartoffeln. Heiße Himbeeren mit Vanillerahmeis und Sahne.

Menu 33/95€ – Karte 20/52€

Bahnhofsträßle 6 ✉ 72218 – ☏ 07054 5247 – www.talblick-wildberg.de –
Geschlossen 19. Februar-3. März, 5.-19. August, 20.-30. Oktober, Dienstag

WILDEMANN
Niedersachsen – Regionalatlas **29**–J10 – Michelin Straßenkarte 541

Rathaus   ⇐ 🛋 ✿ **P**

REGIONAL · STUBE ✗ Wo einst das Rathaus stand, kann man heute gemütlich essen und gut übernachten. Gekocht wird frisch, klassisch-regional und mit modernen Akzenten, so z. B. "Kalbstafelspitz, Rote Bete, gebackene Sauerampfer-Kartoffel". Schön sitzt man im Sommer draußen unter Linden. Tipp: Probieren Sie auch die hausgemachten Pralinen!

Spezialitäten: Erbsensuppe, Ziegenkäse, Holunder. Kalbstafelspitz, Rote Bete, gebackene Sauerampferkartoffel. Mandel, Passionsfrucht, Weizen, Käsekucheneis.

Karte 37/58€

Bohlweg 37 ✉ 38709 – ☏ 05323 6261 – www.hotel-rathaus-wildemann.de –
Geschlossen 16. März-6. April, Donnerstag, mittags: Montag und Freitag

WILLINGEN (UPLAND)
Hessen – Regionalatlas **27**–F11 – Michelin Straßenkarte 543

In Willingen-Stryck Süd-Ost: 3, 5 km

🍽️○ Gutshof Itterbach   ⇐ 🛋 & ✿ **P**

FRANZÖSISCH-KLASSISCH · ELEGANT ✗✗ "Skrei, Balsamico-Linsen, Krustentierjus", "irisches Rinderfilet, Süßkartoffeln, Café-de-Paris-Butter"... Zur klassischen Küche kommen gemütliches Ambiente, eine Terrasse mit Blick ins Grüne und aufmerksamer Service. Sonntags Brunch.

Menu 38/62€ – Karte 34/55€

Mühlenkopfstraße 7 ✉ 34508 – ☏ 05632 96940 – www.gutshof-itterbach.de –
Geschlossen Montag, Dienstag, mittags: Mittwoch-Freitag, abends: Sonntag

WILTHEN
Sachsen – Regionalatlas **44**–R12 – Michelin Straßenkarte 544

In Wilthen-Tautewalde West: 2 km Richtung Neukirch

Erbgericht Tautewalde   ⇐ 🛋 ✿ **P**

INTERNATIONAL · GEMÜTLICH ✗✗ Drinnen hübsche ländlich-moderne Räume, draußen ein herrlicher Innenhof mit Blick in die Küche. Gekocht wird saisonal, regional und international - da ist "Wasabi-Thunfisch auf grünem Curry und roten Linsen" genauso lecker wie "geschmorte Rindsroulade mit Rotkohl und Stupperche". Gut übernachten kann man hier auch.

Spezialitäten: Kalte Variation aus dem BBQ-Smoker an Blattsalat, Coleslaw und Jack Daniel's-Rib Glaze. Filet vom Wolfsbarsch mit Zucchini und Avocado, Tintenfisch-Oliven-Tagliolini. Tonkabohnen-Crème brûlée an Rotweinbirne und Brownie, Mascarpone-Heidelbeereisparfait.

Menu 25/36€ – Karte 34/73€

Tautewalde 61 ✉ 02681 – ☏ 03592 38300 – www.tautewalde.de –
Geschlossen Sonntag, mittags: Montag-Donnerstag

WIMPFEN, BAD
Baden-Württemberg – Regionalatlas **55**–G17 – Michelin Straßenkarte 545

iO **Friedrich**

INTERNATIONAL · TRENDY X Verbinden Sie doch einen Bummel durch die beschauliche Altstadt mit einem Essen in dem charmanten Stadthaus a. d. 16. Jh.! Unten die liebenswert-rustikale Weinstube Feyerabend, oben das Restaurant mit saisonaler Küche - wie wär's z. B. mit einem "Weinmenü"? Mittags etwas reduzierte Karte. Tipp: Leckeres aus der eigenen Konditorei!

Karte 43/54 €

Hauptstraße 74 (1. Etage) ⊠ *74206 – ☎ 07063 245 – www.friedrich-feyerabend.de – Geschlossen 1.-8. Januar, Montag, Dienstag*

WINDELSBACH

Bayern – Regionalatlas 49–I17 – Michelin Straßenkarte 546

⊛ **Landhaus Lebert**

REGIONAL · GASTHOF XX Über 30 Jahre ist Manfred Lebert nun hier. Wer gern regional isst, wird z. B. "Rinderschmorbraten mit Dinkelspätzle" mögen - schmackhaft und preislich fair. Tipp: Im Schäferwagen verkauft man eigene Gewürze und Produkte aus der Region. Zum Feiern hat man die "Scheune", zum Übernachten nette Zimmer im Landhausstil.

Spezialitäten: Klare Ochsenschwanzsuppe, Kräuterflädle, Gemüsestreifen. Geschmorte Lammhüfte, Rosmarin Ingwersauce, Pfifferlingsrisotto, Hochbeetgemüse. Variation von dunkler Schokolade.

Menu 36/96 € – Karte 25/74 €

Schloßstraße 8 ⊠ *91635 – ☎ 09867 9570 – www.landhaus-rothenburg.de – Geschlossen Montag, mittags: Dienstag-Freitag*

WINDEN

Baden-Württemberg – Regionalatlas 61–E20 – Michelin Straßenkarte 545

In Winden-Oberwinden Nord-Ost: 2 km über B 294

🏠 **Elztalhotel**

SPA UND WELLNESS · GEMÜTLICH Die einstige kleine Pension in einem Schwarzwaldhof ist über die Jahre zu diesem gefragten zeitgemäß-komfortablen Urlaubshotel gewachsen. Zuvorkommender Service samt diverser Aufmerksamkeiten, Verwöhnpension, Spa auf 6000 qm mit "Schwarzwald-Saunahaus", Floatinganlage, Beauty- und Sportangebot...

90 Zimmer ⊑ – ♟♟ 288/338 € – 13 Suiten

Am Rüttlersberg 5 ⊠ *79297 – ☎ 07682 91140 – www.elztalhotel.de*

WINDORF

Bayern – Regionalatlas 60–P19 – Michelin Straßenkarte 546

In Windorf-Schwarzhöring Nord: 7,5 km, in Rathsmannsdorf links abbiegen Richtung Hofkirchen

⊛ **Feilmeiers Landleben**

REGIONAL · GEMÜTLICH X Gastlichkeit wird in den gemütlich-modernen Stuben groß geschrieben! Seine "Landleben"-Küche ist für Johann (genannt Hans) Feilmeier Heimatliebe und Verpflichtung zugleich. Man kocht regional, international und saisonal, z. B. "Wammerl vom Hohenloher Bioschwein mit Dunkelbierjus". Tipp: hausgemachte Marmeladen!

Spezialitäten: Schaumsuppe von Waldpfifferlingen mit knuspriger Bacon-Stange. Kalbsbäckchen in Burgunderjus geschmort mit Wurzelgemüse, Kartoffel-Schnittlauchstampf und herbstlichem Gemüse. Tiramisu-Törtchen vom Weinbergpfirsich, gekühlte Pfirsich-Jus, flüssige Pistazien-Trüffelpraline und Softeis von der Gartenhimbeere.

Menu 35/85 € – Karte 33/59 €

Schwarzhöring 14 ⊠ *94575 – ☎ 08541 8293 – www.feilmeiers-landleben.de – Geschlossen Montag, Dienstag, mittags: Mittwoch-Donnerstag*

WINDSHEIM, BAD
Bayern – Regionalatlas **49**–J16 – Michelin Straßenkarte 546

Ⅰ○ **Weinstube zu den 3 Kronen**
REGIONAL · WEINSTUBE Ⅹ Das Gasthaus a. d. 16. Jh. (das älteste im Ort!)
kommt gut an mit seiner modern abgewandelten fränkisch-regionalen Küche –
da heißt es z. B. "rosa gebratener Kalbstafelspitz, gerösteter Brokkoli, Kartoffel-
curry". Niedrige Decken, viel Holz und nette Deko schaffen Atmosphäre.

Menu 35/56 € – Karte 26/38 €

Schüsselmarkt 7 ✉ *91438 –* 📞 *09841 9199903 – www.weinstubedreikronen.de –*
Geschlossen 7.-22. Januar, mittags: Montag, Dienstag, Mittwoch,
mittags: Donnerstag-Sonntag

WINTERBACH
Baden-Württemberg – Regionalatlas **55**–H18 – Michelin Straßenkarte 545

In Winterbach-Manolzweiler Süd-West: 4 km

☺ **Landgasthaus Hirsch** 🍴 ♻ 🅿
REGIONAL · LÄNDLICH Ⅹ Bei Familie Waldenmaier (bereits die 4. Generation)
wird richtig gut gekocht, und zwar regional-saisonal. Wild kommt übrigens aus
eigener Jagd, Brot aus dem Backhäuschen nebenan und auch Schnaps brennt
man selbst! Hübsch die Terrasse im 1. Stock. Und haben Sie auch den schönen
rustikalen Biergarten gesehen?

Spezialitäten: Kraftbrühe von Gans und Ente mit Gänsekleinmaultäschle. Rinderroulade klassisch gefüllt, geschabte Spätzle, gemischte Salate. Weinbergpfirsich-
röster mit Pistazieneis.

Menu 30/35 € – Karte 29/66 €

Kaiserstraße 8 (1. Etage) ✉ *73650 –* 📞 *07181 41515 – www.hirsch-manolzweiler.de –*
Geschlossen Montag, Dienstag, mittags: Mittwoch-Donnerstag

WINTERBERG
Nordrhein-Westfalen – Regionalatlas **37**–F12 – Michelin Straßenkarte 543

In Winterberg-Altastenberg West: 5 km über B 236

🏨 **Berghotel Astenkrone** 🎾
LANDHAUS · INDIVIDUELL Als Jab-Anstoetz-Unternehmen präsentiert sich das
engagiert geführte Haus als "Showhotel" für wunderschöne, stimmig arrangierte
Stoffe - zu bewundern den individuellen und äußerst wohnlichen Zimmern. Im
Wellnessbereich heißt es Meersalzpeeling, Cleopatra-Bad, 4-Elemente-Packung...
International-regionale Küche im gemütlichen Restaurant.

37 Zimmer ⌿ – 🍴 110/262 € – 3 Suiten

Bildchenweg ✉ *59955 –* 📞 *02981 8090 – www.astenkrone.de*

WIRSBERG
Bayern – Regionalatlas **51**–L15 – Michelin Straßenkarte 546

❀❀ **Alexander Herrmann by Tobias Bätz** 🆔 🅿
KREATIV · CHIC ⅩⅩⅩ Er ist Sterne-Koch, Gastronom, Kochbuchautor und zudem
bekannt aus diversen TV-Kochsendungen. Die Rede ist von Alexander Herrmann.
Im traditionsreichen Herrmann'schen Familienbetrieb, dem "Posthotel" in Wirsberg, hat er sich mit dem schicken modern-eleganten Gourmetrestaurant einen
Namen gemacht. Am Herd bildet er zusammen mit Tobias Bätz ein toll einge-
spieltes Küchenchef-Duo. Ihre Menüs "Kontrast", "OFF" (ohne Fisch/Fleisch) und
"Signature" (die Highlights aus beiden als Überraschungsmenü) zeugen von Kreativität, fundiertem Wissen und exzellenten Produkten. Schlichtweg fantastisch die
Qualität und die Zubereitung des Poltinger Lamms! Schön auch die Kontraste bei
der gedörrten Roten Bete mit Meerrettich-Lassi. Serviert und erklärt werden die
Gerichte übrigens von den Köchen selbst.

Spezialitäten: Ikejime Forelle, scharfer Rettich, eingelegte unreife Erdbeeren. Hirschrücken in Heu geräuchert, gesalzene Kirsche, Hirschbeuscherl, Rotweinessig-Udonnudeln. Gedörrte Wassermelone, Doppelrahmeis, Holunderblüten-Kombucha.

Menu 139/199 € – Karte 130/160 €

Herrmann's Posthotel, Marktplatz 11 ⊠ 95339 – ℰ 09227 2080 –
www.herrmanns-posthotel.de – Geschlossen 20.-31. Dezember, Montag, Dienstag,
Sonntag, mittags: Mittwoch-Samstag

⫯○ AH - Das Bistro   & ⌂ 🅰️🅲 ⇔ 🅿️

REGIONAL · BISTRO ⅄ Die Alternative zum Sternerestaurant ist angenehm leger und geschmackvoll-modern. Neben "Fränkischen Tapas" bietet man auch Gerichte wie "Wallerfilet in Nussbutter gegart, Schmorkraut, Safran", nicht zu vergessen den Fränkischen Schiefertrüffel (seit 1978)!

Menu 73/93 € – Karte 46/79 €

Herrmann's Posthotel, Marktplatz 11 ⊠ 95339 – ℰ 09227 2080 –
www.herrmanns-posthotel.de – Geschlossen mittags: Montag-Freitag

🏨 Herrmann's Posthotel   ⌂ 🔲 🕸 🔁 🛁 🅿️

TRADITIONELL · GEMÜTLICH Im Laufe von 150 Jahren haben die Herrmanns hier am Marktplatz von Wirsberg ein geschmackvolles Domizil geschaffen. Chic die "Lifestyle"-Zimmer und -Suiten mit wohnlich-moderner und individueller Einrichtung, attraktiv auch der kleine Wellnessbereich.

39 Zimmer ⊇ – 🛉🛉 195/238 € – 3 Suiten

Marktplatz 11 ⊠ 95339 – ℰ 09227 2080 – www.herrmanns-posthotel.de

⫯○ **AH - Das Bistro** · 🏵🏵 **Alexander Herrmann by Tobias Bätz** – Siehe Restaurantauswahl

WISMAR
Mecklenburg-Vorpommern – Regionalatlas **11**–L4 – Michelin Straßenkarte 542

⫯○ Tafelhuus   ⌂ 🅰️🅲 🅿️

INTERNATIONAL · ELEGANT ⅄⅄ In dem chic und klar designten Restaurant gibt es mediterran-internationale Küche mit saisonalem Bezug - Appetit macht z. B. "gebratener Loup de mer, Bärlauch, Spargel, Risotto". Oder darf es vielleicht ein Steak sein? Tagsüber kleine Snackkarte.

Menu 45/75 € – Karte 37/59 €

Hotel WONNEMAR Resort, Bürgermeister-Haupt-Straße 36 ⊠ 23966 –
ℰ 03841 3742 420 – www.tafelhuus-restaurant.de –
Geschlossen mittags: Montag-Sonntag

🏨 WONNEMAR Resort   🏊 🔲 🆗 🕸 🏋 🔁 🛁 🅿️

SPA UND WELLNESS · FUNKTIONELL Ein attraktives Hotel mit geradlinigmodernen Zimmern in warmen Tönen - auch Familienzimmer sind vorhanden. Der Clou: Über die Passerelle haben Sie direkten Zugang zum "WONNEMAR Erlebnisbad" mit seinen Wellness- und Sportmöglichkeiten.

90 Zimmer – 🛉🛉 99/183 € – ⊇ 18 €

Bürgermeister-Haupt-Straße 36 ⊠ 23966 – ℰ 03841 37420 –
www.wonnemar-resorts.de – Geschlossen 24.-25. Dezember

⫯○ **Tafelhuus** – Siehe Restaurantauswahl

WÖRISHOFEN, BAD
Bayern – Regionalatlas **64**–J20 – Michelin Straßenkarte 546

⫯○ CALLA   ⌂ 🅖 🍴

ASIATISCH · ELEGANT ⅄⅄ Sie essen gerne euro-asiatisch? Dann werden Sie mögen, was hier in der Showküche zubereitet wird: "Lammkarree mit Ingwer-Chili-Kruste, Tamarindensauce, Flower Sprouts und Quinoa mit Erdnüssen" kommt ebenso gut an wie "Variation vom Yellow Fin Tuna". Reizvoll der Blick in den Garten!

Menu 64/84 € – Karte 49/87 €

Steigenberger Hotel Der Sonnenhof, Hermann-Aust-Straße 11 ⊠ 86825 –
ℰ 08247 9590 – www.spahotel-sonnenhof.de – Geschlossen Montag, Dienstag

ⅰ○ Fontenay

KLASSISCHE KÜCHE · ELEGANT Ҳ҉Ҳ In dem eleganten Restaurant bietet man klassische Speisen, darunter das sehr beliebte "am Tisch tranchierte Chateaubriand mit Sauce Béarnaise und Portweinjus" (für 2 Personen)! Dazu genießt man den freundlichen und aufmerksamen Service.

Menu 34 € (Mittags), 39/79 € – Karte 33/90 €

Hotel Fontenay, Eichwaldstraße 10 ✉ 86825 – ℰ 08247 3060 – www.kurhotel-fontenay.de

🏨 Steigenberger Hotel Der Sonnenhof

🐾 🐕 🛏 📺 🕸 🎵 ⅃♨ 🗗 ♿ 🛁 🚗

SPA UND WELLNESS · ELEGANT Ruhig die Lage am Ortsrand in einem hübschen Park, stilvoll die Zimmer (darunter Familiensuiten), großzügig der Spa (verschiedene Pools, schicke Ruheräume...). Gastronomisch sind die trendig-rustikale "König Ludwig Lounge" mit Allgäuer Küche sowie die Brasserie "Petit Plaisir" nette Alternativen zum "CALLA". Veranstaltungszentrum "Inspira".

156 Zimmer 🛏 – 🛎 220/400 € – 13 Suiten

Hermann-Aust-Straße 11 ✉ 86825 – ℰ 08247 9590 – www.spahotel-sonnenhof.de

ⅰ○ **CALLA** – Siehe Restaurantauswahl

🏨 Fontenay

LUXUS · ELEGANT Hier werden Sie charmant und zuvorkommend umsorgt, die Zimmer sind klassisch und elegant, der Wellnessbereich großzügig und ebenso komfortabel (wie wär's z. B. mit der modernen Kneipp-Kur?), und am Morgen gibt es ein gutes Frühstück. Es ist übrigens nicht weit ins Grüne, da kann man schön spazieren gehen.

49 Zimmer 🛏 – 🛎 280/380 € – 5 Suiten

Eichwaldstraße 8 ✉ 86825 – ℰ 08247 3060 – www.kurhotel-fontenay.de

ⅰ○ **Fontenay** – Siehe Restaurantauswahl

WOLFSBURG

Niedersachsen – Regionalatlas **20**–K8 – Michelin Straßenkarte 541

✿ ✿ ✿ Aqua ✿ ♿ Ⓐ🄲 🅿 🚗

KREATIV · LUXUS Ҳ҉Ҳ҉Ҳ Eine faszinierende Location ist die Autostadt von Volkswagen, mittendrin "The Ritz-Carlton" samt Gourmetrestaurant. Das „Aqua" ist absolut edel in seinem klaren Design (markant der funkelnde Kronleuchter, exquisit das Besteck von Sonja Quandt) und es hat mit Sven Elverfeld seit dem Jahr 2000 einen Spitzenkoch am Herd, der mit immer neuen Ideen begeistert. Mit seinen Menüs "Erinnerung" und "Inspiration" verbindet er Klassisches und Kreatives. Intelligent sein Spiel mit Aromen, bei dem er seinen reduziert und klar aufgebauten Gerichten mit geschmacklichen Spitzen etwas ganz Besonderes gibt. Sensationell seine Saucen, Fonds und Essenzen! Wunderbare Produkte nicht zu überladen, das ist seine Handschrift! Dazu ein Service, wie man ihn sich wünscht: ruhig und versiert, gut organisiert und natürlich-freundlich.

Spezialitäten: Sepia, Belugalinsen und Imperial Kaviar, Salicorne, Schaum vom geräucherten Stör. Rücken, Ragout und Bries vom Lamm, Artischocke, Quinoa. Heu und Grapefruit, Sauerampfer, Gewürztagetes, Holunder, Weizengras.

Menu 195/255 €

Hotel The Ritz-Carlton, Parkstraße 1 (Autostadt) ✉ 38440 – ℰ 05361 606056 – www.restaurant-aqua.com – Geschlossen 5.-15. April, 19. Juli-20. August, 11.-20. Oktober, 20.-28. Dezember, Montag, Sonntag, mittags: Dienstag-Samstag

ⅰ○ Terra Ⓐ🄲 🚗

INTERNATIONAL · ELEGANT Ҳ҉Ҳ In dem lichten modern-eleganten Restaurant hat man einen spannenden Blick auf die VW-Werke und das Hafenbecken, während man Internationales wie "Zander, Rote-Beete-Püree, Pastinaken-Gelbe-Beete-Salat" speist. Beliebt: günstiger Mittagstisch inkl. Parkservice.

Menu 30 € (Mittags)/60 € – Karte 40/70 €

Hotel The Ritz-Carlton, Parkstraße 1 ✉ 38440 – ℰ 05361 607091 – www.ritzcarlton.com – Geschlossen mittags: Samstag-Sonntag

⁑○ Awilon

MARKTKÜCHE · TRENDY Ⅹ Schön licht und puristisch ist es hier im 2. OG des Kunstmuseums im Zentrum der Stadt, beliebt die Terrasse. Die Küche ist saisonal-international ausgerichtet - probieren Sie doch mal das Kalbsschnitzel!

Menu 42 € – Karte 30/50 €

Hollerplatz 1 (2. Etage) ✉ *38440 –* ☏ *05361 25599 –*
www.awilon.de – Geschlossen Montag, abends: Dienstag-Mittwoch und Sonntag

🏨 The Ritz-Carlton

LUXUS · MODERN Im Herzen der Autostadt liegt eines der Flaggschiffe der norddeutschen Hotellerie! Alles ist chic und edel, vom attraktiven öffentlichen Bereich über die intime Bar bis zu den wohnlich-wertigen Zimmern. Nach wie vor ein Eyecatcher: der schwimmende Außenpool!

147 Zimmer – 👫 275/1850 € – ⌧ 29 € – 23 Suiten

Parkstraße 1 ✉ *38440 –* ☏ *05361 607000 –*
www.ritzcarlton.com

⁑○ **Terra** · ✸✸✸ **Aqua** – Siehe Restaurantauswahl

🏨 INNSIDE by Melia

BUSINESS · DESIGN Topmodern in Design und Technik! Das komfortable Businesshotel liegt günstig nahe Hauptbahnhof, "phaeno" (Wissenschaftsmuseum) und Autostadt. In den Zimmern puristischer Look in schickem Schwarz-Silber-Weiß, toll die Aussicht von Sky-Bar und Dachterrasse! Internationale Küche im Restaurant "VEN".

219 Zimmer ⌧ – 👫 195/249 €

Heinrich-Nordhoff-Straße 2 ✉ *38440 –* ☏ *05361 60900 –*
www.melia.com

🏠 einschlaf

FAMILIÄR · DESIGN Ein bemerkenswertes Haus: bemerkenswert klein, bemerkenswert individuell und dazu bermerkenswert herzlich geführt! Apart der Mix aus Backstein-/Fachwerk-Architektur und chic-modernem Interieur. Im "atelier café" gibt's Frühstück - und das ist wahrlich einen Besuch wert. Parken etwas versteckt hinter dem Haus.

3 Zimmer – 👫 129/149 € – ⌧ 23 €

An der St. Annen Kirche 24 ✉ *38440 –* ☏ *05361 12219 –*
www.einschlaf.de

In Wolfsburg-Fallersleben West: 6 km

✸ La Fontaine

FRANZÖSISCH-KLASSISCH · ELEGANT ⅩⅩ Seit Jahren ist Ihnen in dem stilvollen Restaurant eines gewiss: feine Küche, die mit Harmonie und Präzision überzeugt - ein Stern seit 1997 ist der beste Beweis! Man setzt nach wie vor auf Klassik, ohne sich modernen Einflüssen zu verschließen. Diese werden dezent und wohldosiert in die Speisen eingebunden - das ist das Markenzeichen von Küchenchef Hartmut Leimeister. Produktqualität ist das A und O. Die Gerichte sind nicht verspielt, sondern angenehm klar strukturiert. Das Handwerk stimmt hier ebenso wie der Geschmack. Der überaus höfliche und geschulte Service tut ein Übriges und auch das Interieur passt zum wertigen Gesamtbild: Cremetöne, schönes Holz und elegante Tischkultur unterstreichen den hohen Anspruch. Dank der Lage am Park erfreut sich auch die Terrasse großer Beliebtheit.

Spezialitäten: Gebackene Langostinos mit Karotten-Ananaschutney und Koriandermayonnaise. Filet vom Angus-Rind mit Shii-Takepilzkruste. Törtchen von der Valrhonaschokolade mit Früchtekompott und Pistazieneis.

Menu 78/115 €

Hotel Ludwig im Park, Gifhorner Straße 25 ✉ *38442 –* ☏ *05362 9400 –*
www.ludwigimpark.de – Geschlossen 1.-12. Januar, 3.-18. August, Montag, Dienstag,
Sonntag, mittags: Mittwoch-Samstag

🏵️ L'Oliva nera

ITALIENISCH · GEMÜTLICH X Am Denkmalplatz mitten im schmucken Ortskern finden Sie in einem der ältesten Häuser von Fallersleben dieses gemütliche kleine Restaurant, an dessen wenigen Tischen man Klassiker wie "geräucherten Büffel-mozzarella" sowie tagesfrische Gerichte serviert.

Menu 80/130 € – Karte 38/60 €

Westerstraße 1 ✉️ *38442 –* 🕿 *05362 932622 – www.olivanera.de –*
Geschlossen Montag, mittags: Dienstag-Sonntag

🏨 Ludwig im Park

FAMILIÄR · KLASSISCH Klassisch-stilvoll wohnt es sich in dem Hotel im Schwe-felpark, von den meisten Zimmern hat man sogar Parkblick. Nicht nur für Haus-gäste interessant: "Hoffmann Stuben" - hier bekommen Sie abends in gemütli-cher Atmosphäre rustikale Klassiker wie "Strammer Max" oder Internationales wie Burger.

46 Zimmer 🖙 – 👬 80/180 € – 4 Suiten

Gifhorner Straße 25 ✉️ *38442 –* 🕿 *05362 9400 – www.ludwigimpark.de*

❀ **La Fontaine** – Siehe Restaurantauswahl

WREMEN
Niedersachsen – Regionalatlas **8**–F5 – Michelin Straßenkarte 541

🍴 Gasthaus Wolters - Zur Börse

REGIONAL · RUSTIKAL X Im Gasthaus der Familie Wolters, einer ehemaligen Viehbörse, isst man frisch und schmackhaft. In netter ländlicher Atmosphäre ser-viert man Ihnen aromatische Gerichte aus guten Produkten, von Krabbensuppe über Rinderroulade bis "gebratener Skrei, Garnelen, Grünkohl-Apfelgemüse".

Spezialitäten: Bouillabaisse von Nordseefischen und Muscheln. Filet vom Weide-rind mit Salzwiesenkräutern gebraten. Parfait von der weißen Schokolade mit kandierten Walnüssen.

Menu 29/68 € – Karte 30/55 €

In der Langen Straße 22 ✉️ *27639 –* 🕿 *04705 1277 – www.zur-boerse.de –*
Geschlossen 23. März-10. April, 1.-28. Oktober, Dienstag, Mittwoch

WÜRSELEN
Nordrhein-Westfalen – Regionalatlas **35**–A12 – Michelin Straßenkarte 543

🏵️ Alte Feuerwache

REGIONAL · TRENDY XX Auch nach der Konzeptumstellung ist Ihnen bei Kurt Podobnik eines gewiss: Man kocht nach wie vor sehr gut und ambitioniert! Pro-bieren Sie z. B. "In geräuchertem Lardo gedünsteten Kabeljau mit Spitzkohlrisotto & Balsamicobutter". Dazu schönes geradliniges Ambiente, legere Atmosphäre und geschulter Service.

Menu 58 € – Karte 40/56 €

Oppener Straße 115 ✉️ *52146 –* 🕿 *02405 4290112 –*
www.alte-feuerwache-wuerselen.de – Geschlossen Montag, Sonntag

WÜRZBURG
Bayern – Regionalatlas **49**–I15 – Michelin Straßenkarte 546

❀ REISERS am Stein

KREATIV · TRENDY XX Ein echtes Bijou, toll oberhalb der Stadt gelegen und von Weinreben umgeben! Sie sitzen wahlweise in der trendig-lebendigen Weinbar - hier mit Blick auf Würzburg - oder im eleganteren Restaurant. Die feine Küche von Patron Bernhard Reiser und seinem Team gibt es hier wie dort. Man kocht klassisch, bindet aber auch moderne Elemente ein. Etwas Besonderes ist das Menü „Freistil". Hier dürfen die Gäste die Zutaten aus einer vorgegebenen Liste selbst zusammenstellen. Der Hausherr ist übrigens ein großer Liebhaber und Kenner des Frankenweins - da hat er natürlich auch Weine aus dem benachbarten "Weingut am Stein" im Sortiment. Gut zu wis-sen: Montags übernehmen die Auszubildenden die Regie am Herd und kreieren das Menü "Easy Monday" - schmackhaft und preislich fair kalkuliert.

Spezialitäten: Rote Bete, Wilder Brokkoli, Himbeere, Balsamico, geeister Ziegenfrischkäse. Iberico Schweinekinn, Jakobsmuschelmaultaschen, Nam Prikjus, Sanddornbeeren, grüner Thai Spargel. Stracchiatellaparfait, Blaubeere, Kaffeemousse.

Menu 115/125 € – Karte 82/102 €

Mittlerer Steinbergweg 5 ⊠ 97080 –
☏ 0931 286901 – www.der-reiser.de – Geschlossen Montag, Sonntag,
mittags: Dienstag-Samstag

॥○ KUNO 1408　　　　　　　　　　　　　　　ᕫ 🄰🄺 ⌂

KREATIV · CHIC ℅℅ Schön hat man es in dem Haus mit der über 600 Jahre zurückreichenden Tradition: Geradliniger modern-eleganter Stil trifft hier auf warme Atmosphäre, dazu produktorientierte Küche und freundlich-geschulter Service samt passender Weinempfehlung.

Menu 89/161 €

Hotel Rebstock, Neubaustraße 7 ⊠ 97070 –
☏ 0931 30931408 – www.restaurant-kuno.de –
Geschlossen 1. August-2. September, Montag, Dienstag, Sonntag,
mittags: Mittwoch-Samstag

🏠 Rebstock　　　　　　　　　　　　 ⌖ ⊟ ᕫ ⅍ ⌂

HISTORISCH · INDIVIDUELL Schon von außen ist das im Herzen der Stadt gelegene Hotel mit der denkmalgeschützten Rokokofassade hübsch anzuschauen. Es erwarten Sie individuelle und wohnlich-elegante Zimmer - besonders chic und modern sind die im Neubau. Tipp: Es gibt auch Zimmer mit Dachterrasse! Im "SALON" bekommt man regional-internationale Küche vom "Würz-Burger" bis zum Rumpsteak.

117 Zimmer – ♥♥ 220/455 € – ⌾ 18 € – 9 Suiten

Neubaustraße 7 ⊠ 97070 –
☏ 0931 30930 – www.rebstock.com
　॥○ **KUNO 1408** – Siehe Restaurantauswahl

WUPPERTAL

Nordrhein-Westfalen – Regionalatlas **26**–C11 – Michelin Straßenkarte 543

॥○ 79 °　　　　　　　　　　　　　　　　　　　🏠

MARKTKÜCHE · FARBENFROH ℀ Angenehm unprätentiös und trendig ist hier die Atmosphäre, freundlich-leger der Service, ambitioniert die Küche - das kommt an! Man orientiert sich an der Saison, auch Vegetarisches wird angeboten. Schön der Innenhof.

Menu 38/79 € – Karte 41/53 €

Luisenstraße 61 ⊠ 42103 –
☏ 0202 27097070 – www.79grad.com –
Geschlossen 5.-26. Juli, 23.-31. Dezember, Montag, Sonntag,
mittags: Dienstag-Samstag

In Wuppertal-Elberfeld

॥○ Am Husar　　　　　　　　　　　　　　🏠 🅿

REGIONAL · FREUNDLICH ℀℀ Ein Familienbetrieb, wie er im Buche steht! Seit über 30 Jahren kümmert sich Familie Schmand aufmerksam um die Gäste, und zwar in gemütlichen Stuben oder auf der großen Gartenterrasse. Man kocht regional, im Sommer wird auch gegrillt.

Menu 45 € – Karte 33/74 €

Jägerhofstraße 2 ⊠ 42119 –
☏ 0202 424828 – www.restaurant-am-husar.de –
Geschlossen Mittwoch

In Wuppertal-Ronsdorf

🏠 Park Villa ☆ 🍴 🕸 ⅃ᴓ 🖃 🅐🅒 ⅏ 🅿

PRIVATHAUS · DESIGN An der Südhöhe von Wuppertal hat man mit der aufwändig sanierten Villa von 1907 und dem angebauten "Design House" einen aparten Kontrast geschaffen - hier wie dort ist alles sehr hochwertig und individuell, einschließlich des persönlichen Service. Zum Entspannen: hübscher Garten und Sauna.

30 Zimmer – 👥 145 € – ♨ 17 € – 7 Suiten
Erich-Hoepner-Ring 5 ✉ 42369 –
☎ 0202 28335400 – www.parkvilla-wuppertal.de

In Wuppertal-Vohwinkel

🍽 Trattoria 🛋 🅐🅒 ⟳ 🅿

ITALIENISCH · KLASSISCHES AMBIENTE ✗ Kein Wunder, dass man hier viele Stammgäste hat, denn in der etwas legereren Restaurantvariante der Familie Scarpati bekommt man schmackhafte und frische italienische Gerichte, einschließlich beliebter Klassiker, von "geschmorten Kalbsbäckchen mit Safran-Spinatrisotto" bis "Vitello Tonnato". Mittags günstiger Lunch.

Spezialitäten: Gratinierter Ziegenkäse mit Mangoragout und Mesclun Salat. Hausgemachte Gnocchi in Salbeibutter und Pecorinoschaum. Zabaione mit Vanilleeis.

Menu 40/48 € – Karte 38/53 €
Scarpati, Scheffelstraße 41 ✉ 42327 –
☎ 0202 784074 – www.scarpati.de –
Geschlossen Montag

🍽 Scarpati ⟵ 🛋 🅐🅒 ⟳ 🅿

ITALIENISCH · ELEGANT ✗✗ Schon seit 1982 haben die Scarpatis in dieser Jugendstilvilla ihr klassisch-elegantes Restaurant mit italienischer Küche. Richtig schön (und geschützt dank Markise) sitzt man auf der tollen Gartenterrasse. Tipp: An unterschiedlichen Tagen gibt es das "Amuse Bouche Menü" oder das "Menü Jerome" zu fairen Preisen.

Menu 48/65 € – Karte 52/84 €
Scheffelstraße 41 ✉ 42327 –
☎ 0202 784074 – www.scarpati.de –
Geschlossen Montag
🍴 **Trattoria** – Siehe Restaurantauswahl

WUSTROW

Mecklenburg-Vorpommern – Regionalatlas **5**-N3 – Michelin Straßenkarte 542

🍴 Schimmel's ⟵ 🛋 🅿

REGIONAL · FAMILIÄR ✗✗ Viele Gäste zieht es in das hübsche Haus mit der markant roten Fassade, denn hier gibt es in charmanter Atmosphäre leckere regional-saisonale Gerichte wie "Ostseehering mit Avocado, Gurke und Stockfischkroketten". Und nachmittags hausgebackenen Kuchen? Tipp: Die Gästezimmer und Ferienwohnungen sind ebenso schön.

Spezialitäten: Stremellachs, Schmand und Bete. Boddenzander, Kartoffelkruste, Balsamicolinsen. Zitronentarte.

Menu 42/54 € – Karte 39/52 €
Parkstraße 1 ✉ 18347 –
☎ 038220 66500 – www.schimmels.de –
Geschlossen 1.-26. März, 8. November-3. Dezember, Donnerstag

XANTEN

Nordrhein-Westfalen – Regionalatlas **25**-B10 – Michelin Straßenkarte 543

In Xanten-Obermörmter Nord-West: 15 km über B 57, nach Marienbaum rechts ab

🐸 Landhaus Köpp

FRANZÖSISCH-KLASSISCH · ELEGANT XX Klassik pur, ohne großes Tamtam, dafür handwerklich top und sehr produktorientiert - Jürgen Köpp bleibt seinem Stil seit der Eröffnung des Restaurants im Jahr 1991 treu. Dass er zu einer festen Größe in der Region geworden ist, liegt an seinem Geschick, Klassisches grundsolide, aber niemals angestaubt auf den Teller zu bringen. Wer z. B. den Steinbutt mit geschmorten Blumenkohl oder den Rehrücken in Cassisduft mit Pilzknödel probiert hat, wird bestätigen, dass diese Küche keine modischen Trends braucht! Gerne fährt man dafür auch in die tiefsten Provinz - denn das Köpp'sche Landhaus liegt zwischen Wiesen und Weiden in der Abgeschiedenheit des direkt am Rheinbogen gelegenen kleinen Obermörmter. Sie essen auch gern mal bürgerlicher? Als Alternative zum Gourmet hat man noch das "Filius".

Spezialitäten: Harmonie von Steinbutt und Langustinen mit gelbe Bete in vierfacher Form. Duo von Kalbsfilet und Kaninchen auf Merlotreduktion. Feinstes von der Mango mit Vanille und Minze.

Menu 69/89 € – Karte 65/77 €

*Husenweg 147 ✉ 46509 – ☏ 02804 1626 – www.landhauskoepp.de –
Geschlossen 1.-10. Januar, Montag, mittags: Samstag, abends: Sonntag*

ZELTINGEN-RACHTIG

Rheinland-Pfalz – Regionalatlas **46**–C15 – Michelin Straßenkarte 543

Im Ortsteil Zeltingen

�𝄞○ Saxlers Restaurant

INTERNATIONAL · LÄNDLICH XX Im Restaurant des Hotels "St. Stephanus" an der Uferpromenade unweit des alten Marktplatzes bieten die freundlich-engagierten Gastgeber gehobene Gerichte wie "Zweierlei vom Salzgraslamm in Rosmarinjus, Wirsing, Erbsen-Minzpüree", aber auch Rustikaleres wie "Rumpsteak mit Kräuterbutter und Rösti". Im UG Braukeller mit Bier vom Kloster Machern. Wohnlich die Gästezimmer.

Menu 35 € (Mittags), 53/72 € – Karte 29/70 €

Uferallee 9 ✉ 54492 – ☏ 06532 680 – www.hotel-stephanus.de – Geschlossen 13.-23. Januar, mittags: Montag-Freitag

ZERBST

Sachsen-Anhalt – Regionalatlas **31**–M9 – Michelin Straßenkarte 542

�𝄞○ Park-Restaurant Vogelherd

MARKTKÜCHE · LÄNDLICH XX Idyllisch liegt das einstige Gutshaus im Grünen. Das seit über 100 Jahren familiär geleitete Restaurant bietet saisonale Küche von "Rindergulasch" bis "Fasanenbrust mit Champagnerkraut und Püree". Gefragt ist auch die hübsche Terrasse bei einem kleinen Teich.

Karte 32/60 €

Lindauer Straße 78 ✉ 39264 – ☏ 03923 780444 – Geschlossen 20. Juli-2. August, Montag, Dienstag, mittags: Mittwoch-Freitag

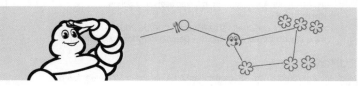

In Zimmern-Horgen Süd-West: 7, 5 km in Richtung Hausen jenseits der A81

🏴 Linde Post

REGIONAL · FAMILIÄR ✗✗ Seit Jahren ist Familie Kühn hier in der Gegend eine feste gastronomische Größe. Man kocht saisonal-regional (z. B. "Zwiebelrostbraten, Gemüse, Spätzle"), zudem eine schöne Vesperkarte. Serviert wird im klassischen Restaurant oder im vorgelagerten legeren Bistro samt Bar. Zum Übernachten: wohnliche, zeitgemäße Zimmer.

Karte 23/60 €

Alte Hausener Straße 8 ✉ *78658* – ☎ *0741 33333* – *www.lindepost.de* –
Geschlossen 2.-15. Juni, Donnerstag, mittags: Samstag

ZINGST
Mecklenburg-Vorpommern – Regionalatlas **5**–N3 – Michelin Straßenkarte 542

🏴 Meerlust 🛖 🅿 🚗

INTERNATIONAL · ELEGANT ✗✗ Was in dem eleganten Restaurant und auf der hübschen Terrasse aufgetischt wird, sind internationale, mediterran angehauchte Gerichte wie "gebratener Ostseesteinbutt, Olivennage, Peperonata, Ravioli". Abends wird das Angebot durch ein Menü erweitert.

Karte 32/62 €

Hotel Meerlust, Seestraße 72 ✉ *18374* – ☎ *038232 8850* –
www.hotelmeerlust.de

🏨 Meerlust

SPA UND WELLNESS · MODERN In dem stilvoll-modernen Hotel kann man wirklich schön Urlaub machen: Die Zimmer sind äußerst wohnlich (besonders komfortabel in der Lodge!), attraktiv der Spa, engagiert die Gästebetreuung. Dazu die Lage: Strand und Deich sind nur einen Steinwurf entfernt! HP und Garage inklusive.

45 Zimmer 🛏 – 👫 190/324 € – 7 Suiten

Seestraße 72 ✉ *18374* – ☎ *038232 8850* –
www.hotelmeerlust.de

🏴 **Meerlust** – Siehe Restaurantauswahl

ZORNEDING
Bayern – Regionalatlas **66**–M20 – Michelin Straßenkarte 546

🅰 Alte Posthalterei

MARKTKÜCHE · GEMÜTLICH ✗✗ "Filet vom Bachsaibling auf Spargelragout"? Oder lieber "Wiener Schnitzel"? In den liebenswerten Stuben dieses gestandenen familiengeführten Gasthofs werden regional-saisonale Gerichte sowie Klassiker serviert. Lauschig der Biergarten unter Kastanien. Zum Übernachten stehen schöne großzügige Zimmer bereit.

Spezialitäten: Ochsenschwanzsuppe mit Sherry. Kalbsnüsschen mit Datteln und Edelpilzkäse überbacken auf Trüffel-Nudeln in Madeira. Apfelkücherl im Bierteig gebacken auf Aprikosensoße mit Vanilleeis und Sahne.

Karte 31/55 €

Anton-Grandauer-Straße 9 ✉ *85604* – ☎ *08106 20007* –
www.alteposthalterei-zorneding.de – *Geschlossen Montag, Dienstag*

ZUROW
Mecklenburg-Vorpommern – Regionalatlas **12**–L4 – Michelin Straßenkarte 542

In Zurow-Nakenstorf Ost: 7 km

🏠 Seehotel am Neuklostersee

LANDHAUS · INDIVIDUELL Welch reizendes Refugium aus dem einstigen Bauernhaus geworden ist! Ruhe, viel Grün, die "Badescheune" und das "Wohlfühlhaus", direkter Seezugang und eigene Ruderboote. Sie wohnen modern und genießen ein tolles Frühstück, dazu Kulturprogramm in der "Kunstscheune" und am Abend die "Gänsebar".

26 Zimmer ☑ – 👬 119/245 €

Seestraße 1 ✉ 23992 – ☏ 038422 4570 –
www.seehotel-neuklostersee.de – Geschlossen 6.-30. Januar

ZWEIBRÜCKEN

Rheinland-Pfalz – Regionalatlas **46**–C17 – Michelin Straßenkarte 543

Außerhalb Ost: 3 km

🍽️ ESSLIBRIS

MEDITERRAN · ELEGANT XX Schön sitzt man in dem lichten modern-eleganten Restaurant, genießt den tollen Blick zum Garten und wird von einem herzlichen, geschulten Service umsorgt. Gekocht wird mediterran mit regionalem und saisonalem Bezug - auf der Karte liest man z. B. "Kabeljau-Rückenfilet, getrüffelter Rahmspinat, Safran-Kartoffeln".

Karte 44/83 €

Hotel Landschloss Fasanerie, Fasanerie 1 ✉ 66482 – ☏ 06332 973205 –
www.landschloss-fasanerie.de

🏰 Landschloss Fasanerie

HISTORISCH · INDIVIDUELL Sie genießen den romantischen Park samt Rosengarten und Weiher, entspannen bei Massage und Kosmetik, bleiben fit beim Joggen und Wandern rund ums Hotel, feiern im stilvollen Saal... Tipp: große Ateliers und Maisonette. Regionale Küche und Südtiroler Spezialitäten im schönen gemütlichen "Landhaus".

50 Zimmer ☑ – 👬 160/310 €

Fasanerie 1 ✉ 66482 – ☏ 06332 9730 – www.landschloss-fasanerie.de
🍽️ **ESSLIBRIS** – Siehe Restaurantauswahl

ZWEIFLINGEN

Baden-Württemberg – Regionalatlas **55**–H17 – Michelin Straßenkarte 545

In Zweiflingen-Friedrichsruhe Süd: 2 km

🏵️🏵️ Le Cerf

FRANZÖSISCH-KLASSISCH · ELEGANT XXX Äußerst elegant und klassisch, geradezu opulent zeigt sich das kulinarische Herzstück des "Wald & Schlosshotel Friedrichsruhe"! Mit seinen prächtigen Seidentaftstoffen, den mit wertvollem Samt bezogenen Stühlen, luxuriösen Tapeten und glitzernden Kristallleuchtern erinnert es - passend zum historischen Schloss - durchaus an vergangene Zeiten! Auch die Küche hat eine klassische Basis, wird aber von Boris Rommel und seinem Team modern interpretiert. Von Präzision, top Handwerk und exzellenten Produkten zeugt z. B. das Filet vom St. Petersfisch mit Fenchel, Vongole und weißen Bohnen. Perfekt betreut werden Sie von der gut besetzten Servicebrigade um Dominique Metzger, einem Maître alter Schule mit Charme, Witz und fachlicher Kompetenz! Auch in Sachen Wein ist man bei ihm in besten Händen.

Spezialitäten: Wildlachs, Kaviar, rote Zwiebeln und Schmand. Hohenloher Rehrücken, Haselnussjus, Steinpilze, Pastinake und Topfen-Serviettenknödel. Pfirsich, weiße Schokolade und Verbene.

Menu 98/168 € – Karte 85/118 €

Wald & Schlosshotel Friedrichsruhe, Kärcherstraße 11 ✉ 74639 –
☏ 07941 60870 – www.schlosshotel-friedrichsruhe.de – Geschlossen 21. Januar-
8. Februar, 18.-29. August, Montag, Sonntag, mittags: Dienstag-Samstag

🏚️ Wald und Schlosshotel Friedrichsruhe

⿔ 🕭 🖼️ 🎿 🔲 📷 🗐 🏔️ ⅃♬ ⊡ ⅜ 🄰🄲 ⅜ **P**

LUXUS · KLASSISCH Ein "Landhotel de luxe": Zimmer von modern bis hin zu klassischem Schlossflair, top Service, ein 4400-qm-Spa, der nichts auslässt, Golfplätze direkt vor der Tür und ein Park, der wohl jeden zu einem Spaziergang verführt! Regionale Küche und Klassiker in der gemütlichen "Jägerstube". Sie mögen's rustikal? Dann vespern Sie in der "Waldschänke"!

59 Zimmer ⥱ – 🛏️ 340/570 € – 7 Suiten

Kärcherstraße 11 ✉ *74639 –*
℘ *07941 60870 – www.schlosshotel-friedrichsruhe.de*
❀❀ **Le Cerf** – Siehe Restaurantauswahl

ZWINGENBERG
Hessen – Regionalatlas **47**–F16 – Michelin Straßenkarte 543

🍴 Kaltwassers Wohnzimmer   🏠 ✿ 🚫

MODERNE KÜCHE · RUSTIKAL ⅃ Richtig nett die gemütliche Wohnzimmer-Atmosphäre, hier und da charmante nostalgische Details. Draußen lockt das "Atrium" mit Innenhof-Flair und Blick in die verglaste Küche, in der produktorientierte modern-regionale Gerichte entstehen, so z. B. "Koan Lachs, aber e Forell" ("Lachsforelle gebeizt, Paprika x3, Linse").

Spezialitäten: Krustentierbisque, Tiefseegarnele, Fenchel. Sauerbraten vom Onglet, Möhre, Quitte. Weiße Schokolade, Petersilienwurzel, Birne.

Menu 39/59 € – Karte 38/56 €

Obergasse 15 ✉ *64673 –*
℘ *06251 1058640 – www.kaltwassers-wohnzimmer.de –*
Geschlossen 1.-12. Januar, Montag, Dienstag, mittags: Mittwoch-Samstag

ZWISCHENAHN, BAD
Niedersachsen – Regionalatlas **17**–E6 – Michelin Straßenkarte 541

In Bad Zwischenahn-Aschhauserfeld Nord-Ost: 4 km Richtung Wiefelstede

🍴 Apicius   ❀ 🏠 ⅜ **P**

FRANZÖSISCH-MODERN · ELEGANT ⅃⅃ Ist es nicht beruhigend zu wissen, dass man hochwertige Produkte aus der Region auf dem Teller hat? Viele davon stammen sogar aus der eigenen Landwirtschaft. So hat man einen Gemüse- und Kräutergarten und ein Gewächshaus, Kartoffen baut man selbst an, Eier kommen von den eigenen Hühnern und Bunte Bentheimer Schweine hat man ebenfalls! All die ausgesuchten Zutaten und deren aufwändige und stimmige Zubereitung machen das schicke Gourmetrestaurant des seit 1902 von Familie zur Brügge geführten "Jagdhaus Eiden" zu einem kulinarischen Highlight in der Region. Seit 2014 ist Tim Extra hier der Chef am Herd, gekonnt verbindet er klassische Küche mit modernen Elementen. Und zum Abschluss noch eine süße Kleinigkeit? Charmant stellt Ihnen die Patisserie ihren toll bestückten "Petit Four"-Wagen vor!

Spezialitäten: Jakobsmuschel und Taschenkrebs, Kaviar, Avocado. Steinbutt, Meeresfrüchte, Fenchel-Safransud. Schokolade, Kirsche, Pistazie.

Menu 110/152 € – Karte 86/104 €

Hotel Jagdhaus Eiden, Eiden 9 ✉ *26160 –*
℘ *04403 698416 – www.jagdhaus-eiden.de –*
Geschlossen 1.-16. Januar, 30. März-5. April, 27. Juli-9. August, 12.-18. Oktober, Montag, Sonntag, mittags: Dienstag-Samstag

🍴 Jäger- und Fischerstube 🛖 ⟳ 🅿 🚗

REGIONAL · LÄNDLICH XX Die Lage des Jagdhauses in einem 10 ha großen Park ist fantastisch - da ist die herrliche Gartenterrasse natürlich besonders gefragt! Auch drinnen sitzt man schön bei regionalen Fisch- und Wildspezialitäten sowie internationalen Klassikern. Verbinden Sie Ihr Essen doch mit einem Besuch der Spielbank direkt im Haus.

Menu 54/61 € – Karte 29/79 €

Hotel Jagdhaus Eiden, Eiden 9 ✉ 26160 – ℰ 04403 698000 –
www.jagdhaus-eiden.de

🏨 Jagdhaus Eiden am See

🏕 🦢 🛒 ⤴ 🏞 🕸 🏄 🛁 🎬 ⚙ ♿ 🏋 🅿 🚗

LANDHAUS · GEMÜTLICH Ein geschmackvolles familiengeführtes Ferienhotel in Seenähe. Wer es besonders komfortabel mag, bucht eines des schicken Zimmer im Gästehaus - hier eine der Wellness-Suiten. Lassen Sie sich auch nicht den schönen Spa auf über 1500 qm entgehen und genießen Sie u. a. Außenpool, Salzoase, loungige Ruhebereiche... Und zum Frühstück ein Ei aus eigener Hühnerhaltung?

96 Zimmer 🖙 – ♟ 148/278 € – 3 Suiten

Eiden 9 ✉ 26160 – ℰ 04403 698000 – www.jagdhaus-eiden.de

🍴 **Jäger- und Fischerstube** · 🌸 **Apicius** – Siehe Restaurantauswahl

Auszeichnungen

Thematic index

STERNE-RESTAURANTS

STARRED RESTAURANTS ✺

N *Neu ausgezeichnetes Haus*
N *Newly awarded distinction*

Baiersbronn	Restaurant Bareiss
Bergisch Gladbach	Vendôme
Berlin	Rutz **N**
Dreis	Waldhotel Sonnora
Hamburg	The Table Kevin Fehling
München	Atelier
Perl	Victor's Fine Dining by christian bau
Rottach-Egern	Restaurant Überfahrt Christian Jürgens
Saarbrücken	GästeHaus Klaus Erfort
Wolfsburg	Aqua

✺✺

Andernach	PURS
Aschau im Chiemgau	Restaurant Heinz Winkler
Augsburg	AUGUST
Berlin	CODA Dessert Dining **N**
Berlin	FACIL
Berlin	Horváth
Berlin	Lorenz Adlon Esszimmer
Berlin	Tim Raue
Dorsten	Rosin
Frankfurt am Main	Gustav **N**
Frankfurt am Main	Lafleur
Geisenheim	Schwarzenstein Nils Henkel
Glücksburg	Meierei Dirk Luther
Hamburg	bianc **N**
Hamburg	Haerlin
Hamburg	Jacob's Restaurant
Hamburg	Süllberg - Seven Seas
Hannover	Jante **N**
Heroldsberg	Sosein.
Köln	Le Moissonnier
Köln	Ox & Klee

Konstanz	Ophelia
Krün	Luce d'Oro
Leipzig	Falco
Mannheim	Opus V
München	Alois - Dallmayr Fine Dining
München	Les Deux
München	EssZimmer
München	Tantris
München	Werneckhof by Geisel
Neuenahr-Ahrweiler, Bad	Steinheuers Restaurant Zur Alten Post
Neunburg vorm Wald	Obendorfer's Eisvogel
Nürnberg	Essigbrätlein
Peterstal-Griesbach, Bad	Le Pavillon
Piesport	schanz. restaurant.
Rust	ammolite - The Lighthouse Restaurant
Stuttgart	OLIVO
Sulzburg	Hirschen
Sylt / Rantum	Söl'ring Hof
Trier	BECKER'S
Wangels	Courtier
Wirsberg	Alexander Herrmann by Tobias Bätz
Zweiflingen	Le Cerf

BADEN-WÜRTTEMBERG

Amtzell	Schattbuch
Asperg	Schwabenstube
Baden-Baden	Le Jardin de France
Baden-Baden	Röttele's Restaurant und Residenz im Schloss Neuweier
Baiersbronn	Schlossberg
Bietigheim-Bissingen	Maerz - Das Restaurant
Bodman-Ludwigshafen	s'Äpfle
Donaueschingen	Ösch Noir
Efringen-Kirchen	Traube
Ehningen	Landhaus Feckl
Endingen am Kaiserstuhl	Merkles Restaurant
Ettlingen	Erbprinz
Fellbach	Goldberg
Fellbach	Gourmet Restaurant avui
Fellbach	Oettinger's Restaurant
Freiburg im Breisgau	Wolfshöhle
Gernsbach	Werners Restaurant
Grenzach-Wyhlen	Eckert
Häusern	Adler
Heidelberg	Le Gourmet
Heidelberg	Oben

Heidelberg	Scharff's Schlossweinstube
Herrenberg	noVa **N**
Hinterzarten	OSCARS fine dining **N**
Horben	Gasthaus zum Raben
Karlsruhe	sein
Kernen im Remstal	Malathounis
Königsbronn	Ursprung
Konstanz	San Martino - Gourmet
Krozingen, Bad	Storchen
Kuppenheim	Raubs Landgasthof
Lahr	Adler
Langenargen	SEO Küchenhandwerk **N**
Langenau	Gasthof zum Bad
Mannheim	Doblers
Mannheim	Emma Wolf since 1920
Mannheim	le Corange
Mannheim	Marly
Meersburg	Casala
Mulfingen	Amtskeller
Neuhausen (Enzkreis)	Alte Baiz **N**
Öhningen	Falconera
Pfaffenweiler	Zehner's Stube
Pliezhausen	Landgasthaus zur Linde
Säckingen, Bad	Genuss-Apotheke
Schorndorf	Gourmetrestaurant Nico Burkhardt **N**
Schwäbisch Hall	Eisenbahn
Schwäbisch Hall	Rebers Pflug
Sonnenbühl	Hirsch
Stuttgart	Délice
Stuttgart	5 (Fünf)
Stuttgart	Hupperts
Stuttgart	Speisemeisterei
Stuttgart	top air
Stuttgart	Wielandshöhe
Stuttgart	Der Zauberlehrling
Stuttgart	Die Zirbelstube
Teinach-Zavelstein, Bad	Gourmetrestaurant Berlins Krone
Tübingen	Schranners Waldhorn
Tuttlingen	Anima
Uhingen	Schloss Filseck **N**
Ulm	Seestern
Ulm	SIEDEPUNKT
Vaihingen an der Enz	Lamm Rosswag
Waiblingen	Bachofer
Waldbronn	Schwitzer's am Park
Waldenbuch	Gasthof Krone
Weikersheim	Laurentius
Weingarten (Kreis Karlsruhe)	zeit|geist

BAYERN

Auerbach in der Oberpfalz	SoulFood
Augsburg	Sartory
Hohenkammer	Camers Schlossrestaurant
Kirchdorf (Kreis Mühldorf am Inn)	Christian's Restaurant - Gasthof Grainer
Kissingen, Bad	Laudensacks Gourmet Restaurant
Kötzting, Bad	Leos by Stephan Brandl
Langenzenn	Keidenzeller Hof
Lindau im Bodensee	VILLINO
Mittenwald	Das Marktrestaurant
München	Acquarello
München	Alfons
München	Gabelspiel
München	mural **N**
München	Schwarzreiter
München	Showroom
München	Sparkling Bistro **N**
München	Tian
Niederwinkling	Buchner
Nördlingen	Wirtshaus Meyers Keller
Nürnberg	Entenstuben
Nürnberg	Koch und Kellner
Nürnberg	Waidwerk
Nürnberg	ZweiSinn Meiers | Fine Dining
Oberstdorf	ESS ATELIER STRAUSS
Oberstdorf	Das Maximilians
Ofterschwang	Silberdistel
Perasdorf	Gasthaus Jakob **N**
Pfronten	PAVO im Burghotel Falkenstein **N**
Pleiskirchen	Huberwirt
Regensburg	Storstad
Rottach-Egern	Dichterstub'n
Rötz	Gregor's
Sommerhausen	Philipp
Starnberg	Aubergine
Teisnach	Oswald's Gourmetstube
Tölz, Bad	Schwingshackl ESSKULTUR Gourmet **N**
Volkach	Weinstock **N**
Waldkirchen	Johanns
Würzburg	REISERS am Stein

BERLIN

Berlin	Bandol sur Mer
Berlin	Bieberbau
Berlin	5 - Cinco by Paco Pérez
Berlin	Cookies Cream
Berlin	Cordo **N**

733

Berlin	einsunternull
Berlin	Ernst
Berlin	Frühsammers Restaurant
Berlin	GOLVET
Berlin	Hugos
Berlin	Kin Dee
Berlin	Nobelhart & Schmutzig
Berlin	Pauly Saal
Berlin	prism **N**
Berlin	Richard
Berlin	SAVU
Berlin	SKYKITCHEN
Berlin	tulus lotrek

BRANDENBURG

Burg (Spreewald)	17 fuffzig
Potsdam	Kabinett F. W.
Potsdam	kochZIMMER in der Gaststätte zur Ratswaage

HAMBURG

Hamburg	Le Canard nouveau **N**
Hamburg	100/200
Hamburg	Landhaus Scherrer
Hamburg	Petit Amour
Hamburg	Piment
Hamburg	SE7EN OCEANS

HESSEN

Eltville am Rhein	Jean
Frankenberg (Eder)	Philipp Soldan
Frankfurt am Main	Carmelo Greco
Frankfurt am Main	Erno's Bistro
Frankfurt am Main	Français
Frankfurt am Main	Restaurant Villa Merton
Frankfurt am Main	SEVEN SWANS
Frankfurt am Main	Tiger-Gourmetrestaurant
Frankfurt am Main	Weinsinn
Herleshausen	La Vallée Verte
Hersfeld, Bad	L'étable
Kiedrich	Weinschänke Schloss Groenesteyn
Limburg an der Lahn	360°
Wiesbaden	Ente

MECKLENBURG-VORPOMMERN

Dierhagen	Ostseelounge
Doberan, Bad	Friedrich Franz

Feldberger Seenlandschaft	Alte Schule - Klassenzimmer
Krakow am See	Ich weiß ein Haus am See
Rostock	Gourmet-Restaurant Der Butt
Rügen / Binz	freustil
Stolpe	Gutshaus Stolpe
Usedom / Heringsdorf	The O'ROOM

NIEDERSACHSEN

Aerzen	Gourmet Restaurant im Schlosshotel Münchhausen
Burgwedel	Ole Deele
Buxtehude	N°4
Cuxhaven	Sterneck
Friedland	Genießer Stube
Norderney (Insel)	Seesteg
Osnabrück	Kesselhaus **N**
Wolfsburg	La Fontaine
Zwischenahn, Bad	Apicius

NORDRHEIN-WESTFALEN

Aachen	La Bécasse
Aachen	Sankt Benedikt
Bonn	Halbedel's Gasthaus
Bonn	Yunico
Dorsten	Goldener Anker
Dortmund	Palmgarden
Düsseldorf	Agata's
Düsseldorf	Berens am Kai
Düsseldorf	DR.KOSCH
Düsseldorf	Le Flair
Düsseldorf	Fritz's Frau Franzi
Düsseldorf	Im Schiffchen
Düsseldorf	Nagaya
Düsseldorf	Setzkasten **N**
Düsseldorf	Tafelspitz 1876
Düsseldorf	Yoshi by Nagaya
Essen	Hannappel **N**
Essen	Laurushaus
Essen	Schote
Euskirchen	Bembergs Häuschen
Gummersbach	Mühlenhelle
Haltern am See	Ratsstuben
Heinsberg	Burgstuben Residenz
Köln	Alfredo
Köln	astrein **N**
Köln	maiBeck
Köln	maximilian lorenz
Köln	NeoBiota

Köln	La Société
Köln	taku
Köln	Zur Tant
Meerbusch	Anthony's Kitchen
Müngersdorf	Maître im Landhaus Kuckuck
Münster	ferment **N**
Münster	Coeur D'Artichaut **N**
Nideggen	Burg Nideggen - Brockel Schlimbach
Niederkassel	Le Gourmet
Odenthal	Zur Post
Paderborn	Balthasar
Pulheim	Gut Lärchenhof
Rheda-Wiedenbrück	Reuter
Schmallenberg	Hofstube
Velbert	Haus Stemberg
Xanten	Landhaus Köpp

RHEINLAND-PFALZ

Andernach	YOSO
Darscheid	Kucher's Gourmet **N**
Deidesheim	L.A. Jordan
Heidesheim am Rhein	Gourmetrestaurant Dirk Maus
Kallstadt	Intense
Kirchheim an der Weinstraße	Schwarz Gourmet
Koblenz	Da Vinci
Koblenz	Schiller's Restaurant
Naurath (Wald)	Rüssel's Landhaus
Neuenahr-Ahrweiler, Bad	
Historisches Gasthaus Sanct Peter Restaurant Brogsitter	
Neuhütten	Le temple
Neuleiningen	Alte Pfarrey
Neupotz	Zur Krone
Neustadt an der Weinstraße	Urgestein im Steinhäuser Hof
Neuwied	Coquille St. Jacques im Parkrestaurant Nodhausen
Pirmasens	Die Brasserie
Selzen	Kaupers Restaurant im Kapellenhof
Sobernheim, Bad	Jungborn
Trittenheim	Wein- und Tafelhaus
Wachenheim an der Weinstraße	THE IZAKAYA **N**
Weisenheim am Berg	Admiral **N**

SAARLAND

Blieskastel	Hämmerle's Restaurant - Barrique
Saarbrücken	Esplanade
Saarlouis	LOUIS
Sankt Wendel	Kunz
Wallerfangen	Landwerk

SACHSEN

Dresden	Caroussel
Dresden	Elements
Dresden	Genuss-Atelier
Leipzig	Stadtpfeiffer
Radebeul	Atelier Sanssouci
Schirgiswalde-Kirschau	JUWEL

SACHSEN-ANHALT

Wernigerode	Pieket **N**
Wernigerode	Zeitwerk

SCHLESWIG-HOLSTEIN

Föhr / Wyk	Alt Wyk
Kiel	Ahlmanns
Lübeck	Buddenbrooks
Lübeck	Villa Mare - Balthazar
Lübeck	Wullenwever
Panker	Restaurant 1797
Scharbeutz	DiVa
Sylt / Hörnum	KAI3
Sylt / Tinnum	BODENDORF'S
Timmendorfer Strand	Orangerie

THÜRINGEN

Dermbach	BjörnsOX **N**
Erfurt	Clara - Restaurant im Kaisersaal

VORARLBERG

Kleinwalsertal / Hirschegg	Kilian Stuba

BIB GOURMAND

N *Neu ausgezeichnetes Haus*
N *Newly awarded distinction*

BADEN-WÜRTTEMBERG

Achern	Chez Georges
Aspach	Lamm N
Auenwald	Landgasthof Waldhorn
Baiersbronn	Dorfstuben
Bellingen, Bad	Landgasthof Schwanen
Berghaupten	Hirsch
Bonndorf im Schwarzwald	Sommerau
Brackenheim	Adler
Brühl	KRONE das gasthaus
Bühl	Pospisil's Gasthof Krone
Bühlertal	Bergfriedel
Bühlertal	Rebstock
Denzlingen	Rebstock-Stube
Donaueschingen	Baader's Schützen
Donzdorf	Castello
Durbach	[maki:'dan] im Ritter N
Eggenstein-Leopoldshafen	Zum Goldenen Anker
Elzach	Rössle
Elzach	Schäck's Adler
Endingen am Kaiserstuhl	Dutters Stube
Endingen am Kaiserstuhl	Die Pfarrwirtschaft
Ettlingen	Weinstube Sibylla
Feldberg	Adler Bärental
Fellbach	Aldinger's
Fellbach	Gasthaus zum Hirschen
Freiamt	Zur Krone
Freudenstadt	Warteck
Frickingen	Löwen
Friesenheim	Mühlenhof
Gengenbach	Ponyhof
Gengenbach	Die Reichsstadt
Glottertal	Zum Goldenen Engel
Glottertal	Wirtshaus zur Sonne
Gottenheim	Zur Krone N
Grenzach-Wyhlen	Rührberger Hof
Gschwend	Herrengass
Hardheim	Wohlfahrtsmühle
Hayingen	ROSE
Heilbronn	Bachmaier
Heilbronn	Beichtstuhl N

Heitersheim	Landhotel Krone
Herrenalb, Bad	Lamm
Hüfingen	Landgasthof Hirschen
Ihringen	Bräutigam
Ihringen	Holzöfele
Immenstaad am Bodensee	Heinzler
Immenstaad am Bodensee	Seehof
Isny im Allgäu	Allgäuer Stuben
Kandern	Pfaffenkeller
Kappelrodeck	Zum Rebstock
Karlsruhe	Oberländer Weinstube
Kenzingen	Scheidels Restaurant zum Kranz
Kirchdorf an der Iller	Landgasthof Löwen
Kirchzarten	Schlegelhof
Kirchzarten	Sonne
Kleines Wiesental	Sennhütte
Klettgau	Landgasthof Mange
Köngen	Schwanen
Köngen	Tafelhaus
Königsbronn	Gasthaus Widmann's Löwen
Königsfeld im Schwarzwald	Café Rapp
Konstanz	Brasserie Colette Tim Raue
Künzelsau	Anne-Sophie
Lahr	Gasthaus
Lauffen am Neckar	Elefanten
Lautenbach	Sonne
Leimen	Weinstube Jägerlust
Leinfelden-Echterdingen	Am Park
March	Jauch's Löwen
Maselheim	Lamm
Muggensturm	Lamm
Mulfingen	Jagstmühle
Neckargemünd	Zum Rössel
Neuhausen (Enzkreis)	Grüner Wald
Notzingen	Die Kelter
Oberboihingen	Zur Linde
Oberried	Gasthaus Sternen Post
Oberried	Die Halde
Oberstenfeld	Zum Ochsen
Offenburg	Blume
Ostrach	Landhotel zum Hirsch
Ötisheim	Sternenschanz
Peterstal-Griesbach, Bad	Kamin- und Bauernstube
Plochingen	Cervus
Plochingen	Stumpenhof
Ratshausen	Adler
Ringsheim	Heckenrose
Rippoldsau-Schapbach, Bad	Klösterle Hof
Rot am See	Landhaus Hohenlohe

Rudersberg	Gasthaus Stern
Salem	Reck's
Sankt Märgen	Zum Kreuz
Sasbachwalden	Badische Stuben
Sasbachwalden	Engel
Schopfheim	Mühle zu Gersbach
Schramberg	Gasthof Hirsch
Schwäbisch Gmünd	Fuggerei
Schwäbisch Hall	Landhaus Zum Rössle
Schwendi	Esszimmer im Oberschwäbischen Hof
Schwetzingen	möbius
Sonnenbühl	Dorfstube
Staufen im Breisgau	Die Krone
Steinenbronn	Krone
Stühlingen	Gasthaus Schwanen
Stühlingen	Gengs Linde
Stuttgart	Goldener Adler
Stuttgart	Zur Linde
Stuttgart	Vetter.
Sulzburg	Landgasthof Rebstock
Tengen	Gasthof zur Sonne
Tettnang	Lamm im Kau
Tiefenbronn	Bauernstuben
Todtnau	derWaldfrieden
Ulm	Treibgut **N**
Villingen-Schwenningen	Rindenmühle
Waiblingen	Brunnenstuben
Waldkirch	Zum Storchen
Wangen im Allgäu	Adler
Weikersheim	Laurentius - Bistro
Weinheim	bistronauten
Weinstadt	Weinstube Muz
Wertheim	Bestenheider Stuben
Wildberg	Talblick
Winterbach	Landgasthaus Hirsch

BAYERN

Abbach, Bad	Schwögler
Adelshofen	Zum Falken
Aldersbach	das asam
Ansbach	La Corona
Aschaffenburg	Oechsle
Bergkirchen	Gasthaus Weißenbeck
Bindlach	Landhaus Gräfenthal
Blankenbach	Brennhaus Behl
Bürgstadt	Weinhaus Stern
Cham	Gasthaus Ödenturm
Dachau	Schwarzberghof

Dießen am Ammersee	Seehaus
Dinkelsbühl	Altdeutsches Restaurant
Eibelstadt	Gambero Rosso da Domenico
Erlangen	Polster Stube
Feldkirchen-Westerham	Aschbacher Hof
Feuchtwangen	Greifen-Post
Finning	Zum Staudenwirt
Forchheim	Zöllner's Weinstube
Forstinning	Zum Vaas
Frammersbach	Schwarzkopf
Frasdorf	Michael's Leitenberg **N**
Friedberg	Speisezimmer
Garmisch-Partenkirchen	Joseph Naus Stub'n
Gmund am Tegernsee	Ostiner Stub'n
Grönenbach, Bad	Charlys Topf-Gucker
Großheubach	Zur Krone
Hauzenberg	Anetseder
Hauzenberg	Landgasthaus Gidibauer-Hof
Heroldsberg	Freihardt
Heßdorf	Wirtschaft von Johann Gerner
Höchstädt an der Donau	Zur Glocke
Illertissen	Vier Jahreszeiten Restaurant Imhof
Illschwang	Weißes Roß
Kirchdorf an der Amper	Zum Caféwirt
Kirchlauter	Gutshof Andres **N**
Kissingen, Bad	Schuberts Wein & Wirtschaft
Kreuth	MIZU Sushi-Bar
Krün	Das Alpenglühn Restaurant **N**
Küps	Werners Restaurant
Lauf an der Pegnitz	Waldgasthof am Letten
Lenggries	Schweizer Wirt
Lichtenberg	Harmonie
Lindau im Bodensee	Schachener Hof
Marktbergel	Rotes Ross
Marktbreit	Alter Esel
Marktbreit	Michels Stern
Marktheidenfeld	Weinhaus Anker
Maxhütte-Haidhof	Alte Post - Kandlbinder Küche
Mintraching	Gasthaus zum Goldenen Krug
München	Le Cézanne
München	Colette Tim Raue
München	Der Dantler **N**
München	Freisinger Hof
München	Ménage Bar **N**
Neubeuern	Auers Schlosswirtschaft
Neuburg am Inn	Hoftaferne Neuburg
Neuburg an der Donau	Zum Klosterbräu - Gaststube
Neunburg vorm Wald	Turmstube
Nonnenhorn	Torkel

Nürnberg	Landgasthof Gentner
Oberding	Kandler
Oberstdorf	Das Fetzwerk
Oberstdorf	Das Jagdhaus
Oberstdorf	Löwen-Wirtschaft
Pappenheim	Zur Sonne
Passau	Weingut
Piding	Lohmayr Stub'n
Pilsach	Landgasthof Meier
Pleinfeld	Landgasthof Siebenkäs
Presseck	Gasthof Berghof - Ursprung
Rauhenebrach	Gasthaus Hofmann
Rötz	Spiegelstube
Samerberg	Gasthof Alpenrose
Schwarzach am Main	Schwab's Landgasthof
Schwarzenfeld	esskunst **N**
Schweinfurt	Kugelmühle
Spalt	Gasthof Blumenthal
Spalt	Gasthof Hoffmanns-Keller **N**
Tölz, Bad	Jägerwirt
Traunstein	Restaurant 1888
Triefenstein	Weinhaus Zum Ritter
Vöhringen	Speisemeisterei Burgthalschenke
Wackersberg	Tölzer Schießstätte - Hager
Waging am See	Landhaus Tanner
Wasserburg am Inn	Herrenhaus
Wernberg-Köblitz	Wirtsstube
Wiessee, Bad	Freihaus Brenner
Windelsbach	Landhaus Lebert
Windorf	Feilmeiers Landleben
Zorneding	Alte Posthalterei

BERLIN

Berlin	Barra **N**
Berlin	Chicha **N**
Berlin	Colette Tim Raue
Berlin	Gärtnerei **N**
Berlin	Grundschlag
Berlin	Kochu Karu
Berlin	Lokal
Berlin	Lucky Leek
Berlin	Nußbaumerin
Berlin	Pastis Wilmersdorf **N**
Berlin	Rutz Weinbar
Berlin	TISK **N**

HAMBURG

Hamburg	Brechtmanns Bistro
Hamburg	Dorfkrug
Hamburg	Zur Flottbeker Schmiede
Hamburg	Die Gute Botschaft **N**
Hamburg	HYGGE Brasserie & Bar
Hamburg	Nil
Hamburg	philipps
Hamburg	Stock's Restaurant
Hamburg	Stüffel
Hamburg	Weinwirtschaft Kleines Jacob
Hamburg	Zipang

HESSEN

Amöneburg	Dombäcker
Birkenau	Drei Birken
Eltville am Rhein	Gutsausschank im Baiken
Frankenberg (Eder)	SonneStuben
Fulda	Goldener Karpfen
Hersfeld, Bad	Stern's Restaurant
Höchst im Odenwald	Krone - Gaststube
Karben	Neidharts Küche
Lauterbach	schuberts
Marburg	MARBURGER Esszimmer
Zwingenberg	Kaltwassers Wohnzimmer

MECKLENBURG-VORPOMMERN

Greifswald	Tischlerei
Stralsund	LARA
Usedom / Ahlbeck	Kaisers Eck
Waren (Müritz)	Kleines Meer
Wustrow	Schimmel's

NIEDERSACHSEN

Celle	der allerKrug
Dornum	Fährhaus
Einbeck	Genusswerkstatt
Gehrden	Berggasthaus Niedersachsen
Hann. Münden	Flux - Biorestaurant Werratal
Hannover	boca
Lüneburg	RÖHMS DELI
Nenndorf, Bad	August
Nienstädt	Sülbecker Krug
Osnabrück	Walhalla
Polle	Graf Everstein **N**

Scheeßel	Rauchfang
Schneverdingen	Ramster
Twist	Landgasthof Backers
Verden	Pades Restaurant
Wildemann	Rathaus
Wremen	Gasthaus Wolters - Zur Börse

NORDRHEIN-WESTFALEN

Aachen	Sankt Benedikt - Bistro
Aachen	Schloss Schönau - Schänke
Altenberge	Penz Am Dom
Arnsberg	Menge
Brilon	Almer Schlossmühle
Coesfeld	Freiberger im Gasthaus Schnieder-Bauland
Dortmund	der Lennhof
Düsseldorf	Bistro Fatal
Düsseldorf	Brasserie Stadthaus
Düsseldorf	Münstermanns Kontor
Düsseldorf	Rob's Kitchen
Emsdetten	Lindenhof
Erftstadt	Haus Bosen
Euskirchen	Eiflers Zeiten
Gummersbach	Mühlenhelle - Bistro
Harsewinkel	Poppenborg's Stübchen
Hennef (Sieg)	Sängerheim - Das Restaurant
Herford	Am Osterfeuer
Horn-Meinberg, Bad	Die Windmühle
Hövelhof	Gasthof Brink
Köln	Capricorn [i] Aries Brasserie
Köln	Gasthaus Scherz
Köln	Piccolo
Köln	Wein & Dine
Köln	ZEN Japanese Restaurant
Kürten	Zur Mühle
Nettetal	Sonneck
Neukirchen-Vluyn	Little John's N
Odenthal	Postschänke
Rheda-Wiedenbrück	Gastwirtschaft Ferdinand Reuter
Rheine	Beesten
Rietberg	Domschenke
Rüthen	Knippschild
Salzuflen, Bad	Walter's Pharmacy
Schmallenberg	Gasthof Schütte
Sprockhövel	Eggers
Sprockhövel	Habbel's
Vreden	Büschker's Stuben
Waltrop	Gasthaus Stromberg

Wesel	ART
Wuppertal	Scarparti - Trattoria

RHEINLAND-PFALZ

Altenahr	Gasthaus Assenmacher
Darscheid	Kucher's Weinwirtschaft
Deidesheim	St. Urban
Dernbach	Schneider
Dudeldorf	Torschänke
Frankweiler	Weinstube Brand
Freinsheim	WEINreich
Hardert	Corona - Hotel zur Post
Herxheim	Pfälzer Stube
Heßheim	Ellenbergs
Ilbesheim bei Landau in der Pfalz	Hubertushof
Jugenheim	Weedenhof
Kandel	Zum Riesen
Koblenz	GERHARDS GENUSSGESELLSCHAFT
Kreuznach, Bad	Im Kittchen
Maikammer	Dorf-Chronik
Mainz	Geberts Weinstuben
Meddersheim	Landgasthof zur Traube
Meerfeld	Poststuben
Meisenheim	Meisenheimer Hof
Montabaur	Kroli am Markt **N**
Neuhütten	Le temple - Bistro
Neupotz	Gehrlein's Hardtwald
Neupotz	Zum Lamm
Neustadt an der Weinstraße	Das Esszimmer
Neustadt an der Weinstraße	Grünwedels Restaurant
Neustadt an der Weinstraße	Spinne **N**
Niederweis	Schloss Niederweis
Reil	Heim's Restaurant
Saulheim	mundart Restaurant
Sobernheim, Bad	Kupferkanne

SAARLAND

Blieskastel	Hämmerle's Restaurant - Landgenuss
Saarbrücken	Restaurant Quack in der Villa Weismüller
Saarlouis	PASTIS bistro
Sankt Ingbert	Die Alte Brauerei
Sankt Wendel	Kunz - Kaminzimmer

SACHSEN

Aue	Tausendgüldenstube
Auerbach (Vogtland)	Renoir

Chemnitz	Villa Esche
Dresden	Daniel
Dresden	DELI
Dresden	VEN
Görlitz	Schneider Stube
Hartmannsdorf	Laurus
Hoyerswerda	Westphalenhof
Radeburg	Gasthof Bärwalde
Wilthen	Erbgericht Tautewalde

SACHSEN-ANHALT

Magdeburg	Landhaus Hadrys
Wernigerode	Die Stuben

SCHLESWIG-HOLSTEIN

Fehmarn (Insel) / Burg	Margaretenhof
Lübeck	A-ROSA - Weinwirtschaft
Lütjensee	Fischerklause
Molfsee	Bärenkrug
Neuendorf bei Wilster	Zum Dückerstieg
Sylt / List	Königshafen
Tangstedt	Gutsküche

THÜRINGEN

Blankenhain	Zum güldenen Zopf **N**
Eisenach	Weinrestaurant Turmschänke
Nordhausen	Feine Speiseschenke

VORARLBERG

Kleinwalsertal / Hirschegg	Carnozet
Kleinwalsertal / Riezlern	Humbachstube im Alpenhof Jäger

UNSERE ANGENEHMSTEN HÄUSER

THE MOST PLEASANT ACCOMMODATION

BADEN-WÜRTTEMBERG

Baden-Baden	Belle Epoque 🏰🏰
Baden-Baden	Brenners Park-Hotel & Spa 🏰🏰🏰
Baden-Baden	Der Kleine Prinz 🏰🏰
Badenweiler	Schwarzmatt 🏰🏰
Baiersbronn	Bareiss 🏰🏰🏰
Baiersbronn	Engel Obertal 🏰🏰
Baiersbronn	Forsthaus Auerhahn 🏰🏰
Baiersbronn	Traube Tonbach 🏰🏰
Bodman-Ludwigshafen	Villa Linde 🏰🏰
Bonndorf im Schwarzwald	Sommerau 🏰
Dettighofen	Hofgut Albführen 🏰🏰
Donaueschingen	Öschberghof 🏰🏰🏰
Durbach	Rebstock 🏰🏰
Durbach	Ritter 🏰🏰
Ehningen	Landhotel Alte Mühle 🏰
Endingen am Kaiserstuhl	Zollhaus 🏰🏰
Feldberg	Schlehdorn 🏰🏰
Fichtenau	Vital-Hotel Meiser 🏰🏰
Freiamt	Ludinmühle 🏰🏰
Freiburg im Breisgau	The Alex Hotel 🏰
Freiburg im Breisgau	Colombi Hotel 🏰🏰🏰
Gengenbach	Die Reichsstadt 🏰🏰
Gernsbach	Schloss Eberstein 🏰🏰
Hagnau am Bodensee	Burgunderhof 🏰🏰
Häusern	Adler 🏰🏰
Heidelberg	Arthotel 🏰🏰
Heidelberg	Astoria 🏰
Heidelberg	Heidelberg Suites 🏰🏰
Heidelberg	Weißer Bock 🏰
Hinterzarten	Erfurths Bergfried 🏰🏰
Hinterzarten	Kesslermühle 🏰🏰
Hinterzarten	Reppert 🏰🏰
Hinterzarten	Thomahof 🏰🏰

Kandern	Pfaffenkeller 🏠
Kehl	Grieshaber's Rebstock 🏠🏠
Konstanz	RIVA 🏠🏠
Kressbronn am Bodensee	Boutique-Hotel Friesinger 🏠🏠
Kressbronn am Bodensee	Pension am Bodensee 🏠
Lahr	Adler 🏠🏠
Mannheim	Speicher 7 🏠🏠
Meersburg	Residenz am See 🏠🏠
Meersburg	Villa Seeschau 🏠🏠
Oberried	Die Halde 🏠🏠
Peterstal-Griesbach, Bad	Dollenberg 🏠🏠🏠
Pfinztal	Villa Hammerschmiede 🏠🏠
Radolfzell	Art Villa am See 🏠🏠
Schluchsee	Hegers Parkhotel Flora 🏠🏠
Schönwald im Schwarzwald	Dorer 🏠
Schönwald im Schwarzwald	Zum Ochsen 🏠🏠
Sonnenbühl	Hirsch 🏠🏠
Stuttgart	Althoff Hotel am Schlossgarten 🏠🏠🏠
Stuttgart	Der Zauberlehrling 🏠🏠
Titisee-Neustadt	Seehotel Wiesler 🏠🏠🏠
Titisee-Neustadt	Treschers Schwarzwaldhotel 🏠🏠🏠
Tübingen	La Casa 🏠🏠
Uhldingen-Mühlhofen	Landhotel Fischerhaus 🏠🏠
Waldenburg	Villa Blum 🏠
Weikersheim	Laurentius 🏠🏠
Weil am Rhein	Gasthaus zur Krone 🏠
Winden im Elztal	Elztalhotel 🏠🏠🏠
Zweiflingen	Wald und Schlosshotel Friedrichsruhe 🏠🏠🏠🏠

BAYERN

Adelshofen	Landhaus Zum Falken 🏠
Amorbach	Der Schafhof 🏠🏠
Aschau im Chiemgau	Residenz Heinz Winkler 🏠🏠🏠
Aying	Brauereigasthof Hotel Aying 🏠🏠
Bamberg	Villa Geyerswörth 🏠🏠
Bayerisch Gmain	Klosterhof 🏠🏠🏠
Bayreuth	Goldener Anker 🏠🏠
Berchtesgaden	Kempinski Hotel Berchtesgaden 🏠🏠🏠🏠
Birnbach, Bad	Hofgut Hafnerleiten 🏠🏠
Coburg	Stadtvilla 🏠🏠
Garmisch-Partenkirchen	Staudacherhof 🏠🏠🏠
Garmisch-Partenkirchen	Werdenfelserei 🏠🏠🏠
Hallbergmoos	Daniel's 🏠🏠
Johannesberg	Auberge de Temple 🏠🏠
Kaisheim	Schloss Leitheim 🏠🏠🏠
Kissingen, Bad	Laudensacks Parkhotel 🏠🏠
Kohlgrub, Bad	Das Johannesbad 🏠🏠
Kötzting, Bad	Bayerwaldhof 🏠🏠🏠

Kronach	Die Kronacher Stadthotels 🏠
Krün	Das Kranzbach 🏠🏠
Krün	Schloss Elmau 🏠🏠
Landshut	Fürstenhof 🏠
Lindau im Bodensee	Adara 🏠
Lindau im Bodensee	Am Rehberg 🏠
Lindau im Bodensee	Helvetia 🏠
Lindau im Bodensee	VILLINO 🏠
München	BEYOND by Geisel 🏠
München	Mandarin Oriental 🏠🏠
München	Palace 🏠
Nürnberg	Drei Raben 🏠
Oberammergau	Maximilian 🏠
Oberstaufen	Alpenkönig 🏠
Oberstdorf	Exquisit 🏠
Oberstdorf	Das Freiberg 🏠
Oberstdorf	Löwen & Strauss 🏠
Oberstdorf	Parkhotel Frank 🏠
Ofterschwang	Sonnenalp Resort 🏠🏠
Oy-Mittelberg	Die Mittelburg 🏠
Pfronten	Berghotel Schlossanger Alp 🏠
Pfronten	Das Burghotel Falkenstein 🏠
Pullach im Isartal	Seitner Hof 🏠
Regensburg	Orphée Andreasstadel 🏠
Regensburg	Orphée Großes Haus 🏠
Reit im Winkl	Gut Steinbach 🏠
Rothenburg ob der Tauber	Villa Mittermeier 🏠
Rottach-Egern	Park-Hotel Egerner Höfe 🏠🏠
Schwangau	Das Rübezahl 🏠
Sommerach	Villa Sommerach 🏠
Tegernsee	Leeberghof 🏠
Teisnach	Landromantik Wellnesshotel Oswald 🏠
Wackersberg	Benediktenhof 🏠
Wartmannsroth	Neumühle 🏠
Wiessee, Bad	Landhaus Marinella 🏠
Wiessee, Bad	Relais Chalet Wilhelmy 🏠
Wörishofen, Bad	Fontenay 🏠

BERLIN

Berlin	Adlon Kempinski 🏠🏠
Berlin	Orania.Berlin 🏠
Berlin	Regent 🏠🏠
Berlin	The Ritz-Carlton 🏠🏠
Berlin	Am Steinplatz 🏠
Berlin	SO/Berlin Das Stue 🏠
Berlin	Waldorf Astoria 🏠🏠
Berlin	Zoo Berlin 🏠

BRANDENBURG

Briesen	Gut Klostermühle 🏚🏚
Burg (Spreewald)	Bleiche Resort und Spa 🏚🏚🏚
Lübben	STRANDHAUS 🏚
Michendorf	Gasthof Zur Linde 🏚
Neuhardenberg	Schloss Neuhardenberg 🏚🏚
Potsdam	Bayrisches Haus 🏚🏚
Saarow, Bad	Palais am See 🏚🏚

HAMBURG

Hamburg	Fairmont Hotel Vier Jahreszeiten 🏚🏚🏚
Hamburg	The Fontenay 🏚🏚🏚
Hamburg	HENRI 🏚🏚
Hamburg	Louis C. Jacob 🏚🏚🏚

HESSEN

Frankenau	Landhaus Bärenmühle 🏚
Frankenberg (Eder)	Die Sonne Frankenberg 🏚🏚
Frankfurt am Main	Grandhotel Hessischer Hof 🏚🏚
Frankfurt am Main	Roomers 🏚🏚
Frankfurt am Main	Sofitel Frankfurt Opera 🏚🏚🏚
Geisenheim	Burg Schwarzenstein 🏚🏚
Groß-Umstadt	Farmerhaus Lodge 🏚🏚
Herleshausen	Hohenhaus 🏚🏚
Königstein im Taunus	Falkenstein Grand 🏚🏚🏚
Königstein im Taunus	Villa Rothschild 🏚🏚
Kronberg im Taunus	Schlosshotel Kronberg 🏚🏚
Neu-Isenburg	Kempinski Hotel Frankfurt Gravenbruch 🏚🏚🏚
Wiesbaden	Klemm 🏚

MECKLENBURG-VORPOMMERN

Ahrenshoop	Künstlerquartier Seezeichen 🏚🏚
Benz	Schloss Gamehl 🏚🏚
Dierhagen	Strandhotel Dünenmeer 🏚🏚
Güstrow	Kurhaus am Inselsee 🏚🏚
Malchow	Rosendomizil 🏚🏚
Rügen / Binz	CERÊS 🏚🏚
Rügen / Binz	Villa niXe 🏚🏚
Rügen / Sellin	ROEWERS Privathotel 🏚🏚
Stralsund	Scheelehof 🏚🏚
Usedom / Heringsdorf	Strandhotel Ostseeblick 🏚🏚
Wieck am Darß	Haferland 🏚🏚
Zingst	Meerlust 🏚🏚
Zurow	Seehotel am Neuklostersee 🏚

NIEDERSACHSEN

Aerzen	Schlosshotel Münchhausen 🏰
Aurich	Hochzeitshaus 🏨
Bederkesa, Bad	Bösehof 🏨
Bendestorf	Meinsbur Boutique Hotel 🏨
Bienenbüttel	GUT Bardenhagen 🏨
Bruchhausen-Vilsen	Forsthaus Heiligenberg 🏨
Celle	Althoff Hotel Fürstenhof 🏰
Cuxhaven	Badhotel Sternhagen 🏰
Groß Meckelsen	Zur Kloster-Mühle 🏠
Juist	Achterdiek 🏰
Langeoog	Norderriff 🏨
Norderney (Insel)	Haus Norderney 🏠
Norderney (Insel)	Inselloft 🏨
Norderney (Insel)	Seesteg 🏨
Nörten-Hardenberg	Hardenberg BurgHotel 🏰
Rotenburg (Wümme)	Landhaus Wachtelhof 🏰
Sachsa, Bad	Romantischer Winkel 🏰
Wolfsburg	einschlaf 🏨
Wolfsburg	The Ritz-Carlton 🏰

NORDRHEIN-WESTFALEN

Bergisch Gladbach	Althoff Grandhotel Schloss Bensberg 🏰
Berleburg, Bad	Alte Schule 🏨
Bonn	Venusberghotel 🏠
Detmold	Detmolder Hof 🏨
Düsseldorf	Breidenbacher Hof 🏰
Düsseldorf	De Medici 🏰
Erkrath	Wahnenmühle 🏠
Essen	Schloss Hugenpoet 🏰
Gummersbach	Mühlenhelle 🏨
Isselburg	Parkhotel Wasserburg Anholt 🏰
Köln	Excelsior Hotel Ernst 🏰
Köln	Humboldt1 🏠
Köln	THE QVEST hideaway 🏨
Laasphe, Bad	Jagdhof Glashütte 🏰
Lohmar	Schloss Auel 🏨
Lüdinghausen	Hotel No. 11 🏠
Mülheim an der Ruhr	Villa am Ruhrufer 🏰
Münster	Hof zur Linde 🏰
Rheine	Zum Alten Brunnen 🏠
Schermbeck	Landhotel Voshövel 🏰
Warendorf	Mersch 🏨
Winterberg	Berghotel Astenkrone 🏰
Wuppertal	Park Villa 🏰

RHEINLAND-PFALZ

Andernach	Purs 🏚
Balduinstein	Landhotel Zum Bären 🏚
Boppard	Park Hotel 🏚
Deidesheim	Deidesheimer Hof 🏚
Deidesheim	Ketschauer Hof 🏚
Gleisweiler	Landhotel Herrenhaus Barthélemy 🏚
Herxheim	Krone 🏚
Hornbach	Kloster Hornbach 🏚
Hornbach	Lösch für Freunde 🏚
Kaiserslautern	Zollamt 🏚
Kallstadt	Weinhaus Henninger 🏚
Koblenz	Fährhaus 🏚
Langenlonsheim	Jugendstil-Hof 🏚
Mülheim (Mosel)	Weinromantikhotel Richtershof 🏚
Naurath (Wald)	Rüssel's Landhaus 🏚
Neuenahr-Ahrweiler, Bad	Sanct Peter 🏚
Neuleiningen	Alte Pfarrey 🏚
Oberotterbach	Schlössl 🏚
Sobernheim, Bad	BollAnts - SPA im Park 🏚
Speyer	Residenz am Königsplatz 🏚
Trechtingshausen	Burg Reichenstein 🏚
Trier	BECKER'S Hotel 🏚
Trier	Villa Hügel 🏚
Zweibrücken	Landschloss Fasanerie 🏚

SAARLAND

Nohfelden	Seezeitlodge Hotel & Spa 🏚
Saarlouis	LA MAISON 🏚

SACHSEN

Dresden	Bülow Palais 🏚
Dresden	Bülow Residenz 🏚
Dresden	Hyperion Hotel Am Schloss 🏚
Dresden	Suitess 🏚
Radebeul	Villa Sorgenfrei 🏚
Schirgiswalde-Kirschau	BEI SCHUMANN 🏚

SACHSEN-ANHALT

Blankenburg	Villa Viktoria Luise 🏚
Havelberg	Art Hotel Kiebitzberg 🏚
Ilsenburg	Landhaus Zu den Rothen Forellen 🏚
Magdeburg	Residenz Joop 🏚
Naumburg	Gasthof Zufriedenheit 🏚
Quedlinburg	Hotel Am Brühl 🏚

SCHLESWIG-HOLSTEIN

Föhr / Oevenum	Rackmers Hof 🏠
Glücksburg	Vitalhotel Alter Meierhof 🏠
Lübeck	A-ROSA 🏠
Panker	Ole Liese 🏠
Ratekau	Landhaus Töpferhof 🏠
Sylt / Hörnum	BUDERSAND Hotel - Golf & Spa 🏠
Sylt / Kampen	Village 🏠
Sylt / Keitum	Aarnhoog 🏠
Sylt / Keitum	Benen-Diken-Hof 🏠
Sylt / Keitum	Severin*s 🏠
Sylt / List	Strand am Königshafen 🏠
Sylt / Morsum	Hof Galerie 🏠
Sylt / Morsum	Landhaus Severin*s Morsum Kliff 🏠
Sylt / Munkmarsch	Fährhaus 🏠
Sylt / Rantum	Alte Strandvogtei 🏠
Sylt / Rantum	Söl'ring Hof 🏠
Sylt / Tinnum	Landhaus Stricker 🏠
Sylt / Westerland	Stadt Hamburg 🏠
Timmendorfer Strand	Strandhotel Fontana 🏠
Wangels	Weissenhaus Grand Village Resort & Spa am Meer 🏠

THÜRINGEN

Eisenach	Auf der Wartburg 🏠

VORARLBERG

Kleinwalsertal / Hirschegg	Travel Charme Ifen Hotel 🏠

Was denken Sie über unsere Produkte?

Sagen Sie uns Ihre Meinung
satisfaction.michelin.com

MICHELIN TRAVEL PARTNER

Société par actions simplifiée au capital de 15 044 940 EUR
27 cours de L'Île Seguin – 92100 Boulogne Billancourt (France)
R.C.S. Nanterre 433 677 721

Höhenangaben : ATKIStm - GN250 - © Federal Agency for Cartography and
Geodesy (BKG)

Compograveur : JOUVE, Ormes

Imprimeur-relieur : LEGO, Lavis

Stadtplan: © MICHELIN et © 2006-2018 TomTom. All rights reserved.
GeoBasis-DE/Geobasis NRW 2016.

Données cartographiques © les contributeurs d'OpenStreetMap
http://www.openstreetmap.org
sous licence ODbL 1.0 http://opendatacommons.org/licenses/odbl/

Unser Redaktionsteam hat die Informationen für diesen Guide mit größter Sorgfalt zusammengestellt und überprüft. Trotzdem ist jede praktische Information (offizielle Angaben, Preise, Adressen, Telefonnummern, Internetadressen etc.) Veränderungen unterworfen und kann daher nur als Anhaltspunkt betrachtet werden. Es ist nicht auszuschließen, dass einige Angaben zum Zeitpunkt des Erscheinens des Führers nicht mehr korrekt oder komplett sind. Bitte fragen Sie daher zusätzlich bei der zuständigen offiziellen Stelle nach den genauen Angaben (insbesondere in Bezug auf Verwaltungs- und Zollformalitäten). Eine Haftung können wir in keinem Fall übernehmen.